LEO N. TOLSTOI

DIE ERZÄHLUNGEN

Neu herausgegeben und mit einem Nachwort,
Anmerkungen und Zeittafel von Barbara Conrad

BAND I
Frühe Erzählungen 1853–1872

ARTEMIS & WINKLER

Aus dem Russischen von Josef Hahn, Marianne Kegel,
Marie Stellzig und Mila Stucken.

Die Deutsche Bibliothek – CIP-Einheitsaufnahme
Ein Titeldatensatz für diese Publikation ist bei
Der Deutschen Bibliothek erhältlich.

© 2001 Patmos Verlag GmbH & Co. KG
Artemis & Winkler Verlag, Düsseldorf und Zürich
Alle Rechte, einschließlich derjenigen des auszugsweisen
Abdrucks sowie der fotomechanischen und elektronischen
Wiedergabe, vorbehalten.
Umschlagmotiv: Ilja Repin, »Unerwartet« (1884/88),
Moskau, Tretjakow-Galerie, © AKG, Berlin
Umschlaggestaltung: Volker Butenschön, Lüneburg
Satz: Fotosatz Moers, Mönchengladbach
Druck und Bindung: Pustet, Regensburg
ISBN 3-538-05416-9 Leinen
ISBN 3-538-05916-0 Leder

Der Überfall

Erzählung eines Freiwilligen

1

Am zwölften Juli trat Hauptmann Chlopow mit Schulterstücken und Säbel – einer Uniform, in der ich ihn seit meiner Ankunft im Kaukasus noch nicht gesehen hatte – in die niedrige Tür meiner Erdhütte.

»Gradeswegs vom Obersten«, sagte er als Antwort auf meinen fragenden Blick, mit dem ich ihm begegnete, »morgen rückt unser Bataillon aus.«

»Wohin?« fragte ich.

»Nach N. N. Dort ist der Sammelplatz der Truppen.«

»Von dort setzen sie sich wohl irgendwohin in Marsch?«

»So wird's wohl sein.«

»Wohin aber? Was meinen Sie?«

»Was ist da zu meinen? Ich sage Ihnen, was ich weiß. Gestern nacht kam der Tatare des Generals angesprengt – überbrachte den Befehl, das Bataillon habe auszurücken und für zwei Tage Zwieback mitzunehmen; doch wohin, weshalb, auf wie lange – danach, Väterchen, fragt man nicht; Befehl, zu marschieren, und – damit basta.«

»Allein, wenn Zwieback bloß für zwei Tage mitgenommen werden soll, so werden wohl auch die Truppen nicht länger in Anspruch genommen.«

»Nun, das hat nichts zu bedeuten ...«

»Aber wieso denn das?« fragte ich erstaunt.

»Nun, eben so! Nach Dargo zogen wir ebenfalls aus, nahmen Zwieback für eine Woche mit und waren fast einen Monat fort!«

»Und läßt sich's machen, daß auch ich mitgehe?« fragte ich nach einigem Schweigen.

»Machen ließe es sich sicherlich, doch mein Rat wäre, lieber nicht mitzugehen. Weswegen wollen Sie's riskieren?«

»Nein, da gestatten Sie mir schon, Ihrem Rat nicht zu folgen: Ich habe hier einen ganzen Monat einzig deshalb zugebracht, um ein Gefecht zu erleben – und Sie wollen, daß ich mir die Gelegenheit entgehen lasse.«

»Wie Sie wollen, gehen Sie; nur … wirklich, wäre es nicht besser für Sie, zu bleiben? Sie könnten uns hier wieder erwarten, könnten jagen; wir aber zögen aus, in Gottes Namen! Und famos wär's!« sagte er in solch überzeugendem Ton, daß es mir im ersten Augenblick tatsächlich schien, daß es famos wäre; allein ich erklärte bestimmt, daß ich unter keinen Umständen zurückbliebe.

»Und was würden Sie schon zu sehen bekommen?« fuhr der Hauptmann fort, mich zu überreden. »Wollen Sie wissen, was für Gefechte es geben kann? Lesen Sie ›Die Beschreibung eines Krieges‹ von Michailowskij-Danilewskij – ein ausgezeichnetes Buch: dort ist alles ausführlich dargestellt, wo dieses, wo jenes Korps gestanden hat und wie die Schlachten verlaufen.«

»Darauf lege ich nun gar keinen Wert«, warf ich ein.

»Nun, also was ist's? Sie wollen offenbar bloß sehen, wie Menschen getötet werden? … Im Jahre zweiunddreißig war auch so ein Nichtmilitär hier, ein Spanier, glaube ich. Zwei Feldzüge hat er mitgemacht, in so einer Art blauem Mantel … und … den Garaus haben sie dem braven Burschen gemacht … Hier, Väterchen, wirst du niemand in Erstaunen setzen.«

So peinlich es mir auch war, daß der Hauptmann mein Vorhaben so übel deutete, machte ich doch keinen Versuch mehr, ihn vom Gegenteil zu überzeugen.

»Sagen Sie, war er tapfer?« fragte ich ihn.

»Weiß Gott: stets ritt er voraus; wo es ein Geplänkel gab, war er dabei.«

»Also, tapfer ist er wohl gewesen«, meinte ich.

»O nein, das bedeutet noch nicht tapfer zu sein, wenn man seine Nase in Dinge steckt, die einen gar nichts angehen …«

»Was nennen Sie denn tapfer?«

»Tapfer? Tapfer?« wiederholte der Hauptmann, mit dem Ausdruck eines Menschen, der sich zum ersten Mal vor eine ähnliche Frage gestellt sieht, »*tapfer ist, wer sich so aufführt, wie es sich geziemt*«, brachte er nach kurzem Nachdenken hervor.

Mir fiel ein, daß Plato die Tapferkeit definiert als das *Wissen von dem, was der Mensch zu fürchten und was er nicht zu fürchten hat* – und ungeachtet des allgemein gehaltenen und unklaren Ausdrucks in der Begriffsbestimmung des Hauptmanns dachte ich, daß der Grundgedanke beider nicht so verschieden sei, wie es scheinen mochte, und daß die Definition des Hauptmanns sogar treffender als die des griechischen Philosophen sei, weil er, sofern er nur die Fähigkeit besessen hätte, sich wie ein Plato auszudrücken, sicherlich gesagt hätte, tapfer sei der, welcher nur das fürchtet, *was man fürchten soll, aber nicht das, was man nicht zu fürchten braucht.*

Ich wollte meinen Gedanken dem Hauptmann verständlich machen.

»In der Tat«, sagte ich, »scheint es mir, daß jede Gefahr eine Wahl darstellt, und eine Wahl, beispielsweise unter dem Einfluß des Pflichtgefühls getroffen, ist die Tapferkeit; eine Wahl hingegen, unter dem Einfluß eines niedrigen Gefühls getroffen, ist die Feigheit; deshalb kann man einen Menschen, der aus Ruhmsucht oder aus Neugierde oder aus Eigennutz sein Leben aufs Spiel setzt, nicht als tapfer bezeichnen und umgekehrt nicht als feige einen Menschen, der unter dem Einfluß eines ehrlichen Gefühls familiärer Verpflichtungen oder einfach aus Überzeugung der Gefahr aus dem Wege geht.«

Der Hauptmann hatte mich mit einem absonderlichen Ausdruck angesehen, während ich sprach.

»Nun, dies vermag ich Ihnen nicht zu beweisen«, sagte er, seine Pfeife stopfend, »aber wir haben einen Fahnenjunker, der liebt es, philosophische Gespräche zu führen. Mit ihm können Sie sprechen. Er schreibt auch Verse.«

Ich hatte mit dem Hauptmann erst im Kaukasus nähere Bekanntschaft gemacht, kannte ihn aber schon in Rußland. Seine Mutter, Marja Iwanowna Chlopowa, Besitzerin eines kleinen Landgutes, lebte etwa zwei Werst von meinem Gut entfernt. Vor

meiner Abreise in den Kaukasus hatte ich sie besucht: Die Greisin war sehr erfreut, daß ich ihren Paschenka (so nannte sie den
ergrauten Hauptmann) sehen und ihm – gleichsam eine lebende Botschaft – über ihr Leben und Treiben berichten und
ein Paketchen überbringen würde. Nachdem sie mich mit einer
köstlichen Pirogge und einem Stück Geflügel reichlich bewirtet
hatte, ging Marja Iwanowna in ihr Schlafzimmer und brachte
von dort ein ziemlich großes schwarzes Amulett, an dem ein
ebensolches Seidenbändchen befestigt war.

»Dies hier, aus dem Holz des unverbrennbaren Dornbusches,
ist unsere Mutter und Beschützerin«, sagte sie, indem sie mit
dem Zeichen des Kreuzes das Bildnis der Muttergottes küßte
und es mir überreichte. »Seien Sie so gütig, Väterchen, und
bringen Sie es ihm. Sehen Sie, als er in den Kaukasus abreiste,
ließ ich einen Bittgottesdienst abhalten und gelobte, dies Heiligenbild der Muttergottes anfertigen zu lassen, wenn er am Leben und unversehrt bliebe. Achtzehn Jahre sind es schon, daß
die Beschützerin und die gottgefälligen Heiligen ihm gnädig
sind: auch nicht ein einziges Mal ist er verwundet worden, und
in was für Schlachten er schon gewesen ist! Wie mir's Michailo,
der mit ihm war, erzählte – glauben Sie es mir, die Haare stehen
einem zu Berge. Denn was ich über ihn überhaupt erfahre, höre
ich ja nur durch Fremde; mir schreibt er, mein Täubchen, auch
nicht ein Wörtchen über seine Kriegszüge – er scheut sich, mich
zu ängstigen.«

(Erst im Kaukasus erfuhr ich, und zwar nicht vom Hauptmann, daß er viermal schwer verwundet worden war, ohne seiner Mutter, versteht sich, weder über seine Wunden noch über
seine Feldzüge, etwas geschrieben zu haben.)

»Dies Heiligenbild soll er an sich tragen«, fuhr sie fort, »ich
segne ihn mit diesem Bilde. Unsere allerheiligste Fürbitterin
wird ihn schützen! Insbesondere in den Schlachten soll er es
stets umhaben. So sage ihm auch, mein Väterchen, daß es seine
Mutter so befohlen hat.«

Ich versprach, den Auftrag genau auszuführen.

»Ich weiß, daß Sie ihn liebgewinnen werden, meinen Paschenka«, fuhr sie fort, »er ist solch ein Prachtmensch! Glauben
Sie, kein Jahr vergeht, daß er mir nicht Geld schickte, auch der

Annuschka, meiner Tochter, hilft er viel; und alles einzig von seinem Gehalt! Mein Lebtag danke ich es Gott«, schloß sie mit Tränen in den Augen, »daß er mir ein solches Kind geschenkt hat.«

»Schreibt er Ihnen oft?« fragte ich.

»Selten, Väterchen. So etwa einmal im Jahr, und auch dann fügt er dem Gelde nur ein Wörtchen bei, sonst nicht. ›Wenn ich‹, sagt er, ›Mamachen, Ihnen nicht schreibe, bedeutet es, daß ich lebe und gesund bin; wenn aber, was Gott verhüte, irgendwas geschehen sollte, so wird man es auch ohne mich schreiben.‹«

Als ich dem Hauptmann das Geschenk der Mutter übergab (es war in meinem Quartier), bat er mich um das Umschlagpapier, wickelte es sorgfältig wieder ein und verwahrte es. Ich erzählte ihm viele Einzelheiten aus dem Leben seiner Mutter; der Hauptmann schwieg. Als ich mit meinem Bericht zu Ende war, trat er in einen Winkel und stopfte dort reichlich lange die Pfeife.

»Ja, eine liebe Alte!« klang es dann mit verhaltener Stimme von dort hervor, »ob es Gott noch fügen wird, daß wir uns wiedersehen?«

In diesen schlichten Worten kam viel Liebe und viel Trauer zum Ausdruck.

»Warum dienen Sie hier?« fragte ich.

»Man muß doch dienen«, antwortete er mit Überzeugung. »Und doppeltes Gehalt bedeutet für unsereinen, einen armen Schlucker, viel.«

Der Hauptmann lebte sparsam: er spielte nicht Karten, becherte nur selten und rauchte einen einfachen Tabak, den er aus irgendeinem unerfindlichen Grunde nicht Machorka, sondern »Eigenbau« nannte. Der Hauptmann hatte mir schon früher gefallen: er hatte eine jener einfachen, friedlichen russischen Physiognomien, denen man gern und offen gerade in die Augen schaut; aber nach dieser Unterhaltung empfand ich eine aufrichtige Achtung vor ihm.

2

Um vier Uhr morgens am nächsten Tage kam mich der Hauptmann holen. Er trug einen alten, verschlissenen Überrock ohne Achselstücke, weite lesgische Hosen, eine weiße Papacha mit abgeriebenem und gelblich gewordenem Fell und über die Schulter den ungemütlichen asiatischen Krummsäbel. Das schneeweiße Rößchen, auf dem er ritt, trottete mit gesenktem Kopf im langsamen Paß einher und fächelte unausgesetzt mit dem dünnen Schweif. Obschon die Gestalt des guten Hauptmanns wenig Kriegerisches an sich hatte und auch wenig schön war, drückte sich in ihr so viel Gleichmut den Vorgängen der Umwelt gegenüber aus, daß sie einem unwillkürlich Hochachtung einflößte.

Ich ließ ihn nicht einen Augenblick lang auf mich warten, bestieg stracks meinen Gaul, und wir ritten gemeinsam zum Festungstor hinaus.

Das Bataillon war uns schon etwa zweihundert Saschen voraus und sah aus wie eine schwarze, dichte, sich schwankend bewegende Masse. Daß es Infanterie war, konnte man nur daraus schließen, daß gleich dichten, langen Nadeln die Bajonette aufblitzten und vereinzelte Klänge eines Soldatenliedes, Trommelgerassel und der prachtvolle, von der ganzen sechsten Kompanie unterstützte Tenor, der mich schon im Festungslager mehr als einmal entzückt hatte, ans Ohr drangen.

Der Weg führte mitten durch eine tiefe und breite Schlucht, das Ufer eines kleinen Flüßchens entlang, das zu jener Jahreszeit gerade »übermütig spielte«, das heißt im Begriff war, über die Ufer zu treten. Scharen wilder Tauben tummelten sich an ihm: bald ließen sie sich an seinem steinigen Uferrand nieder, bald entschwanden sie, sich in der Luft überschlagend und schnelle Kreise ziehend, den Blicken. Die Sonne war noch nicht zu sehen, aber die Höhen auf der rechten Seite der Schlucht begannen schon im Licht zu erglühen. Die grauen und weißlich schimmernden Steine, das gelbgrüne Moos, die taubedeckten Büsche des Kreuzdorns, des Hornstrauchs und der Korkrüster traten in dem durchsichtigen, goldenen Lichte des Sonnenaufgangs plastisch und in außerordentlicher Schärfe hervor; dagegen waren die gegenüberliegende Seite und die Schlucht, beide in dichten Nebel gehüllt, der in dampfenden, ungleichen Schichten durcheinanderwogte, noch feucht und finster und boten sich als ein schwer zu unterscheidendes Gemisch aus blassem Lila, tiefem Schwarz, dunklem Grün und Weiß dar. Gerade vor uns, am dunkellasurblauen Horizont, tauchten in geradezu verblüffender Klarheit die grellweißen, dabei aber glanzlosen Massen der schneebedeckten Berge in ihren wunderbaren, bis in die feinsten Linien deutlichen Schatten und Umrissen auf. Heimchen, Heuschrecken und Tausende anderer Insekten erwachten im hohen Grase und erfüllten die Luft mit ihren klaren, ununterbrochenen Lauten: es schien, als tönte eine unzählbare Menge winziger Glöckchen in den Ohren. In der Luft roch es nach Wasser, Gras, Nebel – mit einem Wort, es roch nach einem wunderschönen Sommermorgen.

Der Hauptmann schlug Feuer und brachte seine Pfeife in Brand; den Duft des »Eigenbaues« und des Feuerschwamms empfand ich als außerordentlich angenehm.

Wir ritten abseits der Heerstraße, um die Infanterie schneller einzuholen. Der Hauptmann schien mehr als sonst in Gedanken versunken, ließ seine daghestanische Pfeife nicht aus dem Munde und spornte bei jedem Schritt sein Pferdchen mit den Füßen an, das, von einer Seite auf die andere schaukelnd, im nassen Grase eine kaum merkliche, dunkelgrüne Fährte hinterließ. Hart unter seinen Tritten flog mit einem lauten »Kock-Kock« und jenem Geräusch schlagender Flügel, das den Jäger unwillkürlich zusammenzucken läßt, ein Fasan auf und stieg langsam empor. Der Hauptmann schenkte ihm nicht die geringste Aufmerksamkeit.

Wir hatten das Bataillon fast schon erreicht, als sich hinter uns der Hufschlag eines galoppierenden Pferdes vernehmen ließ, und im selben Augenblick sprengte ein auffallend hübscher Jüngling in Offiziersuniform und hoher, heller Papacha an uns vorbei. Als er uns eingeholt hatte, lächelte er, nickte dem Hauptmann zu und schwang seine Peitsche ... Ich konnte nur sehen, daß er besonders elegant im Sattel saß und die Zügel führte, daß er schöne schwarze Augen, eine feingeschnittene Nase und ein kaum hervorsprießendes Schnurrbärtchen hatte. Besonders gefiel mir an ihm, daß er sich nicht enthalten konnte, unser offensichtliches Wohlgefallen an ihm mit einem Lächeln zu quittieren. Schon aus diesem Lächeln allein konnte man schließen, daß er noch sehr jung war.

»Wohin jagt er nur?« brummte der Hauptmann unzufriedenen Blickes, ohne den Tschibuk aus dem Mund zu nehmen.

»Wer ist denn das?« fragte ich ihn.

»Der Fähnrich Alanin, Subalternoffizier in meiner Kompanie … Erst im verflossenen Monat ist er vom Korps hierhergekommen.«

»Er reitet also zum ersten Mal ins Gefecht?« sagte ich.

»Daher ist er auch so überglücklich!« gab der Hauptmann zur Antwort, wobei er tiefsinnig den Kopf schüttelte. »So ist die Jugend!«

»Wie sollte er nicht freudig gestimmt sein? Ich begreife, daß dies für einen jungen Offizier sehr interessant sein muß.«

Der Hauptmann schwieg ein paar Minuten.

»Das eben ist's, was ich sage: die Jugend!« fuhr er dann in seinem tiefen Baß fort. »Welchen Sinn hat's, sich zu freuen, wenn man nichts zu sehen bekommt! Kommst du erst häufiger ins Feld, dann vergeht dir die Freude schon. Es sind unser etwa zwanzig Offiziere, die wir heute ausziehen; daß es dem einen oder anderen bestimmt ist, zu fallen oder verwundet zu werden, das ist gewiß. Heute mir, morgen ihm, übermorgen einem dritten: worüber soll man sich da freuen?«

3

Kaum daß die blendende Sonne über den Berggipfeln sichtbar geworden war und in das Tal schien, zerflossen die wallenden Nebelschwaden, und es wurde heiß. Die Soldaten, mit Gewehr und Tornister, schritten langsam im Staube der Straße; hier und da ließ sich aus ihren Reihen die Mundart eines Kleinrussen und Lachen vernehmen. Einige ältere Soldaten in weißen Kitteln – Unteroffiziere zumeist – gingen, die Pfeifen im Munde, am Wegrande und unterhielten sich gemessen. Die hochbeladenen, mit je drei Pferden bespannten Gepäckwagen bewegten sich Schritt vor Schritt und wirbelten eine dichte, unbewegliche Staubwolke auf. Die Offiziere ritten voraus; einzelne von ihnen prahlten mit einer »Dschigitowka«, wie man im Kaukasus sagt, das heißt, sie schlugen mit der Peitsche auf die Pferde ein, ließen sie angaloppieren und parierten sie dann auf dem Fleck, indem sie ihnen heftig den Kopf zurückrissen; andere schlossen sich den Sängern an, die ungeachtet der Hitze und Schwüle ein Lied nach dem anderen anstimmten.

Etwa hundert Saschen der Infanterie voraus, ritt neben der tatarischen Kavallerie auf einem mächtigen weißen Roß ein hochgewachsener, schmucker Offizier in asiatischem Kostüm, der im ganzen Regiment als tollkühner Draufgänger und als Mensch bekannt war, der »selbst dem Teufel die Wahrheit ins Gesicht sagt«. Er trug einen schwarzen Beschmet mit Tressen, ebensolche Stiefeletten, neue, enganliegende Reithosen mit Tschirasen, eine gelbe Tscherkeska und eine hohe, hinten einge-drückte Papacha. Über Brust und Rücken hingen Silbertressen, an denen die Pulverflasche und eine Pistole befestigt waren; eine zweite Pistole und ein Dolch in silberner Fassung hingen am Gürtel. Außerdem hatte er einen Krummsäbel in silberbeschla-gener, mit rotem Maroquin bezogener Scheide umgegürtet und über die Schulter ein Gewehr in schwarzem Futteral hängen. An seiner Kostümierung, seinem Sitz, seiner Haltung auf dem Pferde und überhaupt an allen seinen Bewegungen sah man, daß er bestrebt war, den Tataren zu spielen. Er redete sogar in ei-ner mir unbekannten Sprache auf die Tataren ein, die neben ihm ritten; doch ihren verständnislosen, spöttischen Blicken, die sie einander zuwarfen, glaubte ich entnehmen zu können, daß sie ihn nicht verstanden. Es war dies einer unserer jungen, waghalsigen Offiziere, die sich an Marlinskij und Lermontow gebildet hatten. Diese Leute betrachten den Kaukasus nicht an-ders als durch die Brille des »Helden unserer Zeit«, eines Mulla-Nur und so weiter, und lassen sich bei allen ihren Handlungen nicht von den eigenen Neigungen, sondern vom Beispiel dieser Vorbilder leiten.

Unser Leutnant zum Beispiel bewegte sich vielleicht gern in Gesellschaft von anständigen Frauen und angesehenen Män-nern – Generalen, Obersten, Adjutanten und dergleichen – ja, ich bin überzeugt, daß er diese Gesellschaft besonders liebte, weil er im höchsten Maße eitel war, hielt es aber dennoch für seine unerläßliche Pflicht, allen Personen in angesehener Stellung seine rauhe Schale zu zeigen, wennschon er solcher Ungeschliffenheit gewisse Zügel anzulegen wußte, und wenn sich einmal in der Festung eine Dame zeigte, so hielt er es für seine Pflicht, mit seinen Freunden, nur in einem roten Hemd und mit den Reithosen über den nackten Beinen, an ihren Fenstern vorbeizugehen und dabei mit möglichst lauter Stimme zu schreien und zu schimpfen – jedoch keineswegs, um jene Dame zu verletzen, sondern lediglich im Bestreben, seine schönen weißen Füße zu zeigen und darzutun, wie er, wenn er nur wollte, eine jede in sich verliebt machen könnte. Oder er zog des öfteren in Begleitung von zwei oder drei ergebenen Tataren nachts in die Berge, um aus dem Hinterhalt aufrührerischen Tataren aufzulauern und sie zu töten; und obschon ihm das eigene Herz mehr als einmal vorgehalten hatte, daß nichts Kühnes an solcher Sache wäre, so hielt er sich doch für verpflichtet, Menschen leiden zu lassen, die ihn angeblich getäuscht hatten und die er angeblich verachtete oder haßte. Er legte niemals zwei Gegenstände ab: ein übergroßes Heiligenbild, das er am Halse, und einen Dolch, den er über dem Hemd trug und mit dem er sogar zu Bett ging. Er glaubte aufrichtig, Feinde zu haben. Sich selbst einzureden, daß er sich an irgend jemand zu rächen und eine Beleidigung mit Blut zu sühnen habe, war für ihn Gegenstand höchsten Genusses. Er war überzeugt, daß Haß, Rache und Verachtung gegenüber dem ganzen Menschengeschlecht die erhabensten, poetischsten Gefühle seien. Aber seine Geliebte – eine Tscherkessin natürlich –, die ich später einmal kennenlernte, sagte mir, daß er der allerbeste und sanfteste Mensch sei, daß er jeden Abend zusammen mit seinen finsteren Betrachtungen seine harmlosen Rechnungen auf liniertes Papier schreibe und auf den Knien zu Gott bete. Und was hatte er nicht alles ausgestanden, um vor sich selber als das zu erscheinen, was er sein wollte!

Einmal traf es sich, daß er auf einer seiner nächtlichen Expeditionen mit seinen Freunden einen aufrührerischen Tschetschenzen durch eine Kugel am Bein verwundet und gefangengenommen hatte. Dieser Tschetschenze verbrachte sieben Wochen bei dem Leutnant, der ihn wie seinen besten Freund pflegte und behandelte, und als er ihn geheilt hatte, entließ er ihn mit Geschenken. Gelegentlich einer späteren Expedition, als sich der Leutnant im Abwehrfeuer mit der Vorpostenkette zurückzog, hörte er plötzlich, wie von der Feindesseite her sein Name gerufen wurde, und sein verwundeter Freund kam vorgeritten und forderte den Leutnant durch Zeichen auf, ein gleiches zu tun. Der Leutnant ritt auf seinen Freund zu und drückte ihm die Hand. Die feindlichen Kaukasier standen abseits und schossen nicht; doch kaum hatte der Leutnant sein Pferd gewendet, schossen einige auf ihn, und eine Kugel streifte ihn leicht unterhalb des Rückens. Ein anderes Mal war ich zugegen, als bei einem nächtlichen Brande in der Festung zwei Kompanien die Löscharbeiten verrichteten. Mitten in der vom Purpurschein der Flammen beleuchteten Menge erschien plötzlich die hohe Gestalt eines Reiters auf rabenschwarzem Pferd. Die Gestalt drängte die Menge auseinander und ritt hart an das Feuer heran. Hier angelangt, sprang der Leutnant vom Pferd und lief in das brennende Haus. Nach fünf Minuten kam er mit versengtem Haar und angesengten Ellenbogen wieder heraus und trug zwei junge Tauben an der Brust, die er vor den Flammen gerettet hatte.

Sein Familienname war Rosenkranz; doch er sprach häufig von seiner Abstammung, leitete sie von den Warägern ab und bewies lichtvoll, daß er und seine Vorfahren reinblütige Russen gewesen seien.

4

Die Sonne hatte ihre halbe Bahn zurückgelegt und warf durch die vor Hitze flirrende Luft sengende Strahlen auf die ausgedörrte Erde. Der tiefblaue Himmel war vollständig klar; nur an den Hängen der schneebedeckten Berge begannen sich weißviolette Wolken zusammenzuballen. Die regungslose Luft schien von durchsichtigem Staub erfüllt: es wurde unerträglich heiß. An einem kleinen Bache, der etwa die Mitte der Wegstrecke bildete, machte die Heeresabteilung Rast. Die Soldaten, die ihre Gewehre zusammengestellt hatten, stürzten sich an den Bach; der Bataillonskommandeur setzte sich im Schatten auf eine Trommel und machte sich, nachdem er die Würde seines Ranges in seinen Mienen voll zum Ausdruck gebracht hatte, mit einigen anderen Offizieren daran, einen Imbiß einzunehmen; der Hauptmann lagerte sich im Grase unter den Kompaniewagen; der tapfere Leutnant Rosenkranz und einige andere junge Offiziere machten es sich auf ausgebreiteten Burkas bequem und begannen zu bechern, wie an den rings um sie aufgestellten Flaschen und Bouteillen und besonders an dem Eifer der Sänger zu erkennen war, die, im Halbkreis um die Offiziere herumstehend, unter Pfeifenbegleitung ein kaukasisches Tanzlied mit der bekannten Melodie der Lesginka sangen:

> »Aufruhr war Schamils Gedanke
> Früher schon einmal …
> Trai-rai ra-ta-tai …
> Früher schon einmal.«

Unter diesen Offizieren war auch der jugendliche Fähnrich, der uns heute früh überholt hatte. Er war sehr drollig: seine Augen blitzten, seine Zunge begann ein wenig zu versagen; mit allen wollte er Küsse tauschen und allen sein liebevolles Herz ausschütten … Lieber armer Junge! Er wußte noch nicht, daß man in dieser Verfassung leicht lächerlich werden kann, daß seine Offenherzigkeit und seine Zärtlichkeiten, die er allen und jedem aufdrängte, geeignet waren, statt der Gegenliebe, nach der er sich so sehnte, nur Spottlust zu wecken; er wußte aber auch nicht, wie außerordentlich anziehend er war, als er sich schließlich erhitzt auf seine Burka warf und, auf seinen Arm gestützt, sein dichtes schwarzes Haar nach rückwärts warf.

Zwei Offiziere saßen unter einem Wagen und spielten Karten auf einem Reisekasten.

Ich verfolgte neugierig die Gespräche der Soldaten und Offiziere und studierte aufmerksam den Ausdruck ihrer Physiognomien; doch an keinem vermochte ich auch nur den Schatten jener Unruhe zu beobachten, die ich an mir selbst verspürte: Scherze, Gelächter, Unterhaltungen – alles zeugte von einer allgemeinen Sorglosigkeit und von völligem Gleichmut gegenüber der bevorstehenden Gefahr, als wenn es gänzlich ausgeschlossen wäre, daß es so manchem nicht mehr beschieden sein könnte, auf dieser Straße den Rückweg anzutreten.

5

Es war sieben Uhr abends, als wir staubbedeckt und ermüdet in die breiten, befestigten Tore der Festung N. N. einmarschierten. Die Sonne war am Untergehen und warf ihre schrägen, rosenroten Strahlen auf die malerischen kleinen Batterien, auf die Gärten mit ihren hohen Pappeln, welche die Festung umgaben, auf die bebauten, gelb leuchtenden Felder und auf die weißen Wolken, die, an den Hängen der schneebedeckten Gebirgsketten geballt, als ob sie ihnen nacheifern wollten, nicht weniger wunderbare und schöne Ketten bildeten. Einem durchsichtigen Wölkchen gleich, tauchte am Horizont der junge Halbmond auf. Im Aul, der sich vor den Toren erstreckte, rief ein Tatare vom Dach seiner Hütte die Gläubigen zum Gebet; die Sänger setzten noch einmal mit frischer Kraft ein.

Nachdem ich mich ein wenig erholt und mein Äußeres in Ordnung gebracht, begab ich mich zu dem mir bekannten Adjutanten, um ihn zu bitten, mein Anliegen dem General vorzutragen. Auf dem Wege von der Vorstadt, wo ich im Quartier lag, hatte ich Gelegenheit, über das Treiben in der Festung Beobachtungen zu machen, die mich außerordentlich überraschten. Eine hübsche zweisitzige Kalesche, aus der ein modisches Damenhütchen hervorguckte und ein französisch geführtes Gespräch zu hören war, überholte mich. Aus einem offenen Fenster der Wohnung des Platzkommandanten drangen vereinzelte Klänge aus »Lieschen klein« oder »Käthchen, die Polin«, gespielt auf einem schlechten, verstimmten Klavier. In einer Schenke, an der ich vorüberging, saßen bei einem Glase Wein, Zigaretten in der Hand, einige Schreiber, und ich konnte vernehmen, wie einer von ihnen zu einem anderen sagte: »Nun, erlauben Sie schon ... in der Politik ist Marja Grigorjewna bei uns die ausschlaggebende Dame.« Ein buckeliger Jude in einem abgetragenen Kittel und mit krankhaftem Gesichtsausdruck zog mit einer pfeifenden, zerbrochenen Drehorgel durch die Gassen, und durch die ganze Vorstadt erklang das Finale aus der »Lucia«. Zwei Frauenzimmer in rauschenden Kleidern, mit seidenen Kopftüchern und hellfarbigen Sonnenschirmen in den Händen, gingen tändelnden Schrittes auf dem bretternen Bürgersteig an mir vorbei. An der Erdaufschüttung eines niedrigen Häuschens standen zwei junge Mädchen, das eine in einem rosa, das andere in einem blauen Kleid, beide ohne Kopfbedeckung, und suchten durch ein dünnes, erzwungenes Lachen die Aufmerksamkeit der vorübergehenden Offiziere auf sich zu lenken. Auf den Straßen und auf dem Boulevard flanierten Offiziere in neuen Waffenröcken, weißen Handschuhen und glänzenden Epauletten.

Ich traf meinen Bekannten im Erdgeschoß des vom General bewohnten Gebäudes. Kaum hatte ich meinen Wunsch geäußert und er mir geantwortet, daß einem solchen Begehren nicht das geringste entgegenstünde, als am Fenster, an welchem wir saßen, eine hübsche Kalesche vorbeirollte und an der Freitreppe hielt. Aus der Kalesche stieg ein schlanker, hochgewachsener Mann in Infanterieuniform mit Majorsepauletten und begab sich zum General.

»Ach, entschuldigen Sie bitte«, sagte der Adjutant, sich von seinem Platz erhebend, »ich muß dem General unbedingt sofort Meldung erstatten.«

»Wer ist denn da vorgefahren?« fragte ich.

»Die Gräfin«, antwortete er und lief, seine Uniform zuknöpfend, hinauf.

Wenige Minuten darauf trat ein mittelgroßer, doch sehr gut aussehender Mann im Überrock ohne Achselstücke, ein weißes Ordenskreuz im Knopfloch, auf die Freitreppe hinaus. Ihm folgten der Major, der Adjutant und noch zwei andere Offiziere. Gangart, Stimme und jede Bewegung des Generals verrieten einen Menschen, der sich selbst hoch einzuschätzen weiß.

»Bonsoir, madame la comtesse«, sagte er, seine Hand in den Fensterschlag der Kutsche streckend.

Ein Händchen im Glacéhandschuh drückte ihm die Hand, und ein hübsches, lächelndes Gesichtchen zeigte sich in der Fensteröffnung.

Von der ganzen Unterhaltung, die einige Minuten dauerte, hörte ich im Vorübergehen nur, wie der General lächelnd sagte: »Vous savez, que j'ai fait vœu de combattre les infidèles; prenez donc garde de le devenir.«

In der Kalesche lachte man.

»Adieu donc, cher général.«

»Non, au revoir«, erwiderte der General, auf die Stufen der Freitreppe zurücktretend, »n'oubliez pas, que je m'invite pour la soirée de demain.«

Die Kalesche fuhr davon.

Ein wunderlicher Kauz, dieser General, ging es mir auf dem Heimweg durch den Sinn, er besitzt alles, was eine russische Seele sich nur wünschen kann: einen Rang, Reichtum, Ansehen … und da scherzt der Mensch vor einer Schlacht, deren Ausgang Gott allein kennt, mit einem hübschen Frauenzimmer und sagt sich bei ihr für den nächsten Tag zum Tee an, als wärs ein Ball, auf dem sie sich getroffen hätten!

Ebenda, beim Adjutanten, war ich einem Menschen begegnet, der mich noch mehr in Erstaunen gesetzt hatte: Es war dies ein Leutnant vom Regiment K., ein blutjunger Mensch von fast weiblicher Sanftheit und Schüchternheit, der zum Adjutanten gekommen war, um seinem Ärger und Unwillen über jene Leute freien Lauf zu lassen, die angeblich gegen ihn intrigierten, damit er zum bevorstehenden Feldzug nicht abkommandiert würde. Er sagte, daß es eine Gemeinheit wäre, so zu verfahren, daß es nicht kameradschaftlich wäre, daß er ihnen dies nachtragen würde und so weiter. Sosehr ich mich auch bemühte, in seinem Gesicht zu lesen und mich in den Ton seiner Stimme hineinzuhören, ich konnte nicht umhin, die Überzeugung zu gewinnen, daß er sich keineswegs verstellte, sondern tatsächlich bis ins Innerste erregt und erbittert war, daß man ihm nicht gestatten wollte mitzugehen, um auf Tscherkessen zu schießen und sich deren Feuer auszusetzen; er war gekränkt wie ein Kind, das ungerechterweise mit der Rute gezüchtigt wurde … Ich begriff überhaupt nichts mehr.

Um zehn Uhr abends sollten die Truppen ausrücken. Um halb neun Uhr bestieg ich mein Pferd und ritt zum General; in der Annahme, daß sowohl er wie sein Adjutant beschäftigt sein würden, machte ich auf der Straße halt, band das Pferd an einen Zaun und setzte mich auf eine Erdaufschüttung, um dem General nachzujagen, sobald er sich auf den Weg machte.

Die Sonnenglut war der Kühle der Nacht und dem matten Schimmer des jungen Mondes gewichen, der auf dem dunklen Blau des gestirnten Himmels einen blassen, leuchtenden Halbkreis um sich bildete und langsam unterging; in den Fenstern der Häuser und in den undicht schließenden Läden der Erdhütten glommen Lichter auf. Die schlanken Pappeln in den Gärten hinter den weißen, vom Monde beleuchteten Erdhütten mit den Schilfrohrdächern hoben sich scharf vom Horizont ab und erschienen noch höher und dunkler.

Die langen Schatten der Häuser, Bäume und Zäune legten sich malerisch über die helle, staubige Straße ... Auf dem Fluß ein unterbrochenes Gequake der Frösche; auf den Straßen wurden bald eilige Schritte und menschliche Stimmen laut, bald der Hufschlag eines galoppierenden Pferdes; aus der Vorstadt drangen vereinzelte Drehorgelklänge aus »Es wehen die Winde« oder aus dem »Aurora-Walzer« ans Ohr.

Was mich so nachdenklich stimmte, will ich nicht erzählen: erstens, weil mir das Geständnis peinlich wäre, daß ich mich trüben Gedanken hingegeben hatte, die in aufdringlicher Zwangsfolge Besitz von mir ergriffen, während ich rings um mich nur Fröhlichkeit und Ausgelassenheit sah, und zweitens, weil es nichts mit meiner Erzählung zu tun hat.

Ich war so tief in Gedanken versunken, daß ich nicht einmal gehört hatte, daß die Turmuhr schon elf geschlagen und daß der General mit seinem Gefolge an mir vorbeigeritten war.

Schnell schwang ich mich aufs Pferd und ritt der Abteilung nach.

Die Nachhut schob sich noch durchs Festungstor. Mit Mühe arbeitete ich mich an den auf der Brücke zusammengedrängten Geschützen, Munitionskisten, Kompaniewagen und Offizieren vorbei, die schreiend ihre Anordnungen trafen. Als ich das Festungstor hinter mir hatte, umritt ich im Trab das Heer, das, zu einer werstlangen Linie auseinandergezogen, schweigend im Dunkeln dahinmarschierte, und holte den General ein. Im Begriff, an einer der in Marschkolonne zu je einem Geschütz dahinfahrenden Artillerie und ihren zwischen den Geschützen reitenden Offizieren vorbeizukommen, empfand ich es wie einen verletzenden Mißklang in der harmonischen Stille und Feierlichkeit, als es mit deutschem Akzent an mein Ohr schlug: »Artillerist, reich mir das Feuerzeug!« und ein Soldat dienstfertig schrie: »Schewtschenko, der Leutnant wünschen Feuer.«

Ein großer Teil des Himmels hatte sich mit langen, dunkelgrauen Wolken überzogen; nur ganz vereinzelt blitzten zwischen ihnen Sterne auf. Der Mond, der schon hinter dem nahen Horizont der dunklen Berge verschwunden war, die zur Rechten emporragten, ließ nur noch auf ihre Gipfel einen schwachen und zitternden Halbschatten fallen, der sich von der undurchdringlichen Finsternis, die auf ihren Hängen lagerte, scharf abhob. Die Luft war warm und so still, daß sich nicht ein Hälmchen, nicht ein Wölkchen zu bewegen schien. Es herrschte so tiefe Finsternis, daß man selbst in unmittelbarer Nähe die einzelnen Gegenstände nicht zu unterscheiden vermochte; zu seiten der Straße glaubte ich bald Felsen, bald Tiere, bald irgendwelche seltsame Menschen zu sehen, und erst dann erkannte ich, daß es Büsche waren, als ich das Rascheln ihrer Zweige vernahm und die Frische des Taues fühlte, der auf ihnen lag.

Vor mir sah ich eine dichte, hin und her schwankende schwarze Mauer, der einige sich fortbewegende Punkte folgten: das war die Vorhut der Reiterei und der General mit seinem Gefolge. Hinter uns bewegte sich eine ebenso dunkle Masse, aber sie war nicht so hoch wie die erste: das war die Infanterie.

Über der ganzen Abteilung lag eine solche Stille, daß alle die ineinanderfließenden, von geheimnisvollem Zauber erfüllten Laute der Nacht deutlich zu hören waren: das ferne, melancholische Geheul der Schakale, bald wie verzweifeltes Weinen, bald wie Lachen klingend, die helltönenden, einförmigen Lieder der Grille, des Frosches, der Wachtel, dann ein seltsames, scheinbar näherkommendes Getöse, dessen Ursache ich mir auf keine

Weise erklären konnte, und alle jene nächtlichen, kaum noch wahrnehmbaren Bewegungen der Natur, die weder zu deuten noch zu beschreiben sind, vereinigten sich zu dem einen, vollen, wunderbaren Ton, den wir die Stille der Nacht nennen. Diese Stille störte oder – besser gesagt – verschmolz mit dem dumpfen Hufschlag der Pferde und dem Rascheln des hohen Grases, beides verursacht von der sich langsam fortbewegenden Abteilung.

Nur selten waren der metallene Klang eines schweren Geschützes, das Geräusch aneinanderschlagender Bajonette, ein verhaltenes Gespräch und das Schnauben eines Pferdes zu hören. Die Natur atmete versöhnende Schönheit und Kraft.

Ist es wirklich dem Menschen zu eng in dieser schönen Welt, unter diesem unermeßlichen Sternenhimmel? Kann sich wirklich inmitten dieser bezaubernden Natur das Gefühl der Bosheit, der Rache und der Drang, seinesgleichen zu vernichten, in der Seele des Menschen erhalten? Man sollte doch glauben, daß die Berührung mit der Natur, diesem unmittelbarsten Ausdruck der Schönheit und der Güte, alles Böse im menschlichen Herzen verschwinden lassen müsse.

7

Wir waren schon über zwei Stunden unterwegs. Mich schauerte und überkam der Schlaf. Im Dunkel boten sich unklar noch immer die gleichen Gegenstände dar: in einigem Abstand die schwarze Wand, dieselben sich bewegenden Punkte; neben mir die Kruppe eines weißen Pferdes, das beständig mit dem Schweif fächelte und breitspurig die Hinterfüße setzte; ein Rücken in weißer Tscherkeska, über der ein Gewehr in schwarzem Futteral baumelte und der weiße Knauf einer Pistole im Lederetui zu sehen war; das Aufleuchten einer Zigarette, das einen blonden Schnauzbart, einen Biberkragen und eine Hand in sämischledernem Handschuh erblicken ließ... Ich lehnte mich über den Hals meines Pferdes, schloß die Augen und war für einige Minuten der Gegenwart völlig entrückt; dann schreckten mich plötzlich die bekannten Geräusche wieder auf, der Hufschlag der Pferde und das Rascheln des Grases: Ich schaute mich um – und mir schien, als stände ich auf dem Fleck, als bewegte sich die schwarze Wand vor mir auf mich zu oder als wäre diese Wand stehengeblieben und ich müßte sogleich auf sie stoßen. In diesen Augenblicken der Unklarheit verblüffte mich noch mehr als bisher das ununterbrochene, immer näherkommende Brausen, dessen Ursache ich nicht zu ergründen vermocht hatte. Es war das Rauschen eines Wassers. Wir traten jetzt in einen Engpaß ein und näherten uns einem Gebirgsfluß, der zu dieser Zeit gerade das Hochwasser der Schneeschmelze führte. Das dumpfe Getöse wurde immer lauter, das feuchte Gras stand immer höher und dichter, die Büsche wurden häufiger, und der Horizont verengte sich allmählich. Dann und wann leuchteten auf dem dunklen Hintergrund der Berge helle Feuer auf, die ebenso schnell wieder verschwanden.

»Sagen Sie mir bitte, was sind das für Feuer?« fragte ich im Flüsterton den neben mir reitenden Tataren.

»Weißt du denn nicht?« antwortete er.

»Nein, ich weiß es nicht.«

»Da Bergbewohner Stroh an Tajak gebunden und wird Feuerzeichen geben.«

»Wozu denn das?«

»Damit jeder Mensch weiß, der Russe ist gekommen. Jetzt wird in den Aulen«, fügte er lachend hinzu, »au, au, große Tomascha, jedermann seine Churda-murda in die Schluchten schleppt.«

»Weiß man es denn schon, daß ein Heereszug naht?« fragte ich.

»Oho! Wie er nicht wissen soll! Immer weiß er. Unsere Volk ist solch eines.«

»So trifft Schamil auch Vorbereitungen zum Kampf?«

»Jok«, erwiderte er und schüttelte ablehnend den Kopf, »Schamil in den Krieg nicht ziehen; Schamil wird Na'ib schicken, aber selbst durch Rohr von oben schauen.«

»Lebt er weitab von hier?«

»Weit nein. Da, linke Seite, werden zehn Werst sein.«

»Woher weißt du das?« fragte ich. »Bist du schon einmal dort gewesen?«

»Schon gewesen. Unsere alle in den Bergen gewesen.«

»Hast du Schamil gesehen?«

»Pah! Schamil unsereins nicht sehen wird. Hundert, dreihundert, tausend Mürid herum. Schamil ist Mitte«, fügte er mit dem Ausdruck knechtischer Verehrung hinzu.

Während es in der Felsschlucht, durch die wir marschierten, noch feucht und finster war, belehrte ein Blick nach oben, daß der nun wolkenlose Himmel von Osten her sich zu erhellen begann und daß die Plejaden im Begriff waren, am Horizont zu versinken.

Plötzlich blitzten nicht weit vor uns in der Finsternis Feuerchen auf. Im selben Augenblick sausten pfeifend Gewehrkugeln an uns vorbei, und schallten weithin durch die uns umgebende Stille Gewehrschüsse und lautes, durchdringendes Geschrei. Es war ein feindliches Vorpostenpikett. Die Tataren, aus denen es bestand, hatten ihr Feldgeschrei ausgestoßen, auf gut Glück geschossen und sich davongemacht.

Alles versank wieder in tiefe Stille. Der General winkte dem Dolmetscher. Ein Tatare in weißer Tscherkeska ritt an ihn heran und sprach mit ihm längere Zeit im Flüsterton und mit lebhaften Gebärden.

»Oberst Chassanow, lassen Sie die Schützenkette ausschwärmen«, befahl der General mit leiser, gedehnter, aber deutlich vernehmbarer Stimme …

Die Abteilung war bis an den Fluß herangekommen. Die schwarzen Berge, die Schluchten lagen hinter uns; es begann heller zu werden. Das Himmelsgewölbe, an dem die verblaßten, matt leuchtenden Sterne kaum noch zu sehen waren, erschien höher; hell schimmerte im Osten die Morgenröte; ein frischer leichter Wind wehte von Westen her, und über dem rauschenden Fluß stieg heller Nebel wie Dampf empor.

8

Ein Führer wies auf die Furt, und der Vortrab der Kavallerie und hinter dieser der General mit seinem Stab begannen den Fluß zu durchqueren. Das Wasser reichte den Pferden bis an die Brust, brach sich mit außerordentlicher Gewalt zwischen den weißen Steinen, die an manchen Stellen über den Wasserspiegel hinausragten, und bildete unter den Hufen der Pferde schäumende, rauschende Strudel. Die Pferde wunderten sich über das Rauschen des Wassers, hoben die Köpfe, spitzten die Ohren, schritten jedoch auf dem unebenen Boden gemessen und vorsichtig gegen die Strömung. Die Reiter zogen ihre Beine an und hoben die Waffen hoch. Die Fußsoldaten, buchstäblich in bloßen Hemden, die Gewehre und die an diesen befestigten Kleiderbündel über Wasser haltend, suchten mit deutlich auf ihren Gesichtern zum Ausdruck kommender Anstrengung der Strömung standzuhalten, indem sie zu je etwa zwanzig Mann eine geschlossene Kette bildeten. Die Fahrer der Geschütztruppe trieben ihre Pferde unter lautem Schreien im vollen Trab ins Wasser. Die Geschütze und die grünen Munitionskisten, über die hier und da das Wasser zusammenschlug, stießen tönend an den steinigen Grund; aber die braven Schwarzmeerpferdchen legten sich gemeinschaftlich in die Stränge, brachten das Wasser unter sich zum Schäumen und arbeiteten sich mit nassem Schweif und nasser Mähne ans andere Ufer.

Der Übergang war kaum beendet, als der General, mit allen Anzeichen einer gewissen Unruhe und Bedenklichkeit auf dem Gesicht, plötzlich sein Pferd herumwarf und mit der Reiterei im Trab den Weg über eine breite, vom Wald eingeschlossene Wiese nahm, die sich vor uns ausbreitete. Eine Reiterkette der Kosaken schwärmte längs dem Waldsaum aus.

Im Wald wird plötzlich ein Mann sichtbar, zu Fuß, in Tscherkeska und Papacha … ein zweiter, ein dritter … Einer der Offiziere äußert: »Das sind Tataren.« Da steigt hinter einem Baume ein Rauchwölkchen auf … ein Schuß kracht, ein zweiter … Die von unserer Seite dichter einsetzenden Schüsse übertönen die feindlichen. Nur ab und zu belehrt uns eine mit langsamem, an Bienenflug erinnerndem Summen an uns vorbeifliegende Kugel, daß nicht alle Schüsse unsere sind … Jetzt gehen die Infanterie im Laufschritt und die Geschütze im Trab in Schützenkette vor; man hört die dumpfen Schüsse der Geschütze, den metallenen Klang des Kartätschenfluges, das Zischen der Raketen, das Geknatter der Gewehre. Überall sieht man auf der weiten Fläche Reiterei, Fußsoldaten und Artillerie. Die Rauchwölkchen der

Geschütze, Raketen und Gewehre verschwimmen mit dem Grün des taubedeckten Grases und dem Nebel.

Oberst Chassanow sprengt an den General heran und pariert sein Pferd aus dem vollen Galopp.

»Exzellenz«, sagt er mit der Hand an der Papacha, »befehlen Sie, die Kavallerie ausschwärmen zu lassen: es haben sich Fähnchen gezeigt«, und er deutet mit der Reitpeitsche auf einen Trupp berittener Tataren, denen auf weißen Pferden zwei Leute mit roten und blauen Lappen an Stangen vorausreiten.

»In Gottes Namen, Iwan Michailytsch!« spricht der General.

Der Oberst wendet kurz sein Pferd, zieht den Säbel und ruft: »Hurra!«

»Hurra! hurra! hurra!« erschallt es aus den Reihen, und die Kavallerie stürzt dem Oberst nach.

Alle warten gespannt: ein Fähnchen, ein zweites, drittes, viertes.

Doch der Feind stellt sich dem Ansturm nicht, er nimmt Deckung im Wald und eröffnet von dort aus sein Gewehrfeuer.

Die Kugeln fliegen dichter.

»Quel charmant coup d'œil!« sagt der General und läßt sein schwarzes feines Pferdchen nach englischer Manier ein wenig tänzeln.

»Charrmant!« antwortet schnarrend der Major, versetzt seinem Pferd einen Schlag mit der Peitsche, reitet an den General heran und sagt: »C'est un vrrai plaisirr, que la guerre dans un aussi beau pays!«

»Et surtout en bonne compagnie«, fügt der General mit gewinnendem Lächeln hinzu.

Der Major verneigt sich.

In diesem Augenblick fliegt mit einem schnellen, unbehaglichen Zischen eine feindliche Geschützkugel vorbei und schlägt irgendwo auf; von hinten vernimmt man das Aufstöhnen eines Verwundeten.

Dies Stöhnen macht mich so betroffen, daß das kriegerische Bild augenblicklich jeden Reiz für mich verliert; aber es ist, als ob es außer mir überhaupt niemand bemerkte: der Major schüttelt sich vor Lachen; ein anderer Offizier wiederholt seelenruhig die ersten Worte eines begonnenen Satzes; der General blickt nach der entgegengesetzten Seite und äußert mit dem ruhigsten Lächeln irgend etwas auf französisch.

»Befehlen Exzellenz das Feuer zu erwidern?« fragt, herangaloppierend, der Kommandeur der Artillerie.

»Ja, machen Sie ihnen ein wenig bange«, sagt der General wie beiläufig und steckt sich eine Zigarre an.

Die Batterie fährt auf, und das Feuer beginnt. Die Erde stöhnt unter den Schüssen, ohne Unterlaß blitzt es auf, und der Rauch, in welchem man die Bedienungsmannschaft kaum noch zu unterscheiden vermag, legt sich wie ein Schleier vor die Augen.

Der Aul wurde beschossen. Wieder kommt der Oberst Chassanow heran, und nun stürmt er auf Befehl des Generals den Aul. Von neuem erhebt sich Kriegsgeschrei, und die Kavallerie verschwindet in der von ihr aufgewühlten Staubwolke. Es war ein wirklich großartiges Schauspiel. Nur eines verdarb mir, dem an der Handlung Unbeteiligten und solcher Vorgänge Ungewohnten, den Eindruck vollständig – es war, daß mir dieser Vorstoß, diese Begeisterung, dieses Geschrei überflüssig erschienen. Unwillkürlich drängte sich mir der Vergleich mit einem Menschen auf, der mit der Axt weit ausholt, um die Luft zu spalten.

9

Der Aul war von unseren Truppen schon genommen, und keine einzige feindliche Seele war in ihm zurückgeblieben, als der General mit seinem Stab, dem auch ich mich zugesellt hatte, ans Dorf herangeritten kam.

Langgestreckte reinliche Hütten mit flachen Erddächern und malerischen Schornsteinen lagen verstreut auf einem steinigen, hügeligen Gelände, durch das ein kleiner Bach dahinfloß. Auf der einen Seite sah man im hellen Sonnenschein grüne Gärten mit mächtigen Birn- und Pflaumenbäumen daliegen; auf der anderen ragten eigenartige Schatten empor: senkrecht stehende hohe Grabsteine und lange Holzstangen mit Kugeln und verschiedenfarbigen Fähnchen an den Spitzen. Es waren Gräber von Dschigiten.

Die Soldaten standen geordnet am Dorfeingang. Einen Augenblick später stürzten sich Dragoner, Kosaken, Infanteristen mit unverhohlener Freude in die winkligen Gäßchen, und das Dorf belebte sich im Nu. Hier stürzt ein Dach zusammen, Beilhiebe gegen festes Holz erschallen, eine Brettertür wird herausgebrochen; dort brennen ein Heuschober, Zäune, eine Hütte – und eine dichte Rauchsäule steigt in der klaren Luft empor. Da schleppt ein Kosak einen Sack mit Mehl und einen Teppich; ein Soldat trägt aus einer Hütte freudestrahlend ein Blechgefäß und irgendeinen Lappen heraus; ein anderer sucht mit ausgebreiteten Armen ein paar Hühner einzufangen, die gackernd am Zaun entlangflattern; ein dritter hat irgendwo einen riesigen Topf mit Milch gefunden, er trinkt ihn leer und schleudert ihn dann lachend auf die Erde.

Das Bataillon, mit dem ich aus der Festung N. ausgezogen war, befand sich gleichfalls im Aul. Der Hauptmann saß auf dem flachen Dach einer Hütte und ließ aus seiner kurzen Pfeife feine Rauchwölkchen seines »Eigenbaues« mit dem Ausdruck einer solchen Seelenruhe aufsteigen, daß ich bei seinem Anblick vollständig vergaß, mitten in einem feindlichen Dorf zu sein, und mich daheim wähnte.

»Ah, Sie sind auch hier?« sagte er, als er mich erblickte.

Die hohe Gestalt des Leutnants Rosenkranz tauchte bald da, bald dort im Aul auf; ständig ordnete er etwas an und machte den Eindruck eines äußerst besorgten Menschen. Ich sah ihn triumphierenden Blickes aus einer Hütte heraustreten; hinter ihm führten zwei Soldaten einen gefesselten alten Tataren. Der Alte, dessen ganze Bekleidung aus einem zerlumpten bunten Beschmet und zerfetzten Unterhosen bestand, war derart hinfällig, daß seine über dem gebeugten Rücken straff zusammengeschnürten abgemagerten Arme sich kaum noch in den Schultergelenken zu halten schienen und seine verkrümmten bloßen Füße sich nur mühsam fortbewegten. Sein Gesicht und auch ein Teil seines rasierten Kopfes waren von tiefen Runzeln durchzogen, der schiefe, zahnlose Mund, der von einem grauen gestutzten Schnurrbart und ebensolchem Backenbart umgeben war, bewegte sich unausgesetzt, als kaute er etwas; in seinen roten, wimperlosen Augen blitzte noch Lebensfeuer und drückte sich deutlich die greisenhafte Gleichgültigkeit dem Leben gegenüber aus.

Rosenkranz ließ ihn durch den Dolmetscher fragen, weshalb er nicht mit den andern fortgegangen sei.

»Wohin soll ich gehen?« sagte er, ruhig zur Seite blickend.

»Dorthin, wohin auch die andern gegangen sind«, bemerkte irgend jemand.

»Die Dschigiten sind ausgezogen, um mit den Russen zu kämpfen, aber ich bin ein Greis.«

»Fürchtest du denn die Russen nicht?«

»Was werden mir die Russen tun? Ich bin ein Greis«, wiederholte er, geringschätzig den Kreis betrachtend, der sich um ihn gebildet hatte.

Auf dem Rückzuge sah ich später diesen Alten, wie er barhäuptig, mit gefesselten Händen und zitternd hinter dem Sattel eines Linienkosaken einherging und mit der nämlichen Gleichgültigkeit um sich blickte. Man brauchte ihn für den Gefangenenaustausch.

Ich kletterte auf das Dach der Erdhütte und setzte mich neben den Hauptmann.

»Der Feind scheint nicht zahlreich gewesen zu sein«, sagte ich, um seine Ansicht über das stattgefundene Scharmützel zu erfahren.

»Der Feind?« wiederholte er verwundert, »es gab ja überhaupt keinen. Läßt sich das als Feind bezeichnen? Warten Sie den Abend ab, wenn wir uns auf den Rückmarsch machen: dann werden Sie sehen, wie sie uns das Geleit geben werden; was dort alles herauskommen wird!« setzte er hinzu und deutete mit der Pfeife auf einen Waldstreifen, durch den wir heute morgen marschiert waren.

»Was ist denn dort los?« unterbrach ich beunruhigt den Hauptmann und machte ihn auf eine Gruppe Donkosaken aufmerksam, die nicht weit von uns um etwas herumstanden.

Etwas wie das Weinen eines kleinen Kindes ließ sich vernehmen, und dann die Worte: »Ha! ... schlag nicht zu ... halt! ... man wird's merken ... Hast du ein Messer, Jewstignewitsch? ... Gib's Messer her!«

»Sie teilen etwas, die Banditen«, sagte der Hauptmann ruhig.

29

Doch in diesem Augenblick stürzte mit erhitztem und erschrecktem Gesicht hinter der nächsten Hausecke der hübsche kleine Fähnrich hervor und rannte mit den Armen fuchtelnd auf die Kosaken zu.

»Rührt's nicht an, schlagt es nicht!« rief er mit kindlicher Stimme.

Als sie den Offizier gewahr wurden, gaben ihm die Kosaken den Weg frei und ließen ein weißes Ziegenböcklein laufen. Der junge Fähnrich wurde vollständig konfus, murmelte etwas vor sich hin und blieb mit verdutztem Gesicht vor dem Böcklein stehen. Als er mich und den Hauptmann auf dem Dach erblickte, errötete er noch mehr und lief eilig zu uns herüber.

»Ich glaubte, daß sie ein Kind umbringen wollten«, sagte er schüchtern lächelnd.

10

Der General ritt mit der Kavallerie voraus. Das Bataillon, mit dem ich aus der Festung N. ausgerückt war, blieb in der Nachhut. Die Kompanien des Hauptmanns Chlopow und des Leutnants Rosenkranz traten gleichzeitig den Rückmarsch an.

Was der Hauptmann vorausgesagt hatte, trat tatsächlich ein: kaum waren wir in der engen Waldlichtung, von der er vorhin gesprochen hatte, als die Bergbewohner, die einen zu Pferde, andere zu Fuß, auf beiden Seiten auftauchten, und zwar so nahe bei uns, daß ich deutlich unterscheiden konnte, wie manche von ihnen, gebückt und das Gewehr in der Hand, von einem Baum zum anderen liefen.

Der Hauptmann nahm die Mütze ab und bekreuzigte sich andächtig; mancher alte Soldat tat ebenso. Im Wald erscholl Kriegsgeschrei: »Iaj Giaur! Urus iaj!« Gewehrfeuer mit trocknem, kurzem Knall folgte, Schuß auf Schuß – und von beiden Seiten pfiffen die Kugeln. Die Unsrigen antworteten schweigend mit Schnellfeuer; in den Reihen waren nur kurze Bemerkungen wie die folgenden zu hören: »*Er* feuert von dort, *ihm* geht es gut im Wald, ein *Geschütz* müßte her«, und so weiter.

Die Geschütze fuhren in der Schützenkette auf, und nach einigen Kartätschensalven schien's, als ließe der Feind locker, doch nach wenigen Augenblicken schon und mit jedem Schritt, den unsere Truppen machten, verstärkte er sein Feuer, sein Rufen und sein Kriegsgeschrei.

Wir hatten den Aul kaum dreihundert Saschen hinter uns, als auch schon feindliche Geschützkugeln über unsere Köpfe zu sausen begannen. Ich sah, wie ein Soldat von einer Stückkugel getötet wurde ... Doch was soll ich die Einzelheiten dieses schrecklichen Bildes schildern, wo ich selbst viel darum gäbe, sie vergessen zu können.

Der Leutnant Rosenkranz schoß auch selbst aus dem Gewehr und raste vom einen Ende der Schützenkette zum andern, wobei er mit heiserer Stimme ohne Unterlaß auf die Soldaten einschrie. Eine leichte Blässe lag auf seinem martialischen Gesicht, aber sie stand ihm sehr gut.

Der hübsche Fähnrich war begeistert; seine schönen schwarzen Augen blitzten entschlossen, sein Mund lächelte traumhaft; immer wieder ritt er an den Hauptmann heran und bat ihn um die Erlaubnis zu einem Sturmangriff.

»Wir werden sie zurückschlagen«, sprach er in überzeugendem Ton, »wirklich, wir schlagen sie zurück.«

»Es ist unnütz«, antwortete der Hauptmann, »wir müssen zurückgehen.«

Die Kompanie des Hauptmanns hielt den Saum des Waldes besetzt und wehrte den Feind liegend ab. Der Hauptmann in seinem abgenutzten Überrock und dem abgescheuerten Pelzmützchen hatte die Zügel über den Hals seines weißen Paßgängers gehängt, die Füße in den kurzen Bügeln ganz nach hinten gerückt und hielt schweigend auf demselben Fleck. (Die Soldaten kannten und machten ihre Sache so gut, daß es nichts zu befehlen gab.) Nur ab und zu erhob der Hauptmann seine Stimme, um diejenigen anzuschreien, die ihre Köpfe aus der Deckung hoben.

Die Erscheinung des Hauptmanns hatte sehr wenig Militärisches an sich, aber dafür steckte in ihr so viel Natürlichkeit und Schlichtheit, daß sie mich außerordentlich einnahm. »So ist ein wahrhaft Tapferer«, mußte ich unwillkürlich sagen.

Er war genau der gleiche, wie ich ihn immer gesehen hatte:

31

dieselben gemessenen Bewegungen, dieselbe gleichmäßige Stimme und derselbe Ausdruck ohne Falsch in seinem nicht hübschen, einfachen Gesicht; nur aus seinem mehr als sonst klaren Blick sprach die Aufmerksamkeit eines Menschen, der ruhig mit seiner Arbeit beschäftigt ist. Leicht zu sagen: *derselbe wie immer*. Aber wieviel verschiedene Schattierungen habe ich an anderen beobachtet: der eine will ruhiger erscheinen als gewöhnlich, ein anderer rauher, ein dritter fröhlicher; dem Gesicht des Hauptmanns sieht man jedoch an, daß er gar nicht begreifen würde, welchen Sinn es hätte, scheinen zu wollen.

Jener Franzose, der bei Waterloo gesagt hatte: »La garde meurt, mais ne se rend pas«, und all die anderen, insbesondere französischen Helden, die denkwürdige Aussprüche getan haben, waren tapfer und haben wirklich denkwürdige Aussprüche getan; aber zwischen ihrer Tapferkeit und der Tapferkeit des Hauptmanns besteht der Unterschied, daß – auch wenn ein großes Wort die Seele meines Helden bewegt hätte – er dieses Wort zweifellos nicht über seine Lippen gebracht hätte, und zwar erstens, weil er gefürchtet hätte, eine große Tat durch ein großes Wort zu entweihen, und zweitens, weil, wenn ein Mensch »eine große Tat« zu vollführen in sich die Kraft verspürt, es überhaupt keiner Worte mehr bedarf. Das ist nach meiner Auffassung ein besonderer und hochwertiger Zug an der russischen Tapferkeit; wie sollte es daher ein russisch fühlendes Herz nicht schmerzlich empfinden, wenn sich unsere jungen Krieger in albernen französischen Phrasen gefallen, die den Anspruch erheben, ein veraltetes französisches Rittertum nachzuahmen?

Plötzlich erklang von der Seite, wo der junge Fähnrich mit seinem Zug stand, ein spärliches, schüchternes Hurra. Ich schaute mich um und sah etwa dreißig Soldaten, die – das Gewehr in der Hand und das Felleisen auf den Schultern – unter Anspannung aller Kräfte über ein gepflügtes Feld stürmten. Sie stolperten, gingen aber weiter vor und schrien. Ihnen voraus sprengte mit gezogenem Säbel der junge Fähnrich.

Alle verschwanden im Wald.

Nach wenigen, von Kriegsgeschrei und Gewehrgeknatter erfüllten Minuten stürmte ein scheu gewordenes Pferd aus dem Walde heraus, und am Waldrande erschienen Soldaten, die Tote und Verwundete trugen; unter letzteren war auch der jungen Fähnrich. Zwei Soldaten stützten ihn unter den Armen. Er war weiß wie ein Tuch, sein hübscher Kopf, der nur noch den Schatten jener kriegerischen Begeisterung offenbarte, die ihn noch eine Minute vorher beseelt hatte, war auf grauenerregende Weise zwischen die Schultern gesunken und neigte sich auf die Brust hinab. Auf dem weißen Hemd unter dem aufgeknöpften Rock zeigte sich ein kleiner blutiger Fleck.

»Ach, welch ein Jammer!« sagte ich unwillkürlich und wandte mich von diesem traurigen Anblick ab.

»Natürlich ist's schade«, sagte ein alter Soldat, der mit finsterer Miene, auf sein Gewehr gestützt, neben mir stand, »fürchtete sich vor nichts! Wie kann man nur so sein!« fügte er bei, den Blick unverwandt auf den Verwundeten gerichtet. »So dumm noch – jetzt hat er's büßen müssen.«

»Und du fürchtest dich etwa?« fragte ich.

»Du etwa nicht?«

11

Vier Soldaten trugen den Fähnrich auf einer Bahre; hinter ihnen führte ein Soldat ein mageres, zerschundenes Pferd, das mit zwei grünen Kasten beladen war, welche die Ausrüstung eines Feldschers bargen. Man erwartete den Arzt. Offiziere kamen an die Bahre herangeritten und suchten dem Verwundeten Mut zuzusprechen und ihn zu trösten.

»Nun, Bruder Alanin, jetzt werden wir nicht so bald wieder einen Kastagnettentanz aufführen können«, bemerkte lächelnd Leutnant Rosenkranz.

Er glaubte offenbar, daß solche Worte den hübschen jungen Fähnrich aufmuntern würden; aber soweit man dem kalt traurigen Ausdruck des letzteren entnehmen konnte, hatten die Worte nicht die gewünschte Wirkung erzielt.

Es kam auch der Hauptmann heran. Aufmerksam blickte er auf den Verwundeten, und auf seinem sonst gleichmütig kalten Gesicht drückte sich aufrichtiges Mitleid aus.

»Nun, mein teurer Anatol Iwanowitsch?« sprach er mit einer

Stimme, in der eine so zarte Anteilnahme mitschwang, wie ich es nie von ihm erwartet hätte. »Offenbar ist's Gottes Wille!«

Der Verwundete schaute sich um; sein bleiches Antlitz belebte sich von einem traurigen Lächeln.

»Ja, ich habe nicht auf Sie gehört.«

»Sagen Sie lieber: Gott hat's so gewollt«, wiederholte der Hauptmann.

Der Arzt, der inzwischen angekommen war, nahm Binden, Sonden und anderes Zubehör vom Feldscher entgegen, streifte den Ärmel hoch und trat mit einem aufmunternden Lächeln an den Verwundeten heran.

»Nun, offenbar hat man auch Ihnen an einer heilen Stelle ein Löchlein gemacht«, sagte er in einem scherzhaft nachlässigen Ton. »Zeigen Sie mal her.«

Der Fähnrich fügte sich; doch in dem Blick, den er auf den gutgelaunten Doktor richtete, spiegelten sich Erstaunen und Vorwurf, die aber dieser nicht bemerkte. Er machte sich daran, die Wunde zu sondieren und sie von allen Seiten zu untersuchen; doch mit schwerem Aufstöhnen schob der Verwundete, außer Fassung gebracht, die Hand zur Seite.

»Lassen Sie mich«, brachte er mit kaum vernehmlicher Stimme hervor, »es ist alles eins, ich muß sterben.«

Mit diesen Worten fiel er zurück, und fünf Minuten später, als ich mich der Gruppe näherte, die sich um ihn gebildet hatte, und einen Soldaten fragte: »Wie steht's um den Fähnrich?« wurde mir geantwortet: »Er geht hinüber.«

12

Es war schon spät, als die Abteilung in breiter Kolonne und Lieder singend sich der Festung näherte.

Die Sonne war hinter dem schneebedeckten Bergrücken verschwunden und warf ihre letzten rosigen Strahlen auf eine lange feine Wolke, die über dem klaren, durchsichtigen Horizont stand. Die schneebedeckten Berge begannen sich in Nebel zu hüllen; nur ihre oberen Konturlinien zeichneten sich mit außerordentlicher Schärfe im blutroten Lichte des Sonnenuntergangs ab. Der durchsichtig klare Mond, der längst schon aufgegangen war, verblaßte immer mehr auf dem dunklen Lasur des Himmels. Das Grün des Grases und der Bäume wurde dunkel und bedeckte sich mit Tau. Die dunkle Masse der Kolonne zog mit gedämpftem Lärm über die üppigen Wiesen; von den verschiedensten Seiten ertönten Tamburine, Trommeln und fröhliche Lieder.

Aus voller Kehle ließ sich der Chor der sechsten Kompanie hören, und die kraft- und gefühlvollen Töne seines ersten Tenors klangen weithin durch die klare Abendluft ...

Wie russische Soldaten sterben

Der Alarm

Im Jahre 1853 verbrachte ich etliche Tage in der Festung Tschachgiri, einem der malerischsten und unruhigsten Orte des Kaukasus. Am Tage nach meiner Ankunft saßen wir gegen Abend mit einem Bekannten, bei dem ich abgestiegen war, auf dem Wall vor seiner Erdhütte und warteten auf den Tee. Hauptmann N., unser guter Bekannter, kam auf uns zu.

Es war im Sommer; die Hitze flimmerte, weiße Sommerwolken liefen am Horizont entlang, die Berge traten deutlicher in Erscheinung, und schnelle Schwalben schossen durch die Luft. Zwei Kirschbäume und etliche einförmige Sonnenblumen standen unbeweglich vor uns und warfen ihre langen Schatten über den Weg. In dem zwei Ellen breiten Gärtchen war es still und behaglich. Plötzlich erscholl in der Luft das ferne Dröhnen eines Kanonenschusses.

»Was ist das?« fragte ich.

»Ich weiß nicht. Es scheint vom Turm zu kommen«, antwortete mein Bekannter, »es wird doch nicht schon wieder Alarm sein?«

Eine Kosak sprengte die Straße entlang, ein Soldat lief über den Weg und stampfte schwer mit seinen großen Stiefeln auf, im Nachbarhaus ließen sich Lärm und Rufe vernehmen. Wir traten an den Zaun.

»Was gibt's?« fragten wir einen Offiziersburschen, der in gestreiften Hosen an *einem* Träger, sich den Rücken kratzend, über den Weg lief.

»Alarm!« antwortete er, ohne stehenzubleiben, »meinen Herrn suche ich.«

Hauptmann N. packte seine Mütze, knöpfte seinen Rock zu und lief nach Hause. Seine Kompanie hatte Dienst. Ein zweiter und ein dritter Schuß dröhnten vom Turm.

»Gehen wir zum Hang, sehen wir einmal, vielleicht ist bei der Wassertränke etwas los«, sagte mein Bekannter zu mir. »Laß den Samowar stehen«, fügte er für den Burschen hinzu, »wir kommen gleich wieder.«

Auf den Straßen liefen die Menschen: da ein Kosak, da ein Offizier zu Pferd, da ein Soldat mit dem Gewehr in der einen und mit der Uniform in der anderen Hand. Erschreckte Juden- und Weiberfratzen zeigten sich vor den Toren, an den offenstehenden Türen und in den Fenstern. Alles war in Bewegung.

»Wo, ihr Brüder, ist Alarm? wo?« fragte eine japsende Stimme.

»Hinter der Brücke werden die Artilleriepferde eingefangen«, antwortete eine andere, »so eine herrliche Koppel, ewig schade darum.«

»Ach, ihr Väterchen! wie sie in die Festung hineinstürmen, ei-ei-ei-ei!« sagte mit weinerlicher Stimme ein altes Weib.

»Ah, möchtet Ihr nicht eine von Schamils Frauen werden, Tantchen?« entgegnete ihr augenzwinkernd ein junger Soldat in blauen Pluderhosen und mit der Papacha auf dem Ohr.

»Sieh an, als ob's eine Hochzeit gäbe«, sagte ein alter Soldat kopfschüttelnd zu dem laufenden Volk, »da ist nichts zu machen.«

Zwei Jungen sprengten im Galopp an uns vorbei.

»He, ihr Täubchen! Zum Alarm!« kreischte der eine und schwenkte seine Reitgerte.

Wir waren noch nicht bis zum Hang gekommen, als uns schon die diensthabende Kompanie einholte, die mit den Tornistern auf den Schultern und umgehängten Gewehren den Hügel hinablief. Der Kompanieführer, Hauptmann N., ritt voraus.

»Pjotr Iwanytsch!« rief ihm mein Bekannter zu, »gebt's ihnen ordentlich!«

Aber N. wandte sich nicht um: er blickte mit bekümmertem Gesichtsausdruck geradeaus, und seine Augen glänzten mehr als gewöhnlich. Am Ende der Kompanie ging der Feldscher mit seinem Ledersack und wurden Bahren getragen. Ich verstand den Gesichtsausdruck des Kompanieführers.

Es ist ermutigend, einen Menschen zu sehen, welcher dem Tod kühn in die Augen schaut; aber hier sind Hunderte von Menschen jede Stunde, jede Minute bereit, ihn nicht nur ohne Furcht zu erleiden, sondern ihm auch – was viel wichtiger ist – ohne Prahlerei, ohne den Wunsch, sich zu betäuben, ruhig und einfach entgegenzugehen. »Schön ist das Leben des Soldaten!«

Als die Kompanie auf halber Berghöhe war, kam ein gemeiner Soldat mit gerötetem Gesicht, weißem Nacken und einem Ohrring keuchend auf den Hang gelaufen. In der einen Hand trug er das Gewehr, mit der anderen drückte er seinen Tornister an sich. Als er an uns vorbeilaufen wollte, stolperte er und fiel hin. In der Menge erscholl Gelächter.

»Sieh zu, Antonytsch! Fallen tut nicht gut!« sagte der Spaßmacher in der blauen Pluderhose.

Der Soldat blieb stehen; sein müdes, verschwitztes Gesicht nahm plötzlich einen überaus zornigen und strengen Ausdruck an.

»Wenn du kein Narr wärst, aber so bist du ...«, sagte er mit Verachtung und lief weiter, um die Kompanie einzuholen.

Der Abend war still und klar, in den Schluchten krochen wie immer Nebelwolken dahin, aber der Himmel war rein, zwei schwarze Adler zogen hoch ihre schwebenden Kreise. Auf der gegenüberliegenden Seite des silbernen Bandes des Argun konnte man deutlich einen einsamen Ziegelturm sehen, unseren einzigen Besitz in der Großen Tschetschnja. In einiger Entfernung von ihm trieb eine Partie berittener Tschetschenzen die geraubten Pferde das Steilufer des Flusses hinauf und schoß auf die Soldaten im Turm zurück.

Als die Kompanie über die Brücke lief, waren die Tschetschenzen schon weiter als einen Gewehrschuß entfernt, aber nichtsdestoweniger zeigte sich bei den Unsrigen ein Pulverwölkchen, ein zweites, ein drittes – und plötzlich lief das Feuer durch die ganze Front der Kompanie. Der Knall dieser Schüsse drang nach etwa fünfzig Sekunden, zur allgemeinen Freude der Zuschauermenge, auch zu uns.

»Da schau! Siehst du, wie sie fliehen! Sie fliehen, fliehen! Es langt ihnen«, hörte man in der Menge lachend und befriedigt rufen.

»Wenn man sie allmählich von den Bergen abschneiden würde, könnten sie hier nicht mehr heraus«, sagte der Spaßmacher in den blauen Pluderhosen, der mit seinen Aussprüchen die Aufmerksamkeit aller Zuschauer auf sich zog.

Die Tschetschenzen trabten nach der Salve tatsächlich etwas flotter den Berg hinan; nur einige Dschigiten blieben aus Ruhmsucht etwas zurück und gaben die Schießerei mit der Kompanie nicht auf. Besonders einer auf einem weißen Pferd und in einer schwarzen Tscherkeska tänzelte dahin, von den Unsrigen kaum fünfzig Schritt entfernt, wie es schien, so daß man sich ärgerte, ihn ansehen zu müssen. Ungeachtet des ständigen Kugelfeuers ritt er im Schritt vor der Kompanie einher; und nur selten zeigte sich in seiner Nähe ein blaues Wölkchen, drang der abgerissene Knall eines Gewehrschusses zu uns herüber. Unmittelbar nach jedem Schuß ließ er sein Pferd ein paar Galoppsprünge machen und blieb dann wieder stehen.

»Wieder hat er gefeuert, der Gauner«, sagte jemand neben uns. »Siehst du, der Bandit fürchtet sich nicht, der kennt ein Zauberwörtchen«, bemerkte der Spaßmacher.

»Es hat einen erwischt, Brüder«, ließ sich plötzlich ein freudiger Ruf vernehmen, »bei Gott, es hat einen erwischt! So ist's gut! Ach, geschickt! Wenn sie ihnen schon die Pferde nicht abgejagt haben, haben sie doch wenigstens so einen Teufel erschossen. Hast du jetzt genug geprahlt, Brüderchen?« Tatsächlich, unter den Tschetschenzen war auf einmal ein sonderbares Durcheinander zu bemerken, als machten sie sich um einen Verwundeten zu schaffen, und allen voraus lief ein Pferd ohne Reiter. Der Jubel der Menge kannte bei diesem Anblick keine Grenzen mehr; man lachte und klatschte in die Hände. Hinter dem letzten Berghang verschwanden die Kaukasier aus dem Gesichtskreis, und die Kompanie machte halt.

»Nun, das Spektakel ist zu Ende«, sagte mein Bekannter, »gehen wir Tee trinken.«

»Ach, Brüder, von den Unsrigen hat es scheint's auch einen erwischt«, sagte in diesem Augenblick ein alter Trainsoldat, der sich die Hand vor die Augen hielt und die zurückkehrende Kompanie betrachtete, »sie tragen einen.«

Wir beschlossen, die Rückkehr der Kompanie abzuwarten.

Der Kompanieführer ritt voran, hinter ihm kamen die Sänger und schmetterten eines der lustigsten, ausgelassensten kaukasischen Lieder. Auf den Gesichtern der Soldaten und des Offiziers bemerkte ich einen besonderen Ausdruck von Würde und Stolz.

»Haben Sie keine Zigarette, meine Herren?« sagte N., indem er auf uns zuritt, »ich möchte schrecklich gerne rauchen.«

»Nun, was war los?« fragten wir ihn.

»Ach, der Teufel soll sie mit ihren räudigen Pferden holen«, antwortete er, indem er sich die Zigarette ansteckte, »Bondartschuk haben sie verwundet.«

»Was für einen Bondartschuk?«

»Den Sattler, wißt ihr noch, den ich euch geschickt habe, daß er den Sattel repariert.«

»Ah, ich erinnere mich, den blondköpfigen.«

»Was für ein herrlicher Soldat er war! Die ganze Kompanie hat er zusammengehalten.«

»Ist er schwer verwundet?«

»Hier, ein Durchschuß«, sagte er und zeigte auf den Bauch. In diesem Augenblick erschien hinter der Kompanie eine Gruppe Soldaten, die auf einer Bahre einen Verwundeten trugen.

»Da, nimm mein Ende, Filipytsch«, sagte einer von ihnen, »ich möchte Wasser trinken.«

Der Verwundete bat ebenfalls um Wasser. Die Träger setzten ab. Unter den Rändern der Tragbahre waren nur die angezogenen Knie und eine bleiche Stirn unter einer Mütze zu sehen.

Zwei alte Weiber begannen, weiß Gott warum, plötzlich zu heulen, und aus der Menge waren undeutliche Laute des Mitleids zu vernehmen, die zusammen mit dem Stöhnen des Verwundeten einen schweren, traurigen Eindruck hinterließen.

»Das ist es also, das Leben eines Soldaten«, sagte, mit der Zunge schnalzend, der wortgewandte Soldat in den blauen Pluderhosen.

Wir gingen uns den Verwundeten ansehen. Es war der nämliche strohblonde Soldat mit dem Ohrring, der hingefallen war, als er seiner Kompanie nachlief. Er sah jetzt viel magerer aus und schien um Jahre gealtert zu sein, und im Ausdruck seiner Augen und in den aufeinandergepreßten Lippen war etwas

Neues, Besonderes. Der Gedanke an die Nähe des Todes hatte schon auf dieses einfache Gesicht seine schönen, friedlich majestätischen Züge gelegt.

»Wie fühlst du dich?« fragten wir ihn.

»Schlecht, Euer Wohlgeboren«, sagte er und wandte uns mit großer Anstrengung seine glänzenden Augen zu.

»Gebe Gott, daß du wieder in Ordnung kommst.«

»Einmal muß man doch sterben«, antwortete er und schloß die Augen.

Die Träger setzten sich in Bewegung; aber der Sterbende wollte noch etwas sagen. Wir traten wieder an ihn heran.

»Euer Wohlgeboren«, sagte er zu meinem Bekannten, »ich habe die Steigbügel gekauft, sie liegen unter meiner Pritsche – von Ihrem Geld ist nichts übriggeblieben.«

....

Am nächsten Morgen gingen wir ins Hospital, um den Verwundeten zu besuchen.

»Wo ist der Soldat aus der achten Kompanie?« fragten wir.

»Welcher, Euer Wohlgeboren?« antwortete ein hohlwangiger, abgemagerter Soldat mit eingebundenem Arm, der in der Tür stand.

»Sie fragen wahrscheinlich nach dem, den man gestern nach dem Alarm hergebracht hat«, sagte eine schwache Stimme aus einem Bett.

»Den hat man schon hinausgetragen.«

»Hat er noch irgend etwas gesagt, bevor er starb?« fragten wir.

»Nein, gesagt hat er nichts, nur schwer geatmet hat er«, antwortete die Stimme aus dem Bett, »er hat neben mir gelegen, es hat so schlecht gerochen, daß es ein Jammer war, Euer Wohlgeboren.«

....

Groß sind die Schicksale des slawischen Volkes! Nicht umsonst wurde ihm diese ruhige Kraft der Seele, diese große Schlichtheit und Unkenntnis seiner Kraft verliehen ...!

Aufzeichnung eines Markörs

Erzählung

So um die dritte Stunde war es. Es spielten die Herren: der große Gast (so nannten ihn die Unseren), der Fürst war da (der stets mit ihr kommt), der schnurrbärtige Herr war auch da, der kleine Husar, Oliver, der zu den Schauspielern gehörte, der Pan waren da. Ziemlich viele Leute waren da.

Der große Gast spielte mit dem Fürsten. Gehe ich also mit der Rechenmaschine so um das Billard herum und zähle: neun und achtundvierzig, zwölf und achtundvierzig. Man weiß ja, wie es bei uns Markören zugeht: du hast noch keinen Bissen im Mund gehabt und zwei Nächte lang nicht geschlafen, aber sag nur immerfort an und nimm die Bälle heraus. Ich zähle also und sehe: ein neuer Herr ist zur Tür hereingekommen, schaut sich im Saal um und setzt sich auf den kleinen Diwan. Schön.

Wer mag das nur sein? Welchem Stand gehört er an? denke ich für mich.

Gekleidet war er sauber, so sauber, als wäre sein ganzer Anzug soeben vom Schneider gekommen: karierte Tuchhose, ein modisches Röcklein, ganz kurz, eine Samtweste und eine goldene Kette, an der verschiedene Sächelchen hingen.

Gekleidet war er sauber, er selber war aber noch viel sauberer: schlank, groß, die Haare vorne gekräuselt, ganz modisch, und das Gesicht weiß und rosig, nun, alles in allem – ein Held.

Man weiß ja, unser Beruf bringt es mit sich, daß wir allerhand Leute zu Gesicht bekommen: die allervornehmsten, aber auch viel Pack; wenn man auch nur Markör ist, aber man paßt sich den Menschen doch an, das heißt in dem Sinne, daß man an Lebensklugheit gewinnt.

Ich blicke nach dem Herrn und sehe, er sitzt ruhig da, ist mit keinem bekannt, die Kleider sind ganz neu; ich denke mir: entweder ist er ein Fremder, ein Engländer könnte er sein, oder irgendein zugereister Graf. Und trotz seiner Jugend hat er ein gewisses Ansehen. Oliver, der neben ihm saß, rückte sogar zur Seite.

Die Partie war zu Ende; der Große hatte verloren, schreit mich an: »Du lügst immerfort«, sagt er, »du zählst nicht richtig, guckst immer nach allen Seiten.«

Er schimpft, schleuderte das Queue weg und ging fort. Da schau her! Abends pflegt er mit dem Fürsten die Partie um fünfzig Silberrubel zu spielen, jetzt aber hat er eine Flasche Mâcon verloren und ist außer sich. Hat eben so einen Charakter! Mitunter spielt er mit dem Fürsten bis zwei Uhr; sie legen kein Geld in die Netze, und ich weiß dann, daß weder der eine noch der andere Geld hat, aber sie tun groß.

»Gilt's – fünfundzwanzig Rubel die Ecke?«

»Es gilt.«

Du brauchst nur zu gähnen oder einen Ball nicht richtig hinzulegen – bist ja schließlich nicht aus Stein –, und gleich will er dir in die Fratze fahren.

»Man spielt doch nicht um Holzspäne, sondern um Geld«, heißt es. Dieser macht mir das Leben am sauersten.

Nun schön. Also der Fürst sagt zu dem neuen Herrn, nachdem der Große weggegangen ist: »Ist's gefällig, mit mir zu spielen?«

»Mit Vergnügen«, sagt der.

Solange er dasaß, blickte er großartig drein – und wie! Muß viel Schneid haben; aber als er aufstand und an das Billard herantrat, war es vorbei: er wurde schüchtern. Ob er nun schüchtern wurde oder nicht, aber man merkte, er fühlte sich nicht wohl in seiner Haut. War es ihm in dem Anzug, in dem neuen, nicht bequem, oder fürchtete er sich, daß alle auf ihn sahen, jedenfalls war die Schneid dahin. Geht irgendwie seitwärts, bleibt mit der Tasche am Netz hängen, kreidet das Queue ein – und läßt die Kreide fallen. Nach jedem Stoß sieht er sich um und

wird rot. Da war der Fürst ganz anders: war schon daran gewöhnt – kreidet das Queue ein, kreidet seine Hand ein, streift
den Ärmel hoch und geht so drauflos, daß die Löcher krachen,
obwohl er klein ist.

Sie spielten zwei oder drei Partien, ich weiß es nicht mehr genau, der Fürst legt das Queue weg und sagt: »Darf ich um Ihren
Namen bitten?«

»Nechljudow!« sagt er.

»Ihr Vater war Korpskommandant?«

»Jawohl«, sagt er.

Dann begannen sie besonders schnell französisch zu sprechen; das verstand ich nicht. Wahrscheinlich haben sie von ihrer
Verwandtschaft geredet.

»Au revoir«, sagte der Fürst, »bin seht erfreut, Ihre Bekanntschaft gemacht zu haben.«

Wusch sich die Hände und ging essen; jener aber steht mit
dem Queue am Billard und stößt die Bälle umher.

Unsereiner weiß ja Bescheid; je schroffer man mit einem
neuen Menschen ist, desto besser: ich nahm die Bälle weg und
räumte auf. Er errötete und sagte: »Darf man noch spielen?«

»Gewiß«, sage ich, »das Billard steht ja zum Spielen da.« Dabei sehe ich ihn nicht an und stelle die Queues weg.

»Willst du mit mir spielen?«

»Gewiß, Herr«, sage ich.

Ich legte die Bälle auf.

»Ums Durchkriechen gefällig?«

»Was heißt das«, sagt er, »ums Durchkriechen?«

»Das ist so«, sage ich. »Sie zahlen mir einen Fünfziger, und ich
krieche unter dem Billard durch.«

Das kam ihm, weil er noch nichts gesehen hatte, komisch vor.
Er lachte.

»Es gilt«, sagt er.

Schön. Ich sage: »Wieviel belieben Sie mir vorzugeben?«

»Spielst du denn schlechter als ich?«

»Wie denn«, sage ich, »wir haben nur wenige Spieler, die es
mit Ihnen aufnehmen.«

Wir begannen zu spielen. Er dachte wahrhaftig, er sei ein
Meister: haut so drauflos, daß es ein Jammer ist; und der Pan

44

sitzt dabei und sagt immerfort: »Ist das ein Ball! Ist das ein Stoß!«

Und wahrlich! ... Der Stoß war gut, aber er kannte keine Berechnung. Nun, ich verlor also, wie üblich, die erste Partie: kroch unter dem Billard durch, stöhnte. Da sprangen Oliver und Pan von ihren Plätzen auf und klopften mit den Queues.

»Prächtig!« sagten sie. »Noch einmal, noch einmal!«

Was denn »noch einmal«! Besonders der Pan wäre für einen Fünfziger nicht nur unter dem Billard, sondern unter der Blauen Brücke durchgekrochen. Dabei schreit er jetzt mit:

»Prächtig! Es ist noch nicht aller Staub weggewischt.« Den Markör Petruschka, mein ich, kennt ein jeder.

Aber ich deckte mein Spiel natürlich nicht auf: verlor die zweite Partie.

»Ich kann's mit Ihnen wirklich nicht aufnehmen, Herr«, sage ich.

Er lacht. Als ich dann drei Partien gewann – er hatte neunundvierzig, ich nichts –, legte ich das Queue auf das Billard und sagte: »Wollen Sie ums Ganze spielen, Herr?«

»Wie ums Ganze?« sagt er.

»Sie zahlen mir entweder drei Rubel oder nichts«, sage ich.

»Wie«, sagt er, »spiele ich mit dir etwa um Geld? Dummkopf!«

Er wurde sogar rot.

Schön. Er verlor die Partie.

»Genug«, sagt er.

Er zog die Brieftasche heraus, eine ganz neue, im englischen Laden gekauft, öffnete sie, ich sehe schon, daß er prahlen will. Sie ist voller Geld, und lauter Hundertrubelscheine.

»Nein«, sagt er, »hier ist kein Kleingeld.«

Er nahm drei Rubel aus dem Geldbeutel.

»Da hast du zwei Rubel für die Partien, das übrige nimm als Trinkgeld.«

Ich danke gehorsamst. Ich sehe, ein prächtiger Herr! Für so einen kann man schon unters Billard kriechen. Nur schade, daß er nicht um Geld spielen will; sonst würde ich schon recht geschickt sein: ehe man sich's versieht, würde ich ihm zwanzig oder auch vierzig Rubel abknöpfen.

Als der Pan das Geld bei dem jungen Herrn sieht, sagt er:

»Wär's nicht gefällig, ein Partiechen mit mir zu spielen? Sie spielen so vorzüglich!« So machte sich der Fuchs an ihn heran.

»Nein«, sagt er, »entschuldigen Sie mich, ich habe keine Zeit.« Und ging fort.

Der Teufel mag wissen, wer dieser Pan eigentlich war. Jemand hatte ihn Pan genannt, und so blieb es denn dabei. Tagtäglich saß er im Billardzimmer und sah zu. Man hatte ihn schon geschlagen und beschimpft, aber spielen mochte niemand mit ihm: Immer saß er da, brachte sein Pfeifchen mit und rauchte. Er spielte aber auch ganz vortrefflich ... die Bestie!

Schön. Nechljudow kam ein zweites, ein drittes Mal, kam immer häufiger. Mitunter auch am Vormittag und am Abend. Er lernte alles kennen: Karambolage, à la guerre, Pyramide. Er wurde beherzter, schloß mit allen Bekanntschaft und fing an, ganz gut zu spielen. Man weiß ja, ein junger Mann aus vornehmem Haus, mit Geld, also achtete ihn natürlich ein jeder. Nur mit einem Gast, mit dem großen, geriet er immer in Streit.

Und die Ursache war ganz geringfügig.

Man spielte à la guerre: der Fürst, der große Gast, Nechljudow, Oliver und noch irgendwer. Nechljudow steht am Ofen, spricht mit jemand, der Große ist am Spielen, er war diesmal stark betrunken. Da kommt sein Ball ausgerechnet dem Ofen gegenüber zu liegen: Dort war's recht eng, er aber beliebte weit auszuholen.

Hatte er Nechljudow nicht gesehen, oder war es Absicht – er holte weit aus und stieß Nechljudow vor die Brust, und wie er ihn stieß! Der Gute ächzte sogar. Und was weiter? Er dachte nicht daran, sich zu entschuldigen – so ein Grobian! Spielte ruhig weiter, sah ihn nicht einmal an; und brummte noch: »Was stehen Sie da herum? Habe Ihretwegen nicht getroffen. Ist denn kein Platz da?«

Jener trat auf ihn zu, wurde ganz blaß, sagte aber höflich, als wäre nichts geschehen: »Sie hätten sich erst entschuldigen müssen, mein Herr, Sie haben mich gestoßen!«

»Ich bin jetzt nicht aufgelegt, mich zu entschuldigen«, sagt der, »ich hätte gewonnen, jetzt aber macht ein anderer meinen Ball.«

Jener sagt wiederum: »Sie müssen sich entschuldigen.«

»Packen Sie sich. Ist der zudringlich!«

Und sieht dabei immer nur auf seinen Ball.

Nechljudow trat noch näher an ihn heran und packte ihn am Arm.

»Sie sind ein Flegel, mein Herr!« sagt er.

Er war schmächtig und jung wie ein hübsches Mädchen, aber wie hitzig: die Augen glühten, als wollte er ihn verschlingen. Der große Gast aber war ein kräftiger, baumlanger Mann, mit dem konnte sich Nechljudow nicht messen.

»Wa–as?« sagt er, »ich bin ein Flegel?«

Schreit los und holt zum Schlag aus. Da sprangen die anderen, die da waren, hinzu, packten beide an den Armen, rissen sie auseinander.

Man schwatzt hin und her, Nechljudow sagt: »Er soll mir Genugtuung geben: er hat mich beleidigt«, das heißt, er wollte ein Duell haben mit ihm. Man kennt ja diese Herren: das ist so der Brauch bei ihnen … ist aber verboten … Nun, ich meine ja nur, meine Herren!

»Ich will nichts von Genugtuung wissen«, sagt der Große, »er ist ein Bengel, weiter nichts. Ich werde ihn bei den Ohren nehmen.«

»Wenn Sie mir keine Genugtuung geben wollen, so sind Sie kein anständiger Mensch.«

Und weinte beinahe.

»Du aber bist ein Bengel«, sagt der Große, »du kannst mich nicht beleidigen.«

Man trennte sie also, führt sie, wie das so üblich ist, in verschiedene Zimmer. Nechljudow war mit dem Fürsten gut Freund.

»Geh«, sagt er, »um Gottes willen, überrede ihn, daß er seine Zustimmung zum Duell gibt. Er war betrunken; vielleicht besinnt er sich jetzt. Es darf nicht dieses Ende nehmen.«

Der Fürst ging hin. Der Große sagt: »Ich habe mich in Duellen und im Krieg geschlagen. Es fällt mir nicht ein, mich mit einem Bengel zu schlagen. Ich will nicht und damit basta.«

Was also! Man redete, redete und hörte auf; aber der große Gast kam nicht mehr zu uns.

Bei dieser Gelegenheit, das heißt bei diesem Debakel, hatte er

Ehrgeiz gezeigt, sich als Kampfhahn bewiesen ... Nechljudow nämlich ... aber was eine andere Sache betrifft, so wußte er darin gar nicht Bescheid. Ich erinnere mich eines Gesprächs.

»Wen hast du hier in der Stadt?« sagt der Fürst zu Nechljudow.

»Niemanden«, sagt er.

»Wie denn«, sagt er, »niemanden?«

»Wozu?« sagt er.

»Wie das – wozu?«

»Ich habe«, sagt er, »bis jetzt so gelebt, warum sollte es also nicht möglich sein?«

»Wie: so gelebt? Das kann nicht sein!«

Und er bricht in ein schallendes Gelächter aus, und der Herr mit dem Schnurrbart lacht auch. Sie machten sich furchtbar lustig über ihn.

»Also niemals?« sagen sie.

»Niemals.«

Sie wollen umkommen vor Lachen. Ich verstand natürlich sofort, warum sie so über ihn lachten. Ich denke: Was wird nun wohl aus ihm werden?

»Fahren wir gleich hin«, sagt der Fürst.

»Nein, auf keinen Fall!« sagt er.

»Ach geh! Das ist doch lächerlich«, sagt er. »Trink dir Courage an, und fahren wir.«

Ich brachte ihnen eine Flasche Champagner. Sie tranken und nahmen den jungen Mann mit.

Gegen ein Uhr kamen sie zurück. Setzten sich zum Abendessen; es hatten sich ihrer viele versammelt, die allerfeinsten Herrschaften: Atanow, Fürst Rasin, Graf Schustach, Mirzow.

Und alle beglückwünschen Nechljudow und lachen. Sie riefen mich, ich sehe – sie sind gehörig angeheitert.

»Gratuliere dem Herrn!« sagen sie.

»Wozu?« frag ich.

Wie hat er doch gleich gesagt? Zur *Einweihung* oder zur *Aufklärung* oder zur *Erleuchtung*, ich weiß es nicht mehr genau.

»Ich habe die Ehre zu gratulieren«, sag ich.

Er aber sitzt mit rotem Kopf da und lächelt nur. War das ein Gelächter!

48

Schön. Dann kommen sie ins Billardzimmer, sind alle lustig, nur Nechljudow ist nicht wiederzuerkennen: Die Augen waren trübe, die Lippen zuckten, der Schluckauf plagte ihn – und kein vernünftiges Wort konnte er sagen. Er tritt an das Billard, stützt sich darauf und sagt: »Euch«, sagt er, »ist zum Lachen, mir aber ist traurig zumute. Warum«, sagt er, »habe ich das getan? Ich werde das weder dir, Fürst, noch mir jemals verzeihen.«

Und bricht in bittere Tränen aus. Natürlich hat er getrunken, weiß selber nicht, was er sagt. Der Fürst geht auf ihn zu und lächelt.

»Laß gut sein«, sagt er, »das ist Unsinn! … Wir wollen nach Hause fahren, Anatol.«

»Ich werde nirgends hinfahren«, sagt er. »Warum habe ich das getan?«

Und weint bitterlich. Geht nicht vom Billard weg. War eben noch ein junger Mensch und unerfahren …

Auf diese Weise kam er oft zu uns. Einst kam er mit dem Fürsten und mit dem schnurrbärtigen Herrn, der stets mit dem Fürsten ging. Er war ein Beamter oder Reservist, weiß Gott was, die Herren nannten ihn stets Fedotka. Ein häßlicher Mensch mit hervorstehenden Backenknochen, aber gut gekleidet, und fuhr in einer Kutsche. Warum die Herrschaften ihn so liebten, das weiß ich wirklich nicht. Fedotka hin und Fedotka her, aber wenn man zusah – sie hielten ihn frei und zahlten auch sonst für ihn. Er war aber auch ein geriebener Kerl! Verlor er, so zahlte er nicht; aber wenn er gewann, dann – sei unbesorgt! Und was er sich alles sagen ließ, der große Gast schlug ihn vor meinen Augen ins Gesicht und forderte ihn zum Duell … ging aber immer mit dem Fürsten Arm in Arm.

»Du kommst um ohne mich«, sagt er. »Ich bin Fedot, da hat's keine Not.«

So ein Witzbold war er! Also schön. Sie waren gekommen und sagten: »Spielen wir à la guerre zu dritt.«

»Spielen wir.«

Sie fingen mit einem Einsatz von drei Rubeln an. Nechljudow und der Fürst schwatzten und schwatzten.

»Du mußt einmal sehn, was für Füßchen sie hat«, sagt er. »Ach was Füßchen! Einen schönen Zopf hat sie.«

Natürlich passen sie beim Spiel nicht auf: unterhalten sich nur immer miteinander. Fedotka aber denkt an seine Sache, spielt mit Nachdruck, die anderen treffen nicht. Er gewinnt jedem sechs Rubel ab. Wie er mit dem Fürsten abrechnete, das weiß Gott, sie zahlten einander niemals Geld, Nechljudow aber zog zwei grüne Dreirubelscheine heraus und reichte sie ihm.

»Nein«, sagt er, »ich mag kein Geld von dir. Spielen wir ein einfaches Spiel: quitte ou double, das heißt, entweder das Doppelte oder nichts.«

Ich stellte die Bälle auf. Fedotka hatte den ersten Stoß, und das Spiel begann. Nechljudow spielt nur, um großzutun; hört plötzlich mitten in der Partie auf, sagt: »Nein, ich will nicht, 's ist zu leicht«; aber Fedotka läßt seinen Vorteil nicht außer acht und gewinnt Punkt für Punkt. Natürlich läßt er sich nichts anmerken und gewinnt die Partie ganz wie von ungefähr.

»Spielen wir weiter«, sagt er, »ums Ganze.«

»Spielen wir.«

Er gewann wieder.

»Mit einer Kleinigkeit«, sagt er, »hat's begonnen. Ich will dir nicht viel abgewinnen. Gilt's ums Ganze?«

»Es gilt.«

Mag sein, wie's will, um fünfzig Rubel ist's doch schade. Nechljudow bittet: »Also ums Ganze.« Und es geht weiter und immer höher, zweihundertachtzig Rubel hatte er ihm schon abgewonnen. Fedotka kennt die Kunstgriffe: er verliert die einfachen Partien und gewinnt die doppelten. Der Fürst aber sitzt dabei und sieht, daß die Sache ernst wird.

»Assez«, sagt er, »assez!«

Woher! Sie erhöhen den Einsatz immer weiter.

Schließlich kam es so weit, daß Nechljudow etwas über fünfhundert Rubel verloren hatte. Fedotka legte das Queue hin und sagte: »Ist's nicht genug? Ich bin müde.«

Dabei ist er bereit, bis zum Morgengrauen zu spielen, wenn's nur Geld gibt ... natürlich nur Politik. Der andere will jetzt erst recht: »Spielen wir, spielen wir.«

»Nein«, sagt er, »bei Gott, ich bin müde. Komm hinauf; dort will ich dir Revanche geben.«

Oben spielten bei uns die Herrschaften Karten. Zuerst Preference, aber dann – ehe man sich's versieht – *Meine Tante, deine Tante* und dergleichen.

Von diesem Tage an geriet er so unter Fedotkas Einfluß, daß er alle Tage zu uns kam. Er spielte eine oder zwei Partien – und dann hinauf, hinauf.

Was da zwischen ihnen vorging, das weiß Gott; aber er wurde ein ganz anderer Mensch und mit Fedotka ein Herz und eine Seele. Früher war er modisch gekleidet, sauber, frisiert; jetzt ist er nur am Morgen der alte; wenn er oben war und herunterkommt, sind die Kleider zerknüllt, die Haare wirr, die Hände schmutzig.

So kam er auch einmal mit dem Fürsten von dort, bleich, mit zitternden Lippen, und schimpfte über etwas.

»Ich erlaube ihm nicht, mir zu sagen« – wie drückte er sich doch aus? – »daß ich nicht *welikat* bin« oder so ähnlich, »und daß *er* nicht mit mir spielen will. Ich habe *ihm* zehntausend Rubel bezahlt, da könnte *er* in Gegenwart der anderen vorsichtiger sein.«

»Ach, laß gut sein«, sagt der Fürst, »lohnt sich's denn, sich über Fedotka zu ärgern?«

»Nein«, sagt er, »ich lasse das nicht so hingehen.«

»Hör auf«, sagt er, »kann man sich denn so weit erniedrigen, um mit Fedotka einen Skandal anzufangen?«

»Aber es waren doch Fremde zugegen.«

»Was liegt an den Fremden?« sagt er. »Nun, wenn du willst, werde ich ihn gleich veranlassen, dich um Verzeihung zu bitten.«

»Nein«, sagt er.

Und sie fingen an, auf französisch zu murmeln. Das konnte ich nicht verstehen. Und was war's? Am selben Abend speiste er mit Fedotka zusammen, und sie waren wieder gut Freund.

Schön. Manchmal kam er allein.

»Sag, spiele ich gut?« fragt er.

Man weiß ja, wie man antwortet: man muß jedem nach dem Munde reden; man sagt: gut, aber wo ist's denn gut! Er stößt, wie es kommt, ohne jede Berechnung. Und seit der Zeit, da er sich an Fedotka gehängt hat, spielte er immer um Geld. Früher mochte er nicht um irgend etwas spielen, weder um Essen noch um Champagner. Mitunter sagte der Fürst: »Spielen wir um eine Flasche Champagner.«

»Nein«, sagte er, »ich will sie lieber so bestellen. Heda! Eine Flasche Champagner!«

Jetzt aber spielt er immer des Gewinnes wegen. Tagtäglich kommt er zu uns: spielt entweder mit irgend jemand Billard oder geht hinauf. Da denke ich mir: Warum sollen denn immer nur die anderen alles bekommen, und ich nicht?

»Sie haben schon lange nicht mit mir gespielt, gnädiger Herr«, sage ich.

Und wir begannen zu spielen.

Als ich ihm zehn Fünfziger abgewonnen hatte, sage ich: »Nun auf quitt, gnädiger Herr, wollen Sie?«

Er schweigt. Sagt nicht mehr »Dummkopf« zu mir wie einst. Und wir spielen: auf quitt und auf quitt; ich gewinne ihm achtzig Rubel ab. Und was weiter? Er spielt fortan alle Tage mit mir. Oft wartete er, bis niemand mehr da war; denn er schämte sich natürlich, in Gegenwart anderer mit dem Markör zu spielen. Einmal geriet er in Hitze, ich hatte ihm schon sechzig Rubel abgewonnen.

»Willst du«, sagte er, »ums Ganze?«

»Es gilt«, sag ich.

Ich gewann.

»Hundertzwanzig gegen hundertzwanzig?«

»Es gilt!« sag ich.

Ich gewann wieder.

»Zweihundertvierzig gegen zweihundertvierzig?«

»Wird's nicht zuviel?« sag ich.

Er schweigt. Wir spielen: wieder gewinne ich die Partie.

»Vierhundertachtzig gegen vierhundertachtzig?«

Ich sage: »Warum soll ich Sie schädigen, gnädiger Herr? Geben Sie mir hundert Rubelchen; mag's dabei bleiben.«

Wie er mich da anschreit! Und war doch sonst ein Stiller.

»Ich durchbohre dich. Spiel oder spiel nicht.«

Ich sah, da ist nichts zu machen.

»Dreihundertachtzig«, sage ich, »wenn's beliebt.«

Natürlich wollte ich verlieren.

Ich gab ihm vierzig vor. Er hatte zweiundfünfzig, ich sechsunddreißig. Er wollte den Gelben schneiden und verlor achtzehn Punkte. Mein Ball lag an der Bande.

Ich machte einen so heftigen Stoß, daß der Ball hätte hinausspringen müssen, aber es gelang nicht. Ich dublierte, und die Partie war wieder mein.

»Höre, Pjotr«, sagte er (er sagte nicht Petruschka), »ich kann dir jetzt nicht gleich alles geben, aber in zwei Monaten kann ich meinethalben dreitausend Rubel bezahlen.«

Dabei wird er über und über rot, und seine Stimme zittert.

»Gut, gnädiger Herr«, sag ich.

Ich stelle mein Queue weg. Er geht umher und geht umher, der Schweiß rinnt ihm in Strömen übers Gesicht.

»Pjotr«, sagt er, »spielen wir ums Ganze.« Dabei weint er beinahe.

Ich sage: »Wozu noch spielen, gnädiger Herr?«

»Ach, bitte, komm!«

Und er reicht mir selbst das Queue hin. Ich nehme das Queue und schleudere die Bälle so heftig auf das Billard, daß sie zu Boden fallen: ich mußte doch auch groß tun; ich sage: »So *komm*, Herr.«

Er hatte aber solche Eile, daß er selber einen Ball aufhob. Ich denke: die siebenhundert Rubel bekomme ich doch nicht; also kann ich sie verspielen. Ich spiele absichtlich schlecht. Und weiter?

»Warum«, sagt er, »spielst du absichtlich schlecht?« Dabei zittern ihm die Hände; und wenn ein Ball sich dem Netz nähert, spreizt er die Finger auseinander, verzieht den Mund und streckt den Kopf und die Hände in der Richtung nach dem Netz. Ich sage zu ihm: »Das hilft nichts, Herr.«

Schön. Als er diese Partie gewonnen hat, sage ich: »Sie schulden mir also hundertachtzig Rubel und hundertfünfzig Partien; ich gehe jetzt zum Abendessen.« Stellte mein Queue hin und ging.

Ich setzte mich an ein kleines Tischchen gegenüber der Tür und beobachtete: was wird er jetzt machen? Und was denn? Er geht umher, geht umher – denkt wohl, niemand sieht ihn – und rauft sich plötzlich die Haare – und geht wieder umher, murmelt etwas vor sich hin und fährt sich wieder in die Haare.

Nach diesem Vorfall blieb er acht Tage weg. Kam einmal, ganz verdrießlich, in den Speisesaal, betrat das Billardzimmer aber nicht.

Der Fürst erblickte ihn.

»Komm«, sagt er, »spielen wir eine Partie.«

»Nein«, sagt er, »ich werde nicht mehr spielen.«

»Ach, Unsinn, komm.«

»Nein«, sagt er, »ich komme nicht. Dir geschieht damit nichts Gutes, und für mich ist's schlecht.«

So blieb er noch etwa zehn Tage weg. Dann kam er einmal an den Feiertagen, im Frack, anscheinend hatte er Besuche gemacht, und blieb den ganzen Tag da: spielte ohne Unterlaß, kam am andern Tag, am dritten ... Es war alles wieder beim alten. Einmal wollte ich wieder mit ihm spielen.

»Nein«, sagt er, »mit dir spiele ich nicht mehr, und die hundertachtzig Rubel, die ich dir schulde ... Komm in einem Monat zu mir, dann bekommst du sie.«

Schön. Nach einem Monat ging ich zu ihm.

»Ich habe das Geld nicht, bei Gott«, sagt er, »aber komm am Donnerstag.«

Ich kam am Donnerstag. Er hatte eine reizende kleine Wohnung.

»Ist der Herr zu Hause?« frage ich.

»Er schläft noch«, heißt es.

»Schön, ich warte.«

Sein Kammerdiener war einer seiner eigenen Leute; ein schlichtes, grauhaariges altes Männchen, das sich gar nicht auf Diplomatie verstand. So kamen wir miteinander ins Gespräch.

»Wozu leben wir hier«, sagt er, »der Herr und ich? Wir sind ganz in Schulden geraten, und der Aufenthalt in diesem Petersburg bringt uns weder Ehre noch Nutzen. Als wir das Gut verließen, dachten wir: wir werden, wie zu Zeiten des seligen Herrn, Gott schenke ihm das ewige Leben, bei Fürsten, bei Grafen und bei Generalen verkehren; wir dachten: wir werden uns eine von den Gräfinnen zur Frau nehmen, mit einer Mitgift, und dann auf adelige Weise leben; und nun ist's so gekommen, daß wir von einem Wirtshaus ins andere laufen – ganz schlimm ist's! Die Fürstin Rtistschewa ist doch unsere leibliche Tante, und der Fürst Borotynzew unser Taufpate. Nun, und? Er war einmal zu Weihnachten dort und läßt sich nicht wieder bei ihnen blicken. Ihre Leute lachen ohnehin schon darüber und sagen mir: ›Nun, euer Herr scheint nicht nach dem Vater geraten zu sein.‹ Da habe ich ihm einmal gesagt: ›Warum belieben der gnädige Herr nicht zum Tantchen zu fahren? Man sehnt sich nach Ihnen, hat Sie schon so lange nicht gesehen.‹ – ›Es ist langweilig dort, Demjanitsch‹, sagt er dann.

Da sieh einmal! Er findet es nur im Wirtshaus lustig. Wenn er wenigstens ein Amt hätte, aber nein: er beschäftigt sich nur mit Kartenspiel und dergleichen, und diese Dinge führen ja nie zu etwas Gutem. Oh – oh, so gehen wir zugrunde! … Die verstorbene Herrin, Gott hab sie selig, hat uns das allerreichste Gut hinterlassen: gut tausend Seelen, Wald im Wert von dreihunderttausend war da. Er hat alles versetzt, den Wald verkauft, die Bauern ruiniert und hat immer nichts. Ohne den Herrn ist natürlich der Verwalter mehr als der Herr … er zieht den Bauern die letzte Haut vom Buckel – und damit basta. Was kümmert's ihn? Wenn er sich nur die Taschen vollstopft, nachher kann alles zugrunde gehen. Unlängst kamen zwei Bauern hierher und brachten Klagen im Namen des ganzen Gutes vor. ›In Grund und Boden hat er die Bauern gewirtschaftet‹, sagten sie. Und was war? Er las die Klageschriften, gab jedem Bauern zehn Rubel. ›Ich werde bald selber kommen‹, sagt er. ›Wenn ich Geld bekomme, regle ich hier alles und fahre fort.‹

Aber wie sollen wir denn etwas regeln, wenn wir immerfort Schulden machen? Ob's viel oder wenig ist, aber wir haben hier in diesem Winter so an die achtzigtausend Rubel vergeudet; und jetzt ist im ganzen Haus kein einziger Rubel zu finden! Und das alles wegen seiner Gutherzigkeit. Er ist ja ein so schlichter Herr, gar nicht zu sagen. Und deswegen geht er zugrunde, geht wegen nichts und wieder nichts zugrunde.«

Und dabei weint der alte Mann beinahe. So ein Alter, ein lächerlicher.

Er erwachte um elf Uhr und ließ mich rufen.

»Man hat mir kein Geld geschickt«, sagt er, »aber es ist nicht meine Schuld. Mach die Tür zu.«

Ich machte sie zu.

»Da«, sagt er, »nimm die Uhr oder die Brillantnadel und versetze sie. Du wirst mehr als hundertachtzig Rubel dafür erhalten, und wenn ich das Geld bekomme, löse ich die Sachen ein«, sagt er.

»Gut denn, Herr«, sage ich, »wenn Sie kein Geld haben, ist nichts zu machen: geben Sie mir wenigstens die Uhr. Für Sie will ich es tun.«

Ich sehe selber, daß die Uhr dreihundert Rubel wert ist.

Schön. Ich versetzte die Uhr für hundert Rubel und brachte ihm den Pfandschein.

»Achtzig Rubel«, sage ich, »bleiben Sie mir schuldig; die Uhr aber belieben Sie selber einzulösen.«

Und so ist er mir denn meine achtzig Rubel bis auf den heutigen Tag schuldig geblieben.

Auf diese Weise kam er dann wieder täglich zu uns. Ich weiß nicht, wie sie untereinander abrechneten, aber er kam immer mit dem Fürsten angefahren. Oder sie gingen mit Fedotka hinauf, Karten spielen. Und sie hatten ganz wunderliche Verrechnungen zu dritt: der gibt dem, der gibt dem; aber der Schuldner läßt sich nicht herausfinden.

So kam er zwei Jahre lang zu uns, ich meine – jeden Tag; aber er hatte an Ansehen verloren: war dreist geworden, und manchmal kam's so weit, daß er mich um einen Rubel anpumpte, um die Droschke zu bezahlen; mit dem Fürsten aber spielte er Partien zu hundert Rubel.

Er war mißmutig, mager und gelb geworden. Mitunter, wenn er kam, verlangte er sofort ein Gläschen Absinth, nahm einen Imbiß und trank Portwein dazu; dann wurde er gleichsam heiterer.

Einmal kam er vor dem Mittagessen, es war in der Butterwoche, und fing an, mit einem Husaren zu spielen.

»Wollen Sie«, sagt er, »eine Partie spielen?«

»Bitte«, sagt der Husar, »um was?«

»Eine Flasche Claude Vougeaut, wollen Sie?«

»Es gilt.«

Schön. Der Husar gewann, und sie gingen essen. Setzten sich an den Tisch; Nechljudow sagt: »Simon! Eine Flasche Claude Vougeaut; aber sieh zu, daß sie ordentlich angewärmt wird.«

Simon ging, brachte das Essen, aber keine Flasche.

»Nun, und der Wein?« sagt er.

Simon lief davon und bringt den Braten.

»So bring doch den Wein!« sagt er.

Simon schweigt.

»Du bist wohl nicht bei Trost Wir sind gleich mit dem Essen fertig, und der Wein ist noch nicht da. Wer trinkt ihn denn zum Nachtisch?«

Simon lief davon.

»Der Wirt läßt bitten«, sagt er.

Er wird über und über rot, springt vom Tisch auf.

»Was will er denn?« sagt er.

Der Wirt aber steht an der Tür.

»Ich«, sagt er, »kann Ihnen nichts mehr stunden, wenn Sie mir die Rechnung nicht bezahlen.«

»Aber ich habe Ihnen doch gesagt, daß ich Sie in den ersten Tagen des Monats bezahlen werde.«

»Wenn es Ihnen beliebt«, sagt der Wirt, »aber ich kann nicht dauernd auf Borg geben. Ich verliere ohnedies Zehntausende durch Kredit.«

»Ach, genug, mon cher«, sagt er, »mir können Sie doch wirklich glauben. Lassen Sie den Wein bringen, und ich werde mich bemühen, Sie so bald wie nur möglich zu bezahlen.«

Und läuft zurück.

»Was gibt's, warum hat man Sie rufen lassen?« fragt der Husar.

»Ach, nichts, er hat mich um etwas gebeten«, sagt er. »Prächtig wär's«, sagt der Husar, »jetzt ein Gläschen gut gewärmten Wein zu trinken.«

»Nun, Simon, wird's?«

Mein Simon läuft davon. Bringt wieder keinen Wein. Schlecht. Nechljudow steht auf, kommt zu mir gelaufen.

»Um Gottes willen, Petruschka«, sagt er, »gib mir sechs Rubel.« Und ist blaß wie eine Kalkwand.

»Ich habe kein Geld, Herr, bei Gott«, sag ich, »auch sind Sie mir ohnehin noch viel schuldig.«

»Ich gebe dir«, sagt er, »nach Ablauf einer Woche vierzig Silberrubel für sechs.«

»Hätte ich Geld«, sag ich, »wagte ich nicht, es Ihnen abzuschlagen, aber ich habe wirklich und wahrhaftig keins.«

Was also weiter? Er stürzt hinaus, beißt die Zähne aufeinander, ballt die Fäuste, läuft wie ein Verrückter durch den Korridor, schlägt sich an die Stirn, daß es kracht ...

»Ach, mein Gott!« sagt er, »was ist das?«

Ging nicht einmal in den Speisesaal zurück, sprang in den Wagen und fuhr fort.

War das ein Gelächter. Der Husar sagt: »Wo ist denn der Herr, der mit mir gespeist hat?«

»Er ist fortgefahren«, heißt es.

»Wieso fortgefahren? Was hat er denn sagen lassen?«

»Nichts hat er sagen lassen: hat sich in den Wagen gesetzt und ist fortgefahren.«

»Ein sauberer Patron«, sagt der Husar.

Nun, denk ich mir, jetzt wird er lange Zeit nicht kommen, nach solch einer Blamage. Weit gefehlt. Er kam am nächsten Tag, gegen Abend. Kam ins Billardzimmer und hatte irgendeinen Kasten mitgebracht. Nahm den Überzieher ab.

»Komm spielen«, sagt er.

Er schaut unter der Stirn hervor und ist zornig.

Wir spielen ein Partiechen.

»Genug«, sagt er, »geh und bring mir eine Feder und Papier, ich muß einen Brief schreiben.«

Ich hole, ohne Schlimmes zu ahnen, Papier und lege es auf den Tisch in dem kleinen Zimmer.

»Es ist bereit, Herr«, sag ich.

Schön. Er setzte sich an den Tisch. Und schrieb und schrieb, murmelte vor sich hin und sprang schließlich mit einem ganz finstern Gesicht auf.

»Geh«, sagt er, »schau nach, ob mein Wagen schon vorgefahren ist.«

Es war Freitag in der Butterwoche, daher waren noch keine Gäste da: waren alle auf Bällen.

Ich wollte gerade gehen, um nach dem Wagen zu sehen, und bin kaum zur Tür hinaus.

»Petruschka! Petruschka!« schreit er, als wäre er vor etwas erschrocken.

Ich komme zurück und sehe: er steht da, bleich wie der Tod, und schaut mich an.

»Sie beliebten zu rufen, Herr?« sage ich.

Er schweigt.

»Was wünschen Sie?« frage ich.

Er schweigt.

»Ach ja!« sagt er, »wollen wir noch spielen?«

Schön. Er gewann die Partie.

»Nun«, sagt er, »habe ich gut spielen gelernt?«

»Ja«, sag ich.

»Na also. Sieh jetzt nach«, sagt er, »ob der Wagen da ist.« Und dabei geht er im Zimmer auf und ab.

Ich gehe nichtsahnend auf die Vorbautreppe hinaus: sehe, es ist kein Wagen da, und gehe zurück.

Wie ich so gehe, höre ich etwas, als ob jemand mit dem Queue geklopft hätte. Ich trete ins Billardzimmer: da riecht es so seltsam.

Und sieh: er liegt auf dem Boden, ganz voller Blut, und hat die Pistole hingeworfen. Da bin ich so erschrocken, daß ich kein Wort herausbringen konnte.

Er zuckt und zuckt mit dem einen Bein, dann fing er an zu röcheln und streckte sich lang aus.

Und warum er solche Sünde auf sich nahm und seine Seele verdarb, das weiß Gott; er hat dieses Schriftstück hinterlassen, und trotzdem kann ich's nicht begreifen.

Was diese Herren nicht alles tun! Laßt es euch gesagt sein, meine Herren ... Ein Wort noch, meine Herren.

»Gott hat mir alles gegeben, was ein Mensch sich wünschen kann: Reichtum, einen guten Namen, Verstand, edle Bestrebungen. Ich wollte genießen und habe alles, was gut in mir war, in den Schmutz getreten.

Ich bin nicht ehrlos, nicht unglücklich geworden, habe keinerlei Verbrechen begangen; aber ich habe Schlimmeres vollbracht: Ich habe meine Gefühle getötet, meinen Verstand, meine Jugend.

Ich bin in ein schmutziges Netz verstrickt, aus dem ich mich nicht befreien und an das ich mich nicht gewöhnen kann. Ich sinke unaufhörlich, spüre, wie ich falle, und vermag es nicht aufzuhalten. Es fiele mir leichter, ehrlos, unglücklich oder verbrecherisch zu sein: dann läge eine tröstliche, düstere Größe in meinem Unglück. Wäre ich ehrlos, könnte ich mich über den Ehrbegriff unserer Gesellschaft erheben und sie verachten. Wäre ich unglücklich, könnte ich murren. Hätte ich ein Verbrechen begangen, könnte ich es durch Reue oder Strafe büßen; aber ich bin niedrig, erbärmlich, weiß es – und kann mich nicht erheben.

Und was hat mich zugrunde gerichtet? Lebt irgendeine heftige Leidenschaft in mir, die mich entschuldigen könnte? Nein.

Siebener, As, Champagner, Karambolage, à la guerre, blaue Rubelscheine, käufliche Frauen – das sind meine Erinnerungen!

Ein einziger entsetzlicher Augenblick des Vergessens, der nie aus meinem Gedächtnis schwinden wird, brachte mich zur Besinnung. Ich entsetzte mich, als ich sah, welch ein unergründlicher Abgrund mich von dem trennte, was ich sein wollte und sein konnte. In meiner Phantasie tauchten Hoffnungen auf, Träume, Gedanken aus der Jugendzeit.

Wo sind jene lichten Gedanken über das Leben, über die Ewigkeit, über Gott, die meine Seele mit soviel Klarheit und Kraft erfüllten? Wo ist die gegenstandslose Macht der Liebe, die mein Herz mit einer so freudigen Glut erwärmte? Wo ist die Hoffnung auf Entwicklung, das Mitgefühl mit allem Herrlichen, die Liebe zu den Angehörigen, zu den Nächsten, zur Arbeit, zum Ruhm? Wo ist der Begriff der Pflicht?

Man hat mich beleidigt – ich habe ihn zum Duell gefordert und gedacht, damit den Forderungen des Anstandes voll entsprochen zu haben. Es mußte Geld beschafft werden zur Begleichung meiner Spielschulden und Prahlereien – ich habe tausend Familien, die mir Gott anvertraut hat, ruiniert und habe es ohne Scham getan, ich, der so ausgezeichnet diese geheiligten Pflichten verstand. Ein ehrloser Mensch hat mir gesagt, daß ich kein Gewissen hätte, daß ich stehlen wollte – und ich bin sein Freund geblieben, weil er ein ehrloser Mensch war und mir sagte, daß er mich nicht beleidigen wollte. Es wurde mir gesagt, daß es lächerlich sei, keusch zu leben, und ich habe ohne Mitleid die Blüte meiner Seele – die Unschuld – einem käuflichen Frauenzimmer hingegeben. Ja, um keinen ermordeten Teil meiner Seele tut es mir so leid wie um die Liebe, zu der ich so fähig war. Mein Gott! Hätte doch wenigstens ein Mensch so geliebt, wie ich geliebt habe, als ich noch keine Frauen kannte!

Und wie gut und glücklich hätte ich sein können, wenn ich den Weg gegangen wäre, den mir mein heller Verstand, mein kindliches, wahres Gefühl beim Eintritt ins Leben wiesen! Ich habe mehr als einmal versucht, aus der schmutzigen Bahn, in der mein Leben dahinging, auf einen lichten Weg zu gelangen. Ich sagte mir: ich will alle Willenskraft, die in mir ist, anwenden, und vermochte es nicht. Wenn ich allein war, bereitete mir meine eigene Gegenwart Unbehagen und Furcht. War ich mit anderen zusammen, hörte ich die innere Stimme überhaupt nicht mehr und sank tiefer und tiefer.

Endlich gelangte ich zu der furchtbaren Überzeugung, daß ich mich nicht mehr erheben könne, hörte auf, daran zu denken, und suchte Vergessen; aber eine hoffnungslose Reue peinigte mich um so heftiger. Damals kam mir zum ersten Mal der Gedanke an Selbstmord.

Aber auch in dieser Hinsicht war ich niedrig und feige. Erst die gestrige dumme Geschichte mit dem Husaren verlieh mir genügend Entschlossenheit, mein Vorhaben in die Tat umzusetzen. In mir ist nichts Adeliges übriggeblieben – nur mehr Prahlerei, und aus Prahlerei begehe ich die erste gute Tat meines Lebens.

Früher dachte ich, daß die Nähe des Todes meine Seele erheben müßte. Ich habe mich geirrt. In einer Viertelstunde wird es mich nicht mehr geben, aber meine Ansichten haben sich in keiner Weise geändert. Ich sehe und höre und denke genauso wie bisher; es ist die nämliche merkwürdige Ungereimtheit, Wankelmütigkeit und Leichtsinnigkeit, die so sehr aller Einheitlichkeit und Klarheit widersprechen, die dem Menschen, weiß Gott warum, innewohnen. Die Gedanken, was nach dem Tode sein wird und was man morgen bei der Tante Rtistschewa über meinen Tod reden wird, machen meinem Verstand in gleicher Weise zu schaffen.

Ein unergründliches Geschöpf ist der Mensch!«

Der Holzschlag

Erzählung eines Junkers

1

Mitten im Winter des Jahres 185. stand eine Division unserer Batterie in der Großen Tschetschnja im Kaukasus. Am Abend des 14. Februars hatte ich erfahren, daß der Zug, den ich in Abwesenheit des Offiziers kommandierte, der Kolonne zugeteilt worden war, die den nächsten Tag zum Waldroden gehen sollte. Ich hatte am Abend die nötigen Befehle empfangen und weitergegeben und mich früher als gewöhnlich in mein Zelt begeben; da ich nicht die schlechte Angewohnheit hatte, es mit glühenden Kohlen zu erwärmen, legte ich mich, ohne mich auszukleiden, auf das mittels kleiner Pflöcke hergerichtete Bett, zog die Mütze über die Augen, wickelte mich in meinen Pelz und versank in den eigenartigen, festen und schweren Schlaf, den man im Augenblick der Erregung und Unruhe vor der Gefahr schläft. Die Erwartung des für morgen angekündigten Unternehmens hatte mich in diesen Zustand versetzt.

Um drei Uhr morgens, als es noch vollständig dunkel war, zog mir jemand den warmgewordenen Schafpelz herunter, und rotes Kerzenlicht traf schmerzhaft meine verschlafenen Augen.

»Aufstehen, bitte«, sagte eine Stimme. Ich machte die Augen zu, zog unwillkürlich meinen Pelz wieder hoch und schlief weiter. »Bitte aufstehen«, wiederholte Dmitrij und rüttelte mich mitleidlos an der Schulter, »die Infanterie rückt aus.« Die Wirklichkeit kam mir plötzlich zum Bewußtsein, ich zuckte zusammen und sprang auf. Schnell trank ich ein Glas Tee, wusch mich mit dem vereisten Wasser, kroch aus dem Zelt und eilte auf den Platz, wo unsere Geschütze standen. Es war finster, neblig und kalt. Die nächtlichen Lagerfeuer, die hier und da zu sehen waren, beleuchteten wohl die Gestalten der um sie gelagerten schlafenden Soldaten, doch ließ ihr matter, roter Schein die Dunkelheit ringsum nur noch tiefer erscheinen. In nächster Nähe war gleichmäßiges, ruhiges Schnarchen zu hören, in der Ferne Bewegung, Gerede und Waffengeklirr der Infanterie, die zum Aufbruch rüstete; es roch nach Rauch, Dünger, Lunte und Nebel; morgendliche Kälteschauer liefen mir den Rücken herab, und die Zähne schlugen unwillkürlich aufeinander.

Nur an dem Schnauben und den gelegentlich erklingenden Hufschlägen konnte man in dieser undurchdringlichen Finsternis erkennen, wo die bespannten Protzwagen und Pulverkästen, und an den leuchtenden Punkten der Lunten, wo die Geschütze standen.

Mit den Worten: »Mit Gott« erklirrte das erste Geschütz, dann rasselte ein Pulverkasten, und der Zug setzte sich in Bewegung. Wir nahmen alle die Mützen ab und bekreuzigten uns. Mein Zug nahm den Platz zwischen den beiden Infanterieabteilungen ein, machte halt und wartete etwa eine Viertelstunde, bis die ganze Kolonne sich gesammelt hatte und der Befehlshaber gekommen war.

»Bei uns fehlt ein Soldat, Nikolaj Petrowitsch«, sagte eine schwarze Gestalt, die an mich herantrat, und an der Stimme erkannte ich den Zugfeuerwerker Maximow.

»Wer?«

»Welentschuk fehlt. Als wir anspannten, war er noch hier, ich habe ihn gesehen, und jetzt fehlt er.«

Da nicht anzunehmen war, daß die Kolonne sich sofort in Bewegung setzen würde, beschlossen wir, den Gefreiten Antonow auszuschicken, um Welentschuk zu suchen. Kurze Zeit darauf hörten wir in der Dunkelheit ein paar Reiter vorübertraben: es war der Befehlshaber mit seiner Suite; im nächsten Augenblick rührte sich die Spitze der Kolonne und setzte sich in Bewegung, und endlich auch wir; Antonow und Welentschuk waren noch nicht da. Wir waren aber noch keine hundert Schritt gegangen, als beide Soldaten uns einholten.

»Wo war er?« fragte ich Antonow.

»Im Artilleriepark hat er geschlafen.«

»Ist er etwa besoffen?«

»Nein, durchaus nicht.«

»Warum ist er denn eingeschlafen?«

»Das weiß ich nicht.«

Etwa drei Stunden bewegten wir uns langsam über unbebaute, schneefreie Felder und durch niedriges Gestrüpp, das unter den Geschützrädern knirschte, immer möglichst lautlos und im Dunkel. Endlich, als wir gerade einen nicht sehr tiefen, aber äußerst reißenden Bach durchschritten hatten, wurden wir angehalten, und bei der Vorhut waren abgerissene Gewehrschüsse zu hören. Wie gewöhnlich wirkten diese Laute sofort anregend auf alle. Die Abteilung schien plötzlich zu erwachen; in den Reihen der Soldaten ließen sich Gerede, Bewegung und Lachen hören. Zwei Soldaten rangen miteinander, einer sprang von einem Bein aufs andere, manche kauten einen Zwieback oder übten zum Zeitvertreib Gewehrgriffe. Im Osten begann sich der Nebel merklich zu lichten, die Feuchtigkeit wurde immer fühlbarer, und die uns umringenden Gegenstände traten allmählich aus der Dunkelheit hervor. Ich unterschied schon die grünen Lafetten und Pulverkästen, das mit Feuchtigkeit bedeckte Messing der Geschütze, die mir bis in die kleinsten Einzelheiten bekannten Gestalten meiner Soldaten, die braunen Pferde, die Reihen der Infanterie mit den blinkenden Bajonetten und den Brotsäcken, Krätzern und Kesseln auf dem Rücken.

Bald bekamen wir Befehl vorzurücken, und nachdem wir einige hundert Schritt querfeldein gemacht hatten, wurde uns ein Platz angewiesen. Rechts waren das steile Ufer eines ausgebuchteten Flüßchens und die hohen Holzsäulen eines tatarischen Friedhofs zu sehen; links und vorne zog sich durch den Nebel ein schwarzer Streifen. Der Zug protzte ab. Die achte Kompanie, die uns zu decken hatte, stellte die Gewehre zusammen, und ein Bataillon Soldaten ging mit Gewehren und Äxten in den Wald.

Es waren keine fünf Minuten vergangen, als schon von allen Seiten die Feuer prasselten und rauchten, überall verstreute Soldaten mit Händen und Füßen die Flammen entfachten, Äste und Balken schleppten und unaufhörlich Beilhiebe und das Geräusch fallender Bäume durch den Wald schallten.

Die Artilleristen wetteiferten gewissermaßen mit der Infanterie, indem sie ihr eigenes Feuer anzündeten, und obwohl der Scheiterhaufen schon dermaßen brannte, daß man auf zwei Schritt nicht an ihn herankommen konnte und dichter, schwarzer Rauch durch die vereisten Zweige, welche die Soldaten ins Feuer herunterdrückten, emporstieg, so daß das Eis zerging, die Tropfen im Feuer zischten, sich unten Kohlen bildeten und das Gras ringsherum abstarb und weiß wurde, gaben sich die Soldaten noch immer nicht zufrieden: sie schleppten ganze Balken heran, legten Gras hinein und fachten das Feuer immer mehr an. Als ich an das Feuer herantrat, um meine Zigarette anzuzünden, holte Welentschuk, der stets eifrig war, sich jetzt aber in seinem Schuldbewußtsein noch mehr als die anderen um das Feuer bemühte, in einem Anfall von Übereifer ganz aus der Mitte mit bloßer Hand eine Kohle, warf sie zweimal aus einer Hand in die andere und ließ sie auf die Erde fallen.

»Zünde doch etwas Reisig an und reich es her«, sagte ein anderer. »Gebt eine Lunte her, Brüder«, sagte ein dritter. Als ich endlich ohne Welentschuks Hilfe, der schon wieder mit der Hand nach der Kohle faßte, meine Zigarette angezündet hatte, rieb er die verbrannten Finger an den hinteren Schößen seines kurzen Pelzes, hob, um überhaupt etwas zu tun, einen großen Platanenklotz auf und warf ihn mit Wucht ins Feuer. Als er endlich glaubte ausruhen zu dürfen, ging er ganz nahe an die Glut heran, öffnete seinen Mantel, spreizte die Beine, streckte die großen schwarzen Hände vor, verzog leicht den Mund und kniff die Augen zusammen.

»Meine Pfeife habe ich vergessen, Kinder, so'n Pech«, sagte er, nachdem er eine Weile geschwiegen hatte, ohne sich an jemand Bestimmten zu wenden.

2

In Rußland gibt es drei vorherrschende Soldatentypen, denen

sich die Soldaten aller Truppen (der kaukasischen, der Linien- und Garderegimenter, der Infanterie, Kavallerie, Artillerie und so weiter) zuteilen lassen.

Diese Haupttypen, mit vielen Unterabteilungen und Überschneidungen, sind:

1. Die Ergebenen,
2. die Befehlshaberischen,
3. die Verwegenen.

Die Ergebenen lassen sich einteilen in a) kaltblütig Ergebene und b) geschäftig Ergebene.

Die Befehlshaberischen sind einzuteilen in a) schroff Befehlende und b) diplomatisch Befehlende.

Die Verwegenen sind einzuteilen in a) unterhaltsam Verwegene und b) unsittlich Verwegene.

Der häufigste Typus – der liebenswürdigste, sympathischste und meist mit den besten christlichen Tugenden, mit Sanftmut, Frömmigkeit, Geduld und Ergebenheit in den Willen Gottes, ausgestattete Typus – ist der Typus der Ergebenen überhaupt. Der charakteristische Zug des kaltblütig Ergebenen ist die durch nichts zu erschütternde Ruhe und die Verachtung aller Schicksalsschläge, die ihn treffen können. Der charakteristische Zug des Ergebenen, der an Trunksucht leidet, ist eine stille Neigung zum Poetischen und zur Empfindsamkeit; der charakteristische Zug des Geschäftigen ist die Beschränktheit der geistigen Fähigkeiten, verbunden mit ziellosem Fleiß und Eifer.

Der Typus der Befehlshaberischen schlechtweg kommt vorwiegend in den Kreisen außerhalb der Gemeinen vor, also unter Gefreiten, Unteroffizieren, Feldwebeln und so weiter. Die schroff Befehlshaberischen der ersten Unterabteilung sind ein guter, energischer, vornehmlich kriegerischer Menschenschlag, bei dem auch hoher poetischer Schwung nicht ausgeschlossen ist. (Zu diesem Typus gehörte der Gefreite Antonow, mit dem ich den Leser bekanntmachen möchte.) Zu der zweiten Unterabteilung gehören die diplomatisch Befehlenden, deren Zahl in der letzten Zeit stark im Wachsen begriffen ist. Der diplomatisch Befehlende ist meist redegewandt, kann lesen und schreiben, trägt gewöhnlich ein rosa Hemd, ißt niemals aus dem gemeinsamen Kessel, raucht Mussatowtabak, hält sich für etwas unvergleichlich Höheres als der einfache Soldat, ist aber nur selten so tüchtig wie der Befehlende der ersten Kategorie.

Wie bei den Befehlshaberischen, so ist auch bei den Verwegenen der Typus der ersten Unterabteilung gut: Die unterhaltsam Verwegenen zeichnen sich durch unerschütterlich gute Laune, vielseitige Begabung, Reichtum ihrer Veranlagung und Kühnheit aus; doch schlimm ist der Typus der zweiten Kategorie: der unsittlich Verwegene. Zur Ehre des russischen Heeres muß gesagt werden, daß solche Leute sehr selten vorkommen und gewöhnlich von den Soldaten selbst aus ihrer Gemeinschaft ausgeschlossen werden. Unglaube und eine gewisse Bravour im Laster sind die Hauptcharakterzüge dieser Kategorie.

Welentschuk gehörte zu der Gruppe der geschäftig Ergebenen. Er war Kleinrusse, schon seit fünfzehn Jahren im Dienst, etwas unansehnlich und nicht besonders gewandt, dafür aber treuherzig, gut, außerordentlich diensteifrig, auch dort, wo es nicht nötig war, und außerordentlich ehrlich. Ich sage: außerordentlich ehrlich, weil das Jahr vorher etwas vorgefallen war, was diese seine Charaktereigenschaft besonders deutlich veranschaulicht hatte. Es sei hier erwähnt, daß beinahe jeder Soldat irgendein Handwerk betreibt. Besonders verbreitet sind Schneiderei und Schuhmacherei. Welentschuk hatte das erstere erlernt und darin, wie es scheint, einen gewissen Grad der Vollkommenheit erreicht, da sogar Michail Dorofejitsch, der Feldwebel, ihn für sich nähen ließ. Das Jahr vorher, im Lager, hatte Welentschuk es übernommen, für Michail Dorofejitsch einen feinen Mantel zu nähen. Als er im Zelt das Tuch zugeschnitten und die Zutaten abgemessen hatte, legte er zur Nacht beides unter sein Kopfkissen, und in derselben Nacht ereilte ihn das Unglück: Das Tuch, das sieben Rubel gekostet hatte, war in der Nacht verschwunden! Mit Tränen in den Augen, mit zitternden bleichen Lippen und kaum verhaltenem Schluchzen meldete es Welentschuk dem Feldwebel. Michail Dorofejitsch geriet in Zorn. Im ersten Ärger drohte er dem Schneider mit Strafe, ließ es aber dann sein; und da er ein guter Mensch und wohlhabend war, so drang er nicht darauf, daß Welentschuk ihm den Wert des Mantels ersetzte. So eifrig auch der eifrige Welentschuk war, soviel er auch weinte und den Leuten von seinem Unglück vorerzählte, der Dieb war nicht zu finden. Ein unsittlich verwegener Soldat, Tschernow, der in einem Zelt mit ihm schlief, wurde zwar stark verdächtigt, doch konnten keine Beweise erbracht werden. Der diplomatisch befehlshaberische Michail Dorofejitsch, der wohlhabend war und allerhand kleine Geschäfte mit dem Zeughauswärter und dem Leiter des Artels, den beiden Aristokraten der Batterie, betrieb, hatte den Verlust seines Zivilmantels bald vergessen; Welentschuk dagegen konnte sein Unglück nicht vergessen. Die Soldaten sagten, sie hätten damals Angst gehabt, er würde sich das Leben nehmen oder in die Berge fliehen, so stark hätte das Unglück auf ihn gewirkt. Er aß und trank nicht, konnte nicht einmal arbeiten und weinte ständig. Drei Tage später kam er ganz blaß zu Michail Dorofejitsch, zog mit zitternden Händen eine Goldmünze aus seinem Ärmelaufschlag und gab sie ihm. »Es ist mein letztes, bei Gott, Michail Dorofejitsch, ich habe es von Schdanow entliehen«, sagte er schluchzend, »und die noch fehlenden zwei Rubelchen werde ich bringen, sobald ich soviel verdient habe. Er« – wer *er* war, wußte Welentschuk selbst nicht – »hat mich in Ihren Augen zu einem Schurken gemacht. Er – die boshafte, gemeine Seele – hat seinem Bruder und Kameraden das Letzte geraubt, ich habe fünfzehn Jahre gedient…« Zu Michail Dorofejitschs Ehre muß ich sagen, daß er die fehlenden zwei Rubel nicht annahm, als Welentschuk sie ihm zwei Monate später brachte.

3

Außer Welentschuk wärmten sich am Feuer noch fünf Soldaten meines Zuges.

An der besten Stelle, gegen Wind geschützt, saß auf einem Holzfäßchen der Zugfeuerwerker Maximow und rauchte seine Pfeife. Die Haltung, der Blick und alle Bewegungen dieses Mannes ließen seine Gewohnheit zu befehlen und sein Selbstbewußtsein erkennen, ganz abgesehen von dem Holzfäßchen, auf dem er saß, das während der Rast das Emblem seiner Macht war, und von dem mit Nanking überzogenen Halbpelz.

Als ich herankam, drehte er mir den Kopf zu; aber seine Augen blieben aufs Feuer gerichtet, und erst viel später wandte er mir den Blick, der Richtung des Kopfes folgend, zu. Maximow hatte Haus und Hof, besaß Geld und hatte sich in der Lehrbrigade Ordnung und Gelehrsamkeit angeeignet. Er war ungeheuer reich und ungeheuer gelehrt, wie die Soldaten sagten. Ich erinnere mich, wie er einst bei einer Übung im Steilfeuer mit Quadranten den um ihn versammelten Soldaten auseinandersetzte, daß die Wasserwaage *nichts anderes sei, als was hervorgehe, daß die atmosphärische Quecksilbersäule ihre Bewegung habe.* In Wirklichkeit war Maximow durchaus nicht dumm und verstand seine Sache ausgezeichnet; aber er hatte die unselige Gewohnheit, gelegentlich mit Absicht so zu sprechen, daß es unmöglich war, ihn zu verstehen, und ich bin überzeugt, daß er seine eigenen Worte nicht verstand. Ganz besonders gern gebrauchte er die Worte »hervorgehen« und »fortsetzen«; und wenn er einmal damit anfing, dann wußte ich schon im voraus, daß ich von dem, was kommen sollte, nichts verstehen würde. Dagegen hörten die Soldaten, soviel ich bemerken konnte, sein »hervorgehen« und »fortsetzen« sehr gerne und vermuteten dahinter einen tiefen Sinn, obwohl sie ebenso wie ich kein Wort verstanden. Aber dieses Nichtverstehen schrieben sie ihrer eigenen Dummheit zu und achteten Fjodor Maximytsch nur um so höher. Mit einem Wort, Maximow war ein sehr diplomatisch Befehlender.

Der zweite Soldat, der am Feuer seine Stiefel auf die sehnigen roten Füße zog, war Antonow, derselbe Bombardier Antonow, der schon im Jahre siebenunddreißig, als er mit zwei Kameraden bei einem Geschütz ohne Deckung zurückgeblieben war, fortfuhr, den starken Feind zu beschießen, und auch dann nicht aufhörte, neben dem Geschütz herzugehen und neu zu laden, als er zwei Kugeln im Schenkel hatte. »Er wäre schon längst Feuerwerker, wenn er nicht diesen Charakter hätte«, sagten die Soldaten von ihm. Und tatsächlich war sein Charakter merkwürdig: Wenn er nüchtern war, gab es keinen ruhigeren, friedlicheren und gewissenhafteren Menschen; fing er jedoch an zu trinken, so wurde er ein ganz anderer: er erkannte keinerlei Macht an, prügelte sich, trieb allerhand Unfug und wurde ein völlig unbrauchbarer Soldat. Erst vor acht Tagen hatte er in der

Butterwoche wieder zu trinken angefangen und trotz aller Drohungen und Ermahnungen, obwohl er an das Geschütz gebunden wurde, bis zum Fastenmontag nicht zu saufen und zu krakeelen aufgehört. Während der ganzen Fastenwochen aber, obwohl angeordnet war, daß die Mannschaft seiner Abteilung nicht zu fasten brauchte, nährte er sich nur von Zwieback und nahm in der ersten Woche nicht einmal die ihm zustehende Wodkaration an. Übrigens mußte man diese gedrungene, wie aus Eisen gegossene Gestalt mit den kurzen, nach auswärts gebogenen Beinen und der glänzenden, schnurrbärtigen Fratze gesehen haben, wenn er, ein bißchen angeheitert, in seine sehnigen Hände die Balalaika nahm und – geringschätzig nach rechts und links blickend – die »Barinja« zu spielen anfing, oder wenn er, den Mantel, an dem die Orden baumelten, nachlässig übergeworfen, die Hände in den Taschen der blauen Nankinghose, über die Straße ging; man mußte den Ausdruck des soldatischen Stolzes und der Verachtung für alles Nichtsoldatische, die sich dann auf seinem Gesicht spiegelten, gesehen haben, um zu verstehen, daß es für ihn vollständig unmöglich war, in solchen Augenblicken nicht mit einem frech gewordenen oder ihm einfach zufällig in den Weg kommenden Burschen, Kosaken, Infanteristen oder Kolonisten, kurz Nichtartilleristen, Händel zu suchen. Er raufte und krakeelte weniger zu seinem eigenen Vergnügen, als um das Ansehen des gesamten Soldatenstands, als dessen Vertreter er sich fühlte, aufrechtzuerhalten.

Der dritte Soldat, der zusammengekauert – mit Ohrring, kleinem borstigem Schnurrbart, Vogelkopf und einer Porzellanpfeife zwischen den Zähnen – am Feuer hockte, war der Fahrer Tschikin. »Der liebe Mann Tschikin«, wie ihn die Soldaten nannten, war ein *Unterhaltsamer*. Bei furchtbarem Frost oder kniehoch im Schmutz, nach zwei Tagen ohne Essen, auf dem Marsch, bei der Musterung oder bei Übungen, immer und überall schnitt der »liebe Mann« Grimassen, verdrehte die Beine und machte solche Witze, daß der ganze Zug sich vor Lachen kugelte.

Während der Rast und im Lager bildete sich um Tschikin immer ein Kreis von jungen Soldaten, mit denen er Filka spielte, denen er Märchen von dem englischen Lord und dem schlauen

Soldaten erzählte oder einen Tataren, einen Deutschen vormachte – oder er machte einfach seine Bemerkungen, über die sich alle zu Tode lachten. Es ist wahr, daß sein Ruf als Spaßmacher in der Batterie so feststand, daß er bloß den Mund aufzumachen und zu zwinkern brauchte, um ein allgemeines Gelächter hervorzurufen; er hatte tatsächlich viel Komisches und Überraschendes an sich. In jeder Sache vermochte er etwas Besonderes zu erblicken, etwas, das den anderen gar nicht in den Sinn gekommen wäre, und diese Fähigkeit, überall das Komische zu sehen, verließ ihn auch in den schwersten Zeiten nicht.

Der vierte Soldat war ein junger, unansehnlicher Bengel, ein Rekrut der vorjährigen Aushebung, der zum ersten Mal an einem Feldzug teilnahm. Er stand mitten im Rauch und so nahe am Feuer, daß es aussah, als müßte sein abgetragener kurzer Pelz sofort Feuer fangen; aber an seinen zurückgeschlagenen Mantelschößen, an seiner ruhigen, selbstzufriedenen Haltung samt den einwärtsgebogenen Fußspitzen konnte man erkennen, daß er ein großes Behagen empfand.

Und der fünfte Soldat schließlich, der etwas abseits vom Feuer saß und irgendein Stäbchen zuspitzte, war Onkelchen Schdanow. Schdanow war der älteste Soldat der Batterie, hatte alle anderen als Rekruten gekannt – und nach alter Gewohnheit nannten ihn alle Onkelchen. Es wurde behauptet, daß er niemals trank, rauchte, eine Spielkarte in die Hand nahm oder ein Schimpfwort gebrauchte. Die ganze dienstfreie Zeit beschäftigte er sich mit Schuhmacherei, feiertags ging er, wenn irgend möglich, in die Kirche oder stellte wenigstens eine Pfennigkerze vor sein Heiligenbild und schlug den Psalter auf, das einzige Buch, das er zu lesen verstand. Mit den Soldaten ließ er sich wenig ein. Er war kühl und ehrerbietig denen gegenüber, die einen höheren Rang hatten, wenn sie auch jünger an Jahren waren, mit Gleichgestellten hatte er wenig Gelegenheit zusammenzukommen, da er nicht trank, aber für die Rekruten und die jungen Soldaten hatte er viel übrig: Er nahm sie in Schutz, gab ihnen gute Ratschläge und half ihnen häufig. Die ganze Batterie hielt ihn für einen Kapitalisten, weil er etwa fünfundzwanzig Rubel besaß und mit dem Geld den wirklich notleidenden Soldaten gerne aushalf. Derselbe Maximow, der jetzt Feuerwerker war, er-

zählte mir, daß Schdanow, als er vor zehn Jahren als Rekrut angekommen war und die alten, trinklustigen Soldaten mit ihm
sein ganzes Geld vertrunken hatten, seine unglückliche Lage bemerkte, ihn zu sich rief, ihn für sein Benehmen heruntermachte,
ihn sogar schlug, ihm vorhielt, wie ein Soldat sich zu betragen
habe, und ihn dann entließ, nachdem er ihm ein Hemd – Maximow hatte keins mehr – und einen halben Rubel gegeben hatte.
»Er hat aus mir einen Menschen gemacht«, pflegte Maximow
selbst mit Achtung und Dankbarkeit zu sagen. Er hatte auch
Welentschuk, der sich seit seiner Rekrutenzeit seiner Protektion
erfreute, ausgeholfen, als diesem das Unglück mit dem Mantel
widerfuhr, und vielen, vielen anderen im Laufe seiner fünfundzwanzigjährigen Dienstzeit.

Im Dienst konnte man sich keinen sachkundigeren, mutige-
ren und ordentlicheren Soldaten denken; aber er war zu still
und zu bescheiden, um zum Feuerwerker befördert zu werden,
obwohl er seit fünfzehn Jahren Bombardier war. Schdanows
einzige Freude, ja Leidenschaft war der Gesang; einige Lieder
hatte er besonders gern, unter den jungen Soldaten suchte er
sich immer einen Kreis von Sängern aus, und obwohl er selbst
nicht singen konnte, stand er bei ihnen, steckte die Hände in die
Taschen seines Pelzes, kniff die Augen zu und bezeugte durch
Bewegungen des Kopfes und der Kiefer seine Teilnahme. Ich
weiß nicht, weshalb mir diese gleichmäßige Bewegung des Kie-
fers unter dem Ohr, die ich nur an ihm beobachtet habe, außerordentlich ausdrucksvoll vorkam. Der schneeweiße Kopf, der
geschwärzte Schnurrbart und das gebräunte faltige Gesicht
machten im ersten Augenblick einen strengen und rauhen Eindruck; doch bei näherer Betrachtung seiner großen runden Augen, besonders wenn sie lächelten (mit den Lippen lachte er
nie), wurde man von dem Ausdruck einer ungewöhnlichen
Milde, beinahe einer Kindlichkeit, überrascht.

4

»Ach Gott, meine Pfeife habe ich vergessen, so'n Pech, Brüder!«
wiederholte Welentschuk.

»Du solltest Zigarren rauchen, lieber Mann!« sagte Tschikin, indem er den Mund verzog und mit den Augen zwinkerte, »ich rauche zu Hause immer Zigarren, sie schmecken süßer.«

Natürlich kugelten sich alle vor Lachen.

»Die Pfeife vergessen«, fiel Maximow ein, ohne das allgemeine Gelächter zu beachten, und klopfte mit der stolzen Miene eines Vorgesetzten seine Pfeife auf der linken Handfläche aus, »wohin warst du eigentlich verschwunden, Welentschuk?«

Welentschuk wandte sich halb nach ihm um, wollte seine Hand zur Mütze heben, ließ sie aber wieder sinken.

»Kannst wohl seit gestern nicht zu dir kommen, daß du im Stehen einschläfst? Dafür sagt man euresgleichen keinen Dank.«

»Möge ich auf der Stelle zerrissen werden, Fjodor Maximowitsch, wenn ich einen Tropfen im Mund gehabt habe; ich weiß selbst nicht, was mit mir war«, antwortete Welentschuk. »Wem zu Ehren soll ich mich besoffen haben«, brummte er vor sich hin.

»Ja, so ist es, unsereiner ist bei den Vorgesetzten für euch verantwortlich, und ihr treibt Unfug. Das ist doch nicht richtig«, schloß der redegewandte Maximow in etwas ruhigerem Tone.

»Es ist geradezu ein Wunder, Kinder«, fuhr Welentschuk nach minutenlangem Schweigen fort, indem er sich im Nacken kratzte, ohne sich an einen Bestimmten zu wenden, »ein wahrhaftiges Wunder. Sechzehn Jahre diene ich jetzt, aber so etwas ist mir noch nicht vorgekommen. Als es hieß, zum Appell antreten, war ich zur Stelle, wie es sich gehört, da war nichts; aber am Geschützstand, da plötzlich packt *sie* mich … packt mich, schmeißt mich auf die Erde hin und fertig … Wie ich dann eingeschlafen bin, ich weiß es selbst nicht, Kinder. Muß wohl die Schlafsucht selber gewesen sein«, schloß er.

»Stimmt, hab dich kaum wecken können«, sagte Antonow, indem er sich die Stiefel anzog, »habe dich gerüttelt und gerüttelt … wie einen Holzklotz.«

»Seht ihr«, sagte Welentschuk, »hätte ich getrunken, wäre es ja verständlich gewesen.«

»So hatten wir bei uns zu Hause eine Frau«, fing Tschikin an, »die ist zwei Jahre nicht vom Ofen heruntergekommen. Wir wollten sie mal wecken, dachten, sie schliefe, und da liegt sie da und ist tot; die hat auch immer der Schlaf übermannt. Ja, ja, so ist es, lieber Mann.«

»Erzähle doch, Tschikin, wie du auf Urlaub warst und den Ton angabst«, sagte Maximow lächelnd und sah mich an, als wollte er sagen: Wollen Sie nicht auch einem dummen Menschen zuhören?

»Was für einen Ton denn, Fjodor Maximowitsch?« sagte Tschikin und schielte flüchtig nach mir hin, »selbstverständlich habe ich erzählt, wie es im Kaukasus aussieht.«

»Na ja, wir wissen schon. Zier dich nicht ... erzähle doch, wie du sie angeführt hast.«

»Wie sollte ich sie angeführt haben? Das ist doch klar. Sie fragten, wie wir leben«, begann Tschikin sehr schnell wie einer, der dasselbe schon öfters wiederholt hat, »ich antwortete: Wir leben gut, lieber Mann, bekommen Proviant in Hülle und Fülle, morgens und abends gibt's für jeden *Soldat* eine Tasse *Schokolad*, zu Mittag herrschaftliche Graupen*suppe* für die ganze *Truppe*, und statt *Wodka* bekommen wir alle ein Gläschen *Madera*. Madera Divirié, zweiundvierzig Rubel ohne die Flasche.«

»Feine Madera!« schrie Welentschuk und lachte noch lauter als die anderen. »Das nenne ich eine Madera.«

»Na, und was hast du von den Asiaten erzählt?« fuhr Maximow fort, als das allgemeine Gelächter sich zu legen begann.

Tschikin beugte sich zum Feuer, holte mit einem Stäbchen eine Kohle heraus, legte sie auf die Pfeife und versuchte schweigend, als ob er die erregte Neugier seiner Zuhörer nicht bemerkte, seine Tabakstengel in Brand zu setzen.

Als er endlich Rauch genug hatte, warf er die Kohle herunter, schob seine Mütze noch tiefer in den Nacken und fuhr achselzuckend und leicht lächelnd fort: »Sie fragten mich auch, ob es denn Tscherkessen oder vielleicht gar Türken wären, die sich mit uns hier im Kaukasus schlagen. Ich sage: Wir haben nicht nur einen Tscherkessen, lieber Mann, Tscherkessen gibt es verschiedene. Es gibt solche Tawliner, die auf Bergen von Stein wohnen und Steine statt Brot essen. Die sind so groß, sage ich, wie ein tüchtiger Klotz, ein Auge haben sie auf der Stirn, und rote Mützen, die leuchten nur so, genau wie deine, lieber Mann«, fügte er zu dem jungen Rekruten gewandt hinzu, der tatsächlich ein sehr komisches Mützchen mit rotem Einsatz auf-hatte. Der kleine Rekrut duckte sich bei dieser unerwarteten An-rede plötzlich zur Erde, schlug sich auf die Knie und brach in solches Lachen und Husten aus, daß er kaum die Worte hervor-bringen konnte: »Das sind ja schöne Tawliner.«

»Außerdem, sage ich, gibt es noch Mumren«, fuhr Tschikin fort und schob seine Mütze durch eine Kopfbewegung auf die Stirn, »die sind anders, das sind kleine Zwillinge. Immer paar-weise, sage ich, halten die sich an der Hand und laufen so flink, daß man sie zu Pferde nicht einholen kann. ›Wie denn, Kleiner, werden denn diese Mumren so geboren, so Hand in Hand?‹« sagte Tschikin im Baß, einen Bauern nachahmend. »Ja, sage ich, lieber Mann, die sind so von Natur. Wenn du ihnen die Hände auseinanderreißt, so kommt Blut heraus, genau wie beim Chi-nesen: Nimm ihm die Mütze ab, sofort rinnt das Blut. ›Aber sag doch, Kleiner, wie schlagen die sich denn?‹ sagte er. Ja, sage ich, die fangen dich erst, schneiden dir den Bauch auf und wickeln dann die Gedärme um den Arm. Sie wickeln, und du mußt lachen; und lachst so lange, bis du den letzten Atem von dir gibst ...«

»Na, und glaubten sie dir denn das alles, Tschikin?« sagte Ma-ximow lächelnd, während sich die andern halbtot lachten.

»So ein wunderliches Volk, Fjodor Maximowitsch, die glau-ben alles, bei Gott, alles. Aber als ich ihnen von dem Berg Kas-bek erzählte, daß da den ganzen Sommer lang der Schnee nicht taue, haben sie mich ausgelacht, lieber Mann! ›Was‹, sagen sie, ›phantasierst du da zusammen, Kleiner. Ist denn das menschen-möglich: ein großer Berg, und auf dem soll der Schnee nicht schmelzen? Wenn bei uns, Kleiner, mal Tauwetter ist, auf jedem kleinen Hügel taut es zuerst, während in der Schlucht noch Schnee liegt.‹ Tja, was ist da zu machen?« schloß Tschikin au-genzwinkernd.

5

Die helle Sonnenscheibe, die durch den milchweißen Nebel hin-durchschien, war schon ziemlich hoch emporgestiegen: der grauviolette Horizont erweiterte sich nach und nach und war, wenn auch schon viel weiter, immer noch scharf durch die trügerische weiße Nebelwand begrenzt.

Vor uns, jenseits des gerodeten Waldes, lag eine ziemlich große Wiese. Über die Wiese breitete sich von allen Seiten her teils schwarzer, teils milchweißer, teils violetter Rauch von den Lagerfeuern, und die weißen Nebelschichten wogten in wunderlichen Gestalten. Weit vorne zeigten sich hin und wieder kleine Gruppen berittener Tataren und waren vereinzelte Schüsse aus unseren Stutzen, ihren Gewehren und Geschützen zu hören.

Es war noch kein Gefecht, bloß ein Vergnügen, wie der gute Hauptmann Chlopow zu sagen pflegte.

Der Kommandeur der neunten Jägerkompanie, die uns zu decken hatte, trat an unsere Geschütze heran, wies auf drei Tataren, die unterhalb des Waldes in einer Entfernung von etwa sechshundert Saschen vorbeiritten, und bat mich mit der allen Infanterieoffizieren eigenen Vorliebe für Artilleriefeuer, ihnen doch eine Kugel oder Granate nachzuschicken.

»Sehen Sie«, sagte er mit gutmütigem, gewinnendem Lächeln, indem er seine Hand hinter meiner Schulter hervorstreckte, »dort, wo die zwei großen Bäume sind, der eine auf weißem Pferd mit schwarzem Tscherkessenmantel, und dahinter noch zwei. Sehen Sie? Könnten Sie nicht ... bitte.«

»Und da reiten noch drei, weiter unten«, fügte Antonow, der wunderbare Augen hatte, hinzu, indem er an uns herantrat und die Pfeife, die er eben geraucht hatte, hinter seinem Rücken verbarg, »da, der vorderste hat sein Gewehr aus dem Überzug genommen. Ganz deutlich zu sehen, Euer Wohlgeboren.«

»Jetzt hat er losgedrückt, Kinder, da, der weiße Rauch dort«, sagte Welentschuk, der in einer Gruppe von Soldaten stand, die sich etwas hinter uns hielt.

»Wahrscheinlich auf unsere Vorpostenkette, der Schlingel«, bemerkte ein anderer.

»Seht, wie viele jetzt hinter dem Walde hervorkommen! Sie besichtigen wohl den Ort, wollen ein Geschütz aufstellen«, fügte ein dritter hinzu. »Eine Granate sollte man in den Haufen abfeuern, die würden schön spucken ...«

»Was meinst du, lieber Mann, würde sie so weit tragen?« fragte Tschikin.

»Fünfhundert bis fünfhundertzwanzig Saschen, mehr sind es nicht«, sagte Maximow kaltblütig, als ob er mit sich selber spräche, obwohl ihm anzumerken war, daß er nicht weniger Lust hatte zu feuern als die anderen; »fünfundvierzig Linien aus dem Einhorn müßte man nehmen, und man könnte ganz genau treffen, das heißt vollständig.«

»Wissen Sie, wenn Sie auf diesen Haufen zielen, werden Sie unbedingt jemanden treffen. Da, da, jetzt, wo sie alle zusammen stehen, bitte, lassen Sie doch schnell schießen«, fuhr der Kompanieführer fort, mich zu überreden.

»Befehlen Sie das Geschütz zu richten?« fragte Antonow mit tiefer Stimme und einem Ausdruck finsterer Wut im Gesicht.

Ich gestehe, ich hatte selbst große Lust dazu, und ich befahl, das zweite Geschütz zu richten.

Kaum hatte ich Befehl gegeben, als die Granate auch schon eingeführt war und Antonow, an die Lafette geschmiegt, zwei dicke Finger an dem Verschluß, den Lauf rechts oder links kommandierte.

»Etwas nach links ... ein klein bißchen nach rechts ... noch, noch ein ganz klein bißchen ... so ist es gut«, sagte er und trat mit stolzer Miene zurück.

Der Infanterieoffizier, ich, Maximow, einer nach dem anderen traten wir an das Visier, und jeder gab seine Meinung ab.

»Es trägt zu weit, bei Gott«, äußerte Welentschuk, indem er mit der Zunge schnalzte, obgleich er nur über Antonows Schulter sehen konnte und deshalb gar keine Veranlassung hatte, so etwas anzunehmen. »Bei Gott, es trägt zu weit, wird ganz sicher den Baum dort treffen, Brüder.«

»Zweites Geschütz!« kommandierte ich.

Die Bedienungsmannschaft trat auseinander. Antonow lief zur Seite, um den Flug des Geschosses zu verfolgen, die Lunte flammte auf, das Erz erdröhnte. Im selben Augenblick wurden wir von Pulverrauch umhüllt, und aus dem erschütternden Dröhnen des Schusses löste sich der metallische, summende Klang des sich mit Blitzesschnelle entfernenden Geschosses, der dann inmitten des allgemeinen Schweigens in der Ferne erstarb.

Etwas hinter der Gruppe der Reiter erschien weißer Rauch, die Tataren sprengten nach allen Seiten auseinander, und das Krachen der krepierenden Granate drang zu uns herüber.

»Das war fein! Wie sie davongaloppieren. Die Teufelskerle, das haben sie nicht gern«, ließen sich Beifall und Scherze in den Reihen der Artilleristen und Infanteristen vernehmen.

»Eine Spur tiefer, und sie hätte mitten hineingetroffen«, bemerkte Welentschuk. »Ich habe ja gleich gesagt, es würde den Baum treffen, und so ist es auch; zu sehr nach rechts genommen.«

6

Ich überließ es den Soldaten, sich weiter darüber zu unterhalten, wie die Tataren auseinandergaloppierten, als sie die Granate bemerkt hatten, warum sie dort ritten und wie viele wohl im Walde wären, und ging mit dem Kompanieführer ein paar Schritt zur Seite, wo ich mich in Erwartung der aufgewärmten Klopse, die er mir angeboten hatte, unter einen Baum setzte. Der Kompanieführer Bolchow war einer jener Offiziere, die man im Regiment die »Bonjours« nannte. Er besaß Vermögen, hatte früher in der Garde gedient und sprach französisch. Aber die Kameraden hatten ihn trotzdem gern. Er war ziemlich gescheit und hatte so viel Feingefühl, daß er Petersburger Kleidung tragen, gut essen und französisch sprechen konnte, ohne damit das Offizierskorps besonders zu kränken. Wir sprachen über das Wetter, über die Kriegsereignisse, über die gemeinsamen Bekannten unter den Offizieren und gingen, nachdem wir uns nach den Fragen und Antworten überzeugt hatten, daß wir in der Auffassung der Dinge ziemlich übereinstimmten, unwillkürlich zu einem vertraulicheren Gespräch über. Außerdem taucht im Kaukasus, wenn sich Leute desselben Kreises treffen, immer, wenn auch nicht offen ausgesprochen, die Frage auf: Weshalb sind Sie hier? Und auf diese meine schweigende Frage schien mein Gefährte Antwort geben zu wollen.

»Wann wird dieser Feldzug ein Ende nehmen?« sagte er träge, »es ist langweilig.«

»Ich langweile mich nicht«, sagte ich, »beim Stabe ist es noch langweiliger.«

»Oh, im Stab ist es tausendmal schlimmer«, sagte er wütend. »Nein! wann wird das alles ein Ende nehmen?«

»Was soll denn enden?« fragte ich.

»Alles überhaupt ... Sind die Klopse fertig, Nikolajew?«fragte er.

»Warum sind Sie in den Kaukasus gegangen«, fragte ich, »wenn Ihnen der Kaukasus so wenig gefällt?«

»Wissen Sie warum?« antwortete er mit entschlossener Offenheit, »aus Tradition. In Rußland besteht doch die merkwürdige Überlieferung, daß der Kaukasus das Gelobte Land für unglückliche Menschen aller Art sei.«

»Es ist was Wahres daran«, sagte ich, »der größte Teil von uns ...

»Aber das Beste von allem ist«, unterbrach er mich, »daß wir alle, die wir aus Überlieferung in den Kaukasus gehen, uns furchtbar in unseren Erwartungen täuschen, und ich kann absolut nicht verstehen, warum man aus unglücklicher Liebe oder zerrütteter Geschäfte wegen eher im Kaukasus Dienste nehmen soll als in Kasan oder Kaluga. In Rußland stellt man sich den Kaukasus eben sehr erhaben, mit ewigem jungfräulichem Eis, rauschenden Strömen, Dolchen, Filzmänteln und Tscherkessenfrauen, als etwas Schreckliches vor; und im Grunde ist das alles gar nicht lustig. Wenn sie doch wüßten, daß wir niemals bis zum jungfräulichen Eis hinaufkommen, und daß es auch durchaus nicht lustig ist, sich dort oben aufzuhalten, und daß der Kaukasus einfach in Gouvernements geteilt ist: Stawropol, Tiflis und so weiter.«

»Ja«, sagte ich lachend, »in Rußland sehen wir den Kaukasus mit anderen Augen an als hier. Haben Sie schon mal die Beobachtung gemacht? Wenn man in einer Sprache, die man schlecht versteht, Gedichte liest, dann kommen sie einem schöner vor, als sie sind ...«

»Ich weiß wirklich nicht, aber dieser Kaukasus gefällt mir gar nicht«, unterbrach er mich.

»Nein, der Kaukasus ist in meinen Augen auch jetzt noch schön, aber anders.«

»Vielleicht ist er auch schön«, fuhr er einigermaßen gereizt fort, »ich weiß nur, daß ich selbst im Kaukasus nicht schön bin.«

»Weshalb denn?« sagte ich, um irgend etwas zu sagen.

»Erstens deshalb, weil er mich enttäuscht hat. Alles das, wovon ich im Kaukasus der Überlieferung nach geheilt zu werden hoffte, hat mich hierhergeleitet, nur mit dem Unterschied, daß sich früher alles auf der großen Vordertreppe abspielte, jetzt dagegen auf einer kleinen dreckigen Hintertreppe, wo ich auf jeder Stufe Millionen kleiner Aufregungen, Gemeinheiten, Kränkungen finde; zweitens deshalb, weil ich fühle, wie ich jeden Tag moralisch tiefer und tiefer sinke; und hauptsächlich deshalb, weil ich für den Dienst in diesem Lande nicht tauge: ich kann keine Gefahren ertragen ... ich bin nicht tapfer.« Er schwieg und sah mich ernsthaft an.

Dieses unerbetene Geständnis überraschte mich außerordentlich, doch widersprach ich nicht und wartete darauf, daß er sich selbst widerlegen würde, wie es in solchen Fällen immer geschieht.

»Sie müssen wissen, ich stehe in diesem Feldzug zum ersten Mal im Feuer«, fuhr er fort, »Sie können sich gar nicht vorstellen, wie mir gestern abend zumute war. Als der Feldwebel den Befehl überbrachte, daß meine Kompanie der Kolonne zugeteilt sei, wurde ich bleich wie Leinwand und konnte vor Aufregung gar nicht sprechen. Und wenn Sie wüßten, wie ich die Nacht verbracht habe! Wenn es wahr wäre, daß man vor Angst graue Haare bekommt, müßte ich heute schlohweiß sein, weil vermutlich kein zum Tode Verurteilter jemals in einer Nacht mehr gelitten hat als ich; sogar jetzt, obwohl mir leichter ist als in der Nacht, sieht es drinnen so aus«, fügte er hinzu und drehte die Faust im Kreise vor seiner Brust. »Und es ist lächerlich«, fuhr er fort, »daß sich hier das schrecklichste Drama abspielt, während man Klopse mit Zwiebeln ißt und behauptet, es wäre sehr lustig. Gibt's Wein, Nikolajew?« fügte er gähnend hinzu.

»Da ist er, Brüder!«ertönte in diesem Augenblick die erregte Stimme eines Soldaten, und alle Augen richteten sich auf den Saum des fernen Waldes.

In der Ferne vergrößerte sich eine bläuliche Wolke und stieg, vom Winde getrieben, immer höher. Als ich begriff, daß es ein gegen uns gerichteter Schuß des Feindes war, bekam plötzlich alles, was sich vor meinen Augen befand, einen ganz anderen, erhabenen Anstrich. Die Gewehrpyramiden, der Rauch der Lagerfeuer, der hellblaue Himmel, die grünen Lafetten und Nikolajews gebräuntes, schnurrbärtiges Gesicht, alles schien zu sagen, daß die Kugel, die in diesem Augenblick schon aus dem Rohr heraus war und irgendwo im Raume flog, möglicherweise auf meine Brust gerichtet war.

»Wo haben Sie den Wein her?« fragte ich Bolchow nachlässig, während gleichzeitig im Innersten meiner Seele zwei Stimmen ganz deutlich sprachen; die eine: Herr, nimm meine Seele in Frieden auf, die andere: Ich hoffe, daß ich mich nicht bücken, sondern lächeln werde, wenn die Kugel vorbeifliegt. Im selben Augenblick pfiff an meinem Kopf etwas entsetzlich Unangenehmes vorbei, und zwei Schritt vor uns schlug die Kugel ein.

»Wenn ich Napoleon oder Friedrich wäre«, sagte in diesem Augenblick Bolchow vollkommen kaltblütig zu mir, »würde ich jetzt bestimmt etwas Liebenswürdiges sagen.«

»Das haben Sie ja getan«, antwortete ich, nur mit Mühe die von der eben überstandenen Gefahr verursachte Unruhe verbergend.

»Wenn schon: niemand wird es aufschreiben.«

»Ich schreibe es auf.«

»Wenn Sie es tun, so geschieht es der Kritik halber, wie Mistschenko zu sagen pflegt«, fügte er lächelnd hinzu.

»Pfui Teufel«, sagte im selben Augenblick hinter uns Antonow und spuckte ärgerlich zur Seite, »um ein Haar hätte sie meine Beine gestreift.«

Mein ganzes Bemühen, kaltblütig zu erscheinen, und alle unsere schlauen Phrasen erschienen mir nach diesem treuherzigen Ausruf plötzlich unerträglich dumm.

7

Der Feind hatte tatsächlich an der Stelle, wo die Tataren patrouilliert hatten, zwei Geschütze aufgestellt und gab alle zwanzig bis dreißig Minuten einen Schuß auf unsere Holzfäller ab.

Mein Zug mußte vorne auf der Wiese in Stellung gehen und das Feuer erwidern. Am Waldessaum stieg leichter Rauch auf, man hörte einen Schuß, ein Pfeifen, und die Kugel schlug vor oder hinter uns ein. Die feindlichen Geschosse fielen glücklich, und wir hatten keine Verluste.

Die Artilleristen hielten sich vorzüglich wie immer; sie luden rasch, zielten sorgfältig nach dem aufsteigenden Rauch und scherzten ruhig miteinander. Die Infanteriedeckung lag in schweigsamer Untätigkeit in unserer Nähe und wartete, bis sie an die Reihe käme. Die Holzfäller taten ihre Arbeit: die Axthiebe erklangen im Walde immer schneller und häufiger; nur wenn das Pfeifen eines Geschosses hörbar wurde, verstummte plötzlich alles, und in der Totenstille ließen sich einigermaßen erregte Stimmen vernehmen: »Zur Seite, Kinder!« und alle Augen hefteten sich auf die Kugel, wenn sie von den Lagerfeuern und den abgehauenen Ästen abprallte.

Der Nebel hatte sich gehoben, nahm die Form von Wolken an und verschwand allmählich in dem dunklen Blau des Himmels; die hervortretende Sonne leuchtete hell und spiegelte sich fröhlich im Stahl der Bajonette, im Erz der Geschütze, in der auftauenden Erde und im blitzenden Rauhreif. In der Luft war die Kühle des Morgenfrostes und die Wärme der Frühlingssonne zu spüren; tausend verschiedene Schatten und Farben mischten sich in den dürren Blättern des Waldes, und auf dem ausgefahrenen glänzenden Weg waren die Spuren der Räder und Hufeisenstollen deutlich sichtbar.

Die Bewegung der Truppen wurde stärker und deutlicher. Von allen Seiten zeigten sich immer häufiger die bläulichen Rauchwolken der Schüsse. Die Dragoner mit den flatternden Fähnlein an den Lanzen ritten vor; in den Reihen der Infanterie erschallten Lieder, und der Wagenzug mit dem Holz fing an, sich in der Nachhut aufzustellen. Der General ritt an unseren Zug heran und befahl, sich zum Rückmarsch fertig zu machen. Der Feind hatte sich im Gebüsch, unserem linken Flügel gegenüber, festgesetzt und begann, uns mit Gewehrfeuer stark zu beunruhigen. Von links aus dem Wald kam eine Kugel angezischt und schlug in die Lafette, dann eine zweite und dritte... Die Infanteriedeckung, die in unserer Nähe lag, erhob sich geräuschvoll, griff zu den Gewehren und nahm Stellung in der Vorpostenkette. Das Gewehrfeuer verstärkte sich, und die Kugeln pfiffen immer häufiger. Der Rückmarsch begann und damit, wie immer im Kaukasus, das eigentliche Gefecht.

Offenbar gefielen den Artilleristen die Gewehrkugeln ebensowenig wie vorher den Infanteristen die Kanonenkugeln. Antonow machte ein finsteres Gesicht. Tschikin ahmte die Kugeln nach und scherzte; doch sah man ihm an, daß sie ihm nicht behagten. Von einer sagte er: »Wie die sich beeilt«, eine andere nannte er »Bienchen«, eine dritte, die träge und kläglich winselnd über uns dahinflog, nannte er »das Waisenkind«, was allgemeines Gelächter hervorrief.

Der kleine Rekrut, dem alles ungewohnt war, bog bei jeder Kugel den Kopf zur Seite und streckte den Hals, was die Soldaten ebenfalls zum Lachen reizte: »Ist es etwa eine Bekannte von dir, daß du sie grüßt?« sagten sie. Und Welentschuk, sonst jeder Gefahr gegenüber außerordentlich gleichgültig, befand sich in einem höchst erregten Zustand: offenbar ärgerte es ihn, daß wir nicht nach der Richtung, aus der die Kugeln kamen, mit Kartätschen schossen. Ein paarmal wiederholte er mit unzufriedener Stimme: »Warum soll er uns denn ungestraft schlagen? Das Geschütz wenden und eine Kartätsche hinüberblasen, dann würde er schon Ruhe geben.«

In der Tat, es war Zeit, das zu tun; ich befahl, die letzte Granate abzufeuern und mit Kartätschen zu laden.

»Kartätschen!« schrie Antonow und trat mit dem Putzer, mitten im Rauch, flink an das Geschütz heran, kaum daß die Ladung hinaus war.

Im selben Augenblick hörte ich hinter mir den summenden Laut einer Gewehrkugel, der plötzlich mit einem trockenen Schlag abriß. Mein Herz krampfte sich zusammen. Scheint's, einer von den Unsrigen ist getroffen, dachte ich, ein schweres Vorgefühl bedrückte mich, und ich hatte Angst, mich umzusehen. Tatsächlich hörte ich gleich darauf das schwere Fallen eines Körpers und – »oh – oh – oh« – das herzzerreißende Stöhnen eines Verwundeten. »Es hat mich getroffen, Brüder!« sagte mühsam eine Stimme, die ich kannte. Es war Welentschuk. Er lag auf dem Rücken zwischen dem Protzkasten und dem Geschütz. Der

Tornister, den er getragen hatte, war zur Seite geschleudert. Die Stirn war ganz blutig, und über das rechte Auge und die Nase floß ein dicker roter Strom. Die Wunde war im Bauch, doch war dort fast kein Blut zu sehen; die Stirn hatte er sich beim Fallen an einem Baumstumpf zerschlagen.

Das alles verstand ich erst viel später, im ersten Augenblick sah ich nur eine unbestimmte Masse und furchtbar viel Blut, wie mir schien.

Keiner von den Soldaten, die dabei waren, das Geschütz zu laden, sagte ein Wort, nur der kleine Rekrut murmelte etwas wie: »Sieh mal an, ganz blutig«, und Antonow zog die Augenbrauen zusammen und gab ärgerlich einen krächzenden Ton von sich; aber der Gedanke an den Tod flog offenbar durch die Seele eines jeden. Alle gingen mit noch größerer Geschäftigkeit an die Arbeit. Das Geschütz war in einem Augenblick geladen, und der Soldat, der die Kartätsche brachte, machte einen Bogen von zwei Schritt um die Stelle herum, wo der Verwundete lag und stöhnte.

Jeder, der in Kämpfen gewesen ist, kennt das sonderbare, keineswegs logische, aber starke Gefühl des Widerwillens gegen den Platz, an dem ein anderer getötet oder verwundet wurde. Diesem Gefühl unterlagen offenbar im ersten Augenblick meine Soldaten, als es galt, Welentschuk aufzuheben und auf den herankommenden Wagen zu tragen. Schdanow näherte sich ärgerlich dem Verwundeten, faßte ihn unter den Achseln an und hob ihn auf, ohne auf dessen verstärktes Schreien zu achten. »Was steht ihr da, faßt an!« schrie er, und sofort umringten den Verwundeten etwa zehn Mann, zum Teil überflüssige Helfer. Aber sie hatten ihn kaum hochgehoben, als Welentschuk fürchterlich zu schreien und sich zu wehren anfing.

»Was schreist du wie ein Hase!« sagte Antonow zu ihm, ihn am Bein festhaltend, »sollen wir dich hinschmeißen?«

Der Verwundete wurde wirklich still, nur hin und wieder stöhnte er: »Oh, es ist mein Tod! Oh, Kinder!«

Als er dann auf dem Wagen lag, hörte er sogar mit Stöhnen auf, und ich hörte, daß er mit leiser, aber deutlicher Stimme mit den Kameraden sprach, wahrscheinlich verabschiedete er sich von ihnen.

Während des Kampfes sieht niemand gerne Verwundete, und auch ich beeilte mich ganz instinktiv, von diesem Schauplatz fortzukommen, gab Befehl, ihn möglichst rasch zum Verbandplatz zu fahren, und ging zurück zu den Geschützen; aber nach einigen Minuten sagte man mir, daß Welentschuk nach mir verlange, und ich trat an den Wagen heran.

Der Verwundete lag auf dem Boden des Wagens und hielt sich mit beiden Händen an den Rändern fest. Sein gesundes breites Gesicht hatte sich in den paar Sekunden vollständig verändert: er schien abgemagert und um Jahre gealtert zu sein, die Lippen waren schmal, bleich und mit sichtbarer Anstrengung zusammengepreßt, der hastige und stumpfe Ausdruck seines Blickes war einem klaren, ruhigen Glanz gewichen, auf der blutigen Stirn und Nase lagen schon die Kennzeichen des Todes.

Obwohl ihm die geringste Berührung unerträgliche Schmerzen verursachte, bat er, ihm vom linken Bein den Tscheres loszubinden.

Ein entsetzlich niederdrückendes Gefühl rief der Anblick seines nackten, weißen und gesunden Beines in mir hervor, als man ihm den Stiefel auszog und den Tscheres losband.

»Hier sind drei Moneten und eine halbe«, sagte er zu mir, als ich den Tscheres in Empfang nahm, »bewahren Sie es auf.«

Der Wagen setzte sich in Bewegung, aber er ließ noch einmal halten.

»Ich habe dem Leutnant Sulimowskij einen Mantel genäht. Er hat mir zwei Moneten gegeben. Für anderthalb habe ich Knöpfe gekauft, und ein halber Rubel liegt im Sack bei den Knöpfen. Geben Sie ihm den zurück.«

»Gut, gut«, sagte ich, »werde nur gesund, Bruder.«

Er antwortete nicht, der Wagen setzte sich in Bewegung, und er begann wieder mit entsetzlicher, herzzerreißender Stimme zu stöhnen und zu ächzen, als hätte er nun, nachdem die weltlichen Geschäfte erledigt waren, keinen Grund mehr, sich zusammenzunehmen, und als glaubte er, sich jetzt diese Erleichterung gestatten zu können.

9

»Wohin? Zurück? Wohin gehst du?« rief ich dem kleinen Rekruten zu, der mit der Reservelunte unter dem Arm und irgendeinem Stöckchen in der Hand kaltblütig hinter dem Wagen mit dem Verwundeten herging.

Aber der Rekrut sah sich bloß träge nach mir um, murmelte etwas und ging weiter, so daß ich ihm einen Soldaten nachschicken mußte, um ihn zurückzuholen. Er nahm sein rotes Mützchen ab und sah mich blöde an.

»Wohin wolltest du?« fragte ich.

»Ins Lager.«

»Wozu?«

»Welentschuk ist doch verwundet«, sagte er lächelnd.

»Was geht denn dich das an? Du mußt hierbleiben.« Er sah mich verwundert an, drehte sich dann kaltblütig um, setzte die Mütze auf und ging an seinen Platz.

Das Gefecht war glücklich verlaufen: die Kosaken schienen einen kühnen Angriff gemacht und drei tatarische Leichen erobert zu haben; die Infanterie hatte sich mit Holz versorgt und nur sechs Mann Verwundete aufzuweisen; die Artillerie hatte nur Welentschuk und zwei Pferde verloren. Dafür war der Wald drei Werst weit abgeholzt und der Platz so gesäubert, daß er nicht wiederzuerkennen war: an Stelle des ununterbrochenen Waldsaumes sah man jetzt eine große Lichtung, bedeckt mit rauchenden Feuern, mit Kavallerie und Infanterie, die sich dem Lager zubewegten. Obwohl der Feind uns mit Geschütz- und Gewehrfeuer bis zu dem Flüßchen am Friedhof, das wir am Morgen durchquert hatten, verfolgte, verlief der Rückmarsch glücklich. Ich fing schon an, von Kohlsuppe und Hammelrippe mit Buchweizengrütze zu träumen, die mich im Lager erwarteten, als die Nachricht überbracht wurde, der General habe befohlen, am Flüßchen eine Schanze zu errichten und das dritte Bataillon des Regiments K. und den Zug der vierten Batterie bis morgen dort Stellung nehmen zu lassen. Die Wagen mit dem Holz und den Verwundeten, Kosaken, Artillerie, Infanterie mit Gewehren und Holzscheiten auf dem Rücken – alles zog mit Lärm und Gesang an uns vorüber. Auf allen Gesichtern waren die von der überstandenen Gefahr und der Hoffnung auf Ruhe hervorgerufene Begeisterung und Freude zu lesen. Nur wir und das dritte Bataillon hatten auf diese angenehmen Gefühle bis morgen zu warten.

10

Während wir Artilleristen um die Geschütze beschäftigt waren, die Protzwagen und Pulverkästen aufstellten und die Fußstricke für die Pferde vorbereiteten, hatte die Infanterie schon die Gewehre zusammengestellt, die Scheiterhaufen hergerichtet, aus Ästen und Maisstroh Hütten gebaut und angefangen, Grütze zu kochen.

Es fing an zu dämmern. Über den Himmel zogen blauweiße Wolken. Der Nebel, der sich in feinen, feuchten Dunst verwandelt hatte, netzte die Erde und die Soldatenmäntel; der Horizont wurde enger, und die ganze Umgebung hüllte sich in düstere Schatten. Die Feuchtigkeit, die ich durch die Stiefel hindurch und im Nacken spürte, die ununterbrochene Bewegung und das Gerede, an denen ich nicht teilnahm, der klebrige Schmutz, auf dem meine Füße ausglitten, und der leere Magen brachten mich jetzt, nach einem Tage physischer und moralischer Ermüdung, in die denkbar drückendste und unangenehmste Stimmung. Welentschuk ging mir nicht aus dem Sinn. Die ganze einfache Geschichte seines Soldatenlebens drängte sich mir auf.

Seine letzten Augenblicke waren ebenso klar und ruhig wie sein ganzes Leben. Er hatte zu ehrlich und einfach gelebt, als daß sein treuherziger Glaube an das zukünftige himmlische Leben im entscheidenden Augenblick hätte wanken können.

»Euer Wohlgeboren«, sagte herantretend Nikolajew, »wollen Sie sich zum Hauptmann bemühen, er läßt zum Tee bitten.«

Mühsam zwischen den Gewehrpyramiden und Feuern den Weg suchend, ging ich hinter Nikolajew zu Bolchow und dachte mit Vergnügen an heißen Tee und eine lustige Unterhaltung, die meine düsteren Gedanken verscheuchen würden.

»Na, gefunden?« erscholl die Stimme Bolchows aus einer Maishütte, in der ein Licht schimmerte.

»Hier ist er, Euer Wohlgeboren«, antwortete im Baß Nikolajew.

In der Laubhütte saß Bolchow auf einem trockenen Filzmantel mit aufgeknöpftem Rock und ohne Mütze. Neben ihm brodelte der Samowar und stand eine Trommel mit Imbiß. In der Erde steckte ein Bajonett, auf dem eine Kerze befestigt war. »Was sagen Sie dazu?« meinte er, seinen gemütlichen Haushalt stolz überblickend. In der Tat war es in der Laubhütte so nett, daß ich beim Tee die Feuchtigkeit, die Finsternis und Welentschuks Wunde vollständig vergaß. Wir plauderten über Moskau und über Dinge, die in keinerlei Beziehung zum Krieg und zum Kaukasus standen.

Nach einem jener Augenblicke des Schweigens, die manchmal die belebteste Unterhaltung unterbrechen, sah mich Bolchow lächelnd an.

»Ich glaube, unser Gespräch heute früh muß Ihnen sonderbar vorgekommen sein?« sagte er.

»Nein. Warum denn? Es scheint mir bloß, daß Sie zu offenherzig waren, und es gibt Dinge, die wir alle wissen, von denen man aber nicht reden sollte.«

»Warum nicht? Nein! wenn es möglich wäre, dieses Leben mit einem anderen, selbst dem trivialsten und ärmsten, aber ohne Gefahren und Dienst zu vertauschen, ich würde mir's keinen Augenblick überlegen.«

»Warum lassen Sie sich nicht nach Rußland versetzen?« fragte ich.

»Warum?« wiederholte er, »oh, ich habe schon längst daran gedacht, aber ich kann nicht eher nach Rußland zurück, als bis ich den Wladimir- und den Annenorden um den Hals und den Majorsrang bekommen habe, wie ich es erwartete, als ich hierherkam.«

»Warum denn, wenn Sie doch fühlen, daß Sie für den hiesigen Dienst nicht taugen, wie Sie behaupten?«

»Noch weniger fühle ich mich aber fähig, nach Rußland so

zurückzukehren, wie ich weggefahren bin. Das ist auch eine von den Überlieferungen, die in Rußland bestehen und die von Pasek, Slepzow und anderen bekräftigt worden sind, daß man nur in den Kaukasus kommen muß, um sofort mit Auszeichnungen überhäuft zu werden. Und von uns wird das verlangt und erwartet; ich bin seit zwei Jahren hier, habe zwei Feldzüge mitgemacht und noch nichts bekommen. Aber ich habe soviel Ehrgeiz, daß ich um keinen Preis von hier fortgehe, bevor ich nicht Major bin und den Wladimir- und Annenorden um den Hals habe. Ich habe mich schon so in diesen Gedanken hineingelebt, daß es mich unbeschreiblich wurmte, als Gnilokischkin ausgezeichnet wurde und ich nicht. Und dann, wie soll ich in Rußland meinem Dorfältesten, dem Kaufmann Kotjelnikow, dem ich das Getreide verkaufe, der Moskauer Tante und all den anderen Herrschaften vor die Augen treten, wenn ich nach zwei Jahren im Kaukasus ohne Auszeichnung heimkomme? Es ist wahr, daß ich mir aus diesen Herrschaften nichts mache und auch sie sich wenig um mich kümmern; aber der Mensch ist nun einmal so: Ich will nichts mit ihnen zu tun haben, und doch vergeude ich um ihretwillen meine besten Jahre und setze mein Leben und meine ganze Zukunft aufs Spiel.«

11

In diesem Augenblick erscholl draußen die Stimme des Bataillonskommandeurs: »Wer ist bei Ihnen, Nikolaj Fjodorowitsch?«

Bolchow nannte meinen Namen, und gleich darauf krochen drei Offiziere in die Hütte: der Major Kirsanow, der Adjutant seines Bataillons und der Kompanieführer Trosenko.

Kirsanow war ein kleiner, beleibter Mann mit schwarzem Schnurrbart, roten Wangen und feuchten kleinen Augen. Diese kleinen Augen bildeten den hervorstechendsten Zug seiner Physiognomie. Wenn er lachte, blieben nur zwei feuchte Sternchen übrig, und diese Sternchen nahmen manchmal, zusammen mit den gespannten Lippen und dem langgestreckten Hals, einen recht sonderbaren Ausdruck von Sinnlosigkeit an. Kirsanows Betragen im Regiment war besser als das jedes anderen: seine

Untergebenen schimpften nicht, die Vorgesetzten achteten ihn, aber die allgemeine Meinung über ihn war, es sei nicht weit her mit ihm. Er kannte den Dienst, war gewissenhaft und eifrig, hatte immer Geld, besaß eine Kutsche und einen Koch und verstand es auch, sehr echt den Stolzen zu spielen.

»Worüber sprechen Sie, Nikolaj Fjodorowitsch?« fragte er beim Eintreten.

»Über die Annehmlichkeiten des hiesigen Dienstes.«

Aber in diesem Augenblick bemerkte Kirsanow mich, einen Fahnenjunker, und um mich seine Bedeutung fühlen zu lassen, sah er die Trommel an und fragte, ohne auf Bolchows Antwort zu hören: »Müde, Nikolaj Fjodorowitsch?«

»Nein, wir waren gerade...« fing Bolchow noch einmal an. Aber die Würde des Bataillonskommandeurs schien eine nochmalige Unterbrechung und eine neue Frage zu erfordern.

»Eine feine Sache heute gewesen, was?«

Der Bataillonsadjutant war ein junger Fähnrich, erst kürzlich aus der Junkerschule entlassen, ein bescheidener und stiller Junge mit verschämtem, gutmütig angenehmem Gesicht. Ich hatte ihn schon früher bei Bolchow gesehen. Der junge Mensch kam häufig zu ihm, machte seine Verbeugung, setzte sich in eine Ecke, schwieg mehrere Stunden lang, drehte sich Zigaretten, rauchte auf, stand auf, verbeugte sich und ging. Er war der Typus des armen russischen Edelmanns, der die militärische Laufbahn als die einzige seiner Bildung entsprechende gewählt hat und seinen Offiziersrang über alles in der Welt stellt – ein treuherziger und angenehmer Typus, trotz seiner etwas lächerlichen ständigen Utensilien wie Tabaksbeutel, Chalat, Gitarre und Schnurrbartbürste, ohne die man sich ihn gar nicht denken konnte. Im Regiment wurde von ihm erzählt, er prahle damit, daß er gegen seinen Burschen gerecht, aber streng sei. »Ich strafe selten«, soll er gesagt haben, »aber wenn ich mal so weit gebracht werde, dann gibt's keine Gnade.« Als ihm aber einst sein betrunkener Bursche alles gestohlen und hinterher seinen Herrn noch ausgeschimpft hatte, habe er ihn auf die Hauptwache gebracht und alles für die Bestrafung vorbereiten lassen. Doch der Anblick der Vorbereitungen habe ihn dermaßen aus der Fassung gebracht, daß er kaum die Worte hervorbringen konnte: »Jetzt siehst du … ich kann dich …« Dann sei er vollständig verwirrt nach Hause gelaufen, und seitdem habe er Angst, seinem Tschernow in die Augen zu sehen. Die Kameraden ließen ihm keine Ruhe, neckten ihn damit, und ich habe oft gehört, wie der treuherzige Junge sich verteidigte, bis an die Ohren errötete und behauptete, das sei nicht wahr, sondern gerade das Gegenteil.

Der dritte Offizier, Hauptmann Trosenko, war ein alter Kaukasier in der ganzen Bedeutung dieses Wortes, das heißt ein Mensch, dem die Kompanie, die er befehligte, die Familie ersetzte, die Festung, in der sein Stab lag, die Heimat, und dessen einzige Freude im Leben Soldatenlieder waren; ein Mensch, für den alles, was nicht Kaukasus hieß, verachtungswürdig, ja kaum glaubwürdig war, aber auch alles, was Kaukasus hieß, in zwei Hälften zerfiel: in die »unsere« und die »nicht unsere«; die erste liebte er, die zweite haßte er mit der ganzen Kraft seiner Seele. Vor allem war er ein Mensch von erprobter, kaltblütiger Tapferkeit, von seltener Güte im Verhalten seinen Untergebenen und Kameraden gegenüber und von verwegener Offenheit und sogar Frechheit im Umgang mit den aus irgendeinem Grunde von ihm verachteten Adjutanten und Bonjours. Beim Eintreten in die Laubhütte hätte er beinahe die Decke mit dem Kopfe durchstoßen, dann ließ er sich plötzlich nieder und setzte sich auf die Erde.

»Was ist?« sagte er; da bemerkte er mein ihm unbekanntes Gesicht, stockte und heftete seinen trüben Blick aufmerksam auf mich.

»Ja, also, worüber wurde gesprochen?« fragte der Major, seine Uhr hervorziehend und sie anschauend, obwohl ich überzeugt bin, daß er es eigentlich nicht zu tun brauchte.

»Der da hat mich gefragt, warum ich gerade hier diene.«

»Selbstverständlich möchte Nikolaj Fjodorowitsch sich hier auszeichnen und dann den Dienst quittieren.«

»Sagen Sie, Abram Iljitsch, und Sie selbst, warum dienen Sie im Kaukasus?«

»Ja, wissen Sie, ich tue es erstens deshalb, weil wir alle die Pflicht haben zu dienen. Wie?« fügte er hinzu, obwohl alle schwiegen. »Gestern habe ich einen Brief aus Rußland bekom-

men, Nikolaj Fjodorowitsch«, fuhr er fort. Er hatte offensichtlich den Wunsch, den Gesprächsstoff zu wechseln. »Man
schreibt mir … so sonderbare Fragen werden mir gestellt.«

»Was für Fragen denn?« fragte Bolchow.

Er lachte.

»Wirklich sonderbare Fragen … Man schreibt mir, ob es wohl
Eifersucht ohne Liebe geben könnte … Wie?« fragte er und
blickte uns alle an.

»So, so«, sagte Bolchow lächelnd.

»Ja, wissen Sie, in Rußland ist es sehr schön«, fuhr er fort, so
als ob die eine Phrase die selbstverständliche Folgerung der anderen wäre. »Als ich im Jahre zweiundfünfzig in Tambow war,
wurde ich überall empfangen, als wäre ich irgendein Flügeladjutant. Glauben Sie mir, auf dem Ball beim Generalgouverneur,
als ich hereinkam, wissen Sie … wurde ich sehr gut empfangen.
Die Generalgouverneurin selbst, wissen Sie, hat mit mir gesprochen und mich über den Kaukasus ausgefragt, und die anderen
alle ebenso … so daß ich nicht wußte … Mein Tscherkessensäbel wurde angestaunt wie eine Seltenheit, wofür ich den bekommen hätte, wurde gefragt, wofür den Annen-, wofür den
Wladimirorden, und ich mußte erzählen … Wie? Ja, das ist das
Schöne am Kaukasus, Nikolaj Fjodorowitsch!« fuhr er fort,
ohne die Antwort abzuwarten, »wir Kaukasier stehen hoch im
Ansehen. Ein Stabshauptmann mit Annen- und Wladimirorden, wissen Sie, junger Mann, das will schon was heißen in Rußland … Wie?«

»Sie werden wohl tüchtig aufgeschnitten haben, Abram Iljitsch?« sagte Bolchow.

»Hihi!« Er lachte sein dummes Lachen. »Wissen Sie, das
gehört dazu. Und fein gegessen habe ich die zwei Monate.«

»Ist es schön dort in Rußland?« fragte Trosenko in einem
Ton, als spräche er nicht von Rußland, sondern von China oder
Japan.

»Ja, was wir da in den zwei Monaten an Champagner getrunken haben, furchtbar.«

»Was Sie nicht sagen! Es wird wohl Limonade gewesen sein.
Ich hätte es tun sollen, dann hätten die Leute erfahren, wie die
Kaukasier trinken. Nicht umsonst wäre der Ruhm gewesen. Ich

hätte ihnen gezeigt, was saufen heißt ... Was, Bolchow?« fügte er hinzu.

»Du bist auch schon über zehn Jahre im Kaukasus, du alter Knabe«, sagte Bolchow, »weißt du noch, was Jermolow sagte? Und Abram Iljitsch erst sechs ...«

»Wieso zehn! bald sechzehn.«

»Laß uns doch Wein geben, Bolchow. Feucht ist's, brrr ... Wollen wir eins trinken, Major?« fügte er lächelnd hinzu.

Doch der Major war schon von der ersten Anrede des alten Hauptmanns verstimmt, jetzt suchte er offenbar einen Halt in der eigenen Größe. Er fing an, vor sich hin zu singen, und sah wieder nach der Uhr.

»Was mich anbetrifft, ich werde niemals hinfahren«, fuhr Trosenko, ohne auf den verdrossenen Major zu achten, fort, »ich habe es verlernt, auf russische Weise zu gehen und zu sprechen. Was ist denn da für ein Wunder angekommen? würde es heißen: Asien – das sagt alles. Stimmt's, Nikolaj Fjodorowitsch? Und was soll ich überhaupt in Rußland? Einmal wird man mich schon erschießen. ›Wo ist Trosenko?‹ wird man fragen. ›Erschossen.‹ Was fangen Sie dann mit der achten Kompanie an ... he?« fügte er, immer zum Major gewandt, hinzu.

»Der Offizier vom Dienst soll kommen!« rief Kirsanow, ohne dem Hauptmann zu antworten, obwohl er es – meiner Überzeugung nach – gar nicht nötig gehabt hätte, Befehle zu erteilen.

»Sie müssen sehr zufrieden sein, junger Mann, daß Sie jetzt das doppelte Gehalt beziehen?« sagte der Major nach längerem Schweigen zu dem Bataillonsadjutanten.

»Jawohl, außerordentlich.«

»Ich finde, daß unsere Besoldung jetzt sehr hoch ist, Nikolaj Fjodorowitsch«, setzte er fort, »ein junger Mann kann sehr anständig davon leben und sich sogar einigen Luxus gestatten.«

»Abram Iljitsch, nein«, sagte schüchtern der Adjutant, »wenn die Besoldung auch verdoppelt worden ist, trotzdem ... Man muß doch ein Pferd haben ...«

»Was erzählen Sie mir, junger Mann! Ich bin selbst Leutnant gewesen und weiß es. Glauben Sie mir, wenn man auf Ordnung sieht, kann man sehr gut leben. Rechnen Sie doch nach«, fügte er hinzu, den kleinen Finger der linken Hand umbiegend.

»Das ganze Gehalt nehmen wir immer im voraus, das ist die ganze Rechnung«, sagte Trosenko, sein Gläschen Wodka leerend.

»Ja, was wollen Sie dann ... Wie?«

In diesem Augenblick erschien in der Öffnung der Hütte ein blonder Kopf mit platter Nase, und eine scharfe Stimme sagte mit deutschem Akzent: »Sind Sie hier, Abram Iljitsch? Der diensthabende Offizier sucht Sie.«

»Kommen Sie herein, Kraft!« sagte Bolchow.

Eine lange Figur im Generalstabsrock kroch durch die Tür und begann mit ganz besonderem Eifer, allen Anwesenden die Hände zu schütteln.

»Ah, lieber Hauptmann! Sie sind auch hier?« sagte er zu Trosenko gewandt.

Der neue Gast kletterte trotz der Dunkelheit zu ihm hin und küßte ihn zu des Hauptmanns außerordentlicher Verwunderung und Unzufriedenheit, wie mir schien, auf die Lippen.

Das ist ein Deutscher, der ein guter Kamerad sein will, dachte ich.

12

Meine Vermutung bestätigte sich gleich darauf. Der Hauptmann Kraft bat um Schnaps, den er »Gorilka« statt »Gorelka« nannte, räusperte sich fürchterlich und beugte den Kopf stark nach hinten, während er sein Gläschen leerte.

»Ja, Herrschaften, für heute sind wir genug herumkutschiert auf den Ebenen der Tschetschnja«, fing er an; doch als er den diensthabenden Offizier bemerkte, verstummte er sofort und überließ das Wort dem Major.

»Haben Sie die Vorpostenkette kontrolliert?«

»Jawohl!«

»Sind die Schleichpatrouillen aufgestellt?«

»Jawohl!«

»Überbringen Sie den Kompanieführern den Befehl, so vorsichtig wie möglich zu sein.«

»Zu Befehl!«

Der Major kniff die Augen zusammen und setzte eine tiefsinnige Miene auf.

»Ja, sagen Sie den Leuten, sie könnten jetzt ihre Grütze kochen.«

»Das tun sie schon.«

»Es ist gut, Sie können gehen.«

»Ja, also, wir haben nachgerechnet, was ein Offizier alles braucht«, fuhr der Major mit herablassendem Lächeln zu uns gewandt fort, »wollen wir aufzählen.«

»Sie brauchen eine Montur und Hosen ... nicht?«

»Jawohl.«

»Das sind, nehmen wir an, fünfzig Rubel in zwei Jahren, also im Jahr fünfundzwanzig Rubel für Kleidung; dann fürs Essen jeden Tag zwei Abasen ... nicht?«

»Ja, das ist sogar zuviel.«

»Lassen wir's dabei. Dann das Pferd mit einem Sattel, für die Remonte dreißig Rubel – das ist alles. Also alles in allem fünfundzwanzig und hundertzwanzig und dreißig macht hundertfünfundsiebzig. Es bleiben Ihnen für Luxus, für Tee und Zucker und Tabak noch etwa zwanzig Rubel übrig. Sehen Sie? ... Stimmt's, Nikolaj Fjodorowitsch?«

»Nein, verzeihen Sie, Abram Iljitsch«, sagte schüchtern der Adjutant, »gar nichts bleibt für Zucker und Tee übrig. Sie rechnen eine Montur für zwei Jahre, aber während der Feldzüge kann man nie genug Hosen haben. Und Stiefel? Beinahe jeden Monat nutzt sich ein Paar ab. Dann die Wäsche, Hemden, Handtücher, Fußlappen, alles will gekauft sein. Wenn man es zusammenrechnet, bleibt nichts übrig. Bei Gott, es ist so, Abram Iljitsch!«

»Ja, Fußlappen tragen, das ist sehr gut«, sagte plötzlich Kraft nach minutenlangem Schweigen, mit besonderer Liebe das russische Wort für »Fußlappen« aussprechend; »wissen Sie, so einfach, so ganz russisch.«

»Ich werde Ihnen was sagen«, bemerkte Trosenko, »man kann rechnen, wie man will, immer wird dabei herauskommen, daß unsereiner am Hungertuch nagen müßte, aber in Wirklichkeit leben wir doch alle und trinken Tee und rauchen Tabak und trinken auch Wodka. Wenn du so lange gedient hast wie ich, wirst du es auch verstehen«, fügte er zu dem Leutnant gewandt hinzu. »Sie wissen doch, meine Herren, wie er mit seinem Burschen umgeht?«

Und Trosenko wollte sich halbtot lachen und erzählte uns die ganze Geschichte des Leutnants und seines Burschen, obwohl wir sie alle schon tausendmal gehört hatten.

»Ja, Freundchen, warum bist du wie eine Rose anzuschauen«, fuhr er, zum Leutnant gewandt, fort, der so rot wurde, so schwitzte und lächelte, daß es einem leid tun konnte, ihn anzusehen. »Macht nichts, Bruder, ich war auch einmal so wie du, und siehst du, was ich für ein forscher Kerl geworden bin? Laßt mal so einen Burschen aus Rußland herkommen, wir haben solche gesehen, er würde sofort irgendwelche Krämpfe und rheumatische Schmerzen bekommen; wo ich mich hinsetze, da ist mein Haus, mein Bett und alles. Siehst du ...«

Er trank noch ein Gläschen Wodka.

»Nicht?« fügte er hinzu, indem er Kraft aufmerksam in die Augen schaute.

»Ja, so etwas schätze ich, das ist wahrlich ein alter Kaukasier. Geben Sie mir Ihre Hand.« Und Kraft stieß uns alle zur Seite und arbeitete sich bis zu Trosenko vor, ergriff seine Hand und schüttelte sie mit besonderem Gefühl.

»Ja, wir können sagen, wir haben viel erlebt«, fuhr er fort, »im Jahre fünfundvierzig ... Sie waren doch dabei, Hauptmann? Erinnern Sie sich der Nacht vom zwölften zum dreizehnten, als wir kniehoch im Schmutz übernachteten und am nächsten Tag auf die Verschanzungen losgingen? Ich war damals dem Oberbefehlshaber zugeteilt, fünfzehn Verschanzungen nahmen wir an dem einen Tage. Erinnern Sie sich, Hauptmann?«

Trosenko nickte mit dem Kopfe zum Zeichen der Zustimmung, schob die Unterlippe vor und kniff die Augen zusammen.

»Sehen Sie ...« fing Kraft, zu dem Major gewandt, wieder an und machte dabei mit den Händen vollständig überflüssige Bewegungen.

Aber der Major, der wahrscheinlich diese Erzählung schon wiederholt gehört hatte, machte plötzlich dermaßen trübe, stumpfe Augen, daß Kraft von ihm abließ und sich mir und Bolchow zuwandte, wobei er abwechselnd bald mich, bald ihn anblickte. Trosenko schaute er während seiner Erzählung nicht einmal an.

»Sehen Sie, wie wir so morgens herauskommen, sagt der Oberbefehlshaber zu mir: ›Kraft! nimm die Verschanzungen.‹ Sie kennen doch unseren Militärdienst: ohne Widerrede, die Hand an die Mütze: ›Zu Befehl, Exzellenz!‹ und los ging's. Wie wir zur ersten Verschanzung kommen, drehe ich mich um und sage zu den Soldaten: ›Keine Angst, Kinder! Aufpassen! Wer zurückbleibt, den schlage ich eigenhändig nieder.‹ Wissen Sie, mit den russischen Soldaten darf man keine Umstände machen. Plötzlich eine Granate … ich sehe, ein Soldat, ein zweiter, ein dritter, dann Gewehrkugeln … wsjin! wsjin! wsjin! Ich sage: ›Vorwärts, Kinder, mir nach!‹ Wir kommen heran, wissen Sie, plötzlich sehen wir, sehe ich, wie … wissen Sie … wie heißt das doch?« und der Erzähler fuchtelte mit den Armen und suchte das Wort.

»Einen Abhang«, meinte Bolchow.

»Nein … Wie sagt man? Ach Gott, na wie denn? Einen Abhang«, sagte er schnell. »Wir mit gefällten Gewehren vor … hurra! Ta-ra-ta-ta-ta. Vom Feind keine Spur. Wissen Sie, alle waren verwundert. Also schön: wir gehen weiter, die zweite Verschanzung. Das ist eine ganz andere Sache. Unser Blut fängt an zu kochen, wissen Sie. Wir kommen heran, sehen, ich sehe, eine zweite Verschanzung – unmöglich vorzugehen. Hier … wie sagt man, na, wie heißt so ein … Ach, wie …«

»Wieder ein Abhang«, sagte ich ihm vor.

»Nein doch«, fuhr er ärgerlich fort, »kein Abhang, sondern … na, wie heißt es doch«, und er machte eine sinnlose Bewegung mit der Hand. »Mein Gott, na, wie nur …«

Er quälte sich so offensichtlich, daß man nicht umhin konnte, ihm vorzusagen.

»Ein Fluß vielleicht«, sagte Bolchow.

»Nein, einfach ein Abhang … also wir dahin, und plötzlich, werden Sie mir glauben, so ein Feuer, die Hölle selbst …«

In diesem Augenblick fragte draußen jemand nach mir. Es war Maximow. Da ich mir die wechselvolle Geschichte der zwei Verschanzungen angehört hatte und mir noch dreizehn bevorstanden, war ich froh, diese Gelegenheit benutzen zu können, um zu meinem Zug zurückzukehren. Trosenko kam gleichfalls heraus.

»Alles gelogen«, sagte er zu mir, als wir uns einige Schritte von der Hütte entfernt hatten. »Er ist überhaupt nie auf den Verschanzungen gewesen.« Und Trosenko brach in solch ein gutmütiges Lachen aus, daß ich mitlachen mußte.

13

Es war schon dunkle Nacht, nur die Feuer beleuchteten noch schwach das Lager, als ich meine Arbeit beendigt hatte und zu meinen Soldaten trat. Ein großer Baumstumpf lag glimmend auf den Kohlen. Um ihn herum saßen nur drei: Antonow, der über dem Feuer den Kochtopf drehte, in dem Rjabko schmorte, Schdanow, der mit einem Ast in den Kohlen wühlte, und Tschikin mit seiner ewig kalten Pfeife. Die anderen hatten sich schon zur Ruhe gelegt, der eine unter Kisten, der andere im Heu, der dritte am Feuer.

Im schwachen Schein der Kohlen konnte ich die mir bekannten Rücken, Beine und Köpfe erkennen; unter letzteren war auch der kleine Rekrut, der ganz nahe an das Feuer gerückt war und schon zu schlafen schien. Antonow machte mir Platz. Ich setzte mich neben ihn und steckte mir eine Zigarette an. Der Geruch des Nebels und des feuchten Holzes verbreitete sich in der ganzen Luft und biß in die Augen, und derselbe feuchte Dunst senkte sich vom düsteren Himmel.

In unserer nächsten Nähe waren regelmäßiges Schnarchen, das Krachen der Zweige im Feuer, leises Sprechen und hin und wieder das Klirren der Infanteriegewehre zu hören. Überall flammten die Feuer und beleuchteten im kleinen Kreis ringsherum schwarze Soldatenschatten. Neben den nächsten Feuern konnte ich auf den beleuchteten Stellen Gestalten von nackten Soldaten unterscheiden, die dicht über den Flammen ihre Hemden schwenkten. Viele Leute im Umkreis von fünfzehn Quadratsaschen schliefen noch nicht, gingen hin und her und redeten; aber die finstere, dumpfe Nacht verlieh diesen Bewegungen einen eigenen, geheimnisvollen Ton, als ob jeder einzelne diese finstere Stille empfände und sich scheute, ihre ruhige Harmonie zu zerstören. Als ich zu sprechen begann, merkte ich, daß meine

Stimme anders als sonst klang; auf den Gesichtern aller Soldaten, die um das Feuer saßen, konnte ich dieselbe Stimmung erkennen. Ich dachte, sie hätten, bevor ich kam, von dem verwundeten Kameraden gesprochen, aber das war durchaus nicht der
Fall: Tschikin erzählte gerade von der Übernahme der Sachen in
Tiflis und von den dortigen Schülern.

Ich habe immer und überall, besonders aber im Kaukasus, bei
unseren Soldaten jenen außerordentlichen Takt wahrge-
nommen, der sie veranlaßt, während der Gefahr Dinge zu ver-
schweigen oder zu umgehen, die unvorteilhaft auf den Geist der
Kameraden einwirken könnten. Der Geist des russischen Soldaten beruht nicht wie die Tapferkeit der südländischen Völker
auf schnell entflammtem und ebenso schnell erkaltetem Enthusiasmus; es ist ebenso schwer, seinen Mut zu entfachen, wie
ihn mutlos zu machen. Er verlangt keine Effekte, keine Reden,
Schlachtrufe, Gesänge und Trommeln: er braucht im Gegenteil
Ruhe, Ordnung und Natürlichkeit. Beim russischen, echt russischen Soldaten wird man niemals Prahlerei, Wichtigtuerei und
den Wunsch, sich während der Gefahr zu betäuben oder zu be-
rauschen, bemerken; im Gegenteil: Bescheidenheit, Schlichtheit
und die Fähigkeit, in der Gefahr etwas ganz anderes zu sehen als
die Gefahr, das ist es, was seinen Charakter auszeichnet. Ich
habe einen Soldaten mit verwundetem Bein gesehen, der im ersten Augenblick nur seinen durchschossenen neuen Pelz beklagte; einen Fahrer, der unter dem Pferd, das eben unter ihm
getötet worden war, hervorkroch und sofort den Sattelgurt auf-
schnallte, um den Sattel abzunehmen. Wer erinnerte sich nicht
des Vorfalls während der Belagerung von Gergebil, als im Labo-
ratorium der Zünder einer geladenen Bombe zu brennen anfing
und der Feuerwerker zwei Soldaten den Befehl gab, mit der
Bombe zum nächsten Abhang zu laufen und sie hinunterzuwer-
fen, und wie die Soldaten sie nicht an der nächsten Stelle, neben
dem Zelt des Obersten, das am Rand des Abhangs stand, hinun-
terwerfen wollten, um die Offiziere nicht zu wecken, die im Zelt
schliefen, sondern weiterliefen und beide in Stücke gerissen
wurden? Ich entsinne mich auch, wie bei einem Feldzug im
Jahre 1852 einer von den jungen Soldaten während des Kampfes
äußerte, der Zug würde hier nie wieder herauskommen, und

wie die andern auf ihn losfuhren wegen dieser dummen Worte, die sie gar nicht wiederholen mochten.

Und jetzt, da wahrscheinlich jeder im Herzen an Welentschuk dachte und uns jede Sekunde eine Salve herangeschlichener Tataren treffen konnte, erwähnte kein Mensch die heutigen Kämpfe, die bevorstehenden Gefahren oder den Verwundeten, als wäre all das weiß Gott wann oder überhaupt nie gewesen. Aber es schien mir, als wären die Gesichter etwas finsterer als sonst, als hörten sie nicht sehr aufmerksam auf Tschikins Erzählungen, und auch Tschikin fühlte, daß man nicht auf ihn hörte, sprach aber trotzdem weiter.

Maximow kam an das Feuer heran und setzte sich neben mich. Tschikin machte ihm Platz, verstummte und fing wieder an, an seiner kalten Pfeife zu saugen.

»Die Infanteristen hatten ins Lager nach Wodka geschickt«, sagte Maximow nach längerem Schweigen, »eben sind die Leute zurückgekehrt.« Er spuckte ins Feuer. »Der Unteroffizier sagte, sie hätten den Unsrigen gesehen.«

»Lebt er noch?« fragte Antonow, den Kochtopf herumdrehend.

»Nein, er ist tot.«

Der junge Rekrut hob plötzlich den kleinen Kopf in der Mütze über das Feuer, blickte mich und Maximow einen Augenblick aufmerksam an, senkte den Kopf wieder sehr schnell und wickelte sich in seinen Mantel.

»Ja, nicht umsonst ist der Tod heute früh bei ihm gewesen, als ich ihn im Artilleriepark weckte«, sagte Antonow.

»Ach, Unsinn!« sagte Schdanow, drehte den glimmenden Baumklotz um, und alle verstummten.

Mitten in der allgemeinen Stille erscholl hinter uns im Lager ein Schuß. Unsere Tamboure erwiderten ihn und spielten den Zapfenstreich. Als der letzte Ton verklungen war, stand Schdanow als erster auf und nahm seine Mütze ab. Wir alle folgten seinem Beispiel.

Mitten in der tiefen Stille der Nacht erklang ein harmonischer Chor von Männerstimmen.

Vater unser, der Du bist im Himmel! Geheiliget werde Dein Name; zu uns komme Dein Reich; Dein Wille geschehe wie im

Himmel, also auch auf Erden. Unser täglich Brot gib uns heute; und vergib uns unsere Schuld, wie auch wir vergeben unsern Schuldigern; und führe uns nicht in Versuchung, sondern erlöse uns von dem Übel.

»Bei uns ist auch einer im Jahre fünfundvierzig an derselben Stelle verwundet worden«, sagte Antonow, als wir die Mützen aufgesetzt und uns wieder um das Feuer gelagert hatten. »Den haben wir zwei Tage auf dem Geschütz mitgeführt ... erinnerst du dich an Schewtschenko, Schdanow? Dann haben wir ihn unter einem Baum liegen lassen müssen.«

In diesem Augenblick kam ein Infanterist mit ungeheurem Backenbart und Schnurrbart, mit Gewehr und Tornister an unser Feuer heran.

»Gestattet, Landsleute, etwas Feuer, um mein Pfeifchen anzurauchen«, sagte er.

»Warum nicht, es ist Feuer genug vorhanden«, bemerkte Tschikin.

»Sie erzählten wohl von Dargo, Landsmann?« wandte sich der Infanterist an Antonow.

»Vom Jahr fünfundvierzig und von Dargo«, antwortete Antonow.

Der Infanterist schüttelte den Kopf, kniff die Augen zu und hockte sich neben uns nieder.

»Ja, da ist vieles gewesen«, bemerkte er.

»Warum habt ihr ihn liegen lassen?« fragte ich Antonow.

»Er litt zu sehr im Unterleib. Wenn wir standen, ging es, aber sobald wir uns in Bewegung setzten, dann schrie er wie am Spieß. Er flehte uns an, ihn um Gottes willen liegen zu lassen, aber es tat uns leid um ihn. Doch dann begann er, uns auf den Leib zu rücken! Drei Mann Geschützbedienung bei uns waren getötet, ein Offizier war gefallen, und unsere Batterie hatten wir auch aus den Augen verloren – ein wahres Unglück! Wir rechneten überhaupt nicht mehr, mit dem Geschütz davonzukommen. Und ein Schmutz war da!«

»Vor allem unterhalb des Indischen Berges war es furchtbar schmutzig«, bemerkte ein Soldat.

»Ja, dort wurde ihm noch elender. Da meinten wir beide, Antoschenko – er war ein alter Feuerwerker – und ich, was soll man da machen, am Leben wird er nicht bleiben und fleht doch um Gottes willen – wollen wir ihn dalassen. Und so wurde es beschlossen. Ein Baum wuchs dort, so ein verzweigter. Wir legten aufgeweichten Zwieback neben ihn hin, Schdanow hatte welchen, lehnten ihn an diesen Baum, zogen ihm ein reines Hemd an, nahmen Abschied, wie es sich gehört, und ließen ihn liegen.«

»War wohl ein guter Soldat?«

»Ein Soldat wie jeder«, meinte Schdanow.

»Was aus ihm geworden sein mag, weiß Gott allein«, fuhr Antonow fort. »Viele von uns sind dort liegengeblieben.«

»In Dargo?« fragte der Infanterist. Er stand auf, stocherte in seiner Pfeife herum, kniff wieder die Augen zu und schüttelte den Kopf. »Ja, da ist vieles gewesen.«

Und er ging fort von uns.

»Haben wir noch viele Soldaten in der Batterie, die in Dargo mit dabeigewesen sind?« fragte ich.

»Ja, hier Schdanow, ich, Pazan, der jetzt Urlaub hat, und noch etwa sechs andere. Mehr werden es nicht sein.«

»Ja, unser Pazan, der bleibt lange fort im Urlaub«, sagte Tschikin, indem er die Füße herabließ und sich mit dem Kopf auf einen Balken legte. »Es wird wohl bald ein Jahr sein, daß er fehlt.«

»Hast du auch einen Jahresurlaub gehabt?« fragte ich Schdanow.

»Nein, ich bin nicht gegangen«, antwortete er etwas widerwillig.

»Wer aus einem reichen Hause ist, hat leicht gehen«, sagte Antonow, »oder wenn einer Kräfte hat zum Arbeiten, dann ist es angenehm zu gehen, und dann wird man auch zu Hause freudig empfangen.«

»Warum soll man gehen, wenn man zwei Brüder zu Hause hat«, fuhr Schdanow fort, »ist schon gut, wenn sie selbst genug zu essen haben, da kann niemand verlangen, daß sie noch einen Soldaten durchfüttern … Wenn man fünfundzwanzig Jahre gedient hat, ist man nur noch eine schlechte Hilfe, und ob sie überhaupt noch leben, wer kann es wissen.«

»Hast du denn nicht geschrieben?« fragte ich.

»Wieso nicht? Zwei Briefe habe ich geschickt, aber sie

schicken keine Antwort. Entweder sind sie tot, oder sie schreiben nicht, weil sie in großer Armut leben, wie sollen sie da?«

»Ist es lange her, daß du geschrieben hast?«

»Als wir von Dargo zurückkehrten, habe ich den letzten Brief geschrieben ... Sing doch das Lied von der Birke«, sagte Schdanow zu Antonow, der, die Ellenbogen auf die Knie gestützt, irgendein Lied vor sich hinsummte.

Antonow sang das Lied von der Birke.

Tschikin zupfte mich am Mantel. »Das ist das Lieblingslied von Onkelchen Schdanow«, flüsterte er mir zu. »Wenn Filipp Antonowitsch es singt, fängt er an zu weinen.«

Schdanow saß am Anfang völlig unbeweglich da, die Augen auf die glimmenden Kohlen gerichtet, und sein vom rötlichen Licht beschienenes Gesicht wirkte überaus finster; dann begannen sich die Muskeln unter den Ohren immer schneller zu bewegen, und zuletzt erhob er sich, breitete seinen Mantel aus und legte sich im Schatten, etwas vom Feuer entfernt, hin. Entweder drehte er sich herum und ächzte, während er sich schlafen legte, oder ich war von Welentschuks Tod und dem traurigen Wetter so bedrückt, aber es schien mir tatsächlich, als ob er weinte.

Der untere Teil des Baumstumpfes, der sich in Kohle verwandelt hatte, loderte hin und wieder auf und beleuchtete Antonows Gestalt, seinen grauen Schnurrbart, das rote Gesicht, die Orden auf dem übergeworfenen Mantel und irgendwelche Stiefel, Köpfe oder Rücken. Von oben senkte sich derselbe trostlose Dunst hernieder, in der Luft stand derselbe Geruch von Feuchtigkeit und Rauch, ringsherum waren dieselben hellen Punkte der verlöschenden Feuer zu sehen, und inmitten der großen Stille waren die wehmütigen Töne von Antonows Lied zu hören; und wenn diese für Augenblicke verstummten, dann antworteten die schwachen Töne der nächtlichen Bewegungen im Lager: Schnarchen, Gewehrklirren der Wachthabenden und leises Reden.

»Zweite Ablösung! Makatjuk und Schdanow!« rief Maximow.

Antonow hörte mit dem Singen auf, Schdanow erhob sich, seufzte, schritt über den Balken und begab sich langsam zu den Geschützen ...

15. Juni 1855

Sewastopol im Dezember 1854

Die Morgenröte beginnt soeben den Horizont über dem Sapunberg zu färben; die dunkelblaue Oberfläche des Meeres hat bereits das nächtliche Dunkel von sich geworfen und wartet auf den ersten Sonnenstrahl, um in fröhlichem Glanz zu spielen. Von der Bucht her weht es Kälte und Nebel; es liegt kein Schnee, alles ist schwarz, aber ein scharfer Morgenfrost packt das Gesicht und kracht unter den Füßen, und nur das ferne stete Brausen des Meeres, ab und zu von donnernden Schüssen in Sewastopol unterbrochen, stört die Stille des Morgens. Auf den Schiffen schlägt es dumpf acht Glasen.

Auf der Nordseite verdrängt allmählich die Geschäftigkeit des Tages die nächtliche Ruhe: Hier marschiert eine Wachablösung mit klirrenden Gewehren vorbei; dort hastet schon ein Arzt ins Lazarett; da kriecht ein Soldat aus seiner Erdhütte, wäscht sich das sonnenverbrannte Gesicht im eiskalten Wasser und spricht nach dem sich rötenden Osten gewandt und rasch das Kreuz schlagend ein Gebet; dort wird ein hoher schwerer Tatarenkarren mühselig von Kamelen zum Friedhof gezogen, wo die blutbesudelten Toten, mit denen er bis oben vollgeladen ist, begraben werden sollen …

Wenn ihr dann zum Hafen geht, schlägt euch ein eigenartiger Geruch von Steinkohle, Mist, Feuchtigkeit und Fleisch entgegen; haufenweise liegt da alles mögliche herum – Holz, Fleisch, Schanzkörbe, Mehl, Eisen und so weiter. Soldaten der verschiedensten Regimenter, mit Säcken und Flinten oder ohne Säcke und Flinten, drängen sich dort, rauchen, schimpfen, schleppen Lasten auf den Dampfer, der Rauch ausstoßend an der Landungsbrücke liegt; Ruderboote, mit vielerei Volks gefüllt – Soldaten, Matrosen, Kaufleuten, Weibern – legen im Hafen an oder ab.

Zwei oder drei ausgemusterte Matrosen werden dann in ihren Kähnen aufstehen und euch ihre Dienste anbieten: »Zur Grafskaja, Euer Wohlgeboren? Bitte sehr«.

Ihr werdet den nehmen, der euch am nächsten ist, über den halbverwesten Kadaver eines einstmals braunen Pferdes steigen, der hier bei den Booten im Schmutz liegt, und ans Steuerruder vorgehen. Ihr legt vom Ufer ab. Ringsum das bereits in der Morgensonne glitzernde Meer, vorn ein alter Matrose im Kamelhaarkittel und ein junger strohblonder Bursche, die beide schweigend und emsig die Ruder führen. Ihr laßt dann euren Blick über die gewaltigen gestreiften Schiffsleiber schweifen, die nah und fern über die Bucht verstreut sind, die kleinen schwarzen Punkte der Boote, die sich über das glänzende Blau des Meeres bewegen, die hübschen hellen Gebäude der Stadt am anderen Ufer, die von den rosigen Strahlen der Morgensonne gefärbt sind, und die weiße Brandungslinie der Hafensperre und der versenkten Schiffe, deren schwarze Mastspitzen hie und da traurig aus dem Wasser ragen, über die feindliche Flotte, die in der Ferne am kristallklaren Horizont schimmert, und die schäumenden Wellen, auf denen, durch die Ruder emporgeworfen, salzige Bläschen hüpfen; ihr hört die einförmigen Laute der Ruderschläge, der Stimmen, die übers Wasser zu euch dringen, und den majestätischen Hall der Schüsse, die, wie euch scheinen will – in Sewastopol immer stärker werden.

Es kann gar nicht anders sein, als daß bei dem Gedanken, daß auch ihr jetzt in Sewastopol seid, ein Gefühl von Mut und Stolz eure Seele durchdringt und das Blut in euren Adern rascher kreist …

»Euer Wohlgeboren, halten Sie direkt auf den Kistentin zu«, wird euch der alte Matrose sagen und sich umdrehen, um die Richtung zu prüfen, die ihr dem Boot gebt, »das Steuer nach rechts.«

»Auf dem sind noch alle Kanonen drauf«, bemerkt der strohblonde Bursche, als er das Schiff im Vorbeifahren betrachtet.

»Natürlich, es ist ja ganz neu; Kornilow hat darauf gewohnt«, erwidert der Alte, der ebenfalls das Schiff mustert.

»Schau, dort ist eine geplatzt!« sagt der Bursche nach längerem Schweigen und blickt nach einem weißen Wölkchen zerfließenden Rauchs, das plötzlich hoch über der südlichen Bucht aufsteigt, begleitet von dem scharfen Knall einer explodierenden Bombe.

»Er schießt heute von der neuen Batterie«, meint der Alte und spuckt gleichgültig in die Hände. »Los, Mischa, leg dich ins Zeug, dann überholen wir die Barkasse!« – Und euer Boot wird schneller über die weite Dünung der Bucht gleiten, wirklich die schwere Barkasse überholen, die mit Säcken beladen ist und von ungeschickten Soldaten ungleichmäßig gerudert wird, und zwischen einer Vielzahl von Booten aller Art im Hafen an der Grafskaja landen.

Auf der Uferstraße drängen sich lärmend Scharen grauer Soldaten, schwarzer Matrosen und buntgekleideter Frauen. Weiber verkaufen Semmeln, russische Muschiks mit Samowaren schreien: »Heißer Sbiten!« und eben dort auf den unteren Stufen liegen verrostete Kugeln, Bomben, Kartätschen und gußeiserne Kanonenrohre verschiedenen Kalibers herum. Etwas weiter hinten ist ein großer Platz, auf dem gewaltige Balken, Lafetten und schlafende Soldaten lagern; Pferde, Fuhrwerke, grüne Geschütze und Munitionskisten, Gewehrpyramiden der Infanterie herumstehen; Soldaten, Matrosen, Offiziere, Frauen, Kinder und Kaufleute herumlaufen; Karren mit Heu, Säcken und Fässern fahren; ab und zu ein Kosak oder ein Offizier zu Pferd oder ein General im Wagen vorüberkommt. Rechts die Straße ist durch eine Barrikade versperrt, auf der in den Schießscharten kleine Kanonen stehen, daneben sitzt ein Matrose und raucht sein Pfeifchen. Links ein schönes Haus mit römischen Ziffern am Giebel, davor stehen Soldaten mit blutbefleckten Tragbahren – wohin ihr auch schaut, überall die unangenehmen Spuren des Kriegslagers. Euer erster Eindruck wird wohl äußerst unangenehm sein: Das merkwürdige Gemisch von Lagerleben und städtischem Treiben, von hübscher Stadt und schmutzigem Biwak wirkt nicht nur unschön, sondern als abstoßendes Durcheinander, und es wird euch sogar so vorkommen, als seien alle verschreckt und hasteten hin und her und wüßten nicht, was tun. Aber wenn ihr dann etwas genauer die Gesichter dieser Menschen anschaut, die da um euch herumeilen, dann werdet ihr etwas ganz anderes erkennen. Ihr braucht nur diesen

Trainsoldaten anzusehen, der seine drei Füchse zur Tränke führt und stillvergnügt vor sich hinbrummt, dann wird euch klar, daß er sich in dieser bunten Menge, die für ihn gar nicht existiert, nicht verläuft, sondern daß er seine Arbeit – ob das nun Pferde tränken oder Geschütze ziehen ist – ebenso ruhig, sicher und gleichmütig verrichtet, als ob sich das alles in Tula oder Saransk abspielte. Den gleichen Ausdruck werdet ihr auch auf dem Gesicht dieses Offiziers lesen, der in tadellos weißen Handschuhen vorübergeht, oder auf dem Gesicht des Matrosen, der auf der Barrikade sitzt und raucht, auf den Gesichtern der Arbeitsoldaten, die mit den Tragbahren vor dem ehemaligen Kasino warten, und auf dem Gesicht jenes Mädchens, das, ängstlich bemüht, sein rosa Kleid nicht zu bespritzen, von einem Stein zum anderen über die Straße hüpft.

Ja, ganz sicher steht euch eine Enttäuschung bevor, wenn ihr zum ersten Mal nach Sewastopol hineinfahrt. Vergeblich werdet ihr auch auf nur einem Gesicht nach den Spuren von Hast und Kopflosigkeit oder gar von Enthusiasmus, Todesbereitschaft und Entschlossenheit suchen – nichts davon ist zu sehen: Ihr werdet Menschen wie überall ruhig ihren Alltagsgeschäften nachgehen sehen, so daß ihr euch vielleicht sogar übertriebene Begeisterung vorwerft und ein wenig zu zweifeln beginnt, ob die Vorstellung vom Heroismus der Verteidiger Sewastopols richtig ist, die ihr euch aus den Erzählungen und Beschreibungen und allem, was man an der Nordseite sieht und hört, gebildet habt. Aber ehe ihr zweifelt, geht auf die Bastionen, seht euch die Verteidiger Sewastopols am eigentlichen Ort der Verteidigung an, oder besser noch, geht direkt in dieses Haus gegenüber, das ehemalige Sewastopoler Kasino, auf dessen Freitreppe die Soldaten mit den Bahren stehen – dort werdet ihr die Verteidiger Sewastopols sehen, werdet grauenhafte und traurige, großartige und komische, jedenfalls aber außerordentliche, die Seele erhebende Szenen sehen.

Ihr betretet den großen Saal des Kasinos. Kaum habt ihr die Tür geöffnet, erschüttert euch der Anblick und der Gestank von vierzig oder fünfzig amputierten und schwerverwundeten Patienten, die teils auf Pritschen, meistens aber auf dem Boden liegen. Überlaßt euch nicht dem Gefühl, das euch an der Schwelle zurückhält – es ist ein häßliches Gefühl –, geht hinein und schämt euch nicht, daß ihr scheinbar nur gekommen seid, um euch die Leidenden anzusehen, schämt euch nicht, zu ihnen zu treten und mit ihnen zu sprechen: Die Unglücklichen sehen gern ein menschlich teilnehmendes Gesicht, erzählen gern von ihren Leiden und hören gern Worte der Liebe und des Mitgefühls. Geht mitten zwischen den Betten hindurch und sucht ein weniger strenges und leidendes Gesicht und tretet zu ihm, um mit ihm zu sprechen.

»Wo bist du verwundet?« werdet ihr zaghaft und schüchtern einen alten abgemagerten Soldaten fragen, der auf seiner Pritsche sitzt, euch mit gutmütigem Blick folgt und euch gleichsam einlädt, zu ihm zu treten. Ich sage: »schüchtern«, denn das Leid flößt euch außer tiefem Mitgefühl auch eine gewisse Scheu ein zu kränken und Hochachtung vor dem, der all das erträgt.

»Am Bein«, erwidert der Soldat. Aber da werdet ihr auch schon an den Falten der Decke bemerken, daß er bis über das Knie hinauf gar kein Bein mehr hat. »Gott sei Dank,« fügt er hinzu, »ich werde jetzt bald entlassen.«

»Bist du schon lange verwundet?«

»Es ist schon über sechs Wochen her, Euer Wohlgeboren.«

»Hast du jetzt noch Schmerzen?«

»Nein, jetzt nicht mehr; bloß noch in der Wade, bei schlechtem Wetter, sonst nicht.«

»Wie bist du denn verwundet worden?«

»Auf der fünften Bastion, Euer Wohlgeboren, als wir das erste Bombardement hatten: Ich richte mein Geschütz, trete zurück, so wie immer, zur anderen Schießscharte, da trifft er mich ins Bein, gerade als wäre ich in ein Loch getreten. Rums, und das Bein war weg.«

»Hat es denn nicht furchtbar weh getan im ersten Augenblick?«

»Ganz und gar nicht. Nur als hätte man mir mit etwas Heißem ins Bein gestoßen.«

»Und dann?«

»Auch dann machte es nichts; nur als sie die Haut zusammenzogen, war mir's, als würde ich geschunden. Die Hauptsache ist, Euer Wohlgeboren, nicht viel denken: Macht man sich keine Gedanken, dann ist es auch weiter nichts. Alles kommt nur davon, daß der Mensch denkt.«

Da kommt eine Frau in graugestreiftem Kleid und schwarzem Kopftuch auf euch zu; sie mischt sich ein in euer Gespräch mit dem Matrosen und fängt an, von ihm zu erzählen, von seinen Leiden, seinem verzweifelten Zustand, in dem er sich vier Wochen lang befunden habe, davon, wie er schon verwundet die Bahre noch einmal habe niederstellen lassen, um die Salve unserer Batterie zu sehen, wie der Großfürst mit ihm gesprochen und ihm fünfundzwanzig Rubel geschenkt habe, und wie ihm der Verwundete gesagt habe, daß er wieder auf die Bastion wolle, um die jungen Burschen anzulernen, wenn er schon selber nichts mehr tun könne. Die Frau erzählt das alles atemlos und sieht dabei bald auf euch, bald auf den Matrosen, der sich abgewendet hat, gar nicht hinzuhören scheint und auf seinem Kissen Scharpie zupft, und ihre Augen glänzen in einer ganz besonderen Begeisterung.

»Das ist meine Frau, Euer Wohlgeboren!« bemerkt der Matrose in einem Ton, als wolle er sagen: »Nehmen Sie ihr's nicht übel. Man kennt das ja, so sind die Weiber, reden dummes Zeug.«

Da werdet ihr allmählich die Verteidiger Sewastopols verstehen, werdet euch vor diesem Menschen schämen. Ihr würdet ihm am liebsten noch vieles sagen, um ihm euer Mitgefühl, eure Bewunderung auszudrücken, aber ihr könnt nicht die richtigen Worte finden oder seid unzufrieden mit denen, die euch in den Sinn kommen – und ihr verneigt euch schweigend vor dieser stummen, unbewußten Größe und Geistesstärke, dieser Schamhaftigkeit vor der eigenen Würde.

»Gebe Gott, daß du bald wieder gesund wirst«, werdet ihr ihm sagen und dann vor einem anderen Patienten stehenbleiben, der auf dem Boden liegt, und offenbar unter unerträglichen Qualen den Tod erwartet.

Es ist ein blonder Mann mit bleichem, aufgedunsenem Gesicht. Er liegt auf dem Rücken, den linken Arm nach hinten geworfen, und seine ganze Lage drückt grausame Qualen aus. Sein vertrockneter, halbgeöffneter Mund stößt mühsam ein heiseres Röcheln aus, die blauen, erloschenen Augen sind nach oben gerichtet, und aus der zurückgeschlagenen Decke ragt der mit Binden umwickelte Stumpf des rechten Arms hervor. Der schwere Leichengeruch trifft euch stärker, und die verzehrende innere Glut, die alle Glieder des Gequälten durchdringt, scheint auch auf euch überzugreifen.

»Ist er bewußtlos?« fragt ihr die Frau, die hinter euch hergeht und euch freundlich wie einen Verwandten anblickt.

»Nein, er hört noch, aber es steht schon sehr schlecht«, antwortet sie flüsternd. »Ich habe ihm heute Tee gegeben – wissen Sie, auch wenn er ein Fremder ist, muß man doch Mitleid haben – er hat fast nichts mehr getrunken.«

»Wie geht es dir?« fragt ihr ihn.

Der Verwundete verdreht beim Klang eurer Stimme die Augäpfel, aber er sieht und versteht euch nicht.

»Das Herz verbrennt ihm.«

Weiter hinten seht ihr einen alten Soldaten, der die Wäsche wechselt. Gesicht und Körper sind von rotbrauner Farbe und mager wie ein Skelett. Der eine Arm fehlt ihm ganz, ist an der Schulter abgenommen. Der Mann sitzt aufrecht da, hat sich erholt; aber an seinem leblosen, trüben Blick, an der furchtbaren Magerkeit und den Runzeln im Gesicht könnt ihr sehen, daß er ein Wesen ist, das den besseren Teil seines Lebens bereits durchlitten hat.

Auf der anderen Seite gewahrt ihr auf einer Pritsche das leidende, blasse und zarte Gesicht einer Frau, auf deren Wangen eine fieberhafte Röte spielt.

»Unsere Matrosenfrau dort hat am Fünften eine Bombe am Bein erwischt«, sagt euch eure Begleiterin, »sie hat ihrem Mann das Essen auf die Bastion gebracht.«

»Hat man sie amputiert?«

»Ja, überm Knie.«

Wenn ihr starke Nerven habt, dann geht jetzt durch die Tür links: in diesem Zimmer wird verbunden und operiert. Dort seht ihr Ärzte, die Arme bis an die Ellenbogen blutbespritzt; sie machen sich mit bleichen, finsteren Gesichtern an einer Pritsche zu schaffen, auf der mit weitgeöffneten Augen ein Verwundeter unter Chloroform liegt und wie im Fieber sinnlose, bisweilen auch einfache und rührende Worte vor sich hin redet. Die Ärzte sind mit der scheußlichen, aber segensreichen Arbeit des Amputierens beschäftigt. Ihr seht, wie das scharfe krumme Messer in den gesunden weißen Leib fährt; seht, wie mit einem schrecklichen, markerschütternden Schrei und fluchend der Verwundete plötzlich zu sich kommt; seht, wie der Sanitäter den abgeschnittenen Arm in die Ecke wirft; seht, wie auf der Bahre in demselben Zimmer ein anderer Verwundeter liegt, der Operation seines Kameraden zusieht, sich windet und stöhnt, nicht so sehr vor physischen Schmerzen als vor Seelenqualen der Erwartung; seht grauenhafte, herzerschütternde Szenen; ihr seht den Krieg nicht in der regulären, schönen und glänzenden Form, mit Musik und Trommelwirbel, wehenden Fahnen und Generälen auf tänzelnden Pferden, sondern ihr seht den Krieg in seiner wahren Gestalt: in Blut, in Leiden, in Tod …

Wenn ihr dann aus diesem Haus der Leiden heraustretet, so empfindet ihr sicherlich ein erquickendes Gefühl, atmet die frische Luft tief in euch ein, werdet euch freudig eurer Gesundheit bewußt, aber gleichzeitig führt euch der Anblick dieser Leiden auch die eigene Nichtigkeit vor Augen, und ihr begebt euch ruhig und festen Schritts auf die Bastionen …

»Was bedeutet schon Tod und Leiden eines so nichtigen Wurms wie ich im Vergleich zu so vielen Toden und so vielem Leiden?« Doch der Anblick des wolkenlosen Himmels, der strahlenden Sonne, der schönen Stadt, der geöffneten Kirche und des in verschiedene Richtungen strebenden Kriegsvolks versetzt euren Geist wieder in den Normalzustand von Leichtsinn, kleinen Sorgen und Hingabe an den Augenblick.

Vielleicht kommt euch aus der Kirche der Leichenzug eines Offiziers entgegen mit rosafarbenem Sarg und Musik und wehenden Fahnen; vielleicht dringt das Dröhnen der Schüsse von den Bastionen an euer Ohr, aber das bringt euch nicht auf die Gedanken von vorhin zurück; der Leichenzug erscheint euch als prächtiges martialisches Schauspiel, das Schießen als prächtige Kriegsmusik, und ihr verbindet weder mit diesem Schauspiel, noch mit diesem Schießen einen klaren, auf euch selbst bezogenen Gedanken an Leiden und Tod, wie ihr das im Verbandsraum getan habt.

Geht ihr an der Kirche und an der Barrikade vorbei, so

kommt ihr in den inneren, besonders belebten Teil der Stadt. Zu beiden Seiten der Straße die Schilder von Läden und Schankwirtschaften; Kaufleute, Frauen in Hüten und Tüchern, geckenhafte Offiziere – alles zeugt von Standhaftigkeit, von Selbstvertrauen und Sicherheit der Bewohner.

Geht in die Schenke rechts, wenn ihr hören wollt, was die Seeleute und Offiziere so reden; da geht es sicher über die verflossene Nacht, über Fenka, über die Schlacht vom Vierundzwanzigsten, über die teuren und schlechten Koteletts und darüber, daß der und jener Kamerad gefallen ist.

»Verdammt, schlimm war das heute bei uns!« sagt in tiefem Baß ein strohblonder, bartloser Marineoffizier mit grünem gestricktem Schal.

»Wo bei uns?« fragt ihn ein anderer.

»Auf der vierten Bastion«, erwidert der junge Offizier, und sicher werdet ihr bei diesen Worten mit größerer Aufmerksamkeit und sogar einer gewissen Achtung auf den strohblonden Erzähler schauen. Seine allzu große Ungezwungenheit, sein Fuchteln mit den Armen, sein lautes Lachen und Reden, das ihr für Prahlerei gehalten habt, erscheinen euch jetzt als jene besondere Renommiersucht, die manche sehr jungen Leute nach einer Gefahr überkommt; aber wenn ihr etwa glaubt, daß er euch nun erzählen wird, wie schlimm es auf der vierten Bastion wegen der Bomben und Kugeln gewesen sei: keineswegs! Schlimm war es, weil es schmutzig war. »Kein Durchkommen zur Batterie!« wird er sagen und auf seine Stiefel zeigen, die bis über die Waden mit Schmutz bedeckt sind. »Und bei mir ist heute der beste Diensthabende gefallen, direkt auf die Stirn hat's ihn getroffen«, erzählt ein anderer. »Wer denn? Mitjuchin?« – »Nein … was ist, kriege ich nun endlich meinen Kalbsbraten? Ihr seid mir Kanaillen!«, fügt er, zum Kellner gewandt, hinzu. »Nicht Mitjuchin, sondern Abramow. Ein Kerl war das, sechs Ausfälle hat er mitgemacht.«

Am anderen Ende des Tisches sitzen an ihren Tellern mit Koteletts und Erbsen und einer Flasche sauren Krimweines, »Bordeaux« genannt, zwei Infanterieoffiziere: Der eine, noch jung, mit rotem Kragen und zwei Sternen am Mantel, erzählt dem anderen, schon älteren, mit schwarzem Kragen und ohne

Sterne, von der Schlacht an der Alma. Er hat schon ein wenig getrunken, und an den Pausen, die er in seiner Erzählung macht, an dem unsicheren Blick, der Zweifel auszudrücken scheint, ob man ihm auch glaube, vor allem jedoch an der übergroßen Rolle, die er selber bei alledem spielt, und daran, daß das allzu schrecklich war, erkennt ihr, daß er stark von der Wahrheit abweicht. Aber euch ist nicht um diese Erzählungen zu tun, die ihr noch lange an allen Ecken und Enden Rußlands zu hören bekommt: Ihr wollt lieber auf die Bastionen, und zwar auf die vierte, von der ihr schon so Vieles und so Unterschiedliches gehört habt. Wenn jemand behauptet, er sei auf der vierten Bastion gewesen, so sagt er das mit besonderem Genuß und Stolz; sagt einer: »Ich gehe auf die vierte Bastion«, so merkt man ihm sicher eine leichte Aufregung oder allzu große Gleichmut an; will man jemanden necken, so sagt man: »Dich müßte man auf die vierte Bastion versetzen«; trifft man Träger mit Bahren und fragt: »Von wo?«, so antworten sie meistens: »Von der vierten Bastion«. Überhaupt gibt es zwei gänzlich verschiedene Ansichten über diese furchtbare Bastion: nämlich von denen, die niemals dort waren und überzeugt sind, daß die vierte Bastion das sichere Grab für jeden ist, der dort hingeht, und von denen, die dort leben, wie der strohblonde Marineoffizier, und die euch, wenn sie von der vierten Bastion sprechen, erzählen, daß es dort trocken oder schmutzig, warm oder kalt in der Erdhütte ist und so weiter.

In der halben Stunde, die ihr im Gasthaus verbracht habt, hat das Wetter umgeschlagen: Der Nebel, der über das Meer aufgezogen ist, hat sich zu grauen, trüben, feuchten Wolken zusammengeballt und die Sonne verhüllt; ein trister Sprühregen fällt und macht Dächer, Trottoirs und Soldatenmäntel naß ...

Wenn ihr über eine weitere Barrikade geht, kommt ihr durch das Tor rechts und geht die große Straße hinauf. Hinter dieser Barrikade sind die Häuser zu beiden Seiten der Straße unbewohnt, es gibt keine Schilder, die Türen sind mit Brettern vernagelt, die Fenster herausgeschlagen, da und dort ist eine Mauerecke abgeschlagen, ein Dach eingestürzt. Wie Veteranen, die manches Leid und manche Entbehrung erlitten haben, wirken diese Gebäude und blicken scheinbar stolz und ein wenig verächtlich auf euch herab. Auf dem Weg werdet ihr über herumliegende Kanonenkugeln stolpern und in wassergefüllte Löcher treten, die von den Bomben in den steinernen Grund gerissen wurden. Auf der Straße begegnet und überholt ihr Soldatentrupps, Kosaken und Offiziere, manchmal auch eine Frau oder ein Kind, aber dann keine Frau mit Hut, sondern eine Matrosenfrau in altem Pelz und Soldatenstiefeln. Wenn ihr dann die Straße weitergeht und einen kleinen Abhang hinabsteigt, seht ihr ringsum nicht mehr Häuser, sondern merkwürdige Haufen Trümmer, Steine, Bretter, Lehm und Balken; davor auf einer steilen Anhöhe ein schwarzes, schmutziges, von Gräben durchzogenes Gelände, und das ist die vierte Bastion ... Hier trefft ihr noch weniger Menschen, Frauen sind überhaupt nicht zu sehen, die Soldaten gehen schnell, auf dem Weg seht ihr Blutspuren und trefft da sicher vier Soldaten mit Bahren und auf den Bahren ein wachsgelbes Gesicht und einen blutigen Soldatenmantel. Fragt ihr: »Wo ist er verwundet?« – dann sagen die Träger zornig, ohne sich nach euch umzudrehen: »Am Bein« oder »am Arm«, wenn er leicht verwundet ist; oder sie schweigen finster, wenn auf der Bahre der Kopf nicht zu sehen und der Soldat schon tot oder schwer verwundet ist.

Das Pfeifen einer Kanonenkugel oder Bombe in der Nähe, gerade wenn ihr den Berg hinaufsteigen wollt, wird euch unangenehm überraschen. Auf einmal begreift ihr (und ganz anders als früher), was der Schall der Schüsse bedeutet, den ihr schon in der Stadt gehört habt. Eine leise tröstliche Erinnerung blitzt plötzlich in eurer Vorstellung auf; euer eigenes Ich beginnt euch mehr zu beschäftigen als alle Beobachtungen; ihr schenkt eurer Umgebung weniger Beachtung, und plötzlich überkommt euch ein unangenehmes Gefühl der Unschlüssigkeit. Trotzdem bringt ihr diese erbärmliche Stimme, die da angesichts der Gefahr plötzlich in euch spricht, zum Schweigen, besonders beim Anblick eines Soldaten, der mit den Armen balancierend und in dem schlierigen Schmutz den Berg hinabschlitternd, lachend an euch vorbeiläuft; unwillkürlich streckt ihr die Brust heraus, hebt den Kopf höher und kraxelt den glitschigen, lehmigen Berg hinauf. Kaum habt ihr euch den Berg ein Stückchen hinaufgearbeitet, so schwirren von rechts und links die Flintenkugeln an euch vorbei und ihr überlegt, ob ihr nicht lieber durch den Graben gehen solltet, der parallel zum Weg verläuft; aber der Graben ist mit einem so nassen, gelben, stinkenden, bis über die Knie reichenden Morast gefüllt, daß ihr sicher den Weg bergauf wählt, zumal ihr seht: Alle gehen auf dem Weg. Zweihundert Schritt weiter kommt ihr auf eine aufgewühlte, schmutzige Fläche, die von allen Seiten mit Schanzkörben, Wällen, Unterständen, Rampen und Erdhütten umgeben ist, auf denen große gußeiserne Geschütze stehen und die Kugeln in gleichmäßigen Haufen aufgeschichtet sind. Dies alles scheint euch ohne jede Verbindung, ohne Sinn und Ziel zusammengewürfelt. Da auf der Batterie sitzt ein Häuflein Matrosen, dort liegt mitten auf dem Platz, halb im Schmutz versunken, eine zerschossene Kanone, da geht ein Infanterist mit seiner Flinte durch die Batterien und zerrt mit Mühe seine Füße aus dem zähen Lehm; überall, wo ihr nur hinblickt, seht ihr Granatsplitter, nicht geplatzte Bomben, Kanonenkugeln, Spuren des Lagers, und all das eingesunken in den nassen zähen Schlamm. Ihr meint, dicht neben euch den Einschlag einer Granate, von allen Seiten die unterschiedlichen Geräusche der Kugeln zu hören, die wie Bienen schwirren, pfeifen, reißend sind oder surren wie Saiten, – hört den entsetzlichen Lärm der Schüsse, der alle erbeben läßt und euch wie etwas unvorstellbar Grauenhaftes vorkommt.

»Das ist sie also, die vierte Bastion, ist der furchtbare, wirklich grauenvolle Ort!« werdet ihr bei euch denken und dabei ein klein wenig Stolz und sehr viel unterdrückte Angst empfinden. Doch ihr habt euch getäuscht: Das ist noch gar nicht die vierte Bastion. Es ist erst die Jasonow-Redoute, ein verhältnismäßig ungefährlicher und durchaus nicht schrecklicher Ort. Um auf die vierte Bastion zu gelangen, müßt ihr nach rechts diesen engen Laufgraben gehen, den gerade jener Infanterist gebückt durcheilt hat. Dort trefft ihr dann vielleicht wieder auf Bahren, Matrosen, Soldaten mit Spaten, seht Minenwerfer, Erdhütten im Schlamm, in die nur zwei Personen in gebückter Haltung hineinkriechen können, seht die Vorposten der Schwarzmeer-Kosaken, die hier die Stiefel wechseln, essen, Pfeife rauchen – wohnen, und überall denselben stinkenden Morast, Lagerspuren und weggeworfenes Gußeisen in allen möglichen Formen und

Gestalten. Nach weiteren dreihundert Metern stoßt ihr wieder auf eine Batterie, einen kleinen Platz voller Löcher und umgeben von Schanzkörben voller Erde, von Geschützen auf Plattformen und von Erdwällen. Hier seht ihr vielleicht fünf Mann Matrosen, die unter der Brustwehr Karten spielen, und einen Marineoffizier, der euch, sowie er in euch den neugierigen homo novus erkannt hat, mit Vergnügen sein Reich und alles, was euch sonst noch interessieren könnte, zeigt. Dieser Offizier dreht sich, auf einem Geschütz sitzend, so seelenruhig seine Zigarette aus gelbem Papier, geht so ruhig von einer Schießscharte zur anderen und spricht so ruhig und ohne die geringste Affektiertheit mit euch, daß ihr, trotz der Kugeln, die jetzt häufiger als zuvor über euch schwirren, selber kaltblütig werdet, aufmerksame Fragen stellt und den Erzählungen des Offiziers lauscht. Dieser Offizier wird euch – allerdings nur, wenn ihr ihn danach fragt – vom Bombardement am Fünften erzählen, wird erzählen, wie auf seiner Batterie nur noch ein einziges Geschütz bedient werden konnte, wie von der ganzen Bedienungsmannschaft nur acht Mann übriggeblieben waren, und wie er trotzdem am anderen Morgen, am Sechsten, aus allen Rohren feuerte; er wird euch erzählen, wie am Fünften eine Bombe in die Erdhütte der Matrosen eingeschlagen und elf Mann auf einmal getötet hat; wird euch durch eine Schießscharte die feindlichen Batterien und Laufgräben zeigen, die von hier nicht weiter als dreißig bis vierzig Saschen entfernt sind. Nur eines fürchte ich: Wenn ihr euch aus der Schießscharte hinausbeugt, um den Feind zu betrachten, werdet ihr unter dem Einfluß der schwirrenden Kugeln nichts sehen, und wenn doch, dann werdet ihr baß erstaunt sein, daß dieser weiße Steinwall, der so nah von euch ist, und über dem weiße Rauchwölkchen aufsteigen, daß dieser weiße Wall der Feind sein soll – er, wie die Soldaten und Matrosen sagen.

Leicht möglich, daß der Marineoffizier aus Eitelkeit oder nur so, weil es ihm gerade Vergnügen macht, vor euch ein bißchen schießen läßt. »Der Diensttuende und die Bedienungsmannschaft ans Geschütz!« – und etwa vierzehn Matrosen, der eine rasch sein Pfeifchen in die Tasche steckend, der andere noch an seinem Zwieback kauend, eilen munter und rasch, mit ihren eisenbeschlagenen Stiefeln über die Plattform klappernd, zur Kanone und laden sie. Seht euch die Gesichter, die Haltung und die Bewegung dieser Leute an: In jeder Falte dieser verbrannten, derbknochigen Gesichter, in jedem Muskel, in den breiten Schultern, den kräftigen Beinen, die in gewaltigen Stiefeln stecken, in jeder ihrer ruhigen, festen, bedächtigen Bewegungen sind im wesentlichen die Züge zu erkennen, die die Kraft des Russen ausmachen: Schlichtheit und Hartnäckigkeit; aber hier scheint euch, daß in jedes dieser Gesichter die Gefahr, die Erbitterung und die Leiden des Krieges neben diesen Hauptmerkmalen noch Spuren eines Bewußtseins ihrer Würde und hohe Gedanken und Gefühle eingegraben haben.

Plötzlich läßt ein entsetzlicher, nicht nur euer Trommelfell, sondern eure ganze Person erschütternder Knall euch so zusammenfahren, daß ihr am ganzen Leibe zittert. Gleich danach hört ihr das sich entfernende Pfeifen des Geschosses, und dichter Pulverdampf umhüllt euch, die Plattform und die schwarzen Figuren der über sie hineilenden Matrosen. Wegen dieses unseres Schusses werdet ihr manche Sprüche der Matrosen hören und sehen, wie sie lebhaft werden und ein Gefühl verraten, das ihr bei ihnen vielleicht nicht erwartet habt: ein Gefühl von Wut, von Rachsucht gegen den Feind, das im Herzen eines jeden schlummert. »Genau in die Schießscharte hat's getroffen; zwei sind scheint's getötet ... da trägt man sie fort«, hört ihr sie freudig rufen. »Und wie er sich ärgert: Gleich wird er hierher schießen!« ruft einer; und tatsächlich seht ihr bald danach vor euch einen Blitz, Rauch; und der Posten auf der Brustwehr schreit: »Kano-o-one!« Und schon pfeift das Geschoß an euch vorbei, kracht auf die Erde und wirft trichterförmig Schmutzwasser und Steine rings um sich hoch. Der Batteriechef ärgert sich über diese Kugel und befiehlt, ein zweites und ein drittes Geschütz zu laden, der Feind wird genauso antworten, und ihr werdet interessante Gefühle kennenlernen, interessante Dinge hören und sehen. Wieder ruft der Posten: »Kanone!« und ihr hört dasselbe Rauschen, Einschlagen, dieselben Spritzer, oder er schreit: »Mörser!« und ihr hört das gleichmäßige, ganz angenehme Pfeifen der Bombe, mit dem ihr nur schwer den Gedanken an etwas Furchtbares verbinden könnt, dann seht ihr den schwarzen Ball, hört seinen Einschlag in die Erde und das betäubende, klirrende Platzen der Bombe. Zischend und pfeifend fliegen dann die Splitter umher, wirbeln die Steine durch die Luft und bespritzen euch mit Schlamm. Bei diesen Geräuschen werdet ihr ein seltsames Gefühl von Wonne und Furcht zugleich empfinden. In dem Augenblick, wo das Geschoß, ihr wißt es, auf euch zufliegt, denkt ihr sicher, daß dieses Geschoß euch töten wird; aber euer Ehrgeiz hält euch aufrecht, und niemand bemerkt das Messer, das euch ins Herz schneidet. Stattdessen könnt ihr, wenn das Geschoß vorbeigeflogen ist, ohne euch zu treffen, aufatmen, und ein tröstliches, unaussprechlich angenehmes Gefühl wird sich euer bemächtigen, wenn auch nur für einen Augenblick, so daß ihr der Gefahr, diesem Spiel um Leben und Tod, einen förmlichen Reiz abgewinnt; ihr wünscht euch, eine Kugel oder Bombe möge noch viel dichter neben euch einschlagen. Doch da schreit schon der Posten mit tiefer, lauter Stimme: »Mörser!« – und wieder das Pfeifen, Einschlagen und Platzen der Bombe; doch mit diesem Geräusch schreckt euch das Stöhnen eines Menschen auf. Ihr lauft zusammen mit den Trägern zu dem Verwundeten, der mit Blut und Schlamm bespritzt seltsam, nicht mehr menschenähnlich aussieht. Dem Matrosen ist ein Teil der Brust aufgerissen. Im ersten Augenblick ist auf seinem mit Schmutz bespritzten Gesicht nur der Schreck und ein vorgegebener, verfrühter Ausdruck von Leiden zu sehen wie bei jedem Menschen in dieser Lage; wenn aber dann die Tragbahre gebracht wird und er sich mit der gesunden Seite darauflegt, wird euch auffallen, daß dieser Ausdruck von dem einer gewissen Begeisterung und eines hohen, unaussprechlichen Gedankens abgelöst wird: die Augen leuchten heller, die Zähne pressen sich aufeinander, der Kopf richtet sich mühsam auf; und wenn die Tragbahre angehoben wird, hält er die Träger an und sagt mit angestrengter, zitternder Stimme zu seinen Kameraden: »Lebt wohl, Brüder!« – und will noch etwas sagen, man sieht ihm an, daß es etwas Rührendes sein soll, aber er wiederholt nur noch einmal: – »Lebt wohl, Brüder!« In diesem Augenblick tritt einer seiner Kameraden, ein Matrose, zu ihm, setzt ihm die Mütze auf den Kopf, den der Verwundete ihm hinhält, und kehrt dann ruhig, gleichgültig, mit den Armen schlenkernd an sein Geschütz zurück. »So geht's bei uns Tag für Tag, immer sieben bis acht Mann«, sagt der Marineoffizier als Antwort auf den entsetzten Ausdruck, der sich auf eurem Gesicht spiegelt. Dann gähnt er und dreht sich eine Zigarette aus gelbem Papier ...

....

So habt ihr also die Verteidiger Sewastopols auf dem Schauplatz der Verteidigung gesehen und geht jetzt zurück, ohne den Geschossen und Kugeln, die während eures ganzen Weges zum zerschossenen Theater ununterbrochen weiterpfeifen, noch die geringste Beachtung zu schenken, – ihr geht ruhigen und gehobenen Muts zurück. Die wichtigste und tröstlichste Überzeugung, die ihr davontragt, ist die, daß es unmöglich ist, Sewastopol zu erobern, unmöglich nicht nur Sewastopol zu erobern, sondern die Kraft des russischen Volkes zu erschüttern, wo immer es sei. Und diese Überzeugung habt ihr nicht aus der Vielzahl an Quergängen, Brustwehren, kunstvoll verflochtenen Laufgräben, Minen und übereinandergestellten Geschützen gewonnen, wovon ihr nichts begreifen konntet, sondern ihr habt sie in den Augen, den Reden, dem Verhalten gelesen, in dem, was man den Geist der Verteidiger Sewastopols nennt. Das, was sie tun, tun sie so einfach, so wenig verkrampft und angestrengt, daß sie nach eurer Überzeugung noch hundertmal mehr tun könnten ... daß sie alles könnten. Ihr begreift, daß das Gefühl, aus dem heraus sie arbeiten, nicht jenes kleinliche, eitle, oberflächliche Gefühl ist, das ihr selbst empfunden habt, sondern ein anderes, machtvolleres Gefühl, das aus ihnen Menschen gemacht hat, die im Kugelregen und bei hundert Todesmöglichkeiten statt der einen, der alle Menschen unterworfen sind, seelenruhig leben können, und das unter diesen Bedingungen, bei ständiger Schwerarbeit, bei Nachtwachen und Schmutz. Wegen eines Ordens, einer Beförderung oder wegen einer Drohung würden die Menschen diese schrecklichen Bedingungen kaum akzeptieren: Da muß es einen anderen, höheren, zwingenderen Grund geben: nämlich das Gefühl, das verschämt sich nur selten im Russen zeigt, das aber zutiefst in der Seele eines jeden verborgen ist: die Liebe zur Heimat. Erst jetzt haben die Erzählungen von den ersten Zeiten der Belagerung Sewastopols, als es dort noch keine Befestigungen, keine Truppen, keine physischen Möglichkeiten gab, die Stadt zu halten und dennoch nicht der mindeste Zweifel bestand, daß sie sich nicht dem Feind ergeben würde, von jenen Zeiten, als dieser des alten Griechenlands würdige Held, Kornilow, seine Truppenparade abnahm und rief: »Wir sterben, Kinder, aber Sewastopol übergeben wir nicht!« – und unsere Russen, unfähig zu großen Worten, antworteten: »Wir sterben! Hurra!« – erst jetzt sind die Erzählungen von jenen Zeiten für euch nicht mehr die wunderbare historische Mähr, sondern sind zum zuverlässigen Faktum geworden. Jetzt begreift ihr, stellt euch die Leute, die ihr soeben gesehen habt, als diejenigen Helden vor, die in jenen schweren Zeiten nicht den Mut verloren, sondern sich hehren Geistes und freudig auf den Tod nicht für die Stadt, sondern für die Heimat vorbereiteten. Noch lange wird diese Epopöe von Sewastopol, deren Held das russische Volk war, in Rußland ihre tiefen Spuren hinterlassen ...

Schon wird es Abend. Die Sonne ist kurz vor ihrem Untergang noch einmal aus den grauen Wolken, die den Himmel verhüllten, hervorgetreten und beleuchtet plötzlich mit purpurnem Licht die violetten Wolken, das grünliche Meer, das mit Schiffen und Booten übersät ist und in gleichmäßigen breiten Wellen wogt, die weißen Gebäude der Stadt und die Menschen, die durch die Straßen eilen. Über das Wasser tönen die altvertrauten Klänge eines Walzers, den eine Regimentskapelle auf dem Boulevard spielt, und das Krachen der Schüsse von den Bastionen, das eine merkwürdige Begleitung dazu bildet.

Sewastopol, den 25. April 1855

120

Sewastopol im Mai

1

Sechs Monate sind nun schon vergangen, seit die erste Kanonenkugel von den Bastionen Sewastopols abgeschossen wurde und die Erde in den Befestigungen des Feindes aufgewühlt hat, und seit jener Zeit sind Tausende von Bomben, Geschossen und Kugeln ohne Unterlaß von den Bastionen in die Laufgräben und von den Laufgräben in die Bastionen geflogen, und der Engel des Todes schwebt beständig über ihnen.

Tausendmal hat sich der menschliche Ehrgeiz gekränkt gefühlt, tausendmal ist er befriedigt, gesättigt worden, tausendmal hat er in den Armen des Todes Ruhe gefunden. Wie viele Sternchen wurden angenäht, wie viele heruntergetrennt, wie viele Annenorden und Wladimirorden, wie viele rosengeschmückte Särge, wie viele leinene Bahrtücher.

Und immer noch hallen dieselben Töne von den Bastionen, immer noch äugen an klaren Abenden mit unwillkürlichem Beben und in abergläubischer Angst die Franzosen aus ihrem Lager nach der gelben, aufgewühlten Erde der Bastionen von Sewastopol, auf der sich unsere Matrosen wie schwarze Figuren bewegen, und zählen die Schießscharten, aus denen die gußeisernen Kanonen dräuend hervorlugen; immer noch beobachtet vom Telegraphenhügel aus ein Schiffsmaat durchs Fernrohr die bunten Gestalten der Franzosen, ihre Batterien, Zelte, Kolonnen, die über den Grünen Berg ziehen, und die in den Laufgräben aufpuffenden Rauchwölkchen; und immer noch strömen mit derselben Begeisterung aus aller Welt verschiedenartige Menschenmassen mit noch verschiedenartigeren Wünschen und Hoffnungen nach dem schicksalsschweren Ort.

Die Frage aber, die von den Diplomaten nicht gelöst wurde, haben auch Pulver und Blut nicht lösen können.

Mir ist oft ein merkwürdiger Gedanke gekommen: wie, wenn die eine kriegführende Partei der anderen den Vorschlag machte, aus jeder Armee einen Soldaten zu entlassen? Dieses Verlangen könnte merkwürdig erscheinen, aber warum es nicht erfüllen? Dann von jeder Seite einen zweiten entlassen, dann einen dritten, vierten und so weiter, bis in jeder Armee nur mehr ein Soldat vorhanden wäre (vorausgesetzt, daß die Armeen gleich stark sind und daß Quantität durch Qualität ersetzt werden könnte). Und dann, wenn tatsächlich verworrene politische Fragen zwischen vernünftigen Vertretern vernünftiger Geschöpfe durch Kampf entschieden werden müssen, sollten diese zwei Soldaten miteinander raufen – der eine die Stadt belagern und der andere sie verteidigen.

Die Überlegung mag paradox erscheinen, aber sie stimmt. Tatsächlich, was für ein Unterschied besteht schon zwischen einem Russen, der gegen einen Vertreter der Verbündeten kämpft, und achtzigtausend Soldaten, die gegen andere achtzigtausend Soldaten kämpfen? Weshalb nicht fünfunddreißigtausend gegen fünfunddreißigtausend? Weshalb nicht zwanzigtausend gegen zwanzigtausend? Weshalb nicht zwanzig gegen zwanzig? Weshalb nicht einer gegen einen? Das eine ist nicht logischer als das andere. Letzteres ist im Gegenteil viel logischer, weil es menschlicher ist. Eins von beiden: entweder ist der Krieg ein Wahnsinn, oder wenn die Menschen diesen Wahnsinn begehen, sind sie überhaupt keine vernünftigen Geschöpfe, wie wir aus irgendeinem Grund gerne glauben.

2

In dem belagerten Sewastopol spielte auf dem Boulevard neben einem Pavillon die Regimentskapelle, und Scharen von Kriegsvolk und Frauenspersonen schlenderten müßig über die Bürgersteige. Die helle Frühlingssonne war am Morgen über den englischen Befestigungswerken aufgegangen, war dann über die Bastionen, über die Stadt, über die Nikolajkaserne gewandert, hatte allen gleicherweise freundlich geschienen und senkte sich jetzt zu dem fernen, blauen Meer, das gleichmäßig atmend im silbernen Glanze leuchtete.

Ein großer, etwas gebückt gehender Infanterieoffizier trat, indem er sich einen nicht ganz weißen, aber sauberen Handschuh über die Hand zog, aus dem Pförtchen eines kleinen Matrosenhäuschens, wie sie auf der linken Seite der Seestraße stehen, und wandte sich, den Blick nachdenklich auf seine Füße gerichtet, den Berg hinauf, dem Boulevard zu. Der Ausdruck des unschönen Gesichts und der niedrigen Stirn dieses Offiziers ließen nicht auf große Geistesfähigkeiten schließen, wohl aber auf Biedersinn, Redlichkeit und Ordnungsliebe. Er war nicht gut gebaut, langbeinig, ungeschickt und etwas linkisch in seinen Bewegungen. Er trug eine noch wenig abgenutzte Mütze, einen dünnen Mantel von eigentümlich violetter Farbe, aus dessen Brustsaum eine goldene Uhrkette hervorsah, dazu Hosen mit Stegen und saubere, glänzende Stiefel aus Kalbsleder, deren Absätze allerdings schon an mehreren Stellen ein bißchen abgetreten waren – aber nicht so sehr an diesen Dingen, die bei einem gewöhnlichen Infanterieoffizier nicht zu finden sind, als vielmehr an dem allgemeinen Eindruck, den seine Person machte, erkannte ein geschultes militärisches Auge sofort einen nicht ganz gewöhnlichen Infanterieoffizier, sondern schon etwas Höheres. Er hätte entweder ein Deutscher sein können (wenn seine Gesichtszüge nicht seine rein russische Abstammung bekundet hätten) oder ein Adjutant oder Regimentsquartiermeister (dann aber hätte er Sporen tragen müssen) oder ein Offizier, der im Verlauf des Feldzuges von der Kavallerie oder Garde zur Infanterie übergewechselt war. Und tatsächlich war es ein Kavallerieoffizier, der übergewechselt war, und in diesem Augenblick, als er zum Boulevard hinaufstieg, dachte er an einen Brief, den er soeben von einem ehemaligen Kameraden, der seinen Abschied genommen hatte und jetzt Gutsbesitzer im Gouvernement T. war, und dessen Gattin, der blassen, blauäugigen Natascha, seiner großen Freundin, erhalten hatte. Er erinnerte sich an eine Stelle des Briefes, wo der Freund schrieb:

Wenn uns der ›Invalid‹ gebracht wird, stürzt Pupka (so nannte der frühere Ulan seine Frau) spornstreichs ins Vorzimmer, reißt die Zeitung an sich und läuft mit ihr in unser *Es,* das gemütliche Eckchen im Salon (wo wir, weißt Du noch, so nette Winterabende mit dir zusammen verlebt haben, als das Regiment in unserer Stadt lag), und liest mit einem solchen Feuereifer *eure Heldentaten,* wie Du es Dir gar nicht vorstellen kannst. Sie spricht sehr oft von Dir. Dieser Michailow, sagt sie, ist doch *eine Seele von einem Menschen.* Ich könnte ihn küssen, wenn ich ihn sehe, *er kämpft auf den Bastionen* und bekommt sicher das Georgskreuz, und dann schreiben die Zeitungen über ihn … und so weiter und so weiter, so daß ich tatsächlich anfange, auf Dich eifersüchtig zu werden.

An einer anderen Stelle schrieb er:

Wir bekommen die Zeitungen immer furchtbar spät, und wenn auch viele Nachrichten mündlich zu uns gelangen, so kann man ihnen doch nicht ganz trauen. So erzählten gestern zum Beispiel die Dir bekannten *musikalischen jungen Damen,* Napoleon wäre schon von unseren Kosaken gefangengenommen und nach Petersburg geschafft worden, aber Du kannst Dir denken, daß ich nicht recht daran glaube. Dann hörten wir neulich von einem Herrn aus Petersburg (er ist im Ministerium und wird für besondere Aufträge verwendet, ein überaus netter Mensch, und bildet jetzt, da niemand in der Stadt ist, eine solche *Rissurs* für uns, daß Du es Dir nicht vorstellen kannst), der also sagte uns, daß die Unsrigen Eupatoria eingenommen hätten, *so daß den Franzosen die Verbindung nach Balaklawa abgeschnitten sei,* und daß wir dabei zweihundert Mann, die Franzosen dagegen fünfzehntausend verloren hätten. Meine Frau war über diese Nachricht so begeistert, daß sie die ganze Nacht *den Sieg feierte;* sie sagte, sie habe so eine Ahnung, daß Du bei dieser Sache mit dabeigewesen sein und Dich ausgezeichnet haben müßtest.

Trotz dieser Worte und Ausdrücke, die ich absichtlich kursiv wiedergegeben habe, und trotz des ganzen Tons dieses Briefes, auf Grund dessen sich ein arroganter Leser wahrscheinlich einen richtigen, unvorteilhaften Begriff von der Ordnungsliebe des Stabskapitäns Michailow in den abgetretenen Stiefeln, von seinem Kameraden, der *Rissurs* schreibt und so merkwürdige Vorstellungen von der Geographie hat, von der blassen Freundin im Es des gemütlichen Salons (wobei er sich vielleicht – und nicht ohne Grund – diese Natascha mit schmutzigen Fingernägeln vorstellt) und überhaupt von diesem ganzen nichtigen, schmutzigen, von ihm verachteten Lebensstil in der Provinz machen wird, dachte der Stabskapitän Michailow mit unsagbar schwermütiger Wonne an seine blasse Freundin in der Provinz, wie er so manchen Abend mit ihr zusammen in dem Es des Salons gesessen und von *Gefühlen* gesprochen hatte; er dachte an seinen guten Ulanenkameraden, wie er verloren und sich geärgert hatte, wenn sie in seinem Kabinett so manches liebe Mal ein Spielchen um Kopeken machten, und wie dann seine Frau über ihn gelacht hatte; er erinnerte sich an die Freundschaft mit diesen beiden Menschen (es schien ihm sogar, als wäre es von seiten seiner blassen Freundin noch etwas mehr): und alle diese Personen mit ihrer Umgebung huschten in einem wunderbar süßen, berückend rosigen Licht durch seine Seele, und er drückte, über diese Erinnerungen lächelnd, die Hand fest auf die Tasche, in welcher dieser ihm so *liebe* Brief steckte. Diese Erinnerungen hatten für den Stabskapitän Michailow einen um so helleren Glanz, als der Kreis, in dem er jetzt als Infanterieoffizier leben mußte, um vieles tiefer stand als der, in dem er früher als Kavallerist und Damenkavalier, in der Stadt T. von allen freundlich aufgenommen, verkehrt hatte.

Dieser frühere Kreis stand um so vieles höher als sein jetziger, daß man ihm, wenn er in offenherzigen Augenblicken den Kameraden von der Infanterie erzählte, was für Droschken er gehabt, wie er auf den Bällen des Gouverneurs getanzt und mit dem Zivilgeneral Karten gespielt habe, gleichgültig und ungläubig zuhörte, als ob man ihm nur nicht widersprechen und das Gegenteil beweisen wollte – »mag er reden« –, und daß, wenn er den Vergnügungen der Kameraden – dem Schnaps, dem Kartenspiel um fünf Rubel Einsatz – und überhaupt ihren groben Umgangsformen keine offenkundige Verachtung bewies, dies nur der besonderen Sanftheit, Ehrbarkeit und Ausgeglichenheit seines Charakters zugeschrieben werden mußte.

Von den Erinnerungen ging der Stabskapitän Michailow unwillkürlich zu Träumen und Zukunftsplänen über. Wie wird
Natascha staunen und sich freuen, dachte er, während er in seinen abgetretenen Stiefeln durch ein schmales Nebengäßchen
ging, wenn sie plötzlich im »Invaliden« die Schilderung lesen
wird, daß ich als erster auf eine feindliche Kanone geklettert bin
und das Georgskreuz erhalten habe. Zum Hauptmann müßte
ich nach altem Brauch ebenfalls befördert werden. Dann kann
ich sehr leicht noch in diesem Jahr Major bei der Linie werden,
weil viele gefallen sind und sicherlich im Verlauf dieses Feldzuges noch viele von unseren Leuten fallen werden. Und wenn es
dann wieder zum Gefecht kommt, werde ich als bekannter
Mann ein Regiment bekommen ... Oberstleutnant ... den Annenorden am Halse ... Oberst ... und er war schon General und
würdigte eben Natascha, die Witwe seines Freundes, der in
seinen Träumen während dieser Zeit gestorben war, eines Besuches, als die Klänge der Musik auf dem Boulevard deutlicher
an sein Ohr drangen, die Menschenmenge ihm ins Auge fiel und
er sich auf einmal auf dem Boulevard befand – doch leider nur
als derselbe Stabskapitän von der Infanterie, der er bisher gewesen war.

3

Er ging zuerst auf den Pavillon zu, neben dem die Musiker standen, denen andere Soldaten desselben Regiments an Stelle von
Pulten die Noten hielten und umblätterten, und um die herum
sich, mehr um zu sehen als zu hören, ein Kreis von Schreibern,
Junkern, Wärterinnen, Kindern und Offizieren in *alten* Mänteln
aufgestellt hatte. Um den Pavillon herum gingen, standen und
saßen zum größten Teil Seeleute, Adjutanten und Offiziere in
weißen Handschuhen und *neuen* Mänteln. Auf der großen Allee
des Boulevards spazierten Offiziere aller Art und Frauen aller Art,
manche in Hüten, die meisten aber in Kopftüchern (einige trugen
auch weder Hut noch Kopftuch), aber nicht eine von ihnen war
alt, sondern alle waren jung. Unten in den schattigen, duftenden
Alleen weißer Akazien gingen und saßen vereinzelte Gruppen.

Niemand freute sich sonderlich, den Stabskapitän Michailow auf dem Boulevard zu treffen, ausgenommen vielleicht der Hauptmann Obschogow und der Fähnrich Suslikow von seinem Regiment, die ihm herzlich die Hand drückten, aber ersterer trug Kamelhaarhosen, einen abgewetzten Mantel ohne Handschuhe und hatte ein rotes, verschwitztes Gesicht, während der zweite laut und ungeniert schrie, so daß man sich ihrer schämen mußte, besonders vor jenen zwei Offizieren in weißen Handschuhen, deren einen – einen Adjutanten – der Stabskapitän Michailow grüßte, während er den anderen – einen Stabsoffizier – hätte grüßen können, weil er ihn zweimal bei einem gemeinsamen Bekannten getroffen hatte. Außerdem war es kein Vergnügen, mit diesen Herren Obschogow und Suslikow auf und ab zu gehen, da man sich ohnedies schon sechsmal am Tage traf und sich die Hand drückte. Ihretwegen war er sicherlich nicht *zur Musik* gekommen.

Am liebsten wäre er auf den Adjutanten, den er gegrüßt hatte, zugegangen und hätte sich mit diesem Herrn unterhalten, aber nicht deshalb, damit der Hauptmann Obschogow und der Fähnrich Suslikow und der Leutnant Pischtezkij und die anderen gesehen hätten, daß er sie kannte, sondern einfach deshalb, weil sie nette Leute waren, dazu noch alle Neuigkeiten wußten und sie ihm wohl auch erzählt hätten ... Aber warum fürchtet sich der Stabskapitän Michailow und kann sich nicht entschließen, zu ihnen hinzugehen? Was, wenn sie mich auf einmal nicht grüßen, denkt er, oder grüßen und dann in ihrer Unterhaltung fortfahren, als wäre ich nicht da, oder ganz von mir weggehen, so daß ich plötzlich allein dastehe unter allen diesen *Aristokraten?* Das Wort *Aristokraten* (im Sinne eines höheren, auserlesenen Kreises, was für eines Standes immer es auch sei) ist seit einiger Zeit bei uns in Rußland (wo es, meine ich, so etwas gar nicht geben sollte) äußerst populär geworden und in alle Himmelsgegenden und alle Gesellschaftskreise eingedrungen, wohin nur der Hochmut selber eingedrungen ist (und unter welchen zeitbedingten und zufallsbedingten Umständen drängte sich diese erbärmliche Schwäche nicht ein?): unter die Kaufleute, unter die Beamten, die Schreiber, die Offiziere, nach Saratow, Mamadysch, Winniza – kurz überall dahin, wo es

Menschen gibt. Und da es in der belagerten Stadt Sewastopol viele Menschen gibt, gibt es auch viel Hochmut, das heißt *Aristokraten,* obgleich der Tod ständig über dem Haupte eines jeden schwebt, ob er nun ein *Aristokrat* ist oder nicht.

Für den Hauptmann Obschogow ist der Stabskapitän Michailow ein *Aristokrat,* weil er einen sauberen Mantel und Handschuhe hat, weshalb ihn dieser nicht leiden kann, obgleich er ihn ein wenig achtet; für den Stabskapitän Michailow ist der Adjutant Kalugin ein *Aristokrat,* weil er Adjutant ist und mit den anderen Adjutanten auf du und du steht und deshalb von diesem scheel angesehen, wenn auch gefürchtet wird; für den Adjutanten Kalugin ist der Graf Nordow ein *Aristokrat,* weil er Flügeladjutant ist, wofür ihn dieser aus tiefster Seele verachtet und beschimpft. Ein entsetzliches Wort, dieses *Aristokrat.* Weshalb lächelt der Leutnant Sobow so gezwungen, wenn er an seinem Kameraden vorbeigeht, der bei einem Stabsoffizier sitzt? Um damit zu beweisen, daß er, obwohl kein *Aristokrat,* dennoch um kein Jota schlechter ist als sie. Weshalb spricht der Stabsoffizier mit so schwacher, träger Stimme? Um seinem Gesprächspartner zu beweisen, daß er ein *Aristokrat* und sehr gnädig ist, sich mit einem Unterleutnant zu unterhalten. Weshalb fuchtelt der Junker so mit den Armen, wenn er hinter einem Fräulein hergeht, das er zum ersten Mal sieht und das anzusprechen er um nichts in der Welt sich entschließen kann? Um allen Offizieren zu beweisen, daß er, obwohl er vor allen die Mütze abnimmt, dennoch ein *Aristokrat* und sehr heiterer Laune ist. Weshalb geht der Artilleriehauptmann so grob mit dem gutmütigen Ordonnanzoffizier um? Um allen zu beweisen, daß er die Gesellschaft der *Aristokraten* niemals gesucht hat und diese ihm völlig gleichgültig sind, und so weiter und so weiter.

Hochmut, Hochmut, Hochmut überall, selbst am Rande des Grabes und unter Leuten, die aus erhabener Überzeugung bereit sind, in den Tod zu gehen. Hochmut! Er muß wohl ein charakteristischer Zug und eine besondere Krankheit unserer Epoche sein. Weshalb hörte man bei Menschen früherer Zeiten nichts von dieser Sucht, wie man von den Pocken oder von der Cholera hörte? Weshalb gibt es in unserem Zeitalter nur drei Sorten von Menschen: die einen, welche die Ursachen des

Hochmuts als eine nun einmal vorhandene, nicht zu umgehende und daher gerechtfertigte Tatsache anerkennen und sich ihr freiwillig fügen; die anderen, die ihn für eine unglückselige, aber nicht auszurottende Sucht halten, und endlich die dritten, die unbewußt, sklavisch unter seinem Einfluß handeln? Weshalb haben Homer und Shakespeare Liebe, Ruhm und Leidenschaften besungen, während die Literatur unseres Zeitalters nur eine endlose Geschichte von »Snobs« und »Eitelkeiten« ist.

Zögernd ging der Stabskapitän zweimal an der Gruppe *seiner Aristokraten* vorüber, beim dritten Male aber gab er sich einen Ruck und ging auf sie zu. Die Gruppe bestand aus vier Offizieren: dem Adjutanten Kalugin, den Michailow kannte, dem Adjutanten Fürsten Galzin, der sogar für Kalugin ein wenig *Aristokrat* war, dem Oberstleutnant Neferdow, einem der sogenannten Hundertzweiundzwanziger (vornehme Herren aus der Gesellschaft, die schon den Abschied genommen, doch teils aus Patriotismus, teils aus Ehrgeiz, hauptsächlich jedoch, weil es *alle* taten, sich für diesen Feldzug wieder zur Verfügung gestellt hatten), einem alten Moskauer Klubhelden und Junggesellen, der sich hier der Partei der Unzufriedenen angeschlossen hatte, die nichts taten, nichts verstanden und alle Anordnungen der militärischen Stellen verurteilten, und dem Rittmeister Praskuchin, der ebenfalls zu diesen Hundertzweiundzwanzigern gehörte. Zu Michailows Glück befand sich Kalugin gerade in der glänzendsten Laune (der General hatte soeben ganz vertraulich mit ihm gesprochen, und Fürst Galzin, gerade aus Petersburg angekommen, hatte bei ihm Quartier genommen): Er hielt es nicht für herabwürdigend, dem Stabskapitän Michailow die Hand zu geben, wozu sich jedoch Praskuchin nicht entschließen konnte, obgleich er des öfteren mit Michailow auf der Bastion zusammengetroffen war, mehr als einmal dessen Wein und Schnaps getrunken hatte und ihm sogar von einer Partie Preference her noch zwölf und einen halben Rubel schuldete. Er hatte den Fürsten Galzin soeben erst kennengelernt und wollte nun vor ihm seine Bekanntschaft mit einem einfachen Infanteriestabskapitän nicht zeigen. Deshalb nickte er nur leicht mit dem Kopfe.

»Nun, wie steht's, Hauptmann«, sagte Kalugin, »wann geht's

denn nun wieder aufs Bastiönchen? Wissen Sie noch, wie wir uns auf der Schwarz-Redoute getroffen haben? Da ging's heiß her. Was?«

»Ja, freilich«, erwiderte Michailow und erinnerte sich beschämt, was für eine schlechte Figur er in jener Nacht gemacht hatte, als er gebückt durch den Laufgraben geschlichen war, während Kalugin, auf den er dort stieß, wie ein Held, forsch und säbelklirrend, an ihm vorübergegangen war.

»Ich brauchte eigentlich erst morgen hinzugehen «, fuhr Michailow fort, »da aber bei uns ein Offizier erkrankt ist, so ...«

Er wollte erzählen, daß die Reihe heute nicht an ihm sei, da aber der Chef der achten Kompanie erkrankt und nur ein Fähnrich übriggeblieben sei, so habe er es für seine Pflicht gehalten, sich an Stelle des Leutnants Nepschitschezki zu melden, und deshalb gehe er heute auf die Bastion. Aber Kalugin hörte ihm gar nicht mehr zu.

»Mir schwant, daß es in diesen Tagen etwas geben wird«, sagte er zum Fürsten Galzin.

»Glauben Sie, daß es nicht vielleicht heute schon losgehen wird?« fragte Michailow schüchtern und sah bald Kalugin, bald den Fürsten Galzin an.

Niemand antwortete ihm. Fürst Galzin zog nur etwas die Brauen zusammen, ließ das Auge an der Mütze des Stabskapitäns vorbeischweifen und sagte dann, nachdem er eine Weile geschwiegen hatte: »Ein famoses Mädel, die in dem roten Tuch! Kennen Sie die vielleicht, Hauptmann?«

»Sie wohnt ganz in meiner Nähe, die Tochter eines Matrosen«, erwiderte der Stabskapitän.

»Kommen Sie, die wollen wir uns doch näher anschauen.«

Und Fürst Galzin faßte auf der einen Seite Kalugin, auf der andern den Stabskapitän unter dem Arm, im voraus davon überzeugt, daß dies dem letzteren ein großes Vergnügen machen müßte, was auch tatsächlich der Fall war.

Der Stabskapitän war abergläubisch und hielt es für eine große Sünde, sich vor einem Treffen mit Weibern abzugeben, aber in diesem Falle spielte er den Schürzenjäger, was ihm Fürst Galzin und Kalugin offenbar nicht recht glaubten und worüber sich sogar das Mädchen in dem roten Kopftuch außerordentlich wunderte, die mehr als einmal beobachtet hatte, daß der Stabs-kapitän, wenn er an ihrem Fenster vorüberging, errötete. Pras-kuchin ging hinterher, stieß den Fürsten Galzin fortwährend am Arm und machte allerlei Bemerkungen in französischer Spra-che; da man aber nicht zu viert auf dem schmalen Pfad gehen konnte, war er genötigt, allein hinterdrein zu gehen, und nahm erst bei der zweiten Runde den bekannten, tapferen Marineoffi-zier Serwjagin unter den Arm, der sich ebenfalls diesem Kreise von *Aristokraten* beigesellen wollte und von hinten an ihn her-angetreten war und ein Gespräch mit ihm angefangen hatte. Und der berühmte Held schob mit Freuden seine muskulöse Hand unter den Arm Praskuchins, obwohl alle, und auch Serw-jagin selber, genau wußten, daß dieser kein allzu guter Mensch war. Als aber Praskuchin dem Fürsten Galzin, um ihm seine Be-kanntschaft mit *diesem* Marineoffizier zu erklären, ins Ohr flü-sterte, daß dies ein berühmter Held sei, schenkte der Fürst Ser-wjagin nicht die geringste Beachtung, weil er gestern selber auf der vierten Bastion gewesen war, auf zwanzig Schritt Entfer-nung eine explodierende Bombe gesehen hatte und sich deshalb für einen nicht minder großen Helden als diesen Herrn da hielt und der Ansicht war, daß ein solcher Ruhm meistens für nichts und wieder nichts erworben wird.

Dem Stabskapitän Michailow war es so angenehm, in dieser Gesellschaft ein wenig zu bummeln, daß er den *lieben* Brief aus T., die düsteren Gedanken, die sich seiner wegen des bevorste-henden Ganges auf die Bastion bemächtigt hatten, und vor al-lem, daß er um sieben Uhr zu Hause sein mußte, völlig vergaß. Er blieb so lange bei ihnen, bis sie sich ausschließlich nur unter sich unterhielten, seinen Blicken auswichen, um ihm dadurch zu verstehen zu geben, daß er gehen könne, und ihn endlich ganz stehenließen. Aber der Stabskapitän war dennoch glück-lich, und als er dann an dem Junker Baron Pest vorüberging, der seit gestern (da er die erste Nacht in der Blindage der fünften Bastion zugebracht hatte und sich folglich für einen Helden hielt) besonders stolz und selbstbewußt war, erboste er sich nicht im geringsten über den verächtlich hochmütigen Aus-druck, mit welchem der Junker vor ihm strammstand und die Mütze zog.

4

Aber kaum hatte der Stabskapitän Michailow die Schwelle seiner Wohnung überschritten, als ihm völlig andere Gedanken
kamen. Er erblickte sein kleines Stübchen mit dem unebenen
Fußboden aus gestampfter Erde und den schiefen, mit Papier
verklebten Fenstern, sein altes Bett mit dem Wandteppich darüber, auf dem eine Amazone abgebildet war, die zwei Tulaer Pistolen und das schmutzige Bett mit der Kattundecke, das dem
Junker gehörte, der mit ihm zusammen wohnte; er erblickte seinen Nikita, der sich das verfilzte, fettige Haar kratzte und von
der Erde aufstand; er erblickte seinen alten Mantel, seine umge-
drehten Stiefel und das Bündel, aus welchem das Ende eines Kä-
ses und der Hals einer Bierflasche mit Branntwein herausragten,
beides für ihn zum Gang auf die Bastion vorbereitet, und da fiel
ihm plötzlich siedend heiß ein, daß er heute die ganze Nacht bei
der Kompanie in den Gräben zubringen müsse.

Sicher falle ich heute, dachte der Stabskapitän, ich fühle es.
Und die Hauptsache ist, daß ich gar nicht hätte zu gehen brauchen, daß ich mich selber gemeldet habe. Und es ist schon immer so gewesen, daß der fällt, der sich freiwillig meldet. Was
fehlt nur diesem verfluchten Nepschitschezki? Möglicherweise
fehlt dem überhaupt nichts, und seinetwegen muß nun unbedingt ein anderer fallen. Übrigens, wenn ich nicht falle, werde
ich ganz sicher vorgeschlagen. Ich habe gesehen, wie es dem Regimentskommandeur gefiel, als ich sagte: »Gestatten Sie, daß ich
gehe, wenn Leutnant Nepschitschezkij krank ist?« Wenn ich
nicht Major werde, so bekomme ich zum mindesten den Wladimirorden. Ich gehe heute schon das dreizehnte Mal auf die Bastion. O weh, dreizehn! eine eklige Zahl. Sicher werde ich fallen,
ich fühle es, daß ich fallen werde; aber einer mußte doch gehen,
die Kompanie kann doch nicht mit dem Fähnrich allein loszie-
hen; es könnte etwas passieren, die Ehre des Regiments, die Ehre
der Armee hängt davon ab. Es war meine *Pflicht* zu gehen ... ja,
meine *Pflicht.* Aber ich habe ein böses Vorgefühl ...

Der Stabskapitän vergaß, daß ihm dieses Vorgefühl, stärker
oder schwächer, nicht zum ersten Mal kam, wenn er auf die
Bastion gehen mußte, und er wußte nicht, daß ein solches Vor-

32

gefühl, stärker oder schwächer, ein jeder empfindet, der in die Schlacht zieht. Doch er beruhigte sich mit dem Pflichtbewußtsein, das bei ihm – wie überhaupt bei allen Leuten von unbedeutender Herkunft – ganz besonders stark entwickelt war, setzte sich an den Tisch und schrieb einen Abschiedsbrief an seinen Vater, mit dem er in letzter Zeit wegen Geldgeschichten nicht im besten Einverständnis lebte. Nach zehn Minuten war er fertig, stand mit tränenfeuchten Augen vom Tisch auf und begann sich anzukleiden, wobei er im Geiste (weil er sich vor seinem Bedienten laut zu beten schämte) alle ihm bekannten Gebete aufsagte. Er wollte noch gerne das Bildchen des heiligen Mitrofan, ein Weihgeschenk seiner verstorbenen Mutter, küssen, das er besonders verehrte; da er sich jedoch schämte, dies vor Nikita zu tun, ließ er das Bildchen so aus dem Rock gleiten, daß er es, ohne diesen noch einmal aufknöpfen zu müssen, auf der Straße erreichen konnte. Sein betrunkener und grober Diener reichte ihm träge den neuen Rock (der alte, welchen der Stabskapitän gewöhnlich auf die Bastion anzuziehen pflegte, war noch nicht sauber gemacht).

»Warum hast du den Rock nicht saubergemacht? Du willst immer nur schlafen, du Faulpelz!« sagte Michailow ärgerlich.

»Wieso schlafen?« brummte Nikita. »Den ganzen Tag wird man wie ein Hund herumgehetzt: das macht doch müde, und dann soll man nicht einschlafen!«

»Du bist wieder betrunken, wie ich sehe.«

»Ist doch nicht Ihr Geld, das ich vertrinke, was halten Sie es mir also vor?«

»Schweig, Rindvieh!« schrie der Stabskapitän und wollte den Burschen schlagen. Er war schon vorher gereizt gewesen, jetzt aber war ihm die Geduld vollends gerissen, und er ärgerte sich über die Grobheit Nikitas, den er gern hatte, sogar verwöhnte und mit dem er schon zwölf Jahre zusammen lebte.

»Rindvieh? Rindvieh?« wiederholte der Bursche. »Warum schimpfen Sie mich Rindvieh, Herr? Ist jetzt etwa die Zeit danach? Schimpfen ist nicht schön.«

Michailow dachte daran, wohin er gehen mußte, und fing an, sich zu schämen.

»Du machst aber auch immer so lange, bis man wütend wird,

Nikita«, sagte er mit sanfter Stimme. »Den Brief an meinen Vater auf dem Tisch laß liegen und rühr ihn nicht an«, fügte er errötend hinzu.

»Zu Befehl«, antwortete Nikita, der sich nach dem Wein, den er *für sein Geld* getrunken hatte, in rührseliger Stimmung befand und in dem offensichtlichen Wunsch loszuheulen mit den Augen zwinkerte.

Als aber der Stabskapitän auf der Vortreppe zu ihm sagte: »Leb wohl, Nikita!« brach Nikita plötzlich in erzwungenes Schluchzen aus und stürzte auf seinen Herrn zu, um ihm die Hand zu küssen. »Leben sie wohl, Herr!« sagte er schluchzend.

Die alte Matrosenfrau, die auf der Vortreppe stand, konnte nach Weiberart nicht anders, als sich ebenfalls an der rührseligen Szene zu beteiligen: Sie fing an, sich mit ihrem schmutzigen Ärmel die Augen zu wischen, und meinte dazu, warum sich denn die Herren nur solchen Qualen aussetzten, sie arme Frau sei ja auch als Witwe zurückgeblieben, und dann erzählte sie dem betrunkenen Nikita zum hundertsten Mal von ihrem Herzeleid: wie ihr Mann schon bei dem ersten *Bumbardemang* gefallen sei, und wie ihr Häuschen in der Vorstadt ganz zertrümmert worden sei (das, in dem sie jetzt wohnte, gehörte nicht ihr), und so weiter und so weiter.

Als der Herr fort war, zündete sich Nikita sein Pfeifchen an, bat die Wirtstochter, Schnaps zu holen, und hörte sehr bald auf zu weinen. Im Gegenteil, er zankte sich mit der Alten wegen irgendeines Eimers herum, den diese ihm verbeult haben sollte.

Vielleicht werde ich auch nur verwundet, überlegte der Stabskapitän im stillen, als er – es dämmerte bereits – mit der Kompanie auf die Bastion zuschritt. Aber wo? Und wie? Hier oder dort? dachte er und wies in Gedanken auf seinen Leib und auf seine Brust. Wenn hier (er dachte an den Oberschenkel), dann könnte die Kugel um den Knochen herumgehen, aber es würde dennoch sehr schmerzen. Wenn aber hier, und noch dazu ein Granatsplitter, dann ist es aus.

Durch den Laufgraben kam der Stabskapitän gebückt, doch wohlbehalten bis zu den Schützengräben, teilte, schon bei vollständiger Dunkelheit, mit einem Sappeuroffizier die Leute zur Arbeit ein und setzte sich dann in ein Loch unterhalb der Brustwehr. Es wurde wenig geschossen; nur ab und zu zuckte bald bei uns, bald bei *ihm* ein Blitz auf, und ein leuchtender Bombenzünder beschrieb einen feurigen Bogen am dunklen Sternenhimmel. Aber alle Bomben schlugen weit hinten und rechts von dem Schützengraben ein, in dem der Stabskapitän in seinem Loch saß, so daß er sich halbwegs beruhigte, den Schnaps trank, von dem Käse aß, sich eine Zigarette ansteckte, betete und ein bißchen zu schlafen versuchte.

5

Fürst Galzin, Oberstleutnant Neferdow, der Junker Baron Pest und Praskuchin, den niemand aufgefordert hatte, mit dem niemand sprach, der aber trotzdem nicht wankte und wich, begaben sich von dem Boulevard zu Kalugin, um dort Tee zu trinken.

»Hör mal, du hast mir ja noch nicht alles von Waska Mendel erzählt«, sagte Kalugin, zog den Mantel aus, setzte sich in einen weichen Sessel ans Fenster und knöpfte sich den Kragen seines weißen, gestärkten holländischen Hemdes auf. »Wie kam er denn auf diese Heirat?«

»Das ist zum Totlachen, Bruder! Je vous dis, il y avait un temps, où on ne parlait que de ça à Pétersbourg«, rief Graf Galzin lachend, sprang vom Klavier, an dem er gesessen hatte, auf und setzte sich neben Kalugin ans Fenster. »Einfach zum Totlachen! Ich kenne die Geschichte mit allen ihren Einzelheiten ...«
Und er erzählte, lustig, witzig und flott, eine Liebesgeschichte, die wir hier weglassen, weil sie kein Interesse für uns hat.

Bemerkenswert war nur das eine, daß nicht nur Fürst Galzin, sondern auch alle anderen Herren, die sich hier, der eine auf dem Fensterbrett, der andere mit übergeschlagenen Beinen im Sessel und ein dritter am Klavier, gemütlich niedergelassen hatten, ganz andere Menschen schienen als auf dem Boulevard: nichts war mehr zu spüren von dieser lächerlichen Aufgeblasenheit, diesem Hochmut, welchen sie den Infanterieoffizieren gegenüber an den Tag gelegt hatten; hier waren sie unter sich und gaben sich ganz natürlich, vor allem Kalugin und Fürst Galzin waren liebe, einfache, lustige, gute Jungen. Sie unterhielten sich über Petersburger Kameraden und Bekannte.

»Was macht denn Maslozkoj?«

»Welchen meinst du? Den Leibulanen oder den Gardekavalleristen?«

»Ich kenne sie beide. Der Gardekavallerist war zu meiner Zeit noch ein kleiner Kerl, gerade erst aus der Schule gekommen. Was ist denn der ältere jetzt? Wohl Rittmeister?«

»Oh, schon lange.«

»Hat er noch immer das Verhältnis mit der Zigeunerin?«

»Nein, die hat er aufgegeben ...«

Und in dieser Art ging es weiter.

Darauf setzte sich Fürst Galzin ans Klavier und sang ganz vorzüglich ein Zigeunerlied. Praskuchin machte sich daran, ihn zu begleiten, obgleich ihn niemand dazu aufgefordert hatte, und tat dies so ausgezeichnet, daß man ihn damit fortzufahren bat, worüber er sehr glücklich war.

Ein Diener brachte auf einer silbernen Platte Tee, Sahne und Brezeln.

»Reiche dem Fürsten«, sagte Kalugin.

»Es ist doch fabelhaft, wenn man bedenkt«, meinte Galzin, der sich ein Glas Tee genommen hatte und damit ans Fenster trat, »daß wir hier in einer belagerten Stadt zum Klavier singen, Tee mit Sahne trinken und genau das Quartier haben, wie ich es mir in Petersburg wünschte.«

»Aber ich bitte Sie, wenn wir nicht einmal das hätten«, fiel der mit allem unzufriedene Oberstleutnant ein, »dann wäre ja diese ständige Spannung einfach unerträglich ... zu sehen, wie jeden Tag unsere Leute fallen und fallen, ohne daß es ein Ende nehmen will. Wenn wir bei alledem noch im Schmutz und ohne jede Bequemlichkeit leben müßten!«

»Was sollen denn unsere Infanterieoffiziere sagen«, warf Kalugin ein, »die mit den Soldaten auf den Bastionen leben, in den Blindagen, und Soldatensuppe essen? Wie wird denen erst zumute sein?«

»Das verstehe ich nicht und kann es, offen gestanden, nicht glauben«, sagte Galzin. »Leute in schmutziger Wäsche, voller Läuse und mit ungewaschenen Händen sollen tapfer sein? Du

136

kennst sie doch, cette belle bravour de gentilhomme, es kann nicht sein.«

»Diese Tapferkeit verstehen sie auch nicht«, sagte Praskuchin.

»Was redest du für Unsinn?« unterbrach ihn Kalugin, »ich habe ihrer schon mehr als du hier gesehen und sage immer und überall, daß unsere Infanterieoffiziere, auch wenn sie Läuse haben und zehn Tage lang ihre Wäsche nicht wechseln, Helden, bewundernswerte Männer sind.«

In diesem Augenblick trat ein Infanterieoffizier ins Zimmer.

»Ich … mir ist befohlen … kann ich im Auftrag von General N. den Gen … Seine Exzellenz sprechen?« fragte er, sich linkisch verbeugend.

Kalugin stand auf und fragte, ohne die Verbeugung des Offiziers zu erwidern, mit beleidigender Höflichkeit und gezwungenem offiziellem Lächeln, ob er nicht einen Augenblick warten könne, und wandte sich dann, ohne den Offizier zum Sitzen aufzufordern oder ihm irgendwelche Beachtung zu schenken, wieder Galzin zu und unterhielt sich mit diesem auf französisch, so daß der arme Offizier, der mitten im Zimmer stehengeblieben war, entschieden nicht wußte, was er mit seiner Person und den herabhängenden Armen ohne Handschuhe anfangen sollte.

»Ich komme in einer äußerst dringenden Angelegenheit«, sagte der Offizier, nachdem er etwa eine Minute geschwiegen hatte.

»Ah! dann bitte«, erwiderte Kalugin, zog den Mantel an und ging mit ihm zur Tür.

»Eh bien, messieurs, je crois, que cela chauffera cette nuit«, bemerkte Kalugin, als er vom General zurückkam.

»Ah! was gibt's? Ein Ausfall?« fragten alle durcheinander.

»Ich weiß nichts, ihr werdet ja selber sehen«, meinte Kalugin mit geheimnisvollem Lächeln.

»So sag es mir doch!« rief Baron Pest. »Wenn etwas los ist, dann muß ich mit dem Regiment T. am ersten Ausfall teilnehmen.«

»Nun, dann geh mit Gott.«

»Mein Prinzipal ist ebenfalls auf der Bastion, da werde ich wohl auch hingehen müssen?« fragte Praskuchin und schnallte sich den Säbel um, aber niemand gab ihm eine Antwort: Er mußte selber wissen, ob er gehen sollte oder nicht.

»Nichts wird sein, ich spüre es«, sagte Baron Pest, der mit pochendem Herzen an das bevorstehende Treffen dachte, sich aber verwegen die Mütze aufs Ohr drückte und lauten, festen Schrittes zusammen mit Praskuchin und Neferdow das Zimmer verließ, die ebenfalls mit einem schweren Angstgefühl an ihre Plätze eilten.

»Leben Sie wohl, meine Herren!«

»Auf Wiedersehen, meine Herren! Wir werden uns noch heute nacht sehen!« rief ihnen Kalugin aus dem Fenster nach, als Praskuchin und Pest, über die Bögen ihrer Kosakensättel gebeugt, wobei sie sich wahrscheinlich für Kosaken hielten, die Straße hinabsprengten.

»Ja, ein wenig!« rief der Junker, der nicht verstanden hatte, was man ihm sagen wollte, und das Getrappel der Kosakenpferde verhallte alsbald in der stillen Straße.

»Non, dites-moi, est-ce qu'il aura véritablement quelque chose cette nuit?« fragte Galzin, der mit Kalugin im Fenster lag und die Bomben beobachtete, die über den Bastionen aufstiegen.

»Dir kann ich's ja erzählen, siehst du ... du bist doch auf den Bastionen gewesen?« Galzin nickte bejahend mit dem Kopf, obgleich er nur ein einziges Mal auf der vierten Bastion gewesen war. »Also, unserer Lünette gegenüber ist ein Laufgraben ...« und Kalugin, der kein Fachmann war, sein Urteil in strategischen Dingen aber dennoch für unfehlbar hielt, fing an, unsere Stellung, die Lage der feindlichen Befestigungen und den Plan des beabsichtigten Unternehmens auseinanderzusetzen, wobei er alles ein wenig durcheinanderbrachte und die festungstechnischen Ausdrücke verdrehte.

»Aber dort bei den Schützengräben fängt's tüchtig an zu puffen. Oho! War das eine von uns oder von *ihm*? Da, wie sie kracht!« sagten sie, während sie im Fenster lagen, die feurigen, in der Luft sich kreuzenden Linien der Bomben, das den dunkelblauen Himmel für einen Augenblick erhellende Aufblitzen der Schüsse und den weißen Pulverrauch betrachteten und dem Krachen des immer stärker werdenden Schießens lauschten.

»Quel charmant coup d'œil! Nicht?« sagte Kalugin, um die Aufmerksamkeit seines Gastes auf dieses wirklich herrliche Schauspiel hinzulenken. »Weißt du, man kann manchmal die Sterne nicht von den Bomben unterscheiden.«

»Ja, soeben dachte ich, das wäre ein Stern, aber da fällt er – und jetzt ist er geplatzt; und jener große Stern – wie heißt er gleich? – schaut wie eine Bombe aus.«

»Weißt du, ich habe mich schon so an diese Bomben gewöhnt, daß es mir in Rußland in einer sternklaren Nacht immer vorkommen wird, als wären das lauter Bomben: so kann man sich an etwas gewöhnen.«

»Ich müßte doch auch an diesem Ausfall teilnehmen?« fragte Fürst Galzin, nachdem er einen Augenblick geschwiegen hatte, erbebte jedoch schon bei dem Gedanken, während einer solch schrecklichen Kanonade *dort* sein zu müssen, und dachte entzückt daran, daß man ihn auf keinen Fall des Nachts dorthin schicken konnte.

»Aber ich bitte dich, Bruder! kein Gedanke daran, und außerdem lasse ich dich nicht fort«, erwiderte Kalugin, der übrigens sehr genau wußte, daß Galzin um nichts in der Welt hingehen würde. »Du kommst noch früh genug, Bruder!«

»Im Ernst? Du denkst also, daß ich nicht gehen muß?«

In diesem Augenblick ertönte aus der Richtung, in welche diese Herren schauten, durch das Donnern der Artillerie hindurch ein furchtbares Gewehrgeknatter, und Tausende kleiner Feuer, die ununterbrochen aufblitzten, flammten die ganze Linie entlang.

»So ist es immer, wenn es richtig losgeht«, meinte Kalugin. »Dieses Gewehrgeknatter kann ich nicht kaltblütig mit anhören, weißt du, es ist, als risse es einem die Seele aus dem Leibe. Da schreien sie auch schon hurra«, fügte er hinzu und lauschte auf ein fernes, langgezogenes Geschrei von Hunderten von Stimmen, das von der Bastion her zu ihnen drang.

»Wer schreit hurra? Sie oder die Unsrigen?«

»Das weiß ich nicht, aber das Handgemenge ist schon losgegangen, denn das Schießen hat aufgehört.«

In diesem Augenblick kam ein Offizier mit einem Kosaken an die Vortreppe herangesprengt und stieg vom Pferde.

»Woher des Wegs?«

»Von der Bastion. Ich muß zum General.«

»Kommen Sie. Nun, wie steht's?«

»Wir haben die Schützengräben angegriffen… sie genommen… die Franzosen haben gewaltige Reserven herangeführt … die Unsrigen angegriffen… wir hatten nur zwei Bataillone«, stieß derselbe Offizier, der gegen Abend hier gewesen war, abgerissen und mühsam keuchend hervor, ging aber jetzt ganz ungezwungen auf die Tür zu.

»Sind wir zurückgeschlagen?« fragte Galzin.

»Nein«, erwiderte der Offizier ärgerlich, »es kam gerade zur rechten Zeit noch ein Bataillon, so daß wir sie wieder zurückschlagen konnten, aber der Regimentskommandeur ist gefallen und viele Offiziere, ich habe Befehl, um Verstärkung zu bitten…«

Mit diesen Worten ging er zum General, wohin wir ihm nicht folgen werden.

Nach fünf Minuten saß Kalugin bereits auf seinem Kosakenpferd (und zwar wiederum auf jene eigentümliche Quasi-Kosakenart, die, wie ich beobachtet habe, alle Adjutanten für besonders reizvoll halten) und sprengte im Trab nach der Bastion, um einige Befehle des Generals zu überbringen und auf Nachrichten über das endgültige Resultat des Kampfes zu warten; Fürst Galzin aber ging unter dem Einfluß jener tiefen Erregung, welche die nahen Anzeichen einer Schlacht in einem Zuschauer, der nicht daran teilnimmt, für gewöhnlich auszulösen pflegen, auf die Straße hinaus und schlenderte ziellos auf und ab.

6

Soldaten brachten auf Tragbahren oder führten, unter den Arm gefaßt, Verwundete herbei. Auf der Straße war es völlig dunkel; nur hier und da leuchtete das erhellte Fenster eines Lazaretts oder eines Quartiers, in dem die Offiziere noch zusammensaßen. Von den Bastionen her drang noch dasselbe Donnern der Geschütze und des Gewehrfeuers und zuckten noch dieselben Blitze am schwarzen Himmel auf. Selten hörte man den Hufschlag des Pferdes einer vorübersprengenden Ordonnanz, das

Stöhnen eines Verwundeten, die Schritte und Zurufe der Träger oder weibliche Stimmen erschrockener Einwohner, die vor die Tür getreten waren, um sich die Kanonade anzusehen.

Unter der Zahl der letzteren befanden sich auch der uns bekannte Nikita, die alte Matrosenfrau, mit der er sich schon wieder ausgesöhnt hatte, und deren zehnjährige Tochter.

»Herrgott, heilige Mutter und Gottesgebärerin!« murmelte die Alte seufzend vor sich hin, während sie nach den Bomben schaute, die wie feurige Bälle von einer Seite auf die andere flogen. »Ach, wie furchtbar, wie entsetzlich! I–i–chi–chi! So schlimm war's nicht mal beim ersten Bumbardemang. Siehst du, wie sie platzt, die Verfluchte! Gerade über unserm Haus in der Vorstadt.«

»Nein, das ist weiter weg; die fallen alle Tante Arinka in den Garten«, sagte die Kleine.

»Und wo, wo wird mein Herr jetzt sein?« fing Nikita mit singender Stimme und noch ein bißchen betrunken an. »Wie ich ihn liebe, diesen Herrn, ich weiß selber nicht wie. Er schlägt mich, aber dennoch liebe ich ihn ganz schrecklich. Ich liebe ihn so, daß, wenn er, was Gott verhüte, durch sündhafte Hand getötet werden sollte, ich – glauben Sie mir, Tantchen – selber nicht wüßte, was mit mir geschehen würde. Bei Gott! Ein solcher Herr ist das, mit einem Wort! Soll ich ihn etwa eintauschen gegen solche da, die Karten spielen? Die sind – pfui! Mit einem Wort!« schloß Nikita und zeigte auf das erleuchtete Fenster des Zimmers seines Herrn, wohin der Junker Schwadtscheski, um sein Kreuz zu feiern, das man ihm angeheftet hatte, Gäste zu einem Zechgelage eingeladen hatte: den Unterleutnant Ugrowitsch und den Leutnant Nepschitschezki, denselben, der auf die Bastion gehen sollte und sich einen Schnupfen zugezogen hatte.

»Die vielen Sternchen, die vielen Sternchen! Es regnet sie nur so!« unterbrach, zum Himmel schauend, das kleine Mädchen das Schweigen, das auf Nikitas Worte gefolgt war. »Da, da kommt wieder eines! Wozu machen die denn das so, Mamachen?«

»Sie werden unser Häuschen noch ganz zerschießen«, sagte die Alte seufzend und gab auf die Frage der Kleinen keine Antwort.

»Als ich neulich mit Onkelchen dort war, Mamachen «, fuhr die Kleine in singendem Tone fort, »da lag so ein großes Ding von einer Kugel mitten in der Stube neben dem Schrank; sie war durch den Hausflur gerade in die gute Stube geflogen ... so ein großes Ding war es, nicht aufheben konnte man sie!«

»Wer noch einen Mann und Geld hatte, der ist weggefahren«, sagte die Alte, »denn hier – ach, dieser Jammer, dieses Elend – zerstören sie einem noch das letzte Häuschen. Sieh nur, sieh, wie sie schießen, diese Bösewichter! Großer Gott, großer Gott!«

»Und wie wir gerade weggehen wollten«, fuhr die Kleine fort, »kommt eine Bombe geflogen und zerspringt und beschmeißt uns mit lauter Erde; beinahe hätte mich und Onkelchen so ein Stück getroffen.«

»Ein Kreuz sollte sie dafür bekommen«, sagte der Junker, der in diesem Augenblick mit den übrigen Offizieren auf die Vortreppe heraustrat, um die Schießerei zu betrachten.

»Geh zum General, Alte«, sagte der Leutnant Nepschitschezki und klopfte ihr auf die Schulter, »geh nur!«

»Pódję na ulicę zobaczyć co tam nowego«,* fügte er hinzu und stieg die Treppe hinab.

»A my tym czasem napijmy się wódki, bo coś dusza w pięty ucieka«,** sagte lachend der fröhliche Junker Schwadtscheski.

7

Immer mehr und mehr Verwundete kamen auf Tragbahren oder sich gegenseitig stützend zu Fuß in lautem Gespräch dem Fürsten Galzin entgegen.

»Wie die angestürmt kamen, Brüder«, sagte ein großer Soldat mit einer Baßstimme, der zwei Gewehre über der Schulter trug, »wie die angestürmt kamen und schrien: ›Allah, Allah!‹, da kletterte nur immer einer über den anderen weg! Schlägst du aber einen tot, kommen gleich soundso viele andere herbei – da ist

---

* Ich will auf die Straße gehen und nachsehen, was es gibt (polnisch).
** Und wir wollen inzwischen Wodka trinken, weil uns das Herz in die Hosen fällt (polnisch).

nichts zu machen. Auf einmal … hast du nicht gesehen – waren sie da …« Aber an dieser Stelle seiner Erzählung unterbrach ihn Galzin.

»Kommst du von der Bastion?«

»Geradeswegs daher, Euer Wohlgeboren.«

»Was war denn dort los? Erzähle!«

»Was dort los war? Sie wälzten sich heran in ihrer ganzen Stärke, Euer Wohlgeboren, erkletterten den Wall, und wir waren futsch. Sie haben gesiegt, vollständig, Euer Wohlgeboren.«

»Wie denn gesiegt? Ihr habt sie doch zurückgeschlagen?«

»Wie kann man *ihn* da zurückschlagen, wenn *er* in seiner ganzen Stärke anrückt: Unsere Leute sind alle gefallen, und Hilfe kam nicht.«

Der Soldat irrte, denn der Laufgraben war in unseren Händen geblieben, aber dies ist eine Eigentümlichkeit, die ein jeder beobachten kann: ist ein Soldat in der Schlacht verwundet, so hält er sie immer für verloren und für entsetzlich blutig.

»Wie kann man denn da sagen, daß der Feind zurückgeschlagen sei«, erwiderte Galzin ärgerlich.

In diesem Augenblick trat Leutnant Nepschitschezki, der in der Dunkelheit den Fürsten Galzin an der weißen Mütze erkannt hatte und diese Gelegenheit auszunutzen gedachte, um mit so einem gewichtigen Menschen ins Gespräch zu kommen, an ihn heran.

»Geruhen Sie etwa in Erfahrung zu bringen, was los war?« fragte er ehrerbietig und berührte mit der Hand den Mützenrand.

»Ich frage lieber selbst«, sagte der Fürst Galzin und wandte sich erneut an den Soldaten mit den zwei Gewehren. »Vielleicht geschah es, als du schon fort warst? Bist du schon lange von dort fort?«

»Soeben, Euer Wohlgeboren!« erwiderte der Soldat. »Das kann kaum sein, *er* muß den Graben genommen haben … *er* hat vollständig gesiegt.«

»Aber schämt ihr euch denn nicht, euren Laufgraben herzugeben! Das ist doch schrecklich!« rief Galzin, ergrimmt über diese Gleichgültigkeit. »Daß ihr euch nicht schämt!« wiederholte er und wandte sich von den Soldaten ab.

»Oh! das ist ein schreckliches Volk! Sie belieben es nicht zu kennen«, hakte der Leutnant Nepschitschezki ein, »ich sage Ihnen, daß Sie von diesen Leuten weder Stolz noch Patriotismus noch höhere Gefühle verlangen können. Schauen Sie nur, haufenweise gehen sie fort, nicht der zehnte Teil von allen ist verwundet, das übrige sind lauter *Assistenten,* nur um dem Treffen zu entkommen. Ein feiges Volk! Eine Schande, so vorzugehen, Kinder, eine Schande! *Unseren* Laufgraben aufzugeben!« fügte er hinzu und wandte sich an die Soldaten.

»Was ist da zu machen, wenn *er* in seiner ganzen Stärke kommt!« brummte der Soldat.

»Aber, Euer Wohlgeboren«, mischte sich da ein Soldat auf einer Tragbahre ein, die vorübergetragen wurde, »wie sollten wir den Graben nicht hergeben, wo *er* uns doch alle niedergemacht hat? Wären wir stärker gewesen, hätten wir ihn im Leben nicht hergegeben. Aber was sollten wir machen? Einen stach ich nieder, da kriegte ich gleich diesen Hieb hier ab ... O–o–och! ... Vorsichtiger, Brüder, ruhiger, Brüder, gleichmäßiger gehen ... O–o–oh!« stöhnte der Verwundete.

»Hier scheinen tatsächlich viele für nichts und wieder nichts mitzulaufen«, rief Galzin und hielt noch einmal den großen Soldaten mit den zwei Gewehren an. »Warum gehst du fort? He, du, halt!«

Der Soldat blieb stehen und nahm mit der linken Hand die Mütze ab.

»Wohin gehst du und warum?« schrie Galzin ihn streng an. »Du ...«

Aber in diesem Augenblick, als er ganz nahe an den Soldaten herantrat, bemerkte er, daß dessen rechter Arm bis über den Ellenbogen ganz voll Blut war.

»Ich bin verwundet, Euer Wohlgeboren.«

»Wodurch verwundet?«

»Hier muß es sein, durch eine Kugel«, antwortete der Soldat und zeigte auf seinen Arm. »Und dann hier, aber was mich da hinten in den Kopf getroffen hat, das weiß ich nicht«, und er beugte sich vor und zeigte die blutigen, zusammengeklebten Haare im Genick.

»Und wem gehört das andere Gewehr?«

»Das ist ein französischer Stutzen, Euer Wohlgeboren, den hab ich mir mitgenommen. Ich wäre auch nicht gegangen, wenn ich nicht diesen hier führen müßte, der fällt sonst um«, fügte er hinzu und zeigte auf einen Soldaten, der, auf sein Gewehr gestützt und mühsam das linke Bein nachschleifend, dicht vor ihm ging.

»Und wo gehst du hin, Schurke!« schrie der Leutnant Nepschitschezki einen anderen Soldaten an, der ihm entgegenkam, weil er mit seinem Gebrüll dem einflußreichen Fürsten zu Diensten sein wollte. Der Soldat war auch verwundet.

Fürst Galzin begann sich auf einmal über den Leutnant Nepschitschezki und noch mehr über sich selber zu schämen. Er fühlte, wie er rot wurde (was nur selten geschah), wandte sich von dem Leutnant ab und ging, ohne die Verwundeten weiter auszufragen oder sie zu beachten, auf den Verbandsplatz.

Nur mit Mühe kam Galzin auf der Vortreppe durch die zu Fuß gehenden Verwundeten und Träger, die mit Verwundeten hineingingen und mit Toten herauskamen, hindurch. Galzin trat in das erste Zimmer, sah sich um, fuhr aber unwillkürlich zurück und lief wieder auf die Straße hinaus: es war zu entsetzlich!

8

Der große, hohe, dunkle Saal, der nur von vier oder fünf Kerzen erleuchtet war, bei deren Schein die Ärzte die Verwundeten untersuchten, war buchstäblich voll. Ununterbrochen brachten die Träger Verwundete herein, legten sie nebeneinander auf den Fußboden, wo es so eng war, daß die Unglücklichen aneinanderstießen und sich gegenseitig mit Blut benetzten, und gingen neue holen. Die Blutlachen, die nur an den freien Stellen sichtbar waren, der Fieberatem von einigen hundert Menschen und die Ausdünstungen der Träger verursachten einen besonderen, schweren, dicken, übelriechenden Gestank, in dem die vier Kerzen in den Ecken des Saales nur trübe brannten. Dumpfes Stöhnen, Seufzen und Röcheln, ab und zu von einem durchdringenden Schrei unterbrochen, erfüllten das ganze Zimmer.

Schwestern mit ruhigen Gesichtern, auf denen nicht jenes hohle, weiblich rührselige und tränenreiche Mitleid, sondern tatkräftige, praktische Teilnahme zum Ausdruck kam, stiegen über die Verwundeten und tauchten mit Arzneien, mit Wasser, mit Binden oder Scharpie bald hier, bald dort zwischen den blutigen Mänteln und Hemden auf. Ärzte mit finsteren Gesichtern und aufgestreiften Ärmeln knieten vor den Verwundeten, neben denen ein Feldscher die Kerze hielt, griffen mit den Fingern in die Kugelwunden und sondierten sie und drehten die abgeschossenen, hängenden Glieder hin und her, unbeirrt durch das furchtbare Stöhnen und Flehen der Leidenden. Einer der Ärzte saß neben der Tür an einem Tischchen und notierte, als Galzin ins Zimmer trat, gerade die Nummer 532.

»Iwan Bogajew, Gemeiner der dritten Kompanie des Regiments S., fractura femoris complicata«, rief hinten aus dem Saal ein anderer, der das zerschossene Bein des Verwundeten befühlte. »Dreht ihn herum!«

»O–o–oh, Väterchen, Väterchen!« schrie der Soldat flehentlich, daß man ihn nicht anrühren solle.

»Perforatio capitis.«

»Semjon Neferdow, Oberstleutnant des Infanterieregiments N. Sie müssen ein wenig stillhalten, Oberst, so geht das nicht, sonst muß ich Sie liegen lassen«, sagte ein dritter Arzt, der mit einer Hakensonde im Kopf des Unglücklichen herumstocherte.

»Au, lassen Sie doch! Oh, um Gottes willen, schneller, schneller! Um ... a–a–a–a–ah!«

»Perforatio pectoris ... Sewastjan Sereda, Gemeiner ... welches Regiment? Übrigens, schreiben Sie nichts: moritur. Tragt ihn fort«, sagte der Arzt und ging von dem Soldaten weg, der mit brechenden Augen schon röchelte ...

Etwa vierzig als Träger verwendete Soldaten, die an der Tür warteten, bis wieder Verwundete ins Lazarett und Tote in die Kapelle zu tragen waren, standen stumm da und seufzten nur ab und zu schwer, wenn sie das Bild vor sich betrachteten ...

9

Auf dem Wege zur Bastion traf Kalugin viele Verwundete; da er aber aus Erfahrung wußte, wie nachteilig dieser Anblick in einer Schlacht auf die Stimmung eines jeden wirkt, hielt er nicht an, um sie auszufragen, sondern war vielmehr bemüht, ihnen nicht die geringste Aufmerksamkeit zu schenken. Unten am Berge stieß er auf einen Ordonnanzoffizier, der in gestrecktem Galopp von der Bastion angesprengt kam.

»Sobkin, Sobkin! Warten Sie einen Augenblick!«

»Was gibt's?«

»Wo kommen Sie her?«

»Aus den Schützengräben.«

»Wie steht's dort? Geht's heiß her?«

»Ach, grauenhaft!«

Und der Ordonnanzoffizier sprengte weiter. Und tatsächlich: wenn auch das Gewehrfeuer nachgelassen hatte, so war doch die Kanonade mit neuer Wucht und Erbitterung entbrannt.

Wie ekelhaft! dachte Kalugin und empfand ein unangenehmes Gefühl, und auch ihn überkam eine Vorahnung, das heißt ein ganz alltäglicher Gedanke: der Gedanke an den Tod. Aber Kalugin war nicht der Stabskapitän Michailow, er war ehrgeizig und mit eisernen Nerven begnadet, also das, was man mit einem Worte tapfer nennt. Er gab sich nicht jedem ersten Gefühl hin, sondern flößte sich selber Mut ein, indem er an jenen Adjutanten – Napoleons, glaube ich – dachte, der, um einen Befehl zu überbringen, mit blutüberströmtem Kopf auf Napoleon zugesprengt war.

»Vous êtes blessé?« fragte ihn Napoleon.

»Je vous demande pardon, Sire, je suis tué.« Und der Adjutant fiel vom Pferde und war auf der Stelle tot.

Das gefiel ihm ausgezeichnet, und er kam sich selber ein wenig wie dieser Adjutant vor, dann zog er seinem Pferde eins mit der Peitsche über, ritt noch mehr *ganz nach Kosakenart,* sah sich nach seinem Burschen um, der in den Steigbügeln stehend hinter ihm hertrabte, und kam so in schneidigem Ritt bis zu der Stelle, wo er absitzen mußte. Hier traf er vier Soldaten, die sich auf Steine gesetzt hatten und ihre Pfeifen rauchten.

»Was macht ihr hier?« schrie er sie an.

»Wir haben Verwundete fortgeschafft, Euer Wohlgeboren, und uns eben hergesetzt, um ein bißchen auszuruhen«, antwortete der eine von ihnen, versteckte seine Pfeife hinter dem Rücken und nahm die Mütze ab.

»Ach was ausruhen! Marsch an eure Plätze, sonst sage ich es dem Regimentskommandeur!«

Und Kalugin ging zusammen mit ihnen durch den Laufgraben den Berg hinauf, wobei ihnen auf Schritt und Tritt Verwundete begegneten. Oben angelangt, wandte er sich im Laufgraben nach links und befand sich, nachdem er ein paar Schritte gegangen war, ganz allein. Dicht neben ihm sauste ein Splitter vorbei und schlug in den Graben ein. Eine andere Bombe tauchte plötzlich vor ihm auf und schien gerade auf ihn zuzufliegen. Ihm wurde plötzlich unheimlich zumute: marschmarsch rannte er einige Schritte weiter und warf sich dann auf die Erde. Als die Bombe, weit von ihm entfernt, geplatzt war, ärgerte er sich schrecklich über sich selber, stand auf und sah sich um, ob jemand sein Hinwerfen gesehen habe, aber es war niemand da.

Wenn sich aber die Furcht einmal in einer Seele eingenistet hat, macht sie nicht sobald wieder einem anderen Gefühl Platz. Er, der sich immer gebrüstet hatte, daß er sich niemals ducken werde, ging jetzt mit beschleunigten Schritten und fast kriechend den Graben entlang. Ach, das ist ein böses Zeichen, dachte er, als er plötzlich stolperte, sicher werde ich fallen. Und als er spürte, wie schwer er atmen mußte und daß sein ganzer Körper in Schweiß geriet, wunderte er sich über sich selbst, versuchte aber nicht mehr, seiner Gefühle Herr zu werden.

Plötzlich hörte er vor sich Schritte. Schnell richtete er sich auf, warf den Kopf zurück, klirrte forsch mit dem Säbel und ging nun nicht mehr mit so hastigen Schritten wie vorher. Er erkannte sich selbst nicht wieder. Als er mit dem Schanzgrabenoffizier und dem Matrosen, die ihm entgegenkamen, zusammenstieß und ersterer ihm zuschrie: »Hinwerfen!« indem er auf den feurigen Punkt einer Bombe zeigte, die heller und heller und schneller und schneller heranflog und in der Nähe des Grabens krepierte, bog er nur unwillkürlich unter dem Einfluß des erschreckten Zurufes ein wenig den Kopf zur Seite und ging weiter.

»Schau, der ist aber tapfer«, sagte der Matrose, der seelenruhig das Platzen der Bombe beobachtet und mit geübtem Auge sofort berechnet hatte, daß ihre Splitter nicht bis in den Graben fliegen würden, »der will sich nicht einmal hinlegen.«

Nur mehr ein paar Schritte hatte Kalugin bis zur Blindage des Kommandeurs der Bastion über einen freien Platz zu gehen, als sich wieder diese Kopflosigkeit und dieses dumpfe Gefühl der Furcht seiner bemächtigten; sein Herz begann stärker zu schlagen, das Blut stieg ihm zu Kopf, und er mußte sich gehörig zusammennehmen, um das kurze Stück bis zur Blindage hinüberzulaufen.

»Warum sind Sie denn so außer Atem?« fragte der General, als er den Befehl überbrachte.

»Ich bin sehr schnell gegangen, Exzellenz.«

»Wollen Sie vielleicht ein Glas Wein?«

Kalugin trank ein Glas Wein und rauchte eine Zigarette. Das Treffen war schon zu Ende, nur die starke Kanonade nahm auf beiden Seiten ihren Fortgang. In der Blindage saßen der General N., der Kommandeur der Bastion, und noch gegen sechs Offiziere, darunter auch Praskuchin, die sich über verschiedene Einzelheiten des Gefechts unterhielten. Als Kalugin nun in diesem gemütlichen Zimmerchen saß, das mit hellblauen Tapeten, einem Diwan, einem Bett, einem Tisch, auf dem Papiere lagen, einer Wanduhr und Heiligenbildern, vor denen ein Lämpchen brannte, ausgestattet war, und diese wohnliche Einrichtung und die dicken, schweren Balken, die die Decke bildeten, betrachtete und die Schüsse hörte, die in der Blindage nur schwach zu vernehmen waren, konnte er durchaus nicht begreifen, wie er sich zweimal von solch einer unverzeihlichen Schwäche hatte unterkriegen lassen können. Er ärgerte sich über sich selbst und wünschte eine Gefahr herbei, um sich noch einmal auf die Probe zu stellen.

»Das freut mich aber, daß Sie auch hier sind, Hauptmann«, sagte er zu einem Marineoffizier im Stabsoffiziersmantel, mit großem Schnurrbart und dem Georgskreuz, der soeben in die Blindage gekommen war und den General um Arbeiter gebeten hatte, um bei seiner Batterie zwei Schießscharten ausbessern zu können, die verschüttet waren. »Der General hat mir befohlen, in Erfahrung zu bringen«, fuhr Kalugin fort, als der Batteriechef aufgehört hatte, mit dem General zu sprechen, »ob Ihre Geschütze den Laufgraben mit Kartätschen beschießen können.«

»Nur ein einziges Geschütz«, erwiderte finster der Hauptmann.

»Wir wollen trotzdem hingehen und es uns ansehen.«

Der Hauptmann legte die Stirn in Falten und räusperte sich ärgerlich.

»Ich habe schon die ganze Nacht dort gesessen und bin gerade hierhergekommen, um mich ein bißchen auszuruhen«, sagte er. »Können Sie nicht allein gehen? Mein Stellvertreter, Leutnant Katz, ist dort und wird Ihnen alles zeigen.«

Der Hauptmann kommandierte diese Batterie, die eine der am meisten gefährdeten war, nun schon ein halbes Jahr; seit Anfang der Belagerung, selbst als es noch keine Blindagen gab, wohnte er auf der Bastion und stand bei den Matrosen im Rufe großer Tapferkeit. Deshalb war Kalugin über seine Weigerung besonders erstaunt und befremdet. Da sieht man mal wieder, was ein Ruf zu bedeuten hat! dachte er.

»Nun, dann gehe ich eben allein, wenn Sie gestatten«, sagte er etwas spöttisch zu dem Hauptmann, der jedoch seinen Worten gar keine Beachtung schenkte.

Aber Kalugin zog nicht in Betracht, daß er zu verschiedenen Zeiten alles in allem nur fünfzig Stunden auf den Bastionen verbracht, der Hauptmann aber ein halbes Jahr lang dauernd dort gewohnt hatte. Ihn stachelten auch die Eitelkeit, der Wunsch zu glänzen an, die Hoffnung auf Auszeichnungen, auf Ruhm und der Reiz der Gefahr, während der Hauptmann dies alles schon durchgemacht hatte – zuerst war er eitel gewesen, hatte sich tapfer gezeigt, allerlei gewagt, auf Auszeichnungen und Ruhm gehofft und diese auch erworben, jetzt aber hatten all diese Reizmittel ihre Macht über ihn verloren, er sah die Dinge mit anderen Augen an: Er erfüllte gewissenhaft seine Pflicht, da er aber ganz genau wußte, wie gering nach einem sechsmonatigen Aufenthalt auf der Bastion die Möglichkeit für ihn, am Leben zu bleiben, noch war, setzte er sein Leben nicht ohne zwingende

Notwendigkeit aufs Spiel, so daß der junge Leutnant, der erst vor acht Tagen zur Batterie gekommen war und jetzt Kalugin alles zeigte, mit dem er sich in zwecklosem Wetteifer aus den Schießscharten hinausbeugte und auf die Banketten kletterte, zehnmal tapferer schien als der Hauptmann.

Als Kalugin die Batterie besichtigt hatte und nach der Blindage zurückging, stieß er in der Dunkelheit auf den General, der mit seinen Ordonnanzoffizieren auf den Berg hinaufging.

»Rittmeister Praskuchin!« rief der General, »gehen Sie bitte hinunter in den rechten Schützengraben und sagen Sie dem zweiten Bataillon des Regiments M., das dort arbeitet, daß es die Arbeit einstellt, geräuschlos abzieht und sich mit seinem Regiment vereinigt, das hinterm Berg in Reserve steht ... Verstanden? Sie selber führen das Bataillon zum Regiment zurück.«

»Zu Befehl!«

Und Praskuchin begab sich im Laufschritt zum Schützengraben hinunter. Das Schießen ließ nach.

10

»Ist dies das zweite Bataillon des Regiments M.?« fragte Praskuchin, als er an Ort und Stelle angelangt war und auf einen Soldaten stieß, der auf dem Rücken Erde in einem Sack hinausschleppte.

»Zu Befehl!«

»Wo ist der Kommandeur?«

Michailow, in der Annahme, daß nach dem Kompanieführer gefragt werde, kam aus seinem Loch hervorgekrochen, hielt Praskuchin für einen Vorgesetzten und trat, die Hand am Mützenschirm, auf ihn zu.

»Der General hat befohlen ... Sie ... möchten abziehen ... schnell ... und vor allen Dingen leise ... zurück ... nicht zurück, sondern zur Reserve«, stieß Praskuchin atemlos hervor und schielte nach dem feindlichen Feuer hinüber.

Nachdem Michailow Praskuchin erkannt, die Hand heruntergenommen und verstanden hatte, worum es sich handelte, gab er den Befehl weiter, und das Bataillon geriet in fröhliche

Bewegung, griff nach den Gewehren, zog die Mäntel an und setzte sich in Marsch.

Wer es nicht selbst erfahren hat, kann sich keinen Begriff davon machen, was für ein erlösendes Gefühl der Mensch empfindet, wenn er nach dreistündigem Bombardement von einem so gefährlichen Ort, wie es die Schützengräben sind, abziehen darf. Während dieser drei Stunden hatte Michailow schon mehrmals sein Ende für unvermeidlich gehalten und schon mehrmals alle Heiligenbildchen geküßt, die er bei sich hatte, aber sich schließlich ein wenig unter dem Einfluß der Überzeugung beruhigt, daß – nachdem so viele Bomben und Geschosse an ihm vorübergeflogen waren, ohne ihn zu erwischen – ihn jetzt kaum noch etwas erwischen könnte. Trotzdem kostete es ihn große Mühe, seine Beine zurückzuhalten, damit sie nicht zu laufen anfingen, als er neben Praskuchin vor seiner Kompanie aus den Schützengräben abzog.

»Auf Wiedersehen!« sagte ein Major zu ihm, der Kommandeur eines anderen Bataillons, das in den Schützengräben bleiben mußte, mit dem zusammen er seinen Käse gegessen und in dem Loch an der Brustwehr gesessen hatte. »Glück auf den Weg!«

»Und Ihnen wünsche ich ein glückliches Durchhalten; es scheint jetzt ruhiger zu werden.«

Aber kaum hatte er das gesagt, als der Feind, der wahrscheinlich die Bewegung im Schützengraben beobachtet hatte, heftiger und heftiger zu feuern begann. Die Unsrigen antworteten, und wieder setzte eine starke Kanonade ein. Die Sterne standen hoch am Himmel, leuchteten aber nicht hell; die Nacht war so dunkel, daß man die Augen anstrengen mußte und doch nichts erkennen konnte: nur das Aufblitzen der Schüsse und das Platzen der Bomben erhellten für Augenblicke die Gegenstände. Die Soldaten gingen schnell und schweigend und überholten einander unwillkürlich; durch das ununterbrochene Krachen der Schüsse tönte nur das gleichmäßige Hallen ihrer Schritte auf dem trockenen Weg, das Klirren der Bajonette, die aneinanderstießen, oder das Seufzen und Beten irgendeines schüchternen Soldaten: »Herrgott! Herrgott! So etwas!« Bisweilen hörte man das Aufstöhnen eines Verwundeten und den Ruf: »Träger!« (In der Kompanie, die Michailow kommandierte, wurden in dieser Nacht allein durch Artilleriefeuer sechsundzwanzig Menschen getötet.) Oder es zuckte ein Blitz am dunklen, fernen Horizont auf, der Posten auf der Bastion schrie:»Kanone«, und eine Kugel sauste über die Kompanie hinweg, wühlte sich in die Erde hinein und warf Steine in die Luft.

Hol's der Teufel, gehen die aber langsam! dachte Praskuchin, während er neben Michailow herging und sich fortwährend umsah. Tatsächlich, ich sollte lieber vorauslaufen, ich habe doch den Befehl überbracht... Doch nein, dieses Rindvieh könnte nachher erzählen, ich sei ein Feigling, vielleicht mit ähnlichen Worten, wie ich es gestern von ihm gesagt habe. Wie's kommt, so kommt's. Ich werde mit ihnen gehen.

Warum geht der nur mit mir? dachte Michailow seinerseits. Soviel ich bemerkt habe, bringt er immer Unglück; da fliegt eine heran, gerade auf uns zu, wie es scheint.

Als sie noch einige hundert Schritt gegangen waren, stießen sie auf Kalugin, der forsch und säbelklirrend nach den Schützengräben schritt, um im Auftrage des Generals festzustellen, wie weit dort die Arbeiten gediehen seien. Als er aber Michailow erblickte, kam er auf den Gedanken, daß er ja in diesem schrecklichen Feuer gar nicht selber hinzugehen brauche, was ihm auch nicht befohlen worden war, sondern einfach diesen Offizier, der ja dort gewesen war, nach allen Einzelheiten ausfragen könne.

Und wirklich berichtete ihm Michailow ausführlich über den Stand der Arbeiten, obgleich er dabei gelegentlich Kalugin vergaß (der den Schüssen nicht das geringste Augenmerk zu schenken schien), weil er bei jedem Geschoß, auch wenn es manchmal sehr weit entfernt einschlug, in die Hocke ging, den Kopf einzog und der festen Überzeugung war, daß es »gerade auf ihn zufliege«.

»Schauen Sie, Hauptmann, die kommt gerade auf uns zu«, sagte Kalugin scherzend, wobei er Praskuchin in die Seite stieß. Nachdem er noch ein Stück mit ihnen gegangen war, bog er in einen Graben ein, der zur Blindage führte. Man kann nicht sagen, daß dieser Hauptmann besonders tapfer wäre, dachte er, als er die Tür zur Blindage öffnete.

»Nun, was gibt's Neues?« fragte ihn der Offizier, der dort allein im Zimmer beim Abendbrot saß.

»Nichts Besonderes; es scheint kein größeres Gefecht mehr zu geben.«

»Kein Gefecht mehr? Im Gegenteil, der General ist soeben wieder auf die Anhöhe hinaufgegangen. Es ist noch ein Regiment gekommen. Da haben wir's ja ... hören Sie? Das ist wieder Gewehrfeuer. Gehen Sie nicht! Wozu Sie?« fügte der Offizier hinzu, als er die Bewegung sah, die Kalugin machte.

Eigentlich müßte ich unbedingt dort sein, dachte Kalugin, aber ich habe mich heute schon so vielen Gefahren ausgesetzt. Ich hoffe, daß ich nicht als chair à canon gebraucht werde.

»Tatsächlich, ich werde lieber hier warten«, erwiderte er.

Nach etwa fünf Minuten kehrte der General wirklich mit den ihn begleitenden Offizieren in die Blindage zurück; unter ihnen befand sich auch der Junker Baron Pest, aber Praskuchin war nicht mehr dabei.

Die Schützengräben waren vom Feinde gesäubert und von den Unsrigen genommen.

Nachdem Kalugin ausführliche Kunde über das Gefecht erhalten hatte, verließ er zusammen mit Pest die Blindage.

11

»Du hast ja lauter Blut am Mantel; hast du denn an einem Handgemenge teilgenommen?« fragte ihn Kalugin.

»Ach, Bruder, es war entsetzlich! Kannst du dir vorstellen ...«

Und Pest fing an zu erzählen, wie er, als sein Kompanieführer gefallen sei, die Kompanie geführt und einen Franzosen erstochen habe, und daß, wenn er nicht die Sache in die Hand genommen hätte, die ganze Schlacht verlorengegangen wäre und so weiter.

Der Kern dieser Erzählung: daß der Kompaniechef gefallen war und daß Pest einen Franzosen erstochen hatte, war richtig; als aber der Junker dies mit allen Einzelheiten erzählte, kam er ins Phantasieren und Prahlen.

Und zwar tat er dies unwillkürlich, weil er sich während der ganzen Zeit des Gefechts in einer Art von Umnebelung und halbem Bewußtsein befunden hatte, so daß es ihm vorgekommen war, als geschähe dies alles irgendwo, irgendwann und irgendwem; und es war nur natürlich, daß er sich nun bemühte, diese Einzelheiten in einer für ihn vorteilhaften Weise wiederzugeben. In Wirklichkeit hatte sich die Sache anders abgespielt.

Das Bataillon, dem der Junker für den Ausfall zugeteilt worden war, stand zuerst gegen zwei Stunden in der Nähe einer kleinen Befestigung im Feuer, dann sagte der Bataillonskommandeur vorne etwas, die Kompanieführer begannen sich zu regen, das Bataillon setzte sich in Bewegung, marschierte über die Brustwehr hinaus, machte nach etwa hundert Schritten halt und nahm in Kompaniekolonnen Aufstellung. Pest wurde auf den rechten Flügel der zweiten Kompanie beordert.

Ohne sich irgendwie darüber Rechenschaft abzulegen, wohin und warum er ging, begab sich der Junker auf seinen Posten, wobei er unwillkürlich den Atem anhielt und ein kalter Schauer ihm über den Rücken lief, und starrte in Erwartung von etwas Furchtbarem besinnungslos vor sich hin. Ihm war übrigens, weil nicht geschossen wurde, weniger ängstlich als vielmehr abenteuerlich und seltsam zumute bei dem Gedanken, daß er sich außerhalb der Festung auf freiem Felde befand. Wieder erteilte der Bataillonskommandeur vorne einen Befehl. Wieder gaben die Offiziere den Befehl flüsternd weiter, und plötzlich fiel die schwarze Wand der ersten Kompanie zu Boden. Es war befohlen worden, sich hinzulegen. Auch die zweite Kompanie warf sich auf die Erde, und Pest stach sich beim Hinlegen mit der Hand an irgendeinem stacheligen Kraut. Nur der Führer der zweiten Kompanie legte sich nicht hin; seine kleine Gestalt mit dem gezogenen Degen, den er, fortwährend redend, hin und her schwenkte, lief vor der Kompanie hin und her.

»Kinder, paßt auf, zeigt euch als meine Helden! Mit den Gewehren wird nicht geschossen, geht mit den Bajonetten auf sie los, diese Kanaillen. Wenn ich hurra schreie, lauft ihr mir nach; daß mir keiner zurückbleibt … Wie Kameraden zusammenhalten, das ist die Hauptsache … Wir wollen ihnen zeigen, wer wir sind, und nicht mit der Nase in den Dreck fallen, nicht wahr, Kinder? Für unser Väterchen, den Zaren!« sagte er, wobei er seine Rede ständig mit Schimpfwörtern durchsetzte und auch übermäßig mit den Händen fuchtelte.

»Wie heißt denn unser Kompanieführer?« fragte Pest den Junker, der neben ihm lag. »Was für ein tapferer Mensch!«

»Ja, wenn's zum Losschlagen kommt, ist er immer stock-blau ...« erwiderte der Junker. »Er heißt Lisinkowskij.«

In diesem Augenblick zuckte dicht vor der Kompanie eine Flamme auf, ein Krachen, das die ganze Kompanie betäubte, er-scholl, und hoch in die Luft wirbelten Steine und Sprengstücke (wenigstens kam noch nach fünfzig Sekunden ein Stein von oben herab und zerschmetterte einem Soldaten das Bein). Es war eine Bombe von einer *Elevationslafette,* und ihr Einschlagen vor der Kompanie bewies, daß die Franzosen die Kolonne be-merkt hatten.

»Mit Bomben zu schmeißen! Ihr Hundesöhne ... Aber laßt uns nur hinkommen, dann werdet ihr das dreikantige russische Bajonett schon zu kosten bekommen, ihr Verdammten!« rief der Kompanieführer so laut, daß der Bataillonskommandeur ihm Ruhe gebieten und ihm nahelegen mußte, nicht solchen Lärm zu schlagen.

Gleich darauf erhob sich die erste Kompanie und nach ihr die zweite. Es war befohlen worden, mit gefälltem Bajonett vorzu-gehen, und das Bataillon setzte sich in Bewegung. Pest war so von Furcht benommen, daß er nicht wußte, ob es lange währte, wohin sie liefen und was geschah. Wie ein Trunkener lief er mit. Aber plötzlich blitzten von allen Seiten ungezählte Feuer auf, et-was pfiff und krachte. Er schrie und rannte, weil alle schrien und alle rannten. Dabei stolperte er und fiel über etwas – es war der Kompanieführer, der vor der Kompanie verwundet worden war, in dem Junker einen Franzosen zu sehen glaubte und ihn am Beine festhielt. Kaum hatte er sein Bein freigemacht und war aufgestanden, als ihn irgendwer in der Finsternis mit dem Rücken so heftig anstieß, daß er beinahe wieder hingefallen wäre. Ein anderer schrie ihm zu: »Stich ihn nieder! Was schaust du!« Er nahm das Gewehr und stieß das Bajonett in etwas Wei-ches. »A moi, camarades! Ah! sacré b ... Ah! Dieu!« schrie je-mand mit furchtbarer, durchdringender Stimme, und erst jetzt kam es Pest zum Bewußtsein, daß er einen Franzosen erstochen

hatte. Kalter Schweiß brach ihm am ganzen Körper aus; er zitterte wie im Fieber und warf das Gewehr weg. Aber das dauerte nur einen Augenblick; dann schoß ihm sogleich der Gedanke durch den Kopf, daß er ein Held sei. Er packte das Gewehr und lief zusammen mit der Menge, die hurra schrie, von dem getöteten Franzosen fort, dem sofort jemand die Stiefel auszog. Nachdem er etwa zwanzig Schritt vorgestürzt war, kam er in einen Laufgraben. Dort waren die Unsrigen und der Bataillonskommandeur.

»Ich habe einen erstochen!« rief er dem Bataillonskommandeur zu.

»Sie sind ein wackerer Soldat, Baron!« ....
....

12

»Weißt du übrigens schon, daß Praskuchin gefallen ist?« sagte Pest, als er Kalugin, der nach Hause ging, noch ein Stück begleitete.

»Das kann nicht sein!«

»Doch, ich habe es selbst gesehen.«

»Leb wohl, ich habe Eile.«

Ich bin recht zufrieden, dachte Kalugin, als er zu Hause angelangt war; zum ersten Mal habe ich bei meinem Dienst Glück gehabt. Ein famoses Gefecht, ich lebend und unversehrt, es wird hervorragende Auszeichnungen geben und unbedingt einen goldenen Säbel. Übrigens habe ich mir den auch verdient.

Als er dem General alles, was nötig war, gemeldet hatte, ging er in sein Zimmer, in dem Fürst Galzin saß, der schon lange heimgekehrt war, auf ihn wartete und »Splendeur et misères des courtisanes« las, das er bei Kalugin auf dem Tische gefunden hatte.

Kalugin empfand ein wunderbar süßes Gefühl, als er sich zu Hause und außer Gefahr wußte, sich das Nachthemd anzog und, schon im Bette liegend, Galzin ausführlich das Gefecht beschrieb, wobei er es ganz natürlicherweise von einem Gesichtspunkt aus darstellte, der bewies, daß er, Kalugin, ein äußerst

157

tüchtiger und tapferer Offizier war, worauf er, glaube ich, gar nicht hätte hinzuweisen brauchen, weil das bereits alle wußten und niemand ein Recht und einen Grund hatte, daran zu zweifeln, ausgenommen vielleicht der gefallene Rittmeister Praskuchin, der, obgleich er es für ein Glück hielt, Arm in Arm mit Kalugin zu gehen, doch erst tags zuvor im Vertrauen einem Freunde erzählt hatte, daß zwar Kalugin ein sehr netter Kerl sei, »aber unter uns gesagt, auf die Bastionen geht er schrecklich ungern«.

Kaum hatte sich Praskuchin, der neben Michailow einherging, von Kalugin getrennt und – da sie nun an eine weniger gefährliche Stelle gekommen waren – wieder ein wenig aufzuleben begonnen, als er hinter sich einen grellen Blitz aufzucken sah, den Ruf des Postens: »Mörser!« vernahm und die Worte eines der hinter ihnen gehenden Soldaten: »Gerade auf die Bastion fliegt sie zu!« Michailow sah sich um. Der leuchtende Punkt der Bombe schien auf seiner höchsten Höhe stehenzubleiben, in einer Lage, in der es entschieden unmöglich war, ihre weitere Richtung zu bestimmen. Aber es dauerte nur einen Augenblick: Die Bombe senkte sich immer schneller, kam immer näher, so daß man schon die Funken des Zünders sehen und das verhängnisvolle Pfeifen hören konnte, und fiel mitten in das Bataillon hinein.

»Hinlegen!« rief eine entsetzte Stimme.

Michailow fiel auf den Bauch. Praskuchin drückte sich unwillkürlich an die Erde und kniff die Augen zu; er hörte nur, wie das Geschoß dicht neben ihm auf die harte Erde aufschlug. Es verging eine Sekunde, die eine Stunde schien – die Bombe krepierte nicht. Praskuchin erschrak: hatte er sich unnötigerweise feige gezeigt? Vielleicht war die Bombe weit weggeflogen, und es hatte ihm nur so geschienen, als ob der Zünder hier neben ihm zischte. Er machte die Augen auf und sah mit selbstgefälliger Genugtuung, daß auch Michailow, dem er zwölfeinhalb Rubel schuldete, unbeweglich zu seinen Füßen auf dem Bauche lag. Da aber fielen seine Augen für einen Augenblick auf den leuchtenden Zünder der Bombe, die sich nur eine Elle von ihm entfernt im Kreise drehte.

Das kalte Entsetzen, das alle anderen Gedanken und Gefühle

unmöglich machte, durchdrang ihn; er bedeckte das Gesicht mit den Händen.

Es verging noch eine Sekunde – eine Sekunde, in der eine ganze Welt von Gefühlen, Gedanken, Hoffnungen und Erinnerungen in seiner Phantasie vorüberhuschte.

Wen wird sie töten – mich oder Michailow? Oder beide zusammen? Und wenn sie mich trifft, wohin dann? In den Kopf, dann ist alles aus. Trifft sie aber ins Bein, so wird man es mir abnehmen … ich werde bitten, mich unbedingt zu chloroformieren … aber ich kann dann doch am Leben bleiben. Doch vielleicht trifft sie nur Michailow allein? Dann werde ich erzählen, wie wir nebeneinandergingen, wie es ihn getötet und mich mit Blut bespritzt hat. Aber nein, sie ist näher bei mir – mich wird sie …! Er dachte an die zwölf Rubel, die er Michailow schuldete, dachte noch an eine andere Schuld in Petersburg, die er schon lange hätte bezahlen müssen; das Zigeunerlied, das er am Abend vorher gesungen hatte, kam ihm in den Sinn; die Frau, die er liebte, tauchte in einem Morgenhäubchen mit lila Bändern vor seinem geistigen Auge auf, in einem Häubchen mit lila Bändern; ein Mensch, der ihn vor fünf Jahren beleidigt und dem er diese Beleidigung nicht heimgezahlt hatte, stand plötzlich vor ihm, obgleich ihn, untrennbar von diesen und tausend anderen Erinnerungen, das Gefühl des Gegenwärtigen – die Erwartung des Todes – keinen Augenblick verließ.

Vielleicht krepiert sie auch gar nicht, dachte er und wollte mit verzweifelter Entschlossenheit die Augen aufmachen. Aber in diesem Augenblick traf seine Augen, noch durch die geschlossenen Lider hindurch, ein roter Feuerschein, unter furchtbarem Krachen schlug ihn etwas mitten vor die Brust; er lief irgendwohin, stolperte über den Säbel, der ihm zwischen die Beine kam, und fiel auf die Seite.

Gott sei Dank! nur eine Quetschung, war sein erster Gedanke, und er wollte sich an die Brust fassen, aber seine Hände waren wie gefesselt, und sein Kopf war wie in einen Schraubstock eingeklemmt. Vor seinen Augen huschten Soldaten vorüber, und mechanisch zählte er sie: Eins, zwei, drei, und dort im Mantel ein Offizier, dachte er. Dann zuckte ein Blitz vor ihm auf, und er überlegte, woraus man wohl geschossen haben mochte: aus einem Mörser oder aus einer Kanone? Doch wohl aus einer Kanone. Und da schossen sie wieder, und da waren auch noch mehr Soldaten: fünf, sechs, sieben Soldaten, alle gingen vorbei. Plötzlich überkam ihn die Angst, daß sie ihn zertreten könnten; er wollte schreien, daß er eine Quetschung erlitten habe, aber der Mund war ihm so trocken, daß die Zunge am Gaumen festklebte, und ein entsetzlicher Durst quälte ihn. Er fühlte, daß er um die Brust herum naß war, und dieses Gefühl der Nässe erinnerte ihn an Wasser, und am liebsten hätte er sogar das getrunken, wovon er naß war. Wahrscheinlich habe ich mich blutig geschlagen, als ich hinfiel, dachte er, und da die Angst ihn immer mehr bedrückte, die Soldaten, die fortwährend an ihm vorüberhuschten, könnten ihn zertreten, raffte er alle seine Kräfte zusammen und wollte schreien: »Nehmt mich mit!« – aber statt dessen stöhnte er nur so furchtbar auf, daß er sich zu fürchten begann, als er sich hörte. Dann begannen rote Flammen vor seinen Augen zu lodern, und die Soldaten schienen Steine auf ihn abzuladen; die Flammen loderten immer heller und höher, und die Steine, die man auf ihn warf, drückten ihn immer härter. Er strengte sich an, die Steine von sich zu wälzen, streckte sich aus, und dann sah, hörte, dachte und fühlte er nichts mehr. Ein Splitter mitten in die Brust hatte ihn auf der Stelle getötet.

13

Ebenso wie Praskuchin hatte sich auch Michailow, als er die Bombe erblickt hatte, zu Boden geworfen und während der zwei Sekunden, da die Bombe, ohne zu platzen, dalag, unendlich viel durchdacht und durchfühlt. Er betete in Gedanken und wiederholte immer wieder: Dein Wille geschehe! Warum bin ich in den Militärdienst getreten, dachte er gleichzeitig, und noch dazu zur Infanterie übergewechselt, um an dem Feldzug teilzunehmen? Hätte ich nicht lieber beim Ulanenregiment in T. bleiben und die Zeit mit meiner Freundin Natascha verbringen sollen? Nun ist es zu spät! Und er fing an zu zählen: Eins, zwei, drei, vier ... und dachte sich aus: Platzt sie bei einer geraden Zahl, bleibe ich am Leben, bei einer ungeraden, werde ich getötet. Es ist alles aus: ich werde getroffen, dachte er, als die Bombe krepierte (er wußte nicht mehr, ob es bei einer geraden oder ungeraden Zahl gewesen war), und verspürte einen Schlag und einen heftigen Schmerz im Kopf. »Herrgott, vergib mir meine Sünden!« stammelte er, faltete die Hände und wollte aufstehen, fiel aber bewußtlos auf den Rücken.

Das erste, was er fühlte, als er wieder zu sich kam, war das Blut, das ihm über die Nase lief, und der Schmerz im Kopf, der aber bedeutend nachgelassen hatte. Das ist meine Seele, die entschwebt, dachte er, was wird *dort* sein! Lieber Gott, nimm meine Seele in Frieden auf. Nur eins ist merkwürdig, überlegte er, daß ich sterbend so deutlich die Schritte der Soldaten und das Knallen der Schüsse höre.

»Eine Tragbahre her! He … der Hauptmann ist gefallen!« schrie über seinem Kopfe eine Stimme, die er sofort als die des Trommlers Ignatjew erkannte.

Jemand faßte ihn an den Schultern. Er versuchte die Augen aufzuschlagen und sah über sich den dunkelblauen Himmel, ein Sternbild und zwei Bomben, die über ihn hinwegflogen und wie um die Wette dahinzujagen schienen, sah Ignatjew, Soldaten mit Tragbahren und Flinten, den Wall des Laufgrabens, und wurde sich mit einem Male bewußt, daß er noch nicht in jener Welt war.

Er war durch einen Stein leicht am Kopf verwundet. Die allererste Empfindung war fast etwas wie Bedauern: Er hatte sich so schön und friedlich auf den Übergang ins Jenseits vorbereitet, daß die Rückkehr in die Wirklichkeit mit ihren Bomben, Laufgräben und all dem Blut unangenehm auf ihn wirkte; die zweite Empfindung aber war eine unbewußte Freude, daß er noch am Leben war, und die dritte: Angst und der Wunsch, so schnell wie möglich von der Bastion wegzukommen. Der Trommler band seinem Kompanieführer ein Tuch um den Kopf, stützte ihn mit dem Arm und führte ihn zum Verbandsplatz.

Wohin gehe ich denn und warum? dachte der Stabskapitän, als er wieder etwas zu sich gekommen war. Meine Pflicht ist, bei der Kompanie zu bleiben und nicht früher wegzugehen, um so mehr, als ja die Kompanie bald ganz aus dem Feuerbereich herauskommt, flüsterte ihm eine innere Stimme zu. Und mit der Kompanie im Gefecht zu bleiben, bedeutet eine sichere Auszeichnung.

»Nicht nötig, Bruder«, sagte er und entzog dem dienstfertigen Trommler seinen Arm. »Ich gehe nicht nach dem Verbandsplatz, ich bleibe bei der Kompanie.«

Und er kehrte um.

»Sie sollten sich doch lieber ordentlich verbinden lassen, Euer Wohlgeboren«, meinte der schüchterne Ignatjew. »Das sieht nur im ersten Eifer so aus, als wäre es nichts, Sie sollten es aber nicht schlimm werden lassen: Schauen Sie doch, wie heiß es hier zugeht … Wirklich, Euer Wohlgeboren!«

Michailow blieb einen Augenblick unschlüssig stehen und hätte, glaube ich, Ignatjews Rat befolgt, wenn ihm nicht plötzlich eine Szene eingefallen wäre, die er vor einigen Tagen auf dem Verbandsplatz erlebt hatte: Ein Offizier mit einem kleinen Kratzer auf der Hand kam herein, um sich verbinden zu lassen, und die Ärzte lächelten, als sie das sahen, und einer – mit einem Backenbart – sagte sogar, daß er an dieser Wunde kaum sterben dürfte und daß man sich mit einer Gabel ärger verletzen könnte.

Vielleicht werden die Ärzte über meine Wunde ebenso ungläubig lächeln oder gar noch etwas sagen, dachte der Stabskapitän und kehrte trotz der Vorstellungen des Trommlers zu seiner Kompanie zurück.

»Wo ist denn der Ordonnanzoffizier Praskuchin, der neben mir ging?« fragte er den Fähnrich, der die Kompanie führte, als er wieder zu ihnen stieß.

»Ich weiß nicht … wahrscheinlich gefallen«, erwiderte der Fähnrich unwirsch, der übrigens deshalb so unzufrieden war, weil der Stabskapitän zurückgekehrt war und ihn dadurch des Vergnügens beraubt hatte, erzählen zu können, daß er als einziger Offizier in der Kompanie übriggeblieben sei.

»Sie wissen nicht einmal, ob er verwundet oder tot ist? Er ging doch mit uns zusammen. Warum haben Sie ihn denn nicht mitgenommen?«

»Wie sollte man ihn mitnehmen, wo es so heiß zuging?«

»Ach, sind Sie aber ein Mensch, Michail Iwanytsch!« rief Michailow zornig. »Wie können Sie ihn liegen lassen, wenn er noch lebt? Und auch wenn er tot ist, hätten Sie seine Leiche mitnehmen müssen ... Sagen Sie, was Sie wollen, aber er war doch eine Ordonnanz des Generals und lebte vielleicht noch.«

»Wie kann er denn noch am Leben sein! Ich sage Ihnen ja, daß ich selber zu ihm gegangen bin und ihn gesehen habe«, erwiderte der Fähnrich. »Ich bitte Sie! Wenn wir nur unsere eignen Leute alle hätten fortschaffen können! Diese Kanaillen! Jetzt schießen sie wieder mit Kanonenkugeln«, fügte er hinzu und setzte sich nieder. Michailow setzte sich auch nieder und griff sich an den Kopf, der ihm von der Bewegung wieder schrecklich weh tat.

»Nein, wir müssen zurückgehen und ihn holen: vielleicht lebt er noch«, sagte er dann. »Das ist unsere *Pflicht*, Michail Iwanytsch!«

Michail Iwanytsch gab keine Antwort.

Wenn er ein guter Offizier wäre, hätte er ihn vorhin mitgenommen, nun muß ich ein paar Soldaten allein hinschicken ... Darf ich sie aber wirklich hinschicken? In diesem furchtbaren Feuer können sie ganz zwecklos getötet werden, dachte Michailow.

»Kinder! Wir müssen noch einmal zurückgehen und einen Offizier holen, der dort verwundet im Graben liegt«, sagte er ziemlich laut und befehlend, weil er fühlte, wie unangenehm es den Soldaten sein werde, diesem Befehle nachzukommen. Und tatsächlich: da er sich an keinen namentlich gewandt hatte, trat auch keiner vor, um den Befehl auszuführen.

»Unteroffizier! Komm her!«

Der Unteroffizier tat, als ob er nicht gehört hätte, und ging an seinem Platz weiter.

Wirklich, vielleicht ist er tot, und es *lohnt sich nicht,* die Leute unnütz der Gefahr auszusetzen. Schuld bin ich allein, weil ich mich nicht um ihn gekümmert habe. Ich werde selber zurückgehen und nachsehen, ob er noch lebt. Das ist meine *Pflicht,* sagte sich Michailow.

»Michail Iwanytsch, führen Sie die Kompanie, ich hole Sie dann wieder ein«, sagte er, hielt mit der einen Hand seinen

Mantel zusammen, drückte die andere auf das Bild des heiligen Mitrofan, zu dem er besonderes Vertrauen hatte, und trabte gebückt und vor Angst zitternd den Graben zurück.

Nachdem sich Michailow davon überzeugt hatte, daß Praskuchin tot war, schleppte er sich keuchend zurück, wobei er sich hin und wieder niedersetzte und mit der Hand den gelockerten Verband und seinen Kopf hielt, der ihn wieder zu schmerzen begann. Das Bataillon war bereits unten am Berg an Ort und Stelle und fast außer Schußweite, als Michailow es einholte. Ich sage: *fast* außer Schußweite, weil sich ab und zu auch noch dorthin vereinzelte Bomben verirrten (ein Splitter hatte in der gleichen Nacht einen Hauptmann getötet, der zur Zeit des Gefechts in einer Erdhütte der Matrosen gesessen hatte).

Morgen muß ich wirklich auf den Verbandsplatz gehen und mich einschreiben lassen, dachte der Stabskapitän, während ein herbeigekommener Feldscher ihn verband, das hilft der Beförderung.

14

Hunderte frischer, blutbefleckter Menschenleiber, die noch vor zwei Stunden von bunten, großen und kleinen Hoffnungen und Wünschen erfüllt gewesen waren, lagen mit erstarrten Gliedern in dem taufrischen, blühenden Tal, das die Bastion vom Laufgraben trennte, und auf dem nackten Boden der Totenkapelle von Sewastopol; Hunderte von Menschen krochen, wanden sich und stöhnten mit Flüchen und Gebeten auf den vertrockneten Lippen zwischen den Leichen im blühenden Tal, auf den Tragbahren, den Pritschen und dem blutigen Boden des Verbandsplatzes; aber ebenso wie alle Tage zuckte das Wetterleuchten hinter dem Sapunberge, verblaßten die leuchtenden Sterne, zog der weiße Nebel herüber vom brausenden, dunklen Meer, erglühte im Osten die grelle Morgenröte, liefen die langen, purpurnen Wolken am hellblauen Horizont auseinander, und ebenso wie alle Tage stieg, der ganzen erwachenden Welt Freude, Liebe und Glück verheißend, das mächtige, herrliche Tagesgestirn empor.

15

Am nächsten Tag gegen Abend spielte wieder die Jägerkapelle auf dem Boulevard, spazierten wieder Offiziere, Junker, Soldaten und junge Frauenzimmer müßig um den Pavillon und unten in den Alleen aus blühenden, duftenden weißen Akazien herum.

Kalugin, Fürst Galzin und noch ein Oberst gingen Arm in Arm um den Pavillon und unterhielten sich über das gestrige Gefecht. Wie das immer bei solchen Gelegenheiten der Fall zu sein pflegt, war der rote Faden ihres Gespräches nicht das Gefecht selber, sondern der Anteil, den der Erzähler jeweilig daran genommen hatte, und seine Tapferkeit. Auf ihren Gesichtern und in dem Klang ihrer Stimmen lag ein ernster, fast trauriger Ausdruck, als wäre durch die Verluste des gestrigen Tages ein jeder von ihnen schmerzlich berührt und bekümmert. Da aber keiner von ihnen einen ihm nahestehenden Menschen verloren hatte (und gibt es beim Militär überhaupt einander sehr nahestehende Menschen?), war dieser Ausdruck der Trauer, um die Wahrheit zu sagen, nur ein offizieller Ausdruck, den zu zeigen sie für ihre Pflicht hielten. Kalugin und der Oberst wären im Gegenteil bereit gewesen, Tag für Tag ein solches Gefecht mit anzusehen, um jedesmal einen goldenen Säbel und den Rang eines Generalmajors zu erhalten, obgleich sie im Grunde ausgezeichnete Menschen waren. Ich höre es gern, wenn man einen Eroberer, der um seines Ehrgeizes willen Millionen von Menschen zugrunderichtet, einen Unmenschen nennt. Fragt man aber den Fähnrich Petruschow und den Leutnant Antonow und andere auf Ehre und Gewissen, so wird sich herausstellen, daß jeder von ihnen ein kleiner Napoleon ist, ein kleiner Unmensch, der sogleich bereit ist, einen Kampf einzugehen und Hunderte von Menschen zu töten, nur um ein zusätzliches Ordenssternchen oder den dritten Teil seines Gehalts als Belohnung zu bekommen.

»Nein, entschuldigen Sie«, sagte der Oberst, »zuerst ist es auf dem linken Flügel losgegangen. *Ich bin doch selber dort gewesen.*«

»Das ist wohl möglich«, erwiderte Kalugin. »*Ich bin mehr auf* dem rechten gewesen; ich bin zweimal dort gewesen: das erste Mal suchte ich den General, das zweite Mal war ich nur so dort, um mir die Schützengräben anzusehen. Da ging es aber heiß her.«

»Ja, das stimmt, Kalugin weiß es«, sagte Fürst Galzin zum Obersten. »Weißt du, mir hat heute W. gesagt, du seist ein Held ...«

»Aber die Verluste, diese furchtbaren Verluste!« fiel der Oberst im Ton offizieller Trauer ein. »In meinem Regiment sind *vierhundert* Mann gefallen. Ein Wunder, daß *ich* mit dem Leben davongekommen bin.«

In diesem Augenblick tauchte am anderen Ende des Boulevards die lilafarbige Gestalt Michailows in abgetretenen Stiefeln und mit verbundenem Kopf auf, der den Herren entgegenkam. Als er sie erblickte, geriet er in höchste Verwirrung: Er erinnerte sich, wie er gestern vor Kalugin immer in die Hocke gegangen war, und er verfiel auf den Gedanken, daß sie meinen könnten, er stelle sich nur verwundet. Wenn ihn diese Herren nicht schon erblickt hätten, wäre er in den Park hinuntergelaufen und nach Hause gegangen und hätte sein Quartier nicht früher verlassen, ehe man ihm nicht die Binde hätte abnehmen können.

»Il fallait voir dans quel état je l'ai rencontré hier sous le feu«, sagte Kalugin, als er herankam. »Was, Sie sind verwundet, Hauptmann?« fuhr er mit einem Lächeln fort, das bedeutete: Nun, haben Sie mich gestern gesehen? Wie war ich?

»Ja, nur leicht, durch einen Stein«, antwortete Michailow errötend und mit einem Gesichtsausdruck, der besagte: Ja, ich habe Sie gesehen und muß gestehen, daß Sie ein Held sind, während ich ein schlechter Kerl bin.

»Est-ce que le pavillon est baissé déjà?« fragte Fürst Galzin wieder mit seiner hochmütigen Miene, wobei er die Mütze des Stabskapitäns betrachtete, ohne sich an jemanden Bestimmten zu wenden.

»Non, pas encore«, erwiderte Michailow, der zeigen wollte, daß auch er französisch konnte.

»Dauert denn der Waffenstillstand fort?« wandte sich Galzin wieder höflich, aber auf russisch, an ihn, um ihm dadurch – wie dem Stabskapitän schien – zu verstehen zu geben, daß es ihm doch wohl schwerfallen dürfte, französisch zu sprechen, und man daher lieber ganz einfach … Darauf gingen die Adjutanten fort.

Ebenso wie gestern fühlte sich der Stabskapitän recht verlassen. Er grüßte noch einige Herren – auf die einen wollte er nicht zugehen, bei den anderen wagte er es nicht –, setzte sich dann an das Kasarskij-Denkmal und zündete sich eine Zigarette an.

Auch Baron Pest kam auf den Boulevard. Er erzählte, daß er an der Demarkationslinie gewesen sei und mit französischen Offizieren gesprochen habe, von denen der eine zu ihm gesagt habe: »S'il n'avait pas fait clair encore pendant une demi-heure, les embuscades auraient été reprises«, worauf er ihm erwidert habe: »Monsieur, je ne dis pas non, pour ne pas vous donner un démenti«, und wie schön er das gesagt habe, und so weiter.

In Wirklichkeit war er zwar an der Demarkationslinie gewesen, hatte aber dort keine Gelegenheit gehabt, irgend etwas besonders Gescheites zu sagen, obwohl er gar zu gern mit den Franzosen gesprochen hätte (denn mit den Franzosen zu sprechen ist ja furchtbar lustig). Der Junker Baron Pest war lange an der Linie entlanggegangen und hatte alle Franzosen, die in seine Nähe gekommen waren, gefragt: »De quel régiment êtes-vous?« Darauf hatten sie ihm geantwortet – und das war alles. Als er einmal zu weit über die Linie hinausgegangen war, hatte ein französischer Posten, der nicht ahnte, daß dieser Soldat Französisch verstand, ihn in der dritten Person ausgeschimpft: »Il vient regarder nos travaux, ce sacré c…« Darauf hatte der Junker Baron Pest kein weiteres Interesse mehr für die Demarkationslinie gezeigt, war zurückgeritten und hatte sich unterwegs die französischen Phrasen ausgedacht, die er jetzt erzählte.

Auf dem Boulevard waren auch der Leutnant Sobow, der sich laut unterhielt, und der Hauptmann Obschogow in schlampiger Adjustierung und ein Artilleriehauptmann, der um niemandes Gunst buhlte, und der in der Liebe erfolgreiche Junker und alle die gestrigen Gesichter – und immer mit dem ewig gleichen Drang zu lügen, zu prahlen und leichtsinnig zu sein. Nur Praskuchin, Neferdow und noch einer fehlten, aber schon jetzt erinnerte sich und dachte kaum noch jemand an sie, obgleich ihre Leiber noch nicht gewaschen, aufgebahrt und eingegraben waren; und in einem Monat wahrscheinlich werden sie auch von

Vater, Mutter, Frau und Kindern, wenn sie solche gehabt haben, vergessen sein, wenn man sie nicht schon früher vergessen hat.

»Ich hätte ihn nicht wiedererkannt, den Alten«, sagt ein Soldat bei der Aufbahrung der Leichen und hebt an den Schultern einen Toten mit zerschmetterter Brust, ungeheuer angeschwollenem Kopf, schwarzem, glänzendem Gesicht und herausgetretenen Augäpfeln an den Schultern hoch, »faß am Rücken an, Moroska, daß er uns nicht entzweibricht. Ach, dieser häßliche Geruch!« Ach, dieser häßliche Geruch! Das war alles, was von diesem Menschen übrigblieb ....

16

Auf unserer Bastion und auf dem französischen Laufgraben sind weiße Fähnchen gehißt, und in dem blühenden Tal dazwischen liegen in grauen und blauen Uniformen und ohne Stiefel Haufen verstümmelter Leichen, die von Arbeitssoldaten aufgehoben und auf Wagen geladen werden. Widerlicher, schwerer Leichengeruch erfüllt die Luft. Aus Sewastopol und aus dem französischen Lager strömen Scharen von Menschen herbei, um sich dieses Schauspiel anzusehen, und streben mit gieriger, wohlwollender Neugier aufeinander zu.

Hören wir, was diese Leute untereinander sprechen.

Ein junger Offizier, der mitten in einem Kreise von Russen und Franzosen steht und zwar schlecht, aber doch hinreichend Französisch spricht, um verstanden zu werden, betrachtet eine Gardepatronentasche.

»Eh seßi purkua se uaso ißi?« fragt er.

»Parce que c'est une giberne d'un régiment de la garde, monsieur, qui porte l'aigle impérial.«

»Eh wu de la gard?«

»Pardon, monsieur, du sixième de ligne.«

»Eh seßi u aschteh?« fragt der Offizier und zeigt auf eine Zigarettenspitze aus gelbem Holz, aus der der Franzose seine Zigarette raucht.

»A Balaclave, monsieur! C'est tout simple en bois de palme.«

»Scholi«, meint der Offizier, der sich in seiner Unterhaltung weniger vom eigenen Willen als von den Vokabeln, die er weiß, leiten läßt.

»Si vous voulez bien garder cela comme souvenir de cette rencontre vous m'obligerez.« Und der höfliche Franzose bläst die Zigarette heraus und überreicht dem Offizier mit einer kleinen Verbeugung die Zigarettenspitze. Der Offizier gibt ihm die seinige, und alle Herumstehenden, Franzosen wie Russen, sind anscheinend sehr zufrieden und lächeln.

Dort tritt ein lustiger Infanteriesoldat in einem rosa Hemd, den Mantel über die Achseln geworfen und von anderen Soldaten begleitet, welche, die Hände auf dem Rücken, mit vergnügten, neugierigen Gesichtern hinter ihm stehen, auf einen Franzosen zu und bittet ihn um Feuer für seine Pfeife. Der Franzose facht seine Pfeife stärker an, stochert den Tabak auf und schüttet dem Russen etwas Glut in die Pfeife.

»Tabak *bun*«, sagt der Soldat im rosa Hemd. Die Umstehenden lachen.

»Oui, bon tabac, tabac turc«, erwidert der Franzose, »et chez vous tabac russe? bon?«

»Russ – bun«, meint der Soldat im rosa Hemd, und die Umstehenden biegen sich vor Lachen. »Franße nicht bun, bonschur mussje!« sagt der Soldat im rosa Hemd, wobei er seinen gesamten Vorrat an Sprachkenntnissen auf einmal verschwendet, und klopft lachend dem Franzosen auf den Bauch. Auch der Franzose lacht.

»Ils ne sont pas jolis ces bêtes de russes«, bemerkt ein Zuave aus dem Franzosenhaufen heraus.

»De quoi est-ce qu'ils rient donc?« fragt ein anderer, schwarzer, mit italienischer Aussprache, und tritt auf den Russen zu.

»Kaftan *bun*«, sagt der lustige Soldat und sieht sich die gestickten Rockschöße des Zuaven genauer an. Wieder lachen alle.

»Ne sortez pas de la ligne, à vos places, sacré nom …!« schreit ein französischer Korporal, und die Soldaten laufen mit sichtlichem Mißvergnügen auseinander.

Dort steht in einem Kreise französischer Offiziere ein junger russischer Kavallerieoffizier und ergeht sich in französischem Friseurjargon. Sie sprechen über einen »comte Sazonoff, que j'ai beaucoup connu, monsieur«, sagt ein französischer Offizier mit einem Achselstück, »c'est un de ces vrais comtes russes, comme nous les aimons.«

»Il y a un Sazonoff, que j'ai connu«, meint der Kavallerist, »mais il n'est pas comte, à moins que je sache; un petit brun de votre âge à peu près.«

»C'est ça, monsieur, c'est lui. Oh, que je voudrais le voir, ce cher comte. Si vous le voyez, je vous prie bien de lui faire mes compliments. Capitaine Latour«, fügt er mit einer Verbeugung hinzu.

»N'est-ce pas terrible la triste besogne, que nous faisons? Ça chauffait cette nuit, n'est-ce pas?« fährt der Kavallerist, der das Gespräch weiterführen möchte, fort und zeigt auf die Leichen.

»Oh, monsieur, c'est affreux! Mais quels gaillards vos soldats, quels gaillards! C'est un plaisir que de se battre avec des gaillards comme eux.«

»Il faut avouer, que les vôtres ne se mouchent pas du pied non plus«, meint der Kavallerist mit einer Verbeugung und findet sich sehr liebenswürdig.

Aber genug.

Schau lieber auf diesen zehnjährigen Knaben, der in einer alten Mütze seines Vaters, mit Schuhen an den nackten Füßen und in Nankinghosen, die nur durch Bänder gehalten werden, gleich nach dem Waffenstillstand über den Wall gelaufen kam und nun durch das Tal schlendert, mit stumpfer Neugier die Franzosen und die auf der Erde liegenden Leichen betrachtet und dabei die blauen Feldblumen pflückt, mit denen das ganze Elendstal übersät ist.

Als er mit einem großen Strauß, in den er wegen des Gestankes, den der Wind ihm zuträgt, die Nase hineinsteckt, wieder nach Hause gehen will, bleibt er vor einem Haufen zusammengetragener Leichen stehen und betrachtet lange einen furchtbar verstümmelten Leichnam ohne Kopf, der dicht vor ihm liegt. Nachdem er eine ganze Weile so dagestanden hat, will er noch näher herantreten und berührt dabei mit dem Fuße den ausgestreckten starren Arm der Leiche. Der Arm bewegt sich ein wenig. Er berührt ihn noch einmal und stärker. Wieder bewegt sich der Arm und fällt auf seinen Platz zurück. Der Knabe schreit plötzlich auf, versteckt sein Gesicht in den Blumen und läuft, so schnell er kann, auf die Festung zu.

Ja, auf der Bastion und auf dem Laufgraben sind weiße Fähnlein gehißt, das blühende Tal ist mit stinkenden Leichen angefüllt, die herrliche Sonne sinkt von einem durchsichtigen Himmel in das blaue Meer, und das blaue, wogende Meer leuchtet in den goldenen Strahlen der Sonne. Tausende von Menschen drängen sich, schauen, unterhalten sich und lächeln einander zu. Und alle diese Menschen sind Christen, die sich zu dem großen Gebot der Liebe und Selbstverleugnung bekennen, und fallen beim Anblick dessen, was sie getan haben, nicht vor Reue auf die Knie vor dem, der ihnen das Leben gegeben und dabei in die Seele eines jeden, zusammen mit der Todesfurcht, auch die Liebe zum Guten und Schönen gelegt hat? Und sie umarmen einander nicht wie Brüder, Tränen des Glücks und der Freude in den Augen? Nein! Die weißen Fähnlein werden verschwinden und wieder werden die Geschütze, Tod und Verderben speiend, pfeifen, wieder wird ehrliches, unschuldiges Blut vergossen werden und Stöhnen und Fluchen zu hören sein.

Ich habe gesagt, was ich sagen wollte; doch schwere Bedenken suchen mich heim. Vielleicht hätte ich es nicht sagen sollen. Vielleicht gehört das, was ich gesagt habe, zu jenen schlimmen Wahrheiten, die sich unbewußt in der Seele eines jeden verbergen und nicht ausgesprochen werden dürfen, um nicht schädlich zu wirken, wie der Bodensatz beim Wein, den man nicht aufschütteln darf, um den Wein nicht zu trüben.

Wo ist das Spiegelbild des Bösen, das man meiden soll? Wo das Spiegelbild des Guten, dem man in dieser Erzählung nacheifern muß? Wo ist der Bösewicht, wo der Held? Alle sind gut, und alle sind schlecht.

Weder Kalugin mit seiner glänzenden Tapferkeit (bravour de gentilhomme) und seiner Ruhmsucht, die der Motor all seiner Handlungen ist, noch Praskuchin, dieser hohle, aber ungefährliche Mensch, obgleich er *im Kampfe für Glauben, Thron und Vaterland* fiel, noch Michailow in seiner Befangenheit und beschränkten Einsicht, noch Pest, ein Kind ohne feste Überzeu-

gungen und Grundsätze – sie alle sind weder Bösewichte noch
Helden.

Der Held meiner Erzählung, den ich mit allen Kräften meiner
Seele liebe, in seiner ganzen Schönheit zu schildern mich
bemüht habe, der immer schön ist, war und sein wird, ist – die
Wahrheit.

26. Juni 1855

Sewastopol im August 1855

1

Ende August fuhr auf der großen, zerklüfteten Sewastopoler
Heerstraße zwischen Duwanka und Bachtschisarai durch den
dichten, heißen Staub im Schritt ein Offizierswägelchen von jener besonderen Art, wie man es sonst nirgends findet: ein Mittelding zwischen einer Judenbritschka, einem russischen Lan-
dauer und einem Korbwagen. Vorn auf dem Wagen hockte ein
Offiziersbursche im Nankingrock und einer schlapp gewordenen alten Offiziersmütze und hielt die Zügel; hinten saß auf
Bündeln und Ballen, die mit einem Soldatenmantel zugedeckt
waren, ein Infanterieoffizier im Sommermantel. Dieser Offizier
war, soweit man das bei seiner sitzenden Stellung beurteilen
konnte, nicht allzu groß von Gestalt, aber außerordentlich breit,
und das nicht nur von Schulter zu Schulter, sondern auch von
der Brust nach dem Rücken; er schien stämmig und stark zu
sein, Hals und Nacken waren kräftig entwickelt und sehnig; eine
sogenannte Taille – eine Verjüngung in der Mitte des Rumpfes –
hatte er nicht, aber ebensowenig einen Bauch, im Gegenteil, er
war eher mager, besonders im Gesicht, das eine ungesunde,
gelblichbraune Färbung zeigte. Dieses Gesicht wäre hübsch gewesen, wenn es nicht etwas Aufgedunsenes und jene weichen,
aber nicht greisenhaften, großen Falten gehabt hätte, welche die
Züge verwischten und vergrößerten und dem ganzen Gesicht
den allgemeinen Ausdruck des Verbrauchten und der Derbheit
verliehen. Seine Augen waren klein, braun, ungemein lebhaft
und fast keck; der Schnurrbart war sehr dicht, aber nicht breit
und etwas abgekaut; aber das Kinn und besonders die Backen
waren mit einem außerordentlich starken, dichten, schwarzen
Bart bedeckt, der schon zwei Tage alt war.

Der Offizier war am zehnten Mai durch einen Splitter am Kopf verwundet worden, um den er auch jetzt noch einen Verband trug.

Seit etwa acht Tagen fühlte er sich wieder gesund und begab sich jetzt aus dem Lazarett in Simferopol zu seinem Regiment zurück, das dort irgendwo stand, woher das Schießen kam; ob das aber in Sewastopol selber war oder mehr im Norden oder in Inkerman, das hatte er noch von niemandem mit Sicherheit erfahren können. Das Schießen hörte man, besonders dann, wenn keine Berge dazwischenstanden und der Wind den Schall herübertrug, außerordentlich deutlich, häufig und scheinbar sehr nahe: Bald erschütterte eine Explosion die Luft und ließ jeden unwillkürlich erbeben, bald folgten weniger starke Töne schnell aufeinander wie Trommelwirbel, die ab und zu von einem durchdringenden Getöse unterbrochen wurden, bald floß dies alles zusammen zu einem dröhnenden Getöse, das an Donnerschläge erinnerte, wenn das Gewitter seine größte Wucht hat und der erste Wolkenbruch niedergeht. Alle sagten, daß ein furchtbares Bombardement stattfinde, was ja auch zu hören war.

Der Offizier trieb seinen Burschen an, als wollte er so schnell wie möglich hinkommen. Ihnen entgegen kam ein langer Zug russischer Bauernwagen, die Proviant nach Sewastopol gefahren hatten und jetzt mit verwundeten und kranken Soldaten in grauen Mänteln, Matrosen in schwarzen Überröcken, griechischen Freiwilligen in roten Fesen und bärtigen Landwehrleuten zurückkamen. Das Offizierswägelchen mußte in der dichten, unbeweglichen Staubwolke, die die Führer aufgewirbelt hatten, haltmachen, und der Offizier betrachtete die Gesichter der Verwundeten und Kranken, die an ihm vorüberzogen, wobei er infolge des Staubes, der ihm in Augen und Ohren drang, die Augen zusammenkniff und die Stirn runzelte.

»Dort ist auch ein kranker Soldat unserer Kompanie«, sagte der Bursche zu seinem Herrn und zeigte auf einen Wagen mit Verwundeten, der gerade an ihnen vorbeifuhr.

Vorne auf der Fuhre saß ein russischer Vollbart im Filzhut und flocht seine Peitsche zurecht, wobei er den Stiel mit dem Ellenbogen an sich drückte. Hinter ihm wurden fünf Soldaten in den verschiedensten Stellungen hin und her gerüttelt. Der eine – er hatte den Arm mit einer Schnur verbunden und den Mantel über sein äußerst schmutziges Hemd geworfen – saß, obgleich er mager und blaß aussah, dennoch stramm in der Mitte des Wagens und wollte, als er den Offizier sah, nach der Mütze greifen, doch als ihm einfiel, daß er verwundet war, tat er, als wollte er sich nur den Kopf kratzen. Ein anderer lag neben ihm auf dem Boden des Wagens; man sah nur seine beiden Hände, mit denen er sich an den Wagenleitern festhielt, und die hochgezogenen Knie, die wie ein Bastwisch nach allen Seiten schwankten. Ein dritter mit aufgedunsenem Gesicht und verbundenem Kopf, auf dem eine Soldatenmütze thronte, saß an der Seite, ließ die Beine zum Rad herabhängen, hatte die Ellenbogen auf die Knie gestützt und schien zu dösen. An ihn wandte sich der vorüberfahrende Offizier.

»Dolschnikow!« rief er ihm zu.

»Jawo–uhl!« antwortete der Soldat mit einem so tiefen und volltönenden Baß, als riefen zwanzig Soldaten gleichzeitig, riß die Augen auf und nahm die Mütze ab.

»Bist du denn verwundet, Freundchen?«

Die matten, verschwommenen Augen des Soldaten belebten sich: Er erkannte offenbar seinen Offizier.

»Wir wünschen Euer Wohlgeboren Gesundheit!« sagte er mit derselben lauten Baßstimme.

»Wo steht denn das Regiment jetzt?«

»Es stand in Sewastopol; am Mittwoch wollte es abmarschieren, Euer Wohlgeboren.«

»Wohin?«

»Das wußte niemand ... wohl nach der Nordseite, Euer Wohlgeboren. Heute, Euer Wohlgeboren«, fügte er mit gedehnter Stimme hinzu und setzte die Mütze auf, »hat er in die Kreuz und Quere zu schießen angefangen, meistens mit Bomben, sogar in die Bucht schießt er; heute hat er so gepfeffert, daß es ein wahrer Jammer ist, sogar ...«

Weiter war nicht zu hören, was der Soldat sagte, aber an seinem Gesichtsausdruck und seiner Haltung war zu erkennen, daß er mit der Feindseligkeit des Leidenden unerfreuliche Dinge erzählte.

Der Reisende, Leutnant Koselzow, war kein Dutzendoffizier. Er war nicht einer von jenen, die soundso leben und das und das tun, nur weil andere so leben und handeln; er tat, wonach ihm der Sinn stand, und andere machten es ihm nach und waren überzeugt, daß es gut war. Er war von der Natur ziemlich reich bedacht worden: Er war klug und außerdem talentiert, sang gut, spielte Gitarre, redete flott und schrieb gewandt, besonders amtliche Schriftstücke, worin er sich während seiner Stellung als Regimentsadjutant sehr vervollkommnet hatte; vor allem aber zeichnete er sich durch eine selbstbewußte Energie aus, die, obgleich sie im allgemeinen auf diese kleinen Gaben gegründet war, bei ihm doch einen scharfen, auffallenden Charakterzug bildete. Er besaß jene Art von Ehrgeiz, die das ganze Leben des Betreffenden durchdringt und sich hauptsächlich bei Männern und mit Vorliebe in Militärkreisen entwickelt, so daß er gar keine andere Wahl kannte, als der Erste zu sein oder nichts, und daß dieser Ehrgeiz sogar der Antrieb seiner inneren Regungen war: er stellte sich in Gedanken immer gern an die Spitze aller derer, mit denen er sich verglich.

»Ach was! Ich werde auf das hören, was so ein Moskau zusammenfaselt!« brummte der Leutnant und fühlte dabei eine gewisse Apathie und ein nebelhaftes Träumen, das der Anblick des Verwundetentransports und die Worte des Soldaten, deren Bedeutung unwillkürlich durch das Getöse des Bombardements unterstrichen wurde, in ihm zurückgelassen hatten. »Dieser Moskau ist lächerlich ... Fahr zu, Nikolajew, spute dich ... Bist wohl eingeschlafen!« fuhr er seinen Burschen brummig an, indem er seine Mantelschöße richtete.

Nikolajew schnalzte mit der Zunge, zerrte an den Zügeln, und der Wagen rollte im Trab dahin.

»Nur einen Augenblick füttern, und dann gleich weiter«, sagte der Offizier.

2

Schon war Leutnant Koselzow in die Straße von Duwanka eingebogen, das nur noch ein Trümmerfeld tatarischer Steinhäuser war, als er durch einen Transport von Bomben und Kanonenkugeln aufgehalten wurde, der nach Sewastopol fuhr und die Straße versperrte. Sein Gefährt mußte anhalten und warten.

Auf den Steinen einer zertrümmerten Mauer saßen im größten Staub zwei Infanteristen und aßen eine Melone mit Brot.

»Kommst du von weit her, Landsmann?« fragte der eine von ihnen, während er sein Brot kaute, einen Soldaten, der mit einem Säckchen über der Schulter vor ihnen stehenblieb.

»Wir kommen aus dem Gouvernement und gehen zur Kompanie«, erwiderte der Soldat, schaute von der Melone weg und schob den Sack auf dem Rücken zurecht. »Wir waren, denk nur, drei Wochen beim Heu der Kompanie, aber jetzt werden dort alle verlangt; kein Mensch weiß, wo unser Regiment gegenwärtig steht. Es hieß, sie wären vorige Woche nach der Korabelnaja abmarschiert. Habt ihr vielleicht etwas davon gehört, meine Herren?«

»In der Stadt steht es, Bruder, in der Stadt«, antwortete der eine, ein alter Trainsoldat, der mit einem Taschenmesser in der unreifen, weißlichen Melone herumstocherte. »Wir sind erst am Mittag von dort fort. Es war so fürchterlich, Bruder, daß man sich am besten nicht zeigt, sondern lieber ein, zwei Tage im Heu liegen möchte, bis es wieder erträglicher wird.«

»Warum denn, meine Herren?«

»Hörst du denn nicht, daß ringsum gefeuert wird? Da gibt es kein heiles Fleckchen mehr. Wer da von den Unseren alles umgekommen ist, ist nicht zu sagen!«

Der Sprecher machte eine trostlose Handbewegung und schob die Mütze zurecht.

Der Soldat mit dem Sack wiegte nachdenklich den Kopf, schnalzte mit der Zunge, zog dann aus dem Stiefelschaft sein Pfeifchen hervor, stocherte, ohne es neu zu füllen, den halbverbrannten Tabak darin auf, zündete bei einem rauchenden Soldaten ein Stück Feuerschwamm an und lüftete seine Mütze.

»Steht alles in Gottes Hand, meine Herren! Lebt wohl!« sagte er, rückte den Sack zurecht und ging seines Wegs.

»He, solltest lieber noch ein bißchen warten!« rief der die Melone bearbeitende Soldat eindringlich.

»Ganz gleich«, murmelte der Dahinziehende und wand sich an den Rädern der gedrängt stehenden Fuhrwerke vorbei, »ich muß mir auch eine Melone zum Abendessen kaufen; was die Leute alles reden.«

3

Die Station war voller Menschen, als Koselzow dort ankam. Der erste, der ihm bereits auf der Freitreppe begegnete, war ein magerer, sehr junger Mensch, der Stationsaufseher, der sich mit zwei ihm folgenden Offizieren herumstritt.

»Nicht drei Tage, sondern zehn werden Sie warten müssen! Selbst Generale müssen warten, Väterchen!« rief der Aufseher, in der Absicht, die Reisenden zu ärgern. »Ich selber kann mich doch nicht anschirren lassen.«

»Dann darf niemand Pferde kriegen, wenn keine da sind! ... Aber warum hat der Lakai da mit dem Gepäck welche bekommen?« schrie der ältere der beiden Offiziere, der noch sein Teeglas in der Hand hielt und absichtlich das Fürwort vermied, um ihn fühlen zu lassen, daß er zu einem Stationsaufseher sehr leicht auch *du* sagen könnte.

»Aber überlegen Sie doch selber, Herr Stationsaufseher«, sagte der andere, ein noch junger Offizier, stotternd, »wir reisen doch nicht zu unserem Vergnügen. Auch wir werden doch anscheinend notwendig gebraucht, sonst hätte man uns nicht angefordert. Ich werde das unbedingt dem General Kramper melden. Was soll denn das heißen ... Sie haben, scheint's, gar keine Achtung vor dem Offiziersstand!«

»Sie fahren die Karre nur in den Dreck!« unterbrach ihn der ältere ärgerlich. »Sie sind mir bloß hinderlich; mit solchen Leuten muß man zu reden verstehen. Er hat ja den ganzen Respekt vor uns verloren ... Pferde her, augenblicklich, sage ich!«

»Herzlich gern, Väterchen, aber wo soll ich sie hernehmen?« Der Aufseher schwieg einen Augenblick und fing dann plötzlich, indem er mit den Armen fuchtelte, zu reden an: »Ich verstehe das alles sehr gut, Väterchen, aber was ist zu machen? Geben Sie mir ...« – über die Gesichter der Offiziere huschte ein Hoffnungsstrahl – »... noch bis Ende des Monats Zeit, hier so weitermachen zu müssen, dann werde ich nicht mehr sein. Lieber gehe ich auf den Malachowhügel, als daß ich hierbliebe, bei

178

Gott! Mögen sie machen, was sie wollen! Auf der ganzen Station nicht ein einziges festes Gespann mehr, und seit drei Tagen haben die Pferde kein Bund Heu gesehen!«

Und der Aufseher verschwand durch das Tor.

Koselzow trat mit den Offizieren zusammen ins Zimmer.

»Je nun«, sagte der ältere Offizier ganz ruhig zu dem jüngeren, obgleich er soeben noch ganz aufgebracht gewesen war, »wir sind nun schon drei Monate unterwegs, also können wir auch noch ein bißchen warten. Zu spät kommen wir nicht.«

Das schmutzige, verrauchte Zimmer war so voll von Offizieren und Koffern, daß Koselzow nur schwer noch am Fenster einen Platz fand, wo er sich auch niederließ. Er drehte sich eine Zigarette, betrachtete die Gesichter ringsum und lauschte auf die Gespräche.

Rechts von der Tür, um einen schiefen, schmierigen Tisch herum, auf dem zwei Samoware mit stellenweise schon grün gewordenem Kupfer standen und Zucker auf verschiedenen Fetzen Papier lag, saß die Hauptgruppe: ein junger Offizier ohne Bart in einem neuen, gesteppten Archaluk, der offensichtlich aus einem weiblichen Kapot geschneidert war, goß die Teekanne voll; vier andere, ebenso junge Menschen hatten sich in die verschiedenen Ecken des Zimmers verstreut: Der eine von ihnen hatte sich einen Pelz unter den Kopf geschoben und schlief auf dem Diwan; ein zweiter stand am Tisch und schnitt Hammelbraten für einen anderen, der nur einen Arm hatte und am Tisch saß. Zwei Offiziere, der eine im Adjutantenmantel, der andere in einem Infanteriemantel, aber aus feinem Tuch, und eine Tasche über der Schulter, saßen neben der Ofenbank; und daran, wie sie die anderen betrachteten und wie der mit der Tasche seine Zigarre rauchte, konnte man erkennen, daß sie keine Frontoffiziere bei der Infanterie waren und sich darauf etwas zugute taten. Nicht, daß etwas Geringschätziges in ihrem Betragen gelegen hätte, wohl aber eine gewisse selbstbewußte Ruhe, die zum Teil auf ihr Geld, zum Teil auf ihre nahen Beziehungen zu Generalen gegründet war, und das Bewußtsein einer gewissen Überlegenheit, das sogar so weit ging, es zu verbergen. Ein noch junger Arzt mit dicken Lippen und ein Artillerist mit deutscher Physiognomie saßen fast auf den Beinen des jungen

Offiziers, der auf dem Diwan schlief, und zählten Geld. Von den vier Burschen schliefen die einen, während sich die anderen mit den Koffern und Bündeln an der Tür zu schaffen machten.

Koselzow fand unter allen diesen Gesichtern nicht ein einziges bekanntes; aber er lauschte gespannt auf die Gespräche. Diese jungen Offiziere, die, wie er auf den ersten Blick gesehen hatte, soeben erst aus dem Kadettenkorps kamen, gefielen ihm und erinnerten ihn vor allem daran, daß sein Bruder ebenfalls in diesen Tagen aus dem Korps bei einer Batterie in Sewastopol eintreffen sollte. Doch an dem Offizier mit der Tasche, dessen Gesicht er schon irgendwo gesehen zu haben glaubte, erschien ihm alles widerwärtig und frech. Er ging sogar mit dem Vorsatz, es ihm gehörig zu geben, wenn er es wagen sollte, ein Wort zu sagen, vom Fenster weg auf die Ofenbank zu und setzte sich dort hin. Als echter Frontsoldat und guter Infanterieoffizier schätzte er schon im allgemeinen diese »Herren vom Stabe« nicht allzusehr, als welche er die beiden Offiziere auf den ersten Blick erkannt hatte.

4

»Das ist doch scheußlich ärgerlich«, sagte der eine der jungen Offiziere, »daß wir nun so ganz in der Nähe sind und nicht hinkommen können. Vielleicht findet heute ein Gefecht statt, und wir sind nicht dabei!«

An dem schrillen Ton der Stimme und den frischen roten Flecken, die über das Gesicht dieses jungen Offiziers huschten, während er sprach, erkannte man die liebe, jugendliche Schüchternheit eines Menschen, der immer fürchtet, seine Worte könnten nicht richtig herauskommen.

Der Offizier ohne Arm sah ihn lächelnd an.

»Sie kommen schon noch zeitig genug hin, glauben Sie mir«, sagte er.

Der junge Offizier schaute dem Einarmigen mit Achtung in das abgemagerte Gesicht, das plötzlich von einem Lächeln erhellt wurde, schwieg und wandte seine Aufmerksamkeit wieder dem Tee zu. Und wirklich sprach aus dem Gesicht des einarmigen Offiziers, aus seiner ganzen Haltung und besonders aus seinem leeren Mantelärmel jenes hohe Maß von ruhiger Überlegenheit, als wollte er bei jeder Sache, die er sah, bei jedem Gespräch, das er hörte, immer nur sagen: Das ist ja alles ganz gut und schön, ich weiß das alles und könnte es auch tun, wenn ich nur wollte.

»Wie wollen wir es nun machen?« wandte sich der junge Offizier wieder an seinen Kameraden im Archaluk. »Übernachten wir hier, oder fahren wir mit *unserem* Pferd?«

Der Kamerad wollte nicht fahren.

»Stellen Sie sich vor, Kapitän«, sagte der Tee-Eingießer zu dem Einarmigen, indem er das Messer aufhob, das dieser hatte fallen lassen, »uns hat man gesagt, die Pferde wären furchtbar teuer in Sewastopol, und da haben wir uns gemeinsam in Simferopol ein Pferd gekauft.«

»Das wird man Ihnen wohl für teures Geld aufgeschwatzt haben?«

»Ich weiß wirklich nicht, Hauptmann; wir haben für Pferd und Wagen zusammen neunzig Rubel bezahlt. Ist das sehr teuer?« fügte er hinzu und wandte sich dabei an alle, auch an Koselzow, der ihn ansah.

»Das ist nicht zu teuer, wenn das Pferd jung ist«, meinte Koselzow.

»Nicht wahr? Aber man sagte uns, es sei teuer … Nur lahmt es ein bißchen, aber das geht ja vorbei. Man sagte uns, es sei sehr kräftig.«

»Aus welchem Korps sind Sie?« fragte Koselzow, der gern etwas über seinen Bruder erfahren hätte.

»Wir kommen soeben aus dem Adelsregiment, wir sind unser sechs und gehen alle auf eignen Wunsch nach Sewastopol «, erzählte das redselige Offizierchen. »Nur wissen wir nicht, wo unsere Batterien stehen: die einen sagen, in Sewastopol, und die dort behaupten wieder, in Odessa.«

»Konnten Sie denn das nicht in Simferopol erfahren?« fragte Koselzow weiter.

»Die wissen nichts … Können Sie sich vorstellen, mein Kamerad ging dort in die Kanzlei, da hat man ihm noch Grobheiten gesagt … Sie können sich vorstellen, wie unangenehm …

Darf ich Ihnen nicht eine fertige Zigarette anbieten?« fragte er dabei den einarmigen Offizier, der seine Zigarettentasche hervorsuchen wollte.

Er bediente ihn mit einer gewissen leidenschaftlichen Begeisterung.

»Sie sind auch aus Sewastopol?« fuhr er dann fort. »Ach Gott, wie bewundernswert das ist! Wir in Petersburg dachten alle nur an Sie, an alle diese Helden!« sagte er mit Achtung und gutmütiger Schmeichelei zu Koselzow.

»Wenn Sie aber nun wieder zurückfahren müssen?« fragte der Leutnant.

»Das ist's ja, was wir fürchten. Stellen Sie sich vor, wir haben doch nun das Pferd gekauft und uns mit dem Nötigsten ausgestattet, mit einem Spirituskocher und noch verschiedenen notwendigen Kleinigkeiten, und da ist uns nun gar kein Geld mehr übriggeblieben«, erzählte er mit leiser Stimme und sah sich nach seinen Kameraden um. »Wenn wir also zurückfahren müßten, wüßten wir nicht, wie wir das machen sollten.«

»Haben Sie denn keine Reisegelder erhalten?« fragte Koselzow.

»Nein«, antwortete der junge Offizier flüsternd. »Uns wurde versprochen, wir bekämen sie hier.«

»Aber Sie haben doch eine Bescheinigung darüber?«

»Ich weiß, daß das die Hauptsache ist, die Bescheinigung, aber mir hat in Moskau ein Senator, der mein Onkel ist, als ich bei ihm war, gesagt, daß man uns das Geld hier auszahlen würde, sonst hätte er es mir gegeben. So werden wir es also hier bekommen?«

»Unbedingt.«

»Auch ich denke, daß wir es hier bekommen«, sagte er in einem Ton, dem anzumerken war, daß er, nachdem er auf dreißig Stationen immer ein und dasselbe gefragt und überall eine andere Antwort erhalten hatte, nun schon niemandem mehr recht glaubte.

5

»Warum sollten Sie es nicht bekommen«, sagte plötzlich der Offizier, der sich auf der Vortreppe mit dem Aufseher gestritten hatte, indem er an die Sprechenden herantrat und sich an die danebensitzenden Stabsoffiziere als die gewichtigeren Zuhörer wandte. »Ich habe mich ebenso wie diese Herren zur kämpfenden Truppe gemeldet und mich sogar von einem herrlichen Posten nach Sewastopol gedrängt, und auch mir hat man außer den Reisespesen von P., alles in allem hundertsechs Silberrubel, nichts gegeben, so daß ich schon von meinem eigenen Geld über hundertfünfzig Rubel zusetzen mußte. Dazu bin ich – lächerliche achthundert Werst – schon den dritten Monat unterwegs. Mit diesem Herrn da schon den zweiten Monat. Nur gut, daß ich selber Geld hatte. Wenn das nicht der Fall gewesen wäre ...«

»Tatsächlich schon den dritten Monat?« fragte jemand.

»Was wollen Sie tun?« fuhr der Erzähler fort. »Wenn ich nicht gerne gefahren wäre, hätte ich meinen schönen Posten nicht verlassen; dann hätte ich unterwegs auch nicht so schlecht leben müssen, nicht daß ich mich etwa fürchtete ... aber es war nicht anders möglich. In Perekop zum Beispiel mußte ich zwei Wochen lang warten; der Stationsaufseher hier will überhaupt nicht mit uns sprechen: fahrt, wann ihr wollt; er hat nur einige Kuriergespanne. Wahrscheinlich will es unser Schicksal nicht anders ... und ich möchte doch so gerne, aber das Schicksal ist offenbar dagegen; nicht, daß ich das Bombardement fürchtete, aber tu, was du willst, hab's eilig oder hab's nicht eilig – alles gleich; und ich möchte doch so gerne ...«

Dieser Offizier erklärte und rechtfertigte die Ursachen seiner Verzögerung so umständlich, daß er seine Zuhörer unwillkürlich auf den Gedanken brachte, er sei ein Feigling. Das wurde noch deutlicher, als er sich nach dem Standort seines Regiments erkundigte und fragte, ob es dort gefährlich sei. Als der einarmige Offizier, der im gleichen Regiment diente, erzählte, daß im Laufe von zwei Tagen allein siebzehn Offiziere gefallen seien, erbleichte er sogar, und seine Stimme begann zu zittern.

In diesem Augenblick war der Offizier tatsächlich der jäm-

merlichste Feigling, obwohl er es vor sechs Monaten keineswegs
gewesen war. Mit ihm war eine große Veränderung vorgegangen, wie sie vielen – vor und nach ihm – widerfuhr. Er hatte in
einem unserer Gouvernements gelebt, in denen es Kadettenkorps gibt, und hatte einen schönen, ruhigen Posten innege-
habt; doch als er in Zeitungen und Briefen von den Taten der
Sewastopoler Helden, seiner Kameraden von früher, las, ent-
flammte er plötzlich vor Ehrgeiz und noch mehr – vor Patriotismus.

Er opferte diesem Gefühl sehr viel, das heimische Städtchen,
das Quartier mit den Polstermöbeln, die seit acht Jahren einge-
spielte Bedienung, die Bekannten und die Hoffnungen auf eine
reiche Heirat; er gab alles auf, ließ sich noch im Februar zur
kämpfenden Truppe versetzen und träumte vom unsterblichen
Kranz des Ruhmes und von Generalsepauletten. Zwei Monate
nach Eingabe seines Gesuchs erhielt er auf dem Kommandoweg
eine Anfrage, ob er an die Regierung Versorgungsansprüche
stellen würde. Er antwortete verneinend und wartete weiterhin
ungeduldig auf seine Abstellung, obwohl das patriotische Feuer
in diesen zwei Monaten schon wesentlich im Abflauen war.
Nach zwei weiteren Monaten erhielt er eine Anfrage, ob er einer
Freimaurerloge oder ähnlichen Verbänden angehöre, und nach
seiner verneinenden Antwort erfolgte nach fünf Monaten endlich seine Abstellung. Inzwischen hatten ihn die Freunde und
noch mehr jenes hinterhältige Gefühl der Unzufriedenheit mit
allem Neuen, das sich bei jeder Veränderung einstellt, davon zu
überzeugen vermocht, daß er mit seiner Meldung zur kämpfenden Truppe eine großartige Dummheit begangen hatte. Als er
sich – allein und mit verschwitztem und staubbedecktem Gesicht – auf der fünften Station befand, wo er einem Kurier nach
Sewastopol begegnete, der ihm von den Schrecken des Krieges
erzählte, und zwölf Stunden auf Pferde warten mußte, empfand
er bereits die bitterste Reue über seinen Leichtsinn, dachte mit
bangem Entsetzen an das bevorstehende Leben und fuhr verwirrt und ängstlich weiter. Dieses Gefühl ergriff im Laufe seiner
dreimonatigen Reise von einer Poststation zur anderen, zumal
er auf jeder lange warten mußte und auf Sewastopoler Offiziere
traf, die Fürchterliches erzählten, immer mehr Besitz von ihm

und brachte den armen Offizier schließlich dahin, daß er sich von einem zu den kühnsten Unternehmungen bereiten Helden, als der er sich in P. gefühlt hatte, in einen traurigen Feigling in Duwanka verwandelte; und seit er vor einem Monat auf die jungen Leute aus dem Kadettenkorps gestoßen war, reiste er möglichst langsam, da er diese Tage als die letzten seines Lebens betrachtete, untersuchte auf jeder Station das Bett, den Flaschenkeller, spielte Preference, las genau und umständlich das Beschwerdebuch und freute sich, wenn er keine Pferde bekam.

Er wäre tatsächlich ein Held geworden, wenn man ihn aus P. direkt auf die Bastionen geschickt hätte, aber jetzt mußte er noch viele moralische Leiden durchmachen, um einer jener ruhigen, geduldigen Menschen in Kampf und Gefahr zu werden, als welchen wir den russischen Offizier zu sehen gewohnt sind. Aber Enthusiasmus konnte man in ihm wohl kaum mehr entfachen.

6

»Wer hat Borschtsch bestellt?« rief die reichlich schmutzige Wirtin, eine dicke Frau von etwa vierzig Jahren, die mit einer Schüssel Suppe ins Zimmer trat.

Die Unterhaltung verstummte sogleich, und alle, die im Zimmer waren, richteten ihre Blicke auf die Wirtin. Der Offizier aus P. blinzelte sogar dem jungen Offizier zu.

»Ach, die hat Koselzow bestellt«, rief der junge Offizier, »wir müssen ihn wecken. Steh auf, das Essen ist da!« rief er, trat auf den jungen Menschen zu, der auf dem Diwan schlief, und rüttelte ihn an der Schulter.

Ein junger Mann von siebzehn Jahren mit lustigen schwarzen Augen und roten Backen sprang energisch vom Diwan auf, rieb sich die Augen und blieb mitten im Zimmer stehen.

»Ach, entschuldigen Sie bitte«, sagte er mit heller, silberner Stimme zu dem Arzt, den er beim Aufstehen angestoßen hatte.

Leutnant Koselzow erkannte sogleich seinen Bruder und ging auf ihn zu.

»Du kennst mich wohl gar nicht?« fragte er lächelnd.

»Ah-ah-ah!« rief der Jüngere aus. »Das ist ja wunderbar!« und er küßte den Bruder ab.

Sie küßten sich dreimal, beim dritten Male aber hielten sie plötzlich inne, als käme ihnen beiden auf einmal der Gedanke: warum muß es denn unbedingt dreimal sein?

»Na, wie ich mich freue!« sagte der Ältere und betrachtete den Bruder. »Komm, wir wollen auf die Treppe hinausgehen und miteinander reden.«

»Ja, komm! Ich will keine Suppe ... iß du sie, Federson!« rief er einem Kameraden zu.

»Aber du wolltest doch etwas essen?«

»Ich mag nichts.«

Als sie auf die Treppe hinausgetreten waren, fragte der Jüngere immerzu den Bruder: »Nun, was machst du? Wie geht's dir? Erzähle doch!« und wiederholte immer wieder, wie er sich freue, ihn zu sehen, erzählte aber von sich selber nichts.

Als fünf Minuten vergangen waren und sie schon wieder ein Weilchen geschwiegen hatten, fragte ihn der ältere Bruder, warum er nicht bei der Garde eingetreten sei, was doch alle erwartet hätten.

»Ach, ja!« erwiderte der Jüngere und errötete. »Das hat mich furchtbar niedergeschlagen, und ich habe gar nicht erwartet, daß es geschehen könnte. Kannst du dir vorstellen, unmittelbar vor der Ausmusterung gingen wir zu dritt rauchen – du weißt schon, das kleine Zimmer hinter der Portiersloge, es wird auch bei euch schon so gewesen sein, nur – kannst du dir vorstellen? diese Kanaille von Portier sah uns und lief, es sofort dem Offizier vom Dienst zu erzählen, obwohl wir dem Portier schon öfter ein Trinkgeld gegeben hatten; der Offizier schlich sich heran: kaum hatten wir ihn erblickt, da warfen die anderen die Zigaretten fort und rissen durch die Nebentür aus, weißt du, während ich nicht mehr dazukam – und da sagte er mir, versteht sich, einige Ungehörigkeiten, die ich mir nicht gefallen ließ, nun, da sagte er's eben dem Direktor, und es ging los. Ich erhielt eine schlechte Note in Betragen, während alle übrigen ausgezeichnet waren, bis auf Mechanik, und so ging es weiter. Ich wurde in die Armee ausgemustert. Dann versprachen sie mir die Versetzung zur Garde, aber ich wollte nicht mehr und meldete mich an die Front.«

»So war's also.«

»Ja, ich sage dir allen Ernstes, alles wurde mir so zuwider, daß ich so schnell wie möglich nach Sewastopol wollte. Denn wenn hier alles gut geht, kann ich doch schneller vorwärtskommen als bei der Garde. Dort braucht man zehn Jahre bis zum Oberst, hier aber ist Totleben in zwei Jahren vom Oberstleutnant zum General aufgestiegen. Na, und falle ich, dann ist eben nichts zu machen!«

»So einer bist du also!« sagte der Bruder lachend.

»Vor allen Dingen, Bruder, weißt du«, fuhr der Jüngere lächelnd fort und wurde rot dabei, als schickte er sich an, etwas sehr Heikles zu sagen, »das sind ja alles nur Nebensachen. Die Hauptsache, warum ich darum gebeten habe, ist doch, daß man sich gewissermaßen schämt, in Petersburg zu leben, während andere hier fürs Vaterland sterben«, fügte er noch verlegener hinzu.

»Wie komisch du bist«, sagte der ältere Bruder und griff, ohne ihn anzusehen, nach seiner Zigarettentasche. »Nur schade, daß wir nicht beisammen bleiben können.«

»Sag mal ganz aufrichtig: ist es wirklich so fürchterlich auf den Bastionen?« fragte der Jüngere unvermittelt.

»Zuerst ist es furchtbar, aber dann gewöhnt man sich daran, und es macht einem nichts mehr aus. Du wirst ja selber sehen.«

»Und dann noch eins! Was denkst du: werden sie Sewastopol nehmen? Ich glaube, daß sie es keinesfalls bekommen werden.«

»Das weiß Gott.«

»Eins ist ärgerlich ... Kannst du dir vorstellen, so ein Pech: uns wurde unterwegs ein ganzes Bündel gestohlen, in dem gerade mein Tschako war. Nun bin ich in einer scheußlichen Lage und weiß nicht, wie ich mich dort vorstellen soll. Du weißt doch, daß wir jetzt neue Tschakos haben, und überhaupt gibt es eine Menge Veränderungen; immer zum Besseren. Ich kann dir alles erzählen ... Ich bin in Moskau überall gewesen.«

Der jüngere Koselzow, Wladimir, war seinem Bruder Michail sehr ähnlich, aber so ähnlich wie eine aufblühende Knospe einer abgeblühten Rose. Er hatte ebenfalls blondes Haar, aber es war voller und an den Schläfen lockig. Auf dem weißen, zarten Nacken bildete es ein blondes Zöpfchen – ein glückbringendes

Zeichen, wie die Ammen sagen. Die vollblütige, jugendliche Röte lag nicht auf seinem zarten Gesicht, sondern loderte nur ab und zu auf und verriet alle Regungen seiner Seele. Er hatte dieselben Augen wie sein Bruder, nur waren sie bei ihm offener und heller, was besonders deshalb so schien, weil sie oft mit einem feuchten Glanz bedeckt waren. Ein weicher blonder Flaum sproßte auf den Wangen und über den roten Lippen, die sich sehr oft zu einem schüchternen Lächeln auseinanderzogen und dann die blendend weißen Zähne sehen ließen. Schlank, breitschultrig, im offenen Mantel, unter dem sein rotes Hemd mit schrägem Kragen zu sehen war, mit der Zigarette in der Hand, auf das Geländer der Treppe gelehnt, mit einer naiven Freude auf dem Gesicht und in allen Bewegungen, wie er jetzt vor dem Bruder stand, war er ein so reizender, hübscher junger Kerl, daß man ihn ohne Unterlaß hätte anschauen mögen. Er freute sich außerordentlich über seinen Bruder, sah mit Achtung und Stolz zu ihm auf, da er ihn für einen Helden hielt; doch in gewisser Beziehung, was weltliche Bildung (die er, um die Wahrheit zu sagen, auch nicht besaß), Französischsprechen, Umgang mit vornehmen Leuten, Tanzen und so weiter betraf, schämte er sich seiner ein wenig, sah von oben auf ihn herab und hoffte sogar, ihn noch etwas erziehen zu können. Er stand noch ganz unter Petersburger Eindrücken, die er im Hause einer Dame empfangen hatte, die hübsche junge Leute gern hatte und ihn feiertags immer einlud, aber auch im Haus des Senators in Moskau, wo er einmal auf einem großen Ball getanzt hatte.

7

Nachdem sich die Brüder ausgesprochen hatten, waren sie beide von dem Gefühl beherrscht, das man häufig zu empfinden pflegt, wenn man sich zwar herzlich gern hat, aber wenig Gemeinsames empfindet – und schwiegen nun ziemlich lange.

»So nimm doch deine Sachen und fahre gleich mit mir«, sagte der Ältere. Der Jüngere wurde plötzlich rot und verlegen.

»Direkt nach Sewastopol fahren?« fragte er, nachdem er einen Augenblick geschwiegen hatte.

»Nun ja. Du hast doch wenig Gepäck; ich denke, das werden wir unterbringen.«

»Schön. Also fahren wir gleich«, sagte der Jüngere seufzend und ging ins Zimmer.

Doch bevor er die Tür öffnete, blieb er im Hausflur stehen, ließ traurig den Kopf hängen und dachte: Jetzt gleich nach Sewastopol, in diese Hölle … entsetzlich! Aber schließlich ist es gleich, einmal muß es doch sein. Jetzt fahre ich wenigstens mit dem Bruder …

Die Sache war die: Erst jetzt, bei dem Gedanken, daß er sich in den Wagen setzen und, ohne noch einmal auszusteigen, nach Sewastopol kommen werde und kein Zufall ihn mehr zurückhalten könne, trat ihm die Gefahr, die er gesucht hatte, ganz deutlich vor Augen, und er verlor bei dem Gedanken an ihre Nähe den Kopf. Nachdem er sich etwas beruhigt hatte, trat er ins Zimmer; aber es verging eine ganze Viertelstunde, ohne daß er zu seinem Bruder zurückkam, so daß dieser endlich die Tür aufmachte, um ihn zu rufen. Der jüngere Koselzow sprach mit der Miene eines Schülers, der etwas ausgefressen hat, mit dem Offizier aus P. Als der Bruder die Tür aufmachte, geriet er vollständig in Verwirrung.

»Gleich, gleich komme ich«, rief er und winkte dem Bruder mit der Hand ab. »Warte bitte draußen auf mich.«

Und wirklich kam er eine Minute später heraus und ging mit einem tiefen Seufzer auf den Bruder zu.

»Stell dir vor, Bruder, ich kann doch nicht mit dir fahren«, sagte er.

»Wie? Das ist doch Unsinn.«

»Ich will dir die ganze Wahrheit sagen, Mischa! Wir haben alle kein Geld mehr und haben bei diesem Stabskapitän aus P. Schulden gemacht. Es ist furchtbar peinlich.«

Der ältere Bruder machte ein finsteres Gesicht und schwieg lange.

»Bist du ihm viel schuldig?« fragte er endlich und sah den Bruder von unten her an.

»Viel? Nein, nicht sehr viel; aber doch ist es schrecklich peinlich. Er hat auf drei Stationen für mich bezahlt und uns seinen ganzen Zucker gegeben … ich weiß also nicht … und dann haben wir noch Preference gespielt ... da blieb ich ihm etwas schuldig.«

»Das ist scheußlich, Wolodja! Was hättest du angefangen, wenn du nicht zufällig mit mir zusammengetroffen wärst?« sagte der Ältere streng, ohne den Bruder anzusehen.

»Ich dachte doch, Bruder, daß ich in Sewastopol mein Reisegeld bekommen würde; dann hätte ich es ihm zurückgegeben. So kann ich es doch machen und fahre darum lieber morgen mit ihm zusammen.«

Der ältere Bruder griff nach seiner Börse und zog mit etwas zitternden Fingern zwei Zehnrubelscheine und eine Dreirubelnote heraus.

»Das ist mein ganzes Geld«, sagte er. »Wieviel bist du ihm schuldig?«

Koselzow sprach nicht ganz die Wahrheit, wenn er sagte, daß dies alles sei: Er besaß noch vier Goldstücke, die er für alle Fälle in den Ärmelaufschlag eingenäht hatte; aber er hatte sich das Wort gegeben, sie nicht anzureißen.

Es stellte sich heraus, daß der junge Koselzow dem Offizier aus P. samt Preference und Zucker nur acht Rubel schuldete. Der ältere Bruder gab ihm das Geld und fügte nur die Bemerkung hinzu, wenn man kein Geld habe, dürfe man auch nicht Preference spielen.

»Auf Grund wessen hast du da eigentlich gespielt?«

Der jüngere Bruder erwiderte kein Wort. Die Frage erschien ihm wie ein Zweifel an seiner Ehrenhaftigkeit. Der Ärger über sich selbst, die Scham über eine Handlung, die seinen Bruder, den er doch so liebte, zu solch einem Verdacht und zu solch einer Kränkung veranlassen konnte, riefen in seiner empfindlichen Natur ein so starkes, schmerzliches Gefühl hervor, daß er kein Wort hervorbringen konnte. Da er sich außerstande fühlte, die Tränen und das Schluchzen, das ihm in der Kehle aufstieg, zurückzuhalten, nahm er, ohne den Bruder anzusehen, das Geld und ging zu seinen Kameraden.

8

Nikolajew, der sich in Duwanka durch zwei Maß Branntwein
gestärkt hatte, den Soldaten an der Brücke feilboten, zog die Zügel an, und der Wagen hüpfte den steinigen, stellenweise schattigen Weg entlang, der am Belbek entlang nach Sewastopol führt.
Die Brüder schwiegen hartnäckig, obgleich sie fortwährend mit
den Beinen zusammenstießen und nur aneinander dachten.

Warum hat er mich gekränkt? dachte der Jüngere. Konnte er
das nicht schweigend übergehen? Ganz als dächte er, ich sei ein
Dieb; und auch jetzt scheint er noch böse zu sein, so daß es wohl
ein Zerwürfnis für immer ist. Und wie herrlich wäre es doch gewesen, zu zweit in Sewastopol! Zwei Brüder, durch Freundschaft
verbunden, kämpfen beide gegen den Feind; der eine, schon älter, wenn auch nicht sehr gebildet, doch ein tapferer Soldat, der
andere, ein noch junger Mensch... aber doch auch schon
ein Held... In acht Tagen hätte ich allen bewiesen, daß ich kein
so junges Bürschchen mehr bin! Ich werde nicht mehr rot werden, werde männliche Züge bekommen, und wenn auch mein
Schnurrbart noch nicht groß ist, so wird er doch bis dahin
mächtig gewachsen sein – und er zerrte an dem Flaum, der da
und dort an den Mundrändern sproßte. Vielleicht kommen wir
heute noch hin und geraten gleich zusammen in ein Gefecht. Er
muß sehr hartnäckig und tapfer sein, so einer, der nicht viel redet, aber mehr tut als die anderen. Ich möchte nur wissen, fuhr
er dann in Gedanken fort, ob er mich mit oder ohne Absicht
ganz in die äußerste Ecke des Wagens drückt. Er spürt doch sicher, daß es mir unbequem ist, gibt sich aber den Anschein, als
merke er es nicht. Wenn wir also heute ankommen, fuhr er zu
überlegen fort, wobei er sich ganz in die Ecke drückte und sich
zu rühren vermied, um den Bruder nicht merken zu lassen, wie
unbequem er saß, dann geht es geradeswegs auf die Bastion: ich
mit den Geschützen und der Bruder mit seiner Kompanie, aber
wir gehen zusammen. Plötzlich stürzen die Franzosen auf uns
zu. Ich lasse schießen und schießen und strecke unmenschlich
viele nieder, aber trotzdem laufen sie gerade auf mich zu.
Schießen hilft nicht mehr, alles ist aus und für mich keine Rettung mehr; da stürzt plötzlich der Bruder mit gezogenem Säbel

herbei, ich greife nach einem Gewehr, und zusammen mit unseren Soldaten stürmen wir vor. Die Franzosen stürzen sich auf meinen Bruder. Ich springe herbei, schlage einen tot und dann noch einen und rette den Bruder. Meine rechte Hand ist verwundet, aber ich nehme das Gewehr in die andere und stürme trotzdem weiter. Da streckt eine Kugel den Bruder an meiner Seite nieder. Ich bleibe einen Augenblick stehen, sehe ihn traurig an, dann raffe ich mich auf und schreie: »Mir nach! Wir müssen ihn rächen! Ich habe meinen Bruder mehr als alles in der Welt geliebt«, sage ich, »und ihn verloren. Wir wollen ihn rächen, die Feinde zunichte machen oder alle sterben!« Alle schreien und stürzen mir nach. Das ganze französische Heer rückt heran – Pelissier selbst. Wir machen alle nieder; schließlich aber werde ich zum zweiten, zum dritten Male verwundet und stürze tödlich getroffen zu Boden. Alle laufen auf mich zu. Gortschakow kommt und fragt, ob ich noch einen Wunsch habe. Ich sage ihm: nur den einen, mich neben meinen Bruder zu legen, daß ich an seiner Seite sterben kann. Man hebt mich auf und legt mich neben die blutüberströmte Leiche des Bruders. Ich richte mich noch einmal auf und sage nur: »Ja, ihr habt zwei Menschen nicht zu würdigen verstanden, die ihr Vaterland wahrhaft geliebt haben; jetzt sind sie beide gefallen … Gott verzeihe euch!« und sterbe.

Wer weiß, inwieweit diese Träume Wirklichkeit werden!

»Bist du schon einmal bei einem Handgemenge dabeigewesen?« fragte er plötzlich den Bruder und vergaß ganz, daß er nicht mit ihm reden wollte.

»Nein, nicht ein einziges Mal«, erwiderte dieser. »In unserem Regiment sind zweitausend Mann gefallen, alle bei den Arbeiten; und auch ich wurde bei der Arbeit verwundet! Im Kriege geht's nicht immer so zu, wie du glaubst, Wolodja.«

Die Anrede Wolodja rührte den jüngeren Koselzow; er wollte sich mit dem Bruder aussprechen, der es sich gar nicht träumen ließ, daß er Wolodja beleidigt hatte.

»Bist du mir böse, Mischa?« fragte er, nachdem er einen Augenblick geschwiegen hatte.

»Weshalb?«

»Ach, nur so … Wegen der Sache vorhin. Also nicht?«

»Nicht im geringsten«, erwiderte der Ältere, wandte sich zu ihm und klopfte ihm aufs Knie.

»So verzeih mir, Mischa, wenn ich dich gekränkt habe.«

Und der jüngere Bruder wandte sich ab, um die Tränen zu verbergen, die ihm plötzlich in die Augen kamen.

9

»Ist das schon Sewastopol?« fragte der jüngere Koselzow, als sie auf den Berg hinaufkamen.

Vor ihnen öffnete sich die Bucht mit den Masten der Schiffe, das Meer mit der fernen feindlichen Flotte, die weißen Strandbatterien, die Kasernen, die Wasserleitungen, die Docks und Gebäude der Stadt, die weißvioletten Rauchwölkchen, die fortwährend auf den gelben Höhen aufstiegen, welche die Stadt umgaben und sich vom blauen Himmel abhoben, beleuchtet von den rosigen Strahlen der Sonne, die sich mit ihrem Glanz im dunklen Meere widerspiegelte und zum Horizont hinabsenkte.

Wolodja erblickte ohne das geringste Beben diesen Ort des Schreckens, mit dem er sich in Gedanken schon so viel beschäftigt hatte; im Gegenteil, er betrachtete mit ästhetischem Entzücken und mit dem heroischen Gefühl der Selbstzufriedenheit, daß er in einer halben Stunde dort sein werde, dieses wirklich reizvoll originelle Schauspiel, betrachtete es mit gesammelter Aufmerksamkeit bis zu dem Augenblick, als sie an der Nordseite beim Fuhrpark des Regiments seines Bruders angekommen waren, wo sie genaue Auskunft über den Standort des Regiments und der Batterie zu erhalten hofften.

Der Offizier, der den Fuhrpark befehligte, wohnte in dem sogenannten neuen Städtchen (Holzbaracken, von Matrosenfamilien errichtet) in einem Zelt, das mit einer ziemlich geräumigen Laubhütte aus grünen Eichenzweigen, deren Blätter noch nicht ganz vertrocknet schienen, verbunden war.

Die Brüder trafen den Offizier vor einem mit Zigarettenasche bestreuten Klapptisch, auf dem ein Glas mit kaltem Tee sowie ein Tablett mit Schnaps, vertrockneten Kaviarresten und Brot standen. Er hatte nur ein schmutziges gelbes Hemd an und zählte an einem großen Rechenbrett einen gewaltigen Haufen Banknoten. Doch bevor wir auf die Persönlichkeit dieses Offiziers und seine Unterhaltung eingehen, müssen wir uns unbedingt im Innern seiner Laubhütte genauer umsehen und uns ein wenig mit seiner Lebensweise und Beschäftigung vertraut machen.

Die neue Laubhütte war groß, gut geflochten, geräumig, mit Tischen und Bänken aus Rasen versehen, überhaupt so bequem, wie man sie sonst nur für Generale und Regimentskommandeure errichtet. Die Seiten und die Decke waren, damit die Blätter nicht herabfielen, mit drei Teppichen behängt, die zwar recht geschmacklos, aber neu und jedenfalls sehr teuer waren. Auf dem eisernen Bett, das unter dem Hauptteppich, auf dem eine Amazone abgebildet war, stand, lagen eine grellrote Plüschdecke, ein schmieriges, zerrissenes Kissen und ein Waschbärpelz herum. Auf dem Tisch lagen ein Spiegel in silbernem Rahmen, eine silberne, furchtbar schmutzige Bürste, ein zerbrochener Hornkamm mit fettigen Haaren, ein silberner Leuchter, eine Likörflasche mit einem großen goldenen Etikett, eine goldene Uhr mit dem Bildnis Peters des Großen, zwei goldene Federn, eine kleine Schachtel mit Kapseln, eine Brotrinde und ein altes Kartenspiel. Unter dem Bett standen volle und leere Porterflaschen. Dieser Offizier hatte den Fuhrpark des Regiments und die Verpflegung der Pferde unter sich. Mit ihm zusammen wohnte sein guter Freund, der Kommissionär, der das Geschäftliche erledigte. Er schlief gerade im Zelt, als die Brüder eintraten, während der Offizier mit der Monatsabrechnung der Staatsgelder beschäftigt war.

Das Äußere des Offiziers war sehr hübsch und martialisch: Er war groß von Gestalt, hatte einen gewaltigen Schnurrbart und eine stattliche Körperfülle. Unangenehm wirkten an ihm nur sein schwitzendes, aufgeschwemmtes Gesicht, in dem die kleinen grauen Augen kaum noch zu sehen waren (als wäre der ganze Kerl mit Porter angefüllt), und die auffallende Unsauberkeit, von den spärlichen, fettigen Haaren bis zu den großen nackten Füßen in Hermelinpantoffeln.

»Soviel Geld! Soviel Geld!« sagte Koselzow der Ältere, als er in die Hütte trat, und heftete mit unwillkürlicher Gier die Augen auf den Haufen Banknoten. »Wenn Sie mir nur die Hälfte davon pumpen würden, Wasilij Michailytsch!«

Der Trainoffizier krümmte sich, wie am Schlafittchen gefaßt, als er die Gäste sah, schob das Geld zusammen und verbeugte sich, ohne aufzustehen.

»Ja, wenn es meines wäre! Aber es sind Staatsgelder, Väterchen ... Doch wen haben Sie denn da bei sich?« fragte er, indem er einen Blick auf Wolodja warf, und verwahrte das Geld in einer Schatulle, die neben ihm stand.

»Das ist mein Bruder, der aus dem Kadettenkorps kommt. Wir möchten gern von Ihnen wissen, wo das Regiment steht.«

»Nehmen Sie Platz, meine Herren«, sagte der Trainoffizier, stand auf, schenkte den Gästen weiter keine Aufmerksamkeit und ging in das Zelt. »Wollen Sie nicht etwas trinken? Porter vielleicht?« rief er zurück.

»Könnte nichts schaden, Wasilij Michailytsch!«Wolodja war erstaunt über die Erhabenheit des Trainoffiziers, über seine lässige Art und Weise und über die Achtung, mit welcher der Bruder ihn behandelte.

Sicherlich ein guter Offizier von ihnen, den alle achten; gewiß schlicht, gastfrei und tapfer, dachte er und setzte sich schüchtern und bescheiden auf den Diwan.

»Also, wo steht unser Regiment?« fragte der ältere Bruder ins Zelt hinüber.

»Was?«

Er wiederholte die Frage.

»Heute war Seifer bei mir; er sagte, sie seien gestern auf die fünfte Bastion gekommen.«

»Wirklich?«

»Wenn ich es sage, dann ist es schon so; im übrigen mag's der Teufel wissen! Dem Seifer kommt's auf eine Lüge nicht an. Wie steht's also, wollen Sie Porter trinken?« fragte er aus dem Zelt heraus.

»Meinetwegen, ich trinke ein Glas«, erwiderte Koselzow.

»Trinken Sie mit, Osip Ignatjewitsch?« fuhr die Stimme im Zelt, sicherlich an den schlafenden Kommissionär gewandt, fort. »Sie haben genug geschlafen: es geht bereits auf acht Uhr.«

»Lassen Sie mich doch in Frieden, ich schlafe gar nicht«, erwiderte eine träge, dünne Stimme.

»Na, stehen Sie nur auf: mir ist's langweilig ohne Sie. «Der Trainoffizier kehrte zu den Gästen zurück. »Bring das Bier aus Simferopol!« schrie er.

Ein Bursche mit stolzem Gesichtsausdruck, wie es Wolodja schien, trat in die Hütte und holte das Bier unter der Bank hervor, wobei er Wolodja anstieß.

»Ja, Väterchen«, sagte der Trainoffizier, während er die Gläser füllte, »wir haben jetzt einen neuen Regimentskommandeur. Er braucht Geld, muß sich mit allem Nötigen ausstaffieren.«

»Nun, das ist ein ganz Besonderer, scheint mir«, sagte Koselzow und griff ehrfürchtig nach dem Glas.

»Ja, die neue Generation! Ein richtiger Knicker und Knauser ist er. Als er noch das Bataillon kommandierte, da hat er geschrien und gebrüllt, aber jetzt singt er ein ganz anderes Liedchen. Jetzt darf er nicht mehr.«

»So ist es.«

Der jüngere Bruder hatte von dem Gespräch der beiden kein Wort verstanden, aber es schien ihm, daß der Bruder anders redete, als er dachte, und zwar nur deshalb, weil er den Porter dieses Offiziers trank.

Die Flasche Porter war bereits ausgetrunken, und das Gespräch hatte sich schon ziemlich lange in derselben Art hingezogen, als die Zeltvorhänge auseinandergeschlagen wurden und ein kleiner, frischer Mann in blauem Chalat mit Troddeln heraustrat, auf dem Kopfe eine Militärmütze mit rotem Rand und einer Kokarde. Während er eintrat, strich er, den Blick irgendwohin auf den Teppich gerichtet, seinen schwarzen Schnurrbart zurecht und erwiderte mit einer kaum merklichen Bewegung der Schultern die Verbeugungen der Offiziere.

»Gib mir auch ein Gläschen zu trinken«, sagte er und setzte sich an den Tisch. »Sie kommen wohl aus Petersburg, junger Mann?« fragte er und wandte sich freundlich an Wolodja.

»Ja, ich gehe nach Sewastopol.«

»Haben Sie selber darum gebeten?«

»Gewiß.«

»Was das für ein Vergnügen für Sie ist, meine Herren, das begreife ich nicht!« fuhr der Kommissionär fort. »Ich würde jetzt gerne zu Fuß nach Petersburg laufen, wenn man mich nur fortließe. Ich habe, bei Gott, dieses verfluchte Leben hier gründlich satt!«

»Inwiefern geht es Ihnen denn hier so schlecht?« wandte sich der ältere Koselzow an ihn. »Wenn *Sie* hier kein schönes Leben haben!«

Der Kommissionär warf ihm einen Blick zu und wandte sich ab.

»Diese Gefahren« – von welchen Gefahren mag er nur sprechen? dachte Koselzow –, »Entbehrungen, dieser Mangel an allem«, fuhr er zu Wolodja gewandt fort. »Was das für eine Leidenschaft von Ihnen ist, das verstehe ich einfach nicht, meine Herren. Wenn noch irgendwelche Vorteile dabei herausspränegen, aber so! Ist das etwa schön, wenn man in Ihrem Alter für zeitlebens zum Krüppel geschossen wird?«

»Den einen reizen die Einkünfte, der andere dient um der Ehre willen«, mischte sich ärgerlich der ältere Koselzow ein.

»Was ist das für eine Ehre, wenn man nichts zu beißen hat!« erwiderte der Kommissionär mit verächtlichem Lachen und wandte sich an den Trainoffizier, der bei diesen Worten ebenfalls lachte. »Laß doch mal die ›Lucia‹ spielen«, sagte er und zeigte auf die Spieldose, »die höre ich so gern.«

»Sag, ist das ein guter Mensch, dieser Wasilij Michailytsch?« fragte Wolodja den Bruder, als sie – es dämmerte bereits – aus der Laubhütte heraustraten und nach Sewastopol weiterfuhren.

»Es geht an, nur ein geiziger Schelm ist er, einfach schrecklich! Er hat doch nahezu dreihundert Rubel im Monat! Und lebt wie ein Schwein, wie du gesehen hast. Aber den Kommissionär kann ich nicht sehen, den verprügle ich noch einmal. Diese Kanaille hat doch aus der Türkei an die zwölftausend heimgebracht ...« Und Koselzow begann sich über den Wucher auszulassen, ein wenig (um die Wahrheit zu sagen) mit dem Ärger eines Menschen, der den Wucher nicht deshalb verurteilt, weil er etwas Böses ist, sondern deshalb, weil es Leute gibt, die sich seiner zu bedienen verstehen.

10

Nicht daß Wolodja in niedergeschlagener Stimmung gewesen wäre, als sie bei einbrechender Nacht auf der großen Brücke über die Bucht fuhren, aber es lastete ihm wie ein Druck auf dem Herzen. Alles, was er hier hörte und sah, stimmte wenig mit seinen bisher empfangenen Eindrücken überein: mit dem großen, hellen, parkettierten Prüfungssaal, dem lustigen, harmlosen Schwatzen und Lachen der Kameraden, der neuen Uniform, dem vergötterten Zaren, den er während der sieben Jahre immer wieder gesehen hatte und der sie bei der Entlassung mit Tränen in den Augen seine Kinder genannt hatte – und alles, was er hier sah, glich nun so wenig seinen schönen, gleißenden, stolzen Träumen.

»Na, da wären wir ja!« sagte der ältere Bruder, als sie, bei der Michailowbatterie angekommen, aus dem Wagen stiegen. »Wenn man uns über die Brücke läßt, gehen wir gleich in die Nikolajewkaserne. Dort bleibst du über Nacht, während ich zu meinem Regiment gehe und mich erkundige, wo deine Batterie steht, und morgen hole ich dich ab.«

»Warum denn? Wir wollen doch lieber zusammen bleiben«, sagte Wolodja. »Ich gehe mit dir auf die Bastion. Das ist doch ganz gleich, ich muß mich ja doch daran gewöhnen. Wenn du hingehst, kann ich es auch.«

»Geh lieber nicht mit.«

»Nein, bitte, dann sehe ich doch wenigstens, wie ...«

»Mein Rat ist: Geh nicht, aber meinetwegen ...«

Der Himmel war dunkel und klar; die Sterne und die ununterbrochen aufleuchtenden Feuer der Bomben und Schüsse strahlten hell in die Finsternis. Das große weiße Massiv der Batterie und der Anfang der Brücke traten aus der Dunkelheit hervor. Buchstäblich jede Sekunde erschütterten Kanonenschüsse oder Explosionen, schnell aufeinanderfolgend oder auch gleichzeitig und immer lauter und deutlicher werdend, die Luft. Durch dieses Getöse hindurch drang wie zur Begleitung das dumpfe Brausen der Fluten. Vom Meere her blies ein leichter Wind, und es roch nach Feuchtigkeit. Die Brüder kamen zur Brücke.

Ein Landwehrmann stieß ungeschickt mit dem Gewehr auf und rief: »Wer da?«

»Soldat.«

»Übergang verboten.«

»Ja, wie denn? Wir müssen!«

»Fragen Sie den Offizier.«

Der Offizier, der dösend auf einem Anker saß, erhob sich und befahl, sie durchzulassen.

»Hinüber darf man, herüber nicht. Wo wollt ihr hin? Nicht alle auf einmal!« schrie er einigen mit Schanzkörben beladenen Regimentswagen zu, die sich vor der Brücke drängten.

Die Brüder stiegen zum ersten Ponton hinab und stießen auf einen Trupp Soldaten, die in lautem Gespräch von drüben herüberkamen.

»Wenn er eine Ausrüstungszulage bekommen hat, dann stimmt die Rechnung, das ist klar.«

»Ach, Brüder!« sagte eine andere Stimme, »wenn man auf die Nordseite hinüberkommt, tut sich eine ganz andere Welt auf, bei Gott! Eine ganz andere Luft ist dort.«

»Schwatz nur!« sagte der erste wieder. »Neulich kam hier so ein verdammtes Biest angeflogen, die hat gleich zwei Matrosen die Beine abgerissen, also sag lieber nichts.«

Die Brüder überschritten den ersten Ponton und blieben auf dem zweiten, der stellenweise schon mit Wasser gefüllt war, stehen, um auf ihren Wagen zu warten. Der Wind, der auf dem Festlande schwach erschienen war, blies hier ziemlich heftig und stoßweise; die Brücke schaukelte, und die Wellen, die krachend gegen die Balken schlugen und sich an den Ankern und Tauen brachen, überfluteten die Bohlen. Rechts brauste nebelhaft feindselig und schwarz das Meer, das durch eine endlose, gerade schwarze Linie vom gestirnten, lichtgrau schimmernden Horizont getrennt wurde; in der Ferne blitzten ab und zu die Lichter der feindlichen Flotte auf. Zur Linken dämmerte die dunkle Masse eines unserer Schiffe, man hörte, wie die Wellen gegen seinen Bord schlugen; hinten sah man einen Dampfer, der sich schnell und geräuschvoll von der Nordseite entfernte. Das Feuer einer in der Nähe krepierenden Bombe beleuchtete einen Augenblick lang die auf dem Verdeck hoch aufgeschichteten

Schanzkörbe, die beiden Matrosen, die oben standen, und die weiße Gischt und die Schaumköpfchen der grünlichen Wogen, die der Dampfer durchschnitt. Auf dem Brückenrand saß ein Matrose im bloßen Hemd, ließ die Beine ins Wasser hängen und arbeitete mit einem Beil an dem Ponton. Geradeaus über Sewastopol flammten noch immer dieselben Feuer auf, und immer lauter drangen von daher die furchtbaren Töne. Eine vom Meere heranbrausende Welle überflutete die rechte Brückenseite und benetzte Wolodjas Füße; zwei Soldaten gingen, im Wasser watend, an ihm vorüber. Plötzlich erhellte vor ihnen etwas unter lautem Krachen die Brücke, das Fuhrwerk und den Reiter darauf – und pfeifend und spritzend sausten die Splitter ins Wasser.

»Ah, Michail Semjonytsch!« sagte der Reiter und hielt sein Pferd vor dem älteren Koselzow an. »Sind Sie wieder ganz hergestellt?«

»Wie Sie sehen. Aber wohin wollen Sie?«

»Auf die Nordseite, um Patronen zu holen. Ich vertrete doch jetzt den Regimentsadjutanten... Wir erwarten von Stunde zu Stunde einen Sturmangriff und haben keine fünf Patronen im Sack. Vortreffliche Organisatoren!«

»Wo ist denn Marzow?«

»Dem ist gestern ein Bein abgerissen worden... er schlief in der Stadt in seinem Zimmer... Sie kennen ihn wohl? Er befindet sich auf dem Verbandsplatz.«

»Unser Regiment steht auf der fünften, nicht wahr?«

»Ja, an Stelle der M–zer. Gehen Sie zum Verbandsplatz; dort sind welche von uns, die werden Sie hinführen.«

»Ist denn mein Quartier in der Seestraße noch heil?«

»Ach, Väterchen! diese Gegend ist schon längst von Bomben zerstört. Sie werden Sewastopol nicht wiedererkennen: Da gibt es keine Frauen, keine Kneipen, keine Musik mehr. Gestern ist der letzte Gastwirt fortgezogen. Es ist jetzt recht trübselig geworden... Leben Sie wohl!« Und der Offizier sprengte davon.

Wolodja wurde plötzlich angst: ihm schien, als müsse jeden Augenblick eine Kanonenkugel oder ein Granatsplitter auf ihn zugeflogen kommen und ihn gerade am Kopf treffen. Diese feuchte Finsternis, dieses Getöse, besonders das dumpfe Klatschen der Wellen, das alles schien ihm zu sagen, er solle nicht weitergehen, es warte seiner hier nichts Gutes, sein Fuß werde nie wieder russischen Boden jenseits der Bucht betreten, so daß er am liebsten augenblicklich umgekehrt und irgendwohin gelaufen wäre, so weit fort von diesem furchtbaren Ort wie nur möglich.

Aber vielleicht ist es schon zu spät, ist schon alles beschlossen, dachte er und erschauerte teils bei diesem Gedanken, teils wohl auch, weil das Wasser ihm durch die Stiefel gedrungen war und seine Füße naß gemacht hatte.

Wolodja seufzte tief und trat etwas von seinem Bruder zurück.

»Herrgott! muß ich denn wirklich fallen, gerade ich? Lieber Gott, erbarme dich meiner!« betete er flüsternd und bekreuzigte sich.

»Na, komm, Wolodja«, sagte der ältere Bruder, als der Wagen auf die Brücke fuhr. »Hast du die Bombe gesehen?«

Auf der Brücke trafen sie Fuhren mit Verwundeten, mit Schanzkörben und auch eine mit Möbeln, die von einer Frau gefahren wurde. Am jenseitigen Ende der Brücke hielt sie niemand an.

Instinktiv hielten sich die Brüder dicht an der Mauer der Nikolajewbatterie, und während sie schweigend auf das Krachen der hier schon über ihren Köpfen platzenden Bomben und auf das Sausen der herunterfallenden Sprengstücke lauschten, kamen sie zu jener Stelle der Batterie, wo das Heiligenbild stand. Hier erfuhren sie, daß die fünfte Leichte, der Wolodja zugeteilt war, in der Korabelnaja stand, und beschlossen, trotz der Gefahr, zusammen auf der fünften Bastion zu übernachten und von dort aus morgen zur Batterie zu gehen. Sie bogen in einen Gang ein, stiegen über die Beine der Soldaten hinweg, die längs der ganzen Batteriewand schliefen, und kamen endlich auf den Verbandsplatz.

11

Als sie in das erste Zimmer traten, das voller Pritschen stand, auf denen Verwundete lagen, und von einem schweren, widerlich

unangenehmen Lazarettgeruch erfüllt war, stießen sie auf zwei
Barmherzige Schwestern, die ihnen entgegenkamen.

Die eine, eine Frau von etwa fünfzig Jahren, mit schwarzen
Augen und strenger Miene, trug Binden und Scharpie und erteilte einem jungen Menschen, einem Feldscher, der neben ihr
ging, allerlei Anordnungen; die andere, ein sehr hübsches
Mädchen von etwa zwanzig Jahren, mit dem blassen, zarten Gesichtchen einer Blondine, das eigenartig reizend-hilflos aus dem
weißen Häubchen hervorsah, ging, die Hände in den Taschen
ihrer Schürze, hinter der älteren her, ängstlich besorgt, nicht
hinter ihr zurückzubleiben.

Koselzow wandte sich an beide mit der Frage, ob sie nicht
wüßten, wo Marzow läge, dem gestern ein Bein abgerissen worden sei.

»Wohl vom P.-Regiment?« fragte die Ältere. »Ist er ein Verwandter von Ihnen«

»Nein, ein Kamerad.«

»Hm! Führen Sie die Herren«, sagte sie zu der jungen Schwester auf französisch, »dort hinüber.« Sie selbst ging mit dem
Feldscher zu einem Verwundeten.

»So komm doch … was guckst du da!« sagte Koselzow zu Wolodja, der mit hochgezogenen Augenbrauen und schmerzlicher
Miene nicht imstande war, sich vom Anblick der Verwundeten
loszureißen. »Komm nur!«

Wolodja ging hinter dem Bruder her, schaute sich dabei aber
immer wieder um und murmelte unwillkürlich immer wieder:
»Ach, mein Gott! Ach, mein Gott!«

»Der Herr ist sicher noch nicht lange hier?« fragte die Schwester Koselzow mit einem Blick auf Wolodja, der seufzend hinter
ihnen den Korridor entlangging.

»Soeben erst angekommen.«

Die hübsche Schwester schaute Wolodja an und begann
plötzlich zu weinen.

»Mein Gott, mein Gott! wann wird dies alles ein Ende nehmen!« sagte sie mit verzweifelter Stimme.

Sie traten in die Offiziersabteilung. Marzow lag auf dem
Rücken, hatte die sehnigen, bis zu den Ellbogen bloßen Arme
unter den Kopf geschoben, und auf seinem gelben Gesicht lag

ein Ausdruck, als bisse er die Zähne zusammen, um nicht vor Schmerz laut aufzuschreien. Das gesunde Bein, das in einem Strumpf steckte, hatte er unter der Decke hervorgestreckt, und man sah, wie er krampfhaft die Zehen bewegte.

»Nun, wie geht es Ihnen?« fragte die Schwester und hob mit ihren feinen, zarten Fingern, an deren einem Wolodja einen goldenen Ring bemerkte, seinen etwas kahlen Kopf und rückte das Kissen zurecht. »Ihre Kameraden sind gekommen, um Sie zu besuchen.«

»Natürlich tut's weh«, erwiderte er ärgerlich. »Lassen Sie, es ist schon gut so.« Die Zehen im Strumpfe bewegten sich noch schneller. »Willkommen. Wie heißen Sie? Verzeihen Sie ...« sagte er zu Koselzow. »Ach ja, entschuldigen Sie, hier vergißt man alles«, erwiderte er, als jener ihm seinen Namen genannt hatte. »Wir wohnten ja zusammen«, fügte er ohne jeden Ausdruck von Freude hinzu und sah Wolodja fragend an.

»Das ist mein Bruder, der heute aus Petersburg gekommen ist.«

»Hm! ... Nun habe ich mir die volle Pension verdient«, sagte er mit gerunzelter Stirn. »Aber die Schmerzen! Da wär's schon besser, es ginge bald zu Ende.«

Er zog das Bein an, bewegte noch schneller und krampfhafter die Zehen und schlug die Hände vors Gesicht.

»Wir müssen ihn in Ruhe lassen«, sagte die Schwester flüsternd, mit Tränen in den Augen. »Es geht ihm sehr schlecht.«

Die Brüder hatten auf der Nordseite beschlossen, gemeinsam auf die fünfte Bastion zu gehen; als sie aber aus der Nikolajew- batterie herauskamen, beschlossen sie, ohne darüber zu reden, als wären sie übereingekommen, sich nicht unnötig der Gefahr auszusetzen, jeder für sich allein zu gehen.

»Wirst du sie auch finden, Wolodja?« fragte der Ältere. »Übrigens, Nikolajew kann dich nach der Korabelnaja bringen; ich gehe allein und komme dann morgen zu dir.«

Weiter wurde bei diesem letzten Abschied der beiden Brüder nichts gesprochen.

12

Der Kanonendonner hielt mit unverminderter Stärke an, aber die Katharinenstraße, die Wolodja, von dem schweigenden Nikolajew gefolgt, entlangging, war still und leer. In der Dunkelheit sah er nur die breite Straße mit den weißen, an vielen Stellen zertrümmerten Mauern der großen Häuser und das Steintrottoir, auf dem er ging. Ab und zu kamen ihnen Soldaten und Offiziere entgegen. Als er bei der Admiralität auf die linke Seite hinüberging, erblickte er beim Schein eines hellen Feuers, das hinter einer Mauer brannte, die längs des Trottoirs gepflanzten Akazien mit ihren grünen Pfählen und den jämmerlichen, verstaubten Blättern. Deutlich hörte er seine und Nikolajews Schritte, der schwer atmend hinter ihm herging. Er dachte an nichts: Die hübsche Krankenschwester, Marzows Fuß mit den im Strumpf zuckenden Zehen, die Dunkelheit, die Bomben und die mannigfaltigen Bilder des Todes tauchten trübe in seiner Seele auf. Sein ganzes jugendlich empfindsames Herz krampfte sich zusammen in dem Bewußtsein der Einsamkeit und allgemeinen Gleichgültigkeit an seinem Schicksal in der Gefahr. Sie schießen mich nieder, ich quäle mich, leide, und niemand weint um mich! Und dies alles statt eines Heldenlebens voller Tatkraft und Bewunderung, das er sich in seinen Träumen so herrlich ausgemalt hatte. Die Bomben platzten und pfiffen immer näher und näher, Nikolajew seufzte immer öfter, brach aber das Schweigen nicht. Als sie über die Brücke gingen, die nach der Korabelnaja hinunterführte, sah Wolodja, wie irgend etwas ganz in seiner Nähe pfeifend in die Bucht sauste, die violetten Wellen eine Sekunde lang purpurn beleuchtete, verschwand und dann wieder spritzend in die Höhe flog.

»Schau, die ist nicht erstickt!« rief Nikolajew heiser.

»Ja«, erwiderte Wolodja unwillkürlich mit einer für ihn selber unerwartet dünnen und schrillen Stimme.

Sie trafen Träger mit Verwundeten und abermals Wagen mit Schanzkörben; ein Regiment kam ihnen auf der Korabelnaja entgegen, Reiter ritten vorüber. Der eine war ein Offizier mit einem Kosaken. Er ritt im Trab heran, hielt, als er Wolodja erblickte, sein Pferd vor ihm an, sah ihm ins Gesicht, wandte sich ab und ritt weiter, wobei er seinem Pferde die Peitsche gab. Allein, allein ... allen ist es gleichgültig, ob ich da bin oder nicht, dachte der arme Junge und hätte allen Ernstes am liebsten losgeweint.

Als er an einer hohen weißen Mauer vorüber auf die Anhöhe gelangt war, kam er in eine Straße zerstörter kleiner Häuschen, die fortwährend von Bomben beleuchtet wurden. Ein betrunkenes, zerlumptes Weib, das mit einem Matrosen aus einem Pförtchen herauskam, stieß mit ihm zusammen.

»Denn wenn er ein anständiger Kerl wäre ...« lallte sie. »Pardon, Euer Wohlgeboren, Herr Offizier.«

Immer mehr krampfte sich das Herz des armen Jungen zusammen; immer öfter flammten am schwarzen Horizont die Blitze auf, immer häufiger pfiffen die Bomben und platzten in seiner Nähe. Nikolajew seufzte und fing plötzlich mit ängstlich gedämpfter Stimme, wie es Wolodja schien, zu reden an: »Da haben Sie's nun so eilig gehabt, aus dem Gouvernement herzukommen. Nur her, nur her. Ist auch der rechte Ort danach. Manche gescheite Herren, die nur ein ganz kleines bißchen verwundet sind, bleiben fröhlich im Lazarett. Es geht ihnen so gut, daß sie nichts Besseres wollen.«

»Warum denn nicht, wenn der Bruder wieder ganz gesund ist«, erwiderte Wolodja, in der Hoffnung, wenigstens durch ein Gespräch das furchtbare Gefühl, das sich seiner bemächtigt hatte, zu verjagen.

»Gesund? Was ist das für eine Gesundheit, wenn er durch und durch krank ist! Auch die wirklich Gesunden und die Gescheiten sollten während dieser ganzen Zeit lieber im Lazarett bleiben. Ist das etwa eine besondere Freude hier? Ein Arm wird einem abgerissen – das ist alles. Wie schnell ist das Unglück da! Hier in der Stadt ist's ja nicht so schlimm, aber auf der Bastion, da ist's furchtbar. Geht man dorthin, kann man nur alle seine Gebete hersagen. So eine Bestie, wie nahe sie vorüberfliegt!« fügte er hinzu und lauschte gespannt auf das Pfeifen eines vorbeisausenden Splitters. »Und jetzt«, fuhr Nikolajew fort, »hat er mir befohlen, Euer Wohlgeboren zu führen. Natürlich weiß ich: was unsereinem befohlen wird, muß auch ausgeführt werden; aber die Hauptsache – unseren Wagen überließ er dem ersten besten Soldaten, und das Bündel ist nicht zugeschnürt ... ›Geh nur, geh!‹ Wenn aber etwas von unseren Sachen verlorengeht, muß Nikolajew herhalten!«

Nachdem sie noch einige Schritte weitergegangen waren, kamen sie auf einen Platz. Nikolajew schwieg und seufzte.

»Da steht Ihre Artillerie, Euer Wohlgeboren!« sagte er auf einmal. »Fragen Sie den Posten, der wird Ihnen alles zeigen.« Und Wolodja hörte nach ein paar Schritten nicht mehr Nikolajews Seufzer hinter sich.

Er fühlte sich mit einem Male vollständig und endgültig allein. Dieses Bewußtsein der Verlassenheit in der Gefahr – vor dem Tode, wie er meinte – erschien ihm wie ein furchtbar schwerer, kalter Stein, der auf seinem Herzen lastete. Er blieb mitten auf dem Platze stehen, sah sich um, ob er nicht jemanden sähe, faßte sich an den Kopf und murmelte voller Entsetzen vor sich hin: »Herrgott, bin ich denn ein Feigling? Ein elender, widerlicher, nichtiger Feigling? Geht es nicht um das Vaterland, um den Zaren, für den zu sterben ich noch vor kurzem begeistert träumte? Nein! ich bin ein unglückliches, elendes Geschöpf!« Und mit einem wahren Gefühl der Verzweiflung und Enttäuschung über sich selber fragte Wolodja den Posten nach dem Hause des Batteriechefs und ging in der angegebenen Richtung weiter.

13

Das Quartier des Batteriechefs, das ihm der Posten gezeigt hatte, war ein kleines einstöckiges Häuschen, das man vom Hof aus betrat. Hinter dem einen Fenster, das mit Papier verklebt war, flackerte der schwache Schein einer Kerze. Ein Bursche saß vor der Tür und rauchte seine Pfeife. Er meldete Wolodja dem Batteriechef und führte ihn ins Zimmer. Drinnen standen zwischen den beiden Fenstern unter einem zerbrochenen Spiegel ein mit amtlichen Schriftstücken bedeckter Tisch, ein paar Stühle und ein eisernes Bett mit sauberem Bezug und einem kleinen Teppich davor.

Dicht an der Tür stand ein stattlicher Mann mit großem

Schnurrbart, der Feldwebel, mit Seitengewehr und Mantel, an dem ein Kreuz und die ungarische Medaille hingen. Mitten im Zimmer ging ein kleiner, etwa vierzigjähriger Stabsoffizier mit verbundener, geschwollener Backe auf und ab, der einen dünnen, alten Mantel trug.

»Ich habe die Ehre, mich zu melden, kommandiert zur fünften Leichten, Fähnrich Koselzow II«, sagte Wolodja die eingelernte Phrase her, als er ins Zimmer trat.

Der Batteriechef erwiderte kurz und trocken seine Verbeugung und forderte ihn auf, Platz zu nehmen, ohne ihm die Hand zu reichen.

Wolodja ließ sich schüchtern auf einen Stuhl neben dem Schreibtisch nieder und drehte verlegen an einer Schere, die ihm unter die Finger geraten war, während der Batteriechef – die Hände auf den Rücken gelegt und den Kopf gesenkt – weiterhin schweigend auf und ab ging, ab und zu einen Blick auf Wolodjas mit der Schere spielende Finger warf und sich anscheinend an etwas zu erinnern suchte.

Der Batteriechef war ein ziemlich dicker Mann mit einer großen Glatze, einem dichten Schnurrbart, der heruntergekämmt war und ihm über den Mund hing, und freundlichen braunen Augen. Er hatte schöne, saubere und weiche Hände und trat mit seinen kleinen Füßen sehr auswärts, selbstsicher und mit einer gewissen Stutzerhaftigkeit auf, die merken ließ, daß er kein schüchterner und verlegener Mann war.

»Ja«, sagte er und blieb vor dem Feldwebel stehen, »den Pferden von der Munitionskolonne müssen wir ab morgen ein Maß mehr geben, sonst werden sie zu mager. Was denkst du?«

»Ja, das können wir schon, Euer Wohlgeboren! Der Hafer ist jetzt billiger geworden«, erwiderte der Feldwebel, während seine Finger, mit denen er anscheinend gerne seinen Worten nachgeholfen hätte, an den Hosennähten zuckten. »Und dann hat mir unser Fourageur Frantschuk gestern vom Train einen Brief geschickt, Euer Wohlgeboren, wir sollten unbedingt dort Achsen kaufen, sagt er. Wie befehlen Sie also?«

»Meinetwegen kaufen: er hat ja Geld.« Der Batteriechef ging wieder im Zimmer auf und ab. »Wo haben Sie denn Ihr Gepäck?« fragte er plötzlich Wolodja und blieb vor ihm stehen.

Der arme Wolodja war von dem Gedanken, daß er ein Feigling sei, so überwältigt, daß er aus jedem Blick, jedem Wort Verachtung seiner Person, eines jämmerlichen Feiglings, herauszulesen glaubte. Ihm schien, als hätte auch der Batteriechef schon sein Geheimnis durchschaut und lachte nun über ihn. Er wurde verlegen und antwortete, seine Sachen seien auf der Grafskaja, und sein Bruder habe versprochen, sie ihm morgen zu schicken.

Doch der Oberstleutnant hörte ihm kaum zu, wandte sich wieder an den Feldwebel und fragte: »Wo können wir den Fähnrich unterbringen?«

»Den Fähnrich?« wiederholte der Feldwebel, der Wolodja durch den flüchtigen Blick, mit dem er ihn streifte und der die Frage auszudrücken schien: Was ist das schon für ein Fähnrich? noch mehr in Verlegenheit setzte. »Vielleicht unten, Euer Wohlgeboren, beim Stabskapitän könnten Seine Wohlgeboren Quartier nehmen«, fuhr er, nachdem er eine Weile überlegt hatte, fort. »Der Stabskapitän ist jetzt auf der Bastion, so daß sein Bett leer steht.«

»Vielleicht nehmen Sie inzwischen damit vorlieb?« sagte der Batteriechef. »Sie werden müde sein, denke ich; morgen regeln wir das dann besser.«

Wolodja stand auf und verbeugte sich.

»Wünschen Sie vielleicht etwas Tee?« fragte der Batteriechef, als Wolodja bereits an der Tür war. »Ich kann einen Samowar aufstellen lassen.«

Wolodja verbeugte sich und ging hinaus. Der Bursche des Oberstleutnants brachte ihn hinunter und führte Wolodja in ein kahles, schmutziges Zimmer, in dem allerlei Kram aufgestapelt war und ein eisernes Bett ohne Wäsche und Decke stand. Auf diesem Bett schlief, mit einem dicken Mantel zugedeckt, ein Mann in einem rosa Hemd.

Wolodja hielt ihn für einen Soldaten.

»Pjotr Nikolajewitsch«, rief der Bursche und rüttelte den Schlafenden an der Schulter, »hier soll sich der Fähnrich hinlegen ... Das ist unser Junker«, fügte er zu Wolodja gewandt hinzu.

»Ach, lassen Sie sich bitte nicht stören«, sagte Wolodja. Aber

der Junker, ein großer, stämmiger junger Mensch mit hüb-
schem, aber recht dummem Gesicht, sprang auf, warf seinen
Mantel um und ging, offenbar noch halb im Schlafe, aus dem
Zimmer.

»Macht nichts, ich lege mich draußen hin«, brummte er.

14

Mit seinen Gedanken allein geblieben, war Wolodjas erstes Gefühl die Angst vor dem verworrenen, trostlosen Zustand, in dem
sich seine Seele befand. Er wollte schlafen und seine ganze Umgebung vergessen – und vor allem sich selber. Er löschte das
Licht aus, legte sich, nachdem er den Mantel ausgezogen hatte,
aufs Bett und zog sich diesen über den Kopf, um die Angst vor
der Dunkelheit loszuwerden, der er von frühester Kindheit an
unterworfen war. Aber plötzlich durchzuckte ihn der Gedanke,
daß eine Bombe geflogen käme, das Dach zertrümmerte und
ihn erschlüge. Er lauschte: über sich hörte er die Schritte des
Batteriechefs.

Übrigens, wenn sie auch kommt, dachte er, so wird sie doch
zuerst die oben erschlagen und dann erst mich; wenigstens
nicht mich allein. Dieser Gedanke beruhigte ihn ein wenig, und
er war schon nahe daran, einzuschlafen. Wenn aber Sewastopol
plötzlich bei Nacht genommen wird und die Franzosen hier
eindringen? Womit werde ich mich verteidigen? Er stand auf
und ging durchs Zimmer. Die Furcht vor einer tatsächlichen
Gefahr erstickte die geheime Angst vor der Dunkelheit. Außer
einem Sattel und einem Samowar befand sich im Zimmer
nichts Hartes. Ich bin ein elender Wicht, ein Feigling, ein er-
bärmlicher Feigling! dachte er plötzlich, und wieder überkam
ihn jenes drückende Gefühl der Verachtung, ja sogar des Ab-
scheus vor sich selbst. Er legte sich wieder hin und versuchte, an
nichts zu denken. Doch bei dem ununterbrochenen Getöse, das
die Scheiben in dem einzigen Fenster seines Zimmers erklirren
ließ, tauchten die Eindrücke des Tages unwillkürlich noch einmal vor seinem Geiste auf und erinnerten ihn abermals an die
Gefahr: Bald sah er Verwundete vor sich und Blut, bald Bomben

und Sprengstücke, die ins Zimmer geflogen kamen, bald die hübsche Krankenschwester, die ihm, dem Sterbenden, einen Verband anlegte und über ihn weinte, bald seine Mutter, wie sie in der Kreisstadt zum letzten Male mit ihm ging und mit Tränen in den Augen inbrünstig vor dem wundertätigen Heiligenbilde betete – und wieder schien der Schlaf unmöglich. Da plötzlich ging ihm der Gedanke an den gütigen, allmächtigen Gott, der alles kann und jedes Gebet erhört, mit aller Klarheit durch den Kopf. Er fiel auf die Knie, bekreuzigte sich und faltete die Hände, so wie man ihn als Kind beten gelehrt hatte. Diese Gebärde übertrug auf ihn plötzlich ein längst vergessenes, tröstendes Gefühl.

Wenn ich sterben muß, wenn es nötig ist, daß ich mein Leben hingebe, so tu es, Herrgott, dachte er, tu es schnell. Brauche ich aber Tapferkeit, Festigkeit, die ich nicht habe, so verleihe sie mir und wende Schimpf und Schande von mir, die ich nicht ertragen könnte. Lehre mich, was ich tun muß, um deinen Willen zu erfüllen.

Seine kindliche, schüchterne, beschränkte Seele wurde plötzlich männlicher, erleuchteter und erblickte neue, weite, helle Horizonte. Vieles noch durchdachte und durchfühlte er in der kurzen Zeit, solange dieses Gefühl anhielt. Bald darauf schlief er ruhig und sorglos bei dem nimmer verstummenden Getöse des Bombardements und dem Klirren der Fensterscheiben ein.

Großer Gott! Nur du allein hörst und kennst jene schlichten, aber heißen und verzweifelten Gebete der Einfalt, wirren Reue und Hoffnung, die zu dir aufsteigen von diesem furchtbaren Ort des Todes: vom General, der noch vor einem Augenblick an das Georgskreuz am Halse gedacht hat und nun mit Bangen deine Nähe fühlt, bis zu dem einfachen Soldaten, der sich auf der blanken Erde der Nikolajewbatterie wälzt und dich anfleht, ihm jene Belohnung für alle diese Leiden zuteil werden zu lassen, die seine Seele unbewußt vorausahnt. Ja, du hörst nicht auf, die Bitten deiner Kinder zu erhören, du sendest ihnen stets einen tröstenden Engel herab, der ihren Herzen Geduld, das Gefühl der Schuld und die Labe der Hoffnung verleiht.

15

Der ältere Koselzow hatte auf der Straße einen Soldaten seines Regiments getroffen und begab sich nun mit ihm zusammen zur fünften Bastion.

»Halten Sie sich an der Mauer, Euer Wohlgeboren«, sagte der Soldat.

»Warum?«

»Es ist gefährlich, Euer Wohlgeboren: da kommt schon eine geflogen«, rief er und lauschte auf den Ton einer heranpfeifenden Kanonenkugel, die in den trockenen Weg auf der anderen Seite der Straße einschlug. Koselzow hörte nicht auf den Soldaten und ging forsch mitten auf der Straße weiter.

Es waren dieselben Straßen, dasselbe, sogar noch häufigere Aufblitzen der Schüsse, derselbe Lärm, dasselbe Stöhnen und Zusammentreffen mit Verwundeten, dieselben Batterien, Brustwehren und Laufgräben wie im Frühling, als er in Sewastopol gewesen war; doch aus irgendeinem Grund war jetzt alles trübseliger und dabei doch energischer. Zerschossene Hauswände gab es jetzt mehr; Licht in den Fenstern war überhaupt nicht zu sehen, ausgenommen in Kustschins Haus (dem Lazarett); Frauen traf man keine einzige, und alles zeigte nicht mehr jenen früheren Charakter der Gewohnheit und der Sorglosigkeit, sondern trug den Stempel einer schweren Erwartung, Müdigkeit und Abgespanntheit.

Doch da ist bereits der letzte Laufgraben, da ertönt die Stimme eines Soldaten des Regimentes P., der seinen früheren Kompaniechef erkennt, da steht in der Dunkelheit das dritte Bataillon an die Mauer gelehnt, ab und zu für einen Augenblick im Abschußfeuer aufleuchtend, und man hört gedämpftes Reden und das Klirren der Gewehre.

»Wo ist der Regimentskommandeur?« fragte Koselzow.

»In der Blindage, bei denen von der Flotte, Euer Wohlgeboren«, erwidert diensteifrig der Soldat. »Darf ich Sie hinführen?«

Von Graben zu Graben führte der Soldat Koselzow bis zu einer Ausbuchtung in einem Laufgraben. Dort saß ein Matrose, der ein Pfeifchen rauchte; hinter ihm sah man eine Tür, durch deren Ritzen Licht schimmerte.

»Darf man eintreten?«

»Ich werde Sie sogleich melden.«

Der Matrose verschwand hinter der Tür. Drinnen hörte man zwei Stimmen.

»Wenn Preußen fortfährt, seine Neutralität zu wahren«, sagte die eine Stimme, »so wird Österreich ebenfalls ...«

»Was heißt Österreich«, erwiderte die andere Stimme, »wenn die slawischen Länder ... ja, laß ihn eintreten.«

Koselzow war noch niemals in dieser Blindage gewesen. Sie fiel ihm durch ihre außerordentliche Eleganz auf. Der Fußboden war getäfelt, Wandschirme verdeckten die Tür. An den Wänden standen zwei Betten, und in der Ecke befand sich ein großes Muttergottesbild in goldenem Rahmen, vor dem ein rotes Lämpchen brannte. Auf dem einen Bett schlief, vollständig angekleidet, ein Seeoffizier, auf dem anderen, vor dem ein Tisch mit zwei angerissenen Flaschen Wein stand, saß der neue Regimentskommandeur im Gespräch mit seinem Adjutanten. Obgleich Koselzow keineswegs feige war und sich weder vor der Behörde noch vor dem Regimentskommandeur irgendwie schuldig fühlte, so wurde er beim Anblick dieses Obersten, der noch kürzlich sein Kamerad gewesen war, doch etwas eingeschüchtert: so stolz erhob sich dieser Oberst und nahm seine Meldung entgegen.

Auch der Adjutant, der neben ihm saß, regte ihn durch seine Pose und durch seinen Blick auf, der zu sagen schien: Ich bin nur der Freund Ihres Regimentskommandeurs. Sie kommen nicht zu mir, und ich kann und will von Ihnen keinerlei Aufmerksamkeit verlangen. Merkwürdig, dachte Koselzow, während er seinen Kommandeur ansah, sieben Wochen ist es erst her, daß er das Regiment übernommen hat, und wie deutlich merkt man aus seiner ganzen Umgebung, seiner Kleidung, seiner Haltung und aus seinem Blick die Würde des Regimentskommandeurs, diese Würde, die nicht so sehr auf dem Dienstalter und den militärischen Fähigkeiten als auf dem Reichtum beruht. Und dabei ist es noch gar nicht lange her, dachte er, daß dieser selbe Batristschew mit uns zechte, wochentags ein dunkles, nicht leicht schmutzendes Baumwollhemd trug und, ohne jemand einzuladen, diese ewigen Klopse und Quarkkuchen aß.

Und jetzt! Schon lugt ein Hemd aus holländischem Linnen aus dem dicken, weitärmeligen Rock hervor, befindet sich eine Zehnrubelzigarre in seiner Hand, steht auf dem Tisch Lafitte, sechs Rubel die Flasche (alles zu unglaublichen Preisen über den Quartiermeister in Simferopol eingekauft) – und in den Augen der kalte Stolz des Geldaristokraten, der zu sagen scheint: Ich bin wohl dein Kamerad, weil ich Regimentskommandeur neuer Schule bin, aber vergiß nicht, daß du sechzig Rubel Gehalt hast, während durch meine Hände Zehntausende gehen, und glaube mir, ich weiß ganz genau, daß du dein halbes Leben dafür geben würdest, an meiner Stelle zu sein!

»Sie haben lange Zeit zu Ihrer Wiederherstellung gebraucht«, sagte der Oberst kalt und sah ihn an.

»Ich war krank, Oberst! auch jetzt ist die Wunde noch nicht ganz geschlossen.«

»Dann sind Sie unnützerweise hergekommen«, erwiderte der Oberst und umfaßte mit einem ungläubigen Blick die vierschrötige Gestalt des Offiziers. »Aber Dienst können Sie doch wohl tun?«

»Gewiß, das kann ich.«

»Nun, ich freue mich sehr. Dann übernehmen Sie also vom Fähnrich Saizew die neunte Kompanie – Ihre frühere. Gleich werden Sie die Order erhalten.«

»Zu Befehl.«

»Haben Sie die Güte, mir den Regimentsadjutanten hereinzuschicken, wenn Sie fortgehen«, schloß der Kommandeur und gab durch eine leichte Verbeugung zu verstehen, daß die Audienz zu Ende sei.

Während Koselzow die Blindage verließ, brummte er ein paarmal etwas vor sich hin und zuckte mit den Schultern, als wäre ihm etwas schmerzlich, unangenehm oder ärgerlich; und zwar ärgerte er sich nicht über den Regimentskommandeur (dazu war kein Grund vorhanden), aber er war mit sich selber und seiner ganzen Umgebung unzufrieden. Disziplin und ihre Voraussetzung – Subordination – ist, wie jede andere gesetzlich geregelte Beziehung, nur dann erfreulich, wenn sie, außer der gegenseitigen Einsicht ihrer Unerläßlichkeit, auf der anerkannten Überlegenheit, militärischen Erfahrung oder einfach moralischen Vollkommenheit des Vorgesetzten beruht; wenn aber die Disziplin, wie es bei uns häufig vorkommt, auf Zufälligkeit oder dem Geldprinzip beruht, verwandelt sie sich auf der einen Seite immer in Dünkel und auf der anderen Seite in heimlichen Haß und Ärger und zeitigt an Stelle nützlichen Einflusses zur Vereinigung der Massen in ein Ganzes eine völlig gegenteilige Wirkung. Ein Mensch, der in sich nicht die Kraft verspürt, durch seine innere Würde Achtung einzuflößen, wird instinktiv jede Annäherung an seine Untergebenen fürchten und bemüht sein, durch äußere Bekundungen seiner Würde jede Kritik von sich fernzuhalten. Die Untergebenen, die nur diese äußere, für sie beleidigende Seite zu sehen bekommen, werden schon ihretwegen – wenn auch größtenteils unberechtigt – nichts Gutes annehmen.

16

Bevor sich Koselzow zu seinen Offizieren begab, ging er, seine Kompanie zu begrüßen und nachzusehen, wo sie stünde. Die Brustwehren aus Schanzkörben, die Windungen der Laufgräben, die Kanonen, an denen er vorbeiging, sogar die Splitter und Bomben, über die er unterwegs stolperte – dies alles, ununterbrochen durch das Aufblitzen der Schüsse erhellt, war ihm sehr wohlbekannt: alles hatte sich während der vierzehn Tage, die er vor drei Monaten ohne Unterbrechung auf dieser Bastion verbracht hatte, lebhaft seinem Gedächtnis eingeprägt. Obgleich vieles Schreckliche in diesen Erinnerungen war, mischte sich ihnen dennoch ein gewisser Reiz des Vergangenen bei, und so sah er mit Vergnügen die bekannten Plätze und Gegenstände wieder, als wären die beiden hier verlebten Wochen äußerst angenehm gewesen. Die Kompanie lag an der Verteidigungswand nach der sechsten Bastion.

Koselzow trat in die lange, vom Eingang her völlig offene Blindage ein, in der, wie man ihm gesagt hatte, die neunte Kompanie stehen sollte. Buchstäblich konnte man in der ganzen Blindage kaum einen Fuß auf den Boden setzen, so war sie vom äußersten Eingang an mit Soldaten angefüllt. An der einen Seite brannte eine schiefe Talgkerze, die ein Soldat im Liegen hielt und mit der er ein Buch beleuchtete, aus dem ein anderer – unmittelbar neben der Kerze – buchstabierend vorlas. Rings um das Licht sah man in dem düsteren Halbdunkel der Blindage erhobene Köpfe, die gierig dem Vorleser lauschten. Das Buch war eine Fibel. Als Koselzow in die Blindage eintrat, hörte er folgendes: »Die To-des-angst ist ... ein dem Men-schen an-ge-bo-re-nes Ge-fühl ...«

»Putzt doch einmal das Licht!« sagte eine Stimme.

»Ein herrliches Buch!«

»Mein ... Gott ...« fuhr der Vorleser fort.

Als Koselzow nach dem Feldwebel fragte, verstummte der Vorleser, die Soldaten gerieten in Bewegung, husteten und räusperten sich, wie man es stets nach längerem Schweigen zu tun pflegt; der Feldwebel stand aus der Gruppe der Zuhörer auf, knöpfte den Mantel zu, schritt über die Beine derer, die sie nicht wegziehen konnten, hinweg und trat auf den Offizier zu.

»Grüß dich, Bruder! Nun, ist das unsere ganze Kompanie?«

»Wir wünschen Ihnen Gesundheit! Glück zur Ankunft, Euer Wohlgeboren!« erwiderte der Feldwebel und sah Koselzow heiter und freundlich an. »Sind Sie wieder ganz hergestellt, Euer Wohlgeboren? Na, Gott sei Dank. Uns war es hier sehr langweilig ohne Sie.«

Man merkte gleich, daß Koselzow bei der Kompanie sehr beliebt war.

Hinten aus der Blindage hörte man Stimmen: »Unser alter Kompanieführer ist wieder da, der verwundet war, Koselzow, Michail Semjonytsch«, und so weiter; einige kamen sogar auf ihn zu, und der Trommler grüßte ihn.

»Willkommen, Obantschuk!« sagte Koselzow. »Bist du noch heil? Grüß euch, Kinder!« rief er dann mit erhobener Stimme.

»Wir wünschen Gesundheit!« brauste es durch die Blindage.

»Wie geht es euch, Kinder?«

»Schlecht, Euer Wohlgeboren: der Franzose ist obenauf. Er schießt ganz eklig von den Schanzen her. Das ist aber auch alles, ins Freie wagt er sich nicht.«

»Vielleicht habe ich Glück, gebe Gott, daß sie jetzt herauskommen, Kinder!« erwiderte Koselzow. »Das wäre doch nicht das erste Mal, daß wir zusammen über sie herfallen: wir werden sie schon wieder verhauen!«

»Wir werden uns mit Freuden bemühen, Euer Wohlgeboren!« riefen einige Stimmen.

»Ja, ja, er sind wirklich tapfer, Seine Wohlgeboren!« sagte eine Stimme.

»Furchtbar tapfer«, pflichtete der Trommler dem anderen Soldaten bei, nicht laut, aber doch so, daß man es hören konnte, als wollte er vor ihm die Worte des Kompanieführers rechtfertigen und ihn überzeugen, daß in ihnen nichts Großsprecherisches und Unwahrscheinliches sei.

Von den Soldaten ging Koselzow nach der Kaserne der Verteidigungsabteilung zu seinen Kameraden, den Offizieren.

17

Das große Zimmer in der Kaserne wimmelte von Menschen: Marineoffiziere, Artillerieoffiziere, Infanterieoffiziere. Die einen schliefen; andere saßen auf Pulverkästen und Lafetten von Festungskanonen und unterhielten sich; wieder einige, die hinter dem Gewölbe die größte und lauteste Gruppe bildeten, saßen auf zwei ausgebreiteten Filzmänteln auf dem Fußboden, tranken Bier und spielten Karten.

»Ah, Koselzow! Koselzow! Schön, daß du wieder da bist, wackerer Junge! Was macht die Wunde?« klang es von verschiedenen Seiten. Auch hier war zu erkennen, daß Koselzow beliebt war und sich alle über seine Ankunft freuten.

Koselzow drückte allen Bekannten die Hand und gesellte sich dann der lauten Gruppe bei, die Karten spielte. Unter ihnen hatte er ebenfalls Bekannte. Ein hübscher, magerer, brünetter junger Mann mit langer, feiner Nase und großem Schnurrbart, der ihm über die ganzen Backen ging, hielt mit seinen weißen, schlanken Fingern, an deren einem er einen großen goldenen Siegelring mit Wappen trug, die Bank. Er schien über etwas erregt zu sein, spielte schnell und nachlässig und wollte nur sorglos scheinen. Neben ihm zur Rechten lag, auf den einen Ellenbogen gestützt, ein grauhaariger Major, der schon ziemlich viel getrunken hatte und mit gespielter Kaltblütigkeit jedesmal einen halben Rubel setzte und immer sogleich auszahlte. Links hockte mit rotem, schwitzendem Gesicht ein junger Offizier, der gezwungen lächelte und scherzte, wenn man seine Karten stach. Er fuhr fortwährend mit der einen Hand in seiner leeren Hosentasche hin und her, spielte mit großen Einsätzen, aber anscheinend nicht gegen bar, was den hübschen brünetten Offizier zu ärgern schien. Im Zimmer ging ein kahlköpfiger, dürrer, blasser Offizier mit gewaltiger Nase und großem, bösem Mund auf und ab, der einen dicken Haufen Banknoten in der Hand hielt, stets mit barem Gelde va banque spielte und immer gewann.

Koselzow trank einen Schnaps und setzte sich zu den Spielenden.

»Setzen Sie doch, Michail Koselzow!« sagte der Bankhalter zu ihm. »Sie haben doch sicher eine Unmenge Geld mitgebracht.«

»Woher sollte ich Geld haben? Im Gegenteil, ich habe das letzte in der Stadt ausgegeben.«

»Ach was! Sie haben doch sicher in Simferopol jemanden tüchtig gerupft!«

»Ich habe wirklich nicht viel«, wiederholte Koselzow, wollte aber offenbar gar nicht, daß man ihm Glauben schenkte, knöpfte den Rock auf und nahm die alten Karten zur Hand.

»Versuchen schadet nichts! Der Teufel treibt oft kuriose Späße. Wer wagt, gewinnt. Man muß sich nur Mut antrinken!«

Und in kurzer Zeit befand sich Koselzow, nachdem er noch einen Schnaps und ein paar Glas Porter getrunken hatte, ganz in der Stimmung seiner Umgebung, das heißt im Dusel und bar jeglichen Gefühls für die Gegenwart, und hatte seine letzten drei Rubel verloren. Dem kleinen Offizier mit dem schwitzenden Gesicht hatte man hundertfünfzig Rubel angekreidet.

»Nein, es will heute nicht«, sagte er und setzte nachlässig auf eine neue Karte.

»Wollen Sie die Güte haben und das Geld auszahlen«, sagte der Bankhalter, hielt im Austeilen der Karten inne und sah ihn an.

»Wenn Sie gestatten, zahle ich es morgen«, erwiderte der schwitzende Offizier, stand auf und fuhr noch aufgeregter mit seiner Hand in der leeren Tasche hin und her.

»Hm …« machte der Bankhalter und brachte, sich ärgerlich nach rechts und links wendend, die Taille zu Ende. »Übrigens geht das nicht«, sagte er dann und legte die Karten hin. »Ich breche das Spiel ab. Das geht nicht, Sachar Iwanytsch«, fügte er hinzu. »Wir haben auf bar gespielt und nicht auf Kreide.«

»Was? Sie trauen mir wohl nicht? Das ist doch merkwürdig, wirklich!«

»Von wem soll ich das Geld erhalten?« brummte der schon stark betrunkene Major, der gegen acht Rubel gewonnen hatte. »Ich habe über zwanzig Rubel gesetzt, aber wenn ich gewinne, bekomme ich nichts ausgezahlt.«

»Woher soll ich denn das Geld nehmen«, sagte der Bankhalter, »wenn keins auf dem Tisch liegt.«

»Das geht mich nichts an!« schrie der Major und stand auf. »Ich spiele mit Ihnen, mit ehrlichen Leuten, und nicht mit jenen.«

Der schwitzende Offizier wurde plötzlich hitzig.

»Ich sage Ihnen ja, daß ich es morgen bezahle. Wie können Sie sich unterstehen, mir Frechheiten an den Kopf zu werfen!«

»Ich sage, was mir paßt! So spielen ehrliche Leute nicht … damit Sie's wissen!« schrie der Major.

»Hören Sie auf, Fjodor Fjodorowitsch!« riefen alle und versuchten, den Major zurückzuhalten. »Hören Sie auf!«

Aber der Major hatte anscheinend nur darauf gewartet, daß man ihn bäte, sich zu beruhigen, um endgültig in Wut zu geraten. Er sprang plötzlich auf und ging taumelnd auf den schwitzenden Offizier zu.

»Ich sage Frechheiten? Einer, der älter ist als Sie und seinem Zaren schon zwölf Jahre dient, sagt Frechheiten? Ach, du Jüngelchen!« schrie er plötzlich und wurde durch den Klang seiner Stimme immer mutiger. »Schurke!«

Doch lassen wir lieber den Vorhang über diese Szene fallen. Morgen oder heute noch wird vielleicht jeder dieser Menschen heiter und stolz dem Tode entgegengehen und standhaft und ruhig sterben; aber der einzige Trost für ein Leben unter solchen Bedingungen, die selbst den kühlsten Geist entsetzen, für den Mangel alles Menschlichen und die Aussichtslosigkeit eines günstigen Ausganges – der einzige Trost ist: vergessen, das Bewußtsein abtöten. Im Grunde eines jeden Herzens glimmt jener edle Funke, der einen Helden aus ihm macht; doch dieser Funke verliert allmählich seine Leuchtkraft – kommt aber der entscheidende Augenblick, dann lodert er zur hellen Flamme auf und beleuchtet große Taten.

18

Am nächsten Tag wurde das Bombardement in der gleichen Stärke fortgesetzt. Gegen elf Uhr morgens saß Wolodja Koselzow im Kreise der Batterieoffiziere, hatte sich schon ein wenig an sie gewöhnt, betrachtete die neuen Gesichter, stellte Beobachtungen an, fragte und erzählte. Die bescheidene, in gewissem Sinn gelehrt klingende Unterhaltung der Artillerieoffiziere flößte ihm Achtung ein und gefiel ihm. Sein eigenes schüchternes, unschuldiges und hübsches Äußeres machte ihm die Offiziere geneigt. Der älteste Offizier der Batterie, ein kleiner, rothaariger Hauptmann, der das Haar vorn hoch und an den Scheiteln glattgekämmt trug, in den alten Überlieferungen der Artillerie aufgewachsen, ritterlich gegen Damen und anscheinend ein Gelehrter war, fragte Wolodja über seine Kenntnisse in der Artillerie und über die neuesten Erfindungen aus, machte ein paar liebenswürdige Späße über seine Jugendlichkeit und sein hübsches Gesicht und behandelte ihn überhaupt ganz so wie ein Vater seinen Sohn, was Wolodja sehr angenehm war. Der Unterleutnant Djadenko, ein junger Offizier in zerrissenem Mantel und mit struppigem Haar, der mit kleinrussischem Akzent sprach, redete zwar sehr laut, suchte ständig nach einer Gelegenheit, um über irgend etwas gallig herzufallen, und bewegte sich hastig und schroff, gefiel aber Wolodja trotzdem, weil er unter dessen rauhem Äußeren den tüchtigen, außerordentlich gutmütigen Menschen erkannte. Djadenko bot Wolodja fortwährend seine Dienste an und suchte ihm zu beweisen, daß alle Geschütze in Sewastopol nicht vorschriftsmäßig aufgestellt seien. Der Leutnant Tschernowizkij hingegen mit seinen hochgezogenen Brauen gefiel Wolodja nicht, obgleich er höflicher war als alle anderen und einen, wenn auch nicht neuen, so doch ordentlich geflickten und ziemlich sauberen Rock und eine Atlasweste trug, auf der eine goldene Kette prangte. Er fragte immer wieder, wie es dem Zaren gehe und dem Kriegsminister, erzählte Wolodja mit unnatürlicher Begeisterung von den Heldentaten, die in Sewastopol vollbracht würden, klagte darüber, daß es so wenige aufrichtige Patrioten gäbe, und bekundete überhaupt viel Wissen, Geist und edle Gefühle, machte aber trotzdem aus irgendeinem Grund auf Wolodja den Eindruck eines unangenehmen, unnatürlichen Menschen. Vor allem bemerkte Wolodja auch, daß die übrigen Offiziere sehr wenig mit ihm sprachen. Der Junker Wlang, den er am gestrigen Abend aus dem Schlafe geweckt hatte, war ebenfalls da. Er sprach wenig, saß bescheiden in einer Ecke, lachte, wenn es etwas zu lachen gab, half, wenn einer etwas vergessen hatte, reichte den Wodka herum und drehte für alle Offiziere Zigaretten. War es nun die bescheidene und höfliche Art Wolodjas, der ihn wie einen Offizier behandelte und nicht wie mit einem dummen Jungen mit ihm umsprang, oder fesselte »Wlanga« (wie die Soldaten ihn nannten, indem sie aus irgendeinem Grund seinem Familiennamen die weibliche Endung gaben) Wolodjas hübsches Äußere, jedenfalls wandte er seine großen, gutmütigen Augen nicht von dem Gesicht des Offiziers ab, erriet alle seine Wünsche, kam ihnen zuvor und befand sich die ganze Zeit über in einer Art verliebter Ekstase, was den Offizieren natürlich nicht entging und sie zum Lachen brachte.

Vor Tisch kam ein Stabskapitän, der abgelöst worden war, von der Bastion und gesellte sich den Herren bei. Dieser Stabskapitän Kraut war ein hübscher, blonder, flotter Offizier mit gewaltigem Schnurr- und Backenbart; er sprach vorzüglich Russisch, aber zu regelgerecht und zu schön für einen Russen. Im Dienst und im Leben war er genauso wie in seiner Sprache: Er versah seinen Dienst musterhaft, war ein ausgezeichneter Kamerad und der ehrenhafteste Mensch in Geldsachen; aber als Mensch fehlte ihm doch irgend etwas, gerade deshalb, weil alles an ihm so vorzüglich war. Wie alle Deutschrussen war er, in merkwürdigem Gegensatz zu den ideell eingestellten Deutschen in Deutschland, im höchsten Grad praktisch.

»Da kommt er ja, unser tapferer Held!« rief der Hauptmann,

als Kraut, die Arme schwenkend und mit den Sporen klirrend, ins Zimmer trat. »Was wünschen Sie, Friedrich Kristianowitsch, Tee oder Branntwein?«

»Ich habe mir schon eine Kanne Tee bestellt«, erwiderte Kraut, »doch wäre ein Schnäpschen inzwischen als Seelenstärkung auch nicht zu verachten. Freue mich sehr, Ihre Bekanntschaft zu machen. Ich bitte Sie, uns Freundschaft und Wohlwollen entgegenzubringen«, sagte er zu Wolodja, der aufgestanden war und sich vor ihm verbeugt hatte. »Stabskapitän Kraut ... Mir sagte auf der Bastion der Feuerwerker, Sie seien schon gestern abend angekommen.«

»Ich danke Ihnen verbindlichst für Ihr Bett, ich habe die Nacht dort geschlafen.«

»Hoffentlich auch gut? Das eine Bein ist abgebrochen, aber bei diesem Belagerungszustand ist kein Mensch aufzutreiben, der es wieder festmachen könnte; man muß etwas drunterschieben.«

»Nun, ist Ihr Tagesdienst gut verlaufen?« fragte Djadenko.

»Ja, es ist nichts Besonderes vorgefallen; nur Skworzow hat's erwischt, und eine Lafette mußte neu gemacht werden, die eine Seite war ganz zerschossen.«

Er stand von seinem Platz auf und fing an, hin und her zu gehen; man sah ihm an, daß er ganz von dem angenehmen Gefühl eines Menschen beseelt war, der soeben einer Gefahr entronnen ist.

»Na, Dmitrij Gawrilytsch«, sagte er und klopfte dem Hauptmann aufs Knie, »wie geht es Ihnen denn, Väterchen? Wie steht's mit Ihrer Beförderung? Schweigt man sich noch immer darüber aus?«

»Es ist noch nichts eingegangen.«

»Es kann ja auch nichts kommen«, mischte sich Djadenko ein, »das habe ich Ihnen doch gleich gesagt.«

»Warum denn nicht?«

»Weil der Bericht nicht richtig gemacht worden ist.«

»Ach, Sie Streithammel, Sie Streithammel!« sagte Kraut und lachte lustig. »Ein echter kleinrussischer Dickschädel! Na, zur Strafe dafür wird wohl für Sie der Oberleutnant herauskommen.«

»Nein, das wird er nicht.«

»Wlang, bringen Sie mir meine Pfeife und stopfen Sie sie mir«, rief er dem Junker zu, der sogleich diensteifrig nach der Pfeife lief.

Kraut brachte Leben unter die Herren: Er erzählte vom Bombardement, fragte, was während seiner Abwesenheit vorgefallen sei, und unterhielt sich mit allen.

19

»Na, haben Sie sich bei uns schon häuslich eingerichtet?« fragte Kraut Wolodja. »Verzeihen Sie, wie war Ihr Vor- und Vatersname? Wir halten es hier so bei der Artillerie, wie Sie wissen. Haben Sie sich ein Reitpferd zugelegt?«

»Nein«, erwiderte Wolodja, »ich weiß nicht, wie ich es machen soll. Ich habe es schon dem Hauptmann gesagt: Ich habe kein Pferd, und Geld habe ich auch keins, solange mir nicht die Tages- und Reisegelder ausgezahlt werden. Ich wollte den Batteriechef inzwischen um ein Pferd bitten, fürchte aber, daß er mich abweisen wird.«

»Apollon Sergejitsch?« Kraut blies durch die Lippen, um seinen starken Zweifel auszudrücken, und sah den Hauptmann an. »Wohl schwerlich.«

»Na, schlägt er's ab, ist's auch kein Unglück«, meinte der Hauptmann. »Hier braucht man ja im Grunde genommen gar kein Pferd. Aber versuchen kann man's ja, ich werde ihn heute fragen.«

»Was? Da kennen Sie ihn nicht«, mischte sich Djadenko ein. »Einem anderen mag er es abschlagen, aber Ihnen wird er das sicherlich nicht ... Wetten?«

»Na, wir wissen schon: Sie müssen immer widersprechen.«

»Ich widerspreche nur, weil ich es genau weiß: in anderen Sachen ist er knauserig, aber ein Pferd gibt er her, weil ihm eine Absage keinen Vorteil brächte.«

»Wie sollte er keinen Vorteil davon haben, wo ihn doch hier der Hafer an die acht Rubel kostet?« entgegnete Kraut. »Und ob das ein Vorteil ist, keine überflüssigen Pferde zu halten!«

»Bitten Sie ihn doch um den ›Star‹, Wladimir Semjonytsch!«meinte Wlang, der mit Krauts Pfeife zurückkam. »Das
ist ein Prachtgaul!«

»Mit dem Sie bei Soroki in den Graben gefallen sind? Was,
Wlang?« bemerkte der Stabskapitän lachend.

»Was sagen Sie da, acht Rubel der Hafer?« fuhr Djadenko zu
streiten fort. »Wo er doch zehn und einen halben Rubel an-
schreibt? Keineswegs hat er einen Vorteil.«

»Das wäre noch schöner, wenn nichts für ihn übrigbliebe!
Wenn Sie einmal Batteriechef sind, rücken Sie kein Pferd heraus, um in die Stadt zu reiten!«

»Wenn ich einmal Batteriechef bin, Väterchen, dann kriegen
die Pferde vier Maß Hafer zu fressen, und das Geld werde ich
auch nicht so zusammenkratzen, da brauchen Sie keine Angst
zu haben!«

»Qui vivra, verra!« meinte der Stabskapitän. »Wahrscheinlich
werden Sie's aber auch nicht anders machen, und Sie«, fügte er,
auf Wolodja weisend, hinzu, »ebenfalls nicht, wenn Sie erst mal
eine Batterie unter sich haben.«

»Warum denken Sie denn, Friedrich Kristianytsch, daß auch
er sein Schäfchen ins trockene bringen wird?« mischte sich
Tschernowizkij ein. »Vielleicht hat er Vermögen, warum sollte er
dann auf seinen Vorteil bedacht sein?«

»Nein, ich … ich … verzeihen Sie, Hauptmann«, erwiderte
Wolodja und wurde rot bis über die Ohren, »ich halte das für
unehrenhaft.«

»Ei, ei, wie radikal er ist!«lachte Kraut. »Wenn Sie es erst einmal zum Hauptmann gebracht haben, werden Sie anders reden.«

»Einerlei: ich denke nur, wenn es nicht mein Geld ist, dann
darf ich es auch nicht nehmen.«

»Ich will Ihnen mal was sagen, junger Mann«, fing der Stabskapitän in ernsterem Ton an, »wissen Sie, daß Ihnen als Batteriechef, wenn Sie die Geschäfte gut führen, in Friedenszeiten
fünfhundert und in Kriegszeiten sieben-, achttausend von den
Pferden allein übrigbleiben? Schön und gut. In die Verpflegung
der Mannschaften mischt sich der Batteriechef nicht ein, das ist
bei der Artillerie von jeher so Brauch. Sind Sie aber ein schlechter Verwalter, dann bleibt Ihnen nichts übrig. Da müssen Sie

einmal gegen die Bestimmung größere Ausgaben machen: erstens für Hufbeschlag (er bog einen Finger um), zweitens für die Apotheke (er bog den zweiten Finger um), drittens für die Kanzlei, dann müssen Sie einmal für Handpferde fünfhundert Silberrubel zahlen, Väterchen, das wäre Nummer vier, dann müssen die Soldaten, gegen die Bestimmung, neue Kragen bekommen, für Kohlen geht eine Menge Geld drauf, und Sie haben die Offiziere zu Tisch zu laden. Außerdem müssen Sie als Batteriechef anständig leben: Sie brauchen einen Wagen, einen Pelz und noch ein anderes, ein drittes und ein zehntes … Was ist also da zu sagen!«

»Vor allem aber«, fiel der Hauptmann ein, der die ganze Zeit über geschwiegen hatte, »stellen Sie sich vor, Wladimir Semjonytsch: Da dient nun so ein Mensch, wie ich zum Beispiel, zwanzig Jahre, für zweihundert Rubel Gehalt in ständiger Not; soll er da nicht für seine Dienste wenigstens ein Stückchen Brot im Alter haben, wo solch ein Kommissionär in der Woche Zehntausende verdient?«

»Aber natürlich, gar keine Rede!« fiel wieder der Stabskapitän ein. »Urteilen Sie nicht so vorschnell, leben Sie sich erst einmal ein und tun Sie Ihren Dienst.«

Wolodja war es schrecklich peinlich, und er schämte sich, daß er eine so unbedachte Äußerung getan hatte. Er murmelte etwas vor sich hin und hörte von nun an schweigend zu, wie Djadenko mit größtem Eifer wieder zu streiten anfing und das Gegenteil bewies.

Der Streit wurde durch den Burschen des Oberstleutnants unterbrochen, der zum Essen rief.

»Sagen Sie doch Apollon Sergejewitsch, daß er Wein auffahren läßt«, sagte Tschernowizkij, sich den Rock zuknöpfend, zum Hauptmann. »Warum ist er so geizig? Wenn er fällt, hat er doch keine Erben!«

»Sagen Sie es ihm doch selber«, erwiderte der Kapitän.

»Nein, warum? Sie sind der älteste Offizier, Ordnung muß sein.«

20

In demselben Zimmer, in dem sich Wolodja gestern beim Oberstleutnant gemeldet hatte, war heute der Tisch von der Wand abgerückt und mit einem schmutzigen Tischtuch bedeckt. Der Batteriechef reichte ihm heute die Hand und fragte ihn über Petersburg und über seine Reise aus.

»Nun, meine Herren, wer Branntwein trinkt, bitte sich zu bedienen. Die Fähnriche trinken keinen«, fügte er lächelnd hinzu.

Überhaupt schien der Batteriechef heute nicht so streng wie gestern zu sein, im Gegenteil, er machte den Eindruck eines guten, freundlichen Wirtes und zeigte sich den Offizieren gegenüber wie ein älterer Kamerad. Aber trotzdem erwiesen ihm alle Offiziere, von dem alten Hauptmann bis zum jüngsten Leutnant Djadenko, schon allein dadurch, wie sie ihm beim Sprechen höflich in die Augen sahen und schüchtern einer nach dem anderen herantraten, um Branntwein zu trinken, die größte Hochachtung.

Das Mittagessen bestand aus einer großen Schüssel Kohlsuppe, in der fette Stücke Rindfleisch und eine Unzahl Pfefferkörner und Lorbeerblätter schwammen, aus polnischen Srasy mit Senf und Fleischpiroggen mit nicht ganz frischer Butter. Servietten gab es nicht, die Löffel waren aus Blech und Holz, Gläser waren nur zwei da, und auf dem ganzen Tisch stand nur eine Karaffe mit abgebrochenem Hals. Dennoch war das Mittagessen sehr unterhaltend: Das Gespräch verstummte nicht einen Augenblick.

Zuerst war von der Schlacht bei Inkerman die Rede, an dem die Batterie teilgenommen hatte und von dem nun jeder seine Eindrücke und Erwägungen über die Gründe des Mißerfolgs zum besten gab, aber sofort verstummte, wenn der Batteriechef selber zu sprechen anfing. Dann kam man natürlich auf die Mangelhaftigkeit des Kalibers der leichten Geschütze und auf die neuen, vereinfachten Kanonen zu sprechen, wobei Wolodja Gelegenheit hatte, seine Kenntnisse in der Artillerie zu bekunden. Nur auf die wahrhaft furchtbare Lage Sewastopols ging das Gespräch nicht ein, als dächte ein jeder schon zuviel darüber nach, um noch davon zu reden. Auch von Wolodjas dienstlichen

Pflichten, die er nun zu übernehmen hatte, war zu seiner Verwunderung und Bekümmernis überhaupt nicht die Rede, ganz als wäre er nur nach Sewastopol gekommen, um sich über neue Geschütze zu unterhalten und beim Batteriechef zu Mittag zu essen. Während des Mittagessens schlug nicht weit von dem Haus, in dem sie saßen, eine Bombe ein. Der Fußboden und die Wände erzitterten wie bei einem Erdbeben, und die Fenster trübten sich vom Pulverdampf.

»So etwas, meine ich, haben Sie in Petersburg nicht gesehen; hier aber haben wir des öfteren solche Überraschungen«, meinte der Batteriechef. »Schauen Sie mal nach, Wlang, wo sie geplatzt ist.«

Wlang schaute nach und kam mit der Meldung zurück, die Bombe sei auf dem Platz krepiert, und weiter war nicht mehr die Rede davon.

Kurz vor Beendigung des Mittagessens trat ein altes Männlein, der Batterieschreiber, mit drei versiegelten Briefen ins Zimmer und überreichte sie dem Batteriechef.

»Dieser hier ist äußerst eilig«, sagte er, »soeben hat ihn ein Kosak vom Oberbefehlshaber der Artillerie überbracht.«

Alle Offiziere blickten mit ungeduldiger Erwartung auf die in solchen Sachen geübten Finger des Batteriechefs, die das Siegel erbrachen und das »äußerst eilige« Schreiben herauszogen. Was wird das wohl sein? fragte sich jeder. Das konnte der Befehl sein, zur Erholung von Sewastopol abzurücken, konnte aber auch die Beorderung der ganzen Batterie auf die Bastionen enthalten.

»Schon wieder!« rief der Batteriechef und warf das Schreiben zornig auf den Tisch.

»Was gibt's, Apollon Sergejitsch?« fragte der älteste Offizier.

»Ein Offizier mit Bedienungsmannschaft wird angefordert für irgendeine Mörserbatterie. Ich habe im ganzen nur vier Offiziere, und die Bedienungsmannschaft ist auch nicht vollzählig«, brummte der Batteriechef. »Und da verlangt man noch einen von mir. Dennoch muß einer gehen, meine Herren«, fügte er hinzu, nachdem er eine Weile geschwiegen hatte. »Um sieben Uhr an der Sperre, laut Befehl … Man rufe den Feldwebel! Wer von Ihnen will gehen, meine Herren? Entscheiden Sie sich!« wiederholte er.

226

»Er ist noch nirgends gewesen«, sagte Tschernowizkij, indem er auf Wolodja zeigte.

Der Batteriechef gab keine Antwort.

»Ja, ich würde sehr gern gehen«, erwiderte Wolodja und fühlte, wie ihm der kalte Schweiß über Hals und Rücken lief.

»Nein, wozu!« unterbrach ihn der Hauptmann. »Natürlich wird sich keiner weigern, aber sich selbst anzubieten ist auch nicht nötig. Wenn Apollon Sergejitsch es uns überläßt, so wollen wir das Los werfen, wie wir es neulich getan haben.«

Alle waren einverstanden. Kraut schnitt Papierchen, rollte sie zusammen und warf sie in eine Mütze. Der Hauptmann machte Witze und beschloß sogar, bei dieser Gelegenheit den Oberstleutnant um Wein zu bitten, damit sich alle Mut antrinken könnten, wie er sagte. Djadenko saß finster da, Wolodja lächelte, Tschernowizkij war überzeugt, daß das Los unbedingt ihn treffen werde, Kraut war vollständig ruhig.

Wolodja sollte zuerst ziehen. Er nahm ein Los, das etwas länger war, aber da kam ihm in den Sinn, es umzutauschen – er nahm ein anderes, das kleiner und dünner war, faltete es auseinander und las: Gehen.

»Ich«, sagte er und seufzte.

»Na, dann ziehen Sie mit Gott. Da kriegen Sie gleich Ihre Feuertaufe«, rief der Batteriechef und sah mit gutmütigem Lächeln in des Fähnrichs verwirrtes Gesicht. »Aber machen Sie sich schleunigst fertig. Und damit Sie keine Langeweile haben, mag Wlang als Feuerwerker mit Ihnen gehen.«

21

Wlang war mit dieser Entscheidung außerordentlich zufrieden, lief schnell fort, um seine Vorbereitungen zu treffen, und kam dann fix und fertig ausgerüstet wieder, um Wolodja zu helfen. Er überredete ihn, das Bett, den Pelz, einen alten Band der »Vaterländischen Annalen«, einen Spirituskocher und noch andere unwesentliche Dinge mitzunehmen. Der Hauptmann riet Wolodja, zuvor noch einmal im »Handbuch« über das Schießen aus Mörsern nachzulesen und sich die Schießtabellen abzuschreiben. Wolodja machte sich sogleich an die Arbeit und merkte zu seiner Verwunderung und Freude, daß ihn das Gefühl der Furcht vor der Gefahr und noch mehr davor, daß er sich als Feigling zeigen könnte, zwar immer noch beunruhigte, aber doch nicht mehr in dem Maße wie gestern abend. Der Grund hierfür war einesteils die Einwirkung des Tages und der Arbeit, andernteils kam es aber vor allem auch daher, daß die Furcht, wie jedes andere starke Gefühl, nicht immer in der gleichen Intensität anhalten kann. Mit einem Wort, er war schon über die erste Furcht hinaus. Gegen sieben Uhr, gerade als sich die Sonne hinter der Nikolajewkaserne zu verstecken begann, kam der Feldwebel zu ihm und meldete, daß die Mannschaften bereitstünden und warteten.

»Ich habe *Wlanga* die Liste übergeben. Wollen Sie ihn, bitte, danach fragen, Euer Wohlgeboren!« sagte er.

Gegen zwanzig Artilleristen mit Seitengewehren ohne Riemenzeug standen an der Hausecke. Wolodja und der Junker gingen auf sie zu. Soll ich ihnen eine kleine Rede halten oder einfach sagen: Grüß euch, Kinder, oder gar nichts sagen? dachte Wolodja. Ja, warum soll ich nicht sagen: Grüß euch, Kinder! Das muß ich doch sagen. Und er rief mit seiner klangvollen Stimme keck: »Grüß euch, Kinder!« Die Soldaten antworteten fröhlich: Die junge, frische Stimme klang jedem angenehm im Ohr. Wolodja trat forsch an ihre Spitze, und wenn auch sein Herz so stark klopfte, als hätte er im Laufschritt einige Werst zurückgelegt, so schritt er doch leicht und mit heiterem Gesicht vor ihnen her. Als sie zum Malachowhügel kamen und die Anhöhe emporkletterten, bemerkte er, daß Wlang, der bisher keinen Schritt hinter ihm zurückgeblieben war und zu Hause einen so tapferen Eindruck gemacht hatte, immer wieder zur Seite wich und den Kopf einzog, als kämen alle Bomben und Kanonenkugeln, die hier sehr häufig vorüberpfiffen, geradewegs auf ihn zugeflogen. Einige Soldaten machten es ebenso, und überhaupt drückten die meisten Gesichter, wenn auch nicht Furcht, so doch Unruhe aus. Dieser Umstand beruhigte und ermutigte Wolodja endgültig.

Da bin ich nun schon auf diesem Malachowhügel, den ich mir tausendmal schrecklicher vorgestellt habe! Und ich kann gehen, ohne mich vor den Kugeln zu ducken, und zeige mich viel weniger furchtsam als andere! So bin ich also kein Feigling? dachte er mit Genugtuung und sogar einer gewissen entzückten Selbstzufriedenheit.

Doch dieses Gefühl der Furchtlosigkeit und Selbstzufriedenheit wurde bald durch ein Schauspiel ins Wanken gebracht, das er in der Dämmerung auf der Kornilowbatterie mit ansehen mußte, als er den Kommandeur der Bastion suchte. Vier Matrosen hielten an der Brustwehr einen blutigen Leichnam ohne Stiefel und Mantel an Händen und Füßen und schwenkten ihn hin und her, um ihn über die Brustwehr zu schleudern. (Am zweiten Tag des Bombardements hatte man nicht überall Zeit, die Leichen von den Bastionen fortzuschaffen, und warf sie deshalb in den Graben, damit sie auf den Batterien nicht im Wege wären.) Wolodja war einen Augenblick wie versteinert, als er sah, wie der Leichnam oben auf der Brustwehr aufschlug und dann hinunter in den Graben rollte; aber zu seinem Glück stieß er in diesem Augenblick auf den Befehlshaber der Bastion, der ihm Befehle erteilte und einen Führer nach der Batterie und in die für die Mannschaften bestimmte Blindage mitgab.

Wir wollen nicht weiter schildern, wie viele Gefahren und Enttäuschungen unser Held an jenem Abend noch erleben mußte; wie er hier, statt der Genauigkeit und Ordnung, die er vom Übungsplatz auf dem Wolkowofeld her gewohnt war und auch hier anzutreffen gehofft hatte, nur zwei beschädigte kleine Mörser vorfand, von denen der eine an der Mündung durch eine Kanonenkugel breitgeschlagen war und der andere auf den Trümmern einer zerschossenen Plattform stand; wie er bis zum nächsten Morgen nirgends Arbeiter bekommen konnte, um die Plattform auszubessern; wie nicht ein einziges Geschoß das im »Handbuch« angegebene Gewicht hatte; wie zwei Soldaten seines Kommandos verwundet wurden und er selber an die zwanzigmal um ein Haar dem Tod entging. Zum Glück war ihm als Helfer ein Konstabelsmaat mitgegeben worden, ein Matrose von riesenhafter Gestalt, der seit Beginn der Belagerung bei den Mörsern tätig war und ihn von der Möglichkeit überzeugte, daß man aus solchen Geschützen noch feuern könne; dann führte er ihn während der Nacht mit einer Laterne auf der ganzen Bastion herum, ganz so, als zeigte er ihm seinen Gemüsegarten, und versprach, bis morgen alles in Ordnung zu bringen.

Die Blindage, zu der sein Führer ihn brachte, war eine in den Steinboden gegrabene längliche Grube, die mit dicken Eichenbalken gedeckt war. Hier ließ er sich mit allen seinen Soldaten nieder. Wlang war der erste, der, kaum daß er die niedere Tür der Blindage erblickt hatte, allen voran kopfüber hineinstürzte, sich – am Steinfußboden aufschlagend – in eine Ecke verkroch und aus ihr nicht wieder herauskam. Wolodja dagegen ließ erst alle Soldaten sich längs der Wand auf den Fußboden lagern und ihre Pfeifen anzünden, schlug dann sein Bett in einer Ecke auf, zündete eine Kerze an, rauchte eine Zigarette und legte sich hin. Über der Blindage hörte man unablässig schießen, aber nicht allzu laut, bis auf eine Kanone, die ganz in der Nähe stand und mit ihrem Donner die Erde erschütterte. In der Blindage selbst war es still. Nur die Soldaten, die in Gegenwart des neuen Offiziers schüchtern waren, sprachen ab und zu ein paar Worte, wenn einer den anderen bat, etwas zur Seite zu rücken oder ihm Feuer für die Pfeife zu geben; ab und zu trippelte eine Ratte über die Steine, oder Wlang, der noch immer nicht ganz zu sich gekommen war und noch ängstlich um sich blickte, stieß einen tiefen Seufzer aus. Wolodja auf seinem Bett, in dem stillen, mit Menschen überfüllten und nur durch eine Kerze erhellten Eckchen, empfand jenes Gefühl der Geborgenheit, das er bisweilen als Kind empfunden hatte, wenn er beim Versteckspielen in einen Schrank oder unter den Rock seiner Mutter gekrochen war, den Atem angehalten und gelauscht, sich vor der Dunkelheit gefürchtet und dabei doch ergötzt hatte. Ihm war bange und zugleich lustig zumute.

22

Nach etwa zehn Minuten hatten sich die Soldaten eingewöhnt und fingen an, sich zu unterhalten. In der Nähe der Kerze und des Offiziersbettes hatten sich die gewichtigeren Leute niedergelassen: zwei Feuerwerker, der eine schon ergraut, mit allen möglichen Medaillen und Kreuzen außer dem Georgskreuz; der andere ein junger Kantonist, der gedrehte Zigaretten rauchte. Der Tambour hatte, wie immer, die Pflicht auf sich genommen, den Offizier zu bedienen. Dann kamen die Bombardiere und die Berittenen und ganz beim dunklen Eingang saßen die *Ergebenen*. Unter diesen lebte die Unterhaltung zuerst auf. Den Anlaß bildete der Lärm, den ein in die Blindage hereinstürzender Soldat verursachte.

»Na, Bruder, willst wohl nicht mehr auf der Straße bleiben? Singen die Mädchen nicht schön?« rief eine Stimme.

»Da werden so herrliche Lieder gesungen, wie ich sie auf dem Dorf noch niemals gehört habe«, entgegnete lachend der Eindringling.

»Ja, der Wasin mag die Bomben nicht, ach, er mag sie einfach nicht!« sagte einer aus der Aristokratenecke.

»Was wollt ihr? Ja, wenn's nötig ist, dann ist das etwas anderes«, ließ sich Wasins langsame Stimme vernehmen, bei der alle anderen immer verstummten. »Am vierundzwanzigsten haben wir ordentlich unter den Kugeln ausgehalten, weil's eben sein mußte; aber weshalb soll man sich mutwillig in Scheißdreck zerschlagen lassen, die Obrigkeit erweist unsereinem doch keinen Dank.«

Bei diesen Worten Wasins brachen alle in lautes Gelächter aus.

»Aber der Melnikow, der sitzt, weiß Gott, immer noch draußen«, meinte jemand.

»So holt ihn doch herein, den Melnikow!« sagte der alte Feuerwerker. »Sonst wird er wirklich für nichts und wieder nichts totgeschossen.«

»Was ist denn das für einer, der Melnikow?« fragte Wolodja.

»Ach, das ist so ein dummer Soldat bei uns, Euer Wohlgeboren. Der fürchtet sich rein vor gar nichts und geht auch jetzt ruhig draußen spazieren. Geruhen Sie ihn nur einmal anzuschauen: er sieht ganz aus wie ein Bär.«

»Er weiß die Zauberformel«, sagte Wasins langsame Stimme in der anderen Ecke.

Melnikow betrat die Blindage. Er war ein dicker (was bei den Soldaten außerordentlich selten ist), rothaariger, hübscher Mann mit großer, vorstehender Stirn und hellblauen Krebsaugen.

»Hast du denn keine Angst vor den Bomben?« fragte ihn Wolodja.

»Warum sollte ich vor den Bomben Angst haben?« erwiderte Melnikow, krümmte den Rücken und kratzte sich. »Die Bomben werden nicht mein Tod sein, das weiß ich.«

»Da möchtest du wohl immer hier bleiben?«

»Aber sicher, wie denn nicht! Hier ist's doch lustig!« sagte er und brach plötzlich in ein lautes Gelächter aus.

»Oh, dann muß man dich zu einem Ausfall mitnehmen! Willst du, daß ich es dem General sage?« fragte Wolodja, obgleich er hier keinen einzigen General kannte.

»Und ob ich das will! Natürlich will ich's.«

Und Melnikow versteckte sich hinter den anderen.

»Kommt, wir wollen ›Nase‹ spielen, Kinder! Wer hat die Karten?« hörte man eine ungeduldige Stimme.

Und wirklich ging gleich darauf in der hinteren Ecke das Spiel los, man hörte Nasenstüber, Lachen und Trumpfen. Wolodja trank Tee aus dem Samowar, den der Tambour für ihn aufgestellt hatte, lud die Feuerwerker ein, scherzte und unterhielt sich mit ihnen, um sich populär zu machen, und freute sich über den Respekt, den sie ihm entgegenbrachten. Als die Soldaten merkten, daß der Offizier ein *schlichter* Herr war, tauten auch sie nach und nach auf. Der eine meinte, die Belagerung Sewastopols werde nun bald ein Ende haben, denn ein zuverlässiger Mann von der Flotte habe ihm erzählt, daß Konstantin, der Bruder des Zaren, mit der *amerikanischen* Flotte uns zu Hilfe kommen werde; ferner würde alsbald ein Vertrag abgeschlossen werden, zwei Wochen lang nicht zu schießen und allen Ruhe zu gönnen – wenn einer aber trotzdem schießen würde, müsse er für jeden Schuß fünfundsiebzig Kopeken Strafe zahlen.

Wasin, der, wie Wolodja jetzt erkennen konnte, ein kleiner Mann mit großen, guten Augen und einem Vollbart war, erzählte anfangs unter allgemeinem Schweigen und dann unter allgemeinem Gelächter: wie er auf Urlaub nach Hause gekommen sei, hätten sich zuerst alle gefreut, dann aber hätte ihn der Vater auf die Arbeit geschickt, während um sein Weib der Förster in einer Kutsche geschickt hätte. Dies alles machte Wolodja außerordentlich viel Spaß. Er empfand auch nicht die Spur von

Angst oder Unbehagen wegen der Enge und des Gestanks in der Blindage, ihm war im Gegenteil äußerst lustig und angenehm zumute.

Viele Soldaten schnarchten bereits. Wlang hatte sich ebenfalls auf dem Boden ausgestreckt, und der alte Feuerwerker breitete seinen Mantel aus, bekreuzigte sich und murmelte vor dem Einschlafen ein paar Gebete vor sich hin, als Wolodja die Lust anwandelte, aus der Blindage hinauszugehen, um nachzusehen, was draußen vor sich gehe.

»Beine weg!« schrien die Soldaten einander zu, als er aufstand; und die Füße wurden zurückgezogen und machten ihm den Weg frei.

Wlang, der sich nur schlafend gestellt hatte, hob plötzlich den Kopf und faßte Wolodja am Mantelzipfel.

»Aber, ich bitte Sie, gehen Sie nicht hinaus, wie können Sie nur!« sagte er in weinerlich überzeugendem Ton. »Sie kennen das noch nicht. Dort schlagen fortwährend Geschosse ein. Hier ist es besser …«

Doch Wolodja kümmerte sich nicht um Wlangs Bitten, wand sich aus der Blindage hinaus und setzte sich auf die Schwelle, auf der bereits Melnikow saß und die Stiefel umzog.

Die Luft war frisch und rein – besonders wenn man aus der Blindage kam –, die Nacht klar und still. Außer dem Donnern der Geschütze hörte man noch das Rattern der Fuhrwerke, die Schanzkörbe herbeibrachten, und das Plaudern der Mannschaften, die an einem Pulverkeller arbeiteten. Über ihren Köpfen wölbte sich der hohe Sternenhimmel, über den fortwährend die feurigen Schweife der Bomben hinliefen. Zur Linken führte eine ellenhohe Öffnung in eine andere Blindage, wo man die Füße und Rücken der dort stationierten Matrosen sah und ihre trunkenen Stimmen hörte. Vorne lag die Erhebung des Pulverkellers, an dem die Gestalten gebückter Menschen vorbeihuschten und auf dessen höchster Spitze, mitten unter den Kugeln und Bomben, die unaufhörlich die Stelle umpfiffen, eine große Gestalt im schwarzen Überrock stand und, die Hände in den Taschen, mit den Füßen die Erde festtrat, die andere Soldaten in Säcken herbeischleppten. Mehr als einmal kamen Bomben geflogen und platzten ganz in der Nähe des Kellers. Die Soldaten, welche die

Erde herbeischleppten, bückten sich und gingen zur Seite, aber die schwarze Gestalt wankte nicht, trat ruhig weiter die Erde fest und verharrte immer in derselben Stellung auf ihrem Platz.

»Wer ist denn der Schwarze?« fragte Wolodja Melnikow.

»Ich weiß es nicht; werde mal fragen.«

»Geh nicht hin, das ist nicht nötig.«

Doch Melnikow hörte nicht darauf, stand auf und ging auf den Schwarzen zu und blieb eine ganze Weile ebenso gleichmütig und unbeweglich neben ihm stehen.

»Das ist der Kellerposten, Euer Wohlgeboren!« sagte er, als er zurückkam. »Eine Bombe hat den Keller durchschlagen, darum schleppen die Infanteristen Erde herbei.«

Bisweilen schien es, als flögen die Granaten gerade auf die Tür der Blindage zu. Dann drückte sich Wolodja in eine Ecke, kam aber gleich wieder hervor und sah nach oben, ob nicht doch eine geflogen käme! Obgleich ihn Wlang mehrmals aus der Blindage anflehte, doch wieder hereinzukommen, saß er wohl drei Stunden auf der Schwelle und empfand es als eine Art Genugtuung, das Schicksal zu versuchen und dem Flug der Bomben zuzuschauen. Gegen Ende des Abends wußte er schon, woher und wie viele Geschütze feuerten und wo ihre Geschosse einschlugen.

23

Am nächsten Morgen, dem siebenundzwanzigsten, trat Wolodja sehr früh, nachdem er zehn Stunden geschlafen hatte, frisch und munter auf die Schwelle der Blindage. Wlang war ebenfalls mit ihm herausgekrochen, doch als er die erste Gewehrkugel pfeifen hörte, stürzte er spornstreichs, wobei er sich mit dem Kopf den Weg bahnte, wieder in die Öffnung der Blindage zurück, was das allgemeine Gelächter der ebenfalls an die frische Luft herausgetretenen Soldaten hervorrief. Nur Wasin, der alte Feuerwerker und noch ein paar andere gingen selten aus dem Laufgraben heraus, die übrigen waren nicht zu halten: Sie drängten aus der dumpfigen Blindage an die frische Morgenluft und lagerten sich ungeachtet des Bombardements, das noch ebenso stark wie gestern war, teils neben der Schwelle, teils unter der Brustwehr. Melnikow spazierte schon seit dem Morgengrauen auf der Batterie umher und schaute gleichgültig nach oben.

In der Nähe der Schwelle saßen zwei alte und ein junger Soldat mit krausem Haar, seinem Äußeren nach ein Jude. Dieser Soldat hatte eine der herumliegenden Kugeln aufgehoben, sie mit einem Sprengstück an einem Stein plattgeschlagen und schnitt nun aus ihr mit einem Messer Kreuze, die dem Georgskreuz ähnlich waren; die anderen plauderten und sahen ihm bei seiner Arbeit zu. Und wirklich brachte er ein sehr hübsches Kreuz zustande.

»Wenn wir hier noch eine Zeitlang bleiben müssen«, sagte einer von ihnen, »wird man uns wohl beim Friedensschluß alle entlassen.«

»Wie sollte das möglich sein? Ich habe im ganzen noch vier Jahre zu dienen und stehe jetzt erst fünf Monate in Sewastopol.«

»Das wird bei der Entlassung nicht so genau genommen«, meinte ein anderer.

In diesem Augenblick pfiff eine Kanonenkugel über die Köpfe der Sprechenden hin und schlug kaum einen Arschin von Melnikow entfernt ein, der im Graben auf sie zukam.

»Die hätte beinahe unseren Melnikow getroffen«, sagte der eine.

»Mich trifft keine«, erwiderte Melnikow.

»Hier hast du ein Kreuz für deine Tapferkeit«, sagte der junge Soldat, der das Kreuz gemacht hatte, und schenkte es Melnikow.

»Nein Bruder, hier wird dir ein Monat für ein ganzes Jahr gerechnet, so stand's im Befehl«, fuhren die anderen im Gespräch fort.

»Sei dem so oder so: jedenfalls wird nach Friedensschluß eine große Parade vor dem Zaren in Warschau stattfinden, und wenn wir nicht ganz entlassen werden, so bekommen wir doch bis auf weiteres Urlaub.«

In diesem Augenblick flog heulend ein Querschläger dicht über die Köpfe der Sprechenden hin und schlug gegen einen Stein.

»Schau, da kann man noch bis zum Abend seinen endgültigen Abschied kriegen«, sagte einer der Soldaten.

Alle lachten.

Und nicht erst am Abend, sondern schon nach zwei Stunden hatten zwei von ihnen ihren endgültigen Abschied erhalten und fünf waren verwundet. Die übrigen aber scherzten in der gleichen Weise weiter.

Gegen Morgen waren die zwei Mörser tatsächlich soweit instand gesetzt, daß man wieder aus ihnen schießen konnte. Gegen zehn Uhr erhielt Wolodja vom Befehlshaber der Bastion seinen Befehl, rief sein Kommando zusammen und ging mit ihnen auf die Batterie.

Sobald die Leute ihre Arbeit aufgenommen hatten, war ihnen nicht mehr eine Spur jenes Angstgefühls anzumerken, das sie gestern gezeigt hatten. Nur Wlang konnte sich nicht beherrschen: er versteckte und krümmte sich noch ebenso, und auch Wasin hatte seine Ruhe verloren, zeigte sich übergeschäftig und duckte sich fortwährend. Wolodja befand sich in äußerster Begeisterung: ihm kam der Gedanke an die Gefahr gar nicht in den Sinn. Die Freude, daß er seine Pflicht ordentlich erfüllte und kein Feigling war, sondern ein tapferer Offizier, das Gefühl, zu kommandieren, und die Gegenwart von zwanzig Mann, die, wie er wußte, ihn neugierig beobachteten, machten ihn zu einem wahren Helden. Er prahlte sogar mit seiner Tapferkeit, führte sie den Soldaten handgreiflich vor, kletterte auf das Bankett und knöpfte absichtlich den Mantel auf, um besser bemerkt zu werden. Der Befehlshaber der Bastion, der gerade um diese Zeit durch *seine Wirtschaft,* wie er sich ausdrückte, einen Rundgang machte und doch während der acht Monate an allerlei Tapferkeit gewöhnt war, konnte nicht umhin, mit Wohlgefallen diesen hübschen jungen Mann zu betrachten, wie er im aufgeknöpften Mantel, unter dem das rote, den weißen zarten Hals umschließende Hemd zu sehen war, mit glühenden Wangen und Augen in die Hände klatschte und mit voller Stimme »Erstes! Zweites!« kommandierte – und dann hurtig auf die Brustwehr lief, um zu beobachten, wo seine Geschosse einschlugen. Gegen halb zwölf Uhr ließ das Schießen auf beiden Seiten nach, und Punkt zwölf Uhr setzte der Sturm auf den Malachowhügel, auf die zweite, dritte und fünfte Bastion ein.

24

Auf dieser Seite der Bucht, zwischen Inkerman und den Nördlichen Befestigungen, standen um die Mittagszeit zwei Seeleute auf dem Telegraphenhügel: der eine Offizier schaute mit dem Fernrohr nach Sewastopol hinüber, der andere war mit einem Kosaken soeben zum großen Signalmast herangeritten.

Die Sonne stand leuchtend und hoch über der Bucht, die mit ihren vor Anker liegenden Schiffen, Booten und flatternden Segeln in heiterem, warmem Glanz flimmerte. Ein leichter Wind bewegte kaum merklich die Blätter des vertrockneten Eichengebüsches beim Telegraphen, blähte die Segel der Boote und wiegte die Wellen. Sewastopol, noch immer dasselbe, mit seiner unvollendeten Kirche, seiner Säule, seinem Uferdamm, seinem grünen Boulevard auf der Höhe und seinem prächtigen Bibliotheksgebäude, seinen kleinen, azurblauen, von Masten wimmelnden Buchten, seinen malerischen Wasserleitungsbögen und blauen Pulverdampfwolken, durch die ab und zu die rote Flamme eines Schusses aufblitzte – dieses immer noch schöne, sonntägliche, stolze Sewastopol, umsäumt auf der einen Seite von gelben, rauchenden Bergen, auf der anderen vom tiefblauen, in der Sonne glitzernden Meer, bot sich jenseits der Bucht dem Auge dar. Am Horizont des Meeres, an dem der schwarze Rauchstreifen irgendeines Schiffes zu sehen war, zogen lange, weiße, Wind ankündigende Wolken dahin. Die ganze Linie der Befestigungen entlang, besonders aber auf den Bergen der linken Seite, stiegen ununterbrochen, ab und zu von Blitzen durchzuckt, die sogar in der Mittagssonne leuchteten, dichte, weiße, zusammengepreßte Rauchballen auf, die sich ausbreiteten, mannigfaltige Formen annahmen, immer höher und weiter schwebten und sich am Himmel dunkler färbten. Solche bald hier, bald dort aufsteigende Rauchwölkchen zeigten sich auf den Bergen, auf den feindlichen Batterien, oberhalb der Stadt und auch hoch am Himmel. Das Getöse der Explosionen verstummte keinen Augenblick, floß ineinander und erschütterte die Luft…

Um zwölf Uhr ließen die Rauchwölkchen nach, und die Luft wurde weniger durch das Getöse erschüttert.

»Die zweite Bastion antwortet gar nicht mehr«, sagte der Husarenoffizier zu Pferde. »Sie scheint ganz zusammengeschossen zu sein! Schrecklich!«

»Ja, und auch vom Malachow kommt auf drei Schüsse nur einer zurück«, erwiderte der Offizier mit dem Fernrohr. »Es macht mich ganz toll vor Wut, daß sie schweigen. Jetzt hat wieder ein Treffer auf der Kornilowbatterie eingeschlagen, und sie antworten nicht.«

»Siehst du, wie ich gesagt habe: gegen zwölf Uhr hören sie immer mit dem Bombardement auf. So ist es auch heute. Wir wollen lieber frühstücken gehen … sie warten schon auf uns … es ist doch nichts zu sehen.«

»Halt, stör mich nicht!« erwiderte der Offizier mit dem Fernrohr und beobachtete aufmerksam und mit besonderer Spannung Sewastopol.

»Was ist das dort?«

»Eine Bewegung in den Laufgräben … dichte Kolonnen gehen vor.«

»Man sieht's mit bloßem Auge …« sagte der Matrose; »sie rücken in Kolonnen vor. Ich muß das Signal geben.«

»Sieh, sieh! Jetzt kommen sie aus den Laufgräben heraus.« Tatsächlich konnte man mit bloßem Auge sehen, wie sich von den französischen Bastionen den Berg hinunter und durch das Tal auf die Bastionen zu schwarze Flecke bewegten. Vor diesen Flecken sah man schon dicht an unseren Linien dunkle Streifen. Auf den Bastionen blitzten an verschiedenen Stellen, wie einander ablösend, weiße Rauchwölkchen auf. Der Wind trug das Knattern des beiderseitigen schnellen Gewehrfeuers herüber, das klang, wie wenn der Regen gegen Fensterscheiben prasselt. Die schwarzen Streifen kamen sich im dichten Rauch immer näher und näher. Das Knattern der Gewehre, das immer stärker wurde, verschmolz zu einem ununterbrochenen, rollenden Prasseln. Der Rauch, der immer häufiger aufstieg, huschte schnell über die ganze Linie hin und ballte sich schließlich zu einer einzigen, violetten, auf und nieder wogenden Wolke zusammen, in der ab und zu Feuer aufblitzten und schwarze Punkte zu sehen waren: Alle Geräusche verschmolzen zu einem einzigen rollenden Krachen.

»Sturm!« sagte der Offizier mit bleichem Gesicht und reichte dem anderen das Fernrohr.

Kosaken sprengten auf dem Weg vorbei, Offiziere kamen angeritten – und der Oberkommandierende mit seiner Suite fuhr im Wagen vorüber. Auf jedem Gesicht spiegelte sich höchste Erregung und die bange Erwartung von etwas Schrecklichem wider.

»Es ist unmöglich, daß sie ihn eingenommen haben!« sagte der Offizier zu Pferde.

»Bei Gott, die Fahne! Sieh nur, sieh!« rief der andere atemlos und trat vom Fernrohr zurück. »Die Franzosen sind auf dem Malachowhügel!«

»Das kann nicht sein!«

25

Der ältere Koselzow, der in jener Nacht zuerst sein Geld zurückgewonnen und danach wieder alles, sogar die im Ärmelaufschlag eingenähten Goldstücke, verloren hatte, schlief gegen Morgen einen ungesunden, schweren, aber festen Schlaf in der Verteidigungskaserne der fünften Bastion, als der von verschiedenen Stimmen wiederholte, verhängnisvolle Ruf ertönte: »Alarm!«

»Was schlafen Sie, Michail Semjonytsch! Sturm!« schrie ihm jemand zu.

»Gewiß ein Dummerjungenstreich«, sagte er ungläubig und öffnete die Augen.

Doch da sah er plötzlich einen Offizier, der ohne ersichtlichen Zweck aus einer Ecke in die andere stürzte und so kreideweiß aussah, daß er alles begriff. Der Gedanke, daß man ihn für einen Feigling halten könnte, der im entscheidenden Augenblick nicht auf seinen Posten hinaus gewollt hätte, fiel ihm schwer aufs Herz. Er lief zu seiner Kompanie, was er nur laufen konnte. Das Geschützfeuer war zu Ende; dagegen hatte das Knattern der Gewehre seinen Höhepunkt erreicht. Die Kugeln pfiffen nicht vereinzelt wie gewöhnlich, sondern flogen scharenweise wie Schwärme von Herbstvögeln über die Köpfe hinweg.

Der ganze Platz, auf dem sein Bataillon gestern gestanden hatte, war in Rauch gehüllt; man hörte wildes Schreien und Rufen. Verwundete und nicht verwundete Soldaten stürzten ihm in Scharen entgegen. Nachdem er noch etwa dreißig Schritt weitergelaufen war, sah er seine Kompanie, die sich an eine Mauer gedrängt hatte, und das kreidebleiche, entsetzte Gesicht eines seiner Soldaten. Die Gesichter der übrigen waren nicht viel anders.

Das Gefühl der Angst übertrug sich unwillkürlich auch auf Koselzow: es lief ihm eiskalt über den Rücken.

»Sie haben die Redoute Schwarz genommen!« rief zähneklappernd ein junger Offizier. »Alles ist verloren!«

»Unsinn!« rief Koselzow zornig, packte seinen kleinen, eisernen, stumpfen Säbel und schrie: »Vorwärts, Kinder! Hurra–a!«

Seine Stimme tönte voll und laut; sie machte ihm selber Mut. Er stürzte vorwärts, den Quergraben entlang, gegen fünfzig Mann folgten ihm schreiend nach. Als sie aus dem Quergraben auf den freien Platz hinausliefen, fielen die Kugeln buchstäblich hageldicht. Zwei trafen ihn, aber wohin und was sie ihm antaten – ob sie ihn nur gestreift oder verwundet hatten –, blieb ihm keine Zeit festzustellen. Vor ihm im Rauch tauchten schon blaue Uniformen und rote Hosen auf und ließ sich nichtrussisches Schreien vernehmen. Ein Franzose stand auf der Brustwehr, schwenkte die Mütze und schrie. Koselzow wußte genau, daß man ihn niederstrecken würde; aber gerade das machte ihn tapfer. Er lief immer weiter nach vorne. Ein paar Soldaten hatten ihn überholt, andere tauchten seitlich auf und liefen ebenfalls mit. Die blauen Uniformen hielten sich in derselben Entfernung und liefen vor ihm davon in ihre Gräben zurück, aber sein Fuß stieß an Verwundete und Gefallene. Als er schon bis zum Außengraben gelaufen war, fing sich vor seinen Augen alles zu drehen an, er fühlte einen Schmerz in der Brust, setzte sich auf das Bankett und sah mit großer Genugtuung durch die Schießscharte, wie Haufen blauer Uniformen in größter Unordnung zu ihren Gräben liefen und wie auf dem ganzen Feld in roten Hosen und blauen Uniformen Gefallene lagen und Verwundete dahinkrochen.

Eine halbe Stunde später lag er auf einer Tragbahre bei der

Nikolajewkaserne und wußte, daß er verwundet war, fühlte aber keinen Schmerz; er hätte nur gern etwas Kaltes getrunken und bequemer gelegen.

Ein kleiner, dicker Arzt mit großem schwarzem Vollbart trat auf ihn zu und knöpfte ihm den Mantel auf. Koselzow sah über das Kinn hinweg zu, was der Doktor machte, und schaute ihm ins Gesicht, aber er spürte keinen Schmerz. Der Arzt deckte die Wunde wieder mit dem Hemd zu, wischte sich die Finger an den Mantelschößen ab und ging, ohne den Verwundeten anzusehen, zu einem anderen. Koselzow verfolgte unbewußt, was rings um ihn geschah. Als ihm einfiel, was auf der fünften Bastion geschehen war, wurde er sich mit einem außerordentlich tröstlichen Gefühl von Selbstzufriedenheit bewußt, daß er treu seine Pflicht erfüllt und zum ersten Mal während seiner Dienstzeit so musterhaft wie nur möglich gehandelt hatte, so daß ihm niemand einen Vorwurf machen konnte. Der Arzt, der jetzt einen verwundeten Offizier verband, sagte, auf Koselzow zeigend, etwas zu einem Geistlichen mit großem, rotem Bart, der mit dem Kreuz in der Hand in der Nähe stand.

»Wie? Ich muß sterben?« fragte Koselzow den Geistlichen, als dieser auf ihn zutrat.

Der Geistliche gab keine Antwort, las ein Gebet und reichte dem Verwundeten das Kreuz.

Der Tod schreckte Koselzow nicht. Mit schwachen Händen nahm er das Kreuz, drückte es an seine Lippen und fing an zu weinen.

»Sind die Franzosen zurückgeschlagen?« fragte er den Geistlichen mit fester Stimme.

»Der Sieg ist uns überall verblieben«, erwiderte der Geistliche, um den Verwundeten zu trösten, und verhehlte ihm, daß auf dem Malachowhügel bereits die französische Flagge wehte.

»Gott sei Dank, Gott sei Dank!« murmelte der Verwundete und fühlte nicht, wie ihm die Tränen über die Wangen strömten, sondern empfand nur den unaussprechlichen Triumph des Bewußtseins, eine Heldentat vollbracht zu haben.

Der Gedanke an seinen Bruder schoß ihm für einen Augenblick durch den Kopf. Schenke ihm Gott ein ebensolches Glück! dachte er.

26

Aber ein solches Schicksal erwartete Wolodja nicht. Er hörte gerade einem Märchen zu, das Wasin ihm erzählte, als der Ruf ertönte: »Die Franzosen kommen!« Alles Blut strömte ihm augenblicklich zum Herzen, und er fühlte, wie seine Wangen kalt und bleich wurden.

Einen Augenblick lang stand er unbeweglich da; als er sich aber umschaute, sah er, wie die Soldaten ziemlich gemächlich ihre Mäntel zuknöpften und einer nach dem anderen hervorkrochen; einer, wahrscheinlich Melnikow, sagte scherzend: »Bringt ihnen Salz und Brot entgegen, Kinder!«

Mit Wlanga zusammen, der keinen Schritt von seiner Seite wich, kroch Wolodja aus der Blindage hervor und lief auf die Batterie. Das Artilleriefeuer schwieg sowohl auf der einen wie auch auf der anderen Seite vollständig. Wolodja fühlte sich nicht so sehr durch die Ruhe der Soldaten als vielmehr durch die klägliche, unverhohlene Feigheit des Junkers ermutigt. Sollte ich dem etwa ähnlich sein? dachte er und lief munter zur Brustwehr hin, an der seine Mörser standen. Ganz deutlich konnte er sehen, wie die Franzosen über das freie Feld gerade auf ihn zuliefen und wie sich ihre Scharen mit den in der Sonne blitzenden Bajonetten in die nächsten Laufgräben drängten. Einer von ihnen, ein kleiner, breitschultriger Mann in Zuavenuniform, stürmte, den Degen in der Hand, voran und sprang über die Gräben.

»Mit Kartätschen schießen!« schrie Wolodja und sprang vom Bankett herab; aber die Soldaten hatten schon alles ohne ihn getan, und der metallische Klang einer abgeschossenen Kartätsche pfiff über seinen Kopf hinweg, zuerst aus dem einen, dann auch aus dem zweiten Mörser. »Erstes! Zweites!« kommandierte Wolodja, lief im Qualm von einem Geschütz zum anderen und vergaß vollkommen die Gefahr. Von der Seite her drangen das nahe Gewehrgeknatter unserer Bedeckung und wirres Geschrei herüber.

Plötzlich ertönte von links her, von vielen Stimmen wiederholt, ein Schrei der Verzweiflung: »Wir sind umzingelt! Wir sind umzingelt!«

Wolodja sah sich um. Gegen zwanzig Franzosen zeigten sich im Rücken. Der eine von ihnen, ein hübscher Mann mit schwarzem Bart, stürmte allen voran; als er aber bis auf etwa zehn Schritte an die Batterie herangekommen war, blieb er stehen, schoß auf Wolodja und lief dann auf ihn zu. Einen Augenblick stand Wolodja wie versteinert und traute seinen Augen nicht. Als er wieder zu sich kam und sich umschaute, sah er vor sich auf der Brustwehr blaue Uniformen und sogar einen, der sich heruntergelassen hatte und eine Kanone zustopfen wollte. Um sich herum sah er außer Melnikow, der, von einer Kugel getötet, neben ihm lag, nur noch Wlang, der ein Handstück ergriffen hatte und mit wütendem Gesicht und gesenkten Augen vorwärts stürmte.

»Mir nach, Wladimir Semjonytsch! Mir nach!« schrie Wlang mit verzweifelt Stimme und schwang das Handstück nach den Franzosen, die von hinten kamen. Die wütende Gestalt des Junkers machte sie stutzig. Den vordersten schlug er auf den Kopf, die anderen blieben unwillkürlich stehen. Immer wieder sah sich Wlang um und hörte nicht auf zu schreien: »Mir nach, Wladimir Semjonytsch! Was stehen Sie da? Fliehen Sie!«

Damit rannte er nach dem Laufgraben, in dem unsere Infanterie lag und auf die Franzosen schoß. Er sprang hinein, steckte aber noch einmal den Kopf heraus, um zu sehen, was sein vergötterter Fähnrich mache. Jemand im Mantel lag mit dem Gesicht nach unten an der Stelle, wo Wolodja gestanden hatte, und der ganze Platz war voller Franzosen, die auf die Unsrigen schossen.

27

Wlang fand seine Batterie in der zweiten Verteidigungslinie. Von den zwanzig Mann, die bei der Mörserbatterie gewesen waren, hatten sich nur acht gerettet.

Gegen neun Uhr setzte Wlang mit der Batterie auf einem Dampfer, der mit Soldaten, Kanonen, Pferden und Verwundeten angefüllt war, auf die Nordseite über. Geschossen wurde nirgends mehr. Die Sterne glänzten ebenso hell wie in der vergangenen Nacht, aber ein starker Wind bewegte das Meer. Auf der ersten und zweiten Bastion zuckten den Erdboden entlang Blitze auf; Explosionen erschütterten die Luft und beleuchteten in ihrem Umkreis schwarze, seltsame Gegenstände und in die Luft fliegende Steine. In der Nähe des Docks brannte etwas, und die rote Flamme fand im Wasser ihren Widerschein. Die menschenüberfüllte Brücke wurde durch ein Feuer auf der Nikolajewbatterie erhellt. Eine große Flamme stand, wie es schien, über dem Wasser bei dem fernen Kap der Alexanderbatterie und beleuchtete den Saum einer Rauchwolke, die über ihr schwebte, und dieselben ruhigen, dreisten, fernen Lichter der feindlichen Flotte glänzten wie am vergangenen Tag weit draußen im Meer. Ein frischer Wind strich über die Bucht. Im Schein der Brände wurden die Masten unserer versenkten Schiffe sichtbar, die immer tiefer ins Wasser sanken. Unterhaltungen hörte man auf dem Verdeck des Schiffes nicht: durch das gleichmäßige Brausen der zerschnittenen Wellen und des Dampfes tönten nur das Schnauben und die Hufschläge der Pferde im Zwischendeck, die Kommandoworte des Kapitäns und das Stöhnen der Verwundeten. Wlang, der den ganzen Tag nichts gegessen hatte, zog ein Stück Brot aus der Tasche und fing an zu kauen, mußte aber plötzlich an Wolodja denken und fing so bitterlich an zu weinen, daß die Soldaten, die neben ihm standen, es hörten.

»Schau, unser Wlang ißt Brot und weint dabei«, sagte Wasin.

»Merkwürdig«, meinte ein anderer.

»Schau, da haben sie auch unsere Kaserne angesteckt«, fuhr er seufzend fort. »Wie viele unserer Brüder sind dort umgekommen; und ganz umsonst. Die Franzosen haben doch gesiegt.«

»Wenigstens sind wir selber lebend davongekommen, dem Herrn sei Dank dafür«, meinte Wasin.

»Aber schmerzlich ist's doch!«

»Was ist denn da schmerzlich? Wird *er* etwa lange dort herumspazieren? Keine Spur! Paß auf, das nehmen wir ihm bald wieder weg. Sind auch viele von uns dort gefallen, so wahr Gott heilig ist, wir nehmen's ihm wieder weg, wenn's der Herrscher befiehlt. Denkst du etwa, wir lassen ihm das? Keine Spur! Die nackten Mauern, die Schanzen sind alle gesprengt … Laß ihn nur sein Fähnchen auf den Hügel stecken, in die Stadt traut er sich ja doch nicht. Wart nur, mit dir werden wir schon endgültig abrechnen; laß uns nur Zeit!« schloß er, an die Franzosen gewandt.

»Das ist doch klar, daß es so kommt«, sagte eine andere Stimme mit Überzeugung.

Auf der ganzen Linie der Sewastopoler Bastionen, die so viele Monate hindurch von einem so schäumenden, ungemein tatkräftigen Leben beherrscht gewesen waren, so viele Monate mit angesehen hatten, wie sterbende Helden einer dem anderen durch den Tod Platz machten, so viele Monate hindurch die Furcht, den Haß und schließlich das Frohlocken der Feinde erregt hatten – auf den Sewastopoler Bastionen war kein Mensch mehr zu sehen. Alles war tot, verödet, furchtbar – aber nicht still: noch immer wurde zerstört. Auf der durch die frischen Explosionen aufgerissenen und zerwühlten Erde lagen überall verbogene Lafetten, die auf Russen- und Feindesleichen lasteten, schwere, nun auf immer verstummte eiserne Kanonen, mit furchtbarer Gewalt in Gräben geschleudert und halb mit Erde verschüttet, Bomben, Kanonenkugeln, abermals Leichen, Löcher, Balkensplitter aus den Blindagen und wieder stumme Leichen in grauen und blauen Mänteln. Dies alles erbebte noch zeitweise und wurde von der roten Flamme der Explosionen beleuchtet, die immer noch die Luft erzittern ließen.

Die Feinde sahen, daß etwas Unbegreifliches in dem schrecklichen Sewastopol vor sich ging. Die Explosionen und das Todesschweigen auf den Bastionen ließen sie erbeben; aber noch ganz unter dem Einfluß des starken, ruhigen Widerstandes dieses Tages, wagten sie es nicht, an ein Zurückweichen des unerschütterlichen Feindes zu glauben, und warteten nun schweigend und bangen Herzens, ohne sich zu rühren, auf das Ende der finsteren Nacht.

Die Truppen von Sewastopol fluteten, wie das Meer in stürmischer, finsterer Nacht auf und nieder wogt und in seiner ganzen Masse erbebt, zur Bucht hinunter und über die Brücke zur Nordseite und bewegten sich langsam durch die undurchdringliche Finsternis fort von einem Ort, an dem sie so viele tapfere Brüder zurückgelassen und den sie mit ihrem Blute getränkt hatten, von einem Ort, den sie elf Monate gegen einen doppelt so starken Feind verteidigt hatten und nun auf höheren Befehl ohne Kampf räumen mußten.

Unbegreiflich schwer war für jeden Russen der erste Eindruck dieses Befehls. Das zweite Gefühl war die Angst vor Verfolgung. Die Leute fühlten sich schutzlos, sobald sie jene Stätten verlassen hatten, auf denen sie zu kämpfen gewohnt waren, und drängten sich ängstlich in der Finsternis am Eingang der Brücke, die bei dem starken Wind schaukelte. Die Infanterie drängte sich – mit den Bajonetten zusammenstoßend und auf andere Regimenter, Equipagen und Landwehr aufprallend – eng zusammen; berittene Offiziere mit Befehlen brachen sich Bahn; Einwohner und Burschen mit Fuhren, die man nicht durchließ, weinten und flehten; Räder ratterten, Artillerie arbeitete sich zur Bucht hindurch, um eilig davonzukommen. Trotz der Ablenkung durch verschiedenartige, eifrige Tätigkeit regte sich doch in der Seele eines jeden das Gefühl der Selbsterhaltung und der Wunsch, so schnell wie möglich von dieser furchtbaren Stätte des Todes wegzukommen. Dieses Gefühl empfand gleicherweise der tödlich verwundete Soldat, der unter fünfhundert Leidensgefährten auf dem Steinpflaster des Paulkais lag und Gott um seinen Tod bat, und der Landwehrmann, der sich mit seinen letzten Kräften in die dichte Menge hineindrängte, um einem vorbeireitenden General den Weg freizugeben, und der General, der mit fester Hand den Übergang leitete und die Hast der Soldaten eindämmte, und der Matrose, der in ein vorrückendes Bataillon hineingeraten war und von der wogenden Menge so gepreßt wurde, daß ihm fast der Atem ausging, und der verwundete Offizier, den vier Soldaten auf einer Bahre trugen und dann, aufgehalten durch eine Stauung der Menge, vor der Nikolajewbatterie auf die Erde niederließen, und der Artillerist, der sechzehn Jahre bei seinem Geschütz gedient und dieses nun auf einen ihm unverständlichen Befehl der Obrigkeit hin mit Hilfe seiner Kameraden vom steilen Ufer in die Bucht hinabgestürzt hatte, und schließlich die Seeleute, die soeben die Böden in den Schiffen eingeschlagen hatten und nun mit kräftigen Ruderschlägen auf ihren Barkassen abfuhren. Fast jeder Soldat nahm, am anderen Ende der Brücke angelangt, die Mütze ab und bekreuzigte sich. Doch unter diesem Gefühl verbarg sich noch ein anderes, niederdrückendes, nagendes und tieferes Gefühl: ein Gefühl, das der Reue, Scham und Wut ähnlich schien. Fast jeder Soldat seufzte, wenn er von der Nordseite auf das verlassene Sewastopol hinüberblickte, mit unaussprechlicher Bitterkeit im Herzen und drohte den Feinden.

Der Schneesturm

Erzählung

1

Gegen sieben Uhr abends verließ ich, nachdem ich meinen Tee getrunken hatte, die Station, deren Namen ich schon vergessen habe; ich weiß nur, daß sie irgendwo im Gebiet der Donkosaken lag, in der Nähe von Nowotscherkask. Es war schon dunkel, als ich, in Pelz und Schlittendecke eingehüllt, neben Aljoscha im Schlitten Platz nahm. Hinter dem Stationsgebäude schien es warm und windstill zu sein. Obwohl kein Schnee fiel, war kein einziges Sternchen zu sehen, und der Himmel erschien im Vergleich zu der reinen Schneefläche, die sich vor uns ausbreitete, außergewöhnlich niedrig und schwarz.

Kaum waren wir an den dunklen Gestalten der Mühlen vorbeigefahren, von denen eine ihre großen, plumpen Flügel bewegte, und hatten die Staniza hinter uns, als ich bemerkte, daß der Weg schwerer wurde und stark verweht war, daß der Wind anfing, mir heftig in die linke Seite zu blasen, die Schweife und Mähnen der Pferde seitwärts wehte und den Schnee, der unter den Schlittenkufen und den Hufen der Pferde aufflog, hartnäckig in die Höhe wirbelte und davontrug. Das Schlittenglöckchen erstarb allmählich; eine Welle kalter Luft lief mir durch irgendeine Öffnung im Ärmel den Rücken hinunter, und ich erinnerte mich an den Rat des Stationsvorstehers, heute lieber nicht zu fahren, um nicht die ganze Nacht umherzuirren und unterwegs zu erfrieren.

»Werden wir uns nicht verirren?« sagte ich zum Postkutscher. Da ich aber keine Antwort erhielt, stellte ich meine Frage deutlicher: »Werden wir die Station erreichen, Kutscher? Werden wir uns nicht verirren?«

»Weiß Gott«, antwortete er, ohne den Kopf zu wenden. »Sieh mal, was da für ein Schneesturm losgeht: man sieht nichts vom Weg! Himmlischer Vater!«

»Sag lieber, hoffst du, uns bis zur Station zu bringen oder nicht?« fragte ich wieder. »Werden wir sie erreichen?«

»Wir müssen sie erreichen«, sagte der Kutscher und fügte noch etwas hinzu, was ich bei dem Wind nicht verstehen konnte.

Ich hatte keine Lust umzukehren; es kam mir aber auch nicht sehr heiter vor, die ganze Nacht in Schneesturm und Kälte in der völlig kahlen Steppe, die diesen Teil des Gebiets der Donkosaken einnimmt, umherzuirren. Zudem gefiel mir mein Kutscher, obwohl ich ihn in der Finsternis schlecht sehen konnte, nicht sonderlich und flößte mir kein Vertrauen ein. Er hielt die Beine vollkommen in der Mitte, nicht seitwärts, war allzu groß von Statur und hatte eine träge Stimme; seine Mütze war keine Kutschermütze, sondern groß und schwankte nach allen Richtungen; er trieb die Pferde auch gar nicht so an, wie es sich gehörte, sondern hielt die Zügel in beiden Händen wie ein Lakai, der sich an Stelle des Kutschers auf den Bock gesetzt hat; hauptsächlich aber hatte ich deshalb kein Vertrauen zu ihm, weil er ein Tuch um die Ohren gebunden hatte. Mit einem Wort, dieser ernste, gekrümmte Rücken, der vor mir in die Höhe ragte, gefiel mir nicht und schien nichts Gutes zu versprechen.

»Meiner Meinung nach wäre es besser umzukehren«, sagte Aljoscha zu mir, »es wäre nicht schön, sich hier zu verirren!«

»Himmlischer Vater! kommt da ein Schneesturm heran! man sieht nichts vom Weg, die ganzen Augen hat's mir verklebt ... Himmlischer Vater!« brummte der Kutscher.

Wir waren noch keine Viertelstunde gefahren, als der Kutscher die Pferde anhielt, Aljoscha die Zügel übergab, seine Beine ungeschickt aus dem Sitz befreite und mit seinen großen Stiefeln, die im Schnee knirschten, den Weg suchen ging.

»Was gibt's? wohin gehst du? sind wir denn vom Weg abgekommen?« fragte ich; aber der Kutscher antwortete mir nicht; er hatte das Gesicht vom Wind, der ihm in die Augen schnitt, abgewandt und sich vom Schlitten entfernt.

»Nun? hast du ihn gefunden?« wiederholte ich, als er zurückgekommen war.

»Nichts ist da«, sagte er plötzlich ungeduldig und ärgerlich, als trüge ich die Schuld daran, daß er vom Wege abgeirrt war, steckte seine großen Beine langsam in das Vorderteil des Schlittens und ordnete die Zügel mit den vereisten Fausthandschuhen.

»Was sollen wir denn machen?« fragte ich, als sich der Schlitten wieder in Bewegung setzte.

»Was ist da zu machen! Wir fahren drauflos, wohin Gott uns führt!«

Und wir fuhren in demselben kurzen Trab weiter, offenbar querfeldein, stellenweise auf lockerem Schnee, dann wieder auf der brüchigen nackten Eisrinde.

Obwohl es kalt war, taute der Schnee auf dem Kragen seht schnell; das durch den Sturm verursachte Schneegestöber wurde immer stärker, und von oben begann ein feiner trockener Schnee zu fallen.

Es war klar, daß wir weiß Gott wohin fuhren, weil wir auch in der nächsten Viertelstunde an keinem einzigen Werstpfahl vorüberkamen.

»Nun, wie denkst du?« fragte ich den Kutscher wiederum, »werden wir die Station erreichen?«

»Welche? Wir würden zurückfinden, wenn wir den Pferden freien Lauf ließen: sie brächten uns zurück; die andere erreichen wir kaum … man kommt höchstens um.«

»Nun, so fahren wir zurück«, sagte ich, »es ist wirklich besser …«

»Also kehrtmachen?« wiederholte der Kutscher.

»Ja, ja, kehr um.«

Der Kutscher gab die Zügel frei. Die Pferde begannen schneller zu laufen, und obwohl ich nicht bemerkt hatte, daß wir umgekehrt waren, hatte sich die Windrichtung geändert, und bald konnte man die Mühlen durch den Schnee sehen. Der Kutscher faßte wieder Mut und wurde gesprächig.

»Neulich ist die Retourpost von der anderen Station in so einem Schneesturm losgefahren«, erzählte er, »die mußten in den Heuschobern übernachten und kamen erst am Morgen an. Ein Glück, daß sie noch in den Schobern unterkriechen konnten, sonst wären sie glatt erfroren, so eine Kälte war das! Und da hat sich noch einer die Füße abgefroren, drei Wochen darauf ist er gestorben.«

»Aber jetzt ist es ja nicht kalt, und es ist auch ruhiger geworden«, sagte ich, »könnten wir nicht fahren?«

»Warm ist es schon, aber wie es weht! Jetzt, wo wir's im Rücken haben, scheint es leichter zu sein: aber es weht tüchtig. Fahren könnte man schon, wenn's ein Kurier wäre oder jemand, der aus freiem Willen fährt; aber das ist so eine Sache, wenn man den Fahrgast erfrieren läßt. Wie sollte man das bei Euer Gnaden verantworten?«

2

In diesem Augenblick vernahmen wir hinter uns das Schellengeläut mehrerer Troikas, die uns schnell einholten.

»Das ist die Glocke des Kuriers«, sagte mein Kutscher, »es gibt nur eine solche auf der ganzen Station.«

Und wirklich war der Klang des Glöckchens der ersten Troika, der vom Wind deutlich herübergetragen wurde, außerordentlich schön: rein, klangvoll, tief und ein wenig klirrend. Wie ich später erfuhr, war das eine besondere Liebhaberei: drei Glöckchen, ein großes in der Mitte mit dem »Himbeerton«, wie man es nennt, und zwei kleine, die in der Terz abgestimmt sind. Der Klang dieser Terz und der klirrenden Quinte, die in der Luft widerhallten, war ungemein überraschend und seltsam schön in dieser öden, einsamen Steppe.

»Die Post kommt gefahren«, sagte mein Kutscher, als die erste der drei Troikas uns einholte. »Wie ist der Weg? Kann man durchkommen?« rief er dem Kutscher der letzten Troika nach; aber der feuerte nur seine Pferde an und antwortete ihm nicht.

Sobald die Post an uns vorüber war, erstarb das Schellengeläut schnell im Winde.

Es schien mir, als ob mein Kutscher sich schämte.

»Wollen wir doch fahren, Herr!« sagte er zu mir, »die Leute sind durchgekommen, jetzt ist ihre Spur noch frisch.«

Ich war einverstanden, wir drehten wieder gegen den Wind und kämpften uns durch den tiefen Schnee vorwärts. Ich blickte von der Seite auf den Weg, um von der Spur, welche die Schlitten zurückgelassen hatten, nicht abzuirren. Ungefähr zwei Werst weit war die Spur deutlich zu sehen; dann bemerkte man nur noch eine kleine Unebenheit unter den Schlittenkufen, aber bald konnte ich durchaus nicht mehr erkennen, ob es eine Spur oder nur eine angewehte Schneeschicht war. Meine Augen wurden müde von dem immerwährenden Beobachten des eintönigen Davongleitens des Schnees unter den Kufen, und ich begann geradeaus zu schauen. Den dritten Werstpfahl konnten wir noch erkennen, den vierten fanden wir aber nicht mehr; wir fuhren, wie wir es schon vorher getan hatten, gegen den Wind und mit dem Wind, nach rechts und nach links, und kamen schließlich so weit, daß der Postkutscher meinte, wir seien nach rechts abgeirrt, während ich nach links sagte und Aljoscha uns bewies, daß wir überhaupt zurückfuhren. Wir machten wieder öfters halt, der Kutscher befreite seine langen Beine aus dem Sitz und kroch herunter, um den Weg zu suchen; aber alles war vergeblich. Auch ich stieg einmal aus, um nachzusehen, ob das, was mir vor den Augen flimmerte, der Weg sei; kaum aber hatte ich mit großer Anstrengung sechs Schritte gegen den Wind gemacht und mich überzeugt, daß überall nur die gleichen, eintönigen Schneeschichten lagen und daß ich die Straße nur in meiner Einbildung erblickt hatte, als ich den Schlitten nicht mehr sah. Ich schrie: »Kutscher! Aljoscha!« aber meine Stimme – ich spürte, wie der Wind sie mir geradeswegs vom Munde wegriß und davontrug. Ich ging dahin, wo der Schlitten gestanden hatte, es war keiner dort; ich ging nach rechts, auch nichts. Ich schäme mich, daran zu denken, mit welch lauter, durchdringender, sogar ein wenig verzweifelter Stimme ich noch einmal: »Kutscher!« schrie, wo er doch keine zwei Schritt von mir entfernt war. Seine schwarze Gestalt mit der Peitsche und der riesengroßen, zur Seite gerutschten Mütze wuchs plötzlich vor mir empor. Er führte mich zum Schlitten zurück.

»Gott sei Dank, daß es noch warm ist«, sagte er, »denn wenn die Kälte zupackt, das ist schlimm … Himmlischer Vater!«

»Laß die Pferde laufen, sie mögen uns zurückbringen«, sagte ich, im Schlitten Platz nehmend. »Werden sie uns hinbringen, Kutscher?«

»Sie müssen uns hinbringen.«

Er gab die Zügel frei, schlug dem Mittelpferd dreimal leicht mit der Peitsche auf das Krummholz, und wir fuhren wieder irgendwohin. Wir fuhren etwa eine halbe Stunde. Plötzlich vernahmen wir vor uns wieder das bekannte Schellengeläut und noch zwei andere; aber jetzt kamen sie uns entgegen. Es waren dieselben drei Troikas, die die Post schon bestellt hatten und mit Retourpferden, die hinten angebunden waren, zur Station zurückkehrten. Die Kuriertroika mit starken Pferden und dem seltsamen Glöckchen fuhr schnell vor den anderen her. Der Kutscher saß allein auf dem Schlittenrand und trieb die Pferde munter an. In den folgenden leeren Schlitten saßen je zwei Postkutscher; man hörte ihre laute und fröhliche Unterhaltung. Einer von ihnen rauchte eine Pfeife, und ein Funken, der im Winde aufflammte, beleuchtete einen Teil seines Gesichts. Bei ihrem Anblick schämte ich mich, daß ich Angst hatte zu fahren, und mein Kutscher schien dasselbe Gefühl zu empfinden, denn wir sagten beide wie aus einem Munde: »Wir wollen ihnen nachfahren!«

3

Wir hatten die letzte Troika noch nicht vorbeigelassen, als mein Kutscher recht ungeschickt umzukehren begann und mit der Doppeldeichsel in die angebundenen Pferde hineinfuhr. Eins der Gespanne bäumte sich auf, riß sich von den Zügeln los und rannte seitwärts davon.

»So ein schieläugiger Teufel, sieht nicht, wo er hinfährt, grad auf die Menschen los! Teufel!« fing ein Kutscher mit heiserer, zitternder Stimme zu schimpfen an; soweit ich nach Stimme und Gestalt schließen konnte, mußte es ein altes, kleines Männlein sein, das in der hintersten Troika saß; er sprang behende aus dem Schlitten und lief den Pferden nach, wobei er immer wieder in groben und heftigen Ausdrücken auf meinen Kutscher schimpfte.

Aber die Pferde wollten sich nicht einfangen lassen. Der Postkutscher lief ihnen nach, und im Nu waren Pferde und Kutscher in dem weißen Nebel des Schneesturms verschwunden.

»Wasilij! gib den Falben her: so kann man sie nicht einfangen«, hörte man seine Stimme noch.

Einer der Postkutscher, ein sehr großer Mann, kroch aus dem Schlitten, band schweigend sein Dreigespann ab, stieg über den Umlaufriemen auf eines der Pferde und verschwand, in ungleichem Galopp über den knirschenden Schnee sprengend, in derselben Richtung.

Wir dagegen jagten mit den beiden anderen Troikas, ohne etwas vom Weg zu sehen, dem Kurierschlitten nach, der mit seinem Schellengeläut in vollem Trab vorausfuhr.

»Wo wird er sie denn einfangen!« sagte mein Kutscher über den Alten, der fortgelaufen war, die Pferde einzufangen. »Wenn es nicht zu den Pferden läuft, dann ist's schon ein ganz närrisches Pferd, das bringt ihn dahin, daß er … nicht mehr zurückfindet.«

Seitdem mein Kutscher hinter den anderen einherfuhr, war er etwas heiterer und gesprächiger geworden, ein Umstand, den ich mir, versteht sich – zumal ich noch keinen Schlaf hatte –, zunutze machen wollte. Ich fing an, ihn auszufragen, woher, wer und was er sei, und erfuhr bald, daß er ein Landsmann von mir war, aus der Tulaer Gegend, ein Leibeigener aus dem Dorfe Kirpitschnoje, daß ihnen wenig Boden geblieben war und das Getreide seit der Cholerazeit gar nicht mehr gedieh, daß im Haus zwei Brüder lebten, während der dritte zu den Soldaten gegangen war, daß das Getreide nicht einmal bis Weihnachten reichte und sie ihren Unterhalt verdienen mußten, daß der jüngere Bruder als verheirateter Mann der Herr im Hause, er selber aber Witwer war, daß aus ihrem Dorf alljährlich ein Artel von Postkutschern hierherkam, daß er selber zwar noch niemals als Kutscher gefahren, aber zur Post gegangen war, um den Bruder auf diese Weise zu unterstützen, daß er hier, Gott sei Dank, hundertundzwanzig Papierrubel im Jahre verdiente, von denen er hundert Rubel nach Hause schickte, und daß es sich gut leben ließe, wenn »die Kuriere nicht solche Viechskerle wären und das Volk hier nicht so sehr schimpfte«.

»Nun, wozu schimpfte denn dieser Postkutscher? Himmlischer Vater! habe ich sein Pferd denn absichtlich losgerissen? bin ich denn ein Bösewicht? Und wozu ist er ihnen nachgejagt! Die wären von selber wiedergekommen, aber so hetzt er nur die Pferde zu Tode und kommt selber um«, wiederholte das gottesfürchtige Bäuerlein.

»Was ist denn das Dunkle dort?« fragte ich, als ich ein paar schwarze Gegenstände vor uns erblickte.

»Ein Wagenzug. Eine liebliche Fahrt«, fuhr er fort, nachdem wir die riesengroßen, mit Bastmatten bedeckten Fuhren eingeholt hatten, die eine hinter der anderen auf Rädern dahinfuhren.

»Schau mal an, nicht ein einziger Mensch ist zu sehen, alle schlafen. Das kluge Pferd weiß es von selbst: man kann es nicht vom Weg abbringen … Wir sind auch mit Wagenzügen gefahren«, fügte er hinzu, »wir kennen das.«

Es war in der Tat sonderbar, diese großen Fuhren zu betrachten, die von der Bastmatte bis zu den Rädern mit Schnee überschüttet waren und sich ganz von selbst vorwärts bewegten. Nur in der vorderen Ecke wurde die verschneite Bastmatte zwei Finger breit aufgehoben, und für einen Augenblick lugte eine Mütze heraus, als unsere Glöckchen an dem Wagenzug vorüberklingelten. Ein großes scheckiges Pferd mit vorgestrecktem Hals und gespanntem Rücken schritt gemessen auf dem vollständig verwehten Weg dahin, wiegte seinen struppigen Kopf unter dem verschneiten Krummholz und spitzte das eine nicht vom Schnee zugewehte Ohr, als wir es erreichten.

Nachdem wir eine weitere halbe Stunde gefahren waren, wandte sich der Kutscher wieder an mich: »Nun, wie denken Sie, Herr, fahren wir jetzt richtig?«

»Ich weiß nicht«, antwortete ich.

»Erst kam der Wind von dort her, aber jetzt fahren wir ganz und gar mit dem Wetter. Nein, wir fahren nicht dorthin, wir irren auch umher«, schloß er vollkommen ruhig.

Man sah, daß er trotz seiner großen Ängstlichkeit – gemeinsam ist sogar das Sterben schön – ganz ruhig geworden war, seitdem unser so viele waren und nicht er die Führung und Verantwortung hatte. Er stellte ganz kaltblütig seine Beobachtungen über die Fehler des führenden Postkutschers an, als habe er mit all dem nicht das geringste zu schaffen. Ich bemerkte in der Tat, daß die vordere Troika mir ihr Profil bald von der linken, bald von der rechten Seite zeigte; es kam mir sogar vor, als ob wir uns auf einem sehr kleinen Raum im Kreise drehten. Übrigens konnte das nur eine Sinnestäuschung sein, ebenso wie der Umstand, daß es mir mitunter schien, als führe die vordere Troika bergan oder über einen Abhang oder bergab, während die Steppe doch überall ganz eben war.

Nachdem wir noch eine Zeitlang gefahren waren, glaubte ich ganz am Horizont einen schwarzen, langen, sich fortbewegenden Streifen zu sehen; aber nach einer Minute wurde es mir bereits klar, daß dies derselbe Wagenzug war, den wir überholt hatten. Der Schnee verschüttete nach wie vor die knarrenden Räder, von denen sich mehrere sogar nicht mehr drehten; die Leute schliefen nach wie vor unter den Bastmatten; und das scheckige Leitpferd blähte die Nüstern, beschnupperte nach wie vor den Weg und spitzte die Ohren.

»Schau an, da haben wir uns im Kreis herumgedreht und sind wieder bei demselben Wagenzug herausgekommen!« sagte mein Kutscher in unzufriedenem Ton. »Die Kurierpferde sind gut: er jagt sie ja auch wie nicht gescheit; aber die unsrigen werden überhaupt stehenbleiben, wenn wir die ganze Nacht so weiterfahren.«

Er räusperte sich.

»Kehren wir um, Herr, ehe was Schlimmes geschieht.«

»Weshalb? irgendwohin werden wir doch kommen.«

»Wohin denn? wir werden schon in der Steppe übernachten müssen. Wie das weht ... Himmlischer Vater!«

Es wunderte mich zwar, daß der führende Kutscher, der offenbar Weg und Richtung verloren hatte, den Weg nicht suchte, sondern lustig pfeifend in vollem Trab weiterfuhr, aber ich wollte nicht hinter ihnen zurückbleiben.

»Fahr ihnen nach«, sagte ich.

Der Kutscher folgte ihnen, aber er trieb die Pferde mit noch weniger Lust an als vorher und ließ sich auf kein Gespräch mehr mit mir ein.

4

Der Schneesturm wurde immer stärker und wilder, und von oben fiel ein trockener, feiner Schnee; es schien, als finge es zu frieren an: Nase und Wangen erstarrten, immer häufiger lief ein kalter Luftstrom unter den Pelz, und man mußte sich fest einhüllen. Von Zeit zu Zeit polterten die Schlitten über die nackte vereiste Erde, von der der Schnee weggefegt war. Da ich, ohne irgendwo zu übernachten, bereits an die sechshundert Werst zurückgelegt hatte, schloß ich unwillkürlich die Augen und nickte ein, obwohl ich auf den Ausgang unserer Irrfahrt sehr gespannt war. Als ich einmal die Augen öffnete, verblüffte mich ein, wie es mir im ersten Augenblick schien, grelles Licht, das die weiße Ebene beleuchtete; der Horizont hatte sich bedeutend erweitert, der schwarze, niedrige Himmel war plötzlich verschwunden, von allen Seiten sah man die schrägen Linien des fallenden Schnees; die Umrisse der vorderen Schlitten waren deutlicher zu sehen, und als ich nach oben blickte, schien es mir im ersten Augenblick, als ob die Wolken sich zerstreut hätten und nur der fallende Schnee den Himmel verhüllte. Während ich geschlummert hatte, war der Mond aufgegangen und warf sein kaltes, helles Licht durch das undichte Gewölk und den fallenden Schnee. Das einzige, was ich deutlich sehen konnte, waren mein Schlitten, die Pferde, der Kutscher und die drei Troikas, die vor uns fuhren: die erste war der Kurierschlitten, auf dessen Rand immer noch der Postkutscher saß und in scharfem Trab dahinjagte; die zweite, in welcher zwei Kutscher saßen, welche die Zügel losgelassen und sich aus einem Armäck ein Zelt gemacht hatten und unentwegt ihre Pfeifen rauchten, was man an den aufstiebenden Funken sehen konnte; und die dritte, in welcher niemand zu sehen war, weil der Kutscher vermutlich in der Mitte des Gefährts schlief. Der führende Kutscher hielt, seitdem ich wach geworden war, doch ab und zu die Pferde an, um nach dem Weg zu suchen. Sobald wir stehenblieben, ließ sich das Heulen des Windes noch lauter hören und waren die ungewöhnlich großen Schneemassen, die durch die Luft jagten, deutlicher zu sehen. Ich sah, wie sich die kleine Gestalt des Postkutschers mit der riesigen Peitsche in der Hand, mit der er den Schnee vor sich her abfühlte, im Mondschein, der vom Schneesturm verdunkelt wurde, hin und her bewegte, sich in dem hellen Nebel wieder dem Schlitten näherte und seitwärts auf den Vordersitz sprang; und wieder ertönten in dem eintönigen Pfeifen des Windes sein flotter, klingender Zuruf und das Klingeln der Glöckchen. Wenn der führende Kutscher aus dem Schlitten kroch, um irgendein Wegmerkmal oder einen Heuschober zu suchen, ertönte jedesmal die forsche, selbstbewußte Stimme eines Kutschers aus dem zweiten Schlitten, der dem vorderen zurief: »Hör mal, Ignaschka! wir sind ganz nach links geraten; du mußt mehr nach rechts halten, dem Wetter entgegen!«Oder: »Was fährst du im Kreis herum wie nicht gescheit? Fahr über den Schnee, so wie er daliegt, dann wirst du gleich rauskommen!« Oder: »Nach rechts, nach rechts mußt du fahren, Brüderchen! Siehst du, da steht was Schwarzes, am Ende gar ein Werstpfosten.« Oder: »Wozu irrst du 'rum? Spann den Schecken aus und laß ihn vorneweg laufen, da wird er dich gleich auf den Weg bringen. So wird die Sache besser sein!«

Doch obwohl er selber so gute Ratschläge erteilte, spannte er weder das Seitenpferd aus, noch ging er den Weg im Schnee suchen, sondern steckte nicht einmal seine Nase aus dem Rock heraus; als der Anführer Ignaschka ihm auf einen seiner Ratschläge zurief, er möge doch selber vorausfahren, wenn er so genau wüßte, wie er fahren müsse, antwortete der Ratgeber, daß er anders fahren und gleich den richtigen Weg finden würde, wenn er die Kurierpferde zu lenken hätte.

»Unsere Pferde aber taugen im Schneesturm nicht zum Führen!« rief er, »das sind keine solchen Pferde.«

»So mach mich nicht irre!« antwortete Ignaschka und pfiff den Pferden lustig zu.

Der andere Kutscher, der mit dem Ratgeber im gleichen Schlitten saß, sagte gar nichts zu Ignaschka und mischte sich überhaupt nicht in diese Angelegenheit ein, obwohl er noch nicht schlief, was ich aus seiner niemals erlöschenden Pfeife schloß und daraus, daß ich, sobald wir haltmachten, seine gleichmäßige, ununterbrochene Rede hörte. Er erzählte ein Märchen. Nur einmal, als Ignaschka zum sechsten oder siebenten Male anhielt, wurde er offenbar ärgerlich, weil er in seiner vergnüglichen Fahrt unterbrochen wurde, und rief ihm zu: »Nun, was bleibst du schon wieder stehen? Da will er durchaus den Weg finden! Du weißt doch: 's ist Schneesturm! Jetzt kann nicht einmal ein Feldmesser den Weg finden; fahr doch, solange die Pferde ziehen. Wir werden wohl nicht zu Tode erfrieren... los, fahr zu!«

»Wie denn! Der Postillion ist doch im vorigen Jahr auch zu Tode erfroren!« ließ sich mein Kutscher vernehmen.

Der Kutscher der dritten Troika wachte die ganze Zeit über nicht auf. Nur einmal, während wir hielten, rief der Ratgeber: »Filipp! he, Filipp!« und da er keine Antwort erhielt, bemerkte er: »Er wird doch nicht erfroren sein? Sieh doch mal nach, Ignaschka.«

Ignaschka, der für alles Zeit fand, trat zum Schlitten und rüttelte den Schlafenden.

»Schau mal, wie ihn der Schnaps umgeworfen hat! Wenn du erfroren bist, so sag's!« rief er, ihn hin und her schaukelnd.

Der Schläfer brummte etwas vor sich hin und schimpfte.

»Er lebt, Brüder!« sagte Ignaschka und lief wieder nach vorn. Wir fuhren von neuem weiter und sogar so schnell, daß das kleine braune Seitenpferd meiner Troika, das fortwährend auf den Schweif gepeitscht wurde, öfters in einen ungeschickten Galopp verfiel.

5

Ich glaube, es war schon gegen Mitternacht, als der alte Postkutscher und Wasilij, die den losgerissenen Pferden nachgejagt waren, zu uns stießen. Sie hatten die Pferde eingefangen, uns gefunden und eingeholt; auf welche Weise sie das bei dem finsteren, undurchdringlichen Schneesturm inmitten der öden Steppe fertiggebracht hatten, wird mir immer unbegreiflich bleiben. Der Alte ritt, mit Armen und Beinen um sich schla-

gend, im Trab auf dem Mittelpferd (die beiden anderen Pferde
waren an das Kummet gebunden: im Schneesturm darf man die
Pferde nicht allein laufen lassen). Als er meinen Schlitten erreichte, fing er wiederum an, mit meinem Kutscher zu schimpfen: »So ein schieläugiger Teufel! wahrhaftig! ...«

»He, Onkel Mitritsch«, rief der Märchenerzähler aus dem
zweiten Schlitten, »lebst du noch? Kriech zu uns herein!«

Aber der Alte antwortete ihm nicht und fuhr fort zu schimpfen. Als es ihm genug zu sein schien, ritt er an den zweiten
Schlitten heran.

»Hast du alle eingefangen?« fragte man ihn dort.

»Was denn sonst!«

Und seine kleine Gestalt wälzte sich mitten im Trab mit der
Brust auf den Rücken des Pferdes, sprang dann, ohne haltzuma-
chen, in den Schnee herunter, lief dem Schlitten nach und ließ
sich hineinfallen, wobei seine Beine über die Seitenstangen des
Schlittens herausragten. Der große Wasilij setzte sich, genau wie
vorher, schweigend in den vordersten Schlitten zu Ignaschka
und fing an, mit ihm zusammen den Weg zu suchen.

»Sieh mal, was der zusammenschimpft ... Himmlischer Vater!« murmelte mein Kutscher.

Nach diesem Zwischenfall fuhren wir lange Zeit, ohne haltzu-
machen, durch die weiße Wüste, in dem kalten, durchsichtigen
und schwankenden Licht des Schneesturms. Öffnest du die Augen – dieselbe plumpe Mütze und derselbe schneeverwehte
Rücken ragen vor dir in die Höhe, dasselbe niedrige Krummholz, unter dem der Kopf des Mittelpferdes mit der schwarzen,
vom Wind gleichmäßig auf die eine Seite gekämmten Mähne
zwischen den angespannten Zügelriemen des Zaumes immer in
derselben Entfernung auf und ab nickt; immer wieder sehe ich
rechts vor dem Rücken dasselbe braune Seitenpferd auftauchen,
mit dem kurz aufgebundenen Schweif und dem Strangholz, das
von Zeit zu Zeit an den Korb des Schlittens schlägt. Du blickst
hinab – die Schlittenkufen zerteilen immer denselben pulveri-
gen Schnee, und der Wind hebt ihn hartnäckig empor und trägt
alles nach der einen Richtung fort. Vorne fahren immer in der
gleichen Entfernung die Troikas vor uns her; rechts, links, überall ein weißes Flimmern. Das Auge sucht vergebens nach einem

Gegenstand: kein Pfosten, kein Heuschober, kein Zaun – nichts ist zu sehen. Ringsum alles weiß, weiß und beweglich: Bald erscheint der Horizont unerreichbar weit, bald von allen Seiten auf zwei Schritt Entfernung zusammengerückt, dann scheint plötzlich eine hohe weiße Mauer auf der rechten Seite emporzuwachsen und am Schlitten entlangzulaufen, verschwindet plötzlich und wächst vorne wieder empor, um sich immer weiter und weiter zu entfernen und wieder zu verschwinden. Du schaust zum Himmel empor – im ersten Augenblick scheint er hell zu sein, man glaubt die Sternlein durch den Nebel zu erblicken; aber die Sterne entschwinden dem Blick immer höher und höher, und man sieht nur den Schnee, der an den Augen vorbei auf das Gesicht und den Kragen des Pelzes fällt; der Himmel ist überall gleich hell, gleich weiß, gleich farblos, eintönig und in ständiger Bewegung. Der Wind scheint sich zu drehen: bald bläst er uns entgegen und verklebt die Augen mit Schnee, bald wirft er mir den Kragen meines Pelzes über den Kopf und schlägt ihn mir spöttisch ins Gesicht, bald heult er von hinten durch irgendeine Ritze. Man hört das schwache, unaufhörliche Knirschen der Hufe und Schlittenkufen im Schnee und das ersterbende Klimpern der Glöckchen, wenn wir uns durch tiefen Schnee kämpfen. Nur zuweilen, wenn wir gegen den Wind und auf dem nackten Glatteis fahren, schlägt Ignats energisches Pfeifen und der klagende Ton des Glöckchens mit der antwortenden klirrenden Quinte deutlich an mein Ohr; und diese Laute unterbrechen in erfreulicher Weise den trostlosen Charakter der Wüste und werden dann von neuem eintönig, spielen mit einer unerträglichen Genauigkeit immer dieselbe Melodie, die ich mir unwillkürlich vorstelle ... Ein Fuß fing zu frieren an, und als ich mich umdrehte, um mich besser zuzudecken, fiel mir der Schnee, der auf Kragen und Mütze lag, in den Hals und ließ mich zusammenschauern; aber noch war mir behaglich in meinem durchwärmten Pelz, und ich wurde schläfrig.

6

Erinnerungen und Vorstellungen wechselten mit gesteigerter Schnelligkeit in meiner Phantasie.

Was mag der Ratgeber, der die ganze Zeit aus dem zweiten Schlitten ruft, für ein Mensch sein? Wahrscheinlich ist er rothaarig, stämmig, mit kurzen Beinen, dachte ich, in der Art wie Fjodor Filippitsch, unser alter Diener. Und da sehe ich auch schon die Treppe in unserem großen Haus und fünf Hofknechte, die schwer auftretend ein Klavier auf Tragtüchern aus dem Seitenflügel angeschleppt bringen; ich sehe Fjodor Filippitsch im Nankingrock mit aufgekrempelten Ärmeln, wie er ein Pedal trägt, vorausläuft, alle Riegel öffnet, dort am Tragtuch zerrt, hier jemanden pufft, zwischen den Beinen der Träger durchkriecht, alle stört und mit besorgter Stimme, ohne aufzuhören, schreit: »Nimm die vorderen Beine auf dich, die vorderen! So ist's gut! mit dem Ende in die Höhe, in die Höhe, in die Höhe, dreh dich in der Tür um! So ist's gut!«

»Lassen Sie nur, Fjodor Filippitsch! wir werden's allein machen«, bemerkt der Gärtner schüchtern, der, an das Geländer gedrückt, ganz rot vor Anstrengung ist und das eine Ende des Klaviers mit dem letzten Aufgebot seiner Kraft hochhält.

Aber Fjodor Filippitsch beruhigt sich nicht.

Was soll das heißen? erwäge ich. Denkt er, daß er nützlich, unentbehrlich für die allgemeine Sache ist, oder freut er sich einfach darüber, daß Gott ihm diese selbstbewußte, überzeugende Beredsamkeit verliehen hat, und verschwendet sie Genuß? Das muß wohl so sein! Und da sehe ich plötzlich den Teich, die müden Hofknechte, die bis ans Knie im Wasser stehen und das große Fischnetz ziehen, und wieder läuft Fjodor Filippitsch mit einer Gießkanne am Ufer umher, schreit allen was zu und geht nur zuweilen ans Wasser heran, um das trübe Wasser von den goldschimmernden Karauschen, die er mit der Hand zurückhält, abzugießen und frisches nachzufüllen. Und nun ist's Mittag im Juli. Ich gehe über das eben erst abgemähte Gras im Garten, unter den brennenden senkrechten Sonnenstrahlen irgendwohin; ich bin noch sehr jung, mir fehlt etwas, und ich sehne mich nach etwas. Ich gehe zum Teich auf meinen Lieblingsplatz zwischen dem Heckenrosenbeet und der Birkenallee, und lege mich schlafen. Ich erinnere mich des Gefühls, mit dem ich im Liegen zwischen den roten, stachligen Stämmen der Heckenrosen hindurch auf die schwarze, körnig gewordene Erde und auf den schimmernden, grellblauen Spiegel des Teichs blicke. Es war das Gefühl einer naiven Selbstzufriedenheit und Wehmut. Alles um mich her war so wunderbar schön, und diese Schönheit übte eine so starke Wirkung auf mich aus, daß es mir schien, auch ich sei schön, und ich mich nur über das eine ärgerte, daß niemand da war, der mich bewundern konnte. Es ist heiß. Ich versuche einzuschlafen, um mich zu trösten; aber die Fliegen, die unausstehlichen Fliegen lassen mich auch hier nicht in Ruhe, sie sammeln sich um mich und springen hartnäckig, elastisch wie kleine Kerne, von der Stirn auf die Hände. Eine Biene summt nicht weit von mir in der größten Sonnenhitze; Schmetterlinge mit gelben Flügeln gaukeln wie ermattet von einem Grashalm zum anderen. Ich sehe zum Himmel empor: die Augen schmerzen – die Sonne blitzt allzu grell durch das helle Blattwerk der buschigen Birke, die hoch über mir ihre Zweige leise hin und her schaukelt, es scheint mir noch heißer zu sein. Ich bedecke mein Gesicht mit dem Taschentuch: es wird mir heiß zum Ersticken, und die Fliegen scheinen an meinen Händen, aus denen der Schweiß heraustritt, kleben zu bleiben. In den Rosenbüschen, da wo sie am dichtesten sind, treiben die Spatzen ihr Wesen. Einer von ihnen ist eine Elle weit von mir auf die Erde heruntergesprungen und tut zweimal so, als pickte er energisch in den Boden; dann fliegt er, mit den Zweigen raschelnd, fröhlich schilpend aus dem Busch fort; ein zweiter ist auch auf die Erde gesprungen, wippt mit dem Schwänzchen, sieht sich um und fliegt wie ein Pfeil ebenso schilpend dem ersten nach. Vom Teich her vernimmt man die Schläge des Waschbleuels auf der nassen Wäsche, und diese Schläge ertönen und verhallen gleichsam unten im Teich. Man hört das Lachen, Schwatzen und Plätschern der Badenden. Ein Windstoß rauscht in den Gipfeln der Birken noch weit von mir entfernt; jetzt kommt er näher, ich höre ihn über das Gras streichen, nun beginnen auch die Blätter des Heckenrosenbeets zu schwanken und an ihren Zweigen zu flattern; und nun hebt ein frischer

Windhauch einen Zipfel meines Taschentuchs empor und kitzelt mein schweißbedecktes Gesicht. Durch die Öffnung des erhobenen Tuchs ist eine Fliege hereingeflogen und zappelt erschreckt an meinem feuchten Mund. Irgendein verdorrter Zweig drückt mich im Rücken. Nein, ich kann nicht liegenbleiben: ich will baden gehen. Doch da höre ich gerade neben dem Beet eilige Schritte und eine erschrockene Frauenstimme: »Ach, mein Gott! Was ist denn das! und kein einziger Mann ist da!«

»Was denn, was gibt's?« frage ich, in den Sonnenschein hinauslaufend, die Hofmagd, die ächzend an mir vorüberläuft. Sie sieht sich nur um, schlägt die Hände zusammen und rennt weiter. Aber da läuft auch die hundertundfünf Jahre alte Matrjona zum Teich; sie hält mit einer Hand das Tuch fest, das ihr vom Kopf rutscht, hopst auf einem Fuß und schleift den anderen, der mit einem Wollstrumpf bekleidet ist, nach. Zwei Mädchen, die sich an den Händen halten, laufen hin, und ein zehnjähriger Knabe im Rock seines Vaters hält sich an dem hanfenen Rock des einen Mädchens fest und bemüht sich, nicht zurückzubleiben.

»Was ist geschehen?« frage ich sie.

»Ein Bauer ist ertrunken.«

»Wo?«

»Im Teich.«

»Wer denn? Einer von unseren?«

»Nein, ein fremder.«

Der Kutscher Iwan, dessen große Stiefel auf dem abgemähten Gras hin und her rutschen, und der dicke Verwalter Jakob, der kaum Atem schöpfen kann, laufen zum Teich, und ich laufe ihnen nach.

Ich entsinne mich des Gefühls, welches mir zuflüsterte: Da, spring ins Wasser und zieh den Bauern heraus, rette ihn, und alle werden dich bewundern, was ich mir ja gerade wünsche.

»Wo denn? Wo?« frage ich die vielen Hofleute, die sich am Ufer versammelt haben.

»Dort, gerade im Wasserwirbel, mehr zum anderen Ufer hin, beinahe am Badehaus«, erzählt die Wäscherin, welche die nasse Wäsche auf das Tragjoch hängt. »Ich sehe, wie er untersinkt; dann wird er wieder sichtbar und verschwindet, taucht wieder auf und schreit auf einmal: ›Ich ertrinke! Väterchen!‹ und geht wieder unter, nur Blasen steigen noch auf. Da sehe ich, daß der Bauer ertrinkt. Wie ich da losbrülle: ›Ihr Väterchen! der Bauer ertrinkt!‹«

Und die Wäscherin nimmt das Tragjoch auf die Schulter und geht mit wiegenden Hüften auf dem ausgetretenen Pfad vom Teich fort.

»Ist das eine böse Sache!« sagt der Verwalter Jakow Iwanow mit verzweifelter Stimme. »Wird das jetzt Scherereien mit dem Landgericht geben, nicht zum Aushalten …«

Irgendein Bauer mit einer Sense hat sich durch die Menge von Weibern, Kindern und Greisen, die sich am Ufer drängen, durchgearbeitet, hängt die Sense an den Ast einer Weide und zieht langsam seine Stiefel aus.

»Wo, wo ist er denn ertrunken?« frage ich immer wieder und habe den Wunsch, hineinzuspringen und etwas Außergewöhnliches zu vollbringen.

Aber man zeigt mir die glatte Fläche des Teichs, die nur von Zeit zu Zeit vom Wind gekräuselt wird. Es ist mir unbegreiflich, wie der Mann ertrunken ist, während das Wasser genauso glatt, schön und gleichgültig über ihm steht und in der Mittagssonne wie Gold glänzt; und es scheint mir, daß ich nichts tun, niemanden in Erstaunen setzen kann, um so mehr, da ich sehr schlecht schwimme; aber der Bauer zieht schon sein Hemd über den Kopf und wird gleich ins Wasser springen. Alle sehen voller Hoffnung auf ihn und halten den Atem an, aber der Bauer, dem das Wasser über die Schultern reicht, kehrt langsam um und zieht sein Hemd wieder an: Er kann nicht schwimmen.

Es läuft immer mehr Volk herbei, die Menge wird größer und größer, die Weiber fassen sich an den Händen, aber niemand bringt Hilfe. Alle, die jetzt dazukommen, geben gute Ratschläge, jammern, und ihre Mienen drücken Schrecken und Verzweiflung aus; von denen, die schon vorher da waren, setzen sich manche, müde vom langen Stehen, ins Gras, andere gehen nach Hause. Die alte Matrjona fragt ihre Tochter, ob sie die Ofentür geschlossen habe; der Knabe im Rock seines Vaters wirft geschäftig Steinchen ins Wasser.

Doch da kommt Tresorka, Fjodor Filippitschs Hund, bellend

vom Haus den Berg heruntergelaufen und sieht sich voller
Zweifel um; aber da taucht auch schon, schreiend und laufend,
Fjodor Filippitschs Gestalt hinter dem Heckenrosenbeet auf.

»Was steht ihr da?« schreit er, im Laufen den Rock auszie-
hend. »Da ist ein Mensch am Ertrinken, und alle stehen da!
Gebt einen Strick her!«

Alle sehen Fjodor Filippitsch hoffnungsvoll und furchtsam
an, während er sich mit der Hand auf die Schulter eines dienst-
bereiten Hofknechts stützt und mit der Spitze des linken Fußes
den rechten Stiefel vom Fuß streift.

»Dort ist's, wo das Volk steht, mehr rechts von der Weide, Fjodor Filippitsch, gerade dort«, erklärt ihm jemand.

»Ich weiß schon«, antwortet er, runzelt die Brauen, wahrscheinlich als Antwort auf die Anzeichen der Scham, die sich
in der Gruppe der Frauen bemerkbar machen, legt sein Hemd
ab, sein Taufkreuz, das er dem Gärtnerburschen übergibt, der
unterwürfig vor ihm steht, und nähert sich, energisch über das
abgemähte Gras schreitend, dem Teich.

Tresorka ist in großem Zweifel über die Ursache dieser
Schnelligkeit in den Bewegungen seines Herrn; er steht neben
der Menge und frißt schmatzend ein paar Grashalme am Ufer,
sieht seinen Herrn fragend an und springt plötzlich, lustig auf-
winselnd, mit ihm zusammen ins Wasser. Im ersten Augenblick
sieht man nur Schaum und Spritzer, die sogar uns erreichen;
doch nun schwimmt Fjodor Filippitsch, die Arme gewandt
schwingend und den Rücken gleichmäßig hebend und senkend,
rasch ans andere Ufer. Tresorka aber, der Wasser geschluckt hat,
kehrt eilig ans Ufer zurück, schüttelt sich vor der Volksmenge
und trocknet sich am Ufer, wobei er sich auf dem Rücken wälzt.
In dem Augenblick, da Fjodor Filippitsch sich dem gegenüberliegenden Ufer nähert, laufen zwei Kutscher mit einem Netz an
einer Stange zu der Weide. Fjodor Filippitsch hebt aus irgendeinem Grunde die Arme in die Höhe, taucht einmal, zweimal,
dreimal, läßt dabei jedesmal einen Strahl Wasser aus dem
Munde, wirft sein Haar mit einer schönen Kopfbewegung
zurück und antwortet nicht auf die Fragen, mit denen er von allen Seiten überschüttet wird. Endlich steigt er ans Ufer und gibt,
soviel ich sehe, nur Befehle, wie das Netz ausgeworfen werden

soll. Das Netz wird herausgezogen, aber außer Schlamm und ein paar winzigen Karauschen, die im Schlamm herumschnellen, ist nichts darin. Als das Netz noch einmal ausgeworfen wird, gehe ich zum anderen Ufer hinüber.

Man hört nur Fjodor Filippitschs Stimme, die Befehle erteilt, das Aufklatschen der nassen Leine im Wasser und Seufzer des Entsetzens. Die nasse Leine, die an den rechten Flügel angebunden ist, kommt – über und über mit Gras bedeckt – immer weiter aus dem Wasser heraus.

»Jetzt zieht alle zusammen, alle auf einmal!« befiehlt Fjodor Filippitsch.

»Es ist was drin, es läßt sich schwer ziehen, Brüder«, sagt eine Stimme.

Da zieht man auch schon die Flügel, in denen zwei, drei Karauschen zappeln, die das Gras naß machen und niederdrücken, ans Ufer. Und durch die dünne, schwankende Schicht des getrübten Wassers sieht man im angespannten Netz etwas Weißes. Kein lauter, aber ein in dieser Totenstille erschütternder Seufzer des Entsetzens durchläuft die Menge.

»Zieht, alle zusammen, zieht ihn aufs Trockene!« hört man Fjodor Filippitschs energische Stimme, und der Ertrunkene wird über die abgemähten Stengel des Huflattichs und der Kletten zur Weide geschleift.

Und nun sehe ich meine gute alte Tante im Seidenkleid, sehe ihren lila Schirm mit den Fransen, der in solchem Widerspruch zu diesem in seiner Einfachheit furchtbaren Bild des Todes steht, und sehe an ihrem Gesicht, daß sie im Begriff ist, in Tränen auszubrechen. Ich erinnere mich an die Enttäuschung, die man ihrer Miene ansah, weil man hier keine Arnika anwenden konnte, und ich entsinne mich des wehen, traurigen Gefühls, das ich empfand, als sie in dem naiven Egoismus der Liebe zu mir sagte: »Komm, mein Kind! Ach, wie furchtbar das ist! Und du badest und schwimmst auch immer allein!«

Ich erinnere mich, wie grell und heiß die Sonne auf die trockene, körnige Erde schien, wie sie auf dem Spiegel des Teiches spielte, wie sich die großen Karpfen am Ufer herumstießen, wie eine Schar kleiner Fischchen in der Mitte des Teiches die glatte Fläche kräuselte, wie der Habicht hoch am Himmel über den jungen Enten kreiste, die lärmend und plätschernd durch das Schilfrohr in die Mitte schwammen, wie die weißen, zackigen Gewitterwolken sich am Horizont zusammenballten, wie der Schlamm, der durch das Fischernetz ans Ufer gezogen worden war, auseinanderfloß und wie ich beim Überschreiten des Dammes von neuem die Schläge des Waschbleuels vernahm, die über den Teich hin erklangen. Aber dieser Waschbleuel klingt so, als ob zwei Waschbleuel in einer Terz zusammenklängen, und dieser Ton quält, belästigt mich um so mehr, als ich weiß, daß dieser Waschbleuel eine Glocke ist und Fjodor Filippitsch diese Glocke nicht zum Verstummen bringen wird. Und dieser Waschbleuel preßt meinen frierenden Fuß wie ein Folterwerkzeug zusammen ... ich schlafe ein.

Ich wurde, wie mir schien, dadurch geweckt, daß wir rasend schnell fuhren und zwei Stimmen in meiner nächsten Nähe miteinander sprachen.

»Hör mal, Ignat, he, Ignat!« sagte die Stimme meines Kutschers, »übernimm du meinen Fahrgast, du mußt doch ohnehin fahren, aber wozu soll denn ich unnötig herumhetzen! Nimm ihn!«

Ignats Stimme antwortete dicht neben mir: »Was habe ich denn für ein Vergnügen davon, für deinen Fahrgast zu sorgen? ... Spendierst du einen Halben?«

»Gleich einen Halben ...! meinetwegen ein Achtel, wenn es schon sein muß!«

»Schau mal, ein Achtel!« schreit eine andere Stimme, »für ein Achtel soll man die Pferde abhetzen!«

Ich öffne die Augen. Noch immer flimmert dieser unerträglich wogende Schnee vor den Augen, noch immer dieselben Kutscher und Pferde, aber neben mir sehe ich einen anderen Schlitten. Mein Kutscher hat Ignat eingeholt, und wir fahren ziemlich lange nebeneinander. Obwohl eine Stimme aus dem anderen Schlitten rät, nicht weniger als ein halbes Maß zu nehmen, hält Ignat plötzlich seine Troika an.

»Lade um; mag's denn sein, es ist dein Glück! Das Achtel zahlst du morgen, sobald wir ankommen. Ist viel Gepäck da?«

Mein Kutscher springt mit einer seinem Wesen ganz fremden Lebhaftigkeit in den Schnee, verbeugt sich vor mir und bittet mich, in Ignats Schlitten umzusteigen. Ich bin vollkommen einverstanden; aber man sieht, daß das gottesfürchtige Bäuerlein so zufrieden ist, daß er jemanden mit seiner Dankbarkeit und Freude überschütten möchte: Er verneigt sich, dankt mir, Aljoscha, Ignaschka.

»Nun, Gott sei Dank! denn was soll das auch, himmlischer Vater! Die halbe Nacht fahren wir herum, wissen selbst nicht wohin! Er wird Sie schon hinbringen, Väterchen, Herr, denn meine Pferde sind schon ganz abgerackert!«

Und er ladet meine Sachen mit gesteigerter Geschäftigkeit um.

Während des Umladens ging ich in der Richtung des Windes, der mich förmlich vor sich hertrug, zum zweiten Schlitten. Der Schlitten war, besonders von der Seite, an welcher der Armäck über den Köpfen der zwei Postkutscher gegen den Wind aufgehängt war, bis zu einem Viertel verschneit; aber hinter dem Armäck war es still und gemütlich. Der Alte lag noch immer mit heraushängenden Beinen da, und der Erzähler setzte sein Märchen fort.

»Zu derselben Zeit, als der General im Namen des Königs zu Maria ins Gefängnis kommt, sagt Maria zu ihm: ›General! ich brauche dich nicht, und ich kann dich nicht lieben, du bist also kein Geliebter, denn mein Geliebter ist jener Prinz‹ …

Gerade zu derselben Zeit …« wollte er fortfahren, verstummte aber, als er mich erblickte, für einen Augenblick und fachte seine Pfeife an.

»Nun, Herr, Sie sind wohl gekommen, um das Märchen mit anzuhören?« fragte der andere, den ich den Ratgeber nannte.

»Ihr habt's hier ja prächtig, lustig!« sagte ich.

»Vor Langerweile – wenigstens braucht man nicht zu denken.«

»Aber wißt ihr vielleicht, wo wir jetzt sind?«

Diese Frage schien den Kutschern nicht zu gefallen.

»Wer kann das wissen, wo wir jetzt sind? Vielleicht sind wir gar zu den Kalmücken geraten«, antwortete der Ratgeber.

»Was sollen wir denn machen?« fragte ich.

»Was denn machen? Wir werden fahren, vielleicht kommen wir doch noch hin«, sagte er mürrisch.

»Aber wenn wir nicht hinkommen und die Pferde im Schnee steckenbleiben, was dann?«

»Nun, was denn! Das tut nichts.«

»Man kann aber erfrieren.«

»Gewiß kann man das, weil man jetzt auch gar keinen Heuschober sieht: das bedeutet, daß wir zu den Kalmücken geraten sind. Vor allen Dingen muß man nach dem Schnee sehen.«

»Du fürchtest dich wohl gar, zu erfrieren, Herr?« fragte der Alte mit zitternder Stimme.

Obwohl er sich anscheinend über mich lustig machte, sah man, daß er bis auf die Knochen durchgefroren war.

»Ja, es fängt an, sehr kalt zu werden«, sagte ich.

»Ach du, Herr! Mach's so wie ich: lauf dazwischen immer ein Stück, das wird dich wärmen.«

»Vor allen Dingen, wenn du den Schlitten nachläufst«, sagte der Ratgeber.

7

»Bitte: es ist alles fertig!« rief mir Aljoscha aus dem vorderen Schlitten zu.

Der Schneesturm war so heftig geworden, daß ich nur mit der größten Kraftanstrengung, vornübergebeugt und mit beiden Händen die Schöße meines Pelzes festhaltend, die paar Schritte, die mich vom Schlitten trennten, zu gehen vermochte, während der Wind den lockeren Schnee unter meinen Füßen emporwirbelte. Mein früherer Kutscher kniete schon in der Mitte des leeren Schlittens, nahm aber, als er mich erblickte, seine große Mütze ab, wobei der Wind seine Haare ungestüm in die Höhe wehte, und bat um ein Trinkgeld. Er hatte wohl gar nicht erwartet, daß ich ihm etwas geben würde, weil meine Weigerung ihn nicht im geringsten kränkte. Er dankte mir auch dafür, stülpte seine Mütze auf und sagte: »Nun, Herr, Gott gebe Ihnen ...« zerrte an seiner Leine, schmatzte mit den Lippen und fuhr von uns fort. Gleich darauf setzte sich auch Ignaschka in Bewegung und feuerte die Pferde an. Wieder lösten das Knirschen der Hufe, die Zurufe und das Schellengeläut das Heulen des Windes ab, das man besonders laut hörte, wenn wir standen. Die erste Viertelstunde nach dem Umsteigen schlief ich nicht und zerstreute mich, indem ich meinen neuen Kutscher und die Pferde betrachtete. Ignaschka saß sehr forsch da, sprang fortwährend auf, holte mit der Hand, welche die hängende Peitsche hielt, über die Pferde aus, schrie, schlug einen Fuß an den anderen, beugte sich vor und rückte den Umlaufriemen des Mittelpferdes zurecht, der fortwährend auf die rechte Seite rutschte. Er war nicht sehr groß, aber gut gewachsen, wie es schien. Über dem Schafpelz trug er einen Armäck ohne Gürtel, dessen Kragen beinahe zurückgeworfen war und den Hals frei ließ; er hatte keine Filzstiefel, sondern Lederstiefel an und eine kleine Mütze, die er unausgesetzt abnahm und zurechtrückte. Die Ohren waren nur vom Haar bedeckt. In allen seinen Bewegungen bemerkte man nicht nur Energie, sondern, wie es mir schien, noch mehr den Wunsch, Energie in sich zu wecken. Je länger wir indessen fuhren, um so öfter sprang er, sich zurechtsetzend, auf dem Schlittenrand in die Höhe, schlug die Füße aneinander und ließ sich mit mir und Aljoscha in Gespräche ein: Es kam mir so vor, als fürchtete er, den Mut zu verlieren. Und dazu war auch Grund vorhanden: obwohl die Pferde gut waren, so wurde der Weg mit jedem Schritt immer schwieriger, und man konnte bemerken, daß die Pferde immer weniger Lust zum Laufen verspürten: man mußte sie schon öfters die Peitsche fühlen lassen, und das Mittelpferd, ein gutes, großes, zottiges Tier, stolperte zweimal, obwohl es sofort erschrocken anzog und seinen zottigen Kopf dabei beinahe bis zum Glöckchen emporwarf. Das rechte Seitenpferd, das ich unwillkürlich zugleich mit der langen Lederquaste des Umlaufriemens beobachtete, die an der Seite nach dem Felde zu hing und hin und her sprang, ließ die Stränge merklich hängen und verlangte nach der Peitsche, schien sich aber nach Gewohnheit eines jeden guten Pferdes über seine Schwäche zu ärgern, hob und senkte zornig seinen Kopf und schien um straffere Zügelführung zu bitten. Es war in der Tat schrecklich zu sehen, wie der Schneesturm und die Kälte immer mehr zunahmen, die Pferde hingegen schwächer wurden und der Weg schlechter und wir entschieden nicht wußten, wo wir waren oder wohin wir fahren sollten, entweder zur Station oder sonst zu irgendeinem Zufluchtsort – und es war komisch und zugleich seltsam zu hören, wie die Glöckchen ungezwungen und lustig läuteten und wie Ignaschka die Pferde so flott und lustig antrieb, als führen wir an einem kalten, sonnenhellen Feiertag im Januar um die Mittagszeit auf der Dorfstraße spazieren … Am seltsamsten war jedoch der Gedanke, daß wir fuhren, und zwar schnell fuhren, immer weiter fort von der Stelle, an der wir uns soeben befanden. Ignaschka stimmte ein Lied an, zwar mit einer recht elenden Fistelstimme, aber laut und mit Unterbrechungen, während deren er so munter vor sich hin pfiff, daß es sonderbar gewesen wäre zu verzagen, wenn man ihm zuhörte.

»He, he! was brüllst du so, Ignat!« ertönte die Stimme des Ratgebers, »bleib ein Weilchen stehen.«

»Was?«

»Ha-a-alt!«

Ignat hielt an. Wieder verstummte alles, und der Wind heulte und winselte, und der Schnee fiel wirbelnd und dichter in den Schlitten. Der Ratgeber trat zu uns heran.

»Nun, was ist los?«

»Was denn! Wohin fahren wir eigentlich?«

»Wer das wüßte!«

»Dir sind wohl die Füße erstarrt, was, weil du sie so aneinanderhaust?«

»Sie sind ganz abgestorben«.

»Geh doch mal dahin: da schimmert etwas, am Ende gar ein Kalmückenlager. Da kannst du dir die Füße warmlaufen.«

»Meinetwegen! Halt die Pferde … da!«

Und Ignat lief in der angegebenen Richtung fort.

»Man muß doch hingehen und nachsehen: da kann man was ausfindig machen; wozu denn so ins Blaue hineinfahren!« sagte der Ratgeber. »Schau mal, wie der die Pferde in Dampf gebracht hat.«

Während der ganzen Zeit, die Ignat fort war – und das dauerte so lange, daß ich schon befürchtete, er könnte sich verirrt haben, – erzählte mir der Ratgeber in überzeugtem, ruhigem Ton, wie man sich bei einem Schneesturm zu verhalten habe, wie es am besten sei, ein Pferd auszuspannen und es laufen zu lassen, es würde einen, so wahr Gott heilig ist, auf den richtigen Weg bringen, oder wie man manchmal die Richtung auch nach den Sternen erkennen könnte und wie wir – hätte er im vordersten Schlitten gesessen – schon längst auf der Station wären.

»Nun, ist was da?« fragte er Ignat, der eben zurückkehrte und mit Mühe, beinahe bis an die Knie, durch den Schnee watete.

»Es ist schon was da, man kann ein Lager sehen«, antwortete Ignat, nach Atem ringend, »aber wer weiß, was für eines es ist. Ich glaube, Bruder, wir sind schon bei Prolgows Datscha. Wir müssen mehr nach links halten.«

»Was faselst du da! Das sind unsere Kalmückenlager, die hinter der Staniza liegen«, widersprach der Ratgeber.

»Ich sage dir doch, daß sie es nicht sind.«

»Wenn ich hinschaue, dann weiß ich's: so wird es auch sein; und wenn es nicht das ist, so ist es Tamyschewsko. Dann müssen wir uns mehr rechts halten: da kommen wir gerade an der großen Brücke heraus, bei der achten Werst.«

»Aber ich sage dir doch, daß es nicht stimmt! Ich hab's doch gesehen«, antwortete Ignat ärgerlich.

»Ach, Brüderchen, und du willst Postkutscher sein!«

»Jawohl, Postkutscher! Geh doch selber hin.«

»Wozu soll ich hingehen! Ich weiß es auch so!«

Ignat wurde sichtlich böse: er sprang, ohne zu antworten, auf den Schlittenrand und jagte weiter.

»Wie mir die Füße erstarrt sind: so, daß man sie gar nicht erwärmen kann«, sagte er zu Aljoscha, schlug seine Füße immer öfter aneinander, scharrte den Schnee, der ihm in die Stiefelschäfte geraten war, zusammen und schüttete ihn aus.

Ich wollte schrecklich gerne schlafen.

8

Fange ich wirklich schon an zu erfrieren? dachte ich im Halbschlaf; man sagt, daß das Erfrieren immer mit Einschlafen beginnt. Da ist es schon besser, zu ertrinken als zu erfrieren, mögen sie mich im Fischernetz herausziehen; aber übrigens ist es ganz einerlei, ob ich ertrinke oder erfriere, wenn mich nur dieser Stock nicht fortwährend in den Rücken stieße und ich ein wenig einschlummern könnte.

Ich döste ein paar Sekunden lang vor mich hin.

Womit wird das alles enden? frage ich mich plötzlich in Gedanken, öffne für einen Augenblick die Augen und dringe mit dem Blick in die weiße Weite. Womit wird das enden? Wenn wir keine Schober finden und die Pferde nicht mehr weiter können, was, wie es scheint, bald geschehen wird, werden wir alle erfrieren. Obwohl ich mich ein wenig fürchtete, so muß ich doch gestehen, daß der Wunsch, es möchte uns etwas Außergewöhnliches, gewissermaßen Tragisches zustoßen, in mir größer war als die kleinliche Furcht. Es schien mir, daß es gar nicht so übel wäre, wenn uns die Pferde allein gegen Morgen in halberfrorenem Zustand in irgendein entlegenes, unbekanntes Dorf brächten und wenn manche sogar schon ganz erfroren wären. Und in diesem Sinn arbeitete meine Phantasie ungewöhnlich klar und schnell. Die Pferde bleiben stehen, der Schnee türmt sich höher und höher auf, schon sieht man von den Pferden nur noch das Krummholz und die Ohren; doch plötzlich erscheint oben Ignaschka mit seiner Troika und fährt an uns vorbei. Wir flehen ihn an, schreien, er möchte uns mitnehmen; aber der Wind verweht unsere Stimmen, die Stimme ist fort. Ignaschka lacht, schreit die Pferde an, pfeift und verschwindet in irgendeinem tiefen, vom Schnee verwehten Abgrund. Der Alte springt rittlings aufs Pferd, holt mit den Ellenbogen aus und will davonsprengen, kann sich aber nicht vom Fleck rühren; mein früherer Kutscher mit der großen Mütze stürzt sich auf ihn, zieht ihn auf die Erde herunter und stampft im Schnee auf ihm herum. »Du bist ein Hexenmeister!« schreit er, »du Schimpfmaul! Wir wollen zusammen umherirren!« Aber der Alte durchbohrt den Schneehaufen mit dem Kopf: Er ist kein alter Mann mehr, sondern eher ein Hase, der vor uns davonläuft. Alle Hunde jagen ihm nach. Der Ratgeber, der jetzt Fjodor Filippitsch ist, sagt, daß wir uns alle in einen Kreis setzen sollen, daß es nichts ausmache, wenn uns der Schnee verschütte: wir würden es warm haben. In der Tat ist uns warm und gemütlich; aber wir haben Durst. Ich hole mein Kistchen herbei, bewirte alle mit Rum und Zucker und trinke selber mit großem Vergnügen. Der Erzähler trägt ein

Märchen von einem Regenbogen vor – schon ist eine Decke aus Schnee und ein Regenbogen über uns. »Jetzt soll sich jeder ein Zimmer im Schnee machen und schlafen!« sage ich. Der Schnee ist weich und warm wie ein Fell. Ich mache mir ein Zimmer und will hineingehen; aber Fjodor Filippitsch, der mein Geld in dem Kistchen entdeckt hat, ruft: »Halt! gib das Geld her! Du mußt ja doch sterben!« und packt mich am Fuß. Ich gebe das Geld her und bitte nur, mich loszulassen; aber sie glauben mir nicht, daß das mein ganzes Geld ist, und wollen mich totschlagen. Ich ergreife die Hand des alten Kutschers und fange an, sie mit einer unaussprechlichen Wonne zu küssen: die Hand des Alten ist zart und süß. Er will sie mir anfangs entreißen, aber dann überläßt er sie mir und streichelt mich sogar mit der anderen Hand. Aber da nähert sich Fjodor Filippitsch und droht mir. Ich laufe in mein Zimmer, aber das ist kein Zimmer, sondern ein langer, weißer Korridor, und jemand hält mich an den Füßen fest. Ich reiße mich los. Meine Kleider und ein Teil meiner Haut bleiben in den Händen dessen, der mich festhält; aber ich empfinde nur Kälte und Scham – ich schäme mich um so mehr, als mir meine Tante mit dem Sonnenschirm und der kleinen homöopathischen Hausapotheke Arm in Arm mit dem Ertrunkenen entgegenkommt. Sie lachen und verstehen die Zeichen, die ich ihnen mache, nicht. Ich stürze zum Schlitten, meine Beine schleifen durch den Schnee nach, aber der Alte läuft mir fuchtelnd nach. Er ist schon ganz nahe, aber ich höre, wie vor mir zwei Glocken läuten, und weiß, daß ich gerettet bin, wenn ich sie erreiche. Die Glocken läuten immer lauter; aber der Alte hat mich eingeholt und ist mit dem Bauch auf mein Gesicht gefallen, so daß ich die Glocken kaum noch hören kann. Ich ergreife wieder seine Hand und fange an, sie zu küssen, aber der Alte ist nicht der Alte, sondern der Ertrunkene … und schreit: »Ignaschka! halt, da sind ja Achmatkins Heuschober, scheint mir! Geh mal, schau nach!« Das ist schon allzu schrecklich! Nein, lieber wache ich auf …

Ich öffne die Augen. Der Wind hat mir einen Zipfel von Aljoschas Mantel ins Gesicht geweht, meine Knie sind unbedeckt, wir fahren über Glatteis, und die Terz der Glöckchen mit ihrer klirrenden Quinte tönt deutlich durch die Luft.

Ich schaue, wo die Schober sein mögen; aber statt der Schober erblicke ich bereits mit wachen Augen irgendein Haus mit einem Balkon und die zackige Mauer einer Festung. Es reizt mich, dieses Haus und die Festung genauer zu betrachten: Ich möchte hauptsächlich wieder den weißen Gang, den ich entlanggelaufen bin, sehen, das Läuten der Kirchenglocken hören und die Hand des Alten küssen. Ich schließe wieder die Augen und schlafe ein.

9

Ich schlief fest; aber die Terz der Glöckchen war die ganze Zeit über zu hören und erschien mir im Traum bald als Hund, der bellte und sich auf mich stürzte, bald als Orgel, deren eine Pfeife ich selber war, bald als französisches Gedicht, das ich verfaßte. Bald schien mir diese Terz ein Folterwerkzeug zu sein, mit dem man meine rechte Ferse unausgesetzt zusammenpreßte. Der Schmerz war so stark, daß ich erwachte, die Augen öffnete und meinen Fuß rieb. Er fing an zu erstarren. Die Nacht war noch immer so hell, trüb und weiß. Dieselbe Bewegung stieß meinen Schlitten und mich vorwärts; derselbe Ignaschka saß seitwärts da und schlug die Füße aneinander; dasselbe Seitenpferd mit dem vorgestreckten Hals lief, die Beine nur wenig hebend, im Trab durch den tiefen Schnee, die Quaste tanzte am Umlaufriemen und schlug gegen den Bauch des Pferdes. Der Kopf des Mittelpferdes mit der wehenden Mähne hob und senkte sich gleichmäßig, wobei es die Zügel, die am Krummholz angebunden waren, bald straff anzog, bald locker ließ. Aber dies alles war noch mehr vom Schnee bedeckt und verweht als vorher. Der Schnee wirbelte vor uns, seitwärts verschüttete er die Schlittenkufen und die Beine der Pferde bis an die Knie, und von oben fiel er auf unsere Kragen und Mützen. Der Wind wehte einmal von rechts, einmal von links, spielte mit dem Kragen und dem Zipfel von Ignaschkas Mantel, mit der Mähne des Seitenpferdes und heulte über dem Krummholz und zwischen den Deichseln.

Es wurde furchtbar kalt, und sobald ich den Kopf aus meinem Kragen herausstreckte, fuhr mir der eisige trockene Schnee wirbelnd in die Wimpern, die Nase, den Mund und sprang mir in den Nacken; ich schaute mich um – alles weiß, hell und schneeig, nichts war da außer dem trüben Licht und dem Schnee. Ich fing ernstlich an mich zu fürchten. Aljoscha schlief mir zu Füßen in der Tiefe des Schlittens; sein ganzer Rücken war mit einer dicken Schneeschicht bedeckt. Ignaschka ließ den Mut nicht sinken: er zerrte fortwährend an den Zügeln, schrie die Pferde an und schlug die Füße gegeneinander. Die Glöckchen klangen noch immer so schön. Die Pferde schnauften, aber sie liefen, wenn auch etwas langsamer und häufig stolpernd. Ignaschka sprang wieder auf, schwang seinen Fausthandschuh und stimmte mit seiner dünnen, gepreßten Stimme ein Lied an. Er hatte es noch nicht zu Ende gesungen, als er die Pferde anhielt, die Zügel über den Bock warf und abstieg. Der Wind heulte auf; der Schnee überschüttete unsere Pelze wie mit einer Schaufel. Ich sah mich um: der dritte Schlitten war nicht mehr hinter uns, er war irgendwo zurückgeblieben. Durch den Schneenebel konnte man gewahren, wie der alte Kutscher neben dem zweiten Schlitten von einem Bein auf das andere sprang. Ignaschka ging drei Schritte vom Schlitten weg, setzte sich in den Schnee, nahm seinen Gürtel ab und fing an, seine Stiefel auszuziehen.

»Was machst du denn?« fragte ich.

»Ich muß die Stiefel wechseln, die Füße sind mir ganz erstarrt«, antwortete er und setzte sein Werk fort.

Es war mir zu kalt, den Hals aus dem Kragen herauszustrecken, um zu sehen, wie er das machte. Ich saß aufrecht und sah auf das Seitenpferd, das sein Bein vorgestellt hatte und todmüde seinen aufgebundenen Schweif hin und her bewegte. Der Stoß, den Ignat dem Schlitten beim Aufspringen auf den Schlittenrand versetzte, weckte mich vollends auf.

»Wo sind wir jetzt?« fragte ich, »werden wir wenigstens bei Tagesgrauen ankommen?«

»Seien Sie unbesorgt: wir bringen Sie hin«, antwortete er. »Jetzt haben sich meine Füße großartig erwärmt, weil ich die Stiefel gewechselt habe.«

Und er zog an, das Glöckchen erklang, der Schlitten fing wieder an zu schwanken, der Wind heulte unter den Kufen. Und wir schwammen wieder durch das endlose Schneemeer.

Ich schlief fest ein. Als Aljoscha mich durch einen Stoß mit dem Fuß weckte und ich die Augen öffnete, war es schon Morgen. Es schien noch kälter zu sein als in der Nacht. Von oben fiel kein Schnee mehr, aber der starke, trockene Wind jagte den Schneestaub noch immer über das Feld und trieb ihn besonders unter die Hufe der Pferde und die Schlittenkufen. Auf der rechten Seite, im Osten, hatte der Himmel eine schwere dunkelbläuliche Farbe; aber grelle, orangenrote schräge Streifen traten deutlicher auf ihm hervor. Zu Häupten sah man zwischen den dahineilenden weißen Wolken ein schwaches Blau; auf der linken Seite war das Gewölk hell, leicht und beweglich. Ringsum, soweit das Auge reichte, lag auf dem Feld weißer, in deutlichen Schichten aufgetürmter, tiefer Schnee. Hier und da wurde ein grauschimmernder Hügel sichtbar, über den feiner, trockener Schneestaub hinwegflog. Keine einzige Spur, weder von einem Schlitten noch von einem Menschen oder einem Tier, war zu entdecken. Die Umrisse und Farbtöne des Rückens meines Kutschers und der Pferde hoben sich auf dem weißen Hintergrund klar und scharf ab ... Ignaschkas dunkelblauer Mützenrand, sein Kragen, die Haare und sogar die Stiefel waren weiß. Der Schlitten war vollständig zugeschneit. Die ganze rechte Kopfseite und der Rist des grauen Mittelpferdes waren voller Schnee; bei meinem Seitenpferd waren die Beine bis an die Knie mit Schnee bedeckt, und an dem vom Schweiß zottig gewordenen Hinterteil klebte der Schnee an der rechten Seite. Die Quaste sprang noch immer im Takt zu jeder Melodie, die man sich dazu erdachte, und das Seitenpferd selbst lief genauso schnell, nur an seinem eingefallenen Bauch, der sich schnell hob und senkte, und an den hängenden Ohren konnte man bemerken, wie abgehetzt es war. Nur ein einziger Gegenstand erregte die Aufmerksamkeit: das war ein Werstpfahl, von dem es den Schnee auf die Erde wehte und neben dem der Wind auf der rechten Seite einen ganzen Berg zusammengeweht hatte und noch immer körnigen Schnee von einer Seite auf die andere warf. Es wunderte mich furchtbar, daß wir die ganze Nacht mit denselben Pferden zwölf Stunden lang gefahren waren, ohne zu wissen wohin und ohne stehenzubleiben – und dennoch angekommen waren. Unser Glöckchen schien noch lustiger zu läuten. Ignat schlug seinen Mantel übereinander und schrie die Pferde an; hinter uns schnaubten die Pferde und erklangen die Glöckchen von den Troikas des alten Kutschers und des Ratgebers; aber der, welcher eingeschlafen war, hatte sich endgültig in der Steppe verfahren. Nachdem wir eine halbe Werst gefahren waren, stießen wir auf die frische, kaum verwehte Spur eines Schlittens und einer Troika und gewahrten von Zeit zu Zeit einen roten Blutfleck, von einem Pferd herrührend, das sich wahrscheinlich verletzt hatte.

»Das ist Filipp! Schau mal an, er ist noch früher da als wir!« sagte Ignaschka.

Aber da taucht ein Häuschen mit einem Schild an der Straße mitten im Schnee auf und ist beinahe bis unter das Dach und die Fenster vom Schnee verweht. Neben der Schenke steht eine Troika grauer Pferde, die vom Schweiß struppig geworden sind, mit gespreizten Beinen und gesenkten Köpfen. Vor der Tür ist der Weg gesäubert und lehnt eine Schaufel; aber der heulende Wind weht und kräuselt den Schnee noch immer vom Dach.

Bei dem Klang unserer Glocken tritt ein großer, rothaariger Fuhrmann mit gerötetem Gesicht aus der Tür, hält ein Glas Schnaps in der Hand und ruft uns etwas zu. Ignaschka dreht sich nach mir um und bittet um die Erlaubnis, einzukehren. Da sehe ich seine Fratze zum erstenmal.

11

Sein Gesicht war nicht dunkel, hart und geradnasig, wie ich es nach seinem Haar und seiner Gestalt erwartet hatte. Das war eine runde, lustige, vollständig stumpfnasige Fratze mit einem großen Mund und hellen, leuchtend blauen, runden Augen. Hals und Wangen waren so rot, als wären sie mit einem Tuchlappen poliert worden; die Augenbrauen, die langen Wimpern und der Flaum, der den unteren Teil seines Gesichts gleichmäßig bedeckte, waren vom Schnee verklebt und über und über weiß. Bis zur Station hatten wir nur noch eine halbe Werst zu fahren, und wir machten halt.

»Aber schnell«, sagte ich.

»In einer Minute«, antwortete Ignaschka, sprang vom Bock und ging zu Filipp.

»Gib her, Bruder«, sagte er, zog den Fausthandschuh von der rechten Hand, warf ihn zusammen mit der Peitsche in den Schnee, warf den Kopf zurück und trank das ihm dargereichte Gläschen Schnaps in einem Zug aus.

Der Schankwirt, anscheinend ein verabschiedeter Kosak, trat mit einem halben Maß in der Hand aus der Tür.

»Wem soll ich einschenken?« fragte er.

Der lange Wasilij, ein hagerer, blonder Bauer mit einem Ziegenbart, und der dicke, strohblonde Ratgeber mit einem dichten weißen Bart, der sein rotes Gesicht umgab, traten herzu und tranken auch jeder ein Gläschen. Der Alte war auch zu der Gruppe der Trinkenden getreten, aber ihm wurde nicht eingeschenkt, und so ging er zu seinen hinten angebundenen Pferden und begann dem einen Rücken und Hinterteil zu streicheln.

Der Alte sah ganz so aus, wie ich ihn mir vorgestellt hatte: klein, hager, mit einem runzligen, blau angelaufenen Gesicht, einem spärlichen Bärtchen, einem spitzen Näschen und zerfressenen gelben Zähnen. Er trug eine ganz neue Kutschermütze, aber der Schafpelz war schäbig, mit Teer beschmutzt, an der einen Schulter und an den Schößen zerrissen; er bedeckte weder die Knie noch das hanfleinene Unterzeug, das in riesengroßen Filzstiefeln steckte. Er ging ganz gebückt, zog ein finsteres Gesicht, das ebenso wie die Knie vor Kälte zitterte, und machte sich an seinem Schlitten zu schaffen, offenbar um sich zu erwärmen.

»Nun, Mitritsch, laß dir doch ein Achtel reichen: würdest dich ordentlich erwärmen«, sagte der Ratgeber zu ihm.

Mitritsch zuckte zusammen. Er brachte den Umlaufriemen seines Pferdes in Ordnung, rückte das Krummholz zurecht und trat auf mich zu.

»Wie wär's, Herr«, sagte er, nahm die Mütze von seinem grauen Kopf und verneigte sich tief, »die ganze Nacht sind wir mit Ihnen umhergeirrt, haben den Weg gesucht: wenn Sie mir ein Achtel einschenken ließen! Wahrhaftig, Väterchen, Euer Durchlaucht! Denn ich habe nichts, um mich zu erwärmen«, fügte er mit einem unterwürfigen Lächeln hinzu.

Ich gab ihm fünfundzwanzig Kopeken. Der Schankwirt brachte ein Achtel und reichte es dem Alten. Dieser nahm den Fausthandschuh mit der Peitsche ab und streckte seine kleine, schwarze, zusammengeschrumpfte und ein wenig blau angelaufene Hand nach dem Glas aus; aber sein Daumen versagte ihm den Dienst, als wäre er nicht sein eigener; er konnte das Glas nicht festhalten, ließ es fallen, und der Schnaps floß in den Schnee.

Alle Kutscher brachen in ein schallendes Gelächter aus.

»Schau mal, Mitritsch ist so erfroren, daß er den Schnaps nicht mehr halten kann!«

Aber Mitritsch war sehr traurig, weil er den Schnaps vergossen hatte.

Man schenkte ihm aber ein zweites Glas ein und goß es ihm in den Mund. Er wurde sofort lustig, lief in die Schenke, zündete sich ein Pfeifchen an, zeigte grinsend seine gelben zerfressenen Zähne und schimpfte bei jedem Wort. Nachdem die Kutscher ihr letztes Achtel getrunken hatten, gingen sie zu ihren Troikas zurück, und wir fuhren weiter.

Der Schnee wurde immer weißer und greller, so daß er die Augen blendete, wenn man ihn ansah. Die orangefarbenen, rötlichen Streifen stiegen höher und höher, greller und greller am Himmel empor; sogar die rote Sonnenscheibe wurde zwischen den blaugrauen Wolken am Horizont sichtbar; die Himmelsbläue wurde glänzender und dunkler. Auf der Straße, die an der Staniza vorbeiführte, war eine deutliche gelbe Spur, hin und wieder fuhren wir durch eine ausgefahrene Grube; in der kalten, herben Luft verspürte man eine angenehme Leichtigkeit und Frische.

Meine Troika lief sehr schnell. Der Kopf des Mittelpferdes und der Hals mit der über dem Krummholz wehenden Mähne hoben und senkten sich schnell, beinahe immer an derselben Stelle, unter dem Glöckchen, dessen Züngelein nicht mehr anschlug, sondern an den Wänden hin und her schabte. Die braven Seitenpferde, welche die gefrorenen schiefen Stränge gleichmäßig anzogen, liefen energisch dahin. Die Quasten tanzten und schlugen ihnen an den Bauch und an den Umlaufriemen. Hin und wieder geriet ein Seitenpferd vom gebahnten Weg in einen Schneehaufen und schleuderte uns den Schnee in die Augen, während es sich flink daraus befreite. Ignaschka schrie mit seiner lustigen Tenorstimme; der trockene Frost knirschte unter den Schlittenkufen; die beiden Glöckchen hinter uns klangen hell und feiertäglich, und man hörte das trunkene Schreien der Kutscher. Ich sah mich um: die grauen, struppigen Seitenpferde sprangen mit vorgestrecktem Hals durch den Schnee und hielten den Atem gleichmäßig zurück. Filipp schwang die Peitsche und rückte seine Mütze zurecht; der Alte lag noch immer, die Beine in die Höhe gestreckt, in der Mitte des Schlittens.

Nach zwei Minuten fuhren die Schlitten knirschend über die Bretter der reingefegten Auffahrt des Stationsgebäudes. Ignaschka wandte mir sein schneebestäubtes, Kälte atmendes, heiteres Gesicht zu: »Da hätten wir Sie glücklich hergebracht, Herr!« sagte er.

11. Februar 1856

282

Zwei Husaren

Novelle

Der Gräfin M. N. Tolstoi gewidmet

...Jomini und Jomini,
Doch von Schnaps kein Wörtchen.
D. Dawydow

Um das Jahr 1800, in jenen Zeiten, da es noch keine Eisenbah-
nen, keine Chausseen, keine Gasbeleuchtung, keine Stearin-
kerzen, keine niedrigen Sprungfedersofas, keine unlackierten
Möbel, keine enttäuschten Jünglinge mit Monokel, keine frei-
denkenden philosophierenden Frauen und keine süßen Kameliendamen gab, an denen unsere Zeit so reich ist – in jenen naiven
Zeiten, da man von Moskau nach Petersburg im Reisewagen
oder in einer Kutsche reiste und einen ganzen Berg häuslicher
Küchenerzeugnisse mitnahm, acht Tage auf der weichen, staubigen oder schmutzigen Straße dahinfuhr und an Hühnerkote-
lettes, an Waldaische Glöckchen und Kringel glaubte – da an
langen Herbstabenden die Talglichter herunterbrannten, die Fa-
milienkreise von zwanzig bis dreißig Personen beleuchteten, da
man auf Bällen Wachs- oder Walratkerzen auf die Armleuchter
steckte, da man die Möbel symmetrisch aufstellte, da unsere
Väter nicht allein durch das Fehlen von Runzeln und grauen
Haaren jung waren, sondern sich noch der Frauen wegen duel-
lierten und aus der anderen Zimmerecke herbeistürzten, um ein
zufällig oder absichtlich verlorenes Taschentüchlein aufzuheben, unsere Mütter kurze Taillen und riesengroße Ärmel trugen
und die Familienangelegenheiten durch das Ziehen von Billett-
chen entschieden, da die schönen Kameliendamen sich vor dem

Tageslicht versteckten – in den naiven Zeiten der Freimaurerlogen, der Martinisten, des Tugendbundes, in den Zeiten der Miloradowitsch, der Dawydows und Puschkins – in jenen Zeiten fand in der Gouvernementsstadt K. eine Zusammenkunft der Gutsbesitzer statt und gingen die Adelswahlen zu Ende.

1

»Nun, das ist ja ganz gleichgültig, meinetwegen in den Saal«, sagte ein junger Offizier in Pelz und Husarenmütze, der soeben aus dem Reiseschlitten gestiegen war und den besten Gasthof der Stadt K. betrat.

»Die Versammlung, Väterchen, Euer Durchlaucht, ist riesengroß«, sagte der Hoteldiener, der bereits Zeit gehabt hatte, vom Burschen zu erfahren, daß der Husar Graf Turbin hieß, und ihn daher »Euer Durchlaucht« titulierte. »Die Gutsherrin von Afremowo mit ihren Töchtern haben versprochen, gegen Abend abzureisen: dann belieben Sie in Nummer elf zu ziehen, sobald das Zimmer frei wird«, sagte er, indem er mit weichen Schritten vor dem Grafen den Korridor entlangging und sich fortwährend nach ihm umsah.

Im Speisesaal saßen an einem kleinen Tisch, unter dem schon schwarzgewordenen Bildnis des Kaisers Alexander in Lebensgröße, ein paar Herren, jedenfalls hiesige Adlige, beim Champagner, etwas abseits durchreisende Kaufleute in blauen Pelzen.

Der Graf trat in das Zimmer, rief Blücher, einen riesengroßen grauen Bullenbeißer, der mit ihm gekommen war, herein, warf seinen am Kragen noch bereiften Mantel ab, bestellte Schnaps, setzte sich in seinem seidenen, blauen Archaluk an den Tisch und knüpfte ein Gespräch mit den dort sitzenden Herren an, die durch das schöne und offene Gesicht des Angekommenen sofort zu seinen Gunsten eingenommen waren und ihm ein Glas Champagner anboten. Der Graf leerte erst ein Gläschen Schnaps und bestellte dann ebenfalls eine Flasche, um seine neuen Bekannten zu bewirten. Der Postkutscher kam herein und bat um ein Trinkgeld.

»Saschka!« rief der Graf, »gib es ihm!«

Der Kutscher ging mit Saschka fort, kehrte aber, das Geld in der Hand haltend, wieder zurück.

»Wie denn das, Väterchen Durchlaucht, ich habe mir doch, scheint mir, für deine Gnaden alle Mühe gegeben. Du hast mir einen halben Rubel versprochen, er gibt mir aber nur fünfundzwanzig Kopeken.«

»Saschka! Gib ihm einen Silberrubel!«

Saschka schlug die Augen nieder und blickte auf die Füße des Kutschers.

»Es ist genug für ihn«, sagte er im Baß, »ich habe kein Geld mehr.«

Der Graf entnahm seiner Brieftasche die einzigen zwei blauen Scheine, die noch darin waren, und gab einen dem Kutscher, der ihm dafür die Hand küßte und fortging.

»Weit gekommen!« bemerkte er, »die letzten fünf Rubel.«

»Ganz nach Husarenart, Graf«, sagte einer der Edelleute lächelnd, der, seinem Schnurrbart, der Stimme und einer gewissen energischen Gewandtheit der Beine nach zu urteilen, offenbar ein verabschiedeter Kavallerist war. »Haben Sie die Absicht, längere Zeit hierzubleiben, Graf?«

»Ich muß mir Geld verschaffen; sonst würde ich nicht hierbleiben. Nicht einmal Zimmer gibt es. Der Teufel soll sie schinden, in dieser verfluchten Schenke ...«

»Gestatten Sie, Graf«, entgegnete der Kavallerist, »wollen Sie mir nicht das Vergnügen machen? Ich wohne hier auf Nummer sieben. Vielleicht verschmähen Sie es nicht, vorläufig bei mir zu übernachten. Sie sollten drei Tage lang bei uns bleiben. Heute ist Ball beim Adelsmarschall. Wie der sich freuen würde!«

»Wirklich, Graf, bleiben Sie«, fiel ein anderer der Tischgenossen, ein hübscher, junger Mann, ein, »wohin eilen Sie? Wahlen finden nur alle drei Jahre einmal statt. Sehen Sie sich doch wenigstens unsere jungen Damen an, Graf!«

»Saschka! gib mir Wäsche: ich fahre in die Badestube«, sagte der Graf aufstehend. »Von dort ... wir werden sehen, vielleicht treibt es mich wirklich noch zum Adelsmarschall.«

Dann rief er den Kellner zu sich heran, sprach mit ihm über irgend etwas, worauf der Kellner lächelnd antwortete: »Das ist alles Werk von Menschenhand«, und verließ das Zimmer.

»Also, Väterchen, ich werde meinen Koffer in Ihr Zimmer tragen lassen!« rief der Graf in der Türe.

»Erweisen Sie mir die Ehre, beglücken Sie mich«, antwortete der Kavallerist, zur Tür laufend, »vergessen Sie nicht, Nummer sieben!«

Nachdem des Grafen Schritte verklungen waren, kehrte der Kavallerist auf seinen Platz zurück, rückte näher an den Beamten heran, sah ihm mit lächelnden Augen ins Gesicht und sagte: »Das ist ja derselbe.«

»Nun?«

»Ich sage dir, das ist derselbe Husar, der Duellbruder – nun, der bekannte Turbin. Er hat mich erkannt, ich wette, daß er mich erkannt hat. Wie denn, ich habe doch in Lebedjan mit ihm zusammen drei Wochen lang ohne Unterlaß gebummelt, als ich zum Ankauf von Remonten dort war. Da ist eine Geschichte passiert – wir haben sie zusammen ausgeführt –, mit keiner Silbe hat er sie erwähnt. Aber ein Kerl, was?«

»Wohl ein Kerl. Und wie angenehm er im Umgang ist! Man merkt nichts von so etwas«, antwortete der hübsche junge Mann. »Wie schnell wir mit ihm Bekanntschaft geschlossen haben … Er ist wohl nicht älter als fünfundzwanzig Jahre?«

»Nein, er sieht nur so aus, aber er ist älter. Man muß nur wissen, wer er ist. Wer hat die Migunowa entführt? – er. Sablin hat er niedergeschossen, Matnew hat er an den Beinen aus dem Fenster geschmissen, dem Fürsten Nesterow dreihunderttausend Rubel im Spiel abgenommen. Man muß wissen, was für ein Tollkopf er ist. Ein Spieler, ein Raufbold, ein Verführer; aber eine Seele von Husar, wahrlich, eine Seele. Wir haben ja den Ruhm, aber wenn jemand verstehen könnte, was das heißt, ein echter Husar zu sein. Ach, das war eine Zeit!«

Und der Kavallerist erzählte seinen Tischnachbarn von einem Gelage mit dem Grafen in Lebedjan, das niemals stattgefunden hatte und gar nicht hätte stattfinden können. Erstens deshalb nicht, weil er den Grafen früher niemals gesehen und schon zwei Jahre, ehe der Graf in den Dienst trat, seinen Abschied genommen hatte, und zweitens, weil der Kavallerist niemals bei der Kavallerie, sondern vier Jahre lang als ganz bescheidener Junker im Belewschen Regiment gedient und mit der Beförderung zum Fähnrich den Abschied genommen hatte. Aber nachdem ihm vor zehn Jahren eine Erbschaft zugefallen war, war er tatsächlich nach Lebedjan gereist, wo er mit Remonteoffizieren siebenhundert Rubel verjubelt und sich bereits eine Ulanenuniform mit orangegelben Aufschlägen hatte machen lassen, um bei den Ulanen zu dienen. Der Wunsch, bei der Kavallerie zu dienen, und die drei Wochen, die er mit den Offizieren in Lebedjan verlebt hatte, bildeten den lichtesten, glücklichsten Abschnitt seines Lebens, so daß er diesen Wunsch zuerst als Wirklichkeit hinstellte, dann in die Erinnerung übertrug und bereits selber fest an seine kavalleristische Vergangenheit zu glauben begann, was ihn aber, dank seiner Weichherzigkeit und seiner Ehrlichkeit, nicht hinderte, ein wahrhaft würdiger Mensch zu sein.

»Ja, wer nicht bei der Kavallerie gewesen ist, wird unsereinen nie verstehen.«

Er setzte sich rittlings auf einen Stuhl, schob seinen Unterkiefer vor und begann im Baß zu reden: »Da reitet man vor der Schwadron, unter sich hat man einen Teufel, der ständig lanciert, aber kein Pferd; man sitzt drauf wie ein Teufel. Da kommt der Schwadronskommandeur zur Musterung angesprengt. ›Leutnant‹, sagt er, ›bitte, ohne Sie geht es nicht – führen Sie die Schwadron im Paradeschritt vor.‹ Gut, nichts wie jawohl, man sieht sich um, fährt seine Schnauzbärte an … Ach, Teufel noch mal, war das eine Zeit!«

Der Graf kam ganz rot und mit nassem Haar aus der Badestube zurück und ging geradeswegs in das Zimmer Nummer sieben, wo der Kavallerist bereits im Schlafrock mit der Pfeife im Munde dasaß und mit Genuß und einer gewissen Furcht über das Glück nachdachte, das ihm zugefallen war – mit dem berühmten Turbin in einem Zimmer zu wohnen. Wie aber, schoß es ihm durch den Sinn, wenn er mich plötzlich ganz nackt auszieht, vor die Stadt schafft und in den Schnee setzt oder … mich mit Pech einschmiert oder einfach … nein, er wird es aus Kameradschaft nicht tun … tröstete er sich.

»Blücher füttern, Saschka!« rief der Graf.

Es erschien Saschka, der nach der Reise ein Glas Schnaps getrunken hatte und gehörig berauscht war.

»Du hast es natürlich nicht mehr ausgehalten: hast dich besoffen, Kanaille! ... Blücher füttern«

»Er wird auch so nicht krepieren: da, wie schön glatt er ist!« antwortete Saschka, den Hund streichelnd.

»Hier wird nicht geschwatzt! Marsch, füttere ihn!«

»Bei Ihnen braucht nur der Hund satt zu sein, aber wenn der Mensch ein Gläschen trinkt, machen Sie ihm Vorwürfe.«

»He, ich werde dich gleich prügeln!« schrie der Graf mit einer Stimme, daß die Fensterscheiben klirrten und sogar dem Kavalleristen ein wenig bange wurde.

»Hätten Sie lieber gefragt, ob Saschka heute schon irgend etwas gefressen hat; nun denn, schlagen Sie mich, falls Ihnen ein Hund mehr wert ist als ein Mensch«, sagte Saschka. Aber da erhielt er einen so furchtbaren Schlag mit der Faust ins Gesicht, daß er hinfiel und mit dem Kopf gegen die Bretterwand des Verschlags schlug; er griff mit der Hand an seine Nase, stürzte zur Tür hinaus und warf sich im Korridor auf eine Truhe.

»Er hat mir die Zähne eingeschlagen«, brummte Saschka, wischte sich mit einer Hand die blutende Nase ab, während er mit der anderen den Nacken Blüchers kraulte, der sich leckte, »er hat mir die Zähne eingeschlagen, Blücherchen, aber er ist doch mein Graf, und ich kann für ihn durchs Feuer gehen, so ist's! Weil er mein Graf ist, verstehst du das, Blücherchen? Willst du fressen?«

Nachdem er ein Weilchen gelegen hatte, stand er auf, fütterte den Hund und ging, beinahe nüchtern geworden, zu seinem Grafen, ihm seine Dienste anzubieten und ihm Tee zu bringen.

»Sie würden mich geradezu kränken«, sagte der Kavallerist schüchtern, vor dem Grafen stehend, welcher auf seinem Bett lag und die Füße gegen die Bretterwand stemmte, »ich bin doch auch ein alter Soldat und Kamerad, möchte ich sagen. Weshalb sollten Sie bei irgend jemand anderem borgen, ich will Ihnen mit Freuden zweihundert Rubel vorstrecken. Vorläufig habe ich sie noch nicht, sondern nur hundert; aber ich werde sie mir noch heute verschaffen. Sie würden mich wirklich beleidigen, Graf!«

»Ich danke Ihnen, Väterchen«, antwortete der Graf, der sofort begriff, welcherart die Beziehungen, die sich zwischen ihnen anbahnten, sein würden, und klopfte dem Kavalleristen auf die Schulter, »vielen Dank. Nun, wenn dem so ist, so wollen wir auf den Ball fahren. Aber was werden wir jetzt anfangen? Erzähle mal, was bei euch in der Stadt los ist; gibt es hier hübsche Weiber? Wer bummelt? Wer spielt Karten?«

Der Kavallerist erklärte, daß eine Menge hübscher Weiber auf dem Ball sein würden, daß der neugewählte Kreisrichter Kolkow am meisten bummele, daß es ihm aber an der echten Husarenschneidigkeit fehle und er nur ein guter Kerl sei; daß seit Beginn der Wahlen Iljuschkins Zigeunerchor hier singe, daß Stjoschka die Chorführerin sei und daß heute nach dem Ball beim Adelsmarschall alle zu den Zigeunern fahren wollten.

»Es wird auch ordentlich gespielt«, erzählte er, »Luchnow, der hier auf der Durchreise ist, spielt mit viel Geld, und der Ulanenkornett Iljin, der auf Nummer acht wohnt, verspielt auch viel. Bei ihm hat das Spiel schon jetzt begonnen. Da wird jeden Abend gespielt, und ich sage Ihnen, Graf, ein zu lieber Bursche, dieser Iljin, keine Spur von Geiz – sein letztes Hemd gibt er her.«

»Da wollen wir mal hingehen. Wollen mal sehen, was das für Leute sind«, meinte der Graf.

»Kommen Sie, kommen Sie! Sie werden sich riesig freuen.«

2

Der Ulanenkornett Iljin war erst vor kurzem aufgewacht. Am Abend vorher hatte er sich um acht Uhr zum Spiel gesetzt und fünfzehn Stunden hintereinander, bis elf Uhr morgens, gespielt. Er hatte ziemlich viel Geld verloren, aber wieviel, das wußte er nicht, weil er dreitausend Rubel eigenes Geld und fünfzehntausend Rubel Staatsgelder bei sich hatte, die er längst zu seinem eigenen getan hatte, weil er das Nachrechnen fürchtete, um sich nicht davon überzeugen zu müssen, was er vorausahnte, daß nämlich auch schon etwas von den Staatsgeldern fehlte.

Er war erst gegen Mittag eingeschlafen und schlief den schweren, traumlosen Schlaf, den nur ein sehr junger Mensch nach einem sehr großen Verlust schlafen kann. Er erwachte gegen sechs Uhr abends, gerade um die Zeit, da Graf Turbin im

Gasthof angekommen war, und als er die auf dem Boden verstreuten Karten, die Kreide und die beschmierten Tische in der
Mitte des Zimmers erblickte, erinnerte er sich mit Entsetzen des
gestrigen Spiels und der letzten Karte, eines Buben, die ihm einen Verlust von fünfhundert Rubeln eingetragen hatte; aber er
wollte noch nicht recht an die Wirklichkeit glauben, zog das
Geld unter dem Kopfkissen hervor und begann zu zählen. Er erkannte einige Geldscheine wieder, die mehrere Male von Hand
zu Hand gegangen waren, und erinnerte sich an den ganzen
Verlauf des Spieles. Seine eigenen dreitausend Rubel waren
nicht mehr vorhanden, und von den Staatsgeldern fehlten bereits zweieinhalbtausend.

Der Ulan hatte vier Nächte hintereinander gespielt.

Er war aus Moskau gekommen, wo er die Staatsgelder erhalten hatte. In K. wurde er vom Postmeister unter dem Vorwand
aufgehalten, daß keine Pferde da seien, aber in Wirklichkeit
hatte dieser mit dem Gasthofbesitzer die Abmachung getroffen,
jeden Durchreisenden einen Tag lang aufzuhalten. Der Ulan, ein
junger, lustiger Bursche, der in Moskau von seinen Eltern eben
erst dreitausend Rubel zu seiner Ausstattung im Regiment bekommen hatte, freute sich, während der Wahlen ein paar Tage in
K. bleiben zu können, und hoffte, sich hier recht gut zu unterhalten. Er war mit einem Gutsbesitzer bekannt, zu dem er gerade fahren wollte, um dessen Töchtern den Hof zu machen, als
der Kavallerist auf der Bildfläche erschien, um seine Bekanntschaft zu machen, und ihn am selben Abend ohne jeglichen bösen Hintergedanken im Spielsaal mit seinem Bekannten Luchnow und anderen Spielern zusammenführte. An diesem Abend
setzte sich der Ulan zum Spiel, fuhr weder zu dem ihm bekannten Gutsbesitzer, noch verlangte er nach Reisepferden und verließ das Zimmer vier Tage lang nicht mehr.

Nachdem er sich angekleidet und Tee getrunken hatte, trat er
ans Fenster. Er wollte ins Freie gehen, um die aufdringlichen Erinnerungen an das Kartenspiel zu vertreiben. Er zog seinen
Mantel an und ging auf die Straße. Die Sonne war schon hinter
den weißen Häusern mit den roten Dächern verschwunden;
die Dämmerung trat ein. Es war warm. Auf die schmutzigen
Straßen fiel in großen Flocken feuchter Schnee hernieder. Ihm

wurde plötzlich unsagbar traurig zumute bei dem Gedanken, daß er diesen ganzen Tag, der sich seinem Ende zuneigte, verschlafen hatte.

Diesen Tag, der vergangen ist, bringt niemand mehr zurück, dachte er.

Ich habe meine Jugend zugrunde gerichtet, sagte er plötzlich zu sich selber, nicht etwa deshalb, weil er wirklich glaubte, seine Jugend zugrunde gerichtet zu haben, er dachte gar nicht daran, ihm kam diese Phrase nur so in den Sinn.

Was werde ich jetzt anfangen? überlegte er. Jemanden anpumpen und abreisen. Irgendeine Dame ging auf dem Fußsteig an ihm vorüber. Ist das ein dummes Weib, dachte er ganz ohne jeden Grund. Es ist niemand da, den man anpumpen könnte. Ich habe meine Jugend zugrunde gerichtet. Er ging auf die Ladenreihen zu. Ein Kaufmann im Fuchspelz stand in der Tür seines Ladens und forderte ihn auf einzutreten. Wenn ich die Acht nicht abgehoben hätte, so hätte ich meinen Verlust zurückgewonnen. Eine alte Bettlerin ging hinter ihm her und greinte. Es ist niemand da, den man anpumpen könnte. Ein Herr im Bärenpelz fuhr vorüber; ein Stadtwächter stand auf dem Posten. Was könnte ich wohl Außergewöhnliches anstellen? In die Vorübergehenden schießen? Nein, das ist langweilig! Ich habe meine Jugend zugrunde gerichtet. Ach, da hängen mit Silberplatten prächtig verzierte Kummete. Wenn man sich jetzt in eine Troika setzen könnte. Ach, ihr Täubchen! Jetzt will ich nach Hause gehen. Luchnow wird bald kommen, dann werden wir spielen.

Er kehrte nach Hause zurück und zählte das Geld noch einmal. Nein, er hatte sich beim ersten Mal nicht geirrt: von den Staatsgeldern fehlten wirklich zweieinhalbtausend Rubel. Die erste werde ich mit fünfundzwanzig setzen, die zweite als Viertel … auf sieben Sätze, auf fünfzehn, auf dreißig, auf sechzig … bis dreitausend. Dann kaufe ich das Kummet und fahre fort. Er wird es nicht zulassen, dieser Lump! Ich habe meine Jugend zugrunde gerichtet. Das ging dem Ulanen im Kopf herum, als Luchnow tatsächlich bei ihm eintrat.

»Wie, sind Sie schon lange auf, Michail Wasiljewitsch?« fragte Luchnow, nahm langsam die goldene Brille von seiner hageren

Nase und wischte sie sorgfältig mit einem rotseidenen Taschentuch ab.

»Nein, eben erst. Ich habe ausgezeichnet geschlafen.«

»Irgendein Husar ist angekommen, er wohnt bei Sawalschewskij ... haben Sie nichts gehört?«

»Nein, ich habe nichts gehört ... Aber warum ist denn noch niemand da?«

»Ich glaube, sie sind zu Prjachin gegangen. Sie werden gleich kommen.«

In der Tat erschienen bald darauf im Zimmer: ein Garnisonsoffizier, der sich immer in Luchnows Gefolgschaft befand; ein griechischer Kaufmann mit einer riesigen Hakennase von bräunlicher Farbe und eingefallenen schwarzen Augen; ein dicker, aufgeschwemmter Gutsbesitzer und Schnapsfabrikant, der nächtelang immer den einfachen Satz zu fünfzig Kopeken spielte. Alle hatten Lust, mit dem Spiel zu beginnen; aber die Hauptspieler sprachen nicht über diesen Gegenstand, besonders Luchnow erzählte mit ungewöhnlicher Ruhe von einem Schurkenstreich, der sich in Moskau zugetragen hatte.

»Man muß sich das vorstellen«, sagte er. »Moskau – die erste Residenzstadt, die Hauptstadt – und in der Nacht gehen Gauner mit Haken umher, als Teufel verkleidet, erschrecken das dumme Volk, berauben die Fremden und Schluß. Warum paßt denn die Polizei nicht auf? Das ist doch sonderbar.«

Der Ulan hörte die Geschichte von den Gaunern aufmerksam mit an, aber am Schluß stand er auf und befahl leise, die Karten zu bringen. Der dicke Gutsbesitzer äußerte zuerst seine Meinung: »Nun, meine Herren, wozu die kostbare Zeit verlieren! Ans Werk, wenn schon gespielt werden soll.«

»Ja, Sie haben gestern mit Ihren Fünfzigern genug zusammengescharrt, das gefällt Ihnen wohl«, sagte der Grieche.

»Es wäre wirklich an der Zeit«, bemerkte der Garnisonsoffizier.

Iljin blickte Luchnow an. Luchnow sah ihm ruhig in die Augen und setzte seine Erzählung von den Gaunern, die sich als Teufel mit Krallen verkleidet hatten, fort.

»Werden Sie die Bank halten?« fragte der Ulan.

»Ist es nicht zu früh?«

»Below!« tief der Ulan, der aus irgendeinem Grund errötete, »bring mir etwas zu essen … ich habe noch nichts gegessen, meine Herren … bring Champagner und Karten.«

In diesem Augenblick betraten der Graf und Sawalschewskij das Zimmer. Es erwies sich, daß Turbin und Iljin derselben Division angehörten. Sie waren sofort Freunde, schmatzten sich ab, stießen mit Champagner an, und fünf Minuten später duzten sie sich bereits. Iljin schien dem Grafen sehr gut zu gefallen. Der Graf sah ihn die ganze Zeit lächelnd an und neckte ihn mit seiner Jugend.

»Ist das ein schneidiger Kerl, der Ulan!« sagte er. »Seht mal den Schnurrbart an, den Riesenschnurrbart!«

Der Flaum auf Iljins Oberlippe war noch ganz weiß.

»Wie, sie wollen anscheinend spielen?« fragte der Graf. »Nun, Iljin! ich wünsche dir, daß du gewinnst. Ich denke, du mußt ein Meister im Spiel sein!« fügte er lächelnd hinzu.

»Ja, man trifft schon Anstalten«, antwortete Luchnow, indem er ein Spiel Karten aufriß. »Aber Sie, Graf, haben Sie keine Lust?«

»Nein, heute werde ich nicht spielen. Ich würde euch sonst alle reinlegen. Denn wenn ich mich mal dranmache, dann kommt jede Bank zum Krachen! Ich habe auch nichts. Ich habe auf einer Station vor Wolotschok alles verspielt. Da ist mir so eine miserable Infanteristenseele mit Ringen an den Fingern in die Quere gekommen, wahrscheinlich ein Falschspieler – und der hat mich tüchtig übers Ohr gehauen.«

»Hast du denn lange dort auf der Station gesessen?«

»Zweiundzwanzig Stunden. Diese verfluchte Station wird mir in Erinnerung bleiben! Nun, der Postmeister wird es aber auch nicht vergessen.«

»Wieso?«

»Verstehst du: ich komme an, der Postmeister stürzt mir entgegen, so ein Gaunergesicht: ›Es sind keine Pferde da‹, sagt er; aber ich habe da einen Grundsatz, mußt du wissen: sobald keine Pferde da sind, nehme ich den Pelz nicht ab, begebe mich in das Zimmer des Postmeisters, weißt du, nicht in das Wartezimmer, sondern in sein Privatzimmer, und befehle, alle Türen und Fenster weit zu öffnen: ich tue so, als ob es nach Ofendunst röche.

Nun, und hier war es auch so. Und du weißt doch, was für eine Kälte wir im vorigen Monat hatten – bis zu zwanzig Grad. Der Postmeister fing an zu räsonieren, da hab ich ihm eins in die Zähne versetzt. Da fingen irgendein altes Weib, Mädchen und Frauenzimmer an zu kreischen, packten ihre Kochtöpfe und wollten ins Dorf rennen ... Ich laufe zur Tür und sage: ›Gib mir Pferde, dann fahre ich fort, oder ich lasse niemanden hinaus, lasse alle einfrieren!‹«

»Das ist ein großartiges Verfahren!« sagte der dicke Gutsbesitzer und schüttelte sich vor Lachen, »so vertreibt man die Schwaben.«

»Ich habe aber schlecht aufgepaßt, bin hinausgegangen – da ist mir der Postmeister mit allen Weibern durchgebrannt. Nur das alte Weib auf dem Ofen blieb mir als Pfand zurück; sie nieste und betete in einem fort. Dann begannen wir zu verhandeln: der Postmeister kam zurück und bat mich aus der Ferne, die Alte loszulassen, da habe ich Blücher auf ihn gehetzt - Blücher packt die Postmeister sehr gut an. Aber der Gauner hat mir doch bis zum nächsten Morgen keine Pferde gegeben. Und da kam dieser Infanterist angefahren. Wir gingen in das andere Zimmer und fingen an zu spielen. Haben Sie Blücher gesehen? ... Blücher ...!«

Blücher kam hereingelaufen. Die Spieler gaben sich herablassend mit ihm ab, aber man merkte, daß sie sich mit ganz anderen Dingen beschäftigen wollten.

»Übrigens – warum spielen Sie denn nicht, meine Herrschaften? Bitte, lassen Sie sich durch mich nicht stören. Ich bin eben so ein Schwätzer«, sagte Turbin, »*meine Tante, deine Tante* – das ist eine feine Sache.«

3

Luchnow rückte zwei Kerzen zu sich heran, zog eine riesengroße, mit Geld gefüllte, braune Brieftasche hervor, öffnete sie langsam, als ob er eine heilige Handlung begänne, auf dem Tisch, entnahm ihr zwei Hundertrubelscheine und legte sie unter die Karten.

»Die Bank erhält, ebenso wie gestern, zweihundert Rubel«, sagte er, seine Brille zurechtrückend, und riß ein neues Spiel Karten auf.

»Gut«, sagte Iljin, ohne ihn anzusehen und ohne das Gespräch, das er mit Turbin führte, zu unterbrechen.

Das Spiel begann. Luchnow mischte mit der Genauigkeit einer Maschine, hielt zuweilen inne und schrieb, ohne sich zu beeilen, an oder blickte streng über seine Brille hinweg und bemerkte mit leiser Stimme: »Geben Sie.« Der dicke Gutsbesitzer sprach lauter als alle anderen, stellte mit sich selbst die verschiedensten Erwägungen an und feuchtete beim Umbiegen der Karten seine dicken Finger an. Der Garnisonsoffizier schrieb schweigend mit schöner Handschrift Zahlen unter seine Karten und bog unter dem Tisch kleine Eckchen hinein. Der Grieche saß an der Seite des Bankhalters und beobachtete das Spiel aufmerksam mit seinen schwarzen, eingefallenen Augen, als wartete er auf irgend etwas. Sawalschewskij, der am Tisch stand, geriet plötzlich in Erregung, griff in die Hosentasche nach einem roten oder blauen Geldschein, legte eine Karte auf ihn, schlug mit der Hand darauf und sagte: »Bring mir Glück, Sieben!« kaute seinen Schnurrbart, trat von einem Fuß auf den anderen, errötete und geriet in Bewegung, die so lange anhielt, bis die Karte gezogen wurde. Iljin aß Kalbsbraten mit sauren Gurken, der neben ihm auf dem Roßhaardiwan stand; er wischte die Hände mit einer raschen Bewegung an seinem Rock ab und setzte eine Karte nach der andern. Turbin, der zuerst auf dem Diwan gesessen hatte, bemerkte sofort, um was es sich handelte. Luchnow sah den Ulanen gar nicht an und sprach auch nicht mit ihm; nur seine Brille richtete sich von Zeit zu Zeit für einen Augenblick auf die Hände des Ulanen, doch die Mehrzahl seiner Karten verlor.

»Wenn ich doch diese Karte stechen könnte«, sagte Luchnow von einer Karte des dicken Gutsbesitzers, der zu einem halben Rubel spielte.

»Stechen Sie lieber bei Iljin, warum denn bei mir?« bemerkte der Gutsbesitzer.

Und wirklich, Iljins Karten wurden öfter als die der anderen gestochen. Nervös zerriß er die verspielte Karte unter dem Tisch und wählte mit zitternden Händen eine neue. Turbin stand vom Diwan auf und bat den Griechen, ihm seinen Platz neben dem Bankhalter zu überlassen. Der Grieche setzte sich auf einen anderen Platz, während der Graf dessen Stuhl einnahm und, ohne ein Auge abzuwenden, aufmerksam Luchnows Hände zu betrachten begann.

»Iljin!« sagte er plötzlich mit seiner gewöhnlichen Stimme, die ganz gegen seinen Willen alle anderen übertönte, »warum hältst du dich an die gewohnten Schliche? Du kannst nicht spielen.«

»Jetzt ist's schon ganz gleich, wie ich spiele.«

»Auf diese Weise wirst du bestimmt verlieren. Laß mich für dich setzen.«

»Nein, entschuldige bitte: ich spiele immer selber. Spiele für dich, wenn du Lust hast.«

»Ich habe gesagt, daß ich für mich nicht spielen will; ich will für dich spielen. Es tut mir leid, daß du verlierst.«

»Dann ist's eben Schicksal!«

Der Graf schwieg, stützte sich auf die Ellenbogen und begann wiederum die Hände des Bankhalters zu beobachten.

»Garstig!« sagte er plötzlich laut und gedehnt.

Luchnow sah sich nach ihm um.

»Garstig, sehr garstig!« wiederholte er noch lauter und sah Luchnow gerade in die Augen.

Das Spiel nahm seinen Fortgang.

»Das ist nicht gu-ut!« sagte Turbin wieder, nachdem Luchnow eine hohe Karte Iljins gestochen hatte.

»Was gefällt Ihnen denn nicht, Graf?« fragte der Bankhalter höflich und gleichgültig.

»Daß Sie Iljin Simplum geben, dabei aber die umgebogenen Karten nehmen. Das finde ich garstig!«

Luchnow machte mit den Brauen und den Schultern eine leichte Bewegung, die den Rat ausdrücken sollte, sich in allen Dingen seinem Schicksal zu ergeben, und setzte das Spiel fort.

»Blücher!« rief der Graf aufstehend; »faß ihn!« fügte er schnell hinzu.

Blücher schoß unter dem Diwan hervor, stieß dabei mit dem Rücken dagegen und rannte beinahe den Garnisonsoffizier um, lief zu seinem Herrn, bellte los und sah sich nach allen um, wobei er mit dem Schwanz wedelte, als wollte er sagen: Wer erlaubt sich hier, grob zu sein? he?

Luchnow legte die Karten hin und schob sich mit seinem Stuhl zur Seite.

»So kann man nicht spielen«, bemerkte er, »ich kann Hunde nicht leiden. Was ist denn das für ein Spiel, wenn man einen ganzen Hundestall hierher mitbringt!«

»Besonders diese Hunde: ich glaube, man nennt sie Bluthunde«, stimmte ihm der Garnisonsoffizier bei.

»Wie ist's also, Michail Wasiljewitsch, werden wir spielen oder nicht?« fragte Luchnow den Gastgeber.

»Bitte störe uns nicht, Graf!« wandte sich Iljin an Turbin.

»Komm doch mal einen Augenblick her«, sagte Turbin, nahm Iljin unter den Arm und ging mit ihm hinter den Verschlag.

Man konnte die Worte des Grafen, der mit seiner gewöhnlichen Stimme sprach, von dorther ganz deutlich vernehmen. Seine Stimme war ständig drei Zimmer weit zu hören.

»Bist du denn ganz verrückt? Merkst du nicht, daß dieser Herr mit der Brille – ein Falschspieler erster Güte ist?«

»Ach, woher denn! was redest du da!«

»Durchaus nicht, woher denn; aber laß es sein, sage ich dir. Mir könnte es ja gleichgültig sein. Ein anderes Mal würde ich dir selber dein Geld abgewinnen; aber jetzt tut es mir leid, daß du alles verspielen wirst. Hast du etwa noch Staatsgelder bei dir? ...«

»Nein; wie kommst du überhaupt auf diesen Gedanken?«

»Ich bin selbst diesen Weg gegangen, Bruder, daher kenne ich alle Falschspielerkniffe: ich sage dir, der mit der Brille ist ein Falschspieler. Bitte, hör auf zu spielen. Ich bitte dich als Kamerad darum.«

»Nur noch ein Spiel, und dann höre ich auf.«

»Das kenne ich schon, ein Spiel! nun, wir werden ja sehen.« Sie kehrten zurück. Iljin setzte in dem einen Spiel sehr viele Karten, und es wurden sehr viele gestochen, so daß er viel verlor.

Turbin legte die Hände mitten auf den Tisch.

»Nun basta! Fahren wir.«

»Nein, ich kann jetzt nicht mehr; laß mich, bitte«, sagte Iljin ärgerlich und mischte die verbogenen Karten, ohne Turbin anzusehen.

»Nun, hol dich der Teufel! Verliere immer drauflos, wenn's dir so gefällt, für mich aber ist es an der Zeit. Sawalschewskij! wir wollen zum Adelsmarschall fahren.«

Sie gingen fort. Alle schwiegen, und Luchnow wartete so lange mit dem Aufdecken der Karten, bis der Klang ihrer Schritte und der Krallen Blüchers im Korridor verklungen war.

»Ist das ein Tollkopf!« sagte der Gutsbesitzer lachend.

»Nun, jetzt wird er uns nicht mehr stören«, fügte der Garnisonsoffizier hastig und noch im Flüsterton hinzu.

Das Spiel ging weiter.

4

Die Musikanten, Hofgesinde des Adelsmarschalls, standen in dem wegen des Balls ausgeräumten Büfettzimmer, hatten die Ärmel ihrer Röcke aufgestreift und auf das gegebene Zeichen bereits die altmodische Polonaise »Alexander, Jelisaweta« angestimmt, und die Tanzenden begannen bei der hellen und weichen Beleuchtung der Wachskerzen durch den großen parkettierten Saal schwebend dahinzuschreiten: Der Generalgouverneur aus Katharinas Zeiten mit einem Ordensstern führte die hagere Adelsmarschallin am Arm, der Adelsmarschall ging mit der Frau des Gouverneurs und so weiter, die Mächtigen des Gouvernements dagegen in den verschiedensten Gruppierungen und Anordnungen, als Sawalschewskij im blauen Frack mit einem riesengroßen Kragen und Puffen auf den Schultern, in Strümpfen und Schuhen, einen Wohlgeruch von Jasmin um sich verbreitend, mit dem er seinen Schnurrbart, die Frackaufschläge und das Taschentuch reichlich besprengt hatte, den Saal betrat; mit ihm zusammen kam der schöne Husar, in hellblauen, enganliegenden Reithosen und goldbesticktem rotem Dolman, der mit dem Wladimirkreuz und der Medaille von 1812 geschmückt war. Der Graf war nicht groß von Wuchs, aber sehr gut und schön gebaut. Die hellblauen glänzenden Augen und seine ziemlich starken, sich in dichten Ringeln lockenden dunkelbraunen Haare verliehen seiner Schönheit einen besonderen Reiz. Man hatte das Erscheinen des Grafen auf dem Ball schon erwartet: der hübsche junge Mann, der den Grafen im Gasthaus gesehen hatte, hatte den Adelsmarschall davon in Kenntnis gesetzt. Der Eindruck, den diese Nachricht hervorrief, war unterschiedlich, aber im allgemeinen nicht ganz angenehm. »Dieser Bengel wird sich noch lustig machen über uns«, meinten die alten Damen und Herren. »Wie aber, wenn er mich entführt?« war mehr oder weniger die Meinung der jungen Frauen und Mädchen.

Sobald die Polonaise beendet war, die Paare sich voreinander verneigten und die Damen sich wieder zu den Damen gesellten und die Herren zu den Herren, stellte der glückliche und stolze Sawalschewskij den Grafen der Hausfrau vor. Die Adelsmarschallin, die eine gewisse innere Furcht empfand, dieser Husar könnte vor allen Anwesenden einen Skandal machen, wandte sich stolz und verächtlich von ihm ab und sagte: »Sehr erfreut; ich hoffe, Sie werden tanzen«, und sah ihn mißtrauisch an, mit einem Ausdruck, der besagte: Wenn du eine Frau beleidigtest, so wärst du ein ausgemachter Schurke. Der Graf besiegte die Voreingenommenheit jedoch sehr bald durch seine Liebenswürdigkeit, Aufmerksamkeit und sein schönes, heiteres Äußeres, so daß die Miene der Adelsmarschallin bereits fünf Minuten später allen Anwesenden sagte: Ich weiß, wie man mit solchen Herren umspringt: er hat sofort begriffen, mit wem er spricht! Nun wird er mir den ganzen Abend den Hof machen! Aber in diesem Augenblick trat der Gouverneur zu dem Grafen, dessen Vater er gekannt hatte; er führte ihn äußerst wohlwollend zur Seite und unterhielt sich mit ihm, was das Publikum der Provinz noch mehr beruhigte und den Grafen in dessen Meinung noch steigen ließ. Dann führte Sawalschewskij den Grafen zu seiner Schwester, einer jungen, üppigen Witwe, deren große schwarze Augen sich seit der Ankunft des Grafen geradezu an ihm festgesogen hatten. Der Graf bat die Witwe um einen Walzer, den die Musikanten gerade anstimmten, und besiegte die allgemeine Voreingenommenheit endgültig durch seine Tanzkunst.

»Er ist ein Meister im Tanzen!« bemerkte eine dicke Gutsbesitzerin, wobei sie die Beine in den blauen Reithosen, die durch den Saal flogen, mit den Blicken verfolgte und in Gedanken zählte: eins, zwei, drei; eins, zwei, drei … »Ein Meister!«

»Wie er dahinfliegt, wie er dahinfliegt«, sagte eine andere zugereiste Dame, die in der Gesellschaft der Provinz als nicht von »gutem Ton« betrachtet wurde, »daß er dabei mit seinen Sporen nirgends anhakt! Erstaunlich, äußerst gewandt!«

Der Graf stellte durch seine Kunst im Tanzen drei der besten Tänzer des Gouvernements in den Schatten: den großen strohblonden Adjutanten des Gouverneurs, der sich durch Schnelligkeit im Tanzen und dadurch, daß er die Dame sehr nahe an sich drückte, hervortat, den Kavalleristen, der sich durch ein graziöses Wiegen während des Walzers und ein häufiges leichtes Aufschlagen des Absatzes auszeichnete, und noch einen Zivilisten, von dem alle sagten, daß er zwar kein großer Geistesheld, aber ein ausgezeichneter Tänzer und die Seele aller Bälle sei. In der Tat forderte der Zivilist vom Beginn bis zum Schluß des Balles alle Damen der Reihe nach, wie sie saßen, auf, hielt keinen einzigen Augenblick im Tanzen inne und blieb nur ab und zu stehen, um sein erschöpftes, aber fröhliches Gesicht mit einem vollständig durchnäßten Batisttüchlein zu trocknen. Der Graf stellte sie alle in den Schatten und tanzte mit den drei hervorragendsten Damen: mit einer großen, die reich, schön und dumm war, einer mittelgroßen, die hager und nicht besonders hübsch war, sich aber sehr gut zu kleiden verstand, und mit einer kleinen, unschönen, aber sehr klugen Dame. Er tanzte auch mit den anderen, mit allen hübschen Damen, und deren gab es viele. Aber eine Witwe, Sawalschewskijs Schwester, gefiel dem Grafen vor allen anderen: mit ihr tanzte er die Quadrille, die Ekossaise und die Mazurka. Als sie ihren Platz zur Quadrille einnahmen, fing er damit an, daß er ihr eine Menge Schmeicheleien sagte, sie mit der Venus und der Diana verglich, mit einer Rose und noch irgendeiner anderen Blume. Als Antwort auf alle diese Liebenswürdigkeiten neigte die Witwe nur ihr weißes Hälschen, schlug die Äuglein nieder, um ihr weißes Mullkleidchen zu betrachten, oder ließ ihren Fächer aus der einen Hand in die andere gleiten. Wenn sie aber sagte: »Genug, Graf, Sie scherzen«, oder ähnliches, klang ihre ein wenig kehlige Stimme so naiv gutherzig und so komisch einfältig, daß es einem bei ihrem Anblick wirklich in den Sinn kam, daß sie keine Frau, sondern eine Blume sei, wenn auch keine Rose, sondern eine wilde, weiß-rosarote üppige Blüte ohne Duft, die einsam unter einem jungfräulichen Schneehügel in irgendeinem weit entfernten Lande erblüht war.

Diese Einfalt und der Mangel alles Konventionellen, mit frischer Schönheit gepaart, übte einen seltsamen Eindruck auf den Grafen aus, so daß ihn während der Gesprächspausen, wenn er ihr schweigend in die Augen sah oder die herrlichen Linien ihrer Arme und ihres Nackens betrachtete, ein so heftiger Wunsch anwandelte, sie in die Arme zu nehmen und abzuküssen, daß er ernstlich an sich halten mußte. Die kleine Witwe bemerkte mit Vergnügen den Eindruck, den sie hervorgerufen hatte, aber irgend etwas in dem Benehmen des Grafen fing an sie zu beunruhigen und zu erschrecken, obwohl der junge Husar bei all seiner einschmeichelnden Liebenswürdigkeit nach heutigen Begriffen ehrerbietig bis zur Abgeschmacktheit war. Er lief und holte Mandelmilch für sie, hob ihr das Taschentuch auf, riß einem skrofulösen jungen Gutsbesitzer, der ihr auch zu Diensten sein wollte, den Stuhl aus der Hand, um ihn ihr schneller anzubieten, und so weiter.

Als er bemerkte, daß die weltmännische Liebenswürdigkeit der damaligen Zeit auf seine Dame wenig Eindruck machte, versuchte er, sie zum Lachen zu bringen, und erzählte ihr komische Anekdoten; er versicherte ihr, daß er, wenn sie es befehle, bereit sei, sich sofort auf den Kopf zu stellen, wie ein Hahn zu krähen, aus dem Fenster zu springen oder sich in ein Eisloch zu stürzen. Der Erfolg war vollkommen: die Witwe wurde lustig, lachte in perlenden Läufen, wobei sie herrliche weiße Zähnchen zeigte, und war mit ihrem Kavalier vollkommen zufrieden. Dem Grafen aber gefiel sie mit jeder Minute mehr und mehr, so daß er am Schluß der Quadrille aufrichtig in sie verliebt war.

Als nach der Quadrille ihr früherer achtzehnjähriger Anbeter, der berufslose Sohn des reichsten Gutsbesitzers, ein skrofulöser junger Mann, derselbe, dem Turbin den Stuhl entrissen hatte, an sie herantrat, empfing sie ihn außerordentlich kalt, und man konnte an ihr nicht den zehnten Teil jener Verwirrung wahrnehmen, die sie dem Grafen gegenüber empfunden hatte.

»Sie sind gut«, sagte sie zu ihm, während sie Turbins Rücken betrachtete und unbewußt erwog, wieviel Meter Goldschnur auf dem Dolman aufgenäht sein mochten. »Sie sind gut: Sie haben mir doch versprochen, mich zu einer Spazierfahrt abzuholen und mir Konfekt mitzubringen.«

»Ich bin doch bei Ihnen gewesen, Anna Fjodorowna, aber Sie waren nicht mehr da, und ich habe das beste Konfekt bei Ihnen gelassen«, sagte der junge Mann mit einem trotz seiner Größe sehr dünnen Stimmchen.

»Sie finden immer eine Ausrede! Ich brauche Ihr Konfekt gar nicht. Bitte, denken Sie nicht …«

»Ich sehe wohl, Anna Fjodorowna, daß Sie anders gegen mich geworden sind, und ich weiß auch weshalb. Aber schön ist das nicht«, fügte er hinzu, konnte seine Rede aber wegen einer starken inneren Erregung, die seine Lippen sehr schnell und merkwürdig erzittern ließ, nicht zu Ende führen. Anna Fjodorowna hörte nicht auf ihn und fuhr fort, Turbin mit den Augen zu verfolgen.

Der Adelsmarschall und Hausherr, ein majestätisch dicker, zahnloser alter Mann, ging auf den Grafen zu, faßte ihn unter dem Arm und forderte ihn auf, im Herrenzimmer zu rauchen und ein Gläschen zu trinken, falls es ihm beliebe. Kaum daß Turbin gegangen war, fühlte Anna Fjodorowna, daß sie hier im Saal durchaus nichts mehr zu tun hatte; sie hängte sich in ein altes, vertrocknetes Fräulein, ihre Freundin, ein und begab sich mit ihr in das Ankleidezimmer.

»Nun, ist er nett?« fragte das Fräulein.

»Er ist nur schrecklich zudringlich«, antwortete Anna Fjodorowna, trat zu dem Spiegel und betrachtete ihr Bild.

Ihr Gesicht strahlte, die Augen lachten, sie errötete sogar und drehte sich plötzlich, die Ballettänzerinnen, die sie während der Zeit der Wahlen gesehen hatte, nachahmend, auf einem Füßchen herum, lachte dann ihr kehliges, aber liebes Lachen und sprang sogar in die Höhe, indem sie die Knie streckte.

»Das ist einer! Er hat mich um ein Andenken gebeten«, vertraute sie ihrer Freundin an, »aber er wird keins beko–o–ommen«, sang sie das letzte Wort und hob einen Finger in dem bis zum Ellenbogen reichenden Glacéhandschuh in die Höhe …

Im Kabinett, wohin der Adelsmarschall Turbin geführt hatte, standen verschiedene Sorten von Schnäpsen, Fruchtlikören, Delikatessen und Champagner. Die Edelleute saßen in dem dichten Tabaksrauch oder gingen umher und unterhielten sich über die Wahlen.

»Nachdem die ganze Adelsversammlung unseres Kreises ihn durch die Wahl geehrt hatte«, sprach der wiedergewählte Polizeichef, der schon recht viel getrunken hatte, »durfte er sich vor der ganzen Gesellschaft keine Blöße geben, das durfte er keinesfalls...«

Der Eintritt des Grafen unterbrach das Gespräch. Alle stellten sich ihm vor, und der Polizeichef drückte seine Rechte mit beiden Händen besonders lange und bat ihn mehrere Male, es ihm nicht abzuschlagen und nach dem Ball mit ihnen zusammen in ein neues Gasthaus zu fahren, wo er die Edelleute bewirten wolle und wo ein Zigeunerchor singen werde. Der Graf versprach, bestimmt mitzuhalten, und trank ein paar Glas Champagner mit ihm.

»Weshalb tanzen Sie denn nicht, meine Herren?« fragte er, bevor er das Zimmer verließ.

»Wir sind keine Tänzer«, antwortete der Polizeichef lachend, »wir halten es lieber mit dem Wein, Graf... Aber übrigens ist das alles vor meinen Augen herangewachsen, alle diese Fräulein, Graf! Zuweilen tanze ich auch eine Ekossaise, Graf... das kann ich, Graf...«

»So wollen wir es denn gleich versuchen«, sagte Turbin, »wir wollen uns für die Zigeuner recht munter machen.«

»Gut, gehen wir, meine Herren, machen wir dem Hausherrn das Vergnügen!«

Und drei Edelleute, die seit Beginn des Balles im Herrenzimmer getrunken und ganz rote Gesichter hatten, streiften schwarze oder gewirkte Seidenhandschuhe über und schickten sich an, zusammen mit dem Grafen in den Saal zu gehen, als sie von dem skrofulösen jungen Mann angehalten wurden, der, blaß und seine Tränen kaum meisternd, auf Turbin zutrat.

»Sie glauben, weil Sie Graf sind, dürfen Sie um sich stoßen wie auf einem Markt«, sagte er schwer atmend, »das ist unhöflich...«

Das Zittern der Lippen zwang ihn gegen seinen Willen, seinen Redefluß wiederum zu unterbrechen.

»Was?« rief Turbin, plötzlich die Stirn runzelnd. »Was ...? Bengel!« schrie er, packte die Hände des andern und preßte sie so zusammen, daß dem jungen Mann das Blut weniger vor Ärger als vor Schreck in den Kopf stieg: »Was, Sie wollen sich mit mir schießen? Ich stehe Ihnen zur Verfügung.«

Kaum hatte Turbin seine Hände losgelassen, die er ihm so fest zusammengepreßt hatte, als zwei Herren den jungen Mann bereits unter die Arme faßten und zur rückwärtigen Tür schleiften.

»Sie sind wohl verrückt geworden? Sie haben wahrscheinlich zuviel getrunken. Das muß man Ihrem Papachen sagen. Was fällt Ihnen ein?« redeten sie auf ihn ein.

»Nein, ich bin nicht betrunken, aber er stößt mich und entschuldigt sich nicht. Er ist ein Schwein! das ist's!« piepte der junge Mann, bereits völlig in Tränen aufgelöst.

Man hörte aber nicht auf ihn und fuhr ihn nach Hause.

»Lassen Sie es gut sein, Graf!« redeten ihrerseits der Polizeichef und Sawalschewskij Turbin zu, »er ist noch ein Kind, er wird zu Hause noch geprügelt, er ist erst sechzehn Jahre alt. Es ist gar nicht zu begreifen, was in ihn gefahren ist. Was für eine Fliege mag ihn wohl gestochen haben? Und sein Vater ist ein so ehrbarer Mann, unser Kandidat.«

»Nun, hol ihn der Teufel, wenn er nicht will ...«

Und der Graf kehrte in den Saal zurück und tanzte ebenso fröhlich wie vorher die Ekossaise mit der hübschen Witwe, lachte von ganzem Herzen über die Pas, welche die Herren, die mit ihm aus dem Kabinett gekommen waren, ausführten, und brach schließlich in ein schallendes Gelächter aus, als der Polizeichef ausglitt und mitten zwischen den Tanzenden der Länge nach hinfiel.

5

Während der Graf sich im Kabinett aufhielt, ging Anna Fjodorowna auf ihren Bruder zu, und da sie glaubte, sich den Anschein geben zu müssen, daß sie sich herzlich wenig für den Grafen interessiere, fing sie an, ihren Bruder auszufragen: »Sage mir, Bruder, was ist das für ein Husar, der mit mir getanzt hat?«

Der Kavallerist erklärte seiner Schwester, soweit er es vermochte, was für ein bedeutender Mensch dieser Husar sei, und erzählte dabei, der Graf sei nur deshalb hiergeblieben, weil ihm unterwegs das Geld gestohlen worden sei, er habe ihm selber hundert Rubel geborgt, das sei aber zu wenig, und ob die Schwester ihm vielleicht noch zweihundert Rubel borgen könne; aber Sawalschewskij bat sie, niemandem, am wenigsten dem Grafen, ein Sterbenswort davon zu sagen.

Anna Fjodorowna versprach, das Geld noch heute zu schicken und die ganze Angelegenheit als Geheimnis zu behandeln, aber aus irgendeinem Grunde verspürte sie während der Ekossaise die größte Lust, dem Grafen persönlich Geld anzubieten, soviel er haben wollte. Sie zögerte lange, errötete ein paarmal, aber schließlich faßte sie Mut und ging folgendermaßen zu Werk.

»Mein Bruder hat mir gesagt, Graf, daß Sie auf der Reise Unglück gehabt haben und jetzt ohne Geld sind. Wenn Sie aber Geld brauchen, wollen Sie es nicht von mir leihen? Ich würde mich sehr freuen.«

Aber kaum hatte Anna Fjodorowna das ausgesprochen, erschrak sie plötzlich und errötete. Die ganze Heiterkeit war im Augenblick aus des Grafen Miene verschwunden.

»Ihr Bruder ist ein Narr!« sagte er schroff. »Sie wissen, wenn ein Mann einen anderen beleidigt, so schießen sie sich; aber wenn eine Frau einen Mann beleidigt, was tut man dann, wissen Sie das?«

Nacken und Ohren der armen Anna Fjodorowna färbten sich purpurrot. Sie schlug die Augen nieder und antwortete nicht.

»Eine Frau küßt man dafür vor der ganzen Gesellschaft«, sagte der Graf leise, sich zu ihrem Ohr neigend. »Erlauben Sie mir, wenigstens Ihr Händchen zu küssen«, fügte er nach langem Schweigen, sich der Verlegenheit seiner Dame erbarmend, hinzu.

»Ach, nur nicht jetzt gleich«, sagte Anna Fjodorowna schwer seufzend.

»Also wann denn? Ich reise morgen in der Frühe ... Aber das sind Sie mir schuldig.«

»So darf es eben nicht geschehen«, sagte Anna Fjodorowna lächelnd.

»Gestatten Sie mir nur, eine Gelegenheit zu suchen, Sie heute noch zu sehen, um Ihr Händchen zu küssen. Ich werde Sie schon finden.«

»Wie wollen Sie denn eine solche Gelegenheit finden?«

»Das ist nicht Ihre Sache. Um Sie zu sehen, ist mir alles möglich ... Also gut?«

»Gut.«

Die Ekossaise war beendet; man tanzte noch eine Mazurka, bei welcher der Graf wahre Wunder vollführte: er fing Taschentücher auf, stellte sich auf ein Knie und schlug ganz besonders, auf Warschauer Art, die Sporen zusammen, so daß alle alten Herren ihren Boston im Stich ließen und in den Saal gingen, um zuzusehen; der Kavallerist, der beste Tänzer, erklärte sich für geschlagen. Dann wurde gespeist, man tanzte noch einen »Großvater« und brach auf. Der Graf ließ die Witwe die ganze Zeit nicht aus den Augen. Es war nicht Verstellung, wenn er sagte, er sei bereit, sich für sie in ein Eisloch zu stürzen. Ob es Laune war, Liebe oder Eigensinn, alle seine seelischen Kräfte waren an diesem Abend nur auf den einzigen Wunsch konzentriert, sie zu sehen und zu lieben. Sobald er bemerkte, daß Anna Fjodorowna sich von der Hausfrau verabschiedete, lief er in das Dienerzimmer und von dort ohne Pelz auf den Hof, zu dem Platz, wo die Equipagen standen.

»Den Wagen für Anna Fjodorowna Saizewa!« rief er. Eine hohe viersitzige Kutsche mit Laternen setzte sich in Bewegung und fuhr am Portal vor.

»Halt!« schrie er den Kutscher an und lief, bis an die Knie im Schnee versinkend, zum Wagen.

»Was wünschen Sie?« fragte der Kutscher.

»Ich muß in den Wagen«, antwortete der Graf, indem er noch im Fahren den Wagenschlag öffnete und sich einzusteigen bemühte. »Halt doch, zum Teufel! Schafskopf!«

»Waska, halt!« rief der Kutscher dem Vorreiter zu und hielt die Pferde an. »Warum kriechen Sie denn in einen fremden Wagen? Das ist die Kutsche der gnädigen Frau Anna Fjodorowna, aber nicht von Euer Gnaden.«

»Schweig doch, Tölpel! Da hast du einen Silberrubel, steig herunter und mach den Wagenschlag zu«, sagte der Graf. Da sich der Kutscher jedoch nicht rührte, klappte er selbst den Wagentritt in die Höhe, öffnete das Fenster und schlug die Wagentür, so gut es ging, zu. In der Kutsche roch es, wie in allen alten, besonders in den mit gelbem Posament ausgeschlagenen Kutschen, nach Fäulnis und abgesengten Borsten. Die Beine des Grafen waren bis über die Knie von tauendem Schnee durchnäßt und froren tüchtig in den dünnen Reithosen und Stiefeln, und sein ganzer Körper wurde von der Winterkälte durchschauert. Der Kutscher auf dem Bock brummte und machte scheinbar Anstalten herunterzusteigen. Aber der Graf hörte und fühlte nichts. Sein Gesicht glühte, das Herz schlug heftig. Krampfhaft ergriff er den gelben Riemen, hängte den Oberkörper zu einem Seitenfenster hinaus, und sein ganzes Leben konzentrierte sich auf eine einzige Erwartung. Er brauchte nicht lange zu warten. An der Auffahrt rief man: »Der Wagen für Frau Saizewa!« Der Kutscher zog die Zügel an, der Wagenkasten begann zu schwanken, die erleuchteten Fenster des Hauses huschten eins nach dem anderen an den Fenstern der Kutsche vorüber.

»Sieh zu, du Gauner! Wenn du dem Lakai sagst, daß ich hier bin«, sagte der Graf, sich aus dem vorderen Fenster zu dem Kutscher hinausbeugend, »so verhaue ich dich; wenn du schweigst, bekommst du noch zehn Rubel.«

Er fand kaum Zeit, das Fenster herunterzulassen, als der Wagenkasten von neuem noch stärker zu schwanken begann und die Kutsche hielt. Er drückte sich in die Ecke, hielt den Atem an und kniff sogar die Augen zusammen: er hatte Angst, daß seine leidenschaftliche Erwartung sich nicht erfüllen könnte. Der Wagenschlag öffnete sich, die Stufen rasselten lärmend eine nach der anderen hinunter, eine Frauenkleid rauschte, der Duft von Jasmin strömte in den muffigen Wagen herein, flinke Füßchen erstiegen die Stufen, und Anna Fjodorowna ließ sich schweigend, aber schwer atmend, auf den Sitz neben dem Grafen nieder, wobei sich ihr Mantel auseinanderschlug und den Fuß des Grafen streifte.

Ob sie ihn bemerkt hatte oder nicht, das hätte niemand, selbst Anna Fjodorowna nicht, entscheiden können; aber als er ihre Hand ergriff und sagte: »Nun, jetzt werde ich demnach Ihr Händchen küssen«, zeigte sie sich sehr wenig erschreckt, antwortete nichts, überließ ihm aber ihre Hand, die er weit über dem Handschuh mit Küssen bedeckte. Der Wagen setzte sich in Bewegung.

»Sag doch etwas. Bist du nicht böse?« fragte er sie.

Sie drückte sich schweigend in ihre Ecke, aber plötzlich fing sie an zu weinen und ließ ihren Kopf an seine Brust sinken.

6

Der wiedergewählte Polizeichef mit seiner Gesellschaft, der Kavallerist und die anderen Edelleute hörten schon seit langem den Zigeunern zu und tranken im neuen Gasthaus, als der Graf in einem mit blauem Tuch überzogenen Bärenpelz, der Anna Fjodorownas verstorbenem Gatten gehört hatte, in der Gesellschaft erschien.

»Väterchen, Euer Durchlaucht! Wir haben Sie kaum erwarten können!« sagte ein schieläugiger schwarzer Zigeuner, seine blitzenden Zähne zeigend, der den Grafen bereits im Hausflur empfing und sich auf ihn stürzte, um ihm den Pelz abzunehmen. »Seit Lebedjan haben wir Sie nicht mehr gesehen … Stjoscha hat sich ganz verzehrt nach Ihnen …«

Stjoscha, eine schlanke junge Zigeunerin mit ziegelroten Wangen im braunen Gesicht und glänzenden, tiefliegenden schwarzen Augen, die von langen Wimpern umschattet wurden, kam auch zum Empfang herausgelaufen.

»Ach! Gräflein! Täubchen, Goldiger! ist das eine Freude!« sagte sie, durch die Zähne sprechend, mit heiterem Lächeln.

Selbst Iljuschka kam ihm entgegengelaufen und gab sich den Anschein, als ob er sich sehr freute. Die alten Weiber und die jungen Mädchen sprangen von ihren Plätzen auf und umringten den Gast. Die einen zählten sich zur Gevatterschaft, die anderen nannten sich seine Taufpaten.

Turbin küßte alle jungen Zigeunerinnen auf den Mund, die

alten Weiber und die Männer küßten ihm die Schultern und die Hände. Auch die Edelleute freuten sich sehr über die Ankunft des Gastes, um so mehr, als das Trinkgelage seinen Höhepunkt erreicht hatte und die Stimmung bereits abflaute. Jeder begann die Übersättigung zu empfinden; der Wein, der seine aufmunternde Wirkung auf die Nerven verloren hatte, beschwerte nur noch den Magen. Jeder hatte seinen ganzen Vorrat an Ausgelassenheit verschwendet und sich am anderen satt gesehen; alle Lieder waren gesungen und hatten in den Köpfen den Eindruck eines lärmenden, unzusammenhängenden Wirrwarrs hinterlassen. Mochte der eine oder der andere etwas noch so Seltsames und Verwegenes ausführen, so begannen doch alle zu fühlen, daß nichts Liebenswürdiges und Komisches darin lag. Der Polizeichef, der in widerlicher Weise zu Füßen einer alten Zigeunerin lag, strampelte mit den Beinen und schrie: »Champagner!... der Graf ist gekommen!... Champagner!... er ist gekommen! ... also fix, Champagner!... eine Badewanne voll Champagner, und ich will baden... Meine adligen Herren! Ich liebe eine vornehme Adelsgesellschaft... Stjoscha! sing das ›Weglein‹!«

Der Kavallerist war auch angeheitert, aber in einer anderen Art. Er saß in einer Diwanecke ganz nahe neben der großen schönen Zigeunerin Ljubascha und fühlte, wie ihm der Rausch die Augen trübte, klappte die Lider auf und zu, schüttelte den Kopf, wiederholte ein und dieselben Worte und versuchte, die Zigeunerin im Flüsterton zu überreden, mit ihm durchzubrennen. Ljubascha hörte ihm lächelnd zu, als ob das, was er ihr sagte, sehr lustig und zugleich ein wenig traurig wäre, warf zuweilen ihrem Mann, dem schieläugigen Saschka, der ihr gegenüber hinter einem Stuhl stand, Blicke zu und neigte sich als Antwort auf die Liebeserklärung des Kavalleristen zu seinem Ohr und bat ihn, ihr heimlich, damit es die anderen nicht sähen, Parfüm und ein Band zu kaufen.

»Hurra!« schrie der Kavallerist, als der Graf eintrat.

Ein hübscher junger Mann ging mit besorgter Miene und geflissentlich festen Schritten im Zimmer auf und ab und sang Motive aus der »Entführung aus dem Serail«.

Ein alter Familienvater, der sich auf die eindringlichen Bitten der anderen Edelleute hatte mitschleppen lassen, weil sie ihm gesagt hatten, daß die ganze Sache ohne ihn nicht zustande kommen werde und es sich dann überhaupt nicht lohne zu fahren, lag auf dem Diwan, auf den er sich gleich nach der Ankunft geworfen hatte, und niemand schenkte ihm die geringste Aufmerksamkeit. Ein Beamter, der auch da war, hatte den Frack ausgezogen, saß da, die Beine auf den Tisch gelegt, fuhr sich mit der Hand durch die Haare und wollte dadurch beweisen, daß er ein großer Bummler sei. Sobald der Graf eingetreten war, knöpfte er den Kragen seines Hemdes auf und rückte noch höher auf den Tisch hinauf. Überhaupt belebte sich das Zechgelage nach der Ankunft des Grafen wieder.

Die Zigeunerinnen, die sich im Zimmer zerstreut hatten, setzten sich wieder in einen Kreis. Der Graf nahm Stjoscha, die Vorsängerin, auf den Schoß und bestellte noch Champagner.

Iljuschka stellte sich mit der Gitarre vor die Vorsängerin hin, und der *Tanz* begann, das heißt, die Zigeunerlieder: »Wenn ich auf der Straße gehe«, »He, ihr Husaren …«, »Hörst du, verstehst du …« und so weiter, in der bekannten Reihenfolge. Stjoscha sang prächtig. Ihr biegsamer, klingender, aus der Brust strömender Kontraalt, ihr Lächeln während des Gesanges, ihre lachenden, leidenschaftlichen Augen und das Füßchen, das sich unwillkürlich im Takt bewegte, ihr verwegenes Aufschreien beim Einsatz des Chorgesangs – alles das ließ eine klingende, aber selten berührte Saite ertönen. Man sah, daß sie in dem Liede, das sie sang, vollständig lebte. Iljuschka drückte durch sein Lächeln, seinen Rücken, seine Beine, durch sein ganzes Wesen seine Anteilnahme an dem Liede aus, begleitete Stjoscha auf der Gitarre, verschlang sie mit den Augen, als hörte er das Lied zum ersten Mal, und hob und senkte den Kopf aufmerksam und besorgt im Takt des Liedes. Dann richtete er sich beim letzten verklingenden Ton plötzlich auf, stieß, als fühlte er sich über alles in der Welt erhaben, stolz und entschieden die Gitarre mit dem Bein in die Höhe, drehte sie um, stampfte mit dem Fuß auf, warf die Haare durch eine Kopfbewegung zurück und sah sich stirnrunzelnd nach dem Chor um. Jede Ader seines Körpers vom Scheitel bis zur Sohle begann zu tanzen … Und zwanzig energische Stimmen, von denen jede sich mit allen Kräften bemühte, der anderen in der seltsamsten und ungewöhnlichsten Weise zu sekundieren, verschmolzen in der Luft harmonisch miteinander. Die alten Weiber sprangen auf die Stühle, ließen ihre Tücher flattern und stießen nach dem Rhythmus und im Takt des Liedes, eine lauter als die andere, Schreie aus, wobei sie ihre Zähne zeigten. Die Bässe standen hinter den Stühlen; sie neigten die Köpfe zur Seite, blähten ihre Hälse auf und ließen dröhnend ihre Stimmen erschallen.

Wenn Stjoscha ganz hohe Töne sang, brachte Iljuscha seine Gitarre noch näher zu ihr heran, als ob er ihr helfen wollte, und der hübsche junge Mann rief voller Entzücken, daß jetzt die Molltonart beginne.

Als ein Tanzlied angestimmt wurde, ging Dunjascha mit zitternden Schultern und bebender Brust im Tanzschritt durch den Saal, entfaltete ihre Tanzkunst vor dem Grafen und schwebte weiter; Turbin sprang von seinem Platz auf, warf seinen Uniformrock ab und tanzte nun im roten Hemd flott im gleichen Schritt und Takt mit ihr durch den Saal, wobei er mit seinen Füßen solche Kunststückchen vollführte, daß die Zigeuner einander Blicke zuwarfen und beifällig lächelten.

Der Polizeichef saß auf türkische Art da, schlug sich mit dem Absatz auf die Brust und schrie: »Vivat« dann packte er den Grafen am Fuß und erzählte ihm, daß er zweitausend Rubel gehabt habe, jetzt aber nur mehr fünfhundert übrig seien, und daß er alles tun könne, was er wolle, wenn es der Graf nur erlaube. Der alte Familienvater wachte auf und wollte nach Hause fahren; aber man ließ ihn nicht fort. Der hübsche junge Mann bat eine Zigeunerin, mit ihm einen Walzer zu tanzen. Der Kavallerist, der sich mit der Freundschaft des Grafen brüsten wollte, erhob sich aus seiner Diwanecke und umarmte Turbin.

»Ach du, mein Liebster« sagte er, »warum hast du uns vorhin allein gelassen! He?« Der Graf schwieg und dachte scheinbar an etwas ganz anderes. »Wo bist du gewesen? Ach, du Schelm, ich weiß schon, Graf, wo du gewesen bist.«

Turbin mißfiel diese Vertraulichkeit offensichtlich. Ohne zu lächeln, sah er dem Kavalleristen schweigend ins Gesicht und warf ihm plötzlich ein so furchtbares und grobes Schimpfwort an den Kopf, daß der Kavallerist sich gekränkt fühlte und lange nicht wußte, wie er diese Beleidigung auffassen solle: als Scherz oder als Ernst. Schließlich beschloß er, sie als Scherz zu betrachten, lächelte und begab sich wieder zu seiner Zigeunerin, indem er ihr versicherte, daß er sie unbedingt nach Ostern heiraten werde. Es wurden noch zwei, drei Lieder gesungen, man tanzte noch einmal, brachte Toaste aus, und alle schienen noch immer sehr lustig zu sein. Der Champagner nahm kein Ende. Der Graf trank viel. Ein feuchter Schimmer trat in seine Augen, aber er schwankte nicht, tanzte noch besser, sprach mit fester Stimme, sang sogar ausgezeichnet im Chor mit und sang die zweite Stimme, als Stjoscha »Der Freundschaft zarte Regung« anstimmte. Mitten im Tanz kam der Kaufmann, dem das Gasthaus gehörte, herein und bat die Gäste, nach Hause zu fahren, da es schon drei Uhr nachts sei.

Der Graf packte den Kaufmann beim Kragen und befahl ihm zu tanzen. Der Kaufmann weigerte sich. Der Graf packte eine Flasche Champagner, stellte den Kaufmann auf den Kopf, befahl den anderen, ihn so zu halten, und goß unter allgemeinem Gelächter den Inhalt der Flasche langsam über ihn aus.

Der Morgen dämmerte schon. Alle waren blaß und erschöpft, mit Ausnahme des Grafen.

»Für mich ist es aber Zeit, nach Moskau zu reisen«, sagte er, plötzlich aufstehend. »Kommt alle mit zu mir, Kinder. Begleitet mich ... wir wollen noch Tee trinken.«

Alle, mit Ausnahme des schlafenden Gutsbesitzers (der hier liegenblieb), erklärten sich bereit, pferchten sich in drei Schlitten, die vor der Einfahrt standen, und fuhren nach dem Gasthof.

7

»Anspannen!« rief der Graf, als er mit all seinen Gästen und den Zigeunern den Speisesaal des Gasthofs betrat. »Saschka! nicht der Zigeuner Saschka, sondern meiner, sag dem Postmeister, daß ich ihn prügeln werde, falls er mir schlechte Pferde gibt. Und bring uns Tee! Sawalschewskij, kümmere du dich um den Tee, ich will mal nachsehen, was Iljin macht«, fügte Turbin hinzu, trat in den Korridor hinaus und begab sich nach dem Zimmer des Ulanen.

Iljin hatte eben aufgehört zu spielen und sein ganzes Geld bis auf die letzte Kopeke verloren; er lag, das Gesicht nach unten gekehrt, auf dem zerrissenen Roßhaardiwan, zog ein Haar nach dem anderen aus dem Gewebe heraus, nahm es in den Mund, zerkaute es und spuckte es aus. Auf dem Kartentisch, wo die Karten haufenweise umherlagen, standen zwei Talglichter, von denen das eine bereits bis zum Papier heruntergebrannt war, und kämpften schwach gegen die Morgendämmerung an, die durch das Fenster drang. Der Ulan hatte keine Gedanken mehr im Kopf: der dichte Nebel der Spielerleidenschaft verhüllte alle seine seelischen Fähigkeiten; er empfand nicht einmal Reue. Er versuchte zu überlegen, was er jetzt tun sollte, wie er ohne eine Kopeke weiterreisen, die fünfzehntausend Rubel verspielter Staatsgelder zurückzahlen sollte, was der Regimentskommandeur, was seine Mutter und seine Kameraden sagen würden – und ihn überfiel eine solche Furcht, ein solcher Ekel vor sich selber, daß er nach irgendeiner Ablenkung suchte, aufstand und im Zimmer auf und ab zu gehen begann, wobei er sich Mühe gab, nur auf die Fugen der Diele zu treten; und wiederum rief er sich die kleinsten Umstände des verflossenen Spiels ins Gedächtnis: Er stellte sich lebhaft vor, wie er wieder alles zurückgewinnt, die Neun abhebt, den Pikkönig auf zweitausend Rubel setzt, rechts kommt die Dame, links das As, rechts der Pikkönig zu liegen – und alles ist verloren; wenn aber die Sechs rechts, der Karokönig links gelegen hätte, dann hätte er alles zurückgewonnen, hätte noch einmal alles auf eine Karte gesetzt und alle fünfzehntausend Rubel zurückerhalten; dann hätte er bei dem Regimentskommandeur einen Paßgänger, noch ein Paar Pferde und einen Phaethon gekauft. Nun, und was noch? Ja, das wäre eine famose, eine ganz famose Sache gewesen. Er legte sich wieder auf den Diwan und begann wieder die Roßhaare zu zerbeißen.

Warum werden auf Nummer sieben Lieder gesungen? dachte er, da amüsiert man sich wohl bei Turbin? Am Ende sollte ich auch hingehen und ordentlich trinken.

In diesem Augenblick trat der Graf ein.

»Nun, Bruder, alles verspielt? wie?« rief er.

Ich stelle mich schlafend, dachte Iljin, sonst muß ich mit ihm sprechen, und ich möchte wirklich schlafen.

Turbin trat jedoch an ihn heran und fuhr ihm streichelnd über den Kopf.

»Nun, lieber Freund, verloren? alles verspielt? sprich doch.«

Iljin antwortete nicht. Der Graf rüttelte ihn am Arm.

»Verspielt. Was liegt dir daran?« murmelte Iljin schlaftrunken, mit gleichgültiger, unzufriedener Stimme, ohne seine Stellung zu verändern.

»Alles?«

»Nun ja. Was ist denn das für ein Unglück? Alles. Was kümmert's dich?«

»Hör mal, sag mir die Wahrheit, wie man sie einem Kameraden sagt«, bat der Graf, der unter dem Einfluß des genossenen Weines zu Zärtlichkeiten aufgelegt war und wiederum Iljins Haare streichelte. »Ich habe dich wirklich liebgewonnen. Sag mir die Wahrheit: wenn du Staatsgelder verspielt hast, werde ich dir aus der Verlegenheit helfen; sonst wird es zu spät ... Waren Staatsgelder dabei?«

Iljin sprang vom Diwan auf.

»Wenn du schon willst, daß ich es sage, dann sprich nicht mit mir, weil ... und, bitte, sprich nicht mit mir ... eine Kugel durch den Kopf – das ist das einzige, was mir noch übrigbleibt!« sagte er in aufrichtiger Verzweiflung, verbarg das Gesicht in den Händen und brach in Tränen aus, obwohl er noch eine Minute vorher ganz ruhig an den Paßgänger gedacht hatte.

»Ach du, junges Mädchen! Nun, wer hätte denn so etwas nicht durchgemacht! Das ist kein Unglück: das renken wir schon wieder ein. Warte hier auf mich.«

Der Graf verließ das Zimmer. »Wo wohnt der Gutsbesitzer Luchnow?« fragte er den Zimmerkellner.

Der Kellner erbot sich, den Grafen zu begleiten. Der Graf beachtete die Bemerkung des Dieners, daß sein Herr eben erst nach Hause gekommen sei und sich auskleide, nicht weiter und trat in das Zimmer. Luchnow saß im Schlafrock am Tisch und zählte mehrere Päckchen Banknoten, die vor ihm lagen. Auf dem Tisch stand eine Flasche Rheinwein, den er sehr liebte. Er gönnte sich dieses Vergnügen aus Anlaß des Gewinnes. Luchnow sah den Grafen über die Brille hinweg kalt und streng an, als würde er ihn nicht erkennen.

314

»Sie scheinen mich nicht zu erkennen?« fragte der Graf, mit energischen Schritten an den Tisch tretend.

Luchnow erkannte den Grafen und fragte: »Was wünschen Sie?«

»Ich möchte mit Ihnen spielen«, sagte Turbin und setzte sich auf den Diwan.

»Jetzt?«

»Ja.«

»Ein andermal mit dem größten Vergnügen, Graf! Aber jetzt bin ich müde und möchte schlafen. Wollen Sie nicht ein Gläschen Wein? Ein feines Weinchen.«

»Ich möchte aber jetzt ein bißchen spielen.«

»Ich bin nicht mehr aufgelegt zum Spielen. Vielleicht spielt einer von den Herren mit Ihnen, aber ich werde nicht spielen, Graf! Bitte, entschuldigen Sie mich.«

»Sie werden also nicht spielen?«

Luchnow machte eine Bewegung mit den Schultern, die sein Bedauern über die Unmöglichkeit, des Grafen Wunsch zu erfüllen, ausdrückte.

»Sie werden keinesfalls spielen?«

Dieselbe Bewegung.

»Ich bitte Sie aber sehr darum ... Werden Sie also spielen?«

Schweigen.

»Werden Sie spielen?« fragte der Graf zum zweiten Mal, »sehen Sie zu!«

Dasselbe Schweigen und ein rascher Blick über die Brille hinweg in das finster werdende Gesicht des Grafen.

»Werden Sie spielen?« rief der Graf mit lauter Stimme und schlug mit der Hand so stark auf den Tisch, daß die Weinflasche umfiel und der Inhalt sich über den Tisch ergoß. »Ihr Gewinn war doch nicht ganz ehrlich? Werden Sie spielen? Ich frage Sie zum dritten Mal.«

»Ich habe gesagt, daß ich nicht spielen werde. Das ist doch wirklich merkwürdig, Graf! Und durchaus nicht anständig, einem Menschen das Messer an die Kehle zu setzen«, bemerkte Luchnow, ohne aufzusehen.

Es folgte ein kurzes Schweigen, während dessen das Gesicht des Grafen immer blasser wurde. Plötzlich wurde Luchnow durch einen furchtbaren Schlag auf den Kopf betäubt. Er fiel auf den Diwan, bemühte sich, das Geld an sich zu reißen, und fing an, mit einer so durchdringend verzweifelten Stimme zu schreien, wie man sie von seiner stets gemessenen und stets ansehnlichen Erscheinung gar nicht erwartet hätte. Turbin raffte das auf dem Tisch zurückgebliebene Geld zusammen, stieß den Diener, der herbeistürzte, um seinem Herrn zu helfen, zurück und verließ das Zimmer mit raschen Schritten.

»Wenn Sie Genugtuung wünschen, so stehe ich zu Ihren Diensten, ich werde noch eine halbe Stunde in meinem Zimmer verweilen«, fügte der Graf hinzu und kehrte noch einmal zu Luchnows Tür zurück.

»Spitzbube! Räuber …!« tönte es aus dem Zimmer. »Ich werde dich vor das Kriminalgericht bringen!«

Iljin, der dem Versprechen des Grafen, ihm aus der Klemme zu helfen, gar keine Aufmerksamkeit geschenkt hatte, lag noch immer in seinem Zimmer auf dem Diwan, und Tränen der Verzweiflung preßten ihm die Brust zusammen. Das Bewußtsein der Wirklichkeit, das durch einen Wust verworrener Gefühle, Gedanken und Erinnerungen, die seine Seele erfüllten, das teilnahmsvolle Streicheln des Grafen ausgelöst hatte, verließ ihn nicht. Seine an Hoffnungen reiche Jugend, seine Ehre, die gesellschaftliche Achtung, die Träume von Liebe und Freundschaft – alles war für ewig verloren. Der Quell der Tränen begann zu versiegen, ein übermäßig ruhiges Gefühl von Hoffnungslosigkeit bemächtigte sich seiner mehr und mehr, der Gedanke an Selbstmord erregte nicht mehr Abscheu und Entsetzen in seiner Seele und nahm seine Aufmerksamkeit immer öfter in Anspruch. In diesem Augenblick ließen sich die festen Schritte des Grafen vernehmen.

Turbins Gesicht zeigte noch Spuren von Zorn, seine Hände zitterten ein wenig, aber aus den Augen strahlten gutmütige Heiterkeit und Selbstzufriedenheit.

»Da hast du's! Zurückgewonnen!« sagte er und warf mehrere Päckchen Banknoten auf den Tisch.

»Zähle nach, ob es alles ist! Und komm schnell in den Saal, ich reise gleich ab«, fügte er hinzu, als bemerkte er die furchtbare Erregung der Freude und Dankbarkeit nicht, die sich in der

Miene des Ulanen ausdrückte; er pfiff ein Zigeunerlied vor sich
hin und verließ das Zimmer.

8

Saschka hatte den Gürtel umgeschnallt und meldete, daß die
Pferde bereit seien, verlangte aber, daß man ihn vor der Abreise
den Mantel des Grafen holen lasse, der angeblich mit dem Pelz-
kragen dreihundert Rubel kostete; den verdammten blauen Pelz
wollte er dem Schuft, der ihn beim Adelsmarschall gegen den
Mantel vertauscht hatte, zurückgeben; aber Turbin meinte, daß
es unnötig sei, den Mantel zu suchen, und ging in sein Zimmer,
um sich umzukleiden

Der Kavallerist war von einem andauernden Schluckauf befallen worden und saß schweigend neben der Zigeunerin. Der
Polizeichef hatte Schnaps bestellt, lud alle Herren ein, sofort zu
ihm zum Frühstück zu fahren, wobei er versprach, daß seine
Frau bestimmt selber mit den Zigeunerinnen tanzen werde. Der
hübsche junge Mann setzte Iljuschka tiefsinnig auseinander,
daß das Klavier mehr Seele habe, da man auf der Gitarre nicht
in Molltonarten spielen könne. Der Beamte saß traurig in einer
Ecke und schien sich bei Tageslicht seiner Ausschweifung zu
schämen. Die Zigeuner stritten auf zigeunerisch untereinander
und bestanden darauf, die Herren nochmals hochleben zu lassen, wogegen Stjoscha sich sträubte, indem sie behauptete, der
Baroraj (in der Zigeunersprache: Graf oder Fürst oder, genauer,
großer Herr) würde böse werden. Überhaupt war in allen der
letzte Funke der ausgelassenen Fröhlichkeit am Verlöschen.

»Nun zum Abschied noch ein Lied, und dann marsch nach
Hause«, sagte der Graf, der frisch, heiter und schöner als jemals
vorher in seinen Reisekleidern in den Saal trat.

Die Zigeuner stellten sich wieder im Kreis auf und wollten
eben ein Lied anstimmen, als Iljin mit einem Paket Banknoten
in der Hand hereinkam und den Grafen beiseite rief.

»Ich hatte nur fünfzehntausend Rubel Staatsgelder, du hast
mir aber sechzehntausenddreihundert gegeben«, sagte er, »das
ist demnach dein Geld.«

»Feine Sache! Gib her!«

Iljin gab dem Grafen das Geld, sah ihn zaghaft an, öffnete den Mund, um etwas zu sagen, errötete aber nur so sehr, daß ihm die Tränen in die Augen traten, dann ergriff er Turbins Hand und drückte sie stark.

»Pack dich! Iljuschka ... hör mal ... da hast du Geld; dafür müßt ihr mich aber bis zum Schlagbaum mit Gesang begleiten.« Und er warf ihm die tausenddreihundert Rubel, die Iljin gebracht hatte, auf die Gitarre. Dem Kavalleristen aber vergaß der Graf die hundert Rubel, die er gestern bei ihm geborgt hatte, zurückzugeben.

Es war bereits zehn Uhr morgens. Die Sonne stand schon über den Dächern, das Volk eilte geschäftig durch die Straßen, die Kaufleute hatten die Läden längst geöffnet, Edelleute und Beamte fuhren durch die Straßen, Damen schritten durch den Kaufhof, als die Zigeunerschar, der Polizeichef, der Kavallerist, der hübsche junge Mann, Iljin und der Graf im blauen Bärenpelz auf der Vortreppe des Gasthofes erschienen. Es war ein sonniger Tag und Tauwetter. Drei Posttroikas fuhren vor; den Pferden waren die Schwänze kurz in die Höhe gebunden, sie stampften mit den Füßen im nassen Schmutz; die ganze lustige Gesellschaft stieg in die Schlitten ein. Der Graf, Iljin, Stjoscha, Iljuschka und der Bursche Saschka nahmen im ersten Schlitten Platz. Blücher geriet außer sich, wedelte mit dem Schwanz und bellte das Mittelpferd an. In den anderen Schlitten saßen die übrigen Herren mit den Zigeunerinnen und den Zigeunern. Vom Gasthof weg fuhren die Schlitten alle in einer Reihe, und die Zigeuner stimmten ein schönes Lied an.

Die Troikas sausten mit Gesang und Schellengeklingel durch die ganze Stadt bis zum Schlagbaum und zwangen alle entgegenkommenden Fuhrwerke, auf den Fußsteig auszuweichen.

Kaufleute und Vorübergehende, Unbekannte und die Bekannten, waren nicht wenig erstaunt, als sie die vornehmen Edelleute am hellichten Tag mit Gesang, Zigeunerinnen und betrunkenen Zigeunern durch die Straßen fahren sahen.

Als sie am Schlagbaum angekommen waren, blieben die Troikas stehen, und alle verabschiedeten sich vom Grafen.

Iljin, der während der Abschiedsfeier recht viel getrunken

und während der ganzen Fahrt selber die Zügel geführt hatte, wurde plötzlich traurig und wollte den Grafen überreden, noch einen Tag dazubleiben; aber nachdem er sich überzeugt hatte, daß dies unmöglich war, fing er ganz unerwartet an, seinen neuen Freund unter Tränen zu küssen und ihm zu versprechen, nach seiner Heimkehr um Versetzung zu den Husaren und in dasselbe Regiment, in dem Turbin diente, zu bitten. Der Graf war besonders heiter gestimmt, er warf den Kavalleristen, der ihn seit diesem Morgen endgültig duzte, auf einen Schneehaufen, hetzte Blücher auf den Polizeichef, hob Stjoscha auf den Arm und wollte sie nach Moskau mitnehmen; schließlich sprang er in den Schlitten und setzte Blücher, der durchaus in der Mitte stehen wollte, neben sich. Saschka bat den Kavalleristen nochmals, bei *denen* dort den Mantel des Grafen holen zu lassen und ihn nachzusenden, und schwang sich auf den Bock. Der Graf rief: »Los!« nahm die Mütze ab, schwenkte sie über dem Kopf und pfiff den Pferden auf Fuhrmannsart. Die Troikas fuhren in verschiedenen Richtungen davon.

Bis in die Ferne breitete sich vor den Reisenden die eintönige Schneefläche aus, durch die sich die gelblich schmutzige Straße wie ein Band schlängelte. Die helle Sonne spielte und blitzte auf dem Schnee, der wie mit einer durchsichtigen Kruste überzogen war, und wärmte angenehm Gesicht und Rücken. Die schwitzenden Pferde dampften. Das Geläut der Schellen tönte durch die Luft. Ein Bauer mit einer Fuhre auf seinem elenden Schlitten zerrte an den Zügeln, die aus Stricken bestanden, und beeilte sich auszuweichen, wobei er laufend mit den durchweichten Bastschuhen auf der aufgetauten Straße herumpatschte; ein dickes, rotwangiges Bauernweib, das ihr Kind vorne im Schafspelz barg, saß auf einer zweiten Fuhre und trieb mit dem Zügelende eine struppige weiße Mähre an. Da erinnerte sich der Graf plötzlich Anna Fjodorownas.

»Zurück!« rief er.

Der Kutscher verstand nicht gleich.

»Kehr um! Zurück in die Stadt! Fix!«

Die Troika passierte wieder den Schlagbaum und fuhr gewandt an der schindelgedeckten Vortreppe des Hauses von Frau Saizewa vor. Der Graf lief die Treppe rasch hinauf, durcheilte

das Vorzimmer, den Salon, und als er die Witwe noch schlafend
vorfand, hob er sie auf den Armen aus dem Bett, küßte ihre verschlafenen Äuglein und lief eiligst zurück. Anna Fjodorowna
leckte im Halbschlaf ihre Lippen und fragte nur: »Was ist geschehen?« Der Graf sprang in den Schlitten, rief dem Kutscher
zu und verließ die Stadt K. für alle Zeiten, ohne noch einmal anzuhalten, ja, ohne sich noch ein einziges Mal Luchnows oder der
Witwe oder Stjoschas zu erinnern; er dachte nur an das, was ihn
in Moskau erwartete.

9

Zwanzig Jahre waren vergangen. Viel Wasser war seitdem den
Berg hinabgeflossen, viele Menschen waren gestorben, viele geboren worden, viele waren herangewachsen und gealtert, noch
mehr aber waren Gedanken erzeugt worden und gestorben; viel
Schönes und viel schlechtes Altes war zugrunde gegangen, viel
schönes Neues war herangewachsen und noch viel mehr Unfer-
tiges, keimhaft Neues in Gottes Welt erschienen.

Graf Fjodor Turbin war schon lange in einem Duell mit einem Ausländer getötet worden, den er auf der Straße mit einer
Hetzpeitsche geprügelt hatte; sein Sohn, der ihm ähnlich sah
wie ein Tropfen Wasser dem anderen, war bereits ein dreiund-
zwanzigjähriger schöner Jüngling und diente in der Gardekaval-
lerie. Der junge Graf Turbin war in moralischer Hinsicht dem
Vater gar nicht ähnlich. Nicht einmal ein Schatten jener ge-
walttätigen, leidenschaftlichen und, um die Wahrheit zu sagen,
verderbten Neigungen des vergangenen Jahrhunderts war in
ihm zu finden. Neben Geist, Bildung und ererbter natürlicher
Begabung, zu denen sich Liebe zum Anstand und zu den
Bequemlichkeiten des Lebens gesellte, waren eine praktische
Anschauung von Menschen und den Dingen, Vernunft und
Umsicht seine hervorragendsten Eigenschaften. Im Dienst hatte
der junge Graf schnell Karriere gemacht: mit dreiundzwanzig Jahren war er schon Leutnant ... Bei Ausbruch des Krieges
war es ihm der Beförderung wegen vorteilhafter erschienen,
zur aktiven Armee überzuwechseln; er trat als Rittmeister in

ein Husarenregiment ein und erhielt bald darauf eine Schwadron.

Im Mai des Jahres 1848 kam das Husarenregiment S. auf dem Marsch durch das Gouvernement K., und gerade die Schwadron, welche der junge Graf Turbin befehligte, mußte in dem Dorf Morosowka, das Anna Fjodorowna gehörte, übernachten.

Anna Fjodorowna lebte noch, war aber schon so alt, daß sie sich selbst nicht mehr für jung hielt, was für eine Frau viel bedeuten will. Sie war sehr dick geworden, was Frauen verjüngt, wie man sagt; aber selbst auf dieser weißen Fülle waren große weiche Runzeln zu bemerken. Sie fuhr nicht mehr in die Stadt, konnte nur noch mit Mühe in die Kutsche steigen, war aber noch ebenso gutmütig und noch genauso einfältig; denn jetzt kann man die Wahrheit sagen, da sie nicht mehr durch ihre Schönheit besticht. Mit ihr zusammen lebte ihre Tochter Lisa, eine dreiundzwanzigjährige russische ländliche Schönheit, und ihr Bruder, der uns bekannte Kavallerist, der in seiner Gutmütigkeit alles, was er besessen, durchgebracht hatte und auf seine alten Tage bei Anna Fjodorowna untergeschlüpft war. Sein Haupthaar war völlig ergraut, die Oberlippe eingefallen, aber der Schnurrbart sorgfältig gefärbt. Runzeln bedeckten nicht nur Stirn und Wangen, sondern sogar die Nase und den Hals, der Rücken war gekrümmt, aber trotz alledem konnte man an den schwachen krummen Beinen das Gebaren des alten Kavalleristen erkennen.

In dem kleinen Salon des alten Häuschens, dessen offene Balkontür und Fenster auf einen alten sternförmigen Lindengarten hinausgingen, saß Anna Fjodorownas ganze Familie mit allen Hausgenossen. Anna Fjodorowna mit ihrem grauen Kopf saß in einer lilafarbenen Jacke auf dem Diwan an einem runden Tisch und legte Karten. Der alte Bruder hatte sich in sauberen weißen Beinkleidern und in einem blauen Rock ans Fenster gesetzt und knüpfte auf einer Holzgabel eine Schnur aus weißem Garn – eine Beschäftigung, die ihm seine Nichte beigebracht hatte und die er sehr liebte, da er nichts anderes mehr tun konnte und seine Augen zum Zeitunglesen, seiner liebsten Beschäftigung, schon zu schwach waren. Pimotschka, Anna Fjodorownas Pflegetochter, lernte daneben ihre Aufgaben unter Lisas Leitung, die gleichzeitig mit Holznadeln Strümpfe aus Flaumwolle für den Onkel strickte. Die untergehende Sonne warf, wie immer um diese Zeit, durch die Lindenallee gebrochene, schräge Strahlen auf das Eckfenster und die Etagere, die danebenstand. Im Garten und im Zimmer war es so still, daß man hörte, wie die Schwalben am Fenster mit raschem Flügelschlag vorüberhuschten, Anna Fjodorowna im Zimmer leise seufzte und der Alte ächzte, wenn er ein Bein über das andere schlug.

»Wie wird das gelegt? Lisanka, zeig es mir! Ich vergesse es immer wieder«, sagte Anna Fjodorowna, die in ihrer Patience innehielt; Lisa ging, ohne ihre Arbeit zu unterbrechen, zu ihrer Mutter und sah auf die Karten.

»Ach, Mamachen, Liebste, Sie haben alles falsch gemacht!«sagte sie und legte die Karten um. »So müßte es sein. Aber das, was Sie sich gedacht haben, wird doch in Erfüllung gehen«, fügte sie hinzu und nahm unbemerkt eine Karte weg.

»Nun, du führst mich immer an! Dann sagst du, es sei aufgegangen!«

»Nein, wirklich, es wird gelingen. Es ist aufgegangen.«

»Nun, gut, gut, du Mutwille! Ist es aber nicht Zeit zum Teetrinken?«

»Ich habe den Samowar schon anzünden lassen. Ich gehe gleich. Soll ich Ihnen den Tee hierherbringen? ... Nun, Pimotschka, mach deine Aufgaben schneller fertig, und dann wollen wir ein bißchen herumlaufen.«

Lisa wandte sich zum Gehen.

»Lisotschka! Lisanka!« sagte der Onkel und sah seine Holzgabel prüfend an, »ich habe, scheint mir, wieder eine Masche fallen lassen. Nimm sie mir auf, Täubchen.«

»Gleich, gleich! Ich will nur den Zucker zum Zerkleinern geben.«

Und wirklich kam sie nach drei Minuten in das Zimmer zurück, trat an den Onkel heran und nahm ihn am Ohr.

»Da haben Sie's, damit Sie keine Maschen fallen lassen«, sagte sie lachend. »Sie haben Ihre Aufgabe nicht einmal fertiggebracht.«

»Nun, laß gut sein, laß gut sein; richte es mir wieder ein, da war anscheinend irgendein Knötchen.«

Lisa nahm die Holzgabel, zog eine Stecknadel aus ihrem Brusttuch, das dabei vom Wind, der durch das Fenster strich, ein wenig auseinandergeweht wurde; sie nahm die Masche mit der Nadel auf, zog sie zweimal durch und gab die Gabel ihrem Onkel zurück.

»Nun müssen Sie mir dafür einen Kuß geben«, sagte sie, indem sie ihm ihre rosige Wange hinhielt und das Tuch wieder zusteckte. »Heute bekommen Sie Tee mit Rum. Es ist ja Freitag.«

Und sie ging wieder in das Teezimmer.

»Onkelchen, kommen Sie, sehen Sie doch: die Husaren kommen zu uns!« ertönte ihre klingende Stimme von dorther.

Anna Fjodorowna und ihr Bruder begaben sich in das Teezimmer, aus dessen Fenster man die Dorfstraße überblicken konnte. Man sah aber sehr wenig, nämlich eine große Staubwolke, in der sich etwas bewegte.

»Schade, Schwester«, bemerkte der Onkel zu Anna Fjodorowna gewandt, »daß das Haus so eng und der Flügel noch nicht ausgebaut ist: Man hätte die Offiziere zu uns bitten können. Husarenoffiziere – da steckt meist viel prächtige, fröhliche Jugend darin; ich hätte sie gern gesehen.«

»Ich würde mich von Herzen darüber freuen; aber Sie wissen ja selbst, Bruder, daß wir keinen Platz haben: mein Schlafzimmer, Lisas Stube, Ihr Zimmer und der Salon – das ist alles. Wo sollten wir sie hier unterbringen, urteilen sie selbst. Michailo Matwejew hat ihnen die Hütte des Dorfältesten räumen lassen; er sagt, daß es auch sauber ist.«

»Wir hätten dir einen Bräutigam ausgesucht, Lisotschka, einen famosen Husaren!« sagte der Onkel.

»Nein, ich will keinen Husaren; ich will einen Ulanen: Sie haben doch bei den Ulanen gedient, Onkel …? Von diesen hier will ich nichts wissen. Sind alles Tollköpfe, sagt man.«

Und Lisa errötete ein wenig, ließ aber gleich wieder ihr klingendes Lachen ertönen.

»Da kommt auch Ustjuschka gelaufen; man muß sie fragen, was sie gesehen hat«, sagte sie.

Anna Fjodorowna befahl, Ustjuschka zu holen.

»Du kannst wohl auch nicht bei der Arbeit bleiben; hast du's denn nötig, hinzulaufen und die Soldaten anzusehen?« sagte

Anna Fjodorowna. »Nun, wo sind die Offiziere untergebracht worden?«

»Bei Jeromkins, Herrin. Es sind ihrer zwei, sehr schöne Männer, der eine soll ein Graf sein.«

»Wie heißt er denn?«

»Kasarow oder Turbinow – entschuldigen Sie, ich habe es mir nicht gemerkt.«

»Bist du ein dummes Ding, kannst nicht einmal etwas erzählen. Wenn du wenigstens die Namen in Erfahrung gebracht hättest.«

»Ich kann ja noch einmal hinlaufen.«

»Ja, ich weiß schon, daß du in solchen Dingen eine Meisterin bist – nein, Danilo soll hingehen; sagen Sie ihm doch, Bruder, daß er hingeht und fragt, ob die Offiziere vielleicht irgendwelche Wünsche haben; man muß doch höflich gegen sie sein, die Herrin ließe fragen.«

Die Alten nahmen wieder im Teezimmer Platz, während Lisa in das Mägdezimmer ging, um den zerkleinerten Zucker in eine Dose zu legen. Dort erzählte Ustjuschka von den Husaren.

»Gnädiges Fräulein, Täubchen, ist dieser Graf ein hübscher Mann«, sagte sie, »wie ein schwarzäugiger Cherub. Wenn Sie solch einen Bräutigam hätten, das gäbe ein richtiges Pärchen.«

Die anderen Dienstmädchen lächelten zustimmend; die alte Kinderfrau, die mit dem Strickstrumpf am Fenster saß, seufzte und murmelte sogar laut schnaufend ein Gebet vor sich hin.

»So gut haben dir also die Husaren gefallen«, sagte Lisa, »du bist ja eine Meisterin im Erzählen. Bring mir, bitte, den Fruchtsaft, Ustjuschka – wir wollen den Husaren etwas Säuerliches vorsetzen.«

Und Lisa ging lachend mit der Zuckerdose hinaus.

Ich möchte ganz gern sehen, was das für ein Husar ist, dachte sie, ein Brauner oder ein Blonder? Und er wäre wohl auch ganz froh, unsere Bekanntschaft zu machen, glaube ich. So aber wird er, wenn er weiterzieht, gar nicht erfahren, daß ich hier bin und an ihn gedacht habe. Und wie viele sind schon an mir vorübergegangen. Niemand sieht mich, außer dem Onkel und Ustjuschka. Wie ich mich auch frisiere, was für Ärmel ich auch tragen mag – niemand freut sich darüber, dachte sie seufzend und sah ihren weißen vollen Arm an. Er wird groß sein und große Augen haben und wahrscheinlich ein kleines schwarzes Schnurrbärtchen. Nein, ich bin schon im dreiundzwanzigsten Jahr, aber es hat sich noch keiner in mich verliebt, außer dem pockennarbigen Iwan Ipatitsch; vor vier Jahren war ich noch hübscher; und so ist meine beste Jugend dahingegangen, und niemand hat seine Freude daran gehabt. Ach, ich Unglückliche, ich unglückliches Landfräulein!

Das Landfräulein wurde durch die Stimme der Mutter, die sie herbeirief, aus ihren flüchtigen Betrachtungen geweckt. Sie schüttelte ihr Köpfchen und ging in das Teezimmer.

Die besten Dinge geschehen immer zufällig; je mehr Mühe man sich mit etwas gibt, desto schlechter fällt es aus. Auf dem Land wendet man meistens nur wenig Mühe an eine gute Erziehung und gibt dadurch zufällig größtenteils eine sehr gute. So war es auch mit Lisa geschehen. Anna Fjodorowna hatte bei der Beschränktheit ihres Geistes und bei ihrem sorglosen Charakter Lisa gar keine Erziehung zuteil werden lassen: Sie hatte sie weder Musik noch die so nützliche französische Sprache erlernen lassen, sondern hatte ihrem verstorbenen Mann zufällig ein gesundes, hübsches Kind – ein Mädchen – geboren, hatte es einer Amme und einer Kinderfrau übergeben, sorgte für seine Nahrung, zog ihm Kattunkleidchen und Schühchen aus Ziegenleder an, schickte es spazieren, Beeren und Pilze sammeln, ließ es von einem bezahlten Seminaristen im Lesen, Schreiben und Rechnen unterrichten und fand unvermutet nach sechzehn Jahren in Lisa eine Freundin und eine stets fröhliche, gutmütige und tüchtige Hausfrau. Anna Fjodorowna hatte infolge ihrer Gutmütigkeit immer Pflegekinder im Hause, entweder Kinder von Leibeigenen oder Findlinge. Lisa fing schon mit zehn Jahren an, sich mit ihnen zu beschäftigen: sie unterrichtete sie, kleidete sie an, führte sie in die Kirche und wies sie zurecht, wenn sie gar zu ausgelassen waren. Dann erschien der hinfällige, gutmütige Onkel, den man wie ein Kind betreuen mußte. Dann waren all die Hofleute und Bauern da, die sich mit ihren Bitten und Gebrechen an das junge Fräulein wandten und von ihr mit Holunder, Pfefferminz und Kampferspiritus behandelt wurden. Dann ging allmählich die ganze Hauswirtschaft in ihre Hände über. Dazu gesellte sich das unbefriedigte Verlangen nach Liebe, das seinen Ausdruck nur in der Natur und in der Religion fand. Und unvermutet war Lisa zu einem tätigen, gutmütig-heiteren, selbständigen, reinen und tiefreligiösen Weib erblüht. Allerdings empfand sie auch die kleinen Schmerzen der Eitelkeit beim Anblick der Nachbarinnen, die in modernen, aus K. mitgebrachten Hüten neben ihr in der Kirche standen; auch gab es bisweilen Verdruß bis zu Tränen über die Launen der alten mürrischen Mutter; sie kannte auch Liebesträume der törichtsten, zuweilen derbsten Art, aber die nützliche, zur Notwendigkeit gewordene Geschäftigkeit verscheuchte sie, und in den zweiundzwanzig Jahren war kein einziger Fleck, kein einziger Selbstvorwurf in die klare, ruhige Seele dieses sich zur vollen körperlichen und seelischen Schönheit entwickelnden Mädchens gefallen. Lisa war von mittlerem Wuchs und eher voll als schlank; ihre Augen waren braun, nicht groß, mit einem leichten dunklen Schatten auf dem unteren Lid; sie hatte einen langen blonden Zopf. Ihr Gang war breit, etwas schaukelnd – ein Entengang, wie man zu sagen pflegt. Ihre Miene, wenn sie beschäftigt war und nichts Außergewöhnliches sie erregte, sagte jedem, der sie betrachtete: schön und heiter lebt sich's auf Erden, wenn man jemanden liebt und das Gewissen rein ist. Sogar in Augenblicken des Unwillens, der Verwirrung, der Aufregung oder des Schmerzes leuchtete gleichsam gegen ihren Willen durch die Tränen, die gerunzelte linke Augenbraue und die zusammengepreßten Lippen hindurch auf den Grübchen der Wangen, in den Mundwinkeln und in den blitzenden Augen, die an Lächeln und Lebensfreude gewöhnt waren, ein durch den Verstand unverdorbenes, gutes, offenes Herz.

10

Es war noch sehr heiß, obwohl sich die Sonne schon neigte, als die Schwadron in Morosowka einrückte. Vor ihr her trabte die staubige Dorfstraße entlang muhend eine von der Herde abgeirrte scheckige Kuh, die sich ständig umschaute und manchmal sogar stehenblieb, aber nicht begreifen konnte, daß sie einfach zur Seite weichen mußte. Bauern, Weiber, Kinder und Gesinde drängten sich zu beiden Seiten der Straße und betrachteten neugierig die Husaren. Diese kamen in einer dichten Staubwolke auf stampfenden, schnaubenden, wiehernden Rappen angerückt. Zur rechten Seite der Schwadron ritten lässig auf schönen Rappen zwei Offiziere. Der eine war der Schwadronschef, Graf Turbin, der andere Polosow, ein junger Mann, der erst kürzlich zum Kornett befördert worden war.

Ein Husar im weißen Kittel trat aus dem besten Bauernhaus heraus, nahm seine Mütze ab und ging auf die Offiziere zu.

»Wo ist für uns Quartier gemacht?« fragte ihn der Graf.

»Für Euer Durchlaucht?« fragte der Quartiermeister, mit dem ganzen Körper zusammenfahrend. »Hier, beim Dorfältesten, ich habe die Hütte räumen lassen. Ich verlangte Quartier auf dem Gutshof, man sagt aber, daß kein Platz sei. Die Gutsherrin ist eine böse Frau.«

»Nun gut«, sagte der Graf, saß ab und dehnte und streckte seine Beine vor dem Häuschen des Dorfältesten. »Ist mein Wagen angekommen?«

»Eben eingetroffen, Euer Durchlaucht!« antwortete der Quartiermeister und wies mit der Mütze auf den ledernen Wagenkasten der Kalesche, die im Tor sichtbar wurde; dann stürzte er in den Hausflur, wo sich die ganze Bauernfamilie zusammengedrängt hatte, um die Offiziere zu betrachten. Er riß sogar ein altes Weiblein um, als er rasch die Tür zur ausgeräumten Stube öffnete und vor dem Grafen zur Seite trat.

Das Haus war recht groß und geräumig, aber nicht ganz sauber. Der deutsche Kammerdiener, der wie ein Herr gekleidet war, stand in der Stube und packte aus einem Koffer Wäsche aus; er hatte bereits die eiserne Bettstelle aufgeschlagen und aufgebettet.

»Pfui! Was für ein schreckliches Quartier!« sagte der Graf ärgerlich. »Djadenko! Hat sich denn nicht bei irgendeinem Gutsbesitzer etwas Besseres finden lassen?«

»Wenn Durchlaucht befehlen, schicke ich jemanden auf den Gutshof«, antwortete Djadenko, »aber das Häuschen ist recht unansehnlich und sieht auch nicht anders aus als eine Hütte.«

»Jetzt ist's nicht mehr nötig. Geh!«

Und der Graf legte sich aufs Bett und verschränkte die Arme unter dem Kopf.

»Johann!« schrie er den Kammerdiener an, »du hast wieder einen Buckel in der Mitte gemacht! Daß du noch immer nicht ordentlich aufbetten kannst!«

Johann wollte es richten.

»Nein, jetzt ist's nicht mehr nötig … Wo ist mein Chalat?« fuhr er mit unzufriedener Stimme fort.

Der Diener reichte ihm den Chalat.

Ehe der Graf ihn anzog, untersuchte er die Schöße.

»Richtig: der Fleck ist auch nicht entfernt. Kann man seinem Herrn noch schlechter dienen als du?« fügte er hinzu, riß ihm den Chalat aus den Händen und zog ihn an. »Sag mal, machst du das absichtlich? … Ist der Tee bereit? …«

»Ich bin nicht mit allem fertiggeworden«, antwortete Johann.

»Narr!«

Darauf nahm der Graf einen bereitliegenden französischen Roman zur Hand und las ziemlich lange, ohne zu reden; Johann ging in den Flur, um den Samowar anzufachen. Der Graf war offenbar schlechter Laune – wahrscheinlich unter dem Einfluß der Müdigkeit, des staubigen Gesichts, der engen Kleider und des hungrigen Magens.

»Johann!« rief er von neuem, »gib mir die Abrechnung über die zehn Rubel. Was hast du in der Stadt gekauft?«

Der Graf nahm die dargereichte Rechnung entgegen und machte eine unzufriedene Bemerkung über den teuren Einkauf.

»Gib mir Rum zum Tee.«

»Rum habe ich keinen gekauft«, sagte Johann.

»Sehr gut! Wie oft habe ich dir schon gesagt, daß Rum da sein muß!«

»Das Geld hat nicht mehr gereicht.«

»Warum hat denn Polosow keinen gekauft? Du hättest bei seinem Diener etwas borgen können.«

»Kornett Polosow? Ich weiß nicht. Sie haben Tee und Zucker gekauft.«

»Rindvieh! Pack dich … Nur du allein kannst mich aus der Fassung bringen … Du weißt doch, daß ich auf dem Marsch immer Tee mit Rum trinke.«

»Hier sind zwei Briefe an Sie vom Stab«, sagte der Kammerdiener. Der Graf öffnete die Briefe im Liegen und begann zu lesen. Der Kornett, der die Schwadron untergebracht hatte, trat mit heiterem Gesicht ein.

»Nun, wie steht's, Turbin? Hier scheint es ganz gut zu sein. Aber müde bin ich, das muß ich gestehen. Heiß war's.«

»Sehr gut! Eine verdammte, stinkige Hütte, und Rum ist auch keiner da: Dein Tölpel hat keinen gekauft und dieser da auch nicht. Hättest es wenigstens sagen sollen.«

Und er fuhr fort zu lesen. Als er fertig war, knüllte er den Brief zusammen und warf ihn auf den Boden.

»Warum hast du keinen Rum gekauft?« fragte unterdessen der Kornett seinen Burschen flüsternd im Hausflur, »du hattest doch Geld?«

»Warum sollen denn immer wir alles kaufen! Ich bestreite ja ohnehin die ganzen Ausgaben; der Deutsche raucht nur seine Pfeife, und das ist alles.«

Der zweite Brief schien nicht unangenehm zu sein, denn der Graf las ihn lächelnd.

»Von wem ist er?« fragte Polosow, der in das Zimmer zurückgekehrt war und sich ein Nachtlager auf der Bank neben dem Ofen zurechtmachte.

»Von Minna«, antwortete der Graf heiter und reichte ihm den Brief. »Willst du ihn lesen? Was ist das für ein prachtvolles Weib! Wahrhaftig besser als alle unsere Fräulein … Sieh doch, wieviel Gefühl und Geist in diesem Brief liegt! … Nur eins ist nicht schön – sie bittet um Geld.«

»Ja, das ist nicht schön«, bemerkte der Kornett.

»Ich habe es ihr allerdings versprochen; aber da kam der Feldzug und zudem … Übrigens, wenn ich die Schwadron noch drei Monate lang kommandiere, kann ich es ihr schicken. Es tut mir wirklich nicht leid darum. Was für ein herrliches Weib … nicht?« fragte er lächelnd und verfolgte Polosows Miene, der den Brief las, mit den Augen.

»Furchtbar unorthographisch, aber sehr lieb, und es scheint, daß sie dich wirklich liebt«, antwortete der Kornett.

»Hm! Und ob! Nur diese Frauen lieben aufrichtig, wenn sie einmal lieben.«

»Und von wem ist das andere Schreiben?« fragte der Kornett und gab den Brief, den er gelesen hatte, zurück.

»Der ... ein Herr, ein ganz ekelhafter, bei dem ich Spielschulden habe. Er mahnt schon zum dritten Mal ... ich kann jetzt nicht zahlen ... ein dummer Brief!« antwortete Turbin.

Die beiden Offiziere schwiegen nach diesem Gespräch recht lange Zeit. Der Kornett, der anscheinend ganz unter dem Einfluß des Grafen stand, trank schweigend seinen Tee, blickte hin und wieder auf das schöne, verdüsterte Gesicht Turbins, der unverwandt aus dem Fenster sah, und konnte sich nicht entschließen, ein neues Gespräch zu beginnen.

»Aber weißt du, es kann noch alles gut werden«, sagte der Graf plötzlich zu Polosow und warf den Kopf fröhlich zurück. »Wenn es bei uns in diesem Jahr zu einer Beförderung kommt und wir noch dazu in ein Gefecht geraten, so kann ich meine Rittmeister von der Garde überholen.«

Das Gespräch über dieses Thema wurde auch beim zweiten Glas Tee fortgesetzt, als der alte Danilo eintrat und Anna Fjodorownas Botschaft überbrachte.

»Und außerdem lassen die gnädige Frau noch fragen, ob der Herr nicht ein Sohn des Grafen Fjodor Iwanowitsch Turbin ist?« fügte Danilo aus eigenen Stücken hinzu, da er den Namen des Offiziers erfahren hatte und sich noch an den Besuch des verstorbenen Grafen in der Stadt K. erinnerte. »Unsere Herrin, Anna Fjodorowna, haben ihn sehr gut gekannt.«

»Das war mein Vater; melde deiner Herrin, daß ich ihr vielmals danken lasse, ich brauche nichts weiter, nur ließe ich fragen, ob es nicht möglich wäre, irgendwo im Haus oder sonstwo ein reineres Zimmerchen zu bekommen.«

»Nun, wozu hast du das gesagt?« meinte Polosow, nachdem Danilo gegangen war, »ist das denn nicht ganz gleich? Wegen der einen Nacht wäre es doch wirklich ganz gleich, sie aber werden sich geniert fühlen.«

»Das wäre! Wir haben uns zur Genüge in solch rauchigen Hütten herumgedrückt ... Man sieht gleich, daß du ein unpraktischer Mensch bist ... Warum soll man's nicht ausnützen, wenigstens für eine Nacht wie ein Mensch unterzukommen? Und sie werden sich ganz im Gegenteil ungemein freuen.

Nur eins ist abscheulich: wenn diese Dame meinen Vater wirklich gekannt hat«, fuhr der Graf fort, beim Lächeln seine weißen Zähne zeigend, »ist es mir wie immer peinlich für meinen seligen Papa: immer handelt es sich um eine Skandalgeschichte oder um eine alte Schuld. Daher kann ich es nicht leiden, Bekannten meines Vaters zu begegnen. Übrigens waren damals andere Zeiten«, fügte er ernst hinzu.

»Ich habe dir ja noch gar nicht erzählt«, sagte Polosow, »ich bin dem Brigadekommandeur Iljin von den Ulanen begegnet. Er wollte dich sehr gerne sehen und liebte deinen Vater über alle Maßen.«

»Ich glaube, dieser Iljin ist ein schrecklicher Lump. Aber in der Hauptsache wollen alle diese Leute, die behaupten, meinen Vater gekannt zu haben, sich bei mir einschmeicheln und erzählen dann, als ob es reizende Dinge wären, solche Stückchen von meinem Vater, daß man sich schämen muß zuzuhören. Es ist ja wahr – ich lasse mich nicht beirren und betrachte diese Dinge ganz unparteisch –, er war ein großer Heißsporn und machte zuweilen nicht gerade sehr schöne Sachen. Übrigens lag das alles an der Zeit. Zu unserer Zeit wäre er vielleicht ein sehr tüchtiger Mensch geworden, denn er besaß ungeheure Fähigkeiten, darin muß man ihm Gerechtigkeit widerfahren lassen.«

Nach einer Viertelstunde kehrte der Diener zurück und überbrachte die Bitte der Gutsherrin, die Herren möchten in ihrem Hause übernachten.

11

Als Anna Fjodorowna erfuhr, daß der Husarenoffizier der Sohn des Grafen Fjodor Turbin sei, geriet sie in geschäftige Eile.

»Ach, ihr himmlischen Väterchen! Mein Täubchen…! Danilo! Lauf schnell zurück, sage: die Gutsfrau ließe die Herren zu sich bitten«, sagte sie aufspringend und begab sich mit raschen Schritten in das Mägdezimmer. »Lisanka! Ustjuschka! Man muß dein Zimmer herrichten, Lisa, und du ziehst in Onkels Zimmer, und Sie, Bruder… Bruder! Sie müssen im Salon übernachten. Für die eine Nacht muß es gehen.«

»Es geht, Schwester; ich lege mich auf den Fußboden.«

»Hübsch muß er sein, denke ich, wenn er seinem Vater ähnlich ist. Ich will ihn mir doch wenigstens ansehen, das Täubchen. Du wirst ja sehen, Lisa! Der Vater war ein schöner Mann ... Wohin trägst du den Tisch? Laß ihn hier«, regte sich Anna Fjodorowna auf, »und bring zwei Bettstellen her – nimm eine vom Verwalter – und hol den Kristalleuchter von der Etagere, den mir mein Bruder zum Namenstag geschenkt hat, und stecke eine Stearinkerze hinein.«

Endlich war alles fertig. Lisa hatte, trotz allem Dazwischenreden der Mutter, ihr Zimmerchen nach ihrem Gutdünken für die zwei Offiziere hergerichtet. Sie hatte reine, nach Reseda duftende Bettwäsche geholt und die Betten gemacht, hatte befohlen, eine Karaffe Wasser und Kerzen auf das Tischchen zu stellen, hatte dann das Mägdezimmer mit Papier ausgeräuchert und war selber mit ihrem Bett in das Zimmer des Onkels übersiedelt. Anna Fjodorowna beruhigte sich etwas, setzte sich wieder auf ihren Platz, nahm sogar die Karten in die Hand, legte sie aber nicht auf, sondern stützte sich auf ihren vollen Ellbogen und versank in Nachdenken. »Wie die Zeit, wie die Zeit verfliegt«, flüsterte sie vor sich hin. »Es scheint noch gar nicht lange her zu sein; wie jetzt sehe ich ihn noch vor mir. Ach, er war ein Schelm!« Und Tränen traten ihr in die Augen. »Jetzt ist Lisanka ... aber sie ist doch nicht so, wie ich in ihren Jahren war ... sie ist ein hübsches Mädchen, aber nein, es ist nicht das ...«

»Lisanka, du solltest am Abend dein Musselin-de-laine-Kleidchen anziehen.«

»Ja, werden Sie sie denn zu uns einladen, Mama? Lieber nicht«, antwortete Lisa, die eine unüberwindliche Erregung empfand bei dem Gedanken, die Offiziere zu sehen, »lieber nicht, Mama!«

Sie wünschte in der Tat nicht so sehr, sie zu sehen, wie sie sich vor einem aufregenden Glück fürchtete, das sie zu erwarten schien.

»Vielleicht werden sie es selbst wünschen, unsere Bekanntschaft zu machen, Lisotschka!« sagte Anna Fjodorowna und fuhr ihr liebkosend über das Haar, wobei sie dachte: Nein, das sind keine solchen Haare, wie ich sie in dem Alter hatte … Nein, Lisotschka, wie würde ich dir wünschen … Und sie hegte wirklich irgendeinen Wunsch für ihre Tochter, aber eine Heirat mit dem Grafen konnte sie nicht voraussetzen, und die Beziehungen, die sie mit seinem Vater verbunden hatten, konnte sie nicht wünschen – aber es war doch etwas da, was sie ihrer Tochter sehr, sehr wünschte. Vielleicht wollte sie in der Seele der Tochter noch einmal das Glück durchkosten, das sie mit dem Verstorbenen erlebt hatte.

Auch der alte Kavallerist war durch die Ankunft des Grafen in eine gewisse Aufregung versetzt worden. Er ging in sein Zimmer und schloß die Tür ab. Nach einer Viertelstunde erschien er in Attila und blauen Pantalons, mit einem verlegen-zufriedenen Gesichtsausdruck, wie ein junges Mädchen, das zum ersten Mal ein Ballkleid anzieht, und begab sich in das für die Gäste bestimmte Zimmer.

»Nun werde ich mir mal die Husaren von heute ansehen, Schwester! Der selige Graf war wirklich ein echter Husar. Werden sehen, werden sehen.«

Die Offiziere waren bereits über die Hintertreppe in ihrem Zimmer angekommen.

»Nun, siehst du wohl«, sagte der Graf und legte sich, wie er war, mit seinen staubigen Stiefeln auf das fertige Bett, »ist es hier denn nicht besser als in der Hütte mit den Schwaben?«

»Besser ist es schon, aber man verpflichtet sich den Besitzern …«

»Unsinn! Man muß in allem praktisch sein. Sie sind riesig zufrieden, gewiß … Bedienung!« rief er, »bitte um etwas, womit man die Fenster verhängen kann, sonst wird es in der Nacht ziehen.«

In diesem Augenblick trat der alte Kavallerist ein, um sich den Offizieren vorzustellen. Er versäumte nicht, obwohl er dabei – versteht sich – leicht errötete, zu erzählen, daß er ein Kamerad des verstorbenen Grafen gewesen sei und sein Wohlwollen genossen habe, und setzte sogar hinzu, daß er des öfteren Wohltaten von dem Verstorbenen empfangen habe. Ob er unter diesen Wohltaten die hundert Rubel verstand, die er ihm geliehen und nie zurückerhalten hatte, oder daß der Graf ihn in den Schneehaufen geworfen und beschimpft hatte, darüber gab der Alte keine Erklärung ab. Der Graf war außerordentlich höflich gegen den alten Kavalleristen und dankte für die Unterkunft.

»Sie müssen schon entschuldigen, daß es nicht sehr elegant ist, Graf« – er hätte beinahe »Euer Durchlaucht« gesagt, so sehr war er jeden Umgangs mit hochstehenden Persönlichkeiten entwöhnt –, »das Häuschen meiner Schwester ist klein. Aber das hier werden wir gleich irgendwie verhängen, dann wird es gut sein«, fügte er hinzu und verließ unter dem Vorwand, einen Vorhang beschaffen zu wollen, aber in der Hauptsache, um den anderen so schnell wie möglich von den Offizieren zu erzählen, mit einem Kratzfuß das Zimmer.

Die hübsche Ustjuschka erschien mit einem Schal der Herrin, um das Fenster zu verhängen. Außerdem hatte die Herrin ihr aufgetragen zu fragen, ob die Herren Tee wünschten.

Die gute Unterkunft wirkte offenbar wohltuend auf die Laune des Grafen: er scherzte fröhlich lächelnd mit Ustjuschka, so daß diese ihn sogar einen Schelm nannte, und fragte sie aus, ob ihr Fräulein hübsch sei; auf ihre Frage, ob die Herren Tee wünschten, antwortete er, daß man den Tee ruhig bringen möge, da aber sein Abendbrot noch nicht fertig sei, würde er jetzt gern einen Wodka, einen kleinen Imbiß und, wenn möglich, Sherry haben.

Der Onkel war von der Liebenswürdigkeit des jungen Grafen ganz entzückt und hob die junge Generation der Offiziere in den Himmel, indem er behauptete, die Menschen von heute seien viel zuvorkommender als die von dazumal.

Anna Fjodorowna konnte sich damit nicht einverstanden erklären – über den Grafen Fjodor Iwanowitsch ging niemand –, und schließlich wurde sie ernstlich böse und bemerkte nur trocken »Für Sie, Bruder, ist immer derjenige der Beste, der zuletzt freundlich gegen Sie war. Natürlich sind die Menschen jetzt klüger geworden, aber Graf Fjodor Iwanowitsch hat dennoch die Ekossaise so herrlich getanzt und war so liebenswürdig, daß damals seinetwegen alle aus dem Häuschen gerieten, kann man sagen; aber er widmete sich niemand anderem außer mir. Folglich gab es auch früher nette Menschen.«

In diesem Augenblick kam die Nachricht, daß die Herren Wodka, einen Imbiß und Sherry verlangten.

»Da haben Sie's, Bruder! Sie fangen immer alles verkehrt an. Man hätte ein Abendessen bestellen müssen«, rief Anna Fjodorowna. »Lisa, kümmere dich darum, mein Liebling!«

Lisa lief in die Speisekammer um eingelegte Pilzchen und frische Butter und beauftragte den Koch, Koteletts zu braten.

»Wo nehmen wir aber Sherry her? Haben Sie noch etwas übrig, Bruder?«

»Nein, Schwester! Ich habe gar keinen gehabt.«

»Wie denn das! Sie trinken doch immer so etwas zum Tee.«

»Das ist Rum, Anna Fjodorowna.«

»Ist denn das nicht ein und dasselbe? Geben Sie ihn her, das ist ganz einerlei, wenn's auch Rum ist. Sollte man sie nicht doch lieber hierherbitten, Bruder? Sie wissen doch Bescheid in solchen Dingen. Ich glaube, sie werden es nicht übelnehmen?«

Der Kavallerist erklärte, daß er dafür einstehe, daß ihm der Graf in seiner Güte keine Absage erteilen und daß er die Herren bestimmt herbringen werde. Anna Fjodorowna ging hinaus, um aus irgendwelchen Gründen ihr Seidentaftkleid anzuziehen und ein neues Häubchen aufzustecken; Lisa aber war so beschäftigt, daß sie nicht einmal Zeit fand, ihr rosa Gingangkleidchen mit den weiten Ärmeln, das sie anhatte, abzulegen. Zudem war sie sehr aufgeregt: Es schien ihr, daß etwas Erschütterndes auf sie warte, als ob eine schwarze Wolke tief über ihrer Seele hinge. Dieser schöne Husarengraf erschien ihr als ein ganz neues, ihr unbegreifliches, aber herrliches Wesen. Seine Art, seine Gewohnheiten, seine Reden – das alles mußte etwas Außergewöhnliches sein, wie es ihr noch nie begegnet war. Alles, was er dachte und sprach, mußte geistreich und wahr, alles, was er tat, ehrenhaft sein; sein ganzes Äußeres mußte schön sein. Daran zweifelte sie nicht. Wenn er statt eines Imbisses und Sherry ein Bad aus Salbei mit Parfüm gefordert hätte, wäre sie nicht erstaunt gewesen, hätte es ihm nicht verargt und wäre fest davon überzeugt gewesen, daß es so sein müßte.

Als der Kavallerist den Wunsch seiner Schwester vorbrachte, nahm der Graf die Einladung sofort an, kämmte sich, zog seinen Mantel an und steckte seine Zigarrentasche ein.

»Gehen wir«, sagte er zu Polosow.

»Es wäre wirklich besser, nicht zu gehen«, antwortete der Kornett, »ils feront des frais pour nous recevoir.«

»Unsinn! das beglückt sie nur. Ich habe auch schon Erkundigungen eingezogen: Es ist ein hübsches Töchterlein da … Komm«, sagte der Graf auf französisch.

»Je vous en prie, messieurs!« sagte der Kavallerist, nur um zu zeigen, daß auch er der französischen Sprache mächtig sei und verstanden habe, was die Offiziere untereinander gesprochen hatten.

12

Lisa errötete und schlug die Augen nieder, als ob sie mit dem Eingießen des Tees beschäftigt sei, denn sie fürchtete die Offiziere anzusehen, als diese das Zimmer betraten. Anna Fjodorowna dagegen sprang eilig auf, begrüßte die Herren und fing an, sich mit dem Grafen zu unterhalten, wobei sie – ohne die Augen von seinem Gesicht abzuwenden – bald auf seine ungewöhnliche Ähnlichkeit mit dem Vater hinwies, bald ihre Tochter vorstellte, bald Tee und Marmelade oder ländliche Obstpaste anbot. Den Kornett beachtete niemand wegen seines bescheidenen Äußeren, worüber er sehr froh war, weil er, soweit dies der Anstand erlaubte, Lisa beobachtete und ihre Schönheit, die ihn offenbar überrascht hatte, bis in die Einzelheiten zergliederte. Der Onkel hörte dem Gespräch seiner Schwester mit dem Grafen zu und wartete, sozusagen mit der fertigen Rede auf den Lippen, den geeigneten Augenblick ab, um von seinen kavalleristischen Erinnerungen zu erzählen. Der Graf rauchte beim Tee eine starke Zigarre, so daß Lisa nur mit Mühe den Husten zurückhielt, war sehr gesprächig und liebenswürdig, flocht seine Erzählungen anfangs nur in die Zwischenpausen von Anna Fjodorownas ununterbrochener Rede ein und beherrschte schließlich die ganze Unterhaltung. Nur eines berührte seine Zuhörer etwas seltsam: Er gebrauchte in seinen Erzählungen oft Wörter, die in seiner gewohnten Gesellschaft nicht als anstößig galten, hier aber etwas gewagt waren, so daß Anna Fjodorowna jedesmal ein wenig erschrak und Lisa bis über die Ohren errötete; aber der Graf bemerkte das nicht und blieb genauso ungezwungen, ruhig und liebenswürdig.

Lisa füllte schweigend die Gläser, gab sie den Gästen aber nicht in die Hand, sondern stellte sie ganz nahe vor sie hin, da sie ihre Erregung noch nicht überwunden hatte, und lauschte gierig auf die Worte des Grafen.

Seine harmlosen Erzählungen, sein öfteres Stocken während des Gesprächs beruhigten sie allmählich. Sie hörte von ihm nicht die erwarteten klugen Dinge und sah nicht in allem jene Eleganz, die sie in ihrer verworrenen Vorstellung an ihm zu finden geglaubt hatte. Beim dritten Glas Tee, als ihr schüchterner Blick plötzlich seinen Augen begegnete und er sie nicht niederschlug, sondern fortfuhr, sie allzu ruhig, mit kaum merklichem Lächeln, anzusehen, fühlte sie sogar eine Art Feindseligkeit gegen ihn und fand bald heraus, daß nichts Außergewöhnliches an ihm war und er sich von all den anderen, die sie gesehen hatte, in nichts unterschied, daß es nicht lohnte, sich vor ihm zu fürchten, daß er nur reine, lange Nägel hatte, sich aber nicht einmal durch besondere Schönheit auszeichnete. Lisa nahm nicht ohne eine gewisse innere Trauer von ihrem Traum Abschied und wurde mit einem Mal ganz ruhig; nur der Blick des schweigsamen Kornetts, den sie auf sich gerichtet fühlte, beunruhigte sie etwas. Vielleicht ist es gar nicht der, sondern dieser! dachte sie.

13

Nach dem Tee forderte die Hausfrau ihre Gäste auf, in das andere Zimmer zu gehen, und setzte sich wieder an ihren gewohnten Platz.

»Vielleicht wollen Sie ausruhen, Graf?« fragte sie. »Womit soll ich denn meine lieben Gäste unterhalten?« fuhr sie nach einer verneinenden Antwort des Grafen fort. »Spielen Sie Karten, Graf? Sie sollten sich den Herren widmen, Bruder, und eine Partie zusammenstellen, um irgendeinen Einsatz …«

»Aber Sie spielen doch selber Preference«, antwortete der Kavallerist, »wir wollen alle zusammen spielen. Wollen Sie, Graf? Und Sie auch?«

Die Offiziere erklärten sich mit allem einverstanden, was den liebenswürdigen Wirten genehm sei.

Lisa holte aus ihrem Zimmer ihre alten Karten, die sie öfters befragte, ob Anna Fjodorownas geschwollene Wange bald zurückgehen, ob der Onkel noch heute aus der Stadt zurückkehren werde, ob der Besuch der Nachbarin für den heutigen Tag in Aussicht stehe und so weiter. Diese Karten waren ungefähr schon seit zwei Monaten in ihrem Gebrauch, aber immer noch sauberer als die, welche Anna Fjodorowna nach der Zukunft befragte.

»Sie werden aber vielleicht nicht um so kleine Einsätze spielen wollen?« fragte der Onkel. »Anna Fjodorowna und ich spielen um eine halbe Kopeke … Und da gewinnt immer nur sie.«

»Ach, ganz wie Sie befehlen, mit dem größten Vergnügen«, antwortete der Graf.

»Nun gut, also um eine Kopeke in Papiergeld! Das tue ich meinen teuren Gästen zuliebe: mögen sie mir alter Frau das Geld abnehmen«, sagte Anna Fjodorowna, indem sie sich in ihrem Sessel breitmachte und ihre Mantille zurechtzupfte.

Vielleicht gewinne ich auch denen einen Rubel ab, dachte Anna Fjodorowna, die im Alter von einer kleinen Leidenschaft für das Kartenspiel erfaßt worden war.

»Wollen Sie von mir lernen, wie man mit der Tabelle spielt?« fragte der Graf, »oder mit Misere? Das ist sehr lustig.«

Die neue Petersburger Spielart gefiel allen sehr gut. Der Onkel behauptete sogar, sie zu kennen: es sei genauso wie beim Boston, er habe es nur ein wenig vergessen. Anna Fjodorowna begriff gar nichts und konnte es so lange nicht begreifen, daß sie sich genötigt sah, lächelnd und zustimmend zu nicken und zu versichern, daß sie es jetzt verstehe und ihr alles klar sei. Mitten im Spiel gab es aber ein großes Gelächter, als Anna Fjodorowna mit dem As und dem König Misere ansagte und mit der Sechs sitzenblieb. Sie wurde sogar verwirrt, lächelte zaghaft und versicherte hastig, daß sie sich noch nicht ganz an die neue Spielart gewöhnt habe. Es wurde ihr aber dennoch angeschrieben – und sehr viel, um so mehr, als der Graf, der nur hoch, kommerziell zu spielen gewohnt war, sehr zurückhaltend spielte, scharf berechnete und gar nicht begreifen konnte, was die Fußtritte des Kornetts unter dem Tisch und seine groben Fehler beim Ausspielen bedeuten sollten.

Lisa brachte noch Obstgelee, drei Sorten Marmelade und Oportoäpfel, die auf eine besondere Art eingelegt waren und sich gut gehalten hatten, und blieb hinter dem Sessel der Mutter stehen, sah dem Spiel zu und blickte hin und wieder auf die Offiziere, besonders auf die weißen Hände des Grafen mit den feinen, rosigen, gepflegten Nägeln, welche die Karten so erfahren, gemessen und schön hinwarfen und die Stiche einzogen.

Anna Fjodorowna, welche die anderen mit einer gewissen Leidenschaft überbot, kaufte wieder bis zu sieben Karten, verlor das Spiel, malte auf Verlangen des Bruders irgendeine mißgestaltete Zahl hin und wurde ganz verlegen und unruhig.

»Das tut nichts, Mama, Sie werden noch gewinnen!« sagte Lisa lächelnd, mit dem Wunsch, der Mutter aus ihrer komischen Lage herauszuhelfen. »Machen Sie den Onkel einmal remis, dann fällt er herein.«

»Wenn du mir doch helfen würdest, Lisotschka!« sagte Anna Fjodorowna, ihre Tochter erschrocken ansehend. »Ich weiß nicht, wie das ist…«

»Ich kann ja auch nicht auf diese Art spielen«, antwortete Lisa, die Remis der Mutter in Gedanken zählend. »Sie werden auf diese Weise viel verlieren, Mama. Da wird nichts mehr für Pimotschkas Kleid übrigbleiben«, fügte sie scherzend hinzu. »Ja, auf diese Weise kann man leicht zehn Silberrubel verlieren«, bemerkte der Kornett und sah Lisa an in dem Wunsch, ein Gespräch mit ihr anzuknüpfen.

»Spielen wir denn nicht um Papiergeld?« fragte Anna Fjodorowna und sah alle an.

»Ich weiß nicht, wie wir spielen, nur kann ich nicht mit Papiergeld rechnen«, sagte der Graf. »Wie ist denn das? Das heißt, was sind denn Papierrubel?«

»Jetzt rechnet ja kein Mensch mehr nach Papierrubeln«, fiel der Onkel ein, der im Gewinnen war.

Die Hausfrau ließ Schaumwein bringen, trank selber zwei Glas, bekam ein rotes Gesicht und schien nun gegen alles gleichgültig zu sein. Sie strich nicht einmal eine Strähne ihres grauen Haares, die unter ihrer Haube hervorgerutscht war, zurück. Sie glaubte wohl, eine Million verspielt zu haben und völlig ruiniert zu sein. Der Kornett stieß den Grafen immer öfter mit dem Fuß. Der Graf aber schrieb die Remis der alten Dame auf. Endlich war die Partie zu Ende. Wie sehr Anna Fjodorowna sich auch bemühte, ihre Aufzeichnungen gegen ihr Gewissen zu vergrößern und so zu tun, als ob sie sich in der Rechnung irre und nicht zusammenzählen könne, und über die Höhe ihres Verlustes in Entsetzen geraten mochte, am Schluß der Abrechnung erwies es sich, daß sie neunhundertzwanzig Points verloren hatte.

»Sind das neun Papierrubel?« fragte Anna Fjodorowna mehrere Male und erfaßte die Größe ihres Verlustes erst dann, als ihr der Bruder zu ihrem Entsetzen erklärte, daß sie zweiunddreißig und einen halben Papierrubel verloren habe und unbedingt bezahlen müsse. Der Graf zählte seinen Gewinn nicht einmal zusammen, sondern stand gleich nach Beendigung des Spiels auf und ging zum Fenster, wo Lisa den Imbiß aufstellte und zum Abendbrot Pilzchen aus einem Einmachglas auf den Teller legte, und tat das, was der Kornett den ganzen Abend über gewünscht, aber nicht zuwege gebracht hatte, vollkommen ruhig und einfach: Er begann mit Lisa ein Gespräch über das Wetter.

Der Kornett aber befand sich inzwischen in einer sehr unangenehmen Lage. Anna Fjodorowna war nach dem Weggang des Grafen und besonders Lisas, die sie noch immer in guter Laune erhalten hatte, aufrichtig böse geworden.

»Es ist sehr fatal, daß wir Ihnen soviel Geld abgewonnen haben«, meinte Polosow, nur um etwas zu sagen. »Das ist einfach gewissenlos.«

»Was haben Sie sich da auch für Tabellen und Miseren ausgedacht! Ich verstehe mich nicht darauf; wieviel macht es denn im ganzen in Papierrubeln?« fragte sie.

»Zweiunddreißig Rubel, zweiunddreißig Rubel und einen halben«, wiederholte der Kavallerist, der sich unter dem Einfluß seines Gewinns in heiterer Stimmung befand; »rücken Sie mal mit dem Geldchen heraus, Schwesterchen … rücken Sie heraus.«

»Ich werde Ihnen schon alles geben; aber ein andermal bringen Sie mich nicht mehr dazu, nein! Das kann ich ja mein Lebtag nicht mehr zurückgewinnen.«

Und Anna Fjodorowna ging mit raschem, wiegendem Gang in ihr Zimmer, kehrte zurück und brachte neun Papierrubel. Nur auf das beharrliche Verlangen des alten Herrn bezahlte sie die ganze Schuld.

Polosow empfand eine gelinde Furcht, Anna Fjodorowna könnte ihn auszanken, wenn er sich mit ihr in ein Gespräch einließe. Er entfernte sich schweigend und heimlich und gesellte sich zum Grafen und zu Lisa, die sich am offenen Fenster unterhielten.

Im Zimmer standen auf dem zum Abendessen gedeckten Tisch zwei Talgkerzen. Ihre Flammen flackerten hin und wieder im frischen, warmen Hauch der Mainacht. Durch das nach dem Garten geöffnete Fenster drang ebenfalls Helligkeit herein, aber eine andere als die im Zimmer. Der beinahe volle Mond verlor bereits seinen goldenen Schein, schwebte über den Wipfeln der hohen Linden und erhellte immer klarer die zarten, weißen Wölkchen, die ihn zuweilen verschleierten. Im Teich, dessen Oberfläche – an einer Stelle vom Mond versilbert – man vom Fenster aus sehen konnte, quakten die Frösche. Im duftenden Fliederstrauch direkt unter dem Fenster, der seine feuchten Blüten langsam vom Wind schaukeln ließ, hüpften kaum vernehmbar kleine Vögelchen umher und schüttelten ihr Gefieder.

»Welch herrliches Wetter!« sagte der Graf, trat zu Lisa und setzte sich auf das niedrige Fenster. »Sie gehen wohl viel spazieren, denke ich?«

»Ja«, antwortete Lisa, die bei der Unterhaltung mit dem Grafen nicht die geringste Verlegenheit mehr verspürte, »ich mache jeden Morgen gegen sieben Uhr meine wirtschaftlichen Gänge, und dann spaziere ich auch ein wenig mit Pimotschka umher – Mamas Pflegetochter.«

»Es ist angenehm, auf dem Land zu leben!« meinte der Graf, klemmte das Monokel ins Auge und sah bald in den Garten, bald auf Lisa. »Aber in der Nacht, bei Mondschein, gehen Sie nicht spazieren?«

»Nein. Aber vor drei Jahren bin ich mit dem Onkel jede

Nacht, wenn Mondschein war, spazierengegangen. Er litt damals an einer seltsamen Krankheit, an Schlaflosigkeit. Sobald Vollmond war, konnte er nicht einschlafen. Sein Zimmerchen, nämlich dieses – geht hier auf den Garten hinaus, und das Fenster ist niedrig: da scheint der Mond gerade hinein.«

»Merkwürdig«, bemerkte der Graf, »das ist doch Ihr Zimmer, scheint mir.«

»Nein, ich übernachte nur heute hier. Mein Zimmer bewohnen Sie.«

»Ist es möglich? ... Ach, mein Gott! Ich werde es mir in alle Ewigkeit nicht verzeihen, Ihnen soviel Umstände bereitet zu haben«, sagte der Graf und ließ zum Zeichen seines aufrichtigen Gefühls das Monokel aus dem Auge fallen, »wenn ich gewußt hätte, daß ich Sie so belästige ...«

»Was für Umstände? Im Gegenteil, ich bin sehr froh darüber: Onkels Zimmerchen ist so wunderhübsch, so heiter. Das Fensterchen so niedrig, ich werde dort sitzen, bis ich einschlafe, oder in den Garten hinaussteigen und zur Nacht noch spazierengehen.«

Was für ein prächtiges Mädchen! dachte der Graf, der sich sein Monokel wieder einklemmte; er sah sie an, tat so, als ob er sich auf dem Fensterbrett zurechtsetzen wollte, und versuchte dabei ihr Füßchen mit seinem Fuß zu berühren. Und wie schlau sie mir zu verstehen gegeben hat, daß ich sie im Garten am Fenster sehen kann, wenn ich nur will. Lisa verlor in seinen Augen sogar den größten Teil ihres Reizes: so leicht erschien ihm sein Sieg über sie.

»Was für ein Genuß muß es sein«, sagte er, nachdenklich in die dunkle Allee hinausblickend, »eine solche Nacht im Garten zu verbringen mit einem Wesen, das man liebt.«

Lisa wurde bei diesen Worten und bei der wiederholten, gleichsam zufälligen Berührung ihres Fußes ein wenig verlegen. Ohne es vorher zu überdenken, sagte sie, nur um ihre Verwirrung zu verbergen: »Ja, es ist schön, in Mondscheinnächten spazierenzugehen.« Sie fühlte sich unangenehm berührt. Sie band das Glas, aus dem sie die Pilze herausgenommen hatte, zu und wollte vom Fenster weggehen, als der Kornett zu ihnen trat. Nun bekam sie Lust zu erfahren, was das für ein Mensch sei.

»Welch eine herrliche Nacht!« sagte er.

Sie sprechen ja immer nur vom Wetter, dachte Lisa.

»Wie schön dieser Blick ist!« fuhr der Kornett fort. »Ich glaube aber, daß Sie seiner schon überdrüssig geworden sind«, fügte er hinzu. Er hatte die sonderbare Neigung, Menschen, die ihm sehr gut gefielen, unangenehme Dinge zu sagen.

»Weshalb glauben Sie das? Ein und dasselbe Essen oder Kleid kann man satt bekommen, aber ein schöner Garten wird nie langweilig, wenn man spazierengehen will, besonders wenn der Mond noch höher steht. Aus Onkelchens Zimmer sieht man den ganzen Teich. Das werde ich mir heute ansehen.«

»Aber Nachtigallen scheint es hier keine zu geben?« fragte der Graf, unzufrieden damit, daß Polosow dazugekommen war und ihn gehindert hatte, die genauen Bedingungen des Stelldicheins zu erfahren.

»Nein, wir hatten immer welche; im vergangenen Jahr haben die Jäger eine gefangen, und vorige Woche fing sie wunderschön an zu singen, aber da ist der Landkommissar mit seinem Schellengeläut gekommen und hat sie verscheucht. Vor drei Jahren habe ich oft mit dem Onkel im Laubengang gesessen, und da haben wir manchmal zwei Stunden lang zugehört.«

»Was erzählt Ihnen diese kleine Schwätzerin?« fragte der Onkel, zu den Plaudernden tretend. »Wäre es vielleicht genehm, einen Imbiß einzunehmen?«

Nach dem Abendessen, bei welchem der Graf durch das Lob der Speisen und einen guten Appetit die schlechte Laune der Hausfrau ein wenig zerstreute, verabschiedeten sich die Offiziere und suchten ihr Zimmer auf. Der Graf drückte dem Onkel die Hand, und zu Anna Fjodorownas Verwunderung drückte er auch ihr nur die Hand, ohne sie zu küssen; er drückte sogar Lisa die Hand, sah ihr dabei gerade in die Augen und lächelte ein wenig mit seinem angenehmen Lächeln. Dieser Blick brachte das junge Mädchen wieder in Verlegenheit.

Er ist sehr hübsch, dachte sie, nur zu sehr von sich eingenommen.

14

»Schämst du dich denn nicht?« sagte Polosow, nachdem die Offiziere in ihr Zimmer zurückgekehrt waren. »Ich habe absichtlich verloren und dich unter dem Tisch gestoßen. Machst du dir kein Gewissen daraus? Die alte Frau war ganz bekümmert.«

Der Graf begann laut zu lachen.

»Eine urkomische Dame! Wie gekränkt sie war!«

Und er fing wieder so lustig zu lachen an, daß sogar Johann, der vor ihm stand, die Augen niederschlug und nach der Seite hin leicht lächelte.

»Das nennt sich ein Sohn des Hausfreunds! ... hahaha!«fuhr der Graf fort zu lachen.

»Nein, das ist wirklich nicht hübsch. Sie tat mir leid«, sagte der Kornett.

»Unsinn! Wie jung du noch bist! Wolltest wohl, daß ich verlieren sollte? Wozu denn das? Ich habe ja auch verloren, als ich noch nicht zu spielen verstand. Zehn Rubel, Bruder, kommen auch mir zustatten. Man muß das Leben von der praktischen Seite nehmen, sonst bleibt man immer der Geleimte.«

Polosow schwieg; zudem wollte er ungestört an Lisa denken, die ihm ein ungewöhnlich reines, herrliches Geschöpf zu sein schien. Er kleidete sich aus und legte sich in das für ihn bereitete weiche und saubere Bett.

Was für ein Unsinn sind alle diese Ehren und der Kriegsruhm! dachte er und blickte auf das mit dem Schal verhängte Fenster, durch welches die blassen Strahlen des Mondes hindurchschimmerten. Glück bedeutet – in einem stillen Winkel mit einer lieben, klugen, einfachen Frau leben! Das ist dauerhaftes, wahres Glück!

Aber aus irgendeinem Grunde teilte er diese Träume seinem Freunde nicht mit und verlor nicht einmal ein Wort über das Landfräulein, obwohl er überzeugt war, daß auch der Graf an sie dachte.

»Warum kleidest du dich denn nicht aus?« fragte er den Grafen, der im Zimmer auf und ab ging.

»Ich habe noch gar keine Lust zu schlafen. Lösch das Licht aus, wenn du willst, ich lege mich dann so hin.«

Und er ging weiter auf und ab.

»Ich habe auch keine Lust zu schlafen«, meinte Polosow. Er fühlte sich nach dem heutigen Abend unzufriedener denn je über den Einfluß des Grafen und hatte nicht übel Lust, sich dagegen aufzulehnen. Ich kann mir vorstellen, räsonierte er, sich in Gedanken an Turbin wendend, was für Gedanken jetzt in deinem frisierten Kopf herumspuken. Ich habe bemerkt, wie sehr sie dir gefallen hat. Aber du bist nicht imstande, dieses einfache, ehrliche Geschöpf zu begreifen: du brauchst eine Minna und Oberstenepauletten. Wahrhaftig, ich will ihn fragen, wie sie ihm gefallen hat.

Und Polosow wollte sich zu ihm umdrehen, aber er besann sich eines andern: Er fühlte, daß er weder imstande sein würde, mit ihm zu streiten, wenn die Ansicht des Grafen über Lisa die sein sollte, die er bei ihm voraussetzte, noch daß er die Kraft haben würde, sich mit ihm nicht einverstanden zu erklären: so sehr war er bereits daran gewöhnt, sich dem Einfluß zu unterwerfen, der ihm von Tag zu Tag schwerer und ungerechtfertigter erschien.

»Wohin gehst du?« fragte er, als der Graf seine Mütze aufsetzte und zur Tür ging.

»Ich gehe in den Stall: Ich will sehen, ob alles in Ordnung ist.«

Seltsam! dachte der Kornett, aber er löschte das Licht aus, drehte sich auf die andere Seite und bemühte sich, die albernen, eifersüchtigen und feindseligen Gedanken über seinen bisherigen Freund zu verscheuchen, die ihm in den Sinn kamen.

Anna Fjodorowna hatte inzwischen, ihrer Gewohnheit gemäß, den Bruder, die Tochter und ihr Pflegekind bekreuzigt und zärtlich geküßt und sich in ihr Zimmer zurückgezogen. Schon lange nicht mehr hatte die alte Frau an einem einzigen Tage so viele starke Eindrücke empfangen, so daß sie nicht fähig war, ruhig zu beten: Die immer noch wehmütig lebendige Erinnerung an den verstorbenen Grafen und an den jungen Stutzer, der ihr so gottlos viel Geld abgewonnen hatte, ging ihr nicht aus dem Kopf. Sie kleidete sich aber doch aus, trank nach alter Gewohnheit ein halbes Glas Kwaß, das auf dem Nachttischchen neben dem Bett bereitstand, und legte sich nieder. Ihre Lieblingskatze kam leise in das Zimmer geschlichen. Anna Fjodorowna rief sie zu sich, begann sie zu streicheln, lauschte auf ihr Schnurren, konnte aber doch nicht einschlafen.

Die Katze stört mich, dachte sie und jagte sie fort. Die Katze fiel weich auf den Fußboden, bewegte langsam ihren buschigen Schwanz und sprang auf die Ofenbank; aber da kam die Dienstmagd, die im Zimmer auf dem Boden schlief, breitete ihre Filzdecke auf, löschte das Licht und zündete das Öllämpchen an. Endlich fing auch das Mädchen an zu schnarchen; aber noch immer kam kein Schlaf über Anna Fjodorowna, um ihre erregte Phantasie zu beruhigen. Das Gesicht des Husaren erschien ihr, sobald sie die Augen schloß, und sie vermeinte es in verschiedenen seltsamen Gestalten zu sehen, wenn sie die Augen öffnete und bei dem schwachen Schein des Öllämpchens auf die Kommode, das Tischchen oder das weiße Kleid an der Wand blickte. Bald war es ihr unter dem Federbett zu heiß, bald tickte die Uhr unerträglich auf dem Tischchen oder schnarchte das Mädchen unausstehlich durch die Nase. Sie weckte sie und gebot ihr, das Schnarchen zu unterlassen.

Wieder verwirrten sich ihre Gedanken über die Tochter, über den alten und den jungen Grafen, über das Kartenspiel ganz seltsam in ihrem Hirn. Sie sah sich mit dem alten Grafen Walzer tanzen, sah ihre vollen, weißen Schultern, spürte, wie jemand sie küßte – und dann sah sie ihre Tochter in den Armen des jungen Grafen. Ustjuschka fing wieder an zu schnarchen ...

Nein, es ist nicht mehr so wie früher, die Menschen sind anders. Jener war bereit, für mich durchs Feuer zu gehen. Und ich war es auch wert. Dieser aber schläft sicherlich wie ein Murmeltier, freut sich, daß er gewonnen hat, und denkt nicht ans Hofmachen. Wie jener damals auf den Knien vor mir lag und sagte: Was willst du, das ich tun soll? Ich bringe mich sofort um, oder was willst du? Und er hätte sich das Leben genommen, wenn ich es gesagt hätte.

Plötzlich hörte man Schritte von bloßen Füßen auf dem Korridor, und Lisa kam, ein rasch übergeworfenes Tuch um die Schultern, blaß und zitternd in das Zimmer gelaufen und fiel beinahe auf das Bett der Mutter nieder ...

Nachdem Lisa ihrer Mutter gute Nacht gewünscht hatte, war sie allein in des Onkels Zimmer gegangen. Sie zog ein weißes

Nachtjäckchen an, band ihren dichten, langen Zopf in ein Tuch ein, löschte das Licht, öffnete das Fenster, setzte sich mit eingezogenen Beinen auf einen Stuhl und richtete ihre nachdenklichen Blicke auf den Teich, der bereits im vollen Silberglanz leuchtete.

Alle ihre gewohnten Beschäftigungen und Interessen erschienen ihr plötzlich in einem ganz anderen Licht; ihre urteilslose Liebe zu der alten launischen Mutter, die ein Teil ihrer Seele geworden war, der hinfällige, aber liebenswürdige Onkel, die Hofleute, die Bauern, die das Fräulein vergötterten, die Milchkühe und die Kälber – diese ganze, ewig gleiche, so oft schon gestorbene und wiedererwachte Natur, in deren Mitte sie, den Nächsten hebend und vom Nächsten geliebt, aufgewachsen war, alles, was ihr einen so angenehmen leichten Seelenfrieden verliehen hatte – alles das schien ihr plötzlich nicht das *Richtige* zu sein, alles kam ihr *langweilig* und *unnötig* vor. Als ob ihr jemand gesagt hätte: Ach, du Närrchen! Zwanzig Jahre lang hast du unnötige Dinge getan, hast jemandem gedient, ohne zu wissen wem und wozu, und hast nicht gewußt, was Leben und Glück ist! Diesen Gedanken empfand sie jetzt, da sie in die Tiefe des hellen, regungslosen Gartens blickte, viel stärker als jemals zuvor. Und was hatte sie auf diesen Gedanken gebracht? Durchaus nicht eine plötzliche Liebe zu dem Grafen, wie man das hätte vermuten können. Im Gegenteil: er gefiel ihr nicht. Der Kornett hätte sie viel eher beschäftigen können, aber er war häßlich, der Arme, und so schweigsam. Unwillkürlich vergaß sie ihn und rief mit Zorn und Unwillen das Bild des Grafen in ihrer Phantasie wach. Nein, es ist nicht das, sagte sie sich selber. Ihr Ideal war so herrlich! Das war ein Ideal, das man hätte lieben können inmitten dieser Nacht, inmitten dieser Natur, ohne ihre Schönheit zu verletzen: ein Ideal, das niemals verstümmelt worden war, um es mit irgendeiner rohen Wirklichkeit zu verschmelzen.

Erst hatten die Einsamkeit und die Abwesenheit von Menschen, die ihre Aufmerksamkeit hätten erwecken können, dazu beigetragen, daß die ganze Kraft der Liebe, welche die Vorsehung in die Seele eines jeden von uns gelegt hat, in ihrem Herzen noch unversehrt und unberührt war; jetzt aber hatte sie schon zu lange von dem traurigen Glück gelebt, die Gegenwart dieses Etwas in sich zu fühlen und nur zuweilen den geheimnisvollen Schrein des Herzens zu öffnen und sich an dem Anblick seiner Reichtümer zu ergötzen, um, ohne zu überlegen, alles, was darin war, über irgend jemanden auszuschütten. Gebe Gott, daß sie sich bis zum Grab an diesem kargen Glück ergötzen könnte! Wer weiß, ob es nicht besser und stärker ist? und ob es nicht das einzig Wahre und Mögliche ist?

Mein Herr und Gott! dachte sie, ist es möglich, daß ich Jugend und Glück unnütz verloren habe, und wird es nie mehr ... niemals mehr wiederkommen? Ist das wirklich wahr? Und sie blickte zu dem hohen Himmel auf, der in der Nähe des Mondes heller leuchtete und mit weißen, wellenförmigen Wolken bedeckt war, welche die Sterne verhüllten und sich langsam dem Monde näherten.

Wenn dieses oberste weiße Wölkchen den Mond erreicht, dann ist es wahr, dachte sie. Ein rauchfarbener Nebelstreif glitt über die untere Hälfte des hellen Kreises, und das Licht auf dem Grase, auf den Lindenbäumen und auf dem Teich wurde allmählich schwächer: die schwarzen Schatten der Bäume wurden undeutlicher. Und ein leiser Wind strich über die Blätter, als wollte er dem düsteren Schatten, der die Natur verdunkelte, beistimmen, und trug den taufrischen Duft der Blätter, der feuchten Erde und des blühenden Flieders an Lisas Fenster.

Nein, das ist nicht wahr, tröstete sie sich, aber wenn die Nachtigall heute nacht singt, so ist das alles Unsinn gewesen, was ich denke, und ich brauche nicht zu verzweifeln, dachte sie. Und sie saß noch lange schweigend da, als erwartete sie jemand, obwohl alles wieder von neuem hell geworden war und sich belebt hatte und die Wölkchen von neuem mehrere Male den Mond verhüllten und alles verdunkelten.

Sie war am Fenster sitzend bereits dem Einschlafen nahe, als die Nachtigall sie mit einem langen Triller weckte, der hell vom Teich herüberklang. Das Landfräulein öffnete die Augen. Ihre ganze Seele belebte sich mit neuem Entzücken über diese geheimnisvolle Vereinigung mit der Natur, die sich so ruhig und licht vor ihr ausbreitete. Sie stützte sich mit den Ellenbogen auf beide Hände. Irgendein quälendes, süßes Gefühl der Trauer beklemmte ihre Brust, und Tränen einer reinen großen Liebe, die nach Befriedigung lechzte, schöne, trostspendende Tränen füllten ihre Augen. Sie faltete die Hände auf dem Fensterbrett und legte ihren Kopf darauf. Ihr Lieblingsgebet stahl sich ganz von selbst in ihre Seele, und sie schlummerte mit nassen Augen ein.

Die Berührung einer Hand weckte sie. Sie erwachte. Aber die Berührung war leicht und angenehm. Die Hand drückte ihre Hand stärker. Plötzlich besann sie sich auf die Wirklichkeit, stieß einen Schrei aus, sprang auf, und indem sie sich selber einredete, daß sie den Grafen, der vom Mondlicht übergossen vor dem Fenster stand, nicht erkannt habe, stürzte sie aus dem Zimmer ...

15

Es war wirklich der Graf gewesen. Als er den Schrei des Mädchens vernahm und das Ächzen des Nachtwächters hinter dem Zaun, der auf diesen Schrei antwortete, lief er Hals über Kopf wie ein ertappter Dieb über das nasse, tauige Gras in die Tiefe des Gartens.

»Ach, ich Narr!« wiederholte er unbewußt. »Ich habe sie erschreckt. Ich hätte sie leiser, mit Worten wecken sollen. Ach, ich ungeschickter Ochse!« Er blieb stehen und horchte: Der Wächter kam durch das Pförtchen in den Garten und schleifte seinen Stock auf dem Kiesweg hinter sich her. Es galt, sich zu verstecken. Er stieg zum Teich hinunter. Die Frösche plumpsten hastig vor seinen Füßen ins Wasser und ließen ihn vor Schreck zusammenfahren. Ungeachtet seiner durchnäßten Füße kauerte er hier nieder und erinnerte sich an alles, was er getan hatte: wie er über den Zaun geklettert war, ihr Fenster gesucht und endlich einen weißen Schatten entdeckt hatte; wie er sich einige Male, auf das leiseste Geräusch horchend, dem Fenster genähert und sich wieder entfernt hatte; wie es ihm bald unzweifelbar erschienen war, daß sie voller Unwillen über sein Zögern auf ihn wartet, bald wieder, daß es unmöglich sei, daß sie sich so leicht zu einem Stelldichein hatte entschließen können; wie er schließlich in der Annahme, daß sie sich nur in der Verlegenheit eines Provinzfräuleins schlafend stelle, entschieden auf sie zugegangen war, ihre Stellung deutlich erkannt hatte und dann plötzlich Hals über Kopf davongelaufen war und erst, nachdem er sich selbst der Feigheit geziehen, mutig an sie herangetreten war und ihre Hand berührt hatte. Der Wächter ächzte wieder, das Pförtchen knarrte, er verließ den Garten. Das Fenster in des Fräuleins Zimmer wurde zugeschlagen und der Riegel von innen vorgeschoben. Dieser Anblick bereitete dem Grafen großen Ärger. Er hätte viel darum gegeben, wenn er alles noch einmal von vorn hätte beginnen können: jetzt hätte er es nicht mehr so dumm angestellt ...

Ein reizendes Mädchen! So frisch! einfach entzückend! Und das habe ich mir entgehen lassen ... Ich dummes Rindvieh! Zudem hatte er jegliche Lust zum Schlafen verloren und ging mit den entschlossenen Schritten eines verärgerten Menschen aufs Geratewohl den gedeckten Lindengang entlang.

Und hier schenkte diese Nacht auch ihm die friedenspendenden Gaben beruhigender Wehmut und seiner Liebessehnsucht. Der lehmige Weg, auf dem hier und da Gras sproß oder ein dürrer Zweig lag, wurde – verursacht durch die blassen Mondstrahlen, die durch das dichte Laub der Linden fielen – von goldenen Kreisen erhellt. Ein gekrümmter Ast, von der Seite beleuchtet, sah aus wie mit weißem Moos bewachsen. Die Blätter glänzten wie Silber und flüsterten. Im Haus waren alle Lichter erloschen, alle Laute verstummt; nur die Nachtigall schien den ganzen unermeßlichen, schweigenden und lichten Raum mit ihren Liedern zu erfüllen.

Mein Gott, welch eine Nacht! Welch eine herrliche Nacht! dachte der Graf und atmete die duftende Frische des Gartens ein. Etwas tut mir leid. Als ob ich mit mir und den anderen und der ganzen Welt unzufrieden wäre. Sie ist doch ein prächtiges, liebes Mädchen. Vielleicht war sie wirklich gekränkt ... Hier verwirrten sich seine Gedanken, er stellte sich das Fräulein aus der Provinz und sich selber in diesem Garten in den verschiedensten und seltsamsten Lagen vor; dann nahm seine geliebte Minna die Rolle des Fräuleins ein. Ich Dummkopf! ich hätte sie einfach um die Taille nehmen und küssen sollen. Und mit diesem Reuegefühl kehrte der Graf in sein Zimmer zurück.

Der Kornett schlief noch nicht. Er drehte sich sofort in seinem Bett um und wandte dem Grafen das Gesicht zu.

»Du schläfst nicht?« fragte der Graf.

»Nein.«

»Soll ich dir erzählen, was vorgefallen ist?«

»Nun?«

»Nein, ich erzähle es lieber nicht... Oder doch. Zieh die Beine ein.«

Und der Graf, der in Gedanken bereits das Kreuz über das mißglückte Abenteuer gemacht hatte, setzte sich angeregt lächelnd auf das Bett des Kameraden.

»Kannst du dir vorstellen, daß dieses Fräulein mir ein Rendezvous gewährt hat?«

»Was sagst du?« rief Polosow und sprang vom Bett auf.

»Nun, so höre.«

»Ja, wann denn? Wie denn? Das kann nicht sein!«

»Doch, während ihr die Rechnung beim Preference machtet, sagte sie mir, daß sie heute nacht am Fenster sitzen würde und daß man durch das Fenster leicht einsteigen könne. Das nenne ich einen praktischen Menschen! Während ihr mit der Alten rechnetet, habe ich dieses Geschäftchen ins reine gebracht. Du hast es doch auch gehört, sie sagte es sogar in deiner Gegenwart, daß sie heute am Fenster sitzen und auf den Teich sehen würde.«

»Das hat sie doch nur so gesagt.«

»Das ist es ja eben, daß ich nicht weiß, ob sie es absichtlich gesagt hat oder nicht. Vielleicht wollte sie es wirklich nicht gleich sagen, aber es klang doch so. Es ist etwas Schreckliches daraus entstanden. Ich habe wie ein ganz dummer Junge gehandelt!« fügte er mit einem verächtlichen Lächeln über sich selber hinzu.

»Was war denn? Wo warst du?«

Der Graf erzählte alles, wie es sich zu getragen hatte, mit Ausnahme seiner unentschlossenen mehrfachen Annäherungsversuche.

»Ich habe selbst alles verdorben: Ich hätte dreister sein müssen. Sie schrie auf und lief vom Fenster weg.«

»Sie schrie also auf und lief weg«, sagte der Kornett und antwortete mit einem verlegenen Lächeln auf das Lächeln des Grafen, der einen so dauernden und starken Einfluß auf ihn ausgeübt hatte.

»Ja. Nun ist's aber Zeit zum Schlafen.«

Der Kornett drehte den Rücken wiederum der Tür zu und lag
zehn Minuten schweigend da. Gott weiß, was in seiner Seele
vorging; als er sich aber wieder umwandte, drückte seine Miene
Schmerz und Entschlossenheit aus.

»Graf Turbin!« sagte er mit stockender Stimme.

»Was ist dir, du träumst wohl oder nicht?« gab der Graf ruhig
zurück. »Was denn, Kornett Polosow?«

»Graf Turbin! Sie sind ein Schuft!« schrie Polosow und
sprang vom Bett auf.

16

Am folgenden Morgen rückte die Schwadron ab. Die Offiziere
sahen ihre Wirtsleute nicht mehr und verabschiedeten sich
nicht von ihnen. Auch miteinander wechselten sie kein Wort. Es
war beschlossen worden, sich auf der ersten Raststelle zu duellieren. Aber der Rittmeister Schulz, ein guter Kamerad und der
beste Reiter, den alle im Regiment liebten und den der Graf zu
seinem Sekundanten erwählt hatte, brachte es zustande, die Sache so zu drehen, daß das Duell nicht nur unterblieb, sondern
daß niemand im Regiment etwas von der Angelegenheit erfuhr.
Turbin und Polosow unterhielten zwar nicht mehr die früheren
freundschaftlichen Beziehungen, dutzten sich aber weiterhin
und trafen sich nach wie vor an der Mittagstafel und beim Kartenspiel.

11. April 1856

Der Degradierte

Wir standen im Feld. Die Gefechte hatten aufgehört, man fällte die letzten Bäume der Waldschneise, und wir erwarteten täglich vom Stab den Befehl, in die Festung zurückzukehren. Unsere Geschützbatterien standen am Abhang eines steilen Bergrückens, der mit dem reißenden Gebirgsbach Mitschik abschloß, und hatten die Aufgabe, die sich vor ihnen erstreckende Ebene unter Beschuß zu halten. Auf dieser malerischen Ebene zeigten sich außer Schußweite hin und wieder, besonders gegen Abend, kleine Gruppen berittener, friedlicher Bergbewohner, die aus Neugierde das russische Lager sehen wollten.

Der Abend war klar, still und frisch, wie es die Dezemberabende im Kaukasus gewöhnlich sind, die Sonne senkte sich langsam hinter die steilen Ausläufer des Gebirges links von uns und warf rosige Strahlen auf die über den Berg hin verstreuten Zelte, auf die sich bewegenden Soldatengruppen und auf unsere beiden Geschütze, die schwer und unbeweglich mit vorgestreckten Hälsen, zwei Schritt von uns entfernt, auf einer Erdschanze standen. Ein Infanteriepikett lagerte auf dem Hügel links von uns, silhouettenhaft hoben sich die Pyramiden der zusammengestellten Gewehre, die Gestalt des Wachtpostens, eine Gruppe von Soldaten und der Rauch des Lagerfeuers von dem durchsichtigen Licht des Abendhimmels ab. Rechts und links auf halber Höhe leuchteten weiß die Zelte auf der schwarzen, zerstampften Erde, und hinter den Zelten erhoben sich die dunklen, kahlen Stämme des Platanenwaldes, in dem ununterbrochen Axtschläge erschallten, Feuer knisterten und krachend die gefällten Bäume niederstürzten. Bläuliche Rauchsäulen stiegen von allen Seiten in den blaßroten, frostigen Himmel. An den Zelten und unten am Bach zogen die Kosaken, Dragoner und

Artilleristen, die mit ihren trappelnden und schnaubenden Pferden von der Tränke kamen, vorbei. Es fing an zu frieren, alle Laute waren besonders deutlich zu hören, und man konnte wegen der klaren dünnen Luft weit hinaus in die Ebene schauen. Feindliche Gruppen ritten, ohne irgend jemandes Neugierde zu erregen, langsam über die hellgelben Stoppeln der Maisfelder, hier und da waren hinter den Bäumen die hohen Säulen der Friedhöfe und rauchende Aule zu sehen.

Unser Zelt stand in der Nähe der Geschütze auf einem trockenen und hohen Platz, von dem aus die Aussicht ganz besonders weit reichte. Neben dem Zelt, in nächster Nähe der Batterie, hatten wir einen sauberen Platz für das Gorodkispiel hergerichtet. Diensteifrige Soldaten hatten hier für uns geflochtene Bänke und einen kleinen Tisch angebracht. Aller dieser Bequemlichkeiten wegen pflegten sich am Abend bei unserer Batterie die Artillerieoffiziere, unsere Kameraden, und auch einige Infanteristen zu versammeln und diesen Platz als Klub zu bezeichnen.

Der Abend war herrlich, die besten Spieler hatten sich versammelt, und wir spielten Gorodki. Ich, der Fähnrich D. und der Leutnant O. hatten zwei Spiele hintereinander verloren und mußten nun zur großen Freude der Zuschauer – der Offiziere, Soldaten und Burschen, die von ihren Zelten aus zusahen – die siegreiche Partei zweimal von einem Ende des Platzes bis zum anderen auf dem Rücken reiten lassen. Besonders drollig war die Haltung des riesengroßen dicken Stabshauptmanns Sch., der schnaufend, gutmütig lächelnd und die Beine auf dem Boden nachschleifend auf dem kleinen und schmächtigen Leutnant O. ritt.

Doch es wurde spät, die Burschen brachten für alle sechs Mann, die wir waren, drei Gläser Tee ohne Untersätze, wir hatten das Spiel beendet und näherten uns den geflochtenen Bänken. Daselbst stand ein kleiner, uns unbekannter Mensch mit krummen Beinen, in einem kurzen Pelz und einer Papacha aus langer, herabhängender weißer Schafwolle. Als wir näher kamen, zog er einige Male zögernd die Mütze und setzte sie wieder auf, dann machte er Anstalt, uns entgegenzukommen, und blieb wieder stehen. Aber schließlich mußte er eingesehen haben, daß es nicht anging, unbemerkt stehenzubleiben, denn er zog die Mütze, ging im Bogen um uns herum und trat an den Stabshauptmann Sch. heran.

»Ah, Guskantini! Was ist, alter Freund«, sagte Sch., der unter dem Eindruck seines Rittes immer noch gutmütig lächelte.

Guskantini, wie Sch. ihn nannte, setzte seine Mütze wieder auf und wollte die Hände in die Taschen seines Halbpelzes stecken; auf der Seite aber, die er mir zukehrte, hatte der Pelz keine Tasche, und die kleine rote Hand verblieb in einer unbequemen Lage. Ich wollte herausfinden, wer dieser Mensch war (ein Fahnenjunker oder ein degradierter Offizier), und ich betrachtete, obwohl mein Blick (der Blick eines fremden Offiziers) ihn beunruhigte, aufmerksam seine Kleidung und sein Äußeres. Er mochte etwa dreißig Jahre alt sein. Kleine, graue, unruhige Augen schauten verschlafen und gleichzeitig unruhig unter der schmutzigen weißen Mütze hervor, die auf das Gesicht heruntergezogen war. Die dicke unregelmäßige Nase zwischen den eingefallenen Wangen zeugte von krankhafter, unnatürlicher Magerkeit. Die nur schlecht von einem dünnen, weichen, blonden Schnurrbart verdeckten Lippen befanden sich in fortwährender, unruhiger Bewegung, als ob sie versuchten, bald diesen und bald jenen Ausdruck anzunehmen. Aber dieses Mienenspiel war nie überzeugend; vorherrschend blieb immer der Ausdruck von Angst und Unruhe. Um seinen mageren sehnigen Hals war ein grüner, wollener Schal geschlungen, der sich unter dem Halbpelz verbarg. Der Halbpelz war abgenutzt und kurz und am Kragen und an den falschen Taschen mit Hundefell besetzt. Die Beinkleider waren kariert, aschfarben, und die Stiefel hatten kurze, ungeschwärzte Soldatenschäfte.

»Bitte machen Sie doch keine Umstände«, sagte ich zu ihm, als er nach einem ängstlichen Blick auf mich seine Mütze wieder abnehmen wollte.

Er verbeugte sich mit einem Ausdruck von Dankbarkeit, setzte seine Mütze auf, holte aus einer Tasche einen schmutzigen, mit Schnüren verzierten Tabaksbeutel aus Kattun hervor und drehte sich eine Zigarette.

Ich selbst war noch vor kurzer Zeit Junker gewesen, und zwar ein sehr alter Junker, dem es schwer genug gefallen war, den gutmütigen, gefälligen, jüngeren Kameraden zu spielen, auch hatte ich kein Vermögen, und da ich also den moralischen Druck, den eine solche Stellung auf einen nicht mehr jungen, ehrgeizigen Menschen ausüben mußte, sehr gut kannte, so hatte ich Mitleid mit anderen, die sich in derselben Lage befanden, und versuchte, mir über ihren Charakter, den Grad und die Richtung ihrer geistigen Fähigkeiten Klarheit zu verschaffen und mir danach ein Bild von ihren moralischen Leiden zu machen. Dieser Fahnenjunker oder gar Degradierte schien mir, nach dem unruhigen Blick und dem fortwährenden bewußten Wechsel seines Gesichtsausdruckes, die ich vorher beobachtet hatte, zu schließen, durchaus nicht dumm, sondern äußerst ehrgeizig und eben deswegen sehr bemitleidenswert zu sein.

Der Stabshauptmann Sch. schlug noch ein Spiel vor, und zwar unter der Bedingung, daß die verlierende Partei nicht nur Reitpferd sein, sondern auch einige Flaschen Rotwein, Rum, Zucker, Zimt und Nelken zu dem Glühwein beisteuern müsse, der im diesjährigen kalten Winter in unserer Abteilung große Mode war. Guskantini, wie Sch. ihn wieder nannte, wurde auch aufgefordert mitzutun. Darüber schien er einerseits erfreut, andrerseits beunruhigt zu sein, und vor Beginn des Spiels führte er den Stabshauptmann zur Seite und flüsterte mit ihm. Der gutmütige Stabshauptmann schlug ihm mit der flachen, großen und fleischigen Hand auf den Bauch und antwortete vernehmlich: »Macht nichts, Väterchen, ich borge Ihnen.«

Als das Spiel fertig war, hatte die Partei des Fremden gewonnen, und er hätte von Rechts wegen auf einem unserer Offiziere, dem Fähnrich D., reiten müssen. Der Fähnrich errötete, ging etwas zur Seite und bot dem Fremden als Entgelt ein paar Zigaretten an. Während der Glühwein besorgt wurde und in dem Burschenzelt das geschäftige Wirtschaften Nikitas zu hören war, der einen Boten nach Zimt und Nelken aussandte und dessen Rücken die schmutzige Zeltleinwand bald hierhin und bald dorthin zog, lagerten wir sieben Mann uns in der Nähe der Bänke, tranken abwechselnd Tee aus drei Gläsern, sahen in die Ebene hinaus, die sich allmählich in Dämmerung hüllte, und plauderten und lachten in der Erinnerung an des Spiel. Der Unbekannte im Halbpelz nahm an der Unterhaltung nicht teil, lehnte auch hartnäckig den Tee ab, den ich ihm wiederholt anbot, saß nach Tatarenart auf der Erde, verfertigte aus feingeschnittenem Tabak eine Zigarette nach der anderen und rauchte sie, wie es schien, weniger zu seinem Vergnügen, als vielmehr deshalb, um sich den Anschein eines beschäftigten Mannes zu geben. Als die Rede darauf kam, daß der nächste Tag den Rückmarsch und vielleicht auch Kämpfe bringen würde, richtete er sich halb auf und sagte, ausschließlich zu dem Stabshauptmann Sch. gewandt, daß er soeben im Haus des Adjutanten eigenhändig den Befehl zum Rückmarsch für morgen geschrieben habe. Wir alle schwiegen, während er sprach, und obwohl es ihn sichtlich einschüchterte, zwangen wir ihn, diese für uns so wichtige Nachricht zu wiederholen. Er wiederholte das Gesagte, fügte jedoch hinzu, er habe gerade bei dem Adjutanten, mit dem er zusammen wohne, gesessen, als man den Befehl überbracht habe.

»Ja, wenn Sie nicht lügen, Freund, dann muß ich jetzt zu meiner Kompanie, einiges für morgen anordnen«, sagte der Stabshauptmann Sch.

»Nein … woher denn? Wie kann man nur, ich weiß es bestimmt«, fing der Fremde an, verstummte dann aber plötzlich und entschloß sich, den Gekränkten zu spielen, runzelte unnatürlich die Stirn, brummte etwas in den Bart und fing wieder an, eine Zigarette zu drehen. Aber er hatte nicht mehr genug feinen Tabak in seinem Kattunbeutel und bat Sch., ihm eine kleine Zigarette zu leihen. Wir setzten unsere einförmigen Kriegsgespräche fort, die jeder, der im Feld war, kennt, klagten immer in denselben Ausdrücken über die Langeweile und die Endlosigkeit des Feldzuges, urteilten in gleicher Weise wie immer über die Vorgesetzten, lobten den einen Kameraden, beklagten einen anderen, wunderten uns darüber, wieviel dieser gewonnen und jener verloren hatte, und so weiter.

»Ja, Herrschaften, unser Adjutant ist schön reingeflogen«, sagte Stabshauptmann Sch., »früher im Stab hat er immer gewonnen. Mit wem er sich auch hinsetzen mochte, immer war es an ihm, das Geld zu schaufeln, aber seit zwei Monaten verliert er ständig. Er hat Pech in diesem Feldzug. Ich meine, tausend Moneten wird er jedenfalls losgeworden sein, dazu noch Sachen für fünfhundert: der Teppich, den er Muchin abgewonnen hat,

Nikitas Pistolen, die goldene Uhr von diesem Sada, die ihm Woronzow geschenkt hat, alles ist hin.«

»Geschieht ihm recht«, sagte Leutnant O., »er hat immer alle reingelegt, man konnte mit ihm ja gar nicht spielen.«

»Hat die anderen reingelegt und ist jetzt selbst zum Schornstein hinausgeflogen«, lachte der gutmütige Stabshauptmann Sch. »Guskow da wohnt bei ihm, den hätte er beinahe auch verspielt. Stimmt's, Freundchen?«

Guskow lachte. Sein Lachen hörte sich kläglich und schmerzlich an und veränderte vollständig den Ausdruck seines Gesichts. Bei dieser Veränderung war es mir, als müßte ich diesen Menschen schon früher einmal gesehen und gekannt haben, auch sein richtiger Familienname Guskow kam mir bekannt vor, aber wo und wann ich ihn gesehen haben mochte, dessen konnte ich mich absolut nicht erinnern.

»Ja«, sagte Guskow und hob dabei die Hand zum Schnurrbart, berührte ihn aber nicht und ließ die Hand wieder sinken, »Pawel Dmitrijewitsch hat in diesem Feldzug wirklich kein Glück, eine solche veine de malheur«, fügte er in reinem, wenn auch mühsamem Französisch hinzu, und dabei war es mir wieder, als hätte ich ihn schon irgendwo und sogar öfters gesehen. »Ich kenne Pawel Dmitrijewitsch sehr gut, er hat Vertrauen zu mir«, fuhr er fort, »wir sind alte Bekannte, das heißt, er hat mich sehr gern«, verbesserte er sich, offenbar erschrocken über die allzu kühne Behauptung, daß er ein alter Bekannter des Adjutanten sei, »Pawel Dmitrijewitsch spielt ausgezeichnet, aber jetzt, merkwürdig, was mit ihm vorgeht, er ist wie verhext, la chance a tourné«, fügte er an mich gewandt hinzu.

Wir hatten Guskow anfangs mit herablassender Aufmerksamkeit zugehört, doch nach dieser zweiten französischen Phrase drehten sich alle unwillkürlich weg.

»Ich habe mit ihm tausendmal gespielt, aber ihr werdet zugeben, es ist sonderbar«, sagte Leutnant O. mit besonderer Betonung auf diesem Wort, »wirklich *sonderbar:* niemals habe ich dabei auch das geringste gewonnen. Wie kommt es, daß ich bei anderen gewinne?«

»Pawel Dmitrijewitsch spielt vorzüglich, ich kenne ihn schon lange«, sagte ich. Tatsächlich kannte ich den Adjutanten seit

mehreren Jahren, hatte ihn schon öfters, für Offiziersverhältnisse sehr hoch, spielen sehen und stets sein schönes, etwas düsteres, aber immer gleichmäßig ruhiges Gesicht bewundert,
seine gedehnte kleinrussische Sprechweise, seine schönen Sachen und Pferde, seine ruhige, gelassene, ukrainische Gewandtheit und vor allem seine Kunst, ein Spiel verhalten, klar und angenehm zu führen. Manchmal, ich will es gestehen, wenn ich
seine vollen weißen Hände mit dem Brillantring am Zeigefinger
betrachtete, die mir eine Karte nach der anderen stachen, wurde
ich wütend auf diesen Ring, die weißen Hände, auf die ganze
Persönlichkeit des Adjutanten, und es kamen mir schlimme Gedanken; aber wenn ich mir später alles kaltblütig überlegte,
mußte ich zugeben, daß er einfach ein gewandterer Spieler war
als alle die, mit denen er gewöhnlich spielte. Vor allem, wenn
man seine allgemeinen Betrachtungen über das Spiel hörte, daß
man von einem kleineren Einsatz zu einem größeren übergehen
müsse, daß man in gewissen Fällen passen müsse, daß die erste
Regel darin bestehe, nur mit barem Gelde zu spielen und so weiter, dann wurde einem klar, daß er deshalb gewann, weil er klüger und charakterfester war als wir alle. Jetzt plötzlich stellte es
sich heraus, daß dieser zurückhaltende, charakterfeste Spieler
alles bis zum letzten verspielt hatte, nicht nur sein Geld, sondern
auch seine Sachen, was für einen Offizier den Gipfel eines Spielverlustes bedeutet.

»Er hat immer ein verteufeltes Glück, wenn er mit mir
spielt«, fuhr der Leutnant O. fort. »Ich habe mir das Wort gegeben, nicht mehr mit ihm zu spielen.«

»Ein wunderlicher Heiliger sind Sie, Freundchen«, sagte Sch.
zu O. gewandt, während er mir gleichzeitig mit dem Kopf Zeichen machte, »Sie haben doch an ihn schon dreihundert Moneten verspielt!«

»Mehr«, antwortete der Leutnant wütend.

»Und jetzt ist Ihnen ein Licht aufgegangen, aber etwas spät,
Väterchen: Es ist längst bekannt, daß er der Falschspieler des Regiments ist«, sagte Sch., nur mit Mühe sein Lachen verbeißend
und außerordentlich zufrieden mit seinem Einfall. »Guskow da
bereitet ihm die Karten vor. Daher auch die Freundschaft, mein
Väterchen ...« Und der Stabshauptmann Sch. brach in ein gut

mütiges Lachen aus und schüttelte sich dermaßen vor Lachen, daß das Glas Glühwein, das er in der Hand hielt, überfloß. Guskows gelbes, abgemagertes Gesicht färbte sich rot, er öffnete mehrere Male den Mund, hob die Hand zum Schnurrbart und ließ sie wieder zu der Stelle hinabsinken, wo von Rechts wegen die Tasche hätte sein sollen, er erhob sich und setzte sich wieder und sagte schließlich mit fremdklingender Stimme: »Damit scherzt man nicht, Nikolaj Iwanowitsch! Sie äußern hier solche Dinge und vor Leuten, die mich nicht kennen und mich in diesem stoffüberzogenen Halbpelz sehen … weil …« Seine Stimme versagte, und wieder fuhren seine kleinen roten Hände mit den schmutzigen Nägeln von dem Pelz zum Gesicht, strichen über Schnurrbart, Haare und Nase, wischten die Augen oder kratzten ohne ersichtlichen Grund die Wange.

»Was ist da viel zu reden, das wissen doch alle, Väterchen«, fuhr Sch. fort, sehr zufrieden mit seinem Scherz, und ohne Guskows Aufregung zu bemerken. Guskow flüsterte noch etwas vor sich hin, stützte seinen rechten Ellenbogen auf das linke Knie, blickte in dieser ganz unnatürlichen Stellung Sch. an und versuchte ein Gesicht zu machen, als lächelte er geringschätzig.

Nein, dachte ich, während ich dieses Lächeln beobachtete, ich habe ihn nicht nur gesehen, sondern auch irgendwo mit ihm gesprochen.

»Wir sind uns schon irgendwo begegnet«, sagte ich zu ihm, als jetzt unter dem Einfluß des allgemeinen Schweigens auch Sch.s Lachen nachließ. Guskows veränderliches Gesicht leuchtete plötzlich auf, und seine Augen hefteten sich zum ersten Mal mit aufrichtig freudigem Ausdruck auf mich.

»Gewiß, gewiß, ich habe Sie sofort erkannt«, sagte er auf französisch, »im Jahre achtundvierzig habe ich ziemlich häufig das Vergnügen gehabt, Sie in Moskau bei meiner Schwester, Frau Iwaschina, zu treffen.« Ich entschuldigte mich, daß ich ihn in diesem Anzug und in dieser neuen Kleidung nicht sofort erkannt hätte. Er erhob sich, kam auf mich zu, drückte mir unschlüssig und schwach mit seiner feuchten Rechten die Hand und setzte sich neben mich. Statt nun mich anzuschauen, den wiederzusehen er doch angeblich so froh war, blickte er sich mit dem Ausdruck einer unangenehm wirkenden Prahlerei nach den Offizieren um. War es nun, weil ich in ihm einen Menschen wiedererkannte, den ich einige Jahre vorher im Frack im Salon gesehen hatte, oder war es, weil diese Erinnerung sein Selbstbewußtsein hob, jedenfalls schienen sich sein Gesicht und sogar seine Bewegungen vollständig zu verändern: sie drückten jetzt hellen Verstand, kindliche Selbstgefälligkeit und eine gewisse nachlässige Geringschätzung aus, so daß ich gestehen muß, daß mir mein alter Bekannter trotz seiner kläglichen Lage statt Teilnahme ein Gefühl von Feindseligkeit einflößte.

Ich erinnerte mich deutlich an unsere erste Begegnung. Während meines Aufenthaltes in Moskau im Jahre achtundvierzig fuhr ich öfter zu Iwaschin, mit dem ich aufgewachsen und von altersher befreundet war. Seine Gattin war eine angenehme Wirtin, was man so eine liebenswürdige Frau nennt, doch hatte ich niemals viel für sie übrig… In jenem Winter, als ich bei ihr verkehrte, sprach sie häufig mit schlecht verhehltem Stolz von ihrem Bruder, der eben sein Studium beendet hatte und ihren Worten nach einer der gebildetsten und beliebtesten jungen Leute der besten Petersburger Gesellschaft sein sollte. Da ich einerseits den Vater Guskows, der sehr reich war und eine angesehene Stellung innehatte, vom Hörensagen kannte und andrerseits mit den Ansichten seiner Schwester vertraut war, hegte ich von vornherein ein Vorurteil gegen den jungen Guskow. Als ich eines Abends zu Iwaschin kam, traf ich dort einen nicht sehr großen, gutaussehenden jungen Mann im schwarzen Frack mit weißer Weste und ebensolchem Schlips, mit dem mich bekannt zu machen der Hausherr versäumte. Der junge Mann, der anscheinend im Begriff war, auf einen Ball zu fahren, stand mit dem Hut in der Hand vor Iwaschin und stritt mit ihm heftig, doch höflich über einen gemeinsamen Bekannten von uns, der sich damals im ungarischen Feldzug ausgezeichnet hatte. Er meinte, daß dieser Bekannte durchaus kein Held, nicht für den Krieg geschaffen, wie von ihm behauptet wurde, sondern einfach ein kluger und gebildeter Mann sei. Ich entsinne mich, ich nahm in dem Streit Partei gegen Guskow und ließ mich sogar so weit hinreißen, daß ich zu beweisen suchte, Klugheit und Bildung ständen immer im umgekehrten Verhältnis zur Tapferkeit, und entsinne mich noch, wie liebenswürdig und klug mir Guskow auseinandersetzte, daß Tapferkeit die notwendige Folge von Klugheit und einer gewissen – aber nur einer gewissen, nicht zu niedrigen und nicht zu hohen – Bildungsstufe sei, worin ich ihm, da ich mich selbst für einen klugen und gebildeten Menschen hielt, im stillen recht gab! Ich entsinne mich, daß Frau Iwaschina am Schluß der Unterhaltung mich mit ihrem Bruder bekannt machte, daß er mir nachsichtig lächelnd die Hand hinstreckte, auf die er den weißen Glacéhandschuh erst halb gezogen hatte, und meine Hand genauso schwach und zaghaft drückte wie jetzt. Obwohl ich gegen Guskow voreingenommen war, mußte ich, wenn ich gerecht sein wollte, seiner Schwester zustimmen, daß er ein wirklich kluger und angenehmer Mann war, der in Gesellschaft Erfolg haben mußte. Er war außerordentlich adrett und geschmackvoll gekleidet, jugendfrisch, hatte selbstbewußt bescheidene Manieren und ein sehr junges, beinahe kindliches Äußeres, um dessentwillen man ihm unwillkürlich sowohl seine Selbstgefälligkeit als auch das Bestreben verzieh, den Grad seiner Überlegenheit zu mildern, die sich ständig auf seinem klugen Gesicht und vor allem in seinem Lächeln spiegelte. Es hieß, daß er großen Erfolg bei den Moskauer Damen habe. Wenn ich ihn bei seiner Schwester traf, konnte ich an dem Ausdruck von Glück und Zufriedenheit, der sich in seinem jungen Gesicht kundtat, und manchmal auch an seinen nicht immer ganz bescheidenen Erzählungen erkennen, daß es sich wirklich so verhielt. Wir trafen uns wohl sechsmal und sprachen ziemlich viel miteinander, oder richtiger gesagt, er sprach viel, und ich hörte zu. Er unterhielt sich meistens auf französisch, sprach sehr gut, drückte sich gewählt und bilderreich aus und verstand es, den anderen auf eine sanfte und liebenswürdige Weise ins Wort zu fallen. Überhaupt behandelte er alle und auch mich ziemlich von oben herab, während ich – wie es mir immer mit Menschen geht, die fest überzeugt von ihrer Überlegenheit sind und die ich wenig kenne – das Gefühl hatte, daß er vollauf im Recht sei.

Als er sich jetzt zu mir setzte und mir die Hand reichte, erkannte ich sofort den hochmütigen Ausdruck von früher, und es schien mir, als wäre es nicht ganz anständig seinerseits, den Vorteil, den er als Gemeiner einem Offizier gegenüber hatte, auf die

Weise auszunutzen, daß er mich nachlässig danach ausfragte, was ich die Zeit über getrieben habe und wie ich hierhergeraten sei. Obwohl ich ihm auf russisch antwortete, fuhr er immer wieder in französischer Sprache fort, die er sichtlich nicht mehr so beherrschte wie früher. Von sich selbst erzählte er nur so nebenbei, daß er nach dieser unglücklichen, dummen Geschichte (worin die Geschichte bestand, wußte ich nicht, und er sagte es mir auch nicht) drei Monate in Haft gesessen, dann in den Kaukasus zum Regiment N. versetzt worden sei und jetzt schon seit drei Jahren als gemeiner Soldat in diesem Regiment diene.

»Sie werden mir nicht glauben«, sagte er mir auf französisch, »was ich alles von den Offizieren in diesem Regiment habe erdulden müssen. Zum Glück kannte ich noch von früher den Adjutanten, von dem eben die Rede war, er ist ein guter Mensch, tatsächlich«, bemerkte er herablassend, »ich wohne bei ihm, und es ist für mich immerhin eine kleine Erleichterung. Oui, mon cher, les jours se suivent, mais ne se ressemblent pas«, fügte er hinzu, stockte plötzlich, wurde rot und erhob sich von seinem Platz, da der Adjutant, von dem wir eben sprachen, auf uns zukam.

»Es ist erquickend, einem Menschen wie Ihnen zu begegnen«, sagte Guskow flüsternd zu mir, während er sich entfernte, »ich hätte Ihnen noch so viel zu erzählen.«

Ich antwortete, daß ich mich sehr freuen würde, aber in Wirklichkeit, muß ich gestehen, flößte mir Guskow eine drückende, unsympathische Teilnahme ein.

Ich spürte im voraus, daß ich mich unter vier Augen mit ihm nicht wohlfühlen würde, aber ich wollte einiges von ihm erfahren, vor allem wie es käme, daß er gar so arm sei, was seiner Kleidung und seinem Auftreten anzumerken war, obwohl doch sein Vater so reich gewesen war.

Der Adjutant begrüßte uns alle mit Ausnahme Guskows und setzte sich neben mich auf den Platz, den der Degradierte eingenommen hatte. Der stets ruhige, langsame, charakterfeste Spieler und vermögende Mensch Pawel Dmitrijewitsch, wie ich ihn in der Glanzzeit seiner Erfolge gekannt hatte, war jetzt ganz anders; er schien in Eile zu sein, schaute sich fortwährend nach allen Seiten um, und es waren noch nicht fünf Minuten vergangen, als er, der früher nie spielen wollte, dem Leutnant O. die Bank zu halten vorschlug. Leutnant O. lehnte das Spiel unter dem Vorwand dienstlicher Verpflichtungen ab, hauptsächlich aber deshalb, weil er wußte, wie wenig Geld und Sachen Pawel Dmitrijewitsch geblieben waren, und er seine dreihundert Rubel nicht aufs Spiel setzen wollte, gegen die hundert oder auch weniger, die er im besten Fall gewinnen konnte.

»Sagen Sie, Pawel Dmitrijewitsch«, sagte Leutnant O., der offenbar einer Wiederholung der Bitte aus dem Weg gehen wollte, »stimmt es, daß wir morgen ausrücken?«

»Ich weiß es nicht«, antwortete Pawel Dmitrijewitsch, »es ist nur der Befehl gekommen, alles bereit zu halten. Aber wollen wir nicht spielen? Ich würde meinen Kabardiner verpfänden.«

»Nein, heute nicht ...«

»Den Grauen meinetwegen, wenn es nicht anders geht, oder wollen Sie lieber um Geld spielen? Wie?«

»Nun, ich wäre durchaus nicht abgeneigt, das müssen Sie nicht glauben«, sagte der Leutnant O. und beantwortete seine eigenen Zweifel, »aber morgen ist vielleicht ein Überfall oder heißt es marschieren, da muß man ausschlafen.«

Der Adjutant erhob sich, steckte die Hände in die Taschen und fing an, auf dem Platz auf und ab zu gehen. Sein Gesicht hatte wieder den Ausdruck von Kälte und Stolz angenommen, den ich an ihm so liebte.

»Möchten Sie nicht ein Gläschen Glühwein?« fragte ich ihn.

»Gerne«, und er wandte sich zu mir, aber Guskow nahm mir schnell das Glas aus der Hand und brachte es dem Adjutanten, ohne ihn dabei anzusehen. Er übersah aber den Strick, der das Zelt spannte, stolperte darüber und fiel auf die Hände, wobei er das Glas ausgoß.

»So ein Hanswurst«, sagte der Adjutant, der schon die Hand nach dem Glase ausgestreckt hatte. Alle lachten, Guskow lachte auch und rieb sich mit der Hand sein mageres Knie, auf das er gar nicht gefallen sein konnte.

»So wie der Bär dem Einsiedler diente«, fuhr der Adjutant fort, »so dient er täglich mir, alle Zeltpflöcke hat er schon ausprobiert, in einem fort stolpert er.«

Guskow entschuldigte sich, ohne auf den Adjutanten zu

hören, und warf mir mit kaum merklichem traurigem Lächeln einen Blick zu, der mir sagen sollte, daß ich allein imstande sei, ihn zu verstehen. Er war beklagenswert, aber der Adjutant, sein Gönner, schien auf seinen Wohngenossen aus irgendeinem Grund erbost zu sein und wollte ihn nicht in Ruhe lassen.

»Ja, ein äußerst gewandter Knabe Sie können ihn drehen und wenden, wie Sie wollen.«

»Wer stolpert denn nicht über diese Pflöcke, Pawel Dmitrijewitsch«, sagte Guskow, »vorgestern sind Sie doch selbst gestolpert.«

»Ich bin kein Gemeiner, Väterchen, von mir wird keine Gewandtheit verlangt.«

»Er braucht seine Füße nicht zu heben«, fiel der Stabshauptmann Sch. ein, »aber ein Soldat muß springen können ...«

»Sonderbare Scherze«, sagte Guskow flüsternd und mit gesenkten Augen. Aber der Adjutant war nicht gleichgültig gegen seinen Wohngenossen, er horchte gereizt und begierig auf jedes seiner Worte.

»Wir werden ihn wieder auf gedeckten Vorposten schicken müssen«, sagte er zu Sch., indem er augenzwinkernd auf den Degradierten wies.

»Da wird es wieder Tränen geben«, sagte Sch. lachend. Guskow sah mich nicht mehr an und tat, als ob er Tabak aus seinem Beutel nehmen wollte, in dem doch längst nichts mehr war.

»Halten Sie sich bereit, auf Vorposten zu gehen, Väterchen«, sagte Sch. lachend, »die Kundschafter haben gemeldet, daß für heute nacht ein Angriff auf das Lager geplant ist, da müssen wir zuverlässige Leute vorschicken. «

Guskow lächelte zaghaft, als wollte er etwas sagen, und richtete wiederholt flehentliche Blicke auf Sch.

»Ich war ja schon auf Vorposten und werde auch wieder gehen, wenn ich Befehl bekomme«, stammelte er.

»Man wird Sie auch schicken.«

»So werde ich eben gehen. Was ist dabei?«

»Ja, wie am Argun, wo Sie vom Vorposten davonliefen und das Gewehr wegwarfen«, sagte der Adjutant, wandte sich von ihm ab und fing an, uns die Befehle für morgen auseinanderzusetzen.

Tatsächlich wurde in der Nacht ein Beschuß unseres Lagers seitens der Feinde und für den Tag darauf irgendein Manöver erwartet. Der Adjutant sprach noch über dies und jenes und schlug dann wieder wie von ungefähr dem Leutnant O. ein kleines Spielchen vor. Ganz unerwartet willigte der Leutnant ein, und sie gingen mit Sch. und dem Fähnrich in das Zelt des Adjutanten, das einen zusammenlegbaren grünen Tisch und Karten hatte. Der Hauptmann, der Chef unserer Abteilung, ging in sein Zelt schlafen, auch die anderen Herren gingen auseinander, und ich blieb mit Guskow allein. Meine Ahnung hatte mich nicht getäuscht, ich fühlte mich recht unbehaglich unter vier Augen mit ihm. Ich stand unwillkürlich auf und fing an, neben der Batterie hin und her zu gehen. Guskow ging schweigend an meiner Seite und machte hastig und unruhig alle Wendungen mit, um neben mir zu bleiben.

»Ich störe Sie doch nicht?« sagte er mit sanfter, trauriger Stimme. Soviel ich in der Dunkelheit erkennen konnte, war sein Gesicht nachdenklich und schwermütig.

»Nicht im geringsten«, antwortete ich, aber da er nicht zu sprechen anfing und ich nicht wußte, was ich sagen sollte, so gingen wir ziemlich lange schweigend auf und ab.

Die Dämmerung hatte schon längst einer vollständigen Dunkelheit Platz gemacht, über dem schwarzen Profil der Berge glühte noch leuchtendes Abendrot, über unseren Köpfen blinkten am blaßblauen frostigen Himmel winzige Sterne, von allen Seiten flammten in der Dunkelheit die rauchenden Lagerfeuer, in der Nähe schimmerten die Zelte, und düster dräute der Erdwall unserer Batterie. Vom nächsten Lagerfeuer beleuchtet, um das unsere Burschen in leiser Unterhaltung herumstanden und sich wärmten, erglänzte von Zeit zu Zeit das Erz unserer schweren Geschütze und wurde die Gestalt des Wachtpostens sichtbar, der sich mit übergeworfenem Mantel gemessenen Schrittes unterhalb des Erdwalls bewegte.

»Sie können sich gar nicht vorstellen, was es für ein Genuß für mich ist, mit einem Menschen wie Ihnen zu sprechen«, sagte mir Guskow, obwohl er eigentlich noch nichts mit mir gesprochen hatte, »das kann nur der verstehen, der in meiner Lage gewesen ist.«

Ich wußte nicht, was ich ihm antworten sollte, und wieder schwiegen wir, obwohl er ersichtlich den Wunsch hatte, sich auszusprechen, und ich, ihn anzuhören.

»Wofür sind Sie ... wofür haben Sie leiden müssen?« fragte ich ihn endlich, da mir nichts Besseres einfiel, um die Unterhaltung einzuleiten.

»Haben Sie denn nichts von der unglücklichen Geschichte mit Metenin gehört?«

»Ja, ein Duell, nicht? Ich weiß nichts Genaueres«, antwortete ich, »ich bin ja schon lange im Kaukasus.«

»Nein, kein Duell, aber eine dumme und scheußliche Geschichte! Ich will Ihnen alles erzählen, wenn Sie es noch nicht wissen. Es war in demselben Jahr, als wir uns bei meiner Schwester trafen, ich lebte in Petersburg. Sie müssen wissen, ich hatte damals, was man une position dans le monde nennt, und zwar eine gute, wenn nicht gar glänzende. Mon père me donnait dix milles par an. Im Jahre neunundvierzig wurde mir eine Stellung bei der Gesandtschaft in Turin versprochen, mein Onkel mütterlicherseits konnte sehr viel für mich tun und war auch immer gern dazu bereit. Jetzt ist ja alles vorbei, j'étais reçu dans la meilleure société de Pétersbourg, je pouvais prétendre la allerbeste Partie in Anspruch. Gelernt hatte ich, wie wir alle, in der Schule, hatte also keine besondere Bildung; ich las freilich später ziemlich viel, mais j'avais surtout ce jargon du monde, Sie wissen schon, jedenfalls galt ich aus irgendeinem Grunde für einen der ersten jungen Leute Petersburgs. Was mir in der Gesellschaft vor allem Ansehen verlieh – c'est la liaison avec Madame D., über die damals in Petersburg viel gesprochen wurde, aber ich war sehr jung und verstand diese Vorteile nicht richtig zu würdigen. Ich war einfach jung und dumm, was hatte ich eigentlich noch nötig? Damals stand dieser Metenin in dem Ruf ...« Und Guskow erzählte mir des langen und breiten die Geschichte seines Unglücks, die ich übergehe, da sie nicht weiter interessant ist.

»Zwei Monate habe ich ganz allein gesessen«, fuhr er fort, »worüber habe ich nicht alles in dieser Zeit nachgedacht! Aber wissen Sie, als alles zu Ende war, als das Band, das mich an die Vergangenheit knüpfte, vollständig zerrissen war, da wurde mir leichter zumute. Mon père, vous en avez entendu parler, ist ein

Mensch mit eisernem Willen und festen Grundsätzen, il m'a déshérité und alle Beziehungen zu mir abgebrochen. Nach seinen Überzeugungen mußte er so handeln, und ich verurteile ihn nicht: il a été conséquent. Dafür habe ich auch keinen Schritt getan, ihn von seinem Entschluß abzubringen. Meine Schwester war im Ausland, Madame D. allein schrieb mir, als es gestattet wurde, und bot mir Hilfe an, aber Sie werden verstehen, daß ich ablehnte. So fehlt es mir an den Kleinigkeiten, die das Leben in dieser Lage erleichtern können: an Büchern, Wäsche und Essen, überhaupt an allem. Ich habe viel, sehr viel nachgedacht in dieser Zeit und begann alles mit anderen Augen anzusehen; der Lärm und das Gerede der Petersburger Gesellschaft kümmerten mich gar nicht, ich fühlte mich nicht im geringsten geschmeichelt: das alles erschien mir lächerlich. Ich fühlte, daß ich schuldig, unvorsichtig, jung war, ich hatte meine Karriere zerstört und dachte nur noch daran, wie ich alles gutmachen könnte. Ich fühlte noch Kraft und Energie dazu. Aus der Haft wurde ich, wie ich Ihnen schon erzählte, unmittelbar hierher in den Kaukasus, zum Regiment N. versetzt.

Ich hatte mir vorgestellt«, fuhr er, sich immer mehr ereifernd, fort, »daß hier im Kaukasus la vie de camp sei, einfache, ehrliche Menschen, mit denen ich verkehren könnte, daß hier Krieg sei und Gefahr, daß das alles zu meiner Gemütsstimmung ausgezeichnet passen müßte, daß ich ein neues Leben beginnen würde. On me verra au feu – man wird mich lieben und achten lernen, nicht bloß meines Namens wegen – Auszeichnung, Unteroffiziersgrad, die Strafe wird erlassen, ich kehre wieder zurück et, vous savez, avec ce prestige du malheur! Aber quel désenchantement. Sie können sich nicht vorstellen, wie sehr ich mich geirrt habe ... Kennen Sie das Offizierskorps unseres Regiments?« Er schwieg ziemlich lange und schien darauf zu warten, daß ich ihm sagte, ich wüßte wohl, wie wenig schön die Gesellschaft der hiesigen Offiziere sei; aber ich antwortete ihm nicht. Es war mir widerlich, daß er, wahrscheinlich weil ich Französisch verstand, voraussetzte, ich müßte gegen das Offizierkorps eingenommen sein, während ich im Gegenteil durch meinen längeren Aufenthalt im Kaukasus dazu gekommen war, es besonders hochzuachten und tausendmal mehr zu schätzen als die

Gesellschaft, aus der Herr Guskow stammte. Ich wollte es ihm sagen, aber seine Lage hinderte mich daran.

»Im Regiment N. ist das Offizierskorps noch tausendmal schlechter als hier«, fuhr er fort. »J'espère, que c'est beaucoup dire, das heißt, Sie können sich nicht vorstellen, wie es ist! Von den Junkern und Soldaten will ich gar nicht erst reden. Es ist furchtbar! Zu Anfang wurde ich freundlich aufgenommen, das ist richtig, aber dann, als sie so an gewissen Kleinigkeiten merkten, daß ich nicht umhin konnte, sie zu verachten, als sie sahen, daß ich ein ganz anderer, viel höherstehender Mensch bin, da wurden sie böse auf mich und fingen an, es mir mit allerlei kleinen Demütigungen heimzuzahlen. Ce que j'ai eu à souffrir, vous ne vous en faites pas une idée. Dazu der unerläßliche Verkehr mit den Fahnenjunkern, und hauptsächlich avec les petits moyens que j'avais, je manquais de tout, ich hatte nur das, was mir meine Schwester schickte. Ein Beweis dafür, was ich gelitten habe, ist, daß ich bei meinem Charakter, avec ma fierté, j'ai écrit à mon père und ihn angefleht habe, mir etwas zu schicken. Ich verstehe, daß man nach fünf Jahren eines solchen Lebens wie unser Degradierter Dromow wird, der mit den Soldaten trinkt und allen Offizieren Briefe schreibt, mit der Bitte, ihm drei Rubel zu leihen, und dann mit tout à vous Dromow unterzeichnet. Man muß schon einen Charakter wie ich haben, um in dieser schrecklichen Lage nicht vollständig zu versumpfen.« Er ging längere Zeit schweigend neben mir her. »Avez-vous un papiros?« fragte er. »Ja, wo war ich doch stehengeblieben? Ja so. Ich konnte es nicht länger aushalten, nicht physisch, denn obwohl ich es sehr schlecht hatte, fror und hungerte – ich lebte wie jeder andere Gemeine –, hatten die Offiziere immerhin eine gewisse Achtung vor mir. Ein gewisses Prestige war geblieben. Ich wurde nicht auf Wache und zum Exerzieren geschickt. Das hätte ich nicht ausgehalten. Aber moralisch habe ich schrecklich gelitten. Und vor allem sah ich keinen Ausweg aus meiner Lage. Ich schrieb meinem Onkel, bat ihn, mich in dieses Regiment hier versetzen zu lassen, das doch in Gefechten gewesen ist, und dachte mir, daß auch Pawel Dmitrijewitsch, qui est le fils de l'intendant de mon père, mir immerhin nützlich sein könnte. Der Onkel tat es für mich, ich wurde versetzt. Im Vergleich zu meinem alten Regiment kam mir dieses wie eine Versammlung von Kammerherren vor. Dann war auch Pawel Dmitrijewitsch hier, er wußte, wer ich war, und ich wurde vortrefflich aufgenommen: auf Bitten meines Onkels – Guskow, vous savez ...! aber ich habe die Beobachtung gemacht, daß diese Leute ohne Bildung und Intelligenz einen Menschen, der keinen Glorienschein von Reichtum und Vornehmheit hat, gar nicht achten und ihm Ehrerbietung bezeigen können; ich beobachtete, wie ihr Benehmen, als sie dahinterkamen, daß ich arm war, allmählich immer nachlässiger wurde und zuletzt beinahe geringschätzig. Es ist scheußlich! aber es ist die volle Wahrheit.

Hier bin ich in Gefechten gewesen, habe gekämpft, on m'a vu au feu«, fuhr er fort, »aber wann ist das alles zu Ende? Ich fürchte, niemals. Und meine Kräfte und meine Energie beginnen schon zu erlahmen. Dann hatte ich mir la guerre, la vie de camp ausgemalt, aber es ist in Wirklichkeit alles anders: In kurzem Halbpelz, ungewaschen, in Soldatenstiefeln muß man auf gedeckten Vorposten gehen und dort mit irgendeinem Antonow, der seiner Trunkenheit wegen unter die Soldaten gesteckt wurde, die ganze Nacht in einer kleinen Schlucht liegen und jeden Augenblick gewärtig sein, hinterrücks erschossen zu werden; ob es mich oder Antonow trifft, ist ganz gleich. Wo bleibt da die Tapferkeit? ... es ist entsetzlich. C'est affreux, ça tue.«

»Aber Sie können jetzt für diesen Feldzug Unteroffizier und nächstes Jahr Fähnrich werden«, sagte ich.

»Ja, das kann ich, es ist mir versprochen worden, aber es sind noch zwei Jahre bis dahin, und auch dann ist es noch fraglich. Und wenn jemand wüßte, was zwei solche Jahre bedeuten. Stellen Sie sich ein Leben mit diesem Pawel Dmitrijewitsch vor: Karten, grobe Witze und Zechgelage, Sie wollen etwas sagen, was Ihnen das Herz abdrückt, man versteht Sie nicht oder lacht Sie aus, man spricht mit Ihnen nicht, um Ihnen einen Gedanken mitzuteilen, sondern um aus Ihnen, wenn irgend möglich, einen Narren zu machen. Und alles ist so albern, grob, häßlich, und immer fühlen Sie, daß Sie gemeiner Soldat sind – das läßt man Sie immer fühlen. Darum können Sie auch gar nicht begreifen, was für ein Genuß es ist, à cœur ouvert mit so einem Menschen wie Ihnen zu sprechen.«

Ich verstand nicht im mindesten, was für ein Mensch ich sein sollte, und wußte deshalb nicht, was ich ihm antworten sollte ...

»Werden Sie noch etwas essen?« fragte mich in diesem Augenblick Nikita, der in der Dunkelheit unbemerkt herangekommen war und, wie ich bemerkte, über die Anwesenheit des Gastes nicht erfreut war. »Aber von den Quarktaschen und Fleischklopsen ist nicht mehr viel übriggeblieben.«

»Hat der Hauptmann schon gegessen?«

»Schläft schon längst«, antwortete Nikita mürrisch.

Auf meinen Befehl, uns das Essen und etwas Wodka hierherzubringen, brummte er unzufrieden und ging schleppenden Schrittes in sein Zelt. Er brummte auch dort noch weiter, brachte aber dann einen kleinen Koffer heraus; auf den Koffer stellte er eine Kerze, die er durch Papier vor dem Wind schützte, eine Kasserolle, Senf im Glase, einen Blechbecher mit Henkel und eine Flasche Wermut. Nachdem Nikita alles hergerichtet hatte, blieb er noch eine Weile neben uns stehen und beobachtete, wie Guskow und ich Wodka tranken, was ihm offenbar sehr unangenehm war. Bei dem matten Schein, den die Kerze durch das Papier warf, sah man inmitten der Dunkelheit nur das Seehundsleder des Koffers, das Abendessen, das darauf stand, Guskows Gesicht und Halbpelz und seine kleinen roten Hände, mit denen er die Quarktaschen aus der Kasserolle herausholte. Ringsherum war alles schwarz, nur wenn man genauer hinsah, konnte man die schwarze Batterie, die ebenso schwarze Gestalt des Wachtpostens über der Brustwehr, rechts und links die Lagerfeuer und oben die rötlichen Sterne erkennen. Guskow lächelte traurig und verschämt, als wäre es ihm peinlich, mir jetzt, nach seinem Geständnis, in die Augen zu schauen. Er hatte noch ein Glas Wodka getrunken und aß jetzt gierig, indem er die Kasserolle auskratzte.

»Ja, es ist immerhin eine Erleichterung für Sie, diese Bekanntschaft mit dem Adjutanten«, sagte ich, um überhaupt etwas zu sagen, »wie ich höre, soll er ein guter Mensch sein.«

»Ja«, antwortete der Degradierte, »ein *guter* Mensch ist er schon, aber er kann nichts anderes sein, er kann nicht *Mensch* sein, bei seiner Bildung kann man's auch nicht verlangen.« Plötzlich wurde er rot. »Sie haben doch heute seine groben

Scherze über gedeckte Vorposten und dergleichen gehört«, und obwohl ich das Gespräch einige Male unterbrechen wollte, begann sich Guskow vor mir zu rechtfertigen und zu beweisen, daß er niemals vom Vorposten weggelaufen und daß er kein Feigling sei, wie es der Adjutant und Sch. angedeutet hatten.

»Wie ich Ihnen schon sagte«, fuhr er fort, indem er die Hände an seinem Halbpelz abwischte, »solche Leute verstehen es nicht, zart mit einem Menschen umzugehen, mit einem gemeinen Soldaten, der kein Geld hat; das geht über ihre Kräfte. Und die letzte Zeit, weil ich seit fünf Monaten, ich weiß nicht warum, von meiner Schwester nichts geschickt bekomme, habe ich gemerkt, wie sich alle mir gegenüber verändert haben. Dieser Halbpelz, den ich einem Soldaten abgekauft habe und der gar nicht wärmt, weil das Fell ganz abgeschabt ist« – er zeigte mir den kahlen Schoß –, »flößt ihm nicht etwa Mitleid oder Ehrfurcht vor dem Unglück ein, sondern Verachtung, die er nicht verbergen kann. Meine Not mag noch so groß sein, wie zum Beispiel jetzt, da ich nichts außer Soldatengrütze zu essen und gar nichts anzuziehen habe« – er schlug die Augen nieder und goß sich noch ein Gläschen Wodka ein –, »niemals wird es ihm einfallen, mir leihweise etwas Geld anzubieten, obwohl er wissen könnte, daß ich alles zurückzahle, sondern er wartet immer darauf, daß ich in meiner Lage mich an ihn wende. Sie verstehen, was das für mich bedeutet. Ihnen zum Beispiel würde ich direkt sagen, vous êtes au-dessus de cela; mon cher, je n'ai pas le sou. Und wissen Sie«, sagte er, mir plötzlich verzweifelt in die Augen blickend, »ich sage Ihnen geradeheraus, ich bin in einer schrecklichen Lage. Pouvez-vous me prêter dix roubles-argent? Meine Schwester wird sie mir mit der nächsten Post schicken, et mon père …«

»Oh, mit Vergnügen«, sagte ich, obwohl es mir im Gegenteil sehr unangenehm und peinlich war, besonders deshalb, weil ich den Tag vorher im Kartenspiel verloren hatte und mir nur noch etwa fünf Rubel geblieben waren, die Nikita hatte.

»Sofort«, sagte ich, indem ich aufstand, »ich hole sie im Zelt.«

»Nicht doch, später, ne vous dérangez pas.«

Ich hörte aber nicht auf ihn und kroch in das zugeknöpfte Zelt, wo mein Bett stand und der Hauptmann schlief.

»Alexej Iwanowitsch, geben Sie mir bitte zehn Rubel bis zur nächsten Gehaltszahlung«, sagte ich zum Hauptmann, während ich ihn schüttelte.

»Was, wieder alles verpufft? Und gestern erst haben Sie erklärt, Sie würden nie wieder spielen«, sagte schlaftrunken der Hauptmann.

»Nein, ich habe nicht gespielt. Aber ich habe es nötig, geben Sie's mir bitte.«

»Makatjuk!« schrie der Hauptmann seinem Burschen zu, »bring mir die Geldschatulle her.«

»Leiser, leiser«, sagte ich, da ich hinter dem Zelt die gleichmäßigen Schritte Guskows hörte.

»Warum denn?«

»Dieser Degradierte hat mich um ein Darlehen gebeten. Er wartet hier!«

»Hätte ich das geahnt, ich hätte nichts gegeben«, meinte der Hauptmann, »ich habe von ihm gehört, der Bengel sei ein Taugenichts erster Güte.« Der Hauptmann gab mir aber doch das Geld, befahl, die Schatulle zu verwahren und das Zelt ordentlich zu schließen, und wiederholte nochmals: »Wenn ich vorher gewußt hätte, wozu Sie es brauchen, hätte ich es nicht gegeben.« Dann zog er die Decke über den Kopf. »Jetzt schulden Sie mir zweiunddreißig«, rief er mir nach.

Als ich aus dem Zelt herauskam, ging Guskow bei den Rasenbänken auf und ab, und seine kleine Gestalt mit den krummen Beinen und der häßlichen Papacha mit ihren langen weißen Haaren zeigte sich und verschwand in der Dunkelheit, wenn er an der Kerze vorüberging. Er tat, als bemerkte er mich nicht. Ich übergab ihm das Geld. Er sagte merci, knitterte den Schein zusammen und steckte ihn in die Hosentasche.

»Jetzt wird wohl das Spiel bei Pawel Dmitrijewitsch in vollem Gange sein, denke ich«, begann er gleich darauf.

»Ja, das denke ich auch.«

»Er spielt sonderbar, immer à rebours, und geht nie davon ab. Wenn man Glück hat, ist es ja gut, aber wenn es einmal nicht gehen will, dann kann man dabei furchtbar viel verspielen. Er hat es jetzt bewiesen. In diesem Feldzug hat er, wenn man die Sachen mitrechnet, mehr als anderthalbtausend verloren. Und wie mäßig er früher gespielt hat, so daß der Offizier vorhin sogar an seiner Ehrlichkeit gezweifelt zu haben scheint.«

»Das war nicht ernst gemeint ... Nikita, haben wir nicht noch etwas Tschichir!« fragte ich. Ich fühlte mich durch Guskows Redseligkeit sehr erleichtert. Nikita brummte wieder, brachte aber den Wein und sah wütend zu, wie Guskow sein Glas leerte. In Guskows Benehmen machte sich seine frühere Ungezwungenheit bemerkbar. Ich wünschte, daß er möglichst bald fortginge, aber es war ihm wohl peinlich, sofort nach Empfang des Geldes wegzugehen. Ich schwieg.

»Wie konnten Sie sich nur, bemittelt wie Sie sind, ohne jegliche Notwendigkeit, so de gaieté de cœur für den Dienst im Kaukasus entschließen? Das kann ich nicht verstehen«, sagte er plötzlich.

Ich versuchte, diese in seinen Augen so merkwürdige Handlungsweise zu rechtfertigen.

»Ich kann mir denken, wie schwer auch für Sie der Verkehr mit diesen Offizieren ist, Menschen, die keine Ahnung von Bildung haben. Sie können einander nicht verstehen. Sie können zehn Jahre hier leben und werden nichts anderes sehen und hören als Karten, Wein und Gespräche über Auszeichnungen und Feldzüge.«

Es berührte mich unangenehm, daß er verlangte, ich sollte durchaus seine Meinung teilen, und ich versicherte ihm ganz aufrichtig, daß ich die Karten, den Wein und die Gespräche über Feldzüge sehr gern hätte und mir keine besseren Kameraden wünschte. Aber er wollte mir nicht glauben.

»Ach, Sie sagen das nur so«, fuhr er fort, »aber das Fehlen der Frauen, das heißt, ich meine der femmes comme il faut, ist das nicht eine furchtbare Entbehrung? Ich weiß nicht, was ich darum geben würde, auch nur einen Augenblick in einem Salon zu sein oder wenigstens durch einen kleinen Spalt eine nette Frau zu sehen.«

Er schwieg eine Weile und trank noch ein Glas Wein.

»Ach mein Gott, mein Gott! Vielleicht blüht es uns noch einmal, daß wir uns in Petersburg unter Menschen begegnen, daß wir wieder mit Menschen, mit Frauen zusammen leben.« Er trank den letzten Wein, der noch in der Flasche war, und sagte dann: »Ach, pardon, Sie wollten vielleicht auch noch trinken, ich bin schrecklich zerstreut. Übrigens habe ich, scheint's, zuviel getrunken, et je n'ai pas la tête forte. Es gab eine Zeit, da wohnte ich in der Morskaja, au rez-de-chaussée, ich hatte eine wundervolle Wohnung, Möbel, wissen Sie, ich verstand es, mich geschmackvoll einzurichten, ohne große Ausgaben, allerdings gab mir mon père Porzellan, Blumen und wundervolles Silber. Le matin je sortais – Besuche, à cinq heures régulièrement fuhr ich zum Diner zu ihr, oft war sie allein. Il faut avouer, que c'était une femme ravissante. Sie haben sie nicht gekannt? Gar nicht?«

»Nein.«

»Wissen Sie, diesen gewissen weiblichen Zauber besaß sie im höchsten Grad, und erst ihre Liebe! Ach Gott, damals verstand ich gar nicht, dieses Glück zu würdigen. Manchmal kamen wir nach dem Theater allein nach Hause und aßen zu Abend. Niemals war es langweilig mit ihr, toujours gaie, toujours aimante. Ja, ich ahnte gar nicht, was für ein seltenes Glück ich hatte. Et j'ai beaucoup à me reprocher ihr gegenüber. Je l'ai fait souffrir, et souvent. Ich war grausam. Ach, war das eine herrliche Zeit! Ich langweile Sie nicht?«

»Nein, durchaus nicht.«

»Ich werde Ihnen unsere Abende schildern. Ich komme herauf, diese Treppe, jeden Blumentopf kannte ich, die Türklinke, alles so lieb, so vertraut, dann das Vorzimmer, ihr Zimmer ... Nein, nie, niemals kehrt das alles wieder! Sie schreibt mir auch jetzt noch, ich will Ihnen die Briefe zeigen. Aber ich bin nicht mehr derselbe, ich bin verloren, ich bin ihrer nicht würdig ... Ja, ich bin endgültig verloren. Je suis cassé. Ich habe keine Energie, keinen Stolz, gar nichts. Nicht mal Edelmut ... Ja, ich bin verloren! Und niemand wird jemals meine Leiden verstehen. Allen ist alles gleichgültig. Ich bin ein verlorenerMensch! Nie kann ich mich erheben, weil ich moralisch gesunken bin ... in den Schmutz gefallen bin ... « In diesem Augenblick klang aus seinen Worten aufrichtige, tiefe Verzweiflung, er sah mich nicht an und saß unbeweglich da.

»Warum so verzweifelt?« sagte ich.

»Weil ich abscheulich bin; dieses Leben hat mich vernichtet, alles, was in mir war, ist ertötet. Ich dulde ohne Stolz, würdelos, die dignité dans le malheur fehlt. Man erniedrigt mich jeden Augenblick, ich ertrage alles, ich suche die Erniedrigungen förmlich. Dieser Schmutz a déteint sur moi, ich bin selber roh geworden, ich habe vergessen, was ich gewußt habe, ich kann kein Französisch mehr, ich fühle, daß ich gemein und niedrig bin. Schlagen kann ich mich nicht in dieser Umgebung, ganz und gar nicht, vielleicht wäre ich ein Held: Gebt mir ein Regiment, goldene Achselstücke und Trompeter, aber neben einem ungebildeten Anton Bondarenko und so weiter herzugehen und zu denken, daß kein Unterschied zwischen uns ist, daß es dasselbe ist, ob er oder ich erschossen wird, dieser Gedanke tötet mich. Verstehen Sie, wie schrecklich der Gedanke ist, daß irgendein Lumpenkerl mich töten könnte, mich, einen Menschen, der denkt und fühlt, genausogut wie Antonow, ein Geschöpf, das sich durch nichts von einem Tier unterscheidet; daß es sogar viel wahrscheinlicher ist, daß gerade ich getötet werde, weil es eine fatalité gibt für alles Hohe und Gute. Ich weiß, daß sie mich einen Feigling nennen; sollen sie: Ich bin wirklich ein Feigling und kann nichts andres sein. Nicht genug, daß ich ein Feigling bin, bin ich auch ein Bettler und ein verachtenswerter Mensch. Jetzt eben habe ich Sie um Geld gebeten, und Sie haben auch das Recht, mich zu verachten. Nein, nehmen Sie Ihr Geld zurück«, er reichte mir den zerknitterten Schein. »Ich will, daß Sie mich achten.« Er bedeckte sein Gesicht mit den Händen und fing an zu weinen; ich wußte durchaus nicht, was ich sagen oder tun sollte.

»Beruhigen Sie sich«, sagte ich zu ihm, »Sie sind zu empfindsam, nehmen Sie sich nicht alles so zu Herzen, grübeln Sie nicht, sehen Sie die Dinge einfacher an. Sie sagen doch selbst, Sie hätten Charakter. Nehmen Sie es auf sich, Sie haben ja nicht mehr lange zu leiden«, redete ich ihm nicht eben geschickt zu, weil ich selbst erregt war durch das Gefühl des Mitleids und Reue darüber empfand, daß ich es gewagt hatte, in Gedanken einen wahrhaft tiefunglücklichen Menschen zu verurteilen.

»Ja«, fing er wieder an, »wenn ich, seitdem ich in dieser Hölle bin, ein einziges Wort der Teilnahme, des Rats oder der Freundschaft gehört hätte – ein menschliches Wort, wie jetzt eben von Ihnen. Vielleicht hätte ich es auf mich genommen und wäre ein

Soldat geworden, aber jetzt, es ist einfach schrecklich ... Wenn ich es mir vernünftig überlege, dann wünsche ich mir den Tod, warum sollte ich auch dieses schmachvolle Leben und mich selbst lieben, da ich für alles Gute in der Welt verloren bin? Aber bei der geringsten Gefahr fange ich an, dieses gemeine Leben zu vergöttern und es zu schonen, als wäre es etwas Kostbares, und ich kann mich nicht, je ne puis pas, überwinden. Eigentlich könnte ich schon«, setzte er nach minutenlangem Schweigen hinzu, »aber es kostet mich eine zu große Mühe, eine ungeheure Mühe, wenn ich allein bin. Mit anderen, in gewöhnlichen Verhältnissen, wie man gewöhnlich in den Kampf geht, bin ich tapfer, j'ai fait mes preuves, weil ich ehrgeizig und stolz bin: das ist mein Fehler ... Übrigens, erlauben Sie mir, bei Ihnen zu übernachten, bei uns wird die ganze Nacht gespielt werden ... irgendwo auf dem Fußboden.«

Während Nikita das Bett zurechtmachte, standen wir auf und gingen in der Dunkelheit wieder bei der Batterie auf und ab. Tatsächlich schien Guskow wenig zu vertragen, denn er schwankte von den zwei Gläschen Wodka und den zwei Glas Wein. Als wir aufgestanden waren und uns von der Kerze entfernt hatten, bemerkte ich, daß er – bemüht, von mir nicht gesehen zu werden – den Zehnrubelschein wieder in die Tasche steckte, den er während des vorhergehenden Gesprächs in der Hand gehalten hatte. Er sprach weiter davon, daß er sich noch aufrichten würde, wenn er einen Menschen wie mich hätte, der Anteil an ihm nähme.

Wir wollten schon ins Zelt gehen und uns schlafen legen, als wir plötzlich über unseren Köpfen eine Kanonenkugel vorbeisausen hörten, die in nächster Nähe einschlug. Es war so seltsam – dieses stille, in Schlaf versunkene Lager, unser Gespräch, und plötzlich diese feindliche Kugel, die, weiß Gott woher, mitten zwischen unsere Zelte flog, so seltsam, daß ich eine ganze Weile brauchte, um mich zu fassen. Unser Soldat Andrejew, der bei der Batterie Wache stand, rückte näher an mich heran.

»Sieh mal an, wie die sich herangepirscht hat! Da war das Feuer zu sehen«, sagte er.

»Wir müssen den Hauptmann wecken«, sagte ich und blickte auf Guskow.

Er stand ganz zu Boden geduckt und stammelte: »Das ist ...
eine feindl ... das ist ... lächerlich ...« Weiter sagte er gar nichts,
und ich konnte nicht sehen, wie und wohin er plötzlich verschwunden war.

Im Zelte des Stabshauptmanns wurde der Schein einer Kerze
sichtbar, sein üblicher Husten beim Erwachen ließ sich vernehmen, und bald kam er selbst heraus und verlangte nach einer Lunte, um seine kleine Pfeife anzuzünden.

»Was ist das nun, Väterchen«, sagte er lächelnd, »man will
mich heute nicht schlafen lassen: bald kommen Sie mit Ihrem
Degradierten, bald stört mich Schamil. Was machen wir nun?
Sollen wir antworten oder nicht? Stand darüber nichts im Befehl?«

»Gar nichts. Da ist *er* wieder«, sagte ich, »und gleich aus
zweien!« Tatsächlich leuchteten in der Dunkelheit rechts vorn
zwei Flammen wie zwei Augen auf, und alsbald flog über unsere
Köpfe eine Kugel und mit lautem, durchdringendem Pfeifen
eine leere, anscheinend eigene Granate hinweg. Aus den be-
nachbarten Zelten kamen die Soldaten herausgekrochen, man
hörte ihr Hüsteln, Gähnen und leises Reden.

»Schau, pfeift wie eine Nachtigall«, bemerkte ein Artillerist.

»Ruft mal Nikita her«, sagte der Hauptmann mit seinem
gewöhnlichen, gutmütigen Lächeln, »Nikita! versteck dich
nicht, hör dir mal die Bergnachtigallen an.«

»Ei, warum nicht, Euer Wohlgeboren«, sagte Nikita neben
dem Hauptmann, »ich habe sie schon öfters gesehen, die
Nachtigallen, ich fürchte sie nicht, aber der Gast, der eben hier
war und Ihren Tschichir getrunken hat, als der sie hörte, hat er
schnell Reißaus genommen, wie ein Ball ist er an unserem Zelt
vorübergerollt, wie ein Tier hat er sich geduckt.«

»Immerhin wird es nötig sein, den Kommandeur zu befra-
gen, ob wir das Feuer erwidern sollen oder nicht«, sagte der
Hauptmann in ernstem Befehlston, »viel Sinn hat es nicht, aber
man kann es ja tun. Bemühen Sie sich hin und fragen Sie. Lassen Sie sich ein Pferd satteln, damit es schneller geht, Sie können
meinen Polkan nehmen.«

Fünf Minuten später wurde mir das Pferd vorgeführt, und
ich begab mich zum Kommandeur.

»Passen Sie auf, die Losung ist *Deichsel*«, flüsterte mir der gewissenhafte Hauptmann zu, »sonst kommen Sie nicht durch die Postenkette.«

Bis zum Kommandeur war es ungefähr eine halbe Werst, der ganze Weg führte unmittelbar an Zelten vorbei. Kaum war ich von unserem Lagerfeuer weggeritten, wurde es so finster, daß ich nicht mal die Ohren meines Pferdes sehen konnte, nur das Licht der Lagerfeuer flimmerte bald nah, bald fern vor meinen Augen. Die Zügel lockernd, überließ ich es dem Pferd, den Weg zu suchen, und allmählich fing ich an, die weißen viereckigen Zelte zu unterscheiden, dann auch die schwarzen Wagenspuren. Nach einer halben Stunde kam ich bei dem Kommandeur an. Dreimal hatte ich nach dem Weg fragen müssen, ein paarmal war ich über Zeltpflöcke gestolpert, wofür ich jedesmal Scheltworte aus den Zelten zu hören bekam, und zweimal wurde ich von Posten angehalten. Während des Rittes hörte ich noch zwei Schüsse, die unserem Lager galten, aber die Geschosse erreichten den Standort des Stabes nicht. Der Kommandeur befahl, nicht zu schießen, um so mehr, als auch der Feind aufgehört hatte, und ich machte mich, indem ich das Pferd am Zaum führte und den Weg zwischen den Zelten der Infanterie zu Fuß suchte, auf den Heimweg. Oft verlangsamte ich meinen Schritt, wenn ich an einem Soldatenzelt vorüberkam, in dem Licht brannte, und lauschte entweder einem Märchen, das ein Spaßmacher erzählte, oder einem Buch, das ein Schriftkundiger vorlas. Die ganze Abteilung, in und um das Zelt gedrängt, hörte zu und unterbrach den Vorleser von Zeit zu Zeit mit allerlei Bemerkungen. Manchmal hörte ich auch Gespräche über den Feldzug, über die Heimat und die Vorgesetzten.

Als ich an einem Zelt des dritten Bataillons vorüberging, hörte ich die laute Stimme Guskows, der sehr munter und lebhaft sprach. Ihm antworteten junge, ebenfalls lustige Stimmen, die wahrscheinlich nicht gemeinen Soldaten gehörten. Es waren offenbar Fahnenjunker oder Feldwebel. Ich blieb stehen.

»Ich kenne ihn schon längst«, sagte gerade Guskow; »als ich in Petersburg lebte, kam er häufig zu mir, und ich war oft bei ihm, er verkehrte in sehr guter Gesellschaft.«

»Von wem sprichst du?« fragte eine betrunkene Stimme.

»Vom Fürsten«, sagte Guskow, »wir sind ja verwandt und vor allem alte Freunde. Es ist ganz angenehm, solch einen Bekannten zu haben. Er ist furchtbar reich. Für ihn sind hundert Rubel eine Kleinigkeit. Ich habe bei ihm ein bißchen Geld aufgenommen, bis mir meine Schwester etwas schickt.«

»Also laß mal holen.«

»Sofort. Sawelitsch, Täubchen, hier hast du zehn Moneten«, erklang die Stimme Guskows, die sich dem Zeltausgang näherte, »lauf zum Marketender, nimm zwei Flaschen Kachetiner und … was noch, meine Herren? Sagt?«

Und Guskow trat schwankend, mit zerzaustem Haar und ohne Mütze aus dem Zelt. Er schlug die Schöße seines Halbpelzes zurück, steckte die Hände in die Taschen seiner grauen Hosen und blieb an der Türe stehen. Obwohl er im Licht stand und ich im Dunkeln, zitterte ich vor Angst, er könnte mich erblicken, und ging, jedes Geräusch vermeidend, weiter.

»Wer da?« schrie mich Guskow mit völlig trunkener Stimme an. Offenbar wirkte die Kälte nicht gerade ernüchternd auf ihn. »Wer zum Teufel treibt sich hier mit einem Pferd herum?«

Ich antwortete nicht und trat schweigend auf den Weg hinaus.

15. November 1856

Der Morgen eines Gutsbesitzers

1

Fürst Nechljudow war neunzehn Jahre alt, als er nach dem dritten Kursus an der Universität für die Zeit der Sommerferien in sein Dorf fuhr und dort den ganzen Sommer allein verbrachte. Im Herbst schrieb er mit unausgeglichener Kinderhandschrift seiner Tante, der Gräfin Belorezkaja, die seinen Begriffen nach seine beste Freundin und die genialste Frau der Welt war, folgenden französischen, hier in Übersetzung wiedergegebenen Brief:

»Liebes Tantchen! Ich habe einen Beschluß gefaßt, von welchem das Schicksal meines ganzen Lebens abhängt. Ich will die Universität verlassen, um mich ganz dem Leben im Dorf zu widmen, weil ich fühle, daß ich dafür geboren bin. Um Gottes willen, liebes Tantchen, lachen Sie mich nicht aus! Sie werden sagen, daß ich zu jung sei; mag sein, daß ich wirklich noch ein Kind bin, aber das hindert mich nicht, meine Berufung zu fühlen, Gutes tun zu wollen und es zu lieben.

Wie ich Ihnen schon schrieb, habe ich meine Wirtschaft in einer unbeschreiblichen Zerrüttung vorgefunden. Als ich in dem Wunsch, Ordnung zu schaffen, Einblick in die Dinge gewann, entdeckte ich, daß das Hauptübel in der bejammernswerten, elenden Lage der Bauern besteht und daß diesem Übel nur durch Arbeit und Geduld entgegengesteuert werden kann. Wenn Sie nur zwei meiner Bauern, David und Iwan, sehen könnten und das Leben, das sie mit ihren Familien führen, so würde Sie, dessen bin ich sicher, der bloße Anblick dieser Unglücklichen mehr überzeugen als alles, was ich Ihnen sagen kann, um meine Absicht zu erklären. Ist es nicht meine heilige und unmittelbare

Pflicht, für das Glück dieser siebenhundert Menschen zu sorgen, für die ich Gott werde Rechenschaft ablegen müssen? Wäre es nicht Sünde, sie der Willkür roher Dorfältester und Verwalter zu überlassen um des Lebensgenusses und des Ehrgeizes willen? Und warum sollte ich in einer anderen Sphäre Gelegenheiten suchen, nützlich zu sein und Gutes zu tun, wenn sich mir eine so vornehme, glänzende und naheliegende Pflicht eröffnet? Ich fühle mich fähig, ein guter Landwirt zu werden; aber um es zu sein in dem Sinn, wie ich dieses Wort verstehe, bedarf es weder eines Kandidatendiploms noch eines Ranges, die Ihnen als so wünschenswert für mich erscheinen. Liebe Tante, schmieden Sie keine ehrgeizigen Pläne für mich, gewöhnen Sie sich an den Gedanken, daß ich einen ganz besonderen Weg eingeschlagen habe, der aber ein guter ist und mich, ich fühle es, zum Glück führen wird. Ich habe viel, sehr viel über meine zukünftige Pflicht nachgedacht, habe Richtlinien für meine Tätigkeit niedergeschrieben und werde Erfolg mit meinem Vorsatz haben, wenn Gott mir nur Leben und Kraft verleiht.

Zeigen Sie diesen Brief Bruder Wasja nicht: ich fürchte seinen Spott; er ist daran gewöhnt, den Vorrang vor mir zu haben, während ich gewöhnt bin, mich ihm zu unterwerfen. Wanja wird mein Vorhaben begreifen, auch wenn er es nicht billigt.«

Die Gräfin antwortete ihm mit folgendem Brief, der hier gleichfalls aus dem Französischen übersetzt ist:

»Dein Brief, lieber Dmitrij, hat mir nichts anderes bewiesen, als daß Du ein vortreffliches Herz hast, woran ich niemals gezweifelt habe. Aber unsere guten Eigenschaften, lieber Freund, bringen uns im Leben mehr Schaden als die schlechten. Ich will nicht darüber sprechen, daß Du eine Torheit begehst, daß Dein Handeln mich betrübt, ich will nur versuchen, durch Überzeugung auf Dich einzuwirken. Wollen wir überlegen, lieber Freund. Du sagst, daß Du die Berufung zum Landleben fühlst, daß Du Deine Bauern glücklich machen willst und daß Du hoffst, ein guter Landwirt zu werden. Erstens muß ich Dir sagen, daß wir unsere Berufung erst dann fühlen, wenn wir uns schon einmal in ihr getäuscht haben; zweitens ist es leichter, sich selber glücklich zu machen als andere, und drittens muß man, um ein guter Landwirt zu werden, ein kalter und strenger Mensch sein, der Du kaum jemals sein wirst, auch wenn Du bemüht bist, als solcher zu erscheinen.

Du hältst Deine Ansichten für unwandelbar und läßt sie sogar als Lebensregeln gelten; doch in meinem Alter, lieber Freund, glaubt man nicht an Ansichten und an Regeln, sondern glaubt nur noch an die Erfahrung; die Erfahrung aber sagt mir, daß Deine Pläne – Kindereien sind. Ich bin schon nahe an die Fünfzig, und ich habe viele würdige Menschen gekannt, aber ich habe noch niemals gehört, daß ein junger Mann, der Namen und Fähigkeiten besitzt, sich unter dem Vorwand, Gutes zu tun, auf dem Lande vergraben hätte. Du hast immer danach gestrebt, als Original zu erscheinen, aber Deine Originalität ist nichts anderes als übergroße Eigenliebe. So wähle Dir lieber gebahnte Wege, mein Freund: sie führen schneller zum Erfolg; der Erfolg aber, wenn Du ihn auch als solchen nicht brauchst, ist unbedingt notwendig, wenn man die Möglichkeit haben will, das Gute zu tun, das Du liebst.

Die Armut einiger Bauern ist ein notwendiges Übel oder ein solches Übel, dem man abhelfen kann, ohne alle seine Pflichten gegen die Gesellschaft, gegen seine Anverwandten und gegen sich selbst zu vergessen. Mit Deinem Verstand, mit Deinem Herzen und Deiner Liebe zur Tugend gibt es keine Laufbahn, bei der Du nicht Erfolg haben könntest; so wähle wenigstens eine solche, die Deiner wert ist und Dir Ehre macht.

Ich glaube an Deine Aufrichtigkeit, wenn Du sagst, Du besäßest keinen Ehrgeiz; aber Du belügst Dich selber. Der Ehrgeiz ist eine Tugend in Deinem Alter und bei Deinen Mitteln; aber er wird zum Fehler und zur Abgeschmacktheit, wenn der Mensch nicht mehr imstande ist, diese Leidenschaft zu befriedigen. Und das wirst Du erfahren, wenn Du Deinen Vorsatz nicht änderst. Leb wohl, lieber Mitja. Es will mir scheinen, daß ich Dich um Deines ungereimten, aber edlen und großherzigen Planes willen noch inniger liebe. Handle, wie Du es verstehst, aber ich muß Dir sagen, daß ich Dir nicht zustimmen kann.«

Als der junge Mann diesen Brief erhielt, dachte er lange darüber nach und kam endlich zu dem Schluß, daß auch eine geniale Frau sich irren könne; er reichte ein Gesuch um Entlassung von der Universität ein und blieb für immer im Dorf.

2

Der junge Gutsbesitzer hatte sich, wie er seiner Tante geschrieben, Regeln für das Wirken in seiner Wirtschaft zusammengestellt, und sein ganzes Leben und alle seine Beschäftigungen waren nach Stunden, Tagen und Monaten eingeteilt. Der Sonntag war für den Empfang der Bittsteller, Hofleute und Bauern bestimmt, für die Besichtigung der Wirtschaften armer Bauern und für Hilfeleistungen im Einverständnis mit dem Mir, der jeden Sonntagabend zusammenkommen und beschließen mußte, wem Hilfe zuteil werden sollte. Mit solchen Beschäftigungen ging mehr als ein Jahr dahin, und der junge Mann war kein gänzlicher Neuling mehr, weder in der praktischen noch in der theoretischen Kenntnis der Wirtschaft.

Es war ein klarer Sonntag im Juni, als Nechljudow, nachdem er seinen Kaffee getrunken und ein Kapitel der »Maison rustique« durchflogen hatte, mit einem Notizbuch und einem Päckchen Geldscheinen in der Tasche seines leichten Überziehers aus dem großen Landhaus mit den Kolonnaden und Terrassen trat, in dessen Erdgeschoß er ein kleines Zimmerchen bewohnte, und auf den ungepflegten, verwachsenen Wegen des alten englischen Gartens den Weg nach dem Dorf einschlug, das sich zu beiden Seiten der Landstraße ausbreitete. Nechljudow war ein großer, schlanker, junger Mann mit vollem, lockigem, dunkelbraunem Haar, mit einem hellen Glanz in den schwarzen Augen, frischen Wangen und roten Lippen, über denen sich der erste Flaum der Jugend zeigte. In allen seinen Bewegungen und in seinem Gang waren Kraft, Energie und die gutmütige Selbstzufriedenheit der Jugend wahrzunehmen. Das Bauernvolk kehrte in bunten Scharen aus der Kirche zurück: Greise, Mädchen, Kinder, Weiber mit Säuglingen, alle in Feiertagsgewändern, strebten ihren Hütten zu, verneigten sich tief vor ihrem Herrn und gaben ihm den Weg frei. Als Nechljudow die Straße erreicht hatte, blieb er stehen, zog sein Notizbuch aus der Tasche und las auf der letzten, mit seiner Kinderhandschrift vollgeschriebenen Seite die Namen einiger Bauern und die danebenstehenden Bemerkungen. »Iwan Tschurisenok hat um Stangen gebeten«, las er, bog in die Straße ein und ging auf das Tor der zweiten Hütte rechts zu.

Tschurisenoks Behausung bestand aus einer an den Ecken durch die Feuchtigkeit halbverfaulten Hütte, die sich nach einer Seite geneigt hatte und in die Erde eingesunken war, so daß ein zerschlagenes, rotes Schiebefenster mit seinem halbabgerissenen Laden und ein anderes, kleineres, das mit Wollabfällen verstopft war, unmittelbar über dem Düngerhaufen hervorsahen. Der aus Brettern gezimmerte Flur mit der schmutzigen Schwelle und der niedrigen Tür, eine zweite kleine Balkenhütte, die noch älter und noch niedriger als der Flur war, das Tor und ein geflochtener Verschlag klebten an der Haupthütte. Dies alles war einstmals von einem ungleichen Dach bedeckt gewesen; jetzt aber hing nur noch auf dem Schirmdach dichtes, schwarzes, faulendes Stroh; oben aber sah man stellenweise die Dachlatten und die Sparren.

Vor dem Hof befanden sich ein Brunnen mit einem verfallenen Holzkasten, die Überreste eines Pfostens und eines Rades und eine schmutzige, vom Vieh zerstampfte Pfütze, in der Enten herumplätscherten. Neben dem Brunnen standen zwei alte, geborstene und abgebrochene Weidenbäume mit spärlichen, blaßgrünen Zweigen. Unter einer dieser Weiden, die davon zeugten, daß irgend jemand irgendeinmal für die Verschönerung dieses Ortes Sorge getragen hatte, saß ein achtjähriges strohblondes Mädchen und hielt ein zweijähriges Mädchen dazu an, um sie herumzukriechen. Ein junger Hofhund, der um die beiden herumtollte, stürzte, als er den Herrn erblickte, jählings zum Tor und begann ängstlich und dumpf zu bellen.

»Ist Iwan zu Hause?« fragte Nechljudow.

Das größere Mädchen schien bei dieser Frage zu erstarren, riß die Augen immer weiter auf und antwortete gar nichts; das kleinere öffnete den Mund und wollte anfangen zu weinen. Ein kleines altes Weiblein in einem zerrissenen karierten Leinenrock, der tief unten mit einem alten, rötlichen Gürtel geschürzt war, sah aus der Tür heraus und antwortete auch nichts. Nechljudow ging zum Flur und wiederholte seine Frage.

»Er ist zu Hause, Wohltäter«, sagte die Alte mit dumpfer Stimme, verneigte sich tief und geriet in ängstliche Erregung.

Nachdem Nechljudow sie begrüßt hatte, ging er durch den Flur in den engen Hof, die Alte aber stützte ihre Wange auf die Handfläche, ging zur Tür und wiegte leise den Kopf hin und her, ohne den Herrn aus den Augen zu lassen. Auf dem Hof sah es ärmlich aus: An verschiedenen Stellen lag alter, nicht abgefahrener, schwarz gewordener Dünger; auf dem Dünger, liederlich hingeworfen, ein angefaulter Trog, Mistgabeln und zwei Eggen. Die offenen Schuppen rings um den Hof, unter denen auf einer Seite ein Pflug und ein Wagen ohne Rad und ein Haufen leerer, untauglicher Bienenstöcke lagen, waren fast alle abgedeckt und auf einer Seite eingefallen, so daß die Querbalken vorne nicht mehr auf den Stützen, sondern auf dem Düngerhaufen ruhten. Tschurisenok hackte mit der Schneide und dem Rücken seines Beils einen Zaun um, den das Dach niedergedrückt hatte.

Iwan Tschurisenok war ein Mann von etwa fünfzig Jahren und überdurchschnittlich kleiner Statur. Die Züge seines sonnengebräunten länglichen Gesichts, das von einem dunkelblonden, leicht ergrauten Bart und ebensolchen dichten Haaren umrahmt war, waren schön und ausdrucksvoll. Seine dunkelblauen, halbgeschlossenen Augen blickten klug und gutmütig sorglos drein. Der kleine, regelmäßige Mund, der beim Lächeln scharf aus dem spärlichen blonden Schnurrbart hervortrat, drückte ruhiges Selbstvertrauen aus und eine etwas spöttische Gleichgültigkeit gegen alles, was ihn umgab. An seiner rauhen Haut, den tiefen Runzeln, den scharf hervortretenden Sehnen am Halse, im Gesicht und an den Händen, an der unnatürlichen gebückten Haltung und der krummen, bogenförmigen Stellung seiner Beine sah man, daß sein ganzes Leben in einer seine Kräfte übersteigenden, allzu schweren Arbeit dahingegangen war. Seine Kleidung bestand aus weißen hanfleinenen Hosen mit blauen Flicken auf den Knien und einem ebensolchen schmutzigen Hemd, das auf dem Rücken und den Armen sehr fadenscheinig war. Das Hemd war tief unten mit einem Wollband gegürtet, an dem ein Messingschlüsselchen hing.

»Gott mit dir!« sagte der Herr, als er den Hof betrat.

Tschurisenok sah sich um und nahm wieder seine Arbeit auf. Nachdem er den Zaun durch ein energisches Zupacken aus dem Dünger befreit hatte, hackte er das Beil in einen Klotz, rückte seinen Gürtel zurecht und trat in die Mitte des Hofs.

»Guten Feiertag, Euer Durchlaucht!« sagte er mit einem tiefen Bückling und warf sein Haar zurück.

»Ich danke, mein Lieber. Ich bin gekommen, um nach deiner Wirtschaft zu sehen«, sagte Nechljudow mit kindlicher Freundlichkeit und Schüchternheit und musterte die Kleidung des Bauern. »Zeig mir, wozu du die Stangen brauchst, um die du mich in der Versammlung gebeten hast.«

»Die Stangen? Man weiß doch, wozu man Stangen braucht, Väterchen, Euer Durchlaucht. Ich wollte wenigstens ein kleines bißchen stützen, belieben Sie selbst zu sehen; neulich ist die ganze Ecke eingestürzt; Gott war uns noch gnädig, weil das Vieh um diese Zeit nicht im Stall war. Alles hält kaum noch zusammen«, sagte Tschurisenok und betrachtete verächtlich seine abgedeckten, schiefen und verfallenen Schuppen. »Jetzt braucht man die Dachsparren und die Seitenwände und die Querbalken nur anzurühren, da sieht man schon, daß kein taugliches Stück Holz mehr da ist. Aber wo soll man denn heutzutage Bauholz hernehmen? Das belieben Sie ja selbst zu wissen.«

»Ja, wozu brauchst du denn fünf Stangen, wenn ein Schuppen schon eingestürzt ist und die anderen bald einstürzen werden? Du brauchst keine Stangen, sondern Dachsparren, Querbalken, Pfosten – alles muß erneuert werden«, sagte der Herr, der auf seine Sachkenntnis offensichtlich stolz war.

Tschurisenok schwieg.

»Du brauchst also Bauholz, aber keine Stangen; das hättest du auch sagen sollen.«

»Gewiß brauche ich es; aber woher nehmen: Ich kann doch nicht immer auf den Herrenhof gehen! Wenn unsereinem erlaubt wird, wegen jedem Ding zu Euer Durchlaucht auf den Herrenhof bitten zu gehen, was für Bauern sind wir denn da? Aber wenn Eure Güte dahin ginge, mir die Eichenwipfel, die nutzlos in der herrschaftlichen Scheune liegen, zu geben«, sagte er, sich verneigend und von einem Fuß auf den anderen tretend,

»so könnte ich manche vielleicht auswechseln, manche zuschneiden und aus dem Alten noch irgend etwas zurechtzimmern.«

»Wieso aus dem Alten? Du sagst doch selber, daß bei dir alles verfault und alt ist; heute stürzt diese Ecke ein, morgen jene, übermorgen die dritte; wenn man schon etwas macht, so muß alles neu gemacht werden, damit die Arbeit nicht umsonst ist. Sag mir mal, glaubst du, daß dein Anwesen diesen Winter noch aushalten wird oder nicht?«

»Wer kann das wissen!«

»Nein, wie denkst du? wird alles zusammenstürzen oder nicht?«

Tschuris dachte einen Augenblick nach.

»Es muß alles zusammenstürzen«, sagte er plötzlich.

»Nun, siehst du, das hättest du in der Versammlung sagen sollen, daß du den ganzen Hof umbauen mußt, nicht aber nur ein paar Stangen verlangen. Ich möchte dir ja gern helfen ...«

»Ich danke Euer Gnaden herzlich«, antwortete Tschurisenok mißtrauisch, und ohne den Herrn anzusehen. »Wenn Sie mir vier Balken und ein paar Stangen geben wollten, so könnte ich vielleicht allein fertigwerden; das untaugliche Holz, das ich herausnehme, könnte ich im Haus als Stützen verwenden.«

»Ist dein Haus denn auch schlecht?«

»Ich warte mit meinem Weib nur darauf, daß mal jemand erschlagen wird«, sagte Tschuris gleichgültig. »Neulich hat schon ein Balken von der Decke mein Weib erschlagen.«

»Wie, erschlagen?«

»Einfach erschlagen, Euer Durchlaucht: Er ist ihr auf den Rücken gefallen, so daß sie auf die Nacht wie tot dagelegen hat.«

»Ist's denn vorübergegangen?«

»Vergangen ist's wohl, aber sie kränkelt fortwährend. Sie scheint von Geburt an kränklich zu sein.«

»Bist du krank?« fragte Nechljudow die Frau, die noch immer in der Tür stand und sofort zu ächzen begann, als der Mann von ihr zu sprechen anfing.

»Es will mich hier immer nicht loslassen, und dann ist's ganz aus«, antwortete sie und zeigte auf ihre schmutzige dürre Brust.

»Wieder einmal!« sagte der junge Herr, ärgerlich die Achseln zuckend. »Weshalb gehst du denn nicht ins Krankenhaus, wenn du krank bist? Dazu ist das Krankenhaus doch eingerichtet worden. Hat man euch denn nichts gesagt?«

»Man hat es uns wohl gesagt, unser Ernährer, aber ich habe immer keine Zeit: da muß ich aufs Herrengut, da zu Hause arbeiten, dann sind die Kinder da – und zu allem bin ich allein! Wir sind ganz allein …«

3

Nechljudow trat in die Hütte. Die unebenen verrußten Wände waren im Ofenwinkel mit verschiedenen Fetzen und Kleidern verhängt, im Heiligenwinkel aber buchstäblich mit rötlichen Schaben bedeckt, die sich um die Bilder und die Bank angesammelt hatten. In der Mitte dieser schwarzen, übelriechenden, sechs Ellen langen Hütte klaffte in der Decke ein großer Riß, und obwohl an zwei Stellen Stützen standen, hatte sich die Decke so gesenkt, daß sie jeden Augenblick einzustürzen drohte.

»Ja, das Haus ist sehr schlecht«, sagte der Herr und sah Tschurisenok, der offenbar gar nicht erst von diesem Gegenstand zu reden anfangen wollte, forschend ins Gesicht.

»Es wird uns erschlagen und es wird die Kinder erschlagen«, begann das Weib mit weinerlicher Stimme und lehnte sich unterhalb der Schlafstelle an den Ofen.

»Rede du nicht!« sagte Tschuris streng und wandte sich mit einem feinen, kaum merklichen Lächeln, das seinen Schnurrbart leicht bewegte, an den Herrn: »Es will mir gar nicht in den Kopf, was ich mit ihr anfangen soll, Euer Durchlaucht, ich meine, mit der Hütte; ich habe Stützen und Unterlagen angebracht – es läßt sich nichts machen.«

»Wie sollen wir hier überwintern? Oh–oh–oh!« sagte das Weib.

»Wenn man noch ein paar Stützen aufstellte, neue Latten an der Balkendecke anbrächte«, unterbrach sie der Mann mit ruhigem, sachlichem Ausdruck, »und da und dort einen Querbalken auswechselte, so könnten wir uns vielleicht noch einen Winter lang durchschlagen. Wohnen könnte man ja noch darin, nur würde die ganze Stube von den Stützen verstellt sein – das ist's;

rührt man aber dran, so bleibt kein Span ganz, sie hält sich nur, solange sie steht«, schloß er, scheinbar sehr zufrieden damit, daß er diesen Umstand festgestellt hatte.

Nechljudow war ärgerlich und traurig, daß sich Tschurisenok in eine solch schlimme Lage gebracht und sich nicht schon früher an ihn gewandt hatte, obwohl er doch seit seiner Ankunft keinem Bauern etwas abgeschlagen hatte und gerade danach strebte, daß alle mit ihren Nöten geradeswegs zu ihm kommen sollten. Er empfand sogar einen gewissen Zorn gegen den Bauern, zuckte ärgerlich die Achseln und runzelte die Stirn; aber der Anblick der ihn umgebenden Armut und Tschurisenoks ruhiges und selbstzufriedenes Äußeres inmitten dieser Armut verwandelten seinen Ärger in ein schwermütiges, hoffnungsloses Gefühl.

»Nun, warum hast du es mir nicht schon früher gesagt, Iwan?« bemerkte er vorwurfsvoll und setzte sich auf die schmutzige, schiefe Bank.

»Ich habe mich nicht getraut, Euer Durchlaucht«, antwortete Tschuris mit demselben kaum merklichen Lächeln, indem er mit seinen schwarzen bloßen Füßen auf dem unebenen Lehmboden herumtrat; aber er sagte es so kühn und ruhig, daß man schwer daran glauben konnte, daß er nicht den Mut gehabt hätte, zum Herrn zu kommen.

»Wir sind doch Bauern: wie dürften wir es wagen ...« wollte die Frau aufschluchzend beginnen.

»Schwatz nicht«, wandte sich Tschuris von neuem an sie.

»In diesem Haus kannst du nicht wohnen bleiben; das ist Unsinn!« sagte Nechljudow nach einigem Schweigen. »Aber wir können folgendes machen, Bruder ...«

»Zu Befehl«, ließ sich Tschuris hören.

»Hast du die Gerhard-Steinhäuschen gesehen, die ich auf dem neuen Weiler habe bauen lassen, die mit den hohen Wänden?«

»Wie sollte ich sie nicht gesehen haben«, antwortete Tschuris und zeigte beim Lächeln seine noch unversehrten weißen Zähne. »Wir haben uns ja nicht genug wundern können, als man sie baute – eigentümliche Häuser! Die Leute dachten noch, ob es nicht Speicher werden sollten, wo man das Korn in den

Hohlraum schüttet, damit die Ratten nicht dran kommen! Feine Häuser!« schloß er und schüttelte den Kopf mit einem Ausdruck spöttischen Zweifels, »die reinen Gefängnisse.«

»Ja, prachtvolle Häuser, trocken und warm und nicht so feuergefährlich«, entgegnete der Herr und runzelte seine junge Stirn, offensichtlich unangenehm berührt von der spöttischen Bemerkung des Bauern.

»Unstreitig, Euer Durchlaucht, solide Häuser.«

»Nun also, das eine Häuschen ist schon ganz fertig. Es ist zehn Ellen lang, hat einen Flur, eine Vorratskammer und ist schon ganz fertig. Ich will es dir zum Selbstkostenpreis auf Borg überlassen; du gibst mir das Geld irgendeinmal wieder«, sagte der Herr mit selbstzufriedenem Lächeln, das er bei dem Gedanken, jemandem eine Wohltat erwiesen zu haben, nicht zurückhalten konnte. »Du wirst das alte Haus einreißen«, fuhr er fort, »es wird für einen Speicher langen; den Hof werden wir auch verlegen. Das Wasser dort ist prächtig, einen Gemüsegarten werde ich dir vom Neuland abtrennen, dein Ackerland trenne ich dir von allen drei Fluren, ganz in der Nähe, ebenfalls ab. Du wirst herrlich leben! Nun, gefällt dir das etwa nicht?« fragte Nechljudow, als er bemerkte, daß Tschuris, kaum daß er von der Übersiedlung zu reden begonnen hatte, in völlige Unbeweglichkeit versank, auch nicht mehr lächelte und zu Boden sah.

»Wie Euer Durchlaucht wünschen«, antwortete er, ohne die Augen zu erheben.

Die Alte trat vor, als wäre ihre empfindlichste Stelle berührt worden, und schickte sich an, etwas zu sagen, aber der Mann kam ihr zuvor.

»Wie Euer Durchlaucht wünschen«, wiederholte er entschlossen und zugleich demütig, sah den Herrn an und warf die Haare zurück, »aber auf dem neuen Hof können wir nicht leben.«

»Weshalb nicht?«

»Nein, Euer Durchlaucht, wenn Sie uns dort ansiedeln, es geht uns auch hier schlecht, dort aber werden wir nie und nimmer Bauern sein. Was für Bauern können wir denn dort sein? Dort kann man ja überhaupt nicht wohnen, wie Sie wollen!«

»Ja, weshalb denn nicht?«

»Wir würden unser Letztes verlieren, Euer Durchlaucht.«

»Weshalb sollte man dort nicht leben können?«

»Was wäre das dort für ein Leben? Denk doch selber: es ist ein unbewohnter Ort, wie das Wasser ist, weiß man nicht, Austrieb ist auch keiner dort. Unsere Hanffelder hier sind von jeher Düngerfelder, und was ist dort? Was ist denn überhaupt dort? Armut! Weder Zäune noch Darren noch Schuppen, nichts ist dort. Wir werden verarmen, Euer Durchlaucht, wenn du uns dorthin jagst, ganz verarmen! Ein neuer Ort, ein fremder ...« wiederholte er nachdenklich, aber mit energischem Kopfschütteln.

Nechljudow schickte sich an, dem Bauern zu beweisen, daß eine Übersiedelung für ihn im Gegenteil sehr vorteilhaft sei, daß man Zäune und Schuppen bauen werde, daß das Wasser dort sehr gut sei und so weiter, aber das stumpfe Schweigen Tschurisenoks machte ihn verlegen, und er fühlte, daß er nicht so sprach, wie es hätte sein müssen. Tschurisenok widersprach ihm nicht; aber als der Herr geendet hatte, bemerkte er mit einem leichten Lächeln, daß es besser wäre, die alten Hofleute und den Narren Aljoschka auf diesem Weiler anzusiedeln, damit sie die Felder bewachten.

»Das wäre was Feines!« bemerkte er und lächelte wieder. »Das ist eine dumme Sache, Euer Durchlaucht!«

»Was liegt denn daran, daß es ein unbewohnter Ort ist?« verfocht Nechljudow geduldig seine Meinung. »Der Platz hier war doch auch einmal unbewohnt, und jetzt leben Leute hier; so wird's auch dort sein; siedle nur du dich zur guten Stunde als erster an ... Siedle dich unbedingt an ...«

»Ach, Euer Durchlaucht, läßt sich das denn vergleichen!« antwortete Tschuris lebhaft, als befürchtete er, der Herr könnte einen endgültigen Entschluß fassen, »der Platz hier im Mir ist ein heiterer, altgewohnter Platz: da hast du die Straße und den Teich, wenn das Weib die Wäsche waschen und das Vieh tränken muß, und unsere ganze Bauernwirtschaft seit jeher; da sind die Tenne und das Gemüsegärtlein und die Weiden – siehst du, die meine Eltern gepflanzt haben; und der Großvater und der Vater haben hier ihre Seelen ausgehaucht – wenn ich nur auch meine Tage hier beschließen könnte, Euer Durchlaucht, mehr will ich nicht haben. Wenn Euer Gnaden uns die Hütte ausbessern will, so sind wir sehr zufrieden, Euer Gnaden; wenn nicht, so werden wir unser Leben auch in dem alten Hüttlein irgendwie beschließen. Laß uns unser Lebtag für dich beten«, fuhr er mit einer tiefen Verbeugung fort, »vertreib uns nicht aus unserm Nest, Väterchen! ...«

Während Tschuris sprach, ließ sich unter der Schlafstelle, wo sein Weib stand, ein immer heftigeres und hastigeres Schluchzen vernehmen, und als der Mann sagte »Väterchen«, stürzte die Frau unerwartet hervor und fiel dem Herrn weinend zu Füßen.

»Verdirb uns nicht, unser Ernährer! Du bist unser Vater, bist unsere Mutter! Wo sollten wir uns ansiedeln? Wir sind alte, einsame Leute. Wie Gott, so bist auch du ...« fing sie an zu heulen.

Nechljudow sprang von der Bank auf und wollte die Alte aufheben, aber sie schlug wie in wollüstiger Verzweiflung mit dem Kopf auf den Lehmboden und stieß die Hand des Herrn zurück.

»Was machst du! Steh auf, bitte! Wenn ihr nicht wollt, ist es nicht nötig: ich will euch nicht zwingen«, sagte er, mit den Händen abwehrend, und machte ein paar Schritte auf die Tür zu.

Als sich Nechljudow wieder auf die Bank setzte und das Schweigen in der Hütte nur noch vom Greinen des Weibes unterbrochen wurde, das sich wieder unter die Schlafstelle zurückzog und die Tränen mit dem Hemdärmel wegwischte, da begriff der junge Gutsherr, welche Bedeutung für Tschuris und sein Weib die verfallene Hütte, der baufällige Brunnen mit der schmutzigen Pfütze, die morschen Ställchen und Schuppen und die gespaltenen Weiden hatten, die man vor dem schiefen Fensterchen sah; ihm wurde schwer und traurig ums Herz, und er fühlte sich gleichsam beschämt.

»Warum hast du denn am vorigen Sonntag im Mir nicht gesagt, daß du deine Hütte brauchst, Iwan? Nun weiß ich nicht, wie ich dir helfen soll. Ich habe euch in der ersten Versammlung erklärt, daß ich mich auf dem Gut niedergelassen habe, um euch mein Leben zu weihen, daß ich bereit bin, mir selber alles zu versagen, nur damit ihr zufrieden und glücklich werdet – und ich schwöre bei Gott, daß ich mein Wort halten werde«, sagte der junge Gutsherr, ohne zu wissen, daß derartige Ergüsse nicht dazu angetan sind, bei irgend jemandem Vertrauen zu erwecken, am wenigsten beim russischen Bauern, der keine

Worte will, sondern Taten, und kein Liebhaber von Gefühls-
äußerungen ist, so schön sie auch sein mögen.

Der offenherzige junge Mann aber war so glücklich in dem
Gefühl, das ihn bewegte, daß er sich nicht enthalten konnte, es
zu äußern.

Tschurisenok neigte den Kopf zur Seite und hörte, während
er langsam mit den Augen blinzelte, mit erzwungener Aufmerksamkeit seinem Herrn zu, wie einem, dem man eben
zuhören muß, auch wenn er Sachen spricht, die nicht ganz gut
sind und uns durchaus nichts angehen.

»Aber ich kann doch nicht allen alles geben, worum sie mich
bitten. Wenn ich es keinem, der mich um Bauholz bittet, ab-
schlüge, bliebe mir bald selbst nichts übrig, und ich könnte denen, die wirklich bedürftig sind, nichts geben. Deshalb habe ich
einen Teil des Forstes abgeteilt, ihn zur Ausbesserung der Bau-
erngehöfte bestimmt und ganz in die Verwaltung des Mir gegeben. Dieser Wald gehört jetzt nicht mehr mir, sondern euch, den
Bauern, und ich kann nicht mehr darüber verfügen, sondern
der Mir verfügt nach Gutdünken darüber. Komm heute in die
Versammlung; ich werde deine Bitte dem Mir vortragen: Wenn
er dir eine Hütte zuspricht, so ist's gut, aber ich habe jetzt kein
Holz mehr. Ich bin mit ganzer Seele bereit, dir zu helfen; wenn
du aber nicht übersiedeln willst, so ist das nicht mehr meine Sache, sondern Gemeindesache. Verstehst du mich?«

»Wir sind Euer Gnaden sehr dankbar«, sagte der verwirrte
Tschuris. »Wenn Sie mir Holz für den Hof überlassen, so helfen
wir uns schon durch. Was soll da der Mir? Man weiß ja …«

»Nein, komm nur.«

»Zu Befehl. Ich werde kommen. Warum sollte ich nicht hingehen? Aber den Mir bitte ich nicht.«

4

Es schien, als ob der junge Gutsherr die Leute noch nach etwas
fragen wollte; er stand nicht von der Bank auf und blickte unentschlossen bald auf Tschurisenok, bald auf den ungeheizten
leeren Ofen.

»Wie ist's, habt ihr schon zu Mittag gegessen?« fragte er endlich.

Unter dem Schnurrbart des Bauern zeigte sich ein spöttisches Lächeln, als käme es ihm lächerlich vor, daß der Herr so dumme Fragen stellte; er antwortete nicht.

»Was für ein Mittagessen, unser Ernährer?« sagte das Weib mit einem schweren Seufzer. »Wir haben Brot gefrühstückt, das ist unser Mittagessen. Um einen Stint zu holen, hatte keines Zeit, so konnte ich keine Kohlsuppe kochen, und was an Kwas da war, das habe ich den Kindern gegeben.«

»Wir haben Hungerfasten in diesem Jahr, Euer Durchlaucht«, mischte sich der Bauer ein, die Worte des Weibes erläuternd. »Brot und Zwiebel, das ist unsere Bauernkost. Gott sei's noch gedankt, daß mein Brot, dank Euer Gnaden, bis jetzt gereicht hat, denn unsere Bauern haben durchweg nicht einmal Brot. Die Zwiebeln sind dies Jahr überall mißraten. Da haben wir neulich zu Michail, dem Gärtner, geschickt, der verlangt einen Groschen fürs Bündel, unsereiner aber hat kein Geld, um etwas zu kaufen. Wir gehen auch schon seit Ostern nicht mehr in die Kirche und haben kein Geld, um dem heiligen Nikolaus eine Kerze zu weihen. «

Nechljudow kannte diesen ganzen äußersten Grad von Armut, in dem sich seine Bauern befanden, schon lange, nicht vom Hörensagen, nicht durch die Beteuerungen anderer, sondern aus eigener Anschauung; aber diese Wirklichkeit war so unvereinbar mit seiner ganzen Erziehung, seiner Denkungsweise und Lebensführung, daß er die Wahrheit unwillkürlich immer wieder vergaß und daß ihm jedesmal, wenn sie ihm jemand lebendig und greifbar in Erinnerung brachte wie zum Beispiel jetzt, unerträglich schwer und traurig ums Herz wurde, als quälte ihn die Erinnerung an irgendein begangenes ungesühntes Verbrechen.

»Warum seid ihr so arm?« sagte er, seinen Gedanken unwillkürlich aussprechend.

»Ja, wie könnten wir denn anders als arm sein, Väterchen, Euer Durchlaucht? Wie unser Boden ist, belieben Sie selber zu wissen: Lehm, Hügel, auch haben wir unseren Herrgott sichtbarlich erzürnt; seit der Cholera gedeiht das Getreide nicht mehr. Wiesen und Felder sind wieder weniger geworden: manche sind zur Ökonomie geschlagen worden, andere zu den herrschaftlichen Feldern. Ich bin ein einsamer alter Mann ... wenn ich auch gern schaffen möchte – die Kräfte geben's nicht her. Meine Alte ist krank, bringt jedes Jahr ein Mädchen zur Welt: die muß man doch alle ernähren. Ich plage mich ganz allein ab und habe sieben Köpfe zu Hause. Es ist ja eine Sünde vor Gott, aber ich denke mir oft: Wenn unser Herrgott doch schneller ein paar von ihnen zu sich nähme – ich hätt's leichter, und auch für sie wär's besser, als hier mit leerem Bauch zu quaken ...«

»O–och!« seufzte das Weib laut, als bekräftigte sie die Worte des Mannes.

»Das hier ist meine ganze Hilfe«, fuhr Iwan fort und zeigte auf einen weißblonden, struppigen, etwa siebenjährigen Jungen mit aufgetriebenem Leib, der inzwischen unter leisem Türknarren hereingekommen war, mit erstaunten Augen unter der Stirn hervor auf den Herrn blickte und sich mit beiden Händchen an Tschuris' Hemd festhielt. »Das ist meine einzige Stütze«, fuhr Iwan mit lauter Stimme fort und strich mit seiner rauhen Hand über die weißen Haare des Kindes. »Es dauert noch lange, bis er heranwächst, die Arbeit geht aber jetzt schon über meine Kräfte. Die Jahre wären ja noch zu ertragen, aber das Gliederreißen plagt mich. Bei schlechtem Wetter könnte ich schreien vor Schmerz; und ich müßte auch längst von der Fronarbeit befreit sein und den Altenteil bekommen. Jermilow, Djomkin, Sjabrew – alle sind jünger als ich und haben ihren Boden längst übergeben. Nun, ich habe niemanden, dem ich ihn übergeben könnte – das ist mein Unglück. Man muß essen: so rackere ich mich denn ab, Euer Durchlaucht.«

»Ich würde es dir wirklich gern erleichtern. Was läßt sich da tun?« sagte der junge Herr und sah den Bauern voller Teilnahme an.

»Ja, wie erleichtern? Das ist eine alte Sache. Wenn man Land hat, muß man auch Frondienst leisten – das ist so Ordnung und Brauch. Ich muß eben irgendwie aushalten, bis der Kleine heranwächst. Aber wenn Sie die Gnade haben wollten, so befreien Sie ihn von der Schule; der Gemeindeschreiber war neulich schon da, sagt, daß Euer Durchlaucht verlangen, er solle in die

Schule kommen. Befreien Sie ihn doch: was für Verstand hat er denn, Euer Durchlaucht? Er ist noch jung, begreift nichts.«

»Nein, Bruder, alles, was du willst«, sagte der Herr, »aber dein Junge kann schon begreifen, es ist für ihn Zeit zu lernen. Ich spreche doch zu deinem Besten. Denk doch selber, wenn er heranwächst und die Wirtschaft übernimmt und lesen und schreiben kann und in der Kirche lesen – alles geht dann besser in deinem Hause mit Gottes Hilfe«, sagte Nechljudow, der sich Mühe gab, sich so verständlich wie möglich auszudrücken, dabei aber errötete und verlegen wurde.

»Unstreitig, Euer Durchlaucht, Sie wünschen uns nichts Schlechtes; 's ist aber niemand da, der im Hause bleibt: mein Weib und ich sind bei der Fronarbeit, da hilft er doch, wenn er auch klein ist – treibt das Vieh in den Stall, tränkt die Pferde. Wie er auch sein mag, 's ist halt ein Bauer«, und Tschurisenok nahm die Nase des Jungen lächelnd zwischen seine plumpen Finger und schneuzte ihn.

»Schick ihn dennoch in die Schule, wenn du selber zu Hause bist und er Zeit hat: hörst du? Unbedingt.«

Tschurisenok seufzte schwer und gab keine Antwort.

5

»Ja, ich wollte dir noch etwas sagen«, begann Nechljudow wieder, »warum schaffst du den Dünger nicht fort?«

»Was habe ich denn für Dünger, Väterchen, Euer Durchlaucht! Da gibt's nichts fortzuschaffen. Was für Vieh habe ich denn? Eine Stute und ein Füllen; ein Kuhkalb habe ich im Herbst an den Hofbauern abgegeben – das ist mein ganzes Vieh.«

»Wenn du so wenig Vieh hast, warum hast du denn da noch das Kalb abgegeben?« fragte der Herr erstaunt.

»Womit hätte ich es füttern sollen?«

»Hast du denn nicht Stroh genug, um eine Kuh zu ernähren? Bei den anderen langt's doch auch.«

»Die anderen haben gedüngten Boden, ich aber habe nur Lehmboden, da ist nichts zu machen.«

»So dünge ihn eben, dann ist es kein Lehm mehr; der Boden erzeugt Getreide, dann hast du Futter für das Vieh.«

»Wenn ich aber kein Vieh habe, wo soll da der Dünger herkommen?«

Das ist ein seltsamer cercle vicieux, dachte Nechljudow, vermochte aber nichts zu ersinnen, was er dem Bauern hätte raten können.

»Und da muß man auch noch sagen, Euer Durchlaucht, nicht der Dünger erzeugt das Getreide, das macht alles Gott«, fuhr Tschuris fort. »Ich hatte im vorigen Jahr vom Humusboden sechs Schober, aber auf dem gedüngten haben wir keinen Krestez geerntet. Das macht nur Gott allein!« setzte er seufzend hinzu. »Auch das Vieh kommt in unserem Hof nicht fort. Schon das sechste Jahr will nichts leben. Voriges Jahr ist ein Kuhkalb eingegangen, das zweite mußte ich verkaufen; wir hatten kein Futter; und im vorvergangenen Jahr ist eine gute Kuh gefallen; wir hatten sie aus der Herde heimgetrieben, ihr fehlte nichts, mit einem Mal begann sie zu torkeln, zu torkeln – und war hin. So viel Unglück hat mich getroffen!«

»Nun, Brüderchen, damit du nicht sagen kannst, daß du kein Vieh hast, weil du kein Futter hast, und kein Futter hast, weil du kein Vieh hast, so nimm dies hier für eine Kuh«, sagte Nechljudow errötend, zog ein Bündel zerknitterter Banknoten aus der Hosentasche und entfaltete sie. »Kauf dir eine Kuh und hol dir Futter aus der Scheune – ich will es anordnen. Sieh zu, daß du am nächsten Sonntag eine Kuh hast: Ich komme nachsehen.«

Tschuris stand so lange unschlüssig lächelnd da, ohne die Hand nach dem Geld auszustrecken, daß Nechljudow es schließlich auf die Tischkante legte und noch tiefer errötete.

»Wir sind Euer Gnaden sehr dankbar«, sagte Tschuris mit dem ihm eigenen, etwas spöttischen Lächeln.

Die Alte unter der Schlafstelle seufzte ein paarmal schwer auf und schien ein Gebet zu sprechen.

Der junge Herr wurde verlegen; er stand hastig von der Bank auf, trat in den Flur hinaus und rief Tschuris zu sich. Der Anblick eines Menschen, dem er eine Wohltat erwiesen hatte, war ihm so angenehm, daß er sich nicht so rasch von ihm trennen wollte.

398

»Ich helfe dir gern«, sagte er, beim Brunnen stehenbleibend. »Dir kann man helfen, weil ich weiß, daß du nicht faul bist. Du wirst arbeiten – und ich werde helfen: mit Gottes Hilfe wirst du dich schon wieder erholen.«

»Mit dem Erholen hat's gute Wege, wenn ich mich nur nicht ganz zugrunde richte, Euer Durchlaucht«, sagte Tschuris und setzte plötzlich eine ernste, sogar strenge Miene auf, als wäre er mit der Annahme des Herrn, daß er sich erholen könnte, äußerst unzufrieden. »Solange wir mit den Brüdern zusammen bei Väterchen lebten, kannten wir keine Not; seitdem er aber gestorben ist und wir uns getrennt haben, ist es immer schlechter gegangen. Das kommt alles vom Alleinsein!«

»Warum habt ihr euch denn getrennt?«

»Alles nur wegen der Weiber, Euer Durchlaucht. Damals lebte Ihr Großväterchen nicht mehr; unter ihm hätten wir es nicht gewagt: Damals gab es noch eine richtige Ordnung. Er kümmerte sich, ebenso wie Sie selber, um alles – wir hätten nicht einmal gewagt, an eine Trennung zu denken. Der selige Herr mochte nicht nachsichtig gegen die Bauern sein; nach Ihrem Großväterchen hatte Andrej Iljitsch die Aufsicht über uns – Gott mag ihm verzeihen! –, ein Trinker und unzuverlässiger Mensch. Wir kamen das eine Mal zu ihm, um ihn zu bitten, ein zweites Mal – es ist nicht mehr auszuhalten mit den Weibern, erlaube uns, auseinanderzugehen; da hat er uns gezaust und gezaust, und geendet hat's schließlich doch damit, daß die Weiber ihren Willen durchsetzten und wir einzeln zu wirtschaften anfingen; aber man weiß ja, was einer allein vermag! Es war auch gar keine Ordnung damals; Andrej Iljitsch sprang mit uns um, wie er wollte. Daß du ja alles herschaffst! – aber wo es der Bauer hernehmen sollte, danach fragte er nicht. Dann wurde die Kopfsteuer erhöht, es mußten mehr Lebensmittel für den herrschaftlichen Tisch geliefert werden, aber das Land wurde weniger, und das Getreide hörte auf zu wachsen. Nun, und als dann die Vermessung kam und er unsere Düngerfelder dem herrschaftlichen Besitz einverleibte, der Schurke, da hat er uns ganz zugrunde gerichtet, verreckt meinetwegen! Ihr Väterchen – Gott hab ihn selig – war ein guter Herr, aber wir bekamen ihn kaum zu sehen: er lebte immer in Moskau; nun, da mußte man natürlich öfters

Fuhren hinbringen. Oft war der Weg recht schlecht, Futter war nicht da, aber fahr du nur! Der Herr konnte ohne unsere Beihilfe nicht leben. Wir dürfen darüber nicht klagen, aber es war keine Ordnung in allem. Seit nun Euer Gnaden jeden Bauer vor Ihr Antlitz lassen, da sind auch wir anders geworden, und der Verwalter ist ein anderer Mensch geworden. Wir wissen jetzt wenigstens, daß wir einen Herrn haben. Und es läßt sich gar nicht sagen, wie dankbar die Bauern Euer Gnaden sind. Denn in der Zeit der Vormundschaft gab's keinen wirklichen Herrn; jeder war der Herr: der Vormund war der Herr, und Iljitsch war der Herr, und seine Frau spielte die Herrin, und der Amtsschreiber war auch der Herr. Damals ist viel – ach! viel Unglück über die Bauern gekommen!«

Wiederum empfand Nechljudow ein Gefühl wie Beschämung oder Gewissensbisse. Er lüftete den Hut und ging weiter.

6

»Juchwanka-Mudrjonyj will ein Pferd verkaufen«, las Nechljudow in seinem Notizbuch und ging über die Straße zum Hof Juchwanka-Mudrjonyjs. Juchwankas Hütte war sorgfältig mit Stroh aus der herrschaftlichen Scheune gedeckt und aus frischen, hellgrauen Espenbalken (gleichfalls aus herrschaftlichem Besitz) gezimmert: mit zwei rotgestrichenen Fensterläden und einem Treppenaufgang mit Vordach und eigenartigem, aus Brettern geschnitztem Geländer. Der Flur und die kalte Stube waren auch in Ordnung; aber der allgemeine Eindruck von Zufriedenheit und Wohlstand, den dieses Anwesen machte, wurde etwas beeinträchtigt durch eine an den Torflügel angelehnte Vorratskammer mit einem halbfertigen Flechtzaun und offenem Vordach, so daß man hineinschauen konnte. In demselben Augenblick, da Nechljudow sich von der einen Seite dem Treppenaufgang näherte, kamen von der anderen Seite zwei Bauernweiber mit einem vollen Wasserzuber. Eine von ihnen war die Frau, die andere die Mutter des Juchwanka-Mudrjonyj. Die erstere war ein üppiges, rotwangiges Weib mit ungewöhnlich stark entwickelter Brust und breiten, fleischigen Wangen. Sie trug ein reines, an den Ärmeln und am Kragen gesticktes Hemd, eine ebensolche Schürze, einen neuen Faltenrock, neue Schuhe, Glasperlen und einen mit rotem Garn und Flitter bestickten, viereckigen, prächtigen Kopfputz.

Das Ende des Tragjochs schwankte nicht, sondern lag fest auf ihrer breiten und harten Schulter. Die leichte Anstrengung, die sich in ihrem roten Gesicht, in der Krümmung des Rückens und der gleichmäßigen Bewegung der Hände und Füße bemerkbar machte, zeugte von ungewöhnlicher Gesundheit und männlicher Kraft. Juchwankas Mutter hingegen, die das andere Ende des Jochs trug, war eine von jenen alten Frauen, welche die äußerste Grenze des Alters und des Verfalls eines lebenden Menschen erreicht zu haben scheinen. Ihre knochige Gestalt, in ein schwarzes zerrissenes Hemd und in einen farblosen Rock gehüllt, war gebückt, so daß das Tragjoch mehr auf ihrem Rücken als auf der Schulter lag. Ihre beiden Hände mit den gekrümmten Fingern, die sich gleichsam an dem Tragjoch festklammerten, waren von dunkelbrauner Farbe und konnten sich scheinbar nicht mehr auseinanderbiegen; der gesenkte Kopf, der mit irgendeinem Fetzen umwunden war, trug die abstoßendsten Spuren der Armut und des hohen Alters. Unter der niedrigen, nach allen Richtungen von tiefen Falten durchfurchten Stirn blickten zwei rote, wimpernlose Augen trübe zu Boden. Die eingefallene Oberlippe ließ einen einzigen, gelben, ständig wackelnden Zahn sehen, der hin und wieder auf das spitzige Kinn aufstieß. Die Falten am unteren Rand des Gesichts und am Hals sahen Säcken ähnlich, die bei jeder Bewegung hin und her schwankten. Sie atmete schwer und röchelnd; aber die bloßen, verkrümmten Füße bewegten sich gleichmäßig einer nach dem anderen, obwohl sie sich nur mit äußerster Anstrengung fortzuschleppen schienen.

7

Das junge Weib stieß beinahe mit dem Herrn zusammen, setzte den Zuber gewandt ab, schlug die Augen zu Boden, verneigte sich und sah dann unter der Stirn hervor mit glänzenden Augen auf den Herrn, bemüht, ihr leichtes Lächeln mit dem gestickten Ärmel zu verdecken; dann lief sie, mit den Absätzen klappernd, die Stufen hinauf.

»Trag das Joch zu Tante Nastasja, Mütterchen«, sagte sie, in der Tür stehenbleibend und sich der Alten zuwendend.

Der bescheidene junge Gutsherr sah das rotwangige Weib streng, aber aufmerksam an, runzelte die Stirn und wandte sich an die Greisin, die das Tragjoch aus ihren gichtigen Fingern befreit hatte, es nun auf die Schulter lud und ergeben der Nachbarhütte zuschritt.

»Ist dein Sohn zu Hause?« fragte der Herr.

Die Greisin krümmte ihre gebückte Gestalt noch mehr zusammen, verneigte sich und wollte etwas sagen, legte aber die Hände an den Mund und begann so heftig zu husten, daß Nechljudow, ohne eine Antwort abzuwarten, in die Hütte trat. Juchwanka, der im Ikonenwinkel auf der Bank saß, stürzte beim Anblick des Herrn auf den Ofen zu, als wollte er sich vor ihm verstecken, warf hastig einen Gegenstand auf die Schlafstelle und drückte sich, mit dem Mund und den Augen zuckend, an die Wand, als wollte er dem Herrn Platz machen. Juchwanka war ein blonder, etwa dreißigjähriger, hagerer, schlanker Bursche mit einem Spitzbärtchen und hätte recht hübsch genannt werden können, wären nicht die unsteten braunen Äuglein gewesen, die unangenehm unter den gerunzelten Augenbrauen hervorsahen, und hätten ihm nicht die beiden Vorderzähne gefehlt, was sofort in die Augen fiel, da seine Lippen kurz und in beständiger Bewegung waren. Er trug ein festtägliches Hemd mit grellroten Schwalbennestern, gestreifte Kattunhosen und schwere Stiefel mit faltigen Schäften. Im Innern von Juchwankas Hütte war es nicht so eng und düster wie bei Tschuris, obwohl die Luft ebenso stickig war, ebenso nach Rauch und Schafpelz roch und Männerkleider und Hausgerät ebenso unordentlich herumlagen. Zwei Dinge lenkten hier in besonderer Weise die Aufmerksamkeit auf sich: ein kleiner, verbeulter Samowar, der auf dem Wandbrett stand, und ein schwarzer Rahmen mit dem Überrest eines schmutzigen Glases und dem Bildnis irgendeines Generals in roter Uniform, das neben den Heiligenbildern hing. Nechljudow sah mißfällig auf den Samowar, auf das Bildnis des

Generals und auf die Schlafstelle, auf der das Ende einer Tabaks-
pfeife in Messingfassung unter irgendeinem Lumpen hervor-
ragte, und wandte sich an den Bauern.

»Sei mir gegrüßt, Jepifan«, sagte er, ihm in die Augen
blickend.

Jepifan verneigte sich und murmelte: »Ich wünsche Euer
Durchlaucht Gesundheit«, wobei er das Wort »Durchlaucht«
besonders zärtlich aussprach und seine Augen sofort über die
ganze Gestalt des Herrn, die Stube, den Fußboden und die
Decke schweifen ließ, ohne irgendwo mit dem Blick haften zu
bleiben; dann schritt er hastig auf die Schlafstelle zu, nahm seinen Kittel und zog ihn an.

»Warum ziehst du dich an?« sagte Nechljudow, indem er sich
auf die Bank setzte und sich sichtlich Mühe gab, möglichst
streng auf Jepifan zu blicken.

»Wie denn, Durchlaucht, ich bitte Sie, geht es denn anders?
Unsereins kann doch auch verstehen ...«

»Ich bin zu dir gekommen, um zu erfahren, warum du ein
Pferd verkaufen mußt, wie viele Pferde du hast und welches du
verkaufen willst«, sagte der Herr kühl und wiederholte offenbar
vorher zurechtgelegte Fragen.

»Wir sind Euer Durchlaucht sehr dankbar, weil Sie nicht ver-
schmäht haben, zu mir, einem Bauern, zu kommen«, antwortete
Juchwanka und warf flüchtige Blicke auf das Bildnis des Generals, auf den Ofen, auf die Stiefel des Herrn und auf alle Gegenstände, nur nicht auf Nechljudows Gesicht, »wir beten immer
zu Gott für Euer Durchlaucht ...«

»Warum mußt du das Pferd verkaufen?« wiederholte Nechljudow mit erhobener Stimme und räusperte sich.

Juchwanka seufzte, warf die Haare zurück (sein Blick schweif-
te wiederum durch die Stube), und als er die Katze entdeckte,
die friedlich schnurrend auf der Bank lag, schrie er ihr zu: »Weg
da, gemeines Vieh!« und wandte sich hastig an den Herrn: »Das
Pferd, Durchlaucht, taugt nichts ... Wär's ein gutes Tier, würd
ich es nicht verkaufen, Euer Durchlaucht.«

»Wieviel Pferde hast du denn im ganzen?« – »Drei Pferde,
Euer Durchlaucht.« – »Und keine Füllen?«

»Wie denn, Euer Durchlaucht, ein Füllen ist auch da.«

8

»Komm, zeig mir deine Pferde; hast du sie im Hof?«

»Gewiß, Euer Durchlaucht, wie es mir befohlen worden ist, so ist es geschehen, Euer Durchlaucht. Dürfen wir denn Euer Durchlaucht ungehorsam sein? Jakob Alpatytsch hat mir befohlen, die Pferde morgen nicht aufs Feld zu lassen: Der Fürst werden sie ansehen, da habe ich sie denn nicht hinausgelassen. Wir wagen es nicht, Euer Durchlaucht ungehorsam zu sein.«

Während Nechljudow zur Tür hinausschritt, nahm Juchwanka die Pfeife von der Schlafstelle weg und warf sie hinter den Ofen; seine Lippen zuckten immer noch unruhig, auch wenn der Herr ihn nicht ansah.

Eine magere, graue Stute wühlte unter dem Vordach in faulem Stroh; ein zwei Monate altes, langbeiniges Füllen von unbestimmter Farbe, mit bläulichen Beinen und Maul wich nicht von ihrem dünnen, mit Kletten besäten Schweif. Inmitten des Hofs stand ein dickbäuchiger, brauner Wallach mit zusammengekniffenen Augen und nachdenklich gesenktem Kopf, dem Anschein nach ein gutes Bauernpferdchen.

»So sind das alle deine Pferde?«

»Durchaus nicht, Euer Durchlaucht; da ist noch die Stute und das Füllen«, antwortete Juchwanka und zeigte auf die Pferde, die der Herr gar nicht übersehen konnte.

»Ich sehe. Also welches willst du denn verkaufen?«

»Nun, dieses hier, Euer Durchlaucht«, antwortete er, indem er mit dem Rockschoß nach dem schlummernden Wallach schlug und dabei unaufhörlich blinzelte und mit den Lippen zuckte. Der Wallach öffnete die Augen und drehte ihm faul das Hinterteil zu.

»Er ist allem Anschein nach nicht alt und ein stattliches Pferdchen«, sagte Nechljudow. »Fang ihn und zeige mir seine Zähne. Ich will sehen, ob er alt ist.«

»Ich kann ihn allein nicht einfangen; das ganze Vieh ist keinen Groschen wert, dabei hat es Mucken – stößt mit Maul und Brust, Euer Durchlaucht«, entgegnete Juchwanka fröhlich lächelnd und ließ die Augen nach allen Seiten schweifen.

»Unsinn! Fang es, sag ich dir.«

Juchwanka lächelte und gebärdete sich lange Zeit unschlüssig, und erst als Nechljudow ihn zornig anschrie: »Nun, wird's?« stürzte er unter das Vordach, brachte die Halfter und fing an, das Pferd zu jagen, machte es scheu und ging statt von vorn stets von hinten auf das Tier zu.

Der junge Herr war es sichtlich überdrüssig, noch länger zuzusehen, vielleicht wollte er auch seine Geschicklichkeit zeigen.

»Gib die Halfter her!« sagte er.

»Ich bitte Sie! Wie könnte Euer Durchlaucht denn? Belieben doch ...«

Nechljudow aber schritt geradeswegs auf den Kopf des Pferdes zu, packte es plötzlich an den Ohren, bog es mit so viel Kraft zur Erde nieder, daß der Wallach, der sich als ein ganz frommes Bauernpferdchen erwies, ins Schwanken geriet, zu schnauben begann und sich loszureißen suchte. Als Nechljudow merkte, daß es ganz unnötig gewesen war, soviel Kraft anzuwenden, und Jepifan ansah, der nicht aufhörte zu lächeln, schoß ihm der in seinem Alter kränkendste Gedanke durch den Kopf, daß sich nämlich Juchwanka über ihn lustig mache und ihn in innerster Seele als Kind betrachte. Er errötete, ließ die Ohren des Pferdes los, öffnete ihm ohne Hilfe der Halfter das Maul und prüfte die Zähne: Die unteren Eckzähne waren unversehrt, die Kronen der Vorderzähne voll, das alles hatte der junge Landwirt schon gelernt – folglich war das Pferd jung.

Juchwanka war inzwischen zum Schuppen getreten; er sah, daß die Egge nicht an ihrem Platz lag, hob sie auf und lehnte sie aufrecht an den geflochtenen Zaun.

»Komm hierher!« rief der Herr mit dem Ausdruck kindlichen Unwillens im Gesicht und einer Stimme, die beinahe von Tränen des Ärgers und Zornes erstickt war. »Ist dieses Pferd etwa alt?«

»Ich bitte, Euer Durchlaucht, sehr alt, so an die zwanzig Jahre ... welches Pferd ...«

»Schweig! Du bist ein großer Lügner und Taugenichts, denn ein ehrlicher Bauer lügt nicht: er hat's nicht nötig!« sagte Nechljudow, der an den Tränen würgte, die ihm vor Zorn in die Kehle stiegen. Er hielt inne, um nicht in Tränen auszubrechen und sich vor dem Bauern keine Blöße zu geben. Juchwanka schwieg auch, schnaufte durch die Nase wie ein Mensch, der gleich zu weinen anfangen will, und zuckte ganz leicht mit dem Kopf.

»Womit willst du denn zum Ackern hinausfahren, wenn du dieses Pferd verkaufst?« fuhr Nechljudow fort, als er sich hinreichend beruhigt hatte, um mit seiner gewöhnlichen Stimme sprechen zu können. »Man gibt dir absichtlich Arbeiten, bei denen du deine Pferde nicht brauchst, damit du sie für die Ackerzeit schonen kannst, und du willst das letzte verkaufen? Und vor allem – weshalb lügst du?«

Sobald der Herr sich beruhigt hatte, beruhigte sich auch Juchwanka. Er stand in gerader Haltung da und ließ, mit den Lippen zuckend, seine Augen nach wie vor von einem Gegenstand zum anderen schweifen.

»Ich werde für Durchlaucht nicht schlechter als die anderen zur Arbeit gefahren kommen«, erwiderte er.

»Ja, womit willst du denn fahren?«

»Seien Sie ohne Sorge, die Arbeit für Euer Durchlaucht wird schon gemacht werden«, antwortete er, den Wallach durch einen Zuruf wegjagend. »Würd es mir denn einfallen, das Pferd zu verkaufen, wenn ich das Geld nicht brauchte?«

»Wozu brauchst du Geld?«

»Wir haben gar kein Brot, Euer Durchlaucht, auch muß man den Bauern die Schulden bezahlen, Euer Durchlaucht.«

»Ihr habt kein Brot? Wie kommt es denn, daß die anderen, die Familie haben, noch eines haben und daß du, der Kinderlose, keins mehr hast? Wo ist es denn hingekommen?«

»Aufgegessen, Euer Durchlaucht, und nun ist kein Krümchen mehr da. Zum Herbst kaufe ich dann ein Pferd, Euer Durchlaucht.«

»Wage ja nicht an den Verkauf des Pferdes zu denken!«

»Wie denn, Euer Durchlaucht, wenn's so ist, wie sollen wir da weiterleben: Brot ist nicht da, und ich soll mich nicht unterstehen, etwas zu verkaufen«, antwortete er, ganz zur Seite gewandt, zuckte mit den Lippen und sah dem Herrn dann plötzlich mit einem herausfordernden Blick gerade ins Gesicht. »Das heißt also, wir sollen Hungers sterben.«

»Hüte dich, Bruder!« schrie Nechljudow erblassend, da er

sich von dem Bauern persönlich beleidigt fühlte, »solche Bauern wie dich mag ich nicht behalten. Das wird dir übel bekommen.«

»Das steht in Euer Durchlaucht Belieben«, antwortete Juchwanka, die Augen schließend, mit einer geheuchelt unterwürfigen Miene, »wenn ich's nicht anders um Sie verdient habe. Ich meine aber, es kann mir niemand etwas vorwerfen. Natürlich, wenn ich Euer Durchlaucht nicht genehm bin, so liegt alles in Ihrem Belieben; ich weiß nur nicht, wofür ich leiden soll.«

»Ich will dir sagen wofür: dafür, daß dein Hof vernachlässigt, der Dünger nicht eingeackert ist, die Zäune zerbrochen sind, du aber zu Hause sitzt und deine Pfeife rauchst, statt zu arbeiten; dafür, daß du deiner Mutter, die dir die ganze Wirtschaft übergeben hat, nicht einmal ein Stück Brot gibst, deiner Frau erlaubst, sie zu schlagen, und das arme Weib so weit gebracht hast, daß sie mit einer Klage zu mir gekommen ist.«

»Ich bitte, Euer Durchlaucht, ich weiß nicht einmal, daß es solche Pfeifen gibt«, antwortete Juchwanka verlegen, den die Beschuldigung, daß er Pfeife rauche, offenbar mehr als alles andere kränkte. »Einem Menschen läßt sich vieles nachsagen.«

»Nun lügst du wieder! Ich habe selbst gesehen …«

»Wie dürfte ich es wagen, Euer Durchlaucht zu belügen?«

Nechljudow schwieg, biß sich auf die Lippen und fing an, im Hof auf und ab zu gehen. Juchwanka verfolgte, auf seinem Platz verharrend, und ohne die Augen zu erheben, die Beine des Herrn mit den Blicken.

»Höre, Jepifan«, sagte Nechljudow mit kindlich sanfter Stimme, blieb vor dem Bauern stehen und versuchte, seine Erregung zu verbergen, »so darf man nicht leben, du richtest dich zugrunde. Denk doch einmal ordentlich nach. Wenn du ein guter Bauer sein willst, so ändere deine Lebensweise, laß von deinen schlechten Gewohnheiten ab, lüge nicht, trinke nicht und achte deine Mutter. Ich weiß ja alles über dich. Befasse dich mit der Wirtschaft, nicht aber damit, daß du im Staatsforst Holz stiehlst und in die Kneipen läufst. Sage doch, ob daran etwas Gutes ist. Wenn du etwas brauchst, so komm zu mir, sage offen, was du brauchst und weshalb, aber lüge nicht, sondern sprich die volle Wahrheit, dann werde ich dir helfen, so gut ich es kann.«

»Ich bitte, Euer Durchlaucht, wir können Euer Durchlaucht, meine ich, gut verstehen!« antwortete Juchwanka lächelnd, als wüßte er den ganzen Reiz, der in diesem Schmerz des Herrn lag, zu würdigen.

Dieses Lächeln und diese Antwort ließen Nechljudows Hoffnungen, den Bauern zu rühren und durch Ermahnungen auf den richtigen Weg zurückzubringen, vollständig schwinden. Zudem hatte er das Gefühl, daß es ihm, der die Macht besaß, nicht anstehe, seinen Bauern zu ermahnen, und daß alles, was er sagte, gar nicht das war, was man hätte sagen müssen. Er senkte traurig den Kopf und ging in den Flur. Auf der Schwelle saß die Alte und stöhnte laut, als wollte sie damit bekunden, daß sie den Worten des Herrn, die sie gehört hatte, zustimme.

»Da habt Ihr etwas für Brot«, flüsterte ihr Nechljudow ins Ohr und legte ihr einen Geldschein in die Hand, »aber kauft es selber, gebt es nicht Juchwanka, sonst vertrinkt er es.«

Die Alte griff mit ihrer knochigen Hand nach dem Türpfosten, um aufzustehen und dem Herrn zu danken; ihr Kopf begann zu wackeln; als sie endlich auf den Füßen stand, war Nechljudow bereits auf der anderen Seite der Straße.

9

»Davydka Bjelyj bittet um Brot und Zaunpfähle«, war in seinem Merkbuch hinter Juchwanka verzeichnet.

Nechljudow ging an mehreren Höfen vorüber; als er in eine Gasse einbiegen wollte, begegnete ihm sein Verwalter Jakow Alpatytsch, der beim Anblick des Herrn schon von weitem seine Wachstuchmütze abnahm, ein seidenes Taschentuch hervorzog und sein dickes, rotes Gesicht abzuwischen begann.

»Setz deine Mütze auf, Jakow! Jakow, setze sie doch auf, sage ich dir …«

»Wen hat Euer Durchlaucht zu besuchen geruht?« fragte Jakow, der sich mit der Mütze vor der Sonne schützte, sie aber nicht aufsetzte.

»Ich war bei Mudrjonyj. Sage mir bitte, warum ist der so geworden?« fragte der Herr und setzte seinen Weg fort.

»Wieso denn, Euer Durchlaucht?« fragte der Verwalter, der seinem Herrn in ehrfurchtsvollem Abstand folgte, seine Mütze aufsetzte und sich den Schnurrbart strich.

»Wieso? Er ist ein vollständiger Taugenichts geworden, ein Faulpelz, Dieb und Lügner, er mißhandelt seine Mutter und ist scheint's ein so eingefleischter Tunichtgut, daß er sich niemals bessern wird.«

»Ich weiß nicht, Euer Durchlaucht, warum er Ihnen so wenig gefallen hat ...«

»Und seine Frau«, unterbrach ihn der Herr, »scheint ein ganz abscheuliches Weib zu sein. Die Alte ist schlechter angezogen als jede Bettlerin und hat nichts zu essen, sie aber ist herausgeputzt und er auch. Ich weiß gar nicht, was man mit ihm machen soll.«

Jakow wurde sichtlich verlegen, als Nechljudow von Juchwankas Frau zu sprechen anfing.

»Nun, wenn er sich so gehen läßt, Euer Durchlaucht«, begann er, »muß man Maßnahmen ergreifen. Er ist wirklich arm, wie immer, wenn nur ein Mann da ist, aber er hält doch noch auf sich, er macht es nicht so wie die anderen. Er ist ein kluger Mann, der zu lesen und zu schreiben versteht, und anscheinend auch ein ehrlicher Bauer. Bei der Eintreibung der Kopfsteuer ist er immer mit dabei. Seit ich Verwalter bin, ist er auch schon drei Jahre lang Dorfältester gewesen und hat sich nichts zuschulden kommen lassen. Im dritten Jahr hat ihn die Vormundschaft abgesetzt, er hat sich aber auch im Frondienst ordentlich geführt. Vielleicht, daß er ein wenig zu trinken angefangen hat, als er in der Stadt bei der Post war, da muß man eben Maßnahmen ergreifen. Wenn er zuweilen über die Schnur haut, schüchtert man ihn etwas ein – dann nimmt er wieder Vernunft an: das tut ihm gut, und die Familie kommt auch wieder zum Frieden; aber wenn Sie diese Maßregeln nicht anzuwenden wünschen, so weiß ich auch nicht, was wir mit ihm anfangen sollen. Er hat sich wirklich sehr gehen lassen. Zum Soldaten taugt er auch nicht, weil ihm, wie Sie wohl bemerkt haben, zwei Zähne fehlen. Und er ist nicht der einzige, erlaube ich mir zu bemerken, der gar keinen Respekt hat ...«

»Das laß sein, Jakow«, antwortete Nechljudow mit leichtem Lächeln, »darüber habe ich mit dir schon genug geredet. Du weißt, wie ich darüber denke, und ich werde, was du mir auch sagen magst, doch immer so denken.«

»Gewiß ist das Euer Durchlaucht alles bekannt«, antwortete Jakow und zuckte die Achseln; der Blick, mit dem er seinen Herrn von hinten ansah, schien zu sagen, daß er nicht viel Gutes von ihm erwarte. »Aber es ist ganz unnötig, daß Sie sich wegen der Alten aufzuregen belieben«, fuhr er fort, »sie hat ja freilich die Waisen betreut, Juchwanka großgezogen und verheiratet und alles das; aber es ist nun einmal nicht anders im Bauernstand: Wenn der Vater oder die Mutter dem Sohn die Wirtschaft übergibt, so sind der Sohn und die Schwiegertochter die Herren im Hause, die Alte aber muß sich ihr Brot nach Kräften und Vermögen selber erarbeiten. Diese Leute besitzen natürlich keine so zarten Gefühle, aber im Bauernstand ist es so Sitte. Deshalb erlaube ich mir auch zu bemerken, daß die Alte Sie unnötig belästigt hat. Sie ist ein kluges Weib und eine tüchtige Hausfrau; weshalb aber belästigt sie den Herrn wegen jeder Kleinigkeit? Nun, sie hat sich mit der Schwiegertochter gezankt, und diese hat sie vielleicht auch gestoßen – Weibersache! Sie hätten sich schon wieder versöhnt, ohne Sie zu belästigen. Sie nehmen sich ohnedies alles viel zu sehr zu Herzen«, sagte der Verwalter und blickte dabei mit einer gewissen Zärtlichkeit und Nachsicht auf den Herrn, der schweigend, mit großen Schritten, vor ihm auf der Straße dahinging.

»Belieben Sie nach Hause zu gehen?« fragte er.

»Nein, zu Davydka Bjelyj oder Kosjol ... wie heißt er?«

»Nun, das ist auch ein Pack, muß ich Ihnen sagen. Die ganze Sippe der Kosjols ist so. Was habe ich alles mit ihm angefangen – nichts hat genützt. Gestern fahre ich über die Bauernfelder, aber bei ihm ist nicht einmal Buchweizen gesät; was wollen Sie mit solch einem Völkchen machen? Wenn der Alte wenigstens den Sohn lehren wollte, aber das ist genauso ein Taugenichts: Er arbeitet weder für sich noch für den Herrn und packt alles ungeschickt an. Was haben der Vormund und ich nicht alles mit ihm gemacht: Wir haben ihn einsperren lassen und zu Hause bestraft – das lieben Sie ja nicht ...«

»Wen denn, am Ende gar den Alten?«

»Jawohl, den Alten. Der Vormund hat ihn etlichemal vor der

ganzen Versammlung bestrafen lassen; aber glauben Euer Durchlaucht, daß ihm das was ausmacht? Er schüttelt sich, geht fort, und alles bleibt beim alten. Und dabei ist Davydka, muß ich Ihnen sagen, ein ruhiger und keineswegs dummer Bauer, er raucht nicht und trinkt nicht«, erklärte Jakow, »ist aber schlimmer als mancher Trunkenbold. Man kann ihn nur zu den Soldaten stecken oder zur Ansiedlung wegschicken, weiter bleibt einem nichts übrig. Die ganze Kosjolsche Sippe ist so: Matrjuschka, der in der Hinterstube wohnt und auch zu ihrer Familie gehört, ist derselbe verdammte Faulenzer. So brauchen Sie mich also nicht, Euer Durchlaucht?« fügte der Verwalter hinzu, da er bemerkte, daß der Herr ihm nicht zuhörte.

»Nein, du kannst gehen«, antwortete Nechljudow zerstreut und schlug die Richtung zu Davydka Bjelyj ein.

Davydkas Hütte stand schief und einsam am Rand des Dorfes. Da war kein dazugehöriger Hof, keine Getreidedarre, keine Scheune; nur ein paar schmutzige Viehställchen lehnten sich auf der einen Seite an die Hütte an; auf der anderen Seite lagen ein Haufen Reisig und Balken, für den Bau des Hofes bestimmt. Hohes grünes Steppengras wuchs an der Stelle, wo er früher einmal gewesen war. Niemand war bei der Hütte zu sehen, außer einem Schwein, das im Schmutz vor der Schwelle lag und grunzte.

Nechljudow klopfte an die zerbrochene Fensterscheibe; da ihm aber niemand antwortete, ging er zum Flur und rief: »Wirtsleute!« Aber auch darauf antwortete niemand. Er ging durch den Flur, warf einen Blick in die leeren Ställe und betrat die offenstehende Stube. Ein alter roter Hahn und zwei Hühner gingen, die Halsfedern gesträubt und mit den Krallen klappernd, auf dem Fußboden und den Bänken spazieren. Als sie einen Menschen erblickten, flogen sie mit entsetztem Gackern und gespreizten Flügeln gegen die Wände, und eine Henne sprang auf den Ofen. Das ganze sechs Ellen große Stübchen war von einem Ofen mit einem zerbrochenen Rohr, einem Webstuhl, der trotz der Sommerzeit nicht hinausgetragen worden war, und einem schwarz gewordenen Tisch ausgefüllt, dessen Platte sich geworfen hatte und geborsten war.

Trotz des trockenen Wetters stand an der Schwelle doch eine

schmutzige Pfütze, die sich bei einem früheren Regen durch das leck gewordene Dach und die Decke gebildet hatte. Schlafstellen waren nicht vorhanden. Man konnte kaum glauben, daß dies eine menschliche Behausung sei – einen so offensichtlichen Eindruck von Verwahrlosung und Unordnung machte sowohl das Äußere als auch das Innere der Stube; indessen wohnte Davydka Bjelyj mit seiner ganzen Familie darin. In diesem Augenblick schlief Davydka, trotz des heißen Junitages, unter dem Schafpelz, den er sich über die Ohren gezogen hatte, fest in einer Ofenecke. Das erschrockene Huhn, das auf den Ofen geflogen war und sich von seiner Aufregung noch nicht erholt hatte, stieg auf Davydkas Rücken herum, ohne daß er erwachte.

Da Nechljudow niemanden in der Stube erblickte, wandte er sich zum Gehen, als ein langgedehnter Seufzer den Hausherrn verriet.

»He! Wer ist da?« rief der Herr.

Vom Ofen her ertönte ein zweiter langgedehnter Seufzer.

»Wer ist dort? Komm her!«

Ein weiterer Seufzer, ein Grunzen und ein lautes Gähnen antworteten auf den Ruf des Herrn.

»Nun, wird's bald?«

Auf dem Ofen begann es sich langsam zu bewegen; zuerst erschien der Schoß eines abgetragenen Schafpelzes; ein großer Fuß in einem zerrissenen Bastschuh ließ sich herab, dann der zweite, und endlich tauchte Davydka Bjelyis ganze Gestalt auf; er saß auf dem Ofen und rieb sich mit seiner großen Faust faul und unzufrieden die Augen. Langsam beugte er den Kopf vor, blickte gähnend in die Stube und begann, als er den Herrn gewahrte, sich etwas schneller als vorher zu bewegen, aber immerhin noch so langsam, daß Nechljudow Zeit hatte, dreimal von der Pfütze zum Webstuhl und zurück zu gehen, während Davydka immer noch vom Ofen heruntersteig. Davydka Bjelyj war – wie sein Name besagte – wirklich weiß: seine Haare, sein Körper, sein Gesicht – alles war ungewöhnlich weiß. Er war groß und sehr dick, aber dick, wie es die Bauern zu sein pflegen, das heißt nicht nur am Bauch, sondern am ganzen Körper. Seine Leibesfülle hatte indessen etwas Weichliches und Ungesundes. Das ziemlich hübsche Gesicht mit den hellblauen, ruhigen Augen und dem breiten, großen Bart trug den Stempel der Kränklichkeit. Es war weder von der Sonne gebräunt, noch zeigte es die geringste Röte; es hatte eine blasse, gelbliche Farbe mit einem leichten lila Schatten unter den Augen und schien vor Fett ganz gedunsen oder geschwollen zu sein. Die Hände waren gedunsen und gelb, wie bei Menschen, die an Wassersucht leiden, und mit feinen weißen Haaren bedeckt. Er war so verschlafen, daß er die Augen nicht ganz öffnen konnte und schwankend und gähnend dastand.

»Nun, schämst du dich denn nicht«, begann Nechljudow, »am hellichten Tage zu schlafen, wo du doch deinen Hof zu bauen hast und kein Brot im Hause ist? ...«

Als Davydka sich endlich vom Schlaf ermannte und zu begreifen anfing, daß sein Herr vor ihm stand, faltete er seine Hände unter dem Bauch, senkte den Kopf, neigte ihn ein wenig zur Seite und rührte sich nicht. Er schwieg; aber der Ausdruck seines Gesichts und die Haltung des ganzen Körpers besagte: Ich weiß, ich weiß; ich höre es nicht zum erstenmal. So schlagen Sie mich denn, wenn es sein muß – ich werde es ertragen. Er wünschte anscheinend, daß der Herr zu reden aufhöre und schneller mit dem Schlagen beginne, ja, daß er ihn schmerzhaft auf die dicken Backen schlage, ihn aber dafür schneller in Ruhe lasse. Da Nechljudow bemerkte, daß Davydka ihn nicht verstand, bemühte er sich, den Bauern durch verschiedene Fragen seinem demütig geduldigen Schweigen zu entreißen.

»Weshalb hast du mich denn um Holz gebeten, wenn es seit einem Monat bei dir herumliegt und du die ganze freie Zeit verliegst?« Davydka schwieg beharrlich und rührte sich nicht.

»Nun, so antworte doch!«

Davydka brummte irgend etwas und zuckte mit seinen weißen Wimpern.

»Man muß doch arbeiten, Brüderchen: Was soll denn ohne Arbeit werden? Jetzt hast du kein Brot mehr, woher kommt das? Weil dein Boden schlecht gepflügt und nicht zweimal geackert ist und weil du nicht zur Zeit gesät hast – alles aus Faulheit. Du bittest mich um Brot; nun gut, ich gebe es dir, weil ich dich nicht Hungers sterben lassen kann, aber so darf nicht verfahren werden. Wessen Brot werde ich dir geben? Was glaubst du, wessen?

Antworte mir: wessen Brot werde ich dir geben?« beharrte Nechljudow auf seiner Frage.

»Herrschaftliches«, murmelte Davydka und hob zaghaft und fragend seine Augen.

»Und wo kommt das herrschaftliche Brot her? Überlege einmal, wer hat das Feld gepflügt, geeggt? Wer hat gesät und geerntet? Die Bauern? Ja? Siehst du wohl: wenn also das herrschaftliche Brot unter die Bauern verteilt werden soll, so muß ich denen mehr geben, die sich mehr darum bemüht haben, du aber hast am wenigsten von allen gearbeitet, auch bei der Fronarbeit wird über dich geklagt – du hast am wenigsten gearbeitet und verlangst am meisten. Warum soll ich es also dir geben und den anderen nicht? Wenn alle so wie du auf der faulen Haut lägen, so wären wir alle längst verhungert. Man muß arbeiten, mein Lieber, aber so, wie du es machst, ist es schlecht – hörst du, Davyd?«

»Zu Befehl!« sagte der Bauer langsam durch die Zähne.

10

In diesem Augenblick huschte der Kopf einer Bäuerin, die Leinwand auf dem Schulterjoch trug, am Fenster vorbei, und eine Minute später trat Davydkas Mutter in die Stube, eine große, sehr frische und lebhafte Frau von etwa fünfzig Jahren. Ihr von Pockennarben entstelltes und von Runzeln durchfurchtes Gesicht war unschön, aber die gerade, feste Nase, die zusammengepreßten, dünnen Lippen und die scharfen, grauen Augen drückten Verstand und Energie aus. Ihre eckigen Schultern, die flache Brust, die hageren Hände und die entwickelten Muskeln zeugten davon, daß sie schon lange aufgehört hatte, Weib zu sein, und nur noch Arbeiter war. Sie trat rasch in die Stube, zog die Tür hinter sich zu, zupfte ihren Rock zurecht und warf dem Sohn einen zornigen Blick zu. Nechljudow wollte ihr etwas sagen, aber sie wandte sich von ihm ab und begann sich vor dem schwarzen hölzernen Heiligenbild, das hinter dem Webstuhl hervorsah, zu bekreuzigen. Als sie damit fertig war, rückte sie das schmutzige karierte Tuch, das um ihren Kopf geschlungen war, zurecht und verneigte sich tief vor dem Herrn.

»Ich wünsche einen guten Feiertag, Euer Durchlaucht!« sagte sie. »Gott behüte dich, du, unser Vater …«

Davydka war bei dem Anblick seiner Mutter merklich verlegen geworden, krümmte seinen Rücken ein wenig und senkte den Kopf noch tiefer.

»Ich danke dir, Anna«, antwortete Nechljudow. »Ich habe soeben mit deinem Sohn über eure Wirtschaft gesprochen.«

Anna oder Arischka Burlak – diesen Beinamen hatten ihr die Bauern schon als Mädchen gegeben – stützte das Kinn auf die Faust der rechten Hand, wobei sie den Arm auf die linke flache Hand stützte, und begann, ohne den Herrn bis zu Ende anzuhören, so scharf und laut zu sprechen, daß sich die ganze Stube mit dem Klang ihrer Stimme füllte und es sich von draußen anhören mochte, als ob mehrere Weiberstimmen gleichzeitig redeten.

»Wozu, du, mein Vater, wozu redest du mit ihm! Er kann ja nicht einmal sprechen wie ein Mensch. Da steht er, der Tölpel«, fuhr sie fort und wies mit dem Kopf verächtlich auf Davydkas jämmerliche, plumpe Gestalt. »Was habe ich denn für eine *Wirtschaft,* Euer Durchlaucht? Wir sind bettelarmes Volk; schlechtere als uns hast du in deinem ganzen Dorf nicht: Wir haben weder für uns etwas noch für die Herrschaft – eine Schande. Und er ist's, der uns so weit gebracht hat. Wir haben ihn geboren, gefüttert und getränkt, konnten es nicht erwarten, bis der Bursche heranwuchs. Da haben wir uns was Rechtes erwartet: Brot fressen kann er, aber Arbeit sieht man von ihm ebensoviel wie von dem angefaulten Klotz dort. Er kann nur auf dem Ofen liegen oder so dastehen und seinen dummen Schädel kratzen«, sagte sie, ihn nachahmend. »Wenn du ihm wenigstens Furcht einjagen könntest, Väterchen. Ich bitte dich selber: bestrafe ihn um Gottes willen, gib ihn zu den Soldaten – dann hat's ein Ende. Ich halte es nicht mehr aus mit ihm – so ist's.«

»Fühlst du denn nicht, daß es sündhaft ist, Davydka, seine Mutter so weit zu bringen?« wandte sich Nechljudow vorwurfsvoll an den Bauern.

Davydka rührte sich nicht.

»Wenn der Kerl noch krank wäre«, fuhr Arina mit derselben Lebhaftigkeit und denselben Handbewegungen fort, »aber man braucht ihn ja nur anzusehen, wie ein aufgeblasenes Schwein ist er. Es wäre genug Arbeit da für so einen Fettkloß! Aber nein, er verkommt auf dem Ofen, der Lotterbube. Wenn er etwas anfaßt, möchte ich am liebsten nicht hinsehen: bis er sich erhebt, bis er sich umdreht, bis sonst was geschieht«, sagte sie, wobei sie die Worte dehnte und ihre eckigen Schultern plump von einer Seite auf die andere drehte. »So ist auch heute der Alte allein in den Wald um Reisig gefahren, und ihm hat er befohlen, Gruben auszuheben: Aber nein, er hat die Schaufel nicht einmal in die Hand genommen …« Sie verstummte einen Augenblick. »Er hat mich arme Waise zugrunde gerichtet!« kreischte sie plötzlich auf, holte mit den Händen aus und ging mit einer drohenden Gebärde auf den Sohn zu. »Du mit deiner glatten, frechen Fratze, Gott verzeih mir!« Sie wandte sich verächtlich und zugleich verzweifelt von ihm ab, spuckte aus, wandte sich wieder dem Herrn zu und fuhr mit derselben Lebhaftigkeit und mit Tränen in den Augen fort, mit den Händen herumzufuchteln. »Ich muß alles allein machen, mein Wohltäter. Der Alte ist kränklich, und er taugt auch zu nichts, und ich bin ganz allein, mutterseelenallein. Ein Stein könnte bersten. Sterben wäre das Beste, dann hätte man es leichter – und es nähme ein Ende. Zu Tode hat er mich gequält, der Schuft! Du, Herr, bist mein Vater! Ich kann nicht mehr! Meine Schwiegertochter ist vor lauter Arbeit umgekommen und mir wird es auch so gehen.«

»Wie ist sie denn umgekommen?« fragte Nechljudow ungläubig.

»Aus Überanstrengung, mein Ernährer, ist sie zugrunde gegangen, so wahr Gott lebt. Wir haben sie im vorvergangenen Jahr aus Baburino hergeholt«, fuhr sie fort, und ihr zorniger Ausdruck wich plötzlich einem weinerlichen und traurigen, »ein junges, frisches, stilles Weib, Väterchen. Zu Hause bei ihrem Vater ist sie als Mädchen verhätschelt worden, hat keine Not gekannt, aber als sie zu uns kam, als sie unsere Arbeit kennenlernte – die Fronarbeit und im Hause und überall! Sie und ich – wir haben allein gewerkt. Was verschlägt's mir? Ich bin ein an Arbeit gewöhntes Weib, aber sie war in anderen Umständen und mußte viel leiden; und hat immer über ihre Kraft gearbeitet – nun, und ist dabei zu Schaden gekommen, das Herzchen. Im Sommer, vor Peter und Paul, hat sie zum Unglück noch einen Buben geboren, aber wir hatten kein Brot, haben uns nur irgendwie ernährt, du, mein Vater, eilige Arbeit kam auch noch dazu – da ist ihr die Brust eingetrocknet. Es war ihr erstes Kindchen, ein Kühlein hatten wir nicht, und wir sind ja auch Bauern: wie hätten wir's denn fertiggebracht, ein Kind mit der Flasche aufzuziehen; nun, man weiß ja, Weiberdummheit – sie ist darüber noch unglücklicher gewesen. Und wie der Kleine starb, da hat sie vor Kummer geheult und geheult, gejammert und gejammert, und die Arbeit und die Not wurden immer schlimmer: Sie richtete sich in dem Sommer so zugrunde, das Herzchen, daß sie vor Mariä Schutz und Fürbitte selber starb. Er hat sie umgebracht, diese Bestie!« wandte sie sich wieder mit verzweifelter Wut an den Sohn. »Ich wollte dich noch um etwas bitten, Euer Durchlaucht«, fuhr sie nach einem kurzen Schweigen fort, dämpfte ihre Stimme und verneigte sich.

»Was willst du?« fragte Nechljudow zerstreut, da er von ihrer Erzählung noch ganz erregt war.

»Er ist ja noch ein junger Bauer. Von mir kann man nicht mehr viel Arbeit erwarten: Heute lebe ich, morgen bin ich tot. Wie soll er ohne Frau leben? Er wird dir ja kein guter Bauer sein. Mach du etwas für uns ausfindig, du bist unser Vater.«

»Das heißt: du willst ihn verheiraten? Nun denn, das ist eine gute Sache!«

»Tu uns die göttliche Gnade; du bist uns Vater und Mutter.«

Sie machte ihrem Sohn ein Zeichen, und beide stürzten dem Herrn zu Füßen. »Warum kniest du?« sagte Nechljudow ärgerlich und hob sie an den Schultern in die Höhe. »Kannst du es denn nicht so sagen? Du weißt, daß ich das nicht liebe. Verheirate deinen Sohn, meinetwegen; es wird mich sehr freuen, falls du eine Braut für ihn im Auge hast.«

Die Alte erhob sich und wischte mit dem Ärmel ihre trockenen Augen ab. Davydka folgte ihrem Beispiel, wischte mit seiner gedunsenen Faust die Augen aus, blieb in derselben geduldig demütigen Haltung stehen und hörte zu, was Arina sagte.

»Eine Braut wüßte ich wohl, wie denn nicht! Etwa Wasjutka Michejkina, ein nettes Mädchen, aber ohne dein Geheiß wird sie ihn nicht nehmen.«

»Ist sie denn nicht einverstanden?«

»Nein, unser Ernährer, falls es nach ihr geht!«

»Nun, was ist dann zu machen? Ich kann sie nicht zwingen; sucht eine andere – wenn es keine hiesige ist, so nehmt eine fremde; ich werde sie loskaufen, nur muß sie aus freiem Willen gehen, denn mit Gewalt darf man kein Mädchen verheiraten. Es gibt kein solches Gesetz, außerdem ist es eine große Sünde.«

»Äh, äh, äh, mein Ernährer! Wie wäre es denn möglich, daß eine Lust bekäme, hierher zu heiraten, wenn sie unser Leben und unsere Armut sieht? Nicht einmal ein Soldatenweib würde eine solche Not auf sich nehmen. Welcher Bauer würde denn sein Mädchen in unsere Wirtschaft lassen? Ein Verrückter gäbe sie nicht her. Wir sind Gesindel, Bettelleute. Die eine, werden sie sagen, haben sie vor Hunger sterben lassen, da wird es meiner auch so ergehen. Wer wird denn sein Mädchen hergeben?« fügte sie mit ungläubigem Kopfschütteln hinzu, »überlege es dir, Euer Durchlaucht.«

»Was kann ich denn tun?«

»Überdenke es für uns, mein Lieber!« wiederholte Arina eindringlich. »Was sollen wir denn machen?«

»Was kann ich denn überdenken? Ich kann in diesem Falle auch nichts für euch tun.«

»Wer soll denn für uns denken, wenn nicht du?« sagte Arina, senkte den Kopf und breitete mit dem Ausdruck traurigen Zweifels die Arme aus.

»Ihr habt um Getreide gebeten, ich werde also befehlen, euch welches zu geben«, sagte der Herr nach einigem Schweigen, währenddessen Arina seufzte und Davydka es ihr gleichtat. »Aber mehr kann ich nicht tun.«

Nechljudow ging in den Hausflur. Mutter und Sohn folgten ihrem Herrn, indem sie sich ständig verneigten.

12

»Ach, ach, wie verlassen ich bin!« sagte Arina schwer seufzend.

Sie blieb stehen und sah den Sohn zornig an. Davydka machte sofort kehrt, hob seinen dicken Fuß in dem riesengroßen, schmutzigen Bastschuh schwerfällig über die Schwelle und verschwand hinter der gegenüberliegenden Tür.

»Was soll ich mit ihm anfangen, Vater?« fuhr Arina, zu Nechljudow gewandt, fort. »Du siehst ja selber, wie er ist. Er ist ja kein schlechter Bauer, trinkt nicht, ist ruhig, tut keinem Kinde was zuleide – es wäre Sünde, so etwas zu sagen: Schlechtes ist nicht an ihm, aber weiß Gott, was ihm zugestoßen, daß er sein eigener Feind geworden ist. Er ist darüber ja selber nicht froh. Glaubst du mir wohl, Väterchen, daß mir das Herz blutet, wenn ich sehe, was für eine Qual er leiden muß. Mag er sein, wie er ist, ich habe ihn doch unter dem Herzen getragen; er tut mir leid, so leid … Er tut ja nichts gegen mich oder den Vater oder die Obrigkeit, er ist ein furchtsamer Bauer, man kann sagen, ein kleines Kind. Wie soll er als Witwer leben? Denk für uns, mein Wohltäter«, wiederholte sie mit dem sichtlichen Wunsch, den schlechten Eindruck zu verwischen, den ihr Geschimpfe auf den Herrn gemacht haben mochte.

»Väterchen, Euer Durchlaucht«, fuhr sie mit vertraulichem Flüstern fort, »ich habe hin und her gedacht: mein Verstand faßt es nicht, warum er so ist. Es kann nicht anders sein, als daß ihn böse Menschen behext haben.« Sie verstummte für eine Weile. »Wenn man diesen Menschen fände, könnte man ihn heilen.«

»Was redest du für einen Unsinn, Arina! Wie könnte man einen Menschen behexen?«

»Ach, mein Vater du, man kann ihn so behexen, daß er für ewige Zeiten kein Mensch mehr ist! Gibt es denn wenig schlechte Menschen auf der Welt? Aus reiner Bosheit nimmt da jemand eine Handvoll Erde aus der Fußspur … oder sonst was … und man ist für alle Zeiten kein Mensch mehr; wie bald ist ein Unglück geschehen! Ich denke mir so: sollte ich nicht zum alten Dunduk gehen, der in Worobjowka lebt; er kennt allerlei Sprüche und Kräuter, er bricht den Hexenbann, er läßt

Wasser über das Kreuz fließen; da hilft er ihm vielleicht auch?«
sagte das Weib, »vielleicht kann er ihn heilen.«

Da haben wir's, die Armut und die Unwissenheit! dachte der
junge Mann, der mit traurig gesenktem Kopf schnellen Schritts
die Dorfstraße hinab ging. Was soll ich tun mit ihm? Ihn in dieser Lage zu lassen ist sowohl um meinetwillen als auch um des
schlechten Beispiels für andere willen und nicht zuletzt um seiner selbst willen unmöglich, sagte er sich und zählte diese
Gründe an den Fingern her. Ich kann ihn in dieser Lage nicht
sehen, aber wie soll ich ihn herausreißen? Er macht alle meine
besten Pläne in der Wirtschaft zunichte. Wenn ich solche Bauern behalte, werden meine Träume niemals in Erfüllung gehen,
dachte er und empfand Unwillen und Ärger über den Bauern,
der seinen Plänen hinderlich war. Soll man ihn zur Ansiedlung
wegschicken, wie Jakow sagt, wenn er selber nicht haben will,
daß es ihm gut gehe, oder ihn unter die Soldaten stecken? Gewiß: wenigstens werde ich ihn los und kann ihn durch einen
guten Bauern ersetzen, beschloß er.

Nechljudow dachte mit Vergnügen darüber nach; aber zugleich sagte ihm eine unklare Erkenntnis, daß er einseitig denke
und daß irgend etwas nicht stimme. Er blieb stehen. Halt,
woran denke ich? sagte er sich selber, ja, unter die Soldaten, zur
Ansiedlung. Wofür? Er ist ein guter Mensch, besser als viele andere, und woher weiß ich denn … Ihm die Freiheit geben,
dachte er, die Frage nicht mehr einseitig betrachtend wie vorher,
ist ungerecht und unmöglich. Aber plötzlich kam ihm ein Gedanke, der ihn sehr erfreute; er lächelte mit der Miene eines
Menschen, der eine schwere Aufgabe gelöst hat. Ich werde ihn
auf den Hof nehmen, ihn selber beobachten und mit Sanftmut,
Ermahnungen und richtig gewählten Beschäftigungen an die
Arbeit gewöhnen und ihn bessern.

13

So werde ich es machen, sagte sich Nechljudow mit freudiger
Selbstzufriedenheit und erinnerte sich daran, daß er noch zu
dem reichen Bauer Dutlow gehen wollte. Er schlug die Richtung

zu einem hohen und geräumigen Bauernhaus mit zwei Schornsteinen ein, das mitten im Dorf stand. Als er sich ihm näherte, stieß er beim Nachbarhaus mit einem großen, einfach gekleideten Weib von ungefähr vierzig Jahren zusammen, das ihm entgegenkam. »Einen guten Feiertag, Väterchen«, sagte das Weib ohne alle Schüchternheit, blieb neben ihm stehen, lächelte erfreut und verneigte sich.

»Sei mir gegrüßt, Amme!« antwortete er. »Wie geht es dir? Ich gehe zu deinem Nachbarn.«

»So, so, Euer Durchlaucht, Väterchen, das ist eine gute Sache. Wollen Sie nicht auch zu uns kommen? Wie mein Alter sich freuen würde!«

»Nun, so komm, wir wollen ein bißchen miteinander plaudern, Amme. Ist das dein Haus?«

»Ja, Väterchen.«

Und die Amme lief voraus. Nechljudow folgte ihr in den Flur, setzte sich auf einen kleinen Zuber und steckte sich eine Zigarette an.

»Dort ist es heiß; laß uns lieber hier sitzen und plaudern«, antwortete er auf die Einladung der Amme, in die Stube einzutreten. Die Amme war ein noch hübsches und frisches Weib. In ihren Gesichtszügen und besonders in den großen, schwarzen Augen lag eine große Ähnlichkeit mit dem Herrn. Sie faltete die Hände unter der Schürze, sah den Herrn ohne Scheu an und begann mit ihm zu reden, wobei sie fortwährend mit dem Kopf nickte.

»Was ist denn, Väterchen, warum wollen Sie zu Dutlow gehen?«

»Ich will, daß er von mir etwa dreißig Desjatinen Land pachtet und eine eigene Wirtschaft einrichtet, und außerdem soll er mit mir zusammen Wald kaufen. Er hat doch Geld, weshalb soll es denn ungenützt daliegen? Wie denkst du darüber, Amme?«

»Nun, was denn? Es ist bekannt, Väterchen, daß die Dutlows vermögende Leute sind; im ganzen Erbgut ist er wohl der erste Bauer«, antwortete die Amme, mit dem Kopf nickend. »Im vorigen Sommer hat er ein zweites Haus von seinem eigenen Holz gebaut, hat die Herrschaft nicht bemüht. Pferde wird er, außer den Füllen und den Halbwüchsigen, so an die sechs Dreigespanne haben und Vieh, Kühe und so viele Schafe – wenn man sie von der Weide hereintreibt und die Weiber sie von der Straße in den Hof treiben, da entsteht ein solches Gedränge am Tor, daß einem bange werden kann; und Bienen hat er wohl an die zweihundert Völker, wenn nicht noch mehr. Ein vermögender Bauer, und Geld muß der Dutlow auch haben.«

»Aber wie denkst du, hat er viel Geld?« fragte der Herr.

»Die Leute sagen, natürlich aus Bosheit, daß der Alte nicht wenig Geld hat; aber er selber redet nicht darüber und sagt es auch den Söhnen nicht, aber Geld muß er haben. Warum sollte er keinen Wald kaufen? Er könnte höchstens befürchten, daß man erfährt, wie reich er ist. Er hat sich vor fünf Jahren mit dem Großbauern Schkalik in bescheidenem Umfang an Wiesenpachtungen beteiligt, aber Schkalik muß ihn wohl betrogen haben, der Alte hat damals gegen dreihundert Rubel eingebüßt; seit der Zeit hat er es sein lassen. Warum sollte es ihm auch nicht gut gehen, Väterchen, Euer Durchlaucht!« fuhr die Amme fort, »er hat drei Stück Land, eine große Familie, alle arbeiten, und der Alte – warum sollte man Schlechtes reden – ist ein guter Wirt. In allem hat er Erfolg, so daß das Volk sogar staunt: mit dem Getreide, mit den Pferden, mit dem Vieh, mit den Bienen und mit den Kindern hat er Glück. Jetzt hat er alle Söhne verheiratet. Erst hat er die Töchter von unseren Bauern geholt, den Iljuschka aber hat er jetzt mit einer Freien verheiratet, hat sie selber losgekauft. Und die ist auch ein tüchtiges Weib.«

»Sie leben also in Eintracht?« fragte der Herr.

»Wenn in einem Haus ein gutes Oberhaupt ist, so herrscht auch Eintracht. Natürlich zanken und balgen sich auch bei den Dutlows die Schwiegertöchter nach Weiberart hinter dem Ofen – aber unter der Herrschaft des Alten leben die Söhne in Eintracht.«

Die Amme schwieg einen Augenblick.

»Jetzt will der Alte, wie man hört, den ältesten Sohn, den Karp, zum Herrn im Hause machen. Er sagt, er sei schon zu alt, sein Platz sei bei den Bienen. Nun, Karp ist ein guter Bauer, ein genauer Bauer, aber als Hausvater reicht er an den Alten nicht heran. Er hat schon diesen Verstand nicht.«

»Da wird vielleicht Karp willens sein, sich mit dem Land und den Wäldern zu befassen, was glaubst du?« fragte der Herr, der von der Amme alles erfahren wollte, was sie von den Nachbarn wußte.

»Kaum, Väterchen«, fuhr die Amme fort, »der Alte hat dem Sohne nicht gesagt, wieviel Geld er hat. Solange er lebt und sein Geld im Hause hat, bedeutet das so viel, daß noch immer der Kopf des Alten regiert; die Söhne befassen sich auch mehr mit dem Fuhrwesen.«

»Und der Alte wird nicht einverstanden sein?«

»Er wird Angst haben.«

»Wovor sollte er denn Angst haben?«

»Wie kann denn ein leibeigener Bauer sagen, wieviel Geld er hat, Väterchen? Wie leicht kann es da geschehen, daß er sein ganzes Geld verliert! Da hat er sich mit dem Großbauer in Geschäfte eingelassen und ist hereingefallen. Wo hätte er mit ihm vor Gericht gehen sollen? So war das Geld eben verloren, und mit dem Gutsherrn wird er erst recht alles los!«

»Ja, deshalb also … «sagte Nechljudow errötend. »Leb wohl, Amme.«

»Leben Sie wohl, Väterchen, Euer Durchlaucht. Untertänigsten Dank.«

14

Sollte ich nicht nach Hause gehen? dachte Nechljudow, als er sich Dutlows Tor näherte; er empfand eine unbestimmte Traurigkeit und war ein wenig verzagt.

Aber in diesem Augenblick öffnete sich knarrend das neue Brettertor vor ihm, und ein hübscher, rotwangiger, strohblonder Bursche von achtzehn Jahren in Fuhrmannstracht erschien im Tor, der eine Troika starkbeiniger, noch dampfender, zottiger Pferde hinter sich führte, mit einer Kopfbewegung rasch sein helles Haar zurückwarf und sich vor dem Herrn tief verneigte.

»Ist der Vater zu Hause, Ilja?« fragte Nechljudow.

»Er ist im Bienengarten, hinter dem Hof«, antwortete der Bursche und führte die Pferde, eines nach dem anderen, durch das halbgeöffnete Tor.

Nein, ich will fest bleiben, ich werde es ihm vorschlagen und alles tun, was von mir abhängt, dachte Nechljudow, ließ die Pferde an sich vorbeigehen und trat in Dutlows geräumigen Hof. Man sah, daß der Dünger vor kurzem abgefahren worden war: die Erde war noch schwarz und feucht, und an manchen Stellen, besonders bei den Torflügeln, lagen rötliche, fasrige Klumpen. Auf dem Hof und unter dem hohen Schuppen standen in schönster Ordnung viele Wagen, Pflüge, Schlitten, Tröge, Zuber und allerhand Bauerngeräte; Tauben flatterten und gurrten im Schatten unter den breiten, soliden Dachsparren; es roch nach Dünger und Teer. In einem Winkel brachten Karp und Ignat ein neues Reibscheit unter einem großen, dreispännigen, eisenbeschlagenen Wagen an. Alle drei Söhne Dutlows hatten beinahe ein und dasselbe Gesicht. Der jüngste, Ilja, den Nechljudow beim Tor getroffen, hatte keinen Bart, war kleiner, rotbackiger und besser gekleidet als die anderen; der zweite, Ignat, war größer, dunkler, hatte ein Spitzbärtchen, hatte aber, obwohl auch er Stiefel, ein Kutscherhemd und einen Hut aus gefilzter Lammwolle trug, doch nicht jenes feiertägliche, sorglose Aussehen des jüngeren Bruders. Der älteste, Karp, war noch größer, trug Bastschuhe, einen grauen Kaftan und ein Hemd ohne Schulterzwickel, hatte einen breiten, roten Bart und sah nicht nur ernst, sondern beinahe düster aus.

»Befehlen Euer Durchlaucht, daß ich den Vater herschicke?« fragte er, an den Herrn herantretend und sich linkisch verbeugend.

»Nein, ich werde selber zu ihm in den Bienengarten gehen; ich will mir seine Einrichtungen ansehen; aber ich habe mit dir zu reden«, sagte Nechljudow und ging mit ihm auf die andere Seite des Hofes, damit Ignat nicht hören könne, was er mit Karp zu besprechen beabsichtigte.

Das Selbstbewußtsein und ein gewisser Stolz, die in dem ganzen Gebaren dieser beiden Bauern zu bemerken waren, und das, was ihm die Amme erzählt hatte, verwirrten den jungen Herrn so sehr, daß er sich nur schwer entschließen konnte, mit ihnen über seine Pläne zu sprechen. Er fühlte sich gleichsam schuldig, und es erschien ihm leichter, nur mit dem einen Bruder zu sprechen, damit es der andere nicht hörte. Karp schien sich darüber zu wundern, daß der Herr ihn zur Seite führte, aber er folgte ihm.

»Hör mal«, begann Nechljudow stockend, »ich wollte dich fragen: habt ihr viele Pferde?«

»Fünf Troikas werden wir wohl zusammenkriegen, Füllen sind auch da«, antwortete Karp ungezwungen und kratzte sich den Rücken.

»Deine Brüder fahren mit der Post?«

»Der Post stellen wir drei Troikas, er ist eben erst zurückgekommen.«

»Und ist das vorteilhaft? Wieviel verdient ihr damit?«

»Was kann da für ein Vorteil sein, Euer Durchlaucht? Wir füttern uns mit den Pferden gerade so durch – und dafür muß man Gott danken.«

»Ja, warum beschäftigt ihr euch denn nicht mit andern Dingen? Ihr könntet doch Wald kaufen oder Land pachten?«

»Natürlich, Euer Durchlaucht, Land könnte man schon pachten, wenn es nur bei der Hand wäre.«

»Ich will euch folgendes vorschlagen: statt euch, nur um satt zu werden, mit dem Fuhrwesen zu befassen, pachtet lieber bei mir etwa dreißig Desjatinen Land. Den ganzen Landstrich, der hinter Sapowo liegt, will ich euch geben, da könnt ihr eine große Wirtschaft einrichten.«

Und Nechljudow, der von seinem Plan einer Bauernfarm, den er schon oft bei sich erwogen und überdacht hatte, begeistert war, erklärte jetzt dem Bauern, ohne zu stocken, seine Ansichten über die Bauernfarm.

Karp hörte dem Herrn sehr aufmerksam zu.

»Wir sind Euer Gnaden sehr dankbar«, sagte er, nachdem Nechljudow geendet hatte und ihn fragend ansah. »Natürlich, da ist nichts Schlechtes dabei. Sich mit Landarbeit zu befassen, steht dem Bauern besser an, als mit der Peitsche zu knallen. Wenn unsereiner viel unter fremde Menschen kommt, alles mögliche Volk sieht, wird er verdorben. Das allerbeste ist, wenn sich der Bauer mit Landarbeit befaßt.«

»Wie denkst du also?«

»Was kann ich denn denken, Euer Durchlaucht, solange Väterchen lebt? Es geht alles nach seinem Willen.«

»Führ mich in den Bienengarten; ich will mit ihm sprechen.«

»Hierher, bitte«, sagte Karp und ging langsam auf den hinteren Schuppen zu. Er öffnete die niedrige Pforte, die in den Bienengarten führte, ließ den Herrn hindurch, schloß sie wieder, ging zu Ignat und nahm schweigend seine Arbeit wieder auf.

15

Nechljudow ging durch die niedere Pforte unter dem schattigen Vordach des Schuppens in den Bienengarten, der hinter dem Hof lag. Der kleine, mit Stroh und durchsichtigem Flechtwerk umzäumte Platz, auf dem symmetrisch – mit Bretterstücken bedeckt und vom laut summenden, golden blitzenden Bienenvolk umschwärmt – die Stöcke standen, war von den heißen, glänzenden Strahlen der Junisonne überflutet. Von der Pforte führte ein ausgetretener Fußpfad in die Mitte zu einem überdachten Holzkreuz, an dem ein Heiligenbild aus dünnem Metall hing und grell in der Sonne blitzte. Einige junge Linden, die ihre buschigen Wipfel schlank über das Strohdach des Nachbarhofes hoben, wiegten ihr dunkelgrünes, frisches Laub – begleitet vom Summen der Bienen – mit kaum vernehmbarem Raunen. Alle Schatten, von dem überdachten Zaun, von den Linden und den mit Brettern bedeckten Bienenstöcken, fielen schwarz und kurz auf das niedrige, buschige Gras, das zwischen den Bienenstöcken hervorsproß. Die gebückte kleine Gestalt eines alten Mannes mit einem in der Sonne glänzenden unbedeckten, grauen Kopf und einer Glatze wurde neben der Tür der Mooshütte sichtbar, die unter den Linden stand und mit frischem Stroh gedeckt war. Als der Alte das Knarren der Pforte vernahm, sah er sich um, wischte mit dem Zipfel des Hemdes sein schwitzendes, sonnenverbranntes Gesicht ab, lächelte sanft und freudig und ging dem Herrn entgegen.

Im Bienengarten war es gemütlich, heiter, still und hell; die Gestalt des grauhaarigen Alten mit den vielen strahlenförmigen Runzeln um die Augen, in den weiten, über die bloßen Füße gezogenen Schuhen, der wiegenden Ganges, gutmütig und selbstzufrieden lächelnd, dem Herrn entgegenkam und ihn in seinem eigenen Besitz begrüßte, mutete Nechljudow so herzlich und freundlich an, daß er alle schweren Eindrücke des heutigen Morgens in einem Augenblick vergaß und sein Lieblingstraum lebhaft vor sein inneres Auge trat. Es sah bereits alle seine Bauern ebenso reich und so gutmütig wie den alten Dutlow, und alle lächelten ihm freundlich und freudig zu, weil sie nur ihm allein ihren Reichtum und ihr Glück verdankten.

»Wünschen Sie nicht ein Netz, Euer Durchlaucht? Die Bienen sind jetzt böse, sie stechen«, sagte der Alte und nahm einen schmutzigen, nach Honig duftenden Leinensack vom Zaun, an den ein Ring aus Baumrinde angenäht war, und bot ihn dem Herrn an. »Mich kennen die Bienen und stechen nicht«, fügte er mit dem sanften Lächeln hinzu, das von seinem schönen, sonnengebräunten Gesicht fast nie verschwand.

»Dann brauche ich es auch nicht. Schwärmen sie schon?« fragte Nechljudow und lächelte auch, ohne selber zu wissen warum.

»Wann sollen sie schwärmen, Väterchen Mitrij Nikolajewitsch«, antwortete der Alte und drückte durch diese Anrede des Herrn mit Vor- und Vatersnamen eine besondere Zärtlichkeit aus, »sie haben eben jetzt angefangen einzutragen, so wie es sich gehört. Das Frühjahr war heuer kalt, müssen Sie wissen.«

»Ich habe da in einem Buch gelesen«, begann Nechljudow und wehrte eine Biene ab, die in sein Haar geraten war und gerade über seinem Ohr summte, »wenn die Waben gerade auf Stangen stehen, schwärmen die Bienen früher. Deshalb baut man jetzt Bienenstöcke aus Brettern ... mit Querhölzchen ...«

»Belieben Sie nicht zu fuchteln; sonst werden sie noch böser«, sagte der Alte. »Soll ich Ihnen nicht das Netz bringen?«

Nechljudow empfand einen Schmerz; aber ein kindischer Ehrgeiz ließ es ihn nicht eingestehen, und er fuhr, nachdem er das Netz zum zweiten Mal ausgeschlagen hatte, fort, dem Alten von jener Bauart der Bienenstöcke zu erzählen, über die er in der »Maison rustique« gelesen hatte und derzufolge die Bienen doppelt soviel schwärmen müßten; aber eine Biene stach ihn in den Hals, er verlor den Faden und blieb mitten in seiner Erzählung stecken.

»Gewiß, Väterchen Mitrij Nikolajewitsch«, sagte der Alte und sah den Herrn mit väterlicher Gönnermiene an, »das steht im Buch gewiß so beschrieben. Aber vielleicht ist es schlecht beschrieben – aber wenn er das täte, was wir schreiben, würden wir dann vielleicht auch lachen. Das gibt es auch! Wie kann man die Biene lehren, wo sie die Waben befestigen soll? Sie sucht sich im Bienenstock selber einen guten Platz aus, bald schräg, bald gerade. Bitte sehen Sie selbst«, fügte er hinzu, öffnete einen der nächststehenden Bienenstöcke und blickte durch die Öffnung auf die laut summenden, über schräge Waben kriechenden Bienen. »Das sind junge Bienen; da sieht man, an der Spitze sitzt die Königin, und die Waben machen sie gerade oder seitwärts, wie es ihnen in dem Stock besser paßt«, sagte der Alte, von seinem Lieblingsgegenstand sichtlich hingerissen, ohne die Lage des Herrn zu bemerken.

»Heute tragen sie Blütenstaub, heute ist ein warmer Tag, man kann alles sehen«, fügte er hinzu, machte den Korb zu, wischte die umherkriechenden Bienen mit einem Lappen hinein und strich dann mit seiner rauhen Hand ein paar Bienen von seinem runzligen Nacken. Die Bienen stachen ihn nicht; aber Nechljudow konnte seinen Wunsch, aus dem Bienengarten fortzulaufen, kaum noch zurückhalten: Die Bienen hatten ihn an drei Stellen gestochen und summten von allen Seiten um seinen Kopf und Hals.

»Hast du viele Bienenstöcke?« fragte er, der Pforte zuschreitend.

»So viele mir Gott gegeben hat«, antwortete Dutlow lächelnd, »man soll sie nicht zählen, Väterchen: die Bienen lieben das nicht. Ja, Euer Durchlaucht, ich wollte Euer Gnaden um etwas bitten«, fuhr er fort und deutete auf die kleinen Bienenstöcke, die am Zaun standen, »wegen Ossip, des Mannes Ihrer Amme; wenn Sie es ihm doch verbieten wollten: Es ist häßlich, im eigenen Dorf an den Nachbarn so zu handeln, wie er es tut, das ist nicht gut.«

»Was ist nicht gut? ... Ach, die stechen aber! ...« antwortete Nechljudow und griff bereits nach der Klinke der Pforte.

»Jedes Jahr läßt er seine Bienen auf meine jungen los. Sie sollen sich erholen, aber die fremden Bienen schleppen ihnen das

Wachs weg und verderben sie mir«, sagte der Alte, ohne die Gebärden seines Herrn zu bemerken.

»Gut, später, gleich …« sagte Nechljudow und lief, da er es nicht mehr aushalten konnte, mit beiden Händen die Bienen abwehrend, schnell durch die Pforte hinaus.

»Reiben Sie's mit Erde: dann tut's nichts«, sagte der Alte und folgte dem Herrn in den Hof. Nechljudow rieb die Stellen, wo er gestochen worden war, mit Erde ein, errötete, sah sich nach Karp und Ignat um, die nicht auf ihn schauten, und runzelte zornig die Stirn.

16

»Um was ich Sie noch der Kinder wegen bitten wollte, Euer Durchlaucht …« sagte der Alte, als bemerkte er das schreckliche Aussehen seines Herrn nicht; vielleicht war es ihm auch wirklich entgangen.

»Was? «

»Mit Pferden sind wir, Gott sei Dank, gut versorgt, und Knechte haben wir auch, da werden wir mit der Arbeit für die Herrschaft nicht zurückbleiben.«

»Nun und?«

»Wenn Euer Gnaden die Söhne gegen den üblichen Zins entlassen wollten, so würden Iljuschka und Ignat den Sommer über mit drei Dreigespannen das Fuhrwesen betreiben: vielleicht könnten sie da etwas verdienen.«

»Wohin wollen sie denn gehen?«

»Wie es sich gerade trifft«, mischte sich Iljuschka ein, der die Pferde inzwischen unter dem Schuppen angebunden hatte und nun zum Vater trat. »Die Kadminsker Burschen sind mit acht Dreigespannen nach Romen gefahren, sie sagen, daß sie dort ihren Unterhalt gehabt und noch gegen dreißig Rubel je Troika nach Hause gebracht haben. Sie fahren auch bis Odessa, sagen sie, dort ist das Futter billig.«

»Gerade darüber wollte ich mit dir sprechen«, sagte der Herr zum Alten gewandt und bemühte sich, das Gespräch möglichst geschickt auf die Bauernfarm zu bringen. »Sagt mir, bitte, ist es denn vorteilhafter, das Fuhrwesen zu betreiben, als sich zu Hause mit der Feldarbeit zu befassen?«

»Weit vorteilhafter, Euer Durchlaucht!« mischte sich Ilja wieder ein und warf sein Haar zurück, »zu Hause haben wir kaum das Futter für die Pferde. «

»Nun, wieviel kannst du denn im Sommer verdienen?«

»Im Frühling, als das Futter noch teuer war, sind wir mit Ware nach Kiew gefahren, in Kursk haben wir wieder Grütze für Moskau aufgeladen, da haben wir uns selber durchgefüttert, und die Pferde waren satt, und wir haben noch fünfzehn Rubel nach Hause gebracht.«

»Es ist ja nicht schlimm, ein ehrliches Gewerbe zu treiben, welches es auch sein mag«, sagte der Herr und wandte sich wieder an den Alten, »aber ich glaube, es ließe sich auch eine andere Beschäftigung finden; zudem bringt diese Arbeit es mit sich, daß ein junger Bursche überall hinkommt, allerhand Volk kennenlernt und verdorben wird«, fügte er, Karps Worte wiederholend, hinzu.

»Womit soll sich denn unsereins beschäftigen, wenn nicht mit dem Fuhrwesen?« entgegnete der Alte mit seinem sanften Lächeln. »Wenn man eine gute Fahrt hat, wird man selber satt und die Pferde auch; und was die Verderbnis anbelangt, so fahren sie, Gott sei Dank, nicht das erste Jahr, und ich selber bin auch gefahren und habe von niemand etwas Schlechtes erfahren, immer nur Gutes. «

»Es gibt genug Dinge, mit denen ihr euch zu Hause beschäftigen könntet: mit Feldern, mit Wiesen … «

»Wie wäre das möglich, Euer Durchlaucht!« fiel Iljuschka lebhaft ein. »Wir sind dafür geboren, wir kennen alle die Bräuche, es ist das Geeignete für uns, es gibt keine schönere Beschäftigung für unsereinen, als Fuhrmann zu sein!«

»Aber wir bitten Euer Durchlaucht um die Ehre, in unsere Stube eintreten zu wollen. Sie waren noch nicht bei uns, seit wir das neue Haus haben«, sagte der Alte, indem er sich tief vor dem Herrn verneigte und dem Sohn mit den Augen zuzwinkerte. Iljuschka rannte in das Haus, der Alte und Nechljudow folgten ihm.

Nachdem sie in die Stube eingetreten waren, verneigte sich der Alte noch einmal, wischte mit dem Schoß seines Bauernkittels die vordere Ecke der Bank ab und fragte lächelnd:

»Womit kann ich Sie bedienen, Euer Durchlaucht?«

Die Stube war geräumig, hatte einen Rauchfang, Schlafstellen und Pritschen. Die frischen Balken aus Espenholz, zwischen denen das erst kürzlich verdorrte Moos zu sehen war, waren noch nicht schwarz, die neuen Bänke und die Schlafstellen noch nicht durch langen Gebrauch glatt geworden und der Boden noch nicht festgetreten. Ein junges, mageres Weib, Iljas Frau, mit einem länglichen, nachdenklichen Gesicht, saß auf der Pritsche und schaukelte mit dem Fuß eine Wiege, die an einer langen Stange von der Decke herabhing. In der Wiege schlummerte, ganz leise atmend, mit geschlossenen Äuglein, ein Säugling, der sich aufgestrampelt hatte. Ein zweites, üppiges und rotwangiges Weib, Karps Hausfrau, hatte die Ärmel bis zum Ellenbogen ihrer starken, über dem Handgelenk von der Sonne gebräunten Arme aufgestreift und schnitt vor dem Ofen Zwiebelstückchen in eine Holzschüssel. Ein pockennarbiges, schwangeres Weib stand, sich mit dem Ärmel vor der Glut schützend, neben dem Ofen. Die Hitze in der Stube rührte nicht nur von der Sonnenglut, sondern auch vom Ofen her, und es roch stark nach frischgebackenem Brot. Von der Schlafstelle sahen die strohblonden Köpfchen zweier Buben und eines Mädchens voller Neugierde auf den Herrn herab; sie hatten sich in Erwartung des Mittagessens dort hinaufbegeben.

Nechljudow freute sich, diesen Wohlstand zu sehen, und schämte sich gleichzeitig ein wenig vor den Weibern und Kindern, die ihn alle ansahen. Er setzte sich errötend auf die Bank.

»Gib mir ein Stückchen heißes Brot: das liebe ich sehr«, sagte er und errötete noch mehr.

Karps Frau schnitt ein großes Stück Brot ab und reichte es dem Herrn auf einem Teller. Nechljudow schwieg und wußte nicht, was er sagen sollte; die Weiber schwiegen ebenfalls; der Alte lächelte sanft.

Weshalb schäme ich mich eigentlich? Als ob ich irgendwie

schuldig wäre, dachte Nechljudow. Weshalb sollte ich meinen Vorschlag wegen der Farm nicht vorbringen? Das ist doch zu dumm! Er schwieg aber trotzdem.

»Nun, Väterchen Mitrij Nikolajewitsch, was werden Sie wegen der Söhne beschließen?« fragte der Alte.

»Ich würde dir raten, sie gar nicht fortzulassen, sondern ihnen hier Arbeit zu suchen«, sagte Nechljudow plötzlich mutig. »Weißt du, was ich mir für dich ausgedacht habe? Kaufe mit mir auf halbpart ein Stück vom staatlichen Wald und auch noch Land ...«

Das sanfte Lächeln verschwand mit einem Mal vom Gesicht des Alten.

»Wie denn das, Euer Durchlaucht, von welchem Geld sollen wir denn kaufen?« unterbrach Dutlow den Herrn.

»Doch nur ein kleines Wäldchen, für ungefähr zweihundert Rubel«, bemerkte Nechljudow.

Der Alte lächelte zornig.

»Das wäre ganz gut, wenn ich Geld hätte; warum sollte ich es dann nicht kaufen?« sagte er.

»Hast du denn nicht einmal soviel Geld?« fragte Nechljudow vorwurfsvoll.

»Ach, Väterchen, Euer Durchlaucht«, antwortete der Bauer mit trauriger Stimme und sah sich nach der Tür um, »wenn wir nur die Familie durchbringen – Wälder kaufen können wir nicht. «

»Aber du hast doch Geld, weshalb soll es so daliegen?« beharrte Nechljudow.

Der Alte geriet plötzlich in große Aufregung; seine Augen funkelten, die Schultern begannen zu zucken.

»Vielleicht haben das schlechte Menschen von mir erzählt«, hob er mit zitternder Stimme an. »Aber, bei Gott«, er wurde immer erregter und richtete die Augen auf das Heiligenbild, »die Augen mögen mir auf der Stelle erblinden, der Boden soll mich verschlingen, wenn ich etwas habe außer den fünfzehn Rubel, die Iljuschka mitgebracht hat, und davon muß ich die Kopfsteuer bezahlen; Sie wissen ja selber: wir haben das Haus gebaut ...«

»Nun, gut, gut! « sagte der Herr und stand von der Bank auf. »Lebt wohl, Wirtsleute.«

Mein Gott! Mein Gott! dachte Nechljudow und eilte mit großen Schritten durch die schattigen Alleen des verwilderten Gartens dem Hause zu, wobei er zerstreut Blätter und Zweige abriß, die ihm in den Weg kamen, waren denn alle meine Träume über das Ziel und die Pflichten meines Lebens Unsinn? Warum ist mir so schwer, so traurig zumute, als ob ich mit mir selber unzufrieden wäre; dabei bildete ich mir ein, ich würde, wenn ich einmal den Weg gefunden hätte, immer jene Fülle sittlicher Befriedigung empfinden, die ich damals empfand, da mir diese Gedanken zum ersten Mal kamen. Und er versetzte sich mit ungewöhnlicher Lebhaftigkeit und Klarheit in die Zeit vor einem Jahr, in jenen glücklichen Augenblick.

Zeitig in der Frühe war er vor allen anderen im Haus aufgestanden und, erregt von verhaltenem, unausgesprochenem Jugenddrang, ohne Ziel in den Garten gegangen und von da in den Wald; dort war er lange allein, ohne jeglichen Gedanken, inmitten der kräftigen, saftigen, aber ruhigen Maiennatur umhergeschweift, gequält von der Überfülle eines Gefühls, für das er keinen Ausdruck fand.

Bald gaukelte ihm seine junge Einbildungskraft mit dem ganzen Reiz des Unbekannten das Bild einer verführerischen Frau vor, und es schien ihm, daß dies sein unausgesprochener Wunsch sei. Aber ein anderes, höheres Gefühl sagte ihm, *das ist es nicht,* und zwang ihn, etwas anderes zu suchen. Dann eröffnete ihm sein unerfahrener, stürmischer Geist, der ihn immer höher in den Bereich des Abstrakten entführte, die Gesetze des Seins, wie es ihm schien, und er verharrte mit stolzem Genuß bei diesen Gedanken. Aber wieder sagte das höhere Gefühl, *das ist es nicht,* und hieß ihn weitersuchen und sich erregen.

Ohne Gedanken und ohne Wünsche, wie das immer nach einer angestrengten Tätigkeit zu sein pflegt, legte er sich unter einem Baum auf den Rücken und sah in die durchsichtigen Morgenwolken, die über ihm am blauen, endlosen Himmel dahinzogen. Plötzlich stiegen ihm, ohne jeden Grund, Tränen in die Augen, und es kam ihm, Gott weiß auf welchem Weg, ein klarer Gedanke, der seine ganze Seele erfüllte und an den er sich voller Wonne klammerte – der Gedanke, daß die Liebe und das Gute die Wahrheit und das Glück, die einzige Wahrheit und das einzig mögliche Glück auf Erden seien. Das höhere Gefühl sagte nicht mehr, *das ist es nicht*. Er erhob sich und fing an, diesen Gedanken zu überprüfen. Das ist's, das ist's! sagte er sich voller Begeisterung und maß alle früheren Überzeugungen, alle Erscheinungen des Lebens an dieser neuentdeckten und – wie es ihm schien – völlig neuen Wahrheit. Wie töricht ist alles, was ich wußte, woran ich glaubte und was ich liebte; Liebe, Selbstverleugnung – das ist das einzige, nicht vom Zufall abhängige Glück, wiederholte er lächelnd und breitete die Arme aus. Er wandte diesen Gedanken von allen Seiten auf das Leben an und fand, daß sowohl das Leben als auch seine innere Stimme, die ihm sagte, *das ist es,* diesen Gedanken bestätigten; das erfüllte ihn mit einem ganz neuen Gefühl freudiger Erregung und Wonne. Also muß ich Gutes tun, um glücklich zu sein, dachte er, und seine ganze Zukunft erstand deutlich vor seinem inneren Auge, aber nicht in abstrakter Form, sondern in Bildern, in der Form des gutsherrlichen Lebens.

Er sah ein gewaltiges Arbeitsfeld für sein ganzes Leben vor sich, das er dem Guten weihen wollte und in dem er folglich glücklich sein würde. Er brauchte keinen Bereich für seine Tätigkeit zu suchen: er war da; er hatte eine unmittelbare Pflicht – er hatte seine Bauern … Und welch eine freudige und dankbare Arbeit bot sich ihm: für diese einfache, empfängliche, unverdorbene Klasse des Volkes tätig sein, es von der Armut befreien, ihm Wohlstand geben und Bildung vermitteln, die ich glücklicherweise besitze, seine Fehler verbessern, die durch Unwissenheit und Aberglaube erzeugt werden, die Sittlichkeit entwickeln, sie das Gute lieben lehren … Welch eine glänzende, glückliche Zukunft! Und für alles das werde ich, der ich es für mein eigenes Glück tue, für alles das werde ich ihre Dankbarkeit genießen, werde sehen, wie ich mit jedem Tag dem mir gesetzten Ziel näher und näher komme. Eine herrliche Zukunft! Wie habe ich das früher nicht sehen können?

Und außerdem, dachte er gleichzeitig, wer sollte mich daran hindern, selber durch die Liebe zu einer Frau glücklich zu sein, mir die Freuden eines Familienlebens zu schaffen? Und seine

junge Einbildungskraft malte ihm eine noch bezauberndere Zukunft. Ich und meine Frau, die ich so liebe, wie niemals jemand auf Erden geliebt hat, leben stets inmitten dieser ruhigen, poetischen Natur, mit unsern Kindern, und vielleicht mit meiner alten Tante; wir haben unsere gemeinsame Liebe zu den Kindern, und wir wissen beide, daß unsere Aufgabe – das Wohltun ist. Wir helfen einander, dieses Ziel zu erreichen. Ich treffe die allgemeinen Anordnungen, führe eine Musterwirtschaft, Sparkassen, Werkstätten ein; sie dagegen, mit ihrem reizenden Köpfchen, geht im einfachen weißen Kleid, das sie über das zierliche Füßchen hebt, durch den Straßenschmutz in die Dorfschule, ins Lazarett oder zu einem unglücklichen Bauern, der eigentlich keine Hilfe verdient, und tröstet und hilft überall ... Kinder, Greise und Weiber vergöttern sie und sehen in ihr einen Engel, die Vorsehung selber. Dann kommt sie zurück und verheimlicht es vor mir, daß sie bei dem unglücklichen Bauern gewesen ist und ihm Geld gegeben hat, aber ich weiß alles und umarme sie stürmisch und küsse ihre wunderschönen Augen heiß und zärtlich, küsse ihre schamhaft errötenden Wangen und ihren lächelnden roten Mund..
....

19

Wo sind diese Träume? dachte der Jüngling jetzt, als er nach seinen Besuchen dem Hause zuschritt. Schon länger als ein Jahr suche ich nun das Glück auf diesem Wege, und was habe ich gefunden? Es ist ja wahr, manchmal fühle ich, daß ich mit mir zufrieden sein kann; aber das ist eine so nüchterne, verständige Zufriedenheit. Ach nein, ich bin doch unzufrieden, weil ich hier kein Glück finde, das Glück aber ersehne, leidenschaftlich ersehne. Ich habe mich, ohne Genuß empfunden zu haben, bereits von allem losgelöst, was mir Genuß verschaffen könnte. Warum? Weshalb? Wem ist damit gedient? Die Tante hat die Wahrheit geschrieben, daß es leichter ist, selber Glück zu finden, als es anderen zu geben. Sind meine Bauern etwa reicher geworden? Sind sie heute gebildeter oder sittlich höher entwickelt? Keineswegs. Ihnen geht es nicht besser, mir aber wird von Tag zu Tag schwerer zumute. Wenn ich bei meinem Unternehmen Erfolg sähe, wenn ich Dankbarkeit sähe, aber nein, ich sehe Trug, Laster, Mißtrauen, Hilflosigkeit. Ich verschwende die besten Jahre meines Lebens umsonst, dachte er, und es fiel ihm ein, daß ihn die Nachbarn einen »grünen, unerfahrenen Jungen« nannten, wie ihm seine Kinderfrau erzählt hatte; daß er im Kontor kein Geld mehr hatte; daß die von ihm erfundene neue Dreschmaschine zum allgemeinen Gespött der Bauern nur gepfiffen, aber nicht gedroschen hatte, als man sie vor zahlreichen Zuschauern zum ersten Mal im Dreschschuppen in Gang gesetzt, daß er von Tag zu Tag die Ankunft des Landgerichts zu erwarten hatte, das eine Bestandsaufnahme des Gutes vornehmen würde, weil er über verschiedenen neuen Wirtschaftsunternehmungen, die ihn ganz in Anspruch genommen, eine Zahlungsfrist versäumt hatte. Und ebenso lebhaft, wie vorher sein Waldspaziergang und sein Traum vom Landleben vor ihm aufgetaucht war, so lebhaft erstand nun sein Moskauer Studentenzimmerchen vor ihm: dort sitzt er spät in der Nacht mit seinem Kameraden und vergötterten sechzehnjährigen Freund bei einer Kerze. Sie haben fünf Stunden hintereinander gelesen und irgendwelche langweiligen Aufzeichnungen über das bürgerliche Recht wiederholt; dann haben sie nach Beendigung der Arbeit nach einem Abendbrot geschickt, das Geld für eine Flasche Champagner zusammengelegt und über die Zukunft, die sie erwartete, geredet. Wie so ganz anders hatte sich der junge Student seine Zukunft gedacht! Damals war sie voller Genüsse, abwechslungsreicher Tätigkeiten, glänzender Erfolge gewesen und führte zu dem, wie es ihnen damals erschien, größten Glück der Welt – zum Ruhm.

Er ist schon auf diesem Weg und schreitet schnell vorwärts, dachte Nechljudow über seinen Freund, ich dagegen …

Doch da war er bereits bei der Auffahrt des Hauses angekommen, wo ungefähr zehn Bauern und Hofknechte standen, die mit den verschiedensten Anliegen auf den Herrn warteten, und er mußte von seinen Träumereien zur Wirklichkeit zurückkehren.

Da war ein zerlumptes, zerzaustes und blutig geschlagenes Bauernweib, das sich weinend über den Schwiegervater beklagte, der sie angeblich hatte erschlagen wollen; da waren zwei Brüder, die bereits seit zwei Jahren ihre Wirtschaft teilten und einander mit rasender Wut ansahen; da war ein unrasierter, grauhaariger Hofknecht mit zitternden Händen vom übermäßigen Trinken, den sein Sohn, der Gärtner, zum Herrn gebracht hatte, um sich über sein zügelloses Betragen zu beschweren; da war ein Bauer, der sein Weib aus dem Hause gejagt, weil es den ganzen Frühling nichts gearbeitet hatte; und auch dieses Weib selber war da, eine kranke Frau, die schluchzend, und ohne zu reden, auf dem Gras bei der Auffahrt saß und ihr entzündetes, nachlässig mit schmutzigen Lappen umwickeltes, geschwollenes Bein zur Schau stellte ...

Nechljudow hörte sich alle Bitten und Klagen an, beriet die einen, schlichtete den Streit der anderen, gab wieder anderen irgendwelche Versprechungen und ging dann mit einem Gefühl von Müdigkeit, Scham, Ohnmacht und Reue in sein Zimmer.

20

In dem nicht allzu großen Zimmer, das Nechljudow bewohnte, standen ein alter, mit Messingnägeln beschlagener Lederdiwan, ein paar dazu passende Lehnstühle, ein aufgeklappter, altertümlicher Kartentisch in Einlegearbeit, mit Vertiefungen und einer Messingeinfassung, auf dem Papiere lagen, und ein offenes englisches Klavier mit abgenutzten, verbogenen schmalen Tasten. Zwischen den Fenstern hing ein großer Spiegel in einem alten, vergoldeten Schnitzrahmen. Auf dem Fußboden neben dem Tisch lagen Stöße von Papieren, Büchern und Rechnungen. Überhaupt trug das ganze Zimmer das Gepräge des Charakterlosen und Unordentlichen; und diese lebendige Unordnung bildete einen schroffen Gegensatz zu der steifen, altertümlich herrschaftlichen Einrichtung der übrigen Zimmer des großen Hauses.

Nechljudow warf seinen Hut ärgerlich auf den Tisch, setzte sich auf einen Stuhl, schlug ein Bein über das andere und ließ den Kopf sinken.

»Wie ist's, wollen Sie frühstücken, Euer Durchlaucht?« fragte eine in diesem Augenblick eintretende große, magere, verrunzelte Frau in Haube, Kattunkleid und Umhängetuch.

Nechljudow sah sich nach ihr um und schwieg eine Weile, als müßte er sich erst besinnen.

»Nein, ich habe keine Lust, Njanja«, sagte er und versank wieder in Nachdenken.

Die Kinderfrau schüttelte ärgerlich den Kopf über ihn und seufzte.

»Ach, Väterchen Dmitrij Nikolajewitsch, warum sind Sie traurig? Es gibt größeres Unglück – alles wird vorübergehen, bei Gott.«

»Ich bin doch gar nicht traurig. Wie kommst du darauf, Mütterchen Malanja Finogenowna?« antwortete Nechljudow und bemühte sich zu lächeln.

»Ich sehe es doch, daß Sie traurig sind«, antwortete die Kinderfrau eifrig. »Tag für Tag sind Sie mutterseelenallein. Und alles nehmen Sie sich zu Herzen, um alles müssen Sie sich selber kümmern; Sie essen ja beinahe gar nichts mehr. Ist das vernünftig? Wenn Sie wenigstens in die Stadt führen oder zu den Nachbarn. Hat man so etwas schon gesehen? Sie sind jung und grämen sich über alles. Entschuldige mich, Väterchen, ich muß mich setzen«, fuhr die Kinderfrau fort und nahm neben der Tür Platz. »Sie sind zu nachsichtig, niemand fürchtet Sie mehr. Handeln denn Herrschaften so? Da kommt nichts Gutes dabei heraus: Du richtest dich nur zugrunde, und das Volk wird übermütig. Wie ist denn unser Volk: es empfindet das nicht, wahrhaftig. Reisen Sie doch zum Tantchen, sie hat die Wahrheit geschrieben … « redete die Kinderfrau ihm zu.

Nechljudow wurde immer trauriger zumute. Seine rechte Hand, die auf dem Knie ruhte, berührte leise die Tasten. Ein Akkord erklang, ein zweiter, dritter … Nechljudow rückte näher heran, zog die andere Hand aus der Tasche und begann zu spielen. Die Akkorde, die er griff, waren nicht immer vorbereitet, mitunter sogar falsch, oft gewöhnlich bis zur Abgeschmacktheit und deuteten auf keinerlei musikalische Begabung hin, aber diese Beschäftigung bereitete ihm einen unbestimmbaren, traurigen Genuß. Bei jeder Veränderung der Harmonie wartete er mit stockendem Herzen, was daraus entstehen werde, und ergänzte, wenn etwas daraus entstand, das Fehlende undeutlich in seiner Phantasie.

Es schien ihm, daß er Hunderte von Melodien hörte: einen Chor, ein Orchester, das im Einklang mit seiner Harmonie stand. Den größten Genuß aber bereitete ihm die gesteigerte Tätigkeit seiner Phantasie, die ihm zwar unzusammenhängend und abgerissen, aber mit verblüffender Klarheit die mannigfaltigsten verworrenen und ungereimten Gestalten und Bilder aus Vergangenheit und Zukunft vorgaukelte. Da sieht er die gedunsene Gestalt des Davydka Bjelyj, der beim Anblick der schwarzen sehnigen Faust seiner Mutter erschrocken mit den weißen Wimpern zuckt, seinen runden Rücken und die riesengroßen, mit weißen Haaren bedeckten Hände, die auf alle Mißhandlungen und Entbehrungen nur mit Geduld und Ergebung in sein Schicksal antworten. Dann sieht er die forsche, unter dem Hofgesinde dreister gewordene Amme und stellt sich aus irgendeinem Grund vor, wie sie in die Dörfer geht und den Bauern predigt, daß sie ihr Geld vor den Gutsbesitzern verstecken müßten, und wiederholt sich selber unbewußt: Ja, man muß das Geld vor den Gutsbesitzern verstecken. Dann sieht er plötzlich das braune Köpfchen seiner künftigen Frau, die sich weinend und in großem Kummer an seine Schulter lehnt. Dann wieder Tschurisenoks gute blaue Augen, die voller Zärtlichkeit auf das einzige dickbäuchige Söhnchen blicken. Ja, er sieht in dem Kleinen nicht nur den Sohn, sondern seinen Gehilfen und Retter. Das ist wahre Liebe! flüstert Nechljudow. Dann erinnert er sich an Juchwankas Mutter, an den Ausdruck der Duldsamkeit und Allvergebung, den er, trotz des hervorstehenden Zahns und der verunstalteten Züge, auf ihrem Greisenantlitz bemerkt hat. Ich bin wahrscheinlich der erste, der das in den siebzig Jahren ihres Lebens entdeckt hat, denkt er und flüstert: Seltsam! wobei er seine Hände weiterhin unbewußt über die Tasten gleiten läßt und den Tönen lauscht. Dann stellt er sich lebhaft seine Flucht aus dem Bienengarten vor, die Mienen Ignats und Karps, die offenbar lachen wollen, aber so tun, als ob sie nicht auf ihn sähen. Er errötet und blickt sich unwillkürlich nach der Kinderfrau um, die noch immer neben der Tür sitzt, ihn schweigend und prüfend betrachtet und zuweilen ihren grauen Kopf schüttelt.

Nun sieht er plötzlich eine Troika dampfender Pferde und Iljuschkas schöne, kräftige Gestalt mit den hellen Locken, den lustig blitzenden blauen Augen, dem frischen Rot der Wangen und dem hellen Flaum, der um Lippen und Kinn zu sprossen beginnt. Er erinnert sich daran, was für Angst Iljuschka hatte, man könnte ihm verbieten, das Fuhrwesen zu betreiben, und wie heiß er seine ihm so lieb gewordene Tätigkeit verteidigt; und er sieht einen grauen, frühen, nebligen Morgen, eine glitschige Landstraße und eine Reihe hochbeladener, mit Bastmatten bedeckter Troikas, die mit großen schwarzen Buchstaben gekennzeichnet sind. Die starkbeinigen satten Rosse klingeln mit den Schellen, krümmen die Rücken, ziehen die Stränge an und stampfen in gleichem Schritt den Berg hinan, wobei sie sich mit den langen Stollen angestrengt an den schlüpfrigen Boden klammern. Dem Wagenzug entgegen kommt schnell bergab die Post gefahren, ihr Schellengeläut hallt weit in dem großen Wald wider, der sich zu beiden Seiten der Straße hinzieht.

»A-a-ah!« schreit der vordere Postkutscher mit dem kleinen Blechschild auf dem Filzhut mit lauter, kindlicher Stimme und schwingt die Peitsche über dem Kopf.

Neben dem Vorderrad der ersten Fuhre schreitet der rotbärtige schwerfällige Karp in großen Stiefeln dahin und macht ein finsteres Gesicht. Aus dem zweiten Wagen steckt Iljuschka seinen hübschen Kopf heraus: Er hat sich unter der Bastmatte des Vordersitzes prächtig erwärmt. Drei mit Koffern beladene Troikas sausen unter Rädergerassel, Schellengeläut und Zurufen vorüber; Iljuschka versteckt seinen hübschen Kopf wieder unter der Bastmatte und schläft ein ... Da ist auch ein klarer warmer Abend. Vor den müden, beim Einkehrgasthof sich drängenden Troikas öffnet sich knarrend das Tor, und eine hohe, mit Bastmatten bedeckte Fuhre nach der anderen fährt aufhüpfend über das Brett, das im Tor liegt, und verschwindet in dem geräumigen Schuppen.

Iljuschka begrüßt fröhlich die Wirtin mit dem weißen Gesicht und der vollen Brust, die ihn fragt: »Von weit her? Werden viele zu Abend essen?« und den hübschen Burschen mit ihren glänzenden freundlichen Augen voller Vergnügen ansieht. Nun hat er die Pferde versorgt und geht in die heiße, von Menschen überfüllte Stube, bekreuzigt sich, setzt sich vor die volle Holz-schüssel und führt ein lustiges Gespräch mit der Wirtin und den Kameraden. Und dann winkt das Nachtlager unter dem freien Himmel, dessen Sterne durch das Dach des offenen Schuppens zu sehen sind, auf dem duftenden Heu neben den Pferden, die von einem Fuß auf den anderen treten, schnauben und in den Futterkrippen wühlen. Iljuschka ist zum Heu getreten, wendet sich gen Osten, bekreuzigt an die dreißigmal seine breite starke Brust, schüttelt seine hellen Locken aus der Stirn, betet das Vater-unser, sagt zwanzigmal »Herr, erbarme dich meiner«, wickelt sich mit dem Kopf in den Armäck und schläft den gesunden sorglosen Schlaf eines starken, jungen Menschen. Und nun sieht er im Traum allerhand Städte: Kiew mit seinen Heiligen und den Pilgerscharen, Romen mit seinen Kaufleuten und Waren, Odessa und das weite blaue Meer mit den weißen Segeln und die Stadt Zargrad mit den goldenen Häusern und den weißbusi-gen schwarzäugigen Türkinnen; er fliegt dorthin, von unsicht-baren Flügeln getragen. Frei und leicht schwebt er immer weiter und weiter und sieht unter sich goldene Städte, von heller Sonne überflutet, und den blauen Himmel mit den klaren Sternen und das blaue Meer mit den weißen Segeln – und es erscheint ihm so lieblich und heiter, immer weiter und weiter zu fliegen ...

»Herrlich!« flüstert Nechljudow vor sich hin, und der Ge-danke: Warum bin ich nicht Iljuschka! geht ihm durch den Sinn.

Aus den Aufzeichnungen des Fürsten D. Nechljudow

Luzern

8. Juli

Gestern abend bin ich in Luzern eingetroffen und im Schweizer Hof, dem besten Hotel am Ort, abgestiegen.

»Luzern, eine altertümliche Kantonsstadt, am Ufer des Vierwaldstätter Sees gelegen«, sagt Murray, »ist einer der romantischsten Orte der Schweiz; hier kreuzen sich drei Hauptstraßen; und nur eine Stunde Dampferfahrt entfernt liegt der Berg Rigi, von dem aus sich eine der herrlichsten Aussichten der ganzen Welt darbietet.«

Ob das nun richtig ist oder nicht, andere *Guides* sagen dasselbe, und daher halten sich in Luzern eine Unmenge Reisende aller Nationen und besonders viele Engländer auf.

Das prachtvolle fünfstöckige Gebäude des Schweizer Hofs ist vor kurzem am Ufer, ganz dicht am See, erbaut worden, an derselben Stelle, wo sich in alten Zeiten eine überdeckte, gewundene Holzbrücke mit Kapellen an den Ecken und Heiligenbildern an den Dachsparren befand. Jetzt ist die alte Brücke, dank dem großen Zustrom der Engländer, ihren Bedürfnissen, ihrem Geschmack und ihrem Geld, abgetragen und an ihrer Stelle ein sockelartiger, schnurgerader Kai angelegt worden; auf dem Kai hat man geradlinige, viereckige, fünfstöckige Häuser gebaut; vor den Häusern sind zwei Reihen Linden gepflanzt und mit Pfählen gestützt, und zwischen den Linden hat man, ganz wie es sich gehört, grüne Bänke aufgestellt. Das ist – die Promenade; und hier gehen Engländerinnen in Schweizer Strohhüten auf und ab und Engländer in dauerhaften und bequemen Anzügen und freuen sich über ihr Werk. Vielleicht nehmen sich diese Uferanlagen und Häuser und Linden und Engländer irgendwoanders sehr gut aus, aber nur nicht hier, inmitten dieser seltsam majestätischen und zugleich unsagbar harmonischen und weichen Natur.

Als ich in mein Zimmer hinaufkam und das Fenster nach dem See zu öffnete, wurde ich im ersten Augenblick von der Schönheit dieses Wassers, der Berge und des Himmels buchstäblich geblendet und erschüttert. Ich fühlte eine innere Unruhe und das Bedürfnis, den Überschuß eines Empfindens, das meine Seele plötzlich erfüllte, auf irgendeine Art zu äußern. Ich verspürte in diesem Augenblick Lust, irgend jemanden zu umarmen, fest zu umarmen, ihn zu kitzeln, zu zwicken, mit einem Wort, mit ihm und mit mir etwas Ungewöhnliches zu vollführen.

Es war sieben Uhr abends. Den ganzen Tag hatte es geregnet, doch jetzt hellte es sich auf. Der See, blau wie brennender Schwefel, mit den wie Punkten darauf schwimmenden Booten und ihren verschwindenden Wellenfurchen, breitete sich unbeweglich glatt, beinahe wie gewölbt zwischen den verschieden getönten grünen Ufern vor den Fenstern aus, strebte vorwärts, zwängte sich zwischen zwei gewaltigen Felsstufen hindurch und stemmte sich, dunkler werdend und verschwindend, gegen die übereinandergetürmten Berge, Wolken und Gletscher. Im Vordergrund nasse, hellgrüne, nach allen Seiten auseinanderstrebende Schilfufer mit Wiesen, Gärten und Landhäusern; weiterhin dunkelgrüne, überwachsene Abhänge mit Ruinen alter Schlösser; im Hintergrund zusammengeballte weiß-lila Bergeshöhen mit wunderlichen felsigen und mattweißen Schneegipfeln; und alles von der zarten, durchsichtigen Bläue der Luft umflossen und von den aus zerrissenem Gewölk hervorbrechenden heißen Strahlen der untergehenden Sonne beleuchtet. Weder auf dem See noch auf den Bergen oder am Himmel eine gerade Linie, eine gleiche Farbe, ein ruhiger Punkt: überall Bewegung, Asymmetrie, abenteuerliche Formen, ein unendlich mannigfaltiges Gemisch von Schatten und Linien, und in allem die Ruhe, die Weichheit, die Einheitlichkeit und die Notwendigkeit des Schönen. Und hier, inmitten der unbestimmten, verworrenen, freien Schönheit, starrten gerade vor meinem Fenster der dumm und gekünstelt weiße, schnurgerade Uferweg, die

Linden mit den Stützen und die grünen Bänke – armselige, abgeschmackte Erzeugnisse von Menschenhand, die nicht wie die fernen Landhäuser und Ruinen mit der allgemeinen Harmonie der Schönheit verschmolzen, sondern ihr im Gegenteil roh widersprachen. Unwillkürlich stieß mein Blick fortwährend mit dieser entsetzlich geraden Kailinie zusammen und wollte sie in Gedanken wegstoßen, vernichten, wie einen schwarzen Fleck, der einem unter den Augen auf der Nase sitzt; doch der Weg mit den promenierenden Engländern blieb an seinem Ort, und ich bemühte mich unwillkürlich, einen Gesichtspunkt zu finden, von wo aus ich ihn nicht sehen konnte. Ich lernte so zu schauen und genoß bis zur Table d'hôte für mich allein jenes nicht volle, aber desto süßere und doch quälende Gefühl, das man beim einsamen Betrachten der Naturschönheiten empfindet.

Um halb acht rief man mich zu Tisch. In einem großen, wundervoll ausgestatteten Raum des unteren Stockwerks waren zwei lange Tische für mindestens hundert Personen gedeckt. Drei Minuten lang währte das schweigsame Kommen der sich versammelnden Gäste: das Rauschen der Frauenkleider, leichte Schritte, leise Gespräche mit den außerordentlich höflichen und feingekleideten Kellnern; und vor allen Gedecken nahmen Herren und Damen Platz, die sehr schön, sogar reich und überhaupt ungewöhnlich sauber gekleidet waren. Die Mehrzahl der Gäste waren – wie das gewöhnlich in der Schweiz zu sein pflegt – Engländer, und daher waren die hauptsächlichen Merkmale an der Tafel strenger, durch die Sitte anerkannter Anstand, Mangel an Mitteilsamkeit, der nicht dem Stolz, sondern dem fehlenden Verlangen nach Annäherung entspringt, und einsames Genügen an der bequemen und angenehmen Befriedigung der eigenen Bedürfnisse. Von allen Seiten leuchteten einem die weißesten Spitzen, die weißesten Kragen, die weißesten echten und falschen Zähne, die weißesten Gesichter und Hände entgegen. Aber die Gesichter, von denen viele sehr schön waren, drückten nur das Bewußtsein des eigenen Wohlbefindens und den vollständigen Mangel an Teilnahme für alles das aus, was sie umgab, wenn es nicht gerade die eigene Person anging, und die weißesten ringgeschmückten Hände in Halbhandschuhen bewegten sich nur, um einen Kragen zurechtzurücken, das Fleisch zu zerschneiden und den Wein in die Gläser zu gießen: in ihren Bewegungen spiegelte sich keinerlei seelische Regung wider. Die Familien tauschten hin und wieder ein paar Worte über den guten Geschmack irgendeiner Speise oder eines Weines aus und sprachen von der schönen Aussicht auf dem Rigi. Die allein reisenden Herren und Damen saßen einsam, schweigend nebeneinander und sahen sich nicht einmal an. Wenn sich von diesen hundert Menschen ab und zu zwei miteinander unterhielten, so sprachen sie bestimmt über das Wetter oder die Besteigung des Rigi. Messer und Gabeln glitten kaum hörbar über die Teller, von den Speisen wurde nur wenig genommen, Erbsen und Gemüse wurden unbedingt mit der Gabel gegessen; die Kellner, die sich unwillkürlich der allgemeinen Schweigsamkeit unterordneten, fragten flüsternd, welchen Wein man zu trinken wünsche. An solchen Tables d'hôte wird mir immer drückend und unangenehm und schließlich traurig zumute. Es kommt mir vor, als hätte ich irgend etwas verbrochen, als würde ich bestraft wie in meiner Kindheit, wenn man mich für eine Unart auf einen Stuhl setzte und ironisch dazu bemerkte: »Ruhe ein wenig aus, mein Lieber!« Und dabei pulste das junge Blut in meinen Adern, und ich hörte das fröhliche Geschrei der Brüder im Nebenzimmer. Früher gab ich mir Mühe, mich gegen dieses Gefühl der Erdrosselung, das ich bei solchen Tafelrunden empfand, aufzulehnen, aber vergebens: Alle diese leblosen Gesichter üben einen unwiderstehlichen Einfluß auf mich aus, und ich werde ebenso leblos. Ich wünsche nichts, denke nicht, beobachte nicht einmal. Anfangs machte ich den Versuch, mit meinen Nachbarn ein Gespräch anzuknüpfen; aber außer Phrasen, die offenbar zum hunderttausendsten Mal an derselben Stelle und zum hunderttausendsten Mal von derselben Person wiederholt worden waren, erhielt ich keine andere Antwort. Und dabei sind alle diese Menschen doch bestimmt nicht dumm und nicht gefühllos, sicherlich geht in vielen dieser erstarrten Menschen das gleiche innere Leben vor sich wie in mir und bei vielen wohl ein viel verwickelteres und fesselnderes. Weshalb berauben sie sich also einer der größten Freuden des Lebens – des Genusses aneinander, des Genusses am Menschen?

Da war es in unserer Pariser Pension ganz anders, wo wir uns, zwanzig Personen der verschiedensten Nationen, Berufe und Charaktere, unter dem Einfluß der französischen Mitteilsamkeit zur gemeinsamen Mittagstafel wie zu einem Vergnügen zusammenfanden. Dort begann sofort ein Gespräch von einem Ende des Tisches zum anderen, begleitet von Scherzen und Wortspielen, und wurde, obwohl oft in gebrochenem Französisch geführt, doch ein allgemeines. Dort schwatzte jeder, was ihm in den Kopf kam, ohne sich Sorgen zu machen, wie es herauskommen würde; dort hatten wir unseren Philosophen, unseren Streiter, unseren Schöngeist, unseren Plastron, alles war gemeinsam. Dort rückten wir nach dem Essen sofort den Tisch auf die Seite und begannen, ob im Takt oder nicht im Takt, auf dem staubigen Teppich bis zum Abend Polka zu tanzen. Dort waren wir zwar kokette, nicht besonders kluge und ehrwürdige Menschen, aber wir waren Menschen. Die spanische Gräfin mit ihren romanhaften Abenteuern, der italienische Abbé, der nach Tisch die Göttliche Komödie deklamierte, der amerikanische Arzt, der Zutritt zu den Tuilerien hatte, der junge Dramaturg mit den langen Haaren, die Pianistin, die ihren eigenen Worten zufolge die beste Polka der Welt komponiert hatte, die unglückliche schöne Witwe mit drei Ringen an jedem Finger – wir alle standen in menschlichen und, wenn auch oberflächlichen, so doch freundschaftlichen Beziehungen zueinander und nahmen zum Teil flüchtige, zum Teil aufrichtige und herzliche Erinnerungen aneinander mit. An einer englischen Table d'hôte hingegen denke ich beim Anblick all dieser Spitzen, Bänder, Ringe, pomadisierten Haare und seidenen Kleider oft daran, wie viele *lebendige* Frauen durch diesen Staat glücklich sein und andere damit glücklich machen würden. Es ist ein seltsamer Gedanke, sich vorzustellen, wie viele Freunde und Liebende, glücklichste Freunde und Liebende, hier vielleicht nebeneinandersitzen, ohne es zu wissen. Und weiß Gott, weshalb sie es niemals erfahren und einander niemals jenes Glück bereiten werden, das sie sich so leicht bereiten könnten und nach dem sie so großes Verlangen tragen.

Mir wurde, wie immer nach solchen Mahlzeiten, traurig zumute, und ich stand, ohne den Nachtisch genossen zu haben, in der unlustigsten Gemütsverfassung auf und begab mich auf einen Bummel durch die Stadt. Die engen, schmutzigen Straßen ohne Beleuchtung, die Kaufläden, die eben geschlossen wurden, die Begegnung mit betrunkenen Arbeitern und mit Frauen, die Wasser holen gingen oder in Hüten, sich umschauend, an den Mauern der Gassen entlanghuschten, verscheuchten meine traurige Stimmung nicht, sondern vertieften sie noch. In den Straßen war es schon ganz finster, als ich mich völlig teilnahmslos und ohne einen Gedanken im Kopf dem Haus näherte, in der Hoffnung, mich durch den Schlaf von meiner düsteren Stimmung zu befreien. Ich empfand eine entsetzliche seelische Kälte, mir war einsam und schwer zumute, wie das ohne jeden ersichtlichen Grund bei der Übersiedlung an einen neuen Ort des öfteren geschieht.

Ich ging vor mich hinstarrend über den Kai auf den Schweizer Hof zu, als plötzlich die Klänge einer seltsamen, aber überaus angenehmen und lieblichen Musik an mein Ohr drangen. Diese Töne wirkten augenblicks belebend auf mich. Als ob ein helles, fröhliches Licht in meine Seele gedrungen wäre. Mir wurde wohl und heiter ums Herz. Meine eingeschlummerte Aufmerksamkeit richtete sich von neuem auf alle mich umgebenden Gegenstände. Die Schönheit der Nacht und des Sees, die mir vorher gleichgültig gewesen waren, versetzten mich plötzlich, wie etwas Neues, in ein freudiges Staunen. Unwillkürlich bemerkte ich mit einemmal den trüben Himmel mit den grauen Wolkenfetzen auf dem dunklen Blau, der von dem aufsteigenden Mond beleuchtet war, den dunkelgrünen glatten See mit den sich darin spiegelnden Lichtern und in der Ferne die nebligen Berge, das Quaken der Frösche aus Fröschenburg und den taufrischen Schlag der Wachteln vom anderen Ufer her. Aber gerade vor mir an der Stelle, wo die Musikklänge zu vernehmen waren und der meine besondere Aufmerksamkeit galt, erblickte ich im Halbdunkel, mitten auf der Straße, eine halbkreisförmig zusammengedrängte Menge und vor ihr – in einiger Entfernung – ein winziges Menschlein in schwarzen Kleidern. Hinter der Menge und dem Menschlein hoben sich vom zerrissenen, graublauen Nachthimmel einige schlanke schwarze Pyramidenpappeln des Gartens ab und ragten zwei ernste Turmspitzen majestätisch zu beiden Seiten des altertümlichen Doms empor.

Ich trat näher heran, die Klänge wurden deutlicher. Ich unterschied genau die fernen, in der Abendluft süß dahinschmelzenden vollen Akkorde einer Gitarre und mehrere Stimmen, die einander unterbrechend nicht die ganze Melodie mitsangen, sondern sie nur ahnen ließen, indem sie hin und wieder an den hervortretenden Stellen einfielen. Das Stück war eine Art lieblicher und anmutiger Mazurka. Die Stimmen schienen bald nah, bald fern zu sein, man hörte einen Baß, einen Tenor, dann wieder eine Fistelstimme mit kehligen Tiroler Jodlern. Das war kein Lied, sondern die leichte, meisterliche Skizze eines Liedes. Ich konnte nicht begreifen, was es war; aber es war wunderschön! Diese wollüstigen schwachen Akkorde der Gitarre, diese liebliche leichte Melodie und die einsame Gestalt des schwarzen Menschleins inmitten der phantastischen Umgebung des dunklen Sees, des durchschimmernden Mondes, der schweigend emporstrebenden gewaltigen Turmspitzen und der schwarzen Pappeln des Gartens, das war alles seltsam, aber unsagbar herrlich oder schien mir wenigstens so zu sein.

Alle verworrenen, unwillkürlichen Eindrücke des Lebens erhielten für mich plötzlich Bedeutung und Reiz. In meiner Seele schien eine frische, duftende Blume erblüht zu sein. Statt der Müdigkeit, der Zerstreutheit, der Gleichgültigkeit gegen alles in der Welt, die ich eine Minute vorher empfunden hatte, fühlte ich plötzlich das Bedürfnis nach Liebe, eine Fülle von Hoffnungen und eine grundlose Lebensfreude. Was wünschest du, was begehrst du? sagte ich mir unwillkürlich; da ist sie, von allen Seiten umringt dich Schönheit und Poesie. Atme sie in tiefen, vollen Zügen ein, mit aller Kraft, die in dir ist, genieße sie, was willst du noch mehr? Alles ist dein, alle Glückseligkeit …

Ich trat näher heran. Der kleine Mensch war, wie sich erwies, ein herumziehender Tiroler. Er stand vor den Fenstern des Hotels, hatte ein Füßchen vor das andere gesetzt, den Kopf zurückgeworfen und spielte auf der Gitarre, wobei er sein anmutiges Lied mit verschiedenen Stimmen sang. Ich empfand sofort Zärtlichkeit zu diesem Menschen und Dankbarkeit für den Umschwung, den er bei mir hervorgerufen hatte. Soviel ich sehen konnte, war der Sänger mit einem alten schwarzen Gehrock bekleidet, seine kurzen Haare waren schwarz, und auf dem Kopf trug er eine ganz spießbürgerliche, einfache alte Mütze. In seiner Kleidung lag nichts Künstlerisches, aber seine gewandte, kindlich fröhliche Haltung und seine Bewegungen boten im Verein mit seinem winzigen Wuchs einen rührenden und zugleich spaßigen Anblick. Im Eingang, an den Fenstern und auf den Balkons des prachtvoll erleuchteten Hotels standen Damen in glänzendem Staat und weiten Röcken, Herren mit den weißesten Kragen, der Portier und ein Diener in goldgestickter Livree; auf der Straße, in dem Halbkreis der Zuhörer und weiter auf der Promenade zwischen den Linden, hatten sich die elegant gekleideten Kellner und die Köche (in den weißesten Mützen und Jacken) versammelt, Spaziergänger waren stehengeblieben und Mädchen, die sich umschlungen hielten. Alle schienen dasselbe Gefühl zu empfinden, das auch mich erfüllte. Alle standen schweigend um den Sänger herum und hörten ihm aufmerksam zu. Alles war still, nur in den Zwischenpausen des Liedes tönte von fern der gleichmäßige Schlag eines Hammers über den See herüber, und von Fröschenburg her klangen die Stimmen der Frösche in lockeren Trillern, die von dem feuchten, eintönigen Schlag der Wachteln unterbrochen wurden. Das kleine Menschlein sang in der Dunkelheit, mitten auf der Straße, wie eine Nachtigall einen Vers nach dem anderen, ein Lied nach dem anderen. Obwohl ich ganz dicht an ihn herangetreten war, bereitete mir sein Gesang immer noch ein großes Vergnügen. Seine Stimme war nicht groß, aber außerordentlich angenehm, und die Zartheit, der Geschmack und das rhythmische Gefühl, mit dem er seine Stimme beherrschte, waren ganz ungewöhnlich und zeugten von einer großen natürlichen Begabung. Den Kehrreim jeder Strophe sang er jedesmal auf verschiedene Weise, und man hörte, daß alle diese anmutigen Änderungen frei und soeben erfunden waren.

In der Menge, sowohl oben im Schweizer Hof als auch unten auf dem Kai, vernahm man öfters ein beifälliges Flüstern, sonst herrschte ehrfurchtsvolles Schweigen. Die Balkons und Fenster füllten sich immer mehr mit geputzten Herren und Damen, die sich im Lichtschein des Hauses malerisch auf die Geländer und Brüstungen stützten. Die Spaziergänger blieben stehen, und im Schatten, am Uferweg standen überall Gruppen von Frauen und

Männern neben den Linden. Neben mir standen, etwas abseits von der Menge, ein vornehmer Lakai und ein Koch und rauchten Zigarren. Der Koch empfand die Schönheit der Musik sehr lebhaft, er nickte bei jedem hohen Fistelton dem Lakaien begeistert und erstaunt zu und stieß ihn mit dem Ellenbogen an, als ob er sagen wollte: Der kann singen, was? Der Lakai, an dessen breitem Lächeln ich merkte, welch einen Genuß er empfand, zuckte als Antwort auf die Püffe des Kochs nur mit den Schultern, um zu zeigen, daß es schwer sei, ihn durch irgend etwas in Verwunderung zu versetzen, und daß er schon viel Besseres gehört habe.

In einer Zwischenpause des Liedes, als der Sänger sich räusperte, fragte ich den Lakaien, wer jener sei, und ob er öfters hierherkomme.

»Er kommt ungefähr zweimal im Sommer«, antwortete der Diener, »er stammt aus dem Aargau. Bettelt sich so durch.«

»Ziehen viele so herum?« fragte ich.

»Ja, ja«, antwortete der Lakai, der meine Frage nicht sofort verstanden hatte, fügte aber dann, nachdem er begriffen hatte, hinzu: »O nein, ich sehe hier immer nur diesen einen. Andere kenne ich nicht.«

In diesem Augenblick hatte das kleine Menschlein das erste Lied beendet, drehte die Gitarre mit einem kühnen Schwung um und sagte etwas in seiner deutschen Mundart, das ich nicht verstehen konnte, das aber bei den ihn umgebenden Zuhörern Gelächter hervorrief.

»Was sagt er?« fragte ich.

»Er sagt, daß ihm die Kehle ausgetrocknet ist und er gerne ein Glas Wein trinken möchte«, übersetzte der neben mir stehende Lakai.

»Er trinkt wohl gern?«

»Diese Leute sind ja alle so«, antwortete der Lakai lächelnd und machte eine verächtliche Handbewegung nach ihm hin.

Der Sänger nahm die Mütze ab, schwenkte seine Gitarre und näherte sich dem Hause. Er warf den Kopf zurück und wandte sich an die Herrschaften, die an den Fenstern und auf den Balkons standen. »Messieurs et mesdames«, sagte er mit halb italienischem, halb deutschem Akzent und in jenem Tonfall, mit dem sich Zauberkünstler an die Zuhörerschaft wenden, »si vous croyez, que je gagne quelque chose, vous vous trompez; je ne suis qu'un pauvre tiaple.«

Er hielt inne, schwieg ein Weilchen; aber da ihm niemand etwas gab, nahm er seine Gitarre wieder zur Hand und sagte: »A présent, messieurs et mesdames, je vous chanterai l'air du Righi.«

Das Publikum oben schwieg, blieb aber in Erwartung des folgenden Liedes stehen, in der Menge unten wurde gelacht, wahrscheinlich deshalb, weil er sich so sonderbar ausdrückte und ihm niemand etwas gegeben hatte. Ich gab ihm ein paar Centimes, die er gewandt aus einer Hand in die andere warf und dann in die Westentasche steckte; er setzte seine Mütze auf und begann von neuem ein anmutiges hübsches Tiroler Liedchen zu singen, das er »L'air du Righi« nannte. Dieses Lied, das er sich bis zum Schluß aufgespart hatte, war noch hübscher als die vorhergehenden, und in der anwachsenden Menge ertönten von allen Seiten Beifallsäußerungen. Er hatte geendet. Wieder schwenkte er seine Gitarre durch die Luft, nahm die Mütze ab, hielt sie ausgestreckt vor sich hin, näherte sich auf zwei Schritte den Fenstern und sagte wieder seinen unverständlichen Satz: »Messieurs et medames, si vous croyez, que je gagne quelque chose«, den er anscheinend für sehr geschickt und geistreich hielt, aber ich bemerkte jetzt in seiner Stimme und in seinen Bewegungen etwas wie Unentschlossenheit und kindliche Schüchternheit, die im Verein mit seinem kleinen Wuchs besonders ergreifend wirkten. Die elegante Zuhörerschaft stand noch immer so malerisch im Schein der Lichter auf den Balkonen und an den Fenstern und glänzte durch ihre reichen Kleider; einige unterhielten sich gemessen und artig, offenbar über den Sänger, der mit ausgestreckter Hand vor ihnen stand; andere sahen aufmerksam, voller Neugierde hinunter auf die kleine schwarze Gestalt; auf einem Balkon ließ sich das klingende fröhliche Lachen eines jungen Mädchens vernehmen. Unten in der Menge wurde immer lauter gesprochen und gelacht. Der Sänger wiederholte seine Worte zum dritten Mal, aber mit noch schwächerer Stimme, er sprach den Satz auch nicht zu Ende und streckte von neuem seine Hand mit der Mütze aus, ließ sie aber sofort wieder sinken. Und wieder warf ihm kein einziger von diesen hundert prächtig gekleideten Menschen, die sich herangedrängt hatten, um ihm zuzuhören, auch nur *einen* Heller zu. Die Menge fing mitleidslos an zu lachen. Es schien mir, daß der kleine Sänger noch kleiner wurde; er nahm die Gitarre in die andere Hand, hielt die Mütze über dem Kopf in die Höhe und sagte: »Messieurs et mesdames, je vous remercie et je vous souhaite une bonne nuit«, und setzte seine Mütze auf.

Die Menge brach in ein freudiges Lachen aus. Die schönen Herren und Damen, die ruhig miteinander plauderten, verschwanden nach und nach von den Balkons. Auf dem Kai wurde die Promenade fortgesetzt. Die Straße, die während des Gesanges so stumm gewesen war, belebte sich von neuem, nur ein paar Menschen blickten von weitem auf den Sänger und lachten, ohne sich ihm zu nähern. Ich hörte, wie das kleine Menschlein etwas vor sich hinmurmelte, dann machte es kehrt und ging, als wäre es noch kleiner geworden, mit raschen Schritten der Stadt zu. Die lustigen Spaziergänger, die es beobachteten, folgten ihm noch immer in einiger Entfernung und lachten …

Ich konnte mich gar nicht zurechtfinden, ich begriff nicht, was das alles bedeutete, und starrte, auf einem Fleck stehend, gedankenlos in die Dunkelheit auf das sich entfernende winzige Menschlein, das mit langen, raschen Schritten nach der Stadt eilte, und auf die lachenden Spaziergänger, die ihm folgten. Mich beschlich ein wehes und bitteres Gefühl, aber in der Hauptsache schämte ich mich für diesen kleinen Mann, für die Menge, für mich selber, als hätte *ich* um ein Almosen gebeten, als hätte man *mir* nichts gegeben und *mich* ausgelacht. Ich ging, ebenfalls ohne mich umzusehen, beklommenen Herzens mit raschen Schritten nach Hause, dem Eingang des Schweizer Hofs zu. Ich gab mir noch keine Rechenschaft über meine Gefühle; ich empfand nur, daß etwas Schweres, Ungelöstes meine Seele erfüllte und mich bedrückte.

In der prächtigen, erleuchteten Vorhalle begegneten mir der höflich zur Seite tretende Portier und eine englische Familie. Der stattliche, schöne und große Herr mit schwarzem englischem Backenbart und schwarzem Hut trug einen Plaid über dem Arm, hielt einen kostbaren Spazierstock in der Hand und führte nachlässig und selbstbewußt eine Dame in einem auffallenden Seidenkleid, einem Häubchen mit glänzenden Bändern und den herrlichsten Spitzen am Arm. Neben ihnen ging ein hübsches, frisches, junges Mädchen in einem reizenden Schweizer Hut mit einer Feder à la mousquetaire, unter dem weiche, lange, hellblonde Locken rund um ihr weißes Gesichtchen hervorquollen. Vor ihnen hüpfte ein zehnjähriges rotwangiges Mädchen mit runden, weißen Knien einher, die aus den feinsten Spitzen hervorschauten.

»Eine herrliche Nacht«, sagte die Dame mit süßer, glücklicher Stimme, als ich an ihnen vorbeiging.

»Ohe!« brummte der Engländer faul, dem es auf Erden anscheinend so gut ging, daß er nicht einmal sprechen wollte. Und sie schienen alle so ruhig, bequem, rein und leicht auf der Welt zu leben, in ihren Bewegungen und Mienen drückte sich so viel Gleichgültigkeit gegen jedes fremde Leben aus, und eine solch feste Überzeugung, daß der Portier ihnen ausweichen und sie grüßen werde, daß sie bei ihrer Heimkehr ruhige Zimmer und saubere Betten vorfinden würden und daß dies alles so sein müsse und sie ein Recht darauf besäßen – so daß ich ihnen unwillkürlich den herumziehenden Sänger gegenüberstellte, der müde, vielleicht hungrig, voller Scham vor der lachenden Menge geflohen war, und ich begriff plötzlich, was mir wie ein schwerer Stein auf dem Herzen lag, und empfand einen unsagbaren Zorn auf diese Menschen. Ich ging zweimal an dem Engländer vorbei, wich ihm beide Male nicht aus und stieß ihn jedesmal mit einem unaussprechlichen Genuß mit dem Ellenbogen an, lief dann die Treppe hinunter und schlug schließlich in der Finsternis die Richtung nach der Stadt ein, in welcher der kleine Mann verschwunden war.

Ich überholte drei Männer, die zusammen gingen, und fragte sie, wo der Sänger sei; sie zeigten lachend nach vorne. Er ging allein, mit schnellen Schritten, niemand näherte sich ihm, und er murmelte, wie es mir schien, noch immer etwas zornig vor sich hin. Ich holte ihn ein und schlug ihm vor, mit mir irgendwo eine Flasche Wein zu trinken. Er schritt ebensoschnell weiter und sah sich unzufrieden nach mir um; aber nachdem er begriffen hatte, worum es sich handelte, blieb er stehen.

»Nun denn, ich schlage es nicht aus, wenn Sie so gut sein wollen«, sagte er. »Hier ist ein kleines Café, da könnte man hineingehen – ein ganz einfaches«, setzte er hinzu und deutete auf eine Schankstube, die noch geöffnet war.

Seine Worte »ein ganz einfaches« brachten mich unwillkürlich auf den Gedanken, nicht in das einfache Café, sondern in den Schweizer Hof zu gehen, dorthin, wo sich alle die Leute befanden, die ihm zugehört hatten. Obwohl er sich einige Male mit zaghafter Erregung weigerte, mir in den Schweizer Hof zu folgen, weil es da, wie er sagte, zu vornehm sei, bestand ich auf meinem Willen, und er tat nun so, als ob er gar nicht verlegen wäre, fuchtelte lustig mit seiner Gitarre herum und ging mit mir auf dem Kai zurück. Als ich auf den Sänger zugetreten war, waren ein paar müßige Spaziergänger näher herangekommen, hatten gehört, wovon ich sprach, und folgten uns jetzt, sich lebhaft unterhaltend, bis zum Eingang, wahrscheinlich in der Erwartung, noch irgendeine Vorstellung des Tirolers zu erleben.

Ich bestellte bei einem Kellner, der mir im Flur begegnete, eine Flasche Wein. Der Kellner sah uns lächelnd an, antwortete nichts und lief an uns vorbei. Der Oberkellner, an den ich mich mit derselben Bitte wandte, hörte mich ernst an, maß die schüchterne kleine Gestalt des Sängers vom Kopf bis zu den Füßen und befahl dem Portier streng, uns in den Saal auf der linken Seite zu führen. Dieser Saal war die Schankstube für das gewöhnliche Volk. In der Ecke des Zimmers wusch eine bucklige Magd Geschirr, und die ganze Einrichtung bestand aus rohen Holztischen und Bänken. Der Kellner, der zu unserer Bedienung gekommen war, sah uns mit einem milden spöttischen Lächeln an, steckte die Hände in die Taschen und ließ sich in ein Gespräch mit der buckligen Geschirrwäscherin ein. Er gab sich anscheinend Mühe, uns merken zu lassen, daß er sich hinsichtlich seiner gesellschaftlichen Stellung und Würde weit über den Sänger erhaben fühlte und daß es für ihn nicht kränkend, sondern einfach belustigend sei, uns zu bedienen.

»Befehlen Sie einfachen Wein?« fragte er mit Kennermiene, mit den Augen auf meinen Gast weisend, und warf seine Serviette aus einer Hand in die andere.

»Champagner, und den allerbesten«, sagte ich, bemüht, eine

recht stolze und erhabene Miene zu zeigen. Aber weder der Champagner noch meine vermeintlich stolze und erhabene Miene übten irgendeine Wirkung auf den Kellner aus; er lächelte, blieb ein Weilchen stehen, sah uns an, blickte ohne jegliche Eile auf seine goldene Uhr und ging mit langsamen Schritten, wie lustwandelnd, hinaus. Bald kam er mit dem Wein und zwei anderen Kellnern zurück. Zwei von ihnen setzten sich zu der Geschirrwäscherin und betrachteten uns mit einer fröhlichen Aufmerksamkeit und einem milden Lächeln, wie Eltern ihre lieben Kinder entzückt betrachten, wenn sie hübsch spielen. Nur die bucklige Geschirrspülerin schien uns nicht spöttisch, sondern voller Teilnahme anzusehen. Obwohl es mir recht schwer und peinlich war, mich unter dem Kreuzfeuer der Kellneraugen mit dem Sänger zu unterhalten und ihn zu bewirten, gab ich mir Mühe, meine Sache so unbefangen wie möglich durchzuführen. Bei Licht konnte ich ihn besser sehen. Er war ein winzig kleiner, ebenmäßig gebauter, sehniger Mensch, beinahe ein Zwerg, mit borstigen, schwarzen Haaren, stets feuchten, großen, schwarzen Augen ohne Wimpern und einem äußerst angenehmen, lieblich geformten Mund. Er hatte einen kleinen Backenbart, die Haare waren nicht sehr lang, die Kleidung höchst einfach und ärmlich. Er war unsauber, zerlumpt, von der Sonne verbrannt und machte überhaupt den Eindruck eines arbeitenden Menschen. Er sah aber eher einem armen Händler als einem Künstler ähnlich. Nur in den ständig feuchten, glänzenden Augen und um den gefalteten Mund lag etwas Originelles und Rührendes. Dem Aussehen nach konnte man ihn ebensogut für fünfundzwanzig wie für vierzig halten; in Wirklichkeit war er achtunddreißig Jahre alt.

Er erzählte mir mit gutmütiger Bereitwilligkeit und offensichtlicher Aufrichtigkeit aus seinem Leben. Er stammte aus dem Aargau. Schon in seiner Kindheit hatte er Vater und Mutter verloren, andere Verwandte besaß er nicht. Ein Vermögen hatte er niemals sein eigen genannt. Er hatte das Tischlerhandwerk erlernt, aber vor zwanzig Jahren den Knochenfraß in der Hand bekommen, der ihn der Arbeitsfähigkeit beraubte. Von der Kindheit an hatte er Lust zum Singen gehabt und fing nun an, auf der Straße zu singen. Die Fremden gaben ihm zuweilen

Geld. Er machte daraus einen Beruf, kaufte sich eine Gitarre und zog bereits seit achtzehn Jahren in der Schweiz und in Italien herum und sang vor den Hotels. Sein ganzes Gepäck war die Gitarre und der Geldbeutel, in dem sich augenblicklich nur anderthalb Franken befanden, die er noch heute abend für sein Nachtquartier und sein Abendessen ausgeben mußte. Jedes Jahr, nun schon zum achtzehnten Male, kam er in die schönsten, meistbesuchten Orte der Schweiz: Zürich, Luzern, Interlaken, Chamonix und so weiter; über den St. Bernhard ging er nach Italien und kehrte über den Gotthard oder über Savoyen zurück. Jetzt fing das Wandern an, ihm schwerzufallen, weil er infolge einer Erkältung Schmerzen in den Beinen fühlte, die er die *Gliedersucht* nannte und die mit jedem Jahr schlimmer wurden, und weil seine Augen und seine Stimme schwächer wurden. Trotz alledem wollte er jetzt nach Interlaken, Aix-les-Bains und über den kleinen St. Bernhard nach Italien marschieren, das er besonders liebte; überhaupt schien er mit seinem Leben sehr zufrieden zu sein. Als ich ihn fragte, warum er nach Hause zurückkehre, ob er da Verwandte oder ein Haus und Grund und Boden habe, faltete sich sein gleichsam gekräuseltes Mündchen zu einem Lächeln, und er antwortete mir: »Oui, le sucre est bon, il est doux pour les enfants!« und zwinkerte den Kellnern zu.

Ich konnte nichts begreifen, doch die Kellner fingen an zu lachen.

»Ich besitze nichts, sonst würde ich nicht so herumziehen«, erklärte er mir, »ich gehe nur deswegen nach Hause, weil es einen doch immer wieder in die Heimat zieht.«

Und er wiederholte noch einmal mit einem schlauen, selbstzufriedenen Lächeln den Satz: »Oui, le sucre est bon«, und lachte gutmütig. Die Kellner waren sehr zufrieden und lachten, nur die bucklige Geschirrwäscherin sah das kleine Menschlein mit großen, gütigen Augen an und hob ihm die Mütze auf, die während der Unterhaltung von der Bank gefallen war. Ich hatte früher die Beobachtung gemacht, daß fahrende Sänger, Akrobaten, sogar Gaukler, sich gerne als Künstler bezeichnen, und deutete deshalb meinem Gast einige Male an, daß er Künstler sei, aber er nahm diese Eigenschaft für sich keinesfalls in Anspruch,

456

sondern sah sein Geschäft ganz einfach nur als Broterwerb an. Als ich ihn fragte, ob er die von ihm gesungenen Lieder selbst dichte, wunderte er sich über diese sonderbare Frage und antwortete, daß er dazu nicht fähig sei, das seien lauter alte Tiroler Lieder.

»Aber das Lied vom Rigi ist kein altes?« fragte ich.

»Das ist vor ungefähr fünfzehn Jahren entstanden. In Basel lebte ein Deutscher, ein sehr kluger Mann, der hat es gedichtet. Ein ausgezeichnetes Lied! Sehen Sie, das hat er für die Reisenden gedichtet.«

Und er begann, mir in französischer Übersetzung die Worte des Liedes, das ihm so gut gefiel, aufzusagen:

> »Wenn du auf den Rigi willst,
> Brauchst du bis Wäggis keine Schuh
> (Weil man mit dem Dampfer fährt),
> Aber von Wäggis aus nimm einen großen Stock,
> Und unter den Arm nimm ein Mädchen.
> Kehr ein und trink ein Gläschen Wein.
> Aber trink nur nicht zuviel.
> Denn der, der da trinken will,
> Muß es sich erst verdienen …

Oh, ein ausgezeichnetes Lied!« schloß er.

Die Kellner fanden das Lied jedenfalls sehr schön, denn sie traten alle zu uns heran.

»Nun, und wer hat es in Musik gesetzt?« fragte ich.

»Niemand, das ist so, wissen Sie, um es vor den Fremden zu singen, da braucht man etwas Neues.«

Als man uns Eis brachte und ich meinem Gast ein Glas Champagner eingoß, war ihm das sichtlich peinlich, denn er rückte, sich nach den Kellnern umsehend, auf der Bank hin und her. Wir stießen auf das Wohl der Künstler an; er trank sein Glas halb aus und hielt es für nötig, nachdenklich zu werden und tiefsinnig die Augenbrauen zu runzeln.

»Schon lange habe ich keinen solchen Wein getrunken, je ne vous dis que ça. In Italien ist der vino d'Asti sehr gut, aber dieser hier ist noch besser. Ach, Italien! Dort ist es gut sein!« fügte er hinzu.

»Ja, dort versteht man die Musik und die Künstler zu schätzen«, sagte ich in dem Wunsch, ihn auf den Mißerfolg vor dem Schweizer Hof zu bringen.

»Nein«, antwortete er, »dort kann ich in bezug auf Musik niemandem ein Vergnügen bereiten. Die Italiener sind selbst Musiker, wie es ihresgleichen keine in der Welt gibt; ich singe nur Tiroler Lieder. Das ist für die immerhin etwas Neues.«

»Dort sind die Herrschaften wohl freigebiger?« fuhr ich fort, denn ich wollte ihn zwingen, meinen Zorn auf die Bewohner des Schweizer Hofs zu teilen. »Dort kann es nicht so geschehen wie hier, daß in einem riesengroßen Hotel, wo lauter reiche Leute wohnen, hundert Menschen einem Künstler zuhören und keiner ihm etwas gibt ...«

Meine Frage wirkte ganz anders, als ich erwartet hatte. Er dachte nicht daran, ungehalten über sie zu sein; im Gegenteil, er sah in meiner Bemerkung einen Tadel seines Talents, das keine Belohnung verdient hatte, und begann, sich vor mir zu rechtfertigen.

»Man bekommt nicht jedesmal viel«, antwortete er. »Manchmal versagt die Stimme, man ist müde, ich bin ja heute neun Stunden gewandert und habe beinahe den ganzen Tag gesungen. Das ist schwer. Und die großen Herrschaften, die Aristokraten, wollen manchmal gar keine Tiroler Lieder hören.«

»Gleichviel, wie kann man nichts geben?« wiederholte ich.

Er verstand meine Bemerkung nicht.

»Das ist es nicht«, sagte er, »aber in der Hauptsache on est très serré pour la police, das ist es. Hier erlaubt man uns nach diesen republikanischen Gesetzen nicht, zu singen, aber in Italien darf man herumziehen, soviel man will, niemand sagt ein Wort. Aber hier – wenn sie es erlauben wollen, erlauben sie es, wenn nicht, können sie einen ins Gefängnis sperren.«

»Wie, ist das möglich?«

»Ja. Wenn man es Ihnen verbietet, und Sie singen trotzdem, so kann man Sie dafür einsperren. Ich habe schon einmal drei Monate lang gesessen!« sagte er lächelnd, als ob das eine seiner angenehmsten Erinnerungen wäre.

»Ach, das ist ja schrecklich!« rief ich. »Wofür denn?«

»Das ist bei ihnen so nach den neuen Gesetzen der Republik«, fuhr er lebhafter fort. »Sie wollen es nicht einsehen, daß ein armer Mensch auch irgendwie leben muß. Wenn ich kein Krüppel wäre, würde ich arbeiten. Und verursache ich denn irgend jemandem Schaden, wenn ich singe? Was soll denn das heißen? Die Reichen dürfen leben, wie es ihnen beliebt, aber un pauvre tiaple wie ich darf nicht leben? Was sind denn das für republikanische Gesetze? Wenn dem so ist, so wollen wir keine Republik haben, nicht wahr, gnädiger Herr? Wir wollen keine Republik, sondern wir wollen … wir wollen einfach … wir wollen …« er stockte ein wenig, »wir wollen natürliche Gesetze.«

Ich goß sein Glas wieder voll.

»Sie trinken gar nicht«, sagte ich zu ihm.

Er nahm das Glas in die Hand und verbeugte sich vor mir.

»Ich weiß, was Sie wollen«, meinte er, indem er die Augen zusammenkniff und mir mit dem Finger drohte. »Sie wollen mich betrunken machen und sehen, was dann aus mir wird; aber nein, das wird Ihnen nicht gelingen.«

»Weshalb sollte ich Sie betrunken machen?« fragte ich; »ich möchte Ihnen nur ein Vergnügen bereiten.«

Es tat ihm wahrscheinlich leid, daß er mich beleidigt hatte, indem er meine Absicht schlecht auslegte; er wurde verlegen, erhob sich ein wenig von seinem Platz und drückte meinen Ellenbogen.

»Nein, nein«, sagte er, mich mit einem flehenden Ausdruck seiner feuchten Augen ansehend, »ich scherze ja nur.«

Und gleich darauf brachte er einen fürchterlich verwickelten Satz heraus, der bedeuten sollte, daß ich trotz allem ein guter Kerl sei.

»Je ne vous dis que ça!« schloß er.

Auf diese Weise fuhr ich fort, mit dem Sänger zu plaudern, während die Kellner fortfuhren, sich ungeniert an unserer Unterhaltung zu ergötzen und sich anscheinend über uns lustig zu machen. Trotz unseres angeregten Gesprächs konnte mir das nicht entgehen, und ich muß gestehen, daß mein Ärger immer größer wurde. Einer von ihnen stand auf, trat an den kleinen Mann heran, sah ihm auf den Scheitel und fing an zu lächeln. In mir war schon ein beträchtlicher Vorrat an Zorn auf die Bewohner des Schweizer Hofs aufgespeichert, den ich noch an niemandem hatte auslassen können, und jetzt brachte mich noch dieses Kellnerpublikum auf. Der Portier trat, ohne die Mütze abzunehmen, in das Zimmer und setzte sich mit aufgestützten Ellbogen neben mich. Durch diesen letzten Umstand, der meine Eigenliebe oder meine Eitelkeit verletzte, geriet ich endgültig außer mir und ließ dem würgenden Zorn, der sich den ganzen Abend über in mir angesammelt hatte, freien Lauf. Warum grüßt er mich untertänigst am Eingang, wenn ich allein bin, und läßt sich jetzt, da ich bei einem herumziehenden Sänger sitze, in so verletzender Weise neben mir nieder? Ich wurde ganz von jener kochenden Wut der Entrüstung erfaßt, die ich so sehr an mir liebe, die ich sogar anfache, wenn sie mich überkommt, weil sie beruhigend auf mich wirkt und mir, wenigstens für eine kurze Zeit, eine außergewöhnliche Gewandtheit, Energie und Kraft aller körperlichen und sittlichen Fähigkeiten verleiht.

Ich sprang von meinem Platz auf.

»Worüber lachen Sie?« schrie ich einen Kellner an und fühlte, wie mein Gesicht blaß wurde und meine Lippen unwillkürlich zuckten.

»Ich lache nicht, ich bin nur so …« antwortete der Kellner, vor mir zurückweichend.

»Nein, Sie lachen über diesen Herrn. Und was für ein Recht haben Sie, sich hier aufzuhalten und hier zu sitzen, wenn Gäste anwesend sind? Unterstehen Sie sich nicht, hier zu sitzen!« schrie ich.

Der Portier stand brummend auf und ging zur Tür.

»Welches Recht haben Sie, über diesen Herrn zu lachen und neben ihm zu sitzen, obwohl er der Gast und Sie der Kellner sind? Weshalb haben Sie heute beim Diner nicht über mich gelacht und sich nicht neben mich gesetzt? Vielleicht deshalb, weil er ärmlich gekleidet ist und auf der Straße singt; aber ich habe gute Kleider an. Er ist arm, aber tausendmal besser als Sie, davon bin ich überzeugt, weil er niemanden beleidigt hat, Sie aber beleidigen ihn.«

»Aber ich tue ja gar nichts, was haben Sie?« bemerkte mein Feind schüchtern. »Hindere ich ihn denn daran, hier zu sitzen?«

Der Kellner verstand mich nicht, und ich verschwendete meine deutsche Rede umsonst. Der grobe Portier wollte den

Kellner verteidigen, aber ich fiel mit einem solchen Ungestüm über ihn her, daß er ebenfalls so tat, als verstünde er nicht, und mit der Hand abwinkte. Die bucklige Geschirrwäscherin, die bei meinem erregten Zustand einen Skandal befürchten mochte, vielleicht auch meine Meinung teilte, ergriff meine Partei; sie versuchte sich zwischen mich und den Portier zu stellen, redete ihm zu, zu schweigen, indem sie behauptete, daß ich recht hätte, während sie mich bat, ich sollte mich beruhigen. »Der Herr hat recht, Sie haben recht«, wiederholte sie fortwährend. Der Sänger machte ein bemitleidenswertes, erschrecktes Gesicht und verstand anscheinend nicht, weshalb ich mich so ereiferte und was ich wollte; er bat mich, schnell von hier fortzugehen. Aber in mir entbrannte die wütende Redseligkeit immer mehr. Ich erinnerte mich an alles: an die Menge, die über ihn gelacht, an die Zuhörer, die ihm nichts gegeben hatten, und ich wollte mich um nichts in der Welt beruhigen. Ich glaube, wenn die Kellner und der Portier nicht so nachgiebig gewesen wären, hätte ich mich mit Vergnügen mit ihnen gerauft oder ein schutzloses englisches Fräulein mit dem Stock auf den Kopf geschlagen. Wäre ich in diesem Augenblick in Sewastopol gewesen, hätte ich mich mit Wonne in einen englischen Laufgraben gestürzt und alle niedergehauen.

»Und weshalb haben Sie mich mit diesem Herrn in diesen und nicht in jenen Saal geführt, he?« verhörte ich den Portier und packte ihn an der Hand, damit er mir nicht entwischen könne. »Welches Recht hatten Sie, nach dem Äußeren zu bestimmen, daß dieser Herr in diesen und nicht in jenen Saal gehöre? Sind denn in Gasthöfen nicht alle gleich, wenn sie bezahlen? Nicht nur in einer Republik, sondern in der ganzen Welt? Eine lausige Republik habt ihr … Das nennt man Gleichheit! Sie hätten es nicht gewagt, einen Engländer in dieses Zimmer zu führen, einen von diesen selben Engländern, die dem Herrn hier umsonst zugehört haben, von denen ihm jeder ein paar Centimes gestohlen hat, die er ihm hätte geben müssen. Wie konnten Sie es wagen, mir diesen Saal anzuweisen?«

»Der andere Saal ist geschlossen«, sagte der Pförtner.

»Nein«, schrie ich, »das ist nicht wahr, dieser Saal ist nicht geschlossen!«

»Dann wissen Sie es besser.«

»Ich weiß es, ich weiß es, daß Sie lügen.«

Der Portier wandte sich mit der Schulter von mir ab.

»Ach, was ist da zu reden!« brummte er.

»Nein, gar nicht: was ist da zu reden!« schrie ich, »führen Sie mich sofort in den anderen Saal.«

Ungeachtet der Ermahnungen der Buckligen und der Bitten des Sängers, daß es besser sei, nach Hause zu gehen, verlangte ich den Oberkellner und begab mich mit meinem Gast in den anderen Saal. Als der Oberkellner meine zornige Stimme hörte und mein erregtes Gesicht sah, wollte er sich in keinen Streit mit mir einlassen und sagte mit verächtlicher Höflichkeit, ich könne überall hingehen, wohin es mir beliebe. Ich konnte dem Portier nicht seine Lüge beweisen, da er, noch ehe ich den Saal betrat, von der Bildfläche verschwunden war.

Der Saal war wirklich offen und erleuchtet; an einem der Tische saß ein Engländer mit einer Dame beim Abendessen. Obwohl man uns einen anderen Tisch anwies, setzte ich mich mit dem schmutzigen Sänger gerade neben den Engländer und befahl, uns unsere noch nicht geleerte Flasche hierherzubringen.

Die Engländer blickten zuerst erstaunt, dann erbost auf das kleine Menschlein, das mehr tot als lebendig neben mir saß; sie wechselten ein paar Worte miteinander, die Dame stieß ihren Teller zurück, rauschte in ihrem Seidenkleid von dannen, und beide verschwanden. Ich sah durch die Glastür, wie der Engländer dem Kellner wütend etwas erklärte und fortwährend mit der Hand in unsere Richtung zeigte. Der Kellner steckte den Kopf zur Tür herein und sah uns an. Ich wartete voller Freude, daß gleich jemand kommen und uns hinausführen würde und ich endlich die ganze Schale meiner Entrüstung über sie ausgießen könnte. Aber zum Glück ließ man uns in Ruhe, obwohl mir das damals sehr unangenehm war.

Der Sänger, der den Wein anfangs ausgeschlagen hatte, trank jetzt alles, was noch in der Flasche geblieben war, hastig aus, nur um schneller von hier fortzukommen. Dennoch schien er mir aus tiefstem Herzen für die Bewirtung dankbar zu sein. Seine feuchten Augen wurden noch feuchter und glänzender, und er bedankte sich in einem höchst merkwürdigen, äußerst verwickelten Satz. Aber trotzdem empfand ich diesen Satz als sehr wohltuend, in dem er sagte, wenn alle die Künstler so achteten wie ich, würde es ihm gut gehen, und er wünsche mir jegliches Glück. Wir gingen zusammen in den Flur. Hier standen die Kellner und mein Feind, der Portier, der sich über mich zu beklagen schien. Offenbar hielten sie mich alle für einen Verrückten. Ich wartete den Augenblick ab, bis wir dieser ganzen Gesellschaft gegenüberstanden, dann verabschiedete ich mich von dem kleinen Menschlein mit der ganzen Ehrerbietung, die ich überhaupt durch meine Person auszudrücken vermochte, nahm den Hut ab und drückte seine Hand mit den verknöcherten, verdorrten Fingern. Die Kellner taten, als schenkten sie mir nicht die geringste Aufmerksamkeit. Nur einer von ihnen brach in ein sardonisches Lachen aus.

Nachdem der Sänger, immer wieder zurückgrüßend, in der Dunkelheit verschwunden war, ging ich auf mein Zimmer, um alle diese Eindrücke und den dummen kindischen Zorn, der mich so unerwartet überfallen hatte, zu verschlafen. Da ich jedoch zu aufgeregt war, um schlafen zu können, ging ich wieder auf die Straße, mit dem Vorsatz, so lange umherzugehen, bis ich mich beruhigt hätte, und außerdem – ich will es gestehen – mit der vagen Hoffnung, daß ich eine Gelegenheit finden würde, entweder mit dem Portier oder mit einem Kellner oder mit dem Engländer anzubinden und ihnen ihre ganze Grausamkeit, hauptsächlich aber ihre Ungerechtigkeit zu beweisen. Aber außer dem Portier, der mir, als er meiner ansichtig wurde, den Rücken zuwandte, begegnete ich niemandem und begann mutterseelenallein auf dem Kai auf und ab zu gehen.

Da ist es, das seltsame Geschick der Poesie, erwog ich, nachdem ich mich ein wenig beruhigt hatte. Alle lieben sie, suchen sie, wünschen und suchen nur sie allein im Leben, doch niemand erkennt ihre Macht an, niemand schätzt dieses größte Gut der Welt, man schätzt es nicht und dankt nicht denen, die es den Menschen vermitteln. Fragt, wen ihr wollt, fragt alle diese Bewohner des Schweizer Hofs, was das höchste Gut der Welt ist. Und alle oder neunundneunzig von hundert werden eine sardonische Miene aufsetzen und euch sagen: »Das höchste Gut der Welt ist – das Geld. Vielleicht gefällt Ihnen dieser Gedanke nicht und stimmt mit Ihren erhabenen Ideen nicht überein«, wird man euch sagen, »aber was ist da zu machen, wenn das Leben des Menschen so eingerichtet ist, daß nur das Geld allein das Glück eines Menschen ausmacht. Ich konnte meinem Verstand nicht wehren, die Welt so zu sehen, wie sie ist«, wird man hinzusetzen, »das heißt die Wahrheit zu sehen.« Wie kläglich ist dein Verstand, wie kläglich das Glück, das du dir wünschst, und was für ein unglückliches Geschöpf bist du, da du selber nicht weißt, was dir not tut ... Weshalb habt ihr alle euer Vaterland, eure Verwandten, eure Tätigkeit, eure Geldgeschäfte verlassen und drängt euch in dem kleinen schweizerischen Städtchen Luzern zusammen? Warum seid ihr heute abend alle auf die Balkons herausgetreten und habt in ehrfurchtsvollem Schweigen dem Lied des kleinen Bettlers gelauscht? Und wenn er Lust verspürt hätte, noch länger zu singen, so hättet ihr noch länger geschwiegen und zugehört. Könnte man euch für Geld, selbst für Millionen, aus eurem Vaterland vertreiben und in dem kleinen Winkel Luzern versammeln? Könnte man euch alle auf den Balkons versammeln und euch dazu bringen, eine halbe Stunde lang schweigend und unbeweglich dazustehen? Nein! Euch zwingt nur eines, so zu handeln, und wird euch in Ewigkeit stärker bewegen als alle anderen Triebfedern des Lebens: das Bedürfnis nach Poesie, dessen ihr euch nicht bewußt seid, das ihr aber fühlt und ewig fühlen werdet, solange noch irgend etwas Menschliches in euch bleibt. Das Wort »Poesie« kommt euch lächerlich vor, ihr gebraucht es als spöttischen Vorwurf, ihr laßt die Liebe zum Poetischen höchstens bei Kindern und albernen jungen Mädchen gelten – und da lacht ihr sie noch aus; ihr aber braucht etwas Positives. Ja, gerade die Kinder betrachten das Leben mit gesundem Empfinden, sie lieben und kennen, was der Mensch lieben muß und was Glück verleiht, euch aber hat das Leben so verwirrt und sittlich verdorben, daß ihr über das lacht, was ihr liebt, und nur das sucht, was ihr haßt und was euer Unglück bedeutet. Ihr seid so verwirrt, daß ihr eure Verpflichtung gegen den armen Tiroler, der euch einen reinen Genuß verschafft hat, nicht begreift, zugleich aber euch verpflichtet fühlt, euch umsonst, ohne Nutzen und ohne Vergnügen, vor einem Lord zu erniedrigen und ihm aus irgendeinem Grund eure

Ruhe und Bequemlichkeit zu opfern. Welch ein Unsinn, welch eine verworrene Ungereimtheit! Aber nicht das ist's, was mich heute abend am meisten verblüfft hat. Ich kann diese Unkenntnis dessen, was uns Glück verleiht, diese Geringschätzung der poetischen Genüsse beinahe begreifen oder habe mich an sie gewöhnt, weil ich ihr schon oft im Leben begegnet bin; die rohe, unbewußte Grausamkeit der Menge war mir auch nichts Neues; was die Verteidiger des Volkssinns auch sagen mögen, die Menge kann zwar eine Vereinigung guter Menschen sein, aber sie fühlen sich gegenseitig nur durch ihre tierischen, lasterhaften Seiten verbunden, und sie zeigt nur die Grausamkeit und Schwäche der menschlichen Natur. Aber wie konntet ihr, Kinder eines freien menschlichen Volkes, ihr, Christen, ihr ... einfachen Menschen, auf einen reinen Genuß, den euch ein armer bettelnder Mensch bereitet hat, mit Kälte und Spott antworten? Aber nein, in eurer Heimat gibt es Asyle für Bettler. – Es gibt keine Bettler, es darf keine geben, und es darf nicht das Gefühl des Mitleids geben, auf dem die Bettelei fußt. – Aber er hat sich abgemüht, hat euch erfreut, er hat euch angefleht, ihm für seine Mühe, die ihr ausgenutzt habt, etwas von eurem Überfluß zu geben. Ihr jedoch habt ihn mit kaltem Lächeln wie eine Sehenswürdigkeit von euren hohen glänzenden Gemächern herab beobachtet, und unter euch hundert glücklichen, reichen Menschen hat sich nicht einer, nicht eine gefunden, die ihm etwas zugeworfen hätte! Beschämt ist er von euch fortgegangen, und die unverständige Menge hat ihn lachend verfolgt und hat nicht euch beleidigt, sondern ihn: dafür, daß ihr kalt, grausam und ehrlos seid; dafür daß ihr ihm den Genuß, den er euch bereitet hat, gestohlen habt, dafür hat man *ihn* beleidigt.

»Am 7. Juli 1857 sang in Luzern vor dem Hotel Schweizer Hof, in dem die reichsten Leute absteigen, ein umherziehender armer Sänger eine halbe Stunde lang Lieder und spielte dazu auf der Gitarre. Ungefähr hundert Menschen hörten ihm zu. Der Sänger wandte sich dreimal an alle mit der Bitte, ihm etwas zu geben. Niemand hat ihm das Geringste gegeben, und viele lachten ihn aus.«

Das ist keine Erfindung, sondern eine Tatsache, die allen, sofern sie Lust dazu verspüren, von den ständigen Bewohnern des

Schweizer Hofes bestätigt werden kann, wenn sie aus den Zeitungen festgestellt haben, wer die Ausländer waren, die am 7. Juli 1857 im Schweizer Hof gewohnt haben.

Das ist ein Ereignis, das die Geschichtsschreiber unserer Zeit mit unauslöschlicher Flammenschrift aufzeichnen müßten. Dieses Ereignis ist bedeutsamer, ernster und hat einen tieferen Sinn als alle die Tatsachen, die in Zeitungen und Geschichtsbüchern stehen. Daß die Engländer noch tausend Chinesen mehr getötet haben, weil die Chinesen nichts für Geld kaufen, ihr Land aber die klingende Münze verschlingt, daß die Franzosen noch weitere tausend Kabylen getötet haben, weil das Getreide in Afrika gut gedeiht und weil ein beständiger Krieg sehr nützlich für die Ausbildung von Heeren ist, daß der türkische Gesandte in Neapel kein Jude sein darf und daß der Kaiser Napoleon zu Fuß in Plombières spazierengeht und dem Volk schriftlich versichert, daß er nur nach dem Willen des ganzen Volkes regiere, das sind alles Worte, die längst Bekanntes verbergen oder offenbaren; aber das am 7. Juli in Luzern stattgefundene Ereignis scheint mir vollkommen neu und merkwürdig zu sein und bezieht sich nicht auf die ewigen schlechten Seiten der menschlichen Natur, sondern auf eine gewisse Epoche der Entwicklung unserer Gesellschaft. Das ist keine Tatsache für die Geschichte menschlicher Taten, sondern für die Geschichte des Fortschritts und der Zivilisation.

Weshalb ist diese unmenschliche Tatsache, die in keinem deutschen, französischen oder italienischen Dorf möglich wäre, hier möglich, wo Zivilisation, Freiheit und Gleichheit auf der höchsten Stufe stehen, wo sich die zivilisierten Menschen der zivilisiertesten Völker auf Reisen zusammenfinden? Weshalb besitzen diese entwickelten humanen Menschen, die im allgemeinen zu jeder ehrlichen humanen Tat fähig sind, kein menschliches, herzliches Gefühl für ein persönliches gutes Werk? Weshalb finden diese Leute, die sich in ihren Parlamenten, Versammlungen und Vereinen so eifrig um die Lage der unverheirateten Chinesen in Indien, um die Ausbreitung des Christentums und der Bildung in Afrika, um die Gründung von Gesellschaften zur Verbesserung der ganzen Menschheit kümmern, weshalb finden diese Menschen in ihrer Seele nicht das einfache ursprüngliche Gefühl des Menschen für den Menschen? Ist dieses Gefühl wirklich nicht vorhanden und sind an seine Stelle Eitelkeit, Ehrgeiz und Gewinnsucht getreten, von denen sich diese Menschen in ihren Parlamenten, Versammlungen und Gesellschaften leiten lassen? Ist es möglich, daß die Ausbreitung einer vernünftigen, selbstsüchtigen Vereinigung von Menschen, die man Zivilisation nennt, das Bedürfnis einer instinktiven und liebevollen Vereinigung vernichtet und ihm widerspricht? Und ist das wirklich jene Gleichheit, für die so viel unschuldiges Blut vergossen und so viele Verbrechen begangen worden sind? Können denn ganze Völker so wie Kinder nur durch den Klang des Wortes Gleichheit glücklich sein?

Gleichheit vor dem Gesetz? Ja, spielt sich denn das ganze Leben der Menschen im Bereich des Gesetzes ab? Nur ein Tausendstel des Lebens unterliegt dem Gesetz, der übrige Teil bewegt sich außerhalb desselben, in dem Bereich der Sitte und der gesellschaftlichen Anschauungen. In der Gesellschaft ist aber ein Kellner besser gekleidet als ein Sänger und kann ihn ungestraft beleidigen. Ich bin besser gekleidet als der Kellner und beleidige ihn ungestraft. Der Portier betrachtet mich als über ihm, den Sänger aber als unter ihm stehend; als ich mich dem Sänger zugesellte, betrachtete er sich als uns gleichgestellt und wurde grob. Ich wurde unverschämt gegen den Portier, und der Portier stellte sich unter mich. Der Kellner wurde unverschämt gegen den Sänger, und der Sänger betrachtete sich als unter ihm stehend. Ist das aber ein freier Staat, das, was die Menschen einen wirklich freien Staat nennen, in dem auch nur *ein* Bürger lebt, den man in das Gefängnis wirft, weil er, ohne dadurch jemandem zu schaden, ohne jemanden zu stören, das einzige tut, was er tun kann, um nicht vor Hunger zu sterben?

Ein unglückliches, jämmerliches Geschöpf ist der Mensch mit seinem Bedürfnis nach positiven Lösungen in diesem ewig brandenden, unendlichen Meer des Guten und Bösen, der Tatsachen, Erwägungen und Widersprüche. Jahrhundertelang plagen und mühen sich die Menschen, um das Gute von dem Bösen zu trennen. Jahrhunderte vergehen, und was immer der unparteiische Verstand auf die Waagschale von Gut und Böse werfen mag, die Waage wird nicht ausschlagen, und auf jeder

Seite wird ebensoviel Gutes wie Böses sein. Wenn der Mensch nur lernen könnte, nicht schroff und apodiktisch zu urteilen und zu denken und keine Antworten auf Fragen zu geben, die ihm nur deshalb gestellt werden, damit sie ewig Fragen bleiben! Wenn er doch nur begriffe, daß jeder Gedanke sowohl falsch als auch richtig ist! Falsch durch die Einseitigkeit, weil der Mensch nicht fähig ist, die ganze Wahrheit zu erfassen, und richtig, weil er der Ausdruck der einen Seite der menschlichen Bestrebungen ist. Wir haben uns Unterteilungen geschaffen in diesem sich ewig bewegenden, unendlichen, durcheinandergeworfenen Chaos von Gut und Böse, gedachte Linien gezogen durch dieses Meer und warten nun darauf, daß sich das Meer nach ihnen teile. Als ob es nicht Millionen anderer Unterteilungen von einem ganz anderen Gesichtspunkt aus und auf einer anderen Ebene gäbe! Es ist wohl wahr, daß sich diese neuen Unterteilungen in Jahrhunderten entwickeln, aber es sind auch Millionen Jahrhunderte vergangen, und Millionen werden noch vergehen. Die Zivilisation ist das Gute, die Barbarei ist das Böse; die Freiheit ist das Gute, die Knechtschaft ist das Böse. Dieses eingebildete Wissen vernichtet das instinktive, beglückende, ursprüngliche Verlangen nach dem Guten in der menschlichen Natur. Und wer kann mir erklären, was Freiheit, was Despotismus, was Zivilisation, was Barbarei ist? Und wo sind die Grenzen des einen oder des anderen? In wessen Seele steht dieser Maßstab des Guten und Bösen so unerschütterlich fest, daß er alle die flüchtigen, verworrenen Tatsachen damit messen könnte? Wessen Verstand ist so groß, daß er wenigstens in der unbeweglichen Vergangenheit alle Tatsachen umfassen und abwägen könnte? Und wer hat einen Zustand gesehen, in dem Gut und Böse nicht nahe beieinander gewesen wären? Und woher weiß ich, daß ich nur deshalb von dem einen mehr und von dem anderen weniger sehe, weil ich nicht auf dem richtigen Platz stehe? Und wer ist imstande, sich wenigstens für einen Augenblick im Geist völlig vom Leben loszureißen, um es ganz unabhängig von oben herab zu betrachten? Einen, nur einen unfehlbaren Führer besitzen wir, den Weltengeist, der uns alle zusammen und jeden einzelnen durchdringt und in jeden das Streben nach dem, was not tut, gelegt hat; derselbe Geist, der im

Baum lebt und ihm befiehlt, nach der Sonne hin zu wachsen, der in jeder Blume lebt und ihr gebietet, im Herbst den Samen auszustreuen, und der in uns lebt und uns befiehlt, uns unbewußt aneinanderzuschmiegen.

Und diese einzige, unfehlbare, beseligende Stimme übertönt die lärmende, hastige Entwicklung der Zivilisation. Wer ist mehr Mensch und wer ist mehr Barbar: jener Lord, der beim Anblick der schäbigen Kleider des Sängers im Zorn vom Tisch fortlief, ihm für seine Mühe nicht den millionsten Teil seines Vermögens gab und jetzt gesättigt in seinem hellen, ruhigen Zimmer sitzt, ruhig über die Vorgänge in China urteilt und die dort stattfindenden Metzeleien völlig gerecht findet, oder der kleine Sänger, der beständig mit einem Fuß im Gefängnis steht, mit einem Franken in der Tasche seit zwanzig Jahren über Berge und Täler wandert, ohne jemandem zu schaden, die Leute mit seinem Gesang erfreut, den man heute gekränkt, beinahe fortgejagt hat und der müde, hungrig und beschämt davongegangen ist, um sich irgendwo auf faulendem Stroh schlafen zu legen?

In diesem Augenblick vernahm ich in der Totenstille der Nacht von weit her aus der Stadt die Gitarre des kleinen Männleins und seine Stimme.

Nein, sagte ich mir unwillkürlich, du hast kein Recht, ihn zu bedauern und über den Wohlstand des Lords unwillig zu sein. Wer hat das innere Glück, das in der Seele eines jeden dieser Menschen liegt, abgewogen? Da sitzt er nun irgendwo auf einer schmutzigen Schwelle, blickt in den glänzenden, mondhellen Himmel und singt freudig inmitten dieser stillen, duftenden Nacht; in seiner Seele ist kein Vorwurf, kein Zorn, keine Reue. Aber wer weiß, was jetzt in der Seele aller dieser Leute vorgeht, die hinter diesen prächtigen hohen Mauern wohnen? Wer weiß, ob in ihnen allen soviel sorglose milde Lebensfreude ist, soviel Zufriedenheit mit der Welt, wie sie in der Seele dieses kleinen Menschen lebt? Unendlich ist die Güte und Weisheit dessen, der alle diese Gegensätze gestattet und befohlen hat. Nur dir, dem nichtigen Wurm, der seine Gesetze, seine Absichten dreist und eigenmächtig zu durchdringen versucht, nur dir scheinen das Widersprüche zu sein. Er blickt milde von seiner lichten, unermeßlichen Höhe herab und freut sich über die unendliche Harmonie, in der ihr euch alle widerspruchsvoll und ewig bewegt. Du glaubtest dich in deinem Stolz von den Gesetzen der Allgemeinheit losreißen zu können. Nein, auch du mit deinem kleinlichen, abgeschmackten Unwillen auf die Kellner, auch du entsprachst dem harmonischen Bedürfnis des Ewigen und Unendlichen ...

18. Juli 1857

»Tanzen Sie, tanzen Sie … warum nicht, wenn die Herrschaften Sie auffordern«, mischte sich die Hausfrau ein.

Die hageren, schwachen Glieder des Musikanten gerieten plötzlich in lebhafte Bewegung, und er begann, mit den Augen zwinkernd, lächelnd und zuckend, schwerfällig und ungeschickt im Saal herumzuspringen. Mitten in der Quadrille stieß ein lustiger Offizier, der sehr schön und ausdrucksvoll tanzte, den Musikanten unversehens mit dem Rücken. Die schwachen, müden Beine verloren das Gleichgewicht, der Musikant machte eine paar taumelnde Schritte zur Seite und fiel seiner ganzen Länge nach auf den Fußboden. Trotz des scharfen, trockenen Lautes, den der Sturz verursachte, fingen im ersten Augenblick beinahe alle an zu lachen. Aber der Musikant stand nicht auf. Die Gäste verstummten, das Klavier hörte sogar auf zu spielen, und Delesow und die Hausfrau liefen als erste auf den Gefallenen zu. Er lag auf dem Ellenbogen und blickte düster zu Boden. Nachdem man ihn aufgehoben und auf einen Stuhl gesetzt hatte, schob er mit einer raschen Bewegung seiner knochigen Hand die Haare aus der Stirn und lächelte, ohne auf eine Frage zu antworten.

»Herr Albert! Herr Albert!« sagte die Hausfrau, »haben Sie sich weh getan? Wo? Ich habe ja gesagt, daß Sie nicht tanzen sollen. Er ist so schwach!« fuhr Sie, zu den Gästen gewandt, fort, »er kann kaum gehen, geschweige denn tanzen.«

»Wer ist er?« fragte man die Hausfrau.

»Ein armer Mensch, ein Künstler! Ein sehr guter Kerl, aber erbarmungswürdig, wie Sie sehen.«

Sie sagte das, ohne sich durch die Anwesenheit des Musikanten beirren zu lassen. Der Musikant kam zu sich, schien vor irgend etwas zu erschrecken, sank in sich zusammen und stieß die ihn Umringenden zurück.

»Das tut alles nichts« sagte er plötzlich und stand mit sichtlicher Anstrengung vom Stuhl auf.

Und um zu beweisen, daß er keinerlei Schmerz verspüre, ging er in die Mitte des Zimmers und wollte wieder hopsen, wankte aber und wäre wieder gefallen, wenn ihn die anderen nicht gehalten hätten. Alle fühlten sich peinlich berührt, sahen ihn an und schwiegen.

Der Blick des Musikanten erlosch von neuem, er schien offenbar alle vergessen zu haben und rieb sich das Knie mit der Hand. Plötzlich hob er den Kopf, stellte das zitternde Bein vor, warf mit derselben törichten Geste die Haare zurück, trat zu dem Geiger und griff nach dessen Geige.

»Das tut alles nichts!« wiederholte er nochmals, die Geige schwingend. »Meine Herrschaften, wir wollen musizieren!«

»Welch ein seltsames Gesicht!« sprachen die Gäste untereinander.

»Vielleicht geht in diesem unglücklichen Geschöpf ein großes Talent zugrunde!« bemerkte ein Gast.

»Ja, er ist bemitleidenswert, sehr bemitleidenswert!« meinte ein anderer.

»Was für ein wunderschönes Gesicht ... Es liegt etwas Ungewöhnliches in ihm«, sagte Delesow, »wir werden ja sehen ...«

2

Albert ging unterdessen, ohne jemanden zu beachten, langsam neben dem Klavier auf und ab, drückte die Geige gegen seine Schulter und stimmte sie. Seine Lippen hatten einen leidenschaftslosen Ausdruck angenommen, die Augen waren nicht zu sehen; aber sein schmaler, knochiger Rücken, der lange weiße Hals, die krummen Beine und der struppige schwarze Kopf boten einen sonderbaren, aber durchaus nicht lächerlichen Anblick. Nachdem er die Geige gestimmt hatte, griff er rasch einen Akkord, warf den Kopf zurück und wandte sich an den Pianisten, der sich bereit hielt, ihn zu begleiten.

»Melancholie G-Dur!« sagte er mit einer befehlenden Handbewegung zu dem Pianisten.

Gleich darauf, als ob er für diese befehlende Geste um Verzeihung bitten wollte, lächelte er sanft und blickte mit diesem Lächeln auch auf die Zuhörerschaft. Er warf mit der Hand, die den Violinbogen hielt, das Haar zurück, blieb an der Ecke des Klaviers stehen und strich mit einer leichten Bewegung über die Saiten. Ein reiner, harmonischer Ton klang durch das Zimmer, es trat vollkommene Stille ein.

Die Klänge des Themas flossen frei und schön nach dem ersten Ton dahin, wie ein überraschend klares und beruhigendes Licht, das die innere Welt jedes Zuhörers plötzlich erhellte. Kein einziger falscher oder ungleichmäßiger Ton störte die Hingabe der Lauschenden, alle Töne waren klar, schön und bedeutungsvoll. Alle verfolgten ihre Entwicklung schweigend, mit einem Beben der Hoffnung. Alle diese Leute waren plötzlich aus dem Zustand der Langeweile, der lärmenden Zerstreuung und des seelischen Schlafs, in dem sie sich befunden hatten, unbemerkt in eine vollständig andere, längst vergessene Welt versetzt worden. In ihrer Seele tauchte bald das Gefühl einer stillen Betrachtung der Vergangenheit, bald die leidenschaftliche Erinnerung an irgendein Glück auf, bald ein grenzenloses Bedürfnis nach Macht und Glanz, bald wieder ein Gefühl von Demut, ungestillter Liebe und Trauer. Traurig zarte und heftig verzweifelte Töne klangen frei ineinander, strömtem und strömten einer nach dem anderen so schön, so stark und so unbewußt dahin, daß man keine einzelnen Töne mehr vernahm, sondern den Eindruck hatte, als ergösse sich ein wunderbarer Strom einer längst bekannten, aber zum ersten Mal ausgesprochenen Poesie von selbst in die Seele jedes einzelnen. Albert wuchs schier mit jedem Ton. Er war längst nicht mehr mißgestaltet oder sonderbar. Er drückte die Geige mit dem Kinn an sich und lauschte seinen Tönen mit dem Ausdruck einer leidenschaftlichen Aufmerksamkeit, während seine Füße sich krampfhaft bewegten. Bald richtete er sich zu seiner vollen Größe auf, bald krümmte er leidend seinen Rücken. Die linke, gespannt zusammengebogene Hand schien in ihrer Stellung erstarrt zu sein und führte die Griffe nur krampfhaft mit den knochigen Fingern aus; die rechte bewegte sich geschmeidig, schön und kaum merklich. Das Gesicht strahlte in einer ununterbrochenen, begeisterten Freude; die Augen funkelten in einem hellen trockenen Glanz, die Nasenflügel blähten sich, die roten Lippen öffneten sich genießerisch.

Zuweilen neigte sich der Kopf näher zur Geige herab, die Augen schlossen sich, und das von den Haaren halbverdeckte Gesicht wurde von einem Lächeln sanfter Glückseligkeit erhellt. Zuweilen richtet er sich auf, stellt ein Bein vor, und seine reine

Stirn und der leuchtende Blick, den er durch das Zimmer schweifen ließ, strahlten vor Stolz, Erhabenheit und Machtbewußtsein. Einmal irrte sich der Pianist und griff einen falschen Akkord. Physischer Schmerz drückte sich in der ganzen Gestalt und auf dem Gesicht des Musikers aus. Er hielt einen Augenblick inne und schrie mit dem Ausdruck kindlichen Zorns, mit dem Fuß aufstampfend: »Moll, C Moll!« Der Pianist verbesserte sich, Albert schloß die Augen, lächelte, vergaß wiederum sich selbst, die anderen und die ganze Welt und gab sich voller Glückseligkeit seinem Spiel hin.

Alle, die sich während Alberts Spiel im Zimmer befanden, bewahrten ein demütiges Schweigen und schienen nur in seinen Tönen zu leben und zu atmen.

Der lustige Offizier saß unbeweglich in seinem Stuhl am Fenster, den leblosen Blick zu Boden gerichtet, und atmete schwer und langsam. Die Mädchen saßen in völligem Schweigen an den Wänden und wechselten nur ab und zu beifällig, sich zum Staunen steigernde Blicke. Das dicke lächelnde Gesicht der Hausfrau schwamm in Wonne. Der Pianist heftete die Augen auf Alberts Gesicht und bemühte sich – voller Angst, einen Fehler zu machen, was in seiner ganzen vorgebeugten Körperhaltung zum Ausdruck kam –, ihm zu folgen. Einer der Gäste, der mehr als die anderen getrunken hatte, lag mit dem nach unten gekehrten Gesicht auf dem Diwan und rührte sich nicht, um seine Erregung nicht zu verraten. Delesow empfand ein ungewohntes Gefühl: irgendein kalter Reifen, der sich bald zusammenzog, bald erweiterte, preßte seinen Kopf zusammen. Die Wurzeln seiner Haare wurden empfindlich, Kälteschauer liefen ihm über den Rücken, etwas stieg in seiner Kehle empor, das Nase und Gaumen wie mit feinen Nadeln stach, und Tränen rannen über seine Wangen, ohne daß er es bemerkte. Er riß sich zusammen, bemühte sich, die Tränen unbemerkt zurückzuhalten und wegzuwischen, aber immer neue quollen hervor und rannen über sein Gesicht. Durch eine seltsame Verkettung von Eindrücken versetzten die ersten Klänge von Alberts Geige Delesow in seine Jugendzeit. Er, der nicht mehr junge, lebensmüde, erschöpfte Mensch, fühlte sich plötzlich als siebzehnjähriges, selbstzufrieden schönes, glückselig einfältiges und unbewußt glückliches

Geschöpf. Er erinnerte sich seiner ersten Liebe zu einer Cousiene im rosa Kleidchen, erinnerte sich der ersten Liebesgeständnisse in der Lindenallee, erinnerte sich der Glut und des unbegreiflichen Reizes eines zufälligen Kusses, erinnerte sich des Zaubers und der rätselvollen Heimlichkeit der ihn damals umgebenden Natur. In den auftauchenden Phantasiebildern strahlte *sie* im Nebel unbestimmter Hoffnungen, unverständlicher Wünsche und in dem aller Zweifel baren Glauben an die Möglichkeit eines unmöglichen Glücks. Alle unschätzbaren Augenblicke jener Zeit standen, einer nach dem anderen, vor ihm auf, aber nicht wie bedeutungslose Erscheinungen der flüchtigen Gegenwart, sondern wie beharrliche, wachsende und vorwurfsvolle Gebilde der Vergangenheit. Er betrachtete sie voller Entzücken und weinte – nicht wegen jener vergangenen Zeit, die er hätte besser anwenden können (wäre diese Zeit ihm wiedergegeben worden, hätte er sie nicht besser genutzt), sondern er weinte nur, weil jene Zeit entschwunden war und niemals wiederkehren würde. Die Erinnerungen tauchten ganz von selbst in ihm auf, und Alberts Geige sagte immer nur das eine und nur das eine. Sie sagte: Vergangen für dich, ewig vergangen für dich die Zeit der Kraft, der Liebe und des Glücks, für immer dahin, unwiederbringlich. Weine über sie, weine nur alle deine Tränen aus, stirb in Tränen über diese Zeit, das ist das einzige Glück, das dir noch geblieben ist. Zum Schluß der letzten Variationen wurde Alberts Gesicht rot, die Augen glühten, ohne zu erlöschen, große Schweißtropfen rannen über sein Gesicht. Die Adern auf der Stirn waren angeschwollen, der ganze Körper geriet mehr und mehr in Bewegung, die blassen Lippen schlossen sich nicht mehr, und die ganze Gestalt drückte ein begeistertes Verlangen nach Genuß aus.

Er machte eine verwegene Bewegung mit dem ganzen Körper, warf wieder das Haar zurück, ließ die Geige sinken und maß die Anwesenden mit einem Lächeln stolzer Größe und stolzen Glücks. Dann krümmte er seinen Rücken, der Kopf sank herab, die Lippen schlossen sich, die Augen erloschen, und er ging, als schämte er sich vor sich selber, schüchtern um sich blickend und unsicheren Schritts in das andere Zimmer.

3

Etwas Seltsames ging mit allen Anwesenden vor, und etwas Seltsames lag in der Totenstille, die Alberts Spiel folgte. Als hätte ein jeder aussprechen wollen, was das alles bedeute, und fände nicht den richtigen Ausdruck dafür. Was das bedeutete, das helle und heiße Zimmer, die glänzenden Frauen, das Morgenrot in den Fenstern, das erregte Blut und der reine Eindruck der verfloggenen Töne? Aber niemand machte auch nur den Versuch zu sagen, was es bedeutete; im Gegenteil, beinahe alle fühlten nicht die innere Kraft, sich vollständig dem Gefühl hinzugeben, das ihnen dieser neue Eindruck enthüllt hatte, und sie lehnten sich dagegen auf.

»Er spielt aber wirklich sehr gut«, meinte der Offizier.

»Wundervoll!« antwortete Delesow und wischte seine Wangen verstohlen mit dem Ärmel ab.

»Dennoch ist es Zeit, nach Hause zu fahren«, sagte der Herr, der auf dem Diwan lag, nachdem er sich wieder zurechtgefunden hatte. »Man wird ihm etwas geben müssen, meine Herren! Wollen wir eine Sammlung veranstalten?«

Albert saß unterdessen allein im anderen Zimmer auf dem Diwan. Er hatte die Ellenbogen auf seine knochigen Knie gestützt, strich mit den schweißigen, schmutzigen Händen über das Gesicht, fuhr sich durch die Haare und lächelte glückselig vor sich hin. Die Sammlung hatte einen reichlichen Ertrag, und Delesow übernahm es, ihm das Geld auszuhändigen.

Zudem hatte die Musik auf Delesow einen so starken und ungewohnten Eindruck ausgeübt, daß ihm der Gedanke kam, diesem Menschen etwas Gutes zu erweisen. Er wollte ihn zu sich nehmen, ihn neu einkleiden, ihm irgendeine Stellung suchen, mit einem Wort, ihn dieser erniedrigenden Lage entreißen.

»Sind Sie müde geworden?« fragte Delesow, an Albert herantretend.

Albert lächelte.

»Sie haben wirklich Talent; Sie müßten sich ernstlich mit der Musik befassen und öffentlich spielen.«

»Ich möchte etwas trinken«, sagte Albert, wie aus einem Traum erwachend.

Delesow brachte Wein, und der Musikant trank gierig zwei Glas.

»Was für ein prächtiger Wein!« sagte er.

»Die ›Melancholie‹, das ist ein herrliches Stück!« sagte Delesow.

»O ja, ja«, antwortete Albert lächelnd, »aber entschuldigen Sie, ich weiß nicht, mit wem ich die Ehre habe; vielleicht sind Sie ein Graf oder ein Fürst: können Sie mir nicht einen kleinen Geldbetrag leihen?« Er schwieg ein Weilchen. »Ich besitze nichts ... ich bin ein armer Mensch. Ich kann es Ihnen nicht zurückgeben.«

Delesow errötete, ein peinliches Gefühl überkam ihn, und er übergab dem Musikanten hastig das gesammelte Geld.

»Ich danke Ihnen vielmals«, sagte Albert und nahm das Geld, »jetzt wollen wir musizieren; ich werde Ihnen vorspielen, solange Sie wollen. Nur trinken möchte ich noch etwas, trinken«, fügte er aufstehend hinzu. Delesow brachte ihm noch einmal Wein und forderte ihn auf, sich neben ihn zu setzen.

»Entschuldigen Sie, wenn ich ganz aufrichtig mit Ihnen spreche«, begann Delesow. »Ihr Talent hat meine höchste Teilnahme erweckt. Ich glaube, Sie befinden sich in keiner guten Lage?«

Albert blickte bald auf Delesow, bald auf die Hausfrau, die in das Zimmer gekommen war.

»Erlauben Sie mir, Ihnen meine Dienste anzutragen«, fuhr Delesow fort. »Wenn Sie irgend etwas brauchen, so würde ich mich sehr freuen, wenn Sie eine Zeitlang bei mir wohnen wollten. Ich lebe allein und könnte Ihnen vielleicht nützlich sein.«

Albert lächelte und antwortete nichts darauf.

»So bedanken Sie sich doch«, sagte die Hausfrau. »Selbstverständlich, das ist eine Wohltat für Sie. Ich würde Ihnen aber nicht dazu raten«, setzte sie hinzu und wandte sich mit bedenklichem Kopfschütteln an Delesow.

»Ich bin Ihnen sehr dankbar«, sagte Albert und drückte Delesows Rechte mit seinen feuchten Händen, »aber jetzt lassen Sie mich musizieren, bitte!«

Doch die anderen Gäste waren schon im Aufbrechen begriffen und begaben sich trotz allem Zureden von Alberts Seite in das Vorzimmer.

Albert verabschiedete sich von der Hausfrau, setzte einen schäbigen, breitkrempigen Hut auf, nahm einen alten Paletot um, der seine ganze Winterbekleidung ausmachte, und verließ zusammen mit Delesow das Haus.

Als Delesow neben seinem neuen Bekannten in der Equipage saß und jenen unangenehmen Geruch von Branntwein und Unsauberkeit verspürte, der dem Musikanten anhaftete, begann er sein Tun zu bereuen und sich einer kindischen Weichheit des Herzens und der Unvernunft zu beschuldigen. Zudem war alles, was Albert sprach, so dumm und abgeschmackt, und sein Rausch hatte sich in der frischen Luft plötzlich so abstoßend entwickelt, daß Delesow sich angeekelt fühlte. Was soll ich mit ihm anfangen? dachte er.

Nachdem sie eine Viertelstunde gefahren waren, verstummte Albert, der Hut fiel ihm vom Kopf, er selbst sank in eine Ecke des Wagens und begann laut zu schnarchen. Die Räder knirschten gleichmäßig in dem gefrorenen Schnee; der schwache Schein der Morgendämmerung drang kaum merklich durch die gefrorenen Wagenfenster.

Delesow sah sich nach seinem Nachbarn um. Der lange, vom Mantel bedeckte Körper lag regungslos neben ihm. Es schien Delesow, daß der lange Kopf mit der großen dunklen Nase auf diesem Körper hin und her schaukelte; als er aber näher hinsah, entdeckte er, daß das, was er für die Nase und das Gesicht gehalten hatte, die Haare waren, das wirkliche Gesicht aber weiter unten lag. Er beugte sich weiter vor und prüfte Alberts Gesichtszüge. Die Schönheit der Stirn und des ruhig geschlossenen Mundes setzte ihn von neuem in Erstaunen.

Unter dem Einfluß der Nervenanspannung, der erregenden, schlaflosen Morgenstunde und der gehörten Musik versetzte sich Delesow beim Anblick dieses Gesichts wieder in jene glückselige Welt, in die er heute nacht geblickt hatte; er erinnerte sich von neuem an die glückliche und großherzige Jugendzeit und bereute sein Tun nicht mehr. Er liebte Albert in diesem Augenblick aufrichtig und heiß und war fest entschlossen, ihm Gutes zu erweisen.

4

Als Delesow am nächsten Morgen geweckt wurde, um in das Amt zu gehen, erblickte er mit unangenehmem Staunen seinen alten Wandschirm, seinen alten Diener und die Uhr auf dem Nachttischchen. Was hätte ich denn auch sehen wollen, wenn nicht das, was mich immer umgibt? fragte er sich selbst. Da erinnerte er sich der schwarzen Augen und des glückseligen Lächelns des Musikanten; die Melodie der »Melancholie« und die seltsame gestrige Nacht zogen in seiner Phantasie vorüber.

Er hatte aber keine Zeit, darüber nachzudenken, ob er gut oder schlecht daran getan habe, den Musikanten mitzunehmen. Beim Ankleiden teilte er in Gedanken seinen Tag ein; er nahm die Akten, gab die notwendigen Befehle fürs Haus und zog eilig seinen Mantel und die Galoschen an. Als er am Eßzimmer vorbeiging, warf er einen Blick durch die Tür. Albert schlief auf dem Saffiandiwan, auf den man ihn am gestrigen Abend in besinnungslosem Zustand hingelegt hatte, den Schlaf des Gerechten; er hatte das Gesicht in das Kissen vergraben und lag in einem schmutzigen, zerrissenen Hemd regungslos da. Unwillkürlich schien es Delesow, daß hier etwas nicht in Ordnung sei.

»Geh bitte zu Borjusowskij und bitte in meinem Namen um eine Geige für ihn«, sagte er zu seinem Diener, »und wenn er aufwacht, gib ihm Kaffee und laß ihn von meiner Wäsche und meinen alten Kleidern irgend etwas anziehen. Versorge ihn überhaupt, so gut es geht. Bitte!«

Als Delesow spät am Abend nach Hause zurückkehrte, fand er zu seiner Verwunderung Albert nicht vor.

»Wo ist er denn?« fragte er den Diener.

»Er ist gleich nach dem Mittagessen fortgegangen«, antwortete der Diener, »hat die Geige genommen, ist gegangen und hat versprochen, nach einer Stunde zurückzukommen, ist aber bis jetzt noch nicht da!«

»Ta! Ta! Das ist ärgerlich«, bemerkte Delesow. »Warum hast du ihn denn fortgelassen, Sachar?«

Sachar war ein Petersburger Lakai, der schon acht Jahre bei Delesow diente. Delesow, als einsamer Junggeselle, teilte ihm unwillkürlich seine Absichten mit und liebte es, Sachars Meinung über seine Unternehmungen zu hören.

»Wie durfte ich wagen, ihn nicht fortzulassen?« antwortete Sachar, mit dem Petschaft an seiner Uhr spielend. »Wenn Sie mir gesagt hätten, Dmitrij Iwanowitsch, daß ich ihn zurückhalten soll, hätte ich ihn zu Hause beschäftigen können. Sie haben mir aber nur wegen der Kleider Anweisungen gegeben.«

»Ta! Das ist ärgerlich. Nun, was hat er denn in meiner Abwesenheit hier gemacht?«

Sachar lächelte.

»Das muß man schon einen richtigen Künstler nennen, Dmitrij Iwanowitsch. Nachdem er aufgewacht war, verlangte er Madeira, dann hat er sich die ganze Zeit mit der Köchin und dem Diener unserer Nachbarn unterhalten. Er ist so komisch. Aber er hat einen sehr guten Charakter. Ich habe ihm Tee gegeben, das Mittagessen gebracht, er wollte aber nicht allein essen, hat mich immer dazu eingeladen. Aber wie er Geige spielt, da muß man wohl sagen, solcher Künstler gibt es selbst bei Isler nicht viele. Einen solchen Menschen kann man schon bei sich behalten. Wie er uns ›Stromabwärts auf Mütterchen Wolga‹ vorspielte, da klang es wahrhaftig so, als ob ein Mensch weinte. Zu schön war das! Sogar aus allen Stockwerken kamen die Leute in unseren Hausflur, um zuzuhören.«

»Nun, und hast du ihn eingekleidet?« unterbrach ihn der Herr.

»Wie denn; ich habe ihm ein Nachthemd von Ihnen gegeben und meinen Mantel angezogen. Einem solchen Menschen kann man helfen, das ist wirklich ein lieber Kerl!« Sachar lächelte. »Er fragte mich immer, was für einen Rang Sie bekleiden, ob Sie einflußreiche Bekannte haben und wie viele Seelen Sie besitzen.«

»Na schön, aber jetzt muß man ihn ausfindig machen, und man darf ihm in Zukunft nichts mehr zu trinken geben; damit tut man ihm nichts Gutes.«

»Das ist wahr«, unterbrach Sachar seinen Herrn; »er scheint eine schwache Gesundheit zu haben, wir hatten auch einen solchen Verwalter bei meinem früheren Herrn …«

Delesow, der die Geschichte des Verwalters, der ein Quartalsäufer gewesen, bereits zur Genüge kannte, ließ Sachar nicht zu Ende erzählen; nachdem er ihm befohlen hatte, alles für die

Nacht vorzubereiten, schickte er ihn fort, um Albert zu suchen und herzubringen.

Er legte sich ins Bett, löschte das Licht, konnte aber lange nicht einschlafen, sondern dachte fortwährend an Albert. Obwohl dies alles vielen meiner Bekannten sehr sonderbar erscheinen wird, dachte Delesow, so tut man doch so selten etwas nicht für sich selber, daß man Gott danken muß, wenn sich einem eine solche Gelegenheit bietet, und ich will sie nicht vorbeigehen lassen. Ich werde alles tun, entschieden alles tun, was ich kann, um ihm zu helfen. Vielleicht ist er auch gar nicht verrückt, sondern nur dem Trunk ergeben. Es wird mich auch nicht viel kosten: wo einer satt wird, werden auch zwei satt. Mag er zuerst eine Zeitlang bei mir wohnen, dann werden wir ihm eine Stellung suchen oder ihn ein Konzert geben lassen; ziehen wir ihn erst einmal aus dem Dreck, alles weitere wird sich finden.

Ein angenehmes Gefühl von Selbstzufriedenheit bemächtigte sich seiner nach dieser Erwägung.

Wirklich, ich bin kein ganz schlechter Mensch, dachte er, ein sehr guter Mensch sogar, wenn ich mich mit den anderen vergleiche …

Er war schon am Einschlafen, als ihn das Geräusch einer sich öffnenden Tür und Schritte im Vorzimmer wieder munter machten.

Ich werde etwas strenger mit ihm umgehen, dachte er, das ist besser; und ich muß es tun.

Er klingelte.

»Hast du ihn mitgebracht?« fragte er den eintretenden Sachar.

»Er ist doch ein erbarmungswürdiger Mensch, Dmitrij Iwanowitsch«, sagte Sachar, schüttelte bedeutungsvoll den Kopf und schloß die Augen.

»Wie, ist er betrunken?«

»Er ist sehr schwach.«

»Hat er die Geige bei sich?«

»Ich habe sie gebracht, die Hausfrau hat sie mir gegeben.«

»Nun bitte, laß ihn jetzt nicht zu mir herein, leg ihn schlafen und laß ihn morgen auf keinen Fall aus dem Hause.«

Aber noch ehe Sachar das Zimmer verlassen hatte, kam Albert herein.

5

»Sie wollen schon schlafen?« fragte Albert lächelnd. »Ich war dort, bei Anna Iwanowna. Ich habe den Abend sehr angenehm verbracht: wir haben musiziert, gelacht, die Gesellschaft war sehr angenehm. Erlauben Sie mir, irgend etwas zu trinken«, fügte er hinzu und griff nach der Wasserflasche, die auf einem Tischchen stand, »aber nur kein Wasser.«

Albert war derselbe wie gestern: dasselbe schöne Lächeln in den Augen und um die Lippen, dieselbe reine, geistvolle Stirn und dieselben schwachen Glieder. Sachars Überzieher paßte ihm vortrefflich, der reine, lange, ungestärkte Kragen des Nachthemds umschloß seinen dünnen, weißen Hals und verlieh ihm ein malerisches und besonders kindliches und unschuldiges Aussehen. Er setzte sich auf Delesows Bett und sah ihn schweigend, freudig und dankbar lächelnd an. Delesow blickte in Alberts Augen und fühlte sich plötzlich von neuem im Bann seines Lächelns. Er verspürte keine Lust mehr zu schlafen, vergaß seine Pflicht, streng gegen Albert zu sein, und trug im Gegenteil Verlangen, Musik zu hören und lustig zu sein und – sei es bis zum Morgen – freundschaftlich mit Albert zu plaudern. Delesow befahl Sachar, eine Flasche Wein, Zigaretten und die Geige zu holen.

»Das ist ausgezeichnet«, sagte Albert, »es ist noch früh, wir wollen musizieren; ich werde Ihnen vorspielen, soviel Sie wollen.«

Sachar brachte mit sichtlichem Vergnügen eine Flasche Lafitte, zwei Gläser, leichte Zigaretten, die Albert rauchte, und die Geige. Aber statt schlafen zu gehen, wie es ihm sein Herr befohlen hatte, zündete er sich eine Zigarre an und setzte sich in das anstoßende Zimmer.

»Wir wollen lieber plaudern«, sagte Delesow zu dem Musikanten, der nach der Geige griff. Albert setzte sich gehorsam auf das Bett und lächelte wieder freudig.

»Ach, ja«, sagte er, schlug sich plötzlich mit der Hand auf die Stirn und nahm eine besorgt neugierige Miene an. (Sein Gesichtsausdruck kündete stets das an, was er sagen wollte.) »Erlauben Sie mir zu fragen ... « – er hielt ein Weilchen inne – »dieser Herr, der gestern abend mit Ihnen dort war … Sie nannten ihn N., ist das nicht ein Sohn des berühmten N.?«

»Der leibliche Sohn«, antwortete Delesow, der durchaus nicht begriff, weshalb Albert sich dafür interessieren konnte.

»Daher also«, sagte er selbstzufrieden lächelnd, »ich habe in seinen Manieren sofort etwas besonders Aristokratisches bemerkt. Ich liebe die Aristokraten: es liegt etwas Schönes und Elegantes in einem Aristokraten. Aber dieser Offizier, der so wunderbar tanzt«, fragte er, »hat mir auch sehr gut gefallen, er ist so heiter und vornehm. Das ist der Adjutant NN., glaube ich?«

»Welcher?« fragte Delesow.

»Der mit mir zusammengestoßen ist, als wir tanzten. Er muß ein prächtiger Mensch sein.«

»Nein, er ist ein eitler Tropf«, antwortete Delesow.

»Ach nein!« verteidigte Albert ihn voller Feuer, »er hat etwas sehr, sehr Angenehmes an sich. Und er ist ein guter Musikant«, fügte er hinzu, »er hat da etwas aus einer Oper gespielt. Mir hat schon lange niemand so gut gefallen.«

»Ja, er spielt gut. Aber sein Spiel gefällt mir nicht«, sagte Delesow, der den Wunsch hegte, seinen Gast in ein Gespräch über Musik zu verwickeln. »Er versteht nichts von klassischer Musik; denn Donizetti und Bellini, das ist doch keine Musik. Sie sind doch sicherlich derselben Meinung?«

»O nein, nein, entschuldigen Sie«, begann Albert mit einem weichen, abwehrenden Ausdruck; »die alte Musik ist Musik, und die neue Musik ist Musik. Auch in der neuen Musik gibt es außergewöhnliche Schönheiten: die ›Nachtwandlerin?!‹ und das Finale der ›Lucia‹?! und Chopin?! und ›Robert‹?! Ich denke oft …« er hielt inne und sammelte seine Gedanken, »wenn Beethoven lebte, würde er beim Anhören der ›Nachtwandlerin‹ vor Freude weinen. Überall gibt es Schönes. Ich habe die Nachtwandlerin zum ersten Mal gehört, als die Viardot und Rubini hier waren, das war so etwas«, sagte er mit blitzenden Augen und machte eine Bewegung mit beiden Händen, als wollte er sich etwas aus der Brust reißen. »Noch einen Schritt weiter, und es wäre unmöglich gewesen, das zu ertragen.«

»Nun, und wie finden Sie die Oper jetzt?« fragte Delesow.

»Die Bozio ist gut, sehr gut«, antwortete er, »sie ist ungewöhnlich schön, aber sie rührt einen nicht hier drinnen«, sagte er und zeigte auf seine eingefallene Brust. »Eine Sängerin muß Leidenschaft haben, aber sie hat keine. Sie erfreut, aber sie rührt nicht.«

»Nun, aber Lablache?«

»Ich habe ihn noch in Paris im ›Barbier von Sevilla‹ gehört; damals war er einzig in seiner Art, aber jetzt ist er alt; er kann kein Künstler mehr sein, er ist alt.«

»Was macht es denn, daß er alt ist, er ist immerhin gut in den Ensembleszenen«, sagte Delesow, der das immer von Lablache sagte.

»Wieso macht es nichts, daß er alt ist?« entgegnete Albert streng. »Er darf nicht alt sein. Ein Künstler darf nicht alt sein. Vieles ist für die Kunst nötig, aber hauptsächlich Feuer!« sagte er mit funkelnden Augen und hob beide Arme empor. Und wirklich glühte ein starkes inneres Feuer in seiner ganzen Gestalt.

»Ach, mein Gott!« sagte er plötzlich, »kennen Sie Petrow, den Maler?«

»Nein, ich kenne ihn nicht«, antwortete Delesow lächelnd.

»Wie sehr wünschte ich, daß Sie seine Bekanntschaft machten! Sie würden Vergnügen daran finden, mit ihm zu plaudern. Wieviel er von der Kunst versteht! Wir sind einander früher oft bei Anna Iwanowna begegnet, doch sie ist jetzt aus irgendeinem Grunde böse auf ihn. Aber ich würde es sehr wünschen, daß Sie ihn kennenlernten. Er ist ein großes, großes Talent.«

»Malt er denn Gemälde?« fragte Delesow.

»Ich weiß nicht; ich glaube nicht, aber er war auf der Akademie. Was für Gedanken er hat! Es ist mitunter ganz erstaunlich, wenn er spricht. Oh, Petrow ist ein großes Talent, nur führt er ein sehr lustiges Leben … Das ist schade«, fügte Albert lächelnd hinzu. Er stand vom Bett auf, nahm die Geige und fing an, sie zu stimmen.

»Waren Sie schon lange nicht mehr in der Oper?« fragte ihn Delesow. Albert sah sich um und seufzte.

»Ach, ich kann nicht mehr«, sagte er und griff sich an den Kopf. Er setzte sich wieder zu Delesow. »Ich muß Ihnen sagen«, sagte er beinahe flüsternd, »ich kann nicht dorthin gehen, ich kann dort nicht spielen, ich habe nichts, gar nichts! Ich habe keine Kleider, keine Wohnung, keine Geige. Ein elendes Leben! ein elendes Leben!« wiederholte er einige Male. »Und wozu sollte ich hingehen? Wozu das? es ist nicht nötig«, sagte er lächelnd. »Ach, ›Don Juan‹!«

Und er schlug sich vor den Kopf.

»Wollen wir doch einmal zusammen hingehen«, sagte Delesow.

Albert antwortete nicht, sprang auf, nahm die Geige und begann das Finale aus dem ersten Akt des »Don Juan« zu spielen. Dazwischen erzählte er den Inhalt der Oper mit eigenen Worten.

Delesows Haare sträubten sich, als Albert die Stimme des sterbenden Komturs spielte. »Nein, ich kann heute nicht spielen«, sagte er, die Geige weglegend, »ich habe viel getrunken.«

Aber gleich darauf trat er an den Tisch, schenkte sich ein Glas ein, leerte es auf einen Zug und setzte sich wieder zu Delesow auf das Bett.

Delesow sah Albert an, ohne ein Auge von ihm zu lassen; Albert lächelte ab und zu, dann lächelte auch Delesow. Sie schwiegen beide; aber die Bande der Liebe und Freundschaft knüpften sich durch Blicke und Lächeln immer stärker zwischen ihnen. Delesow fühlte, daß er diesen Menschen mehr und mehr liebte, und empfand eine unbegreifliche Freude.

»Waren Sie einmal verliebt?« fragte er plötzlich.

Albert dachte ein paar Sekunden lang nach, dann wurde sein Gesicht von einem traurigen Lächeln erhellt. Er neigte sich zu Delesow und sah ihm gerade in die Augen.

»Warum haben Sie mir diese Frage gestellt?« flüsterte er. »Aber ich werde Ihnen alles erzählen, Sie gefallen mir«, fuhr er fort und sah sich um. »Ich werde Sie nicht belügen, ich werde Ihnen alles erzählen, wie es war, von Anfang an.« Er hielt inne, und seine Augen bekamen einen seltsamen, wilden Blick. »Sie wissen, daß ich etwas schwach von Geist bin«, sagte er plötzlich. »Ja, ja, Anna Iwanowna hat es Ihnen wahrscheinlich erzählt. Sie sagt allen, daß ich verrückt sei! Das ist nicht wahr, sie sagt das nur im Scherz, sie ist eine gute Frau, aber ich bin wirklich seit einiger Zeit nicht mehr ganz gesund.«

Albert schwieg wiederum und sah mit starren, weitgeöffneten Augen auf die dunkle Tür.

»Sie fragten, ob ich verliebt gewesen sei. Ja, ich war verliebt«, flüsterte er, die Augenbrauen emporziehend. »Das ist schon lange her, noch zu jener Zeit, da ich meine Stellung im Theater hatte. Ich spielte die zweite Geige in der Oper, und sie saß immer in der Proszeniumsloge auf der linken Seite.«

Albert stand auf und neigte sich zu Delesows Ohr.

»Nein, wozu ihren Namen nennen«, sagte er. »Sie kennen sie wahrscheinlich, alle kennen sie. Ich schwieg und sah sie immer nur an; ich wußte, daß ich ein armer Musikant bin, aber sie war eine Aristokratin. Ich wußte das sehr gut. Ich sah sie nur an und dachte an nichts.«

Albert versank in Nachdenken.

»Ich erinnere mich nicht, wie es geschah; aber einmal rief man mich zu ihr, damit ich sie auf der Geige begleite ... Nun, was bin ich denn, ein armer Künstler«, sagte er, wobei er den Kopf schüttelte und lächelte. »Aber nein, ich kann nicht erzählen, ich kann nicht ...« setzte er hinzu, indem er sich an den Kopf faßte. »Wie glücklich ich war!«

»Waren Sie denn oft bei ihr?« fragte Delesow.

»Einmal, nur ein einziges Mal ... aber ich war selber schuld daran, ich war von Sinnen. Ich war ein armer Künstler, sie war eine aristokratische Dame. Ich hätte ihr nichts sagen dürfen. Aber ich hatte den Verstand verloren, ich habe Dummheiten gemacht. Seit jener Zeit ist für mich alles zu Ende. Petrow hat mir die Wahrheit gesagt: es wäre besser gewesen, sie nur im Theater zu sehen ...«

»Was haben Sie denn getan?« fragte Delesow.

»Ach, lassen Sie, lassen Sie, das kann ich nicht erzählen.« Er vergrub das Gesicht in den Händen und schwieg eine Zeitlang.

»Ich war spät in das Orchester gekommen. Ich hatte an diesem Abend mit Petrow viel getrunken und war verstimmt. Sie saß in ihrer Loge und unterhielt sich mit einem General. Ich weiß nicht, wer dieser General war. Sie saß ganz nahe an der Brüstung und hatte die Hand auf die Rampe gelegt; sie trug ein weißes Kleid und hatte eine Perlenkette um den Hals. Sie sprach mit ihm und sah auf mich. Zweimal sah sie mich an. Ihr Haar war, schauen Sie einmal, so frisiert; ich spielte nicht, sondern stand neben dem Baßgeiger und sah sie an. Da widerfuhr mir dieses Seltsame zum ersten Mal. Sie lächelte dem General zu und sah auf mich. Ich fühlte, daß sie über mich sprach, und plötzlich merkte ich, daß ich nicht im Orchester war, sondern bei ihr in der Loge stand und ihre Hand hielt. Was bedeutet das?« fragte Albert nach einigem Schweigen.

»Das ist Ihre lebhafte Einbildungskraft«, sagte Delesow.

»Nein, nein … ich kann nicht gut erzählen«, antwortete Albert und verzog das Gesicht. »Ich war schon damals arm, hatte keine Wohnung, und wenn ich ins Theater ging, blieb ich manchmal über Nacht dort.«

»Wie? im Theater? im leeren, finstern Saal?«

»Ach! ich fürchte diese Dummheiten nicht. Ach, warten Sie! Sobald alle gegangen waren, begab ich mich in die Loge, in der sie zu sitzen pflegte, und schlief dort. Das war meine einzige Freude. Was für Nächte ich dort verbrachte! Nur einmal fing es wieder so an mit mir. In der Nacht erstand vieles in meiner Phantasie, aber ich kann Ihnen vieles nicht erzählen.« Albert sah Delesow mit gesenkten Augen an. »Was mag das gewesen sein?« fragte er.

»Seltsam!« sagte Delesow.

»Nein, warten Sie, warten Sie!« Er fuhr fort, ihm ins Ohr zu flüstern. »Ich küßte ihre Hand, weinte vor ihr, sprach viel mit ihr. Ich atmete den Duft ihres Parfüms, hörte ihre Stimme. Sie sagte mir viel in der einen Nacht. Dann nahm ich die Geige und begann leise zu spielen. Und ich spielte ausgezeichnet. Aber mir wurde bange. Ich fürchte diese Dummheiten nicht und glaube nicht daran; aber mir wurde bange um meinen Kopf«, sagte er liebenswürdig lächelnd und berührte seine Stirn mit der Hand. »Um meinen armen Verstand wurde mir plötzlich bange, es schien mir, daß in meinem Kopf irgend etwas vorgegangen sei. Vielleicht tut das nichts? Wie meinen Sie?«

Beide schwiegen ein paar Minuten.

»Und wenn die Wolken sie verhüllen,
  Die Sonne bleibt doch ewig klar«,

sang Albert leise lächelnd. »Nicht wahr?« fügte er hinzu.

»Ich auch habe gelebt und genossen!

Ach, der alte Petrow hätte Ihnen das alles so gut erklärt.«

Delesow sah schweigend und entsetzt in das erregte, blaß gewordene Gesicht seines Gastes.

»Kennen Sie den Juristen-Walzer?« rief Albert plötzlich, sprang – ohne die Antwort abzuwarten – auf, ergriff die Geige und spielte einen lustigen Walzer. Er vergaß seine Umgebung vollständig, bildete sich anscheinend ein, daß ein ganzes Orchester hinter ihm spielte, lächelte, wiegte sich, trat von einem Fuß auf den anderen und spielte wunderbar.

»Ach, nun ist's genug mit dem Lustigsein!« sagte er, nachdem er geendet hatte, und schwang die Geige durch die Luft. »Ich werde gehen«, sagte er, nachdem er ein Weilchen schweigend dagesessen hatte, »werden Sie nicht auch gehen?«

»Wohin?« fragte Delesow erstaunt.

»Gehen wir wieder zu Anna Iwanowna; dort ist es lustig: Lärm, Menschen, Musik!«

Delesow hätte sich im ersten Augenblick beinahe einverstanden erklärt. Er besann sich aber und versuchte Albert zu überreden, heute nicht mehr fortzugehen.

»Ich möchte nur für einen Augenblick …«

»Wirklich, gehen Sie nicht hin …«

Albert seufzte und legte die Geige weg.

»Soll ich bleiben?«

Er sah noch einmal auf den Tisch (es war kein Wein da), wünschte gute Nacht und ging.

Delesow klingelte.

»Sieh zu, laß Herrn Albert ohne meine Erlaubnis nicht fort«, sagte er zu Sachar.

6

Der nächste Tag war ein Feiertag. Delesow saß, nachdem er aufgestanden war, im Salon beim Kaffee und las ein Buch. Im Nebenzimmer, wo Albert schlief, rührte sich noch nichts.

Sachar öffnete vorsichtig die Tür und warf einen Blick in das Eßzimmer. »Werden Sie es wohl glauben, Dmitrij Iwanowitsch, er schläft auf dem nackten Diwan. Er wollte sich nichts darunterlegen lassen, bei Gott! Wie ein kleines Kind! Das ist wirklich ein Künstler.«

Gegen zwölf Uhr ließ sich hinter der Tür Ächzen und Husten vernehmen.

Sachar ging wieder in das Eßzimmer; und der Herr vernahm Sachars zärtliche Stimme und die schwache, bittende Stimme Alberts.

»Nun, was gibt's?« fragte der Herr, als Sachar eintrat.

»Er ist traurig, Dmitrij Iwanowitsch; er will sich nicht waschen und schaut finster drein. Bittet immer um etwas zu trinken.«

»Nein, wenn ich es mir vorgenommen habe, so muß ich auch fest bleiben«, sagte Delesow.

Er verbot Sachar, dem Geiger Wein zu geben, und nahm sein Buch wieder zur Hand, horchte aber unwillkürlich auf das, was im Eßzimmer vorging. Dort rührte sich nichts, nur ab und zu hörte man ein schweres, aus der tiefsten Brust kommendes Husten und Ausspucken. So vergingen zwei Stunden. Nachdem Delesow sich zum Ausgehen angekleidet hatte, beschloß er, nach seinem Mitbewohner zu sehen. Albert saß unbeweglich am Fenster und hatte den Kopf in die Hände gestützt. Er sah sich um. Sein Gesicht war gelb, runzelig und nicht nur traurig, sondern tief unglücklich. Er versuchte, zum Gruß zu lächeln, aber sein Gesicht nahm einen noch traurigeren Ausdruck an. Er schien nahe am Weinen zu sein. Er stand mühsam auf und verneigte sich.

»Wenn ich ein Gläschen gewöhnlichen Wodka bekommen könnte«, sagte er mit bittendem Ausdruck, »ich bin so schwach, bitte!«

»Kaffee wird Sie besser stärken. Ich würde Ihnen dazu raten.«

Alberts Gesicht verlor plötzlich den kindlichen Ausdruck; er sah kalt, finster zum Fenster hinaus und ließ sich kraftlos auf den Stuhl nieder.

»Oder wollen Sie vielleicht frühstücken?«

»Nein, danke, ich habe keinen Appetit.«

»Wenn Sie geigen wollen, tun Sie es nur, es stört mich durchaus nicht«, sagte Delesow und legte die Geige auf den Tisch.

Albert blickte mit einem verächtlichen Lächeln auf das Instrument.

»Nein, ich bin zu schwach, ich kann nicht spielen«, sagte er und schob die Geige von sich weg.

Delesow schlug ihm einen Spaziergang und am Abend einen Besuch des Theaters vor, aber Albert verbeugte sich nur gehorsam und schwieg beharrlich. Delesow verließ das Haus, machte einige Besuche, speiste bei Bekannten und kehrte vor dem Theater nach Hause zurück, um sich umzukleiden und zu erfahren, was der Musikant mache. Albert saß im dunklen Vorzimmer, hatte den Kopf auf die Hände gestützt und sah in den brennenden Ofen. Er war sorgfältig gekleidet, gewaschen und gekämmt; aber seine Augen waren trübe und leblos, und in seiner ganzen Gestalt drückte sich eine noch größere Schwäche und Erschöpfung aus als am Morgen.

»Haben Sie zu Mittag gegessen, Herr Albert?« fragte Delesow.

Albert nickte bejahend, sah Delesow ins Gesicht und schlug erschrocken die Augen nieder.

Delesow fühlte sich peinlich berührt.

»Ich habe heute mit dem Direktor über Sie gesprochen«, sagte er, ebenfalls die Augen niederschlagend. »Er würde Sie gern nehmen, wenn Sie sich hören lassen wollten.«

»Danke, ich kann nicht spielen«, murmelte Albert vor sich hin und ging in sein Zimmer, wobei er die Tür ganz besonders leise hinter sich schloß.

Nach ein paar Minuten wurde die Türklinke wieder genauso leise niedergedrückt, und Albert kam mit der Geige aus seinem Zimmer. Er warf Delesow einen bösen, flüchtigen Blick zu, legte die Geige auf einen Stuhl und verschwand wieder.

Delesow zuckte die Achseln und lächelte. Was soll ich denn noch tun? Worin besteht meine Schuld? dachte er.

»Nun, wie geht's dem Musikanten?« war seine erste Frage, als er spät nach Hause zurückkehrte.

»Schlecht!« antwortete Sachar kurz und laut. »Er seufzt fortwährend, hustet und redet nicht, nur um Schnaps hat er an die fünfmal gebeten. Einen habe ich ihm gegeben. Sonst bringen wir ihn am Ende noch um, Dmitrij Iwanowitsch. Mit dem Verwalter ...«

»Hat er denn nicht auf der Geige gespielt?«

»Nicht einmal angerührt. Ich habe sie ihm auch zweimal gebracht, er nimmt sie und trägt sie ganz still wieder hinaus«, antwortete Sachar lächelnd. »Also zu trinken bekommt er nichts?«

»Nein, wir wollen noch einen Tag warten und sehen, was wird. Was macht er denn jetzt?«

»Er hat sich im Salon eingeschlossen.«

Delesow ging in sein Kabinett untersuchte einige französische Bücher und ein deutsches Evangelium heraus. »Lege ihm diese Bücher morgen ins Zimmer, aber laß ihn nicht fort«, befahl er Sachar.

Am anderen Morgen meldete Sachar seinem Herrn, daß der Musikant die ganze Nacht nicht geschlafen habe: Er sei immerfort in den Zimmern umhergegangen, in das Büfettzimmer gekommen und habe versucht, den Schrank und die Tür zu öffnen, doch dank seiner Fürsorge sei alles verschlossen gewesen. Sachar erzählte, daß er sich schlafend gestellt und gehört habe, wie Albert in der Dunkelheit etwas vor sich hingemurmelt und mit den Armen in der Luft herumgefuchtelt habe.

Albert wurde mit jedem Tage düsterer und schweigsamer. Er schien sich vor Delesow zu fürchten, und sein Gesicht drückte einen krankhaften Schreck aus, wenn ihre Augen sich trafen. Er nahm weder ein Buch noch die Geige zur Hand und antwortete auf keine Frage, die an ihn gerichtet wurde.

Am dritten Tag des Aufenthaltes unseres Musikanten bei Delesow kam dieser spät am Abend müde und mißgestimmt nach Hause. Er war den ganzen Tag herumgefahren, hatte in einer Sache, die sehr einfach und leicht zu sein schien, viel Scherereien gehabt und war (wie das öfter geschieht) trotz aller Anstrengungen keinen Schritt vorwärtsgekommen. Außerdem hatte er im Klub beim Whist verloren.

Er war schlechter Laune.

»Nun, Gott mit ihm!« gab er Sachar zur Antwort, als dieser Alberts traurigen Zustand schilderte. »Morgen werde ich ihn allen Ernstes fragen, ob er bei mir bleiben und meine Ratschläge befolgen will oder nicht. Wenn nicht, so mag er gehen! Ich glaube, alles getan zu haben, was möglich war.«

Da soll man den Menschen Gutes tun! sagte er für sich. Ich

schränke mich seinetwegen ein, halte dieses schmutzige Geschöpf in meinem Hause, so daß ich am Morgen keinen fremden Menschen empfangen kann, bemühe mich für ihn, laufe herum, und er betrachtet mich als Bösewicht, der ihn zu seinem Vergnügen in einen Käfig gesperrt hat. Und hauptsächlich – er will für sich selber keinen Schritt tun. Und so sind sie alle (dieses »alle« bezog sich auf die Menschen im allgemeinen und im besonderen auf die, mit denen er heute zu tun gehabt hatte). Und was geht jetzt in ihm vor? Woran denkt er und worüber trauert er? Trauert er um das Lotterleben, dem ich ihn entrissen habe? Um die Erniedrigung, in der er sich befunden hat? Um die Armut, aus der ich ihn errettet habe? Man sieht, daß er schon so tief gesunken ist, daß er ein ehrbares Leben als zu schwer empfindet …

Nein, das war ein kindisches Beginnen, entschied Delesow bei sich. Wie kann ich mich unterfangen, andere zu bessern, wenn ich Gott danken muß, daß ich mit mir selber fertigwerde? Er wollte ihn gleich fortlassen, verschob es aber nach kurzer Überlegung auf morgen.

In der Nacht weckten Delesow das Geräusch eines umgefallenen Tisches im Vorzimmer, Stimmen und Getrampel. Er zündete eine Kerze an und horchte erstaunt …

»Warten Sie, ich werde es Dmitrij Iwanowitsch sagen«, ließ Sachar sich vernehmen; Alberts Stimme murmelte etwas, hitzig und zusammenhanglos. Delesow sprang auf und lief mit dem Licht ins Vorzimmer. Sachar stand im Nachtgewand vor der Tür, Albert, im Umhang, stieß ihn von der Tür zurück und schrie ihn mit weinerlicher Stimme an: »Sie dürfen mich nicht zurückhalten! Ich habe einen Paß, ich habe Ihnen nichts gestohlen! Sie können mich durchsuchen. Ich gehe zum Polizeimeister.«

»Erlauben Sie, Dmitrij Iwanowitsch«, wandte Sachar sich an seinen Herrn und fuhr fort, die Tür mit seinem Rücken zu verteidigen. »Er ist in der Nacht aufgestanden, hat den Schlüssel in meinem Überzieher gefunden und eine ganze Karaffe süßen Wodka ausgetrunken. Ist das etwa schön? Und jetzt will er fortgehen. Sie haben es nicht erlaubt, deshalb kann ich ihn auch nicht fortlassen.«

Als Albert Delesow erblickte, begann er noch hitziger auf Sachar einzudringen.

»Niemand kann mich zurückhalten! Niemand hat ein Recht dazu!« schrie er und erhob seine Stimme mehr und mehr.

»Gib den Weg frei, Sachar!« sagte Delesow. »Ich will und kann Sie nicht halten, aber ich würde Ihnen raten, bis morgen hierzubleiben«, wandte er sich an Albert.

»Niemand kann mich halten! Ich gehe zum Polizeimeister!« schrie Albert immer lauter, wobei er sich nur an Sachar wandte und Delesow gar nicht ansah. »Hilfe!« brüllte er plötzlich mit wütender Stimme.

»Warum schreien Sie denn so? Es hält Sie ja niemand«, sagte Sachar, die Tür öffnend.

Albert hörte auf zu schreien. »Ist es euch nicht gelungen? Ihr wolltet mich umbringen. Doch nein!« murmelte er vor sich hin und zog die Galoschen an. Ohne sich zu verabschieden, und weiterhin Unverständliches vor sich hinmurmelnd, ging er zur Tür hinaus. Sachar leuchtete ihm bis ans Tor und kam zurück.

»Nun Gott sei Dank, Dmitrij Iwanowitsch! Da hätte leicht etwas geschehen können!« sagte er zu seinem Herrn, »jetzt muß man das Silber nachzählen.«

Delesow schüttelte nur den Kopf und sagte nichts. Er gedachte lebhaft der beiden ersten Abende, die er mit dem Musikanten verlebt, der letzten traurigen Tage, die Albert durch seine Schuld hier verbracht hatte, hauptsächlich aber gedachte er jenes süßen, aus Staunen, Liebe und Mitleid gemischten Gefühls, das dieser sonderbare Mensch auf den ersten Blick in ihm erweckt hatte, und er empfand Mitleid mit ihm. Was wird nun aus ihm werden? dachte er. Ohne Geld, ohne warme Kleider, mitten in der Nacht allein ... Er wollte ihm schon Sachar nachschicken, aber es war zu spät.

»Ist es kalt draußen?« fragte Delesow.

»Eine tüchtige Kälte, Dmitrij Iwanowitsch«, antwortete Sachar. »Ich habe vergessen, Ihnen zu melden: wir werden vor dem Frühjahr noch einmal Holz kaufen müssen.«

»Aber du hast doch gesagt, es würde noch welches übrigbleiben?«

7

Es war wirklich sehr kalt, aber Albert empfand die Kälte nicht, so erhitzt war er von dem genossenen Schnaps und von dem Streit.

Als er die Straße erreichte, sah er sich um und rieb sich freudig die Hände. Die Straße war leer, aber die lange Reihe der Laternen brannte noch mit rötlichen Flammen, der Himmel war klar und voller Sterne.

»Also!« sagte er, indem er sich an ein erleuchtetes Fenster in Delesows Wohnung lehnte; dann steckte er die Hände unter dem Mantel in die Hosentaschen, beugte sich nach vorn und ging mit schweren, unsicheren Schritten auf der rechten Seite der Straße vorwärts. Er fühlte eine außergewöhnliche Schwere in den Beinen und im Magen, in seinem Kopf sauste es, eine unsichtbare Macht riß ihn von einer Seite auf die andere, aber er ging immer geradeaus weiter in der Richtung nach Anna Iwanownas Wohnung. Seltsame, unzusammenhängende Gedanken durchkreuzten sein Hirn. Bald dachte er an seinen letzten Streit mit Sachar, bald an das Meer und seine erste Ankunft in Rußland mit dem Schiff, dann an eine glückliche Nacht, die er mit einem Freund in der kleinen Kneipe verbracht hatte, an der er eben vorüberging; dann begann in seiner Phantasie plötzlich eine bekannte Melodie zu singen, und er dachte an den Gegenstand seiner Leidenschaft und die schreckliche Nacht im Theater. Aber trotz aller Zusammenhangslosigkeit tauchten diese Erinnerungen mit einer solchen Deutlichkeit in seiner Phantasie auf, daß er bei geschlossenen Augen nicht wußte, ob das, was er tat, oder das, was er dachte, die Wirklichkeit war. Er merkte und fühlte nicht, wie er einen Fuß vor den anderen setzte, wie er schwankend an eine Mauer stieß, wie er um sich blickte und von einer Straße in die andere einbog. Er bemerkte und fühlte nur das, was sich ihm in wunderlicher Abwechslung und Verwirrung vorstellte.

Als Albert die Kleine Morskaja entlangschritt, stolperte er und fiel hin. Er kam für einen Augenblick zu sich, sah ein riesengroßes herrliches Gebäude vor sich und ging weiter. Am Himmel waren keine Sterne, keine Morgendämmerung, kein

Mond mehr zu sehen; Laternen brannten auch keine mehr, aber alle Gegenstände ließen sich deutlich erkennen. In den Fenstern des Gebäudes, das sich am Ende der Straße erhob, glänzten Lichter, aber sie schwankten hin und her wie Spiegelbilder. Das Gebäude rückte näher und näher und wuchs immer deutlicher vor Albert empor. Aber die Lichter erloschen, als Albert durch die breite Tür eintrat. Drinnen war es finster. Die einsamen Schritte Alberts hallten dröhnend in den Gewölben wider, und geheimnisvolle Schatten huschten bei seiner Annäherung gleitend hinweg.

Warum bin ich hierhergekommen? dachte Albert; aber eine unbezwingliche Macht zog ihn vorwärts, in die Tiefe eines großen Saals… Dort befand sich ein Podium, und um dieses herum standen schweigend irgendwelche kleinen Menschen. »Wer wird denn sprechen?« fragte Albert. Niemand antwortete, nur einer deutete auf das Podium. Dort stand bereits ein großer, hagerer Mensch mit borstigem Haar und in einem bunten Chalat. Albert erkannte sofort seinen Freund Petrow. Wie merkwürdig, daß er hier ist! dachte Albert.

»Nein, Brüder!« sagte Petrow, auf irgend jemanden hinweisend. »Ihr habt den Menschen, der unter euch lebte, nicht verstanden; ihr habt ihn nicht verstanden! Er ist kein käuflicher Künstler, kein mechanischer Handlanger, kein Verrückter, kein verlorener Mensch! Er ist ein Genie, ein großes musikalisches Genie, das in eurer Mitte unbemerkt und ungeschätzt zugrunde gegangen ist!«

Albert begriff sofort, von wem sein Freund sprach, aber er wollte ihn nicht verlegen machen und senkte aus Bescheidenheit den Kopf.

»Er ist wie ein Strohhalm ganz von dem heiligen Feuer verzehrt worden, dem wir alle dienen«, fuhr die Stimme fort, »aber er hat alles erfüllt, was Gott in ihn gelegt hatte; dafür muß er auch ein großer Mensch genannt werden. Ihr konntet ihn verachten, quälen, erniedrigen«, fuhr die Stimme immer lauter fort, »er aber war, ist und wird unermeßlich höher sein als ihr alle. Er ist glücklich, er ist gut! Er liebt und verachtet alle in gleichem Maße, was ganz dasselbe ist; aber er dient nur dem, was ihm von oben zuteil wurde. Er liebt nur eines – die Schönheit, das einzig unzweifelhafte Gut der Welt. Ja, das ist er! Fallt alle vor ihm nieder! Auf die Knie!« rief er laut.

Aber eine andere Stimme erhob sich leise in der entgegengesetzten Ecke des Saales.

»Ich will nicht vor ihm auf die Knie fallen«, sagte die Stimme, an der Albert sofort Delesow erkannte. »Wodurch ist er denn groß? Und warum sollen wir uns vor ihm neigen? Hat er denn ehrlich und gerecht gelebt? Hat er denn der Gesellschaft irgendeinen Nutzen gebracht? Wissen wir denn nicht, daß er Geld borgte und es nicht zurückgab, daß er seinem Kameraden, einem Künstler, die Geige wegnahm und sie versetzte …?« Mein Gott, wie gut er das alles weiß! dachte Albert und senkte den Kopf noch tiefer. »Wissen wir denn nicht, wie er den nichtigsten Menschen schmeichelte, des Geldes wegen schmeichelte?« fuhr Delesow fort. »Wissen wir nicht, wie man ihn aus dem Theater fortjagte? Wie Anna Iwanowna ihn auf die Polizei schicken wollte?«

Mein Gott! das ist alles wahr, aber verteidige mich, murmelte Albert. Du allein weißt, warum ich das tat.

»Hören Sie auf, schämen Sie sich«, ließ sich wieder Petrows Stimme vernehmen. »Was für ein Recht haben Sie, ihn anzuklagen? Haben Sie denn sein Leben gelebt? Haben Sie etwa seine Entzückungen empfunden?« Das ist wahr, das ist wahr! flüsterte Albert innerlich. »Die Kunst ist die höchste Offenbarung der Macht im Menschen. Sie ist wenigen Auserwählten verliehen und erhebt den Auserwählten auf eine solche Höhe, daß ihn der Schwindel ergreift und es schwer für ihn ist, sich den gesunden Verstand zu erhalten. In der Kunst gibt es, wie in jedem Kampf, Helden, die sich ihrem Dienst ergeben haben und zugrunde gegangen sind, ohne ihr Ziel erreicht zu haben.«

Petrow schwieg, aber Albert hob den Kopf und schrie laut: »Das ist wahr, das ist wahr!« Aber seine Stimme erstarb tonlos.

»Die Sache geht nicht Sie an«, wandte sich der Maler Petrow streng an ihn. »Ja, erniedrigt, verachtet ihn«, fuhr er fort, »aber er ist der Beste und Glücklichste von uns allen!«

Albert, der diesen Worten mit einem beseligenden Gefühl in der Seele lauschte, konnte nicht an sich halten, er ging zu seinem Freund und wollte ihn küssen.

»Pack dich, ich kenne dich nicht«, antwortete Petrow, »geh deines Wegs, sonst kommst du nicht heim ...«

»Sieh mal an, wie's dich erwischt hat! Du kommst nicht heim«, schrie ihn ein Polizeiwächter an einer Wegkreuzung an.

Albert blieb stehen, nahm alle seine Kräfte zusammen, bemühte sich, nicht zu schwanken, und bog in eine Seitengasse ein.

Es waren nur noch ein paar Schritte bis zu Anna Iwanowna. Aus dem Flur ihres Hauses fiel ein Lichtschein auf den Schnee im Hof, und am Tor standen Schlitten und Kutschen.

Albert lief, sich mit den erstarrten Händen am Geländer haltend, die Treppe hinauf und klingelte.

Das verschlafene Gesicht der Dienstmagd erschien in der Öffnung der Tür und sah Albert zornig an. »Es ist nicht erlaubt! Ich darf Sie nicht hereinlassen«, rief sie und schlug die Tür zu. Musik und Frauenstimmen drangen an Alberts Ohr. Er setzte sich auf den Boden, lehnte den Kopf an die Wand und schloß die Augen. Im selben Augenblick umringten ihn Scharen undeutlicher, doch freundlicher Gesichte mit neuer Kraft, nahmen ihn auf ihre Wellen und trugen ihn irgendwohin fort, in das freie und wunderbare Reich der Träume.

»Ja, er ist der Beste und Glücklichste!« kehrte es unwillkürlich in seiner Phantasie immer wieder. Polkaklänge drangen durch die Tür. Auch diese Klänge sagten, daß er der Beste und Glücklichste war! In der nahen Kirche wurde zum Frühgottesdienst geläutet, und diese Glockenklänge sagten: Ja, er ist der Beste und Glücklichste! Aber ich will wieder in den Saal gehen, dachte Albert. Petrow muß mir noch viel sagen!

Im Saal befand sich niemand mehr, und an Stelle des Malers Petrow stand Albert selbst auf dem Podium und spielte alles das auf der Geige, was die Stimme vorher gesagt hatte. Aber die Geige war von seltsamer Bauart: Sie war ganz aus Glas gemacht, und man mußte sie mit beiden Armen umfassen und langsam an die Brust drücken, damit sie einen Ton von sich gab. Die Töne waren so zart und herrlich, wie Albert solche noch nie vernommen hatte. Je fester er die Geige an die Brust drückte, um so freudiger und süßer wurde ihm zumute. Je lauter die Töne wurden, desto schneller liefen die Schatten auseinander und desto deutlicher wurden die Wände des Saals von einem durchsichtigen Licht erhellt. Aber man mußte sehr vorsichtig auf der Geige spielen, um sie nicht zu zerdrücken. Albert spielte sehr vorsichtig und schön auf dem gläsernen Instrument. Er spielte solche Sachen, die (er fühlte es) niemand jemals mehr hören würde. Er begann schon müde zu werden, als ihn ein anderer ferner, dumpfer Ton ablenkte. Das war der Klang einer Glocke; aber dieser Klang sprach das Wort »ja«aus; die Glocke sprach, in der Ferne, hoch oben dröhnend: »Er erscheint euch erbärmlich, ihr verachtet ihn, aber er ist der Beste und Glücklichste! Niemand wird jemals wieder auf diesem Instrument spielen.«

Diese bekannten Worte erschienen Albert plötzlich so weise, so neu und richtig, daß er zu geigen aufhörte und – bemüht, sich nicht zu bewegen – Arme und Augen gen Himmel hob. Er fühlte sich herrlich und glücklich. Unbeschadet dessen, daß kein Mensch im Saal war, warf sich Albert in die Brust, hob stolz den Kopf und blieb auf dem Podium so stehen, daß ihn alle sehen konnten. Plötzlich berührte eine Hand ganz leicht seine Schulter; er sah sich um und erblickte im Halbdämmer eine Frau. Sie sah ihn traurig an und schüttelte verneinend den Kopf. Er begriff sofort, daß das, was er tat, schlecht war, und schämte sich für sich selber. »Wohin denn?« fragte er sie. Sie sah ihn noch einmal lange, prüfend an und senkte traurig den Kopf. Es war dieselbe, genau dieselbe Frau, die er geliebt hatte, und auch ihre Kleidung war dieselbe: um den vollen weißen Hals lag eine Perlenkette, und die wundervollen Arme waren bis zum Ellenbogen entblößt. Sie nahm ihn an der Hand und führte ihn aus dem Saal. »Der Ausgang ist auf der anderen Seite«, sagte Albert, aber sie antwortete nicht, lächelte und führte ihn hinaus. Auf der Schwelle des Saales erblickte Albert den Mond und ein Wasser. Aber das Wasser war nicht unten, wo es gewöhnlich ist, und der Mond war nicht oben: ein weißer Kreis, der an einer Stelle steht, wie es gewöhnlich ist. Mond und Wasser waren beisammen und überall – oben und unten und an der Seite und um sie beide herum. Albert stürzte sich mit ihr zusammen in den Mond und in das Wasser und begriff, daß er jetzt diejenige umarmen durfte, die er mehr liebte als alles auf der Welt; er umarmte sie und empfand ein unsagbares Glück. Ist das auch kein

Traum? fragte er sich. Aber nein! es war Wirklichkeit, es war mehr als Wirklichkeit: es war Wirklichkeit und Erinnerung. Er fühlte, daß das unaussprechliche Glück, das er im gegenwärtigen Augenblick empfand, vergangen war und niemals wiederkommen werde. »Worüber weine ich denn?« fragte er sie. Sie sah ihn schweigend, traurig an. Albert verstand, was sie damit sagen wollte. »Ja, warum denn, wenn ich noch lebe«, sagte er. Sie antwortete nicht und sah unbeweglich geradeaus. Das ist furchtbar! Wie soll ich ihr klarmachen, daß ich lebe, dachte er voller Entsetzen. »Mein Gott, ich lebe doch, verstehen Sie mich!« flüsterte er.

»Er ist der Beste und Glücklichste«, sagte eine Stimme. Aber irgend etwas bedrückte Albert immer stärker und fester. Ob es der Mond und das Wasser war, ihre Umarmung oder ihre Tränen, das wußte er nicht, aber er fühlte, daß er nicht Zeit haben würde, alles zu sagen, was not tat, und daß bald alles zu Ende sein müsse.

Zwei Gäste, die aus Anna Iwanownas Wohnung heraustraten, stießen auf den auf der Schwelle hingestreckten Albert. Einer von ihnen ging zurück und rief die Hausfrau herbei.

»Das ist doch gottlos«, sagte er, »auf diese Weise hätten Sie den Menschen erfrieren lassen können.«

»Ach dieser Albert! den habe ich schon bis dahin!« antwortete die Hausfrau. »Anuschka! legen Sie ihn irgendwo im Zimmer hin«, wandte sie sich an die Magd.

»Aber ich lebe doch, warum begräbt man mich denn?« murmelte Albert, als man ihn besinnungslos in ein Zimmer trug.

8. Februar 1858

Drei Tode

Erzählung

1

Es war Herbst. Auf der Landstraße fuhren in scharfem Trab zwei Equipagen. In der vorderen Kutsche saßen zwei Frauen. Die eine, mager und blaß, war die Herrin. Die andere, mit glänzenden roten Backen und sehr üppig, war die Zofe. Die kurzen trockenen Haare rutschten ihr unter dem verschossenen Hut hervor, ihre rote Hand in dem zerrissenen Handschuh versuchte sie aufgeregt zu ordnen. Die hohe, mit einem gewirkten Tuch bedeckte Brust strotzte vor Gesundheit, die flinken schwarzen Augen verfolgten bald durch das Fenster die vorbeieilenden Felder, bald betrachteten sie verstohlen die Herrin, bald huschten sie unruhig von einer Wagenecke in die andere. Vor der Nase der Zofe schaukelte der am Netz befestigte Hut der Herrin, auf ihren Knien lag ein Hündchen, ihre Füße wurden von den Schachteln, die am Boden der Kutsche standen, eingezwängt und trommelten auf ihm kaum hörbar zum Klang der schütternden Federn und der klirrenden Scheiben.

Die Hände auf den Knien gefaltet, die Augen geschlossen, schaukelte die Herrin leicht in den Kissen, die man ihr unter den Rücken gestopft hatte, und hustete, ohne den Mund zu öffnen, wobei sie das Gesicht verzog. Auf dem Kopf trug sie ein weißes Nachthäubchen und ein blaues Tüchlein, das um den zarten, bleichen Hals gewickelt war. Der gerade Scheitel, der unter dem Häubchen verschwand, teilte das blonde, überaus dichte und pomadisierte Haar, aber es lag etwas Trockenes, Tödliches in der weißen Haut dieses breiten Scheitels. Eine welke, schon etwas gelbliche Haut bedeckte schlaff die feinen, schönen

Gesichtszüge und hatte sich an den Wangen und Backenknochen gerötet. Die Lippen waren trocken und zitterten, die spärlichen Brauen kräuselten sich nicht, und das Reisekapot aus Tuch bildete gerade Falten auf der eingefallenen Brust. Ungeachtet dessen, daß die Augen geschlossen waren, drückte das Gesicht der Herrin Müdigkeit, Gereiztheit und anhaltenden Schmerz aus.

Der Lakai döste, den Ellenbogen auf seine Lehne gestützt, auf dem Bock vor sich hin, der Postkutscher trieb mit lauten Rufen das starke, schweißbedeckte Vierergespann an und sah sich gelegentlich nach dem anderen Kutscher um, der in der folgenden Equipage etwas rief. Die parallel verlaufenden breiten Spuren der Reifen drückten sich gleichmäßig und rasch in den kalkigen Schmutz der Straße. Der Himmel war grau und kalt, feuchter Nebel nieselte auf die Felder und auf die Straße. In der Kutsche war es stickig, es roch nach Kölnischwasser und Staub. Die Kranke lehnte den Kopf zurück und öffnete langsam die Augen. Die großen Augen glänzten und waren von schöner dunkler Farbe.

»Wieder!« sagte sie und stieß mit ihrer schönen mageren Hand nervös den Saloppenzipfel der Zofe beiseite, der kaum merklich ihren Fuß berührte, und ihr Mund verzog sich krampfhaft. Matrjoscha raffte mit beiden Händen ihre Saloppe hoch, richtete sich auf ihren starken Beinen etwas auf und setzte sich weiter weg. Ihr frisches Gesicht bedeckte sich mit einer hellen Röte. Die schönen dunklen Augen der Kranken folgten gierig den Bewegungen der Zofe. Die Herrin stützte sich mit beiden Händen auf den Sitz und wollte sich ebenfalls erheben, um höher zu sitzen, aber ihre Kräfte versagten. Der Mund verzog sich, und ihr ganzes Gesicht nahm den Ausdruck ohnmächtiger, böser Ironie an. »Wenn du mir doch helfen wolltest ... Ach! Nicht nötig! Ich kann es selber, nur lege mir nicht alle deine Säcke in den Rücken, erweise mir die Gnade! Rühr mich lieber nicht an, wenn du es nicht kannst!« Die Herrin schloß die Augen, hob jedoch schnell noch einmal die Lider und warf der Zofe einen Blick zu. Matrjoscha schaute sie an und biß sich auf die rote Unterlippe. Ein schwerer Seufzer stieg aus der Brust der Kranken, aber der Seufzer verwandelte sich, noch ehe er zu

Ende war, in Husten. Sie wandte sich ab, verzog das Gesicht und griff sich mit beiden Händen an die Brust. Als der Husten vorüber war, schloß sie wiederum die Augen und blieb unbeweglich sitzen. Die Karosse und die Kutsche fuhren in ein Dorf. Matrjoscha streckte ihre dicke Hand unter dem Tuch hervor und bekreuzigte sich.

»Was ist das?« fragte die Herrin.

»Eine Station, Herrin.«

»Weshalb bekreuzigst du dich, frage ich?«

»Eine Kirche, Herrin.«

Die Kranke wandte sich zum Fenster und bekreuzigte sich langsam, wobei sie mit großen Augen die große Dorfkirche betrachtete, an welcher die Karosse der Kranken vorüberfuhr.

Die Karosse und die Kutsche blieben gemeinsam vor der Station stehen. Aus der Kutsche stiegen der Mann der Kranken und der Doktor heraus und näherten sich der Karosse.

»Wie fühlen Sie sich?« fragte der Doktor und fühlte ihr den Puls.

»Nun, wie geht es dir, liebe Freundin, bist du nicht sehr müde?« fragte ihr Mann auf französisch, »willst du nicht aussteigen?«

Matrjoscha raffte die Bündel zusammen und drückte sich in die Ecke, um sie bei der Unterhaltung nicht zu stören.

»Nicht besonders, immer dasselbe«, antwortete die Kranke. »Ich steige lieber nicht aus.«

Der Mann stand noch ein Weilchen herum, dann ging er in das Stationsgebäude. Matrjoscha sprang aus der Karosse und lief auf den Zehenspitzen durch den Schmutz auf das Tor zu.

»Wenn es mir schlecht geht, ist das kein Grund für euch, nicht zu frühstücken«, sagte die Kranke mit einem leichten Lächeln zum Doktor, der am Fenster der Karosse stand.

Keiner von beiden kümmert sich um mich, fügte sie für sich hinzu, sobald der Doktor, der sich mit leisen Schritten von ihr entfernt hatte, im Trab die Stufen zum Stationsgebäude hinauflief. Ihnen geht es gut, also ist ihnen alles übrige gleich. O mein Gott!

»Nun, Eduard Iwanowitsch«, sagte der Mann, indem er dem Doktor entgegenging und sich mit einem fröhlichen Lächeln die Hände rieb, »ich habe befohlen, den Proviantkorb bringen zu lassen, wie denken Sie darüber?«

»Nicht schlecht«, antwortete der Doktor.

»Nun, und sie?« fragte der Mann mit einem Seufzer, wobei er die Stimme senkte und die Brauen hob.

»Ich habe gesagt: Sie wird mit Gottes Hilfe vielleicht bis Moskau kommen, von einer Weiterreise nach Italien kann nicht die Rede sein. Vor allem nicht bei diesem Wetter.«

»Aber was tun? Ach mein Gott! mein Gott!« Der Mann bedeckte die Augen mit der Hand. »Da stell ihn her«, sagte er zu dem Bedienten, der den Korb hereinbrachte.

»Daheimbleiben hätte man müssen«, antwortete der Doktor und zuckte die Schultern.

»Aber sagen Sie mir nur, was hätte ich tun sollen?« erwiderte der Mann. »Ich habe doch alles versucht, um sie zurückzuhalten, ich habe von meinen beschränkten Mitteln gesprochen und von den Kindern, die wir allein zurücklassen müssen, und von meinen geschäftlichen Angelegenheiten – sie will nichts hören. Sie macht Pläne über das Leben im Ausland, als ob sie gesund wäre. Und ihr ihren Zustand erklären – das hieße doch, sie töten.«

»Aber sie ist ja schon tot, müssen Sie wissen, Wasilij Dmitritsch. Der Mensch kann nicht leben, wenn er keine Lungen hat, und Lungen wiederum können nicht nachwachsen. Traurig, schwer, aber was tun? Ihre und meine Sorge besteht nur darin, ihr das Ende so leicht und friedlich wie möglich zu machen. Hier ist ein Geistlicher vonnöten.«

»Ach, mein Gott! begreifen Sie doch meine Lage, wenn ich sie an ihren Letzten Willen erinnern soll. Komme, was kommen mag, aber ich sage ihr nichts. Sie wissen doch, wie gut sie ist …«

»Dann versuchen Sie sie wenigstens zu überreden, mit der Reise so lange zu warten, bis es ordentliche Winterwege gibt«, sagte der Doktor und wiegte vielsagend den Kopf, »sonst kann es unterwegs schlimm werden …«

»Axjuscha, he Axjuscha!« kreischte die Tochter des Stationsvorstehers, die sich eine Jacke über den Kopf gehängt hatte und auf der schmutzigen Hintertreppe herumstampfte, »komm, schauen wir uns die Gutsfrau von Schirkino an, man sagt, daß man sie wegen ihrer Brustkrankheit ins Ausland bringt. Ich habe noch nie gesehen, wie eine Schwindsüchtige aussieht.«

Axjuscha sprang auf die Schwelle, und beide faßten sich an den Händen und liefen zum Tor hinaus. Den Schritt verhaltend, gingen sie an der Karosse vorbei und warfen einen Blick durch das herabgelassene Fenster. Die Kranke drehte ihnen den Kopf zu, doch als sie ihre Neugierde bemerkte, runzelte sie die Stirn und wandte sich ab.

»Mm-ü-ü-tterchen!« sagte die Tochter des Stationsvorstehers, indem sie rasch den Kopf wegdrehte. »Was für eine wunderbare Schönheit sie war, und was jetzt aus ihr geworden ist! Zum Fürchten ist das. Hast du gesehen, Axjuscha, hast du gesehen?«

»Ja, wie mager sie ist!« stimmte Axjuscha bei. »Gehen wir noch einmal schauen, als ob wir zum Brunnen wollten. Siehst du, sie hat sich abgewandt, aber ich habe sie noch gesehen. Wie schade, Mascha.«

»Und was für ein Schmutz hier ist!« antwortete Mascha, und beide liefen zum Tor zurück.

Offenbar bin ich ganz häßlich geworden, dachte die Kranke. Nur schnell, schnell ins Ausland, dort werde ich mich in kurzer Zeit erholen.

»Also, wie geht es dir, liebe Freundin?« fragte der Mann, indem er kauend an die Karosse herantrat.

Immer ein und dieselbe Frage, dachte die Kranke, und er selbst ißt!

»Nichts Besonderes«, murmelte sie durch die Zähne.

»Weißt du, liebe Freundin, ich fürchte, daß dir vom Fahren bei diesem Wetter nur schlechter wird, und Eduard Iwanytsch sagt dasselbe. Sollen wir nicht umkehren?«

Sie schwieg zornig.

»Wenn sich das Wetter bessert, werden sich auch die Wege festigen, und dein Zustand wird dir nicht so viel zu schaffen machen; wir könnten dann auch alle zusammen reisen.«

»Entschuldige. Hätte ich nicht so lange auf dich gehört, befände ich mich jetzt in Berlin und wäre schon gesund.«

»Was tun, mein Engel, es war unmöglich, du weißt es. Wenn du aber jetzt noch einen Monat hierbliebst, würdest du dich prächtig erholen; ich könnte meine Geschäfte erledigen, und wir würden die Kinder mitnehmen …«

»Die Kinder sind gesund, aber ich nicht.«

»Aber versteh doch, liebe Freundin, daß bei diesem Wetter, falls sich dein Befinden unterwegs verschlechtern sollte … dann wärst du wenigstens daheim.«

»Was denn daheim … Sterben daheim …?« antwortete die Kranke aufbrausend. Aber das Wort »sterben« hatte sie offenbar erschreckt, und sie blickte flehend und fragend ihren Mann an. Er senkte den Blick und schwieg. Der Mund der Kranken verzog sich plötzlich wie bei einem Kind, und die Tränen stürzten ihr aus den Augen. Der Mann bedeckte sein Gesicht mit dem Taschentuch und entfernte sich schweigend von der Kutsche.

»Nein, ich fahre«, sagte die Kranke, hob die Augen gen Himmel, faltete die Hände und begann unzusammenhängende Worte zu flüstern. »Mein Gott! weshalb denn?« sagte sie, und ihre Tränen flossen stärker. Sie betete lange und inbrünstig, aber in der Brust war es ebenso schmerzlich und eng, am Himmel, in den Feldern und auf der Straße war es ebenso grau und düster, und derselbe Herbstnebel, nicht stärker und nicht schwächer, nieselte noch ebenso auf den Schmutz der Straße, auf die Dächer, auf die Kutsche und auf die Schafpelze der Kutscher, die sich mit lauten, fröhlichen Stimmen unterhielten, die Karosse schmierten und die Pferde anspannten

2

Die Karosse war angespannt, aber der Kutscher trödelte. Er ging in die Kutscherstube. In der Stube war es heiß, schwül, dunkel und stickig, es roch nach Wohnen, gebackenem Brot, Kohl und Schafpelz. Einige Kutscher befanden sich in der Stube, die Köchin machte sich am Ofen zu schaffen, auf dem Ofen lag unter Schafpelzen ein Kranker.

»Onkel Chwjodor! he, Onkel Chwjodor«, sagte der junge Bursche, der Kutscher im Schafpelz und mit der Peitsche hinter dem Gürtel, als er die Stube betrat und sich an den Kranken wandte.

»Was hast du Faulpelz nach Fedka zu fragen?«ließ sich einer der Kutscher vernehmen. »Siehst du nicht, daß die Karosse auf dich wartet?«

»Ich will ihn um die Stiefel bitten; die meinen sind hin«, antwortete der Bursche, indem er die Haare zurückwarf und die Fausthandschuhe im Gürtel zurechtschob. »Schläft er vielleicht? He, Onkel Chwjodor?« wiederholte er, indem er näher an den Ofen trat.

»Was gibt's?«ließ sich eine schwache Stimme vernehmen, und ein rotbärtiges, hageres Gesicht neigte sich vom Ofen herab. Eine breite, ausgemergelte und bleiche Hand, mit Haaren bedeckt, versuchte den Armäck auf die spitzen Schultern, die in einem schmutzigen Hemd steckten, zu ziehen. »Gibst du mir zu trinken, Bruder?«

Der Bursche reichte ihm die Schöpfkelle mit Wasser.

»Also, Fedja«, sagte er geniert, »du brauchst wohl deine neuen Stiefel jetzt nicht; gib sie mir, du wirst sie ja doch nicht mehr anziehen.«

Der Kranke neigte den müden Kopf der schimmernden Schöpfkelle entgegen und trank, während sein schütterer, herabhängender Schnurrbart im dunklen Wasser schwamm, matt und gierig. Sein struppiger Bart war unsauber, die eingefallenen, trüben Augen richteten sich mit großer Anstrengung auf das Gesicht des Burschen. Als er sich vom Trinken aufrichtete, wollte er den Arm heben, um sich die nassen Lippen abzuwischen, vermochte es aber nicht und wischte sich am Ärmel des Armäck ab. Schweigend und mühsam durch die Nase atmend, blickte er dem Burschen direkt in die Augen und nahm alle Kräfte zusammen.

»Vielleicht hast du sie schon jemandem versprochen«, sagte der Bursche, »dann ist meine Bitte vergeblich. Vor allem geht es darum, draußen ist es naß, ich muß dienstlich fahren, da habe ich mir gedacht: Bitten wir doch Fedka um die Stiefel, er hat sie wohl nicht mehr nötig. Vielleicht brauchst du sie aber noch, dann sag es ...«

In der Brust des Kranken rasselte und röchelte es; er krümmte sich zusammen und wurde von einem kehligen, ungelösten Husten gewürgt.

»Wo wird er sie denn brauchen?« polterte unerwartet und zornig die Stimme der Köchin durch die ganze Stube; »den zweiten Monat schon kriecht er nicht mehr vom Ofen herunter. Siehst doch, daß ihn der Husten schier zerreißt, schon wenn man's hört, tun einem selber alle Eingeweide weh. Wo wird er Stiefel brauchen? In den neuen Stiefeln wird man ihn nicht begraben. Und es wäre längst Zeit dazu, Gott verzeih mir die Sünde. Siehst ja, wie es ihn zerreißt. Man müßte ihn in eine andere Stube schaffen oder sonstwohin! In der Stadt soll es, hört man, solche Krankenhäuser geben; was ist denn das für eine Geschichte – er hat sich in der ganzen Ecke breitgemacht – und damit basta. Man hat für sich keinen Platz mehr. Und da verlangt man noch Sauberkeit …«

»He, Serjoscha! marsch, auf den Bock, die Herrschaften warten«, schrie der Stallmeister zur Tür herein.

Serjoscha wollte schon gehen, ohne eine Antwort erhalten zu haben, aber der Kranke gab ihm, während er hustete, mit den Augen zu verstehen, daß er antworten wolle.

»Nimm die Stiefel, Serjoscha«, sagte er, nachdem er den Husten unterdrückt hatte und ein wenig zu Atem gekommen war. »Nur, hörst du, kauf mir einen Grabstein, wenn ich gestorben bin«, fügte er keuchend hinzu.

»Danke, Onkel, ich nehme sie also, und den Stein, bei Gott, den kaufe ich dir ganz bestimmt.«

»Ihr habt es gehört, Kinder«, konnte der Kranke noch sagen und krümmte sich wieder zusammen und mußte sich wieder vom Husten würgen lassen.

»Gut, wir haben es gehört«, sagte einer der Kutscher. »Geh, Serjoscha, fahr ab, der Stallmeister kommt schon wieder hereingelaufen. Fährst du die kranke Gutsfrau von Schirkino?«

Serjoscha schlüpfte rasch aus seinen zerrissenen, unwahrscheinlich großen Stiefeln und schleuderte sie unter die Bank. Die neuen Stiefel Onkel Fjodors paßten ihm wie angegossen, und Serjoscha ging, während er sie betrachtete, zu der Karosse.

»Ach, herrliche Stiefel! Gib her, ich schmier sie ein«, sagte ein Kutscher, der einen Kübel Wagenschmiere in der Hand hielt, während Serjoscha auf den Bock kletterte und die Zügel ordnete. »Hat er sie umsonst hergegeben?«

»Bist wohl neidisch«, antwortete Serjoscha, indem er sich ein wenig aufrichtete und die Schöße des Armäck um die Beine wickelte. »Hüh! vorwärts, ihr Schönen!« schrie er auf die Pferde ein und schwang die Peitsche, und die Karosse und die Kutsche samt Insassen, Koffern und Bündeln rollten wie im Fluge über die nasse Straße und verschwanden im grauen Herbstnebel.

Der kranke Kutscher blieb in der schwülen Stube auf dem Ofen zurück, wandte sich, ohne ausgehustet zu haben, auf die andere Seite und verstummte.

In der Stube gingen bis zum Abend die Kutscher aus und ein und aßen und tranken – vom Kranken war nichts zu hören. Vor dem Schlafengehen kroch die Köchin auf den Ofen und langte sich zwischen seinen Beinen den Schafpelz hervor.

»Sei mir nicht böse, Nastasja«, sagte der Kranke, »aber ich mache dir bald deine Ecke frei.«

»Gut, gut, was denn, macht doch nichts«, murmelte Nastasja. »Wo tut es dir denn weh, Onkel? sag's doch.«

»Inwendig ist alles ausgezehrt. Weiß Gott, was ich habe.«

»Tut dir denn auch der Schlund weh, wenn du hustest?«

»Überall tut es weh. Mein Tod ist gekommen – das ist es. Och, och, och!« stöhnte der Kranke auf.

»Deck dir schön die Füße zu«, sagte Nastasja, breitete den Armäck über ihn und stieg vom Ofen herab.

In der Nacht brannte in der Stube ein trübes Nachtlicht. Nastasja und an die zehn Kutscher schliefen laut schnarchend auf dem Fußboden und auf den Bänken. Nur der Kranke ächzte leise, hustete und warf sich auf dem Ofen hin und her. Gegen Morgen verstummte er vollends.

»Seltsam, was ich heute nacht geträumt habe«, sagte die Köchin am anderen Morgen, während sie sich – noch im Dämmerlicht – reckte und streckte. »Ich träumte, daß Onkel Chwjodor vom Ofen kroch und Holz hacken ging. ›Komm, Nastasja‹, sagte er zu mir, ›ich helfe dir ein wenig‹. Ich sagte zu ihm: ›Wie kannst du denn noch Holz hacken‹, aber er packt das Beil und beginnt zu hacken – und so geschwind, so geschwind, daß die Späne nur so fliegen. ›Ja, was ist denn das?‹ sage ich, ›du warst doch krank?‹ – ›Nein‹, sagt er, ›ich bin gesund‹, und holt dabei so aus, daß ich es mit der Angst zu tun bekomme. Wie ich aufschreie, erwache ich. Er wird doch nicht gestorben sein, he? Onkel Chwjodor! he, Onkel!«

Fjodor gab keine Antwort.

»Er wird doch nicht gestorben sein? Geh, schau einmal nach«, sagte einer der erwachenden Kutscher.

Die vom Ofen herabhängende magere Hand mit den rötlichen Haaren war kalt und bleich.

»Geh und sag's dem Stationsvorsteher, er ist scheint's gestorben«, sagte ein Kutscher.

Verwandte hatte Fjodor nicht – er war von weither. Am folgenden Tag begrub man ihn auf dem neuen Friedhof hinter dem Wäldchen, und Nastasja erzählte noch mehrere Tage lang allen von ihrem Traum und davon, daß sie die erste gewesen war, die sich Onkel Fjodors erinnert hatte.

3

Der Frühling war gekommen. Über die nassen Straßen der Stadt rieselten zwischen gefrorenen Mistklumpen eilige Bächlein; die Farben der Kleider und die Stimmen der plaudernden und sich drängenden Menge waren hell. In den Gärten hinter den Zäunen schwollen die Knospen der Bäume, und ihre Zweige schwankten kaum im frischen Wind. Überall flossen und stauten sich durchsichtige Tropfen … Die Spatzen schilpten wirr durcheinander und schwirrten auf ihren kleinen Flügeln durch die Luft. Auf der Sonnenseite, auf Zäunen, Häusern und Bäumen regte sich und glänzte alles. Froh und jung war alles im Himmel und auf Erden und in den Herzen der Menschen.

In einer der Hauptstraßen, vor einem großen, herrschaftlichen Haus, war frisches Stroh aufgeschüttet; in dem Haus lag jene sterbende Kranke, die es so eilig gehabt hatte, ins Ausland zu kommen.

Vor der geschlossenen Tür ihres Zimmers standen der Mann der Kranken und eine greise Frau. Auf dem Diwan saß ein Geistlicher mit gesenktem Blick und hielt etwas im Epitrachilion eingewickelt. In der Ecke lag eine Greisin – die Mutter der Kranken – in einem Voltairesessel und weinte bitterlich. Neben ihr hielt die Zofe ein reines Taschentuch in der Hand und wartete darauf, bis daß die Greisin es verlangte; eine andere Zofe rieb die Schläfen der Greisin und blies ihr unter das Häubchen ins graue Haar.

»Nun, Christus sei mit Ihnen, liebe Freundin«, sagte der Mann zu der greisen Frau, die mit ihm bei der Tür stand, »sie hat solches Vertrauen zu Ihnen, und Sie können so gut mit ihr reden, reden Sie ihr also gut zu, Täubchen, gehen Sie.« Er wollte schon die Tür öffnen, aber die Cousine hielt ihn zurück, preßte etlichemal ihr Tüchlein auf die Augen und schüttelte den Kopf.

»So, jetzt sehe ich scheint's nicht mehr verweint aus«, sagte sie, öffnete sich selbst die Tür und betrat das Zimmer.

Der Mann befand sich in starker Erregung und schien völlig verwirrt zu sein. Er ging auf die Greisin zu, aber nachdem er einige Schritte gemacht hatte, wandte er sich um, ging im Zimmer auf und ab und trat an den Geistlichen heran. Der Geistliche blickte ihn an, richtete die Augen samt den Brauen gen Himmel und seufzte. Sein dichter, graumelierter Bart hob sich ebenfalls und senkte sich wieder.

»Mein Gott! Mein Gott!« sagte der Mann.

»Was tun?« sagte der Geistliche seufzend, und wieder hoben sich Brauen und Bart himmelwärts und senkten sich.

»Und ihr Mütterchen da!« sagte der Mann geradezu verzweifelt. »Sie wird es nicht überleben. Sie hat sie doch so lieb, so lieb wie ... ich weiß nicht wie. Wenn Sie es doch versuchten, Väterchen, sie zu beruhigen und ihr zuzureden, von hier wegzugehen.«

Der Geistliche erhob sich und ging auf die Greisin zu.

»Gewiß, gnädige Frau, ein Mutterherz vermag niemand richtig zu schätzen«, sagte er, »aber Gott ist barmherzig.«

Das Gesicht der Greisin verzerrte sich plötzlich, und ein hysterischer Schluckauf befiel sie.

»Gott ist barmherzig«, fuhr der Geistliche fort, als sie sich ein wenig beruhigt hatte. »Ich kann Ihnen verraten, daß in meinem Sprengel ein Kranker war, dem es viel schlechter ging als Marja Dmitrijewna, und daß ihn ein einfacher Kleinbürger in kurzer Zeit mit Kräutern geheilt hat. Und jener selbige Kleinbürger ist jetzt sogar in Moskau. Ich habe Wasilij Dmitrijewitsch schon gesagt – man könnte es versuchen. Zum mindesten wäre es ein Trost für die Kranke. Bei Gott ist alles möglich.«

»Nein, sie hat nicht mehr lange zu leben«, sprach die Greisin. »Und statt meiner nimmt Gott sie zu sich.« Und der hysterische Schluckauf wurde so stark, daß sie das Bewußtsein verlor.

Der Mann der Kranken bedeckte das Gesicht mit den Händen und lief aus dem Zimmer.

Das erste Wesen, das ihm auf dem Korridor begegnete, war ein sechsjähriges Büblein, das aus Leibeskräften seinem jüngeren Schwesterchen nachjagte.

»Wünschen Sie nicht, die Kinder zu ihrer Mutter zu führen?« fragte die Amme.

»Nein, sie will sie nicht sehen. Das regt sie auf.«

Der Knabe blieb einen Augenblick stehen, betrachtete aufmerksam das Gesicht des Vaters, hüpfte plötzlich auf einem Fuß hoch und lief mit fröhlichem Geschrei weiter.

»Sie ist sozusagen der Rappe, Papachen!« rief der Knabe und zeigte auf die Schwester.

Indessen saß in dem anderen Zimmer die Cousine der Kranken und bemühte sich, diese in einem kunstvoll geführten Gespräch auf den Gedanken an den Tod vorzubereiten. Der Doktor am anderen Fenster mischte einen Trank.

Die Kranke saß in einem weißen Kapot, ganz mit Kissen umgeben, im Bett und blickte schweigend auf die Cousine.

»Ach, liebe Freundin«, sagte sie, indem sie ihr unerwartet ins Wort fiel, »bemühen Sie sich doch nicht, mich vorzubereiten. Halten Sie mich nicht für ein Kind. Ich bin eine Christin. Ich weiß alles. Ich weiß, daß ich nicht mehr lange zu leben habe, ich weiß, daß ich mich jetzt, hätte mein Mann früher auf mich gehört, in Italien befinden könnte und vielleicht – sogar sicher – schon wieder gesund wäre. Das haben ihm alle gesagt. Aber was tun? Offenbar hat es Gott anders gefallen. Wir alle haben viele Sünden, ich weiß es; aber ich hoffe auf die Gnade Gottes, der wird allen verzeihen, sicherlich allen verzeihen. Ich bin bestrebt, mich selber zu verstehen. Auch ich hatte viele Sünden, liebe Freundin. Aber dafür hatte ich auch viel zu leiden. Ich war bemüht, meine Leiden mit Geduld zu ertragen …«

»Soll ich also den Geistlichen rufen, liebe Freundin? Dann

wird Ihnen noch leichter ums Herz werden, wenn Sie die Kommunion empfangen haben«, sagte die Cousine.

Die Kranke nickte zum Zeichen ihres Einverständnisses mit dem Kopf.

»Mein Herr und Gott! verzeih mir Sünderin«, flüsterte sie.

Die Cousine ging hinaus und gab dem Geistlichen einen Wink.

»Sie ist ein Engel!« sagte sie zu dem Mann mit Tränen in den Augen.

Der Mann weinte, der Geistliche ging auf die Tür zu, die Greisin lag noch immer bewußtlos da, und im anderen Zimmer wurde es völlig still. Nach fünf Minuten kam der Geistliche wieder heraus, nahm das Epitrachilion ab und richtete sich die Haare.

»Gott sei Dank, sie ist jetzt ruhiger«, sagte er, »sie wünscht Sie zu sehen.«

Die Cousine und der Mann gingen zu ihr hinein. Die Kranke weinte leise und blickte auf das Heiligenbild.

»Sei beglückwünscht, liebe Freundin«, sagte der Mann.

»Sei bedankt! Wie wohl mir jetzt ums Herz ist, welch unbegreifliche Süße ich verspüre«, sagte die Kranke, und ein leichtes Lächeln spielte auf ihren feinen Lippen. »Wie gnädig Gott ist! Nicht wahr, er ist gnädig und allmächtig?« Und sie blickte von neuem mit inbrünstigem Flehen und tränenvollen Augen auf das Heiligenbild.

Dann schien sie sich plötzlich an etwas zu erinnern. Sie winkte ihren Mann zu sich heran.

»Du willst niemals das tun, worum ich dich bitte«, sagte sie mit schwacher und unwilliger Stimme.

Der Mann hörte ihr mit vorgestrecktem Hals aufmerksam zu.

»Was denn, liebe Freundin?«

»Wie oft habe ich dir gesagt, daß diese Doktoren nichts wissen, es gibt einfache Mittel, die einen Menschen kurieren. Der Geistliche hat gesagt … ein Kleinbürger … Schick nach ihm …«

»Zu wem, liebe Freundin?«

»Mein Gott! nichts willst du verstehen! …« Und die Kranke verzog das Gesicht und schloß die Augen.

Der Doktor trat an sie heran und nahm ihre Hand. Der Puls

schlug merklich schwächer und schwächer. Er warf dem Mann einen Blick zu. Die Kranke bemerkte diese Geste und blickte erschrocken um sich. Die Cousine wandte sich ab und begann zu weinen.

»Weine nicht, quäle nicht dich und mich«, sagte die Kranke, »das raubt mir die letzte Ruhe.«

»Du Engel!« sagte die Cousine und küßte ihr die Hand.

»Nein, hierher küsse mich, nur Toten küßt man die Hand. Mein Gott! Mein Gott!«

Am gleichen Abend war die Kranke schon eine Leiche, und die Leiche lag in einem Sarg im Saal des großen Hauses. In dem großen Zimmer mit der geschlossenen Tür saß ein Vorsänger und las näselnd, mit gleichmäßiger Stimme, die Psalmen Davids. Das helle Licht der Wachskerzen fiel von den hohen, silbernen Leuchtern auf die bleiche Stirn der Entschlafenen, auf die schweren wächsernen Hände und die versteinerten Falten des Leichentuchs, das sich über den Knien und Zehen unheimlich hob. Der Vorsänger las, ohne seine eigenen Worte zu verstehen, gleichmäßig vor sich hin, und die Worte verklangen und erstarben in dem stillen Zimmer ganz merkwürdig. Hin und wieder drangen aus einem entfernten Zimmer Laute kindlicher Stimmen und Gepolter herüber.

»Du verbirgst Dein Angesicht, und sie bleiben in der Wirrnis«, lautete der Psalter, »Du nimmst Deinen Odem von ihnen, und sie sterben und werden zu Staub. Du lässest aus Deinen Odem, und sie werden wieder geschaffen und erneuern das Antlitz der Erde. Ehre sei dem Herrn in Ewigkeit.«

Das Antlitz der Entschlafenen war streng und majestätisch. Weder auf der reinen, kalten Stirn noch auf dem fest geschlossenen Mund war die geringste Bewegung wahrzunehmen. Sie war ganz Aufmerksamkeit. Aber verstand sie wenigstens jetzt diese großen Worte?

4

Nach einem Monat erhob sich auf dem Grab der Entschlafenen eine steinerne Kapelle. Auf dem Grab des Kutschers stand noch immer kein Stein; nur hellgrünes Gras sproß auf dem Hügel und diente als einziges Merkmal vergangener Existenz eines Menschen.

»Das ist eine Sünde von dir, Serjoscha«, sagte die Köchin auf der Station einmal zu ihm, »wenn du Chwjodor keinen Stein kaufst. Du hast gesagt: im Winter, im Winter, aber warum hältst du nicht dein Wort? In meinem Beisein hast du es versprochen. Einmal ist er schon bei dir gewesen und hat dich gefragt; wenn du den Stein nicht kaufst, kommt er noch einmal und würgt dich.«

»Ja, was denn? Weigere ich mich etwa?« antwortete Serjoscha. »Ich werde den Stein schon kaufen, wie ich es gesagt habe, um anderthalb Silberrubel kaufe ich ihm einen. Ich habe es nicht vergessen, aber man muß ihn doch herbeischaffen. Sobald sich eine Fahrgelegenheit in die Stadt ergibt, kaufe ich ihn.«

»Wenn du wenigstens ein Kreuz aufgestellt hättest, aber so!« ließ sich ein alter Kutscher vernehmen. »Es ist ja geradezu eine Schande. Die Stiefel hast du an.«

»Wo soll ich denn ein Kreuz hernehmen? Aus einem Holzscheit läßt sich keines schnitzen.«

»Was sagst du da? Aus einem Holzscheit läßt sich freilich keines schnitzen, aber nimm eine Axt und geh zeitig in der Frühe in den Wald, dann kannst du eines schnitzen. Hau eine kleine Esche um oder so etwas. Dann mach daraus ein Kreuz mit einem kleinen Dach. Aber wenn du gehst, spendiere dem Waldhüter einen Wodka. Du wirst ihm doch nicht für einen Schmarren einen spendieren. Unlängst habe ich ein Waagscheit zerbrochen und habe mir im Wald ein neues, ordentliches ausgesucht – und kein Mensch hat etwas gesagt.«

Zeitig in der Frühe, kaum daß es dämmerte, nahm Serjoscha die Axt und ging in den Wald.

Über allem lag die kalte, mattschimmernde Decke des von der Sonne noch nicht beleuchteten Taus. Im Osten wurde es unmerklich heller, das schwache Licht spiegelte sich in den feinen Wolken, mit denen das Himmelsgewölbe bedeckt war, wider. Kein Gräslein unten, kein Blättchen auf den obersten Zweigen der Bäume bewegte sich. Nur ganz vereinzelt störte das Geräusch von Flügeln im Gezweig eines Baumes oder ein Rascheln auf der Erde die Stille des Waldes. Plötzlich erscholl ein merkwürdiger, der Natur fremder Laut und erstarb am Rand des Waldes. Und abermals war der Laut zu vernehmen und fing an, sich gleichmäßig unten am Stamm eines der unbeweglich dastehenden Bäume zu wiederholen. Einer der Wipfel erzitterte auf ganz ungewöhnliche Weise, seine saftigen Blätter flüsterten etwas, und ein Rotkehlchen, das auf einem seiner Zweige saß, flatterte zwitschernd mit den Flügeln und setzte sich, mit dem Schwänzchen wippend, auf einen anderen Baum.

Die Axt am Fuße des Stammes klang immer dumpfer, saftige weiße Späne flogen in das taubedeckte Gras, und zwischen den Schlägen ließ sich ein leises Knacken vernehmen. Der Baum erzitterte am ganzen Leib, neigte sich und richtete sich schnell wieder auf, wobei er auf seinem Wurzelstock erschreckt hin und her schwankte. Für einen Augenblick verstummte alles, aber der Baum neigte sich wiederum, wiederum war das Knacken in seinem Stamm zu vernehmen, und dann stürzte er – Zweige brechend und Äste mitreißend – mit dem Wipfel donnernd auf die feuchte Erde. Das Geräusch der Axt und der Schritte verstummte. Das Rotkehlchen zwitscherte und flatterte höher. Das Zweiglein, das es mit seinen Flügeln berührt hatte, schwankte noch eine Zeitlang und blieb dann mit seinen Blättern wie alle anderen unbeweglich stehen. Die Bäume streckten ihre regungslosen Zweige noch freudiger in den neugewonnenen Raum.

Die ersten Strahlen der Sonne drangen aus einer vorüberziehenden Wolke, leuchteten am Himmel auf und liefen über Erde und Himmel. Der Nebel wälzte sich in Schwaden durch die Niederungen, der Tau spielte glitzernd auf dem Grün, und durchsichtige, verblassende Wölkchen liefen eilends über das blaue Himmelsgewölbe. Die Vögel lärmten in den Zweigen und zwitscherten weltvergessen etwas Glückliches, die saftigen Blätter flüsterten fröhlich und ruhig in den Wipfeln, und die Zweige der lebenden Bäume rauschten langsam und majestätisch über dem toten, gefällten Baum.

Familienglück

Erster Teil

1

Wir trugen Trauer um unsere Mutter, die im Herbst gestorben war, und verbrachten den ganzen Winter im Dorf, Katja, Sonja und ich.

Katja war eine alte Freundin unseres Hauses, die Gouvernante, die uns alle großgezogen hatte und die ich kannte und liebte, solange ich zurückdenken kann. Sonja war meine jüngere Schwester. Wir verlebten einen düsteren und traurigen Winter in unserem alten Pokrowsker Haus. Das Wetter war kalt und stürmisch, so daß es den Schnee bis über die Fenster wehte; die Scheiben waren fast immer zugefroren und trübe, und wir gingen und fuhren in diesem Winter nur selten aus. Auch zu uns kam nur selten Besuch; und diese Gäste brachten keine Heiterkeit und keine Freude in unser Haus. Alle hatten traurige Gesichter, alle sprachen leise, als fürchteten sie, jemanden zu wecken, sie lachten nicht, seufzten und weinten häufig, wenn sie mich und besonders die kleine Sonja in dem schwarzen Kleidchen ansahen. Es war, als ob man den Tod noch im Hause spürte; Trauer und Todesfurcht lagen in der Luft. Das Zimmer unserer Mutter war verschlossen, und mir wurde bange, und dennoch drängte mich etwas, einen Blick in dieses kalte und verlassene Zimmer zu werfen, wenn ich beim Schlafengehen daran vorübergehen mußte.

Ich war damals siebzehn Jahre alt, und meine Mutter wollte gerade in ihrem Todesjahr in die Stadt übersiedeln, um mich in die Gesellschaft einzuführen. Der Verlust der Mutter war ein herber Schmerz für mich, aber ich muß gestehen, daß ich bei allem Schmerz auch empfand, daß ich jung und schön war, wie alle mir sagten, und nun bereits den zweiten Winter nutzlos in der Einsamkeit auf dem Lande vertrauern mußte. Gegen Ende des Winters steigerte sich dieses Gefühl der Trauer, Einsamkeit und Langenweile so weit, daß ich das Zimmer nicht mehr verließ, das Klavier nicht mehr öffnete und kein Buch mehr zur Hand nahm. Wenn Katja mich zu dieser oder jener Beschäftigung überredete, antwortete ich: »Ich habe keine Lust, ich kann nicht«, während etwas in meinem Herzen sprach: Wozu? Wozu etwas tun, wenn meine beste Zeit so nutzlos dahingeht? Wozu? Und auf dieses *Wozu* gab es keine andere Antwort als Tränen.

Man sagte mir, daß ich in dieser Zeit mager geworden sei und an Schönheit verloren habe, aber das interessierte mich nicht einmal. Wozu? Für wen? Es schien mir, daß mein ganzes Leben in dieser einsamen Öde und dieser hilflosen Traurigkeit dahingehen müsse, aus der mich zu befreien ich weder die Kraft hatte noch die geringste Lust verspürte. Als der Winter zur Neige ging, begann Katja für mich zu fürchten und beschloß, koste es, was es wolle, mich ins Ausland zu schaffen. Aber dazu gehörte Geld, und wir wußten kaum, was uns nach dem Tode der Mutter verblieben war, und warteten von Tag zu Tag auf den Vormund, der kommen und unsere Verhältnisse regeln sollte.

Im März traf der Vormund ein.

»Nun, Gott sei Dank!« sagte Katja einmal zu mir, als ich wie ein Schatten, ohne Beschäftigung, ohne Gedanken und ohne Wünsche, aus einer Ecke in die andere ging. »Sergej Michailowitsch ist eingetroffen, er hat hergeschickt, um sich nach uns zu erkundigen, und will zum Mittagessen kommen. Raff dich auf, meine Maschenka«, fügte sie hinzu, »was wird er sonst von dir denken? Er hat euch alle so geliebt.«

Sergej Michailowitsch war unser nächster Gutsnachbar und ein Freund unseres verstorbenen Vaters, obgleich er bedeutend jünger war. Abgesehen davon, daß seine Ankunft unsere Pläne änderte und die Möglichkeit eröffnete, das Gut zu verlassen, war ich von Kindheit an daran gewöhnt, ihn zu lieben und zu achten, und Katja hatte, als sie mir riet, mich aufzuraffen, ganz richtig erraten, daß es mir von allen Bekannten am schmerzlichsten gewesen wäre, vor Sergej Michailowitsch in einem ungünstigen

Licht zu erscheinen. Abgesehen davon, daß ich ihn ebenso wie alle im Haus, von Katja und Sonja, die sein Patenkind war, angefangen bis zum letzten Kutscher, aus Gewohnheit liebte, hatte er für mich noch eine besondere Bedeutung wegen eines Ausspruchs, den meine Mutter in meiner Gegenwart getan hatte. Sie hatte gesagt, daß sie einen solchen Mann für mich wünschte. Damals erschien mir das verwunderlich und sogar unangenehm: Mein Held sah ganz anders aus. Mein Held war schlank, schmächtig, bleich und traurig. Sergej Michailowitsch war nicht mehr ganz jung, groß, stattlich und – wie mir schien – stets heiter; trotzdem waren diese Worte der Mutter in meinem Gedächtnis haften geblieben, und noch vor sechs Jahren, als ich elf Jahre zählte, er zu mir noch du sagte, mit mir spielte und mich *Veilchen* nannte, hatte ich mich zuweilen nicht ohne Furcht gefragt, was ich tun sollte, wenn es ihm plötzlich einfiele, mich heiraten zu wollen.

Sergej Michailowitsch traf vor dem Mittagessen ein, das Katja durch ein Spinatgericht und eine Cremetorte bereichert hatte. Ich sah durchs Fenster, wie er sich in einem kleinen Schlitten dem Hause näherte; kaum war er aber um die Ecke gebogen, als ich in den Salon eilte und mir den Anschein geben wollte, als warte ich gar nicht auf ihn. Doch als ich im Vorzimmer die Stiefel, seine laute Stimme und Katjas Schritte vernahm, hielt ich es nicht aus und ging ihm selber entgegen. Er hielt Katja an der Hand, sprach laut und lächelte. Als er mich erblickte, blieb er stehen und sah mich eine Weile an, ohne zu grüßen. Ich wurde verlegen und fühlte, daß ich errötete.

»Ach! Sind Sie das wirklich?« sagte er in seiner entschiedenen und ungezwungenen Art, die Arme ausbreitend und auf mich zukommend. »Kann man sich denn so verändern! Wie Sie gewachsen sind! Da hast du das Veilchen! Sie sind ein ganzer Rosenstock geworden.«

Er nahm meine Hand in seine große Rechte und drückte sie so kräftig und ehrlich, daß es beinahe weh tat. Ich dachte, er würde meine Hand küssen, und wollte mich schon ihm zuneigen, aber er drückte mir nochmals die Hand und sah mir mit seinem festen und heiteren Blick gerade in die Augen.

Ich hatte ihn sechs Jahre lang nicht gesehen. Er war sehr verändert: älter geworden, dunkler und hatte sich einen Backenbart stehen lassen, der ihm gar nicht stand; aber es war noch dasselbe schlichte Gebaren, das offene, ehrliche Gesicht mit den starken Zügen, die klugen, blitzenden Augen und das freundliche, beinahe kindliche Lächeln.

Fünf Minuten später hatte er aufgehört, Gast zu sein, und war für uns alle wieder der Unsere geworden, selbst für die Bediensteten, die sich besonders über seine Ankunft freuten, was aus ihrem Diensteifer deutlich hervorging.

Er benahm sich gar nicht so wie die Nachbarn, die uns nach dem Tode unserer Mutter besucht und es für nötig gehalten hatten, zu schweigen und zu weinen, wenn sie bei uns weilten; er war im Gegenteil gesprächig, heiter und sagte kein Wort über unsere Mutter, so daß mir diese Gleichgültigkeit anfangs seltsam und so gar nicht angemessen für einen uns so nahestehenden Menschen erschien. Doch später begriff ich, daß dies keine Gleichgültigkeit war, sondern Aufrichtigkeit, und ich war ihm dankbar dafür.

Am Abend setzte sich Katja auf den altgewohnten Platz im Salon, um den Tee einzugießen, so wie es zu Mamas Zeiten gewesen war; Sonja und ich setzten uns neben sie, der alte Grigorij brachte ihm eine Pfeife, die sich noch im Besitz unseres Vaters gefunden hatte, und er begann wie in alten Zeiten im Zimmer auf und ab zu gehen.

»Wie viele furchtbare Veränderungen in diesem Haus vor sich gegangen sind, wenn man bedenkt!« sagte er stehenbleibend.

»Ja«, erwiderte Katja seufzend, sah ihn, während sie den Samowar zudeckte, an und wollte schon in Tränen ausbrechen.

»Sie erinnern sich wohl noch Ihres Vaters?« wandte er sich an mich.

»Wenig«, antwortete ich.

»Wie gut hätten Sie es jetzt mit ihm!« sagte er leise und sah nachdenklich auf meine Stirn. »Ich habe Ihren Vater sehr geliebt!« setzte er noch leiser hinzu, und es schien mir, daß seine Augen noch mehr blitzten.

»Und nun hat uns Gott auch sie genommen!« murmelte Katja, legte rasch die Serviette auf die Teekanne, zog das Taschentuch heraus und fing an zu weinen.

»Ja, es sind furchtbare Veränderungen in diesem Hause vorgegangen«, wiederholte er, sich abwendend. »Sonja, zeig mir deine Spielsachen«, fügte er nach einiger Zeit hinzu und ging in den Saal. Ich sah Katja mit tränenerfüllten Augen an, als er das Zimmer verließ.

»Das ist ein so vortrefflicher Freund!« sagte sie.

Und wirklich, mir war so eigen warm und wohl geworden durch das Mitgefühl dieses fremden und guten Menschen.

Aus dem Nebenzimmer hörte man Sonja quieken und mit ihm zusammen herumlaufen. Ich schickte ihm den Tee hinüber, und man hörte, wie er sich an das Klavier setzte und mit Sonjas Händchen auf die Tasten schlug.

»Marja Alexandrowna!« erklang seine Stimme, »kommen Sie her, spielen Sie etwas.«

Es war mir angenehm, daß er sich so schlicht und freundschaftlich befehlend an mich wandte; ich stand auf und trat zu ihm.

»Spielen Sie das«, sagte er, öffnete ein Heft und wies auf das Adagio der Beethoven-Sonate quasi una fantasia. »Wir wollen mal sehen, wie Sie spielen«, setzte er hinzu und ging mit seinem Glas in die Ecke des Saales.

Ich fühlte, daß ich es ihm nicht abschlagen und mich nicht darauf ausreden konnte, daß ich schlecht spiele; ich setzte mich also gehorsam ans Klavier und begann zu spielen, so gut ich konnte, obgleich ich sein Urteil fürchtete, denn ich wußte, daß er Musik liebte und verstand. Das Adagio entsprach dem Gefühl der Erinnerung, die durch das Gespräch am Teetisch hervorgerufen worden war, und ich spielte, glaube ich, ganz annehmbar. Das Scherzo ließ er mich aber nicht spielen. »Nein, das spielen Sie nicht gut«, sagte er, zu mir tretend, »lassen Sie das; aber das erste war nicht schlecht. Ich glaube, Sie verstehen diese Musik.« Dieses mäßige Lob erfreute mich so sehr, daß ich sogar errötete. Es war mir so neu und angenehm, daß er, ein Freund meines Vaters, ernsthaft und als Mensch zum Menschen mit mir sprach, nicht mehr wie mit einem Kind, wie früher. Katja ging hinauf, um Sonja zu Bett zu bringen, und wir blieben zu zweit im Saal.

Er erzählte mir von meinem Vater, wie er Freundschaft mit ihm geschlossen und wie sie dereinst fröhlich gelebt hatten, als ich noch hinter meinen Büchern und Spielsachen saß; und mein Vater erschien mir in seiner Erzählung zum ersten Mal als schlichter und lieber Mensch, wie ich ihn bis dahin nicht gekannt hatte. Er fragte mich auch nach allem aus, was ich liebte, was ich las, was ich zu unternehmen beabsichtigte, und erteilte mir Ratschläge. Er war für mich jetzt nicht der Spaßmacher und lustige Geselle, der mich neckte und mir Spielsachen anfertigte, sondern ein ernster, schlichter, liebevoller Mensch, für den ich unwillkürlich Achtung und Sympathie empfand. Mir war leicht und angenehm zumute, und ich fühlte gleichzeitig eine unwillkürliche Spannung, während ich mit ihm sprach. Ich fürchtete jedes seiner Worte; ich wollte mir so gerne seine Liebe selbst verdienen, die ich bereits erworben hatte, nur weil ich die Tochter meines Vaters war.

Nachdem Katja Sonja zu Bett gebracht hatte, gesellte sie sich zu uns und klagte über meine Apathie, von der ich ihm nichts gesagt hatte.

»Da hat sie mir das Allerwichtigste nicht erzählt«, sagte er lächelnd und mit einem vorwurfsvollen Kopfschütteln.

»Was ist da zu erzählen!« sagte ich, »das ist sehr langweilig, und es wird vorübergehen.«

(Es kam mir jetzt wirklich so vor, daß meine Schwermut nicht nur vorübergehen werde, sondern bereits verschwunden sei und niemals bestanden habe.)

»Es ist nicht gut, wenn man es nicht versteht, die Einsamkeit zu ertragen«, sagte er, »sind Sie ein Fräulein?«

»Natürlich bin ich ein Fräulein«, erwiderte ich lachend.

»Nein, ein schlechtes Fräulein, das nur lebendig ist, solange man es bewundert; aber sobald es allein ist, läßt es sich gehen, und nichts ist ihm mehr genehm; alles nur zum äußeren Schein, aber nichts für sich selber.«

»Sie haben eine gute Meinung von mir«, sagte ich, nur um etwas zu sagen.

»Nein!« begann er nach einigem Schweigen. »Sie sehen Ihrem Vater nicht umsonst ähnlich. *In Ihnen ist etwas...*« und sein gütiger, aufmerksamer Blick schmeichelte mir wieder und versetzte mich in eine freudige Verwirrung.

Erst jetzt bemerkte ich in seinem auf den ersten Blick so fröhlichen Gesicht diesen nur ihm eigenen, zuerst klaren, dann immer aufmerksamer werdenden, etwas traurigen Blick.

»Sie dürfen und sollen sich keiner Schwermut hingeben«, sagte er. »Sie haben die Musik, die sie verstehen, Bücher, Sie können lernen, das ganze Leben liegt noch vor Ihnen, auf das Sie sich nur jetzt vorbereiten können, um es später nicht zu bereuen. In einem Jahr ist es bereits zu spät dazu.«

Er sprach mit mir wie ein Vater oder Onkel, und ich fühlte, daß er sich ständig zwang, um mit mir wie mit seinesgleichen zu reden. Es kränkte mich, daß er mich niedriger einschätzte als sich selber, aber zugleich war es mir angenehm, daß er es für nötig hielt, sich einzig meinetwegen zu bemühen, ein anderer zu sein. Den Rest des Abends sprach er mit Katja über geschäftliche Dinge.

»Nun, lebt wohl, liebe Freunde«, sagte er aufstehend, trat zu mir und ergriff meine Hand.

»Wann sehen wir uns wieder?« fragte Katja.

»Im Frühling«, erwiderte er, meine Hand noch immer festhaltend, »jetzt werde ich nach Danilowka fahren« – das war unser zweites Gut –, »nach dem Rechten sehen, alles ordnen, soweit ich kann, dann muß ich in eigenen Angelegenheiten nach Moskau reisen, aber im Sommer werden wir uns häufiger sehen.«

»Warum bleiben Sie aber so lange fort?« sagte ich tief betrübt; ich hatte wirklich schon gehofft, ihn jetzt täglich zu sehen, und mir wurde plötzlich bange und ängstlich, weil ich die Wiederkehr meiner Schwermut befürchtete. Das mußte in meinem Blick und im Klang meiner Stimme zum Ausdruck gekommen sein.

»Ja, beschäftigen Sie sich mehr und fangen Sie keine Grillen«, sagte er in einem, wie mir schien, allzu kühlen, ungezwungenen Ton. »Im Frühling werde ich Sie examinieren«, fügte er hinzu und ließ meine Hand los, ohne mich anzusehen.

Im Vorzimmer, wohin wir ihn begleitet hatten, zog er eilig seinen Pelz an und überging mich wieder mit seinem Blick. Er bemüht sich vergeblich! dachte ich. Denkt er wirklich, daß es mir so angenehm ist, wenn er mich ansieht? Er ist ein guter Mensch, ein sehr guter … aber weiter nichts.

Trotzdem konnten Katja und ich an diesem Abend lange nicht einschlafen und sprachen viel; nicht von ihm, aber davon, wie wir den kommenden Sommer verbringen, wie und wo wir den Winter verleben würden. Die schreckliche Frage: wozu? erhob sich nicht mehr. Es schien mir sehr einfach und klar, daß man leben müsse, um glücklich zu sein, und daß damit die Zukunft viel Glück in sich berge. Es war, als ob unser altes düsteres Pokrowsker Haus sich plötzlich mit Leben und Licht erfüllt hätte.

2

Indessen war es Frühling geworden. Meine frühere Schwermut war verschwunden und hatte einer träumerischen Frühlingssehnsucht voller unverständlicher Hoffnungen und Wünsche Platz gemacht. Obgleich ich nicht so lebte wie zu Anfang des Winters, sondern mich bald mit Sonja, bald mit Musik und Büchern beschäftigte, zog ich mich doch häufig in den Garten zurück, irrte stundenlang allein in den Alleen umher oder saß auf einer Bank, in Gott weiß was für Gedanken, Wünsche und Hoffnungen versunken. Zuweilen saß ich ganze Nächte lang, besonders in mondhellen, bis zum Morgen am Fenster meines Zimmers oder ging, von Katja unbemerkt, nur im Nachtjäckchen in den Garten und lief durch den Tau bis zum Teich, und einmal ging ich sogar ins freie Feld hinaus und ging allein in der Nacht um den ganzen Garten herum.

Es fällt mir jetzt schwer, die Träume, die meine Phantasie damals erfüllten, ins Gedächtnis zurückzurufen und sie zu verstehen. Wenn ich daran denke, kann ich nicht einmal glauben, daß das wirklich meine Träume waren. So seltsam und weltfremd waren sie.

Ende Mai kehrte Sergej Michailowitsch, seinem Versprechen gemäß, von seiner Reise zurück.

Er besuchte uns zum ersten Mal an einem Abend, als wir ihn gar nicht erwarteten. Wir saßen auf der Terrasse und wollten gerade unseren Tee trinken. Der Garten prangte bereits in vollem Grün, in den Hecken der Blumenbeete hatten sich schon die

Nachtigallen für die Zeit um Peter und Paul eingenistet. Die Äste der Fliederbüsche schienen über und über mit etwas Weißem oder Violettem bestreut zu sein. Die Blüten wollten sich eben entfalten. Das Laub der Birkenallee war in der untergehenden Sonne ganz durchsichtig. Auf der Terrasse lag frischer Schatten. Ein starker Abendtau mußte das Gras netzen. Im Hof hinter dem Garten ließen sich die letzten Geräusche des Tages vernehmen, das Lärmen der heimgetriebenen Herde; der schwachsinnige Nikon fuhr mit einem Faß den Weg vor der Terrasse entlang, und der kalte Strahl aus der Gießkanne ließ dunkle Kreise auf dem aufgelockerten Erdreich um die Stämme der Georginen und um die Stützpflöcke entstehen. Bei uns auf der Terrasse blitzte und brodelte der blankgeputzte Samowar auf dem weißen Tischtuch, Sahne, Brezeln und Gebäck standen daneben. Katja spülte mit ihren rundlichen Händen hausfraulich die Tassen. Ich aß, ohne auf den Tee zu warten, Brot mit dicker, frischer Sahne, da ich nach dem Baden hungrig geworden war. Ich trug eine Leinenbluse mit offenen Ärmeln und hatte ein Tuch um die nassen Haare geschlungen. Katja erblickte ihn zuerst durch das Fenster der Terrasse.

»Ah! Sergej Michailowitsch!« sagte sie, »wir haben soeben von Ihnen gesprochen.«

Ich stand auf und wollte fortgehen, um mich umzukleiden, aber er erreichte mich in dem Augenblick, als ich bereits an der Türe war.

»Ach, warum diese Umstände auf dem Lande«, sagte er und blickte lächelnd auf meinen Kopf mit dem Tuch, »Sie genieren sich doch nicht vor Grigorij, und ich bin wahrhaftig ein Grigorij für Sie.« Aber gerade jetzt kam es mir so vor, als sähe er mich gar nicht so an, wie Grigorij mich hätte ansehen können, und ich wurde verlegen.

»Ich bin gleich wieder da«, sagte ich, von ihm wegtretend.

»Was ist denn dabei?« rief er mir nach, »wie eine junge Bäuerin.«

Wie seltsam er mich angesehen hat, dachte ich, während ich mich oben in aller Eile umkleidete. Nun, Gott sei Dank, daß er da ist: es wird lustiger sein. Nach einem Blick in den Spiegel lief ich fröhlich die Treppe hinab und betrat atemlos, und ohne zu verbergen, daß ich mich beeilt hatte, die Terrasse. Er saß am Tisch und berichtete Katja über unsere Angelegenheiten. Als er mich erblickte, lächelte er und sprach weiter. Seinen Worten nach standen unsere Verhältnisse ganz vorzüglich. Wir sollten jetzt nur noch den Sommer auf dem Lande verbringen und dann wegen Sonjas Erziehung entweder nach Petersburg oder ins Ausland reisen.

»Ja, wenn Sie mit uns ins Ausland reisten«, sagte Katja, »allein werden wir uns wie im Wald vorkommen.«

»Ach, wenn ich mit Ihnen eine Reise um die Welt machen könnte!« sagte er halb im Scherz, halb im Ernst.

»Weshalb nicht?« bemerkte ich, »so reisen wir doch um die Welt.«

Er lächelte und schüttelte den Kopf.

»Und mein Mütterchen? Und meine Arbeit?« sagte er. »Doch darum handelt es sich nicht, erzählen Sie mir, wie Sie die Zeit verbracht haben! Sollten Sie am Ende wieder Grillen gefangen haben?«

Als ich ihm erzählte, daß ich mich in seiner Abwesenheit beschäftigt und nicht gelangweilt hatte, und als Katja meine Worte bestätigte, lobte er mich und liebkoste mich mit seinem Blick wie ein Kind, als hätte er ein Recht dazu. Ich hielt es für notwendig, ihm ausführlich und vor allem aufrichtig alles mitzuteilen, was ich Gutes getan hatte, und wie in der Beichte alles zu bekennen, womit er unzufrieden sein konnte. Der Abend war so schön, daß wir auf der Terrasse blieben, obwohl der Teetisch schon abgeräumt war, und die Unterhaltung erschien mir so fesselnd, daß ich nicht bemerkte, wie alle menschlichen Laute allmählich um uns her verstummten. Der Duft der Blumen wurde stärker, ein reichlicher Tau benetzte das Gras, eine Nachtigall begann nicht weit von uns in einem Fliederbusch zu schlagen und verstummte wieder, als sie unsere Stimmen vernahm; der Sternenhimmel schien sich tiefer auf uns herabgesenkt zu haben. Ich wurde mir der eintretenden Dunkelheit erst bewußt, als plötzlich eine Fledermaus lautlos unter das Zeltleinen der Markise hereinflog und um mein weißes Tuch flatterte. Ich drückte mich an die Wand und wollte aufschreien, aber die Fledermaus schoß ebenso lautlos und schnell hinaus und verschwand im Halbdunkel des Gartens.

»Wie ich euer Pokrowskoje liebe«, sagte er, das Gespräch unterbrechend. »Ich könnte mein ganzes Leben lang hier auf der Terrasse sitzen.«

»Nun, so sitzen Sie doch«, sagte Katja.

»Ja, sitzen Sie«, murmelte er, »das Leben bleibt nicht sitzen.«

»Weshalb heiraten Sie nicht?« fragte Katja. »Sie wären ein vortrefflicher Ehemann.«

»Deshalb, weil ich gern sitze«, lachte er. »Nein, Katerina Karlowna, für mich und für Sie ist's mit dem Heiraten vorbei. Man hat schon lange aufgehört, mich als Menschen zu betrachten, den man verheiraten könnte; und ich selbst auch schon längst, und seit der Zeit fühle ich mich richtig wohl.«

Mir schien, daß er mit unnatürlicher Begeisterung sprach.

»Das ist gut! Sechsunddreißig Jahre und schon mit dem Leben abgeschlossen«, sagte Katja.

»Ja, und wie abgeschlossen«, fuhr er fort, »ich möchte nur noch sitzen. Zum Heiraten aber gehört etwas anderes. Fragen Sie sie doch einmal«, setzte er hinzu, mit dem Kopf auf mich weisend. »Solche muß man verheiraten. Und wir werden uns an ihr erfreuen.«

In seinem Ton klangen eine Wehmut und eine Spannung mit, die mir nicht entgingen. Er schwieg eine Zeitlang; weder ich noch Katja sagten etwas.

»Nun stellen Sie sich vor«, fuhr er fort und drehte sich auf dem Stuhl herum, »ich hätte plötzlich durch irgendeinen unglücklichen Zufall ein siebzehnjähriges Mädchen geheiratet, meinetwegen Masch ... Marja Alexandrowna. Das ist ein prächtiges Beispiel, und ich freue mich sehr, daß es so stimmt ... und das ist das allerbeste Beispiel.«

Ich lachte und konnte gar nicht begreifen, worüber er sich so freute und was eigentlich stimmte.

»Nun sagen Sie mir aufrichtig, Hand aufs Herz«, wandte er sich scherzend an mich, »wäre es denn kein Unglück für Sie, Ihr Leben mit einem alten, abgelebten Menschen zu vereinen, der nur sitzen will, während in Ihnen Gott weiß was gärt und sich regt?«

Ich wurde ganz verlegen und schwieg, da ich nicht wußte, was ich antworten sollte.

»Ich mache Ihnen ja keinen Antrag«, sagte er lachend, »aber sagen Sie mir offen: Der Mann, von dem Sie träumen, wenn Sie abends allein in der Allee spazierengehen, sieht doch anders aus; und es wäre doch ein Unglück?«

»Ein Unglück nicht …« begann ich.

»Aber nicht gut«, vollendete er.

»Ja, aber ich kann mich ja täu …«

Aber er unterbrach mich wieder.

»Nun, sehen Sie, und sie hat vollkommen recht, und ich bin ihr für ihre Aufrichtigkeit dankbar und sehr froh, daß dieses Gespräch zwischen uns stattgefunden hat. Und nicht genug damit, für mich wäre es das allergrößte Unglück«, fügte er hinzu.

»Was für ein Sonderling Sie sind, Sie haben sich gar nicht verändert«, sagte Katja und verließ die Terrasse, um das Abendessen servieren zu lassen.

Wir verstummten beide nach Katjas Weggang, und auch rings um uns war alles still. Nur die Nachtigall begann wieder zu schlagen, nicht mehr abgerissen und zögernd wie am Abend, sondern ruhig und ohne Hast, und ihr nächtlicher Gesang erfüllte den ganzen Garten; eine andere antwortete ihr von unten her aus der Schlucht, zum ersten Mal am heutigen Abend. Die erste hielt inne und schien einen Augenblick zu lauschen, dann ließ sie ihre perlenden hellen Triller noch lauter und intensiver erschallen. Und in majestätischer Ruhe klangen beider Stimmen in ihrem nächtlichen, uns fremden Reich. Der Gärtner ging vorüber, um sein Nachtlager in der Orangerie aufzusuchen; seine Schritte in den schweren Stiefeln schallten immer entfernter auf dem Weg. Jemand pfiff zweimal durchdringend am Hang, dann wurde es wieder ganz still. Ein Blatt bewegte sich kaum hörbar, die Markise auf der Terrasse blähte sich, und eine Duftwelle wogte, in der Luft zitternd, heran und ergoß sich über die Terrasse. Nach dem, was gesprochen worden war, war es mir peinlich zu schweigen, aber ich wußte nichts zu sagen. Ich blickte nach ihm hin. Seine blitzenden Augen wandten sich mir im Halbdunkeln zu.

»Es ist herrlich, auf der Welt zu leben!« sagte er.

Ich seufzte.

»Was?«

»Es ist herrlich, auf der Welt zu leben!« wiederholte er.

Und wir verstummten wieder, und ich hatte wieder ein peinliches Gefühl. Es ging mir fortwährend durch den Sinn, daß ich ihn betrübt hatte, indem ich zugestand, daß er alt sei, und ich wollte ihn trösten, wußte aber nicht, wie ich es machen sollte.

»Nun aber leben Sie wohl«, sagte er aufstehend, »meine Mutter erwartet mich zum Abendessen. Ich habe sie heute noch kaum gesehen.«

»Und ich wollte Ihnen die neue Sonate vorspielen«, sagte ich.

»Ein anderes Mal«, sagte er kalt, wie mir schien.

»Leben Sie wohl!«

Jetzt glaubte ich noch bestimmter, daß ich ihn gekränkt hatte, und das tat mir leid. Katja und ich begleiteten ihn bis zum Treppenaufgang, blieben eine Weile im Hof stehen und blickten auf die Straße, auf der er verschwunden war. Als der Hufschlag seines Pferdes verklungen war, ging ich auf die Terrasse zurück und schaute wieder in den Garten hinaus: In dem von den nächtlichen Geräuschen erfüllten taufrischen Nebel hörte und sah ich noch lange alles, was ich hören und sehen wollte.

Er kam ein zweites und ein drittes Mal, und das peinliche Gefühl, durch das seltsame Gespräch zwischen uns entstanden, verschwand vollständig und kehrte nicht wieder. Im Laufe des ganzen Sommers kam er jede Woche zwei-, dreimal zu uns und ich gewöhnte mich so an ihn, daß es mir, wenn er einmal länger ausblieb, unleidlich erschien, allein zu bleiben, und ich ihm zürnte und es schlecht von ihm fand, mich allein zu lassen. Er verkehrte mit mir wie mit einem lieben jungen Kameraden, fragte mich nach allem aus, bewog mich zu der vertraulichsten Offenherzigkeit, gab mir Ratschläge, spornte mich an, schalt mitunter und hielt mich vor manchem zurück. Doch trotz all seiner Bemühungen, mich stets wie seinesgleichen zu behandeln, fühlte ich, daß jenseits dessen, was mir an ihm verständlich war, noch eine ganze mir fremde Welt lag, in die mich einzulassen er nicht für nötig fand, und gerade das hielt meine Achtung für ihn am meisten aufrecht und zog mich zu ihm hin. Ich wußte von Katja und den Nachbarn, daß er außer der Sorge um seine alte Mutter, mit der er lebte, außer seiner Wirtschaft und unserer Vormundschaft noch irgendwelche Geschäfte in der Adelsvertretung hatte, die ihm große Ungelegenheiten eintrugen; aber ich konnte nie etwas darüber erfahren, wie er das alles betrachtete, was für Überzeugungen, Pläne und Hoffnungen er hatte. Sobald ich das Gespräch auf seine Angelegenheiten lenkte, runzelte er die Stirn auf seine besondere Art, als wollte er sagen: Lassen Sie doch bitte, was kann Sie das kümmern, und gab dem Gespräch eine andere Wendung. Im Anfang kränkte mich das, aber dann gewöhnte ich mich so sehr daran, daß wir stets nur von Dingen sprachen, die mich angingen, daß ich es schließlich ganz natürlich fand.

Etwas anderes, was mir anfänglich auch mißfiel, dann aber im Gegenteil sehr angenehm wurde, war seine vollständige Gleichgültigkeit, ja beinahe Nichtachtung in bezug auf mein Äußeres. Er machte mir niemals, weder durch einen Blick noch durch ein Wort, eine Andeutung, daß ich schön sei; im Gegenteil – er zog die Stirn in Falten und lachte, wenn man mich in seinem Beisein hübsch fand. Er liebte es sogar, äußere Mängel an mir zu entdecken, und neckte mich damit. Die modernen Kleider und Frisuren, mit denen Katja mich an Festtagen zu schmücken liebte, riefen nur spöttische Bemerkungen bei ihm hervor, welche die gute Katja betrübten und mich anfänglich irritierten. Katja, die in ihrem Sinn entschieden hatte, daß ich ihm gefiel, vermochte gar nicht zu begreifen, wie man es nicht lieben konnte, daß die Frau, die einem gefiel, sich im allergünstigsten Lichte zeigte. Ich hingegen begriff sehr bald, was er haben wollte. Er wollte daran glauben können, daß ich nicht kokett sei. Und als ich das erfaßt hatte, blieb in mir wirklich kein Schatten jener Koketterie übrig, die sich in Putz, Frisur und Bewegungen äußert; an deren Stelle trat die sehr durchsichtige Koketterie der Einfachheit zu einer Zeit, da ich es noch nicht verstand, einfach zu sein. Ich wußte, daß er mich liebte; ob aber als Kind oder als Weib – danach hatte ich mich noch nicht gefragt; ich schätzte diese Liebe, und da ich fühlte, daß er mich für das beste Mädchen auf der Welt hielt, mußte ich natürlich wünschen, daß diese Täuschung in ihm erhalten bliebe. Und ich täuschte ihn unwillkürlich. Aber ich wurde selbst besser, indem ich ihn täuschte. Ich fühlte, daß es besser und meiner würdiger war, ihm die besten Seiten meiner Seele, nicht aber meines Körpers, zu zeigen. Meine Haare, die Hände, das Gesicht, die Gewohnheiten hatte er, ob sie nun schön oder häßlich sein mochten, sofort bewertet und kannte sie so gut, daß ich meinem Äußeren – außer dem Wunsche der Täuschung – nichts hinzufügen konnte. Meine Seele aber kannte er nicht, weil er sie liebte, weil sie in jener Zeit wuchs und sich entfaltete – und hier konnte ich ihn täuschen, und ich täuschte ihn. Und wie leicht wurde mir ihm gegenüber zumute, als ich das klar begriffen hatte! Die grundlosen Verlegenheiten, die Gezwungenheit der Bewegungen verschwanden vollkommen. Ich fühlte, daß er mich kannte und daß ich ihm gefiel, so wie ich war – ob er mich nun von vorn oder von der Seite, stehend oder sitzend, mit hoch- oder tiefaufgestecktem Haar sah. Ich glaube, es hätte mich sogar nicht im geringsten gefreut, wenn er mir, gegen seine Gewohnheit, wie die anderen plötzlich gesagt hätte, daß ich ein wunderschönes Gesicht habe. Wie freudig und hell wurde es dagegen in meinem Herzen, wenn er mich nach irgendeiner Äußerung unverwandt ansah und mit bewegter Stimme, der er einen scherzenden Ton zu geben versuchte, sagte: »Ja, ja, *es ist etwas in Ihnen.* Sie sind ein prächtiges Mädchen, das muß ich Ihnen sagen!«

Und was war es denn, wofür ich damals solche Belohnung erhielt, die mein Herz mit Stolz und Frohsinn erfüllte? Dafür, daß ich sagte, ich nähme Anteil an der Liebe des alten Grigorij zu seinem Enkelkind, oder dafür, daß ein Gedicht oder ein Roman mich zu Tränen rührte, oder dafür, daß ich Mozart Schulhoff vorzog. Und es erschien mir verwunderlich, mit welch einem ungewöhnlichen Instinkt ich damals alles das erriet, was gut war und was man lieben mußte, obschon ich damals entschieden noch nicht wußte, was gut war und was man lieben mußte. Ein großer Teil meiner früheren Gewohnheiten und Neigungen gefiel ihm nicht, aber er brauchte mir nur durch eine Bewegung der Augenbrauen, durch einen Blick zu zeigen, daß das, was ich sagen wollte, ihm mißfiel, nur seine abweisende und ein klein wenig verächtliche Miene aufzustecken – und es schien mir bereits, daß ich das, was ich früher geliebt hatte, nicht mehr liebte.

Mitunter schickte er sich gerade an, mir einen Rat zu erteilen, und ich wußte schon, was er sagen wollte. Er fragte mich etwas, sah mir dabei in die Augen, und sein Blick löste in mir den Gedanken aus, den er haben wollte. Alle meine damaligen Gedanken, alle damaligen Gefühle waren nicht meine, sondern seine Gedanken und Gefühle, die plötzlich meine wurden, in mein Leben übergingen und es erleuchteten. Ganz unmerklich für mich selbst fing ich an, alles mit anderen Augen zu betrachten: Katja und unsere Leute und Sonja und mich selbst und meine Beschäftigungen. Die Bücher, die ich früher nur gelesen hatte, um die Langeweile zu verscheuchen, wurden plötzlich zu einer der größten Freuden meines Lebens; und alles nur deshalb, weil wir zusammen über die Bücher sprachen, zusammen lasen und er sie mir mitbrachte. Früher war die Beschäftigung mit Sonja, der Unterricht, den ich ihr erteilte, eine schwere Pflicht für mich gewesen, der ich nur aus Verantwortungsgefühl nachgekommen war; er wohnte einer Unterrichtsstunde bei – und Sonjas Fortschritte zu beobachten machte mir fortan Freude. Es war mir früher unmöglich erschienen, ein ganzes Musikstück einzuüben; jetzt, da ich wußte, daß er zuhören und mir vielleicht Lob spenden werde, spielte ich eine schwierige Stelle bis zu vierzigmal nacheinander, so daß die arme Katja sich Watte in die Ohren stopfte; aber mir kam es nicht langweilig vor. Dieselben alten Sonaten gliederten sich jetzt ganz anders und gelangen mir viel besser. Sogar Katja, die ich kannte und liebte wie mich selber, veränderte sich in meinen Augen. Erst jetzt begriff ich, daß sie gar nicht verpflichtet war, uns Mutter, Freundin und Sklavin zu sein, wie sie es war. Ich begriff die ganze Selbstentäußerung und Ergebenheit dieses liebevollen Geschöpfes, begriff, wie tief ich ihr verpflichtet war, und gewann sie noch lieber als früher. Er war es auch, der mich lehrte, unsere Leute – die Bauern, das Hofgesinde, die Mägde – mit ganz anderen Augen zu betrachten als bisher. Es klingt lächerlich, aber ich hatte siebzehn Jahre lang inmitten dieser Leute gelebt und war ihnen fremder als Menschen, die ich nie gesehen hatte; ich hatte noch kein einziges Mal daran gedacht, daß diese Leute ebenso liebten, wünschten und trauerten wie ich selbst. Unser Garten, unsere Wälder und Felder, die ich so lange kannte, wurden plötzlich neu und reizvoll für mich. Es war kein leeres Wort, wenn er sagte, daß es im Leben nur *ein* nicht zu bezweifelndes Glück gebe – für den anderen zu leben. Das kam mir damals seltsam vor, ich verstand es nicht; aber diese Überzeugung drang, unabhängig von dem Gedanken, in mein Herz. Er öffnete mir ein ganzes Leben voller Freuden in der Gegenwart, ohne etwas in meinem Leben zu verändern, ohne jedem Eindruck etwas anderes hinzuzufügen als sich selbst. All das Leblose, das mich seit meiner Kindheit umgab, wurde plötzlich lebendig. Er brauchte nur zu kommen, und alles begann zu reden und unablässig in die Seele zu dringen und sie mit Glück zu erfüllen.

In diesem Sommer kam ich oft in mein Zimmer, legte mich aufs Bett, und statt der Frühlingssehnsucht mit ihren Wünschen und Zukunftshoffnungen umfing mich die Unruhe des Gegenwartsglücks. Ich konnte nicht einschlafen, stand auf, setzte mich auf Katjas Bett und sagte ihr, daß ich vollkommen glücklich sei, was ich ihr, wie ich mich jetzt erinnere, gar nicht zu sagen brauchte: sie konnte es selbst sehen. Und sie erwiderte mir, daß auch sie nichts anderes wünsche und daß sie auch sehr glücklich sei, und küßte mich. Ich glaubte ihr, denn es kam mir notwendig und gerecht vor, daß alle glücklich seien. Katja aber konnte auch an den Schlaf denken und jagte mich sogar manchmal, scheinbar ärgerlich, von ihrem Bette fort und schlief ein; doch ich dachte noch lange an alles, was mich so glücklich machte. Manchmal stand ich auf und betete zum zweiten Mal, betete mit eigenen Worten, um Gott für all das Glück zu danken, das er mir gegeben hatte.

Im Zimmer war es still; nur Katja atmete schlaftrunken und gleichmäßig, die Uhr tickte neben ihr, und ich drehte mich um und flüsterte etwas vor mich hin oder bekreuzigte mich und küßte das Kreuz an meinem Halse. Die Tür war geschlossen, vor den Fenstern waren Läden, eine Fliege oder Mücke surrte schwankend auf einer Stelle. Und ich hatte den Wunsch, dieses Zimmerchen nie zu verlassen, ich wollte nicht, daß der Morgen käme, wollte nicht, daß die seelische Atmosphäre, die mich umgab, sich verflüchtige. Es schien mir, daß meine Träume, meine Gedanken und Gebete lebende Wesen seien, die hier in der Finsternis mit mir lebten, um mein Bett schwebten und sich über

mich beugten. Und jeder Gedanke war sein Gedanke, jedes Gefühl sein Gefühl. Ich wußte damals noch nicht, daß das Liebe
war, ich dachte, daß das immer so sein könnte und daß uns dieses Gefühl umsonst zuteil werde.

3

Eines Tages, es war in der Erntezeit, ging ich mit Katja und Sonja
nach dem Mittagessen in den Garten, auf unsere Lieblingsbank
im Schatten der Linden über der Schlucht, von wo aus man den
Wald und die Felder sehen konnte. Sergej Michailowitsch war
schon seit drei Tagen nicht bei uns gewesen, und wir erwarteten
ihn heute, zumal unser Verwalter gesagt hatte, Sergej Michailowitsch habe versprochen, die Felder zu besichtigen. Gegen zwei
Uhr sahen wir, wie er über das Weizenfeld geritten kam. Katja
ließ mit einem lächelnden Blick auf mich Pfirsche und Kirschen bringen, die er sehr liebte, legte sich auf die Bank und
schlummerte ein. Ich riß einen krummen, flachen Lindenzweig
mit saftigen Blättern und saftiger Rinde ab, die meine Hand
näßte, und fächelte Katja Kühlung zu, während ich weiterlas
und mich fortwährend unterbrach, um nach dem Feldweg zu
blicken, auf dem er kommen mußte. Sonja baute an der Wurzel
einer alten Linde eine Laube für die Puppen. Es war ein heißer,
windstiller, schwüler Tag, schwarze Wolken türmten sich, und
seit dem Morgen schon braute sich ein Gewitter zusammen. Ich
war erregt wie stets vor einem Gewitter. Aber am Nachmittag
verzogen sich die Wolken nach dem Horizont, die Sonne erschien am blauen Himmel, und nur auf einer Seite grollte es,
und die schwere Wolke, die am Horizont stand und mit dem
Staub auf den Feldern in eins zusammenfloß, wurde ab und zu
bis zur Erde herab von dem blassen Zickzack der Blitze durch-
schnitten. Es war klar, daß sich das Gewitter für den heutigen
Tag verziehen würde, wenigstens bei uns. Auf der Straße, die
vom Garten aus streckenweise zu sehen war, zogen unablässig
die knarrenden, hoch mit Garben beladenen Erntewagen vorüber, ihnen entgegen ratterten die leeren Wagen; man sah die
baumelnden Füße und die sich blähenden Hemden der Bauern.

Der dichte Staub wurde nicht weggeweht und setzte sich nicht, sondern blieb hinter dem geflochtenen Gartenzaun zwischen dem durchsichtigen Blattwerk der Bäume stehen. Weiter weg, auf der Tenne, vernahm man dieselben Stimmen, dasselbe Knarren der Räder, und dieselben gelben Garben, die sich langsam am Zaun vorbeibewegt hatten, flogen durch die Luft, und vor meinen Augen wuchsen ovale Häuser empor, türmten sich deren spitze Dächer und tummelten sich zuhöchst auf ihnen die Bauern. Auf dem staubigen Feld im Vordergrund fuhren ebenfalls Wagen, waren dieselben gelben Garben zu sehen und das Poltern der Wagen, der Klang von Stimmen und die Töne von Liedern von ferne zu hören. Auf der einen Seite wurde das Stoppelfeld mit den wermutbewachsenen Streifen der Raine immer größer. Unten, mehr nach rechts, leuchteten auf einem scheinbar unordentlich abgeernteten Feld die grellen Kleider der Schnitterinnen auf, die sich bückten und geschäftig die Arme bewegten – und das unordentliche Feld wurde sauber, schöne Garben reihten sich auf ihm zuhauf. Es war, als ob sich der Sommer vor meinen Augen plötzlich in den Herbst verwandelt hätte. Staub und Hitze flimmerten überall, ausgenommen unser Lieblingsplätzchen im Garten. An allen Ecken und Enden redete, lärmte und regte sich in dieser staubigen und schwülen Hitze im glühenden Sonnenschein das arbeitende Volk.

Indessen schnarchte Katja unter ihrem weißen Batisttüchlein auf unserer kühlen Bank so süß, glänzten die Kirschen so schwarz und saftig auf dem Teller, waren unsere Kleider so frisch und rein, glitzerte das Wasser im Krug so fröhlich hell in der Sonne und war mir so wohl zumute. Was soll ich denn tun? dachte ich. Bin ich denn schuld daran, daß ich so glücklich bin? Aber wie kann ich mein Glück mit anderen teilen? Wie und wem soll ich mich selber und all mein Glück hingeben?

Die Sonne hatte sich schon unter die Wipfel der Birkenallee gesenkt, der Staub auf dem Feld setzte sich, die Ferne erschien in der seitlichen Beleuchtung klarer und deutlicher, die Wolken hatten sich ganz aufgelöst, auf der Tenne hinter den Dächern waren drei neue Getreideschober zu sehen, und die Bauern stiegen von ihnen herab; die Wagen ratterten unter lauten Zurufen anscheinend zum letzten Mal vorüber; die Weiber zogen mit den Rechen über der Schulter und den Garbenbändern am Gürtel laut singend nach Hause – aber Sergej Michailowitsch war immer noch nicht da, obgleich ich ihn schon vor langer Zeit hatte den Berg hinabreiten sehen. Plötzlich erschien seine Gestalt in der Allee von der Seite, von der her ich ihn gar nicht erwartete (er hatte die Schlucht umgangen). Er kam mit fröhlichem, strahlendem Gesicht, den Hut in der Hand, raschen Schrittes auf mich zu. Als er sah, daß Katja schlief, biß er sich auf die Lippen, schloß die Augen und kam auf den Zehenspitzen heran; ich merkte sofort, daß er sich in jenem besonderen Zustand grundloser Heiterkeit befand, den ich ungemein an ihm liebte und den wir das wilde Entzücken nannten. Er war wie ein Schuljunge, der den Unterricht geschwänzt hat; sein ganzes Wesen, vom Kopf bis zu den Füßen, atmete Zufriedenheit, Glück und kindliche Ausgelassenheit.

»Nun willkommen, junges Veilchen, wie geht es? Gut?«sagte er im Flüsterton, indem er an mich herantrat und mir die Hand drückte. »Mir geht es vortrefflich«, antwortete er auf meine Frage, »ich bin heute dreizehn Jahre alt, möchte Pferdchen spielen und auf die Bäume klettern.«

»Im wilden Entzücken?« fragte ich, in seine lachenden Augen blickend, und fühlte, daß sich dieses wilde Entzücken auch mir mitteilte.

»Ja«, erwiderte er, mit einem Auge zwinkernd und ein Lächeln zurückhaltend. »Doch weshalb muß Katerina Karlowna auf die Nase geschlagen werden?«

Ich hatte nicht bemerkt, daß ich, während ich auf ihn sah und weiterwedelte, das Tuch von Katjas Gesicht gestreift hatte und jetzt mit den Blättern ihr Gesicht streichelte. Ich lachte auf.

»Und dann wird sie behaupten, daß sie nicht geschlafen habe«, sagte ich flüsternd, als ob ich Katja nicht wecken wollte; es geschah aber gar nicht deshalb: es war mir ganz einfach angenehm, mit ihm im Flüsterton zu sprechen.

Er bewegte, mich nachäffend, die Lippen, als hätte ich so leise gesprochen, daß man nichts verstehen könnte. Als er den Teller mit den Kirschen entdeckte, nahm er ihn, wie verstohlen, an sich, ging zu Sonja unter die Linde und setzte sich auf ihre Puppen. Sonja war zuerst ärgerlich, aber er versöhnte sie sehr bald, indem er ein Spiel erfand, bei dem er mit ihr um die Wette Kirschen essen mußte.

»Wenn Sie wollen, lasse ich noch mehr bringen«, sagte ich, »oder gehen wir selber.«

Er nahm den Teller, setzte die Puppen darauf, und wir gingen zu dritt in den Kirschengarten. Sonja lief lachend hinter uns drein und zupfte ihn am Rock, damit er die Puppen hergebe. Er gab sie ihr und wandte sich ernsthaft an mich.

»Sind Sie denn nicht in Wahrheit ein Veilchen?« sagte er, noch immer leise, zu mir, obwohl er nicht mehr zu befürchten brauchte, jemand zu wecken. »Kaum war ich in Ihre Nähe gekommen nach all dem Staub, der Hitze und Arbeit, als es nach Veilchen zu duften begann. Und nicht nach einem wohlriechenden Veilchen, sondern wissen Sie, nach jenem ersten, dunklen, das nach geschmolzenem Schnee und erstem Frühlingsgrün riecht.«

»Wie ist's, geht alles gut in der Wirtschaft?« fragte ich, um die freudige Verwirrung zu verbergen, die seine Worte in mir ausgelöst hatten.

»Ausgezeichnet! Dieses Volk ist überall ausgezeichnet! Je besser man es kennenlernt, desto mehr liebt man es.«

»Ja!« sagte ich, »bevor Sie kamen, habe ich vom Garten aus den Arbeitern zugesehen, und mich überfiel plötzlich ein beschämendes Gefühl, weil jene dort sich so plagten, während ich es so gut habe, daß ich …«

»Kokettieren Sie damit nicht, liebe Freundin«, unterbrach er mich und sah mir plötzlich ernst, aber freundlich in die Augen, »das ist eine heilige Sache. Der Himmel bewahre Sie davor, damit großzutun.«

»Ich sage es ja nur *Ihnen*.«

»Ja, ja, ich weiß. Wie steht's mit den Kirschen?«

Der Kirschgarten war verschlossen, und von den Gärtnern war keiner da (er hatte sie alle zur Feldarbeit geschickt). Sonja lief den Schlüssel holen, aber er wartete es nicht ab, schwang sich auf die Ecke der Mauer, hob das Gitter und sprang auf der anderen Seite herunter.

»Wünschen Sie Kirschen?« vernahm ich von dort seine Stimme, »dann geben Sie den Teller her.«

»Nein, ich will selber pflücken, ich hole den Schlüssel«, erwiderte ich. »Sonja wird ihn nicht finden …«

Aber im selben Augenblick fühlte ich das Verlangen zu sehen, was er dort machte, wie er aussah und wie er sich bewegte, wenn er sich unbeobachtet glaubte. Ich wollte ihn damals einfach keinen Augenblick lang aus den Augen verlieren. Ich lief auf den Zehenspitzen durch die Brennesseln um den Obstgarten herum auf die andere Seite, wo es niedriger war, stieg auf ein leeres Faß, so daß ich die Mauer in Brusthöhe hatte, und beugte mich hinüber. Ich überblickte das Innere des Kirschgartens mit seinen alten, verkrümmten Bäumen und den zackigen, breiten Blättern, zwischen denen die saftigen schwarzen Kirschen schwer und gerade herabhingen. Ich steckte den Kopf unter das Gitter und erblickte Sergej Michailowitsch unter dem knorrigen Ast eines alten Kirschbaumes hindurch. Er dachte sicherlich, daß ich fortgegangen sei und daß niemand ihn sehe. Er saß ohne Hut mit geschlossenen Augen auf dem Strunk eines alten Kirschbaumes und drehte ein Stückchen Kirschenharz sorgsam zu einem Kügelchen. Plötzlich zuckte er die Achseln, öffnete die Augen, sagte etwas und lächelte. Dieses Wort und dieses Lächeln sahen ihm so wenig ähnlich, daß es mir peinlich wurde, ihn zu belauschen. Es hatte mir geschienen, daß dieses Wort »Mascha!« gelautet hatte. Das kann nicht sein, dachte ich. »Liebe Mascha!« wiederholte er leiser und noch zärtlicher. Diesmal hatte ich die beiden Worte deutlich vernommen. Mein Herz begann so heftig zu schlagen, ich wurde von einer so aufregenden, gleichsam verbotenen Freude erfaßt, daß ich mich mit den Händen an der Mauer festhalten mußte, um nicht hinunterzufallen und mich nicht zu verraten. Er hörte meine Bewegung, sah sich erschrocken um, senkte die Augen und errötete wie ein Kind. Er wollte mir etwas sagen, vermochte es aber nicht, und sein Gesicht wurde wieder und immer wieder von Röte übergossen. Aber er lächelte, als er mich ansah. Ich lächelte auch. Sein ganzes Antlitz strahlte vor Freude. Das war nicht mehr der alte Onkel, der mich hätschelte und belehrte, das war ein mir gleichstehender Mensch, der mich liebte und fürchtete und den ich fürchtete und liebte. Wir sprachen nichts und sahen einander nur an. Aber plötzlich runzelte er die Stirn, das Lächeln und der Glanz in seinen Augen verschwanden, und er wandte sich kühl und wieder väterlich an mich, als täten wir etwas Schlechtes, als hätte er sich besonnen und gäbe auch mir den Rat, mich zu besinnen. »Steigen Sie jetzt herunter, Sie werden sich weh tun«, sagte er. »Und bringen Sie Ihre Haare in Ordnung, schauen Sie doch, wie Sie aussehen.«

Warum heuchelt er? Warum will er mich verletzen? dachte ich ärgerlich. Und im selben Augenblick überkam mich der unwiderstehliche Drang, ihn noch einmal in Verwirrung zu bringen und meine Macht über ihn zu erproben.

»Nein, ich will selber Kirschen pflücken«, sagte ich, packte den nächsten Ast mit den Händen und sprang mit den Füßen auf die Mauer. Er hatte noch keine Zeit gefunden, mich zu stützen, als ich bereits in den Obstgarten hinabsprang.

»Was für Dummheiten Sie machen!« sagte er, wiederum errötend und bemüht, seiner Verwirrung den Anschein von Unwillen zu verleihen. »Sie konnten sich doch Schaden tun. Und wie wollen Sie von hier hinauskommen?«

Er war noch verwirrter als vorher, aber jetzt machte mir diese Verwirrung keine Freude mehr, sondern erschreckte mich. Sie teilte sich mir mit, ich errötete, und da ich nicht wußte, was ich sagen sollte, begann ich, seinem Blick ausweichend, Kirschen zu pflücken, die ich nirgends hintun konnte. Ich machte mir Vorwürfe, ich bereute, ich hatte Angst, und mir schien, daß ich mich in seinen Augen durch dieses Benehmen für alle Zeiten zugrunde gerichtet hätte. Wir schwiegen beide, und uns beiden war schwer ums Herz. Sonja, die mit dem Schlüssel gelaufen kam, befreite uns aus dieser schwierigen Lage. Wir sprachen darauf lange Zeit nicht miteinander und wandten uns beide an Sonja. Als wir zu Katja zurückkehrten, die versicherte, daß sie nicht geschlafen und alles gehört hätte, beruhigte ich mich, während er versuchte, seinen gönnerhaften, väterlichen Ton wiederzufinden; aber es gelang ihm nicht mehr, und er täuschte mich nicht. Ein Gespräch, das vor ein paar Tagen zwischen uns stattgefunden hatte, kam mir lebhaft in Erinnerung.

Katja hatte davon gesprochen, um wieviel leichter es für einen Mann sei, zu lieben und seiner Liebe Ausdruck zu geben, als für eine Frau.

»Der Mann kann sagen, daß er liebt, die Frau aber nicht«, sagte sie.

»Ich meine, daß auch der Mann nicht sagen soll und nicht sagen kann, daß er liebt«, meinte er.

»Weshalb?« fragte ich.

»Weil es immer eine Lüge sein wird. Was ist denn das für eine Eröffnung, daß ein Mensch liebt? Als ob, wenn er das sagt, sofort etwas zuklinken müßte, klapp – er liebt. Als ob, sobald er dieses Wort ausgesprochen hat, etwas Außergewöhnliches geschehen müßte, irgendwelche Zeichen, als ob aus allen Kanonen auf einmal geschossen würde. Mir will es scheinen«, fuhr er fort, »daß alle Menschen, die diese Worte: ›ich liebe Sie‹ feierlich aussprechen, sich entweder selbst oder, was noch schlimmer ist, die anderen belügen.«

»Wie soll denn aber die Frau erfahren, daß sie geliebt wird, wenn man es ihr nicht sagt?« fragte Katja.

»Das weiß ich nicht«, erwiderte er, »jeder Mensch hat seine eigenen Worte. Und wenn das Gefühl vorhanden ist, wird es Ausdruck finden. Wenn ich Romane lese, stelle ich mir immer vor, welch ein bestürztes Gesicht der Leutnant Strelskij machen muß, wenn er sagt: ›Ich liebe dich, Eleonore!‹, und nun glaubt, daß plötzlich etwas Ungewöhnliches geschehen muß; aber es geschieht nichts, weder bei ihr noch bei ihm, Augen und Nasen bleiben dieselben, und alles ist dasselbe.«

Ich fühlte schon damals in diesem Scherz etwas Ernstes, das sich auf mich bezog, aber Katja ließ es nicht zu, daß die Romanhelden so leichthin behandelt wurden.

»Ewig Paradoxa«, erwiderte sie. »Sagen Sie doch wahrheitsgetreu, haben Sie selbst denn noch nie einer Frau gesagt, daß Sie sie lieben?«

»Das habe ich noch nie gesagt und bin auch nicht auf ein Knie gesunken«, antwortete er lachend, »und ich werde es auch nicht tun.«

Er braucht mir ja nicht zu sagen, daß er mich liebt, dachte ich jetzt in lebhafter Erinnerung an dieses Gespräch. Er liebt mich, ich weiß es. Und alle seine Bemühungen, gleichgültig zu scheinen, können mich nicht vom Gegenteil überzeugen.

Er sprach an diesem ganzen Abend wenig mit mir, aber in jedem Wort, das er zu Katja und Sonja sagte, in jeder seiner Bewegungen, in jedem Blick sah ich die Liebe und zweifelte nicht an ihr. Ich empfand nur Unwillen und Mitleid, weil er es noch für nötig erachtete, heimlich zu tun und Kälte zu heucheln, wo alles schon so klar war und wo man so leicht und einfach so unaussprechlich glücklich sein konnte. Aber es quälte mich wie ein Verbrechen, daß ich zu ihm in den Kirschgarten gesprungen war. Ich hatte das Gefühl, daß er mich zu achten aufhören werde und böse auf mich sei.

Nach dem Tee ging ich zum Klavier, und er folgte mir.

»Spielen Sie etwas, ich habe Sie schon lange nicht mehr gehört«, sagte er, als er mich im Salon einholte.

»Ich wollte es auch ... Sergej Michailowitsch!« sagte ich und sah ihm plötzlich gerade in die Augen. »Zürnen Sie mir nicht?«

»Weshalb?« fragte er.

»Weil ich am Nachmittag nicht auf Sie gehört habe.«

Er verstand mich, schüttelte den Kopf und lächelte. Sein Blick sagte, daß er eigentlich schelten sollte, aber nicht die Kraft dazu besitze.

»Es ist gar nichts vorgefallen, wir sind wieder gute Freunde«, sagte ich und setzte mich ans Klavier.

»Und ob!« bestätigte er.

In dem großen hohen Saal brannten nur zwei Kerzen am Klavier, der übrige Raum lag im Halbdunkel. Die helle Sommernacht sah zu den offenen Fenstern herein. Es war ganz still, man hörte nur ab und zu Katjas Schritte im finsteren Salon und sein Pferd, das, unter dem Fenster angebunden, schnaubte und mit dem Huf auf die breiten Lattichblätter schlug. Er saß hinter mir, so daß ich ihn nicht sehen konnte; aber ich fühlte seine Gegenwart überall – im Halbdunkel des Zimmers, in den Tönen, in mir selbst. Jeder seiner Blicke, jede Bewegung, die ich nicht sehen konnte, fanden einen Widerhall in meinem Herzen. Ich spielte die Fantasie-Sonate von Mozart, die er mir gebracht und die ich in seinem Beisein und für ihn eingeübt hatte. Ich dachte gar nicht an das, was ich spielte, aber ich glaubte gut zu spielen, und es schien mir, daß es ihm gefiel. Ich fühlte den Genuß, den er empfand, und fühlte, ohne ihn anzusehen, den von hinten auf mich gerichteten Blick. Ganz unwillkürlich, die Finger unbewußt weiterbewegend, sah ich mich nach ihm um. Sein Kopf hob sich von dem hellen Hintergrund der Nacht ab. Er saß da, den Kopf in die Hände gestützt, und sah mich unverwandt mit leuchtenden Augen an. Ich lächelte, als ich diesen Blick sah, und hörte auf zu spielen. Er lächelte und wies vorwurfsvoll mit dem Kopf nach den Noten, damit ich fortfahre. Als ich endete, stand der helle Mond schon ganz hoch, und in das Zimmer drang außer dem schwachen Licht der Kerzen ein anderer, silberner Schein durch die Fenster und fiel auf den Fußboden. Katja sagte, es sei doch keine Art, an der schönsten Stelle aufzuhören, und ich hätte schlecht gespielt; er dagegen sagte, ich hätte im Gegenteil noch nie so gut gespielt wie heute, und fing an, in den Zimmern auf und ab zu gehen – durch den Saal in den finstern Salon und wieder in den Saal, wobei er sich jedesmal nach mir umsah und lächelte. Auch ich lächelte, mich überkam sogar das Verlangen, ohne jeden Grund zu lachen, so froh war ich über irgend etwas, was heute, eben jetzt erst geschehen war. Sobald er in der Tür verschwand, umarmte ich Katja, mit der ich am Klavier stand, und fing an, sie auf mein Lieblingsfleckchen zu küssen, auf den vollen Hals unter dem Kinn; sobald er zurückkehrte, machte ich ein gezwungen ernstes Gesicht und hielt nur mit Mühe das Lachen zurück.

»Was ist heute mit ihr geschehen?« sagte Katja zu ihm.

Aber er antwortete nicht und lächelte nur über mich: Er wußte, was mit mir geschehen war.

»Sehen Sie, welch eine Nacht!« sagte er vom Salon aus und blieb in der offenen Balkontür stehen.

Wir traten zu ihm; und wirklich – es war eine Nacht, wie ich sie später nie wieder gesehen habe. Der volle Mond stand über dem Hause hinter uns, so daß wir ihn nicht sehen konnten, und der halbe Schatten des Daches, der Pfeiler und der Leinenmarkise der Terrasse lag in schräger Verkürzung auf dem Sand der Wege und dem Rasengrund. Alles übrige war hell und vom Silber des Taus und des Mondlichts überflutet. Der breite, blumenumsäumte, mit glänzendem Kies bestreute Weg, auf dessen einer Seite die schrägen Schatten der Georginen und der Stützpflöcke lagen, verlor sich hell und kühl im Nebel und in der Ferne. Hinter den Bäumen schimmerte das helle Dach des

Gewächshauses, und aus der Schlucht stieg Nebel empor, der immer dichter wurde. Die schon etwas kahlen Fliedersträucher waren bis in die Zweige hell. Man konnte jede vom Tau befeuchtete Blume unterscheiden. In den Alleen flossen Licht und Schatten so ineinander, daß die Alleen nicht wie Bäume und Wege erschienen, sondern wie durchsichtige, schaukelnde und zitternde Gebäude. Rechts im Schatten des Hauses war alles schwarz, gleichförmig und unheimlich. Um so heller hob sich aus dieser Finsternis der wunderlich ausladende Gipfel einer Pappel ab, der – ganz eigenartig nahe am Haus – oben im hellen Licht zu schweben schien, als wollte er in die Ferne, dem weiten, bläulichen Himmel zu, fliegen.

»Wollen wir noch etwas in den Garten gehen?« fragte ich. Katja war einverstanden, sagte aber, ich solle Galoschen anziehen.

»Das ist nicht nötig«, sagte ich, »Sergej Michailowitsch wird mir den Arm reichen.«

Als ob das verhindern könnte, daß ich nasse Füße bekäme! Aber damals war es uns allen dreien begreiflich und durchaus nicht sonderbar. Er reichte mir niemals den Arm, jetzt aber nahm ich ihn selbst, und er fand das nicht seltsam.

Wir stiegen zu dritt die Terrasse hinab. Diese ganze Welt, dieser Himmel, dieser Garten, diese Luft waren anders, als ich sie kannte.

Wenn ich in der Allee, in der wir dahinschritten, vorwärts blickte, kam es mir vor, als ob man nicht weitergehen könnte, als ob die Welt des Möglichen dort ein Ende hätte, als ob dort alles für immer in seiner Schönheit gefesselt bleiben müßte. Aber wir kamen näher, und die Zauberwand der Schönheit schob sich auseinander, ließ uns ein, und auch dort waren, wie es schien, unser bekannter Garten, die Bäume, die Wege, das trockene Laub. Und wir schritten wirklich auf den Wegen dahin, traten auf die Kreise von Licht und Schatten, ein welkes Blatt raschelte wirklich unter unseren Füßen, und ein frisches Zweiglein streifte mein Gesicht. Und das war wirklich er, der gleichmäßig und langsam neben mir einherging und meinen Arm sorgsam hielt, und das war wirklich Katja, die mit ihren leise knarrenden Schuhen neben uns ging. Und das mußte der Mond am Him-

mel sein, der durch die regungslosen Zweige auf uns herab-
schien ...

Aber mit jedem Schritt schob sich die Zauberwand hinter uns
und vor uns wieder zusammen, und ich hörte auf, daran zu
glauben, daß man noch weitergehen könnte, hörte auf, an alles
zu glauben, was uns umgab.

»Ach! Ein Frosch!« sagte Katja.

Wer spricht hier und warum? dachte ich. Aber dann fiel mir
ein, daß es Katja war, daß sie sich vor Fröschen fürchtete, und
ich blickte vor meine Füße. Ein kleiner Frosch sprang und blieb
unbeweglich vor mir sitzen, und sein winziger Schatten war auf
dem hellen Lehm des Weges zu sehen.

»Und Sie fürchten sich nicht?« sagte er.

Ich wandte mich zu ihm. An der Stelle, wo wir gingen, fehlte
eine Linde in der Allee – ich konnte sein Gesicht deutlich sehen.
Es war so schön und glücklich ...

Er sagte: Fürchten Sie sich nicht? Ich aber hörte, daß er sagte:
Ich liebe dich, mein liebes Mädchen. Ich liebe dich! Ich liebe
dich, wiederholte sein Blick, seine Hand; und das Licht und der
Schatten und die Luft und alles wiederholten dasselbe.

Wir gingen durch den ganzen Garten. Katja trippelte mit
ihren kleinen Schrittchen neben uns und atmete schwer vor
Müdigkeit. Sie sagte, es sei Zeit umzukehren, und mich überkam ein tiefes Mitleid mit der Ärmsten. Warum fühlt sie nicht
dasselbe wie wir? dachte ich. Warum sind nicht alle jung, nicht
alle glücklich wie diese Nacht und wie er und wie ich?

Wir kehrten ins Haus zurück, aber er ritt noch lange nicht
fort, obwohl die Hähne bereits gekräht hatten, alle im Hause
schliefen und sein Pferd häufiger und häufiger mit dem Huf
ausschlug und unter dem Fenster schnaubte. Katja erinnerte
uns nicht daran, daß es schon spät sei, und wir saßen, über die
nichtigsten Dinge plaudernd, ohne daß wir es selbst wußten, bis
gegen drei Uhr beisammen. Es war bereits nach dem dritten
Hahnenschrei, und die Morgenröte begann zu dämmern, als er
wegritt. Er verabschiedete sich wie gewöhnlich, ohne etwas Besonderes zu sagen; aber ich wußte, daß er vom heutigen Tag an
der Meine war und ich ihn nicht mehr verlieren konnte. Kaum
hatte ich mir selbst gestanden, daß ich ihn liebte, als ich alles

Katja erzählte. Sie war froh und gerührt über meine Geständnisse, aber die Ärmste konnte doch einschlafen in dieser Nacht, während ich noch lange, lange auf der Terrasse auf und ab ging, in den Garten hinabging, durch die Alleen ging, die wir zusammen durchschritten hatten, und mich an jedes Wort, an jede Bewegung erinnerte. Ich schlief diese ganze Nacht nicht und sah zum ersten Mal in meinem Leben den Sonnenaufgang und den erwachenden Morgen. Und ich habe nie wieder eine solche Nacht und einen solchen Morgen erlebt. Warum aber sagt er mir nicht einfach, daß er mich liebt? dachte ich. Warum denkt er sich allerhand Schwierigkeiten aus und nennt sich einen alten Mann, während doch alles so einfach und herrlich ist? Warum verliert er die goldene Zeit, die vielleicht niemals wiederkehrt? Mag er doch sagen: Ich liebe dich, mit Worten: Ich liebe dich; mag er meine Hand mit der seinen erfassen, den Kopf darauf niederbeugen und sagen: Ich liebe dich. Mag er erröten und die Augen vor mir senken, dann will ich ihm selbst alles sagen. Nein, nicht sagen, ich werde ihn umarmen, mich an ihn schmiegen und zu weinen anfangen. Wie aber, wenn ich mich täusche und wenn er mich nicht liebt? kam es mir plötzlich in den Sinn.

Ich erschrak vor meinem Gefühl – Gott weiß, wohin es mich führen konnte; ich erinnerte mich seiner und meiner Verlegenheit im Obstgarten, als ich zu ihm hinabgesprungen war, und es legte sich mir schwer, schwer aufs Herz. Tränen rannen mir aus den Augen, ich fing an zu beten. Und mir kam ein seltsamer, beruhigender Gedanke und eine Hoffnung: Ich beschloß, mich vom heutigen Tage an auf das Abendmahl vorzubereiten, an meinem Geburtstag das Abendmahl zu nehmen und an diesem Tag seine Braut zu werden.

Weshalb, warum, wie das geschehen konnte, wußte ich nicht, aber ich glaubte von diesem Augenblick an daran und wußte, daß es so sein werde. Es war bereits ganz hell, und das werktätige Volk erhob sich schon, als ich in mein Zimmer zurückkehrte.

Es war während der Fasten zu Mariä Himmelfahrt, und daher wunderte sich niemand im Haus über meine Absicht, in dieser Zeit zur Kommunion zu gehen.

Er kam diese ganze Woche kein einziges Mal zu uns, und ich wunderte mich nicht, beunruhigte mich nicht und zürnte ihm nicht – im Gegenteil, ich war froh darüber, daß er nicht kam, und erwartete ihn erst zu meinem Geburtstag. Während dieser Woche stand ich alle Tage früh auf und ging, während der Wagen für mich angespannt wurde, allein im Garten spazieren, überdachte in meinem Sinn die Sünden des verflossenen Tages und überlegte, was ich heute tun müßte, um mit meinem Tagewerk zufrieden zu sein und kein einziges Mal zu sündigen. Es kam mir damals so leicht vor, vollkommen sündlos zu sein. Man brauchte sich, schien es mir, nur ein wenig Mühe zu geben. Wenn der Wagen vorfuhr, setzte ich mich mit Katja oder einem Dienstmädchen hinein und fuhr zu der drei Werst entfernten Kirche. Sooft ich die Kirche betrat, erinnerte ich mich daran, daß für alle, »die in der Furcht Gottes eintraten«, gebetet wurde, und bemühte mich, gerade mit diesem Gefühl die zwei mit Gras bewachsenen Stufen der Vorhalle hinanzusteigen. In der Kirche befanden sich um diese Zeit selten mehr als zehn Menschen, Bäuerinnen und Hofleute, die sich auf das Abendmahl vorbereiteten; ich bemühte mich, ihre Verbeugungen mit sorgsamer Demut zu erwidern, und ging, was mir als Heldentat erschien, selbst zu dem Lichterkasten, erstand Kerzen bei dem alten Soldaten, dem Kirchenältesten, und stellte sie vor die Heiligenbilder. Durch die Königstür erblickte man die Altardecke, die meine Mutter gestickt hatte, über dem Ikonostas schwebten zwei hölzerne Engel mit Sternen, die mir immer so groß erschienen waren, als ich noch klein war, und eine Taube mit einem gelben Heiligenschein, die damals meine Aufmerksamkeit erregt hatte. Hinter dem Chor sah man das verbeulte Taufbecken, aus dem ich schon so viele Male die Kinder unserer Hofleute aus der Taufe gehoben hatte und in dem ich auch selbst getauft worden war. Der alte Geistliche erschien in einer Risa, die aus der Sargdecke meines Vaters angefertigt war, und sang die Liturgie mit derselben Stimme, mit der, solange ich mich erinnern kann, alle Gottesdienste in unserem Hause abgehalten wurden: Sonjas Taufe und die Seelenmessen für meinen Vater und die Begräbnisfeier der Mutter. Und dieselbe zittrige Stimme des Vorsängers ertönte im Chor, und dasselbe alte Weiblein, das ich bei allen Gottesdiensten in der Kirche sah, stand zusammengekrümmt an der Wand, sah mit tränenden Augen auf das Heiligenbild im Chor, drückte die gefalteten Hände an das verblichene Tuch und murmelte etwas mit zahnlosem Mund. Und alles dies war mir jetzt nicht nur beachtenswert und nah durch die Erinnerungen – es erschien mir von tiefer Bedeutung erfüllt zu sein. Ich lauschte auf jedes Wort der Gebete und bemühte mich, mit dem Gefühl darauf zu antworten; wenn ich etwas nicht verstand, so bat ich Gott in Gedanken, mich zu erleuchten, oder ich erdachte ein eigenes Gebet an Stelle des nicht verstandenen. Wenn die Gebete der Reue verlesen wurden, erinnerte ich mich an meine Vergangenheit, und diese unschuldige, kindliche Vergangenheit erschien mir so schwarz im Vergleich zu dem lichterfüllten Zustand meiner Seele, daß ich weinte und mich über mich selbst entsetzte; aber gleichzeitig fühlte ich, daß mir das alles verziehen wurde, und daß die Reue noch süßer wäre, wenn ich noch mehr Sünden auf dem Gewissen hätte. Als der Geistliche am Schluß des Gottesdienstes sagte: »Der Segen des Herrn ruhe auf euch«, vermeinte ich ein sich mir sofort mitteilendes körperliches Gefühl von Wohlbefinden zu spüren, als ob plötzlich Licht und Wärme in mein Herz gedrungen wären. Der Gottesdienst ging zu Ende, der Geistliche kam zu mir heraus und fragte, ob er nicht zu uns kommen solle und wann, um den Abendgottesdienst abzuhalten; aber ich dankte ihm gerührt für das, was er – meiner Meinung nach – für mich tun wollte, und sagte, ich würde selbst in die Kirche gehen oder fahren.

»Wollen Sie sich selber bemühen?« fragte er.

Und ich wußte nicht, was ich antworten sollte, um nicht eine Sünde des Hochmuts zu begehen.

Wenn ich zum Mittagsgottesdienst in die Kirche fuhr, entließ ich den Kutscher immer, wenn Katja mich nicht begleitete, und ging allein nach Hause, verbeugte mich tief und demütig vor allen, die mir begegneten, und suchte nach einer Gelegenheit zu helfen, mich für jemanden zu opfern, eine Fuhre aufheben zu helfen, ein Kind zu halten, jemandem auszuweichen und dabei selbst in den Schmutz zu treten. Eines Abends hörte ich, wie der Verwalter, der Katja Bericht erstattete, sagte, daß der Bauer Semjon dagewesen sei und um Bretter für den Sarg seiner Tochter und um einen Rubel für die Totenfeier gebeten und daß er es ihm gegeben habe. »Sind sie denn so arm?« fragte ich. »Sehr arm, Herrin, sie haben nicht einmal Salz«, antwortete der Verwalter. Mein Herz krampfte sich zusammen, und gleichzeitig war ich erfreut, als ich das hörte. Ich sagte Katja, daß ich spazierengehen wolle, lief hinauf, nahm mein ganzes Geld (es war sehr wenig, aber alles, was ich hatte), bekreuzigte mich und ging über die Terrasse und durch den Garten ins Dorf zu Semjons Hütte. Sie stand am Ende des Dorfes, und ich trat, von niemandem bemerkt, ans Fenster, legte das Geld hin und klopfte. Jemand kam aus der Hütte, knarrte mit der Tür und rief mich an; ich lief zitternd vor Furcht wie eine Verbrecherin nach Hause. Katja fragte mich, wo ich gewesen sei und was ich denn habe, aber ich verstand nicht einmal, wonach sie fragte, und antwortete ihr nicht. Alles kam mir plötzlich so nichtig und kleinlich vor. Ich schloß mich in meinem Zimmer ein und ging lange allein auf und ab, unfähig, etwas zu tun, zu denken, unfähig, mir über mein Empfinden Rechenschaft abzulegen. Ich dachte an die Freude der ganzen Familie, an die Worte, mit denen sie die Spenderin bedenken würden, und ich fing an zu bedauern, daß ich das Geld nicht selbst übergeben hatte. Ich dachte auch daran, was Sergej Michailowitsch sagen würde, wenn er von meiner Tat erführe, und freute mich darüber, daß nie jemand davon erfahren werde. Und es war eine solche Freude in mir, und alle und ich selbst erschienen mir so schlecht, und ich sah mich und alle so bescheiden an, daß mir der Gedanke an den Tod wie ein Traum vom Glück vorkam. Ich lächelte und betete und weinte und liebte in diesem Augenblick alle auf der Welt und mich selbst leidenschaftlich und heiß. Zwischen den Gottesdiensten las ich das Evangelium; dieses Buch wurde mir immer verständlicher, die Geschichte dieses göttlichen Lebens erschien mir rührender und einfacher und die Abgründe des Gefühls und der Gedanken, die ich in seiner Lehre fand, immer tiefer. Wie klar und einfach kam mir aber dafür alles vor, wenn ich, von diesem Buch kommend, das Leben, das mich umgab, wieder genau betrachtete und überdachte! Es kam mir vor, als wäre es so schwer, schlecht zu leben, und so einfach, alle zu lieben und geliebt zu werden. Alle waren so gut und sanft zu mir, selbst Sonja, der ich Unterricht erteilte, war eine ganz andere, gab sich Mühe, zu begreifen, es mir recht zu machen und mich nicht zu betrüben. So wie ich war, so waren auch alle gegen mich. Als ich daran dachte, ob ich Feinde hätte, die ich vor der Beichte um Verzeihung bitten mußte, fiel mir außerhalb unseres Hauses nur ein Fräulein, eine Nachbarin, ein, über die ich vor einem Jahr in Gegenwart der Gäste gespottet und die seitdem aufgehört hatte, uns zu besuchen. Ich schrieb ihr einen Brief, bekannte meine Schuld und bat sie um Verzeihung. Sie antwortete mir durch einen Brief, in dem sie mich selbst um Verzeihung bat und mir vergab. Ich weinte vor Freude, als ich diese einfachen Zeilen las, in denen ich ebenfalls ein tiefes und rührendes Gefühl erblickte. Die Kinderfrau brach in Tränen aus, als ich sie um Verzeihung bat. Warum sind sie alle so gut gegen mich? Womit habe ich diese Liebe verdient? fragte ich mich. Und ich erinnerte mich unwillkürlich an Sergej Michailowitsch und dachte oft lange an ihn. Ich konnte nicht anders und hielt das nicht einmal für eine Sünde. Aber ich dachte jetzt ganz anders an ihn als in jener Nacht, als ich mir zum ersten Mal bewußt wurde, daß ich ihn liebte, ich dachte an ihn – wie an mich selbst und brachte ihn unwillkürlich mit jedem Gedanken an meine Zukunft in Verbindung. Der bedrückende Einfluß, den ich in seiner Gegenwart empfand, schwand vollkommen aus meiner Vorstellung. Ich fühlte mich jetzt ihm gleichgestellt und verstand ihn völlig aus der Höhe der Seelenstimmung, in der ich mich befand. Was mir früher seltsam an ihm erschienen, war mir jetzt verständlich. Ich begriff erst jetzt, warum er sagte, das Glück bestehe nur darin, daß man für andere lebe, und ich fühlte mich mit ihm darin vollkommen einig. Ich hatte das Gefühl, daß wir zu zweit ein unendliches, ruhiges Glück finden würden. Und ich dachte nicht an Auslandsreisen, nicht an Gesellschaft und nicht an Glanz, sondern an ein ganz anderes, an ein ruhiges Familienleben auf dem Lande, mit dauernder Selbstaufopferung, ewiger Liebe zueinander und im ewigen Bewußtsein, daß in allem eine sanfte und helfende Vorsehung walte.

Ich nahm, wie ich beabsichtigt hatte, an meinem Geburtstag das Abendmahl. Als ich an diesem Tag aus der Kirche heimfuhr, war meine Seele so von Glück erfüllt, daß ich mich vor dem Leben fürchtete, vor jedem Eindruck fürchtete, vor all dem fürchtete, was dieses Glück zerstören könnte. Aber kaum waren wir ausgestiegen und hatten den Treppenaufgang betreten, als das Rattern des bekannten Kabrioletts auf der Brücke hörbar wurde und ich Sergej Michailowitsch erblickte. Er beglückwünschte mich, und wir betraten zusammen den Salon. Ich fühlte, daß in mir eine ganz neue Welt war, die er nicht verstand und die höher war als er. Ich empfand nicht die geringste Verwirrung in seiner Gegenwart. Er verstand wahrscheinlich, woher das kam, und behandelte mich mit einer besonderen, sanften Zärtlichkeit und frommen Ehrerbietung. Ich wollte zum Flügel gehen, aber er schloß ihn ab und steckte den Schlüssel in die Tasche.

»Verderben Sie sich Ihre Stimmung nicht«, sagte er, »in Ihrer Seele ist jetzt eine Musik, die schöner ist als jede andere Musik in der Welt.«

Ich war ihm dankbar dafür, aber gleichzeitig war es mir etwas unangenehm, daß er das, was in meiner Seele vor allen geheim sein sollte, allzu leicht und klar verstand. Während des Mittagessens sagte er, daß er gekommen sei, mir Glück zu wünschen und sich gleichzeitig zu verabschieden, da er morgen nach Moskau reise. Er sah Katja an, als er das sagte; dann aber blickte er flüchtig nach mir, und ich sah, daß er fürchtete, Erregung in meinen Zügen zu bemerken.

Aber ich wunderte mich nicht, wurde nicht unruhig und fragte nicht einmal, ob er für lange Zeit fortfahre. Ich wußte, daß er das sagen würde, und wußte, daß er nicht reisen würde. Wie konnte ich das wissen? Ich kann es mir jetzt durchaus nicht erklären; aber an jenem denkwürdigen Tage hatte ich das Gefühl, daß ich alles wußte, was war und was sein wird. Ich war wie in einem glücklichen Traum, in dem es einem vorkommt, daß alles, was geschieht, schon geschehen sei und daß man schon lange darum wisse.

Er wollte gleich nach dem Mittagessen fortfahren, aber Katja, die von dem Gottesdienst müde war, hatte sich hingelegt, und er mußte ihr Erwachen abwarten, um sich von ihr zu verabschieden. Im Saal war es sonnig, wir gingen auf die Terrasse. Kaum hatten wir Platz genommen, als ich vollkommen ruhig von dem zu reden begann, was das Schicksal meiner Liebe entscheiden mußte. Und ich begann nicht früher und nicht später zu reden, sondern gerade in dem Augenblick, als wir uns gesetzt hatten und noch nichts gesagt war, als der Ton und der Charakter des Gesprächs, der mich in dem, was ich sagen wollte, hätte behindern können, noch nicht bestimmt war. Ich verstehe selbst nicht, woher ich diese Ruhe und Entschlossenheit nahm und die Genauigkeit in meinen Ausdrücken. Als ob nicht ich selbst, sondern etwas von meinem Willen Unabhängiges in mir gesprochen hätte. Er saß mir gegenüber, die Ellenbogen auf das Geländer gestützt, und zog einen Fliederzweig zu sich heran, dessen Blätter er abzupfte. Als ich zu sprechen anfing, ließ er den Zweig los und stützte den Kopf in die Hand. Das konnte die Haltung eines völlig ruhigen oder eines sehr erregten Menschen sein.

»Weshalb verreisen Sie?« fragte ich bedeutungsvoll und deutlich und sah ihn gerade an.

Er antwortete nicht gleich.

»Geschäfte!« murmelte er, die Augen niederschlagend.

Ich verstand, wie schwer es ihm war, mir auf eine so aufrichtige Frage die Unwahrheit zu sagen.

»Hören Sie«, sagte ich, »Sie wissen, welch ein Tag heute für mich ist. Dieser Tag ist in vielem sehr wichtig. Wenn ich Sie frage, so geschieht es nicht, um Teilnahme zu bekunden; Sie wissen, daß ich an Sie gewöhnt bin und Sie gern habe, ich frage, weil ich es wissen muß. Weshalb reisen Sie?«

»Es fällt mir sehr schwer, Ihnen die Wahrheit zu sagen, weshalb ich reise«, sagte er. »Ich habe in dieser Woche viel über Sie und über mich nachgedacht und habe beschlossen, daß ich reisen muß. Sie verstehen weshalb und werden nicht weiterfragen, wenn Sie mich gern haben.« Er strich sich mit der Hand über die Stirn und bedeckte seine Augen. »Das ist schwer für mich … Aber Sie verstehen es.«

Mein Herz begann heftig zu pochen.

»Ich kann es nicht verstehen«, sagte ich, »ich *kann nicht* aber sagen *Sie* es mir, sagen Sie es mir um Gottes willen, um des heutigen Tages willen, ich kann alles ruhig hören.«

Er veränderte seine Stellung, warf einen Blick auf mich und zog den Zweig wieder zu sich heran.

»Übrigens will ich mich bemühen, es Ihnen zu erklären«, sagte er nach einem kurzen Schweigen mit einer Stimme, die sich vergeblich bemühte, fest zu sein, »obwohl es dumm ist und unmöglich, es mit Worten zu erzählen, und obwohl es mir schwerfällt«, fügte er hinzu und verzog das Gesicht wie in körperlichem Schmerz.

»Nun?« fragte ich.

»Stellen Sie sich vor, daß da ein Herr A. lebt«, sagte er, »nehmen wir an, er ist alt und abgelebt, und ein Fräulein B., jung und glücklich, das die Welt und das Leben noch nicht kennt. Infolge verschiedener Familienverhältnisse hatte er sie liebgewonnen wie eine Tochter und befürchtete nicht, sie je anders zu lieben.«

Er verstummte, doch ich unterbrach ihn nicht.

»Aber er hatte vergessen, daß Fräulein B. so jung war, daß ihr das Leben als Spielzeug erschien«, fuhr er plötzlich rasch und entschlossen fort, ohne mich anzusehen, »und daß es leicht war, sie anders liebzugewinnen, und daß ihr das Vergnügen machen werde. Er hatte sich also geirrt und empfand plötzlich, daß ein anderes Gefühl, schwer wie Reue, sich in seine Seele stahl, und erschrak darüber. Er fürchtete, daß ihre früheren freundschaftlichen Beziehungen leiden könnten, und beschloß fortzufahren, ehe diese Beziehungen zerstört würden.« Als er das sagte, fuhr er sich wieder, gleichsam nachlässig, mit der Hand über die Augen und bedeckte sie.

»Warum fürchtete er denn, sie auf andere Art liebzugewinnen?« sagte ich kaum hörbar, meine Erregung zurückhaltend, und meine Stimme klang ruhig; aber ihm mochte sie fröhlich erscheinen. Er erwiderte in gleichsam gekränktem Ton: »Sie sind jung – ich bin es nicht. Sie wollen spielen, ich aber brauche etwas anderes. Spielen Sie, nur nicht mit mir, ich könnte Ihnen glauben und wäre übel daran, Sie aber würden sich schämen. Das sagte A.«, fügte er hinzu, »aber das ist ja alles Unsinn, Sie begreifen jedoch, warum ich reise. Und wir wollen nicht mehr darüber sprechen. Bitte!«

»Nein! Nein! wir wollen sprechen!« sagte ich, und Tränen zitterten in meiner Stimme. »Liebte er sie oder nicht?«

Er antwortete nicht.

»Wenn er sie nicht liebte, warum spielte er da mit ihr wie mit einem Kind?« murmelte ich.

»Ja, ja, A. war schuldig«, entgegnete er, mich hastig unterbrechend, »aber alles war zu Ende, und sie trennten sich als Freunde.«

»Das ist entsetzlich! Und gibt es denn kein anderes Ende?« brachte ich mühsam hervor und erschrak über meine Worte.

»Es gibt eins«, sagte er, sein erregtes Gesicht enthüllend und mich offen ansehend. »Es gibt zwei verschiedene Enden. Aber unterbrechen Sie mich um Gottes willen nicht und hören Sie mich ruhig an. Die einen sagen«, begann er aufstehend und lächelte schmerzlich und schwer, »die einen sagen, daß A. verrückt wurde, Fräulein B. unsinnig liebgewann und ihr das sagte … Sie aber lachte nur darüber. Für sie waren das Scherze, für ihn jedoch war es die Frage des ganzen Lebens.«

Ich zitterte und wollte ihn unterbrechen, ihm sagen, daß er es nicht wagen dürfe, für mich zu sprechen, aber er hielt mich zurück und legte seine Hand auf die meine.

»Warten Sie«, sagte er mit bebender Stimme, »die anderen sagen, daß sie sich seiner erbarmte, weil sie, die Ärmste, die das Leben nicht kannte, sich einbildete, ihn wirklich lieben zu können, und einwilligte, seine Frau zu werden. Und er, der Wahnsinnige, glaubte es, glaubte, daß sein ganzes Leben von neuem beginne, aber sie sah selbst ein, daß sie ihn betrogen hatte und daß er sie betrogen hatte … Wollen wir nicht mehr davon reden«, schloß er, offenbar unfähig weiterzusprechen, und begann vor mir schweigend auf und ab zu gehen.

Er hatte gesagt: Wollen wir nicht mehr reden davon – aber ich sah, daß er mit allen Fasern seiner Seele auf meine Antwort harrte. Ich wollte sprechen, vermochte es aber nicht, irgend etwas bedrückte meine Brust. Ich warf einen Blick auf ihn, er war bleich, seine Unterlippe zitterte. Er begann mir leid zu tun. Ich bezwang mich und begann plötzlich, die Macht des Schweigens, das mich fesselte, brechend, mit einer leisen, innerlichen Stimme zu reden, die, wie ich fürchtete, jeden Augenblick abbrechen konnte.

»Und das dritte Ende«, sagte ich und hielt inne, aber er schwieg, »und das dritte Ende ist, daß er sie nicht liebte und ihr sehr, sehr weh tat und dachte, daß er recht habe, fortfuhr und noch stolz auf irgend etwas war. Ihnen war es ein Scherz, mir nicht, ich habe Sie vom ersten Tag an liebgewonnen, liebgewonnen«, wiederholte ich, und bei diesem Wort »liebgewonnen« ging meine Stimme unwillkürlich aus dem leisen innerlichen Ton in einen wilden Aufschrei über, der mich selbst erschreckte.

Er stand bleich vor mir, seine Lippen zitterten stärker und stärker, und zwei Tränen traten auf seine Wangen.

»Das ist schlecht!« schrie ich beinahe und fühlte, daß zornige, ungeweinte Tränen mir den Atem raubten. »Wofür?« sagte ich und stand auf, um von ihm fortzugehen. Aber er ließ mich nicht. Sein Kopf lag auf meinen Knien, seine Lippen küßten meine bebenden Hände, und seine Tränen benetzten sie.

»Mein Gott, wenn ich gewußt hätte«, murmelte er.

»Wofür? wofür?« wiederholte ich noch immer, aber in meiner Seele war das Glück, das für immer entschwundene, aber wiedergekehrte Glück. Fünf Minuten später lief Sonja hinauf zu Katja und schrie durch das ganze Haus, daß Mascha Sergej Michailowitsch heiraten wolle.

5

Es lagen keine Gründe vor, unsere Hochzeit aufzuschieben, und weder ich noch er wünschten es. Freilich wollte Katja nach Moskau fahren, um die Aussteuer zu kaufen und zu bestellen, und seine Mutter verlangte, daß er vorher eine neue Equipage und Möbel anschaffe und das ganze Haus neu tapeziere; aber wir zwei bestanden darauf, daß dies alles später gemacht werden solle, wenn es schon unerläßlich sei, und daß die Trauung zwei Wochen nach meinem Geburtstag stattfinden solle, still, ohne Aussteuer, ohne Gäste und Brautführer, ohne Abendtafel und Champagner und all dieses konventionelle, hergebrachte Zubehör einer Hochzeit. Er erzählte mir, wie unzufrieden seine Mutter sei, daß die Hochzeit ohne Musik vor sich gehen solle, ohne Berge von Koffern und ohne die Renovierung des ganzen Hauses, nicht so wie ihre Hochzeit, die dreißigtausend Rubel gekostet hatte; und wie sie ernsthaft und heimlich die Koffer in den Vorratskammern durchsuchte und mit der Wirtschafterin Marjuschka über allerhand Teppiche, Vorhänge und Teebretter berate, die für unser Glück unerläßlich seien. Von meiner Seite tat Katja dasselbe im Verein mit der Kinderfrau Kusminischna. Und über diesen Punkt durfte man mit ihr nicht im Scherz reden. Sie war fest davon überzeugt, daß wir in unseren Gesprächen über die Zukunft nur tändelten, uns mit Nichtigkeiten abgaben, wie es eben Menschen in dieser Lage eigen ist; daß unser wahres, künftiges Glück aber nur von dem regelrechten Zuschneiden und Nähen der Hemden und dem Säumen von Tischtüchern und Servietten abhinge. Zwischen Nikolskoje und Pokrowskoje wurden täglich mehrmals geheime Botschaften ausgetauscht über die Dinge, die hier und dort angefertigt wurden; und obgleich zwischen Katja und seiner Mutter äußerlich die allerfreundschaftlichsten Beziehungen zu walten schienen, war doch bereits eine gewisse feindselige, wenn auch aller feinste Diplomatie wahrzunehmen. Tatjana Semjonowna, seine Mutter, die ich jetzt näher kennenlernte, war eine pedantische, strenge Hausfrau, eine Gutsherrin von altem Schlag. Er liebte sie nicht nur pflichtgemäß als Sohn, sondern als Mensch dem Gefühl nach und hielt sie für die allerbeste, allerklügste, gütigste und liebevollste Frau auf Erden. Tatjana Semjonowna war immer gütig zu uns und besonders zu mir und freute sich, daß ihr Sohn heiratete; wenn ich aber als Braut bei ihr weilte, schien es mir, als wollte sie mir zu verstehen geben, daß ich als Partie für ihren Sohn hätte besser sein können und daß ich gut daran täte, das nie zu vergessen. Und ich verstand sie vollkommen und war eines Sinnes mit ihr.

In diesen letzten zwei Wochen sahen wir uns täglich. Er kam immer zum Mittagessen und blieb bis Mitternacht. Und obgleich er sagte – und ich wußte, daß er die Wahrheit sprach –, daß er ohne mich nicht lebe, verbrachte er niemals einen ganzen Tag mit mir und war bedacht, seine Geschäfte weiterzuführen.

Unsere äußerlichen Beziehungen blieben bis zu unserer Hochzeit dieselben: wir sagten nach wie vor Sie zueinander, er küßte mir nicht einmal die Hand und suchte keine Gelegenheit, mit mir allein zu sein, sondern vermied das sogar. Es war, als fürchtete er, sich der allzugroßen, schädlichen Zärtlichkeit hinzugeben, die in ihm war. Ich weiß nicht, ob er sich verändert hatte oder ich, aber ich fühlte mich ihm vollkommen gleichgestellt; ich fand die gezwungene Schlichtheit, die mir früher mißfallen hatte, nicht mehr an ihm und sah oft voller Entzücken statt des Achtung und Furcht einflößenden Mannes ein sanftes, von Glück verwirrtes Kind vor mir. Das also lag in ihm! dachte ich oft, er ist genauso ein Mensch wie ich, nicht mehr! Ich meinte jetzt, daß ich ihn ganz vor mir sähe und ihn vollkommen kennte. Und alles, was ich an ihm kennenlernte, war so einfach und stimmte so ganz mit meinem Wesen überein. Sogar seine Pläne, wie wir zusammen leben würden, waren auch die meinen, die sich in seinen Worten nur deutlicher und besser darstellten.

Das Wetter war ungünstig in diesen Tagen, und wir verbrachten den größten Teil der Zeit in den Zimmern. Die schönsten, herzlichsten Gespräche fanden in der Ecke zwischen dem Klavier und dem Fenster statt. Der Glanz der Kerzen spiegelte sich in dem schwarzen Fenster, hin und wieder schlugen die Regentropfen gegen die Scheiben und rannen daran herab. Es trommelte auf das Dach, in der Pfütze unter der Dachrinne klatschte das Wasser, durch das Fenster drang Feuchtigkeit. Da erschien uns unser Winkel noch heller, noch wärmer und freudiger.

»Wissen Sie, ich habe Ihnen schon lange etwas sagen wollen«, begann er einmal, als wir zu später Stunde allein in diesem Winkel saßen. »Ich habe die ganze Zeit daran gedacht, während Sie spielten.«

»Sagen Sie nichts, ich weiß alles«, entgegnete ich.

»Ja, es ist wahr, wir wollen nicht darüber reden.«

»Nein, sagen Sie, was ist es?« fragte ich.

»Es ist dies. Erinnern Sie sich der Geschichte von A. und B., die ich Ihnen erzählte?«

»Wie könnte ich diese dumme Geschichte vergessen! Gut, daß sie so endete ...«

»Ja, es fehlte nicht viel, und mein ganzes Glück wäre durch mich selbst verlorengegangen. Sie haben mich gerettet. Aber die Hauptsache ist, daß ich damals immer log, ich schäme mich dessen, ich will es jetzt zu Ende bringen.«

»Ach, bitte, unterlassen Sie es.«

»Fürchten Sie nichts«, sagte er lächelnd. »Ich muß mich nur rechtfertigen. Als ich anfing zu sprechen, wollte ich Betrachtungen anstellen.«

»Wozu Betrachtungen?« sagte ich. »Das ist niemals nötig.«

»Ja, meine Betrachtungen waren falsch. Als ich nach all meinen Enttäuschungen, allen Irrungen im Leben in diesem Jahr hierherkam, sagte ich mir so entschieden, daß die Liebe für mich zu Ende sei und ich nur noch Pflichten für den Rest meines Lebens zu erfüllen habe, daß ich mir lange keine Rechenschaft darüber ablegte, was mein Gefühl für Sie bedeutete und wohin es mich führen könnte. Ich hoffte und hoffte nicht: Bald meinte ich, daß Sie kokettieren, bald glaubte ich an Sie und wußte selbst nicht, was ich tun würde. Aber nach jenem Abend, erinnern Sie sich, als wir nachts durch den Garten wandelten, erschrak ich, mein jetziges Glück erschien mir allzu groß und unmöglich. Was wäre denn geworden, wenn ich mir gestattet hätte zu hoffen – vergeblich zu hoffen? Aber natürlich dachte ich nur an mich, weil ich ein abscheulicher Egoist bin.«

Er schwieg eine Weile und sah mich an.

»Aber es war doch nicht alles Unsinn, was ich damals sagte. Ich konnte und mußte doch fürchten. Ich nehme so viel von Ihnen an und kann so wenig geben. Sie sind ein Kind, Sie sind eine Knospe, die sich noch entfalten wird, Sie lieben zum ersten Mal, ich aber ...«

»Ja, sagen Sie mir die Wahrheit ...« begann ich, empfand aber plötzlich Furcht vor seiner Antwort. »Nein, es ist nicht nötig«, fügte ich hinzu.

»Ob ich früher geliebt habe? ja?« sagte er, meinen Gedanken sofort erratend. »Das kann ich Ihnen sagen. Nein, ich habe nicht geliebt. Es ist niemals etwas diesem Gefühl Ähnliches ...« Aber plötzlich schien irgendeine schwere Erinnerung in seiner Vorstellung aufzutauchen.

»Nein, auch da brauche ich Ihr Herz, um das Recht zu haben,

Sie zu lieben«, sagte er traurig. »Mußte ich denn da nicht nachdenken, ehe ich sagen konnte, daß ich Sie liebe? Was gebe ich Ihnen? Liebe – das ist wahr.«

»Ist das etwa wenig?« sagte ich und blickte ihm in die Augen.

»Wenig, mein Liebling, für Sie wenig!« fuhr er fort. »Sie besitzen Schönheit und Jugend! Ich schlafe jetzt oft vor Glück nicht in der Nacht und denke immer daran, wie wir zusammen leben werden. Ich habe schon ein langes Leben hinter mir, und ich glaube das gefunden zu haben, was zum Glück notwendig ist. Ein stilles, zurückgezogenes Leben in unserer ländlichen Einsamkeit mit der Möglichkeit, Menschen Gutes zu tun, denen man so leicht Gutes erweisen kann, an das sie nicht gewöhnt sind; dann die Arbeit, eine Arbeit, die scheint's Nutzen bringt, dann die Stunden der Erholung, die Natur, ein Buch, die Musik, die Liebe zu einem geliebten Menschen – das ist mein Glück, über das hinaus meine Träume nicht reichen. Und nun außer alledem solch ein Freund wie Sie, eine Familie vielleicht und alles, was der Mensch nur wünschen kann.«

»Ja«, sagte ich.

»Für mich, der die Jugend hinter sich hat, ja, aber nicht für Sie«, fuhr er fort. »Sie haben noch nicht gelebt, Sie werden vielleicht noch den Wunsch haben, das Glück in etwas anderem zu suchen, werden es vielleicht in etwas anderem finden. Ihnen erscheint es jetzt als Glück, weil Sie mich lieben.«

»Nein, ich habe immer nur dieses stille Familienleben gewünscht und geliebt«, sagte ich. »Und Sie sprechen nur dasselbe aus, was ich gedacht habe.«

Er lächelte.

»Das scheint Ihnen nur so, liebe Freundin. Es ist aber zu wenig für Sie. Sie besitzen Schönheit und Jugend«, wiederholte er nachdenklich.

Aber ich wurde ärgerlich, weil er mir nicht glaubte und mir meine Schönheit und Jugend gleichsam zum Vorwurf machte.

»Weswegen lieben Sie mich denn?« sagte ich zornig. »Meiner Schönheit oder um meiner selbst willen?«

»Ich weiß nicht, aber ich liebe Sie«, erwiderte er und sah mich mit seinem aufmerksamen, anziehenden Blick an.

Ich antwortete nicht und sah ihm unwillkürlich in die Augen.

Plötzlich geschah etwas Seltsames mit mir; zuerst hörte ich auf, das zu sehen, was um mich herum war, dann verschwand sein Antlitz vor mir, nur seine Augen schienen unmittelbar vor den meinen zu blitzen, dann kam es mir vor, als seien diese Augen in mir, alles trübte sich, ich sah nichts und mußte die Augen zudrücken, um mich von dem Gefühl der Wonne und Furcht loszureißen, das dieser Blick in mir hervorrief …

Am Vorabend des festgesetzten Hochzeitstages heiterte sich das Wetter auf. Und nach den Regengüssen, die im Sommer begonnen hatten, senkte sich der erste kalte und leuchtende Herbstabend herab. Alles war naß, kalt, hell, und im Garten machte sich zum ersten Mal die herbstliche Weite, Buntheit und Kahlheit bemerkbar. Der Himmel war blaß, kalt und klar. Ich legte mich mit dem beglückenden Gedanken schlafen, daß morgen, an unserem Hochzeitstag, schönes Wetter sein werde.

An diesem Tag erwachte ich mit der Sonne, und der Gedanke, daß schon heute … schien mich zu erschrecken und zu verwundern. Ich ging in den Garten. Die Sonne war eben erst aufgegangen und blitzte schütter durch die halb entblößten gelben Linden der Allee. Der Weg war mit raschelnden Blättern bedeckt. Die runzligen, grellroten Trauben der Ebereschen leuchteten an den Zweigen zwischen einzelnen, vom Frost vernichteten, zusammengekrümmten Blättern, die Georginen waren schwarz und welk geworden. Zum ersten Mal lag der Frost wie Silber auf dem blassen Grün des Rasens und auf den geknickten Blättern des Huflattichs vor dem Hause. An dem klaren, kalten Himmel war kein einziges Wölkchen zu sehen.

Also wirklich heute? fragte ich mich und konnte nicht an mein Glück glauben. Werde ich wirklich morgen schon nicht mehr hier erwachen, sondern in dem fremden Nikolsker Haus mit den Säulen? Werde ich ihn wirklich nicht mehr erwarten, ihm entgegengehen und abends und nachts mit Katja über ihn sprechen? Werde ich nicht mehr im Pokrowsker Saal mit ihm am Klavier sitzen? ihn nicht mehr begleiten und in dunklen Nächten für ihn zittern? Aber es fiel mir ein, daß er gestern gesagt hatte, daß er zum letzten Mal käme, und daß Katja mich veranlaßt hatte, das Brautkleid anzuprobieren mit den Worten: Für morgen; und ich glaubte für einen Augenblick daran und zweifelte von neuem. Werde ich wirklich von heute an dort wohnen, mit der Schwiegermutter, ohne Nadjeschda, ohne den alten Grigorij, ohne Katja? Werde ich die alte Kinderfrau zur Nacht nicht mehr küssen, nicht mehr hören, wie sie mich nach alter Gewohnheit bekreuzigt und sagt: Gute Nacht, Fräulein? Werde ich Sonja nicht mehr unterrichten, mit ihr spielen und am Morgen an ihre Wand klopfen und ihr helles Lachen hören? Werde ich mir heute wirklich selber fremd werden und ein neues Leben der Erfüllung meiner Hoffnungen und Wünsche beginnen? Wird dieses neue Leben immer währen? Ich erwartete ihn voller Ungeduld, es war mir schwer, mit diesen Gedanken allein zu sein. Er kam frühzeitig, und erst in seiner Gegenwart vermochte ich es ganz zu glauben, daß ich heute seine Frau werden würde, und dieser Gedanke verlor seine Schrecken für mich.

Vor dem Mittagessen gingen wir in unsere Kirche, wo eine Seelenmesse für meinen Vater abgehalten wurde.

Wenn er jetzt am Leben wäre! dachte ich auf dem Heimweg und stützte mich schweigend auf den Arm des Mannes, welcher der beste Freund dessen gewesen, an den ich dachte. Während des Gebetes, als meine Stirn die kalten Fliesen der Kapelle berührte, stellte ich mir meinen Vater so lebhaft vor, glaubte so fest daran, daß seine Seele mich verstehe und meine Wahl segne, daß es mir auch jetzt vorkam, als schwebte seine Seele über uns und als fühlte ich seinen Segen. Und die Erinnerungen und die Hoffnungen, das Glück und die Trauer flossen in meinem Herzen in ein einziges feierliches und angenehmes Gefühl zusammen, zu dem diese unbewegte frische Luft, die Stille, die kahlen Felder und der blasse Himmel, von dem glänzende, aber kraftlose Strahlen auf alles herabflossen, die meine Wangen zu röten versuchten, so gut paßten. Ich hatte das Gefühl, daß der, mit dem ich dahinschritt, meine Empfindungen verstand und teilte. Er ging langsam und schweigend neben mir, und sein Gesicht, auf das ich hin und wieder einen Blick warf, drückte das gleiche ernste Gefühl, das man weder Trauer noch Freude nennen konnte, aus, das auch in der Natur und in meiner Seele lag.

Plötzlich wandte er sich zu mir; ich sah, daß er etwas sagen wollte. Wenn er aber nicht von dem zu reden beginnt, woran ich denke? kam es mir in den Sinn. Aber er fing an, von meinem Vater zu sprechen, ohne ihn auch nur zu nennen.

»Einmal aber hat er scherzend zu mir gesagt: ›Heirate meine Mascha!‹ sagte er.«

»Wie glücklich er jetzt wäre!« sagte ich und drückte den Arm, der den meinen stützte, fester an mich.

»Ja, Sie waren noch ein Kind«, fuhr er fort und sah mir in die Augen, »damals küßte ich diese Augen und liebte sie nur deshalb, weil sie ihm ähnlich waren, und dachte nicht, daß sie mir um ihrer selbst willen so teuer werden könnten. Damals nannte ich Sie Mascha.«

»Sagen Sie *du* zu mir«, bat ich.

»Ich wollte eben ›du‹ zu dir sagen, ich habe erst jetzt das Gefühl, daß du ganz die Meine bist«, sagte er, und sein ruhiger und glücklicher, anziehender Blick blieb auf mir haften.

Und wir schritten immer weiter auf dem unausgetretenen Feldweg über das zerstampfte Stoppelfeld; und wir vernahmen nur unsere Schritte und unsere Stimmen. Auf der einen Seite dehnte sich durch die Schlucht bis an den fernen entlaubten Wald ein bräunliches Stoppelfeld, auf dem ein Bauer seitlich von uns mit dem Pflug lautlos einen immer breiteren schwarzen Streifen zog. Die unterhalb des Berges verstreute Pferdeherde erschien ganz nah. Auf der anderen Seite und vor uns bis zum Garten und zu unserem Haus, das dahinter sichtbar wurde, breitete sich die schwarze, streifenweise schon grünende Wintersaat aus. Über allem glänzte die kühle Sonne, auf allem lagen die langen, faserigen Spinnweben des Altweibersommers. Sie schwebten ringsum in der Luft und legten sich auf das vom Frost ausgedörrte Stoppelfeld, gerieten uns in die Augen, auf die Haare, auf die Kleider. Wenn wir sprachen, tönten unsere Stimmen und blieben in der unbewegten Luft über uns stehen, als wären nur wir ganz allein auf der Welt, allein unter diesem blauen Himmelsgewölbe, an dem eine kühle Sonne flammend und zitternd spielte.

Ich hätte auch gern *du* zu ihm gesagt, schämte mich aber.

»Warum gehst du so schnell?« sagte ich hastig und beinahe flüsternd und errötete unwillkürlich.

Er verlangsamte seinen Schritt und sah mich noch zärtlicher, noch fröhlicher und glücklicher an.

Als wir nach Hause kamen, waren seine Mutter und die Gäste, ohne die es bei uns nicht abging, bereits dort, und ich war bis zu der Zeit, da wir uns nach der Trauung in den Wagen setzten, um nach Nikolskoje zu fahren, nicht mehr mit ihm allein.

Die Kirche war beinahe leer, ich sah mit einem Auge nur seine Mutter, die in gerader Haltung auf dem Teppich vor dem Chor stand, Katja in einer Haube mit lila Bändern und mit Tränen auf den Wangen und zwei, drei Hofleute, die mich neugierig ansahen. Ich blickte nicht auf ihn, fühlte aber seine Gegenwart, hier, neben mir. Ich horchte auf die Worte der Gebete, wiederholte sie, aber sie fanden keinen Widerhall in meiner Seele. Ich konnte nicht beten und blickte stumpf auf die Heiligenbilder, die Kerzen, das gestickte Kreuz der Risa auf dem Rücken des Geistlichen, den Ikonostas, das Kirchenfenster – und verstand nichts. Ich fühlte nur, daß etwas Außergewöhnliches mit mir geschah. Als sich der Geistliche mit dem Kreuz uns zuwandte, uns beglückwünschte und sagte, daß er mich getauft, und daß Gott ihm nun beschieden habe, mich auch zu trauen, als Katja und seine Mutter uns küßten und Grigorijs Stimme erschallte, der den Wagen herbeirief, staunte und erschrak ich, weil alles schon vorbei und in meiner Seele nichts Außergewöhnliches vorgegangen war, das dem an mir vollzogenen Sakrament entsprochen hätte. Wir küßten uns, und dieser Kuß war so seltsam und unserem Gefühl fremd. Und das ist alles, dachte ich. Wir betraten die Vorhalle, das Rollen der Räder hallte laut unter der Wölbung der Kirche, frische Luft umfächelte mein Gesicht, er setzte den Hut auf und hob mich in den Wagen. Aus dem Wagenfenster erblickte ich den kalten, mit einem Hof umgebenen Mond. Er setzte sich neben mich und schloß den Wagenschlag. Es gab mir einen Stich ins Herz, als sei die Zuversicht, mit der er das tat, mir kränkend erschienen. Katjas Stimme rief mir zu, ich solle den Kopf bedecken, die Räder dröhnten auf den Pflastersteinen, dann auf der weichen Straße, und wir fuhren dahin. Ich drückte mich in die Ecke und sah zum Fenster auf die fernen, hellen Felder und auf den Weg hinaus, der sich im kalten Mondlicht in der Ferne verlor. Ohne auf ihn zu sehen, fühlte ich ihn neben mir. Wie, ist das alles, was mir dieser Augenblick, von dem ich so viel erwartete, gegeben hat? dachte ich, und es kam mir gleichsam erniedrigend und kränkend vor, allein so nahe neben ihm zu sitzen. Ich wandte mich zu ihm in der Absicht, ihm irgend etwas zu sagen. Aber die Worte gingen mir nicht über die Lippen, als wäre das frühere Gefühl von Zärtlichkeit nicht mehr lebendig in mir, als wäre es durch Gefühle der Kränkung und Furcht abgelöst.

»Ich habe bis zu diesem Augenblick noch immer nicht geglaubt, daß dies möglich sein könnte«, sagte er leise als Antwort auf meinen Blick.

»Ja, aber mir ist vor irgend etwas bange«, sagte ich.

»Vor mir bange, mein Liebling?« erwiderte er, nahm meine Hand und neigte den Kopf zu ihr hinab. Meine Hand lag leblos in der seinen, und das Herz tat mir vor Kälte weh.

»Ja«, flüsterte ich.

Aber da begann das Herz plötzlich heftiger zu schlagen, die Hand erzitterte und drückte seine Hand, mir wurde heiß, die Augen suchten im Halbdunkel seinen Blick, und ich fühlte plötzlich, daß ich ihn nicht fürchtete, daß diese Furcht – Liebe war, eine neue, noch zärtlichere und stärkere Liebe als bisher. Ich fühlte, daß ich ihm ganz gehörte und daß ich durch seine Macht über mich glücklich war.

Zweiter Teil

6

Tage, Wochen, zwei Monate zurückgezogenen ländlichen Lebens gingen unmerklich dahin, wie es uns damals schien; indessen hätten die Gefühle, die Erregungen und das Glück dieser zwei Monate für das ganze Leben ausgereicht. Meine und seine Träume, wie unser ländliches Leben sich gestalten werde, erfüllten sich gar nicht so, wie wir erwartet hatten. Aber unser Leben war nicht schlechter als unsere Träume. Da war nichts von jener ernsten Arbeit, Pflichterfüllung, Selbstaufopferung, von jenem Leben für den anderen, das ich mir in meiner Brautzeit vorgestellt hatte; im Gegenteil – da war nur ein selbstsüchtiges Gefühl der Liebe füreinander, der Wunsch, geliebt zu werden, eine grundlose, immerwährende Fröhlichkeit und ein Vergessen aller Dinge der Welt. Es ist wahr, er ging mitunter in sein Kabinett, um sich mit irgend etwas zu beschäftigen, fuhr manchmal in Geschäften in die Stadt und beobachtete die Wirtschaft; aber ich sah, wieviel Mühe es ihn kostete, sich von mir loszureißen. Und er bekannte mir nachher, daß ihm alles auf der Welt, wo ich nicht war, als ein solcher Unsinn vorkam, daß er nicht verstand, wie man sich damit beschäftigen konnte. Mir erging es ebenso. Ich las, beschäftigte mich mit Musik, mit seiner Mutter und mit der Schule; aber alles nur deshalb, weil eine jede dieser Beschäftigungen mit ihm verknüpft war und seine Billigung fand; sobald aber irgendeine Tätigkeit nicht mit dem Gedanken an ihn verknüpft war, sanken mir die Arme herab, und es kam mir so spaßhaft vor, daß es außer ihm noch etwas geben sollte in der Welt. Vielleicht war das ein schlechtes, selbstsüchtiges Gefühl; aber dieses Gefühl verlieh mir Glück und erhob mich hoch über alle Welt. Nur er allein war für mich vorhanden, ihn hielt ich für den herrlichsten, unfehlbarsten Menschen auf Erden; darum vermochte ich auch für nichts anderes zu leben als für ihn, um in seinen Augen das zu sein, wofür er mich hielt. Und er hielt mich für das erste und herrlichste Weib auf der Welt, das mit allen möglichen Tugenden begabt war; und ich gab mir Mühe, dieses Weib zu sein in den Augen des ersten und besten Mannes auf der ganzen Erde.

Eines Tages trat er in mein Zimmer, während ich betete. Ich sah mich nach ihm um und betete weiter. Er setzte sich an den Tisch, um mich nicht zu stören, und schlug ein Buch auf. Aber ich hatte das Gefühl, als sähe er mich an, und wandte mich um. Er lächelte, ich lachte auf und konnte nicht beten.

»Hast du schon gebetet?« fragte ich.

»Ja. Aber fahre nur fort, ich gehe.«

»Du betest doch, hoffe ich?«

Er wollte, ohne zu antworten, hinausgehen, aber ich hielt ihn zurück.

»Mein Herz, bitte, tu es für mich, sprich die Gebete mit mir!«
Er stellte sich neben mich, ließ die Hände unbeholfen sinken
und begann mit ernstem Gesicht und stockend zu beten. Hin
und wieder wandte er sich zu mir und suchte Billigung und
Hilfe in meinem Antlitz.

Als er fertig war, lachte ich und umarmte ihn.

»Das bist du, alles du! Es ist, als ob ich wieder zehn Jahre alt
wäre«, sagte er errötend und küßte mir die Hände.

Unser Haus war eines der alten Gutshäuser, in denen mehrere
Generationen in gegenseitiger Liebe und Achtung ihr Leben
verbracht hatten. An allem hafteten gute, ehrbare Familienerin-
nerungen, die plötzlich, sobald ich dieses Haus betreten hatte,
auch meine Erinnerungen geworden waren. Die Zimmerein-
richtung und das Hauswesen wurden von Tatjana Semjonowna
in althergebrachter Weise geleitet. Man kann nicht sagen, daß
alles schön und elegant war; aber angefangen von den Dienstboten bis zu den Möbeln und Speisen war alles reichlich vorhanden, sauber, gediegen und flößte Achtung ein. Im Salon
standen die Möbel und hingen die Bilder symmetrisch, und auf
dem Fußboden lagen im Hause angefertigte Teppiche und Läu-
fer. Im Diwanzimmer standen ein altes Klavier, zwei Schränke
von verschiedener Form, Sofas und Tischchen mit Messingblech
und Inkrustatien. In meinem Kabinett, um dessen Einrichtung
Tatjana Semjonowna sich bemüht hatte, standen die besten Möbel verschiedener Jahrhunderte und Stile, unter anderem ein alter Pfeilerspiegel, den ich anfänglich nicht ohne Scheu ansehen
konnte, der mir aber später teuer wurde wie ein alter Freund.
Tatjana Semjonowna waltete lautlos, aber alles im Hause ging
wie ein aufgezogenes Uhrwerk, obwohl viele überflüssige
Dienstboten da waren. Aber alle diese Leute, die weiche, absatz-
lose Schuhe trugen (Tatjana Semjonowna hielt knarrende Sohlen und klappernde Absätze für die unangenehmsten Dinge der
Welt), alle diese Leute schienen stolz auf ihren Beruf zu sein, zitterten vor der alten Herrin, betrachteten mich und meinen
Mann mit gönnerhafter Zärtlichkeit und verrichteten ihre Arbeit anscheinend mit einem besonderen Vergnügen. Regelmäßig jeden Samstag wurden die Fußböden im Haus gescheuert und die Teppiche geklopft, an jedem Ersten des Monats

wurden kurze Gottesdienste mit Wasserweihe abgehalten, an jedem Namenstag Tatjana Semjonownas, ihres Sohnes (und an meinem – zum ersten Mal in diesem Herbst) wurden Feste unter Beteiligung der ganzen Umgegend gefeiert. Und alles dies geschah unverändert seit eh und je, solange Tatjana Semjonowna denken konnte. Mein Mann kümmerte sich nicht um das Hauswesen und beschäftigte sich nur mit der Landwirtschaft und den Bauern, und zwar gründlich. Er stand sogar im Winter früh auf, so daß ich ihn beim Erwachen nicht mehr vorfand. Er kehrte gewöhnlich zum Tee zurück, den wir allein tranken, und befand sich um diese Zeit, nach den Sorgen und Plagen in der Wirtschaft, gewöhnlich in jener besonders heiteren Laune, die wir das wilde Entzücken nannten. Oft verlangte ich, daß er mir erzähle, was er am Morgen getan habe, und er erzählte mir solche unsinnigen Dinge, daß wir uns vor Lachen schüttelten; mitunter verlangte ich einen ernsthaften Bericht, und er berichtete mit unterdrücktem Lächeln. Ich schaute auf seine Augen, auf die sich bewegenden Lippen und verstand nichts, ich freute mich nur, daß ich ihn sah und seine Stimme hörte.

»Nun, was habe ich erzählt? Wiederhole es«, sagte er dann. Aber ich konnte nichts wiederholen. Es mutete mich so komisch an, daß er *mir* nicht von sich und von mir erzählte, sondern von etwas anderem. Als ob es nicht völlig gleichgültig gewesen wäre, was dort geschah. Erst viel später fing ich an, seine Sorgen ein wenig zu verstehen und daran teilzunehmen. Tatjana Semjonowna erschien niemals vor dem Mittagessen, trank allein Tee und begrüßte uns nur durch Boten. In unserer besonderen, närrisch glücklichen kleinen Welt klang die Stimme aus ihrem anderen, gemessenen und ehrbaren Reich so seltsam, daß ich oft nicht an mich zu halten vermochte und nur lachte als Antwort auf den Bericht des Stubenmädchens, das – die Hände auf dem Bauch übereinandergelegt – gemessen meldete, daß Tatjana Semjonowna befohlen habe, nachzufragen, wie wir nach dem gestrigen Spaziergang geruht hätten, und befohlen habe, auszurichten, daß sie die ganze Nacht Nierenschmerzen gehabt und daß ein dummer Hund im Dorf gebellt und ihren Schlaf gestört habe. Und außerdem habe sie befohlen zu fragen, wie uns das Gebäck zum Frühstück geschmeckt habe, und sie bäte zu beachten, daß

heute nicht Taras, sondern probeweise, zum ersten Mal Nikola-
scha gebacken habe, und anscheinend gar nicht schlecht, besonders die Kringel, nur der Zwieback sei ihm zu braun geraten. Bis
zum Mittagessen waren wir wenig zusammen. Ich spielte Klavier, las, er schrieb, hatte noch außerhalb zu tun; vor dem Mittagessen aber, um vier Uhr, trafen wir uns im Salon, Mama kam
aus ihrem Zimmer gerauscht, und ein paar arme adlige Damen
und Pilgerinnen erschienen, von denen stets zwei, drei im
Hause wohnten. Mein Mann reichte seiner Mutter regelmäßig
nach alter Gewohnheit den Arm, um sie zu Tisch zu führen;
aber sie verlangte, daß er mir den anderen reiche, und wir
drängten und stießen uns regelmäßig in der Tür. Den Vorsitz
bei Tisch führte ebenfalls Mama, und die Unterhaltung war angemessen vernünftig und etwas feierlich. Meine und meines
Mannes schlichte Worte unterbrachen die Feierlichkeit dieser
Mittagssitzungen in angenehmer Weise. Zwischen Mutter und
Sohn entspannen sich mitunter Streitigkeiten und Hänseleien;
ich liebte diese Streitigkeiten und Hänseleien ganz besonders,
denn gerade in ihnen trat die zärtliche und feste Liebe, die sie
verband, am allerdeutlichsten zutage. Nach dem Essen setzte
sich Mama im Salon in einen großen Lehnsessel, zerrieb Tabak
oder schnitt die Seiten neu eingetroffener Bücher auf, während
wir vorlasen oder in das Diwanzimmer ans Klavier gingen. Wir
lasen in jener Zeit viel miteinander, aber die Musik war unser
liebster und schönster Genuß, der jedesmal neue Saiten in unseren Herzen ertönen ließ und uns einander gleichsam von
neuem erschloß. Wenn ich seine Lieblingssachen spielte, setzte
er sich auf den entferntesten Diwan, wo ich ihn fast nicht sehen
konnte, und versuchte aus einem gewissen schamhaften Gefühl
heraus, den Eindruck zu verbergen, den die Musik auf ihn aus-
übte; häufig aber, wenn er es gar nicht erwartete, stand ich vom
Klavier auf, trat zu ihm und bemühte mich, in seinen Zügen die
Spuren der Erregung, den unnatürlichen Glanz der feucht-
schimmernden Augen wahrzunehmen, die er vergebens vor mir
zu verbergen suchte. Mama hatte oft den Wunsch, uns im Diwanzimmer zu beobachten, fürchtete aber wahrscheinlich, uns
zu stören, und ging deshalb, als blickte sie uns gar nicht an, mit
einem gemacht ernsten und gleichgültigen Gesicht durch das

Zimmer; aber ich wußte, daß sie keinen Anlaß hatte, in ihr Zimmer zu gehen und so schnell zurückzukehren. Den Abendtee schenkte ich im großen Salon ein, und wiederum versammelten sich alle Hausgenossen am Tisch. Diese feierliche Sitzung um den blitzenden Samowar und die Verteilung der Tassen und Gläser setzten mich lange Zeit in Verlegenheit. Es kam mir immer vor, als wäre ich dieser Ehre noch nicht würdig, noch zu jung und leichtsinnig, um den Hahn eines so großen Samowars umzudrehen, um das Glas Nikita auf das Teebrett zu stellen und dazu zu sagen: Für Pjotr Iwanowitsch, für Matja Minitschna, zu fragen: Süß genug? und Zuckerstücke für die Kinderfrau und die verdienten Leute zurückzulegen. »Prächtig, prächtig«, sagte mein Mann oft, »wie eine Erwachsene«, und das verwirrte mich noch mehr.

Nach dem Tee legte Mama Patiencen oder ließ sich von Marja Minitschna die Karten legen, dann küßte und bekreuzigte sie uns beide, und wir zogen uns zurück. Meistens aber saßen wir zu zweit bis nach Mitternacht beisammen, und das war die allerschönste und angenehmste Zeit. Er erzählte mir von seinem früheren Leben, wir machten Pläne, philosophierten mitunter und gaben uns Mühe, recht leise zu sprechen, damit es oben nicht gehört und Tatjana Semjonowna nicht hinterbracht werde, die ein frühes Schlafengehen von uns verlangte. Manchmal schlichen wir uns, wieder hungrig geworden, leise in das Büfettzimmer, bekamen durch Nikitas Protektion ein kaltes Nachtmahl und verzehrten es beim Schein einer einzigen Kerze in meinem Wohnzimmer. Wir lebten wie Fremde in diesem großen alten Haus, in welchem der strenge Geist der Altvorderen und Tatjana Semjonownas über allem waltete. Nicht nur sie, sondern auch die Leute, die alten Mägde, die Möbel, die Bilder flößten mir Achtung, eine gewisse Furcht und die Erkenntnis ein, daß wir zwei hier nicht ganz am Platze wären und daß wir hier sehr vorsichtig und achtsam leben müßten. Wenn ich jetzt daran zurückdenke, so sehe ich, daß vieles – sowohl diese verbindliche, unverbrüchliche Ordnung als auch diese Flut von müßigen und neugierigen Menschen in unserem Haus – unbequem und erdrückend war; damals aber belebte gerade diese Beschränkung unsere Liebe noch mehr. Nicht nur ich, sondern auch er ließ sich nie anmerken, daß ihm etwas nicht paßte. Im Gegenteil, er schien sogar allem aus dem Wege zu gehen, was schlecht war. Mamachens Lakai, Dmitrij Sidorow, ein großer Liebhaber der Pfeife, ging regelmäßig alle Tage nach dem Mittagessen, während wir uns im Diwanzimmer aufhielten, in meines Mannes Kabinett, um sich Tabak aus dem Kasten zu holen; und man mußte sehen, mit welch einer heiteren Furcht Sergej Michailowitsch auf den Zehenspitzen an mich herantrat und drohend und augenzwinkernd auf Dmitrij Sidorow zeigte, der nicht ahnte, daß man ihn sah. Und wenn Dmitrij Sidorow, ohne uns bemerkt zu haben, gegangen war, sagte mir mein Mann aus Freude darüber, daß alles gut abgelaufen war, wie bei jeder anderen Gelegenheit, daß ich eine entzückende Frau sei. Mitunter mißfiel mir diese Ruhe, dieses Allverzeihen und diese scheinbare Gleichgültigkeit gegen alles; ich merkte nicht, daß in mir dasselbe Gefühl lebendig war, und hielt es für Schwäche. Wie ein Kind, das seinen Willen nicht zu zeigen wagt, dachte ich.

»Ach, mein Liebling«, antwortete er mir, als ich ihm einmal sagte, daß seine Schwäche mich in Erstaunen setze, »kann man denn mit irgend etwas unzufrieden sein, wenn man so glücklich ist wie ich? Es ist leichter, selber nachzugeben, als die anderen zu beugen; davon habe ich mich längst überzeugt, und es gibt keine Lage, in der man nicht glücklich sein könnte. Und wir haben es so gut! Ich kann mich nicht ärgern; für mich gibt es jetzt nichts Schlechtes, nur Bemitleidenswertes und Spaßhaftes. Und in der Hauptsache – le mieux est l'ennemi du bien. Glaube mir, wenn ich die Klingel höre, wenn ich einen Brief erhalte oder, ganz einfach, wenn ich aufwache, wird mir bange. Bange, daß man leben muß, daß irgend etwas sich verändern wird; schöner als jetzt kann es aber nicht werden.«

Ich glaubte es, aber ich verstand ihn nicht. Es ging mir gut, aber es schien, daß eben alles so und nicht anders sein müsse und es allen so ergehe, daß es aber dort – irgendwo – noch ein anderes Glück geben müsse, kein größeres, aber ein anderes.

So gingen zwei Monate dahin, der Winter brach an mit seinen Frösten und Schneestürmen, und obwohl mein Mann bei mir war, fing ich an, mich einsam zu fühlen, fing ich an zu empfinden, daß das Leben sich wiederholte, daß aber weder in mir noch in ihm etwas Neues sei, daß wir, im Gegenteil, gleichsam zum Alten zurückkehrten. Er fing an, sich mehr als früher ohne mich mit seinen Angelegenheiten zu befassen, und wieder wollte es mir scheinen, als sei in seiner Seele eine besondere Welt, zu der er mir keinen Zutritt lassen wollte. Seine immerwährende Ruhe reizte mich. Ich liebte ihn nicht weniger als früher und war nicht weniger glücklich als früher durch seine Liebe; aber meine Liebe war zum Stillstand gekommen und wuchs nicht mehr, und neben der Liebe begann sich ein neues, unruhiges Gefühl in meine Seele einzuschleichen. Es genügte mir nicht, ihn zu lieben, nachdem ich das Glück, ihn liebzugewinnen, erfahren hatte. Ich verlangte nach Bewegung, nicht nach diesem ruhigen Dahinfließen des Lebens. Ich verlangte nach Aufregungen, Gefahren und Selbstaufopferung für das Gefühl. In mir lebte ein Überschuß an Kraft, der in unserem stillen Leben keinen Platz fand. Ich hatte Anfälle von Schwermut, die ich wie etwas Schlechtes vor ihm zu verbergen suchte, und Anfälle einer ungestümen Zärtlichkeit und Heiterkeit, die ihn erschreckten. Er bemerkte meinen Zustand früher als ich und schlug vor, in die Stadt zu übersiedeln; aber ich bat ihn, davon Abstand zu nehmen, unsere Lebensweise nicht zu ändern und unser Glück nicht zu zerstören. Und ich war wirklich glücklich; aber es quälte mich, daß dieses Glück mich keinerlei Mühe kostete, keinerlei Opfer, während ich die Kraft, mich zu mühen und zu opfern, in mir verspürte. Ich liebte ihn und sah, daß ich ihm alles war; aber ich wünschte, daß alle unsere Liebe sähen, daß man unsere Liebe behinderte, während ich ihn dennoch weiterliebte. Mein Verstand und sogar meine Gefühle waren beschäftigt, aber da war ein anderes Gefühl – Jugend, das Bedürfnis sich zu regen, das in unserem stillen Leben keine Befriedigung fand. Warum sagte er mir, wir könnten in die Stadt fahren, sobald ich Lust dazu verspürte? Hätte er es mir nicht gesagt, hätte ich vielleicht begriffen, daß das mich bedrückende Gefühl gefährlicher Unsinn war, meine eigene Schuld, und daß das Opfer, welches ich suchte, hier vor mir lag, in der Unterdrückung dieses Gefühls. Der Gedanke, daß ich mich nur durch eine Reise in die Stadt von meiner Sehnsucht befreien könne, kam mir unwillkürlich in den Sinn, und zugleich war es mir peinlich und tat es mir leid, ihn um meinetwillen von allem loszureißen, was er liebte. Aber die Zeit ging dahin, der Schnee verwehte die Mauern des Hauses immer mehr, wir waren immer allein und wir waren stets dieselben voreinander; dort aber, irgendwo, im Glanz und Gewühl, litten, quälten und freuten sich Scharen von Menschen, ohne an uns und an unser dahinschwindendes Dasein zu denken. Das Schlimmste von allem war für mich die Empfindung, daß die Lebensgewohnheiten unser Dasein mit jedem Tage in eine ganz bestimmte Form zwangen, daß unser Gefühl nicht frei wurde, sondern sich dem gleichmäßigen, leidenschaftslosen Gang der Zeit unterwarf. Am Morgen waren wir heiter, während des Mittagessens respektvoll, abends zärtlich. Gut! sagte ich mir, es ist schön, Gutes zu tun und ehrbar zu leben, wie er sagt; aber dafür werden wir noch Zeit haben, doch es ist etwas da, wofür ich nur jetzt die Kräfte besitze. Ich brauchte nicht das, ich brauchte Kampf; ich verlangte, daß das Gefühl uns im Leben leite, nicht aber das Leben unser Gefühl leite. Ich wollte mit ihm zusammen zu einem Abgrund gehen und sagen: Ein Schritt, und ich stürze mich hinab, eine Bewegung, und ich bin verloren; er aber sollte mich erbleichend am Rande des Abgrunds in seine starken Arme nehmen, mich über den Abgrund halten, so daß mein Herz erzittern mußte, und mich forttragen, wohin er wollte.

Dieser Zustand wirkte sogar auf meine Gesundheit, und meine Nerven begannen zu leiden. Eines Morgens fühlte ich mich schlechter als gewöhnlich; er kam in schlechter Laune aus dem Kontor, was selten geschah. Ich bemerkte es sofort und fragte, was ihm sei. Er wollte es aber nicht sagen und meinte, es sei nicht der Rede wert. Wie ich später erfuhr, hatte der Polizeichef unsere Bauern zu sich beschieden und, da er meinem Mann nicht wohlwollte, Gesetzwidriges von ihnen verlangt und ihnen gedroht. Mein Mann hatte das alles noch nicht genügend verdaut, um es nur lächerlich und erbärmlich zu finden, war gereizt und wollte deshalb nicht mit mir darüber reden. Ich aber meinte, er wolle deshalb nicht mit mir reden, weil er mich für ein Kind hielte, das nicht verstehen konnte, was ihn bewegte. Ich wandte ihm den Rücken, schwieg und befahl, Marja Minitschna zum Tee zu bitten, die als Gast im Hause weilte. Nach der Teestunde, die ich nach Möglichkeit abkürzte, führte ich Marja Minitschna in das Diwanzimmer und fing an, mit ihr laut über irgendeinen Unsinn zu sprechen, der für mich keineswegs unterhaltend war. Er ging im Zimmer auf und ab und warf uns hin und wieder einen Blick zu. Diese Blicke wirkten jetzt so auf mich, daß ich Lust bekam, immer mehr und mehr zu sprechen und sogar zu lachen; mir kam alles, was ich selbst sprach, und alles, was Marja Minitschna sprach, komisch vor. Ohne mir etwas zu sagen, ging er in sein Kabinett und machte die Türe hinter sich zu. Als ich ihn nicht mehr hörte, war meine Heiterkeit plötzlich verschwunden, so daß Marja Minitschna sich wunderte und mich fragte, was mir sei. Ich antwortete nicht, setzte mich auf den Diwan und hätte am liebsten geweint. Und worüber denkt er nach? dachte ich. Über irgendeinen Unsinn, der ihm wichtig erscheint, aber wenn er versuchte, es mir zu sagen, würde ich ihm zeigen, daß das alles Nichtigkeiten sind. Nein, er will glauben, daß ich ihn nicht verstehe, er muß mich durch seine erhabene Ruhe erniedrigen und mir gegenüber immer recht haben. Dafür habe auch ich recht, wenn es mir langweilig und öde zumute ist, wenn ich leben und mich regen will, dachte ich, nicht aber auf einem Fleck stehen und fühlen will, wie die Zeit über mich hinweggeht. Ich will vorwärtsgehen, ich will jeden Tag, jede Stunde etwas Neues, aber er will stehenbleiben und auch mich zurückhalten. Und wie leicht wäre es ihm! Dazu brauchte er mich nicht in die Stadt zu bringen, er brauchte nur so zu sein wie ich und nicht wichtig zu tun, sich nicht zurückzuhalten, sondern einfach zu leben. Mir rät er es, aber selber ist er nicht schlicht. So ist's!

Ich fühlte, daß mir die Tränen kamen und daß ich gereizt war. Ich erschrak über diese Gereiztheit und ging zu ihm. Er saß im Kabinett und schrieb. Als er meine Schritte hörte, sah er sich einen Augenblick lang gleichgültig und ruhig um und schrieb weiter. Dieser Blick gefiel mir nicht; statt zu ihm zu gehen, blieb ich am Tisch, an dem er schrieb, stehen, öffnete ein Buch und blickte hinein. Er riß sich noch einmal von seiner Arbeit los und sah mich an.

»Bist du schlechter Laune, Mascha?« sagte er.

Ich antwortete mit einem kalten Blick, der besagte: Es ist

unnütz zu fragen! Was sind das für Liebenswürdigkeiten? Er schüttelte den Kopf und lächelte zaghaft und liebevoll, aber zum ersten Mal wurde sein Lächeln nicht mit einem Lächeln von meiner Seite erwidert.

»Was hattest du heute?« fragte ich, »warum hast du es mir nicht gesagt?«

»Eine Bagatelle! Eine kleine Unannehmlichkeit«, antwortete er. »Ich kann es dir übrigens jetzt erzählen. Zwei Bauern sind in die Stadt gefahren ...«

Aber ich ließ ihn nicht ausreden.

»Warum hast du es mir nicht gleich erzählt, als ich beim Tee danach fragte?«

»Ich hätte dir eine Dummheit gesagt, ich war ärgerlich in jenem Augenblick.«

»Gerade da brauchte ich es aber.«

»Weshalb?«

»Warum denkst du, daß ich dir niemals bei etwas helfen kann?«

»Wieso denke ich das?« sagte er die Feder hinlegend. »Ich denke, daß ich ohne dich nicht leben kann. Du hilfst mir nicht nur in allem und jedem, sondern du bist es, die alles macht. Was denkst du nur!« lachte er auf. »Ich lebe ja nur durch dich. Alles erscheint mir nur deshalb schön, weil du da bist, weil ich dich ...«

»Ja, das weiß ich, ich bin ein liebes Kind, das man beruhigen muß«, sagte ich in einem Ton, daß er mich erstaunt anblickte, als sähe er das zum ersten Mal. »Ich will keine Ruhe, davon besitzt du genug, reichlich genug«, fügte ich hinzu.

»Nun, schau, worum es sich handelt«, unterbrach er mich hastig, als fürchtete er, mich alles aussprechen zu lassen, »wie hättest du da entschieden?«

»Jetzt will ich nicht«, entgegnete ich. Ich hätte ihn zwar gern angehört, aber es war mir so angenehm, seine Ruhe zu stören. »Ich will nicht mit dem Leben spielen, ich will leben«, sagte ich, »ebenso wie du.«

Auf seinem Gesicht, das alles so schnell und lebhaft widerspiegelte, zeigten sich Schmerz und angestrengte Aufmerksamkeit.

»Ich will gleichberechtigt mit dir leben, will mit dir ...«

Aber ich konnte nicht weitersprechen: so eine Trauer, so eine tiefe Trauer trat in seine Züge. Er schwieg eine Weile.

»Inwiefern lebst du denn nicht gleichberechtigt mit mir?« fragte er. »Insofern, als ich und nicht du mit dem Polizeichef und mit den betrunkenen Bauern verhandle ...«

»Es liegt ja nicht nur daran,« sagte ich.

»Um Gottes willen, versteh mich, mein Liebling«, fuhr er fort, »ich weiß, daß Aufregungen uns immer Schmerzen bereiten, ich habe gelebt und habe das erfahren. Ich liebe dich und muß daher wünschen, dich vor Aufregungen zu bewahren. Darin besteht mein Leben, in der Liebe zu dir; hindere mich also nicht an diesem Leben.«

»Du hast immer recht!« sagte ich, ohne ihn anzusehen.

Ich war ärgerlich, weil in seiner Seele wiederum alles klar und ruhig war, während sich in mir Unwille und ein reueähnliches Gefühl regten.

»Mascha, was ist dir?« sagte er. »Es handelt sich nicht darum, ob ich recht habe oder du recht hast, sondern um etwas ganz anderes: Was hast du gegen mich? Antworte mir nicht sofort, denk nach und sage mir alles, was du denkst. Du bist unzufrieden mit mir, und du hast sicherlich recht, laß mich aber verstehen, was ich verschuldet habe.«

Wie aber konnte ich ihm meine Seele erzählen? Daß er mich wieder sofort verstanden hatte, daß ich ihm gegenüber wieder das Kind war, daß ich nichts tun konnte, was er nicht verstanden und vorausgesehen hätte, erregte mich noch mehr.

»Ich habe gar nichts gegen dich«, sagte ich. »Mir ist es einfach langweilig, und ich möchte, daß es nicht langweilig ist. Aber du sagst, daß es so sein muß, und du hast wieder recht.«

Ich sagte es und sah ihn an. Ich hatte meinen Zweck erreicht: seine Ruhe war verschwunden, Angst und Schmerz prägten sich in seinen Zügen aus.

»Mascha«, begann er mit leiser, erregter Stimme, »das ist kein Scherz, was wir jetzt tun. Jetzt entscheidet sich unser Schicksal. Ich bitte dich, mir nichts zu erwidern und mich anzuhören. Warum willst du mich quälen?«

Aber ich unterbrach ihn.

»Ich weiß, du wirst recht haben. Sprich lieber nicht, du hast ja recht«, sagte ich kalt, als spräche nicht ich, sondern ein böser Geist in mir.

»Wenn du wüßtest, was du tust!« sagte er mit bebender Stimme.

Ich fing an zu weinen, und mir wurde leichter. Er saß neben mir und schwieg. Ich empfand Mitleid mit ihm und schämte mich und war unwillig über das, was ich getan hatte. Ich sah ihn nicht an. Mir schien, daß er mich in diesem Augenblick entweder streng oder erstaunt ansehen müsse. Endlich wandte ich mich um: ein sanfter, zärtlicher, gleichsam um Verzeihung bittender Blick war auf mich gerichtet. Ich nahm ihn an der Hand und sagte: »Verzeih mir! Ich weiß selbst nicht, was ich gesagt habe.«

»Ja, aber ich weiß, was du gesagt hast, und du hast die Wahrheit gesagt.«

»Was?« fragte ich.

»Daß wir nach Petersburg reisen müssen«, sagte er. »Wir haben jetzt hier nichts zu tun.«

»Wie du willst«, erwiderte ich.

Er umarmte und küßte mich.

»Verzeih du mir«, sagte er. »Ich trage die Schuld.« An diesem Abend spielte ich ihm lange vor, und er ging im Zimmer umher und flüsterte vor sich hin. Er hatte die Angewohnheit zu flüstern, und ich fragte ihn oft, was er da flüstere, und er sagte mir nach einigem Nachdenken stets, was er geflüstert hatte: meistens waren es Verse und mitunter ein schrecklicher Unsinn, an dem ich seine seelische Stimmung erkennen konnte.

»Was flüsterst du heute?« fragte ich.

Er blieb stehen, dachte nach und antwortete lächelnd mit zwei Versen Lermontows:

> » ... doch er, der Tor, sehnt sich nach Stürmen,
> Als fände Ruhe er im Sturm.«

Nein, er ist mehr als ein Mensch; er weiß alles! dachte ich. Wie könnte ich ihn nicht lieben!

Ich stand auf, nahm ihn an der Hand und fing an, mit ihm auf und ab zu wandeln, bemüht, im gleichen Schritt mit ihm zu gehen.

»Ja?« fragte er lächelnd und sah mich an.

»Ja«, antwortete ich flüsternd, und eine besondere fröhliche Gemütsstimmung ergriff uns beide, unsere Augen lachten, und wir machten immer größere und größere Schritte und stellten uns immer mehr und mehr auf die Zehenspitzen. Und in diesem Schritt begaben wir uns zur großen Mißbilligung Grigorijs und zum Erstaunen der Mama, die im Salon eine Patience legte, durch alle Zimmer bis ins Eßzimmer; dort blieben wir stehen, sahen einander an und brachen in Lachen aus.

Zwei Wochen später, vor Weihnachten, waren wir in Petersburg.

7

Unsere Fahrt nach Petersburg, eine Woche Aufenthalt in Moskau, seine und meine Verwandten, die Einrichtung in der neuen Wohnung, die neuen Städte und Menschen – all das ging wie ein Traum vorüber. Alles war so abwechslungsreich, so neu und heiter, alles war so warm und hell durch seine Gegenwart, durch seine Liebe erleuchtet, daß mir unser stilles ländliches Leben als etwas weit Zurückliegendes und Nichtiges erschien. Ich hatte erwartet, gesellschaftlichen Hochmut und Kälte bei den Menschen zu finden, statt dessen kamen mir alle mit so ungeheuchelter Liebenswürdigkeit entgegen (nicht nur die Verwandten, sondern auch die Fremden), als hätten sie immer nur an mich gedacht und auf mich gewartet, damit ihnen selber wohl werde. Ebenso unerwartet für mich fanden sich in dem Gesellschaftskreis, der mir als der allerbeste erschien, viele Bekannte meines Mannes, von denen er mir niemals erzählt hatte; und es berührte mich oft seltsam und unangenehm, aus seinem Mund strenge Urteile über einige dieser Menschen zu hören, die mir so gütig erschienen. Ich konnte nicht begreifen, warum er sie so kalt behandelte und vielen Bekanntschaften auszuweichen suchte, die ich für schmeichelhaft hielt. Ich war der Meinung, je mehr gute Menschen man kenne, desto besser sei es, und sie waren alle gut.

»Siehst du wohl, wie wir uns einrichten werden«, hatte er vor der Abreise vom Gut gesagt, »hier sind wir kleine Krösusse, aber dort werden wir sehr wenig reich sein, daher dürfen wir nur bis Ostern in der Stadt leben und müssen die große Welt meiden, sonst kommen wir in Schwierigkeiten; auch möchte ich deinetwegen nicht ...«

»Wozu die große Welt?« antwortete ich, »wir wollen nur Theater und Verwandte besuchen, ein paar Opern und gute Musik hören und noch vor Ostern aufs Land zurückkehren.«

Aber als wir in Petersburg ankamen, waren diese Pläne vergessen. Ich fand mich plötzlich in einer so neuen, glücklichen Welt, mich umfingen so viele Freuden, so viele neue Interessen tauchten vor mir auf, daß ich mich mit einemmal, wenn auch unbewußt, von meiner ganzen Vergangenheit und von allen Plänen dieser Vergangenheit lossagte. Das waren nur Spielereien bisher, es hatte noch nicht begonnen; aber hier ist es, das wirkliche Leben! Und was kommt wohl noch? dachte ich. Die Unruhe und die beginnende Schwermut, die mich im Dorf bedrückt hatten, verschwanden vollständig, wie durch Zauberei. Die Liebe zu meinem Mann wurde ruhiger, und hier kam mir niemals der Gedanke, ob er mich etwa weniger liebe. Ich konnte ja auch nicht an seiner Liebe zweifeln: jeder Gedanke wurde sofort von ihm verstanden, jedes Gefühl geteilt, jeder Wunsch erfüllt. Seine Ruhe war hier geschwunden oder reizte mich nicht mehr. Zudem fühlte ich, daß er außer seiner früheren Liebe zu mir mich hier auch mit Wohlgefallen betrachtete. Es kam häufig vor, daß er nach einem Besuch, einer neuen Bekanntschaft oder nach einer Abendgesellschaft bei uns, bei der ich innerlich zitternd, aus Angst, einen Fehler zu begehen, die Pflichten der Hausfrau erfüllte, zu mir sagte: »So ein Mädelchen! Prächtig! Hab keine Angst! Es war wirklich gut!« Und ich war sehr froh. Bald nach unserer Ankunft schrieb er einen Brief an seine Mutter und rief mich, damit ich ein paar Worte von mir aus hinzufüge; er wollte mich das, was er geschrieben hatte, nicht lesen lassen; natürlich bestand ich darauf und las es. »Sie würden Mascha nicht wiedererkennen«, schrieb er, »und ich selbst erkenne sie nicht wieder. Woher nimmt sie dieses liebe, anmutige Selbstbewußtsein, diese Freundlichkeit und sogar gesellschaftliche Klugheit und Liebenswürdigkeit? Und das ist alles einfach, lieb und gutherzig. Alle sind entzückt von ihr, ja, ich selbst kann mich nicht satt sehen an ihr, und wenn es möglich wäre, liebte ich sie noch mehr als bisher.«

Ah! So bin ich also! dachte ich. Und mir wurde so fröhlich und leicht zumute, es schien mir sogar, daß ich ihn noch inniger liebte.

Mein Erfolg bei allen unseren Bekannten kam mir vollkommen unerwartet. Von allen Seiten wurde mir gesagt, daß ich hier einem Onkel besonders gefallen habe, dort eine Tante geradezu entzückt von mir sei; jener sagte mir, daß es keine mir ähnlichen Frauen in Petersburg gäbe, jene versicherte, daß ich nur zu wollen brauche, um die begehrteste Frau der Gesellschaft zu sein. Es war besonders eine Cousine meines Mannes, Fürstin D., eine nicht mehr junge Frau der großen Welt, die sich plötzlich in mich verliebt hatte und mir mehr als alle anderen schmeichelhafte Dinge sagte, die mir den Kopf verdrehten. Als die Cousine mich zum ersten Mal aufforderte, einen Ball zu besuchen, und meinen Mann darum bat, wandte er sich zu mir und fragte mit einem kaum merklichen schlauen Lächeln, ob ich ihn mitmachen wolle. Ich nickte zum Zeichen des Einverständnisses mit dem Kopf und fühlte, daß ich errötete.

»Als ob eine Sünderin gestünde, was sie gern möchte«, sagte er gutmütig lachend.

»Du hast doch gesagt, daß wir nicht in Gesellschaft gehen dürften, auch liebst du es nicht«, erwiderte ich lächelnd und sah ihn mit einem flehenden Blick an.

»Wenn du es sehr gern möchtest, werden wir fahren«, sagte er.

»Nein, wirklich, lieber nicht.«

»Möchtest du? sehr?« fragte er wieder.

Ich antwortete nicht.

»Die Gesellschaft ist nicht das größte Übel«, fuhr er fort, »aber die gesellschaftlich unerfüllten Wünsche – das ist so schlecht wie unschön. Wir müssen unbedingt diesen Ball besuchen und werden hinfahren«, schloß er entschieden.

»Um die Wahrheit zu gestehen«, sagte ich, »habe ich mir nichts in aller Welt so sehr gewünscht wie diesen Ball.«

Wir fuhren hin, und das Vergnügen, das ich empfand, überstieg alle meine Erwartungen. Auf dem Ball schien es mir noch mehr als bisher, daß ich der Mittelpunkt sei, um den sich alles drehte, daß dieser große Saal nur für mich erleuchtet sei, die Musik nur für mich spiele und diese Menschenmenge, die von mir entzückt war, sich nur meinetwegen versammelt habe. Alle, angefangen vom Friseur und der Zofe bis zu den Tänzern und den alten Herren, die durch den Saal schritten, schienen mir zu sagen und mich fühlen zu lassen, daß sie mich liebten. Das allgemeine Urteil, das auf diesem Ball über mich gefällt und mir von der Cousine übermittelt wurde, ging dahin, daß ich den anderen Frauen gar nicht ähnlich sei, daß ich etwas Besonderes, Ländliches, Schlichtes und Entzückendes an mir habe. Dieser Erfolg schmeichelte mir so sehr, daß ich meinem Mann aufrichtig sagte, wie sehr ich wünschte, in diesem Jahr noch zwei oder drei Bälle zu besuchen: um sie ordentlich satt zu bekommen, fügte ich gegen mein Gewissen hinzu.

Mein Mann willigte gern ein und fuhr in der ersten Zeit mit sichtlichem Vergnügen mit uns aus, freute sich über meine Erfolge und schien das, was er früher gesagt hatte, ganz vergessen zu haben oder anderer Meinung geworden zu sein.

Späterhin begann er sich sichtlich zu langweilen und das Leben, das wir führten, als Last zu empfinden. Ich aber schenkte dem keine Beachtung; wenn ich auch mitunter seinen eindringlichen, ernsten Blick, der fragend auf mich gerichtet war, bemerkte, verstand ich dessen Bedeutung nicht. Ich war so berauscht von dieser, wie ich meinte, plötzlich erwachten Liebe aller Menschen zu mir, von dieser Atmosphäre des Glanzes, der Vergnügungen und des Neuen, die ich hier zum ersten Mal kennenlernte, es verschwand hier so plötzlich der mich erdrückende moralische Einfluß meines Mannes, mir war es so angenehm, ihm in dieser Welt nicht nur gleich zu sein, sondern höher zu stehen als er und ihn dafür noch mehr und selbständiger zu lieben als bisher, daß ich nicht verstehen konnte, was für Abträglichkeiten für mich er in diesem gesellschaftlichen Leben finden mochte. Ich empfand ein mir neues Gefühl des Stolzes und der Selbstzufriedenheit, wenn ich, den Ballsaal betretend, alle Blicke auf mich gerichtet sah, während er sich beeilte, mich zu verlassen und sich in der Menge der schwarzen Fräcke zu verlieren, als wäre es ihm peinlich, vor der ganzen Menge sein Besitzrecht auf mich zu bekennen. Warte! dachte ich oft, wenn ich mit den Augen seine unauffällige, oft die Langeweile verratende Gestalt am Ende des Saales aufsuchte, warte! dachte ich, wir werden nach Hause kommen, und du wirst verstehen und sehen, für wen ich mich schön und strahlend zu sein bemühe und *was* ich von alledem, was mich heute abend umgibt, liebe. Ich glaube selber aufrichtig daran, daß meine Erfolge mich nur deshalb freuten, weil ich imstande war, sie ihm als Opfer darzubringen. Die einzige Gefahr des gesellschaftlichen Lebens lag für mich, wie ich dachte, in der Möglichkeit, eine Neigung zu einem der Männer zu fassen, die mir dort begegneten, und in der Eifersucht meines Mannes; aber er glaubte so fest an mich, er erschien so ruhig und gleichgültig, und alle diese jungen Leute kamen mir im Vergleich zu ihm so unbedeutend vor, daß die meinen Begriffen nach einzige Gefahr der Gesellschaft mich nicht schrecklich dünkte. Aber ungeachtet dessen bereitete mir die Aufmerksamkeit vieler Leute in dieser Welt Vergnügen, schmeichelte meiner Eigenliebe, veranlaßte mich zu denken, daß in meiner Liebe zum Gatten ein gewisses Verdienst liege, und gestaltete mein Benehmen ihm gegenüber selbstsicherer und gleichsam nachlässiger.

»Ich habe gesehen, daß du dich etwas sehr lebhaft mit N. N. unterhalten hast«, sagte ich ihm einst nach der Heimkehr von einem Ball, drohte ihm mit dem Finger und nannte eine der bekannten Petersburger Damen, mit der er sich an diesem Abend wirklich unterhalten hatte. Ich sagte das, um ihn aufzumuntern, denn er war ganz besonders schweigsam und gelangweilt.

»Ach, wozu so sprechen? Und du bist es, Mascha, die so spricht!« murmelte er zwischen den Zähnen und verzog das Gesicht wie in körperlichem Schmerz. »Wie wenig das zu dir und zu mir paßt! Überlaß es den anderen; solche trügerischen Beziehungen können unsere echten verderben, und ich hoffe noch, daß die echten zurückkehren.«

Ich fühlte mich beschämt und schwieg.

»Werden sie zurückkehren, Mascha? Was meinst du?« fragte er.

»Sie sind nie verdorben worden und werden nicht verderben«, sagte ich, und damals schien mir das wirklich so zu sein.

»Gebe es Gott!« sagte er, »sonst wäre es für uns an der Zeit, ins Dorf zurückzukehren.«

Aber das sagte er mir nur einmal, ansonsten fühlte er sich scheint's ebenso wohl wie ich, mir aber war so froh und freudig zumute. Wenn er sich mitunter auch langweilt, tröstete ich mich, so habe ich mich ja seinetwegen auch auf dem Lande gelangweilt; wenn sich unsere Beziehungen auch ein wenig geändert haben, so wird alles von neuem wiederkehren, sobald wir im Sommer wieder allein mit Tatjana Semjonowna in unserem Nikolsker Haus sind.

So ging der Winter für mich unmerklich vorüber, und wir verbrachten gegen unsere Pläne sogar die Osterwoche in Petersburg. In der Woche nach Ostern, als wir schon fahren wollten, alle Sachen gepackt waren und mein Mann, der bereits die Geschenke für zu Hause – allerhand Sachen und Blumen fürs Land – eingekauft hatte, sich in einer besonders zärtlichen und heiteren Stimmung befand, kam unerwartet die Cousine zu uns und bat, wir möchten noch bis zum Samstag bleiben, um die Rout der Gräfin R. mitzumachen. Sie sagte, die Gräfin R. bäte mich dringend zu kommen, da der damals in Petersburg weilende Prinz M. schon seit dem letzten Ball den Wunsch hege, meine Bekanntschaft zu machen, nur aus diesem Grunde die Gesellschaft besuchen wolle und gesagt habe, ich sei die hübscheste Frau von ganz Rußland. Die ganze Stadt würde dort versammelt sein, nun, mit einem Wort, es hätte keine Art, wenn ich nicht hinführe.

Mein Mann saß am anderen Ende des Salons und unterhielt sich mit jemandem.

»Nun, wie ist's, werden Sie kommen, Marie?« fragte die Cousine.

»Wir wollten übermorgen auf unser Gut reisen«, antwortete ich unentschlossen und sah auf meinen Mann. Unsere Blicke trafen sich, er wandte sich hastig ab.

»Ich werde ihn überreden zu bleiben«, sagte die Cousine, »und am Samstag fahren wir zur Gräfin und verdrehen den Leuten die Köpfe. Ja?«

»Das würde unsere Pläne stören, wir haben doch schon gepackt«, antwortete ich, schon nachgebend.

»Sie täte besser daran, heute abend dem Prinzen ihre Ehrerbietung zu erweisen«, erklang meines Mannes Stimme vom anderen Ende des Salons in einem gereizt zurückhaltenden Ton, den ich noch nie von ihm gehört hatte.

»Ach, er ist eifersüchtig! Das sehe ich zum ersten Mal«, lachte die Cousine. »Ich überrede sie doch nicht des Prinzen wegen zu bleiben, Sergej Michailowitsch, sondern um unser aller willen. Die Gräfin R. hat sie so gebeten zu kommen!«

»Das hängt von ihr ab«, bemerkte mein Mann kalt und verließ das Zimmer.

Ich sah, daß er erregter war als gewöhnlich; das quälte mich, und ich versprach der Cousine nichts. Sobald sie fortgefahren war, begab ich mich zu meinem Mann. Er ging nachdenklich auf und ab und sah und hörte nicht, wie ich das Zimmer auf Zehenspitzen betrat.

Er sieht in Gedanken schon das liebe Haus in Nikolskoje, dachte ich, ihn betrachtend, und unseren Morgenkaffee in dem hellen Salon und seine Felder, die Bauern, die Abende im Diwanzimmer und die geheimnisvollen nächtlichen Mahlzeiten. – Nein! beschloß ich in meinem Innern, ich gebe alle Bälle der Welt und die Schmeicheleien aller Prinzen der Welt dahin für seine freudige Verwirrung, für seine zarte Liebkosung. Ich wollte ihm sagen, daß ich die Gesellschaft nicht besuchen wolle und werde, als er sich plötzlich umsah, bei meinem Anblick die Stirn runzelte und den sanftnachdenklichen Ausdruck seines Gesichts veränderte. Er wollte nicht, daß ich ihn als schlichten Menschen sähe: Er mußte stets als Halbgott vor mir auf dem Piedestal stehen.

»Was ist, Liebling?« fragte er und wandte sich ruhig und nachlässig mir zu.

Ich antwortete nicht. Es ärgerte mich, daß er sich vor mir versteckte und verbarg, nicht der bleiben wollte, den ich liebte.

»Du willst die Gesellschaft am Samstag mitmachen?« fragte er.

»Ich wollte es«, antwortete ich, »aber dir gefällt es nicht. Auch ist schon alles gepackt«, setzte ich hinzu.

Noch nie hatte er mich so kalt angesehen, noch nie so kalt mit mir gesprochen.

»Ich werde vor Dienstag nicht abreisen und werde befehlen, die Sachen wieder auszupacken«, sagte er, »daher kannst du fahren, wenn es dir beliebt. Tu mir den Gefallen und fahre hin. Ich werde nicht abreisen.«

Wie stets, wenn er erregt war, begann er mit ungleichen Schritten im Zimmer umherzugehen und sah mich nicht an.

»Ich verstehe dich durchaus nicht«, sagte ich, auf meinem Platz stehenbleibend und ihn mit den Augen verfolgend, »du sagst, daß du stets so ruhig bist.« Er hatte das nie gesagt. »Warum sprichst du also so sonderbar mit mir? Ich bin bereit, dir dieses Vergnügen zu opfern, aber du verlangst gleichsam ironisch, wie du noch niemals mit mir gesprochen hast, ich solle hinfahren.«

»Nun also! Du bringst ein *Opfer*«, er betonte dieses Wort ganz besonders, »und ich bringe ein Opfer, was will man mehr. Ein Kampf der Großmut. Kann man ein noch schöneres Familienglück verlangen?«

Ich hörte zum ersten Mal solche erbitterten und spöttischen Worte aus seinem Munde. Und der Spott beschämte mich nicht, sondern kränkte mich, und die Erbitterung erschreckte mich nicht, sondern teilte sich mir mit. War *er* das, der stets die Phrase in unseren Beziehungen fürchtete, der stets aufrichtig und einfach war, der so sprach? Und wofür? Dafür, daß ich ihm wirklich ein Vergnügen opfern wollte, an dem ich nichts Schlechtes finden konnte, und dafür, daß ich ihn erst vor einer Minute so verstanden und so geliebt hatte. Unsere Rollen waren vertauscht: Er vermied die offenen, schlichten Worte, und ich suchte sie.

»Du hast dich sehr verändert«, sagte ich seufzend. »Was habe ich dir gegenüber verschuldet? Das ist nicht der Rout wegen, das ist etwas anderes, Älteres, was in deinem Herzen gegen mich spricht. Wozu diese Unaufrichtigkeit? Warst du es nicht, der sie immer so sehr gefürchtet hat? Sage mir offen, was du gegen mich hast.«

Was wird er mir sagen? dachte ich und erinnerte mich mit Selbstzufriedenheit daran, daß den ganzen Winter nichts vorgefallen war, was er mir hätte zum Vorwurf machen können.

Ich trat in die Mitte des Zimmers, so daß er dicht an mir vor-

584

beigehen mußte, und sah ihn an. Er wird auf mich zukommen, mich umarmen, und alles wird zu Ende sein, fuhr es mir durch den Sinn, und es tat mir sogar leid, daß ich keine Gelegenheit haben würde, ihm sein Unrecht zu beweisen. Aber er blieb in der Ecke des Zimmers stehen und sah mich an.

»Du verstehst noch immer nicht?« fragte er.

»Nein.«

»Nun, so will ich es dir sagen. Mir ist das, was ich fühle und nicht umhin kann zu fühlen, widerwärtig, zum ersten Mal widerwärtig.« Er hielt inne, offenbar erschrocken über den groben Klang seiner Stimme.

»Aber was ist es denn?« fragte ich mit Tränen des Ärgers in den Augen.

»Es ist mir widerwärtig, daß der Prinz dich hübsch gefunden hat und daß du ihm deshalb entgegenläufst, den Gatten, dich selbst und deine Frauenwürde vergißt und nicht verstehen willst, was dein Mann statt deiner empfinden muß, wenn du selbst kein Gefühl für Würde hast; im Gegenteil, du kommst, um deinem Mann zu sagen, daß du ein *Opfer* bringst, das heißt: es ist ein großes Glück für mich, mich Seiner Hoheit zu zeigen, aber ich *opfere* es.«

Je länger er sprach, desto mehr geriet er durch den Klang seiner eigenen Stimme in Hitze, und diese Stimme war giftig, grausam und grob. Ich hatte ihn nie so gesehen und nicht erwartet, ihn je so zu sehen; das Blut stieg mir zum Herzen, ich fürchtete mich, aber gleichzeitig erregte mich das Gefühl der unverdienten Schande und des beleidigten Selbstgefühls, und ich verspürte den Wunsch, mich an ihm zu rächen.

»Das habe ich längst erwartet«, sagte ich, »sprich nur, sprich!«

»Ich weiß nicht, was du erwartet hast«, fuhr er fort, »ich mußte das Schlimmste erwarten, während ich dich täglich in diesem Schmutz, Müßiggang und Luxus dieser albernen Gesellschaft sah, und nun ... nun ist's so weit gekommen, daß ich heute Scham und Schmerz empfunden habe wie nie zuvor; Schmerz über mich, als mir deine Freundin mit ihren unsauberen Händen an die Seele griff und von meiner Eifersucht zu reden begann – von meiner Eifersucht auf wen denn? Auf einen Menschen, den weder ich noch du kennst. Und du willst mich wie absichtlich nicht verstehen und willst mir etwas zum Opfer bringen – was denn …? Ich schäme mich für dich, schäme mich deiner Erniedrigung …! Ein Opfer!« wiederholte er.

Ah! Also das ist sie, die Macht des Gatten, dachte ich: eine Frau zu beleidigen und zu erniedrigen, die nichts verschuldet hat. Darin bestehen die Rechte des Mannes, aber ich werde mich ihnen nicht unterwerfen.

»Nein, ich werde dir keinerlei Opfer bringen,« sagte ich und fühlte, wie meine Nasenflügel sich unnatürlich weiteten und das Blut aus meinem Gesichte wich. »Ich werde die Rout am Samstag besuchen, ganz bestimmt besuchen.«

»Und der Himmel schenke dir viel Vergnügen, aber zwischen uns ist es aus!« schrie er in einem Anfall von unbeherrschter Wut. »Du wirst mich nicht länger quälen. Ich war ein Narr, als …« begann er wieder, aber seine Lippen begannen zu zittern, und er hielt mit sichtbarer Mühe an sich, um das, was er angefangen hatte, nicht zu Ende zu sprechen.

Ich fürchtete und haßte ihn in diesem Augenblick. Ich wollte ihm vieles sagen und ihm alle Kränkungen heimzahlen; aber ich wäre beim ersten Wort in Tränen ausgebrochen und hätte mir ihm gegenüber etwas vergeben. Ich verließ schweigend das Zimmer. Aber sobald ich seine Schritte nicht mehr hörte, entsetzte ich mich plötzlich vor dem, was wir getan hatten. Mir kam der furchtbare Gedanke, daß dieses Band, das mein ganzes Glück ausmachte, wirklich für alle Ewigkeit zerrissen werden könnte, und ich wollte umkehren. Hat er sich aber schon genügend beruhigt, um mich zu verstehen, wenn ich ihm schweigend die Hand hinstrecke und ihn ansehe? dachte ich. Wird er meine Großmut verstehen? Wie aber, wenn er meinen Kummer als Heuchelei bezeichnet oder im Bewußtsein des Rechts mit stolzer Ruhe meine Reue hinnimmt und mir verzeiht? Und wofür, wofür hat er, den ich so geliebt habe, mich so grausam gekränkt?

Ich ging nicht zu ihm, sondern in mein Zimmer, wo ich lange allein saß und weinte und mich mit Entsetzen an jedes einzelne Wort des zwischen uns stattgefundenen Gesprächs erinnerte, diese Worte durch andere ersetzte, andere gütige Worte hinzufügte und mir wiederum entsetzt und gekränkt das ins Gedächtnis zurückrief, was vorgefallen war. Als ich am Abend zum

Teetisch kam und in Gegenwart von S., der bei uns war, mit meinem Mann zusammentraf, fühlte ich, daß sich mit dem heutigen Tag ein ganzer Abgrund zwischen uns aufgetan hatte. S. fragte mich, wann wir reisten. Ich fand keine Zeit zur Antwort.

»Am Dienstag«, antwortete mein Mann. »Wir besuchen erst noch die Rout bei der Gräfin R. Du wirst sie doch mitmachen?« wandte er sich an mich.

Ich erschrak von dem einfachen Klang dieser Stimme und sah mich zaghaft nach meinem Mann um. Seine Augen waren gerade auf mich gerichtet, ihr Blick war böse und spöttisch, die Stimme gleichmäßig und kalt.

»Ja«, antwortete ich.

Als wir abends allein geblieben waren, trat er auf mich zu und streckte mir die Hand hin.

»Vergiß, bitte, was ich dir alles gesagt habe«, sagte er.

Ich nahm seine Hand, ein zitterndes Lächeln erschien auf meinem Gesicht, Tränen wollten mir in die Augen treten, aber er entzog mir seine Hand und setzte sich ziemlich weit von mir in einen Lehnstuhl, als befürchtete er eine gefühlvolle Szene. Ist es möglich, daß er sich noch immer im Recht glaubt? dachte ich, und die beabsichtigte Erklärung und Bitte, die Gesellschaft nicht zu besuchen, gingen mir nicht über die Lippen.

»Ich muß an die Mutter schreiben, daß wir unsere Abreise verschoben haben«, sagte er, »sie könnte sich sonst beunruhigen.«

»Und wann gedenkst du zu fahren?« fragte ich.

»Am Dienstag nach der Rout«, antwortete er.

»Ich hoffe, daß das nicht meinetwegen geschieht«, sagte ich und sah ihm in die Augen, aber seine Augen schauten nur, sagten mir aber nichts, als waren sie durch irgend etwas vor mir verschleiert. Sein Gesicht erschien mir plötzlich alt und unangenehm.

Wir fuhren zu der Rout, und es schienen wieder gute, freundschaftliche Beziehungen zwischen uns zu herrschen; aber diese Beziehungen waren doch ganz anders als früher.

Während der Rout saß ich zwischen den Damen, als der Prinz auf mich zutrat, so daß ich aufstehen mußte, um mit ihm zu sprechen. Als ich mich erhob, suchten meine Blicke unwillkürlich meinen Mann, und ich sah, daß er vom anderen Ende des Saales her auf mich blickte und sich abwandte. Ich wurde plötzlich so von Scham und Schmerz erfaßt, daß ich in peinliche Verwirrung geriet und Gesicht und Nacken unter dem Blick des Prinzen erröteten. Aber ich mußte stehenbleiben und zuhören, was er mir sagte, während er mich herablassend musterte. Unser Gespräch währte nicht lange, er konnte sich nicht neben mich setzen und fühlte wahrscheinlich, daß ich mich ihm gegenüber in sehr großer Verlegenheit befand. Wir sprachen vom letzten Ball, davon, wo ich im Sommer lebte, und so weiter. Als er mich verließ, sprach er den Wunsch aus, meinen Mann kennenzulernen, und ich sah, wie sie zusammenkamen und sich am anderen Ende des Saales unterhielten. Der Prinz sagte wahrscheinlich etwas über mich, weil er sich inmitten des Gespräches lächelnd nach unserer Seite umwandte.

Mein Mann fuhr plötzlich auf, verbeugte sich tief und trat als erster von dem Prinzen weg. Auch ich errötete: ich schämte mich bei dem Gedanken, was für einen Begriff der Prinz von mir und besonders von meinem Mann bekommen mußte. Ich glaubte, daß alle meine unbeholfene Schüchternheit bemerkt hätten, während ich mit dem Prinzen sprach, und ebenso das seltsame Benehmen meines Mannes; weiß Gott, wie sie das deuten konnten! Wußten sie am Ende von dem Gespräch mit meinem Mann? Die Cousine brachte mich nach Hause, und unterwegs sprach ich mit ihr über meinen Gatten. Ich konnte es nicht aushalten und erzählte ihr alles, was sich anläßlich dieser unglückseligen Rout zwischen uns zugetragen hatte. Sie beruhigte mich und sagte, das sei ein ganz nichtssagendes, sehr gewöhnliches Zerwürfnis, das keinerlei Spuren hinterlassen werde; sie erklärte mir von ihrem Gesichtspunkt aus den Charakter meines Mannes und fand, daß er sehr verschlossen und stolz geworden sei; ich stimmte ihr bei, aber mir schien, daß ich ihn besser und ruhiger beurteilen könne.

Nachher aber, als ich mit meinem Mann allein war, lag mir dieses Urteil über ihn wie ein Verbrechen auf dem Gewissen, und ich fühlte, daß der Abgrund, der uns jetzt voneinander trennte, noch tiefer geworden war.

8

Von diesem Tag an erfuhr unser Leben und unser gegenseitiges Verhältnis eine völlige Veränderung. Wir fühlten uns, wenn wir allein waren, nicht mehr so wohl wie früher. Es gab Fragen, die wir umgingen, und wir vermochten uns in Gegenwart eines Dritten leichter zu äußern als unter vier Augen. Sobald die Rede auf das Landleben oder auf einen Ball kam, flimmerte es uns vor den Augen, und wir empfanden es als peinlich, einander anzusehen. Als ob wir beide fühlten, in welcher Gegend der Abgrund lag, der uns trennte, und fürchteten, ihm nahe zu kommen. Ich war davon überzeugt, daß er stolz und heftig sei und daß man vorsichtig sein müsse, um seine schwache Seite zu schonen. Er war der festen Meinung, daß ich ohne die Gesellschaft nicht leben könne, daß das Landleben nicht nach meinem Sinn sei und man sich dieser unglückseligen Neigung fügen müsse. Und wir vermieden beide eine offene Aussprache über diesen Gegenstand und beurteilten einander ganz falsch. Wir hatten längst aufgehört, uns gegenseitig für die vollkommensten Menschen der Welt zu halten, stellten Vergleiche mit anderen an und verurteilten einander insgeheim. Ich wurde vor der Abreise krank, und statt auf unser Dorf zu reisen, bezogen wir eine Datscha in der Nähe der Stadt, von wo aus mein Mann allein zu seiner Mutter fuhr. Als er abreiste, hatte ich mich schon genügend erholt, um mit ihm fahren zu können, aber er überredete mich zu bleiben, als bangte er um meine Gesundheit. Ich fühlte, daß er nicht um meine Gesundheit bangte, sondern darum, daß es uns schwer sein werde, im Dorf zu leben; ich widersprach nicht allzu eifrig und blieb. Ich empfand eine gewisse Leere und Einsamkeit in seiner Abwesenheit, aber als er wiederkam, sah ich, daß er mein Leben nicht mehr in der Weise bereicherte wie früher. Unsere früheren Beziehungen, da ein jeder ihm vorenthaltene Gedanke oder Eindruck wie ein Verbrechen auf mir lastete, da jede seiner Handlungen, jedes seiner Worte mir als das Muster der Vollkommenheit erschienen, da uns die Lust anwandelte, vor Freude zu lachen, wenn wir uns ansahen – diese Beziehungen gingen so unmerklich in andere über, daß wir kaum gewahr wurden, daß sie nicht mehr bestanden. Jeder hatte fortan seine eigenen Interessen und Sorgen, und wir bemühten uns nicht mehr, sie zu gemeinsamen zu machen. Es hörte sogar auf, uns nahezugehen, daß jeder seine besondere Welt hatte, die dem anderen fremd war. Wir gewöhnten uns an diesen Gedanken, und nach Jahresfrist flimmerte es uns nicht mehr vor Augen, wenn wir einander ansahen. Verschwunden waren seine Anfälle von Fröhlichkeit, seine knabenhafte Ausgelassenheit, verschwunden waren seine Allvergebung und seine Gleichgültigkeit gegen alles, die mich früher so empört hatten; nie wieder sah ich diesen tiefen Blick, der mich ehedem verwirrt und beglückt hatte, da gab es keine gemeinsamen Gebete mehr, keine Begeisterung; wir sahen uns nicht einmal oft, er war ständig in Geschäften auswärts und fürchtete und bedauerte nicht, mich allein zu lassen; ich war immer in Gesellschaft, wo ich ihn nicht brauchte.

Es gab keine Szenen und Zerwürfnisse mehr zwischen uns, ich gab mir Mühe, ihm gefällig zu sein, er erfüllte alle meine Wünsche, und wir liebten uns scheinbar.

Wenn wir allein waren, was selten vorkam, empfand ich in seiner Gegenwart weder Freude noch Erregung oder Verwirrung; es war mir, als ob ich mit mir selbst allein sei. Ich wußte sehr gut, daß er mein Mann war, nicht irgendein neuer oder unbekannter, sondern ein guter Mensch – mein Mann, den ich kannte wie mich selber. Ich war überzeugt, daß ich alles wußte, was er tun, was er sagen, wie er blicken werde; und wenn er nicht so handelte und blickte, wie ich erwartete, so schien es mir bereits, daß er es war, der sich irrte. Ich erwartete nichts von ihm. Mit einem Wort, er war mein Mann und weiter nichts. Ich meinte, daß es so sein müsse, daß es kein anderes Verhältnis gebe und zwischen uns nie ein anderes bestanden habe. Wenn er fortfuhr, besonders in der ersten Zeit, fühlte ich mich einsam, ängstlich, ich empfand in seiner Anwesenheit in höherem Maße die Bedeutung dieser Stütze; wenn er heimkehrte, warf ich mich vor Freude in seine Arme, obgleich ich zwei Stunden später diese Freude völlig vergaß und ihm nichts zu sagen hatte. Nur in den Augenblicken der stillen, mäßigen Zärtlichkeiten, die zwischen uns vorkamen, schien es mir, als ob etwas nicht ganz richtig sei, als ob mir etwas weh täte im Herzen, und ich vermeinte dasselbe in seinen Augen zu lesen. Ich fühlte diese Grenze der Zärtlichkeit, über die er jetzt gleichsam nicht hinausgehen wollte, ich aber nicht hinauszugehen vermochte. Mitunter stimmte mich das traurig, aber ich hatte keine Zeit, über irgend etwas nachzudenken, und bemühte mich, diese Trauer über eine unklar empfundene Veränderung durch Zerstreuungen zu bannen, die stets für mich bereit waren. Das gesellschaftliche Leben, das mich anfänglich durch seinen Glanz berauscht und meiner Eigenliebe geschmeichelt hatte, bemächtigte sich alsbald aller meiner Neigungen, drang in meine Gewohnheiten ein, legte mir seine Fesseln an und nahm in meiner Seele den ganzen Platz ein, der für das Gefühl bereit war. Ich blieb niemals mehr mit mir allein und fürchtete, mich in meine Lage hineinzudenken. Meine ganze Zeit vom späten Morgen bis in die späte Nacht war besetzt und gehörte nicht mir, selbst wenn ich nicht in Gesellschaft ging. Ich empfand jetzt weder Fröhlichkeit noch Langeweile dabei, sondern es schien mir, als ob es immer so und nicht anders sein müßte.

So vergingen drei Jahre, während deren unser Verhältnis stets das gleiche blieb, als wäre es stehengeblieben, erstarrt und könnte weder schlechter noch besser werden. In diesen drei Jahren vollzogen sich in unserem Familienleben zwei wichtige Ereignisse, aber beide vermochten unser Leben nicht zu ändern. Das war die Geburt meines ersten Kindes und der Tod Tatjana Semjonownas. In der ersten Zeit ergriff mich das Muttergefühl mit solcher Gewalt und rief eine so unerwartete Wonne in meiner Seele wach, daß ich meinte, ein neues Leben beginne für mich; aber nach zwei Monaten, als ich wieder anfing in Gesellschaft zu gehen, verringerte sich dieses Gefühl mehr und mehr und wurde zur Gewohnheit und zu einer kühlen Pflichterfüllung. Mein Mann dagegen wurde seit der Geburt unseres ersten Sohnes wieder der frühere sanfte und ruhige Stubenhocker und übertrug seine frühere Zärtlichkeit und Heiterkeit auf das Kind. Oft, wenn ich abends im Ballkleid in das Kinderzimmer kam, um das Kreuzzeichen über den Kleinen zu machen, und meinen Mann im Kinderzimmer antraf, glaubte ich einen vorwurfsvollen, streng beobachtenden Blick zu bemerken, der auf mich gerichtet war, und fühlte mich dann beschämt. Ich entsetzte mich plötzlich über meine Gleichgültigkeit gegen das Kind und fragte mich: Bin ich wirklich schlechter als die anderen Frauen? Aber was ist zu machen? dachte ich, ich liebe den Sohn, aber ich kann doch nicht tagelang bei ihm sitzen, das langweilt mich; heucheln aber will ich auf keinen Fall.

Der Tod seiner Mutter war ein großer Schmerz für ihn; es war ihm, wie er sagte, schwer, nach ihrem Ableben in Nikolskoje zu leben, ich aber fand das Leben auf dem Gut jetzt angenehmer und ruhiger, obwohl ich um Tatjana Semjonowna trauerte und an dem Schmerz meines Mannes teilnahm. Wir lebten in diesen drei Jahren meist in der Stadt, in das Dorf fuhr ich nur einmal für zwei Monate; im dritten Jahr reisten wir ins Ausland.

Den Sommer verbrachten wir in einem Badeort.

Ich war damals einundzwanzig Jahre alt, unsere Vermögensverhältnisse befanden sich, wie ich meinte, in der besten Verfassung, vom Familienleben verlangte ich nichts außer dem, was es mir bot; alle, die ich kannte, schienen mich gern zu haben; ich war gesund, meine Toiletten waren die schönsten in dem Kurort, ich wußte, daß ich schön war, das Wetter war herrlich, eine Atmosphäre von Schönheit und Eleganz umgab mich, und ich war in sehr heiterer Stimmung. Nicht so fröhlich wie früher in Nikolskoje, wo ich fühlte, daß ich in mir selber glücklich war, daß ich deshalb glücklich war, weil ich dieses Glück verdiente, daß mein Glück groß war, aber noch größer werden mußte und daß ich immer mehr Glück verlangte. Damals war es anders; aber auch in diesem Sommer fühlte ich mich sehr wohl. Ich wünschte nichts, ich hoffte und fürchtete nichts, mein Leben erschien mir ausgefüllt und das Gewissen ruhig. Unter all den jungen Leuten in dieser Saison war kein einziger, den ich in irgendeiner Weise bevorzugt hätte, nicht einmal den alten Fürsten K., unsern Gesandten, der mir den Hof machte. Der eine war jung, der andere alt, der eine ein strohblonder Engländer, der andere ein Franzose mit einem Bärtchen; sie waren mir alle gleichgültig, aber sie waren mir alle unentbehrlich. Es waren alles gleich durchschnittliche Personen, welche die fröhliche Lebensatmosphäre bildeten, die mich umgab. Nur einer von ihnen, der italienische Marquis D., erregte meine Aufmerksamkeit mehr als die anderen durch die Kühnheit im Ausdruck seiner

Verehrung für mich. Er versäumte keine einzige Gelegenheit, mit mir zusammen zu sein, mit mir zu tanzen, auszureiten, mich im Kurhaus zu treffen, und so weiter, und mir zu sagen, daß ich schön sei. Ich hatte ihn mehrmals durchs Fenster vor unserem Hause gesehen, und der unangenehme durchdringende Blick seiner blitzenden Augen veranlaßte mich, häufig zu erröten und mich nach ihm umzuwenden. Er war jung, schön, elegant und vor allem im Lächeln und im Ausdruck der Stirn meinem Manne ähnlich, wenngleich er viel schöner war als dieser. Diese Ähnlichkeit machte mich betroffen, obwohl in seinem Äußeren, in seinen Lippen, seinem Blick und in seinem langen Kinn an Stelle der Güte und idealen Ruhe meines Mannes etwas Grobes und Tierisches lag. Ich war damals der Meinung, daß er mich leidenschaftlich liebte, und dachte oft mit stolzem Mitleid an ihn. Mitunter versuchte ich ihn zu beruhigen, ihn in die Bahn einer halb freundschaftlichen, stillen Vertrautheit zu lenken, aber er wies diese Versuche schroff ab und verwirrte mich weiterhin in unangenehmer Weise durch seine Leidenschaft, die bisher nicht ausgesprochen worden war, aber in jedem Augenblick bereit war, sich zu äußern. Ich fürchtete diesen Mann, obwohl ich es mir nicht eingestand, und dachte gegen meinen Willen oft an ihn. Mein Mann war mit ihm bekannt und verhielt sich ihm gegenüber noch kälter und hochmütiger als gegen unsere anderen Bekannten, für die er nur der Mann seiner Frau war. Gegen Ende der Badezeit erkrankte ich und konnte zwei Wochen lang nicht ausgehen. Als ich nach der Krankheit zum ersten Mal abends bei der Kurmusik erschien, erfuhr ich, daß während meiner Abwesenheit die seit langem erwartete und durch ihre Schönheit bekannte Lady S. angekommen war. Es bildete sich ein Kreis um mich, ich wurde freudig empfangen, aber der Kreis, der sich um den neuen Stern bildete, war noch auserlesener. Alle um mich her sprachen nur von ihr und ihrer Schönheit. Man zeigte sie mir, und sie war wirklich berückend, aber die Selbstzufriedenheit in ihren Zügen berührte mich unangenehm, und ich sagte es. An diesem Abend erschien mir alles langweilig, was bisher so heiter gewesen war. Am nächsten Tage veranstaltete Lady S. einen Ausflug in das Schloß, an dem teilzunehmen ich ablehnte. Fast niemand blieb bei mir zurück, und alles erfuhr in meinen Augen eine gründliche Veränderung. Alles und alle erschienen mir albern und langweilig, ich wollte weinen, wollte meine Kur schnell beendigen und zurück nach Rußland reisen. Ein häßliches Gefühl erfüllte meine Seele, aber ich gestand es mir noch nicht ein. Ich schützte Angegriffenheit vor und zeigte mich nicht mehr in großer Gesellschaft, ging nur ab und zu am Morgen allein zum Brunnen oder unternahm mit L. M., einer russischen Bekannten, Ausfahrten in die Umgebung. Mein Mann weilte in dieser Zeit nicht bei mir; er war nach Heidelberg gefahren, wo er das Ende meiner Kur abwartete, um dann nach Rußland zu reisen, und besuchte mich nur selten.

Eines Tages hatte Lady S. die ganze Gesellschaft zu einer Jagd versammelt, während ich mit L. M. nach dem Mittagessen ins Alte Schloß fuhr. Während wir im Schritt auf der gewundenen, mit hundertjährigen Kastanien bestandenen Landstraße in den Schloßhof einbogen und zwischen den alten Bäumen auf die schöne, elegante Umgebung Baden-Badens blickten, die von den Strahlen der untergehenden Sonne beleuchtet war, entspann sich zwischen uns ein ernstes Gespräch wie noch niemals bisher. L. M., die ich schon lange kannte, erschien mir jetzt zum ersten Mal als gütige, kluge Frau, mit der man über alles reden konnte und deren Freundschaft wertvoll war. Wir sprachen über die Familie, die Kinder, über die Leere des hiesigen Lebens, wir wollten heim nach Rußland, auf das Land, und es wurde uns traurig und doch wohl zumute. Unter dem Eindruck dieses ernsten Gefühls betraten wir das Schloß. In den Mauern war es schattig und kühl, oben spielte die Sonne auf den Ruinen, man vernahm Schritte und Stimmen. Durch eine Türöffnung sah man – wie in einem Rahmen – dieses reizvolle, aber uns Russen so kühl anmutende Bild von Baden-Baden. Wir setzten uns hin, um auszuruhen, und betrachteten schweigend die untergehende Sonne. Die Stimmen wurden deutlicher vernehmbar, und ich glaubte meinen Familiennamen zu hören. Ich begann zu lauschen und verstand unwillkürlich jedes Wort. Die Stimmen waren mir bekannt: Es waren der Marquis D. und ein Franzose, sein Freund, den ich ebenfalls kannte. Sie sprachen von mir und von Lady S. Der Franzose stellte einen Vergleich an zwischen mir und ihr und zergliederte die Schönheit der einen und der anderen. Er sagte nichts Beleidigendes, aber das Blut strömte mir zum Herzen, als ich seine Worte vernahm. Er erklärte eingehend, was an mir und was an Lady S. schön war. Ich hätte schon ein Kind, Lady S. aber zählte erst neunzehn Jahre; ich hätte schöneres Haar, aber dafür besäße Lady S. die anmutigere Gestalt; die Lady wäre eine große Dame, »während die Ihre«, sagte er, »eine dieser kleinen russischen Fürstinnen ist, die jetzt so häufig hier auftauchen«. Er schloß damit, daß ich gut daran tue, den Kampf mit Lady S. nicht aufzunehmen, und daß ich in Baden-Baden endgültig erledigt sei.

»Sie tut mir leid.«

»Wenn sie nur nicht Lust verspürt, sich mit Ihnen zu trösten«, fügte er mit einem fröhlichen und harten Lachen hinzu.

»Wenn sie abreist, reise ich ihr nach«, sagte die grobe Stimme mit dem italienischen Akzent.

»Glücklicher Sterblicher, er kann noch lieben!« lachte der Franzose.

»Lieben!« sagte die Stimme und schwieg eine Weile. »Ich kann nicht anders als lieben, ohne das gibt es kein Leben. Einen Roman aus dem Leben zu machen ist das einzige Gute. Und mein Roman bleibt niemals auf halbem Wege stehen – und ich werde auch diesen zu Ende führen.«

»Bonne chance, mon ami«, sagte der Franzose.

Weiter hörten wir nichts, da sie um die Ecke gebogen waren, und wir vernahmen ihre Schritte von der anderen Seite. Sie schritten die Treppe herab und traten einige Minuten später durch die Seitentür und waren sehr erstaunt, uns zu sehen. Ich errötete, als der Marquis D. auf mich zutrat, und mir wurde angst, als er mir beim Verlassen des Schlosses den Arm reichte. Ich konnte mich nicht weigern, und wir schritten hinter L. M., die mit seinem Freund ging, auf den Wagen zu. Ich fühlte mich durch die Äußerungen des Franzosen gekränkt, obwohl ich mir innerlich eingestand, daß er nur dem Ausdruck verliehen hatte, was ich selber empfand; die Worte des Marquis hingegen hatten mich durch ihre Schroffheit erstaunt und empört. Mich quälte der Gedanke, daß ich seine Worte gehört und er trotzdem keine Furcht vor mir hatte. Es war mir widerwärtig, ihn so nahe zu fühlen, ich sah ihn nicht an, antwortete ihm nicht, bemühte mich, meinen Arm so zu halten, daß ich den seinen nicht fühlte, und schritt eilig hinter L. M. und dem Franzosen her. Der Marquis sprach etwas von der schönen Aussicht, von dem unverhofften Glück der Begegnung mit mir und noch allerhand, aber ich hörte ihm nicht zu. Ich dachte während dieser Zeit an meinen Mann, an den Sohn, an Rußland; ich empfand eine Art Beschämung, ein Bedauern, ein unklares Verlangen, und beeilte mich, nach Hause zu kommen, in mein einsames Zimmer im Hôtel de Bade, um mit mir allein alles zu überdenken, was sich soeben erst in meiner Seele erhoben hatte. Aber L. M. ging langsam, bis zum Wagen war es noch weit, mein Kavalier verlangsamte, wie mir schien, hartnäckig den Schritt, als wollte er mich zurückhalten. Das darf nicht sein! dachte ich und schritt entschlossen schneller aus. Aber er hielt mich wirklich zurück und drückte sogar meinen Arm an sich. L. M. bog um die Ecke des Weges, und wir waren vollständig allein. Mir wurde bange zumute.

»Entschuldigen Sie«, sagte ich kalt und wollte meinen Arm befreien, aber eine Spitze des Ärmels blieb an seinem Knopf hängen. Er beugte sich mit dem Oberkörper über mich und begann die Spitze loszulösen, wobei seine Finger ohne Handschuhe meine Hand berührten. Ein mir neues Gefühl – halb Entsetzen, halb Befriedigung – lief mir als Kälteschauer über den Rücken. Ich sah ihn an, um ihm durch einen kalten Blick die ganze Verachtung, die ich für ihn empfand, zu bekunden, aber mein Blick drückte anderes aus, er drückte Schreck und Erregung aus. Seine brennenden feuchten Augen in nächster Nähe meines Gesichts betrachteten leidenschaftlich mich, meinen Hals, meine Brust, seine beiden Hände betasteten meinen Arm über dem Handgelenk, seine geöffneten Lippen sagten etwas, sagten, daß er mich liebe, daß ich für ihn alles sei, und diese Lippen kamen mir näher, und die Hände drückten die meinen immer stärker und heißer. Feuer strömte durch meine Adern, mir wurde schwarz vor den Augen, ich zitterte, und die Worte, mit denen ich ihm Einhalt gebieten wollte, vertrockneten in meiner Kehle. Plötzlich fühlte ich einen Kuß auf meiner Wange und blieb, am ganzen Körper zitternd und fröstelnd, stehen und sah ihn an. Entsetzt, unfähig, zu sprechen und mich zu rühren, stand ich in Erwartung und Verlangen vor ihm. Das alles währte nur einen Augenblick. Aber dieser Augenblick war furchtbar! Ich sah ihn so ganz in diesem Augenblick. Seine Gestalt war mir so vertraut: diese unter dem Strohhut sichtbare steile, niedrige Stirn, der Stirn meines Mannes ähnlich, diese schöne gerade Nase mit den geblähten Nasenflügeln, dieser lange, gedrehte, pomadisierte Schnurrbart und das Bärtchen, diese glattrasierten Wangen und der sonnengebräunte Hals. Ich haßte, ich fürchtete ihn: er war mir so fremd; aber in diesem Augenblick fand die Erregung und die Leidenschaft dieses verhaßten fremden Menschen einen starken Widerhall in mir! Ich verspürte ein unwiderstehliches Verlangen, mich den Küssen dieses groben und schönen Mundes, den Umarmungen dieser weißen Hände mit den feinen Adern und den beringten Fingern hinzugeben. Es zog mich, Hals über Kopf in diesen sich plötzlich vor mir öffnenden, lockenden Abgrund der verbotenen Genüsse zu springen.

Ich bin so unglücklich, dachte ich, so mag sich denn immer mehr Unglück über mein Haupt häufen.

Er umschlang mich mit einem Arm und beugte sich zu meinem Gesicht herab. So mag sich denn immer mehr Schande und Sünde auf mein Haupt häufen.

»Je vous aime«, flüsterte er mit einer Stimme, die der Stimme meines Gatten so sehr glich. Mann und Kind tauchten in meiner Erinnerung auf, wie längst gewesene teure Wesen, zwischen denen und mir nun alles zu Ende war. Aber plötzlich ertönte hinter der Wegbiegung die Stimme von L. M., die mich rief. Ich kam zur Besinnung, riß meine Hand aus der seinen und lief beinahe zu L. M., ohne ihn anzusehen. Wir setzten uns in den Wagen, und erst jetzt warf ich einen Blick auf ihn. Er nahm den Hut ab und fragte lächelnd etwas, ohne den unaussprechlichen Abscheu zu verstehen, den ich in diesem Augenblick gegen ihn empfand.

Wie unglücklich erschien mir mein Leben, wie hoffnungslos die Zukunft, wie dunkel die Vergangenheit! L. M. sprach mit mir, aber ich verstand ihre Worte nicht. Ich glaubte, daß sie nur aus Mitleid mit mir spräche, um die Verachtung zu verbergen, die ich in ihr wachrief. In jedem Wort, in jedem Blick vermeinte ich diese Verachtung und das kränkende Mitleid zu sehen, der Kuß brannte wie ein Schandmal auf meiner Wange, und der Gedanke an Mann und Kind war mir unerträglich. Als ich in meinem Zimmer allein war, hoffte ich meine Lage überdenken zu können, aber mir war bange so allein. Ich ließ den Tee, den man mir gebracht hatte, stehen und begann, ich weiß selbst nicht warum, mit fieberhafter Eile alle Vorbereitungen zu treffen, um mit dem Abendzug nach Heidelberg zu meinem Mann zu fahren.

Als ich mit der Zofe in den leeren Eisenbahnwagen stieg, die Lokomotive anfuhr und die frische Luft durchs Fenster zu mir hereindrang, fing ich an mich zu besinnen und mir meine Vergangenheit und meine Zukunft deutlicher vorzustellen. Mein ganzes Eheleben, vom Tage unserer Übersiedelung nach Petersburg an, erschien mir plötzlich in einem neuen Licht und legte sich wie ein Vorwurf auf mein Gewissen. Zum ersten Mal erinnerte ich mich lebhaft unserer ersten Zeit auf dem Lande, unserer Pläne, zum erstenmal kam mir die Frage in den Sinn: Welches waren denn seine Freuden in all dieser Zeit? Und ich fühlte mich schuldig ihm gegenüber. Warum hielt er mich aber nicht zurück, warum heuchelte er vor mir, warum vermied er jede Aussprache, warum kränkte er mich? fragte ich mich. Warum gebraucht er nicht seine Macht der Liebe über mich? Oder liebte er mich nicht? So groß seine Schuld aber auch sein mochte – der Kuß des fremden Mannes war hier auf meiner Wange, und ich fühlte ihn. Je näher ich Heidelberg kam, um so deutlicher stellte ich mir meinen Mann vor, um so furchtbarer erschien mir das bevorstehende Wiedersehen. Ich werde ihm alles, alles sagen, werde mir alles mit Reuetränen von der Seele weinen, dachte ich, und er wird mir verzeihen. Aber ich wußte selbst nicht, was dieses »alles« war, das ich ihm sagen wollte, und ich glaubte selbst nicht, daß er mir verzeihen werde.

Sobald ich aber zu meinem Mann ins Zimmer trat und sein ruhiges, wenn auch erstauntes Gesicht erblickte, fühlte ich, daß ich nichts zu sagen, nichts zu bekennen und wegen nichts um Verzeihung zu bitten hatte. Das unausgesprochene Leid und die Reue mußten in meiner Seele bleiben.

»Wie bist du auf diesen Gedanken gekommen?« sagte er, »ich wollte gerade morgen zu dir fahren.« Als er aber mein Gesicht aufmerksamer ansah, schien er zu erschrecken. »Was ist? Was ist dir?« fragte er.

»Nichts«, erwiderte ich und vermochte kaum die Tränen zurückzuhalten. »Ich bin für immer gekommen. Laß uns meinethalben morgen nach Hause reisen, nach Rußland.«

Er sah mich ziemlich lange schweigend und prüfend an.

»So erzähle doch, was dir geschehen ist!« sagte er.

Ich errötete unwillkürlich und senkte die Augen. In seinen Augen blitzte ein gekränktes und zorniges Gefühl auf. Ich erschrak vor den Gedanken, die ihm kommen mußten, und sagte mit einer Kraft der Verstellung, die ich gar nicht in mir vermutet hatte: »Nichts ist geschehen, es ist mir einfach langweilig und bange geworden allein, und ich habe viel über unser Leben und über dich nachgedacht. Ich bin schon so lange schuldig vor dir! Warum fährst du mit mir dahin, wohin du gar nicht magst? Schon längst bin ich schuldig vor dir«, wiederholte ich, und wieder traten mir Tränen in die Augen. »Wir wollen aufs Gut reisen – und für immer.«

»Ach, meine Liebe, verschone mich mit rührseligen Szenen«, sagte er kalt. »Daß du aufs Gut willst, ist prächtig, weil wir wenig Geld haben; aber daß es für immer ist – das ist ein Traum. Ich weiß, daß du es nicht aushältst. Jetzt trink einmal Tee, das wird besser sein«, schloß er und stand auf, um nach dem Kellner zu läuten. Ich stellte mir alles vor, was er von mir denken konnte, und fühlte mich beleidigt durch die furchtbaren Gedanken, die ich ihm zuschrieb, als ich seinen unsicheren und gleichsam beschämten Blick auf mich gerichtet fühlte. Nein, er will und kann mich nicht verstehen! Ich sagte, daß ich nach dem Kinde sehen wolle, und verließ ihn. Ich hatte das Verlangen, allein zu sein und zu weinen, zu weinen, zu weinen …

9

Das seit langem nicht geheizte alte Haus in Nikolskoje bekam wieder Leben, aber das, was darin gelebt hatte, erwachte nicht wieder. Mama war nicht mehr da, und wir waren allein, eins gegen das andere. Aber jetzt verlangten wir kein Alleinsein mehr, im Gegenteil, es war uns peinlich. Der Winter verlief um so ungünstiger für mich, als ich krank war und mich erst nach der Geburt meines zweiten Sohnes erholte. Das Verhältnis zu meinem Mann blieb dasselbe kühl freundschaftliche wie zur Zeit unseres Aufenthaltes in der Stadt, aber hier auf dem Gut erinnerte mich jedes Dielenbrett, jede Wand, jeder Diwan an das, was früher gewesen war und was ich verloren hatte. Es war, als ob eine unverziehene Kränkung zwischen uns läge, als ob er mich für irgend etwas strafte und sich den Anschein gäbe, es selbst nicht zu merken. Um Verzeihung zu bitten lag kein Grund vor, um Gnade zu flehen bestand keine Veranlassung. Er strafte mich auch nur dadurch, daß er sich mir nicht mit ganzer Seele wie früher hingab; aber er gab sie auch niemandem und nichts anderem hin, als besäße er sie überhaupt nicht mehr. Mitunter kam es mir in den Sinn, daß er sich nur verstelle, um mich zu quälen, daß das frühere Gefühl aber noch lebendig in ihm sei, und ich bemühte mich, es wachzurufen. Aber er schien jedesmal der Offenherzigkeit auszuweichen, als verdächtigte er mich der Heuchelei und fürchtete er jede Gefühlsäußerung als etwas Lächerliches. Sein Blick und sein Ton sagten: Ich weiß alles, ich weiß alles, da ist nichts zu sagen, alles, was du mir sagen willst, weiß ich schon. Ich weiß auch, daß du das eine sagen und das andere tun wirst. Anfänglich kränkte mich diese Furcht vor der Offenherzigkeit, dann aber gewöhnte ich mich an den Gedanken, daß das keine Offenherzigkeit sei, sondern Mangel an Bedürfnis zur Aufrichtigkeit. Meine Zunge hätte sich jetzt nicht dazu verstanden, ihm plötzlich zu sagen, daß ich ihn liebe, ihn zu bitten, mit mir zu beten, oder ihn herbeizurufen, um meinem Spiel zuzuhören. Zwischen uns herrschten bereits gewisse Anstandsregeln. Wir lebten jedes für sich; er in seinen Arbeiten, an denen ich nicht teilzunehmen brauchte, es jetzt auch nicht wünschte, ich in meinem Müßiggang, der ihn jetzt nicht kränkte und betrübte wie früher. Die Kinder waren noch zu klein und konnten uns noch nicht verbinden.

Aber der Frühling zog ein. Katja kam mit Sonja über den Sommer ins Dorf, unser Haus in Nikolskoje wurde umgebaut, und wir fuhren nach Pokrowskoje. Es war noch das alte Pokrowsker Haus mit seiner Terrasse, dem Ausziehtisch, dem Klavier im hellen Saal und meinem früheren Zimmer mit den weißen Vorhängen und meinen gleichsam dort zurückgelassenen Mädchenträumen. In diesem Zimmer standen jetzt zwei Bettchen: das eine, mein ehemaliges, in dem ich des Abends den aufgestrampelten dicken Kokoscha bekreuzigte, das andere, ein kleines, in dem Wanjas Gesichtchen aus den Windeln hervorsah. Wenn ich das Kreuzeszeichen über sie gemacht hatte, blieb ich oft inmitten des stillen Zimmerchens stehen, und plötzlich traten aus allen Ecken, aus den Wänden, aus den Vorhängen die alten, vergessenen Gesichter der Jugend heraus. Alte Stimmen begannen Mädchenlieder zu singen. Und wo sind diese Gesichter? Wo sind diese lieben, süßen Lieder? Alles hat sich verwirklicht, was ich kaum zu hoffen gewagt hatte. Die unklaren, verschwommenen Träume waren Wirklichkeit geworden; aber die Wirklichkeit war ein schweres, lastendes, freudloses Leben geworden. Und es war alles dasselbe: derselbe Garten, vor den Fenstern derselbe Rasenplatz, derselbe Weg, dieselbe Bank dort über der Schlucht, dieselben Nachtigallenlieder klangen vom Teich herüber, dieselben Fliedersträucher standen in voller Blüte, derselbe Mond leuchtete über dem Haus; und doch hatte sich alles so furchtbar, so unglaubhaft verändert! So kalt war alles, was so nah und teuer hätte sein können! Ich sitze ebenso wie ehedem mit Katja im Salon, und wir sprechen leise und sprechen über ihn. Aber Katja ist runzlig, gelb geworden, ihre Augen leuchten nicht mehr in Freude und Hoffnung, sondern drücken Trauer und Mitgefühl aus. Wir sind nicht mehr entzückt von ihm wie ehedem, wir kritisieren ihn, wir wundern uns nicht mehr, warum und weshalb wir so glücklich sind, und wir haben nicht mehr wie früher das Verlangen, aller Welt zu erzählen, was wir denken; wir flüstern miteinander wie Verschwörerinnen und fragen uns zum hundertsten Mal, warum sich alles so traurig verändert hat. Auch er ist derselbe, nur die Falte zwischen den Augenbrauen ist tiefer geworden, er hat mehr graue Haare an den Schläfen, aber der aufmerksame Blick ist mir immer wie durch eine Wolke verschleiert. Auch ich bin dieselbe, aber es wohnt weder Liebe noch Liebesbedürfnis in mir. Da ist kein

Verlangen nach Tätigkeit, keine Zufriedenheit mit mir selber. Und wie fern und unmöglich erscheinen mir die frühere religiöse Begeisterung, die frühere Liebe zu ihm, die frühere Fülle des Lebens.

Ich hätte jetzt das, was mir früher so einfach und wahr erschien, nicht begriffen: das Glück, für einen anderen zu leben. Warum für einen anderen, wenn man für sich selber nicht leben wollte?

Ich hatte seit der Zeit unserer Übersiedelung nach Petersburg die Musik ganz vernachlässigt; jetzt erweckten das alte Klavier und die alten Noten mein Interesse von neuem.

Eines Tages fühlte ich mich nicht wohl und blieb allein zu Hause: Katja und Sonja fuhren mit ihm nach Nikolskoje, um den Neubau zu besichtigen. Der Teetisch war gedeckt, ich ging hinunter und setzte mich in Erwartung der Meinen ans Klavier. Ich schlug die Sonate quasi una fantasia auf und begann zu spielen. Niemand war zu hören oder zu sehen, die Fenster nach dem Garten standen offen, und die bekannten wehmütig feierlichen Töne klangen durch das Zimmer. Ich spielte den ersten Satz bis zu Ende und sah mich völlig unbewußt, aus alter Gewohnheit nach jener Ecke um, in der er früher zu sitzen pflegte, um mir zuzuhören. Aber er war nicht da; der seit langer Zeit nicht weggerückte Stuhl stand in seiner Ecke; und zum Fenster sah ein Fliederzweig herein, der sich vom hellen Abendhimmel abhob, und abendliche Kühle strömte durch die geöffneten Fenster. Ich stützte die Ellenbogen auf das Klavier, verbarg mein Gesicht in beiden Händen und versank in Nachdenken. Lange saß ich so da, gedachte leidvoll des Vergangenen, Alten, Unwiederbringlichen und dachte zaghaft an Neues. Aber die Zukunft schien nichts mehr zu bieten, als wünschte und hoffte ich nichts mehr. Sollte ich wirklich mit dem Leben schon fertig sein? dachte ich; ich hob den Kopf voller Entsetzen, und um zu vergessen und nicht mehr zu denken, fing ich wieder zu spielen an und wieder dasselbe Andante. Mein Gott! dachte ich, vergib mir, wenn ich schuldig bin, oder gib mir all das Herrliche wieder, das in meiner Seele wohnte, oder lehre mich, was ich tun, wie ich jetzt leben soll.

Räderrollen ließ sich auf dem Rasen und vor der Auffahrt

hören, dann erklangen vorsichtige, bekannte Schritte auf der Terrasse und verhallten. Aber es war nicht mehr das frühere Gefühl, das dem Klang dieser bekannten Schritte antwortete. Als ich geendet hatte, vernahm ich die Schritte hinter mir, und eine Hand legte sich auf meine Schulter.

»Wie vernünftig von dir, daß du diese Sonate gespielt hast«, sagte er.

Ich schwieg.

»Hast du noch nicht Tee getrunken?«

Ich schüttelte verneinend den Kopf und schaute mich nicht um, damit er die Spuren der Erregung, die auf meinem Gesicht zurückgeblieben waren, nicht sehe.

»Sie werden gleich kommen: Das Pferd ist unruhig geworden, so gehen sie von der Landstraße zu Fuß her«, sagte er.

»Wir wollen auf sie warten«, sagte ich und trat auf die Terrasse hinaus, in der Hoffnung, er werde mir folgen; aber er fragte nach den Kindern und ging zu ihnen. Seine Gegenwart, seine schlichte, gütige Stimme wollten mich wieder glauben machen, daß ich nichts verloren hätte. Was konnte ich noch wünschen? Er war gut, sanft, ein guter Gatte, ein guter Vater, ich wußte selber nicht, was mir noch fehlte. Ich setzte mich unter der Markise der Terrasse auf dieselbe Bank, auf der ich am Tag unserer Erklärung gesessen hatte. Die Sonne war schon untergegangen, es begann zu dämmern, ein dunkles Frühlingswölkchen schwebte über Haus und Garten; nur durch die Bäume hindurch war der reine Horizont mit der erlöschenden Abendröte und dem soeben aufleuchtenden Abendstern zu sehen. Über allem lag der Schatten der leichten Wolke, alles erwartete einen milden Frühlingsregen. Der Wind hatte sich gelegt, kein Hälmchen, kein Blatt rührte sich, der Duft des Flieders und des Faulbaums erfüllte den Garten und die Terrasse so stark, als blühe die ganze Luft, es kamen bald stärkere, bald schwächere Duftwellen hergezogen, so daß ich am liebsten die Augen geschlossen hätte, um nichts zu sehen und zu empfinden als diesen süßen Duft. Die noch blütenlosen Georginen und die Rosenstöcke reckten sich unbeweglich auf ihrer aufgegrabenen schwarzen Rabatte und schienen an ihren weißen, gehobelten Pfählen emporzuwachsen. Die Frösche in der Schlucht quakten einmütig und durchdringend aus voller Kraft, als fühlten sie den kommenden Regen, der sie ins Wasser treiben würde. Ein hoher, aus dem Wasser kommender Ton stand ohne Unterbrechung über diesem Geschrei. Die Nachtigallen riefen einander abwechselnd zu, und man hörte, wie sie unruhig von einem Ort zum anderen flogen. In diesem Jahre versuchte eine von ihnen, wieder in dem Strauch vor dem Fenster zu nisten, und ich hörte, als ich hinaustrat, wie sie in die Allee hinüberflog, von dort aus noch einmal schlug und ebenfalls wie in Erwartung verstummte.

Ich gab mir umsonst Mühe, mich zu beruhigen: Ich erwartete und beklagte etwas. Er kam von oben zurück und setzte sich neben mich.

»Die Unseren werden wohl naß werden«, sagte er.

»Ja«, erwiderte ich, und wir schwiegen beide lange Zeit.

Die Wolke senkte sich, ohne vom Wind bewegt zu werden, immer tiefer; es wurde immer stiller, duftender, unbewegter, und plötzlich fiel ein Tropfen und sprang gleichsam auf der Leinenmarkise der Terrasse in die Höhe, ein zweiter zerschellte auf dem Kies des Weges; es begann auf den Huflattich zu klatschen, und ein dichter, frischer, immer stärker werdender Regen strömte hernieder. Die Nachtigallen und die Frösche waren ganz verstummt, und ein Vögelchen, das sich wahrscheinlich unweit der Terrasse im trockenen Laubwerk verborgen hatte, ließ regelmäßig seine zwei einförmigen Töne erklingen. Er stand auf und wollte fortgehen.

»Wohin?« fragte ich, ihn zurückhaltend. »Es ist so schön hier.«

»Man muß ihnen einen Regenschirm und Galoschen schicken«, antwortete er.

»Es ist nicht nötig, es wird gleich vorübergehen.«

Er war einverstanden, und wir blieben zusammen am Geländer der Terrasse stehen. Ich stützte mich mit der Hand auf den glitschigen, nassen Querbalken und streckte den Kopf hinaus. Der kühle Regen benetzte mir ungleichmäßig die Haare und den Hals. Die immer heller und durchsichtiger werdende kleine Wolke schüttete sich über uns aus; das gleichmäßige Rauschen des Regens wurde von dem Fallen einzelner Tropfen abgelöst, die von oben und von den Blättern herabfielen. Die Frösche unten begannen wieder zu quaken, die Nachtigallen schüttelten wieder ihr Gefieder und schlugen in dem nassen Strauchwerk bald von der einen, bald von der anderen Seite. Alles wurde heller vor unseren Augen.

»Wie schön!« sagte er, setzte sich auf das Geländer und strich mit der Hand über meine nassen Haare.

Diese einfache Liebkosung wirkte wie ein Vorwurf auf mich: Ich hätte am liebsten geweint.

»Was braucht der Mensch noch mehr?« sagte er. »Ich bin jetzt so zufrieden, daß ich nichts verlange, ich bin vollkommen glücklich.«

Einst hast du anders über das Glück mit mir gesprochen, dachte ich. So groß es auch war, so sagtest du dennoch, daß du immer und immer noch irgend etwas ersehntest. Nun aber bist du ruhig und zufrieden, während meine Seele von einer gleichsam unausgesprochenen Reue und ungeweinten Tränen beschwert ist.

»Auch ich finde es schön«, sagte ich, »aber mir ist traurig zumute, gerade weil alles vor mir so schön ist. In mir ist es so verworren und leer, ich möchte immer irgend etwas, und doch ist es hier so herrlich und ruhig. Mischt sich denn bei dir wirklich keinerlei Wehmut in diesen Genuß der Natur, als sehntest du dich nach etwas Vergangenem?«

Er nahm die Hand von meinem Kopf und schwieg eine Weile.

»Ja, früher habe ich das auch empfunden, besonders im Frühling«, sagte er, wie sich besinnend. »Und ich habe auch nächtelang wach gesessen in Wünschen und Hoffnungen, und es waren schöne Nächte ... Aber damals war noch alles Zukunft, jetzt liegt alles in der Vergangenheit; jetzt bin ich zufrieden mit dem, was ist, und es ist prächtig so«, schloß er so überzeugt und leichthin, daß ich glauben mußte, er spreche die Wahrheit, so weh es mir auch tat, das zu hören.

»Und du möchtest gar nichts sonst?« fragte ich.

»Nichts Unmögliches«, antwortete er, mein Gefühl erratend. »Siehst du, du läßt dir den Kopf vollregnen«, fuhr er fort und strich, mich wie ein Kind liebkosend, noch einmal mit der Hand über meine Haare, »du beneidest die Blätter und das Gras, weil der Regen sie benetzt, du möchtest selber das Gras und die Blätter und der Regen sein. Ich aber erfreue mich nur an ihnen, wie an allem in der Welt, was schön, jung und glücklich ist.«

»Und es tut dir um nichts leid, was vergangen ist?« fuhr ich fort und fühlte, daß mir immer schwerer ums Herz wurde.

Er wurde nachdenklich und schwieg wieder. Ich sah, daß er vollkommen aufrichtig antworten wollte.

»Nein!« erwiderte er kurz.

»Das ist nicht wahr! Das ist nicht wahr!« begann ich, wandte mich nach ihm um und sah ihm in die Augen. »Dir tut es nicht leid um das Vergangene?«

»Nein!« wiederholte er noch einmal, »ich bin dankbar für das Vergangene, aber ich trauere ihm nicht nach.«

»Und möchtest du es denn nicht zurückrufen?« sagte ich.

Er wandte sich ab und schaute in den Garten hinaus.

»Ich wünsche es nicht, ebenso wie ich nicht wünsche, daß mir Flügel wachsen möchten«, sagte er. »Es ist unmöglich!«

»Und du beklagst nichts Vergangenes? Machst du dir oder mir keine Vorwürfe?«

»Niemals! Alles war zum besten.«

»Höre!« sagte ich und berührte seine Hand, damit er sich nach mir umblicke. »Höre, warum hast du mir niemals gesagt, daß du wünschst, ich solle so leben, wie du es willst, warum hast du mir die Freiheit gelassen, die ich nicht zu nützen verstand, warum hast du aufgehört, mich zu unterweisen? Wenn du gewollt hättest, wenn du mich anders geleitet hättest, so wäre nichts, nichts geschehen«, sagte ich mit einer Stimme, in der sich immer stärker kalter Unwille und Vorwurf ausdrückten, nicht aber die frühere Liebe.

»Was wäre nicht geschehen?« sagte er und wandte sich erstaunt zu mir, »es ist ja auch so nichts geschehen. Alles ist gut. Sehr gut«, fügte er lächelnd hinzu.

Versteht er wirklich nicht oder – noch schlimmer – will er nicht verstehen? dachte ich, und Tränen traten mir in die Augen.

»Es wäre nicht geschehen, daß ich, die sich dir gegenüber nichts zuschulden hat kommen lassen, durch deine Gleichgültigkeit, ja Verachtung gestraft würde«, sprach ich mich plötzlich aus. »Es wäre nicht geschehen, daß du mir ohne jegliches Verschulden von meiner Seite plötzlich alles genommen hättest, was mir teuer war.«

»Was hast du, mein Herz!« sagte er, als verstünde er nicht, was ich redete.

»Nein, laß mich sprechen ... Du hast mir dein Vertrauen entzogen, deine Liebe, sogar deine Achtung, weil ich nicht glauben kann, daß du mich jetzt liebst, nach dem, was früher gewesen ist. Nein, ich muß jetzt alles auf einmal sagen, was mich seit langem quält«, unterbrach ich ihn wieder. »Bin ich denn schuld daran, daß ich das Leben nicht kannte und du es mich allein hast suchen lassen ... Bin ich denn schuld daran, daß jetzt, da ich selbst erfaßt habe, was nottut, da ich mich fast seit einem Jahr quäle, um zu dir zurückzukehren, daß du mich jetzt zurückstößt, als verstündest du nicht, was ich will, und immer so, daß man dir in keiner Weise etwas vorwerfen kann, ich aber als die Schuldige dastehe und unglücklich bin! Ja, du willst mich wieder in jenes Leben stoßen, welches mein und dein Unglück hätte besiegeln können.«

»Wodurch habe ich dir denn das gezeigt?« fragte er mit aufrichtigem Schreck und Erstaunen.

»Hast du nicht erst gestern gesagt und sagst du nicht ständig, daß ich mich hier nicht einleben werde und daß wir im Winter wieder nach Petersburg fahren müssen, das mir verhaßt ist?« fuhr ich fort. »Statt mir beizustehen, vermeidest du jegliche Offenherzigkeit, jedes aufrichtige, zärtliche Wort mit mir. Und späterhin, wenn ich ganz gefallen sein werde, wirst du mir Vorwürfe machen und dich über meinen Fall freuen.«

»Halt ein, halt ein«, sagte er streng und kalt, »das ist schlecht, was du jetzt sagst. Das beweist nur, daß du schlecht zu sprechen bist auf mich, daß du mich nicht ...«

»Daß ich dich nicht liebe? Sprich! sprich!« vollendete ich, und Tränen strömten aus meinen Augen. Ich setzte mich auf die Bank und bedeckte mein Gesicht mit dem Taschentuch.

So also hat er mich verstanden! dachte ich, bemüht, das Schluchzen zurückzuhalten, das mich erstickte. Aus ist sie, aus unsere frühere Liebe, sprach eine Stimme in meinem Herzen. Er trat nicht zu mir, tröstete mich nicht. Er war beleidigt durch das, was ich gesagt hatte. Seine Stimme klang ruhig und kalt.

»Ich weiß nicht, was du mir vorwirfst«, begann er, »wenn es das ist, daß ich dich nicht mehr so liebe wie früher …«

»Liebe!« murmelte ich in mein Taschentuch, und bittere Tränen benetzten es noch reichlicher.

»…so ist die Zeit daran schuld und wir selber. Jede Zeit hat ihre Liebe …«Er hielt inne. »Und soll ich dir die ganze Wahrheit sagen, wenn du schon nach Offenherzigkeit verlangst? So wie ich in jenem Jahr, da ich dich erst ganz kennenlernte, die Nächte ohne Schlaf verbrachte, in Gedanken an dich, und mir meine Liebe selbst schuf und diese Liebe in meinem Herzen wuchs und wuchs, so habe ich auch in Petersburg und im Ausland furchtbare Nächte hindurch wach gelegen und diese Liebe, die mich quälte, zu zerbrechen, zu zerstören gesucht. Ich habe sie nicht zerstört, ich habe nur das zerstört, was mich quälte, ich habe Ruhe gefunden und liebe dich trotzdem, aber mit einer anderen Liebe.«

»Ja, du nennst es Liebe, aber das ist eine Qual«, sagte ich. »Warum hast du mir erlaubt, in der Gesellschaft zu leben, wenn sie dir so schädlich schien, daß ich ihretwegen deine Liebe verloren habe?«

»Nicht der Gesellschaft wegen, mein Herz«, sagte er.

»Warum hast du deine Macht nicht gebraucht«, fuhr ich fort, »mich nicht gefesselt, nicht getötet? Es wäre mir jetzt wohler, statt alles zu verlieren, was mein Glück bildete, mir wäre gut, ich hätte mich nicht zu schämen.«

Ich begann wieder zu schluchzen und verbarg mein Gesicht.

In diesem Augenblick betraten Katja und Sonja, fröhlich und durchnäßt, mit lautem Plaudern und Lachen die Terrasse, verstummten aber, als sie uns sahen, und gingen sogleich fort.

Wir schwiegen lange, nachdem sie gegangen waren; ich hatte mich ausgeweint und fühlte mich erleichtert. Ich blickte auf ihn. Er saß da, den Kopf in die Hände gestützt, und schien als Antwort auf meinen Blick etwas sagen zu wollen, seufzte aber nur schwer und ließ den Kopf wieder auf die Hände sinken.

Ich trat auf ihn zu und zog seine Hände zurück. Sein Blick richtete sich nachdenklich auf mich.

»Ja«, begann er, als setzte er meine Gedanken fort, »wir alle, besonders ihr Frauen, müssen *selbst* den ganzen Unsinn des Lebens durchleben, um zum wahren Leben zurückzukehren; einem *anderen* will man nicht glauben. Du hattest damals noch lange nicht all diesen reizenden und lieben Unsinn durchlebt, der mich so ergötzte an dir; und ich ließ dich ihn weiter auskosten und fühlte, daß ich nicht das Recht hatte, dich zu behindern, obwohl die Zeit für mich längst vorüber war.«

»Warum aber hast du diesen Unsinn mit mir durchlebt und ihn mich erleben lassen, wenn du mich liebst?« fragte ich.

»Darum, weil du mir nicht geglaubt hättest, selbst wenn du es gewollt hättest; du hast es selbst erfahren müssen und hast es erfahren.«

»Du hast gedacht, du hast viel gedacht«, sagte ich. »Du hast zu wenig geliebt.«

Wir schwiegen wieder.

»Es ist hart, was du eben gesagt hast, aber es ist wahr«, begann er, stand plötzlich auf und fing an, auf der Terrasse umherzugehen, »ja, das ist wahr. Ich war schuld«, fügte er, vor mir stehenbleibend, hinzu, »entweder hätte ich mir gar nicht erlauben dürfen, dich zu lieben, oder ich mußte einfacher lieben, ja.«

»Vergessen wir alles«, sagte ich zaghaft.

»Nein, was vergangen ist, kehrt nicht wieder, das läßt sich nie wieder zurückbringen«, und seine Stimme wurde weicher, als er das sagte.

»Es ist schon alles zurückgekehrt«, sagte ich und legte ihm die Hand auf die Schulter.

Er nahm meine Hand und drückte sie.

»Nein, ich habe die Unwahrheit gesagt, daß ich dem Vergangenen nicht nachtrauere; nein, ich trauere, ich weine um jene vergangene Liebe, die nicht mehr da ist und nie wieder erstehen kann. Wer schuld daran ist, weiß ich nicht. Es ist eine Liebe zurückgeblieben, aber nicht jene, ihr Platz ist zurückgeblieben, sie selbst ist ganz im Schmerz erstorben, sie hat keine Kraft und keinen Saft mehr, Erinnerungen und Dankbarkeit sind geblieben, aber …«

»Sprich nicht so …« unterbrach ich ihn. »Es soll alles wieder so sein wie früher. Es kann doch sein? ja?« fragte ich, ihm in die Augen blickend. Aber seine Augen waren klar und ruhig, und der Blick, mit dem sie mich ansahen, war nicht tief.

Während ich noch sprach, fühlte ich bereits, daß das, was ich wünschte und worum ich ihn bat, unmöglich war. Er lächelte mit einem ruhigen, sanften und, wie mir schien, greisenhaften Lächeln.

»Wie jung du noch bist, und wie alt ich bin«, sagte er. »Das, was du suchst, lebt nicht mehr in mir; warum soll ich mich belügen?« setzte er mit demselben Lächeln hinzu.

Ich stellte mich schweigend neben ihn, und in meiner Seele wurde es ruhiger.

»Wir wollen uns nicht bemühen, das Leben zu wiederholen«, fuhr er fort, »wir wollen uns nicht selber belügen. Gott sei Dank, daß die früheren Wirrnisse und Aufregungen verschwunden sind! Wir haben nichts zu suchen und uns aufzuregen. Wir haben schon gefunden, und es ist reichlich Glück auf unser Teil entfallen. Jetzt müssen wir schon beiseite treten und diesen da Platz machen«, sagte er, auf die Amme deutend, die mit Wanja herankam und an der Tür der Terrasse stehenblieb. »So ist's, liebe Freundin«, schloß er, bog meinen Kopf zu sich hinüber und küßte ihn. Es war nicht der Geliebte, sondern ein alter Freund, der mich küßte.

Aus dem Garten aber stieg immer stärker und süßer die duftende Kühle der Nacht empor, immer feierlicher wurden die Klänge und die Stille, immer mehr Sterne entzündeten sich am Himmel. Ich blickte auf meinen Mann, und plötzlich wurde mir leicht ums Herz, als hätte man mir jenen kranken seelischen Nerv genommen, der mir soviel Leid bereitet hatte. Ich begriff plötzlich klar und ruhig, daß das Gefühl jener Zeit unwiederbringlich vergangen war – wie die Zeit selber, und daß es unmöglich war, es zurückzubringen, ja daß die Wiederkehr dieses Gefühls lastend und bedrückend wäre. Und schließlich, war denn jene Zeit, die mir so glücklich erschien, wirklich so schön? Und dann lag alles schon so weit, so weit zurück …

»Nun ist's aber an der Zeit, Tee zu trinken!« sagte er, und wir gingen zusammen in den Salon. In der Türe trafen wir wieder die Amme mit Wanja. Ich nahm das Kind auf den Arm, deckte seine nackten roten Füßchen zu, drückte es an mich und küßte es leicht. Der Kleine bewegte die Händchen mit den gespreizten runzeligen Fingern und öffnete die trüben Äuglein, als suchte oder erinnerte er sich an etwas; plötzlich blieben diese Äuglein an mir haften, ein Funke des Denkens blitzte in ihnen auf, die dicken halb geöffneten Lippen sammelten sich und verzogen sich zu einem Lächeln. Mein Kind, mein Kind, mein Kind! dachte ich und drückte es mit einer glücklichen Spannung in allen meinen Gliedern an die Brust und konnte mich nur mühsam davon abhalten, ihm nicht weh zu tun. Und ich begann seine kalten Füßchen, das Bäuchlein und die Hände und beinahe auch das kaum noch behaarte Köpfchen zu küssen. Mein Mann trat heran, ich deckte das Gesicht des Kindes rasch zu und deckte es wieder auf.

»Iwan Sergejewitsch!« sagte mein Mann und berührte ihn mit dem Finger unter dem Kinn. Aber ich deckte Iwan Sergejewitsch rasch wieder zu. Niemand außer mir durfte ihn allzu lange anschauen. Ich blickte auf meinen Mann, seine Augen lachten, als er in die meinen sah, und ich konnte sie zum ersten Mal nach langer Zeit wieder leicht und froh betrachten.

An diesem Tag endete der Roman mit meinem Mann; das alte Gefühl wurde zur kostbaren, unwiederbringlichen Erinnerung, und das neue Gefühl der Liebe zu den Kindern und zum Vater meiner Kinder legte den Grundstein zu einem zweiten, aber völlig andersartigen glücklichen Leben, das ich in diesem Augenblick noch nicht kannte …

Die Kosaken

Erzählung aus dem Kaukasus

1

Es ist still in Moskau. Nur hin und wieder ist das Knirschen von
Rädern auf den winterlichen Straßen zu hören. In den Fenstern
brennt kein Licht mehr, und die Laternen sind erloschen. Von
den Kirchen dringt Glockengeläut, schwebt über der schlafenden Stadt und mahnt an den Morgen. Die Straßen sind leer.
Ganz selten vermengt ein Nachtkutscher mit den schmalen Kufen seines Schlittens den Schnee mit Sand und schläft an der
nächsten Straßenecke in Erwartung eines Fahrgastes ein. Eine
Alte kommt auf dem Weg zur Kirche vorbei, in der schon rot
und nicht sehr dicht die unsymmetrisch aufgestellten Wachskerzen leuchten und sich in den goldenen Einfassungen wider-
spiegeln. Das Arbeitervolk erhebt sich nach der langen Winter-
nacht und geht an die Arbeit.

Aber bei den Herrschaften ist noch Abend.

In einem Fenster bei Chevalier schimmert gesetzwidrig unter
dem geschlossenen Fensterladen Kerzenlicht hervor. An der
Auffahrt stehen Karossen, Schlitten und Mietkutscher. Auch
eine Posttroika ist darunter. Der Hausknecht, eingemummt und
zusammengekauert, drückt sich an die Hausecke.

Wozu reden sie nur soviel unnützes Zeug? denkt der Lakai,
der mit müdem Gesicht im Vorzimmer sitzt. Und ausgerechnet
wenn ich Dienst habe. Aus dem erleuchteten Zimmer nebenan
ertönen die Stimmen der drei soupierenden jungen Leute. Sie
sitzen im Zimmer um den Tisch, auf dem Überreste des Abend-
essens und Wein stehen. Der erste – klein, reinlich, mager und
häßlich – sitzt und schaut den Abreisenden mit gütigen, müden

Augen an. Der zweite, große, liegt neben dem mit Flaschen voll-
gestellten Tisch und spielt mit seinem Uhrschlüssel. Der dritte,
in einem neuen kurzen Halbpelz, geht im Zimmer auf und ab,
bleibt manchmal stehen und knackt dann mit seinen ziemlich
dicken, kräftigen Fingern, die polierte Nägel haben, eine Mandel
auf und lächelt immer über etwas; seine Augen und das ganze
Gesicht glühen. Er spricht hitzig und mit Gesten, aber offenbar
findet er nicht die richtigen Worte, und die Worte, die ihm einfallen, genügen nicht, um alles das auszudrücken, was ihm zu
Herzen drängt. Er lächelt unausgesetzt ...

»Jetzt kann man ja alles sagen!« sagte der Abreisende. »Ich
will mich nicht rechtfertigen, ich möchte nur, daß du mich so
verstehst, wie ich mich selbst verstehe, daß du die Sache nicht
trivial ansiehst. Du sagst, ich wäre ihr gegenüber schuldig«,
wendet er sich an jenen, der ihn mit gütigen Augen anschaut.

»Jawohl, schuldig«, antwortete der kleine Häßliche, und in
seinem Blick kommt noch mehr Güte und Müdigkeit zum Vorschein.

»Ich weiß, weshalb du das sagst«, fuhr der Abreisende fort.
»Geliebt werden, das ist deiner Ansicht nach ein ebenso großes
Glück wie selbst lieben, und wer das erreicht hat, der hat für sein
Leben genug.«

»Ja, vollständig genug, mein Lieber! Mehr als nötig«, bestätigte
der kleine Häßliche, die Augen öffnend und wieder schließend.

»Aber warum soll man nicht selbst lieben?« sagte der Abreisende, versinkt in Gedanken und sieht den Freund mitleidig an.
»Warum nicht lieben? Es geht nicht ... Nein, geliebt werden ist
ein Unglück in dem Fall, wenn man sich schuldig fühlt, weil
man nichts wiedergibt, nichts wiederzugeben hat. Großer
Gott!« Er machte eine wegwerfende Handbewegung. »Wenn wenigstens verständig gehandelt würde, aber es wird im Gegenteil
alles verdreht gemacht, auf eine ganz eigene, gar nicht unsere
Art und Weise. Es sieht ja aus, als hätte ich ihr Gefühl gestohlen.
Du denkst auch so; widersprich nicht, du mußt so denken.
Wirst du mir glauben? Von all den Dummheiten und häßlichen
Sachen, die ich in meinem Leben verbrochen habe, ist das die
einzige, die ich nicht bereue und nicht bereuen kann. Ich habe
vor mir selbst und vor ihr niemals gelogen, weder am Anfang

noch später. Ich glaubte wirklich zu lieben, aber später merkte ich, daß es eine unbewußte Lüge war, daß man so nicht lieben kann, und ich konnte nicht weiter; sie aber ging weiter. Bin ich denn schuld, weil ich nicht konnte? Was sollte ich denn machen?«

»Nun, jetzt hat ja alles ein Ende!« sagte der Freund, indem er, um den Schlaf zu verscheuchen, sich eine Zigarre anzündete. »Nur eins: du hast noch nicht geliebt und weißt nicht, was das heißt.«

Der im kurzen Pelz wollte etwas erwidern und griff sich an den Kopf. Aber er konnte nicht ausdrücken, was er sagen wollte.

»Nicht geliebt! Natürlich nicht geliebt. Aber ich habe den Wunsch zu lieben, so stark wie nur einer ihn haben kann. Aber gibt es überhaupt solche Liebe? Es bleibt alles irgendwie unvollkommen. Was ist da viel zu reden! Ich habe in meinem Leben alles vollständig verwirrt. Aber jetzt hat alles ein Ende, du hast recht. Ich fühle, daß ein neues Leben beginnt.«

»Und in das wirst du wieder Verwirrung bringen«, sagte derjenige, der auf dem Diwan lag und mit dem Uhrschlüssel spielte; aber der Abreisende hörte ihn nicht.

»Ich bin traurig und gleichzeitig froh, daß ich wegfahre«, fuhr er fort. »Warum ich traurig bin, weiß ich nicht.«

Und der Abreisende begann über sich selber zu sprechen und merkte nicht, daß es für die anderen nicht ganz so interessant war wie für ihn. Der Mensch ist niemals so egoistisch wie in den Augenblicken, da er sich in Begeisterung befindet. Er glaubt dann, es gäbe in der Welt nichts Schöneres und Interessanteres als ihn selbst.

»Dmitrij Andrejewitsch, der Kutscher will nicht länger warten!« sagte der junge leibeigene Diener, der in Pelz und Schal ins Zimmer trat. »Seit elf stehen die Pferde, und jetzt ist es vier.«

Dmitrij Andrejewitsch sah seinen Wanjuscha an. Aus seinem Schal, seinen Filzstiefeln, seinem verschlafenen Gesicht sprach die Stimme eines anderen Lebens zu ihm, eines Lebens voll Mühe, Entbehrung und Arbeit; dieses Leben rief jetzt nach ihm.

»Es ist wahr, lebt wohl!« sagte er, mit der Hand nach einem offengebliebenen Haken seines Pelzes suchend.

Es wurde ihm geraten, dem Kutscher ein Trinkgeld zu geben,

aber er setzte sich entschlossen seine Mütze auf und stellte sich in die Mitte des Zimmers. Sie küßten einander einmal, zweimal, machten eine Pause und küßten sich zum dritten Mal. Der im Halbpelz trat an den Tisch heran, trank den auf dem Tisch stehenden Pokal leer, nahm den kleinen Häßlichen bei der Hand und errötete.

»Nein, ich will es doch sagen ... Ich will und muß aufrichtig zu dir sein, weil ich dich liebe ... Du liebst sie doch? Ich habe es mir immer gedacht ... ja?«

»Ja«, antwortete der Freund, noch sanfter lächelnd.

»Und vielleicht ...«

»Bitte sehr, die Lichter müssen ausgemacht werden«, sagte der verschlafene Lakai, der das letzte Gespräch gehört hatte und sich jetzt überlegte, warum die Herren immer und immer dasselbe sprächen. »Auf wessen Rechnung darf ich das Ganze anschreiben? Auf Ihre?« fügte er zu dem Großen gewandt hinzu; er wußte schon im voraus die Antwort.

»Auf meine!« sagte der Große. »Wieviel?«

»Sechsundzwanzig Rubel.«

Der Große wurde nachdenklich, sagte aber nichts und steckte die Rechnung in die Tasche.

Die beiden anderen ließen sich nicht stören.

»Leb wohl, du bist ein lieber Junge!« sagte der kleine Häßliche mit den sanften Augen.

Beiden kamen Tränen in die Augen. Sie traten auf die Freitreppe hinaus.

»Ach ja!« sagte der Abreisende errötend zu dem Großen: »Die Rechnung von Chevalier wirst du wohl in Ordnung bringen und schreibst mir dann, nicht?«

»Ja, ja«, sagte der Große, die Handschuhe anziehend. »Wie ich dich beneide!« fügte er plötzlich unerwartet hinzu, als sie hinausgingen.

Der Abreisende setzte sich in den Schlitten, wickelte sich in den großen Pelz und sagte: »Also los, fahr mit!« und rückte sogar zur Seite, um dem, der vom Beneiden sprach, Platz zu machen; seine Stimme zitterte.

Der Begleitende sagte: »Leb wohl, Mitja, Gott gebe dir ...« Er wünschte nur das eine, daß der andere möglichst bald wegfahren möge, und konnte deswegen nicht das sagen, was er wollte. Sie schwiegen eine Weile.

Noch einmal sagte jemand: »Leb wohl!«

Jemand sagte: »Los!« Und der Kutscher fuhr an.

»Jelisar, gib vor!« rief einer der Begleiter.

Die Mietskutscher und der Kutscher kamen in Bewegung, schnalzten mit der Zunge und rissen an den Zügeln. Die festgefrorene Kutsche knirschte auf dem Schnee.

»Ein netter Kerl, dieser Olenin«, sagte der eine Begleiter; »aber weshalb er als Junker in den Kaukasus will? Ich würde keinen halben Rubel dafür geben. Ißt du morgen im Klub zu Mittag?«

»Jawohl.«

Und sie fuhren ihrer Wege.

Dem Abreisenden war warm, sogar heiß im Pelz. Er setzte sich auf den Boden des Schlittens, knöpfte den Pelz auf, und die zottige Posttroika zog ihn aus einer dunklen Straße in die andere, an niegesehenen Häusern vorbei. Es schien Olenin, als ob nur Abreisende durch diese Straßen führen. Alles war dunkel, lautlos und trübe ringsumher, aber seine Seele war voller Erinnerungen, Liebe, Bedauern und angenehmer Tränen von vorhin …

2

Ich liebe sie! Ich liebe sie sehr! Sie sind so nett. So schön! wiederholte er für sich und hätte am liebsten geweint. Weshalb hätte er am liebsten geweint? Wer war so nett? Wen liebte er? Er wußte es selbst nicht recht. Hin und wieder schaute er ein Haus an und wunderte sich, weshalb es so sonderbar gebaut war; manchmal kam es ihm verwunderlich vor, daß der Kutscher und Wanjuscha, die ihm so fremd waren, sich in seiner Nähe befanden, mit ihm zusammen wackelten und hin und her schaukelten, wenn die Seitenpferde die gefrorenen Stränge anzogen – und wieder sagte er: Sie sind nett, ich liebe sie. Und einmal sagte er sogar: Wie er pfeffert! Großartig. Und wunderte sich selber, warum er das gesagt hatte, und stellte sich die Frage: Bin ich denn betrunken? In der Tat, er hatte seine zwei Flaschen Wein getrunken, aber nicht der Wein allein übte auf Olenin diese Wirkung aus. Es fielen ihm alle die, wie ihm schien, aufrichtigen Freundesworte ein, die ihm verschämt, gleichsam unwillkürlich, in den letzten Augenblicken vor der Abfahrt gesagt worden waren. Er dachte an die Händedrücke, die Blicke, an den Klang der Stimme, die »Leb wohl, Mitja!«gesagt hatte, als er schon im Schlitten gesessen. Er entsann sich seiner eigenen entschlossenen Aufrichtigkeit. Das alles hatte für ihn eine rührende Bedeutung. Nicht nur Freunde und Verwandte, nicht nur gleichgültige, sondern auch unsympathische, übelwollende Menschen schienen sich vor seiner Abreise verabredet zu haben, ihn zu lieben, ihm alles zu verzeihen, wie vor der Beichte oder vor dem Tode. Vielleicht komme ich aus dem Kaukasus nicht mehr zurück, dachte er. Und es schien ihm, daß er seine Freunde und noch jemanden anders sehr liebhabe. Und er empfand Mitleid mit sich selbst. Aber nicht die Liebe zu seinen Freunden war es, die seine Seele so weich und zärtlich stimmte, daß er sinnlose Worte vor sich hinsagen mußte, auch nicht die Liebe zu einer Frau (er hatte noch nie geliebt) hatte ihn in diesen Zustand versetzt. Die Liebe zu sich selbst, heiß, voller Hoffnung, die junge Liebe zu all dem, was Schönes in seiner Seele war (und es wollte ihm jetzt scheinen, daß alles schön war), brachte ihn zum Weinen und veranlaßte ihn, sinnlose Worte zu stammeln.

Olenin war ein Jüngling, der keinen Schulkursus beendet hatte, nirgends angestellt war (obwohl sein Name im Etat einer Behörde stand), die Hälfte seines Vermögens durchgebracht, trotz seiner vierundzwanzig Jahre noch keine Laufbahn gewählt und noch nie etwas getan hatte. Er war einfach das, was man in der Moskauer Gesellschaft »einen jungen Mann« nennt.

Mit achtzehn Jahren war Olenin schon so frei, wie es in den vierziger Jahren nur reiche junge Leute sein konnten, die ihre Eltern früh verloren hatten. Er kannte keine – weder physische noch moralische – Fesseln; er konnte alles tun, brauchte nichts, war nicht gebunden. Er hatte keine Familie, kein Vaterland, keinen Glauben und keine Not. Er glaubte an gar nichts und ließ nichts gelten. Aber obwohl er nichts gelten ließ, war er keineswegs trübsinnig, gelangweilt oder unzufrieden, im Gegenteil, er

befand sich dauernd in einem begeisterten Zustand. Er war zu
der Überzeugung gekommen, daß es wirkliche Liebe gar nicht
gäbe, aber die Anwesenheit einer schönen jungen Frau benahm
ihm regelmäßig den Atem. Er wußte schon seit langem, daß Ehren und Titel dummes Zeug wären, aber er empfand trotzdem
Vergnügen, wenn auf einem Ball ein Fürst Sergej auf ihn zuging
und freundlich mit ihm sprach. Er gab sich seinen Leidenschaften nur so weit hin, als sie ihn nicht banden. Wenn er nach etwas
strebte und Mühsal und Kampf, kleinlichen Kampf mit dem Leben witterte, beeilte er sich ganz instinktiv, von dem Gefühl
oder dem Tun loszukommen und seine Freiheit wiederzuerlan-
gen. So hatte er das gesellschaftliche Leben, den Dienst, die
Landwirtschaft, die Musik, der er sich eine Zeitlang ganz zu
widmen gedachte, und die Liebe zu Frauen, an die er nicht
glaubte, kennengelernt. Er überlegte, wem er diese ganze jugendliche Kraft, die dem Menschen nur einmal im Leben gegeben ist, opfern sollte – der Kunst, der Wissenschaft, der Liebe zu
einer Frau oder einer praktischen Tätigkeit –, nicht die Kraft des
Verstandes, des Herzens oder der Bildung, sondern jenen nicht
wiederkehrenden Drang, jene nur einmal dem Menschen gegebene Macht, aus sich das zu machen, was er will, ja wie ihm
scheint, aus der ganzen Welt zu machen, was er will. Es gibt freilich Menschen, die diesen Drang nicht kennen, die sich beim
Eintritt ins Leben sofort das erste beste Joch auflegen lassen und
sich bis zu ihrem Lebensende ehrlich darin abplagen. Aber Olenin war sich der Gegenwart dieses allmächtigen Gottes der Jugend, dieser Fähigkeit, sich in einen einzigen Wunsch, einen einzigen Gedanken zu verwandeln, der Fähigkeit, zu wollen und zu
handeln, der Fähigkeit, sich kopfüber in einen bodenlosen Abgrund zu stürzen, ohne zu wissen, wozu und warum, zu sehr bewußt. Er trug dieses Bewußtsein in sich, war stolz darauf und,
ohne es zu wissen, glücklich darüber. Bis jetzt hatte er nur sich
selbst geliebt. Es konnte auch nicht anders sein, da er von sich
nur Gutes erwartete und noch keine Ursache hatte, von sich selber enttäuscht zu sein. Bei der Abreise aus Moskau befand er
sich in der glücklichen, jugendlichen Gemütsverfassung eines
Jünglings, der seine früheren Fehler eingesehen und sich gesagt
hat, daß alles Bisherige zufällig und unbedeutend gewesen sei,

daß er bisher nicht den Wunsch gehabt habe, ordentlich zu leben, daß er aber jetzt, nach seiner Abreise aus Moskau, ein neues
Leben, ein Leben ohne Fehler und Reue, ein Leben voller Glück
beginnen wolle.

Wenn man eine lange Reise vor sich hat, bleiben die Gedanken während der ersten zwei bis drei Stationen an dem Ort haften, den man eben verlassen hat, und fliegen dann plötzlich am
ersten Morgen, den man unterwegs erlebt, dem Reiseziel zu und
bauen dort Luftschlösser. Auch Olenin erging es nicht anders.

Als er die Stadt hinter sich hatte und nur Schneefelder um
sich herum sah, freute er sich, daß er allein inmitten dieser Felder war, hüllte sich in seinen Pelz, ließ sich auf den Boden des
Schlittens gleiten, wurde ruhig und nickte ein. Der Abschied
von seinen Freunden hatte ihn weich gestimmt, er erinnerte sich
des letzten, ganz in Moskau verbrachten Winters, und Bilder
dieser Vergangenheit, von unklaren Gedanken und Selbstvor-
würfen unterbrochen, begannen sich seiner Vorstellung aufzu-
drängen.

Er dachte an den Freund, der ihn begleitet hatte, und an dessen Beziehungen zu dem jungen Mädchen, von dem die Rede
gewesen war. Das Mädchen war reich. Wie konnte er sie lieben,
wenn sie doch mich liebte? dachte er, und ein häßlicher Verdacht stieg in ihm auf. Es gibt soviel Unehrlichkeit bei den Menschen, wenn man näher hinsieht. Weshalb habe ich denn noch
nie geliebt? fragte er sich. Alle sagen, ich hätte noch nicht geliebt. Sollte ich ein moralischer Krüppel sein? Und er erinnerte
sich seiner »Flammen«. Er erinnerte sich der ersten Zeit seines
Gesellschaftslebens und der Schwester des einen Freundes, mit
der er die Abende am Tisch bei dem Schein der Lampe verbrachte, die ihre arbeitenden, schmalen Finger und den unteren
Teil ihres schönen, feinen Gesichts beleuchtete, und er entsann
sich der Gespräche, die sich träge hinschleppten, der allgemeinen Befangenheit, des Zwanges und des ständigen Gefühls der
Auflehnung gegen solche Gezwungenheit. Eine innere Stimme
sagte immer: Es ist nicht das Richtige – und es war auch nicht
das Richtige. Dann kam ihm ein Ball und die Masurka mit der
schönen D. in Erinnerung. Wie war ich in dieser Nacht verliebt,
wie war ich glücklich! Und wie weh und ärgerlich war mir zu-

mute, als ich am anderen Morgen erwachte und merkte, daß ich frei war! Warum kommt sie nicht, die Liebe? Warum bindet sie mich nicht an Händen und Füßen? dachte er. Nein, es gibt keine Liebe. Meine Nachbarin, die Dame, die mir und Dubrowin und dem Adelsmarschall immer erzählte, daß sie die Sterne liebe, war auch nicht das Richtige. Und er erinnerte sich seiner landwirtschaftlichen Tätigkeit im Dorf, und wieder hatte er nichts, wobei er mit Vergnügen verweilen konnte. Ob sie wohl sehr lange über meine Abreise sprechen werden? dachte er. Aber wer diese »sie« waren, wußte er selbst nicht. Dann tauchte ein Gedanke auf, der ihn veranlaßte, die Stirn zu runzeln und unartikulierte Laute zu murmeln. Es war die Erinnerung an Monsieur Copel und die sechshundertachtundsiebzig Rubel, die er dem Schneider schuldig bleiben mußte, und er dachte an seine eigenen Worte, mit denen er den Schneider gebeten hatte, noch ein Jahr zu warten, und an den Ausdruck von Verständnislosigkeit und Ergebenheit in sein Schicksal, der auf dem Gesicht des Schneiders zu lesen war. Ach, mein Gott, mein Gott, wiederholte er, drückte die Augen zu und versuchte, die unerträglichen Gedanken fortzuscheuchen. Aber sie hat mich trotz allem geliebt, dachte er von dem jungen Mädchen, von dem beim Abschied die Rede gewesen war. Hätte ich sie geheiratet, hätte ich heute keine Schulden, jetzt bin ich Wasiljew soviel schuldig geblieben. Und es kam ihm der letzte Abend im Klub, in den er damals von ihr aus gefahren war und wo er gegen Herrn Wasiljew gespielt hatte, in Erinnerung; er entsann sich seiner eigenen flehentlichen Bitten, doch weiterzuspielen, und der kalten, abschlägigen Antwort. Ein Jahr lang werde ich mich einschränken müssen, und alles wird bezahlt sein, und dann soll sie alle der Teufel holen … Aber dieser Überzeugung zum Trotz begann er von neuem die übriggebliebenen Schulden, die Termine und den voraussichtlichen Zeitpunkt der Abzahlung auszurechnen. Ich bin ja außer Chevalier auch noch Morel etwas schuldig, kam ihm zum Bewußtsein; und er entsann sich der Nacht, in der er soviel Schulden gemacht hatte. Es war ein Gelage mit Zigeunern, das die aus Petersburg eingetroffenen Sascha B., der Flügeladjutant und der Fürst D. und jener vornehme Alte angestiftet hatten … Wieso sind sie immer so selbstzufrieden, diese Herren? dachte er, und mit welchem Recht bilden sie einen besonderen Zirkel, von dem sie glauben, daß man sich geschmeichelt fühlen muß, wenn man aufgenommen wird? Etwa, weil sie Flügeladjutanten sind? Es ist schrecklich, für wie dumm und gemein sie die anderen Menschen halten! Jedenfalls habe ich ihnen gezeigt, daß mir durchaus nichts daran liegt, ihnen näherzukommen. Immerhin, der Verwalter Andrej würde sehr verblüfft sein, wenn er wüßte, daß ich mich mit solchen Leuten wie dem Oberst und dem Flügeladjutanten Sascha B. duze... Und niemand hat an dem Abend mehr getrunken als ich; ich habe den Zigeunern ein neues Lied beigebracht, und alle haben zugehört. Obwohl ich sehr viel Dummheiten gemacht habe, bin ich doch eigentlich ein sehr, sehr annehmbarer junger Mann, dachte er.

Olenin befand sich auf der dritten Poststation, als der Morgen anbrach. Er trank Tee, legte mit Hilfe Wanjuschas die Bündel und Koffer in den anderen Schlitten und setzte sich selber sehr vernünftig, aufrecht und ordentlich zwischen die Sachen; er wußte ganz genau, wo alles untergebracht war, wo sich das Geld, der Paß und die Reisepapiere befanden, und glaubte alles so praktisch eingerichtet zu haben, daß er lustig wurde und die lange Reise als eine verlängerte Spazierfahrt betrachtete.

Den Morgen und den halben Nachmittag verbrachte er damit, daß er allerhand arithmetische Berechnungen anstellte: wieviel Werst er hinter sich habe, wieviel es bis zur nächsten Station, bis zur nächsten Stadt, bis Mittag, bis zum Tee und bis Stawropol seien und welchen Teil des Weges er schon zurückgelegt habe. Dann rechnete er aus, wieviel Geld er habe, wieviel ihm übrigbleiben und wieviel nötig sein werde, um alle Schulden zu tilgen, und welchen Teil seines Einkommens er im Monat ausgeben dürfe. Am Abend nach dem Tee rechnete er aus, daß er bis Stawropol noch sieben Elftel des ganzen Weges vor sich habe, daß er die Schulden in sieben sparsamen Monaten tilgen könnte und daß sie ein Achtel seines Vermögens ausmachten. Das beruhigte ihn, er wickelte sich in seinen Pelz, legte sich hin und verfiel in Träumereien. Seine Phantasie beschäftigte sich jetzt mit der Zukunft, mit dem Kaukasus. In seinen Zukunftsträumen spielten Ammalat-Begs, Tscherkessenfrauen,

Berge und Abgründe, reißende Ströme und Gefahren eine große Rolle. Das alles stellte sich ihm freilich nur unklar dar; doch es lockte der Ruhm, und es schreckte der Tod, und beide ließen die Zukunft interessant erscheinen. Er sah sich, mit außergewöhnlicher Tapferkeit und einer Kraft, die alle Welt in Erstaunen setzte, zahllose Kaukasier töten oder unterwerfen, dann wieder stellte er sich vor, er sei selbst Kaukasier und verteidige seine Unabhängigkeit gegen die Russen. Sobald er sich Einzelheiten vorstellte, tauchten alte Moskauer Gesichter auf. Sascha B. kämpfte entweder mit den Russen oder mit den Kaukasiern gegen ihn. Irgendwie nahm sogar der Schneider, Monsieur Copel, an dem Triumph des Siegers teil. Wenn ihm alte Erniedrigungen, Schwächen oder Fehler in Erinnerung kamen, waren diese Erinnerungen nur angenehm. Er glaubte, daß sich dort, inmitten von Bergen, Strömen, Tscherkessenfrauen und Gefahren, solche Fehler nicht wiederholen könnten. Jetzt hatte er vor sich selbst das Bekenntnis seiner Fehler abgelegt, und damit Schluß. Ein bestimmter Traum, der liebste von allen, mischte sich jedem Zukunftsgedanken des jungen Menschen bei. Der Traum von der Frau. Inmitten der Berge sah er sie in Gestalt einer Tscherkessensklavin von schlanker Gestalt, mit langem Zopf und demütigen, tiefen Augen. Er sah eine einsame Hütte in den Bergen, an der Schwelle stand *sie* und erwartete ihn, während er müde, mit Staub, Blut und Ruhm bedeckt zu ihr zurückkehrte, er stellte sich ihre Küsse vor, ihre Schultern, ihre süße Stimme, ihre Demut. Sie war reizend, aber ungebildet, scheu und wild. Während der langen Winterabende begann er sie zu erziehen. Sie war klug, verständig, begabt und eignete sich die nötigen Kenntnisse sehr bald an. Warum nicht? Sie lernte sehr leicht Sprachen, konnte Werke der französischen Literatur lesen und sie verstehen, »Notre Dame de Paris« zum Beispiel müßte ihr gefallen. Sie konnte auch französisch sprechen. Im Salon wird sie mehr angeborenen Anstand aufweisen als eine Dame der höchsten Gesellschaft. Sie wird zu singen verstehen, schlicht, stark und leidenschaftlich ... Was für ein Unsinn! sagte er zu sich selbst. Er war an einer Station angekommen, mußte in einen anderen Schlitten steigen und Trinkgelder verteilen. Dann suchte er den alten Unsinn wiederzufinden – und von neuem sah er Tscherkessenmädchen, Ruhm, seine Rückkehr nach Rußland als Flügeladjutant, eine reizende Ehefrau. Aber es gibt doch keine Liebe, sagte er zu sich selbst. Und Ehren sind Unsinn. Und die sechshundertachtundsiebzig Rubel? Und das eroberte Land, das mir mehr Reichtum einträgt, als ich jemals im Leben brauchen könnte? Es wäre nicht recht, diesen Reichtum allein zu besitzen. Ich muß das Geld verteilen. Aber wie? Sechshundertachtundsiebzig Rubel an Copel, das übrige wird sich finden... Und höchst unklare Visionen schieben sich vor die Gedanken, nur Wanjuschas Stimme und die Empfindung, daß die Bewegung aufhört, unterbrechen den gesunden, jungen Schlaf, und ohne zu sich zu kommen, klettert er auf der neuen Station in einen anderen Schlitten und fährt weiter.

Am nächsten Morgen wieder dasselbe, dieselben Stationen, Trinkgelder, dieselben sich bewegenden Pferdekruppen, dieselben kurzen Unterhaltungen mit Wanjuscha, dieselben unklaren Wunschvorstellungen und Träumereien am Abend und müder, gesunder, junger Schlaf in der Nacht.

3

Je weiter sich Olenin vom Zentrum Rußlands entfernte, desto weiter schienen seine Erinnerungen zurückzuweichen, und je näher er dem Kaukasus kam, desto fröhlicher wurde ihm zumute. Ganz wegfahren und niemals wieder zurückkommen, sich nie wieder in Gesellschaft zeigen, dachte er manchmal. Diese Menschen, die ich hier sehe, sind *keine Menschen;* niemand von ihnen kennt mich, niemand von ihnen wird jemals nach Moskau und in die Gesellschaft kommen, in der ich verkehrt habe, niemand von ihnen wird meine Vergangenheit erfahren. Und niemand aus der Gesellschaft wird jemals etwas von dem hören, was ich unter diesen Menschen hier getrieben habe. Und ein ganz neues Gefühl der Freiheit von allem Vergangenen ergriff ihn inmitten dieser groben Wesen, die ihm unterwegs begegneten, die er nicht Menschen nennen, nicht auf eine Stufe mit seinen Moskauer Bekannten stellen konnte. Je derber das Volk war, je weniger Merkmale der Zivilisation zu sehen waren, desto freier fühlte er sich. Die Stadt Stawropol, durch die er fahren mußte, betrübte ihn. Aushängeschilder, sogar französische, Damen in Equipagen, Mietskutscher auf dem Marktplatz, Boulevards und ein Herr in Mantel und Hut, der die Vorbeifahrenden musterte – das alles wirkte niederdrückend. Vielleicht kennen diese Menschen einen meiner Bekannten, und wieder wurden Klubs, Schneider, Karten und Gesellschaft in seiner Erinnerung lebendig… Aber hinter Stawropol ging es schon anders zu: wild und schön und kriegerisch. Und Olenin wurde immer lustiger. Die Kosaken, Kutscher, Stationsvorsteher schienen lauter schlichte, einfache Wesen zu sein, mit denen man scherzen und plaudern konnte, ohne erst zu überlegen, welcher Kategorie sie angehörten. Alle gehörten dem Geschlecht der Menschen an, welches Olenin liebte, und alle betrugen sich freundlich gegen ihn.

Schon im Land der Donkosaken ersetzte man den Schlitten durch einen Wagen, aber hinter Stawropol wurde es so warm, daß Olenin ohne Pelz fahren konnte. Es war Frühling – unerwarteter, fröhlicher Frühling für Olenin. Nachts wurde man von den Stationen nicht mehr fortgelassen, und abends wurde davon gesprochen, daß es gefährlich sei. Wanjuscha bekam es mit der Angst zu tun, und die geladene Büchse lag griffbereit im Wagen. Olenin wurde noch übermütiger. Auf einer Station erzählte der Vorsteher von einem kürzlich unterwegs geschehenen furchtbaren Mord. Hin und wieder begegnete man bewaffneten Leuten. Es fängt an! sagte sich Olenin und wartete auf den Anblick der Schneeberge, von denen er soviel gehört hatte. Eines Abends zeigte der nogaische Kutscher mit der Peitsche auf die Berge hinter den Wolken. Olenin blickte begierig hin, aber es war trübe, und die Berge waren bis zur Hälfte von Wolken verhüllt. Olenin sah etwas Graues, Weißes, Krauses und konnte trotz aller Mühe im Aussehen der Berge, von denen er soviel gelesen und gehört hatte, nichts Schönes finden. Er dachte, daß sich Berge und Wolken sehr ähnlich sähen und daß die angebliche Schönheit der Schneeberge, über die immer geredet wurde, ebenso eine Erfindung sei wie die Musik von Bach und die Liebe, an die er nicht glaubte – und er hörte auf, sich auf die Berge zu freuen. Aber am nächsten Tag wachte er, weil es kühl war, sehr früh in seinem Wagen auf und sah gleichmütig nach rechts. Der Morgen war völlig klar. Plötzlich erblickte er – in zwanzig Schritt Entfernung, wie ihm im ersten Augenblick schien – die reinen, weißen Kolosse mit ihren zarten Umrissen und die wundervolle, deutliche, luftige Linie der Gipfel und des fernen Himmels. Und als er die Entfernung zwischen sich, den Bergen und dem Himmel, die ungeheuerliche Höhe dieser Berge begriff, und als ihm das Gefühl für die Unendlichkeit dieser Schönheit aufging, da erschrak er, es könnte das alles nur ein Wahngebilde, ein Traum sein. Er gab sich einen Ruck, um aufzuwachen. Die Berge blieben dieselben.

»Was ist das? Was ist denn das?« fragte er den Kutscher.

»Die Berge«, antwortete der Kutscher gleichmütig.

»Ich sehe sie mir auch schon lange an«, sagte Wanjuscha. »Ist das schön! Zu Hause werden sie es nicht glauben.«

Bei der schnellen Bewegung der Troika auf der ebenen Straße schienen die Berge am Horizont zu laufen, und ihre rosafarbigen Gipfel glänzten im Scheine der aufgehenden Sonne. Olenin war anfangs von den Bergen nur überrascht, später erfreut; aber je länger er diese Kette von Schneebergen anschaute, die nicht etwa aus anderen schwarzen Bergen, sondern direkt aus der Steppe herauswuchsen und dann wegzulaufen schienen, um so tiefer *empfand* er deren Schönheit. Von diesem Augenblick an erhielt alles, was er sah, dachte und fühlte, einen neuen, ernsten, hoheitsvollen Charakter. Alle Moskauer Erinnerungen, Scham und Reue, die trivialen Träume über den Kaukasus, alles verschwand, um nicht wieder zurückzukehren. Jetzt hat es angefangen, schien eine feierliche Stimme zu verkünden. Der Weg, die in der Ferne sichtbare Linie des Flusses, jede Staniza, das Volk – das war jetzt kein Scherz mehr. Er schaute zum Himmel hinauf und dachte an die Berge. Er blickte sich selbst oder Wanjuscha an – und wieder die Berge. Da reiten zwei Kosaken, die Gewehre gleichförmig in den Überzügen hinter ihren Rücken, und die grauen und braunen Füße ihrer Pferde scheinen ineinanderzufließen, aber die Berge. Hinter dem Terek steigt Rauch über einem Aul auf, aber die Berge ... Die Sonne geht auf und glänzt auf dem hinter dem Schilf sichtbaren Terek, aber die Berge ... Aus einer Staniza kommt ein hochrädriger Wagen gefahren, es kommen Frauen, schöne, junge Frauen, aber die Berge... Abreken treiben sich in der Steppe herum, aber ich fahre und fürchte mich nicht, ich habe ein Gewehr, ich bin kräftig und jung – und die Berge...

4

Der ganze Teil der Tereklinie, an der in einer Länge von etwa achtzig Werst die Siedlungen der Grebener Kosaken liegen, trägt nach Landschaft und Bevölkerung einen höchst einförmigen Charakter. Der Terek, die Scheide zwischen den Kosaken und den Kaukasiern, fließt trübe und schnell, obwohl breit und ruhig, schwemmt grauen Sand auf das niedrige, mit Schilf bewachsene rechte Ufer und unterspült das steile, nicht sehr hohe linke Ufer mit den Wurzeln hundertjähriger Eichen, verfaulten Platanen und dem jungen Nachwuchs. Am rechten Ufer breiten sich die befriedeten, aber doch noch nicht ganz zuverlässigen Aule der Kaukasier aus; am linken Ufer, eine halbe Werst vom Wasser und sieben bis acht Werst voneinander entfernt, liegen die Kosakendörfer. Früher lagen die meisten von ihnen ganz dicht am Ufer, aber der Terek, der alljährlich von den Bergen weg nach Norden abbiegt, unterspülte sie, so daß jetzt nur dichtüberwucherte Häuserruinen und Gärten mit Brombeerhecken und von wildem Wein umrankte Pyramidenpappeln zu sehen sind. Niemand wohnt hier, und auf dem Sande kann man die Spuren von Hirschen, Wölfen, Hasen und Fasanen sehen, die an diesem Ort gern weilen. Von einem Kosakendorf zum anderen führt eine Straße, schnurgerade wie ein Kanonenschuß durch den Wald gehauen. Auf dieser Straße stehen Kosakenkordons, und zwischen den Kordons stehen Posten auf Wachttürmen. Nur ein schmaler Streifen fruchtbaren, mit Wald bedeckten Landes – etwa dreihundert Saschen breit – gehört den Kosaken. Nach Norden zu beginnt gleich dahinter die Sandbrandung der Nogaischen oder Moskodischen Steppe, die sich weit nach Norden hinzieht, um dann irgendwo mit den Truchmenischen, Astrachanischen und Kirgis-Kaissakischen Steppen zusammenzufließen. Im Süden des Terek befinden sich die Große Tschetschnja, der Katschkalykowsche Gebirgskamm, die Schwarzen Berge, noch ein anderer Kamm und schließlich die Schneeberge, die man zwar sehen kann, auf denen aber noch nie jemand gewesen ist. Diesen fruchtbaren, waldbewachsenen, an Vegetation sehr reichen Landstreifen bewohnt seit undenklichen Zeiten eine kriegerische, schöne und reiche, altgläubige russische Bevölkerung, die sogenannten Grebener Kosaken.

Vor langer, langer Zeit waren deren Ahnen, Altgläubige, aus Rußland geflohen und hatten sich hinter dem Terek, auf dem Greben, dem ersten bewaldeten Kamm der großen Tschetschnja, mitten zwischen den Tschetschenzen angesiedelt. Die Kosaken vermischten sich mit der Bevölkerung, eigneten sich die Sitten, Eigenschaften, die Lebensart der Kaukasier an, behielten aber in voller Reinheit die russische Sprache und den alten Glauben bei. Die noch heute unter den Kosaken verbreitete Sage erzählt, Zar Iwan der Schreckliche wäre seinerzeit selbst an den Terek gekommen, hätte die Alten vom Greben zu sich gerufen, ihnen Land auf dieser Seite des Flusses geschenkt, sie ermahnt, in Freundschaft miteinander zu leben, und ihnen versprochen, daß er sie niemals zur Untertanenschaft oder zur Veränderung ihres Glaubens zwingen werde. Bis auf den heutigen Tag besteht Blutsverwandtschaft zwischen den Kosaken und den Tschetschenzen. Liebe zu Freiheit und Müßiggang, zu Raub und Krieg ist ihre hervorstechendste Charaktereigenschaft. Rußlands Einfluß ist nicht groß und äußert sich nicht gerade angenehm: in der Beschränkung der Wahlen, der Entfernung von Glocken und darin, daß Truppen einquartiert werden oder durchziehen. Der Kosak haßt weniger den kühnen Kaukasier, der seinen Bruder ermordet hat, als den Soldaten, der bei ihm in Quartier steht und seine Hütte mit Tabak vollraucht. Er achtet den feindlichen Kaukasier und verachtet den fremden Unterdrücker, den Soldaten. Der eigentliche russische Bauer ist in seinen Augen ein fremdes, unkultiviertes, verächtliches Wesen, er beurteilt ihn nach manchmal durchziehenden Krämern und nach den kleinrussischen Kolonisten. Die Eleganz seiner Kleidung besteht in Nachahmung der Tscherkessentracht. Die besten Waffen erwirbt er von den Kaukasiern, die besten Pferde werden ebendort gekauft oder gestohlen. Der flotte Kosak prunkt mit seiner Kenntnis der tatarischen Sprache, und wenn er fidel ist, spricht er auch mit seinesgleichen tatarisch. Aber trotz alledem: Dieses kleine christliche Völklein, das in diesem Erdenwinkel zwischen halbwilden mohammedanischen Stämmen und Soldaten lebt, ist fest überzeugt, daß es sich auf einer höheren Kulturstufe als die anderen befindet, es hält nur den Kosaken für einen vollwertigen Menschen und sieht auf alle anderen Menschen mit Verachtung herab. Der Kosak verbringt den größten Teil seiner Zeit in den Kordons und auf Feldzügen, auf der Jagd oder beim Fischfang. Zu Hause arbeitet er fast nie. Hält er sich einmal im Dorfe auf, so ist es eine Ausnahme, und dann feiert er. Alle Kosaken besitzen eigenen Wein, und das Trinken ist nicht eigentlich eine allgemeine Sucht, sondern eher eine Sitte, die man einhalten muß, wenn man nicht als Abtrünniger verschrien werden will. Die Frau ist in den Augen des Kosaken nichts anderes als das Werkzeug seines Wohlstandes, nur das Mädchen darf feiern, die Frau muß für ihn arbeiten von Jugend an und bis ins tiefste Alter hinein; wie die Völker des Ostens verlangt auch er von der Frau Gehorsam und Arbeit. Infolge dieses Standpunktes entfaltet sich die Frau physisch und seelisch sehr stark, und obwohl sie sich äußerlich unterwirft, erhält sie in Wirklichkeit – wie überall im Osten – unvergleichlich mehr Einfluß und Geltung im häuslichen Leben, als es im Westen der Fall ist. Ihr Ausschluß aus dem gesellschaftlichen Leben und die Gewöhnung an schwere männliche Arbeit geben ihr um so mehr Geltung und Macht im Hause. Der Kosak, der es für unanständig hält, in Anwesenheit Fremder freundlich und ohne zwingenden Grund überhaupt mit seiner Frau zu reden, fühlt unwillkürlich ihre Überlegenheit, sobald er mit ihr allein ist. Das Haus, das ganze Besitztum, die Wirtschaft, alles hat sie erworben, alles wird nur durch ihre Arbeit und Vorsorge zusammengehalten. Obwohl er fest davon überzeugt ist, daß für einen Kosaken Arbeit schimpflich ist und nur dem nogaischen Knecht und der Frau ansteht, so fühlt er doch unwillkürlich, daß alles, was er hat und sein eigen nennt, das Resultat dieser Arbeit ist und daß es in der Macht der Frau – Mutter oder Eheweib (die er als Leibeigene betrachtet) – steht, ihm alles zu nehmen, was er zum Leben nötig hat. Fortwährende schwere männliche Arbeit und die Sorgen, die ihrer Verantwortung überlassen sind, haben bei der Grebener Frau einen besonders selbständigen, männlichen Charakter ausgebildet und ganz erstaunliche physische Kraft, praktischen Verstand, Entschlossenheit und Standhaftigkeit entwickelt. Die Frauen sind im allgemeinen kräftiger, klüger, entwickelter und schöner als die Kosaken selbst. Die Schönheit der Grebener Frau ist besonders auffallend durch die Vereinigung rein tscherkessischen Gesichtsschnitts mit dem kraftvollen Körperbau der Frau aus dem Norden. Die Kosakenfrauen tragen tscherkessische Kleidung: tatarisches Hemd, Beschmet und Tschuwjak; aber die Tücher binden sie auf russische Art. Ein gewisser Staat, Reinlichkeit und Geschmack in der Kleidung und Einrichtung der Hütten sind ihnen zur Gewohnheit und unentbehrlich geworden. Im Umgang mit Männern haben die Frauen, vor allem die Mädchen, völlige Freiheit. Nowomlinskoje ist das Stammdorf der Grebener Kosaken. Die Sitten der alten Grebener Bevölkerung haben sich hier am reinsten erhalten, und die Frauen dieses Dorfes sind von altersher durch ihre Schönheit im ganzen Kaukasus berühmt. Die Erwerbsquellen der Kosaken sind die Wein- und Obstgärten, die Melonen- und Kürbispflanzungen, der Fischfang, die Jagd, der Anbau von Mais und Hirse und die Kriegsbeute.

Die Staniza Nowomlinskoje liegt drei Werst vom Terek entfernt und ist durch einen dichten Wald getrennt von ihm. Auf der einen Seite der Straße, die durch das Dorf führt, fließt der Fluß, auf der anderen ist alles grün von Wein- und Obstgärten, und dahinter kann man die Sandwälle der Nogaischen Steppe sehen. Das Dorf ist von einem Erdwall und einer Dornenhecke umgeben. Wenn man aus dem Dorf heraus oder ins Dorf hinein will, muß man durch ein Tor hindurch, das hohe Seitenpfosten und ein kleines, mit Schilf gedecktes Dach hat, daneben steht auf hölzernem Untergestell eine unförmige, einst von den Kosaken eroberte Kanone, die seit hundert Jahren nicht mehr schießt; ein Kosak in Uniform mit Tscherkessensäbel und Gewehr steht manchmal beim Tor auf Wache und manchmal nicht, macht manchmal vor einem vorübergehenden Offizier Front und manchmal auch nicht. Unter dem Torbogen steht auf weißem Brett mit schwarzer Farbe geschrieben: Häuser 266, männlichen

Geschlechts 897 Seelen, weiblichen Geschlechts 1012. Die Häuser der Kosaken stehen alle auf Pfosten, einen Arschin und mehr über dem Erdboden, sind säuberlich mit Schilfrohr gedeckt und haben hohe Giebel. Wenn auch nicht alle Häuser neu sind, so sind doch alle kerzengerade und sauber, mit verschiedenartigen hohen Freitreppen versehen; sie kleben nicht dicht beieinander, sondern sind im Gegenteil weit und malerisch an breiten Straßen und Quergassen errichtet. Vor den hellen, großen Fenstern vieler Häuser stehen hinter der Einzäunung dunkelgrüne Pyramidenpappeln, die teils höher sind als die Häuser selbst, zarte hellblättrige Akazien mit weißen, duftigen Blüten, vorlaut glänzende gelbe Sonnenblumen, Schlingpflanzen und Weinreben. Auf dem breiten Marktplatz befinden sich drei Läden mit Kurzwaren, Sonnenblumenkernen, Johannisbrot und Lebkuchen, und hinter einem hohen Zaun schaut durch eine Reihe hoher Pyramidenpappeln das Haus des Regimentskommandeurs hindurch, länger und höher als die anderen und mit zweiflügeligen Fenstern. Werktags und vor allem im Sommer sind nur wenig Menschen auf den Straßen der Staniza zu sehen. Die Kosaken haben Dienst, sind in den Kordons oder auf einem Feldzug, die Alten auf der Jagd oder beim Fischfang oder auch mit den Frauen bei der Arbeit im Wein- oder Gemüsegarten. Nur die ganz Alten, die Kleinen oder die Kranken bleiben zu Hause.

5

Es war ein Abend, wie es ihn nur im Kaukasus geben kann. Die Sonne hatte sich schon hinter die Berge gesenkt, aber es war noch hell. Das Abendrot umfaßte ein Drittel des Himmels, und scharf hoben sich die mattweißen Bergriesen von dem Licht des Abendrotes ab. Die Luft war dünn, unbeweglich und klingend. Ein mehrere Werst langer, von den Bergen verursachter Schatten legte sich auf die Steppe. In der Steppe hinter dem Fluß, auf den Straßen, überall war es leer. Wenn sich irgendwo Reiter zeigen, schauen die Kosaken von den Wachttürmen und die Tschetschenzen aus ihrem Aul neugierig hin, was das wohl für böse

Leute sein könnten. Die Furcht voreinander treibt die Menschen abends in die Nähe der Behausungen, nur Tiere und Vögel streifen frei in der Wüste herum, ohne Furcht vor den Menschen. Noch vor Sonnenuntergang kommen mit lustigem Geplauder die Kosakenfrauen aus den Gärten, wo sie Reben gebunden haben, zurück. In den Gärten wird es leer, wie in der ganzen Umgegend; aber um so lebendiger wird's um diese Abendzeit in der Staniza. Von allen Seiten strömen Menschen herbei, zu Fuß, zu Pferd und auf knarrenden Wagen. Junge Mädchen in aufgeschürzten Hemden laufen mit langen Ruten lustig schwatzend zu den Toren, dem Vieh entgegen. Das Vieh kommt in einer Wolke von Staub und Mücken, die ihm aus der Steppe folgen. Die satten Kühe und Büffelkühe zerstreuen sich nach verschiedenen Richtungen, Kosakenmädchen in farbigen Beschmets laufen dazwischen hin und her. Durchdringende Stimmen, lustiges Lachen und Kreischen wird vom Gebrüll der Kühe unterbrochen. Dort kommt ein bewaffneter Kosak angeritten, der vom Kordon beurlaubt ist, nähert sich seinem Haus, beugt sich herunter und klopft an ein Fenster; sofort erscheint im Fenster das schöne junge Gesicht eines Kosakenmädchens, und freundliche, lächelnde Reden werden laut. Dort kommt ein zerlumpter nogaischer Arbeiter mit Schilfrohr aus der Steppe gefahren, dreht den knarrenden Wagen auf dem sauberen, breiten Hof des Jessauls herum, nimmt den Ochsen, die mit den Köpfen wackeln, das Joch ab und ruft auf tatarisch etwas zu seinem Herrn hinauf. An der Pfütze, die beinahe die ganze Straße einnimmt und an der schon seit vielen Jahren die Menschen nicht anders vorüber können, als daß sie sich mit Mühe an den Zaun klammern, sucht sich jetzt ein barfüßiges Kosakenmädchen mit einem Bündel Brennholz auf dem Rücken den Weg; sie hebt das Hemd hoch über die weißen Beine, ein heimkehrender Jäger zielt nach ihr hin und ruft scherzend: »Du schamlose Dirne, heb's doch gleich noch ein bißchen höher!« Das Mädchen reißt am Hemd und läßt das Holz fallen. Ein alter Kosak mit aufgekrempelten Hosen und offener grauer Brust kommt vom Fischfang zurück, trägt über der Schulter im Netz noch zappelnde silbrige Fische, klettert, um den Weg abzukürzen, über den zerbrochenen Zaun seines Nachbarn und reißt ungeduldig an seinem Kittel, der sich festgehakt hat. Dort schleppt eine Frau einen langen dürren Ast, hinter dem Haus kann man Axthiebe hören. Es kreischen die Kinder, die auf den Straßen, überall da, wo sie einen ebenen Platz finden können, ihre Kreisel drehen. Frauen klettern über die Zäune, um einen Umweg zu sparen. Aus allen Schornsteinen steigt der beizende Rauch des getrockneten Kuhmists empor. Auf jedem Hof ist das lebhafte Treiben zu hören, das der Stille der Nacht voranzugehen pflegt.

Mutter Ulitka, die Frau des Kosakenfähnrichs und Schullehrers, geht wie die anderen zum Hoftor, dem Vieh entgegen, das ihr Mädchen, die Marjanka, jetzt die Straße heruntertreibt. Sie hat das Tor erst halb geöffnet, als eine große Büffelkuh, von Mücken verfolgt, mit Gebrüll hereindrängt; hinterher kommen langsamer die satten Kühe, schauen mit großen Augen ihre Herrin an und schlagen gemessen mit den Schwänzen. Die schlanke schöne Marjanka kommt durch das Tor herein, wirft die Rute weg und beeilt sich, das Vieh hereinzutreiben.

»Nimm das Schuhzeug ab, Teufelsmädel!« schreit die Mutter, »hast es schon ganz ausgetreten ...«

Marjanka nimmt die Benennung Teufelsmädel durchaus nicht ernst, faßt das Wort als Lob auf und setzt ihre Arbeit lustig fort. Marjankas Gesicht ist durch das umgebundene Tuch verdeckt, sie trägt ein rosa Hemd und einen grünen Beschmet. Jetzt verschwindet sie hinter dem fetten, großen Vieh unter dem Vordach des Hofes, und man hört aus dem Stall nur noch ihre Stimme, die der Büffelkuh zärtlich zuredet: »Willst du wohl stehen? Na, du! Ich werde dir gleich, Mütterchen, na ...!« Bald darauf kommen das Mädchen und die Alte aus dem Stall heraus und tragen zwei große Töpfe Milch, den Ertrag des heutigen Tages; damit begeben sie sich in die niedrige Vorratshütte. Aus dem Lehmschornstein wird nun bald der Rauch des getrockneten Kuhmists aufsteigen, die Milch wird zu Kaimak verarbeitet; das Mädchen macht das Feuer an, während die Alte vors Tor geht. Die Staniza ist von Dämmerung umhüllt. In der Luft steht Geruch von Gemüse und Vieh und der stickige Rauch von Kuhmist. An den Toren und auf den Straßen sieht man Frauen mit brennenden Lappen in den Händen laufen. Im Hof hört man das gemolkene Vieh schnaufen und die Stimmen von Frauen und Kindern, die einander von Hof zu Hof und auf der Straße etwas zurufen. Betrunkene Männer hört man werktags nur selten.

Eine alte, große Kosakenfrau von männlichem Aussehen kommt von dem gegenüberliegenden Hof zu Mutter Ulitka herüber, um sie um Feuer zu bitten; in der Hand hält sie einen Lappen.

»Na, Mutter, schon fertig?« fragt sie.

»Das Mädchen heizt an. Braucht ihr Feuer?« sagt Mutter Ulitka stolz darauf, daß sie aushelfen kann.

Beide Frauen gehen ins Haus; die groben Hände, die nicht an kleine Gegenstände gewöhnt sind, öffnen zitternd den Deckel der kostbaren Schachtel mit Zündhölzern, die im Kaukasus selten sind. Die männlich aussehende Nachbarin setzt sich, offenbar in der Absicht zu plaudern, auf die Ofenbank.

»Ist der deinige noch in der Schule, Mutter?« fragt sie.

»Ja, er unterrichtet die Kinder, Mutter. Hat geschrieben, daß er zu den Feiertagen kommt«, sagt die Fähnrichsfrau.

»Ein kluger Mensch; es bringt ja auch Nutzen.«

»Natürlich bringt's Nutzen.«

»Mein Lukascha ist im Kordon und wird nicht nach Hause gelassen«, sagt die Besucherin, obwohl es die Fähnrichsfrau längst weiß. Sie möchte über ihren Lukascha sprechen, den sie erst kürzlich zu den Kosaken gesteckt hatte und gerne mit Marjanka, der Tochter des Fähnrichs, verheiraten möchte.

»Schläft er auch im Kordon?«

»Ja, Mutter. Seit den Feiertagen ist er nicht wieder hier gewesen. Neulich habe ich ihm durch Fomuchkin Hemden geschickt. Er sagt: die Vorgesetzten loben ihn. Es soll wieder nach Abreken gefahndet werden ... Lukaschka, sagt er, wäre fidel und munter.«

»Na, Gott sei Dank«, sagt die Fähnrichsfrau. »Ein *Herausreißer* mit einem Wort.«

Lukaschka hatte den Beinamen »der Herausreißer« für seine Kühnheit bekommen, dafür, daß er einen Kosakenjungen aus dem Wasser herausgezogen, *herausgerissen* hatte. Und die Frau des Fähnrichs erwähnte das jetzt, um ihrerseits Lukaschkas Mutter etwas Angenehmes zu sagen.

»Ich danke Gott, Mutter, er ist ein guter Sohn; ein forscher Kerl, alle sind des Lobes voll«, sagt Lukaschkas Mutter. »Verheiraten möchte ich ihn noch, dann könnte ich ruhig sterben.«

»Es gibt ja genug Mädchen im Dorf«, antwortet die schlaue Fähnrichsfrau und schließt mit ihren verkrümmten Fingern sorgfältig die Zündholzschachtel.

»Freilich gibt es viele, Mutter«, meint Lukaschkas Mutter und wiegt den Kopf, »aber so eine wie dein Mädchen, die Marjanka – so eine gibt es keine zweite im Regiment.«

Die Fähnrichsfrau kennt die Absichten von Lukaschkas Mutter, aber obwohl sie Lukaschka für einen guten Kosaken hält, will sie dieses Gespräch vermeiden; erstens, weil sie eine Fähnrichsfrau und reich ist, Lukaschka dagegen der Sohn eines gemeinen Kosaken und Waise ist; zweitens, weil sie sich jetzt noch nicht von ihrer Tochter trennen möchte; vor allem aber, weil es der *Anstand* so verlangt.

»Na ja, Marlanka soll nur erst heranwachsen, dann wird sie nicht schlechter als die andern sein«, äußert sie zurückhaltend und bescheiden.

»Ich werde Brautwerber senden, laß mich nur erst mit den Gärten fertig werden, dann werden wir kommen und um deine Gnade bitten«, sagt Lukaschkas Mutter, »auch Ilja Wasiljewitsch werden wir bitten.«

»Wozu denn Ilja?« sagt die Fähnrichsfrau stolz, »mit mir werdet Ihr zu reden haben. Aber alles hat seine Zeit.«

Aus dem strengen Gesichtsausdruck der Fähnrichsfrau schließt Lukaschkas Mutter, daß es jetzt nicht angebracht ist, weiter über dies Thema zu sprechen, sie zündet ihren Lappen mit dem Streichholz an und sagt, während sie aufsteht: »Sei gnädig, Mutter, denk an meine Worte. Ich muß jetzt anheizen gehen«, fügt sie hinzu.

Als sie über die Straße geht und dabei den Lappen in der ausgestreckten Hand schwenkt, kommt ihr Marjanka entgegen und grüßt.

Ein hübsches Mädchen, eine fleißige Arbeiterin, denkt sie, während sie Marjanka anschaut, wohin soll sie denn noch wachsen? Einen Mann braucht sie aus gutem Haus. Den Lukaschka soll sie heiraten.

Aber Mutter Ulitka hat ihre eigenen Sorgen; sie bleibt auf der Schwelle sitzen und denkt angestrengt über etwas nach, bis das Mädchen sie ruft.

6

Der männliche Teil der Bevölkerung verbringt das Leben auf Feldzügen und in den Kordonen, auf Posten, wie die Kosaken selber sagen. Lukaschka, der Herausreißer, über den sich die beiden Alten im Dorf unterhalten hatten, stand diesen Abend auf dem Wachtturm des Postens von Nischne-Protozk, der sich direkt am Ufer des Terek befindet. Auf das Geländer des Turms gestützt, schaute er mit zugekniffenen Augen bald in die Ferne hinter dem Terek, bald hinunter auf seine Kameraden, mit denen er hin und wieder ein paar Worte wechselte. Die Sonne näherte sich schon dem mit Schnee bedeckten Bergrücken, der aus den krausen Wolken herauslugte. Die Wolken, die an seinem Fuße wallten, nahmen immer dunklere Färbungen an. Die Luft wurde abendlich-durchsichtig. Aus dem dichten, verfilzten Wald zog es kühl, aber um den Posten herum war es noch recht heiß. Die Stimmen der Kosaken klangen voller und standen in der Luft. Der braune schnelle Terek hob sich durch seine bewegte Masse klar von den unbeweglichen Ufern ab. Er wurde allmählich seichter, da und dort bedeckte nasser brauner Sand Ufer und Sandbänke. Dem Kordon gegenüber war alles leer; niedriges, endloses, ödes Schilfrohr erstreckte sich bis dicht an die Berge. Seitwärts waren auf dem niedrigen Ufer die Lehmhütten, die flachen Dächer und die trichterartigen Rauchfänge des Tschetschenzendorfes zu sehen. Die scharfen Augen des Kosaken auf dem Turm verfolgten in der Ferne, durch den abendlichen Rauch des friedlichen Auls hindurch, aufmerksam die Bewegungen der Tschetschenzenfrauen in blauen und roten Kleidern.

Obwohl die Kosaken jeden Augenblick den Angriff der Abreken erwarten mußten, die den Fluß von der tatarischen Seite her leicht überschreiten konnten, besonders jetzt im Mai, wo der Wald am Terek so dicht war, daß ein Fußgänger Mühe hatte

durchzukommen, und der Fluß so seicht war, daß man stellenweise durch die Furten reiten konnte, und obwohl vor zwei Tagen ein Bote des Regimentskommandeurs mit einem Zettel des
Inhalts vorbeigekommen war, daß durch Kundschafter die
Nachricht eingegangen sei, eine Gruppe von acht Mann würde
den Terek überschreiten, weshalb äußerste Vorsicht erforderlich
sei, wurde trotz alledem auf dem Kordon keine besondere Vorsicht beobachtet. Die Pferde ungesattelt, ohne Waffen, beschäftigten sich die Kosaken, als wären sie zu Hause, mit Fischfang,
Trinken und Jagen. Nur das Pferd des Wachhabenden ging gesattelt mit gekoppelten Füßen zwischen den Dornen am Wald
umher, und nur der wachhabende Kosak selber war im Tscherkessenrock, mit Flinte und Säbel. Der Unteroffizier, ein hoher,
hagerer Kosak, mit außerordentlich langem Rücken und kleinen
Füßen und Händen, saß auf dem Erdaufwurf der Hütte im aufgeknöpften Beschmet und legte mit einem Ausdruck von Faulheit und Langeweile, wie ihn sich nur die Obrigkeit erlauben
darf, mit geschlossenen Augen den Kopf von einer Hand in die
andere. Ein älterer Kosak mit breitem, schwarz und grau melier-
tem Bart, lag im Hemd, das mit einem schwarzen Riemen
gegürtet war, am Wasser und sah gelangweilt auf den einförmigen, tobenden und sich windenden Terek. Die anderen waren
ebenfalls von der Hitze entkräftet und nur halb angezogen; der
eine spülte seine Wäsche im Terek, der andere flocht einen Zügel, der dritte lag auf dem heißen Sand des Flusses und summte
ein Liedchen. Ein vierter Kosak, mit magerem, schwarzver-
branntem Gesicht, lag auf dem Rücken, offenbar vollständig betrunken, neben der Wand der Hütte, die vor zwei Stunden wohl
im Schatten gewesen sein mochte, auf die aber jetzt die sengen-
den schrägen Strahlen der Sonne fielen.

Lukaschka, der auf dem Turm stand, war ein hochgewachsener, gut aussehender Bursche von etwa zwanzig Jahren und seiner Mutter sehr ähnlich. Sein Gesicht und sein ganzer Körperbau zeugten, der jugendlichen Unbeholfenheit zum Trotz, von
großer physischer und moralischer Kraft. Obwohl er erst seit
kurzem in die kämpfende Truppe aufgenommen worden war,
konnte man an dem breiten Gesichtsausdruck und der ruhigen,
selbstbewußten Haltung sehen, daß er schon Zeit gehabt hatte,

sich den kriegerischen, etwas stolzen Anstand anzueignen, der den Kosaken ebenso wie anderen waffentragenden Männern eigen ist. Man konnte ihm gleich ansehen, daß er Kosak und sich seines Wertes bewußt war. Der breite Tscherkessenrock war stellenweise schon zerrissen, die Mütze nach Tschetschenzenart auf den Hinterkopf geschoben, die Gamaschen saßen unterhalb der Knie. Seine Kleidung war nicht reich, aber sie hatte den besonderen Kosakenschmiß, der den Tschetschener Dschigiten abgeschaut ist. An einem richtigen Dschigiten ist alles weit, zerrissen und nachlässig, nur seine Waffen sind gut. Aber richtig angezogen, gegürtet und hergerichtet, bewirken diese abgerissenen Kleider samt den Waffen einen eigenartigen Eindruck, den nicht jeder hervorrufen kann, der aber jedem Kosaken oder Kaukasier sofort in die Augen springt. Lukaschka hatte dieses Aussehen eines kühnen Dschigiten. Die Hände am Säbel, blickte er mit zugekniffenen Augen nach dem fernen Aul. Einzeln betrachtet waren seine Züge nicht eigentlich schön, aber jeder, der seinen stattlichen Körperbau, sein kluges Gesicht mit den schwarzen Augenbrauen sah, mußte unwillkürlich denken: Das ist ein ganzer Kerl.

»Was jetzt für eine Menge Weiber im Dorf zu sehen ist«, sagte er mit scharfer Stimme, seine leuchtend weißen Zähne träge öffnend, ohne sich an jemand Bestimmten zu wenden.

Nasarka, der unten gelegen hatte, hob sofort den Kopf und bemerkte: »Werden wohl Wasser holen gehen.«

»Man sollte sie durch einen Schuß erschrecken«, sagte Lukaschka lachend, »die würden schön durcheinanderfahren.«

»Trägt nicht bis hin.«

»Meins trägt schon rüber. Na warte, demnächst haben sie Festtag, da werde ich Girej-Khan einen Besuch machen und Busa trinken«, sagte Lukaschka, gleichzeitig ärgerlich nach den zudringlichen Mücken schlagend.

Geraschel im Dickicht ließ die Kosaken aufhorchen. Ein scheckiger Hühnerhundbastard kam, nach einer Fährte suchend und angestrengt mit seinem mageren Schwanz wedelnd, auf den Kordon zugelaufen. Lukaschka erkannte den Hund des Jägernachbarn, des Onkels Jeroschka, und bemerkte gleich darauf im Dickicht die Gestalt des sich nähernden Jägers.

Onkel Jeroschka war ein Kosak von ungeheurer Größe, schlohweißem Bart, breiten Schultern und breiter Brust, aber im Wald, wo er nicht mit anderen verglichen werden konnte, wirkte er gar nicht groß: so wohlproportioniert waren seine mächtigen Glieder. Er trug einen zerrissenen, hochgeschürzten Bauernkittel, Schuhzeug aus ungegerbtem Hirschfell, das mit Schnüren an die Füße gebunden war, und eine zottige weiße Mütze. Auf dem Rücken hing über die eine Schulter eine Kobylka und ein Sack mit einem Huhn und einem jungen Rotfußfalken zum Anlocken von Habichten; über die andere Schulter trug er am Riemen eine erlegte wilde Katze; auf dem Rücken hingen am Gurt ein Täschchen mit Kugeln, Schießpulver und Brot, ein Pferdeschweif zum Abwehren der Fliegen, ein großer Dolch in zerrissener, mit altem Blut besudelter Scheide und zwei erlegte Fasanen. Er sah den Kordon und blieb stehen.

»He, Ljam!«schrie er den Hund in einem so dröhnenden Baß an, daß das Echo tief im Wald widerhallte; dann hängte er das riesengroße Pistongewehr, das die Kosaken *Flinte* nennen, über die Schulter und lüftete die Mütze.

»Hallo! Einen guten Tag, ihr lieben Leute!« wandte er sich mit derselben lauten Stimme und in lustigem Ton ohne jegliche Anstrengung, doch so laut, als wollte er jemandem auf der anderen Seite des Flusses etwas zurufen, an die Kosaken.

»Guten Tag, Onkel! Guten Tag!« antworteten von verschiedenen Seiten die Stimmen der Kosaken.

»Was habt ihr gesehen? Erzählt mal«, rief Onkel Jeroschka, indem er sich mit einem Rockärmel den Schweiß von dem breiten roten Gesicht wischte.

»Ja, Onkel, irgendein Habicht haust hier auf der Platane. Sobald es Abend wird, kreist er regelmäßig hier herum«, sagte Nasarka, mit den Augen zwinkernd und mit Schulter und Fuß Zeichen machend.

»Was du nicht sagst!« sagte der Alte mißtrauisch.

»Tatsächlich, Onkel, du solltest dich auf den Anstand stellen«, bekräftigte Nasarka lächelnd.

Die Kosaken lachten.

Der Spaßmacher hatte keinen Habicht gesehen, aber es herrschte in dem Kordon bei den jungen Kosaken schon seit langem die Sitte, Onkel Jeroschka, wenn er zu ihnen kam, zu necken und zu foppen.

»Ach, du Narr, immer mußt du Unsinn reden«, sagte Lukaschka vom Turm aus zu Nasarka.

Nasarka verstummte sofort.

»Na, wenn man sich auf den Anstand setzen muß, dann setze ich mich eben«, sagte der Alte zur Freude der Kosaken. »Habt ihr Wildschweine gesehen?«

»Wildschweine! Als ob das so leicht wäre!« sagte der Unteroffizier, drehte sich dabei auf die andere Seite und kratzte sich mit beiden Händen den Rücken. Die Zerstreuung kam ihm sehr gelegen. »Abreken sollen wir fangen und nicht Wildschweine. Du hast wohl nichts gehört, Onkel? Was?« fügte er hinzu, indem er die Augen grundlos zusammenkniff und eine Reihe weißer Zähne zeigte.

»Abreken?« sagte der Alte, »nein, ich habe nichts gehört. Habt ihr keinen Tschichir da? Gib mir zu trinken, lieber Mensch. Ich bin ganz erschöpft, wahrhaftig. Ich will dir auch nächstens Wild bringen, wahrhaftig. Gib einen Schluck!« fügte er hinzu.

»Willst du wirklich auf den Anstand gehen?« fragte der Unteroffizier, als hätte er die Worte des anderen gar nicht gehört.

»Ich wollte mal eine Nacht auf den Anstand gehen«, antwortete Onkel Jeroschka, »vielleicht erlege ich zum Feiertage mit Gottes Hilfe etwas; dann gebe ich dir davon ab, ganz bestimmt.«

»Onkel! Hallo, Onkel!« schrie Lukaschka, die allgemeine Aufmerksamkeit auf sich lenkend, scharf vom Turm herunter. Die Kosaken sahen sich nach ihm um.

»Geh doch zu dem oberen Durchfluß, dort steht eine ganze Herde. Ich lüge nicht. Wahrhaftig! Neulich hat ein Kosake einen Keiler geschossen. Ich sage die Wahrheit«, fügte er, seine Büchse auf dem Rücken zurechtrückend und in einem solchen Ton hinzu, daß jedermann sehen konnte, daß er nicht lachte.

»Ach, Lukaschka der Herausreißer ist auch hier!« sagte der Alte, nach oben schauend. »Wo hat er ihn denn geschossen?«

»Hast mich noch gar nicht bemerkt? Ich bin wohl zu klein?« sagte Lukaschka. »Direkt am Graben, Onkel«, fügte er ernst hinzu und warf mit einer Kopfbewegung das Haar zurück. »Wir gingen am Graben entlang, plötzlich hörten wir etwas rascheln, und ich hatte mein Gewehr im Futteral. Aber Pljaska ballerte los … Ich werde dir die Stelle zeigen, Onkel, es ist hier ganz in der Nähe. Laß mir nur Zeit. Ich kenne alle Wege, Bruder. Onkel Mossew!« setzte er sehr bestimmt und beinahe befehlend zu dem Unteroffizier gewandt hinzu, »Zeit zur Ablösung!« – Und ohne den Befehl abzuwarten, warf er sein Gewehr über die Schulter und begann herunterzusteigen.

»Komm herunter!« sagte erst hinterher der Unteroffizier und blickte sich um. »Du bist an der Reihe, Gurko, nicht? Geh! Ja, geschickt ist dein Lukaschka geworden«, fügte der Unteroffizier zu dem Alten gewandt hinzu, »immerzu muß er herumlaufen, genauso wie du, kann nicht zu Hause sitzen; neulich hat er einen erschossen.«

7

Die Sonne war verschwunden, nächtliche Schatten schoben sich vom Wald heran. Die Kosaken hatten ihren Dienst im Kordon beendigt und versammelten sich zum Abendessen in der Hütte. Nur der Alte saß in Erwartung des Habichts unter der Platane und riß hin und wieder an dem Faden, der um den Fuß des Lockvogels geschlungen war. Der Habicht saß auf dem Baum, ließ sich aber nicht auf das Huhn herab. Lukaschka legte, ohne sich zu beeilen, mitten im dicksten Dornengewirr Schlingen für die Fasanen und sang ein Lied nach dem anderen. Trotz seines großen Wuchses und seiner großen Hände gedieh jegliche Arbeit, ob groß oder klein, in seinen Händen.

»He, Luka!« ertönte aus dem Dickicht die durchdringend klingende Stimme Nasarkas, »die Kosaken sind zum Abendessen gegangen.«

Nasarka kletterte mit einem lebenden Fasan unter dem Arm durch die Dornen auf den Fußweg heraus. Lukaschka hörte mit dem Singen auf.

»Wo hast du den Hahn her? Wohl aus meiner Schlinge?«

Nasarka war im selben Alter wie Lukaschka und auch erst seit dem Frühjahr an der Front.

Er war häßlich, mager, unansehnlich und hatte eine hohe

Stimme, die einem durch und durch ging. Die beiden waren Nachbarn und Kameraden. Lukaschka saß auf tatarische Weise im Grase und bereitete seine Schlingen vor.

»Ich weiß nicht, wird wohl deine gewesen sein.«

»Hinter dem Graben unter der Platane? Das ist meine, ich habe sie gestern gelegt.«

Lukaschka stand auf und besah sich den gefangenen Vogel. Er streichelte den dunklen Kopf, den der Hahn, der die Augen verdrehte, erschrocken vorstreckte. Dann nahm er ihn in die Hand.

»Aus dem machen wir heute Pilaw. Geh, schlachte und rupfe ihn.«

»Wollen wir ihn selber essen, oder soll der Unteroffizier wieder etwas bekommen?«

»Der hat genug bekommen.«

»Ich mag nicht schlachten, ich fürchte mich«, sagte Nasarka.

»Gib her.«

Lukaschka holte unter dem Dolch ein kleines Messer hervor und machte eine kurze Bewegung. Der Hahn schrak empor, fand aber keine Zeit, die Flügel auszubreiten, der blutige Kopf bog sich zuckend nach hinten.

»So wird es gemacht!« sagte Lukaschka und warf den Hahn auf die Erde, »wird ein fettes Pilaw abgeben.«

Nasarka sah den Hahn an und schauerte zusammen. »Hör mal, Luka, der Satan will uns schon wieder auf Horchposten schicken!« fügte er hinzu. Damit meinte er den Unteroffizier. Er hob den Fasan auf. »Den Fomuschkin hat er um Tschichir geschickt, eigentlich wäre der an der Reihe. Die wievielte Nacht ist das schon? Wir sollen die ganze Arbeit für ihn machen.«

Lukaschka ging pfeifend vor dem Kordon auf und ab.

»Nimm die Schnur mit!« rief er.

Nasarka gehorchte.

»Ich werde es ihm heute sagen, unbedingt«, fuhr Nasarka fort. »Wir wollen sagen: wir gehen nicht, wir sind zu müde, und damit Schluß. Sag du es ihm, auf dich wird er hören. Es ist doch wirklich keine Art!«

»Das lohnte sich, darüber Worte zu verlieren!« sagte Lukaschka, offenbar an etwas ganz anderes denkend … »So ein Unsinn! Wenn wir jetzt im Dorfe wären, und er würde uns in die Nacht hinausjagen, ja dann … Dort bummelst du, aber hier? Ob man im Kordon oder auf Horchposten sitzt, es ist ja alles eins.«

»Wirst du ins Dorf gehen?«

»Zu den Feiertagen.«

»Gurko hat erzählt, daß deine Dunajka jetzt mit Fomuschkin geht«, sagte Nasarka plötzlich.

»Mag sie der Teufel holen!« antwortete Lukaschka; seine weißen Zähne blitzten auf, obwohl er nicht lachte. »Ich kann auch eine andere finden.«

»Der Gurko erzählte, er wäre zu ihr gekommen, ihr Mann wäre nicht dagewesen, aber Fomuschkin hätte dagesessen und einen Kuchen gegessen. Er selbst wäre eine Weile geblieben und dann weggegangen; wie er unter dem Fenster vorbeigeht, hört er, wie sie zu dem anderen sagt: ›Er ist fort, der Satan. Warum ißt du den Kuchen nicht, Liebster? Zum Schlafen‹, sagt sie, ›brauchst du nicht erst nach Hause zu gehen.‹ Und darauf hätte er dann unter dem Fenster gerufen: ›Herrlich!‹«

»Du lügst!«

»Wirklich und wahrhaftig, bei Gott!«

Lukaschka schwieg eine Weile.

»Hat sie einen anderen gefunden, so soll sie der Teufel holen. Gibt es nicht genug Mädchen? Ich möchte sie sowieso nicht mehr.«

»Na, du bist auch ein Teufel!« sagte Nasarka. »Du solltest dich an die Matjanka des Fähnrichs ranmachen. Warum geht die mit niemandem?«

Lukaschka runzelte die Stirn. »Warum denn die Marjanka? Es ist ja alles eins!« sagte er.

»Na ja, probier es einmal …«

»Was denkst du dir denn? Aber gibt es denn nicht genug Mädchen im Dorf?«

Und Lukaschka begann wieder zu pfeifen, ging weiter und riß im Vorbeigehen die Blätter von den Zweigen. Wie er so durch die Büsche ging, fiel ihm ein glattes Bäumchen auf, er blieb stehen, holte sein Messer unter dem Dolch hervor und schnitt es heraus. »Wird einen feinen Ladestock abgeben«, sagte er, indem er die Gerte durch die Luft pfeifen ließ.

Die Kosaken saßen beim Abendessen zwischen den mit Lehm beworfenen Wänden des Kordons auf der Erde vor einem niedrigen tatarischen Tisch, als die Rede darauf kam, wer an der Reihe sei, auf Horchposten zu gehen.

»Wer soll heute gehen?« rief einer der Kosaken durch die geöffnete Tür der Hütte dem Unteroffizier zu.

»Ja, wer soll gehen?« antwortete der Unteroffizier, »Onkel Burlak ist gewesen, Fomuschkin auch«, sagte er etwas unsicher. »Geht ihr beiden, du und Nasar«, wandte er sich an Luka, »und Jerguschow wird gehen, wenn er seinen Rausch ausgeschlafen hat.«

»Du wirst ja auch nicht nüchtern, wie sollte dann er?« sagte Nasarka halblaut.

Die Kosaken lachten.

Jerguschow war der nämliche Kosak, welcher betrunken neben der Hütte gelegen hatte. Gerade kam er, die Augen reibend, in den Flur herein.

Lukaschka war unterdes aufgestanden und brachte sein Gewehr in Ordnung.

»Ja, und macht schnell; eßt und geht«, sagte der Unteroffizier und schloß die Tür; offenbar hatte er nicht viel Hoffnung, daß die Kosaken gehorchen würden. »Ich würde niemanden schicken, wenn es nicht befohlen wäre, der Hauptmann kann auch jeden Augenblick kommen. Es sollen acht Mann Abreken über den Fluß gesetzt sein.«

»Ja, wir müssen gehen«, sagte Jerguschow, »Ordnung muß sein … Es geht nicht anders, es sind nun mal solche Zeiten. Ich sage, wir müssen gehen.«

Lukaschka hielt indes ein großes Stück Fasan mit beiden Händen vor den Mund, schaute abwechselnd bald den Unteroffizier, bald Nasarka an, schien gegenüber allem, was sich tat, gleichgültig zu sein und lachte über beide. Die Kosaken waren noch nicht fort, als Onkel Jeroschka, der bis in die Nacht hinein vergebens unter der Platane gesessen hatte, in den dunklen Flur hereinkam.

»Nun, Kinder«, dröhnte sein Baß, der alle Stimmen übertönte, in dem niedrigen Flur, »ich gehe mit euch. Ihr werdet den Tschetschenzen auflauern und ich den Wildschweinen.«

8

Es war bereits stockfinster, als Onkel Jeroschka und die drei Kosaken vom Kordon, in die Umhänge gehüllt und die Gewehre über der Schulter, am Terek entlang zu der Stelle gingen, die für den Horchposten bestimmt war. Nasarka wollte nicht gehen, aber Luka hatte ihn angefahren, und alle hatten sich eilig fertiggemacht. Nachdem sie ein paar Schritte schweigend gegangen waren, bogen sie von dem Graben ab und näherten sich auf einem im Schilf kaum sichtbaren Fußweg dem Terek. Am Ufer lag ein dicker schwarzer Balken, den der Fluß angespült hatte, das Schilf um den Balken herum war frisch zertreten.

»Bleiben wir hier sitzen?« fragte Nasarka.

»Natürlich«, sagte Lukaschka. »Setz dich, ich komme gleich wieder, möchte nur dem Onkel den Platz zeigen.«

»Der denkbar beste Platz: wir können alles sehen und werden nicht gesehen«, sagte Jerguschow, »hier muß man sitzen, der allerbeste Platz.«

Nasarka und Jerguschow breiteten hinter dem Balken ihre Umhänge aus und legten sich nieder, während Lukaschka mit Onkel Jeroschka weiterging.

»Es ist hier ganz in der Nähe, Onkel«, sagte Lukaschka, lautlos vor dem Alten hergehend, »ich werde dir zeigen, wo sie durchgegangen sind. Ich allein weiß es.«

»Zeig mir's; du bist ein Prachtkerl, Herausreißer«, antwortete der Alte im Flüsterton.

Nachdem sie ein paar Schritte gegangen waren, blieb Lukaschka stehen, beugte sich über eine Pfütze und pfiff.

»Hier sind sie zur Tränke durchgegangen, siehst du es?« sagte er kaum hörbar und zeigte auf eine frische Fährte.

»Gott segne dich«, antwortete der Alte. »Der Keiler wird in dem Loch hinter dem Graben sein«, fügte er hinzu. »Geh jetzt, ich werde hierbleiben.«

Lukaschka zog seinen Umhang höher und ging allein am Ufer entlang zurück, wobei er bald nach links auf die Schilfmauer, bald auf den Terek blickte, der dicht neben ihm schäumte. Die werden jetzt wohl auch irgendwo kriechen oder auf der Lauer liegen, dachte er von den Tschetschenzen. Starkes

Rascheln und Plätschern im Wasser ließen ihn plötzlich zusammenzucken und nach dem Gewehr greifen. Auf das Ufer sprang keuchend ein Keiler herauf, seine schwarze Gestalt hob sich einen Augenblick deutlich von der glänzenden Wasseroberfläche ab und verschwand im Schilfrohr. Luka hatte nach dem Gewehr gefaßt und angelegt, doch ehe er abdrücken konnte, war der Keiler im Dickicht verschwunden. Er spuckte ärgerlich aus und ging weiter. Nach einiger Zeit blieb er stehen und pfiff leise, der Pfiff wurde beantwortet. Er trat zu den Kameraden.

Nasarka lag zusammengerollt und schlief. Jerguschow saß mit angezogenen Beinen da und rückte zur Seite, um Lukaschka Platz zu machen.

»Es sitzt sich lustig hier, ein guter Platz«, sagte er. »Hast du ihn begleitet?«

»Ich habe es ihm gezeigt«, antwortete Lukaschka, seinen Umhang ausbreitend. »Was für einen mächtigen Keiler ich eben aufgescheucht habe! Wahrscheinlich war es derselbe! Hast du eben nichts gehört?«

»Ich habe ein Krachen gehört und wußte sofort, daß es ein Tier sein muß. Ich habe mir gleich gedacht: Lukaschka hat ein Tier aufgescheucht«, sagte Jerguschow, sich in seinen Umhang hüllend. »Ich werde jetzt schlafen«, fügte er hinzu, »wecke mich, sobald die ersten Hähne krähen, denn Ordnung muß sein. Ich werde mich hinlegen und schlafen; nachher kannst du schlafen und ich werde sitzen … So machen wir es.«

»Ich möchte auch gar nicht schlafen«, antwortete Lukaschka.

Die Nacht war finster, warm und windstill. Nur auf einer Seite des Himmels sah man leuchtende Sterne, der andere, größere Teil war von einer mächtigen Wolke bedeckt. Die schwarze Wolke floß mit den Bergen in eins zusammen, bewegte sich langsam, ohne Wind, immer weiter und hob sich mit ihrem ausgebuchteten Rand scharf von dem tiefen Sternenhimmel ab. Vor sich hatte der Kosak den Terek und die Ferne, hinten und von den Seiten umringte ihn eine Wand aus Schilfrohr. Hin und wieder bewegte sich das Schilf, scheinbar ohne Ursache, und raschelte. Von unten sahen die buschigen Spitzen des Schilfs auf dem hellen Hintergrund des Himmels wie Baumzweige aus. Lukaschkas Beine reichten bis zum Rand des Ufers, unterhalb

brauste der Strom. Weiterhin war die glänzende bewegliche
Masse des braunen Wassers zu sehen, die sich einförmig an den
Sandbänken und am Ufer kräuselte. Noch weiter flossen Wasser,
Ufer und Wolke in der undurchdringlichen Finsternis in eins
zusammen. Auf der Oberfläche des Wassers bewegten sich
schwarze Schatten, in denen das geübte Auge des Kosaken ge-
spaltene Baumstämme erkannte. Nur manchmal erhellte ein
Wetterleuchten, das sich in dem schwarzen Wasser widerspie-
gelte, den Umriß des gegenüberliegenden flachen Ufers. Die
gleichmäßigen nächtlichen Töne, das Rascheln des Schilfs, das
Schnarchen der Kosaken, das Summen der Mücken und das
Rauschen des Wassers wurden hin und wieder durch einen fernen Schuß, das Glucksen eines abgebröckelten Uferstücks, das
Plätschern eines großen Fisches oder das Geräusch eines Tieres
in dem großen dichten Wald unterbrochen. Eine Eule flog den
Terek entlang und stieß bei jedem dritten Flügelschlag mit den
Flügeln aneinander. Sie bog gerade über den Köpfen der Kosaken nach dem Wald ab und steuerte auf einen Baum zu. Es dauerte dann eine ganze Weile, bis sie es sich auf der alten Platane
bequem gemacht hatte. Bei jedem dieser unerwarteten Töne
spannte sich das Gehör des wachenden Kosaken, seine Augen
kniffen sich zusammen, und er tastete jedesmal nach dem Gewehr.

Der größte Teil der Nacht war vorüber. Die schwarze Wolke
war nach Westen abgezogen, und hinter ihrem zerfetzten Rand
erschien der sternklare Himmel, und die umgekehrte goldene
Mondsichel leuchtete rot über den Bergen. Es wurde kühl. Nasarka wachte auf, sagte etwas und schlief wieder ein. Lukaschka
begann Langeweile zu verspüren, er erhob sich, holte sein Messer unter dem Dolch hervor und begann einen Ladestock zu
schnitzen. In seinem Kopf arbeiteten die Gedanken. Er mußte
daran denken, wie die Tschetschenzen in den Bergen leben, wie
die Kühnsten auf diese Seite herüberkommen, wie sie keine
Angst vor den Kosaken haben, und daß sie doch auch an einer
anderen Stelle über den Fluß herüberkommen können. Und er
streckte den Kopf vor und blickte den Fluß entlang, aber es war
nichts zu sehen. Auf diese Weise sah er von Zeit zu Zeit auf den
Fluß und das entfernte Ufer, das sich bei dem matten Schein des

Mondes nur schwach von dem Wasser abhob, er hörte aber allmählich auf, an die Tschetschenzen zu denken, und wartete nur
noch auf den Augenblick, da es an der Zeit sein würde, die Kameraden zu wecken und ins Dorf zu gehen. Dabei kam ihm
Dunka, sein Herzchen, wie die Kosaken ihre Liebsten nennen, in
Erinnerung, und er dachte voll Unmut an sie. Das erste Anzeichen des Morgens, silbriger Nebel, wurde über dem Wasser
sichtbar; in nächster Nähe begannen jetzt junge Adler durchdringend zu pfeifen und mit den Flügeln zu schlagen. Endlich
ertönte weit weg in einem Dorf der erste Hahnenschrei, dem sofort ein zweites langgezogenes Krähen folgte, worauf verschiedene Stimmen antworteten.

Es ist Zeit, sie zu wecken, dachte Lukaschka, dessen Ladestock
jetzt fertig war; er fühlte, daß seine Augenlider schwer wurden.
Er drehte sich zu den Kameraden herum und versuchte heraus-
zufinden, wem welche Füße gehörten; aber plötzlich war ihm,
als hörte er auf der anderen Seite des Terek etwas aufplätschern,
er drehte sich noch einmal nach den hellwerdenden Umrissen
der Berge unter der umgekehrten Sichel um, nach der Linie des
gegenüberliegenden Ufers, nach dem Terek und den auf ihm
schwimmenden, jetzt deutlich sichtbaren Baumstämmen. Es
schien ihm, daß er selbst sich bewegte, der Terek und die Baumstämme dagegen stillständen, aber dies dauerte nur einen
Augenblick. Er blickte schärfer hin. Ein großer, gespaltener,
schwarzer Baumstamm mit einem Ast fesselte seine Aufmerksamkeit. Der Baumstamm schwamm irgendwie sonderbar, direkt in der Mitte, ohne zu schaukeln und ohne sich zu drehen.
Es schien sogar, daß er nicht mit der Strömung schwamm, sondern den Terek auf eine Sandbank zu durchkreuzte. Lukaschka
streckte den Hals vor und blickte angespannt hin. Der Baumstamm näherte sich der Sandbank, hielt an und bewegte sich
höchst merkwürdig. Es schien Lukaschka, daß jetzt eine Hand
unter dem Baumstamm hervorlugte. Ich will den Abreken allein
töten, dachte er, griff nach dem Gewehr, stellte rasch, doch ohne
sich überflüssig zu beeilen, die Stützgabel auf, legte das Gewehr
darauf und spannte vorsichtig den Hahn. Den Atem anhaltend
und aufmerksam hinblickend, begann er zu zielen. Ich will die
anderen nicht erst wecken, dachte er. Aber sein Herz klopfte so

stark, daß er einhielt und lauschte. Der Baumstamm gluckste plötzlich wieder auf und schwamm quer durch das Wasser dem diesseitigen Ufer zu. Nur nicht vorüberlassen! dachte er, und plötzlich sah er bei dem schwachen Licht des Mondes vor dem Baumstamm den Kopf eines Tataren. Er zielte nach dem Kopf. Er schien ganz nahe, am Ende des Laufes, zu sein. Er blickte über den Lauf hinweg. Natürlich, das ist ein Abrek, dachte er voller Freude, sprang plötzlich ungestüm auf die Knie, richtete das Gewehr auf das Ziel, das am Ende des langen Laufes nur schwach zu sehen war, sprach nach alter, von Kindheit auf gewohnter Kosakenweise schnell: »Gottvater und Sohn« vor sich hin und drückte ab. Ein Blitz erhellte für einen Augenblick das Schilf und das Wasser. Der scharfe, abgerissene Knall des Schusses hallte den Fluß entlang und ging irgendwo in der Ferne in Donner über. Der Baumstamm schwamm nicht mehr quer über den Fluß, sondern mit der Strömung, drehte sich und schwankte.

»Halt, sag ich!« schrie, nach dem Gewehr greifend und sich hinter dem Baumstumpf emporrichtend, Jerguschow.

»Schweig, zum Teufel!« flüsterte Lukaschka mit zusammengepreßten Zähnen: »Abreken!«

»Auf wen hast du geschossen?« fragte Nasarka. »Auf wen hast du geschossen, Lukaschka?«

Lukaschka antwortete nicht. Er lud sein Gewehr und verfolgte mit den Augen den fortschwimmenden Baumstamm, der jetzt an einer Sandbank zum Halten gekommen war; dahinter kam jetzt irgend etwas Großes, das auf dem Wasser schaukelte, zum Vorschein.

»Was hast du geschossen? Warum sprichst du nicht?« wiederholten die Kosaken.

»Abreken, du hörst doch!« sagte Lukaschka.

»Schwatz keinen Unsinn. Ist das Gewehr aus Versehen losgegangen?«

»Einen Abreken habe ich getötet! Deshalb habe ich geschossen«, sagte Lukaschka mit vor Aufregung abgerissener Stimme und sprang auf die Füße. »Ein Mensch schwamm …« sagte er, auf die Sandbank weisend. »Ich habe ihn getötet. Seht mal hin.«

»Schwatz nicht dummes Zeug«, wiederholte Jerguschow und rieb sich die Augen.

»Wieso dummes Zeug? Schau doch hin! dahin schau«, sagte Lukaschka. Er nahm Jerguschow bei den Schultern und beugte ihn mit solcher Kraft zu sich herunter, daß dieser aufstöhnte. Jerguschow schaute in die Richtung, nach der Lukaschka wies, erblickte den Körper und sagte in verändertem Ton: »Ja so! Ich sage dir, es werden andere kommen, kannst dich darauf verlassen.« Er sprach leise und besah sein Gewehr. »Das war der erste, entweder sie sind schon hier oder auf der anderen Seite ganz in der Nähe, du kannst dich darauf verlassen.«

Lukaschka schnallte seinen Ledergurt ab und wollte seinen Tscherkessenrock ausziehen.

»Wohin, du Narr?« rief Jerguschow. »Versuch es nur – du wirst umkommen für nichts und wieder nichts, kannst mir's glauben. Hast du ihn getötet, so wird er dir nicht entgehen. Laß mich erst Pulver aufschütten. Du hast doch welches? Nasar! Lauf rasch zum Kordon, aber ja nicht am Ufer entlang: Sie würden dich töten.«

»Ich werde doch nicht allein gehen! Geh doch selbst«, sagte Nasarka zornig.

Lukaschka hatte seinen Tscherkessenrock abgeworfen und war an das Ufer getreten.

»Nicht hineinspringen, sag ich dir«, sagte Jerguschow, indem er Pulver auf die Zündpfanne schüttete. »Du siehst doch, er rührt sich nicht, ich sehe es deutlich. Es ist bald Morgen, sie sollen vom Kordon herkommen. Geh doch, Nasar! Wie kann man sich fürchten? Fürchte dich nicht, sag ich.«

»Luka, Luka!« sagte Nasarka, »erzähl doch, wie hast du ihn getötet?«

Lukaschka hatte es sich anders überlegt.

»Lauft schnell zum Kordon, ich bleibe inzwischen hier sitzen. Sagt den Kosaken, sie sollen eine Streife aussenden. Sollten sie schon auf dieser Seite sein, so müssen sie eingefangen werden.«

»Ich sage, sie entgehen uns«, rief Jerguschow aufstehend, »wir müssen sie fangen, unbedingt.«

Und Jerguschow und Nasarka erhoben sich, bekreuzigten sich und machten sich auf den Weg zum Kordon. Sie gingen

nicht am Ufer entlang, sondern kletterten durch das Dornenge-
büsch, um auf den durch den Wald führenden Fußweg zu kommen.

»Nun, paß auf, Luka, und rühr dich nicht«, sagte Jerguschow,
»es könnte dich den Kopf kosten. Paß auf und bleib wachsam,
sag ich dir!«

»Geh, ich weiß schon«, sagte Lukaschka, besah sein Gewehr
und setzte sich wieder hinter den Baumstumpf.

Lukaschka saß allein, schaute auf die Sandbank und wartete
auf die Kosaken, aber bis zum Kordon war es weit, und ihn
quälte die Ungeduld; er fürchtete, die Abreken, die mit dem
Getöteten gegangen waren, könnten entkommen. Genauso wie
er sich am Abend vorher geärgert hatte, daß ihm der Keiler entgangen war, so ärgerte er sich jetzt, daß die Abreken entkommen
könnten. Er schaute nach allen Seiten und auf das gegenüberliegende Ufer und meinte, jeden Augenblick einen Menschen zu
erblicken; er hatte die Stützgabel gerichtet und war zum
Schießen bereit. Daß er selbst getötet werden könnte, diese
Möglichkeit kam ihm gar nicht in den Sinn.

9

Es begann hell zu werden. Der ganze Körper des Tschetschenzen, der zum Stillstand gekommen war und nur mehr
leise über der Sandbank hin und her schaukelte, war jetzt deutlich zu sehen. Plötzlich knackte in nächster Nähe des Kosaken
das Schilf, Schritte wurden laut, es bewegten sich die Spitzen des
Schilfes. Der Kosak spannte den Hahn und murmelte: »Gottvater und Sohn.« Sofort nach dem Knacken des Hahnes verstummten die Schritte.

»Hallo, Kosaken! Erschießt den Onkel nicht«, erscholl ein ruhiger Baß. Das Schilfrohr wurde beiseite geschoben, und Onkel
Jeroschka trat heraus.

»Beinahe hätte ich dich getötet, bei Gott!« sagte Lukaschka.

»Was hast du geschossen?« fragte der Alte.

Die klangvolle Stimme des Alten, die im Wald und am Fluß
widerhallte, vertrieb die nächtliche geheimnisvolle Stille, die

den Kosaken umgeben hatte. Alles schien plötzlich heller und deutlicher zu werden.

»Du hast nichts gesehen, Onkel, aber ich habe ein Tier erlegt«, sagte Lukaschka, während er den Hahn entspannte und unnatürlich ruhig aufstand.

Der Alte schaute, ohne die Augen abzuwenden, auf den weißen Rücken, der jetzt deutlich zu sehen war und um den herum sich das Wasser kräuselte.

»Mit einem Baumstamm auf dem Rücken schwamm er. Ich habe ihn gesichtet … schau mal hin! Da! Blaue Hosen, ein Gewehr … Kannst du sehen?« sagte Luka.

»Natürlich sehe ich«, sagte der Alte ärgerlich. Etwas Ernstes und Strenges war in sein Gesicht gekommen. »Einen Dschigiten hast du getötet«, sagte er mitleidsvoll.

»Ich sitze so da und sehe plötzlich: Was ist das, das Schwarze auf der anderen Seite? Ich hatte ihn schon dort gesehen – es schien mir, als wäre ein Mensch herangekommen und hineingesprungen. Sehr wunderlich! Und ein Baumstamm, ein gehöriger Baumstamm schwimmt nicht hinab, sonder quer herüber. Und schau, darunter kommt jetzt ein Kopf zum Vorschein. Was ist denn das für ein Wunderding? Hinter dem Schilf kann ich nichts sehen: ich erhebe mich etwas, und das Geräusch wird er gehört haben, er klettert auf die Sandbank und schaut sich um. Na warte, denk ich, du wirst mir nicht entgehen. Er klettert heraus und schaut sich um. Hm, die Kehle ist mir wie zugeschnürt! Ich mache das Gewehr schußbereit und rühre mich nicht, warte. Der andere wartet auch, schwimmt dann aber wieder los. Wie er in den Mondschein kommt, ist der Rücken ganz deutlich zu sehen. Vater, Sohn und Heiliger Geist! Ich schaue durch den Pulverrauch: er zappelt. Stöhnt auch, aber vielleicht schien es mir nur so. Na, Gott sei Lob und Dank, denk ich – getroffen! Und wie er an die Sandbank geschwemmt wird, da ist es deutlich zu sehen, er will aufstehen, hat aber keine Kraft. Versucht es wieder und wieder und legt sich hin. Es ist aus. Rührt sich nicht mehr, offenbar verreckt. Die Kosaken sind jetzt zum Kordon gelaufen, es könnten uns die anderen entgehen!«

»So leicht zu fangen sind sie nicht«, sagte der Alte. »Werden wohl schon über alle Berge sein …« Und er schüttelte traurig den Kopf. In diesem Augenblick erklangen laute Stimmen, Äste knackten, Kosaken zu Fuß und zu Pferd kamen heran.

»Habt ihr das Boot mit?« rief Luka.

»Tüchtig, Luka! Schlepp ihn ans Ufer!« schrie der Kosak. Lukaschka kleidete sich aus, ohne noch länger auf das Boot zu warten.

»Warte, Nasarka kommt im Boot«, schrie der Unteroffizier.

»Narr! Er ist vielleicht lebendig, stellt sich nur tot! Nimm den Dolch mit«, schrie ein anderer.

»Hat sich was!« rief Luka und streifte seine Hosen ab.

Er kleidete sich rasch aus, bekreuzigte sich und sprang mit einem Satz ins Wasser, tauchte unter und begann die Strömung zu durchqueren. Er arbeitete stark mit den beiden weißen Armen, hielt den Rücken hoch über Wasser, pustete und steuerte auf die Sandbank zu. Die Kosaken unterhielten sich laut und vielstimmig am Ufer. Drei Berittene wurden als Streife ausgeschickt. An der Biegung zeigte sich das Boot. Lukaschka kletterte auf die Sandbank, beugte sich über den Körper und schüttelte ihn. »Tot!« rief er mit scharfer Stimme herüber.

Der Tschetschenze war in den Kopf getroffen. Er hatte blaue Hosen, Hemd und Rock an, Gewehr und Dolch waren auf den Rücken gebunden, obenauf war ein großer Ast befestigt, der Lukaschka zu Anfang irregemacht hatte.

»Wie ein Karpfen ist er ins Netz gegangen«, sagte einer der herumstehenden Kosaken, als der Körper aus dem Boot genommen und auf das Ufer gelegt wurde.

»Wie gelb er ist!« sagte ein anderer.

»Wohin sind die Unsrigen geritten? Die sind gewiß alle auf der anderen Seite. Wenn er nicht der Anführer gewesen wäre, wäre er nicht so geschwommen. Weshalb sollte er allein herüberschwimmen?« sagte ein dritter.

»Das ist jedenfalls ein sehr Geschickter gewesen, wollte durchaus vorneweg schwimmen. Ein waghalsiger Dschigit!« sagte Lukaschka spöttisch. Er wrang die nasse Kleidung aus und schauerte wiederholt zusammen. »Der Bart ist gefärbt und gestutzt.«

»Und den Kittel hat er im Sack auf dem Rücken. Dadurch hat er es leichter beim Schwimmen gehabt«, sagte irgend jemand.

»Hör mal, Lukaschka!« meinte der Unteroffizier, der den Dolch und die Flinte des Toten in den Händen hielt. »Nimm du dir den Dolch und den Kittel auch, und für das Gewehr werde ich dir drei Moneten geben, wenn du zu mir kommst. Sieh an, es hat schon einen Riß«, fügte er, nachdem er in den Lauf geblasen hatte, hinzu. »Ich möchte es als Andenken behalten.«

Lukaschka antwortete nicht. Dies Betteln ärgerte ihn, doch er wußte schon, da war nichts zu machen.

»Pfui Teufel!« sagte er ärgerlich und warf den Tschetschenenkittel auf die Erde, »wenn er wenigstens ordentlich wäre, aber das sind ja Lumpen.«

»Gut genug zum Holz holen«, sagte ein anderer Kosak.

»Mossew! Ich gehe jetzt nach Hause«, sagte Lukaschka.

Er schien seinen Ärger überwunden zu haben und wollte jetzt aus dem Geschenk an den Vorgesetzten einen Nutzen für sich ziehen.

»Na ja, geh schon!«

»Tragt ihn hinter den Kordon, Kinder«, wandte sich der Unteroffizier an die Kosaken. Er besah sich das Gewehr. »Man wird eine Laubhütte zum Schutz gegen die Sonne für ihn machen müssen. Vielleicht kommen sie ihn auslösen.«

»Es ist noch nicht heiß«, sagte jemand.

»Und wenn ihn die Schakale zerreißen? Das wäre nicht schön«, meinte ein anderer.

»Wir müssen eine Wache aufstellen, sollten sie ihn auslösen kommen, wäre es nicht schön, wenn er angefressen wäre.«

»Na, Lukaschka, wie du willst, aber einen Eimer Schnaps mußt du spendieren«, fügte der Unteroffizier lustig hinzu.

»Ja, das gehört sich«, stimmten die Kosaken bei. »So ein Geschenk Gottes: noch nichts gesehen und schon einen Abreken getötet.«

»Kauft den Dolch und den Kittel. Gebt mir Geld. Die Hosen verkaufe ich auch – Gott steh euch bei«, sagte Luka, »mir passen sie doch nicht, hager war er, der Satan.«

Der eine Kosak kaufte für eine Monete den Kittel. Für den Dolch gab ein anderer zwei Eimer.

»Trinkt, Kinder, ich spendiere einen Eimer«, sagte Luka, »werde ihn selber aus dem Dorf mitbringen.«

»Aus den Hosen kannst du Tücher für die Mädchen schneidern«, sagte Nasarka.

Die Kosaken brachen in lautes Gelächter aus.

»Hört doch endlich mit dem Lachen auf«, wiederholte der Unteroffizier, »tragt die Leiche beiseite! Warum habt ihr den Unrat in die Nähe der Hütte gelegt ...«

»Was steht ihr da? Schleppt ihn hierher, Kinder!« rief Lukaschka befehlend den Kosaken zu, welche die Leiche nur ungern anfaßten. Die Kosaken führten den Befehl aus, als ob er ihr Vorgesetzter wäre. Nachdem sie die Leiche ein paar Schritte zur Seite getragen hatten, ließen sie die Beine wieder fallen, die leblos zusammenzuckten und dann liegenblieben. Die Kosaken traten zurück und blieben eine Weile schweigend stehen. Nasarka trat an die Leiche heran und drehte den Kopf des Toten herum, um das Gesicht und die blutige runde Wunde an der Schläfe zu sehen. »Seht, wie er ihn gezeichnet hat! Bis in das Hirn hinein«, sagte er, »jetzt kann er seinem Herrn nicht verlorengehen.« Niemand antwortete, und wieder flog ein stiller Engel über die Kosaken.

Inzwischen war die Sonne aufgegangen und beleuchtete mit zitternden Strahlen das taunasse Grün. Der Terek rauschte ganz nahe im erwachenden Wald; den Morgen begrüßend, schrien von allen Seiten die Fasanen. Die Kosaken standen schweigend und unbeweglich um den Toten herum und sahen ihn an. Der braune Körper in den blauen, von der Feuchtigkeit dunkelgewordenen Hosen, die über der eingefallenen Magengrube von einem schmalen Gurt zusammengehalten waren, war schlank und schön. Die kräftigen Arme lagen längs den Rippen ausgestreckt. Der bläuliche, frischrasierte runde Kopf mit dem geronnenen Blut an der Schläfe war nach hinten geworfen. Die glatte verbrannte Stirn stach scharf von der rasierten Stelle ab. Die gläsernen, geöffneten Augen mit den tief eingefallenen Pupillen schauten nach oben an allem vorbei. Auf den schmalen Lippen, die an den Enden breitgezogen waren und unter dem roten, beschnittenen Schnurrbart hervorsahen, schien ein gutmütiges feines Lächeln stehengeblieben zu sein. An den kleinen, mit rötlichem Haar bedeckten Händen waren die Finger nach innen gebogen und die Nägel rot gefärbt. Lukaschka kleidete sich noch immer nicht an. Er war naß, sein Nacken war röter, und die Augen glänzender als sonst, die breiten Backenknochen zuckten. In der morgendlich kühlen Luft ging von dem gesunden weißen Körper ein kaum sichtbarer Dampf aus.

»Ist auch ein Mensch gewesen!« sagte er mit sichtlicher Bewunderung für den Toten. »Wärst du in seine Hände geraten, es wäre dir schlecht ergangen«, antwortete einer der Kosaken.

Der stille Engel flog davon. Die Kosaken begannen zu sprechen und sich zu rühren. Zwei gingen, um Büsche für die Laubhütte zu schlagen, zwei andere begaben sich zum Kordon zurück. Luka und Nasarka machten sich auf den Weg, um sich für das Dorf fertigzumachen.

Eine halbe Stunde später eilten Lukaschka und Nasarka beinahe im Laufschritt durch den dichten Wald, der den Terek vom Dorfe scheidet, und sprachen dabei eifrig miteinander.

»Geh und sieh nach, ob ihr Mann zu Hause ist, aber sag ihr nicht, daß ich dich geschickt habe«, sprach Lukaschka mit scharfer Stimme.

»Ich werde auch zu Jamka gehen. Wir bummeln heute, nicht?« fragte der gehorsame Nasarka.

»Wenn nicht heute, wann sonst?« antwortete Lukaschka.

Im Dorf angelangt, tranken die Kosaken einen und schliefen dann bis zum Abend.

10

Drei Tage nach dem eben beschriebenen Ereignis wurden zwei Kompanien eines kaukasischen Infanterieregiments in der Staniza Nowomlinskoje einquartiert. Der Troß stand schon abgeschirrt auf dem Platz. Die Köche, die ein Loch gegraben und aus den Nachbarhöfen kleine Klötze herangeschleppt hatten, kochten jetzt die Buchweizengrütze. Die Feldwebel zahlten die Leute aus. Die Fahrer schlugen die Pfähle ein, um die Pferde anzubinden. Die Quartiermacher liefen über Straßen und Gassen, als wären sie hier zu Hause, und wiesen den Offizieren und Soldaten ihre Quartiere an. Da standen ausgerichtet die grünen Munitionskisten. Da standen die Fuhrwerke und Pferde der Truppen. Da standen die Kessel, in denen Grütze gekocht wurde. Da standen auch der Hauptmann, der Leutnant und der Feldwebel Onisim Michailowitsch. Das alles befand sich in der Staniza, wo die Kompanien befehlsgemäß stehen sollten; folglich waren die Kompanien zu Hause. Warum stehen sie hier? Wer waren eigentlich diese Kosaken? Waren sie zufrieden, daß sie Einquartierung bekamen? Waren sie Altgläubige oder nicht? Das alles interessierte niemanden. Die erschöpften, verstaubten Soldaten, die eben ihr Geld ausbezahlt bekommen haben, zerstreuen sich mit Lärm und Getue wie ein ausgeflogener Bienenschwarm über Plätze und Straßen, beachten die üble Stimmung der Kosaken nicht im geringsten und gehen zu zweit und zu dritt in lustigem Geplauder und mit klirrenden Gewehren umher, treten in die Hütten ein, hängen ihre Ausrüstung auf, packen ihre Säcke aus und scherzen mit den Weibern. Am Lieblingsplatz der Soldaten, um die Kessel mit Grütze herum, versammelt sich eine große Gruppe; mit der Pfeife zwischen den Zähnen stehen die Soldaten da und schauen bald auf den Rauch, der unmerklich in den heißen Himmel emporsteigt und sich in der Höhe zu einem weißen Wölkchen verdichtet, bald auf die Flamme des Feuers, die wie zerschmolzenes Glas in der reinen Luft zittert, witzeln und machen sich über die Kosaken lustig, weil sie anders leben als die Russen. Auf allen Höfen sind Soldaten zu sehen, ihr Lachen und das erbitterte und durchdringende Schreien der Kosakenfrauen ist zu hören, die ihre Häuser verteidigen und weder Wasser noch Geschirr hergeben wollen. Die Knaben und Mädchen schmiegen sich an die Mütter oder aneinander und verfolgen mit ängstlichem Staunen die Bewegungen der von ihnen noch nie gesehenen Soldaten oder laufen ihnen auch in ehrerbietiger Entfernung nach. Die alten Kosaken kommen aus ihren Behausungen heraus, setzen sich auf die Erdaufwürfe und sehen finster und schweigend auf das Treiben der Soldaten, als ob sie sich schon längst in das Unvermeidliche gefügt hätten und dennoch nicht verstünden, was aus alledem werden solle.

Olenin, der seit drei Monaten diesem kaukasischen Regiment als Fahnenjunker zugeteilt war, hatte man ein Quartier in einem der besten Häuser des Dorfes angewiesen, bei dem Fähnrich Ilja Wasiljewitsch oder vielmehr bei der Mutter Ulitka.

»Was soll denn das werden, Dmitrij Andrejewitsch?« sagte Wanjuscha ganz außer Atem zu Olenin, der eben im Tscherkessenrock auf dem in Grosnaja gekauften Kabardiner nach fünfstündigem Ritt lustig in den Hof des ihm zugewiesenen Quartiers ritt.

»Was soll schon werden, Iwan Wasiljewitsch?« fragte er, das Pferd beruhigend, und blickte lustig auf den verschwitzten Wanjuscha, der ihm mit zerzaustem Haar und unglücklicher Miene entgegenkam. Wanjuscha war mit dem Troß angekommen und packte gerade die Sachen aus.

Olenin sah ganz anders aus als früher. Statt rasierter Kinnbacken hatte er einen jungen Backen- und Schnurrbart. An Stelle der vom allnächtlichen Bummeln früher gelben und ungesunden Gesichtsfarbe war jetzt auf den Wangen, auf der Stirn und hinter den Ohren roter, gesunder Sonnenbrand zu sehen. Statt eines neuen schwarzen Frackes trug er einen weißen schmutzigen Tscherkessenrock mit großen Falten und Waffen. Statt frischgestärkter Kragen umschloß der rote Kragen eines Beschmet aus Kanausseide den verbrannten Hals. Er war nach Tscherkessenart gekleidet, aber schlecht: Jedermann erkannte in ihm sofort den Russen, nicht etwa einen Dschigiten. Alles war richtig, aber doch nicht richtig. Dennoch atmete sein ganzes Wesen Gesundheit, Lebenslust und Zufriedenheit.

»Es erscheint Ihnen komisch«, sagte Wanjuscha, »aber gehen Sie und sprechen Sie mal selbst mit diesem Volk: Sie lassen sich auf nichts ein und damit basta! Nicht ein Wort kann man aus ihnen herausbringen.« Wanjuscha warf verärgert den eisernen Eimer auf die Schwelle. »Es ist, als wären sie gar keine Russen.«

»Du hättest dich an den Ortskommandanten wenden sollen.«

»Ich kenne doch die örtlichen Verhältnisse nicht«, sagte Wanjuscha gekränkt.

»Wer hat dich denn so gekränkt?« fragte Olenin und schaute sich um.

»Der Teufel soll sie alle holen! Einen richtigen Hausherrn gibt es nicht, sie sagen, er sei zu irgendeiner Kriga gegangen. Und die Alte ist der leibhaftige Satan. Gott schütze und bewahre mich!« antwortete Wanjuscha und griff sich an den Kopf. »Wie wir hier leben sollen, weiß ich nicht. Sie sind schlimmer als die Tataren, bei Gott. Und das sollen Christen sein! Jeder Tatare ist vornehmer. ›Zur Kriga‹! Was das für eine Kriga sein soll, möchte ich wissen!« sagte Wanjuscha und wandte sich ab.

»Es ist hier nicht wie bei uns zu Hause, was?« hänselte ihn Olenin, ohne abzusteigen.

»Bitte, das Pferd«, sagte Wanjuscha; er war durch die neuen Verhältnisse verwirrt, ergab sich aber in sein Schicksal.

»Also der Tatare ist vornehmer? Wie, Wanjuscha?« wiederholte Olenin, indem er herabsprang und das Pferd auf den Rücken klopfte.

»Ja, lachen Sie nur! Ihnen kommt alles komisch vor!« sagte Wanjuscha ärgerlich.

»Na, ärgere dich nicht, Iwan Wasiljewitsch«, sagte Olenin immer noch lächelnd. »Ich werde selbst zu den Hausleuten gehen und alles in Ordnung bringen. Du wirst sehen, wir werden hier noch prächtig leben! Reg dich nicht auf!«

Wanjuscha antwortete nicht, kniff die Augen zusammen, blickte seinem Herrn verächtlich nach und schüttelte den Kopf. Wanjuscha sah in Olenin seinen Herrn. Olenin sah in Wanjuscha seinen Diener. Und beide wären erstaunt gewesen, hätte jemand ihnen gesagt, daß sie Freunde seien. Aber sie waren Freunde, ohne es zu wissen. Wanjuscha war als elfjähriger Junge ins Haus genommen worden, und Olenin war ebenso alt gewesen. Als Olenin fünfzehn war, hatte er Wanjuscha eine Zeitlang unterrichtet und hatte ihn gelehrt, französisch zu lesen. Wanjuscha war nicht wenig stolz darauf, und wenn er guter Laune war, pflegte er französische Wörter fallen zu lassen und recht einfältig dabei zu lachen.

Olenin lief die Freitreppe hinauf und stieß die Tür zum Flur auf. Marjanka, nur mit einem rosa Hemd bekleidet (die Frauen bei den Kosaken gehen im Hause nie anders), sprang erschreckt von der Tür weg, drückte sich an die Wand und verdeckte den unteren Teil ihres Gesichts mit dem breiten Ärmel ihres tatarischen Hemdes. Olenin machte die Tür weit auf und sah im Halblicht die ganze Figur der hohen und schlanken jungen Kosakin. Mit der raschen und begehrlichen Neugier der Jugend nahm er unwillkürlich die kräftigen mädchenhafte Formen wahr, die sich unter dem dünnen Kattunhemd abzeichneten, und die herrlichen schwarzen Augen, die mit kindlichem Entsetzen und wilder Neugier auf ihn gerichtet waren. Das ist sie, dachte Olenin. Aber es wird noch viele solche geben, mußte er gleich darauf denken, und er machte die andere Tür auf, die ins Haus führte. Die alte Mutter Ulitka stand gebückt, auch nur im Hemd, mit dem Rücken zu ihm und kehrte den Fußboden.

»Sei gegrüßt, Mütterchen! Ich komme wegen des Quartiers ...« begann er.

Die Kosakenfrau richtete sich nicht auf, drehte ihm aber ihr strenges, noch immer schönes Gesicht zu.

»Weshalb bist du gekommen? Willst du dich lustig machen? He? Ich werde dir was lachen! Die Pest soll dich holen!« schrie sie und warf dem Ankömmling mit finster zusammengezogenen Brauen einen schrägen Blick zu.

Olenin hatte geglaubt, das erschöpfte, tapfere kaukasische Heer, dem er angehörte, würde überall, und vor allem von den Kosaken, den Kriegskameraden, mit Freuden begrüßt werden, und dieser Empfang verwirrte ihn. Er wollte erklären, daß er für das Quartier zahlen wolle, aber die Alte ließ ihn nicht zu Ende sprechen.

»Wozu kommst du? Was bist du für ein Geschwür! Du geschabter Rüssel! Warte, bis der Hausherr kommt, der wird dir einen Platz anweisen. Ich brauche dein heidnisches Geld nicht. Das kennen wir! Mit Tabak das Haus verunreinigen und dann zahlen! So ein Geschwür! Sollst in Herz und Leib getroffen werden!« schrie sie Olenin mit durchdringender Stimme an.

Wanjuscha scheint nicht so unrecht gehabt zu haben, dachte Olenin, ein Tatare ist vornehmer, und ging von Mutter Ulitkas Geschimpfe begleitet aus der Hütte. In diesem Augenblick schlüpfte Marjanka, so wie sie war, in ihrem rosa Hemd, aber das weiße Kopftuch schon bis auf die Augen heruntergezogen, unerwartet an ihm vorbei. Rasch lief sie die Freitreppe hinunter (ihre nackten Füße klatschten dabei auf jeder Stufe fest auf), blieb einen Augenblick stehen, drehte sich mit lachenden Augen nach dem jungen Mann um und verschwand hinter der Ecke der Hütte.

Der sichere jugendliche Gang, das wilde Aufblitzen der Augen unter dem weißen Tuch und der schlanke kräftige Körperbau der jungen Schönheit machten jetzt auf Olenin einen noch stärkeren Eindruck. Das wird sie wohl sein, dachte er. Er dachte nicht mehr an das Quartier, blickte sich nur fortwährend nach Marjanka um und ging zu Wanjuscha.

»Seht, sogar das Mädchen ist ganz wild!« sagte Wanjuscha, der noch am Wagen zu tun hatte, aber schon etwas vergnügter aussah. »Wie eine junge Herdenstute. La femme!« fügte er mit lauter, feierlicher Stimme hinzu und lachte auf.

11

Gegen Abend kam der Hausherr vom Fischfang zurück, und als er hörte, daß er für das Quartier bezahlt werden sollte, besänftigte er sein Weib und gab Wanjuscha das Gewünschte.

Das neue Quartier wurde eingerichtet. Die Wirtsleute zogen in das Winterhaus und überließen dem Fahnenjunker für drei Moneten im Monat die kühle Sommerhütte. Olenin aß und schlief ein. Als er gegen Abend aufwachte, wusch er sich, brachte seine Kleidung in Ordnung, aß zu Abend, steckte sich eine Zigarette an und setzte sich ans Fenster, das auf die Straße hinausging. Die Hitze hatte nachgelassen. Der schräge Schatten der Hütte mit dem geschnitzten Giebel legte sich quer über die staubige Straße und erstreckte sich bis zum gegenüberliegenden Haus. Das steile, mit Schilfrohr gedeckte Dach des anderen Hauses glänzte in den Strahlen der untergehenden Sonne. Die Luft wurde kühler. Im Dorf war alles ruhig. Die Soldaten hatten sich eingerichtet und waren still geworden. Die Herde war noch nicht zurück und das Volk noch draußen bei der Arbeit.

Olenins Quartier befand sich beinahe am Rand des Dorfes. Von Zeit zu Zeit ertönten vereinzelt dumpfe Schüsse, weit hinter dem Terek, in der Gegend, aus der Olenin gekommen war, in der Tschetschnja vielleicht oder auf der Kumykischen Hochebene. Nach seinem dreimonatigen Biwakleben fühlte Olenin sich jetzt äußerst wohl. Voller Behagen empfand er die Frische seines eben gewaschenen Gesichts, die in der letzten Zeit vermißte Reinlichkeit seines Körpers, die Ruhe und Kraft seiner ausgeruhten Glieder; auch in seiner Seele war alles rein und klar.

Er dachte an den Feldzug, an die verflossenen Gefahren. Er dachte daran, daß er sich in der Gefahr tapfer gehalten hatte, durchaus nicht schlechter als die anderen, und daß er in den Kreis der tapferen Kaukasiern aufgenommen sei. Die Moskauer Erinnerungen waren Gott weiß wo. Das alte Leben war ausgelöscht, ein neues, vollständig neues hatte begonnen, das keinerlei Fehler aufzuweisen hatte. Als neuer Mensch konnte er sich hier zwischen neuen Menschen eine neue gute Beurteilung seiner selbst verdienen.

Er empfand ein junges Gefühl ganz grundloser Freude, während er bald durchs Fenster die Knaben beobachtete, die im Schatten des Hauses ihre Kreisel antrieben, bald wieder sein neues, eben in Ordnung gebrachtes Quartier betrachtete und daran dachte, wie angenehm er sich das neue Leben im Dorfe einrichten würde. Er schaute noch Berge und Himmel an, und in seine Erinnerungen und Träume mischte sich das ernste Gefühl für die Erhabenheit der Natur. Sein Leben hatte zwar nicht ganz so begonnen, wie er es in Moskau erwartet hatte, dafür aber unerwartet schön. Berge, Berge, Berge! empfand er bei allem, was er dachte und fühlte.

»Seine Hündin hat er geküßt! Den Krug hat er ausgeleckt! Onkel Jeroschka hat seine Hündin geküßt!« schrien plötzlich die Knaben, die vor dem Fenster ihre Kreisel antrieben, und liefen in eine Seitengasse. »Die Hündin hat er geküßt! Den Dolch hat er vertrunken!« schrien sie und zogen sich vorsichtig zurück.

Die Rufe galten Onkel Jeroschka, der jetzt mit der Büchse über der Schulter und Fasanen am Gürtel von der Jagd heimkehrte.

»Meine Schuld, Kinder, meine Schuld!« antwortete Onkel Jeroschka. Er schwenkte heftig die Arme und schaute in die Fenster der Hütten auf beiden Seiten der Straße hinein. »Ich habe die Hündin vertrunken, meine Schuld!« wiederholte er offensichtlich verärgert, ohne es zugeben zu wollen.

Olenin wunderte sich über das Benehmen der Knaben dem alten Jäger gegenüber; das ausdrucksvolle, kluge Gesicht und der mächtige Körperbau des Mannes, den man Onkel Jeroschka nannte, machten Eindruck auf ihn.

»Großvater! Kosak!« rief er ihm zu. »Komm doch her!«

Der Alte sah nach dem Fenster und blieb stehen.

»Sei mir gegrüßt, lieber Mensch!« sagte er und zog sein Mützchen vom kurzgeschorenen Kopf.

»Sei mir gegrüßt, lieber Mensch!« antwortete Olenin. »Was ist das, was dir die Knaben zurufen?«

Onkel Jeroschka trat ans Fenster.

»Sie hänseln mich Alten. Das macht nichts. Ich habe es gern. Sollen sie sich nur über den Onkel freuen«, sagte er in dem bestimmten singenden Tonfall alter, angesehener Leute. »Bist du der Vorgesetzte der Liniensoldaten?«

»Nein, ich bin Fahnenjunker. Wo hast du die Fasanen geschossen?« fragte Olenin.

»Im Wald habe ich drei Hühner geschossen«, antwortete der Alte und drehte dem Fenster seinen breiten Rücken zu, auf dem drei Fasanenhühner, deren Blut auf dem Tscherkessenrock Flecken gemacht hatte, mit den kleinen Köpfen hinter dem Gürtel hingen.

»Hast du nie welche gesehen?« fragte er. »Kannst ein Paar haben, wenn du willst. Hier!« Er reichte zwei Fasane zum Fenster hinein. »Bist du Jäger?« fragte er.

»Ja. Während des Feldzuges habe ich selbst vier erlegt.«

»Vier? Das ist viel!« sagte der Alte spöttisch. »Trinkst du? Trinkst du Tschichir?«

»Warum nicht? Ich trinke gern.«

»Oh, ich sehe, du bist ein ganzer Kerl! Wir müssen Freunde werden«, sagte Onkel Jeroschka.

»Komm herein«, sagte Olenin, »dann können wir gleich einen Schluck trinken.«

»Warum nicht«, sagte der Alte. »Nimm die Fasanen.«

Dem Gesicht des Alten war anzumerken, daß ihm Olenin gut gefiel und daß er verstanden hatte, daß er hier würde umsonst trinken können, und deswegen taten ihm auch die beiden Fasanen nicht leid.

Einen Augenblick später erschien Onkel Jeroschka in der Türöffnung. Jetzt erst fiel Olenin die übermäßige Größe, die ganze mächtige Kraft dieses Mannes auf. Sein rotbraunes Gesicht mit dem langen, vollständig weißen Bart war von mächtigen Altersfurchen durchzogen. Die Muskeln der Beine, Arme und Schultern waren voll und gewölbt, wie sonst nur bei jungen Leuten. Unter dem kurzen Kopfhaar waren tiefe, jetzt verheilte Schrammen. Der sehnige dicke Hals war mit Falten wie bei einem Stier bedeckt. Die rauhen Hände waren voller Wunden und Kratzer. Er schritt leicht und gewandt über die Schwelle, befreite sich von der Büchse, die er in eine Ecke stellte, warf einen raschen und prüfenden Blick auf die Sachen, die im Zimmer zusammengestellt waren, und ging, ohne zu trampeln, bis in die Mitte des Zimmers. Gleichzeitig mit ihm drang ein starker, aber durchaus nicht unangenehmer Geruch von Tschichir, Wodka, Pulver und geronnenem Blut herein.

Onkel Jeroschka verneigte sich vor den Heiligenbildern, strich über seinen Bart, trat auf Olenin zu und streckte ihm seine schwarze breite Hand hin.

»Koschkildy!« sagte er. »Das ist tatarisch und heißt: seid gegrüßt, Friede sei mit euch.«

»Koschkildy! Ich weiß schon«, antwortete Olenin, indem er ihm die Hand reichte.

»Gar nichts weißt du, du kennst die Sitten nicht! Dummkopf!« sagte Onkel Jeroschka, indem er mißbilligend den Kopf schüttelte. »Sagt man Koschkildy, so mußt du Allah rasi bo sun, Gott schütze dich, antworten. So ist es und nicht Koschkildy! Ich werde es dir schon beibringen. Es war einer hier, Ilja Mosejewitsch, auch ein Russe wie du, mit dem sind wir gut Freund gewesen. War ein ganzer Kerl. Ein Säufer, Dieb, Jäger, und was für ein Jäger! Ich habe ihm alles beigebracht.«

»Was willst du mir denn beibringen?« fragte Olenin, dessen Interesse für den Alten immer mehr zunahm.

»Auf die Jagd werde ich dich mitnehmen, werde dich lehren, Fische zu fangen, werde dir Tschetschenzen zeigen, werde dir ein Herzchen verschaffen, wenn du es wünschst. So ein Mensch bin ich. Ich bin für Spaß zu haben!« Und der Alte lachte. »Ich werde mich setzen, mein Vater, ich bin müde. Karga?« setzte er fragend hinzu.

»Was heißt denn Karga?« fragte Olenin.

»Karga heißt im Grusinischen ›gut‹. Aber ich gebrauche es häufig einfach so, es ist mein Lieblingswort: karga, karga sage

663

ich, wenn ich spaße. Na, mein Vater, laß mal Tschichir auftragen. Du hast doch einen Soldaten, einen Trabanten? Ja? Iwan!« schrie der Alte. »Bei euch heißen ja alle Soldaten Iwan. Heißt deiner auch Iwan?«

»Nur Iwan. Wanjuscha! Hol mal Tschichir von unseren Wirtsleuten!«

»Na, das ist ja dasselbe, Wanjuscha und Iwan. Warum heißt bei euch jeder Soldat Iwan? Iwan!« rief der Alte. »Sag ihnen, Väterchen, sie sollen dir aus dem angebrochenen Faß geben. Sie haben den besten Tschichir im Dorf. Aber gib ihr ja nicht mehr als dreißig Kopeken für das Achtel, die Hexe wäre imstande … Unser Volk ist ein verteufelt dummes Volk«, fuhr er vertraulich fort, als Wanjuscha gegangen war. »Sie halten euch gar nicht für echte Menschen. Du bist in ihren Augen weniger als ein Tatar. Weltlich wären die Russen. Aber ich meine, wenn du auch Soldat bist, bist du deswegen doch ein Mensch, hast auch eine Seele. Habe ich nicht recht? Ilja Mosejewitsch war auch Soldat und doch ein goldener Mensch. Ist es nicht so, mein Vater? Dafür lieben mich die Unsrigen auch nicht. Aber mir ist es egal. Ich bin ein fröhlicher Mensch, ich liebe alle, ich, Jeroschka! So ist es, mein Vater!« Und der Alte tätschelte den jungen Mann freundlich auf die Schulter.

12

Wanjuscha war in der besten Stimmung, er hatte den Haushalt in Ordnung gebracht, sich bei dem Kompaniebarbier rasieren lassen und seine Hosen aus den Stiefeln herausgelassen zum Zeichen, daß man sich in einem geräumigen Quartier befände. Er schaute Jeroschka aufmerksam, aber nicht gerade freundlich an, wie ein wildes, noch nie gesehenes Tier, schüttelte beim Anblick des Bodens, den dieser etwas beschmutzt hatte, den Kopf, zog zwei leere Flaschen unter der Bank hervor und begab sich zu den Wirtsleuten.

»Seid gegrüßt, ihr Lieben!« sagte er. Er hatte beschlossen, äußerst sanft aufzutreten. »Mein Herr hat befohlen, Tschichir zu kaufen, seid so gut, schenkt ein.«

Die Alte antwortete nichts. Das Mädchen stand vor einem kleinen tatarischen Spiegel und band sich gerade ein Tuch um den Kopf; sie blickte sich schweigend nach Wanjuscha um.

»Ich bezahle mit Geld, meine Verehrtesten«, sagte Wanjuscha und klimperte in der Tasche mit dem Kupfergeld. »Seid gut, so werden auch wir gut sein«, fügte er hinzu.

»Wieviel?« fragte die Alte kurz angebunden.

»Ein Achtel.«

»Geh, Liebste, gieß ihm Wein ein«, sagte Großmutter Ulitka zu ihrer Tochter. »Aus dem angebrochenen Faß schenk ihm ein, meine Ersehnte.«

Das Mädchen nahm Schlüssel und Karaffe und ging mit Wanjuscha aus dem Zimmer.

»Sag bitte, wer ist diese Frau?« fragte Olenin, auf Marjanka weisend, als diese an seinem Fenster vorbeiging.

Der Alte blinzelte und versetzte dem jungen Mann einen Stoß mit dem Ellenbogen.

»Warte mal«, sagte er und beugte sich aus dem Fenster.

»Kchm! Kchm!« hüstelte und räusperte er sich. »Marjanuschka, Marjanka! Liebe mich, Mädchen! Ich bin ein Spaßmacher!« fügte er im Flüsterton, zu Olenin gewandt, hinzu.

Das Mädchen wandte nicht einmal den Kopf, sondern ging mit regelmäßigen und schwungvollen Armbewegungen in der sicheren und flotten Gangart der Kosakenfrauen am Fenster vorüber. Nur die schwarzen, von langen Wimpern beschatteten Augen wandten sich langsam dem Alten zu.

»Liebe mich, ich werde dich glücklich machen!« rief Jeroschka, während er Olenin zuzwinkerte und fragend anschaute. »Ich bin ein ganzer Kerl und ein Spaßmacher«, fügte er hinzu. »Die reine Königin, das Mädchen, nicht?«

»Eine Schönheit«, sagte Olenin. »Rufe sie her!«

»Nein, nein!« sagte der Alte. »Sie wird den Luka heiraten. Luka ist ein flotter Kosak, ein ganzer Kerl, hat neulich einen Abreken erschossen. Ich werde dir eine Bessere verschaffen. Eine, die in Seide und Silber geht. Was ich verspreche, das tue ich; ich werde dir eine Schöne ausfindig machen.«

»Wie kannst du so reden in deinem Alter!« sagte Olenin. »Das ist doch Sünde!«

»Sünde? Was ist hier Sünde?« versetzte der Alte mit großer Bestimmtheit. »Ein schönes Mädchen ansehen soll Sünde sein? Mit ihr gehen, eine Sünde? Oder sie lieben, eine Sünde? Ist das bei euch so? Nein, Verehrtester, das ist nicht Sünde, sondern Erlösung. Gott hat dich geschaffen, Gott hat auch das Mädchen geschaffen. Alles hat Er, Väterchen, geschaffen. Und deshalb ist es durchaus keine Sünde, ein schönes Mädchen anzusehen. Es ist dazu da, um geliebt zu werden, um Freude zu bereiten. So sehe ich die Sache, lieber Mensch.«

Marjanka ging über den Hof und trat in einen dunklen, kühlen Raum, der mit Fässern vollgestellt war. Sie ging an ein Faß heran, sprach das gewohnte Gebet und tat den Stechheber hinein.

Wanjuscha blieb in der Tür stehen und sah sie lächelnd an. Es kam ihm schrecklich komisch vor, daß sie nur mit einem Hemd bekleidet war, welches hinten gerafft und vorne geschürzt war, und daß sie um den Hals eine Kette aus Münzen hatte. Er dachte bei sich, daß das gar nicht russisch sei, daß der Anblick eines solchen Mädchens zu Hause im Dorf ein großes Gelächter hervorrufen würde. La fille comme ça très bien, so als Abwechslung, dachte er bei sich, ich muß es meinem Herrn sagen.

»Was stehst du im Licht, Satan!« rief plötzlich das Mädchen. »Gib die Karaffe her!«

Sie füllte die Karaffe mit kaltem rotem Tschichir und reichte sie Wanjuscha.

»Das Geld kannst du der Mutter geben«, sagte sie, indem sie Wanjuschas Hand zurückstieß.

Wanjuscha lächelte.

»Warum seid Ihr denn so böse, Liebenswerteste?« sagte er gutmütig und trat von einem Bein aufs andere.

Das Mädchen schloß das Faß und lachte.

»Seid ihr etwa gut?«

»Wir, mein Herr und ich, sind sehr gut«, sagte Wanjuscha mit Überzeugung. »Überall, wo wir gewohnt haben, sind die Wirte des Lobes voll gewesen, so gut sind wir. Er ist ein vornehmer Mann.«

Das Mädchen blieb stehen.

»Ist er verheiratet, dein Herr?« fragte sie.

»Nein. Unser Herr ist jung und nicht verheiratet. Vornehme Herren können doch nicht jung heiraten«, antwortete Wanjuscha belehrend.

»Nein, aber! So ein vollgefressener Büffel und zum Heiraten zu jung! Ist er der Befehlshaber von euch allen?« fragte sie.

»Mein Herr ist Junker, noch nicht einmal Offizier. Aber sein Stand ist höher als der des Generals, des großen Tiers. Nicht nur der Oberst, der Zar selbst kennt ihn«, sagte Wanjuscha stolz. »Wir sind nicht so wie die anderen Habenichtse; sein Vater ist Senator, hat mehr als tausend Seelen und schickt uns einen Tausendrubelschein jeden Monat. Darum sind wir auch überall beliebt. Ein anderer ist Hauptmann und hat kein Geld. Was hat man davon?«

»Geh, ich schließe ab«, unterbrach ihn das Mädchen.

Wanjuscha brachte Olenin den Wein, erklärte: »La fille c'est très jolie«, und entfernte sich mit dummem Lachen.

13

Unterdes wurde auf dem Dorfplatz der Zapfenstreich geschlagen. Die Leute waren schon von der Arbeit zurückgekehrt. Von einer goldenen Staubwolke umhüllt, drängte sich am Tor brüllend die Herde. Auf den Straßen und in den Höfen waren geschäftige Mädchen und Frauen dabei, das Vieh hereinzutreiben. Die Sonne verschwand vollständig hinter den schneebedeckten Bergrücken. Ein bläulicher Schatten breitete sich über Erde und Himmel. Über den dunklen Gärten entzündeten sich kaum sichtbare Sterne, und der Lärm im Dorf begann sich zu legen. Die Frauen hatten das Vieh eingetrieben und kamen auf die Straße heraus. Sonnenblumenkerne knackend, setzten sie sich auf die Erdaufwürfe. Marjanka hatte die Büffelkuh und die beiden anderen Kühe gemolken und gesellte sich auch einem Kreis bei.

Der Kreis bestand aus ein paar Frauen und Mädchen und einem alten Kosaken.

Das Gespräch drehte sich um den getöteten Abreken. Der Kosak erzählte, und die Frauen stellten Fragen.

»Wird wohl eine hohe Belohnung bekommen, denke ich«, sagte eine Frau.

»Natürlich. Er bekommt ein Kreuz, heißt es.«

»Mossew wollte ihn übervorteilen, hat ihm das Gewehr weggenommen, aber die Obrigkeit in Kisljar hat es erfahren.«

»Eine gemeine Seele, dieser Mossew.«

»Lukaschka soll ja hier sein, heißt es«, sagte ein Mädchen.

»Ja, Nasarka und er sitzen bei Jamka.« Jamka war eine unverheiratete liederliche Kosakin, die Inhaberin der Schenke. »Sie sollen schon einen halben Eimer ausgetrunken haben.«

»Ein Glück hat dieser Herausreißer!« sagte jemand. »Wahrhaftig, ein Herausreißer! Aber ein lieber Kerl! Und geschickt! Ein gerechter Bursche. So war auch sein Vater, der Kirjak. Wie der seinerzeit erschossen wurde, hat das ganze Dorf geheult ... Aber dort gehen sie ja«, fügte die Sprecherin hinzu und wies auf die Kosaken, die sich ihnen näherten. »Und der Jerguschow ist auch dabei, der Säufer.«

Lukaschka, Nasarka und Jerguschow hatten einen halben Eimer ausgetrunken und kamen jetzt auf die Mädchen zu. Alle drei, und besonders der Alte, waren röter als sonst. Jerguschow schwankte etwas, lachte und stieß Nasarka in die Seite.

»Na, ihr Hühnervolk, was singt und spielt ihr nicht?« schrie er die Mädchen an. »Ihr sollt zu unserer Belustigung singen.«

»Seid gegrüßt! Seid gegrüßt!« hörte man überall.

»Warum sollen wir singen? Ist heute Feiertag?« fragte eine Frau. »Hast dich vollgesoffen, dann sing auch.«

Jerguschow lachte und stieß Nasarka an.

»Sing du! Ich werde auch singen, darin bin ich geschickt, das kann ich dir sagen.«

»Na, ihr seid ja eingeschlafen, ihr Schönen«, sagte Nasarka. »Wir sind vom Kordon gekommen, um uns zu vergnügen. Um Lukaschka zu feiern.«

Lukaschka war an den Kreis herangekommen, hatte langsam seine Papacha gelüftet und war vor den Mädchen stehengeblieben. Seine Backenknochen und sein Hals waren rot. Er stand und sprach langsam und gesetzt, aber in seinen langsamen und gesetzten Bewegungen war mehr Leben und Kraft als in Nasarkas Geschwätzigkeit und Geschäftigkeit. Er erinnerte an ein übermütiges Füllen, das mitten im Spiel plötzlich aufschnaubt und mit erhobenem Schweif wie angewurzelt auf allen vieren stehenbleibt. Lukaschka stand ruhig vor den Mädchen, aber seine Augen lachten, er sprach wenig und schaute bald die betrunkenen Kameraden, bald die Mädchen an. Als Marjanka herankam, hob er, ohne sich zu bewegen, die Mütze, trat etwas zur Seite und stellte sich ihr gegenüber auf, mit gespreizten Beinen, die Daumen hinter dem Gürtel. Er spielte mit dem Dolch. Als Antwort auf seinen Gruß senkte Marjanka langsam den Kopf, ließ sich auf den Erdaufwurf nieder und nahm Sonnenblumenkerne aus ihrem Brustlatz. Lukaschka schaute Marjanka an, ohne die Augen abzuwenden, knackte Sonnenblumenkerne auf und spuckte die Schalen aus. Alle waren still geworden.

»Wie ist es? Bleibt ihr lange hier?« fragte eine Kosakin, das Schweigen unterbrechend.

»Bis zum Morgen«, antwortete Luka ehrerbietig.

»Gott gebe, daß für dich eine gute Belohnung herauskommt«, sagte ein Kosak. »Ich freue mich für dich, wir sprachen eben davon.«

»Ich sage es auch«, fiel der betrunkene Jerguschow lachend ein. »Wieviel Gäste wir haben!« fügte er, auf einen vorübergehenden Soldaten weisend, hinzu. »Einen guten Wodka haben sie, das muß man ihnen lassen.«

»Drei solche Teufel sind uns auf den Hals geschickt worden«, sagte eine Kosakin. »Der Großvater ist beim Ortskommandanten gewesen, aber da ist nichts zu machen.«

»Hast du jetzt das Unglück kennengelernt?« fragte Jerguschow.

»Haben mit ihrem Tabak gewiß alles vollgeraucht?« fragte eine andere Kosakin. »Raucht im Hof, soviel ihr wollt, ins Haus lassen wir euch nicht. Da kann der Ortskommandant selbst kommen, ich lasse keinen rein. Bestohlen wird man womöglich auch noch. Sich selber hat er keine genommen, der Teufelssohn, der Ortskommandant.«

»So was liebst du wohl nicht?« fragte Jerguschow wieder.

»Man sagt, es wäre ein neuer Befehl gekommen, die Mädchen sollen den Soldaten die Betten machen und sie mit Tschichir und Met bewirten«, sagte Nasarka. Er spreizte die Beine, wie Lukaschka es tat, und schob ebenso seine Papacha in den Nacken. Jerguschow brach in schallendes Gelächter aus und umarmte das Mädchen, das ihm am nächsten saß. »Es ist so, wie ich sage.«

»So ein klebriges Harz!« kreischte das Mädchen auf. »Ich sag's der Mutter.«

»Sag's nur!« schrie er. »Nasarka hat wahr gesprochen; es ist ein Zettel gekommen, er kann doch lesen. Tatsächlich!« Und er umarmte das nächste Mädchen in der Reihe.

»Ach, du Lump!« kreischte lachend die rotbackige, rundgesichtige Ustjuscha und holte zum Schlag aus.

Der Kosak wich aus und fiel beinahe hin.

»Und da heißt es noch, die Mädchen hätten keine Kräfte; beinahe hätte sie mich totgeschlagen.«

»Der Teufel hat dich vom Kordon hergebracht!« sagte Ustjuscha, drehte sich weg und prustete wieder vor Lachen.

»Den Abreken hast du verschlafen, er hätte dir den Kopf abschneiden sollen, das wäre besser gewesen.«

»Da würdest du jetzt schön heulen«, lachte Nasarka.

»Deinetwegen werde ich heulen!«

»Sieh mal an, wie sie tut. Ganz bestimmt würde sie doch geheult haben, Nasarka, was?« sagte Jerguschow.

Lukaschka hatte die ganze Zeit über Marjanka schweigend angeblickt. Sein Blick beunruhigte das Mädchen sichtlich.

»Ich höre, Marjanka, daß ihr den Vorgesetzten zugewiesen bekommen habt?« sagte er, näher an sie herantretend.

Ihrer Gewohnheit gemäß antwortete Marjanka nicht gleich, sondern blickte nur langsam zu dem Kosaken auf. Lukaschkas Augen lachten, als ginge, unabhängig vom Gespräch, etwas Besonderes zwischen ihm und dem Mädchen vor.

»Die haben es gut, die haben zwei Hütten«, antwortete statt Marjanka eine Alte. »Aber bei Fomuschkins ist auch ein Vorgesetzter einquartiert, der soll das halbe Zimmer mit seinen Sachen vollgestellt haben, und die Familie kann sehen, wo sie bleibt. Hat man je gehört, eine ganze Horde in einem Dorf unterzubringen! Aber was kann man machen?« sagte sie. »Und was sie hier überhaupt wollen, möchte ich wissen.«

»Es heißt, sie sollen eine Brücke über den Terek bauen«, sagte ein Mädchen.

»Und mir hat man gesagt, sie werden ein Loch graben und alle Mädchen hineinstecken, weil sie die jungen Burschen nicht lieben«, sagte Nasarka, der sich Ustinka näherte. Er machte dabei wieder ein paar Tanzschritte, alles brach in Lachen aus, aber Jerguschow umging Marjanka, welche die nächste in der Reihe gewesen wäre, und umarmte eine alte Kosakin.

»Warum umarmst du Marjanka nicht? Es geht doch der Reihe nach«, sagte Nasarka.

»Nein, nein, meine Alte ist süßer!« schrie der Kosak und küßte die sich wehrende Alte.

»Er erdrosselt mich!« schrie sie lachend.

Ein Geräusch von gleichmäßig aufstampfenden Schritten am anderen Ende der Straße unterbrach das Lachen. Drei Soldaten in Mänteln und mit geschulterten Gewehren marschierten als Ablösung zum Pulverwagen. Der Gefreite, ein alter Soldat, führte mit einem zornigen Blick auf die Kosaken die Soldaten so, daß Lukaschka und Nasarka, die im Wege standen, hätten zur Seite treten müssen. Nasarka trat auch zurück, doch Lukaschka kniff bloß die Augen zusammen, wandte den Kopf ab, drehte ihnen den breiten Rücken zu und wich nicht von der Stelle.

»Wo Leute stehen, da geht man gewöhnlich herum«, ließ er, auf die Soldaten schielend, verächtlich fallen.

Die Soldaten gingen gemessenen Schrittes schweigend auf der staubigen Straße weiter.

Marjanka lachte, die anderen Mädchen auch.

»Schmucke Kinder«, sagte Nasarka, »diese langschößigen Psalmodierer«, und ahmte ihr Marschieren nach.

Alles brach wieder in schallendes Lachen aus. Lukaschka trat langsam an Marjanka heran.

»Wo habt ihr den Vorgesetzten einquartiert?«

Marjanka dachte nach.

»In die neue Hütte haben wir ihn gelassen.«

»Wie ist er denn, alt oder jung?« fragte Lukaschka und setzte sich neben das Mädchen.

»Ich habe ihn nicht danach gefragt«, antwortete das Mädchen. »Ich mußte ihm Tschichir holen und habe ihn mit Onkel Jeroschka am Fenster sitzen sehen; rothaarig ist er. Aber

einen ganzen Wagen voll Habseligkeiten hat er mitgebracht.«
Sie senkte die Augen.

»Wie bin ich froh, daß ich vom Kordon nach Hause kommen
konnte«, sagte Lukaschka. Er rückte auf dem Erdaufwurf näher
an das Mädchen heran und ließ sie nicht aus den Augen.

»Bist du denn für lange gekommen?« fragte Marjanka leise
lächelnd.

»Bis zum Morgen. Gib mir Sonnenblumenkerne!« fügte er
hinzu und streckte die Hand aus.

Marjanka lächelte wieder und öffnete das Hemd am Kragen.

»Nimm nicht gleich alles«, sagte sie.

»Ich habe mich nach dir gesehnt, bei Gott!« sagte Lukaschka
in verhalten ruhigem Flüsterton, während er die Kerne aus
ihrem Brustlatz hervorholte; er neigte sich noch näher zu ihr
und begann ihr etwas zuzuflüstern. Seine Augen lachten.

»Ich habe dir gesagt, ich komme nicht«, sagte Marjanka
plötzlich ganz laut und beugte sich zurück.

»Wahrhaftig … Was ich dir sagen wollte«, flüsterte Lukaschka, »bei Gott! Komm doch, Marjanka!«

Marjanka schüttelte verneinend den Kopf, aber sie lächelte
dabei.

»Marjanka, Marjanka! die Mutter ruft zum Abendessen!«
schrie Marjankas kleiner Bruder, der angelaufen kam.

»Ich komme gleich«, antwortete das Mädchen, »geh nur, Väterchen, geh voraus, ich komme gleich nach.«

Lukaschka erhob sich und lüftete seine Papacha.

»Es wird besser sein, ich gehe auch nach Hause«, sagte er, den
Sorglosen spielend, und verschwand mit verhaltenem Lächeln
hinter der Ecke des Hauses.

Unterdes war es im Dorf vollständig Nacht geworden. Helle
Sterne blinkten am dunklen Himmel. Die Straßen waren finster
und leer.

Nasarka war mit den Frauen auf dem Erdaufwurf sitzen geblieben, man konnte sie lachen hören, doch Lukaschka hatte
erst ein paar langsame Schritte gemacht, sich dann wie eine
Katze zusammengeduckt und plötzlich lautlos zu laufen begonnen, wobei er den hin und her baumelnden Dolch mit der Hand
festhielt; er lief aber nicht nach Hause, sondern auf die Hütte

des Fähnrichs zu. Nachdem er zwei Straßen passiert hatte, bog er in eine Quergasse ein, raffte seinen Tscherkessenrock hoch und ließ sich im Schatten des Zaunes auf die Erde nieder. Was die eingebildet ist, dachte er von Marjanka, für keinen Scherz zu haben, der Teufel! Na warte!

Die Schritte einer herankommenden Frau lenkten ihn von diesen Gedanken ab. Er lauschte gespannt und lachte vor sich hin. Marjanka kam mit gesenktem Kopf schnellen und gleichmäßigen Schrittes gerade auf ihn zu und klopfte im Gehen mit einer Gerte auf die Stäbe des Zaunes. Lukaschka erhob sich. Marjanka fuhr zusammen und blieb stehen.

»Teufel, verfluchter! Wie du mich erschreckt hast. So bist du doch nicht nach Hause gegangen«, sagte sie und lachte laut auf.

Lukaschka umarmte das Mädchen und faßte mit der anderen Hand nach ihrem Gesicht. »Was ich dir sagen wollte ... Bei Gott ...!« Seine Stimme zitterte und brach ab.

»Was sind das für Unterhaltungen mitten in der Nacht«, antwortete Marjanka. »Die Mutter wartet auf mich; geh du zu deiner Liebsten.«

Sie machte sich los und lief die paar Schritte bis zum Zaun ihres Hofes. Dort blieb sie stehen und wandte sich nach dem Kosaken um, der neben ihr hergelaufen war und sie zu überreden suchte, noch ein Stündchen zu warten.

»Na, was wolltest du mir sagen, Nachtschwärmer?« Und sie lachte wieder.

»Lach mich nicht aus, Marjanka! Bei Gott! Habe ich denn ein Herzchen? Der Teufel mag sie holen! Sag nur ein Wort, und ich werde dich lieben: Was du wünschst, das will ich tun. Hier ist es!« Er klimperte mit dem Geld in seiner Tasche. »Jetzt fängt das Leben an. Die Leute haben ihren Spaß, aber ich? Du gönnst mir gar keine Freude, Marjanuschka!«

Das Mädchen antwortete nicht. Sie stand schweigend vor ihm und brach die Gerte mit raschen Bewegungen ihrer Finger in kleine Stücke.

Lukaschka ballte die Fäuste und biß die Zähne aufeinander.

»Immer warten und warten! Liebe ich dich nicht genug, Mütterchen? Mach mit mir, was du willst«, sagte er plötzlich finster und packte sie an den Händen.

Marjanka veränderte den ruhigen Ausdruck ihres Gesichts und ihre Stimme nicht.

»Tu nicht so, Lukaschka, und höre mich an«, sagte sie, ohne ihm die Hände zu entziehen, schob aber den Kosaken von sich fort. »Ich bin nur ein Mädchen, aber du mußt mich anhören. Ich kann nichts bestimmen, aber wenn du mich liebst, will ich dir etwas sagen. Laß meine Hände los, ich sage es auch so. Heiraten will ich dich, aber auf Dummheiten gehe ich nicht ein«, sagte sie, ohne ihr Gesicht abzuwenden.

»Heiraten? Das hängt nicht von uns ab. Du sollst mich lieben, Marjanuschka«, sagte Lukaschka, aus dem finsteren und heftigen Ton wieder in einen sanften, demütigen und zärtlichen fallend. Er lächelte und sah ihr tief in die Augen.

Marjanka schmiegte sich an ihn und küßte ihn fest auf die Lippen. »Bruder!« flüsterte sie, ihn leidenschaftlich an sich pressend. Dann riß sie sich plötzlich los und lief, ohne sich umzusehen, durch das Tor in den Hof.

Sie blieb nicht stehen, obwohl der Kosak sie beschwor, noch einen Augenblick zu warten, weil er ihr noch etwas zu sagen habe.

»Geh! Man wird dich sehen!« sagte sie. »Da, unser Mieter, der Teufel, geht im Hof auf und ab.«

Diese Fähnrichstochter! dachte Lukaschka. Heiraten! Heiraten ist eine Sache für sich, lieben sollst du mich.

Er traf Nasarka bei Jamka, zechte mit ihm und ging dann zu Dunjascha; und trotz ihrer Untreue blieb er die Nacht über bei ihr.

14

Es war tatsächlich Olenin, der im Hofe umherging, als Marjanka zum Tor hereinkam, und er hatte ihre Äußerung gehört: Unser Mieter, der Teufel, geht im Hof auf und ab. Diesen ganzen Abend hatte Olenin mit Onkel Jeroschka auf der Freitreppe seines neuen Quartiers verbracht. Er hatte einen Tisch, den Samowar, Wein und eine brennende Kerze herausbringen lassen und bei einem Glas Tee und einer Zigarre den Erzählungen des Alten gelauscht, der sich auf eine Treppenstufe zu seinen Füßen niedergesetzt hatte. Obwohl die Luft ruhig war, flackerte die Kerze, zuckte das Feuer hin und her und beleuchtete bald den Pfeiler der Treppe, bald den Tisch und das Geschirr und bald den weißen, geschorenen Kopf des Alten. Nachtfalter kreisten, stießen an den Tisch und an die Gläser, verloren den Staub ihrer Flügel, flogen in das Feuer der Kerze oder verschwanden in der Finsternis außerhalb des beleuchteten Kreises. Olenin und Onkel Jeroschka hatten gemeinsam fünf Flaschen Tschichir getrunken. Jeroschka schenkte immer wieder die Gläser voll, reichte das eine Olenin hinüber, wünschte ihm Gesundheit und redete ohne Unterlaß ... Er erzählte von dem Leben der Kosaken in alten Zeiten, von seinem Vater, dem »Breiten«, der auf dem Rücken einen erlegten, zehn Pud schweren Keiler allein heimtragen und hintereinander zwei Eimer Wein trinken konnte. Er erzählte von seiner Zeit und von seinem Freund Girtschik, mit dem zusammen er während der Pest Filzmäntel über den Terek geschmuggelt hatte. Er erzählte von einer Jagd, bei der er an einem Morgen zwei Hirsche geschossen hatte. Er erzählte von seinem Herzchen, das seinetwegen nachts zum Kordon gelaufen kam. Und er erzählte alles so lebendig und anschaulich, daß Olenin nicht merkte, wie die Zeit verflog.

»Ja, mein Vater, du hast mich nicht gekannt, als ich jung war, ich hätte dir damals alles gezeigt. Heute hat Jeroschka den Krug ausgeleckt, aber früher, da war Jeroschka im ganzen Regiment berühmt. Wer hat das schönste Pferd gehabt, wessen Säbel war ein Gurda, zu wem ging man, wenn man zechen oder bummeln wollte? Wer wurde in die Berge geschickt, um Achmet Khan zu töten? Immer Jeroschka. Wen liebten die Mädchen? Wieder Jeroschka. Weil ich ein echter Dschigit, Säufer, Dieb (habe in den Bergen ganze Herden weggetrieben) und Sänger war ... für alles zu haben. Jetzt gibt es keine solchen Kosaken mehr. Man mag gar nicht hinsehen. So hohe«, er hielt die Hand eine Elle über den Boden, »närrische Stiefel zieht er an, alles blickt ihm nach, das ist seine einzige Freude. Oder er säuft sich voll; aber nicht wie ein Mensch, sondern wie sonst was. Ich dagegen? Ich war der Dieb Jeroschka, nicht nur in den Dörfern, auch in den Bergen kannte mich alles. Meine Freunde, die Fürsten, kamen.

Ich war mit allen befreundet: mit Tataren, Armeniern, Soldaten, Offizieren; mir ist alles eins, nur ein Säufer muß er sein! Jetzt sagen sie, du mußt dich rein halten von aller weltlichen Berührung: Man soll nicht mit Soldaten trinken, nicht mit Tataren essen ...«

»Wer sagt das?« fragte Olenin.

»Unsere Kirchenmänner. Aber höre den Mullah oder den Kadi der Tataren an. Er sagt: ›Ihr ungläubigen Giaurs, warum eßt ihr Schweinefleisch?‹ Jeder hält eben an seinem Gesetz fest. Meiner Ansicht nach ist alles eins. Alles hat Gott zur Freude der Menschen geschaffen. Es gibt keine Sünde. Nimm dir doch ein Beispiel am Tier. Das lebt im tatarischen Schilf und lebt auch in unserem. Wo es hinkommt, da ist es zu Hause. Was Gott gibt, das frißt es. Die Unsrigen behaupten, wir würden dafür in der Ewigkeit glühende Pfannen lecken müssen. Ich meine, das ist alles Schwindel.«

»Was ist Schwindel?« fragte Olenin.

»Was die Kirchenmänner behaupten. Wir haben in Tscherwlennaja einen Major gehabt, war ein Freund von mir, ein flotter Kerl wie ich. Ist in der Tschetschnja gefallen. Der sagte, die Kirchenmänner dächten sich so etwas selbst aus. ›Verreckst du‹, sagte er, ›wächst Gras auf dem Grab, das ist alles.‹« Der Alte lachte. »Der kannte keine Furcht.«

»Wie alt bist du?« fragte Olenin.

»Das mag Gott wissen! Siebzig etwa. Als bei euch noch die Zarin regierte, da war ich nicht mehr klein. Rechne es dir selbst aus. Siebzig werde ich wohl schon sein?«

»O ja. Aber du bist noch ein ganzer Kerl.«

»Ja, Gott sei Dank, ich bin sonst gesund; nur ein Weib, eine Hexe hat mich verdorben.«

»Wieso?«

»Einfach verdorben ...«

»Und wenn du stirbst, wächst Gras?« wiederholte Olenin.

Jeroschka wollte seine Anschauung offenbar nicht näher erläutern. Er schwieg ein Weilchen.

»Was hast du dir denn gedacht? Trink!« rief er und hielt ihm den Wein hin.

15

»Wovon sprach ich doch gleich?« fuhr er nachdenklich fort. »Ja, so ein Mensch bin ich. Ich bin Jäger. Einen zweiten solchen Jäger gibt es im Regiment nicht wieder. Jedes Tier, jeden Vogel kann ich dir ausfindig machen und zeigen; und was und wo – alles weiß ich. Ich habe Hunde und auch zwei Flinten und Netze und eine Kobylka und einen Habicht – alles ist da, Gott sei Dank. Bist du ein richtiger Jäger, nicht bloß ein Prahlhans, so werde ich dir alles zeigen. Weißt du, was ich für ein Mensch bin? Sobald ich eine Spur erblicke, weiß ich auch schon, was für ein Tier das ist, und weiß, wo es ruht, wo es trinkt und wo es sich wälzt. Ich mache mir einen Hochstand und sitze die Nacht über und passe auf. Was soll ich im Hause? Man kommt nur in Versuchung, sich vollzusaufen. Es kommen Weiber, das Geschnatter geht los, Kinder brüllen. Man wird ganz verdreht. Dagegen abends, beim Abendrot hinausgehen, ein passendes Fleckchen suchen, das Schilf niedertreten, sich hinsetzen und sitzen und warten, das ist eine andere Sache, braver Bursche. Dann weiß man alles, was im Wald vorgeht. Man schaut zum Himmel empor, da gehen Sterne, man sieht sie an und weiß, wie spät es ist. Man schaut ringsherum, der Wald raschelt leise, immer wieder denkt man, jetzt gleich wird es knacken, ein Keiler wird herauskommen, um sich zu wälzen. Man hört die jungen Adler piepen, die Hähne im Dorf antworten oder auch die Gänse. Sind es Gänse, so ist es noch nicht Mitternacht. Und das alles weiß man. Manchmal hört man in der Ferne einen Schuß, und es kommen einem Gedanken. Wer hat geschossen? denkt man. Ein Kosak, der ebenso wie ich auf dem Anstand sitzt? Hat er ihn getroffen oder nur angeschossen, und wird der Ärmste nun gehen und das Schilf mit seinem Blut färben, für nichts und wieder nichts? Oh, so was liebe ich gar nicht! Warum quälst du das Tier? Du Narr, ach du Narr! Oder man denkt sich: Vielleicht hat ein Abrek irgendeinen dummen jungen Kosaken getötet. Das geht einem alles im Kopf herum. Und einmal, da sitze ich am Wasser und sehe, eine Wiege kommt angeschwommen. Ganz heil, nur der Rand etwas abgebrochen. Die Gedanken, die da auf einen ein stürmen! Wem gehört die Wiege? Eure Teufelssoldaten wer-

den wohl in einen Aul eingedrungen sein, denk ich, die Tschetschenzenfrauen mitgenommen haben, und das Kindchen hat
gewiß irgendein Teufel umgebracht: an den Beinchen genommen und gegen eine Ecke geschleudert. Wird es nicht häufig so
gemacht?

Die Menschen haben keine Seele! Ich dachte so darüber nach,
und es wurde mir ganz weh zumute. Die Wiege weggeworfen,
denke ich, die Frau fortgetrieben, das Haus angesteckt und der
Dschigit wird sein Gewehr genommen haben und zum Rauben
auf unsere Seite herübergekommen sein. Ja, so sitzt man da und
denkt. Und hört man plötzlich im Dickicht eine Herde nahen,
so fängt das Herz an zu pochen. Mutter Gottes, laß sie herankommen! Werden womöglich Wind bekommen, denkt man;
man sitzt und rührt sich nicht, und das Herz pocht so, daß
man bei jedem Schlag einen richtigen Stoß verspürt. Letztes
Frühjahr kam ein ganzes Rudel heraus. Gott Vater und Sohn …
Ich wollte schon losdrücken. Plötzlich schnaubt sie ihre Ferkel
an: ›Gefahr, Kinder: ein Mensch!‹ und fort waren sie, nur die
Büsche krachten. Ich war außer mir, zerfleischen hätte ich die
Sau können.«

»Wie konnte die Sau den Ferkeln sagen, daß ein Mensch da
sitzt?« fragte Olenin.

»Wie hast du es dir denn vorgestellt? Du meinst, es sei dumm,
das Tier? Nein, es ist viel klüger als der Mensch, obwohl es eine
Sau ist. Sie weiß alles. Überlege doch: Der Mensch geht an einer
Fährte vorbei und merkt nichts, aber die Sau stößt auf deine
Spur, dreht sofort um und ist fort; demnach muß sie doch Verstand haben. Du riechst deinen eigenen Gestank nicht, aber sie
wittert ihn sofort. Und dann muß man sagen: Du möchtest sie
töten, aber sie möchte lebendig im Wald herumlaufen. Du hast
dein Gesetz, sie hat ihr Gesetz. Sie ist bloß eine Sau, aber nicht
schlechter als du, ein Geschöpf Gottes. Ja, ja! Dumm ist der
Mensch, dumm, sehr dumm!« wiederholte der Alte, ließ den
Kopf hängen und versank in Gedanken.

Olenin überließ sich auch seinen Gedanken, ging die Treppe
hinunter und begann, die Arme auf dem Rücken, auf und ab zu
gehen.

Jeroschka kam wieder zu sich, hob den Kopf und beobachtete

die Nachtfalter, die über der Kerze schwirrten und manchmal in die Flammen gerieten.

»Narr, Narr!« sagte er. »Wohin fliegst du, Narr?« Er erhob sich von seinem Sitz und scheuchte die Falter mit seinen dicken Fingern fort.

»Du wirst verbrennen, Narr, flieg doch dorthin, es ist Platz genug dort«, sprach er mit zärtlicher Stimme und versuchte, die Nachtfalter mit seinen dicken Fingern vorsichtig an den Flügeln zu ergreifen und freizulassen. »Du fliegst ins Verderben, ich möchte dich retten.«

Er saß lange, schwatzte und trank. Und Olenin ging im Hof auf und ab. Ein Geflüster hinter der Pforte schreckte ihn auf. Er hielt unwillkürlich den Atem an und hörte ein Frauenlachen und eine Männerstimme und das Geräusch eines Kusses. Er raschelte absichtlich mit den Füßen im Gras und ging auf die andere Seite des Hofes hinüber. Nach einiger Zeit krachte der Zaun; ein Kosak in dunklem Tscherkessenrock mit weißem Deckel auf der Mütze (es war Lukaschka) ging am Zaun vorbei, und eine hochgewachsene Kosakin in einem weißen Tuch kam Olenin entgegen. Ich habe nichts mit dir und du hast nichts mit mir zu schaffen, schien Marjankas entschlossener Gang zu sagen. Er verfolgte sie mit den Augen bis zur Tür und konnte durchs Fenster sehen, wie sie ihr Tuch abnahm und sich auf eine Bank setzte. Und plötzlich wurde in ihm ein Gefühl von Sehnsucht und Einsamkeit wach, unklare Wünsche und Hoffnungen und Neid umfingen die Seele des jungen Mannes.

Die letzten Lichter in den Hütten waren verloschen. Die letzten Töne im Dorf waren verstummt. Die geflochtenen Zäune, das weißschimmernde Vieh in den Höfen, die Dächer der Hütten, die schlanken Pyramidenpappeln – alles schien in einen gesunden, ruhigen, wohlverdienten Schlaf versunken zu sein. Nur das unausgesetzte Quaken der zahlreichen Frösche drang aus der Ferne zu dem aufmerksamen Lauscher herüber. Im Osten wurden die Sterne seltener und schienen in einem stärker werdenden Lichte zu zergehen. Direkt über seinem Kopf standen sie tiefer und dichter. Der Alte hatte den Kopf auf den Arm gestützt und war eingeschlummert. Ein Hahn krähte im gegenüberliegenden Hof. Aber Olenin ging in Gedanken versunken immer weiter auf und ab. Der Schall eines vielstimmigen Liedes drang an sein Ohr. Er trat an den Zaun heran und lauschte. Junge Stimmen sangen ein lustiges Lied, eine Stimme übertönte die anderen durch ihre schneidende Kraft.

»Weißt du, wer da singt?« fragte der Alte, der wieder erwachte. »Es ist der Dschigit Lukaschka. Er hat einen Tschetschenzen getötet und freut sich jetzt. Worüber freut er sich nur? Dieser Narr!«

»Hast du auch Menschen getötet?« fragte Olenin.

Der Alte stützte sich plötzlich auf beide Ellenbogen und näherte sein Gesicht dem Gesicht Olenins.

»Teufel!« schrie er ihn an. »Warum fragst du? Man soll nicht darüber sprechen. Es ist nicht so einfach, eine Seele zugrunde zu richten! Leb wohl, mein Vater, ich bin satt und besoffen«, sagte er im Aufstehen. »Soll ich dich morgen zur Jagd abholen?«

»Ja, komm!«

»Aber früh aufstehen! Wenn du verschläfst, mußt du Strafe zahlen!«

»Werde wohl früher auf sein als du«, antwortete Olenin.

Der Alte ging. Das Lied verstummte, statt dessen ließen sich Schritte und lautes Reden vernehmen. Dann erscholl das Lied wieder, aber schon weiter weg; Jeroschkas laute Stimme hatte sich zu den anderen gesellt.

Was sind das für Menschen, was ist das für ein Leben! dachte Olenin, seufzte und begab sich allein in seine Hütte.

16

Onkel Jeroschka war ein außeretatmäßiger und einsamer Kosak; seine Frau war ihm vor etwa zwanzig Jahren durchgegangen, hatte sich in die orthodoxe Kirche aufnehmen lassen und einen russischen Feldwebel geheiratet; Kinder hatte er keine. Er schnitt nicht auf, wenn er erzählte, er sei in früheren Jahren der flotteste Kosak im Dorf gewesen. Er war im ganzen Regiment für seine Verwegenheit bekannt. Er hatte mehr als einen Mord auf dem Gewissen, sowohl Tschetschenzen als auch Russen. Er hatte in den Bergen und bei den Russen geraubt und zweimal im Zuchthaus gesessen. Den größten Teil seines Lebens verbrachte er auf Jagden und im Wald, wobei er sich mit einem Stückchen Brot begnügte und nichts anderes trank als Wasser. Im Dorf bummelte er dafür von früh bis spät. Als er von Olenin nach Hause gekommen war, legte er sich für zwei Stunden schlafen, war aber noch, bevor es tagte, wieder wach, lag jetzt auf seinem Bett und sann über den Menschen nach, den er kennengelernt hatte. Olenins *Einfalt* hatte ihm gefallen. (Einfalt insofern, als nicht an Wein für ihn gespart worden war.) Und Olenin selbst hatte ihm gefallen. Es wunderte ihn, warum alle Russen einfältig und reich waren, warum sie alle, trotz ihrer Gelehrsamkeit, nichts verstanden. Er überlegte sich dies alles und auch, was er sich von Olenin ausbitten könnte. Onkel Jeroschkas Hütte war ziemlich groß und nicht baufällig, aber es war zu merken, daß eine Frau im Hause fehlte. Entgegen der sonst bei Kosaken herrschenden Sorgfalt und Reinlichkeit war das ganze Zimmer verschmutzt und in größter Unordnung. Auf dem Tisch lag der mit Blut besudelte Kittel, ein halber Fladen, daneben eine gerupfte und zerrissene Dohle als Lockvogel für Habichte. Auf den Bänken lagen Porschni, Gewehr, Dolch, eine Tasche, nasse Kleidungsstücke und allerhand Lappen herum. In der Ecke, in einem Kübel mit schmutzigem, stinkendem Wasser, waren andere Porschni eingeweicht, daneben standen eine Flinte und eine Kobylka. Auf dem Fußboden lagen ein Netz und einige tote Fasanen. Um den Tisch ging ein an einem Fuß festgebundenes Huhn, das auf dem schmutzigen Boden pickte. In dem ungeheizten Ofen stand eine Scherbe mit einer milchartigen Flüssigkeit. Auf dem Ofen kreischte ein kleiner Bienenfalke, der sich von seiner Schnur loszureißen versuchte, und ein sich mausernder Habicht saß still am Ofenrand, schielte nach dem Huhn und bog den Kopf von rechts nach links.

Onkel Jeroschka selbst lag rücklings, nur mit einem Hemd bekleidet, auf seinem kurzen Bett, das zwischen Wand und Ofen stand, hatte die kräftigen Beine auf den Ofen gestützt und kratzte mit seinem dicken Finger den Schorf von den vom Habicht zerschundenen Händen. Er richtete den Habicht ohne Handschuhe ab. Im ganzen Zimmer, und vor allem in nächster Nähe des Alten, war die Luft von dem starken, nicht unangenehmen Geruch durchtränkt, der ihn stets begleitete.

»Zu Hause, Onkel?« ertönte vor dem Fenster eine laute Stimme, die er sofort als die Stimme seines Nachbarn Lukaschka erkannte.

»Zu Hause, zu Hause, komm herein!« rief der Alte. »Nachbar Marka, Luka Marka, was willst du vom Onkel? Geht es zurück zum Kordon?«

Der Habicht zuckte bei dem Ton der Stimme zusammen, schlug mit den Flügeln und versuchte sich loszumachen.

Der Alte liebte Lukaschka; von der allgemeinen Verachtung, die er für das junge Geschlecht der Kosaken hegte, nahm er ihn allein aus. Dann gaben ihm Lukaschka und seine Mutter als Nachbarn auch häufig Wein, gekochte Sahne und andere Wirtschaftserzeugnisse, die ihm fehlten. Onkel Jeroschka, der sich leicht begeisterte, aber immer praktische Erklärungen zur Hand hatte, pflegte zu sagen: »Die Leute sind vermögend. Ich bringe ihnen Wild oder ein Huhn mit, da vergessen auch sie den Onkel nicht, schenken ihm gelegentlich eine Pirogge oder einen Fladen.«

»Grüß dich, Marka. Ich freue mich, dich zu sehen!« rief der Alte lustig. Mit einer einzigen raschen Bewegung nahm er die nackten Füße vom Bett, sprang auf, machte zwei Schritte auf dem knarrenden Boden und schaute seine auswärtsgedrehten Füße an, und plötzlich kamen ihm seine Füße komisch vor, er lachte auf, stieß mit der Ferse auf den Boden, noch einmal, und machte einen Tanzschritt. Seine kleinen Augen glänzten. »Geschickt, wie?« fragte er. Lukaschka lächelte. »Wieder zum Kordon zurück?« fragte der Alte.

»Ich habe dir den damals im Kordon versprochenen Tschichir gebracht, Onkel.«

»Christus schütze dich«, sagte der Alte. Er hob Hosen und Beschmet vom Boden auf, zog den Ledergurt fest, goß aus einem Scherben etwas Wasser auf seine Hände, trocknete sie an seinen alten Hosen ab, fuhr sich mit einem Stückchen Kamm durch den Bart und stellte sich vor Lukaschka auf. »Fertig!« sagte er.

Lukaschka nahm einen Becher, wischte ihn ab, setzte sich und reichte ihn dem Onkel.

»Wohl bekomm's! Gottvater und Sohn!« sagte der Alte, den

Wein feierlich in Empfang nehmend. »Mögen all deine Wünsche in Erfüllung gehen, mögest du ein ganzer Kerl werden.«

Lukaschka sprach auch ein Gebet, trank einen Schluck und stellte sein Glas auf den Tisch. Der Alte erhob sich und holte einen getrockneten Fisch, den er auf die Schwelle warf und mit einem Stock weich schlug und erst dann mit seinen groben Fingern auf seinen einzigen, blauen Teller legte und auf den Tisch stellte.

»Ich habe alles da, auch etwas zum Nachessen«, sagte der Alte stolz. »Wie steht es mit Mossew?« fragte er.

Lukaschka erzählte, daß der Unteroffizier ihm das Gewehr weggenommen habe; er wollte die Ansicht des Alten darüber hören.

»Versteif dich nicht auf das Gewehr«, sagte der Alte. »Gibst du das Gewehr nicht her, so kriegst du keine Belohnung.«

»Es heißt aber, ich hätte als Minderjähriger keinen Anspruch auf eine hohe Belohnung. Und das Gewehr ist sehr gut, aus der Krim und seine achtzig Moneten wert.«

»Laß das! Ich habe mich auch mit dem Sotnik einmal gestritten: Es ging um ein Pferd. ›Gib mir das Pferd‹, sagte er, ›so werde ich dich zum Fähnrich vorschlagen.‹ Ich habe es nicht hergegeben, so ist auch nichts daraus geworden.«

»Ja, gut, Onkel! Aber ich muß ein Pferd haben, und es heißt, für weniger als fünfzig Moneten kann man jenseits des Flusses keines bekommen. Und die Mutter hat den Wein noch nicht verkauft.«

»Wir hatten andere Sorgen!« sagte der Alte. »Als der Onkel Jeroschka in deinem Alter war, da hat er ganze Herden bei den Nogaiern geraubt und jenseits des Terek verkauft. Manch gutes Pferd ist da für ein Maß Wodka oder einen Filzmantel hergegeben worden.«

»Warum habt ihr sie so billig hergegeben?«

»Ei, du Narr, Marka!« sagte der Alte verächtlich. »Wozu raubt man denn? Um nicht geizig zu sein. Aber ihr, ihr wißt ja gar nicht, wie man es anfängt, Pferde fortzutreiben. Warum schweigst du?«

»Was soll ich sagen, Onkel?« sagte Lukaschka. »Wir können uns offenbar nicht mit euch messen.«

»Ein Narr bist du, Marka, wahrhaftig! Mit euch nicht messen können!« äffte er den jungen Kosaken nach. »Ich war ein anderer Kerl in deinen Jahren!«

»Wieso?« fragte Lukaschka.

Der Onkel schüttelte verächtlich den Kopf.

»Der Onkel Jeroschka war immer *einfältig*, hat niemals geknausert. Dafür waren aber auch alle Tschetschenzen seine Freunde. Kam ein Freund zu mir, so bekam er Wodka, soviel er wollte, und wurde noch zur Nacht dabehalten. Ritt ich selbst hin, so brachte ich ihm ein Peschkesch, ein Geschenk mit. So haben es die Menschen früher gehalten, nicht so wie jetzt, wo die Burschen nur ein Vergnügen kennen: Sonnenblumenkerne knacken und die Schalen ausspucken«, sagte der Alte verächtlich und machte nach, wie die jungen Kosaken die Kerne aufknacken und die Schalen ausspucken.

»Ja, das weiß ich«, sagte Lukaschka. »Es ist so, wie du sagst.«

»Willst du ein ganzer Kerl sein, so benimm dich wie ein Dschigit und nicht wie ein Bauer. Das kann ein Bauer auch: Geld hinlegen und dann das Pferd nehmen.«

Sie schwiegen eine Weile.

»Es ist langweilig, Onkel, im Dorf und im Kordon; aber was soll man unternehmen? Die Leute sind furchtsam. Nimm zum Beispiel Nasar. Neulich waren wir drüben im Aul; Girej Khan wollte uns überreden, mit nach Nogai zu kommen und Pferde zu rauben; aber es wollte niemand mit; allein kann ich doch nicht.«

»Und der Onkel? Meinst du, ich sei eingerostet? Nein, das bin ich nicht. Ein Roß her, ich reite sofort mit nach Nogai.«

»Das ist leeres Gerede«, sagte Lukaschka. »Sag, wie soll ich mich Girej Khan gegenüber verhalten? Er sagt: Bring die Pferde bis zum Terek, dann verschaffe ich dir ganze Herden und finde auch einen Platz für sie. Kann man ihm trauen, ist doch auch so ein Kahlkopf?«

»Dem Girej Khan kannst du trauen! Dies ganze Geschlecht, sein ganzes Geschlecht sind alles gute Leute; sein Vater war mir ein treuer Freund. Aber hör auf mich, ich werde dich nichts Schlechtes lehren: Laß ihn schwören, dann kannst du sicher ge-

hen; aber halte die Pistole bereit, wenn du mit ihm reitest. Vor
allem, wenn es an das Verteilen der Pferde geht. Mich hat mal
ein Tschetschenze beinahe getötet: ich wollte zehn Moneten für
das Pferd von ihm haben. Trauen? – ja, aber lege dich nicht ohne
Gewehr schlafen.«

Lukaschka hörte aufmerksam zu. »Wie ist es, Onkel? Du besit-
zest doch die Springwurz?« fragte er nach längerem Schweigen.

»Ich habe keine, aber ich kann dir sagen, wie du dir eine verschaffen kannst. Du bist ein guter Junge. Du vergißt den Alten
nicht. Soll ich's dir sagen?«

»Ja, sag es.«

»Du kennst doch die Schildkröte? Sie ist ein Teufel!«

»Wie sollte ich sie nicht kennen?«

»Mache ihr Nest ausfindig und bau ringsum ein Gehege, damit sie nicht durch kann. Sie wird aus dem Nest kriechen, wird
sich im Kreis herumdrehen, dann wieder umkehren, eine
Springwurz ausfindig machen und das Gehege zertrümmern.
Am nächsten Morgen mußt du hingehen und nachsehen: Wo es
zerbrochen ist, da liegt auch die Springwurz. Nimm sie und trag
sie, wohin du willst. Kein Schloß und kein Riegel werden stand-
halten.«

»Hast du es denn ausprobiert, Onkel?«

»Das nicht, aber gute Menschen haben es mich gelehrt. Ich
habe immer einen Spruch hergesagt, bevor ich aufs Pferd gestiegen bin, der hat mich gefeit. Niemand hat mich getötet.«

»Was für einen Spruch, Onkel?«

»Du kennst ihn nicht? Ist das ein Volk! Ist nur gut, daß du den
Onkel danach fragst. Also paß auf und sprich mir nach:

> Seid gegrüßt, ihr Leute, in Zion!
> Siehe, euer König kommt.
> Wir besteigen die Pferde.
> Sophonios wehklaget,
> Zacharias saget,
> Vater Mandritios,
> Menschenglück und -los.

Menschenglück und -los«, wiederholte der Alte. »Kannst du
es? Sag's auf!«

Lukaschka lachte.

»Aber Onkel, soll dich deswegen niemand getötet haben? Vielleicht war es Zufall.«

»Klug seid ihr geworden. Lerne es auswendig und sage es auf. Wird dir nicht schaden. Hast du es aufgesagt, so hast du ein gutes Gewissen.« Der Alte lachte selber. »Aber nach Nogai reite lieber nicht, Luka.«

»Warum nicht?«

»Es sind andere Zeiten jetzt und andere Menschen; ihr Kosaken seid auch nicht mehr viel wert. Und dann sieh doch, wieviel Russen hier sind! Ihr würdet zur Verantwortung gezogen und verurteilt werden. Laß es sein, wirklich, ihr seid dem allen nicht gewachsen. Girtschik und ich, wir pflegten ...« Und der Alte begann eine seiner endlosen Erzählungen. Aber Lukaschka sah nach dem Fenster.

»Es wird schon hell, Onkel«, unterbrach er ihn. »Es ist Zeit. Komm gelegentlich vorbei.«

»Christus beschütze dich; ich gehe zum Fahnenjunker, habe versprochen, ihn auf die Jagd mitzunehmen, es scheint ein guter Mensch zu sein.«

17

Lukaschka ging von Jeroschka aus nach Hause. Feuchter, tauiger Nebel hatte sich von der Erde gelöst und hielt das Dorf umfangen. Unsichtbares Vieh begann sich hier und da zu rühren. Öfter und angestrengter schrien die Hähne. Die Luft wurde durchsichtiger, und die Leute begannen aufzustehen. Lukaschka trat dicht heran und konnte den vom Nebel nassen Zaun seines Hofes, die Freitreppe und die geöffnete Scheune unterscheiden. Im Hof ertönten irgendwo Axthiebe. Lukaschka betrat die Hütte. Die Mutter war schon auf, stand vor dem Ofen und warf Brennholz hinein. Auf dem Bett schlief die kleine Schwester.

»Na, Lukaschka, hast du dein Vergnügen gehabt?« fragte die Mutter leise. »Wo warst du denn die Nacht über?«

»Im Dorf«, antwortete der Sohn unwillig. Er hatte sein Gewehr aus dem Überzug genommen und untersuchte es.

Die Mutter schüttelte den Kopf.

Lukaschka schüttete Pulver auf ein Brett, holte einen kleinen Beutel hervor, entnahm ihm etliche leere Patronenhülsen, füllte sie und verschloß sie sorgfältig mit einer kleinen, in Lappen eingewickelten Kugel. Nachdem er die zugestopften Hülsen mit den Zähnen zusammengebissen hatte, betrachtete er sie noch einmal und legte sie in den Beutel.

»Wie ist es, Mutter, ich habe dir gesagt, der Sackranzen müßte ausgebessert werden; hast du es getan?« fragte er.

»Gewiß! Die Stumme hat am Abend daran geflickt. Ist es schon Zeit für den Kordon? Ich habe dich ja gar nicht gesehen.«

»Sobald ich hier fertig bin, muß ich gehen«, sagte Lukaschka und packte das Pulver ein. »Wo ist die Stumme? Ist sie draußen?«

»Wird wohl Brennholz spalten. Sie macht sich deinetwegen immer Sorgen. ›Ich werde ihn nie wiedersehen‹, sagt sie. Zeigt auf das Gesicht, schnalzt mit der Zunge und preßt die Hände ans Herz; es täte ihr so leid. Soll ich gehen und sie rufen? Das mit dem Abreken hat sie alles verstanden.«

»Rufe sie«, sagte Lukaschka. »Und Talg habe ich noch gehabt, bring den her, ich muß meinen Säbel einfetten.«

Die Alte ging hinaus, und ein paar Augenblicke später kam über die knarrenden Stufen Lukaschkas stumme Schwester ins Zimmer. Sie war sechs Jahre älter als der Bruder und hätte ihm außerordentlich ähnlich gesehen, wäre nicht der allen Taubstummen eigene, etwas stumpfe und stark wechselnde Gesichtsausdruck gewesen. Ihre Kleidung bestand aus einem groben Hemd mit vielen Flicken, die Füße waren nackt und schmutzig, auf dem Kopf trug sie ein altes blaues Tuch. Hals, Hände und Gesicht waren sehnig wie bei einem Bauern. Der Kleidung und allem war anzusehen, daß sie schwere Männerarbeit zu verrichten hatte. Sie brachte ein Bund Brennholz herein und warf es am Ofen nieder. Dann trat sie mit einem freundlichen Lächeln, das ihr ganzes Gesicht verzog, an den Bruder heran, berührte seine Schulter und begann mit Händen, Gesicht und dem ganzen Körper sehr schnelle Zeichen zu machen.

»Gut, sehr gut. Das ist brav, Stopka!« antwortete der Bruder und nickte mit dem Kopf. »Alles vorbereitet und ausgebessert,

brav! Hier hast du was dafür.« Er holte aus der Tasche zwei Lebkuchen heraus und reichte sie ihr hin.

Die Stumme wurde rot und stieß vor Freude ein paar wilde,
dumpfe Töne aus. Sie nahm die Lebkuchen und begann noch
rascher Zeichen zu machen, indem sie immer nach ein und derselben Richtung wies und sich mit dem dicken Finger über Augenbrauen und Gesicht fuhr. Sie wollte ihm sagen, er solle den
Mädchen Leckereien geben, die hätten ihn gern, und das eine
Mädchen, die Marjanka, sei besser als alle die anderen und liebe
ihn auch. Marjanka bezeichnete sie so, daß sie in Richtung ihres
Hofes wies und sich dann schnell über Augenbrauen und Gesicht fuhr, mit der Zunge schnalzte und den Kopf wiegte.
»Liebt« zeigte sie, indem sie die Hand auf ihre Brust preßte, ihre
eigene Hand küßte und so tat, als umarmte sie etwas. Die
Mutter kam in die Stube herein, verstand, worüber die Tochter
sprach, lächelte und wiegte den Kopf. Die Stumme zeigte ihr die
Lebkuchen und gab wieder freudige, dumpfe Töne von sich.

»Ich habe Ulitka neulich gesagt, ich würde Brautwerber
schicken«, sagte die Mutter. »Sie hat meine Worte gut aufgenommen.«

Lukaschka sah schweigend auf die Mutter.

»Hör mal, Mutter, du mußt Wein verkaufen. Ich brauche ein
Pferd.«

»Ich werde es schon besorgen, alles zu seiner Zeit; erst muß
ich die Fässer ausbessern«, sagte die Mutter, der es offenbar
nicht recht war, daß der Sohn sich in Wirtschaftsangelegenheiten einmischte. »Wenn du gehst«, fügte die Alte hinzu, »so
nimm das Säckchen im Flur mit. Ich habe bei anderen geborgt,
um dich für den Kordon zu versorgen. Oder soll ich's in den
Sackranzen tun?«

»Ja, gut«, sagte Lukaschka. »Sollte Girej Khan von drüben
kommen, so schicke ihn in den Kordon. Urlaub werde ich nicht
so bald wieder kriegen – ich habe mit ihm zu tun.«

Er begann sich fertigzumachen.

»Ich werde ihn zu dir schicken, Lukaschka, sei unbesorgt. Sag
mal, habt ihr die ganze Nacht bei Jamka gezecht?« fragte die
Alte. »Als ich in der Nacht wegen des Viehs aufstand, kam es mir
so vor, als hörte ich dich singen.«

Lukaschka antwortete nicht, ging in den Flur hinaus, hängte sich den Sack um, ordnete seinen Kittel, nahm sein Gewehr und blieb dann auf der Schwelle stehen.

»Leb wohl, Mutter«, sagte er, während er das Tor hinter sich zumachte. »Schick uns mit Nasarka ein Fläschchen Wein hinaus – ich hab's den Burschen versprochen. Nasarka wird herkommen.«

»Christus behüte dich, Lukaschka! Gott sei mit dir! – Ich werde es besorgen, aus dem neuen Faß werde ich euch welchen schicken«, antwortete die Alte, die an den Zaun getreten war. »Hör mal«, fügte sie hinzu und beugte sich über den Zaun zu ihm hin.

Der Kosak blieb stehen.

»Du hast hier gebummelt, nun, Gott sei dank! Ein junger Mann muß sein Vergnügen haben. Glück hat Gott dir gegeben. Das ist gut. Aber paß auf, Söhnchen … Und vor allem sieh zu, daß die Vorgesetzten zufrieden sind! Ich werde den Wein verkaufen, werde versuchen, Geld für ein Pferd zusammenzubringen, und ich werde für dich um das Mädchen werben.«

»Schon gut«, sagte der Sohn und runzelte die Stirn.

Die Stumme rief etwas, um seine Aufmerksamkeit auf sich zu lenken. Sie zeigte auf Kopf und Hand, das bedeutete: geschorener Kopf, Tschetschenze, zog die Augenbrauen zusammen und tat, als zielte sie, schrie dann auf und begann zu singen und den Kopf zu wiegen. Sie wollte sagen, Lukaschka solle noch einen Tschetschenzen töten.

Lukaschka verstand, lächelte, faßte nach seinem Gewehr auf dem Rücken unter dem Mantel, machte ein paar rasche, leichte Schritte und verschwand im dichten Nebel.

Die Alte stand eine Weile schweigend an der Pforte, kehrte in die Hütte zurück und ging sofort wieder an ihre Arbeit.

18

Lukaschka befand sich auf dem Weg zum Kordon. Um dieselbe Zeit pfiff Onkel Jeroschka seinen Hunden, kletterte über den Zaun und ging hinten herum zu Olenins Quartier. Wenn er zur

Jagd ging, wollte er keinen Weibern begegnen. Olenin schlief noch. Wanjuscha, der aufgewacht, aber noch nicht aufgestanden war, lag da, schaute sich nach allen Seiten um und überlegte, ob es Zeit sei aufzustehen, als Onkel Jeroschka mit der Flinte auf der Schulter in voller Jagdausrüstung die Tür öffnete.

»Stöcke her!« schrie er mit seiner dröhnenden Stimme. »Alarm! Die Tschetschenzen sind da! Iwan! Stell den Samowar für deinen Herrn auf. Und du, steh auf! Fix!« schrie der Alte. »So geht's bei uns zu, lieber Mensch. Die Mädchen sind schon lange auf. Schau mal durchs Fenster, schau, da geht sie Wasser holen – und du schläfst!«

Olenin erwachte und sprang auf. Und beim Anblick des Alten und beim Ton seiner Stimme wurde ihm frisch und fröhlich zumute.

»Fix! Fix! Wanjuscha!« rief er.

»So gehst du also auf die Jagd! Die Leute frühstücken, und du schläfst. Wohin, Ljam?« schrie er den Hund an. »Ist denn die Büchse in Ordnung?« rief der Alte, als wäre ein Haufen Menschen im Zimmer.

»Ich habe mich vergangen, da ist nun nichts zu machen. Pulver, Wanjuscha! Pfropfen!« rief Olenin.

»Strafe zahlen!« schrie der Alte.

»Du thé voulez-vous?« fragte Wanjuscha mit selbstgefälligem Lächeln.

»Du gehörst nicht zu uns! Du sprichst eine fremde Sprache, Teufel!« schrie ihn der Alte an und fletschte seine Zahnstummel.

»Das erste Mal muß Nachsicht geübt werden«, scherzte Olenin und zog seine hohen Stiefel an.

»Diesmal soll dir vergeben werden«, antwortete Onkel Jeroschka, »aber wenn du noch einmal verschläfst, mußt du einen Eimer Wein stellen. Es wird schon warm, wir werden den Hirsch nicht zu sehen kriegen.«

»Wenn wir ihn auch sehen sollten er ist doch klüger als wir«, sagte Olenin, auf die gestrige Äußerung des Alten anspielend. »Wir werden ihm nichts anhaben können.«

»Ja, lach nur! Töte erst einen und dann rede. Na, fix! Sieh, da kommt ja dein Wirt zu dir«, sagte Jeroschka, der durchs Fenster schaute. »Sieh, wie er sich feingemacht hat – seinen neuen Kittel hat er angezogen, damit du gleich siehst, daß er Offizier ist. Diese Leute, nein, diese Leute!«

Und wirklich, Wanjuscha meldete, daß der Wirt den Herrn zu sehen wünsche.

»L'argent«, sagte er bedeutungsvoll, um seinen Herrn über den Zweck des Besuches aufzuklären. Gleich darauf trat der Fähnrich selbst in einem neuen Tscherkessenrock mit Epauletten auf den Schultern, in gewichsten Stiefeln und – was eine Seltenheit bei den Kosaken ist – mit einem Lächeln auf dem Gesicht ins Zimmer und wünschte Glück zum Einzug ins neue Quartier.

Der Fähnrich, Ilja Wasiljewitsch, war ein *gebildeter* Kosak, er war in Rußland gewesen, er war Schullehrer und er war *vornehm.* Er wollte *vornehm* erscheinen, aber unter der Tünche seines Benehmens, das sich in Unnatürlichkeit, Selbstgefälligkeit und in merkwürdigen Redewendungen äußerte, schaute unwillkürlich ein zweiter Onkel Jeroschka hervor. Das war an seinem sonnenverbrannten Gesicht, an seinen Händen und an seiner roten Nase zu sehen.

Olenin bat ihn, Platz zu nehmen.

»Sei gegrüßt, Väterchen Ilja Wasiljewitsch«, sagte Jeroschka aufstehend und sich besonders tief – wie Olenin schien: ironisch – verneigend.

»Grüß dich, Onkel! Auch schon da?« antwortete mit nachlässigem Kopfnicken der Fähnrich.

Der Fähnrich war etwa vierzig Jahre alt, hatte einen grauen, keilförmigen Bart, war sehnig, schlank und sah für sein Alter noch gut aus. Als er zu Olenin ging, hatte er Angst gehabt, dieser könnte ihn für einen ganz gemeinen Kosaken ansehen. Er wollte ihn daher gleich seine ganze Bedeutung fühlen lassen.

»Das ist unser *ägyptischer Nimrod*«, sagte er, mit selbstbewußtem Lächeln auf den Alten weisend, zu Olenin. »*Ein Jäger vor dem Herrn.* Und geschickt in allem. Haben Sie ihn schon kennengelernt?«

Onkel Jeroschka sah auf seine Füße, die in nassen Porschni steckten, wiegte nachdenklich den Kopf, staunte über die Gewandtheit und Gelehrsamkeit des Fähnrichs und wiederholte bei sich: Nimrod! Was der sich alles aus denkt!

»Wir wollen zusammen auf die Jagd gehen«, sagte Olenin.

»Ja so«, meinte der Fähnrich. »Ich wollte mit Ihnen etwas besprechen.«

»Womit kann ich dienen?«

»Da Sie ein vornehmer Mann sind«, begann der Fähnrich, »und da ich sozusagen auch dem Offiziersstand angehöre, so können wir uns wie alle vornehmen Leute verständigen.« Er schwieg und blickte den Alten und Olenin lächelnd an. »Wenn Sie aber den Wunsch haben und ich auch einverstanden bin, meine Ehefrau ist ein dummes Weib, sie konnte Ihre gestrigen Worte naturgemäß nicht begreifen. Für dieses Quartier ohne Stall habe ich früher vom Regimentsadjutanten sechs Moneten bekommen, und ich bin nicht verpflichtet, jemanden ohne Bezahlung zu beherbergen, denn ich bin ein vornehmer Mann. Aber wenn Sie es wünschen, da ich selber dem Offiziersstand angehöre, so können wir uns vielleicht einigen, um so mehr, als ich hiesiger Einwohner bin und die Sitten und Gebräuche kenne.«

»Der kann reden«, murmelte der Alte.

Der Fähnrich sprach noch lang auf diese Weise. Das einzige, was Olenin mit einiger Mühe verstand, war, daß der Fähnrich sechs Silberrubel im Monat für das Quartier haben wollte. Er erklärte sich damit einverstanden und bot seinem Gast ein Glas Tee an. Der Fähnrich lehnte ab.

»Unserem dummen Gebrauche nach«, sagte er, »halten wir es für Sünde, aus einem weltlichen Glas zu trinken. Meine Bildung würde es zwar erlauben, darüber zu stehen, aber meine Frau in ihrer menschlichen Schwäche …«

»Darf ich Ihnen also Tee geben?«

»Wenn Sie gestatten, bringe ich mein eigenes Glas«, antwortete der Fähnrich und ging auf die Freitreppe hinaus. »Ein Glas!« rief er.

Ein paar Augenblicke später ging die Tür auf, und ein junger, sonnenverbrannter Arm in einem rosafarbenen Kleid streckte sich mit einem Glas durch den Türspalt. Der Fähnrich ging hin, nahm das Glas und flüsterte der Tochter etwas zu. Olenin schenkte dem Fähnrich in das *besondere* und Jeroschka in das *weltliche* Glas Tee ein.

»Ich möchte Sie aber nicht aufhalten«, sagte der Fähnrich, der sich beeilte, den heißen Tee hinunterzuschlucken. »Ich hege eine große Leidenschaft für den Fischfang und bin nur vorübergehend hier, habe sozusagen Rekreation vom Dienst. Ich habe auch das Verlangen, mein Glück zu probieren und *Geschenke des Terek* in Empfang zu nehmen. Ich hoffe, Sie werden mich einmal besuchen und nach der Sitte unserer Staniza einen Verwandtschaftsschluck von unserem Wein trinken«, fügte er hinzu.

Der Fähnrich verbeugte sich, drückte Olenin die Hand und ging hinaus. Während Olenin sich zurechtmachte, konnte er draußen die Stimme des Fähnrichs hören, der seinen Hausgenossen vernünftige und klare Befehle erteilte. Und einige Minuten später sah er den Fähnrich, die Hosen bis zu den Knien aufgekrempelt, in zerrissenem Beschmet und mit einem Netz auf der Schulter an seinem Fenster vorübergehen.

»So ein Gauner!« sagte Onkel Jeroschka, der seinen Tee aus dem weltlichen Glas schlürfte. »Willst du ihm tatsächlich sechs Moneten zahlen? Hat man je so etwas gehört? Die beste Hütte im Dorf kannst du für zwei Moneten haben. Diese Bestie! Ich bin bereit, dir meine für drei Moneten abzutreten.«

»Nein, ich werde hierbleiben«, sagte Olenin.

»Sechs Moneten! Das Geld scheint nichts mehr wert zu sein«, sagte der Alte. »Tschichir, Iwan!«

Nachdem Olenin und der Alte gegessen und Wodka getrunken hatten, traten sie gemeinsam gegen acht Uhr auf die Straße hinaus.

Im Tor stießen sie auf einen angespannten Wagen. In einem weißen Tuch, das bis über die Augen heruntergezogen war, im Beschmet über dem Hemd, in hohen Stiefeln und mit einer Gerte in der Hand zog Marjanka zwei Ochsen an einem um die Hörner gebundenen Strick hinter sich her.

»Mütterchen!« sagte der Alte und tat, als wollte er sie umfassen. Marjanka hob abwehrend die Gerte und warf den beiden einen lustigen Blick aus ihren schönen Augen zu.

Olenin wurde noch fröhlicher.

»Gehn wir, gehn wir!« sagte er. Er schulterte seine Flinte und fühlte, daß der Blick des Mädchens auf ihm ruhte.

»Hü, hü!« hörten sie Marjankas Stimme rufen, und der Wagen setzte sich knarrend in Bewegung.

Solange der Weg hinten am Dorf entlang über die Weideplätze führte, redete Jeroschka ohne Unterlaß. Er konnte den Fähnrich nicht vergessen und schimpfte die ganze Zeit.

»Warum ärgerst du dich so über ihn?« fragte Olenin.

»Er ist geizig, das kann ich nicht ausstehen«, sagte der Alte. »Er wird verrecken und wird alles dalassen müssen. Für wen spart er? Zwei Häuser hat er aufgebaut. Einen zweiten Garten seinem Bruder abprozessiert. Und was für ein Hund er in allem ist, was Papiere und Dokumente anbetrifft! Aus anderen Dörfern kommen Leute zu ihm, daß er ihnen Gesuche aufsetzt. Und wie er es hinschreibt, so wird es auch – genauso. Für wen spart er? Hat nur einen Jungen und das Mädchen. Wenn die mal verheiratet sind, ist niemand mehr da.«

»So spart er wohl für die Aussteuer?« sagte Olenin.

»Was für eine Aussteuer? Das Mädchen wird auch so genommen, das Mädchen ist in Ordnung. Aber er ist der reine Teufel, er will einen Reichen für sie. Will auch dabei noch profitieren. Ein Kosak hier, Luka, mein Nachbar und Neffe, ein forscher Kerl, der einen Tschetschenzen erschossen hat, wirbt schon lange um sie, aber er gibt sie nicht her. Dies und jenes, sagt er, und das Mädchen ist noch zu jung. Ich weiß schon, was er sich denkt. Er will, daß man sich vor ihm verbeugt. Aber einerlei, Luka kriegt sie doch. Er ist der beste Kosak im Dorf, tapfer und geschickt, hat einen Abreken getötet und wird eine Auszeichnung bekommen.«

»Ja, sag mal, als ich gestern im Hof auf und ab ging, sah ich, wie sich die Tochter des Hauses mit einem Kosaken küßte.«

»Das ist nicht wahr!« rief der Alte stehenbleibend.

»Bei Gott!« sagte Olenin.

»Jedes Weib ist ein Teufel«, sagte Jeroschka nachdenklich. »Wie war der Kosak?«

»Das konnte ich nicht sehen.«

»Der Tucheinsatz auf der Mütze weiß?«

»Ja.«

»Und der Kittel rot? Und so groß wie du?«

»Nein, größer.«

»Na, dann ist er es gewesen.« Jeroschka lachte. »Er, mein Marka, Lukaschka. Ich nenne ihn Marka, wenn ich scherze. Er ist es. Das gefällt mir. So bin ich auch gewesen. Was soll man da viel Wesens machen? In früheren Zeiten, da passierte es, daß mein Herzchen mit der Mutter oder der Schwägerin zusammen schlief – ich kletterte deswegen doch hinein. Oder sie wohnte hoch, ihre Mutter war die reine Hexe, ein Satan, konnte mich nicht ausstehen – dann kam ich mit meinem Freund, Girtschik hieß er. Ich kam unter ihr Fenster und kletterte auf seine Schulter, hob das Fenster hoch und tastete herum. Sie schlief am Fenster auf der Bank. Einmal wecke ich sie so auf. Und sie fängt an zu schreien. Hatte mich nicht erkannt. ›Wer ist hier?‹ Ich kann nicht antworten. Die Mutter bewegt sich schon. Ich reiße meine Mütze herunter und presse sie ihr ins Gesicht: Da hat sie mich an dem Riß, der in der Mütze war, erkannt und ist dann herausgesprungen. Nichts habe ich damals nötig gehabt. Kaimak, Weintrauben – alles schleppte sie an«, fügte Jeroschka hinzu, der alles praktisch auslegte. »Und sie war nicht die einzige. Das war ein Leben!«

»Und was ist jetzt?«

»Jetzt wollen wir den Hund holen, einen Fasan auf einen Baum setzen, dann kannst du schießen.«

»Würdest du Marjanka nachsteigen?«

»Paß auf die Hunde auf! Du kannst dich am Abend davon überzeugen«, sagte der Alte und wies auf seinen Liebling, den Ljam.

Sie schwiegen eine Weile. Hundert Schritte weiter blieb der Alte stehen und zeigte auf ein Stöckchen, das quer über den Weg lag.

»Was meinst du?« sagte er. »Du meinst, das sei Zufall? Nein, dieser Stock liegt schlecht.«

»Wieso schlecht?«

Er lächelte verächtlich.

»Gar nichts weißt du. Hör mir zu. Wenn ein Stock so liegt, so darfst du nicht darübersteigen, du mußt entweder herumgehen oder ihn zur Seite werfen und ein Gebet hersagen: Vater, Sohn und Heiliger Geist – dann kannst du mit Gott weitergehen. Wird dir nichts machen. So haben es mich die Alten gelehrt.«

»Ach, das ist ja Unsinn«, sagte Olenin. »Erzähl lieber von Marjanka. Läßt sie sich denn mit Lukaschka ein?«

»Sch! Schweig jetzt!« unterbrach ihn der Alte flüsternd. »Paß auf! Jetzt geht's in den Wald hinein.« Und mit seinen Porschni lautlos auftretend, ging der Alte auf dem engen Fußweg, der in den dichten, wilden, verwachsenen Wald hineinführte, voraus. Ein paarmal blickte er sich stirnrunzelnd nach Olenin um, der mit seinen großen Stiefeln Geräusche machte und seine Büchse so unvorsichtig trug, daß er damit verschiedentlich an Äste anhakte, die über den Weg hingen.

»Mach kein Geräusch, geh leise, Soldat!« sagte er ärgerlich flüsternd.

Man konnte in der Luft spüren, daß die Sonne aufgegangen war. Der Nebel zerteilte sich, verdeckte aber noch die Wipfel der Bäume. Der Wald erschien furchtbar hoch. Bei jedem Schritt veränderte sich die Landschaft. Was man für einen Baum angesehen hatte, erwies sich als Busch; jedes einzelne Schilfrohr erschien wie ein Baum.

19

Der Nebel stieg teils in die Höhe und enthüllte feuchte schilfbedeckte Dächer, teils verwandelte er sich in Tau und näßte den Weg und das längs der Zäune wachsende Gras. Rauch stieg aus allen Schornsteinen. Die Leute kamen aus dem Dorf heraus – die einen gingen zur Arbeit, die anderen an den Fluß, wieder andere zum Kordon. Die Jäger schritten nebeneinander auf dem feuchten, grasbewachsenen Weg einher. Die Hunde liefen wedelnd zu beiden Seiten und blickten sich nach ihrem Herrn um. Myriaden Mücken schwirrten in der Luft, verfolgten die Jäger und bedeckten ihre Rücken, Augen und Hände. Es roch nach Gras und Feuchtigkeit. Olenin drehte sich fortwährend nach dem Wagen um, in dem Marjanka saß und mit der Gerte ihre Ochsen antrieb.

Es war still. Die Geräusche des Dorfes, die bisher zu hören waren, drangen nicht mehr bis zu den Jägern, nur die Hunde raschelten in den Dornen, und manchmal rief ein Vogel.

Olenin wußte, daß es im Wald nicht ungefährlich war, weil sich hier Abreken aufzuhalten pflegten. Er wußte aber auch, daß das Gewehr für einen Fußgänger einen starken Schutz bedeutete. Er hatte keine Angst, aber er fühlte, daß ein anderer an seiner Stelle Angst haben könnte; er spähte mit besonderer, angestrengter Aufmerksamkeit in den nebligen, feuchten Wald und lauschte auf die seltenen schwachen Töne; er faßte sein Gewehr fester und empfand bei alledem ein angenehmes, für ihn neues Gefühl. Onkel Jeroschka ging voraus, und bei jeder Pfütze, an der Spuren eines Zweihufers zu sehen waren, blieb er stehen, betrachtete sie aufmerksam und zeigte sie Olenin. Er sprach fast gar nichts; nur selten und flüsternd machte er Bemerkungen. Der Weg, auf dem sie gingen, war einst von Wagen befahren worden, jetzt aber schon längst mit Gras bewachsen. Der aus Pyramidenpappeln und Korkulmen bestehende Wald war auf beiden Seiten so dicht und verwachsen, daß nichts zu sehen war. Fast jeder Baum war von unten bis oben mit wildem Wein umwunden, unterhalb wuchs dichtes, dunkles Dornengestrüpp. Brombeerbüsche und Schilfrohr mit grauen schwankenden Quasten bedeckten die kleinen Lichtungen. Stellenweise führten Wildwechsel und tunnelartige Fasanenfährten vom Weg in das Dickicht. Die Wachstumskraft dieses von keiner Viehherde zertretenen Waldes versetzte Olenin, der nie Ähnliches gesehen hatte, immer wieder in Erstaunen. Dieser Wald, die Gefahr, der Alte mit seinem geheimnisvollen Flüstern, Marjanka mit ihrer kräftigen, schlanken Gestalt, die Berge – alles mutete Olenin wie ein Traum an.

»Ein Fasan«, flüsterte der Alte, indem er sich abwandte und die Mütze über das Gesicht zog. »Versteck deinen Rüssel, ein Fasan.« Er machte eine ärgerliche Handbewegung nach Olenin hin und kroch weiter, beinahe auf allen vieren. »Er liebt Menschenrüssel nicht.«

Olenin war zurückgeblieben. Der Alte blieb plötzlich stehen und sah an einem Baum hinauf – und da erblickte auch Olenin den Fasan, der vom Hund angebellt wurde. Im selben Augenblick erscholl aus Jeroschkas mächtigem Gewehr – wie aus einer Kanone – ein Schuß, der Fasanenhahn flatterte auf, Federn stäubten, und er fiel schwer zu Boden. Olenin scheuchte im

Nähertreten noch einen zweiten auf. Er zielte und schoß. Der Fasan stieg erst wie ein Pfeil empor und fiel gleich darauf wie ein Stein durch die Zweige ins Dickicht.

»Brav!« rief der Alte lachend, der »etwas Fliegendes« nicht zu schießen verstand.

Sie hoben ihre Fasanen auf und gingen weiter. Olenin war durch den Schuß und das Lob des Alten angeregt und wollte reden.

»Warte, wir gehen jetzt hier hinein«, unterbrach ihn der Alte. »Gestern habe ich hier eine Hirschfährte gesehen.«

Sie bogen ins Dickicht ab und kamen nach etwa dreihundert Schritt auf einer teils mit Schilf bewachsenen, teils mit Wasser bedeckten Lichtung heraus. Olenin blieb immer wieder hinter dem Alten zurück. Etwa zwanzig Schritt vor ihm bückte sich Onkel Jeroschka nieder und machte bedeutungsvolle Zeichen mit Kopf und Hand. Olenin trat an den Alten heran und erblickte die Spur eines Menschen, auf die der Alte wies.

»Siehst du?«

»Ja. Und?« Olenin versuchte möglichst ruhig zu sprechen. »Eine Menschenspur.«

Unwillkürlich schoß ihm der Gedanke an Coopersche Pfadfinder und Abreken durch den Kopf. Er sah, wie vorsichtig sich der Alte bewegte, konnte sich nicht entschließen zu fragen und war im Zweifel, ob die Gefahr oder die Jagd solche Vorsicht erforderlich machte.

»Nein, das ist meine Spur«, antwortete der Alte gelassen und zeigte auf eine unter dem Gras kaum sichtbare Fährte.

Der Alte ging weiter. Olenin blieb nicht hinter ihm zurück. Sie machten zwanzig Schritt, gingen etwas bergab und stießen im Dickicht auf einen breitausladenden Birnbaum, unter dem frische Losung lag und die Erde schwarz war.

Von wildem Wein umwachsen, sah das Plätzchen wie eine verdeckte Laube aus, dunkel und kühl.

»Am Morgen war er hier«, sagte der Alte mit einem Seufzer. »Das Lager ist noch frisch.«

Plötzlich ertönte im Wald, in etwa zehn Schritt Entfernung, ein furchtbares Krachen. Beide zuckten zusammen und griffen nach ihren Gewehren, aber es war nichts zu sehen; man hörte nur die Zweige brechen. Gleichmäßiger, rascher Galopp wurde jetzt hörbar, das Krachen ging in ein Getöse über, das sich immer weiter, immer breiter in dem stillen Wald fortpflanzte. Olenins Herz stockte. Er blickte angestrengt in das Grün des Dickichts und wandte sich endlich nach dem Alten um. Onkel Jeroschka stand unbeweglich. Er hatte das Gewehr an die Brust gepreßt, die Mütze war auf den Hinterkopf zurückgeschoben, die Augen brannten in ungewöhnlichem Glanz, der Mund, aus dem die gelben Zahnstummel lugten, stand offen und schien in dieser Lage erstarrt zu sein.

»Der Hirsch!« sagte er. Er warf sein Gewehr voll Verzweiflung auf die Erde und begann sich seinen grauen Bart zu zausen. »Hier stand er! Vom Fußweg aus hätten wir herankommen sollen! – Nein, so ein Narr!« Er riß voll Wut an seinem Bart. »Narr! Schwein!« wiederholte er und zauste seinen Bart, daß es ordentlich weh tat. Im Nebel über dem Wald schien etwas davonzufliegen, immer weiter, immer dumpfer dröhnte der Lauf des aufgescheuchten Hirsches ...

In der Dämmerung kehrte Olenin mit dem Alten heim, müde, hungrig und doch lebensfroh. Das Essen war bereit. Er aß und trank mit dem Alten, so daß er warm und lustig wurde, und ging auf die Freitreppe hinaus. Wieder standen die Berge im Abendrot vor ihm. Wieder erzählte der Alte seine endlosen Geschichten von Jagden, von Abreken und von seinem sorglosen, verwegenen Leben. Wieder ging die schöne Marjanka hinein, heraus und über den Hof. Unter dem Hemd waren die Umrisse ihres kräftigen, jungfräulichen Körpers sichtbar.

20

Am anderen Tag ging Olenin allein an den Platz, wo er mit dem Alten den Hirsch aufgescheucht hatte. Statt durchs Tor zu gehen, kletterte auch er, wie es hier alle taten, über die Dornenhecke. Und er hatte noch nicht Zeit gehabt, die an seinem Tscherkessenrock hängengebliebenen Dornen zu entfernen, als sein Hund, der vorausgelaufen war, schon zwei Fasanen aufgeschreckt hatte. Kaum war er ins Dornengestrüpp hineingegangen, als wieder bei jedem Schritt Fasanen aufflogen. Der Alte hatte ihm tags zuvor diese Stelle nicht gezeigt, um sie für ein Schießen mit der Kobylka aufzusparen. Olenin erlegte fünf von den zwölf aufgescheuchten Fasanen, mußte im Dornengestrüpp lange herumkriechen, um sie zu finden, und geriet dadurch so in Hitze, daß ihm der Schweiß in Strömen herunterfloß. Er rief den Hund zurück, lud das Gewehr mit einer Kugel und ging, die Mücken mit dem Ärmel seines Rockes fortscheuchend, gemächlich an den gestrigen Platz. Aber es war fast unmöglich, den Hund zurückzuhalten, der selbst auf dem Weg auf Fasanenspuren stieß; er erlegte noch ein paar Fasanen, wurde dadurch aufgehalten und kam erst gegen Mittag an die Stelle von tags zuvor.

Der Tag war klar, still und heiß. Von der Kühle des Morgens war auch im Wald nichts mehr zu spüren, und Myriaden von Mücken bedeckten das Gesicht, den Rücken und die Hände. Der Hund war nicht mehr schwarz, sondern dunkelbraun: sein ganzer Körper war von Mücken bedeckt. Ebenso sah Olenins Tscherkessenrock aus, den die Mücken mit ihren Stacheln durchbohrten. Olenin wollte schon vor den Mücken die Flucht ergreifen; es erschien ihm unmöglich, den Sommer über im Dorf leben zu können. Er drehte sich um, erinnerte sich dann aber, daß auch andere Leute hier lebten, beschloß auszuhalten und gab seinen Körper den Mückenstichen preis. Merkwürdigerweise begannen diese Mückenstiche nach einiger Zeit eine angenehme Empfindung auszulösen. Er meinte, der Wald verlöre an Charakter und Reiz, wenn die ihn von allen Seiten umringende Mückenatmosphäre fehlte, dieser Mückenteig, der das ganze schweißtriefende Gesicht verschmierte, sobald man mit der Hand darüberfuhr, und dieses unruhige Jucken auf dem ganzen Körper. Diese Myriaden von Insekten paßten so gut zu der wilden, bis zur Formlosigkeit reichen Vegetation, zu der Unmenge von Tieren und Vögeln, die den Wald füllten, zu dem dunklen Grün, zu der duftgeschwängerten, heißen Luft, zu diesen kleinen Gruben mit trübem Wasser, das überall aus dem Terek durchsickerte und unter den überhängenden Blättern gluckste – daß ihm angenehm wurde, was vorher fürchterlich und unerträglich schien. Er ging um den Platz herum, wo er gestern das Wild gesehen hatte, traf nichts an und beschloß, etwas aus-zuruhen. Die Sonne stand direkt über dem Wald und schien ihm senkrecht auf Rücken und Kopf, sobald er auf die Lichtung oder den Weg hinaustrat. Das Rückgrat schmerzte von dem Ge-wicht der sieben schweren Fasanen. Er fand die Hirschfährte von tags zuvor, kroch unter einen Busch ins tiefste Dickicht hin-ein, wo gestern der Hirsch gelegen hatte, und legte sich an des-sen früherem Lager nieder. Er betrachtete das dunkle Grün ringsumher, die Schweißspuren, die gestrige Losung, den Ab-druck, den die Knie des Hirsches hinterlassen hatten, den Klum-pen schwarze Erde, den der Hirsch aufgeworfen hatte, und seine eigenen gestrigen Spuren. Es war kühl und behaglich, er dachte an nichts und wünschte nichts. Und plötzlich überkam Olenin ein so merkwürdiges Gefühl von grundlosem Glück und Liebe zu allem und jedem, daß er nach alter kindlicher Gewohnheit sich zu bekreuzigen und jemandem zu danken begann. Mit be-sonderer Klarheit durchzuckte ihn plötzlich der Gedanke, daß er, Dmitrij Olenin, ein von allen anderen gesondertes Wesen, sich hier befände: Gott weiß wo, ganz allein, an einer Stelle, wo vorher der Hirsch gelebt hatte, der alte, schöne Hirsch, der viel-leicht nie einen Menschen gesehen hatte, an einer Stelle, wo kein einziger Mensch jemals gesessen und ähnliches gedacht hatte. Ich sitze, und ringsherum stehen alte und junge Bäume, einer von ihnen ist von wildem Wein umrankt, neben mir bewegen sich Fasanen, die einander den Platz streitig machen, vielleicht wittern sie die toten Brüder. Er betastete seine Fasanen, betrach-tete sie und wischte die vom warmen Blut nasse Hand an sei-nem Tscherkessenrock ab. Jetzt eben wittern mich vielleicht auch Schakale und schleichen mit unzufriedenen Gesichtern nach der anderen Seite; neben mir, zwischen den Blättern, die ihnen wie riesige Inseln erscheinen müssen, fliegen, stehen und summen Mücken, eine, zwei, drei, vier, hundert, tausend, eine Million Mücken; und alle summen sie irgend etwas, und aus ei-nem ganz bestimmten Grund neben mir, und jede von ihnen ist für sich genauso etwas Besonderes, wie ich, Dmitrij Olenin, es bin. Er stellte sich ganz deutlich vor, was die Mücken dachten und summten: Hierher, hierher, Kinder, den hier kann man fressen, summen sie und stürzen auf ihn los. Und es wurde ihm vollständig klar, daß er nicht ein russischer Edelmann, ein Glied der Moskauer Gesellschaft, ein Freund und Verwandter von diesem und jenem, sondern genauso eine Mücke, ein Fasan oder ein Hirsch sei wie die, die jetzt um ihn herum lebten. Genau wie sie, wie Onkel Jeroschka, werde auch ich leben und dann sterben. Und er sagt wahr: Gras wird darüber wachsen.

Aber was macht es aus, daß Gras darüber wächst? überlegte er weiter, trotzdem soll man leben und glücklich sein. Ich wünsche mir nur eins, und das ist – Glück. Ob ich ein Tier wie die anderen bin, auf denen Gras wachsen wird und weiter nichts, ob ich der Rahmen für ein Teilchen der einigen Gottheit bin, es bleibt sich gleich, ich muß danach streben, auf die bestmögliche Art zu leben. Wie muß man denn leben, um glücklich zu sein, und warum bin ich früher nicht glücklich gewesen? Und er begann an sein früheres Leben zurückzudenken und wurde sich selbst zum Ekel. Er meinte, ein anspruchsvoller Egoist gewesen zu sein, obwohl er im Grunde doch wirklich nichts nötig gehabt hatte. Und immer wieder schaute er um sich: auf das durchscheinende Grün, auf die sinkende Sonne und den klaren Himmel, und fühlte sich immer gleich glücklich. Warum bin ich glücklich, und wozu habe ich früher gelebt? dachte er. Wie war ich anspruchsvoll, wie dachte ich mir immer Neues aus und habe nichts außer Scham und Unglück erreicht. Und ich brauche doch eigentlich gar nichts, um glücklich zu sein. Und plötzlich schien ihm ein neues Licht aufzugehen. Das Glück besteht darin, andere glücklich zu machen, sagte er sich. Das ist klar. Jedem Menschen wohnt das Glücksbedürfnis inne; demnach muß Glücksbedürfnis dem Naturgesetz gemäß sein. Will man dies Bedürfnis egoistisch befriedigen, durch Streben nach Reichtum, Ruhm, Annehmlichkeiten, Liebe – so kann es einem widerfahren, daß sich die Umstände ungünstig gestalten und die Wünsche unerfüllt bleiben. Diese Wünsche entsprechen eben nicht dem Naturgesetz; ihm entspricht aber das Bedürfnis nach Glück. Welche Wünsche kann der Mensch immer befriedigen, unabhängig von äußeren Umständen? Was ist Glück, Liebe, Selbstaufopferung? Olenin wurde so froh und aufgeregt, als er diese, wie ihm schien, neue Wahrheit entdeckte, daß er aufsprang, sich ungeduldig nach dem umschaute, für den er sich schnell aufopfern könnte, dem er Gutes erweisen, den er lieben könnte. Für sich selbst braucht man doch nichts, dachte er. Warum soll man dann nicht für andere leben?

Er nahm sein Gewehr, trat aus dem Dickicht heraus mit der Absicht, rasch nach Hause zu gehen, um sich das alles nochmals zu überlegen und um Gelegenheit zu finden, etwas Gutes zu vollbringen. Er kam auf die Lichtung heraus und blickte sich um: Die Sonne war hinter den Baumwipfeln nicht mehr zu sehen, es wurde schon kühler, und die Gegend schien ihm vollständig unbekannt und der Umgebung des Dorfes gar nicht ähnlich zu sein. Ganz plötzlich hatte sich alles verändert: das Wetter und der Charakter des Waldes; der Himmel bezog sich mit Wolken, der Wind heulte in den Wipfeln der Bäume, ringsherum stand nur Schilfrohr und faulender, verkrüppelter Wald. Er rief den Hund, der vorhin ein Tier verfolgt hatte und jetzt verschwunden war; seine Stimme klang einsam und verloren. Und plötzlich wurde ihm schrecklich unheimlich zumute. Er bekam es mit der Angst zu tun. Abreken, Morde kamen ihm in den Sinn, von denen er gehört hatte, und er dachte: Gleich, gleich werden die Tschetschenzen hinter dem Busch hervorspringen, und ich werde um mein Leben kämpfen und sterben müssen und mich vielleicht wie ein Feigling benehmen. Er dachte an Gott und an das Leben nach dem Tode, an das er schon lange nicht mehr gedacht hatte. Und ringsherum war dieselbe düstere, strenge, wilde Natur. Lohnt es sich denn, für sich zu leben, dachte er, wenn man jeden Augenblick sterben kann, sterben, ohne etwas Gutes vollbracht zu haben, so sterben, daß niemand etwas davon erfährt? Er ging nach der Richtung, in der seiner Ansicht nach die Staniza liegen mußte. Er dachte nicht mehr an die Jagd, fühlte eine furchtbare Müdigkeit, betrachtete jeden Busch und jeden Baum aufmerksam und beinahe mit Entsetzen und glaubte, jeden Augenblick von seinem Leben Abschied nehmen zu müssen. Er irrte ziemlich lange umher und stieß endlich auf einen Graben mit sandigem, kaltem Wasser, das aus dem Terek floß. Um sich nicht wieder zu verirren, beschloß er, am Graben entlangzugehen. Er ging und wußte nicht, wohin ihn der Graben führen würde. Plötzlich krachte hinter ihm das Schilf. Er zuckte zusammen und griff nach seinem Gewehr – und schämte sich gleich darauf: Sein Hund stürzte sich schwer keuchend auf das kalte Wasser im Graben und begann zu trinken. Olenin trank auch und ging in der Richtung weiter, in der der Hund ihn zog, in der Annahme, daß der Hund ihn zum Dorf hinausführen würde. Obwohl er jetzt an dem Hund einen Kameraden hatte, schien es ringsherum doch immer düsterer zu werden. Der Wald wurde dunkler, der Wind brauste immer stärker in den Wipfeln der alten gespaltenen Bäume. Große Vögel kreisten mit Gekreisch um die Nester in diesen Bäumen. Die Vegetation wurde ärmlicher, immer öfter begegneten sie raschelndem Schilf und kahlen, von Wildfährten durchzogenen Sandflächen. Zu dem dumpfen Heulen des Windes hatte sich ein anderer trostloser, einförmiger Ton gesellt. Die Stimmung wurde immer trüber. Olenin griff nach den Fasanen auf seinem Rücken: einer fehlte. Der Fasan war abgerissen worden und verschwunden, nur der blutige Hals und der Kopf ragten aus dem Gürtel hervor. Ihm wurde so unheimlich zumute wie nie zuvor. Er begann zu beten und hatte Angst, er könnte sterben, ohne vorher etwas Gutes und Schönes getan zu haben; er wollte leben, um große Taten der Selbstverleugnung vollbringen zu können.

21

Plötzlich wurde es wieder licht in ihm. Er vernahm russische Worte, hörte das schnelle und gleichmäßige Rauschen des Terek, und zwei Schritt vor ihm tat sich die braune, gleitende Fläche des Flusses mit dem dunklen feuchten Sand am Ufer und auf den Sandbänken auf und die sich weit hindehnende Steppe; er sah den Kordonturm über dem Wasser und ein gesatteltes Pferd, das mit zusammengekoppelten Füßen im Dorngebüsch herumging – und Berge. Die rote Sonne kam für einen Augenblick hinter einer Wolke hervor und ließ ihre letzten Strahlen lustig auf dem Fluß, auf dem Schilf, auf dem Wachtturm und auf den Kosaken, die in einer Gruppe zusammenstanden, spielen. Olenins Aufmerksamkeit wurde sofort von Lukaschkas lebensvoller Gestalt angezogen.

Ohne jeden ersichtlichen Grund fühlte er sich plötzlich wieder vollständig glücklich. Er war am Nischneprotozker-Posten herausgekommen, der sich direkt am Terek, dem friedlichen Aul gegenüber, befand. Olenin begrüßte die Kosaken, fand aber keine Gelegenheit, jemandem etwas Gutes zu erweisen, und betrat die Hütte. In der Hütte fand sich auch keine Gelegenheit. Die Kosaken empfingen ihn kühl. Er ging in den Flur und steckte sich eine Zigarette an Die Kosaken beachteten ihn nur wenig, erstens, weil er rauchte, und zweitens, weil sie diesen Abend eine andere Zerstreuung hatten. Aus den Bergen waren mit einem Kundschafter feindliche Tschetschenzen, Angehörige des toten Abreken, gekommen, um die Leiche freizukaufen. Es wurde auf die Obrigkeit aus dem Dorf gewartet. Der Bruder des Toten, groß, schlank, mit gestutztem und gefärbtem rotem Bart, war trotz seines zerrissenen Rocks und einer ebensolchen Papacha ruhig und hoheitsvoll wie ein Zar. Er sah dem Toten sehr ähnlich. Er würdigte niemanden eines Blickes, schaute kein einziges Mal auf den Toten, kauerte im Schatten auf seinen Fersen, rauchte seine Pfeife, spuckte aus und gab hin und wieder ein paar befehlende Kehllaute von sich, denen sein Begleiter achtungsvoll lauschte. Man merkte sofort, daß er ein Dschigit war, ein Mann, der die Russen schon öfters und unter ganz anderen Umständen gesehen hatte und den bei den Russen nichts in Erstaunen zu setzen oder zu interessieren vermochte. Olenin trat an den Toten heran und wollte ihn anschauen, doch der Bruder blickte ihn gelassen und verächtlich mit zusammengezogenen Augenbrauen an und ließ ein paar abgerissene Worte fallen. Der Kundschafter beeilte sich, das Gesicht des Toten mit seinem Rock zu bedecken. Der erhabene und strenge Gesichtsausdruck des Dschigiten machte Eindruck auf Olenin, er wollte ein Gespräch mit ihm anbahnen und fragte, aus welchem Aul er sei; aber der Tschetschenze blickte ihn kaum an, spuckte aus und drehte sich weg. Olenin staunte, daß der Kaukasier so wenig Interesse für ihn zeigte, und erklärte sich diese Gleichgültigkeit mit Dummheit und Sprachunkenntnis. Er wandte sich an den Begleiter. Dieser Kundschafter und Dolmetscher trug ebenso zerlumpte Kleider, war aber schwarz und nicht rothaarig, außerdem sehr beweglich; er hatte die weißesten Zähne und blitzende, schwarze Augen. Der Kundschafter ging auf das Gespräch ein und bat um eine Zigarette.

»Von fünf Brüdern«, erzählte der Kundschafter in seinem gebrochenen Russisch, »ist das der dritte, den die Russen getötet haben, nur zwei sind übriggeblieben; er ist ein Dschigit, ein großer Dschigit«, sagte er, auf den Tschetschenzen weisend. »Als Achmed Khan« – so hieß der tote Abrek – »erschossen wurde, da hat er auf der anderen Seite im Schilf gesessen; er hat gesehen, wie er ins Boot gelegt und auf dies Ufer gebracht wurde. Er hat bis in die Nacht hinein gesessen und wollte den Alten erschießen, aber die anderen haben es nicht zugelassen.«

Lukaschka trat an die Sprechenden heran und setzte sich.

»Aus welchem Aul?« fragte er.

»Dort in den Bergen«, antwortete der Kundschafter und wies auf eine bläuliche, neblige Schlucht hinter dem Terek. »Kennst du Sujuk-Su? Etwa zehn Werst dahinter.«

»Kennst du Girej Khan in Sujuk-Su?« fragte Lukaschka, offenbar stolz auf diese Bekanntschaft. »Ist ein Freund von mir.«

»Er ist mein Nachbar«, antwortete der Kundschafter.

»Ein ganzer Kerl!« Lukaschka war sehr interessiert und begann tatarisch mit dem Kundschafter zu sprechen.

Bald darauf kamen der Sotnik und der Ortskommandant mit zwei anderen Kosaken im Gefolge angeritten. Der Sotnik, einer der neuen Kosakenoffiziere, grüßte die Kosaken, aber diese antworteten ihm nicht, wie es in der russischen Armee üblich ist, durch lauten Zuruf, sondern nur vereinzelt durch Verbeugungen. Einige andere, auch Lukaschka, erhoben sich und machten Front. Der Unteroffizier meldete, daß auf dem Posten alles in Ordnung sei. Alles das kam Olenin komisch vor; es sah aus, als ob diese Kosaken Soldaten spielten. Aber der förmliche Ton ging bald in einen ungezwungenen über, und der Sotnik, ein ebenso gewandter Kosak wie die anderen, begann mit dem Dolmetscher fließend tatarisch zu sprechen. Man setzte ein Schriftstück auf, übergab es dem Kundschafter, nahm von diesem das Lösegeld in Empfang und ging zur Leiche.

»Wer von euch ist Gawrilow Luka?« fragte der Sotnik.

Lukaschka nahm die Mütze ab und trat näher.

»Ich habe es dem Regimentskommandeur gemeldet. Was

herauskommen wird, weiß ich nicht. Ich habe um das Kreuz ersucht – zum Unteroffizier bist du noch zu jung. Kannst du lesen und schreiben?«

»Nein.«

»So ein flotter Kerl!« sagte der Sotnik, den Vorgesetzten markierend. »Setz die Mütze auf. Von welchen Gawrilows bist du? Von dem Breiten etwa?«

»Ein Neffe«, antwortete der Unteroffizier.

»Ich weiß, ich weiß. Packt mit an, helft ihnen«, wandte er sich an die Kosaken.

Lukaschkas Gesicht strahlte vor Freude und war noch hübscher als sonst. Er trat zurück, setzte die Mütze auf und setzte sich wieder zu Olenin.

Als die Leiche schon im Boot war, näherte sich auch der Bruder des Toten dem Ufer. Die Kosaken traten unwillkürlich zurück, um ihm den Weg freizugeben. Er stieß mit dem Fuß kräftig vom Ufer ab und sprang ins Boot. Olenin bemerkte, daß er zum ersten Mal einen raschen Blick auf die Kosaken warf und seinen Begleiter kurz nach etwas fragte. Der Begleiter antwortete und wies auf Lukaschka. Der Tschetschenze blickte ihn an, drehte sich langsam weg und betrachtete das gegenüberliegende Ufer. Nicht Haß, sondern kalte Verachtung war in seinem Blick. Er sagte noch etwas.

»Was hat er gesagt?« erkundigte sich Olenin bei dem zappligen Dolmetscher.

»Ihr schlagt uns, wir peitschen euch. Immer dasselbe Durcheinander«, antwortete der Kundschafter, fletschte lachend die weißen Zähne und sprang ins Boot.

Der Bruder des Erschossenen saß unbeweglich da und betrachtete aufmerksam das gegenüberliegende Ufer. Auf der russischen Seite konnte ihn nichts interessieren, zu groß waren Haß und Verachtung. Der Kundschafter stand auf dem einen Ende des Bootes, hob das Ruder von einer Seite zur anderen, steuerte sehr geschickt und sprach ohne Unterlaß. Das Boot kreuzte schräg über den Fluß und wurde immer kleiner, die Stimmen waren kaum noch zu hören, endlich landeten sie am anderen Ufer, wo ihre Pferde standen. Es war alles deutlich zu sehen. Sie trugen die Leiche heraus und legten sie, obwohl die Pferde scheuten, quer über den Sattel, bestiegen dann ihre Pferde und ritten im Schritt an dem Aul vorbei, aus dem ein Haufen Menschen herauskam, um sie zu sehen. Die Kosaken auf dieser Seite waren außerordentlich zufrieden und lustig. Von allen Seiten hörte man Lachen und Scherzen. Der Sotnik ging mit dem Ortskommandanten ins Haus, um sich zu stärken. Lukaschka saß mit lustigem Gesicht neben Olenin, bemühte sich vergeblich, einen gesetzten Ausdruck anzunehmen, hatte die Ellenbogen auf die Knie gestützt und schnitzte an einem Stäbchen herum.

»Sie rauchen?« fragte er, scheinbar neugierig, »ist denn das gut?« Er hatte offenbar nur deshalb gefragt, weil er gemerkt hatte, daß Olenin sich vereinsamt und unbehaglich zwischen den Kosaken fühlte.

»Ich bin es gewohnt«, antwortete Olenin. »Warum?«

»Hm! Wenn unsereins rauchen wollte, es gäbe ein Unglück. Die Berge scheinen so nah«, sagte Lukaschka und wies auf die Schlucht, »aber man kommt nicht bis hin ... Wie werden Sie denn jetzt allein nach Hause gehen? Es ist dunkel. Ich werde Sie begleiten, wenn Sie wollen«, sagte Lukaschka. »Bitten Sie den Unteroffizier darum.«

Was für ein Kerl! dachte Olenin, das lustige Gesicht des Kosaken betrachtend. Er dachte an Marjanka, an den Kuß hinter dem Zaun, den er belauscht hatte, und bedauerte Lukaschka um seinen Mangel an Bildung. Was ist das für ein Unsinn und Durcheinander? dachte er. Ein Mensch tötet einen anderen und ist glücklich und zufrieden, als hätte er die schönste Tat vollbracht. Ist es möglich, daß er nicht fühlt, daß er gar keinen Grund hat, sich zu freuen? Daß das Glück nicht im Töten, sondern in der Selbstaufopferung liegt?

»Na, paß nur auf, daß du ihm nicht in die Hände fällst«, sagte einer von den Kosaken, die das Boot begleitet hatten, zu Lukaschka. »Hast du gehört, wie er nach dir fragte?«

Lukaschka hob den Kopf.

»Mein Taufsohn?« fragte Lukaschka und meinte den erschossenen Tschetschenzen.

»Dein Taufsohn wird nicht auferstehen, aber sein Bruder, der Rothaarige.«

»Der soll Gott danken, daß er selber mit heiler Haut davongekommen ist«, sagte Lukaschka lachend.

»Worüber freust du dich?« sagte Olenin zu Lukaschka. »Wenn dein Bruder getötet worden wäre, könntest du dich dann auch freuen?«

Der Kosak sah Olenin an, und seine Augen lachten. Er schien alles verstanden zu haben, was der andere ihm sagen wollte, doch über solche Betrachtungen erhaben zu sein.

»Was ist denn? Selbstverständlich, auch unsereins wird einmal getötet.«

22

Der Sotnik und der Ortskommandant waren wieder fortgeritten. Um Lukaschka ein Vergnügen zu machen und nicht allein durch den dunklen Wald gehen zu müssen, bat Olenin, Lukaschka mitgehen zu lassen, und der Unteroffizier ließ ihn gehen. Olenin dachte, Lukaschka würde froh sein, Marjanka wiederzusehen, und er selbst war froh, einen so angenehmen und unterhaltsamen Kosaken zum Begleiter zu haben. Lukaschka und Marjanka vereinigten sich unwillkürlich in seiner Vorstellung, und es machte ihm Vergnügen, an die beiden zu denken. Er liebt Marjanka, dachte Olenin, aber ich könnte sie auch lieben. Und ein starkes, ihm ganz neues Gefühl der Rührung bemächtigte sich seiner, während sie durch den dunklen Wald nach Hause gingen. Lukaschka war auch vergnügt. Ein Gefühl, das der Liebe nicht unähnlich war, keimte zwischen diesen beiden so verschiedenen jungen Leuten auf. Wenn sie einander anblickten, hatten sie Lust zu lachen.

»In welches Tor mußt du?« fragte Olenin.

»In das mittlere. Aber ich werde Sie bis zum Sumpf begleiten, von dort aus brauchen Sie keine Angst zu haben.«

Olenin lachte.

»Ich habe doch keine Angst! Geh zurück, ich danke dir. Ich kann auch allein gehen.«

»Aber warum denn, und wozu soll ich denn zurück? Es ist doch begreiflich, daß Sie Angst haben, auch wir haben Angst«, sagte Lukaschka, auch lachend, offenbar, um Olenins gekränkten Ehrgeiz zu beruhigen.

»Komm mit zu mir. Wir schwatzen und trinken, und am Morgen kannst du dann gehen.«

»Als ob ich keinen Platz zum Übernachten fände!«lachte Lukaschka. »Aber der Unteroffizier bat, ich solle sofort wiederkommen.«

»Ich habe dich gestern singen hören und dich auch gesehen.«

»Wir sind alle nur Menschen …« Luka wiegte den Kopf.

»Sag mal, du heiratest? Ist das wahr?« fragte Olenin.

»Die Mutter will mich verheiraten. Aber ich habe noch kein Pferd.«

»Du bist noch nicht eingereiht?«

»Ach wo! Eben ausgerüstet. Habe noch kein Pferd und gar keine Aussicht, eins zu bekommen. Deswegen verheiratet man mich nicht.«

»Was kostet denn ein Pferd?«

»Wir haben neulich jenseits des Flusses um eins gehandelt; sie wollten es nicht um sechzig Moneten hergeben, und es war doch nur ein nogaisches.«

»Sag, würdest du als Ordonnanz zu mir kommen? Ich könnte es durchsetzen – und würde dir auch ein Pferd schenken«, fügte Olenin unerwartet hinzu. »Tatsächlich, ich habe zwei, ich brauche das eine gar nicht.«

»Wieso brauchen Sie es nicht?« sagte Lukaschka lachend. »Warum sollten Sie es verschenken? Mit Gottes Hilfe werden sich unsere Umstände schon bessern.«

»Nein tatsächlich! Oder willst du nicht als Ordonnanz gehen?« fragte Olenin. Er freute sich, daß ihm der Gedanke, Lukaschka ein Pferd zu schenken, gekommen war. Aber aus irgendeinem Grunde fühlte er sich unbehaglich und geniert. Er suchte nach Worten und wußte nichts zu sagen.

Lukaschka brach als erster das Schweigen.

»Sie haben ein eigenes Haus in Rußland?« fragte er.

Olenin konnte sich nicht enthalten, ihm zu erzählen, daß er nicht nur ein, sondern mehrere Häuser habe.

»Ein schönes Haus? Größer als die unsrigen?« fragte Lukaschka gutmütig.

»Viel größer, zehnmal größer, mit drei Stockwerken«, erzählte Olenin.

»Und haben Sie auch Pferde, solche wie wir?«

»Ich habe hundert Stück Pferde, zu dreihundert und vierhundert Rubel das Stück, aber sie sind anders als die hiesigen. Dreihundert Silberrubel! Traber, weißt du … Aber ich habe die hiesigen lieber.«

»Sind Sie freiwillig oder unfreiwillig hergekommen?« fragte Lukaschka mit leisem Spott … »Hier sind Sie irregegangen«, fügte er hinzu, auf einen kleinen Fußweg weisend, an dem sie gerade vorbeigingen. »Sie hätten nach rechts gehen sollen.«

»Freiwillig«, antwortete Olenin, »ich wollte die Gegend hier kennenlernen, Feldzüge mitmachen.«

»Ich würde am liebsten gleich heute ins Feld rücken«, sagte Luka. »Hören Sie die Schakale heulen?« fügte er hinzu.

»Sag mal, ist dir nicht bange, daß du einen Menschen getötet hast?« fragte Olenin.

»Was ist denn da zum Fürchten? Einen Feldzug möchte ich mitmachen!« wiederholte Lukaschka. »Das möchte ich zu gerne.«

»Vielleicht gehen wir zusammen. Unsere Kompanie wird noch vor den Feiertagen ausrücken und eure Sotnja auch.«

»Was hat Sie bewogen hierherzukommen? Ein Haus besitzen Sie, Pferde, Leibeigene. Ich an Ihrer Stelle würde immer nur gezecht und gebummelt haben. Was für einen Rang haben Sie?«

»Ich bin Junker, zum Offizier vorgeschlagen.«

»Wenn das wahr ist, daß Sie daheim so ein Leben haben – ich wäre niemals von Hause weggegangen. Aber ich würde auch so nicht weggehen. Ist es nicht schön bei uns?«

»Ja, sehr schön«, sagte Olenin.

Während sich die beiden unter solchen Gesprächen dem Dorfe näherten, war es vollständig dunkel geworden. Noch waren sie von der schwarzen Finsternis des Waldes umgeben. Der Wind brauste in den Wipfeln, und in nächster Nähe heulten, lachten und weinten Schakale; aber von vorn, aus der Staniza, drang schon der Schall von Frauenstimmen und Hundegebell zu ihnen, deutlich hoben sich die Umrisse der Hütten ab, Lichter schimmerten, und es roch nach Kisjakrauch. Olenin fühlte diesen Abend, daß hier im Dorfe sein Heim, seine Familie, sein ganzes Glück sei, daß er niemals und nirgends so glücklich gelebt habe oder leben würde. Er liebte alle Welt, diesen Abend und ganz besonders Lukaschka. Als sie zu Hause angelangt waren, führte Olenin, zur größten Verwunderung Lukaschkas, eigenhändig das in Grosnaja gekaufte Pferd aus dem Stall und übergab es ihm. Es war nicht das Pferd, auf dem er selbst immer ritt, es war nicht mehr ganz jung, aber durchaus nicht schlecht.

»Warum wollen Sie mich so reich beschenken?« sagte Lukaschka. »Ich habe bisher keine Gelegenheit gehabt, Ihnen einen Dienst zu erweisen.«

»Aber mir macht es doch nichts aus«, antwortete Olenin. »Nimm nur, du wirst mir auch mal was schenken ... Wir werden ja auch zusammen ins Feld rücken.«

Luka war verwirrt.

»Ja, wie denn ... so ein Pferd kostet doch viel Geld«, sagte er, ohne das Pferd anzusehen.

»Nimm nur, nimm. Du kränkst mich, wenn du es nicht annimmst. Wanjuscha, führ den Grauen zu ihm hinüber.«

Lukaschka nahm den Zügel.

»Nun denn, so bedanke ich mich bestens. Das ist ein unerwartetes Geschenk.«

Olenin war glücklich wie ein zwölfjähriger Knabe.

»Binde es hier an. Es ist ein gutes Pferd, ich habe es in Grosnaja gekauft, es galoppiert gut. Wanjuscha, gib uns Tschichir. Wollen wir ins Haus gehen?«

Der Wein wurde gebracht, Lukaschka setzte sich und nahm einen Becher.

»Ich werde Ihnen einen Gegendienst erweisen, so Gott will«, sagte er, den Becher leerend. »Wie heißt du?«

»Dmitrij Andrejewitsch.«

»Na, Mitrij Andrjitsch, Gott lohne es dir. Wir sind jetzt Freunde. Du mußt uns besuchen. Wir sind nicht reich, aber für einen Freund haben wir immer genug. Ich werde auch meiner Mutter sagen, falls du was brauchen solltest: Kaimak oder Weintrauben. Und wenn du in den Kordon kommst, so hast du nur zu befehlen: auf die Jagd, auf die andere Seite des Flusses, wohin du willst. Schade, daß ich es neulich noch nicht gewußt habe.

Einen schönen Keiler habe ich erlegt und alles an die Kosaken verteilt, ich hätte dir davon etwas bringen können.«

»Ja, danke. Hör mal, du darfst das Pferd nicht anspannen, es ist nie im Gespann gegangen.«

»Wie kann man ein Pferd anspannen! Ich werde dir noch eins sagen«, sagte Lukaschka mit gedämpfter Stimme. »Ich habe einen Freund, Girej Khan, der hat mich aufgefordert mitzumachen: Er will sich an der großen Straße, die aus den Bergen führt, in den Hinterhalt legen. Wenn du willst, könntest du mitkommen, ich werde dich nicht verraten, werde dein Leibwächter sein.«

»Gut, gut, machen wir einmal.«

Lukaschka meinte Olenins Verhalten zu verstehen und beruhigte sich. Diese Ruhe und Natürlichkeit versetzten Olenin in Erstaunen, berührten ihn sogar etwas unangenehm. Sie unterhielten sich ziemlich lange, und es war schon spät, als Lukaschka, der viel getrunken hatte, aber durchaus nicht betrunken war (das war er niemals), aufstand, Olenin die Hand drückte und hinausging.

Olenin schaute durchs Fenster, er wollte sehen, was der andere jetzt tun würde. Lukaschka ging sehr langsam mit gesenktem Kopf und führte das Pferd vor das Tor; plötzlich warf er den Kopf zurück, sprang wie eine Katze auf das Pferd, ordnete das Halfter, stieß einen lauten Schrei aus und jagte wie besessen die Straße hinunter. Olenin hatte geglaubt, er würde seine Freude Marjanka mitteilen, aber obwohl Luka das nicht getan hatte, war Olenin doch so glücklich wie nie zuvor. Er freute sich wie ein Kind und konnte sich nicht enthalten, Wanjuscha alles zu erzählen: daß er das Pferd Luka geschenkt habe und warum, und seine ganze neue Theorie des Glücks. Wanjuscha billigte diese Theorie durchaus nicht und erklärte: »L'argent il n'y a pas« – und darum sei das alles nichts als dummes Zeug.

Lukaschka ritt nach Hause, sprang ab, übergab das Pferd seiner Mutter und befahl, das Tier in die Dorfherde zu treiben, er selbst müßte noch in derselben Nacht in den Kordon zurück. Die Stumme übernahm es, das Pferd hinzuführen, und erklärte in ihrer Zeichensprache, sie würde sich bis zur Erde vor dem Menschen verneigen, der ihm das Pferd geschenkt habe. Die

Alte schüttelte nur den Kopf, als sie die Erzählung ihres Sohnes hörte, und kam zu dem Ergebnis, Lukaschka müsse das Pferd gestohlen haben. Und sie gab der Stummen die Weisung, das Pferd noch vor Tagesanbruch in die Herde zu bringen.

Lukaschka ging allein zum Kordon zurück und mußte die ganze Zeit über Olenins Handlung nachdenken. Obwohl seiner Ansicht nach das Pferd nicht sehr gut war, so war es doch mindestens vierzig Moneten wert, und Lukaschka war über das Geschenk sehr erfreut. Aber den Grund, warum das Geschenk gemacht worden war, den konnte er nicht begreifen und empfand deshalb auch keine Dankbarkeit. Im Gegenteil, in seinem Kopf stieg der unklare Verdacht auf, der Junker hätte irgendwelche schlimmen Absichten. Er konnte sich nicht vorstellen, worin diese Absichten bestehen könnten, aber den Gedanken, daß ein unbekannter Mensch einfach so, aus Gutmütigkeit, ein Pferd, das vierzig Moneten wert war, verschenken könnte, diesen Gedanken konnte er nicht zulassen. Wäre der Junker betrunken gewesen, so hätte man glauben können, er wolle sich wichtig machen. Aber der Junker war nüchtern, so mußte er die Absicht gehabt haben, Luka zu bestechen, er mußte eine böse Tat vorhaben. Abwarten, dachte Lukaschka, das Pferd habe ich, und das übrige wird sich finden. Ich bin auch nicht von vorgestern. Wollen sehen, wer den kürzeren zieht. Er empfand Mißtrauen und ließ ein mißgünstiges Gefühl Olenin gegenüber groß werden. Er erzählte niemandem, wie er zu dem Pferde gekommen war. Den einen sagte er, er habe es gekauft, die anderen hielt er sich mit einer ausweichenden Antwort vom Leib. Trotzdem wurde im Dorf bald die Wahrheit bekannt. Als Lukaschkas Mutter, Marjanka, Ilja Wasiljewitsch und die anderen Kosaken von Olenins unmotiviertem Geschenk erfuhren, wußten sie nicht, was sie davon halten sollten, und wurden mißtrauisch. Aber außer Mißtrauen erregte diese Handlung auch große Achtung vor Olenins *Einfalt* und Reichtum.

»Hast du schon gehört, der Fahnenjunker, der bei Ilja Wasiljewitsch einquartiert ist, hat Lukaschka ein Pferd, das fünfzig Moneten wert ist, einfach so hingeschmissen«, sagte einer. »Der hat Geld!«

»Gehört habe ich es«, antwortete ein anderer tiefsinnig.

»Wird ihm wohl einen Dienst erwiesen haben. Wollen mal sehen, was daraus wird. Hat der Herausreißer Glück!«

»Ein durchtriebenes Volk, diese Junker!« sagte ein dritter, »paß auf, er steckt noch etwas in Brand oder so.«

23

Olenins Leben verlief gleichmäßig und einförmig. Mit Vorgesetzten und Kameraden hatte er nur wenig zu tun. Die Stellung eines Fahnenjunkers im Kaukasus ist in dieser Beziehung besonders günstig. Zur Arbeit und zum Dienst wurde er nicht gezwungen. Für die Expedition war er zum Offizier vorgeschlagen, und bis dahin wurde er in Ruhe gelassen. Die Offiziere hielten ihn für einen Aristokraten und waren ihm gegenüber auf ihre Würde bedacht. Das Kartenspiel und die Offizierstrinkgelage mit Sängern, die er in der Abteilung kennengelernt hatte, kamen ihm wenig anziehend vor, so hielt auch er sich von der Gesellschaft und dem Leben der Offiziere im Dorf fern. Das Leben in einer Staniza trägt schon längst ein ganz besonderes Gepräge. In der Festung trinkt jeder Junker und Offizier Porter, spielt Stoß und redet von Auszeichnungen. Im Kosakendorf trinkt er mit seinen Hauswirten Tschichir, traktiert die Mädchen mit Backwerk und Honig, macht Kosakinnen, in die er sich verliebt, den Hof – und heiratet manchmal. Doch Olenin hatte von jeher auf seine eigene Weise gelebt, ausgetretene Wege waren ihm ein Greuel. Auch hier ging er seinen eigenen Weg.

Es hatte sich ganz von selbst so ergeben, daß er aufwachte, sobald es anfing hell zu werden. Er trank dann rasch seinen Tee, trat auf die Freitreppe hinaus, bewunderte die Berge, den Morgen und Marjanka, zog seinen zerrissenen Kittel und seine Porschni an, steckte einen Dolch in den Gürtel, nahm seine Flinte, ein Säckchen mit Imbiß und Tabak, rief seinen Hund und begab sich – gewöhnlich kurz nach fünf – in den Wald. Gegen sieben Uhr abends kam er dann müde, hungrig, mit fünf bis sechs Fasanen im Gürtel, manchmal auch mit größerem Wild und mit unberührtem Imbiß und Tabak zurück. Wären die Gedanken in seinem Kopfe ebenso sichtbar gewesen wie die Zigaretten in seiner Tasche, so hätte man sich überzeugen können, daß sich nicht ein einziger Gedanke im Laufe dieser vierzehn Stunden in ihm geregt hatte. Er kehrte, moralisch erfrischt und gestärkt, vollkommen glücklich nach Hause zurück. Er hätte nicht sagen können, woran er die ganze Zeit über gedacht hatte. Es waren teils Gedanken, teils Erinnerungen und Träume, eigentlich nur Bruchstücke von all dem. Kam er zu sich und überlegte er, woran er den Augenblick vorher gedacht hatte, so ertappte er sich bei der Vorstellung, er sei Kosak und arbeite mit seiner Frau im Garten; oder er sei ein Abrek drüben in den Bergen; oder auch ein Keiler, der vor ihm, vor Olenin, flieht. Und dabei lauschte und blickte er ununterbrochen umher und vermeinte jeden Augenblick auf einen Fasan, einen Eber oder einen Hirsch zu stoßen.

Abends sitzt immer Onkel Jeroschka bei ihm. Wanjuscha bringt ein Achtel, sie plaudern gemütlich, trinken und gehen zufrieden auseinander, um zu schlafen. Am nächsten Morgen dieselbe Jagd, dieselbe gesunde Müdigkeit, dasselbe Plaudern beim Wein – und wieder sind sie glücklich. Manchmal, an einem Feier- oder Ruhetag, verbringt er den ganzen Tag zu Hause. Dann ist Marjanka sein Zeitvertreib. Marjankas geringste Bewegung verfolgt er von seinen Fenstern und von der Freitreppe aus unbewußt, aber heißhungrig mit den Augen. Er glaubte, Marjanka mit denselben Augen zu betrachten und ebenso zu lieben, wie er die Schönheit der Berge und des Himmels liebte, er dachte gar nicht daran, in irgendein Verhältnis zu ihr zu treten. Er meinte, ein Verhältnis wie dasjenige zwischen ihr und dem Kosaken Lukaschka wäre zwischen ihnen ausgeschlossen; und vollends undenkbar ein solches, wie es sonst so häufig zwischen einem reichen Offizier und einem Kosakenmädchen besteht. Er meinte, er würde seine vollkommene Glückseligkeit und Beschaulichkeit gegen einen Abgrund von Qual, Enttäuschung und Reue eintauschen, wenn er sich versucht fühlen würde, so zu handeln, wie es seine Kameraden taten. Er hatte dieses Weibes wegen ein Opfer gebracht und dieses Opfer genossen, und dann: aus irgendeinem Grunde hatte er Angst vor Marjanka, er hätte es nie gewagt, ihr im Scherz ein Liebeswort zuzuflüstern.

Einmal im Sommer, als Olenin nicht auf die Jagd gegangen,

sondern zu Hause geblieben war, kam unerwartet ein Moskauer Bekannter zu ihm, ein ganz junger Mensch, den er früher wiederholt in Gesellschaft getroffen hatte.

»Ah, mon cher, mein Lieber, ich habe mich so gefreut, als ich hörte, daß Sie hier sind«, fing letzterer in seinem Moskauer Französisch an und fuhr auch ebenso, immer wieder französische Brocken einstreuend, fort: »Man sagt mir: ›Olenin‹. Was für einer? Ich war so froh. Daß uns das Schicksal hier zusammenführen mußte! Na, und Sie? Wie geht's Ihnen? Was machen Sie hier?«

Und der Fürst Belezkij erzählte seine ganze Geschichte, warum er in dies Regiment eingetreten sei, daß der Oberbefehlshaber ihn zu seinem Adjutanten ernennen wollte, daß er seit Beendigung des Feldzuges diesen Posten tatsächlich bekleide und daß er wenig interessant sei.

»Der Dienst hier in dieser Einöde … Man muß mindestens Karriere machen … ein Kreuzlein … ein Rang … damit man in die Garde übernommen wird. Das ist unbedingt erforderlich, nicht meinetwegen, aber der Verwandten und Bekannten wegen. Der Fürst hat mich sehr freundlich aufgenommen, ein sehr anständiger Mensch …«Belezkij redete, ohne aufzuhören. »Für den Feldzug ist mir der Annenorden in Aussicht gestellt. Jetzt bleibe ich bis zum nächsten Feldzug hier. Es ist ganz großartig hier. Was für Frauen! Und wie leben Sie? Unser Hauptmann sagt … Sie wissen doch, Starzew: ein gutmütiges, ziemlich dummes Geschöpf … er sagt, Sie leben wie ein Einsiedler, sehen keinen Menschen. Ich kann es schon begreifen, daß Sie keine Lust haben, mit den hiesigen Offizieren zu verkehren. Ich bin froh, wir werden zusammenhalten. Ich wohne hier beim Unteroffizier, der hat ein Mädchen, Ustinka! Ich kann Ihnen sagen – entzückend!«

Und französische und russische Worte aus jener Welt, die er für immer verlassen hatte, schlugen in ununterbrochener Folge an Olenins Ohr. Das allgemeine Urteil über Belezkij war, daß er ein netter, gutmütiger Junge sei. Vielleicht war er es auch, aber Olenin kam er trotz seines gutmütigen, hübschen Gesichts außerordentlich unangenehm vor. Er roch förmlich nach all dem Moder, von dem er sich selbst freigemacht hatte. Am al-

717

lerärgerlichsten war ihm, daß er nicht die Kraft hatte, diesen Menschen aus jener anderen Welt scharf und entschieden abzuweisen, es war, als hätte diese seine frühere alte Welt ein unwiderrufliches Recht auf ihn. Er ärgerte sich über Belezkij und über sich selbst, streute gegen seinen Willen französische Phrasen in die Unterhaltung und fragte interessiert nach dem Oberbefehlshaber und den Moskauer Bekannten. Der Umstand, daß beide im Dorf französisch sprachen, schien ihnen das Recht zu geben, verächtlich über die anderen Kameraden und die Kosaken zu sprechen, und veranlaßte Olenin, Belezkij gegenüber freundschaftlich zu tun, ihn zum Wiederkommen aufzufordern und auch seinen eigenen Besuch zu versprechen. Doch es blieb bei dem Versprechen. Wanjuscha sprach sich anerkennend aus, er meinte, das sei einmal ein wirklicher Herr.

Belezkij hatte sich sehr rasch in das übliche Leben eines reichen kaukasischen Offiziers hineingefunden. Nach Verlauf eines Monats war er im Dorf vollständig zu Hause; er traktierte die Alten, besuchte und veranstaltete kleine Abendgesellschaften mit Mädchen, prahlte mit seinen Siegen – und brachte es bald so weit, daß die Frauen und Mädchen ihn aus irgendeinem Grunde »Großvater« nannten; und die Kosaken, denen dieser Mensch, der Weiber und Wein liebte, durchaus verständlich war, gewöhnten sich an ihn und hatten ihn bald lieber als Olenin, der für sie ein Rätsel blieb.

24

Es war fünf Uhr früh. Wanjuscha fachte den Samowar auf der Freitreppe der Hütte an. Olenin war ausgeritten. Er hatte sich kürzlich ein neues Vergnügen ersonnen – das Pferd im Terek zu baden. Die Wirtin war zu Hause und heizte den Ofen, aus dem Schornstein stieg schwarzer, dichter Rauch; das Mädchen melkte die Büffelkuh. »Kannst du nicht stehen, Verfluchte!« erscholl aus dem Stall ihre ungeduldige Stimme – und darauf der gleichmäßige Ton des Melkens. Auf der Straße in der Nähe des Hauses erklang rascher Hufschlag, Olenin kam ohne Sattel auf einem schönen, feuchtglänzenden, dunkelgrauen Roß angeritten. Marjankas schöner, von einem roten Tuch bedeckter Kopf lugte heraus und verschwand wieder. Olenin trug ein rotes Hemd aus Kanausseide, einen weißen Tscherkessenrock, einen Ledergurt mit einem Dolch daran und eine hohe Papacha. Er saß etwas gesucht flott auf dem nassen Rücken seines satten Pferdes, hielt mit der einen Hand das Gewehr hinten am Rücken fest und bog sich jetzt vor, um das Tor zu öffnen. Sein Haar war noch naß, das Gesicht strahlte vor Jugend und Gesundheit. Er meinte schön und gewandt zu sein, einem Dschigiten zu gleichen, aber dem war nicht so. Jeder erfahrene Kaukasier erkannte in ihm sofort den Soldaten. Er bemerkte den spähenden Mädchenkopf, neigte sich besonders flott vor, öffnete das Tor, zog die Zügel an, schwang die Peitsche und ritt in den Hof. »Ist der Tee fertig, Wanjuscha?« rief er lustig, und ohne einen Blick auf die Stalltür zu tun; er fühlte, wie das edle Tier an den Zügeln zerrte, jeden Muskel spannte, mit den Hufen auf dem trockenen Lehm des Hofes aufschlug und jeden Augenblick bereit schien, über den Zaun zu setzen. »C'est prêt«, antwortete Wanjuscha. Es schien Olenin, daß Marjankas schöner Kopf immer noch aus dem Stall herausschaute, aber er drehte sich nicht nach ihr um. Er sprang vom Pferd, stieß dabei mit dem Gewehr an die Freitreppe, machte eine ungeschickte Bewegung und blickte sich erschrocken nach dem Stall um, aber es war niemand zu sehen, man hörte nur den gleichmäßigen Ton des Melkens.

Er ging ins Haus, kam aber nach kurzer Zeit mit einem Buch, einer Pfeife und einem Glas Tee wieder auf die Freitreppe heraus und setzte sich dorthin, wo die schrägen Strahlen der Sonne ihm nichts anhaben konnten. Er wollte an diesem Tag bis Mittag nirgends hingehen und längst fällige Briefe schreiben, aber es tat ihm leid, sein Plätzchen auf der Treppe zu verlassen und in die Hütte zu gehen, die ihn wie ein Gefängnis anmutete. Die Hausfrau war mit dem Ofen fertig, das Mädchen hatte das Vieh fortgetrieben, war zurückgekommen und hatte begonnen, den Mist zu sammeln und ihn zum Trocknen auf den Zaun zu kleben. Olenin las, konnte aber nicht verstehen, was in dem vor ihm geöffneten Buch stand. Er mußte immer wieder von dem Buch weg auf das kräftige junge Weib blicken, das sich vor ihm bewegte. Ob das Mädchen in den Morgenschatten des Hauses trat oder in der Mitte des Hofes stand, der in frohem, jungem Licht strahlte, so daß ihre schlanke, hellgekleidete Gestalt in der Sonne leuchtete und einen schwarzen Schatten warf – er war gleichermaßen ängstlich besorgt, keine einzige ihrer Bewegungen zu verlieren. Er freute sich, wenn er sah, wie frei und graziös ihre Haltung war, wenn sie sich bückte; wie das rosa Hemd, das ihre ganze Kleidung ausmachte, sich um die Brust und die schlanken Beine drapierte; wie unter dem zusammengezogenen Hemd die Umrisse der atmenden festen Brust sichtbar wurden, wenn sie sich aufrichtete; wie die schmale Fußsohle in dem alten roten Schuh mit dem hohen Absatz auf die Erde auftrat, ohne ihre Form zu verändern; wie die starken Arme unter den aufgekrempelten Ärmeln mit gespannten Muskeln den Spaten handhabten; und es freute ihn, daß ihre tiefen schwarzen Augen ihn hin und wieder flüchtig streiften. Ihre schmalen Augenbrauen zogen sich dabei zusammen, aber in den Augen war die Freude und das Bewußtsein der eigenen Schönheit zu lesen.

»He, Olenin, sind Sie schon lange auf?« fragte Belezkij, der in seinem kaukasischen Offiziersrock in den Hof trat.

»Ah, Belezkij!« antwortete Olenin und streckte ihm die Hand entgegen. »So früh schon?«

»Was ist zu machen! Man hat mich hinausgeworfen. Bei uns ist heute Ball. Marjanka, du kommst doch zu Ustinka?« wandte er sich an das Mädchen.

Olenin wunderte es, daß Belezkij sich so einfach an dieses Mädchen wandte. Doch Marjanka tat, als hätte sie sich nicht gehört, sie neigte den Kopf, schulterte ihren Spaten und ging in ihrer flotten Gangart dem Hause zu.

»Sie ist schamhaft, die Kleine«, sagte Belezkij, ihr nachblickend. »Sie schämt sich vor Ihnen«, und er lief mit lustigem Lachen die Stufen der Freitreppe hinauf.

»Wie, ein Ball findet statt bei Ihnen? Wer hat Sie herausgeworfen?«

»Bei Ustinka, meiner Hauswirtin, findet ein Ball statt, auch Sie sind eingeladen. Ein Ball, das heißt ein Kuchen und eine Versammlung von Mädchen.«

»Was sollen wir da?«

Belezkij lächelte mit schlauem Gesicht, drückte ein Auge zu und wies auf die Hütte, in der Marjanka verschwunden war.

Olenin zuckte die Achseln und wurde rot.

»Sie sind bei Gott ein merkwürdiger Mensch!« sagte der andere.

»Also erzählen Sie.«

Olenin schnitt eine Grimasse. Belezkij merkte es. »Aber natürlich«, sagte er, »Sie wohnen in einem Hause mit ihr ... und so ein nettes Mädchen, ein reizendes Mädchen, eine vollendete Schönheit ...«

»Eine erstaunliche Schönheit! Ich habe nie vorher eine solche Frau gesehen«, sagte Olenin.

»Na also?« fragte Belezkij völlig verständnislos.

»Es klingt vielleicht sonderbar«, antwortete Olenin, »aber warum soll ich nicht sagen, wie es ist? Seitdem ich hier lebe, existieren Frauen für mich überhaupt nicht mehr. Und es ist gut so, wirklich! Nun, was haben wir auch mit diesen Frauen gemein? Jeroschka – das ist etwas anderes; die gemeinsame Leidenschaft für die Jagd verbindet uns.«

»Wieso gemein? Was habe ich denn mit Amalja Iwanowna gemein? Es ist doch dasselbe. Wenn Sie mir sagten, sie wären schmutzig, das würde ich begreifen. A la guerre, comme à la guerre.«

»Ich habe diese Amaljas nie gekannt und nie verstanden, etwas mit ihnen anzufangen«, antwortete Olenin. »Man konnte sie auch nicht achten, aber diese hier achte ich.«

»Aber tun Sie es doch! Wer verbietet es Ihnen?«

Olenin antwortete nicht. Aber er wollte doch zu Ende führen, was er zu erklären angefangen hatte. Es lag ihm zu sehr am Herzen.

»Ich weiß, daß ich eine Ausnahme bilde.« Er war offensichtlich verwirrt. »Aber mein Leben hat sich nun einmal so gefügt, daß ich gar kein Bedürfnis verspüre, von meinen Prinzipien abzugehen; ich könnte hier gar nicht leben und wäre noch viel weniger glücklich, als ich es jetzt bin, wenn ich so leben sollte, wie Sie es tun. Und dann: ich strebe nach etwas anderem, ich sehe in diesen Mädchen etwas ganz anderes als Sie.«

Belezkij hob ungläubig die Augenbrauen. »Einerlei, kommen

Sie heute abend zu mir, Marjanka wird auch dasein, ich werde Sie bekannt machen. Kommen Sie, bitte! Wird es langweilig, so können Sie weggehen … Werden Sie kommen?«

»Ich käme ja gerne, aber ich sage Ihnen allen Ernstes, ich habe Angst, ich könnte mich hinreißen lassen.«

»Oh!« rief Belezkij. »Kommen Sie nur, ich werde Sie schon beruhigen. Werden Sie kommen? Ehrenwort?«

»Ich käme schon, aber ich weiß wirklich nicht, was wir da machen werden, was für eine Rolle wir spielen sollen.«

»Bitte! Ich bitte Sie. Werden Sie kommen?«

»Ja, vielleicht«, sagte Olenin.

»Ich bitte Sie, so reizende Frauen wie nirgends, und Sie wollen wie ein Mönch leben! Wozu? Wozu soll man sich das Leben verderben und nicht alles mitnehmen, was da ist? Haben Sie schon gehört, unsere Kompanie soll nach Woswischenskoje gehen?«

»Schwerlich. Man hat mir gesagt, die achte«, erwiderte Olenin.

»Nein, ich habe einen Brief vom Adjutanten erhalten. Er schreibt, der Fürst werde den Marsch mitmachen. Ich freue mich, ihn zu sehen. Es wird mir hier zu langweilig.«

»Es heißt, daß ein Überfall geplant wird.«

»Ich habe nichts davon gehört; wohl aber, daß Krinowizin den Annenorden für den Feldzug erhalten hat – und er hatte auf den Leutnant gehofft«, sagte Belezkij lachend. »Der ist schön reingefallen. Er ist zum Stab gefahren …«

Es begann zu dämmern. Olenin dachte an die Abendgesellschaft. Die Einladung quälte ihn. Er hatte Lust hinzugehen, aber es war sonderbar, unsinnig, unheimlich, daran zu denken, was ihn dort erwartete. Er wußte, daß keine Kosaken, keine alten Frauen, sondern nur die Mädchen allein dasein würden. Wie würde es sein? Wie sollte man sich benehmen? Was sagen? Was würden die Mädchen sagen? Was für Beziehungen sind zwischen mir und den Kosakenmädchen möglich? Belezkij erzählt von sehr merkwürdigen, heiklen und doch wieder ernsten Beziehungen … Es war so sonderbar, sich vorzustellen, daß er sich da in einer Hütte mit Marjanka befinden würde, vielleicht mit ihr sprechen müßte. Wenn er an ihre würdevolle Haltung dachte, schien ihm das unmöglich. Belezkij sagte, es sei alles ganz einfach ... Ist es möglich, daß Belezkij auch mit Marjanka so einfach umgehen wird? Das ist doch interessant, dachte er. Nein, es ist besser, ich gehe nicht. Es ist alles eklig und abgeschmackt und führt zu nichts. Aber die Frage, wie es wohl sein würde, quälte ihn. Und dann fühlte er sich auch durch sein Wort gebunden. Er machte sich auf den Weg, noch vollständig unschlüssig, kam zu Belezkijs Hütte und trat ein.

Die Hütte, in der Belezkij wohnte, sah genauso aus wie die Olenins. Sie stand auf Pfeilern, zwei Arschin über der Erde, und hatte zwei Zimmer. Olenin ging die steile Freitreppe hinauf. Im ersten Zimmer lagen Betten, Teppiche, Decken und Kissen, nach Kosakenart hübsch und geschmackvoll an der Hauptwand ausgebreitet. An den Seitenwänden hingen Kupferbecken und Waffen, unter der Bank lagen Wassermelonen und Kürbisse. Im zweiten Zimmer befanden sich ein großer Ofen, ein Tisch, Bänke und Heiligenbilder. Hier hauste Belezkij mit seinem Feldbett, seiner Unmenge von Koffern, einem Teppich, an dem seine Waffen hingen, und einer Batterie von Toilettengegenständen und Bildern auf dem Tisch. Ein seidener Schlafrock lag auf einer Bank. Belezkij selber, hübsch und gepflegt, lag in Hemdärmeln auf dem Bett und las »Les trois mousquetaires«.

Belezkij sprang auf.

»Sehen Sie, wie ich mich eingerichtet habe! Nett, nicht? Nun, das ist schön, daß Sie hergekommen sind. Die Vorbereitungen sind schon in vollem Gange. Wissen Sie, woraus der Kuchen gemacht wird? Aus Teig, Schweinefleisch und Weintrauben. Aber das ist gar nichts. Sehen Sie, wie es da brodelt.«

Sie sahen zum Fenster hinaus. In der Hütte der Wirte herrschte ein ganz ungewöhnliches Treiben. Die Mädchen liefen bald mit diesen, bald mit jenen Sachen in den Flur und wieder zurück.

»Seid ihr bald fertig?« rief Belezkij.

»Sofort! Bist wohl hungrig, Großvater?« Und aus der Hütte erklang helles Lachen.

Die rundliche, rotbäckige, niedliche Ustinka kam mit aufgekrempelten Ärmeln eilig zu Belezkij herein, um Teller zu holen.

»Laß mich! Ich zerschlage noch die Teller«, rief sie Belezkij lachend zu. »Du könntest auch helfen kommen«, wandte sie sich lachend an Olenin. »Und besorgt für die Mädchen Näschereien.«

»Ist Marjanka gekommen?« fragte Belezkij.

»Natürlich, sie hat den Teig gebracht.«

»Wissen Sie«, sagte Belezkij, »wenn diese Ustinka richtig angezogen, geputzt und gepflegt wäre, würde sie besser aussehen als alle unsere anerkannten Schönheiten. Haben Sie die Kosakin Borstschewa gekannt? Sie hat einen Obersten geheiratet. Herrlich, wieviel dignité! Wo kommt das alles her …?«

»Ich habe die Borstschewa nie gesehen, aber ich finde, es gibt gar keine kleidsamere Tracht als diese hier.«

»Ach, ich kann mich in jede Lebensweise schicken«, sagte Belezkij lustig seufzend. »Ich will einmal nachsehen, was dort vorgeht.« Er warf seinen Schlafrock über und lief hinaus. »Kümmern Sie sich um die Näschereien«, rief er Olenin zu.

Olenin schickte den Burschen um Lebkuchen und Honig, aber es kam ihm gemein vor, Geld auszugeben, so, als wollte er jemanden bestechen. Auf die Frage des Burschen, wieviel Pfeffer- und wieviel Honigkuchen er kaufen solle, antwortete er unbestimmt: »Wie du meinst.«

»Für das ganze Geld?« fragte der alte Soldat bedeutsam. »Die Pfefferkuchen sind teuer. Sechzehn Kopeken das Stück.«

»Für das ganze, ja«, sagte Olenin, setzte sich ans Fenster und wunderte sich, daß sein Herz so stark pochte, als bereitete er sich auf etwas Wichtiges und doch Unwürdiges vor.

Er hörte, wie in der anderen Hütte bei Belezkijs Erscheinen die Mädchen schrien und kreischten, und einige Augenblicke später sah er ihn, von Gekreisch, Getue und Gelächter begleitet, wieder herausstürzen und die Treppe hinunterlaufen.

»Man hat mich hinausgeworfen«, sagte er.

Einige Augenblicke später kam Ustinka herein und forderte die Gäste feierlich auf mitzukommen, es wäre alles bereit.

Als sie in die Hütte traten, war tatsächlich alles bereit. Ustinka rückte die Federbetten an der Wand zurecht. Auf dem Tisch, der mit einer zu kleinen Serviette bedeckt war, standen eine Karaffe mit Tschichir und gedörrter Fisch. Es roch nach Teig und Weintrauben in der Hütte. Sechs Mädchen in schmucken Beschmets und dieses Mal ohne Kopftücher standen in der Ecke hinter dem Ofen zusammengedrängt, flüsterten, lachten und prusteten.

»Ich bitte zu Ehren meines Namenspatrons anzustoßen«, sagte Ustinka und lud die Gäste zu Tisch.

Olenin erkannte Marjanka in der Gruppe der Mädchen, die alle ohne Ausnahme schön waren; es war ihm weh und ärgerlich zumute, daß er sie in einer so trivialen und ungemütlichen Umgebung kennenlernen sollte. Er kam sich selbst sehr dumm und ungeschickt vor und beschloß, Belezkij in allem nachzuahmen. Belezkij trat etwas feierlich, aber sicher und selbstwußt an den Tisch, leerte ein Glas auf Ustinkas Gesundheit und forderte die anderen auf, dasselbe zu tun. Ustinka erklärte, die Mädchen tränken nicht.

»Mit Honig würde es schon gehen«, sagte eine Stimme aus der Gruppe. Der Bursche, der eben mit Honig und Näschereien aus dem Laden zurückgekommen war, wurde hereingerufen. Der Bursche blickte mürrisch und halb neidisch, halb verächtlich auf die Herren, die sich seiner Meinung nach vergnügten, übergab umständlich und gewissenhaft den in graues Papier gewickelten Honig und die Lebkuchen und begann aufzuzählen, was sie gekostet hätten und wieviel er herausbekommen habe, aber Belezkij schickte ihn hinaus.

Er mischte Honig in die mit Wein gefüllten Gläser, verstreute die drei Pfund Lebkuchen großartig über den Tisch, schleppte die Mädchen mit Gewalt aus ihrer Ecke, setzte sie um den Tisch herum und verteilte die Lebkuchen. Olenin bemerkte, wie Marjankas verbrannte, aber nicht große Hand zwei runde Pfefferkuchen und einen braunen Honigkuchen ergriff und nicht wußte, was sie damit anfangen sollte. Die Unterhaltung schleppte sich unsicher und unnatürlich hin, obwohl sich Ustinka und Belezkij ungezwungen gaben und sich bemühten, die Gesellschaft aufzuheitern. Olenin drückte sich herum, überlegte, was er sagen könnte, und spürte, daß er Neugierde, wenn nicht gar Spott erweckte und seine Befangenheit sich den anderen mitteilte. Er war rot, und es schien ihm, daß sich auch Marjanka unbehaglich fühlte. Sie erwarten gewiß, daß wir ihnen Geld geben, dachte er. Wie sollen wir das anfangen? Wenn man es nur irgendwie schnell erledigen und weggehen könnte.

25

»Wie kommt es denn, daß du euren Mieter nicht kennst?«
wandte sich Belezkij an Marjanka.

»Wie soll ich ihn denn kennen, wenn er nie zu uns kommt?«
sagte Marjanka mit einem flüchtigen Blick auf Olenin.

Olenin bekam einen Schreck, wurde rot und sagte, ohne zu
überlegen: »Ich habe Angst vor deiner Mutter. Sie hat mich so
heruntergemacht, gleich das erste Mal, als ich zu euch kam.«

Marjanka lachte laut auf.

»Und du hast gleich einen Schreck gekriegt?« sagte sie, warf
ihm einen Blick zu und drehte sich weg.

Da sah Olenin zum ersten Mal das ganze Gesicht dieses schönen Mädchens, denn vorher war es immer bis an die Augen von
einem Tuch verdeckt gewesen. Nicht umsonst galt sie für die erste Schönheit im Dorf. Ustinka war ein niedliches Mädchen,
klein, rundlich, rotwangig, mit lustigen braunen Augen und mit
ewig lächelnden roten Lippen; immer hatte sie etwas zu lachen
und zu schwatzen. Marjanka dagegen war durchaus nicht nied-
lich – sie war schön. Ihre Gesichtszüge waren etwas männlich,
hätten grob wirken können, wenn das andere nicht gewesen
wäre: der hohe und schlanke Wuchs, die mächtigen Schultern
und die schöne Brust, der strenge und doch zärtliche Ausdruck
der länglichen schwarzen, unter schwarzen Augenbrauen dunkel umränderten Augen, der zärtliche Ausdruck des Mundes
und ihres Lächelns. Sie lächelte nur selten, aber das Lächeln
blieb nie wirkungslos. Sie strahlte jungfräuliche Kraft und Gesundheit aus. Die anderen Mädchen waren hübsch, aber sie selber und Belezkij und der Bursche, der mit den Lebkuchen gekommen war – alle sahen unwillkürlich Marjanka an und
wandten sich an Marjanka, wenn sie zu den Mädchen sprachen.
Sie erschien wie eine stolze und fröhliche Königin zwischen den
anderen.

Belezkij gab sich Mühe, die Stimmung zu beleben, er
schwatzte ohne Unterlaß, veranlaßte die Mädchen, Tschichir
aufzutragen, und machte auf französisch unanständige Bemerkungen über Marjankas Schönheit, wobei er sie Olenin gegenüber »la vôtre« nannte und ihn ansportne, sich ebenso zu be-

nehmen. Olenins Stimmung sank immer tiefer. Er hatte sich gerade einen Vorwand ausgedacht, um hinauszugehen und davonzulaufen, als Belezkij plötzlich verkündete, daß das Namenstagskind Ustinka jedem den Wein mit einem Kuß kredenzen müsse. Sie erklärte sich damit einverstanden, aber nur unter der Bedingung, daß man ihr dafür Geld auf den Teller legen müsse, wie es bei den Hochzeiten üblich sei. Der Teufel hat mich zu diesem scheußlichen Fest hergeschleppt, sagte sich Olenin, stand auf und wollte gehen.

»Wohin?«

»Ich will Tabak holen«, sagte er und wollte flüchten, aber Belezkij hielt ihn zurück.

»Ich habe Geld«, sagte er auf französisch.

Ich kann jetzt, da gezahlt werden muß, nicht gut fort, dachte Olenin und ärgerte sich über seine eigene Ungeschicklichkeit. Kann ich denn nicht dasselbe tun, was Belezkij tut? Ich hätte nicht kommen sollen, aber da ich nun einmal da bin, darf ich kein Spielverderber sein. Ich will trinken, wie es die Kosaken tun. Er ergriff die Tschapura (ein Holzgefäß, das etwa acht Glas faßt), goß sich ein und trank sie in einem Zuge leer. Die Mädchen sahen ihn bedenklich, beinahe ängstlich an. Sein Benehmen wirkte sonderbar, sogar unanständig.

Ustinka kredenzte den beiden noch ein Glas und gab jedem einen Kuß.

»Nun, ihr Mädchen, jetzt können wir Feste feiern«, sagte sie und schüttelte den Teller mit den vier Moneten, die sie bekommen hatte.

Olenin fühlte sich nicht mehr befangen. Er wurde gesprächig.

»Marjanka, jetzt mußt du kredenzen und küssen«, sagte Belezkij und faßte Marjanka an der Hand.

»Ich werde dich gleich so küssen«, sagte sie und holte scherzend zum Schlag aus.

»Den Großvater kann man auch ohne Geld küssen«, rief ein anderes Mädchen.

»Das ist ein verständiges Kind«, sagte Belezkij und küßte das Mädchen, das sich zur Wehr setzte. »Nein, du mußt uns jetzt den Wein kredenzen«, sagte er zu Marjanka. »Vor allem deinem Mieter!«

Er nahm sie an der Hand, führte sie zu einer Bank und zwang sie, neben Olenin Platz zu nehmen.

»Welch eine Schönheit!« sagte er und drehte ihren Kopf ins Profil. Marjanka ließ ihn gewähren und wandte Olenin stolz lächelnd ihre länglichen Augen zu.

»Eine Schönheit!« wiederholte Belezkij.

Seht, wie schön ich bin! schien auch Marjankas Blick zu sagen. Olenin umarmte Marjanka, ohne lange zu überlegen, und wollte sie küssen. Sie riß sich plötzlich los, stieß beinahe Belezkij samt dem Tisch um und rannte zum Ofen. Es erhoben sich Geschrei und Lachen. Belezkij flüsterte den Mädchen etwas zu, und plötzlich liefen sie alle in den Flur hinaus und schlossen die Türe ab.

»Du hast doch Belezkij geküßt, warum willst du mich nicht küssen?« fragte Olenin.

»Ich will nicht und damit Schluß«, antwortete sie und zuckte dabei mit Unterlippe und Augenbrauen. »Er ist doch ein Großvater«, fügte sie mit einem kleinen Lächeln hinzu. Sie ging zur Tür und begann zu pochen. »Warum habt ihr uns eingeschlossen, Teufelspack?«

»Laß sie nur draußen bleiben«, sagte Olenin und trat an sie heran. Sie runzelte die Stirn, machte ein strenges Gesicht und schob ihn mit der Hand zur Seite. Und wiederum erschien sie Olenin so erhaben schön, daß er zur Besinnung kam und sich dessen schämte, was er tat. Er ging zur Tür und begann an ihr zu rütteln.

»Belezkij, machen Sie auf! Was sind das für dumme Späße?«

Marjanka lachte ihr helles, glückliches Lachen.

»Hast du Angst vor mir?« fragte sie.

»Du bist doch ebenso böse wie deine Mutter.«

»Du solltest noch mehr mit Jeroschka zusammensitzen, dann hätten dich die Mädchen noch lieber.«

Sie lächelte, trat ganz nahe heran und blickte ihm gerade in die Augen.

Er wußte nicht, was er sagen sollte. »Und wenn ich zu euch gekommen wäre?« sagte er unwillkürlich.

»Dann wäre vieles anders«, sagte sie und warf den Kopf zurück.

In diesem Augenblick stieß Belezkij die Türe auf, Marjanka sprang zur Seite und prallte mit der Hüfte an sein Bein.

Alles Unsinn, was ich vorher gedacht habe: Liebe, Selbstaufopferung, Lukaschka. Es gibt nur *ein* Glück. Und wer glücklich ist, der ist auch im Recht, fuhr es Olenin wie ein Blitz durch den Kopf, und mit einer ihn selbst überraschenden Kraft riß er Marjanka an sich und küßte sie auf die Schläfe und auf die Wange. Marjanka wurde nicht zornig, sie lachte nur laut auf und rannte zu den anderen Mädchen hinaus.

Die Abendgesellschaft war damit zu Ende. Die Alte, Ustinkas Mutter, war von der Arbeit zurückgekehrt, zankte die Mädchen aus und jagte sie nach Hause.

26

Ja, dachte Olenin auf dem Heimweg, ich brauchte nur ein bißchen die Zügel locker zu lassen, sofort würde ich mich wahnsinnig in die Kosakin verlieben. Er legte sich mit diesem Gedanken schlafen, meinte aber, daß alles vorübergehen und er wieder zu seinem früheren Leben zurückkehren würde.

Aber das frühere Leben kehrte nicht zurück. Sein Verhältnis zu Marjanka war ein anderes geworden. Die Wand, die sie getrennt hatte, war zusammengestürzt. Olenin grüßte jetzt jedesmal, wenn er sie traf.

Der Hausherr, der heimgekommen war, um das Geld für das Quartier in Empfang zu nehmen, hörte von Olenins Reichtum und seiner Freigebigkeit und lud ihn zu sich ein. Die Alte empfing ihn sehr freundlich, und Olenin ging von jetzt ab häufig des Abends hinüber und saß dort bis in die Nacht hinein. Es schien, als ob er wie früher lebte, aber in seiner Seele hatte sich alles umgedreht. Den Tag verbrachte er im Wald, aber gegen acht, wenn es zu dämmern anfing, ging er entweder allein oder mit Onkel Jeroschka zu seinen Hauswirten. Letztere hatten sich an ihn gewöhnt, so daß sie sich wunderten, wenn er nicht kam. Er zahlte gut für den Wein und war ein stiller Mensch. Wanjuscha brachte ihm seinen Tee herüber, er setzte sich in die Ecke an den Ofen, die Alte tat ihre Arbeit, ohne sich durch seine Anwesenheit stören zu lassen, und sie plauderten bei Tee und Tschichir über Kosakenangelegenheiten und Nachbarn. Olenin erzählte auch von Rußland, die anderen stellten Fragen. Manchmal nahm er ein Buch und las für sich. Marjanka saß mit untergeschlagenen Beinen auf dem Ofen oder in einer Ecke wie ein scheues Reh. Sie beteiligte sich nicht an der Unterhaltung, aber Olenin sah ihre Augen, ihr Gesicht, hörte, wie sie sich bewegte und wie sie Sonnenblumenkerne knackte; er fühlte, wie sie mit ganzer Seele zuhörte, wenn er erzählte, er empfand ihre Anwesenheit, wenn er für sich las. Manchmal schien es ihm, als wären ihre Augen auf ihn gerichtet, und wenn er ihren glänzenden Blick auffing, hörte er unwillkürlich mit dem Erzählen auf und sah sie an. Dann verkroch sie sich sogleich wieder, und er tat, als wäre er von der Unterhaltung mit der Alten ganz in Anspruch genommen, horchte dabei auf ihren Atem, ihre Bewegungen und wartete wieder auf einen Blick von ihr. Vor anderen war sie meist fröhlich und freundlich zu ihm, aber unter vier Augen scheu und grob. Manchmal, wenn er herüberkam, war Marjanka noch nicht von der Straße zurück; plötzlich hörte er ihre lauten Schritte, in der offenen Türe tauchte das hellblaue Kattunhemd auf, sie trat in die Mitte des Zimmers, erblickte ihn, lächelte ihm freundlich, kaum merklich zu – und ihm wurde fröhlich und bange zumute.

Er wünschte und verlangte nichts von ihr, aber ihre Anwesenheit wurde ihm mit jedem Tage unerläßlicher.

Olenin hatte sich im Dorf so eingelebt, daß ihm seine eigene Vergangenheit als etwas vollständig Fremdes vorkam, und eine Zukunft außerhalb der Welt, in der er jetzt lebte, hatte für ihn gar keinen Sinn. Wenn er Briefe von zu Hause bekam, von Verwandten und Freunden, war er empört, daß man ihn bedauerte, als wäre er ein verlorener Mensch, während er in seinem Dorf alle die für verloren hielt, die nicht so ein Leben führten wie er. Er war überzeugt, daß er es nie bedauern würde, sich von seinem früheren Leben losgerissen und sich so einsiedlerisch eingerichtet zu haben. Im Felde, in den Festungen hatte er sich wohlgefühlt; aber erst hier, bei Onkel Jeroschka, in seinem Wald, in seiner Hütte am Rand des Dorfes, vor allem bei dem Gedanken an Marjanka und Lukaschka, wurde er sich der Lüge klar bewußt, in der er früher gelebt hatte. Sie hatte ihn schon damals empört, jetzt erschien sie ihm unaussprechlich gemein und lächerlich. Mit jedem Tag fühlte er sich freier, mit jedem Tag fühlte er sich mehr als Mensch. Der Kaukasus erschien ihm in einem ganz anderen Licht, als er sich ihn vorgestellt hatte. Er hatte hier nichts seinen Träumen Entsprechendes gefunden, nichts, was den von ihm gehörten und gelesenen Schilderungen des Kaukasus ähnlich sah. Es gibt hier keine Burkas, Wasserstrudel, Ammalat-Begs, Helden und Bösewichte, dachte er. Die Menschen leben wie die Natur selbst: sterben, werden geboren, vereinigen sich, gebären wieder, kämpfen, trinken, essen, freuen sich und sterben wieder und kennen keine anderen Bedingungen als die, welche die Natur selbst der Sonne, dem Gras, dem Tier und dem Baum vorgezeichnet hat. Andere Gesetze gibt es für sie nicht … Und deshalb kamen ihm diese Menschen schön, stark und frei vor, und er schämte sich und war traurig, wenn er sich mit ihnen verglich. Es kam ihm allen Ernstes der Gedanke, alles von sich zu werfen, sich in die Kosakengemeinschaft aufnehmen zu lassen, eine Hütte und Vieh zu kaufen, eine Kosakin zu heiraten – aber nicht Marjanka, die trat er Lukaschka ab … Mit Onkel Jeroschka leben, mit ihm auf die Jagd und zum Fischfang gehen, die Feldzüge der Kosaken mitmachen … Warum tue ich es nicht? Worauf warte ich eigentlich? fragte er sich. Und er spornte sich an, redete sich selber zu: Habe ich denn Angst, das zu tun, was ich für vernünftig halte? Ist denn der Wunsch, einfacher Kosak zu sein, in der Natur zu leben, niemandem Böses zuzufügen, im Gegenteil Gutes zu tun, sind denn diese Träume dümmer als die, die ich früher geträumt habe, zum Beispiel Minister zu werden oder Regimentskommandeur? Aber irgendeine Stimme sagte ihm, er solle noch warten und nichts übereilen. Eine unklare Vorstellung hielt ihn zurück, die Vorstellung, daß er doch nicht so würde leben können wie Jeroschka und Lukaschka, weil ihm ein anderes Glück vorschwebte – das Glück der Selbstverleugnung. Die Erinnerung an seine Großmut gegenüber Lukaschka hörte nicht auf, ihn zu freuen. Er suchte immer wieder nach einer Gelegenheit, sich für andere aufzuopfern, aber solche Gelegenheiten wollten sich nicht bieten. Zeitweise vergaß er dies von ihm entdeckte Glücks-

rezept und glaubte das Leben Onkel Jeroschkas leben zu können; dann kam ihm die Besinnung wieder, er rankte sich an dem
Gedanken der Selbstaufopferung empor und sah ruhig und
stolz auf die anderen Menschen und auf fremdes Glück herab.

27

Vor der Weinlese kam Lukaschka einmal zu Pferd bei Olenin
vorbei. Er sah noch flotter aus als sonst.

»Na, wird jetzt geheiratet?« fragte Olenin und begrüßte ihn
fröhlich. Lukaschka antwortete nicht geradeheraus.

»Ihr Pferd habe ich jenseits des Flusses umgetauscht. Ist das
da ein Pferd?! Ein Kabardiner aus dem Low-Tawro. Ich verstehe
mich darauf.«

Sie besahen das neue Pferd und ließen es im Hof gehen und
laufen. Das Pferd war tatsächlich ungewöhnlich schön, ein
brauner, breiter und langer Wallach mit glänzendem Fell, bu-
schigem Schweif und zarter, feiner, rassiger Mähne und ebensolchem Rist. Es war wohlgenährt, auf seinem Rücken konnte man
sich schlafen legen, wie Lukaschka sich ausdrückte. Hufe, Augen, Zähne – alles war fein und scharf ausgeprägt wie nur bei
ganz rassigen Pferden. Olenin bewunderte das Pferd. Er hatte
im Kaukasus noch kein so vollendet schönes gesehen.

»Und wie es ausgreift!« sagte Lukaschka, dem Pferd den Hals
klopfend. »Und der Gang! Und klug! Läuft seinem Herrn nur so
nach.«

»Hast du viel zuzahlen müssen?« fragte Olenin.

»Ich habe es nicht gezählt«, antwortete Lukaschka lächelnd.
»Habe es von einem Freund bekommen.«

»Wunderbar, eine Schönheit von einem Pferd. Was verlangst
du dafür?« fragte Olenin.

»Man hat mir hundertfünfzig Moneten geboten, Ihnen gebe
ich es umsonst«, antwortete Lukaschka lustig. »Sie brauchen es
nur zu sagen. Ich sattle ab, und Sie können es gleich haben. Für
den Dienst können Sie mir irgendein anderes geben.«

»Nein, nicht um die Welt.«

»Nun denn, ich habe Ihnen ein anderes Präsent mitgebracht.« Lukaschka machte seinen Gürtel los und nahm einen von den zwei Dolchen ab, die daran hingen. »Ich habe ihn von jenseits des Flusses her.«

»Ich danke dir.«

»Und Weintrauben will Ihnen die Mutter selbst bringen.«

»Nicht nötig, wir werden schon abrechnen. Aber für den Dolch will ich dir kein Geld anbieten.«

»Selbstverständlich – wir sind doch Freunde. Girej Khan hinter dem Fluß hat mich in sein Haus geführt und hat gesagt: ›Such dir aus, was dir am besten gefällt.‹ Ich habe diesen Dolch genommen. Das ist so Gesetz bei uns.«

Sie gingen in die Hütte und tranken zusammen.

»Bleibst du jetzt einige Zeit hier?« fragte Olenin.

»Nein, ich bin hergekommen, um mich zu verabschieden. Man schickt mich vom Kordon in die Sotnja, die hinter dem Terek liegt. Ich muß noch heute mit meinem Kameraden, dem Nasarka, hin.«

»Und wann ist Hochzeit?«

»Ich komme bald wieder, um Verlobung zu feiern, dann geht es in den Dienst zurück«, antwortete Lukaschka widerwillig.

»Wieso? Dann wirst du deine Braut gar nicht sehen?«

»Was ist denn da viel zu sehen? Wenn Sie ins Feld rücken, fragen Sie doch in der Sotnja nach Lukaschka dem Breiten. Wieviel Keiler es dort gibt! Ich habe zwei erlegt. Ich werde Sie hinführen.«

»Gut. Also leb wohl! Christus beschütze dich.«

Lukaschka bestieg sein Pferd und ritt, ohne Marjanka zu besuchen, unter allerlei Kunststückchen auf die Straße hinaus, wo ihn Nasarka erwartete.

»Na und? Reiten wir nicht hin?« fragte Nasarka, nach der Seite zeigend, wo Jamka wohnte.

»Hat sich was!« sagte Lukaschka. »Hier, führ das Pferd zu ihr hin; sollte ich nicht bald kommen, so leg ihm Heu vor. Gegen Morgen werde ich jedenfalls in der Sotnja sein.«

»Hat dir der Junker nicht wieder was geschenkt?«

»Nein! Zum Glück hatte ich den Dolch für ihn, sonst hätte er mich um das Pferd gebeten«, sagte Lukaschka. Er sprang vom Pferd und übergab es Nasarka.

Unter Olenins Fenster vorbei schlich er in den Hof zurück und trat an das Fenster der Hausleute. Es war schon vollständig dunkel. Marjanka stand im Hemd da, kämmte ihr Haar und war im Begriff schlafen zu gehen.

»Ich bin es«, flüsterte der Kosak.

Marjankas Gesicht war streng und gleichgültig; als sie aber ihren Namen hörte, wurde es plötzlich lebendig. Sie hob das Fenster und streckte erschrocken und freudig den Kopf hinaus.

»Was ist? Was willst du?« fragte sie.

»Mach auf«, sagte Lukaschka. »Laß mich für einen Augenblick hinein. Ich habe mich so nach dir gesehnt! Ganz schrecklich!« Er umschlang ihren Kopf im Fenster und küßte sie.

»Mach auf!«

»Rede keine Dummheiten! Ich habe gesagt, ich lasse dich nicht herein. Bleibst du lange?«

Er antwortete nicht und küßte sie. Und sie fragte nicht mehr.

»Nicht einmal umarmen kann man dich richtig durchs Fenster«, sagte Lukaschka.

»Marjanuschka! Mit wem bist du dort?« erscholl die Stimme der Alten.

Lukaschka riß die Papacha vom Kopf, um nicht gesehen zu werden, und duckte sich.

»Geh schnell!« flüsterte Marjanka.

»Lukaschka war hier«, antwortete sie der Mutter. »Hat nach dem Vater gefragt.«

»Laß ihn doch hereinkommen.«

»Er ist schon weg. Sagt, er hätte keine Zeit.«

Und tatsächlich lief Lukaschka mit schnellen Schritten gebückt unter den Fenstern in den Hof und zu Jamka; nur Olenin sah ihn. Er trank mit Nasarka zwei Tschapuren Wein und ritt aus dem Dorf. Die Nacht war warm, dunkel und still. Sie ritten schweigend, nur die Hufschläge der Pferde waren zu hören. Lukaschka begann das Lied von dem Kosaken Mingal zu singen, kam aber nur bis zur Hälfte der ersten Strophe, verstummte und wandte sich dann an Nasarka: »Sie hat mich nicht hineingelassen«, sagte er.

»Oh! Ich wußte, daß sie dich nicht hineinlassen würde«, antwortete Nasarka. »Weißt du, was Jamka mir erzählt hat? Der

Junker geht jetzt zu ihnen. Onkel Jeroschka hat geprahlt, er hätte von dem Junker für Marjanka eine Flinte bekommen.«
»Er lügt, der Satan!« sagte Lukaschka. »Das Mädchen ist nicht so eine. Er soll aufpassen, der alte Teufel, daß ich ihm nicht die Rippen eindrücke.« Und er stimmte sein Lieblingslied an:

>»Aus dem Dorf, dem Dorf Ismailowo,
>Aus dem Lieblingsgärtlein des Herren dort,
>Ein lichter Falke aus dem Gärtlein empor sich schwang,
>Ihm nach setzte alsbald ein junger Jägersmann,
>Lockte den lichten Falken auf die rechte Hand,
>Gab zur Antwort der lichte Falke ihm:
>›Du verstehst nicht zu halten im goldenen Bauer mich,
>Verstehst nicht zu halten mich auf der rechten Hand,
>So flieg ich nun hinaus aufs blaue Meer,
>Erlege mir dort einen weißen Schwan
>Und labe mich am süßen Schwanenfleisch.‹«

28

Bei den Hausleuten wurde Verlobung gefeiert. Lukaschka war ins Dorf gekommen, hatte Olenin aber nicht aufgesucht. Und Olenin war nicht zur Verlobungsfeier gegangen, obwohl der Fähnrich ihn dazu aufgefordert hatte. Seitdem er im Dorf lebte, war er noch nie so traurig gewesen. Er hatte am Abend gesehen, wie Lukaschka, sehr sorgfältig gekleidet, in Begleitung seiner Mutter zu den Hausleuten ging. Die Frage, warum Lukaschka so kalt gegen ihn sei, quälte Olenin. Er schloß sich ein, um sein Tagebuch zu schreiben.

Ich habe in der letzten Zeit viel nachgedacht und habe mich sehr verändert, schrieb Olenin, und bin zu dem Ergebnis gekommen, das schon in jedem Lesebuch gedruckt steht: um glücklich zu sein, muß man eins können – lieben; alle und alles mit Selbstverleugnung lieben; das Netz der Liebe nach allen Seiten auswerfen und alles einfangen, was hineingerät. So habe ich Wanjuscha, Onkel Jeroschka, Lukaschka und Marjanka eingefangen.

Olenin war dabei, diese Worte niederzuschreiben, als Onkel Jeroschka zu ihm hereinkam.

Jeroschka war in denkbar bester Stimmung. Vor ein paar Tagen war Olenin abends zu ihm gekommen und hatte ihn glücklich und stolz in seinem Hof vor einem erlegten Keiler angetroffen, dem er mit einem kleinen Messer sehr geschickt die Haut abzog. Die Hunde, darunter auch sein Liebling Ljam, lagen daneben, wedelten mit den Schwänzen und sahen zu. Die kleinen Buben lugten achtungsvoll über den Zaun und neckten ihn nicht wie sonst. Nachbarsfrauen, die sonst nicht sehr freundlich zu ihm waren, grüßten ihn und brachten ihm Tschichir, Kaimak oder Mehl. Am nächsten Morgen saß Jeroschka, von oben bis unten mit Blut bespritzt, in seiner Vorratskammer und teilte pfundweise das Fleisch aus – teils für Geld, teils für Wein. Auf seinem Gesicht war deutlich zu lesen: Ich habe mit Gottes Hilfe das Tier erlegt, und jetzt haben alle den Onkel nötig. Natürlich hatte er aus diesem Grunde zu trinken angefangen, und er trank schon den vierten Tag, ohne aus dem Dorf zu kommen. Außerdem hatte er auch bei dem Verlobungsfest getrunken.

Jeroschka kam aus dem Haus der Hausleute gänzlich betrunken zu Olenin, mit rotem Gesicht und zerzaustem Bart, aber in einem neuen, roten, mit Tressen besetzten Beschmet und mit einer Balalaika, die er von jenseits des Flusses mitgebracht hatte. Er hatte Olenin dieses Vergnügen schon längst versprochen und war sehr guter Laune. Als er sah, daß Olenin schrieb, wurde er betrübt.

»Schreibe, schreibe nur, Vater«, sagte er im Flüsterton, so, als säße zwischen ihm und dem Papier ein Geist, den zu verscheuchen er Angst hatte; er ließ sich möglichst geräuschlos auf den Boden nieder. Wenn Onkel Jeroschka betrunken war, saß er am liebsten auf dem Boden. Olenin blickte sich nach ihm um, befahl Wein zu bringen, und schrieb weiter. Aber Jeroschka hatte keine Lust, allein zu trinken, er wollte sich unterhalten.

»Ich war bei den Hausleuten zur Verlobungsfeier. Solche Schweine! Ich will nicht. Ich bin zu dir gekommen.«

»Wo hast du die Balalaika her?« fragte Olenin und fuhr fort zu schreiben.

»Ich war hinter dem Fluß, mein Vater, dort habe ich die

Balalaika bekommen«, sagte er ebenso leise. »Ich bin ein Meister im Spielen: Tataren-, Kosaken-, Herrschafts- und Soldatenlieder – was du willst.«

Olenin warf ihm einen Blick zu, lächelte und schrieb weiter. Das Lächeln gab dem Alten Mut.

»Laß das Geschreibsel, mein Vater, laß es sein!« sagte er plötzlich entschlossen. »Nun, sie haben dich gekränkt! Laß gut sein, spuck auf sie. Du schreibst und schreibst, aber hat es einen Zweck?«

Er ahmte Olenin nach, klopfte mit seinen dicken Fingern auf den Boden und verzog seine dicke Fratze zu einer verächtlichen Grimasse.

»Wozu kritzeln? Genieße dein Leben, sei ein flotter Kerl!« In seinem Kopf war mit Schreiben keine andere Vorstellung verbunden als Ränke schmieden.

Olenin lachte. Jeroschka ebenfalls. Er sprang vom Boden auf und begann, seine Meisterschaft im Balalaikaspiel zu zeigen und tatarische Lieder zu singen.

»Wozu schreiben, lieber Mensch! Hör lieber zu, ich werde dir was vorsingen. Wenn du hin bist, bekommst du keine Lieder mehr zu hören.«

Zuerst sang er ein selbstverfaßtes Lied mit dem Kehrreim:

> A didididididi,
> Warum sieht man ihn denn nie?
> Auf dem Markt und im Gewölbe,
> Dort verkauft er Federvieh.

Dann sang er ein Lied, das ihm ein alter Feldwebel beigebracht hatte:

> Am Montag hab ich mich verliebt,
> Am Dienstag war ich tief betrübt,
> Am Mittwoch hab ich ihr's gesagt,
> Am Donnerstag dann nachgefragt,
> Am Freitag kam die Antwort dann,
> Daß ich auf gar nichts hoffen kann.
> Am Samstag wollt ich mich entleiben,
> Am Sonntag doch ließ ich es bleiben:
> Rettete mich vor Verderben,

Denn wer wird aus Liebe sterben?

Und darauf wiederum:

A dididididi,
Warum sieht man ihn denn nie?

Dann sang er, die Augen verdrehend, mit den Schultern
zuckend und unter tänzerischen Bewegungen:

Laß dich küssen, laß dich drücken,
Komm, mein Herzchen, mich beglücken,
Dich mit roten Bändern schmücken.
Ach, du meine Hoffnung, sprich:
Liebst du mich auch aufrichtig?

Und er kam so in Stimmung, daß er hopsend und springend
sich wie ein Junger gebärdete und durch das Zimmer tanzte.

Die Lieder »Dididi« und ähnliche *herrschaftliche* Lieder sang
er eigens für Olenin; doch nachdem er noch drei Glas Tschichir
geleert hatte, gedachte er der alten Zeiten und sang echte Tata-
ren- und Kosakenlieder. Mitten in einem seiner Lieblingslieder
begann seine Stimme plötzlich zu zittern, und er verstummte,
so daß er den Gesang abbrach und nur noch auf der Balalaika
weiterklimperte.

»Ach, du mein Freund!« sagte er.

Der Klang seiner Stimme war so seltsam, daß Olenin sich
umdrehte: Der Alte weinte. Tränen standen ihm in den Augen,
und eine lief ihm die Wange herunter.

»Vorbei seid ihr, meine goldenen Zeiten, ihr kommt nicht
mehr zurück«, sagte er schluchzend und verstummte. »Trink,
was trinkst du nicht!« schrie er plötzlich mit seiner betäuben-
den Stimme, ohne sich die Tränen abzuwischen.

Besonders rührend erschien ihm das eine Tawlinierlied. Es
hatte nicht viel Worte, der Reiz lag in dem traurigen Refrain:
»Ai, dai, dalalai.« Jeroschka übersetzte die Worte des Liedes: Ein
Tawlinier treibt Vieh aus dem Aul in die Berge, Russen kommen
daher, stecken den Aul in Brand, erschlagen die Männer, nehmen die Frauen gefangen. Der Tawlinier kommt heim: Wo der

Aul gestanden hat, ist ein leerer Platz, die Mutter ist nicht da, die Brüder sind nicht da, das Haus ist nicht da, nur ein Baum ist übriggeblieben. Der Tawlinier setzt sich unter den Baum und weint: »Allein, allein wie du!« und er singt: »Ai, dai, dalalai.« Den langgezogenen packenden Refrain wiederholte der Alte ein paarmal.

Bei den letzten Klängen seines Liedes griff Jeroschka plötzlich nach der Flinte, die an der Wand hing, lief auf den Hof hinaus, gab aus beiden Läufen einen Schuß in die Luft ab, wiederholte noch schwermütiger: »Ai, dai, dalalai«, und verstummte.

Olenin war dem Alten auf die Freitreppe gefolgt und blickte schweigend in den dunklen Sternenhimmel, nach der Richtung, wo die Schüsse aufgeblitzt waren. Im Haus der Wirtsleute waren die Fenster erleuchtet und Stimmen zu hören. Im Hof drängten sich die Mädchen an den Freitreppen und an den Fenstern und eilten zwischen der Stube und dem Flur hin und her. Ein paar Kosaken kamen aus dem Flur heraus und beantworteten den Schluß des Liedes und Onkel Jeroschkas Schüsse mit anfeuerndem Rufen und Schreien.

»Warum gehst du nicht wieder hinüber?« fragte Olenin.

»Laß sie, laß sie!« sagte der Alte, den man offenbar irgendwie gekränkt hatte. »Ich liebe sie nicht! Ist das ein Volk! Laß uns ins Haus gehen. Sie können für sich feiern, wir wollen für uns feiern.« Olenin ging in seine Hütte.

»Wie ist denn Lukaschka, lustig? Wird er nicht zu mir kommen?« fragte er.

»Ach was, Lukaschka! Man hat ihm vorgelogen, ich führte dir das Mädchen zu«, sagte der Alte flüsternd. »Was ist ein Mädchen? Sie wird unser sein, wenn wir nur wollen. Gib mir mehr Geld – und sie ist unser! Ich richte es für dich ein, wahrhaftig.«

»Nein, Onkel, mit Geld ist nichts zu machen, wenn sie nicht liebt. Wir wollen nicht darüber sprechen.«

»Ungeliebt sind wir beide, Waisenkinder sind wir!« sagte Onkel Jeroschka und begann wieder zu schluchzen.

Olenin hatte beim Zuhören mehr getrunken als sonst. Jetzt ist mein Lukaschka also glücklich, dachte er; aber er war traurig. Der Alte betrank sich diesen Abend dermaßen, daß er auf dem

Boden liegenblieb, und um ihn wegzubringen, mußte Wanjuscha Soldaten zu Hilfe rufen. Er war wegen dieses schlechten Benehmens so erbost auf den Alten, daß er sogar französisch zu sprechen vergaß.

29

Es war August. Mehrere Tage hintereinander stand kein Wölkchen am Himmel, die Sonne brannte unerträglich, vom frühen Morgen an blies ein warmer Wind, der auf Wegen und Dünen ganze Wolken heißen Sandes aufwirbelte und sie über Schilf, Bäume und Dörfer hintrug. Das Gras, die Blätter der Bäume waren mit Staub bedeckt, die Wege und die Salzmoraste waren kahl und steinhart. Das Wasser im Terek stand tief, die Gräben leerten sich und trockneten aus. Im Dorfteich waren die vom Vieh ausgetretenen, mit Schlamm bedeckten Ufer zu sehen, und den ganzen Tag konnte man das Plätschern und das Geschrei der Mädchen und der kleinen Buben im Wasser hören. Das Gras und das Schilf in der Steppe dörrten aus, und das Vieh lief am Tag brüllend in die Felder. Das Wild zog sich in fernes Schilf und in die Berge hinter den Terek zurück. Die Mücken und Fliegen standen in ganzen Wolken über den Niederungen und Dörfern. Die Schneeberge hüllten sich in grauen Nebel. Die Luft war dünn und übelriechend. Es hieß, daß Abreken über den seicht gewordenen Fluß gesetzt hätten und sich diesseits des Terek herumtrieben. Die Sonne versank jeden Abend im glühend heißen Abendrot. Es war schlimmste Arbeitszeit. Die ganze Bevölkerung befand sich auf den Melonenfeldern und in den Weingärten. Die Gärten waren dicht von Schlingpflanzen überwuchert und lagen im kühlen, tiefen Schatten. Hinter den breiten, durchsichtigen Blättern sahen schwarze, schwere, reife Trauben hervor. Bis hoch hinauf mit schwarzen Weintrauben beladen, zogen knarrende, großrädrige Wagen die staubige Landstraße, die zu den Gärten führte, entlang. Von den Rädern zerdrückte Trauben lagen im Staub der Straße. Die Hemdchen mit Traubensaft beschmutzt, liefen die kleinen Knaben und Mädchen hinter ihren Müttern her und hatten Trauben im Mund und in den Händen. Zerlumpte Arbeiter kamen mit großen Körben voll Trauben auf den starken Schultern des Weges. Frauen, die Kopftücher bis an die Augen heruntergezogen, führten Ochsen, die Wagen voll Weintrauben zogen. Soldaten kamen und bettelten um Weintrauben, die Kosakenfrauen kletterten auf die Wagen, ohne sie erst halten zu lassen, nahmen einen Arm voll Trauben und warfen sie den Soldaten in den Schoß. In einigen Höfen wurde der Wein schon gekeltert. Der Geruch der Trauben erfüllte die Luft. Blutigrote Tröge standen unter den Vordächern, und in den Höfen waren nogaische Arbeiter mit aufgekrempelten Beinkleidern und gefärbten Waden zu sehen. Schweine grunzten, fraßen die ausgepreßten Schalen und wälzten sich darin. Die flachen Dächer der Vorratsräume waren mit schwarzen und bernsteinfarbenen Trauben bedeckt, die in der Sonne welkten. Krähen und Elstern pickten die Kerne auf, scharten sich um die Dächer und flogen auf und ab. Die Früchte eines ganzen Jahres voller Arbeit wurden fröhlich gesammelt; und dieses Jahr war die Ernte besonders reich und gut ausgefallen.

In den schattigen, grünen Gärten inmitten eines Meeres von Weinstöcken erschollen von allen Seiten Lachen, Lieder, vergnügte Rufe und Frauenstimmen, und überall schauten helle, bunte Frauenkleider hervor.

Marjanka saß um die Mittagszeit in ihrem Garten im Schatten eines Pfirsichbaumes und holte das Mittagbrot der Familie unter dem abgeschirrten Wagen hervor. Ihr gegenüber, auf einer ausgebreiteten Pferdedecke, saß der Fähnrich, der aus der Schule heimgekommen war, und wusch sich aus einem kleinen Krug die Hände. Der Knabe, Marjankas Bruder, der gebadet hatte, trocknete sein Gesicht mit dem Ärmel ab, atmete schwer und blickte in Erwartung des Mittagessens unruhig auf Mutter und Schwester. Die Mutter hatte die Ärmel aufgekrempelt und stellte mit ihren kräftigen, sonnenverbrannten Händen Weintrauben, trockenen Fisch, Kaimak und Brot auf den niedrigen runden Tatarentisch. Der Fähnrich trocknete sich die Hände, nahm seine Mütze ab, bekreuzigte sich und rückte an den Tisch heran. Der Knabe ergriff den Krug und begann hastig zu trinken. Mutter und Tochter setzten sich mit untergeschlagenen Beinen zu Tisch. Auch im Schatten war es unerträglich heiß. Die

Luft über dem Garten war stickig. Der starke warme Wind, der durch die Zweige fuhr, bog immer wieder die Wipfel der Birn-, Pfirsich- und Maulbeerbäume, die verstreut in den Gärten standen, brachte aber keine Kühlung. Der Fähnrich sprach ein Gebet, holte hinter seinem Rücken ein mit Weinlaub bedecktes Krüglein Tschichir hervor, trank daraus und reichte den Krug der Alten. Der Fähnrich hatte nur ein Hemd an, das am Hals aufgeknöpft war und seine muskulöse, behaarte Brust sehen ließ. Sein feines, schlaues Gesicht war vergnügt. Weder in seiner Pose noch in seinen Reden war etwas von seiner gewöhnlichen Diplomatie zu merken, er war natürlich und lustig.

»Werden wir bis zum Abend das Stück hinter der Scheune fertigbekommen?« fragte er, während er seinen nassen Bart abwischte.

»Wir werden es schaffen, wenn nur das Wetter aushält«, antwortete die Alte. »Die Demkins sind noch nicht bis zur Hälfte gekommen«, fügte sie hinzu. »Ustinka muß die ganze Arbeit beinahe allein machen.«

»Wie sollten sie auch!« sagte der Alte stolz.

»Hier, trink, Marjanuschka«, sagte die Alte, dem Mädchen den Krug hinhaltend. »So Gott will, werden wir jetzt etwas für die Hochzeit zurücklegen können.«

»Das hat noch gute Wege«, sagte der Fähnrich unzufrieden.

Das Mädchen senkte den Kopf.

»Warum soll man nicht darüber sprechen?« sagte die Alte. »Die Arbeit ist getan, und die Zeit rückt heran.«

»Niemand kann in die Zukunft sehen«, sagte der Fähnrich. »Jetzt muß erst die Ernte eingebracht werden.«

»Hast du das neue Pferd von Lukaschka gesehen?« fragte die Alte. »Dasjenige, welches Mitrij Andrejitsch ihm geschenkt hat, ist nicht mehr da: Er hat es umgetauscht.«

»Nein, ich habe es nicht gesehen. Aber ich habe heute mit dem Diener unseres Mietherrn gesprochen«, sagte der Fähnrich, »er sagt, sie hätten wieder tausend Rubel bekommen.«

»Ein reicher Mann, mit einem Wort«, bestätigte die Alte.

Die ganze Familie war vergnügt und zufrieden. Die Arbeit ging flott vonstatten. Es gab mehr und bessere Trauben, als sie erwartet hatten.

Nach dem Mittagessen legte Marjanka den Ochsen Gras vor, schob ihren Beschmet unter den Kopf und legte sich unter den Wagen, auf das saftige, niedergetretene Gras. Sie hatte außer dem rotseidenen Kopftuch nur ein hellblaues, ausgeblichenes Kattunhemd an, aber ihr war trotzdem unerträglich heiß. Das Gesicht brannte, die Füße fanden keinen geeigneten Platz, die Augen fielen vor Müdigkeit zu, die Lippen öffneten sich von selbst, die Brust atmete schwer und stark.

Die Arbeitszeit hatte vor zwei Wochen begonnen, und die schwere, endlose Arbeit nahm die ganze Zeit des jungen Mädchens in Anspruch. Früh beim Morgenrot sprang sie auf, wusch das Gesicht mit kaltem Wasser, warf ein Tuch um und lief barfüßig zum Vieh. Hinterher kleidete sie sich rasch an, spannte die Ochsen an, packte ein Bündelchen mit Brot ein und fuhr für den ganzen Tag in die Gärten. Dort ruhte sie nur eine Stunde, die ganze übrige Zeit schnitt sie Trauben und schleppte Körbe, und wenn es Abend wurde, war sie lustig und gar nicht müde. Sie kam ins Dorf zurück, zog dabei die Ochsen an einem Strick hinter sich her und trieb sie mit einer Gerte an. Sie besorgte das Vieh, während es dunkelte, nahm dann Sonnenblumenkerne in den breiten Hemdsärmel und ging auf die Straße, um mit den anderen Mädchen zu schwatzen. Aber sobald das Abendrot verblaßte, ging sie ins Haus, aß im dunklen Verschlag mit Vater, Mutter und Bruder zu Abend, kroch auf den Ofen und lauschte im Halbschlaf den Erzählungen des Mieters. Sie war sorglos und gesund. Sobald er wegging, warf sie sich aufs Bett und schlief bis zum Morgen, ruhig und ohne aufzuwachen. Am nächsten Tag wiederholte sich alles. Lukaschka hatte sie seit dem Verlobungstag nicht wiedergesehen und wartete ruhig auf die Hochzeit. An den Mieter hatte sie sich gewöhnt und empfand Vergnügen, wenn sie seine Blicke auf sich ruhen fühlte.

30

Obwohl man vor Hitze nicht aus noch ein wußte, obwohl die Mücken in großen Schwärmen im kühlen Schatten des Wagens surrten, obwohl der Knabe sich herumdrehte und sie fortwährend stieß – Marjanka hatte trotzdem das Tuch über das Gesicht gezogen und war gerade am Einschlafen, als plötzlich die Nachbarin Ustinka gelaufen kam, unter den Wagen kroch und sich neben sie hinlegte.

»Schlafen, Mädchen, schlafen!« sagte Ustinka, während sie es sich unter dem Wagen bequem machte. »Warte!« rief sie plötzlich und sprang wieder auf, »so ist es noch nicht richtig.«

Sie sprang auf, pflückte grüne Zweige, befestigte sie von beiden Seiten an den Rädern und bedeckte das Ganze noch mit ihrem Beschmet.

»Mach mal Platz, du!« schrie sie den Knaben an, während sie wieder unter den Wagen kroch. »Seit wann liegen die Kosaken bei den Mädchen? Geh!« Als sie unter dem Wagen allein waren, umfaßte sie die Freundin mit beiden Armen, drückte sich an sie und begann sie auf Wangen und Hals zu küssen.

»Liebster! Brüderchen!« sagte sie mit dünner, heller Stimme und wollte sich ausschütten vor Lachen.

»Sieh mal an, das hast du vom *Großvater* gelernt!« sagte Marjanka und versuchte sich zu befreien. »Laß doch!«

Die beiden lachten so laut, daß die Mutter sie anfuhr.

»Du bist wohl neidisch?« sagte Ustinka flüsternd.

»Hör auf! Laß uns schlafen. Nun, weshalb bist du gekommen?«

Aber Ustinka wollte keine Vernunft annehmen. »Was ich dir sagen wollte. Hör mal.«

Marjanka stützte sich auf den Ellenbogen und rückte ihr Tuch zurecht. »Na, was willst du sagen?«

»Was ich über deinen Mieter weiß.«

»Da ist nichts zu wissen«, antwortete Marjanka.

»Du bist eine Schelmin!« sagte Ustinka, stieß sie mit dem Ellenbogen in die Seite und lachte. »Erzählst nie was. Kommt er zu euch?«

»Ja. Was ist denn dabei!« sagte Marjanka und errötete plötzlich.

»Ich bin geradeheraus, ich erzähle es allen. Wozu soll ich mich verstecken?« sagte Ustinka. Ihr rotbäckiges lustiges Gesicht nahm einen nachdenklichen Ausdruck an. »Tue ich denn jemandem etwas zuleide? Ich liebe ihn und damit Schluß.«

»Den Großvater?«

»Na ja.«

»Das ist sündhaft!« sagte Marjanka.

»Ach, Maschenka! Jetzt, solange wir frei sind, müssen wir das Leben genießen. Wann denn sonst? Ich werde einen Kosaken heiraten, Kinder gebären und die Not kennenlernen. Heirate du erst deinen Lukaschka, und dir wird jede Freude vergehen. Kinder werden kommen und Arbeit.«

»Warum? Andere sind auch verheiratet und haben ein gutes Leben. Das ist doch alles eins!« antwortete Marjanka ruhig.

»Erzähl doch mal, was hast du mit Lukaschka gehabt?«

»Was soll ich denn gehabt haben? Er hat um mich gefreit. Der Vater hat es um ein Jahr hinausgeschoben, jetzt ist Verlobung gefeiert worden, im Herbst wird man mich weggeben.«

»Aber was hat er dir gesagt?«

Marjanka lächelte.

»Das kannst du dir doch denken. Er hat gesagt, daß er mich liebt; und er hat mich überreden wollen, mit ihm in die Gärten zu gehen.«

»So eine Klette! Du bist aber nicht gegangen? Aber was für ein flotter Kerl er geworden ist. Was für ein Dschigit! In der Sotnja soll er immer bummeln. Neulich war unser Kirka da und erzählte, er hätte sich ein herrliches Pferd eingetauscht. Wird doch wohl immer Sehnsucht nach dir haben. Was sagt er dir denn noch?« fragte Ustinka.

»Alles mußt du wissen«, lachte Marjanka. »Einmal kam er in der Nacht betrunken zu Pferd vor das Fenster und hat gebettelt.«

»Und du hast ihn nicht hineingelassen?«

»Wozu? Wenn ich was gesagt habe, bleibe ich dabei. Mein Wort ist so hart wie ein Stein«, antwortete Marjanka ernsthaft.

»Ist aber doch ein ganzer Kerl! Kein Mädchen würde widerstehen können, er brauchte nur zu wollen.«

»Soll er zu anderen gehen«, antwortete Marjanka stolz.

»Hast du kein Mitleid mit ihm?«

»Doch, aber Dummheiten mache ich nicht. Das ist schlecht.«

Ustinka ließ plötzlich ihren Kopf auf die Brust der Freundin fallen, umfaßte sie mit beiden Armen und schüttelte sich vor Lachen. »Du dumme Närrin!« rief sie ganz außer Atem. »Dein Glück stößt du von dir.« Sie begann Marjanka zu kitzeln.

»Laß sein!« rief Marjanka quietschend und lachend. »Ich werde Lasutka zerquetschen!«

»Diese Teufel können doch keine Ruhe geben, haben wohl noch nicht genug gearbeitet!«ließ sich die schläfrige Stimme der Alten hinter dem Wagen vernehmen.

»Du kennst dein Glück nicht«, wiederholte Ustinka flüsternd. »Aber Glück hast du, bei Gott! Wie du geliebt wirst! Du bist so rauh und ruppig – und doch liebt man dich. Wenn ich an deiner Stelle wäre, ich würde den Mieter schön umgarnen. Ich habe ihn beobachtet, als er bei uns war: Er hätte dich am liebsten mit den Augen gefressen. Mein Großvater hat mir schon eine ganze Menge geschenkt. Und der eurige soll einer der reichsten Russen sein. Sein Bursche erzählt, sie besäßen eine Masse Leibeigene.«

Marjanka richtete sich etwas auf und kaute an einem Grashalm.

»Weißt du, was er mir gesagt hat, unser Mieter? Er sagte: ›Ich möchte gern ein Kosak sein, Lukaschka oder dein kleiner Bruder Lasutka!‹ Warum er das wohl gesagt hat?«

»Ach, er sagt, was ihm gerade in den Kopf kommt«, antwortete Ustinka. »Was redet meiner nicht alles! Als wäre er nicht recht bei Trost.«

Marjanka warf sich mit dem Kopf auf den zusammengelegten Beschmet, legte die eine Hand auf Ustinkas Schulter und schloß die Augen. »Heute wollte er zum Arbeiten herkommen; Väterchen hat ihn aufgefordert«, sagte sie, schwieg einen Augenblick und schlief ein.

31

Die Sonne war schon hinter dem Birnbaum, der den Wagen beschattete, hervorgekommen, und die schrägen Strahlen stachen sogar durch die Zweige, die Ustinka angebracht hatte, auf die Gesichter der Mädchen, die unter dem Wagen schliefen. Marjanka wachte auf, wischte ihr Gesicht mit einem Tuch ab, sah sich um und bemerkte hinter dem Birnbaum ihren Mieter, der mit der Flinte über der Schulter dastand und sich mit ihrem Vater unterhielt. Sie stieß Ustinka an und wies mit leisem Lächeln schweigend auf ihn.

»Gestern habe ich keinen einzigen gesehen«, sagte Olenin und schaute unruhig umher und konnte Marjanka hinter den Zweigen nicht sehen.

»Gehen Sie in diese Gegend, gerade dem Zirkel nach, dort in dem verwilderten Garten auf dem unbebauten Platze finden Sie immer Hasen«, sagte der Fähnrich, der seine Sprache sofort wieder veränderte.

»Jetzt während der dringlichsten Arbeitszeit herumzugehen und nach Hasen zu suchen! Nein, so etwas! Sie sollten lieber kommen und uns helfen. Sollten den Mädchen bei der Arbeit helfen«, sagte die Alte lustig. »He, ihr Mädchen, aufstehen!« rief sie.

Marjanka und Ustinka flüsterten miteinander unter dem Wagen und konnten nur mit Mühe das Lachen zurückhalten.

Seitdem bekannt geworden war, daß Olenin Lukaschka ein Pferd, das fünfzig Moneten wert war, geschenkt hatte, waren seine Hausleute sehr freundlich geworden, vor allem beobachtete der Fähnrich mit Vergnügen Olenins Annäherung an seine Tochter.

»Ich kann ja nicht arbeiten«, sagte Olenin und gab sich Mühe, die grünen Zweige unter dem Wagen nicht zu sehen, zwischen denen er das hellblaue Hemd und das rote Tuch bemerkt hatte.

»Komm nur, ich gebe dir Aprikosen«, sagte die Alte.

»Eine Altweiberdummheit aus der alten gastfreundlichen Kosakenzeit«, sagte der Fähnrich, als wollte er die Worte der Alten erläutern und verbessern. »In Rußland werden Sie nicht Aprikosen, sondern Ananaskonfitüren und dergleichen nach Herzenslust gegessen haben.«

»Es gibt also Hasen in dem verwilderten Garten?« fragte Olenin. »Ich werde hingehen.« Er warf einen raschen Blick durch die grünen Zweige, lüftete seine Mütze und verschwand hinter den regelmäßigen grünen Reihen der Weinstöcke.

Die Sonne hatte sich schon hinter der Umzäunung der Gärten versteckt, nur einzelne Strahlen blitzten noch durch die durchsichtigen Blätter, als Olenin in den Garten zu seinen Wirtsleuten zurückkam. Der Wind hatte sich gelegt, eine angenehme Kühle begann sich in den Weingärten zu verbreiten. Schon von weitem erkannte Olenin durch eine Art Instinkt Marjankas hellblaues Hemd zwischen den Reihen der Weinreben; er pflückte ein paar Beeren ab und trat an sie heran. Auch der schweratmende Hund schnappte mit geiferndem Maul nach tiefhängenden Trauben. Marjanka hatte das Tuch bis unter das Kinn gezogen, schnitt hastig mit rotem Gesicht und aufgekrempelten Ärmeln eine schwere Traube nach der anderen ab und legte sie in den Korb. Sie ließ die Rebe, die sie gerade hielt, nicht los, blieb stehen, lächelte freundlich und setzte ihre Arbeit fort. Olenin trat heran und hängte seine Flinte über die Schulter, um die Hände frei zu bekommen. Wo sind die anderen? Gott segne deine Arbeit. Bist du allein? wollte er sagen, aber er sagte nichts und lüftete nur seine Mütze. Er fühlte sich unbehaglich, wenn er mit Marjanka allein war, aber er zwang sich, näher zu treten, als ob er sich absichtlich peinigen wollte.

»So wirst du uns Weiber mit deinem Gewehr erschießen,« sagte Marjanka.

»Nein, ich schieße nicht.«

Beide schwiegen.

»Du könntest mir helfen.«

Er holte ein kleines Messer hervor und begann schweigend zu schneiden. Als er unter dem Laub auf eine gewaltige, etwa drei Pfund schwere Traube stieß, deren Beeren so eng aufeinandersaßen, daß sie aus Platzmangel einander plattgedrückt hatten, zeigte er sie Marjanka.

»Soll ich alle schneiden? Ist diese nicht zu grün?«

»Gib sie her.«

Ihre Hände berührten sich. Olenin ergriff ihre Hand, sie sah ihn lächelnd an.

»Du wirst bald heiraten?« sagte er.

Sie antwortete nicht, drehte sich etwas weg und wandte ihm ihre strengen Augen zu.

»Liebst du Lukaschka?«

»Was geht es dich an?«

»Ich bin neidisch.«

»Was nicht gar!«

»Tatsächlich. Du bist so schön!«

Und plötzlich schämte er sich: so trivial kamen ihm seine eigenen Worte vor. Er wurde rot, kam aus der Fassung und ergriff ihre Hände.

»Wie ich auch sein mag, aber ich bin nicht für dich da! Spotte du nur!« antwortete Marjanka, aber ihr Blick verriet, daß sie wußte, daß er nicht lachte.

»Wieso spotten! Wenn du wüßtest, wie ich ...« Die Worte klangen noch trivialer, entsprachen noch weniger dem, was er fühlte, aber er fuhr fort »Ich bin bereit, alles für dich zu tun.«

»Laß mich, du Klette!«

Aber ihr Gesicht, die glänzenden Augen, die hohe Brust, die schlanken Beine sagten etwas anderes. Ihm schien, daß sie fühlte, wie trivial seine Worte waren, daß sie aber über solche Nichtigkeiten erhaben war; es schien ihm, daß sie längst alles wußte, was er ihr sagen wollte und nicht konnte, daß sie jetzt nur hören wollte, wie er es sagen würde. Wie soll sie es auch nicht wissen, dachte er, ich will ihr ja nur sagen, wie sie ist. Aber sie will nicht verstehen, sie will nicht antworten, dachte er.

»He!« ertönte plötzlich hinter den Weinstöcken aus nächster Nähe Ustinkas Stimme und ihr helles Lachen. »Komm und hilf mir, Mitrij Andrejitsch, ich bin allein!« schrie sie Olenin zu, und ihr rundes, kindliches Gesicht erschien zwischen den Blättern.

Olenin antwortete nicht und rührte sich nicht von der Stelle. Marjanka schnitt weiter, blickte jedoch unverwandt den Mieter an. Er wollte etwas sagen, blieb stecken, zuckte die Achseln, schulterte sein Gewehr und ging mit schnellen Schritten aus dem Garten.

32

Zweimal blieb er stehen und horchte auf das helle Lachen Marjankas und Ustinkas, die beisammenstanden und etwas riefen. Den ganzen Abend verbrachte er auf der Jagd im Wald. In der Dämmerung kam er, ohne etwas geschossen zu haben, zurück. Als er über den Hof ging, sah er ein hellblaues Hemd in der offenen Tür des Verschlages. Er rief ganz besonders laut nach Wanjuscha, um sie von seinem Kommen zu unterrichten, und setzte sich auf der Freitreppe an seinen gewohnten Platz. Die Hausleute waren schon aus den Gärten zurück, sie kamen aus dem Verschlag, gingen ins Haus, forderten ihn aber nicht auf hereinzukommen. Marjanka ging zweimal an die Pforte. Das eine Mal, als es schon beinahe dunkel war, hatte sie sich nach ihm umgedreht. Er beobachtete heißhungrig ihre Bewegungen, wagte es aber nicht, zu ihr zu gehen. Als sie im Haus verschwunden war, begann er im Hof auf und ab zu gehen. Aber Marjanka kam nicht wieder heraus. Die ganze Nacht verbrachte Olenin ohne Schlaf im Hof, lauschte auf jeden Ton im Haus der Wirtsleute. Er hörte, wie sie sich unterhielten, wie sie zu Abend aßen, wie sie die Betten herausbrachten und sich schlafen legten; er hörte, wie Marjanka lachte und wie dann alles still wurde. Der Fähnrich unterhielt sich noch flüsternd mit der Alten, jemand atmete. Er ging in seine Hütte. Wanjuscha schlief unausgekleidet. Olenin beneidete ihn. Er ging wieder in den Hof, ging wieder auf und ab und wartete auf etwas, aber niemand kam heraus, niemand rührte sich, nur das gleichmäßige Atmen von drei Menschen war zu hören. Er kannte Marjankas Atem, er hörte dieses Atmen und das Pochen seines eigenen Herzens. Im Dorf war alles still; spät kam der Mond herauf, und in den Höfen wurde das Vieh sichtbar, das keuchte, sich aufrichtete und sich wieder hinlegte. Olenin fragte sich ärgerlich: Was will ich denn? und konnte sich doch nicht von der Nacht trennen. Plötzlich glaubte er Schritte und ein Knarren im Hause der Wirtsleute zu hören. Er stürzte zur Tür, aber es war wieder nichts anderes zu hören als gleichmäßiges Atmen. Im Hof seufzte jetzt die Büffelkuh schwer auf, bewegte sich, kniete sich erst auf die Vorderbeine, erhob sich dann auf alle Viere, schlug mit dem Schwanz, etwas klatschte gleichmäßig auf den trockenen Lehmboden des Hofes auf, dann legte sie sich mit schwerem Aufseufzen wieder hin, kaum sichtbar in dem von Mondschein durchleuchteten Nebel … Er fragte sich: Was soll ich tun? und faßte endlich den Entschluß, schlafen zu gehen. Aber wieder hörte er ein Geräusch, wieder sah er im Geiste Marjanka in die neblige Mondscheinnacht heraustreten, wieder stürzte er zum Fenster, wieder hörte er Schritte. Schließlich, bevor es ganz hell wurde, trat er wirklich ans Fenster, rüttelte an dem Laden und lief zur Tür; er hörte Marjanka aufseufzen und dann Schritte. Er faßte nach der Klinke und klopfte. Barfüßige, vorsichtige Schritte näherten sich der Tür, die Dielenbretter knarrten leise. Die Klinke bewegte sich, die Tür knarrte, ein Geruch von Ofenwärme und Kürbissen strömte heraus, und auf der Schwelle erschien Marjankas Gestalt. Er sah sie nur einen Augenblick im Scheine des Mondes. Sie warf die Tür zu, flüsterte etwas und lief leise auftretend zurück. Olenin klopfte wieder, aber niemand antwortete. Eine durchdringend hohe männliche Stimme schreckte ihn auf.

»Sehr schön!« sagte ein kleiner Kosak mit weißer Papacha und trat dicht an Olenin heran. »Sehr schön, ich habe alles gesehen.«

Olenin erkannte Nasarka und schwieg, da er nicht wußte, was er tun oder sagen sollte.

»Sehr schön! Ich werde zum Ortskommandanten gehen und auch alles dem Vater erzählen. So eine Vornehme! An einem scheint sie nicht genug zu haben.«

»Was willst du von mir? Was willst du?« sagte Olenin.

»Gar nichts, ich will nur zum Ortskommandanten gehen.« Nasarka sprach sehr laut, offenbar mit Absicht. »Außerordentlich gewandt scheinen mir die Junker zu sein.«

Olenin war blaß und zitterte.

»Komm her, hierher.« Er packte ihn am Arm und zog ihn zu seiner Hütte hinüber.

»Es ist doch nichts gewesen, sie hat mich nicht hineingelassen, und ich habe nichts … Sie ist ehrlich …«

»Da soll sich einer zurechtfinden«, sagte Nasarka.

»Ich will dir etwas geben … Warte …«

Nasarka schwieg. Olenin lief in die Hütte und brachte zehn Rubel heraus.

»Es ist ja nichts gewesen, aber immerhin, ich bin wohl schuldig, und deshalb gebe ich dir das. Aber um Gottes willen, niemand darf etwas erfahren. Es ist ja auch nichts geschehen …«

»Leben Sie wohl«, sagte Nasarka lachend und ging.

Nasarka war diese Nacht in Lukaschkas Auftrag im Dorf gewesen, um einen Platz für ein gestohlenes Pferd vorzubereiten, und hatte beim Vorübergehen Schritte gehört. Am nächsten Morgen kehrte er in die Sotnja zurück und erzählte dem Kameraden prahlend, wie er sich geschickt zehn Moneten verschafft habe. Olenin sah am nächsten Morgen die Hausleute, aber niemand wußte etwas. Mit Marjanka sprach er nicht, sie lachte nur, wenn sie ihn ansah. Die Nacht verbrachte er wieder schlaflos umherirrend auf dem Hof. Den folgenden Tag verbrachte er absichtlich auf der Jagd, und am Abend ging er, um sich selbst zu entfliehen, zu Belezkij. Er fürchtete sich vor sich selbst und gab sich das Wort, nie wieder zu seinen Wirtsleuten zu gehen. Die Nacht darauf wurde er vom Feldwebel geweckt. Die Kompanie mußte zu einem Überfall ausrücken. Olenin war dem Zufall dankbar und glaubte, er würde nie wieder in diese Staniza zurückkommen.

Die Expedition dauerte vier Tage. Der Befehlshaber wünschte Olenin, der mit ihm verwandt war, zu sprechen und machte ihm den Vorschlag, im Stab zu bleiben. Olenin lehnte ab. Er konnte ohne sein Dorf nicht mehr existieren und bat, heimkehren zu dürfen. Für den Überfall wurde ihm das Soldatenkreuz verliehen, das er sich früher so sehr gewünscht hatte. Es war ihm jetzt gleichgültig, und das Avancement, das noch immer auf sich warten ließ, interessierte ihn noch weniger. Er fuhr, ohne eine Gelegenheit abzuwarten, an die Front zurück und kam ein paar Stunden früher als die Kompanie im Dorf an. Den ganzen Abend verbrachte Olenin auf der Freitreppe und ließ Marjanka nicht aus den Augen. Die ganze Nacht wanderte er ruhelos im Hof auf und ab – ohne Ziel und ohne Gedanken.

33

Am nächsten Morgen wachte Olenin sehr spät auf. Die Hausleute waren schon fort; Olenin ging nicht auf die Jagd, er griff nach einem Buch, trat auf die Treppe hinaus, ging wieder hinein und warf sich schließlich auf sein Bett. Wanjuscha meinte, er wäre krank geworden. Gegen Abend stand er entschlossen auf und begann zu schreiben – und schrieb bis in die Nacht hinein. Er schrieb einen Brief, schickte ihn aber nicht weg, weil doch niemand verstanden hätte, was er sagen wollte, und weil das Ganze niemanden außer ihn selbst etwas anging. Er schrieb:

»Man schreibt mir teilnahmsvolle Briefe aus Rußland, man hat Angst, ich könnte in dieser Einöde umkommen. Man sagt von mir: Er wird roh werden, wird die Fühlung mit der Gesellschaft verlieren, wird zu trinken anfangen und womöglich eine Kosakin heiraten. Nicht umsonst pflegte doch Jermolow zu sagen: ›Wer zehn Jahre im Kaukasus gedient hat, der wird zum Säufer oder heiratet ein liederliches Frauenzimmer.‹ Wie schrecklich, wenn ich meine Laufbahn wirklich ruinieren sollte – während ich doch das Glück haben könnte, Ehegatte der Gräfin B., Kammerherr oder Adelsmarschall zu werden. Wie seid ihr alle abstoßend und kläglich. Ihr wißt nicht, was Glück und was Leben ist. Einmal wenigstens muß man das Leben in seiner ganzen, kunstlosen, natürlichen Schönheit ausgekostet haben. Man muß das gesehen und begriffen haben, was ich jeden Tag vor mir sehe: den ewigen, unerreichbaren Schnee der Berge und das hoheitsvolle Weib in der urwüchsigen Schönheit, in der auch das erste Weib aus den Händen des Schöpfers hervorgegangen sein mag, dann wird einem klar, wer sich zugrunde richtet, wer in der Wahrheit lebt und wer in der Lüge – ihr oder ich. Wenn ihr wüßtet, wie abstoßend und kläglich ihr in eurer Verführung seid. Wenn ich mir statt meiner Hütte, meines Waldes und meiner Liebe eure Empfangszimmer vorstelle, eure Frauen mit dem glattgestrichenen, pomadisierten Haar über falschen Locken, die unnatürlich lispelnden Lippen, die verborgenen, verstümmelten, schwachen Glieder, das Salongeschwätz, das eine Unterhaltung sein soll und es nicht ist – dann wird mir unaussprechlich schlecht. Ich sehe stumpfe Gesichter, reiche heiratsfähige Mädchen, deren Gesichtsausdruck zu sagen scheint: Komm nur heran, es ist gestattet, obwohl ich eine reiche Partie bin; dies Hinsetzen und Umsetzen; diese schamlose Kuppelei und diese ewigen Klatschereien und Anstellereien; diese Regeln – dem einen einen Händedruck, dem anderen ein Zunicken oder ein paar Worte; und nicht zuletzt diese ewige Langeweile, die ihnen im Blut sitzt, von Generation zu Generation vererbt wird! Und das alles ganz bewußt und in der festen Überzeugung, daß es so

sein muß. Begreift es und glaubt es mir: Man muß gesehen und
verstanden haben, was Wahrheit und Schönheit ist, dann wird
das, was ihr sagt und glaubt und mir und euch wünscht, zu
Staub. Glück ist: in der Natur leben, sie schauen, mit ihr sprechen. Er wird womöglich, Gott behüte, eine einfache Kosakin
heiraten und für die Gesellschaft verloren sein, höre ich euch
mit innigem Mitleid sagen. Und ich wünsche mir nur das eine:
für euch verloren zu sein, ich möchte eine einfache Kosakin heiraten und wage es nicht, weil das den Gipfel des Glückes bedeuten würde, dessen ich nicht wert bin.

Seitdem ich zum ersten Male die Kosakin Marjanka gesehen
habe, sind drei Monate verflossen. Die Begriffe und Vorurteile
der Welt, aus der ich gekommen, waren noch lebendig in mir.
Damals habe ich nicht geglaubt, daß ich dies Weib würde lieben
können. Ich bewunderte sie, wie ich die Schönheit der Berge
und des Himmels bewundere, ich konnte nicht anders, denn sie
ist schön wie sie. Dann begann ich zu fühlen, daß mir das Anschauen dieser Schönheit zur Notwendigkeit ward, und ich
fragte mich, ob ich sie nicht liebte. Aber ich fand nichts, was der
Vorstellung entsprochen hätte, die ich mir von diesem Gefühl
gemacht hatte. Dieses Gefühl war nicht die Sehnsucht eines Einsamen nach der Ehe, es glich weder der platonischen noch der
körperlichen Liebe, die ich von früher her kannte. Ich mußte sie
nur sehen, hören, ich mußte sie nur in der Nähe wissen – dann
war ich, wenn nicht glücklich, so doch ruhig. Nach der Abendgesellschaft, bei der ich mit ihr zusammen gewesen war, bei der
ich sie berührt hatte, empfand ich ganz deutlich, daß ein unzer-
reißbares, wenn auch nicht anerkanntes Band dieses Weib und
mich verbindet, daß wir nichts dagegen tun können. Aber ich
kämpfte noch, ich sagte mir: Kann ich denn eine Frau lieben, die
den innersten Inhalt meines Lebens niemals wird verstehen
können? Kann man denn eine Frau um ihrer Schönheit willen
lieben, kann man eine Statue lieben? So fragte ich – und liebte
sie doch schon und wollte meinem Gefühl nicht glauben.

Unsere Beziehungen veränderten sich nach der Abendgesellschaft, bei der ich zum ersten Mal mit ihr gesprochen hatte. Vorher war sie für mich ein Teil der fremdartigen, erhabenen Natur
gewesen; nach dieser Gesellschaft wurde sie für mich ein

Mensch. Ich versuchte ihr zu begegnen, mit ihr zu sprechen, ihren Vater bei seiner Arbeit zu besuchen und ganze Abende bei ihnen zu verbringen. Aber trotz dieser näheren Beziehungen blieb sie in meinen Augen immer gleich rein, unzugänglich und erhaben. Auf alles und jedes antwortete sie immer gleich ruhig, stolz und gleichmütig. Sie war manchmal freundlich, doch drückten ihre Blicke, Worte und Bewegungen meistens nur Gleichmut aus, der nicht verächtlich war, doch niederdrückend und bestrickend zugleich wirkte. Jeden Tag versuchte ich von neuem, mich ihr mit einem gemachten Lächeln irgendwie anzupassen, und mit qualvoller Leidenschaft und qualvollen Wünschen im Herzen versuchte ich scherzhaft mit ihr zu sprechen. Sie merkte, daß ich mich verstellte, sah mir aber offen, fröhlich und frei in die Augen. Meine Lage wurde unerträglich. Ich wollte nicht mehr lügen, ich wollte ihr alles sagen, was ich dachte und fühlte. Ich war besonders gereizt; es war in den Gärten. Ich begann von meiner Liebe in Worten zu sprechen, daß ich mich schäme, daran zurückzudenken. Ich schäme mich, weil ich nicht hätte wagen dürfen, so mit ihr zu sprechen, weil sie unermeßlich höher steht als diese Worte oder das Gefühl, das ich durch sie ausdrücken wollte. Seitdem schweige ich, aber meine Lage ist unerträglich. Ich wollte mich durch die Beibehaltung der früheren scherzhaften Beziehungen nicht noch mehr erniedrigen, aber ich fühlte, daß ich einem geraden, einfachen Verhältnis nicht gewachsen war. Ich fragte mich voll Verzweiflung: Was muß ich denn tun? In sinnlosen Phantasien stellte ich sie mir bald als Geliebte, bald als meine Ehefrau vor – und verwarf mit Abscheu beides. Ein Frauenzimmer aus ihr zu machen, das wäre furchtbar, es wäre schlimmer als Mord. Aber eine Dame (wie jene andere Kosakin, die einen Offizier geheiratet hat) aus ihr machen zu wollen, die Frau Dmitrij Andrejewitsch Olenins – nein, das wäre beinahe noch schlimmer. Ja, wenn ich selber ein Kosak wie Lukaschka werden könnte, wenn ich Pferde stehlen, saufen, Lieder singen, Menschen töten, in der Nacht betrunken zu ihr ins Fenster steigen könnte, ohne daran zu denken, wer ich bin und wozu ich liebe – ja, dann wäre die Sache anders: dann könnten wir einander verstehen, dann könnte ich wohl glücklich sein. Ich habe versucht, mich einem solchen Leben hinzugeben, und habe meine Schwäche und Krüppelhaftigkeit desto stärker gefühlt. Ich konnte mich selbst nicht vergessen, nicht meine komplizierte, unharmonische, häßliche Vergangenheit. Und meine Zukunft ist vollständig trostlos. Jeden Tag sehe ich die fernen Schneeberge und das hoheitsvoll glückliche Weib vor mir. Aber nicht für mich ist das einzig mögliche Glück auf Erden, nicht für mich ist dieses Weib! Das Furchtbarste und das Süßeste in meiner Lage ist, daß ich sie verstehe und weiß, daß sie mich niemals verstehen kann. Nicht, weil sie niedriger steht als ich, wird sie mich nicht verstehen, nein, im Gegenteil, sie soll mich auch nicht verstehen. Sie ist glücklich, sie ist wie die Natur gleichmäßig, ausgeglichen, in sich selbst ruhend. Und ich verpfuschtes schwaches Wesen sollte wünschen, daß sie meine Häßlichkeit und meine Qualen verstehen lernte? Ich habe ganze Nächte nicht geschlafen, ohne Ziel unter ihrem Fenster verbracht und habe mir keine Rechenschaft über meine Gefühle gegeben. Am achtzehnten rückte unsere Kompanie aus. Drei Tage war ich fort. Ich war traurig, alles war mir gleichgültig. Die Lieder, Karten, Trinkgelage, die Unterhaltungen über Auszeichnungen waren mir noch widerlicher als sonst. Heute bin ich zurückgekommen. Ich sah sie wieder, meine Hütte, Onkel Jeroschka, die schneebedeckten Berggipfel, und es packte mich ein so starkes, neues Gefühl der Freude, daß mir plötzlich alles klarwurde. Ich liebe dieses Weib mit wirklicher Liebe, zum ersten und einzigen Mal in meinem Leben. Ich weiß, was mit mir ist. Ich habe keine Angst, mich zu erniedrigen, ich schäme mich meiner Liebe nicht, ich bin stolz darauf. Ich bin nicht schuld, daß ich liebe. Es ist gegen meinen Willen so gekommen. Ich wollte vor meiner Liebe fliehen, zur Selbstverleugnung greifen, ich habe versucht, bei der Vorstellung von Lukaschkas und Marjankas Liebe Freude zu empfinden – und habe nur meine eigene Liebe und Eifersucht entfacht. Es ist nicht eine ideale, sogenannte erhabene Liebe, wie ich sie früher einmal empfunden habe, nicht ein Gefühl des Hingezogenseins, bei dem man seine eigene Liebe bewundert, in seinem eigenen Innern die Quelle seines Gefühls fühlt und selber handelt. Ich habe auch das erlebt. Noch weniger ist es das Verlangen nach Genuß, es ist etwas ganz anderes. Vielleicht liebe ich in ihr die

Natur, die Personifizierung alles Schönen in der Natur; aber ich habe keinen eigenen Willen: irgendeine Elementarkraft, Gottes Weltall liebt sie durch mich, die Natur drückt diese Liebe in meine Seele und spricht: ›Liebe!‹ Ich liebe sie nicht mit dem Verstand oder der Phantasie, nein, mit meinem ganzen Wesen. Ich liebe sie und fühle mich als unteilbares Stück von Gottes glücklicher Welt. Ich habe früher von den Überzeugungen geschrieben, zu denen mein einsames Leben mich gebracht hatte; niemand weiß, wieviel Arbeit sie mir gemacht haben und wieviel Freude, daß sich mir ein neuer Weg aufgetan hatte. Nichts war mir teurer als diese meine Überzeugungen... Aber die Liebe kam und hat alles weggefegt, nicht einmal ein Bedauern ist übriggeblieben. Ja, jetzt fällt es mir sogar schwer zu verstehen, daß ich einen so großen Wert auf eine so einseitige, kalte, ausgeklügelte Stimmung habe legen können. Die Schönheit kam, und im Nu war die ganze schwierige, innere Arbeit zerstört. Und nicht einmal ein Bedauern über das spurlos Verschwundene ist übriggeblieben. Selbstverleugnung ist Unsinn, Krampf. Es ist nur Stolz, Zuflucht vor verdientem Unglück, Rettung vor Neid angesichts fremden Glücks. Für andere leben, Gutes tun! Warum? Wo doch in mir nur die Liebe zu mir selbst ist und der Wunsch, zu lieben, ihr Leben mit ihr zu leben. Ich wünsche nicht anderen, nicht Lukaschka Glück. Ich liebe diese anderen nicht mehr. Früher hätte ich mir gesagt, daß das schlecht sei, die Frage hätte mich gequält: Was wird aus ihr, aus mir, aus Lukaschka? Jetzt ist mir das alles gleich. Ich lebe nicht, wie ich will, es ist etwas Stärkeres, das mich führt. Ich quäle mich, aber ich war früher tot, und jetzt lebe ich. Ich werde noch heute hinübergehen und ihr alles sagen.«

34

Als Olenin diesen Brief fertiggeschrieben hatte, ging er spät abends zu seinen Hauswirten. Die Alte saß auf einer Bank am Ofen und drillte Seide. Marjana saß mit unbedecktem Haar und nähte beim Schein einer Kerze. Als sie Olenin erblickte, sprang sie hastig auf, ergriff ihr Tuch und eilte zum Ofen.

»Bleib doch bei uns sitzen, Marjanuschka«, sagte die Mutter.

»Nein, ich habe kein Kopftuch auf« Und sie sprang auf den Ofen.

Olenin konnte nur ihr Knie und das schlanke, herunterhängende Bein sehen. Er traktierte die Alte mit Tee. Sie bot ihm Kaimak an, die Marjana holen mußte. Aber Marjana stellte den Teller auf den Tisch und kletterte sofort wieder auf den Ofen, und Olenin konnte nur ihren Blick fühlen. Sie unterhielten sich über die Wirtschaft. Großmutter Ulitka kam in Stimmung und überbot sich in Gastfreundlichkeit. Sie brachte eingeweichte Weintrauben, einen Fladen mit Weintrauben und einen Krug vom besten Wein und bewirtete Olenin mit der besonderen, groben und stolzen Gastfreudigkeit, die nur denen eigen ist, die ihr Brot mit eigenhändiger, körperlicher Arbeit verdienen. Die Alte, die Olenin im Anfang durch ihre Grobheit abgestoßen hatte, rührte ihn jetzt häufig durch die ungekünstelte Zärtlichkeit, die sie der Tochter entgegenbrachte.

»Warum sollten wir Gott zürnen? Wir haben gottlob alles, was wir brauchen. Wir haben Tschichir gekeltert, können wahrscheinlich noch drei Faß Wein verkaufen und immer noch genug trinken. Laß dir Zeit mit dem Weggehen. Du mußt erst noch die Hochzeit mitfeiern.«

»Wann ist die Hochzeit?« fragte Olenin und fühlte, wie ihm das Blut ins Gesicht schoß und das Herz unruhig und quälend zu schlagen begann.

Auf dem Ofen bewegte sich etwas, man hörte das Knacken der Sonnenblumenkerne.

»Ja, wahrscheinlich nächste Woche. Wir sind bereit«, antwortete die Alte so einfach und ruhig, als gäbe es keinen Olenin auf der Welt. »Ich habe für Marjanuschka alles vorbereitet. Wir werden sie gut weggeben. Nur eines ist nicht so, wie es sein sollte. Unser Lukaschka geht ein bißchen weit. Schon etwas zu weit. Macht Dummheiten. Neulich war ein Kosak aus der Sotnja hier und erzählte, daß er zu den Nogaiern geritten ist.«

»Wenn er nur nicht erwischt wird«, sagte Olenin.

»Ich sage auch: Mach keinen Unsinn, Lukaschka! Ein junger Mann muß seinen Mut zeigen, natürlich. Aber alles hat seine Zeit. Er hat Pferde fortgetrieben, gestohlen, einen Abreken getötet, gut. Jetzt sollte er etwas stiller leben. Es könnte ein schlechtes Ende nehmen.«

»Ich habe ihn zweimal bei der Truppe gesehen, er bummelt ununterbrochen. Das Pferd hat er auch verkauft«, sagte Olenin und warf einen Blick nach dem Ofen.

Die großen, schwarzen, glänzenden Augen sahen ihn streng und unfreundlich an. Er schämte sich seiner Worte.

»Was ist dabei? Er tut niemandem etwas zuleide«, sagte Marjanka plötzlich. »Wenn er bummelt, so bezahlt er es selbst.« Sie ließ die Beine herab, sprang vom Ofen, lief aus dem Zimmer und warf die Tür hinter sich zu.

Solange sie noch im Zimmer war, hatte Olenin sie mit den Augen verfolgt, dann sah er auf die Tür, wartete und verstand nichts von alledem, was ihm Mutter Ulitka erzählte. Ein paar Minuten später kamen Gäste: ein Bruder von Großmutter Ulitka und Onkel Jeroschka, und hinter ihnen Marjanka und Ustinka.

»Sei mir gegrüßt!« sagte Ustinka. »Du bummelst wohl immer?« wandte sie sich an Olenin.

»Ja«, antwortete er und fühlte sich aus irgendeinem Grund unbehaglich.

Er wollte weggehen und konnte nicht. Schweigen konnte er auch nicht. Der Alte kam ihm zu Hilfe: er bat um einen Schluck Wein, und sie tranken. Dann trank Olenin mit Jeroschka. Dann wieder mit einem anderen Kosaken. Und wieder mit Jeroschka. Je mehr Olenin trank, um so schwerer wurde ihm das Herz. Aber die beiden Alten wurden vergnügt. Die Mädchen hatten sich auf den Ofen gesetzt, beobachteten sie und flüsterten miteinander; sie tranken bis in die Nacht hinein. Olenin sprach nicht und trank am meisten von allen. Die Kosaken schrien irgend etwas. Die Alte trieb sie hinaus und wollte keinen Wein mehr hergeben. Die Mädchen lachten über Onkel Jeroschka. Es war gegen zehn Uhr, als sie auf die Freitreppe hinaustraten. Die Alten wollten zu Olenin, um weiterzuzechen. Ustinka war nach Hause gelaufen. Jeroschka ging mit den anderen Kosaken zu Wanjuscha. Die Alte begab sich in den Verschlag, um dort aufzuräumen. Marjana war allein in der Hütte. Olenin fühlte sich frisch und munter, als wäre er erst jetzt aufgewacht. Er beobachtete alles, ließ die Alten vorausgehen und kehrte in die Hütte zurück. Marjana war im Begriff, schlafen zu gehen. Er trat an sie heran und wollte etwas sagen, aber seine Stimme versagte. Sie setzte sich aufs Bett, zog die Beine an, rückte in die entfernteste Ecke und sah ihn schweigend, erschrocken und wild an. Sie hatte Angst vor ihm. Olenin fühlte es. Sie tat ihm leid, er schämte sich und empfand doch eine Art stolzer Freude, daß er wenigstens dieses Gefühl in ihr hatte wachrufen können.

»Marjanka!« sagte er. »Wirst du niemals Mitleid mit mir haben? Ich weiß selbst nicht, wie lieb ich dich habe.«

Sie rückte noch weiter fort.

»Es ist der Wein, der aus dir spricht. Du wirst nichts von mir erhalten.«

»Nein, es ist nicht der Wein. Nimm den Lukaschka nicht. Ich will dich heiraten.« Was sage ich? dachte er im selben Augenblick. Werde ich morgen dasselbe sagen? Doch, ja, und ich will es sofort wiederholen, antwortete eine innere Stimme.

»Wirst du mich nehmen?«

Sie sah ihn ernsthaft an, ihre Furcht schien zu vergehen.

»Marjana! Ich werde verrückt. Ich bin nicht mehr ich selbst. Was du befiehlst, das tue ich.« Und töricht zärtliche Worte strömten von seinen Lippen.

»Was schwatzt du da?« unterbrach sie ihn plötzlich und faßte die Hand, die er ihr entgegenstreckte. Aber sie stieß die Hand nicht zurück, sie drückte sie fest mit ihren kräftigen, harten Fingern. »Seit wann heiraten denn Herren einfache Kosakenmädchen? Geh!«

»Würdest du mich heiraten? Ich werde alles …«

»Und wo tun wir Lukaschka hin?« sagte sie lachend.

Er entriß ihr die Hand, die sie festgehalten hatte, und umfaßte heftig ihren jungen Körper. Aber sie sprang wie ein Reh auf und lief barhäuptig auf die Freitreppe hinaus. Olenin kam zur Besinnung und erschrak über sich selbst. Er kam sich wieder unaussprechlich schlecht im Vergleich zu ihr vor. Aber er bereute keinen Augenblick, was er gesagt hatte. Er ging nach Hause, blickte die beiden Alten, die bei ihm zechten, gar nicht an, legte sich hin und schlief so fest, wie er schon seit langem nicht mehr geschlafen hatte.

35

Der nächste Tag war ein Feiertag. Am Abend war die ganze Bevölkerung auf der Straße, die feiertäglichen Gewänder glänzten
im Schein der untergehenden Sonne. Es war mehr Wein als
sonst gekeltert worden. Jetzt waren die Leute frei. In einem Monat sollten die Kosaken wieder ins Feld ziehen; in vielen Familien wurden Vorbereitungen zu Hochzeiten getroffen.

Auf dem Platz vor der Ortskommandantur und rings um die
beiden Läden – der eine mit Näschereien und Sonnenblumenkernen, der andere mit Tüchern und Stoffen – standen die meisten Menschen. Auf den Erdbänken des Verwaltungsgebäudes
saßen und standen die alten Kosaken in grauen und schwarzen
Röcken ohne Tressen und Borten. Die Alten sprachen mit ruhigen, gemessenen Stimmen über die Ernte, über die jungen Burschen, über Gemeindeangelegenheiten und die alten Zeiten und
blickten erhaben und gleichgültig auf das junge Geschlecht
herab. Die Frauen und Mädchen blieben im Vorübergehen stehen und neigten den Kopf, auch die jungen Kosaken verhielten
achtungsvoll ihre Schritte, zogen ihre Papacha und hielten sie
eine Zeitlang über dem Kopf. Die Alten schwiegen dann; einige
blickten streng, die anderen freundlich auf die Vorübergehenden, zogen gemessen die Papacha und setzten sie wieder auf.

Die Mädchen hatten noch nicht mit dem Chorowod begon-
nen, sondern saßen in grellfarbenen Beschmets, die weißen
Kopftücher bis über die Augen gezogen, auf der Erde oder auf
den Erdaufschüttungen vor den Hütten, wo sie, vor den schrägen Sonnenstrahlen geschützt, munter plauderten und lachten.
Die Kinder spielten Schlagball, warfen den Ball hoch in den klaren Himmel und rannten mit Geschrei und Gekreisch auf dem
Platz umher. Halbwüchsige Mädchen führten in einer Ecke ihre
Reigen auf und piepsten mit dünnen, schwachen Stimmen ihre
Lieder. Schreiber, Dienstfreie und junge Burschen, die zum Feiertag beurlaubt waren, gingen in weißen und ganz neuen roten,
mit Tressen besetzten Tscherkessenröcken mit feiertäglich vergnügten Gesichtern eingehakt zu zweit und zu dritt von einer
Gruppe der Frauen und Mädchen zur anderen, blieben stehen,
scherzten und spaßten. Ein armenischer Ladenbesitzer in einem

Tscherkessenrock aus feinem blauem Tuch, mit Tressen besetzt, stand an der geöffneten Tür, durch die ganze Stöße zusammengelegter bunter Tücher zu sehen waren, und wartete im Bewußtsein seiner Wichtigkeit mit dem typischen Stolz des östlichen Händlers auf die Käufer. Zwei rotbärtige, barfüßige Tschetschenzen, die von jenseits des Terek gekommen waren, um das Fest mit anzusehen, hockten auf der Erde neben dem Haus, das ihrem Bekannten gehörte, rauchten nachlässig ihre kleinen Pfeifen, spuckten aus, schauten auf das Volk und wechselten in raschen Kehllauten Bemerkungen. Hin und wieder ging ein nicht feiertagsmäßig gekleideter Soldat in einem alten Mantel eilig zwischen den bunten Gruppen auf dem Platz hindurch. Hier und da hörte man schon betrunkene Kosaken gröhlen. Die Hütten waren verschlossen, die Freitreppen waren schon am Abend vorher gescheuert worden. Sogar die alten Weiber befanden sich auf der Straße. Auf den staubigen, trockenen Straßen lagen überall Schalen von Melonen- und Kürbiskernen. Die Luft war warm und unbeweglich, der klare Himmel blau und durchsichtig. Der mattweiße Bergkamm über den Dächern schien ganz nahe zu sein und leuchtete rosa in den Strahlen der untergehenden Sonne. Hin und wieder drang über den Fluß das ferne Dröhnen eines Kanonenschusses. Doch über dem Dorf schwebten und vermengten sich mannigfaltige, fröhliche, feiertägliche Töne.

Olenin war den ganzen Morgen über im Hof gewesen und hatte immer gehofft, Marjana zu sehen. Aber nachdem sie ihre Arbeit getan hatte, war sie zum Mittagsgottesdienst in die Kapelle gegangen; später saß sie mit den anderen Mädchen auf der Straße und knackte Kerne, kam hin und wieder mit den Freundinnen für einen Augenblick hereingelaufen und warf dann dem Mieter lustige und freundliche Blicke zu. Olenin fürchtete sich, mit ihr vor den anderen zu sprechen, und noch dazu scherzhaft. Er wollte die gestrige Unterhaltung zu Ende führen und eine Antwort erzwingen. Er wartete auf einen Augenblick wie am Abend vorher, aber der Augenblick kam nicht, und noch länger in solcher Ungewißheit zu verbleiben, dazu fehlte ihm die Kraft. Sie ging wieder auf die Straße hinaus, und eine Weile später ging er ihr nach, ohne zu wissen wohin. Er ging an der Ecke vorbei, wo sie in ihrem hellblauen, glänzenden Beschmet mit den anderen saß, und hörte die Mädchen hinter sich lachen; sein Herz krampfte sich zusammen. Belezkijs Hütte befand sich auf dem Platz. Im Vorbeigehen hörte Olenin Belezkijs Stimme: »Kommen Sie herein!« und er ging hinein. Sie sprachen miteinander und setzten sich ans Fenster. Alsbald gesellte sich Jeroschka in einem neuen Beschmet zu ihnen und ließ sich auf dem Boden nieder.

»Das ist das aristokratische Häuflein«, sagte Belezkij lächelnd und wies mit der Zigarette auf die Gruppe an der Ecke. »Die Meinige ist auch dabei, sehen Sie, in Rot ... Warum beginnt der Chorowod nicht?« schrie er zum Fenster hinaus. »Warten Sie, sobald es anfängt zu dämmern, wollen wir hingehen. Hinterher rufen wir Sie dann zu Ustinka; wir wollen einen Ball geben.«

»Ich werde auch zu Ustinka kommen!« sagte Olenin entschlossen. »Kommt Marjana?«

»Natürlich, kommen Sie nur«, sagte Belezkij, gar nicht erstaunt. »Es sieht doch hübsch aus!« fügte er, auf die bunten Scharen weisend, hinzu.

»Ja, sehr«, sagte Olenin und gab sich Mühe, gleichgültig zu erscheinen. »Bei solchen Gelegenheiten«, fügte er hinzu, »wundere ich mich immer, warum alle Leute, nur deshalb, weil heute der Fünfzehnte ist, plötzlich zufrieden und lustig werden. Alles sieht festlich aus. Die Augen, die Gesichter, die Stimmen, die Bewegungen, die Kleidung, die Luft, die Sonne, alles ist feiertagsmäßig. Wir kennen keine Feiertage mehr.«

»Ja«, sagte Belezkij, der für solche Erörterungen nicht viel übrighatte. »Warum trinkst du nicht, Alter?« wandte er sich an Jeroschka.

Jeroschka machte Olenin ein Zeichen mit den Augen: Er ist hochmütig, dein Freund.

Belezkij hob sein Glas.

»Allah birdi«, sagte er und trank. (Allah birdi heißt: Gott hat es gegeben. Kaukasier pflegen einander mit diesen Worten zuzutrinken.)

»Sau bul!«(zur Gesundheit) antwortete Jeroschka lächelnd und leerte sein Glas.

»Du sagst Feiertag!« sagte er aufstehend zu Olenin und blickte durchs Fenster. »Was ist das für ein Feiertag! Du hättest sehen sollen, wie in alten Zeiten gefeiert wurde. Die Frauen kamen in Sarafanen heraus, von oben bis unten mit Tressen benäht. Auf der Brust zwei Reihen goldener Münzen. Auf dem Kopf einen goldenen Turban. Wenn so eine an dir vorbeikam, so rauschte es. Jede Frau eine Fürstin. Wenn die ganze Herde so herauskam und zu singen anhob, stand ein einziges Gestöhn in der Luft, die ganze Nacht wurde gespielt und gesungen. Und die Kosaken rollten Fässer auf den Hof, setzten sich herum und tranken, bis es wieder tagte. Oder sie hakten sich ein und gingen durch das Dorf. Wer ihnen entgegenkam, wurde mitgenommen, so gingen sie von einem zum anderen. Manchmal wurde drei Tage lang gezecht. Mein Vater pflegte manchmal nach Hause zu kommen, ich entsinne mich noch, rot im Gesicht, geschwollen, ohne Mütze. Alles hatte er verloren, kam und legte sich hin. Die Mutter kannte das schon, brachte ihm frischen Kaviar und jungen Wein zur Stärkung und lief ins Dorf, seine Mütze zu suchen. Zweimal vierundzwanzig Stunden schlief er dann. Solche Leute hat es damals gegeben. Was ist heutzutage dagegen!«

»Na, und die Mädchen in ihren Sarafanen? Die vergnügten sich wohl für sich allein?« fragte Bejezkij.

»Jawohl, allein! Die Kosaken kamen zu Fuß oder auch zu Pferd und sagten: ›Wir wollen euren Chorowod sprengen!‹ Und die Mädchen nahmen Stöcke. Während der Butterwoche kam mitunter so ein Bursche auf sie zugeritten, und sie schlagen ihn und schlagen das Pferd. Er durchbricht die Kette, ergreift die, die er liebt, und reitet mit ihr davon. Aber die Mädchen waren auch danach! Die reinen Königinnen!«

36

In diesem Augenblick kamen zwei Reiter aus einer Seitengasse auf den Platz herausgeritten. Es waren Nasarka und Lukaschka. Lukaschka saß etwas schräg auf seinem satten, braunen Kabardiner, der auf dem harten Weg leicht auftrat und dabei den schönen Kopf mit dem glänzenden Schopf hochwarf. Das griffbereit im Überzug hängende Gewehr, die Pistole und der zusammengerollte Mantel hinten auf dem Sattel bezeugten, daß Lukaschka nicht aus einem friedlichen Nachbarort kam. In dem schrägen, eleganten Sitz, in der nachlässigen Handbewegung, mit der er das Pferd kaum hörbar mit der Peitsche unter den Bauch schlug, vor allem in seinen glänzenden Augen, die stolz zusammengekniffen waren, prägte sich das Gefühl seiner Kraft und jugendliches Selbstvertrauen aus. Habt ihr schon einmal einen flotten Kerl gesehen? schienen seine Augen, nach rechts und links schauend, zu sagen. Das stattliche Pferd mit dem silbernen Zaumbeschlag, die Waffen und der schöne Kosak fesselten die Aufmerksamkeit aller, die auf dem Platz versammelt waren. Nasarka, klein und hager, war viel schlechter gekleidet als Lukaschka. Als sie an den Alten vorbeikamen, hielt Lukaschka sein Pferd an und hob seine weiße, zottige Papacha über den geschorenen, schwarzen Kopf.

»Na, hast du viele nogaische Pferde gestohlen?« sagte ein magerer Alter mit mißmutigem, finsterem Blick.

»Hast du sie gezählt, Großvater, oder warum fragst du?« antwortete Lukaschka und wandte sich weg.

»Den Burschen wenigstens solltest du nicht immer mitschleppen«, sagte der Alte noch finstrer.

»So'n Teufel! Alles weiß er!« sagte Lukaschka halblaut. Sein Gesicht nahm einen nachdenklichen Ausdruck an. Aber dann blickte er nach der Ecke, wo die vielen Kosakinnen standen, und lenkte sein Pferd auf sie zu.

»Seid gegrüßt, Mädchen!« rief er mit lauter, kräftiger Stimme und hielt das Pferd an. »Alt seid ihr geworden, während ich weg war, ihr Hexen!« Er lachte.

»Sei gegrüßt, Lukaschka! Tag, Väterchen!« antworteten lustige Stimmen. »Hast du viel Geld mitgebracht? Könntest uns was zum Naschen kaufen! Bist du für längere Zeit gekommen? Wir haben dich lange nicht gesehen.«

»Nur für die eine Nacht sind Nasarka und ich angeflogen gekommen«, antwortete Lukaschka, seine Peitsche schwingend und gerade auf die Mädchen zureitend.

»Ja, ja, Marjanka hat dich schon ganz und gar vergessen«, piepste Ustinka. Sie stieß Marjanka mit dem Ellenbogen in die Seite und lachte mit ihrer feinen Stimme.

Marjanka rückte vom Pferd weg, warf den Kopf zurück und sah mit glänzenden, großen Augen ruhig auf den Kosaken.

»Ja, du bist lange nicht dagewesen. Warum reitest du mit deinem Pferd auf uns herum?« fragte sie trocken und wandte sich von ihm ab.

Lukaschka war ganz besonders lustig. Sein Gesicht strahlte vor Mut und Freude. Aber Marjankas kühle Antwort machte ihn stutzig. Er runzelte die Augenbrauen.

»Stell dich in den Steigbügel, Mütterchen, ich reite mit dir in die Berge!« rief er plötzlich, wie um gewaltsam häßliche Gedanken zu verscheuchen. Er ritt zwischen die Mädchen und beugte sich zu Marjana herunter »Ich will dich küssen, richtig küssen!«

Marjanas Augen begegneten seinem Blick, und sie wurde plötzlich rot. Sie trat einen Schritt zurück.

»Geh weg. Du trampelst einem ja auf den Füßen herum«, sagte sie, senkte den Kopf und sah auf ihre schlanken, in hellblauen Strümpfen mit Pfeilen steckenden Beine und auf die neuen roten, mit einer schmalen silbernen Borte benähten tatarischen Schuhe.

Lukaschka wandte sich zu Ustinka.

Marjanka setzte sich zu einer Kosakin, die ihr kleines Kind im Arm hatte. Das Kind drehte sich zu dem Mädchen hin und griff mit den weichen Händchen nach der Münzenkette auf ihrem hellblauen Beschmet. Marjana bückte sich zu dem Kind hinunter und schielte nach Lukaschka hin. Lukaschka zog aus der Tasche unter dem Tscherkessenrock ein Bündelchen mit Näschereien und Sonnenblumenkernen heraus.

»Hier, das ist für euch alle«, sagte er, indem er Ustinka das Bündel überreichte, und warf einen lächelnden Blick auf Marjanka.

Wieder drückte sich Verwirrung auf dem Gesicht des Mädchens aus. Die schönen Augen überzogen sich wie mit Nebel. Sie ließ ihr Kopftuch bis an die Lippen herab, beugte ihren Kopf auf das weiche Gesicht des Kindes, das sich an dem Halsschmuck festhielt, und küßte es leidenschaftlich. Das Kind stemmte die Händchen gegen die hohe Brust des Mädchens, machte den zahnlosen Mund weit auf und schrie.

»Du erdrosselst ja das Bübchen!« sagte die Mutter des Kindes, nahm es ihr fort und öffnete ihren Beschmet, um dem Kinde die Brust zu reichen. »Knutsch lieber deinen Burschen ab!«

»Ich will nur das Pferd einstellen, dann kommen wir zurück und wollen uns die ganze Nacht vergnügen«, sagte Lukaschka. Er schwang die Peitsche und ritt davon.

Nasarka und er bogen in eine Seitengasse ein und näherten sich zwei nebeneinander stehenden Hütten.

»Na, wir haben uns etwas eingebrockt. Beeile dich!« rief Lukaschka seinem Kameraden zu. Er sprang ab und führte sein Pferd vorsichtig durch die geflochtene Pforte seines Hofes. »Grüß dich, Stjopka!« wandte er sich an die Stumme, die feiertäglich herausgeputzt von der Straße hereinkam, um das Pferd in Empfang zu nehmen. Er erklärte ihr durch Zeichen, daß sie dem Pferde Heu vorlegen, es aber nicht absatteln sollte.

Die Stumme zeigte auf das Pferd, gab dumpfe Töne von sich und küßte es auf die Nase. Sie wollte sagen, daß sie das Pferd liebhabe, daß es schön sei.

»Sei gegrüßt, Mutter! Bist du noch gar nicht auf der Straße gewesen?« rief Lukaschka, mit der einen Hand sein Gewehr haltend, während er die Stufen der Freitreppe hinauflief.

Die Mutter machte die Tür auf.

»Das habe ich mir wirklich nicht träumen lassen«, sagte die Alte. »Kirka hatte gesagt, du würdest nicht kommen.«

»Geh, bring Wein, Mutter. Nasarka wird gleich kommen, wir wollen auf den Feiertag anstoßen.«

»Sofort, Lukaschka, sofort!« antwortete die Alte. »Die Weiber sind alle draußen, unsere Stumme wird wohl auch fort sein.«

Sie nahm die Schlüssel und ging eilig in den Vorratsraum.

Nasarka hatte sein Pferd versorgt, sein Gewehr abgenommen und war zu Lukaschka gekommen.

37

Lukaschka nahm die volle Schale aus den Händen der Mutter und führte sie, den Kopf vorsichtig beugend, zum Munde. »Auf dein Wohl!« sagte er.

»Ja, das ist so 'ne Sache«, sagte Nasarka. »Großvater Burlak hat gefragt: ›Wieviel Pferde hast du gestohlen?‹ Es ist klar, er weiß alles.«

»Ein Hexenmeister!« antwortete Lukaschka kurz. »Aber das macht nichts!« fügte er, den Kopf in den Nacken werfend, hinzu. »Sie sind ja schon längst über dem Fluß. Sucht sie nur.«

»Trotzdem.«

»Was trotzdem? Bring ihm morgen Tschichir. So muß man es machen, dann passiert nichts. Jetzt wollen wir zechen. Trink!« rief Lukaschka im selben Tonfall wie der alte Jeroschka. »Wir wollen auf die Straße, zu den Mädchen! Geh und hol Honig, oder ich werde die Stumme schicken. Wir wollen uns bis zum Morgen vergnügen.«

Nasarka lachte.

»Bleiben wir lange da?« fragte er.

»Wir wollen uns vergnügen. Lauf, hol Wodka. Hier hast du Geld.«

Nasarka ging gehorsam zu Jamka.

Onkel Jeroschka und Jerguschow hatten sofort herausbekommen, daß hier gezecht wurde, und torkelten, schon betrunken, einer nach dem anderen in die Hütte.

»Gib noch einen halben Eimer her!« rief Lukaschka der Mutter zu, statt jene zu begrüßen.

»Also sag, Teufelskerl, wo hast du sie gestohlen?« schrie Onkel Jeroschka. »Ein Tausendsassa! So was habe ich gern.«

»Hat sich was, gern!« antwortete Lukaschka lachend. »Im Auftrag von Fahnenjunkern den Mädchen Näschereien bringen, das verstehst du. Schäm dich, Alter.«

»Das ist nicht wahr; das ist nicht wahr, Marka!« Der Alte lachte. »Gebeten hat mich der Satan. Geh«, sagte er, »richte es ein. Wollte mir seine Flinte schenken. Nein, Gott steh ihm bei! Ich hätte es machen können, aber es hat mir um dich leid getan. Na, erzähl, wo du gewesen bist!« Der Alte begann tatarisch zu sprechen.

Lukaschka antwortete ebenso.

Jerguschow, der das Tatarische nur schlecht verstand, schaltete hin und wieder russische Worte ein.

»Ich habe es ja gleich gesagt, er hat die Pferde weggetrieben. Ich weiß es genau«, wiederholte er.

»Wir reiten also mit Girejka los«, erzählte Lukaschka. Er nannte den Girej Khan geringschätzig Girejka, und das entging den anderen Kosaken nicht. »Diesseits des Flusses hatte er geprahlt, er wüßte in der Steppe genau Bescheid, würde mich geradewegs dahinführen; aber wie wir drüben sind und die Nacht dunkel ist, da verirrt sich mein Girejka, beginnt unruhig zu werden, aber es kommt nichts dabei heraus. Er kann den Aul einfach nicht finden. Wir waren offenbar zu weit nach rechts abgekommen. Bis Mitternacht haben wir herumgesucht. Zum Glück fingen die Hunde an zu heulen.«

»Narren!« sagte Onkel Jeroschka. »So haben auch wir uns manchmal nachts in der Steppe verirrt. Der Teufel mag da durchfinden. Ich pflegte in solchen Fällen auf einen Hügel hinaufzureiten und wie ein Wolf zu heulen.« Er legte die Hände an den Mund und heulte eintönig wie ein Rudel Wölfe. »Die Hunde antworten. Na, erzähl weiter. Habt ihr sie gefunden?«

»Im Nu war alles fertig! Nasarka hätten die nogaischen Weiber beinahe gefangen.«

»Hat sich was!« sagte Nasarka, der eben zurückkam, gekränkt.

»Auf dem Rückweg hat sich Girejka wieder verirrt, hätte uns beinahe in die Sandwüste geführt. Wir glaubten zum Terek zu kommen und entfernten uns immer weiter von ihm.«

»Du hättest nach den Sternen sehen sollen«, sagte Onkel Jeroschka.

»Ja, das mein ich auch«, fügte Jerguschow bei.

»Ja, wie willst du sehen, wenn alles dunkel ist? Ich habe mich herumgequält, kann ich dir sagen. Habe eine Stute eingefangen und mein eigenes Pferd laufen lassen, hab mir gedacht, es würde uns schon herausführen. Was glaubst du? Es schnaubt einmal, zweimal, legt die Nase auf die Erde und galoppiert los, hat uns wirklich ins Dorf geführt. Es wurde schon hell, wir hatten gerade noch Zeit, die Pferde im Wald zu verstecken. Nagim ist von jenseits des Flusses gekommen und hat sie mitgenommen.«

Jerguschow wiegte den Kopf. »Ich sage es ja: ordentlich! Und wieviel?«

»Das Ganze hier«, sagte Lukaschka und klopfte auf seine Tasche.

In diesem Augenblick kam die Alte in das Zimmer herein. Lukaschka sprach nicht zu Ende.

»Trink!« schrie er.

»So sind auch Girtschik und ich mal spät abends weggeritten …« fing Jeroschka an.

»Na, du findest nie ein Ende«, sagte Lukaschka. »Ich will gehen.« Er trank seine Tschapura leer, schnallte seinen Gürtel fester und ging auf die Straße hinaus.

38

Es war schon dunkel, als Lukaschka auf die Straße hinaustrat. Die Herbstnacht war kühl und windstill. Der volle goldene Mond kam hinter den schwarzen Pyramidenpappeln, die sich auf der einen Seite des Platzes erhoben, hervor. Aus den Schornsteinen stieg Rauch, verfloß mit dem Nebel und stand über dem Dorf. In den Fenstern brannte hier und da Licht. Es roch nach Viehdung, Wein und Nebel. Stimmgewirr, Lachen, Gesang und das Aufknacken der Melonenkerne, alles klang durcheinander, aber klarer als am Tage. An den Zäunen und neben den Hütten leuchteten im Dunkel zuhauf die weißen Tücher und Papachas.

In der Mitte des Platzes, vor der geöffneten und erleuchteten Tür des Ladens drängten sich in schwarzen und weißen Gruppen Kosaken und Mädchen und ertönte lauter Gesang, Lachen und Sprechen. Die Mädchen hielten sich an den Händen, gingen im Kreis herum und schritten gleichmäßig im Staub des Platzes einher. Ein mageres und sehr wenig hübsches Mädchen begann zu singen:

> »Aus dem Walde, aus dem grünen Wald,
>> Ai-da-ljuli!
> Aus dem Haine, aus dem grünen Hain
> Dorther kamen, schritten zwei Burschen kühn,
> Zwei kühne Burschen, beide ledig noch.
> Und sie kamen, schritten, blieben alsdann stehn,
> Und sie blieben stehen, zankten sich.
> Kam heraus zu ihnen ein junges Mägdelein,

Kam heraus zu ihnen und begann also:
›Einem von euch beiden muß gehören ich.‹
Und dem blonden Burschen da gehörte sie,
Dem blonden Burschen, dem strohblonden da.
Und er nimmt, er nimmt sie bei der rechten Hand,
Und er führt, er führt sie durch den ganzen Kreis,
Vor den Freunden rühmt und brüstet er sich:
›Seht nur, Brüder, welch ein schmuckes Hausfrauchen!‹«

Die alten Frauen standen herum und lauschten den Liedern. Die kleinen Buben und Mädchen liefen herum und versuchten, einander in der Dunkelheit zu haschen.

Die Kosaken standen ringsherum, faßten nach den vorüberschreitenden Mädchen, rissen hin und wieder den Reigen auseinander und traten in die Mitte. An der dunklen Tür standen Belezkij und Olenin in ihren Tscherkessenröcken und Fellmützen und unterhielten sich in einer anderen Mundart als die Kosaken halblaut und doch hörbar miteinander und fühlten, daß sie auffielen.

Die rundliche Ustinka im roten Beschmet und die große Marjanka in ihrem neuen Hemd und Rock schritten im Chorowod hintereinander.

Olenin und Belezkij beratschlagten, wie sie Marjanka und Ustinka aus dem Chorowod herausholen könnten. Belezkij glaubte, daß Olenin bloß Spaß machen wollte, aber Olenin wartete auf die Entscheidung seines Schicksals. Er wollte Marjanka unbedingt noch heute allein sprechen, ihr alles sagen und sie fragen, ob sie seine Frau werden könnte und wollte. Obwohl er sich diese Frage selbst schon längst verneinend beantwortet hatte, hoffte er doch wenigstens die Kraft zu haben, ihr alles zu erzählen, was er fühlte, und hoffte, daß sie ihn verstehen würde.

»Warum haben Sie es mir nicht schon früher gesagt?« fragte Belezkij. »Ich hätte Ihnen durch Ustinka alles einrichten können. Sie sind wirklich sonderbar.«

»Was ist da zu machen? Ich werde Ihnen sehr bald einmal alles erzählen. Richten Sie es nur jetzt um Gottes willen ein, daß sie zu Ustinka kommt.«

»Gut. Das ist sehr einfach … Also dem blonden Burschen wirst du zufallen, Marjanka, und nicht Lukaschka?« sagte Belezkij anstandshalber zuerst zu Marjanka; und ohne erst die Antwort abzuwarten, trat er an Ustinka heran und bat sie, Marjanka mitzubringen. Er hatte noch nicht ganz zu Ende gesprochen, als die Vorsängerin ein neues Lied begann und die Mädchen weiterzogen. Sie sangen:

»Hinterm Garten, hinterm Hof
Sieht man einen Burschen stehn,
Auf der Straße wieder gehn.
Kam zum ersten Mal vorbei,
Mit der rechten Hand er winkt,
Kam zum zweiten Mal vorbei,
Seinen Kastorhut er schwingt,
Kam zum dritten Mal vorbei,
Und da macht er plötzlich halt.
Und er machte plötzlich halt,
Richtet Hemd und Rock sogleich;
›Wollte eben zu dir gehn,
Bei dir bittre Klage führen:
Weshalb gehst du, meine Liebste,
In dem Garten nicht spazieren?
Oder willst du, meine Liebste,
Einen andern dir erküren?
Aber warte, meine Liebste,
Wirst noch bittre Reue spüren.
Ich laß freien,
Um dich freien,
Nehme dich als Weib zu mir,
Will den Herrn dann zeigen dir!‹
Wußte, was man darauf sagt,
Hab die Antwort nicht gewagt,
Hab die Antwort nicht gewagt
Und nicht lange mehr gefragt:
Ließ ihn nicht mehr lange warten
Und ging in den grünen Garten,
Verbeugte mich vor meinem Freund.
›Sei gegrüßet, Mädchen mein,
Als Angebind dies Tüchlein fein

Bitte ich dich anzunehmen,
In die weiße Hand zu nehmen.
Nimm es in die weiße Hand
Als der Liebe Unterpfand.
Womit soll ich dich bedenken,
Was soll ich dir alles schenken?
Bringe dir das nächste Mal
Einen großen Seidenschal.
Doch für dieses Tüchlein hier
Gibst du jetzt fünf Küsse mir!‹«

Lukaschka und Nasarka rissen den Chorowod auseinander und traten zwischen die Mädchen. Lukaschka sang mit scharfer, halblauter Stimme mit, schwenkte die Arme und ging mitten im Chorowod auf und ab.

»Na, komm mal eine von euch heraus!«

Die Mädchen stießen Marjanka vor, aber sie wollte nicht. Obwohl der Gesang weiterging, waren leises Lachen, Flüstern, Schläge und Küsse zu hören.

Als Lukaschka an Olenin vorbeiging, nickte er ihm freundlich zu.

»Mitrij Andrejewitsch, auch du bist gekommen?« fragte er.

»Ja«, antwortete Olenin kurz und trocken.

Belezkij beugte sich zu Ustinkas Ohr und sagte ihr etwas. Sie wollte antworten, hatte keine Zeit und sagte, als sie zum zweiten Mal vorbeikam: »Gut, wir werden kommen.«

»Marjanka auch?«

Olenin beugte sich zu Marjana.

»Wirst du kommen? Wenigstens für einen Augenblick! Bitte! Ich muß mit dir sprechen.«

»Wenn die Mädchen kommen, komme ich auch.«

»Wirst du mir sagen, worum ich gebeten habe?« fragte er, sich wieder zu ihr niederbeugend. »Du bist lustig heute.«

Sie ging wieder weiter. Er folgte ihr nach.

»Wirst du es mir sagen?«

»Was soll ich sagen?«

»Was ich dich vorgestern gefragt habe«, sagte Olenin an ihrem Ohr. »Ob du mich heiraten willst?«

Marjana dachte nach.

»Ja«, antwortete sie, »ich werde es dir heute sagen.«

Und ihre Augen blitzten den jungen Mann fröhlich und freundlich aus der Dunkelheit an. Er ging ihr nach. Es machte ihm Freude, sich zu ihr bücken zu können.

Doch Lukaschka zog sie plötzlich, ohne sein Singen zu unterbrechen, stark an der Hand und riß sie aus dem Chorowod in die Mitte. Olenin konnte ihr gerade noch sagen: »Also du kommst zu Ustinka«, dann trat er zu seinem Kameraden. Das Lied war zu Ende. Lukaschka wischte sich die Lippen, Marjanka auch, und sie küßten sich. »Nein, fünfmal«, sagte Lukaschka. Gerede, Gelächter und Gelaufe waren an die Stelle der gleichmäßigen Bewegungen und Töne getreten. Lukaschka, dem anzumerken war, daß er schon viel getrunken hatte, verteilte Näschereien unter die Mädchen.

»Allen spendiere ich etwas«, sagte er mit stolzem, komisch rührendem Selbstbewußtsein, »aber wenn eine mit den Soldaten geht, die trete aus dem Reigen heraus«, fügte er plötzlich mit einem feindlichen Blick auf Olenin hinzu.

Die Mädchen griffen nach dem Naschwerk und rissen sich lachend darum. Belezkij und Olenin traten zur Seite.

Lukaschka schämte sich seiner eigenen Freigebigkeit. Er nahm seine Papacha ab, wischte sich mit dem Ärmel den Schweiß von der Stirn und trat zu Marjanka und Ustinka.

»Oder willst du etwa nichts von mir wissen, meine Liebe?« wandte er sich an Marjanka, die Worte des Liedes, das eben gesungen wurde, wiederholend. »Nichts von mir wissen?« wiederholte er zornig. »Du wirst noch weinen, nach der Trauung«, fügte er hinzu und umarmte gleichzeitig Ustinka und Marjanka.

Ustinka riß sich los, hob den Arm und schlug ihn so stark auf den Rücken, daß ihr die Hand weh tat.

»Werdet ihr noch im Chorowod tanzen?« fragte er.

»Wie die Mädchen wollen«, antwortete Ustinka. »Ich gehe jetzt nach Hause, und Marjana wollte zu uns kommen.«

Der Kosak ließ Marjanka nicht los und führte sie in eine dunkle Hausecke.

»Geh nicht, Maschenka«, sagte er. »Wir wollen uns zum letzten Mal vergnügen. Oder geh nach Hause, und ich komme zu dir.«

»Was soll ich zu Hause machen? Der Feiertag ist zum Bummeln da. Ich werde zu Ustinka gehen«, sagte Marjana.

»Ich werde dich doch heiraten.«

»Ist schon gut«, sagte Marjana, »das wird sich finden.«

»Willst du trotzdem gehen?« fragte Lukaschka streng, preßte sie an sich und küßte sie auf die Wange.

»Laß! Was fällt dir ein?« Marjana riß sich los und wandte sich weg.

»Paß auf, Mädchen! Das geht dir nicht durch!« sagte Lukaschka drohend. Er war stehengeblieben und wiegte den Kopf. »Wirst noch bittere Reue spüren.« Er wandte sich ab und rief den Mädchen zu: »Tanzt doch weiter!« Marjana schienen seine Worte erschreckt und geärgert zu haben. Sie blieb stehen.

»Was geht mir nicht durch?«

»Nun das.«

»Was denn?«

»Daß du mit dem Mieter, dem Soldaten, gehst und mich nicht mehr liebst!«

»Ich tue, was ich will. Du bist mir weder Vater noch Mutter. Was willst du? Ich liebe, wen ich will.«

»So, so!« sagte Lukaschka. »Denk an meine Worte!« Er ging zu dem Laden zurück. »Mädchen!« schrie er, »warum steht ihr herum? Singt weiter! Nasarka, lauf, bring Tschichir her!«

»Werden sie kommen?« fragte Olenin Belezkij.

»Ja, sie werden gleich da sein«, antwortete Belezkij. »Kommen Sie, wir müssen alles für den ›Ball‹ vorbereiten.«

39

Spät in der Nacht trat Olenin hinter Marjana und Ustinka aus Belezkijs Hütte heraus. Das weiße Tuch des Mädchens leuchtete in der dunklen Straße. Der goldene Mond senkte sich auf die Steppe. Über dem Dorf stand silberner Nebel. Alles war still, kein Licht war zu sehen, nur die Schritte der sich entfernenden Frauen waren zu hören. Olenins Herz klopfte. Sein glühendes Gesicht wurde in der feuchten Luft kühler. Er schaute zum Himmel und drehte sich nach der Hütte um, aus der er gekommen war: Das Licht wurde gerade ausgelöscht. Er blickte wieder auf den sich entfernenden Schatten der Frauen. Das weiße Tuch verschwand im Nebel. Er hatte Angst, allein zu bleiben; er war so glücklich! Er sprang die Stufen der Treppe hinab und lief den Mädchen nach.

»Du, man wird dich sehen!« sagte Ustinka.

»Schadet nichts.«

Olenin holte Marjanka ein und umarmte sie. Marjanka wehrte sich nicht.

»Habt ihr euch noch nicht genug geküßt?« sagte Ustinka.

»Erst heiraten, dann küssen, aber jetzt heißt's warten.«

»Leb wohl, Marjanka. Morgen werde ich zu deinem Vater kommen und ihm selbst alles sagen. Sag du nichts.«

»Was soll ich auch sagen!« antwortete Marjanka.

Die Mädchen liefen voraus. Olenin ging allein und dachte an alles, was gewesen war. Er hatte den ganzen Abend mit ihr allein in der Ecke am Ofen verbracht. Ustinka war nicht einen Augenblick aus der Hütte gegangen und hatte sich mit den anderen Mädchen und mit Belezkij zu schaffen gemacht. Olenin unterhielt sich flüsternd mit Marjanka.

»Willst du meine Frau werden?« fragte er sie.

»Du betrügst mich, du nimmst mich ja gar nicht«, antwortete sie heiter und ruhig.

»Liebst du mich denn? Sag es, um Gottes willen!«

»Warum sollte ich dich nicht lieben? Du schielst doch nicht!« antwortete Marjana lachend und drückte mit ihren harten Händen seine Hände. »Was du für weiße Hände hast, weiß und weich wie Kaimak«, sagte sie.

»Ich scherze nicht. Sag, willst du mich heiraten?«

»Warum nicht, wenn der Vater mich hergibt?«

»Ich werde verrückt, wenn du mich betrügst, denke daran! Morgen werde ich mit deiner Mutter und dem Vater sprechen und um dich werben.«

Marjanka lachte laut auf.

»Was ist?«

»Es ist zu komisch!«

»Tatsächlich! Ich werde einen Garten, ein Haus kaufen, mich als Kosak einreihen lassen …«

»Dann darfst du aber andere Frauen nicht lieben. Ich lasse in diesem Punkt nicht mit mir spaßen!«

Olenin rief sich diese Worte ins Gedächtnis zurück und wiederholte sie mit Genuß. Bei diesen Erinnerungen wurde ihm bald weh zumute, bald stockte ihm wieder der Atem vor Glück. Weh war ihm, weil sie immer gleich ruhig blieb, wenn sie mit ihm sprach. Die neue Lage der Dinge schien sie gar nicht aufzuregen. Sie schien ihr nicht ganz zu trauen und gar nicht an die Zukunft zu denken. Es kam ihm so vor, als ob sie ihn nur im gegenwärtigen Augenblick liebte und als ob eine Zukunft mit ihm für sie gar nicht existierte. Und glücklich war er, weil ihm alle ihre Worte wahr erschienen und weil sie einwilligte, ihm anzugehören. Ja, sagte er sich, wir werden uns erst dann verstehen, wenn sie vollständig mein geworden ist. Für eine solche Liebe gibt es keine Worte, ein Leben ist nötig, ein ganzes Leben. Morgen wird sich alles klären. Ich kann so nicht weiterleben, morgen sage ich's ihrem Vater, Belezkij und der ganzen Staniza …

Lukaschka hatte nach zwei schlaflosen Nächten am Feiertag so viel getrunken, daß er zum ersten Mal zusammenbrach und bei Jamka schlief.

40

Am nächsten Morgen erwachte Olenin früher als sonst, und gleich im ersten Augenblick kam ihm der Gedanke an das Bevorstehende wieder in den Sinn; er dachte mit Seligkeit an ihre Küsse, an den festen Druck ihrer harten Hände und an ihre Worte: »Was du für weiße Hände hast!« Er sprang auf und wollte sofort zu seinen Hauswirten gehen und um Marjanas Hand anhalten. Die Sonne war noch nicht aufgegangen, aber es kam Olenin vor, als ob auf der Straße eine ungewöhnliche Aufregung herrschte: es wurde gelaufen, geritten und gesprochen. Er warf seine Tscherkeska über und lief auf die Freitreppe. Die Hausleute waren noch nicht aufgestanden. Fünf Kosaken ritten gerade vorbei und unterhielten sich geräuschvoll. Vorneweg ritt Lukaschka auf seinem breiten Kabardiner. Die Kosaken sprachen und schrien: man konnte nichts ordentlich verstehen.

»Reite zu dem oberen Posten!« schrie der eine.

»Sattle und komm rasch nach«, sagte ein anderer.

»Das andere Tor ist näher.«

»Ach was«, schrie Lukaschka, »wir müssen durch das mittlere …«

»Natürlich haben wir es da näher«, bestätigte ein schwitzender Kosak auf einem schaumbedeckten Pferd.

Lukaschkas Gesicht war rot und von dem gestrigen Trinkgelage verschwollen, die Papacha saß auf dem Hinterkopf. Er schrie gebieterisch, als wäre er der Befehlshaber.

»Was ist los? Wohin?« fragte Olenin, konnte aber nur mit Mühe die Aufmerksamkeit auf sich lenken.

»Abreken fangen, die in den Sandwällen sitzen. Wir müssen sofort hin, haben aber noch zu wenig Leute.«

Und die Kosaken ritten mit großem Geschrei vorüber. Olenin überlegte sich, daß er nicht recht daran täte, wenn er nicht mitritte; er meinte auch, bald wieder zurück sein zu können. Er kleidete sich an, lud sein Gewehr mit Kugeln, sprang auf das von Wanjuscha in aller Eile gesattelte Pferd und holte die Kosaken am Dorfende ein. Die Kosaken waren abgestiegen, standen im Kreise herum, schenkten aus einem hölzernen Fäßchen Wein in die Tschapura und tranken auf einen glücklichen Ausgang der Expedition. Unter ihnen befand sich auch ein junger Stutzer von Fähnrich, der zufällig im Dorf anwesend war und das Kommando über die neun anwesenden Kosaken übernommen hatte. Die anderen waren alles gemeine Kosaken, und obwohl sich der Fähnrich ein befehlshaberisches Aussehen zu geben bemühte, gehorchten alle nur Lukaschka. Olenin wurde gar keine Aufmerksamkeit geschenkt. Als alle aufgesessen und losgeritten waren, näherte sich Olenin dem Fähnrich und fragte ihn, worum es sich handelte, aber der Fähnrich, der sonst sehr freundlich war, tat jetzt sehr von oben herab. Nur mit Mühe gelang es Olenin zu erfahren, um was es sich handelte. Die Streife, die auf Suche nach Abreken ausgeschickt worden war, hatte einige Krieger aus den Bergen etwa acht Werst vom Dorfe entfernt in den Sandwällen der Steppe angetroffen. Die Abreken hatten sich in einem Loch festgesetzt, schossen und drohten, sie würden sich nicht lebendig ergeben. Der Unteroffizier, der mit zwei anderen bei der Streife gewesen war, war dageblieben, um sie zu bewachen, und hatte einen Kosaken nach Verstärkung ins Dorf geschickt.

Die Sonne ging auf. Drei Werst vom Dorf entfernt öffnete sich nach allen Seiten die Steppe, nichts war zu sehen als die einförmige, trostlose, trockene Ebene mit von Viehspuren durchzogenem Sand, mit welkem Gras hier und da, mit niedrigem Schilf in den Vertiefungen, mit wenigen, kaum ausgetretenen Wegen und mit nogaischen Lagern, die in der Ferne am Horizont zu sehen waren. Überraschend wirkte das Fehlen von Schatten und der herbe Charakter der Landschaft. Die Sonne geht in der Steppe rot auf und ebenso rot unter. Wenn es windig ist, wirbelt der Wind ganze Berge von Sand auf. Und ist es still, so wirkt die Stille, die weder durch eine Bewegung noch durch Töne unterbrochen wird, geradezu überwältigend. An diesem Morgen war die Steppe vollständig still und trübe, obwohl die Sonne schon aufgegangen war; es war irgendwie besonders einsam und weich. Die Luft bewegte sich nicht. Nur das Auftreten und das Schnauben der Pferde war zu hören, aber auch diese Laute waren schwach und erstarben bald. Die Kosaken ritten schweigend. Die Waffen sind so angebracht, daß nichts klingen oder klirren kann. Klirrende Waffen sind die größte Schande für einen Kosaken. Zwei Kosaken aus dem Dorf kamen nach, und es wurden ein paar Worte gewechselt. Unter Lukaschka stolperte das Pferd, es blieb mit dem Huf irgendwie im Gras hängen – das gilt bei den Kosaken als schlechtes Vorzeichen. Die Kosaken drehten sich um und beeilten sich wegzusehen und diesen Umstand, der gerade jetzt besonders wichtig schien, nicht zu beachten. Lukaschka zog die Zügel an, machte ein finsteres Gesicht, preßte die Zähne zusammen und schwang die Peitsche über dem Kopf. Der edle Kabardiner, der nicht wußte, mit welcher Hand er zuerst auftreten sollte, begann auf allen vieren zu tänzeln und wäre am liebsten geflogen; aber Lukaschka versetzte ihm einen Hieb auf die runden Flanken, einen zweiten und einen dritten, und der Kabardiner stieg schnaubend, mit gefletschten Zähnen und flatterndem Schweif auf die Hinterhand und überholte um einige Schritte die übrigen Kosaken.

»Ein gutes Pferd!« sagte der Fähnrich.

Daß er *Pferd* statt *Gaul* sagte, bedeutete eine besondere Auszeichnung für das Tier.

»Ein Löwe!« bestätigte ein älterer Kosak.

Die Kosaken ritten schweigend, bald im Schritt, bald im Trab, weiter, nur diese eine Begebenheit hatte für wenige Augenblicke die Stille und Feierlichkeit ihres Rittes unterbrochen. Seit sie in der Steppe waren, hatten sie auf einer Strecke von acht Werst nur einmal in der Ferne ein nogaisches Nomadenzelt auf einem Wagen, der sich langsam bewegte, gesehen. Es war ein Nogaier, der mit seiner Familie ein anderes Lager aufsuchte. Dann trafen sie in einer Schlucht noch zwei zerlumpte nogaische Frauen, die Körbe auf dem Rücken trugen und Viehdünger zum Heizen sammelten. Der Fähnrich, der nur sehr mangelhaft kumükisch sprach, wollte sie ausfragen, aber sie verstanden ihn nicht und tauschten untereinander ängstliche Blicke aus.

Lukaschka ritt heran, brachte sein Pferd zum Stehen und wandte sich mit der gebräuchlichen Begrüßung an sie. Die Frauen begannen sich sofort sehr erfreut mit ihm wie mit einem der Ihrigen zu unterhalten.

»Ai, ai, kop Abrek!« sagten sie klagend und wiesen nach der Richtung, in der die Kosaken ritten. Olenin verstand; sie sagten, es wären viele Abreken da.

Olenin hatte solche Unternehmungen noch nie mitgemacht, kannte sie nur aus den Erzählungen Onkel Jeroschkas und wollte hinter den Kosaken nicht zurückbleiben und alles sehen. Er freute sich über die Kosaken, beachtete alles, hörte zu und machte seine Beobachtungen. Er hatte zwar seinen Säbel und die geladene Flinte mit, da sich aber die Kosaken von ihm zurückzogen, beschloß er, an einem Kampf nicht teilzunehmen, um so mehr, als er seine Tapferkeit im Felde schon bewiesen hatte, vor allem aber, weil er jetzt sehr glücklich war.

Plötzlich ertönte in der Ferne ein Schuß.

Der Fähnrich geriet in Aufregung und begann anzuordnen, wie die Kosaken sich verteilen sollten und wer von welcher Seite anreiten sollte. Aber die Kosaken beachteten diese Anordnungen offenbar nicht im geringsten, hörten nur auf das, was Lukaschka sagte, und sahen nur auf ihn. Auf dem Gesicht und in der ganzen Figur Lukaschkas drückten sich Ruhe und Feierlichkeit aus. Er führte seinen Kabardiner, dem die anderen Pferde im Schritt nicht nachkommen konnten, und schaute mit zusammengekniffenen Augen vorwärts.

»Da ist ein Reiter«, sagte er, indem er sein Pferd zurückhielt und auf die anderen wartete.

Olenin konnte bei bestem Willen nichts sehen. Die Kosaken unterschieden bald zwei Reiter und ritten auf sie los.

»Sind das Abreken?« fragte Olenin.

Die Kosaken antworteten nicht, weil diese Frage in ihren Augen sinnlos war. Die Abreken wären dumm, wenn sie sich auf diese Seite zu Pferde herübergewagt hätten.

»Vater Rodka macht uns Zeichen«, sagte Lukaschka, auf die beiden Reiter weisend, die jetzt deutlich zu sehen waren. »Jetzt reitet er auf uns zu.«

Und wirklich – ein paar Minuten später war kein Zweifel mehr möglich: die Reiter waren Kosaken der Streife. Der Unteroffizier ritt an Lukaschka heran.

41

»Weit?« fragte Lukaschka nur. Im selben Augenblick ertönte in dreißig Schritt Entfernung ein kurzer und trockener Schuß. Der Unteroffizier lächelte leicht.

»Das ist unser Gurko, der auf sie schießt«, sagte er, indem er mit dem Kopf in die Richtung des Schusses wies.

Nach ein paar Schritten sahen sie Gurko, der hinter einem kleinen Sandhügel saß und sein Gewehr lud. Gurko schoß aus Langeweile auf die Abreken, die hinter einem Sandhügel versteckt saßen. Eine Gewehrkugel pfiff vorbei. Der Fähnrich war blaß und aufgeregt. Lukaschka sprang vom Pferd, warf den Zügel einem anderen Kosaken zu und ging zu Gurko. Olenin tat dasselbe und ging gebückt hinter ihm her. Sie waren eben an den schießenden Kosaken herangekommen, als zwei Kugeln über sie hinwegpfiffen. Lukaschka blickte sich lachend nach Olenin um und bückte sich etwas.

»Sie werden dich noch erschießen, Andrejitsch«, sagte er. »Geh lieber weg. Da hast du nichts zu suchen.«

Aber Olenin wollte durchaus die Abreken sehen.

In etwa zweihundert Schritt Entfernung erblickte er Mützen und Gewehre hinter dem Hügel. Plötzlich zeigte sich Rauch, noch eine Kugel pfiff vorbei. Die Abreken saßen unterhalb eines Hügels in einem Sumpf. Olenin überraschte der Ort. Der Ort war eigentlich nicht viel anders als die übrige Steppe, aber dadurch, daß die Abreken dort saßen, bekam er einen besonderen Anstrich. Es kam ihm so vor, als ob die Abreken durchaus gerade da sitzen müßten. Lukaschka ging zu seinem Pferd zurück, und Olenin ging ihm nach.

»Wir müssen einen Heuwagen nehmen«, sagte Luka, »sonst erschießen sie uns. Dort hinter dem Hügel steht ein nogaischer Wagen mit Heu.«

Der Fähnrich hörte ihn an, der Unteroffizier pflichtete bei. Der Heuwagen wurde gebracht, die Kosaken verschanzten sich dahinter und begannen den Wagen vor sich herzuschieben. Olenin ritt auf einen kleinen Hügel hinauf, von dem aus er alles sehen konnte. Der Heuwagen bewegte sich vorwärts; die Kosaken drängten nach. Die Kosaken bewegten sich vorwärts; die Tschetschenzen – es waren neun Mann – saßen nebeneinander, Knie an Knie, und schossen nicht. Alles war still. Plötzlich erschallten aus der Stellung der Tschetschenzen die merkwürdigen Klänge eines schwermütigen Liedes, ähnlich dem »Adalalai« Onkel Jeroschkas. Die Tschetschenzen wußten, daß sie nicht entkommen konnten, und um nicht der Versuchung zur Flucht zu unterliegen, hatten sie sich Knie an Knie mit Riemen zusammengebunden, ihre Flinten schußbereit gemacht und den Todesgesang angestimmt.

Die Kosaken kamen mit dem Heuwagen immer näher, und Olenin erwartete jeden Augenblick ihre Schüsse; aber nur das wehmütige Lied der Abreken störte die Stille. Plötzlich brach das Lied ab, ein kurzer Schuß ertönte, eine Kugel klatschte gegen die Deichsel des Wagens, die Tschetschenzen schimpften und schrien. Jetzt folgte Schuß auf Schuß, eine Kugel nach der anderen schlug in den Wagen. Die Kosaken schossen nicht und waren nur noch fünf Schritt entfernt.

Es verging noch ein Augenblick; dann stürzten die Kosaken mit Gejohle auf beiden Seiten des Wagens vor, Lukaschka allen voran. Olenin hörte ein paar Schüsse, Geschrei und Stöhnen. Er sah Rauch und Blut, wie ihm schien. Er ließ das Pferd stehen und rannte wie von Sinnen zu den Kosaken. Das Entsetzen ließ ihn nicht klar sehen. Er konnte nichts erkennen, verstand nur, daß alles zu Ende war. Lukaschka, blaß wie ein Tuch, hielt einen verwundeten Tschetschenzen an den Händen fest und schrie: »Erschlag ihn nicht! Ich will ihn lebendig gefangennehmen!« Es war derselbe rote Tschetschenze, der dagewesen war, um die Leiche seines toten Bruders abzuholen. Lukaschka schnürte ihm die Hände zusammen. Der Tschetschenze riß sich los und gab einen Schuß aus seiner Pistole ab. Lukaschka fiel um. Auf seinem Leib zeigte sich Blut. Er sprang auf, fiel aber sofort wieder hin und schimpfte auf russisch und tatarisch. Die Blutlache auf ihm und unter ihm wurde immer größer. Die Kosaken kamen heran und versuchten, ihm den Gürtel zu öffnen. Nasarka wollte mit zugreifen, es dauerte aber eine Weile, ehe er seinen Säbel in die Scheide stecken konnte, immer wieder machte er es verkehrt. Die Schneide des Säbels war blutig.

Die Tschetschenzen, rothaarig und mit schön gestutzten Schnurrbärten, lagen tot und zersäbelt da. Nur der eine, den alle kannten und der auf Lukaschka geschossen hatte, war zwar von Wunden bedeckt, aber noch lebendig. Wie ein angeschossener Habicht, blutig (Blut floß ihm unter dem rechten Auge hervor), hockte er mit zusammengepreßten Zähnen blaß und finster da, sah mit gereizten, weit offenen Augen nach allen Seiten und hielt, zur Verteidigung bereit, seinen Dolch fest. Der Fähnrich trat an ihn heran, tat, als wollte er um ihn herumgehen, machte eine schnelle Bewegung und schoß ihn mit der Pistole ins Ohr. Der Tschetschenze wollte aufspringen, kam aber nicht mehr dazu und fiel um.

Noch ganz außer Atem, schleppten die Kosaken die Toten auseinander und nahmen ihnen die Waffen ab. Jeder dieser rothaarigen Tschetschenzen war ein Mensch gewesen, jeder hatte seinen eigenen, besonderen Ausdruck. Lukaschka wurde zum Wagen getragen. Er schimpfte russisch und tatarisch durcheinander. »Warte, mit meinen eigenen Händen werde ich dich erdrosseln! Du entgehst mir nicht! Ana seni!« schrie er. Dann übermannte ihn die Schwäche.

Olenin ritt nach Hause. Am Abend sagte man ihm, daß Lukaschka im Sterben liege, daß aber ein Tatare es übernommen habe, ihn mit Kräutern zu kurieren.

Die Leichname der Abreken wurden zur Ortskommandantur gebracht. Frauen und Kinder liefen hin, um sie anzusehen.

Olenin war in der Dämmerung zurückgekehrt und konnte seiner Erregung über all das, was er gesehen hatte, noch lange nicht Herr werden; erst als es auf die Nacht zuging, stürmten die Ereignisse des Vortages wieder auf ihn ein; er sah zum Fenster hinaus: Marjana ging aus dem Haus in die Vorratskammer und räumte auf. Die Mutter war im Weingarten, der Vater in der Kommandantur. Olenin wartete nicht erst ab, bis sie mit der Arbeit fertig sein würde, und ging zu ihr. Sie war in der Hütte und stand mit dem Rücken zu ihm. Olenin glaubte, daß sie sich schämte.

»Marjana!« sagte er, »he, Marjana! Darf ich zu dir hinein?«

Sie wandte sich plötzlich um. In ihren Augen standen kaum merklich Tränen. Auf ihrem Gesicht lag edle Trauer. Sie sah ihn schweigend und erhaben an.

Olenin wiederholte: »Marjana, ich bin gekommen …«

»Laß das«, sagte sie. Ihr Gesicht veränderte sich nicht, aber die Tränen strömten ihr aus den Augen.

»Was hast du? Warum?«

»Was ich habe?« wiederholte sie mit grober, harter Stimme. »Kosaken sind erschlagen worden, das habe ich.«

»Lukaschka?« sagte Olenin.

»Geh, was suchst du hier?«

»Marjana!« sagte Olenin und ging auf sie zu.

»Niemals wirst du etwas von mir bekommen.«

»Marjana, sag das nicht«, bat Olenin.

»Geh fort, Verfluchter!« schrie das Mädchen plötzlich, stampfte mit dem Fuß auf und rückte drohend näher. Und so viel Abscheu, Verachtung und Wut drückten sich auf ihrem Gesicht aus, daß Olenin plötzlich begriff, daß er nichts von ihr zu erhoffen hatte, daß das, was er früher über die Unzugänglichkeit dieses Mädchens gedacht hatte, zweifellos richtig war.

Olenin sagte nichts und lief aus der Hütte.

42

Daheim lag er zwei Stunden vollständig unbeweglich auf seinem Bett; danach begab er sich zum Kompanieführer und in den Stab. Er ließ Wanjuscha mit den Hausleuten abrechnen, und ohne sich von irgend jemandem zu verabschieden, machte er sich fertig, um in die Festung zu fahren, wo sein Regiment lag. Nur Onkel Jeroschka begleitete ihn. Sie tranken, tranken noch einmal und tranken abermals. Ebenso wie in Moskau stand die Posttroika vor der Auffahrt. Aber Olenin rechtete nicht mehr mit sich selbst, sagte nicht mehr, daß das, was er hier gedacht und getan habe, nicht das Richtige sei. Er versprach sich kein neues Leben. Er liebte Marjana mehr als vorher und wußte jetzt, daß er von ihr nie geliebt sein würde.

»Na, leb wohl, mein Vater«, sagte Onkel Jeroschka. »Gehst du wieder ins Feld, sei klug, hör auf mich Alten. Bei einem Überfall (ich bin ein alter Wolf, habe viel erlebt), überhaupt wenn geschossen wird, niemals mit dem Haufen gehen, wo viel Volk ist. Wenn ihr euch fürchtet, drängt ihr euch immer zu den anderen, ihr glaubt, mit den anderen sei es lustiger. Aber das ist das allerschlimmste: es wird in den Haufen gezielt. Ich pflegte mich immer von den anderen fernzuhalten, ging immer allein: deshalb bin ich auch nie verwundet worden. Und was habe ich nicht alles in meinem Leben gesehen?«

»Und doch sitzt eine Kugel in deinem Rücken«, sagte Wanjuscha, der im Zimmer aufräumte.

»Das haben Kosaken getan, im Spaß.«

»Wieso Kosaken?« fragte Olenin.

»Einfach so! Es wurde getrunken. Ein Kosak, Wanka Sitkin, kommt außer Rand und Band, schießt mit der Pistole und trifft mich gerade dahin.«

»Hat es sehr weh getan?« fragte Olenin. »Wanjuscha, bist du bald fertig?« fügte er hinzu.

»Äh! Wohin eilst du? Laß mich erzählen … Er trifft mich, aber die Kugel schlägt den Knochen nicht durch und bleibt stecken. Ich sage: ›Du hast mich getötet. Nicht? Was hast du mit mir gemacht? Ich laß dich nicht so einfach gehen. Einen Eimer mußt du spendieren.‹«

»Es hat wohl sehr weh getan?« fragte Olenin wieder, beinahe ohne auf die Erzählung zu hören.

»Laß mich zu Ende sprechen. Der Eimer wurde spendiert. Wir trinken. Aber das Blut fließt immer weiter. Die ganze Hütte ist voller Blut. Da sagt der Großvater Burlak: ›Der Junge wird verrecken. Laß noch Süßen auffahren, sonst stellen wir dich vor Gericht.‹ So wurde noch welcher gebracht. Wir haben gezecht und gezecht …«

»Ja, hat es denn sehr weh getan?« fragte Olenin wieder.

»Ach wo! Unterbrich mich nicht immer, das kann ich nicht ausstehen. Laß mich zu Ende erzählen. Wir zechten und zechten bis in den Morgen hinein, und schließlich schlafe ich besoffen auf dem Ofen ein. Wie ich am Morgen aufwache, kann ich mich nicht gerade aufrichten.«

»Hat es so weh getan?« fragte Olenin und glaubte jetzt endlich die Antwort auf seine Frage zu bekommen.

»Hab ich dir denn gesagt, daß es weh tat? Nicht weh, aber ausstrecken konnte ich mich nicht, konnte nicht gehen.«

»Na, und dann heilte es wieder zu?« sagte Olenin, ohne zu lachen, so schwer war ihm ums Herz.

»Es heilte zu, aber die Kugel ist immer noch da. Fühl einmal!« Er schlug das Hemd zurück und zeigte auf seinen mächtigen Rücken, wo neben dem Rückgrat eine Kugel herumrollte.

»Siehst du, sie rollt«, sagte er und schien an der Kugel Spaß zu haben wie an einem Spielzeug.

»Jetzt ist sie tiefer gerollt.«

»Sag, wird Lukaschka am Leben bleiben?« fragte Olenin.

»Das weiß Gott allein. Es ist kein Arzt da. Man ist um einen gefahren.«

»Wo soll denn einer geholt werden? In Grosnaja?«

»Nee, mein Vater … Eure russischen Ärzte hätte ich schon längst alle aufhängen lassen, wenn ich Zar wäre. Die verstehen nur zu schneiden. Einem von unseren Kosaken, dem Baklaschew, haben sie das Bein abgeschnitten, er ist kein Mensch mehr. Solche Narren. Was ist Baklaschew denn noch wert? Nein, mein Vater, im Gebirge, da gibt es noch richtige Ärzte. Mein Freund Girtschik ist im Feld an der Brust verwundet worden. Eure Ärzte haben sich von ihm losgesagt, aber von den Bergen ist der Saib gekommen und hat ihn wieder gesund gemacht. Die kennen solche Kräuter.«

»Hör mit dem Unsinn auf«, sagte Olenin. »Ich werde aus dem Stab einen Arzt schicken.«

»Unsinn!« äffte der Alte nach. »Narr! Unsinn! Arzt schicken! Wenn die eurigen richtig kurieren könnten, würden Kosaken und Tschetschenzen zu ihnen fahren, aber eure Offiziere und Obersten verschreiben sich ja selbst die Ärzte aus dem Gebirge. Bei euch ist alles falsch.«

Olenin widersprach nicht. Er war selbst zu sehr davon überzeugt, daß in der Welt, aus der er gekommen war und in die er zurückfuhr, alles falsch war.

»Was ist denn mit Lukaschka? Bist du bei ihm gewesen?«

»Er liegt wie ein Toter da. Ißt nicht und trinkt nicht, nur Schnaps kann er zu sich nehmen. Ja, Schnaps kann er trinken. Es kann einem leid tun um den Burschen. War ein lieber Kleiner, ein Dschigit wie ich. So habe auch ich einmal im Sterben gelegen. Die alten Weiber heulten. Im Kopf eine Hitze! Unter die Heiligenbilder hatten sie mich gelegt. Ich liege so da, und so ganz kleine Trommler spielen auf dem Ofen den Zapfenstreich. Ich schreie sie an, und sie legen erst recht los.« Der Alte lachte. »Die Weiber brachten einen Geistlichen zu mir, wollten mich schon begraben, faselten: ›Er ist weltlich gewesen, hat sich mit Weibern abgegeben, Seelen zugrunde gerichtet, die Fasten nicht eingehalten, Balalaika gespielt. Beichte‹, sagen sie. Da habe ich gebeichtet. ›Sündig bin ich‹, sage ich. Was der Pope auch sagt, immer antworte ich: ›Sündig.‹ Da fragt er mich nach der Balalaika. ›Wo ist die Verfluchte?‹ fragt er. ›Zeig sie her und mach sie kaputt.‹ – ›Ich besitze gar keine‹, sage ich. Dabei hatte ich sie in ein Netz eingewickelt und in dem Verschlag versteckt, ich wußte, daß man sie dort nicht finden würde. So haben sie mich gelassen. Aber ich bin doch durchgekommen. Und wie ich dann wieder Balalaika spielte … Was wollte ich doch sagen?« fuhr er fort. »Ja, hör auf mich, halte dich von den anderen fern, sonst wirst du getötet. Ich habe Mitleid mit dir, wirklich wahr. Du bist ein Säufer, ich habe dich gern. Dann reitet deinesgleichen gern auf die Hügel. Es hat hier bei uns einer gelebt, der auch aus Rußland war, der ritt immer auf die Hügel hinauf. Sobald er ei-

nen Hügel erblickte, galoppierte er los. Einmal, da reitet er auch
wieder so hinauf und ist außerordentlich zufrieden. Aber ein
Tschetschenze zielt und schießt ihn tot. Sie können sehr
geschickt von der Stützgabel aus schießen. Es gibt solche, die
darin geschickter sind als ich. Ich kann es nicht ausstehen, wenn
auf diese Weise getötet wird. Ich wundere mich immer über
eure Soldaten. So 'ne Dummheit. Alle gehen sie in einem Haufen und nähen sich noch rote Kragen auf. Wie sollte man da
nicht treffen? Einer wird getötet, fällt um, wird zur Seite ge-
schleppt, der Ärmste, ein anderer geht. So 'ne Dummheit!« wiederholte der Alte und wiegte den Kopf. »Warum gehen sie nicht
auseinander und jeder für sich? Jeder sollte für sich gehen. Er
würde nicht erkannt werden.«

»Nun, danke! Leb wohl, Onkel! So Gott will, werden wir uns
mal wiedersehen«, sagte Olenin; er stand dabei auf und wollte
auf den Flur hinaus.

Der Alte hatte auf dein Boden gesessen und stand nicht auf.

»Sagt man sich denn so Lebewohl? Narr! Narr!« sagte er. »Was
ist das für ein Volk heutzutage! Haben ein ganzes Jahr zusammengehalten und jetzt: leb wohl – und weg ist er. Ich habe dich
doch lieb, ich habe Mitleid mit dir. Immer bist du allein und allein. Du Ärmster. Menschenscheu bist du. Manchmal, wenn ich
nicht schlafe, muß ich an dich denken, so leid tust du mir. Wie
heißt es doch im Lied: In der kalten Fremde zu leben, liebster
Bruder, ist nicht leicht. – So auch du.«

»Nun, leb wohl«, erwiderte Olenin.

Der Alte richtete sich auf und gab ihm die Hand. Olenin
drückte sie und wollte gehen.

»Gib deinen Rüssel her!«

Der Alte nahm seinen Kopf zwischen die dicken Hände,
küßte ihn dreimal mit nassem Schnurrbart und nassen Lippen
und weinte.

»Ich habe dich lieb. Leb wohl!«

Olenin stieg in den Wagen.

»Willst du denn so wegfahren? Solltest mir doch wenigstens
etwas zur Erinnerung schenken. Eine Flinte vielleicht. Wozu
brauchst du zwei?« sagte der Alte, in ehrlichem Gram aufschluchzend.

Olenin suchte das Gewehr heraus und gab es ihm.

»Was haben Sie nicht schon alles diesem Alten geschenkt!« brummte Wanjuscha. »Hat noch immer zu wenig! Alter Bettler, ungebildetes Volk«, bemerkte er, während er sich in seinen Mantel wickelte und auf dem Bock zurechtsetzte.

»Schweig still, du Schwein!« rief der Alte lachend. »Ist das ein Geizhals!«

Marjana kam aus dem Verschlag heraus, blickte gleichgültig auf die Troika, neigte den Kopf und ging ins Haus.

»La fille!« sagte Wanjuscha mit schlauem Gesicht und brach in sein dummes Lachen aus.

»Los!« rief Olenin ärgerlich.

»Leb wohl, mein Vater, leb wohl! Ich werde dich nicht vergessen!« schrie Onkel Jeroschka.

Olenin blickte sich um. Onkel Jeroschka unterhielt sich mit Marjanka über seine Angelegenheiten, und weder der Alte noch das Mädchen sah ihm nach ...

Polikuschka

1

»Wie Sie zu befehlen geruhen, Herrin! Aber um die Dutlows kann es einem leid tun. Sie sind, einer wie der andere, tüchtige Leute; wenn wir aber nicht wenigstens einen vom Hofgesinde stellen, muß unbedingt ein Dutlow dran«, sagte der Verwalter, »es weisen ohnedies alle auf sie hin. Übrigens geschehe es nach Ihrem Willen.«

Und er legte die rechte Hand auf die linke, hielt beide vor den Bauch, neigte den Kopf auf die andere Seite, zog beinahe schmatzend die dünnen Lippen ein, verdrehte die Augen und verstummte in der offenkundigen Absicht, lange zu schweigen und ohne Gegenrede all den Unsinn anzuhören, den die Herrin ihm darauf erwidern würde.

Es war der dem Hofgesinde angehörende Verwalter, der, glattrasiert und in einem langen Überrock besonderen Verwalterschnitts, eines Abends im Herbst vor seiner Herrin stand, um Meldung zu erstatten. Die Meldung bestand nach den Begriffen der Herrin darin, daß sie den Bericht über erledigte Wirtschaftsangelegenheiten entgegennahm und Anordnungen für die bevorstehenden traf. Nach den Begriffen des Verwalters, Jegor Michailowitschs, war die Meldung ein Akt, bei dem er gleichmäßig auf den beiden auswärts gerichteten Füßen in einer Ecke zu stehen, das Gesicht dem Diwan zuzuwenden, allerhand Geschwätz, das nicht zur Sache gehörte, anzuhören und dann verschiedene Mittel zu ergreifen hatte, um die Herrin dahin zu bringen, daß sie auf alle Vorschläge Jegor Michailowitschs schnell und ungeduldig: »Gut, gut!« sagte.

Jetzt handelte es sich um die Rekrutenaushebung. Das Dorf Pokrowskoje mußte drei Mann stellen. Zwei davon waren durch das Zusammentreffen häuslicher, sittlicher und wirtschaftlicher Bedingungen unzweifelhaft vom Schicksal selbst dazu bestimmt. Hinsichtlich dieser beiden konnte es kein Zögern und Streiten geben, weder von seiten der Herrin noch von seiten der Gemeinde noch von seiten der öffentlichen Meinung. Der dritte war strittig. Der Verwalter wollte einen der drei Dutlows retten und den verheirateten Hofknecht Polikuschka stellen, der einen äußerst schlechten Ruf hatte und schon mehrfach beim Stehlen von Säcken, Riemen und Heu gefaßt worden war; die Herrin jedoch, welche den zerlumpten Kindern Polikuschkas häufig Freundlichkeiten erwies und seine Moral vermittels biblischer Ermahnungen zu bessern suchte, wollte ihn nicht hergeben. Gleichzeitig aber wünschte sie auch den Dutlows nichts Böses, die sie nicht kannte und nie gesehen hatte. Aber sie konnte sich aus irgendeinem Grunde nicht zusammenreimen, und auch der Verwalter konnte sich dazu nicht entschließen, ihr geradeswegs zu erklären, daß ein Dutlow sich stellen müsse, falls Polikuschka nicht ginge. »Ich will das Unglück der Dutlows ja nicht«, sagte sie gefühlvoll. Wenn Sie das nicht wollen, so zahlen Sie dreihundert Rubel für einen Ersatzmann, hätte man ihr darauf antworten müssen. Aber die Diplomatie ließ das nicht zu.

Jegor Michailowitsch blieb also ruhig stehen, lehnte sich sogar unmerklich an den Türpfosten, behielt jedoch den unterwürfigen Gesichtsausdruck bei und beobachtete, wie die Lippen der Herrin sich bewegten und wie sich die Rüsche ihrer Haube mitsamt ihrem Schatten an der Wand unter dem Bild auf und nieder bewegte. Aber er hielt es nicht für nötig, in den Sinn ihrer Gedanken einzudringen. Die Herrin sprach lange und viel. Er verspürte hinter den Ohren einen Krampf von unterdrücktem Gähnen, verwandelte ihn aber geschickt in Husten, indem er die Hand vor den Mund hielt und sich räusperte. Ich habe kürzlich gesehen, wie Lord Palmerston, das Gesicht mit dem Hut bedeckt, dasaß, während ein Mitglied der Opposition das Ministerium niederdonnerte, dann aber plötzlich aufstand und in einer dreistündigen Rede auf alle Punkte des Redners antwortete; ich sah es und staunte nicht, weil ich ähnliches tausendmal zwischen Jegor Michailowitsch und seiner Herrin beobachtet hatte. Ob er nun einzuschlafen fürchtete oder es ihm schien, daß sie sich allzusehr fortreißen ließ, jedenfalls verlegte er das Schwergewicht seines Körpers von dem linken Fuß auf den rechten und begann mit seiner üblichen sakramentalen Einleitung.

»Ihr Wille geschehe, Herrin, nur ... nur die Gemeindeversammlung steht jetzt vor meinem Kontor, und es muß ein Ende gemacht werden. Im Befehl heißt es, daß bis zu Mariä Schutz und Fürbitte drei Rekruten in die Stadt gebracht werden müssen. Die Bauern aber weisen auf die Dutlows hin, und es ist ja auch sonst niemand da. Der Mir kümmert sich um Ihren Vorteil nicht; dem ist es ganz gleich, wenn wir die Dutlows zugrunde richten. Ich weiß doch, wie sie sich geplagt haben. Seitdem ich Verwalter bin, haben sie stets in der größten Armut gelebt. Der Alte hat das Heranwachsen des jüngsten Neffen kaum erwarten können, nun muß man sie wieder ruinieren. Ich aber, Sie belieben es zu wissen, sorge mich um Ihr Eigentum wie um mein eigenes. Es tut mir leid, Herrin, aber wie Sie befehlen! Die Dutlows sind weder verwandt noch verschwägert mit mir, und ich habe auch nichts von ihnen genommen ...«

»Das denke ich ja auch gar nicht, Jegor«, unterbrach ihn die Herrin und dachte sofort, daß die Dutlows ihn bestochen hätten.

»... aber es ist der beste Hof in ganz Pokrowskoje. Gottesfürchtige, arbeitsame Bauern. Der Alte ist seit dreißig Jahren Kirchenältester, trinkt keinen Schnaps, gebraucht nie ein häßliches Schimpfwort und geht in die Kirche.« Der Verwalter wußte, wie er die Herrin bestechen konnte. »Und vor allem muß ich Ihnen melden, er hat nur zwei Söhne, die anderen sind Neffen. Der Mir weist auf sie hin, aber eigentlich müßte er ein Zweierlos erhalten. Andere mit drei Söhnen haben ihren Besitz wegen Zahlungsunfähigkeit geteilt und sind nun im Recht, aber diese müssen jetzt für ihre Ehrenhaftigkeit leiden ...«

Jetzt begriff die Herrin gar nichts mehr – sie begriff nicht, was ein »Zweierlos« und die »Ehrenhaftigkeit« hier zu bedeuten hatten; sie hörte nur Laute und beobachtete die Nankingknöpfe am Rock des Verwalters: den oberen knöpfte er wahrscheinlich seltener zu, daher saß er noch ganz fest, während sich der mittlere ganz abgelöst hatte und herunterhing, so daß man ihn längst hätte annähen müssen. Aber bei einer Unterhaltung, besonders bei einer geschäftlichen, ist es bekanntlich gar nicht nötig, das zu verstehen, was einem gesagt wird, sondern man muß nur wissen, was man selber sagen will. So handelte auch die Herrin.

»Warum willst du das nicht verstehen, Jegor Michailowitsch?« sagte sie, »ich wünsche durchaus nicht, daß ein Dutlow zu den Soldaten kommt. Ich meine doch, du kennst mich zur Genüge, um zu wissen, daß ich alles tue, was ich kann, um meinen Bauern zu helfen, und daß ich nicht ihr Unglück will. Du weißt, daß ich bereit wäre, alles zu opfern, um dieser traurigen Notwendigkeit zu entgehen und weder einen Dutlow noch den Chorjuschkin hergeben zu müssen.« Ich weiß nicht, ob es dem Verwalter in den Sinn kam, daß man, um dieser traurigen Notwendigkeit zu entgehen, nicht *alles* zu opfern brauchte, sondern daß dreihundert Rubel genügten; aber dieser Gedanke hätte ihm leicht kommen können. »Eins nur sage ich dir, daß ich Polikej auf keinen Fall hergebe. Als er mir nach dieser Geschichte mit der Uhr selbst seine Schuld eingestand, weinte und schwor, daß er sich bessern werde, habe ich lange mit ihm gesprochen und gesehen, daß er gerührt war und aufrichtig bereute.« Nun, jetzt ist sie im Zug! dachte Jegor Michailowitsch und fing an, den Fruchtgelee genau zu betrachten, den sie in ein mit Wasser gefülltes Glas getan hatte: ob es wohl Apfelsinen- oder Zitronengelee war? Wahrscheinlich etwas Bitteres, dachte er. »Seit jener Zeit sind sieben Monate vergangen, und er hat sich kein einziges Mal betrunken und benimmt sich vorzüglich. Seine Frau hat mir gesagt, daß er ein anderer Mensch geworden ist. Und wie kannst du wollen, daß ich ihn jetzt bestrafe, nachdem er sich gebessert hat? Und wäre es denn nicht unmenschlich, einen Mann abzugeben, der fünf Kinder hat und sie allein ernährt? Nein, davon solltest du lieber nicht mit mir sprechen, Jegor …«

Und die Herrin trank aus dem Glas.

Jegor Michailowitsch verfolgte mit den Augen, wie das Wasser durch ihren Hals rann, und entgegnete dann kurz und trocken: »Sie befehlen also, einen Dutlow zu bestimmen?«

Die Herrin schlug die Hände zusammen.

»Kannst du mich denn nicht verstehen? Will ich denn Dutlows Unglück, habe ich denn irgend etwas gegen ihn? Gott ist mein Zeuge, daß ich bereit bin, alles für sie zu tun.« Sie blickte nach einem Bild in der Ecke, besann sich aber, daß es weder Gott noch einen Heiligen darstellte: Nun, gleichviel, darauf kommt es ja nicht an, dachte sie. Es war seltsam, daß sie wiederum nicht auf den Gedanken an die dreihundert Rubel kam. »Aber was soll ich denn machen? Weiß ich denn, wie und was? Ich kann es nicht wissen. Ich verlasse mich also auf dich, du weißt, was ich will. Mach es so, daß alle zufrieden sind und dem Gesetz Genüge geschieht. Was ist da zu machen? Nicht nur sie allein, alle haben schwere Augenblicke im Leben. Nur Polikej darf nicht hergegeben werden. Du mußt begreifen, daß das von meiner Seite entsetzlich wäre.«

Sie hätte noch länger geredet – so sehr war sie in Eifer geraten; aber in diesem Augenblick kam ein Stubenmädchen ins Zimmer.

»Was gibt's, Dunjascha?«

»Ein Bauer ist gekommen, er läßt Jegor Michailowitsch fragen, ob er der Versammlung zu warten befiehlt?« sagte Dunjascha und sah Jegor Michailowitsch zornig an. Ist das ein Verwalter! dachte sie. Da hat er die Herrin aufgeregt, jetzt läßt sie einen wieder bis zwei Uhr nicht schlafen.

»So geh, Jegor«, sagte die Herrin, »mach alles, wie es am besten ist.«

»Zu Befehl!« Er sagte nichts mehr von den Dutlows. »Und wen befehlen Sie zum Gärtner, um das Geld zu schicken?«

»Ist denn Petruscha noch nicht aus der Stadt zurück?«

»Nein.«

»Könnte nicht Nikolaj fahren?«

»Der Vater liegt mit Kreuzschmerzen im Bett«, sagte Dunjascha.

»Wünschen Sie nicht, daß ich morgen selber fahre?«

»Nein, du bist hier nötig, Jegor.« Die Herrin dachte nach. »Wieviel Geld ist es?«

»Vierhundertzweiundsechzig Rubel.«

»Schick Polikej«, sagte die Herrin und sah entschlossen in Jegor Michailowitschs Gesicht.

Jegor Michailowitsch zog, ohne die Zähne zu zeigen, die Lippen auseinander, als lächelte er, aber seine Züge veränderten sich nicht.

»Zu Befehl!«

»Schick ihn zu mir.«

»Zu Befehl!« Und Jegor Michailowitsch begab sich ins Kontor.

2

Polikej besaß als unbedeutender und verrufener Mensch, der noch dazu aus einem anderen Dorf stammte, keine Protektion, weder durch die Beschließerin noch durch den Küchenmeister, weder durch den Verwalter noch durch ein Stubenmädchen, und sein *Winkel* war der allerschlechteste, obwohl er mit Frau und Kindern sieben Kopf zählte. Diese *Winkel* waren noch von dem verstorbenen Gutsherrn auf folgende Weise erbaut worden: In der Mitte einer zehn Ellen langen steinernen Hütte stand ein russischer Ofen, umgeben von einem *Kollidor,* wie das Hofgesinde sagte, und in jeder Ecke war ein durch Bretter abgeteilter *Winkel.* Platz war also wenig vorhanden, besonders in Polikejs Winkel, der sich der Tür zunächst befand. Das Ehebett mit der Steppdecke und den Kattunkissen, die Wiege mit einem Kind darin, ein dreibeiniges Tischchen, auf dem gekocht, gewaschen, aller Hausrat aufgestapelt wurde und Polikej selber arbeitete (er war Roßarzt), Fäßchen, Kleider, Hühner, ein Kälbchen und sie selber füllten den ganzen Winkel aus und hätten sich nicht rühren können, wenn der gemeinsame Ofen nicht seinen vierten Teil hergegeben hätte, auf dem Menschen und Sachen Platz fanden, und wenn man nicht auf die Vortreppe hätte hinausgehen können. Eigentlich konnte man es ja nicht: Im Oktober ist's kalt, und an warmen Sachen war für alle sieben ein einziger Schafpelz da; aber die Kinder konnten sich durch Laufen erwärmen, die Großen durch Arbeiten und beide, indem sie auf den Ofen kletterten, wo bis zu vierzig Grad Wärme waren. Man hätte glauben müssen, es sei furchtbar, in solchen Verhältnissen zu leben, aber sie focht das wenig an: Es ließ sich leben. Akulina wusch und nähte für Mann und Kinder, spann und webte und bleichte ihr Leinen, kochte und buk in dem gemeinsamen Ofen, zankte sich und klatschte mit den Nachbarn. Die Monatszuteilungen reichten nicht nur für die Kinder, sondern auch noch für eine Kuh. Das Holz war frei, das Futter fürs Vieh auch. Auch Heu aus dem Pferdestall fiel gelegentlich ab. Man besaß ein Streifchen Gemüseland. Die Kuh hatte gekalbt; man hielt seine eigenen Hühner. Polikej war im Pferdestall beschäftigt, betreute die zwei Hengste und ließ Pferde, Kühe und Vieh zur Ader; er reinigte die Hufe, schnitt Gaumengeschwülste auf, wandte Salben eigener Erfindung an und erhielt dafür Geld und Lebensmittel. Vom herrschaftlichen Hafer blieb auch etwas übrig. Im Dorf wohnte ein Bäuerlein, das regelmäßig jeden Monat für zwei Maß Hafer zwanzig Pfund Hammelfleisch eintauschte. Es hätte sich also leben lassen, wenn der seelische Kummer nicht gewesen wäre. Und dieser Kummer bedrückte die ganze Familie schwer. Polikej war von Jugend an in einem anderen Dorf in einem Gestüt bedienstet gewesen. Der Stallmeister, an den er geriet, war der berüchtigtste Dieb in der ganzen Gegend: Er wurde zur Ansiedlung nach Sibirien geschickt. Bei diesem Stallmeister hatte Polikej seine Lehrjahre durchgemacht und sich infolge seiner Jugend so sehr an *diese Kleinigkeiten* gewöhnt, daß er später nicht mehr davon lassen konnte, sosehr er es auch wollte. Er war eben jung und schwach; Vater und Mutter, die ihn hätten belehren können, besaß er nicht. Polikej liebte, eins zu trinken, liebte aber nicht, daß irgend etwas herumlag. Ein Kummetriemen, ein kleiner Sattel, ein Schloß, ein Deichselnagel oder etwas Wertvolleres – alles fand einen Platz bei Polikej Iljitsch. Es fanden sich auch überall Leute, die derlei Sächelchen entgegennahmen und sie mit Wein oder Geld bezahlten, je nach Vereinbarung. Das ist die leichteste Art des Erwerbs, wie es im Volksmund heißt: kein Lernen, keine Mühe, nichts ist vonnöten, und hat man's erst einmal erprobt, schmeckt keine andere Arbeit mehr. Nur eins ist schlimm bei diesem Erwerb: Man erlangt zwar alles billig und mühelos und lebt angenehm, aber plötzlich gefällt dieses Gewerbe einigen bösen Menschen nicht, und man muß alles auf einmal bezahlen und wird seines Lebens nicht mehr froh.

So geschah es auch mit Polikej. Er verheiratete sich, und Gott schenkte ihm Glück: Seine Frau, die Tochter eines Viehknechts, war ein gesundes, kluges, arbeitsames Weib; sie gebar ihm Kinder, eins immer schöner als das andere. Polikej blieb bei seinem Gewerbe, und alles ging gut. Plötzlich ereilte ihn das Mißgeschick, er wurde ertappt – ertappt bei einer Kleinigkeit: Er hatte einem Bauern Lederzügel »versteckt«. Man fand sie, verprügelte ihn, brachte es vor die Herrin und begann aufzupassen. Man ertappte ihn ein zweites, ein drittes Mal. Die Leute fingen an, ihn zu beschimpfen, der Verwalter drohte mit dem Militärdienst, die Herrin erteilte ihm eine Rüge, die Frau weinte und jammerte; alles ging fortan verquer. Polikej war ein guter und kein schlechter Mensch, nur schwach, trank gerne und hatte eine so starke Neigung dafür entwickelt, daß er's nicht mehr lassen konnte. Mitunter fing die Frau an mit ihm zu schimpfen und schlug ihn sogar, wenn er betrunken nach Hause kam, aber er weinte. »Ich bin ein unglücklicher Mensch«, sagte er, »was soll ich machen? Die Augen sollen mir platzen, wenn ich's nicht sein lasse.« Und siehe, nach einem Monat verläßt er wieder das Haus, betrinkt sich und verschwindet für zwei Tage. Irgendwoher muß er doch Geld haben, um bummeln zu können, meinen die Leute. Sein letztes Stücklein war das mit der Kontoruhr. Im Kontor hing eine alte Wanduhr, die schon lange nicht mehr ging. Da traf es sich, daß Polikej einmal allein in das offene Kontor geriet. Die Uhr stach ihm in die Augen, er trug sie fort und verkaufte sie in der Stadt. Nun mußte es wie absichtlich geschehen, daß der Händler, dem er die Uhr verkauft hatte und der mit einer Hofmagd verschwägert war, an einem Feiertag ins Dorf kam und von der Uhr erzählte. Man fing an nachzuforschen, als ob da jemandem etwas daran liegen könnte. Besonders der Verwalter mochte Polikej nicht leiden. Es kam heraus. Man meldete es der Herrin. Sie ließ Polikej zu sich kommen. Er warf sich ihr sofort zu Füßen und gestand in gefühlvollen und rührenden Worten alles ein, wie seine Frau es ihm beigebracht hatte. Er machte seine Sache gut. Die Herrin setzte ihm den Kopf zurecht, redete und redete, predigte und predigte, sprach von Gott, von der Tugend, vom künftigen Leben, von seiner Frau und den Kindern und brachte ihn bis zu Tränen. Die Herrin sagte: »Ich verzeihe dir, aber versprich mir, daß du es nie wieder tun wirst.«

»In alle Ewigkeit nicht mehr! Mag ich in den Erdboden versinken, mag mein Eingeweide zerreißen!« sagte Polikej und weinte bitterlich.

Polikej kam nach Hause; dort plärrte er den ganzen Tag wie ein Kalb und lag auf dem Ofen. Seit jener Zeit konnte Polikej keiner etwas nachsagen. Aber sein Leben war kein heiteres mehr: Die Leute betrachteten ihn als Dieb, und als die Zeit der Rekrutenaushebung kam, wiesen alle auf ihn.

Polikej war, wie schon gesagt, Roßarzt. Wie er plötzlich Roßarzt geworden, wußte niemand, am wenigsten er selber. In dem Gestüt hatte er unter dem Stallmeister, der nach Sibirien verbannt worden war, kein anderes Amt versehen, als den Dünger aus den Ställen zu fahren, die Pferde zu striegeln und Wasser heranzuholen. Dort hatte er es also nicht lernen können. Dann war er Weber gewesen, dann hatte er im Garten gearbeitet und Wege gereinigt, dann hatte er strafweise Ziegel geklopft, dann hatte er sich gegen den üblichen Zins beurlauben lassen und als Hausknecht bei einem Kaufmann verdingt. Also hatte er auch da keine Praxis gehabt. Aber als er dann heimkam, verbreitete sich so nach und nach die Kunde von seiner ungewöhnlichen, sogar etwas übernatürlichen Kunst als Roßarzt. Er ließ ein-, zweimal zur Ader, warf das Pferd dann zu Boden, stocherte ihm in den Lenden herum, befahl dann, das Pferd in den Bock zu spannen, und fing an, den Strahl bis aufs Blut zu schneiden, obwohl das Pferd um sich schlug und sogar winselte, und sagte, das hieße »das unter dem Huf befindliche Blut abzapfen«; dann erklärte er dem Bauern, daß es unbedingt nötig sei, das Blut »zur größeren Erleichterung« aus beiden Adern zu lassen, und begann mit einem Hämmerchen auf eine stumpfe Lanzette zu schlagen; dann zog er unter dem Bauch des Pferdes, das dem Großbauern gehörte, einen Streifen des Kopftuches seiner Frau durch. Endlich bestreute er allerlei Geschwüre mit Vitriol, befeuchtete es aus einem Fläschchen und gab es auch ein, wie es ihm gerade in den Sinn kam. Und je mehr Pferde er zu Tode quälte und umbrachte, desto fester glaubte man an ihn, und desto mehr Pferde wurden ihm zugeführt.

Ich fühle, daß es uns Herrschaften nicht recht ansteht, über Polikej zu lachen. Die Machenschaften, die er anwandte, um

Vertrauen einzuflößen, sind dieselben, die ihre Wirkung auf unsere Väter und auf uns ausgeübt haben und auf unsere Kinder ausüben werden. Der Bauer, der mit dem Bauch den Kopf seiner einzigen Stute niederhält, die nicht nur sein Reichtum, sondern beinahe ein Teil seiner Familie ist, und gläubig und entsetzt in Polikejs bedeutsam düsteres Antlitz und auf seine schmalen Hände schaut, mit denen er absichtlich die schmerzende Stelle drückt und kühn in das lebendige Fleisch hineinschneidet mit dem heimlichen Gedanken: Das Biest wird es schon aushalten, und sich den Anschein gibt, als wisse er, wo das Blut, wo der Eiter, wo die Sehnen, wo die Adern sind, während er das heilende Pflaster oder das Fläschchen mit Vitriol in den Zähnen hält, dieser Bauer vermag sich nicht vorzustellen, daß Polikejs Hand sich erheben könnte, um ohne Kenntnis der Dinge zu schneiden. Er selber wäre niemals imstande, das zu tun. Aber sobald einmal geschnitten ist, macht er sich keinen Vorwurf, daß er unnützerweise hat schneiden lassen. Ich weiß nicht, wie Sie darüber denken, aber ich habe ganz genau dasselbe erlebt mit einem Arzt, der auf meine Bitte hin Menschen quälte, die meinem Herzen nahestanden. Die Lanzette und das geheimnisvolle Fläschchen mit dem Sublimat und die Worte »Beulenkrankheit, Hämorrhoiden, Aderlaß, Eiter« und so weiter, ist das nicht dasselbe wie die »Nerven, Rheumatismen, Organismen« und so weiter? Der deutsche Vers: »Wage du zu irren und zu träumen«, paßt ebenso auf die Poeten wie auf die Ärzte und Roßärzte.

3

An demselben Abend, da die Versammlung anläßlich der Rekrutenauswahl in dem kalten Dunkel der Oktobernacht vor dem Kontor lärmte, saß Polikej auf dem Bettrand am Tisch und zerrieb mit einer Flasche eine Pferdearznei, die er selbst nicht kannte. Da war Sublimat, Schwefel, Glaubersalz und ein Kraut, das Polikej gesammelt hatte, weil er sich einbildete, dieses Kraut müsse sehr wirksam gegen die Dämpfigkeit sein; nun hielt er es für angebracht, es auch bei anderen Krankheiten zu geben. Die Kinder lagen schon: zwei auf dem Ofen, zwei im Bett, eins in der

Wiege, bei welcher Akulina saß und spann. Das Lichtstümpfchen, das von unordentlich »herumliegenden« herrschaftlichen
Kerzen stammte, steckte in einem auf dem Fenster stehenden
Holzleuchter, und damit ihr Mann seine wichtige Beschäftigung
nicht zu unterbrechen brauchte, stand Akulina auf, um es mit
den Fingern zu putzen. Es gab Freigeister, die Polikej für einen
schlechten Roßarzt und für einen schlechten Menschen hielten.
Andere, und zwar die Mehrzahl, hielten ihn für einen schlechten
Menschen, aber für einen großen Meister seines Fachs. Akulina
jedoch hielt ihren Mann, obwohl sie häufig mit ihm zankte und
ihn sogar schlug, zweifellos für den ersten Roßarzt und den vor-
trefflichsten Menschen der Welt. Polikej schüttete irgendwelche
Ingredienzen in die hohle Hand. Er bediente sich keiner Waage
und äußerte sich ironisch über die Deutschen, die Waagen gebrauchten. »Das ist keine Apotheke!« pflegte er zu sagen. Polikej
wog seine Substanz in der Hand und schüttelte sie; es schien
ihm zu wenig zu sein, also schüttete er das Zehnfache hinzu.
»Ich will alles hineintun, dann wirkt es besser«, sagte er vor sich
hin. Akulina sah sich auf die Stimme ihres Gebieters hin rasch
um, als sie aber merkte, daß sie die Sache nichts anging, zuckte
sie die Achseln: Ach, wie geschickt er ist! Wo er es nur her hat?
dachte sie und spann weiter. Das Papier, dem er die Substanz
entnommen hatte, fiel unter den Tisch. Das entging Akulina
nicht.

»Anjutka!« rief sie, »siehst du nicht, der Vater hat etwas fallen
lassen, heb es auf.«

Anjutka steckte die dünnen nackten Füßchen unter dem Kapot hervor, mit dem sie zugedeckt war, kroch wie ein Kätzchen
unter den Tisch und hob das Papier auf.

»Hier, Väterchen«, sagte sie und schlüpfte mit den kaltgewor-
denen Füßchen hurtig wieder ins Bett zurück.

»Was s-stößt du so?« lispelte ihre kleine Schwester mit weinerlicher, schlaftrunkener Stimme.

»Ich werde euch gleich!« sagte Akulina, und beide Köpfe verschwanden unter dem Kapot.

»Drei Rubel muß er mir geben«, sagte Polikej, die Flasche ver-
korkend, »dann will ich ihm sein Pferd kurieren. Das ist noch
billig«, fügte er hinzu. »Da mag sich mal einer den Kopf zerbre-

chen! Akulina, geh und bitte Nikita um etwas Tabak. Morgen gebe ich ihn zurück.«

Und Polikej zog ein Lindenholzpfeifchen aus der Hosentasche, das einmal bemalt gewesen war und statt des Mundstücks ein Stück Siegellack aufwies, und begann das Pfeifchen zurechtzumachen.

Akulina ließ ihr Spinnrad stehen und ging hinaus, ohne irgendwo hängenzubleiben, was sehr schwer war. Polikej öffnete ein Schränkchen, stellte die Flasche hinein und setzte eine leere Schnapsflasche an die Lippen, aber es war kein Tropfen mehr darin. Er runzelte die Stirn; als ihm aber seine Frau etwas Tabak gebracht und er sein Pfeifchen gestopft und in Brand gesetzt hatte, da setzte er sich aufs Bett, und sein Gesicht erstrahlte vor Zufriedenheit und Stolz, wie bei einem Menschen, der sein Tagewerk vollendet hat. Ob er nun daran dachte, wie er morgen die Zunge des Pferdes packen und ihm diese wunderbare Mixtur ins Maul gießen würde, oder ob er Betrachtungen darüber anstellte, daß man einem Menschen, den man nötig habe, niemals etwas abschlagen könne, und daß auch Nikita ihm Tabak geschickt hatte – jedenfalls fühlte er sich sehr wohl. Aber plötzlich öffnete sich die Tür, die nur in einer Angel hing, und ein Dienstmädchen *von oben* erschien im Winkel, nicht das zweite, sondern das dritte, ein kleines Ding, das als Laufmädchen gehalten wurde. Oben – das ist, wie allgemein bekannt, das Herrschaftshaus, auch wenn es unten liegt. Axjutka, so hieß das Mädchen, flog immer wie ein Pfeil, wobei ihre Arme sich nicht einbogen, sondern wie ein Uhrpendel schlenkerten, und zwar der Schnelligkeit ihrer Bewegungen gemäß, aber nicht an den Seiten entlang, sondern vor dem Körper; ihre Wangen waren immer röter als ihr rosafarbenes Kleid; ihre Zunge bewegte sich immer ebenso flink wie ihre Füße. Sie kam ins Zimmer geschossen, hielt sich aus irgendeinem Grund am Ofen fest, schaukelte hin und her und stieß plötzlich atemlos und gleichsam mit dem Wunsch, nicht mehr als zwei, drei Worte auf einmal zu sagen, an Akulina gewandt, folgendes hervor: »Die Herrin befehlen Polikej Iljitsch, sofort nach oben zu kommen, befehlen ...« Sie hielt inne und atmete schwer. »Jegor Michailowitsch war bei der Herrin, sie haben von den Rekruten gesprochen, Polikej Iljitsch er-

wähnt … Awdotja Nikolawna befehlen ihm, sofort zu kommen.
Awdotja Nikolawna befehlen …« – wieder ein Aufatmen –, »sofort zu kommen.«

Wohl eine halbe Minute lang sah Axjutka auf Polikej, auf Akulina, auf die Kinder, die unter der Bettdecke hervorschauten, ergriff eine Nußschale, die auf dem Ofen lag, warf sie auf Anjutka, sagte noch einmal »sofort kommen«, flog wie ein Wirbelwind aus dem Zimmer, und die Pendel baumelten in gewohnter Schnelligkeit vor ihrem Körper hin und her.

Akulina stand wieder auf und holte ihrem Mann die Stiefel. Es waren miserable, zerrissene Soldatenstiefel. Sie nahm den Kaftan vom Ofen und reichte ihn Polikej, ohne ihn anzusehen.

»Iljitsch, willst du nicht das Hemd wechseln?«

»Nein«, sagte Polikej.

Akulina blickte ihm kein einziges Mal ins Gesicht, während er sich schweigend anzog, und sie tat gut daran, nicht hinzusehen. Polikejs Gesicht war bleich, sein Unterkiefer zitterte, und in seinen Augen lag jener weinerliche, demütige und tiefunglückliche Ausdruck, wie ihn nur gutmütige, schwache und schuldbewußte Menschen haben. Er kämmte sich und wandte sich zum Gehen, aber die Frau hielt ihn zurück, schob das Hemdband zurecht, das über den Rock herabhing, und setzte ihm die Mütze auf.

»Nun, Polikej Iljitsch, die Herrin läßt Sie rufen?«ließ sich die Stimme der Tischlersfrau hinter der Zwischenwand vernehmen

Die Tischlersfrau hatte erst heute morgen einen hitzigen Streit mit Akulina wegen eines Topfes mit Lauge gehabt, den Polikejs Kinder ihr verschüttet hatten, und es war ihr im ersten Augenblick angenehm zu hören, daß Polikej zur Herrin befohlen wurde: Das bedeutete sicherlich nichts Gutes. Zudem war sie eine schlaue, berechnende und giftige Frau. Niemand verstand es besser als sie, durch ein scharfes Wort zu verletzen; so dachte sie wenigstens selber von sich.

»Wahrscheinlich will man Sie zum Einkauf in die Stadt schicken«, fuhr sie fort. »Ich nehme an, daß man einen zuverlässigen Menschen sucht, so schickt man also Sie. Sie könnten mir dann ein Viertelpfündchen Tee besorgen, Polikej Iljitsch.«

Akulina hielt die Tränen zurück, und ihre Lippen verzogen

sich zu einem bösen Ausdruck. Am liebsten hätte sie sich in die garstigen Haare dieses gemeinen Weibes, der Tischlersfrau, gekrallt. Als sie aber auf ihre Kinder blickte und daran dachte, daß sie als Waisen zurückbleiben würden und sie als Soldatenwitwe, vergaß sie die giftige Tischlersfrau, bedeckte das Gesicht mit beiden Händen, setzte sich auf das Bett und ließ den Kopf auf die Kissen fallen.

»Mütterchen, du drücks mich«, brummte das lispelnde Mädchen und zerrte ihre Saloppe unter dem Ellenbogen der Mutter hervor.

»Wenn ihr doch alle sterben würdet! Zum Unheil habe ich euch geboren!« schrie Akulina auf und begann herzzerbrechend zu schluchzen, zur Freude der Tischlersfrau, welche die Lauge von heute früh noch nicht vergessen hatte.

4

Eine halbe Stunde verging. Der Säugling begann zu schreien, Akulina stand auf und stillte ihn. Sie weinte nicht mehr, stützte ihr noch schönes, schmales Gesicht in die Hände, blickte unverwandt auf die herabbrennende Kerze und dachte darüber nach, wozu sie geheiratet hatte und wozu so viele Soldaten nötig waren und wie sie der Tischlersfrau die Kränkung heimzahlen könnte.

Da ließen sich die Schritte ihres Mannes hören; sie wischte die Tränenspuren ab und stand auf, um ihn vorbeizulassen. Polikej kam mit Siegermiene herein, warf die Mütze auf das Bett, pustete und nahm den Gürtel ab.

»Nun, was ist? Weshalb hat sie dich gerufen?«

»Hm … man weiß ja! Polikuschka ist der letzte Mensch, aber wenn man etwas Wichtiges braucht, wen ruft man da? Polikuschka.«

»Was denn?«

Polikej beeilte sich nicht mit der Antwort; er steckte seine Pfeife in Brand und spuckte aus.

»Sie hat mir befohlen, zum Kaufmann zu fahren und Geld zu holen.«

»Geld zu holen?« fragte Akulina.

Polikej lachte auf und schüttelte den Kopf.

»Versteht die zu reden! ›Du bist‹, sagte sie, ›als unzuverlässiger Mensch verschrien, aber ich traue dir mehr als irgendeinem anderen.‹« Polikej sprach laut, damit die Nachbarn ihn hören konnten. »›Du hast mir versprochen, dich zu bessern‹, sagte sie, ›da hast du also den ersten Beweis, daß ich an dich glaube: Fahr‹, sagt sie, ›zum Kaufmann, hol das Geld und bring es her.‹ – ›Ich, Herrin‹, sage ich, ›wir alle‹, sage ich, ›sind Ihre Knechte und müssen Ihnen ebenso dienen wie Gott, darum fühle ich auch, daß ich alles für Euer Gnaden vollbringen und mich keinem Auftrag entziehen kann; was Sie befehlen, das werde ich ausführen, denn ich bin Ihr Knecht.‹« Er lächelte wieder jenes besondere Lächeln des schwachen, gutmütigen und schuldbewußten Menschen. »›So wirst du es also‹, sagt sie, ›richtig besorgen? Du begreifst doch‹, sagt sie, ›daß dein Schicksal davon abhängt?‹ – ›Wie könnte ich nicht verstehen, daß ich alles besorgen kann? Wenn man mich verleumdet hat, beschuldigen kann man ja jeden, aber ich habe doch, mein ich, gegen Euer Gnaden niemals etwas Böses auch nur denken können.‹ Ich habe also so in sie hineingeredet, daß meine Herrin ganz weich geworden ist. ›Du wirst noch‹, sagt sie, ›mein erster Diener werden.‹« Er schwieg ein Weilchen, und wieder flog dasselbe Lächeln über seine Züge. »Ich weiß sehr gut, wie man mit ihnen sprechen muß. Als ich noch in Lohnarbeit stand, wie wurde ich da manchmal von dem einen oder anderen angefahren! Aber ich brauchte nur mit ihm zu reden, da gab ich ihm so schöne Worte, daß er seidenweich wurde.«

»Und ist's viel Geld?« fragte Akulina noch.

»Anderthalbtausend Rubel«, antwortete Polikej nachlässig.

Sie wiegte den Kopf.

»Wann sollst du fahren?«

»Morgen, hat sie befohlen. ›Nimm‹, sagt sie, ›ein Pferd, welches du willst, sprich im Kontor vor und fahr mit Gott!‹«

»Dem Herrn sei gedankt!« sagte Akulina, stand auf und bekreuzigte sich. »Gott steh dir bei, Iljitsch«, fügte sie flüsternd hinzu, damit man es hinter der Scheidewand nicht höre, und hielt ihn am Hemdärmel fest. »Iljitsch, höre auf mich, ich bitte dich um Christi willen, wenn du fährst, so küsse das Kreuz darauf, daß du keinen Tropfen in den Mund nehmen wirst.«

»Wie werde ich denn trinken, wenn ich mit soviel Geld fahre!« polterte er. »Und wie fein dort jemand Klavier gespielt hat, zum Staunen!« fügte er nach einigem Schweigen lächelnd hinzu. »Es war wohl das Fräulein. Ich stand so da vor der Herrin, neben dem Glasschrank, und das Fräulein spielte im Nebenzimmer. Spielte, spielte, und es klang so schön zusammen, eine Pracht! Ich möchte auch so spielen, wirklich! Ich hätt's erlernt. Und wie ich es erlernt hätte! Ich bin geschickt in solchen Sachen! Gib mir morgen ein reines Hemd.«

Und sie gingen beglückt zu Bett.

5

Inzwischen lärmte die Versammlung vor dem Kontor. Es war kein Spaß. Die Männer waren fast vollzählig versammelt; während Jegor Michailowitsch bei der Herrin weilte, hatten sie die Mützen aufgesetzt, in dem allgemeinen Gerede machten sich immer mehr Einzelstimmen bemerkbar, die lauter wurden. Das Dröhnen der tiefen Stimmen, das mitunter von einem atemlosen, kreischenden, heiseren Sprechen unterbrochen wurde, erfüllte die Luft und drang wie das Brausen eines stürmischen Meeres bis an die Fenster der Herrin, die von einer nervösen Unruhe erfaßt wurde, ähnlich dem Gefühl, das ein heftiges Gewitter hervorruft. Es war ihr ängstlich und unbehaglich zumute. Sie hatte fortwährend das Gefühl, daß die Stimmen gleich noch lauter und zahlreicher werden würden und daß etwas geschehen würde. Als ob man das nicht alles ruhig und friedlich, ohne Zanken und Schreien, nach dem christlichen, milden Gesetz der Bruderliebe abmachen könnte, dachte sie.

Viele Stimmen redeten gleichzeitig, am lautesten von allen aber schrie Feodor Resun, der Zimmermann. Er war ein »Zweier« und fiel über die Dutlows her. Der alte Dutlow verteidigte sich; er war aus der Menge etwas herausgetreten, hinter der er anfänglich gestanden hatte, und näselte ganz außer Atem, die Arme weit ausbreitend und dann wieder seinen Bart festhaltend, so schnell, daß er selber nur schwer verstehen mochte, was er sagte. Die Söhne und Neffen, alles prächtige Burschen, standen und drängten sich hinter ihm, so daß der alte Dutlow an die Vogelmutter im »Geierspiel« erinnerte. Der Geier war Resun, und nicht Resun allein, sondern alle Zweier und alle Einser, fast die ganze Versammlung ging auf Dutlow los. Es handelte sich darum, daß Dutlows Bruder vor dreißig Jahren zum Militär gegeben worden war; deshalb wollte er nicht unter die Dreier eingereiht werden, sondern wünschte, daß ihm der Militärdienst des Bruders angerechnet und er zu den Zweiern gezählt werde; und aus diesen sollte dann der dritte Rekrut auslöst werden. Außer den Dutlows waren noch fünf Familien mit drei Militärtauglichen da; aber die eine war die des Dorfältesten, und die andere hatte die Herrin befreit; die dritte Familie hatte bei der letzten Aushebung einen Rekruten gestellt; aus den zwei übrigen waren zwei Rekruten bestimmt; einer von ihnen war gar nicht zur Versammlung gekommen, nur sein Weib stand trübselig hinter allen anderen, in der unklaren Hoffnung, daß das Glücksrad sich auf irgendeine Weise zu ihren Gunsten drehen könnte; der andere von den zwei Bestimmten, der rothaarige Roman, stand, obgleich er nicht arm war, in einem zerrissenen Armäck da, an den Treppenaufgang gelehnt, hielt den Kopf gesenkt, schwieg die ganze Zeit, blickte nur ab und zu einen, der besonders laut sprach, aufmerksam an und ließ wieder den Kopf sinken. Seine ganze Gestalt atmete Unglück. Der alte Semjon Dutlow war ein Mensch, dem jeder, der ihn nur ein bißchen kannte, Hunderte und Tausende von Rubeln anvertraut hätte. Er war ein gesetzter, gottesfürchtiger, vermögender Mann und außerdem Kirchenältester. Um so auffallender war die Erregung, in der er sich befand.

Der Zimmermann Resun hingegen war ein großer, schwarzer, streitsüchtiger, trunksüchtiger, verwegener und gewitzigter Mann, besonders bei Streitigkeiten und Erörterungen in Versammlungen und auf den Märkten mit Arbeitern, Kaufleuten, Bauern oder Herrschaften. Jetzt war er ruhig und giftig und erdrückte mit der ganzen Länge seiner Gestalt und mit der ganzen Kraft seiner klangvollen Stimme und rednerischen Begabung den nach Atem ringenden und vollständig aus der Bahn ruhiger Gelassenheit geschleuderten Kirchenältesten. Teilnehmer an dem Streit waren außerdem: der pausbäckige, jugendliche, stämmige Geraska Kopylow mit seinem viereckigen Kopf und dem lockigen Bärtchen, einer der Redner der von Resun geführten jüngeren Generation, der sich durch seine stets scharfe Sprache auszeichnete und bereits ein gewisses Ansehen auf Versammlungen erworben hatte. Dann Feodor Melnitschnyj, ein hagerer, langer, gebückt gehender, aber noch junger Bauer von gelber Gesichtsfarbe, mit spärlichem Bart und kleinen Augen, der immer gallig und düster war, in allem die böse Kehrseite fand und die Versammlung oft durch seine unerwarteten und heftigen Fragen und Bemerkungen verblüffte. Diese beiden Redegewandten standen auf Resuns Seite. Außerdem mischten sich mitunter zwei Schwätzer ein: der eine war Chrapkow, mit der gutmütigsten Fratze, einem breiten, blonden Bart und der ständigen Redensart: »Du mein lieber Freund«, der andere war der kleine Schidkow mit einem Vogelgesicht und der Redensart: »Daraus folgt, meine Brüder«, mit der er sich an alle wandte und im übrigen blühenden Unsinn redete. Diese beiden waren bald für den einen, bald für den anderen, aber niemand hörte auf sie. Es waren auch noch andere von dieser Art zugegen, aber diese beiden scharwenzelten fortwährend zwischen dem Volk hin und her, schrien zum Schreck der Herrin am lautesten von allen, wurden am wenigsten angehört und gaben sich, von dem Lärmen und Schreien betäubt, vollauf dem Vergnügen des Zungendreschens hin. Es gab noch viele Gemeindemitglieder verschiedenster Wesensart: da waren Finstere, Gemessene, Gleichgültige und Bedrückte; da waren auch Weiber, die hinter den Männern standen; aber von allen diesen werde ich, so Gott will, ein andermal erzählen. Jetzt bestand die Menge hauptsächlich aus Bauern, die in der Versammlung standen wie in der Kirche und sich in den hinteren Reihen flüsternd über häusliche Angelegenheiten unterhielten, über die Art, wie man das im Walde geschlagene Holz aufladen solle, oder schweigend abwarteten, ob man wohl bald aufhören werde zu brüllen. Dann waren auch noch die Reichen da, denen die Versammlung weder von ihrem Wohlstand etwas nehmen noch ihm etwas hinzufügen konnte. Zu diesen gehörte Jermil mit dem breiten, glänzenden Gesicht, den die Bauern wegen seines Reichtums Dickwanst nannten. So einer war auch Starostin, auf dessen Antlitz der selbstzufriedene Ausdruck der Macht lag: Was ihr auch reden mögt, mich rührt keiner an. Ich habe vier Söhne, aber da wird keiner abgegeben. Freidenker wie Kopylow und Resun griffen auch diese mitunter an, aber sie antworteten ruhig und fest, im Bewußtsein ihrer Unantastbarkeit. Wenn Dutlow der Vogelmutter im Geierspiel glich, so erinnerten seine Burschen doch nicht ganz an Nestvögel: sie flatterten nicht, piepten nicht, sondern standen ruhig hinter ihm. Der älteste, Ignat, war schon dreißig Jahre alt; der zweite, Wasilij, war auch verheiratet, aber militäruntauglich; der dritte, Iljuschka, der Neffe, der ganz jung verheiratet war, stand weiß und rosig in einem stutzerhaften Pelz da (er war Postkutscher), betrachtete das Volk und kratzte sich ab und zu den Hinterkopf, als ginge ihn die ganze Sache nichts an, aber er war es gerade, den die Geier packen wollten.

»Wenn es so ist, so war auch mein Großvater Soldat«, sagte Resun, »da werde ich mich auch vom Losen drücken. So ein Gesetz gibt es nicht, Bruder. Bei der vorigen Aushebung hat man Michejitsch als Rekruten genommen, aber sein Onkel ist bis heute noch nicht zurückgekommen.«

»Weder dein Vater noch dein Onkel haben dem Zaren gedient«, sagte Dutlow, »und auch du hast weder der Herrschaft noch dem Mir gedient, nur immer gezecht, und die Kinder haben sich von dir getrennt. Weil es sich mit dir nicht leben läßt, urteilst du und weist auf andere hin, ich aber bin zehn Jahre lang Polizist gewesen, bin Dorfältester gewesen, zweimal abgebrannt, keiner hat mir geholfen; und weil es bei uns auf dem Hof friedlich und ehrbar zugeht, soll ich ruiniert werden? So gebt mir meinen Bruder zurück. Er ist dort sicherlich gestorben. Urteilt nach der Gerechtigkeit, nach Gottes Gebot, rechtgläubige Gemeinde, aber hört nicht darauf, was ein Trunkenbold kläfft.«

Gleichzeitig sagte Gerasim zu Dutlow: »Du weist auf deinen Bruder hin, er ist aber nicht vom Mir bestimmt worden, sondern die Herrschaft hat ihn wegen seiner Liederlichkeit hergegeben, du darfst dich also nicht auf ihn berufen.«

Gerasim hatte noch nicht ausgeredet, als der lange gelbe Feodor Melnitschnyj vortrat und finster begann: »So ist die Herrschaft, sie geben her, wen sie wollen, und dann soll der Mir schlichten. Der Mir bestimmt, daß dein Sohn geht; willst du das nicht, so bitte die Herrin, sie befiehlt vielleicht, daß ich, der Kinderlose, gehen soll. Da hast du das Gesetz«, sagte er gallig und trat mit einer wegwerfenden Handbewegung wieder an seinen früheren Platz.

Der rothaarige Roman, dessen Sohn in Aussicht genommen war, hob den Kopf und sagte: »Ja, so ist's!« und setzte sich vor Ärger sogar auf die Stufe.

Das waren aber noch nicht alle Stimmen, die gleichzeitig redeten. Außer denen, die hinten standen und über ihre Angelegenheiten sprachen, vergaßen auch die Schwätzer ihres Amtes nicht.

»Ja wahrlich, rechtgläubige Versammlung«, sagte der kleine Schidkow, Dutlows Worte wiederholend, »man muß christlich entscheiden. Das heißt, meine Brüder, man muß christlich entscheiden.«

»Nach dem Gewissen muß man entscheiden, du mein lieber Freund«, sagte der gutmütige Chrapkow, indem er Kopylows Worte wiederholte und Dutlow am Pelz zupfte, »es war der Wille der Herrschaft, aber keine Entscheidung des Mir.«

»Richtig! So ist's!« sagten andere.

»Was der Trunkenbold kläfft?« entgegnete Resun. »Hast du mich etwa betrunken gemacht, oder will mir etwa dein Sohn, den man betrunken am Wege aufliest, den Schnaps vorwerfen? Also, Brüder, man muß einen Beschluß fassen. Wenn ihr Dutlow schonen wollt, so bestimmt keine Zweier, sondern Einser, und er wird uns auslachen.«

»Dutlow muß gehen! Was ist da zu reden!«

»Das ist selbstverständlich! Die Dreier müssen zuerst losen«, riefen mehrere Stimmen.

»Man muß noch abwarten, was die Herrin befiehlt. Jegor Michailowitsch hat gesagt, daß sie einen vom Hofgesinde stellen wollte«, sagte eine Stimme.

Diese Bemerkung hielt den Streit etwas auf, aber bald entbrannte er von neuem und wurde wieder persönlich.

Ignat, von dem Resun gesagt hatte, daß man ihn betrunken

am Weg aufgelesen habe, versuchte Resun nachzuweisen, daß er wandernden Zimmerleuten eine Säge gestohlen und sein Weib im Rausch beinahe totgeschlagen habe.

Resun entgegnete, daß er seine Frau sowohl nüchtern als auch betrunken schlage, und immer noch zu wenig, und brachte dadurch alle zum Lachen. Wegen der Säge aber fühlte er sich plötzlich gekränkt, trat näher an Ignat heran und fragte: »Wer hat sie gestohlen?«

»Du hast sie gestohlen«, antwortete der kraftstrotzende Ignat bestimmt und trat noch näher auf ihn zu.

»Wer hat sie gestohlen? Ich meine du!« schrie Resun.

»Nein, du!« brüllte Ignat.

Nach der Säge tauchten ein gestohlenes Pferd, ein Sack mit Hafer, ein Streifen Gemüseland in den Feldern und irgendeine Leiche auf. Und die beiden Bauern sagten einander so furchtbare Dinge, daß man, wenn der hundertste Teil dessen, was sie sich vorwarfen, wahr gewesen wäre, sie beide von Gesetzes wegen sofort nach Sibirien hätte schicken müssen, wenigstens zur Ansiedlung.

Der alte Dutlow hatte inzwischen eine andere Art der Verteidigung gewählt. Das Geschrei des Sohnes mißfiel ihm; er sagte, ihm Einhalt gebietend: »Das ist Sünde, laß es sein! Ich sage es dir«, und versuchte zu beweisen, daß nicht nur diejenigen zu den Dreiern gehörten, die alle drei Söhne zu Hause hatten, sondern auch jene, die getrennte Wirtschaft führten. Und er wies auch noch auf Starostin hin.

Starostin lächelte leichthin, räusperte sich, strich sich mit dem Gebaren des reichen Mannes über den Bart und erwiderte, daß es der Wille der Herrschaft sei. Wahrscheinlich habe sein Sohn es verdient, da befohlen worden sei, ihn zu umgehen.

In bezug auf die getrennten Familien entkräftete Gerasim Dutlows Argumente mit der Bemerkung, man hätte die Teilungen eben nicht gestatten dürfen, wie es zu Zeiten des alten Herrn gewesen sei; man gehe nicht in die Himbeeren, wenn der Sommer vorbei sei, jetzt könne man doch nicht die einzelnen Söhne heranziehen.

»Haben sie sich denn aus Übermut abgesondert? Warum sollten sie jetzt vollständig zugrunde gerichtet werden?« ließen sich die Stimmen der Abgesonderten vernehmen, und die Schwätzer schlugen sich auf ihre Seite.

»Kauf doch einen Rekruten, wenn's dir nicht genehm ist! Hast's ja dazu!« sagte Resun zu Dutlow.

Dutlow schlug verzweifelt seinen Kaftan übereinander und trat hinter die anderen Bauern. »Du hast offenbar mein Geld gezählt«, sagte er zornig. »Nun wollen wir noch hören, was Jegor Michailowitsch von der Herrin bringt!«

6

Tatsächlich trat Jegor Michailowitsch in diesem Augenblick aus dem Haus. Die Mützen flogen eine nach der anderen von den Köpfen, und in dem Maße, in dem der Verwalter näher kam, wurden glatzköpfige, an den Schläfen und in der Mitte ergraute, halbergraute, rote, schwarze und braune Köpfe sichtbar, und allmählich, ganz allmählich wurden die Stimmen leiser und leiser und verstummten endlich ganz. Jegor Michailowitsch trat auf die Vortreppe und gab zu verstehen, daß er sprechen wolle. In seinem langen Überrock, mit ungeschickt in die vorderen Taschen gesteckten Händen, die Uniformmütze in die Stirn gerückt, war Jegor Michailowitsch, wie er so fest, mit gespreizten Beinen, erhöht dastand und über alle diese ihm Zugewandten, überwiegend alten und meist schönen, bärtigen Köpfe gebot, ein ganz anderer als vor der Herrin. Er war erhaben.

»Das, Kinder, ist der Herrin Beschluß: es ist ihr nicht genehm, jemand vom Hofgesinde abzugeben, und gehen soll der, den ihr selber unter euch bestimmt. Diesmal brauchen wir drei. Eigentlich nur zweieinhalb, aber der halbe gilt als Vorschuß. Das ist gleich: wenn nicht jetzt, so beim nächsten Mal.«

»Gewiß! So ist's!« riefen die Stimmen.

»Meiner Ansicht nach«, fuhr Jegor Michailowitsch fort, »müssen Chorjuschkin und Waska Mitjuchin gehn, das hat Gott selbst so bestimmt.«

»Das stimmt, richtig!« riefen die Stimmen.

»Als dritter muß entweder ein Dutlow gehen oder einer von den Zweiern. Wie meint ihr?«

»Ein Dutlow muß gehen«, sagten die Stimmen. »Die Dutlows sind Dreier.«

Wieder erhob sich ein allmählich immer lauteres und erregteres Geschrei, und wieder kam die Rede auf die Säge, auf den Streifen Gemüseland in den Feldern und auf irgendwelche vom Gutshof gestohlene Säcke. Jegor Michailowitsch verwaltete das Gut bereits zwanzig Jahre lang und war ein kluger und erfahrener Mann. Er stand ruhig da, hörte eine Viertelstunde lang zu und befahl dann plötzlich allen zu schweigen, den Dutlows aber zu losen, welcher von den dreien sich stellen müsse. Man schnitt die Lose, Chrapkow schüttelte sie im Hut durcheinander, griff hinein und zog Iljuschkas Los heraus. Alle verstummten.

»Ist's meins? Zeig her«, sagte Ilja mit zitternder Stimme.

Alle schwiegen. Jegor Michailowitsch befahl, am nächsten Tag das Rekrutengeld zu bringen, sieben Kopeken von jeder Familie, erklärte, daß alles zu Ende sei, und entließ die Versammlung. Die Menge setzte sich in Bewegung, hinter der Ecke wurden die Mützen aufgestülpt, der Lärm der Stimmen und Schritte verhallte allmählich. Der Verwalter stand auf der Freitreppe und sah den Bauern nach. Als die jungen Dutlows um die Ecke gebogen waren, rief er den Alten, der stehengeblieben war, heran und ging mit ihm in das Kontor.

»Du tust mir leid, Alter«, sagte Jegor Michailowitsch und setzte sich in den Lehnstuhl vor dem Tisch, »die Reihe war an dir. Wirst du den Neffen loskaufen oder nicht?«

Der Alte sah Jegor Michailowitsch, ohne zu antworten, bedeutungsvoll an. »Nicht zu ändern«, antwortete Jegor Michailowitsch auf diesen Blick.

»Wir würden ihn gern loskaufen, aber woher nehmen? Zwei Pferde sind uns im Sommer gefallen. Ich habe den Neffen verheiratet. Es ist uns vom Schicksal so bestimmt dafür, daß wir ehrbar leben. Er hat gut reden.« Er erinnerte sich an Resuns Worte.

Jegor Michailowitsch fuhr sich mit der Hand über das Gesicht und gähnte. Offenbar war ihm die Sache schon langweilig, auch war es Zeit, Tee zu trinken.

»Ach, Alter, versündige dich nicht!« sagte er, »such nur mal unter der Diele, du findest schon noch vierhundert alte Rubelchen. Ich kaufe dir einen Freiwilligen, daß es eine Pracht ist. Es hat sich längst einer gemeldet.«

»Im Gouvernement?« fragte Dutlow, wobei er unter »Gouvernement« die Hauptstadt des Gouvernements verstand.

»Nun, kaufst du ihn?«

»Ich täte es gern, Gott ist mein Zeuge, aber …«

Jegor Michailowitsch unterbrach ihn streng: »So höre denn, Alter: daß Iljuschka sich ja nichts antut; sobald ich schicke, sei's heute oder morgen, bringst du ihn sofort weg. Du wirst mit ihm fahren, du bist auch für ihn verantwortlich; wenn aber, was Gott verhüte, etwas geschehen sollte mit ihm, nehme ich dir den ältesten Sohn. Hörst du?«

»Kann denn wirklich nicht einer von den Zweiern gehen, Jegor Michailowitsch? Es ist doch unrecht«, sagte er nach einigem Schweigen. »Mein Bruder ist beim Militär gestorben, nun nimmt man auch noch den Sohn: Warum kommt denn all dies Unheil über mich?« sagte er, beinahe weinend und bereit, dem Verwalter zu Füßen zu fallen.

»Nun, geh, geh«, sagte Jegor Michailowitsch, »es läßt sich nichts machen, es ist nun einmal Gesetz. Paß auf Iljuschka auf; du haftest für ihn.«

Dutlow begab sich auf den Heimweg und schlug mit dem Lindenstab nachdenklich gegen die Erdklumpen am Weg.

7

Am nächsten Tag hielt in aller Frühe vor der Freitreppe des »Gesindeflügels« ein Reisewägelchen (das auch vom Verwalter benutzt wurde), bespannt mit einem grobknochigen braunen Wallach, der aus unbekannten Gründen Trommel hieß. Anjutka, Polikejs älteste Tochter, stand trotz dem mit Hagel vermischten Regen und dem kalten Winde barfuß vor dem Wallach und hielt ihn, sichtlich verängstigt, mit der einen Hand am Zügel, während sie mit der anderen Hand die gelblich-grüne Jacke über dem Kopf zusammenhielt, die in der Familie als Bettdecke, Pelz, Haube, Teppich und Mantel für Polikej und noch zu verschiedenen anderen Zwecken diente. Im *Winkel* ging es lebhaft zu. Es war noch dunkel; das Morgenlicht des regnerischen Tages drang mit schwachem Schimmer durch das stellenweise mit Papier verklebte Fenster. Akulina hatte ihre Kocherei am Ofen für einige Zeit im Stich gelassen, ebenso die Kinder, von denen die Kleinen noch nicht aufgestanden waren und froren, weil man ihnen ihre Bettdecke zu Bekleidungszwecken weggenommen und statt dessen das Kopftuch gegeben hatte, und war damit beschäftigt, ihren Mann reisefertig zu machen. Das Hemd war rein. Die Stiefel, die – wie man sagt – um Brei bettelten, das heißt nach dem Schuster verlangten, machten ihr besonders viel Sorgen. Zuallererst zog sie das einzige Paar dicke Wollstrümpfe aus und gab es ihrem Mann; dann hatte sie es fertiggebracht, aus einer Schweißdecke, die im Stall »umhergelegen« und die Iljitsch vor zwei Tagen mitgebracht hatte, ein Paar Einlegesohlen zu machen, um die Löcher zu verstopfen und Iljitschs Füße vor Nässe zu bewahren. Iljitsch selber saß mit untergeschlagenen Beinen auf dem Bett und beschäftigte sich damit, seinen Gürtel so zu drehen, daß er nicht das Aussehen eines schmutzigen Strickes hatte. Das lispelnde, ärgerliche Mädchen aber hatte man im Pelz, der sich – obwohl ihr über den Kopf gehängt – dennoch in ihren Beinen verfing, zu Nikita geschickt, um ihn um seine Mütze zu bitten. Die Unruhe wurde noch durch die Leute vom Hofgesinde vermehrt, die zu Iljitsch kamen und ihn baten, allerhand aus der Stadt mitzubringen – der einen Nähnadeln, der anderen Tee, der dritten Baumöl, dem einen Tabak und der Tischlersfrau Zucker, die schon Zeit gefunden hatte, den Samowar aufzustellen und Polikej ein Glas des Getränkes, das sie Tee nannte, anzubieten, um ihn zu besänftigen.

Obgleich es Nikita abgelehnt hatte, seine Mütze herzugeben, und man genötigt war, die eigene in Ordnung zu bringen, das heißt, die heraushängende Watte hineinzustopfen und das Loch mit der roßärztlichen Nadel zuzunähen, obgleich die Stiefel mit den eingelegten Sohlen aus der Schweißdecke sich zuerst nicht über die Füße ziehen lassen wollten, obgleich Anjutka, die halb erfroren war, Trommel losließ und Maschka im Pelz an ihre Stelle trat, dann aber den Pelz ausziehen mußte und Akulina das Pferd selber halten ging – endete es damit, daß Iljitsch schließlich doch alle Kleidungsstücke seiner Familie mit Ausnahme der

Frauenjacke und der Pantoffeln anzog, sich in den Wagen setzte, den Pelz übereinanderschlug, das Heu zurechtstopfte, den Pelz noch einmal übereinanderschlug, die Zügel entwirrte, den Pelz noch fester übereinanderschlug, wie das sehr gesetzte Leute zu tun pflegen, und das Pferd antrieb.

Mischka, sein Junge, der auf die Vortreppe herausgelaufen kam, verlangte, ein Stückchen mitgenommen zu werden. Die lispelnde Maschka begann auch zu bitten, »daß man sie spazielen fahle«, und Polikej hielt Trommel an, lächelte sein schwaches Lächeln, während Akulina die Kinder zu ihm in den Wagen hob und ihm noch einmal zuflüsterte, seines Schwures eingedenk zu sein und unterwegs nichts zu trinken. Polikej fuhr die Kinder bis zur Schmiede, setzte sie ab, hüllte sich wieder ein, schob noch einmal die Mütze zurecht und fuhr allein in einem langsamen, gemessenen Trab weiter, wobei seine Wangen bei jedem Stoß zitterten und die Füße gegen den Wagenkasten schlugen. Maschka und Mischka aber rannten barfuß mit solcher Geschwindigkeit und mit solchem Gequietsch über die glitschige Anhöhe dem Haus zu, daß ein Hund, der sich aus dem Dorf in den Gutshof verlaufen hatte, bei ihrem Anblick plötzlich den Schwanz einzog und bellend nach Hause lief, worauf das Gequietsch von Polikejs Erben sich verzehnfachte.

Das Wetter war abscheulich, der Wind schnitt ins Gesicht, der mit Schnee und Eiskörnern vermischte Regen peitschte Iljitschs Gesicht und seine bloßen Hände, die er mit den kalten Zügeln in den Ärmeln des Armäcks verbarg, sowie den Lederbezug des Kummets und den alten Kopf Trommels, der die Ohren andrückte und die Augen zusammenkniff.

Dann ließ das Unwetter plötzlich nach, der Himmel klärte sich auf, hellblaue Schneewolken wurden sichtbar, die Sonne schien durchblicken zu wollen, aber zögernd und unfroh wie das Lächeln Polikejs. Trotz alledem war Iljitsch in angenehme Gedanken versunken. Er, den man zur Ansiedlung nach Sibirien schicken wollte, dem mit dem Militärdienst gedroht wurde, den nur Faulpelze nicht beschimpften und schlugen, den man stets dahin stieß, wo es am schlechtesten war – er fuhr jetzt, um eine *Summe* Geldes zu empfangen, eine große Summe, und die Herrin vertraute ihm, und er fuhr im Wägelchen des Verwalters mit

Trommel, der selbst für die Herrin angespannt wurde, und er fuhr wie irgendein Großbauer mit ledernen Kummetriemen und richtigen Zügeln. Und Polikej richtete sich gerader auf, stopfte die Watteflocken unter die Mütze und schlug wieder den Pelz übereinander. Falls Iljitsch aber meinte, daß er einem reichen Großbauern vollkommen ähnlich sähe, befand er sich im Irrtum. Freilich weiß ein jeder, daß auch ein *schwerer* Händler in einem solchen Wägelchen mit ledernem Zaumzeug fahren kann; aber das ist eben doch etwas anderes. Da fährt ein Mann mit einem langem Bart, in einem blauen oder schwarzen Kaftan dahin, das Pferd ist wohlgenährt, er sitzt allein im Wagenkasten; man braucht nur hinzusehen, ob das Pferd gut satt ist, ob er selber satt ist, wie er dasitzt, wie das Pferd angeschirrt, wie das Wägelchen bereift und wie er selber gegürtet ist, um sofort zu wissen, ob der Bauer Geschäfte nach Tausenden oder nach Hunderten macht. Jeder erfahrene Mensch, der Polikej aus der Nähe betrachtete, seine Hände, sein Gesicht, seinen Bart, den er sich seit kurzem wachsen ließ, den Gürtel, das unordentlich in den Wagenkasten gestopfte Heu, das hagere Pferd, die abgewetzten Radreifen, mußte sofort sehen, daß da ein Knechtlein dahinfuhr, aber kein Kaufmann, kein Viehhändler, kein Hausknecht, sondern einer, der keine tausend, keine hundert, keine zehn Rubel besaß. Aber Iljitsch dachte nicht so, er gab sich einer Täuschung hin, aber einer angenehmen Täuschung. Anderthalb Tausender würde er in seiner Rocktasche heimbringen. Wenn er wollte, könnte er Trommel statt heimwärts nach Odessa lenken und fahren, wohin Gott ihn führte. Nur würde er das nicht tun, sondern der Herrin das Geld getreulich abliefern und sagen, daß er schon ganz andere Gelder überbracht habe. Als sie an einer Schenke vorbeikamen, begann Trommel am linken Zügel zu ziehen und wollte stehenbleiben und einkehren; aber Polikej zog Trommel eines mit der Peitsche über und fuhr vorbei, obwohl er das Geld, das man ihm für die Einkäufe mitgegeben, bei sich hatte. Ebenso verfuhr er bei der zweiten Schenke und stieg gegen Mittag vom Wagen, öffnete das Tor eines Kaufmannshauses, wo alle Leute der Herrin abzusteigen pflegten, führte das Wägelchen in den Hof, spannte aus, stellte das Pferd an die Heukrippe, aß mit den Arbeitern des Kaufmanns zu Mittag, wobei er nicht zu erzählen unterließ, in welch einer wichtigen Angelegenheit er gekommen sei, und begab sich mit dem Brief in der Mütze zum Gärtner. Der Gärtner, der Polikej kannte, las den Brief und fragte mit sichtlichem Zweifel, ob ihm wirklich befohlen sei, das Geld zu überbringen. Iljitsch wollte sich gekränkt zeigen, brachte es aber nicht fertig und lächelte nur auf seine Art. Der Gärtner las den Brief noch einmal und zahlte das Geld aus. Nachdem Polikej es empfangen hatte, steckte er es an der Brust unter das Hemd und begab sich in sein Quartier. Weder die Bierstuben noch die Schenken brachten ihn in Versuchung. Er empfand eine angenehme Erregung in seinem ganzen Wesen, blieb mehr als einmal vor den Läden mit verlockenden Waren wie Stiefeln, Armäcks, Mützen, Kattun und Eßwaren stehen. Nach einem Weilchen ging er dann mit dem angenehmen Gefühl weiter: ich kann alles kaufen, aber ich tue es nicht. Er ging auf den Markt, um zu kaufen, was ihm aufgetragen war, besorgte alles und handelte um einen gegerbten Pelz, für den man fünfundzwanzig Rubel verlangte. Der Händler schien bei Polikejs Anblick zu zweifeln, daß dieser den Pelz kaufen könne, aber Polikej zeigte auf seine Rocktasche und sagte, er sei imstande, seinen ganzen Laden zu kaufen, wenn er wolle, und verlangte, den Pelz anzuprobieren: Er drückte und zupfte daran herum, blies in das Fell, roch sogar schon nach ihm und zog ihn endlich seufzend aus. »Der Preis ist zu hoch. Wenn du ihn mir für fünfzehn Rubel ließest«, sagte er. Der Händler warf den Pelz zornig auf den Tisch, Polikej verließ den Laden und begab sich in heiterer Stimmung ins Quartier. Er aß zu Abend, tränkte Trommel, gab ihm Hafer und kroch auf den Ofen, wo er den Briefumschlag herauszog, ihn lange betrachtete und dann einen des Lesens kundigen Hausknecht bat, ihm die Adresse und die Worte vorzulesen: »Inliegend eintausendsechshundertundsiebzehn Rubel in Banknoten.« Der Umschlag war aus grobem Papier hergestellt, die Siegel aus braunem Siegellack und zeigten das Bild eines Ankers: ein großes war in der Mitte, vier waren in den Ecken angebracht; an der einen Seite hatte der Siegellack getropft. Iljitsch betrachtete alles, prägte es sich ein und befühlte sogar die scharfen Kanten der Banknoten. Er empfand eine Art kindlichen Vergnügens in dem Bewußtsein, soviel Geld in den

Händen zu haben. Er steckte den Umschlag in ein Loch seiner Mütze, schob die Mütze unter den Kopf und legte sich schlafen; aber er erwachte mehrere Male in der Nacht und befühlte den Umschlag. Und jedesmal, wenn er den Umschlag an seinem Ort fand, hatte er das angenehme Bewußtsein, daß er, Polikej, der Beschimpfte und Verunglimpfte, soviel Geld überbringen werde, ebenso getreulich wie der Verwalter selbst.

8

Gegen Mitternacht wurden die Arbeiter des Kaufmanns und Polikej durch Klopfen am Tor und das Geschrei von Bauern geweckt. Es waren die Rekruten, die man aus Pokrowskoje brachte. Im ganzen waren zehn Mann gekommen: Chorjuschkin, Mitjuschkin und Ilja (Dutlows Neffe), zwei Ersatzmänner, der Dorfälteste, der alte Dutlow und die Fuhrleute. In der Hütte brannte ein Nachtlicht, die Köchin schlief auf der Bank unter den Heiligenbildern. Sie sprang auf und zündete eine Kerze an. Polikej erwachte ebenfalls, beugte sich vom Ofen herab und schaute auf die eintretenden Bauern. Alle kamen herein, bekreuzigten sich und setzten sich auf die Bänke. Sie waren alle ganz ruhig, so daß man gar nicht erkennen konnte, welche von ihnen sich stellen mußten. Sie grüßten, scherzten und verlangten zu essen. Einige von ihnen waren wohl schweigsam und traurig; dafür waren andere ungewöhnlich lustig und offenbar betrunken. Zu diesen gehörte auch Ilja, der bis dahin noch nie getrunken hatte.

»Wie ist's, Kinder, wollen wir zu Abend essen oder uns schlafen legen?« fragte der Dorfälteste.

»Zu Abend essen«, antwortete Ilja, schlug seinen Pelz auseinander und setzte sich auf die Bank. »Laß Wodka holen!«

»Laß es genug sein mit dem Wodka«, antwortete der Dorfälteste flüchtig und wandte sich wieder zu den anderen: »So eßt euer Brot, Kinder. Wozu erst die Leute wecken?«

»Wodka her!« wiederholte Ilja, ohne jemand anzuschauen, und mit einer Stimme, der anzumerken war, daß er sich nicht so leicht zufrieden geben würde.

Die Bauern befolgten den Rat des Dorfältesten, holten ihr Brot aus dem Wagen, aßen, baten um etwas Kwaß und legten sich schlafen, teils auf den Fußboden, teils auf den Ofen.

Ilja wiederholte von Zeit zu Zeit immer wieder: »Wodka her, sag ich, Wodka!« Plötzlich bemerkte er Polikej: »Iljitsch, he Iljitsch! Du bist hier, lieber Freund? Ich gehe doch unter die Soldaten, habe mich für immer von meinem Mütterchen, meiner Hausfrau verabschiedet... Hat die geheult! Unter die Soldaten werde ich gesteckt. Spendier mir einen Wodka!«

»Ich habe kein Geld«, antwortete Polikej. »Vielleicht gibt Gott, daß du nicht genommen wirst«, setzte er tröstend hinzu.

»Nein, Bruder, ich bin wie eine junge Birke, habe noch nie eine Krankheit gehabt. Wie sollte ich da loskommen! Bessere Soldaten kann der Zar nicht verlangen.«

Polikej begann eine Geschichte zu erzählen, wie ein Bauer dem Arzt ein blaues Scheinchen gegeben habe und dadurch freigekommen sei.

Ilja rückte näher an den Ofen heran und wurde gesprächig.

»Nein, Iljitsch, jetzt ist's aus, ich will selber nicht mehr bleiben. Der Onkel hat mich unter die Soldaten gesteckt. Hätten wir denn nicht einen Ersatzmann kaufen können? Nein, um den Sohn und um das Geld tut es ihnen leid. Mich geben sie her... Jetzt mag ich selber nicht bleiben.« Er sprach leise und zutraulich, unter dem Einfluß einer stillen Schwermut. »Eins nur – mein Mütterchen tut mir leid; wie sie sich gegrämt hat, die Liebe! Und auch mein Weib: da haben sie die arme Frau wegen nichts und wieder nichts zugrunde gerichtet; jetzt muß sie zugrunde gehen: ein Soldatenweib, das sagt alles. Hätten sie mich lieber nicht verheiratet. Warum haben sie mir eine Frau gegeben? Morgen kommen sie.«

»Warum hat man euch denn so früh hergebracht?« fragte Polikej. »Erst hat man gar nichts gehört, und nun plötzlich ...«

»Siehst du, sie fürchten, ich könnte mir etwas antun«, antwortete Iljuschka lächelnd. »Ohne Sorge, ich tue nichts. Ich werde auch beim Militär nicht umkommen, nur um die Mutter ist mir leid. Und wozu haben sie mich verheiratet?« sagte er leise und traurig.

Die Tür ging auf, schlug heftig wieder zu, und herein kam, seine Mütze abschüttelnd, der alte Dutlow in Bastschuhen, die so riesig waren, als hätte er Kähne an den Füßen.

»Afanasij«, sagte er, während er sich bekreuzigte, zum Hausknecht, »hast du vielleicht ein Laternchen, ich möchte den Pferden Hafer geben.«

Dutlow sah Ilja nicht an und machte sich ruhig daran, das Lichtstümpfchen anzuzünden. Seine Fausthandschuhe und die Peitsche steckten im Gürtel, sein Armäck war sorgfältig gegürtet, als wäre er mit einer Frachtfuhre gekommen; das von der Arbeit zerfurchte Gesicht zeigte seine gewohnte friedliche Ruhe und geschäftliche Sorgfalt.

Als Ilja den Onkel erblickte, verstummte er, richtete den düsteren Blick wieder auf die Bank und begann dann, zum Dorfältesten gewandt: »Wodka her, Jermila! Ich will Schnaps trinken!«

Seine Stimme klang böse und grimmig.

»Wer denkt jetzt an Schnaps?« antwortete der Dorfälteste, der aus einer Schüssel löffelte. »Du siehst doch, die Leute haben gegessen und haben sich hingelegt; warum krakeelst du?«

Das Wort »krakeelen« brachte Ilja offenbar auf den Gedanken zu krakeelen.

»Dorfältester, ich stifte ein Unheil an, wenn du mir keinen Wodka gibst.«

»Wenn du ihn doch zur Vernunft brächtest!« wandte sich der Dorfälteste an Dutlow, der die Laterne angezündet hatte, aber stehengeblieben war, offenbar um zu sehen, was geschehen würde; er sah den Neffen mitleidsvoll von der Seite an, als wundere er sich über dessen kindisches Benehmen.

Ilja, der den Blick gesenkt hatte, sagte wieder: »Schnaps her, oder ich stifte Unheil an.«

»Laß sein, Ilja!« sagte der Dorfälteste sanft, »wirklich, laß sein, es ist besser!«

Aber er hatte diese Worte noch nicht zu Ende sprechen können, als Ilja aufsprang, mit der Faust in die Fensterscheibe schlug, aus voller Kraft los brüllte: »Da habt ihr's, wenn ihr nicht hören wollt!« und zum zweiten Fenster stürzte, um auch das zu zerschlagen.

Polikej drehte sich im Nu zweimal um sich selber und versteckte sich im äußersten Ofenwinkel, so daß er alle Schaben aufschreckte. Der Dorfälteste warf den Löffel weg und lief auf Ilja zu. Dutlow stellte die Laterne langsam hin, nahm den Gürtel ab, schnalzte mit der Zunge, wiegte den Kopf und trat auf Ilja zu, der bereits mit dem Dorfältesten und dem Hausknecht rang, weil sie ihn nicht zum Fenster ließen. Sie hatten seine Hände gepackt und hielten ihn scheinbar sehr fest; kaum aber hatte Ilja den Onkel mit dem Gürtel erblickt, da verzehnfachten sich seine Kräfte, er riß sich los und ging mit rollenden Augen und geballten Fäusten auf Dutlow zu.

»Ich schlage dich tot, komm mir nicht nahe, Barbar! Du hast mich zugrunde gerichtet, du mit deinen Söhnen, diesen Räubern, du hast mich zugrunde gerichtet. Warum habt ihr mich verheiratet? Komm mir nicht nahe, ich erschlage dich!«

Iljuschka war furchtbar. Sein Gesicht war dunkelrot, die Augen blickten unstet umher; sein ganzer, kräftiger, junger Körper bebte wie im Fieber. Er wollte anscheinend und konnte auch alle drei Bauern, die auf ihn eindrangen, erschlagen.

»Du trinkst das Blut des Bruders, Blutsauger!«

In Dutlows stets ruhigem Gesicht zuckte es. Er machte einen Schritt vorwärts: »Du hast nicht im guten hören wollen«, murmelte er, packte den Neffen plötzlich (woher er nur die Energie nahm?) mit einer raschen Bewegung, warf sich mit ihm auf den Boden und fing mit Hilfe des Dorfältesten an, ihm die Hände zu binden. Sie rangen wohl fünf Minuten lang miteinander; endlich konnte sich Dutlow mit Hilfe der Bauern erheben, indem er Ilias Hände von seinem Pelz wegriß, in den dieser sich festgekrallt hatte; er stand selber auf, dann hob er Ilja mit den auf den Rücken gebundenen Händen auf und setzte ihn auf eine Bank in die Ecke.

»Ich habe gesagt, es wird schlimmer sein«, sagte er, noch atemlos vom Kampf, und rückte den Hemdgurt zurecht, »wozu noch sündigen? Wir müssen alle sterben. Leg ihm den Armäck unter den Kopf«, wandte er sich an den Hausknecht, »sonst steigt ihm das Blut zu Kopf.« Er nahm die Laterne, gürtete sich mit einer Schnur und ging wieder zu den Pferden.

Ilja sah sich mit zerzausten Haaren, bleichem Gesicht und heraushängendem Hemd im Zimmer um, als müsse er sich besinnen, wo er sei. Der Hausknecht las die Glassplitter auf und stopfte seinen Halbpelz in das Fenster, damit es nicht ziehe. Der Dorfälteste setzte sich wieder zu seiner Schüssel.

»Ach, Iljucha, Iljucha! Du tust mir leid, wahrhaftig! Aber was ist zu machen? Chorjuschkin ist doch auch verheiratet; da läßt sich nichts ändern.«

»Ich gehe durch meinen Onkel, diesen Schurken, zugrunde«, wiederholte Ilja mit verbissener Wut. »Es tut ihm leid um das Seine … Mein Mütterchen erzählte, der Verwalter habe ihm befohlen, einen Ersatzmann zu kaufen. Er wollte nicht: sagt, er schafft's nicht. Haben mein Bruder und ich ihm etwa wenig ins Haus gebracht? … Er ist ein Schuft!«

Dutlow kam in die Stube zurück, betete vor den Heiligenbildern, kleidete sich aus und setzte sich neben den Dorfältesten. Eine Magd brachte ihm noch Kwaß und einen Löffel. Ilja verstummte, schloß die Augen und legte sich auf den Armäck. Der Dorfälteste wies schweigend auf ihn und schüttelte den Kopf. Dutlow machte eine abwehrende Handbewegung.

»Tut er mir denn nicht leid? Meines leiblichen Bruders Sohn. Und nicht genug damit, daß er mir leid tut, hat man mich ihm noch als Bösewicht hingestellt. Das hat ihm wohl seine Hausfrau in den Kopf gesetzt, ein schlaues Weibchen trotz ihrer Jugend, daß wir so viel Geld hätten, um einen Rekruten zu kaufen. So macht er mir jetzt Vorwürfe. Und wie leid es mir um den Burschen tut …«

»Ja, ein prächtiger Bursche!« sagte der Dorfälteste.

»Aber ich werde nicht fertig mit ihm. Morgen schicke ich Ignat her, und sein Weib wollte auch kommen.«

»Schicke sie her, das ist gut«, sagte der Dorfälteste, stand auf und kroch auf den Ofen. »Was liegt am Geld? Das Geld ist Staub.«

»Wenn Geld da wäre, würde man es schonen?« sagte der Knecht des Kaufmanns und hob den Kopf.

»Ach, das Geld, das Geld! Viel Unheil kommt vom Geld«, bemerkte Dutlow. »Nichts in der Welt bringt soviel Unheil wie das Geld, das steht auch in der Schrift.«

»Alles steht geschrieben«, bestätigte der Hausknecht. »So hat mir einer erzählt: Da war ein Kaufmann, der hatte viel Geld zusammengescharrt und wollte nichts davon zurücklassen; er liebte sein Geld so sehr, daß er es ins Grab mitnehmen wollte. Als es zum Sterben kam, ordnete er nur an, daß man ihm ein kleines Kissen in den Sarg lege. Niemand ahnte etwas. Man tat nach seinem Willen. Dann suchten die Söhne das Geld: es war nichts da. Da kam einer von ihnen auf den Gedanken, daß das Geld in dem Kissen sei. Die Sache kam bis vor den Zaren; der gestattete, ihn auszugraben. Und was denkst du wohl? Man öffnete den Sarg, in dem Kissen war nichts drin, alles war voller Würmer; so scharrten sie ihn wieder ein. Da sieht man, was das Geld zuwege bringt!«

»Gewiß, viel Sünde schafft es«, sagte Dutlow, erhob sich und begann zu beten.

Als er fertig war, blickte er auf den Neffen; der schlief. Dutlow trat an ihn heran, öffnete ihm den Gürtel und legte sich hin. Der andere Bauer ging zu den Pferden schlafen.

9

Als alles still geworden war, kroch Polikej wie ein Verbrecher langsam vom Ofen herunter und machte sich reisefertig. Es erschien ihm nicht ganz geheuer, hier mit den Rekruten zu übernachten. Die Hähne krähten schon häufiger, Trommel hatte seinen ganzen Hafer gefressen und strebte zur Tränke ... Iljitsch spannte ihn ein und führte ihn an den Bauernwagen vorbei. Die Mütze mit ihrem Inhalt war unversehrt, und die Räder des Wägelchens rollten bald wieder auf der leicht gefrorenen Straße nach Pokrowskoje dahin. Polikej fühlte sich erst leichter, als er die Stadt hinter sich hatte. Bis dahin kam es ihm immer vor, als wären ihm Verfolger auf den Fersen, um ihn anzuhalten, ihm an Stelle Iljas die Hände auf den Rücken zu binden und ihn morgen zur Gestellung zu führen. Frostschauer liefen ihm über den Rücken, teils vor Angst, teils vor Kälte, und er trieb Trommel immer wieder an. Der erste Mensch, der ihm begegnete, war ein Pope in einer hohen Wintermütze mit seinem einäugigen Arbeiter. Da wurde Polikej noch unbehaglicher zumute. Aber außerhalb der Stadt legte sich diese Angst nach und nach. Trom-

mel ging im Schritt, die Straße ließ sich leichter übersehen; Iljitsch nahm die Mütze ab und tastete nach dem Geld. Sollte ich
es nicht lieber vorne zwischen Rock und Hemd stecken? dachte
er, aber da muß ich den Gürtel abnehmen. Wenn ich erst den
Abhang hinter mir habe, will ich aussteigen und mich zurecht-
machen. Die Mütze ist oben fest zugenäht, und unten durch das
Futter kann nichts herausfallen. Ich werde sie bis nach Hause
nicht mehr abnehmen. Als er an den Abhang kam, jagte Trommel aus eigenem Antrieb hinunter, und Polikej, der ebenso wie
Trommel schneller nach Hause kommen wollte, wehrte ihm
nicht. Alles war in Ordnung, wenigstens schien es ihm so, und er
gab sich Träumereien hin über die Dankbarkeit der Herrin, über
die fünf Silberrubel, die sie ihm geben würde, und über die
Freude der Seinen. Er nahm die Mütze ab, tastete noch einmal
nach dem Umschlag, stülpte sich die Mütze noch fester auf den
Kopf und lächelte. Der Plüsch der Mütze war morsch, und gerade weil Akulina zuvor die zerrissene Stelle sorgfältig zugenäht
hatte, riß er am anderen Ende, und gerade die Bewegung, mit
der Polikej, als er die Mütze abnahm, den Brief in der Dunkelheit fester in die Wattierung zu stopfen vermeinte, gerade diese
Bewegung ließ die Mütze zerreißen und schob den Umschlag
mit einer Ecke aus dem Plüsch heraus.

Der Morgen dämmerte, und Polikej, der die ganze Nacht
nicht geschlafen hatte, schlummerte ein. Er drückte die Mütze
noch tiefer in die Stirn, wodurch er den Brief noch weiter hinaus schob, und stieß im Halbschlaf mit dem Kopf an die Seiten-
stange. Er erwachte in der Nähe des Hauses. Seine erste Bewegung war, nach der Mütze zu greifen: sie saß fest auf dem Kopf;
er nahm sie gar nicht ab, überzeugt, daß der Brief noch darin
sei. Er trieb Trommel an, stopfte das Heu zurecht, setzte wieder
die Miene eines Großbauern auf und ratterte, gewichtig um sich
blickend, auf das Haus zu.

Da ist die Küche, dort der Gesindeflügel, dort trägt die Tischlersfrau ihre Leinwand, dort ist das Kontor, dort das Herren-
haus, in dem Polikej gleich beweisen wird, daß er ein treuer
und ehrlicher Mensch ist, daß »man einen jeden anschwärzen
kann«; und die Herrin wird sagen: »Also ich danke dir, Polikej,
hier hast du drei …« aber vielleicht auch fünf, vielleicht auch

zehn Rubel, und sie wird ihm noch Tee, vielleicht sogar ein Schnäpschen bringen lassen.Würde gar nicht schaden bei der Kälte. Für die zehn Rubel bummeln wir ein bißchen am Feiertag, kaufen Stiefel, und geben Nikita, mag's denn sein, die viereinhalb Rubel zurück, weil er schon gar so zu drängen anfängt ... Als Polikej noch ungefähr hundert Schritte vom Hause entfernt war, schlug er den Pelz übereinander, rückte den Gürtel und das Halstuch zurecht, nahm die Mütze ab, strich sich die Haare glatt und steckte, ohne sich zu beeilen, die Hand unter das Mützenfutter. Die Hand fuhr in der Mütze hin und her ... wurde schneller, immer schneller, die andere fuhr auch hinein, das Gesicht wurde bleicher und bleicher, die eine Hand fuhr durch die Mütze hindurch ... Polikej sprang auf die Knie, hielt das Pferd an, durchsuchte den Wagen, das Heu, die eingekauften Sachen, betastete seine Brust, die Hose: Das Geld war nirgends zu finden.

»Mein Gott! Was ist denn das?! Was soll denn da werden?« brüllte er und fuhr sich in die Haare.

Aber da fiel ihm ein, daß man ihn sehen könne, er wendete um, stülpte sich die Mütze auf den Kopf und jagte den erstaunten und unzufriedenen Trommel zurück.

Ich kann es nicht leiden, mit Polikej zu fahren, mochte Trommel denken. Ein einziges Mal im Leben hat er mich rechtzeitig gefüttert und getränkt, und das nur deshalb, um mich auf so unangenehme Weise zu täuschen. Wie ich mich bemüht habe, nach Hause zu laufen! Bin müde geworden, und nun, da schon das heimatliche Heu duftet, jagt er mich zurück!

»Nun, du Teufelsmähre!« schrie Polikej unter Tränen, stellte sich aufrecht in den Wagen, riß mit den Zügeln an Trommels Gebiß und schlug ihn mit der Peitsche.

10

Den ganzen Tag über bekam niemand in Pokrowskoje Polikej zu Gesicht. Die Herrin fragte nach dem Mittagessen mehrmals nach ihm, und Axjutka kam zu Akulina geflogen; aber Akulina sagte, daß er noch nicht heimgekehrt sei, daß ihn wahrscheinlich der Kaufmann aufgehalten habe oder daß etwas mit dem Pferd geschehen sei. »Vielleicht hat es angefangen zu hinken?« sagte sie. »Neulich ist Maxim auch volle vierundzwanzig Stunden unterwegs gewesen, ist den ganzen Weg zu Fuß gegangen.« Und Axjutka richtete ihre Pendel wieder dem Hause zu, während Akulina neue Gründe für das Ausbleiben ihres Mannes ersann und sich ruhig zu sein bemühte, aber es gelang ihr nicht. Das Herz war ihr schwer, und keine Arbeit für den morgigen Feiertag wollte ihr von der Hand gehen. Sie quälte sich um so mehr, als die Tischlersfrau versicherte, daß sie selber gesehen habe, wie ein Mann, der genauso aussah wie Iljitsch, bis zum »Preschpekt« herangefahren und dann umgekehrt sei. Auch die Kinder erwarteten den Vater mit Unruhe und Ungeduld, aber aus anderen Gründen. Anjutka und Maschka hatten keinen Pelz und keinen Armäck, die ihnen die Möglichkeit gaben, wenigstens abwechselnd auf die Straße zu gehen, und waren daher gezwungen, in bloßen Kleidern mit erhöhter Geschwindigkeit ums Haus zu laufen, wodurch sie alle Bewohner des Gesindeflügels, die ein und aus gingen, nicht wenig belästigten. Einmal flog Maschka gegen die Beine der Tischlersfrau, die Wasser trug, und wurde, obgleich sie schon im voraus losheulte, weil sie sich an deren Knie gestoßen hatte, doch noch am Haarschopf gezaust und weinte noch heftiger. Wenn sie aber mit niemandem zusammenstieß, so flog sie geradeswegs durch die Türe und kletterte mit Hilfe eines Zubers auf den Ofen.

Nur die Herrin und Akulina waren aufrichtig um Polikej selbst besorgt; die Kinder nur um das, was er anhatte. Jegor Michailowitsch aber, welcher der Herrin Bericht erstattete, lächelte und antwortete auf die Frage, ob Polikej nicht zurück sei und wo er sein könnte: »Das weiß ich nicht«, und war sichtlich zufrieden, weil seine Vermutungen sich bestätigten. »Er hätte zu Mittag zurück sein müssen«, sagte er bedeutsam. Den ganzen Tag über erfuhr in Pokrowskoje niemand etwas von Polikej; erst später brachte man in Erfahrung, daß zwei benachbarte Bauern ihn gesehen hatten, wie er ohne Mütze auf der Straße dahinlief und alle fragte, ob sie nicht einen Brief gefunden hätten. Ein anderer Mann hatte ihn am Rande der Straße neben dem angebundenen Pferd und dem Wagen schlafen sehen. »Ich dachte mir noch«, sagte dieser Mann, »daß er betrunken und das Pferd sicherlich schon zwei Tage lang nicht gefüttert und getränkt worden sei: so standen ihm die Rippen heraus.« Akulina schlief die ganze Nacht nicht und lauschte unausgesetzt, aber Polikej kehrte auch in der Nacht nicht heim. Wäre Akulina allein gewesen und hätte sie einen Koch und ein Dienstmädchen gehabt, wäre sie noch unglücklicher gewesen; als sich aber die Tischlersfrau nach dem dritten Hahnenschrei erhob, mußte auch Akulina aufstehen und sich um den Ofen kümmern. Es war Feiertag: Vor Tagesanbruch mußte sie die Brote aus dem Ofen nehmen, Kwaß machen, Plätzchen backen, die Kuh melken, Kleider und Hemden bügeln, die Kinder waschen, Wasser tragen und die Nachbarin daran hindern, den ganzen Ofen einzunehmen. Akulina ging unter unaufhörlichem Lauschen an alle diese Arbeiten. Es wurde hell, die Glocken läuteten zum Frühgottesdienst, die Kinder waren schon aufgestanden, aber Polikej war noch immer nicht da. Am Abend vorher war es Winter geworden. Felder, Straße und Dächer waren ungleich mit Schnee bedeckt; und heute war, gleichsam für den Feiertag, schönes, sonniges Frostwetter, so daß man weithin alles sehen und hören konnte. Akulina aber stand am Ofen, hatte den Kopf in die Öffnung gesteckt und war so eifrig mit dem Backen der Plätzchen beschäftigt, daß sie nicht hörte, wie Polikej vorfuhr, und erst durch das Geschrei der Kinder darauf aufmerksam wurde, daß ihr Mann angekommen war. Anjutka, als Älteste, hatte sich den Kopf eingefettet und selbst angekleidet. Sie trug ein neues, aber zerknülltes rosa Kattunkleid, ein Geschenk der Herrin, das wie Bast von ihrem Körper abstand und den Nachbarn ein Dorn im Auge war; ihr Haar glänzte, sie hatte ein halbes Lichtstümpfchen daraufgeschmiert; die Schuhe waren zwar nicht neu, aber fein. Maschka hatte noch die Jacke an und war noch schmutzig, und Anjutka ließ sie nicht nahe an sich heran, damit sie sich nicht beschmutze. Maschka war auf dem Hof, als der Vater mit dem Bastsack ankam ... »Vätelchen ist gekommen«, quietschte sie, stürzte durch die Tür an Anjutka vorbei und machte sie schmutzig. Anjutka, die jetzt keine Angst mehr hatte, sich zu beschmutzen, verprügelte Maschka sofort, aber Akulina konnte ihre Arbeit nicht im Stich lassen. Sie schrie den Kindern nur zu:

»Ich werde euch! Alle verhaue ich!« und sah sich nach der Tür um. Iljitsch betrat den Hausflur mit dem Bastsack in der Hand und begab sich sofort in seine Ecke. Es schien Akulina, daß er bleich war und ein Gesicht machte, als weinte und lächelte er zugleich; aber sie hatte keine Zeit nachzuforschen.

»Nun, Iljitsch, ist alles gut gegangen?« fragte sie vom Ofen her.

Iljitsch murmelte etwas, was sie nicht verstand.

»Wie?« rief sie, »warst du bei der Herrin?«

Iljitsch saß in seinem Winkel auf dem Bett, blickte verstört um sich und lächelte sein schuldbewußtes und tief unglückliches Lächeln.

Er gab lange keine Antwort.

»Nun, Iljitsch? Wird's bald?« ertönte Akulinas Stimme.

»Ich habe das Geld der Herrin übergeben, Akulina. Wie sie gedankt hat!« sagte er plötzlich und begann noch unruhiger um sich zu blicken und zu lächeln. Zwei Dinge waren es, die seine unruhigen, fieberhaft geweiteten Augen fesselten: der Strick, der an die Wiege gebunden war, und der Säugling. Er ging zur Wiege und machte sich mit seinen dünnen Fingern eilig daran, den Knoten des Strickes aufzubinden. Dann blieb sein Blick auf dem Kinde haften; aber da kam Akulina mit einem Brett voll Plätzchen in den Winkel. Iljitsch verbarg den Strick an der Brust und setzte sich auf das Bett.

»Dir scheint nicht ganz gut zu sein, Iljitsch?« sagte Akulina.

»Hab nicht geschlafen«, antwortete er.

Plötzlich huschte etwas am Fenster vorüber, und einen Augenblick später schoß Axjutka, das Mädchen von *oben*, wie ein Pfeil ins Zimmer.

»Die Herrin haben befohlen, Polikej Iljitsch möchte augenblicklich kommen«, sagte sie. »Augenblicklich, haben Awdotja Nikolawna befohlen ... augenblicklich!«

Polikej sah auf Akulina, auf das Mädchen.

»Sofort! Was will sie noch?« sagte er so einfach, daß Akulina sich beruhigte: vielleicht wollte sie ihn belohnen. »Sag, ich komme sofort.«

Er stand auf und ging hinaus. Akulina nahm den Waschtrog, stellte ihn auf die Bank, goß Wasser aus den an der Türe stehenden Eimern und aus dem heißen Kessel im Ofen hinein, streifte die Ärmel in die Höhe und prüfte die Wärme des Wassers.

»Komm, Maschka, waschen.«

Das zornige, lispelnde Mädchen fing an zu heulen.

»Komm her, Schmutzfink, ich will dir ein reines Hemd anziehen. Na, sträub dich nicht! Komm, ich muß noch deine Schwester waschen ...«

Polikej hatte sich inzwischen nicht mit dem Mädchen von *oben* zur Herrin begeben, sondern an einen ganz anderen Ort. Im Hausflur dicht an der Wand führte eine steile Leiter auf den Boden. Polikej betrat den Hausflur, sah sich um und lief, als er niemanden erblickte, in gebückter Haltung, schnell und gewandt diese Leiter hinauf.

»Was bedeutet das, daß Polikej nicht kommt«, sagte die Herrin ungeduldig zu Dunjascha, die ihr das Haar kämmte, »wo ist Polikej? Weshalb kommt er nicht?«

Axjutka flog wieder nach dem Gesindeflügel, schoß wieder in den Flur und bestellte Polikej zur Herrin.

»Er ist ja längst fortgegangen«, erwiderte Akulina, die Maschka inzwischen gewaschen und soeben ihren Säugling in den Trog gesetzt hatte und ihm trotz seines Geschreis die spärlichen Härchen benetzte. Der Knabe schrie, verzog das Gesicht und versuchte mit seinen hilflosen Händchen etwas zu erhaschen. Akulina stützte mit der einen gespreizten Hand seinen vollen, weichen, mit Grübchen übersäten Rücken, mit der anderen wusch sie ihn.

»Sieh nach, ob er nicht irgendwo eingeschlafen ist!« sagte sie, voller Unruhe um sich blickend.

Indessen stieg die Tischlersfrau mit ungekämmten Haaren und offener Brust, die Röcke raffend, auf den Boden, um ihr Kleid zu holen, das dort zum Trocknen aufgehängt war. Plötzlich ertönte ein Schrei des Entsetzens auf dem Boden, und die Tischlersfrau stürzte wie eine Wahnsinnige – mit geschlossenen Augen, auf allen vieren, rückwärts, mehr kriechend als aufrecht – die Treppe herunter.

»Iljitsch!« schrie sie.

Akulina ließ das Kind aus den Händen gleiten.

»Er hat sich erhängt!« brüllte die Tischlersfrau.

Akulina lief in den Hausflur, ohne zu bemerken, daß das Kind wie ein Knäuel hintenüberrollte und die Beinchen emporreckend mit dem Kopf unter das Wasser tauchte.

»Er hängt … an dem Balken«, rief die Tischlersfrau, hielt aber inne, als sie Akulina erblickte.

Akulina stürzte zur Leiter, lief, ehe man sie zurückhalten konnte, hinauf und fiel mit einem furchtbaren Schrei wie tot auf die Leiter und hätte sich zu Tode gefallen, wenn sie die aus allen Winkeln herbeieilenden Leute nicht rechtzeitig aufgefangen hätten.

11

Einige Minuten lang war in dem allgemeinen Wirrwarr nichts zu verstehen. Eine Menge Volk war zusammengelaufen: alle schrien, alle redeten, die Kinder und die alten Weiber weinten, Akulina lag ohnmächtig da. Endlich gingen die Männer, der Tischler und der herbeigeeilte Verwalter, hinauf, und die Tischlersfrau erzählte zum zwanzigsten Mal, wie sie nichtsahnend ihre Pelerine holen gegangen sei und so vor sich hingeschaut habe: »Ich sehe – da steht ein Mann; ich blicke näher hin: eine umgestülpte Mütze liegt neben ihm. Und siehe – seine Füße baumeln. Da überlief mich's eiskalt. Ist keine Kleinigkeit, ein Mensch hat sich erhängt, und ich muß das sehen! Wie ich hinuntergepoltert bin, das weiß ich selbst nicht. Ein Wunder, wie Gott mich errettet hat! Wahrhaftig, der Herr war mir gnädig! 's ist keine Kleinigkeit! Und so steil und so hoch! Zu Tode hätte ich mich fallen können!« Die Leute, die hinaufgegangen waren, erzählten dasselbe. Iljitsch hing an einem Balken, im bloßen Hemd und Hosen, an demselben Strick, den er von der Wiege abgebunden hatte. Seine umgestülpte Mütze lag dabei. Den Armäck hatte er abgenommen und ordentlich danebengelegt. Die Füße berührten die Erde, aber Lebenszeichen waren nicht mehr wahrzunehmen. Akulina kam zu sich und wollte wieder auf die Leiter, aber man ließ sie nicht.

»Mamachen, Sjomka hat sich versluckt«, piepste das lispelnde Mädchen plötzlich aus einem Winkel.

Akulina riß sich los und lief hin. Der Säugling lag, ohne sich zu rühren, rücklings im Trog, und die Füßchen bewegten sich nicht. Akulina zog ihn heraus, aber das Kind atmete nicht und regte sich nicht. Akulina warf es auf das Bett, stemmte die Arme in die Seiten und brach in ein so lautes, gellendes und furchtbares Lachen aus, daß Maschka, die zuerst mitgelacht hatte, sich die Ohren zuhielt und weinend in den Flur hinauslief. Das Volk strömte heulend und weinend in den *Winkel.* Man trug den Säugling hinaus und versuchte ihn durch Reiben wieder ins Leben zu rufen, aber alles war vergeblich. Akulina wälzte sich auf dem Bett und lachte, lachte so, daß allen, die es hörten, angst und bange wurde. Erst jetzt, da man diese bunte Menge Männer und Frauen, Greise und Kinder sah, die sich im Flur zusammengedrängt hatten, konnte man erkennen, wie viele und was für Leute in dem Gesindeflügel wohnten. Alle rannten umher, alle redeten, viele weinten, und niemand tat etwas. Die Tischlersfrau fand noch immer Leute, die ihre Geschichte nicht gehört hatten, und erzählte von neuem, wie ihre zarten Gefühle durch den unerwarteten Anblick erschüttert worden waren und wie Gott sie vor dem Sturz von der Leiter bewahrt hatte. Der alte, mit einer Frauenjacke bekleidete Büfettdiener erzählte, wie sich zu Lebzeiten des seligen Herrn eine Frau im Teich ertränkt hatte. Der Verwalter schickte Boten zu dem Landkommissar und zu dem Geistlichen und ordnete eine Bewachung des Leichnams an. Axjutka, das Laufmädchen, schaute mit hervorquellenden Augen unverwandt durch die Luke auf den Boden und konnte sich, obgleich sie dort gar nichts sah, doch nicht losreißen, um zur Herrin zu gehen. Agafja Michailowna, das frühere Stubenmädchen der alten Herrin, verlangte Tee zur Beruhigung ihrer Nerven und weinte. Anna, die Hebamme, bettete mit ihren geübten, fleischigen, von Baumöl durchdrungenen Händen den kleinen Leichnam auf das Tischchen. Die Frauen standen neben Akulina und sahen sie schweigend an. Die Kinder hatten sich in die Ecken gedrückt, blickten auf die Mutter und begannen zu heulen, dann verstummten sie, schauten wieder hin und drückten sich noch furchtsamer aneinander. Knaben und Bauern drängten sich an der Vortreppe und sahen mit ängstlichen Gesichtern durch das Fenster und die Tür, ohne etwas zu entdecken und zu begreifen, und fragten einander, um was es sich handle. Der eine sagte, der Tischler habe seiner Frau mit dem Beil den Fuß abgehackt. Ein anderer erzählte, die Wäscherin habe Drillinge zur Welt gebracht. Der dritte berichtete, die Katze des Kochs sei toll geworden und habe eine Menge Menschen gebissen. Aber die Wahrheit verbreitete sich nach und nach und drang endlich zu Ohren der Herrin. Und man hatte es anscheinend nicht einmal verstanden, sie vorzubereiten: Der grobe Jegor meldete es ihr ohne weiteres und zerrüttete ihre Nerven derart, daß sie sich lange Zeit nicht erholen konnte.

Die Volksmenge fing schon an sich zu beruhigen, die Tischlersfrau hatte ihren Samowar angefacht und Tee aufgebrüht, so daß die Unbefugten, die keine Einladung dazu erhielten, es als nicht angemessen erachteten, noch länger dazubleiben. Die Dorfbuben begannen auf der Vortreppe zu raufen. Alle wußten jetzt, was geschehen war, und traten sich bekreuzigend den Heimweg an, als plötzlich der Ruf ertönte: »Die Herrin, die Herrin!« und alle wieder zusammenliefen und sich aneinanderdrängten, um sie vorbeizulassen; alle wollten sehen, was sie tun werde. Die Herrin betrat blaß und verweint den Hausflur und schritt über die Schwelle in Akulinas Winkel. Dutzende von Köpfen drängten sich zur Tür und schauten hinein. Eine schwangere Frau wurde so gedrückt, daß sie aufkreischte, aber sie nutzte diesen Umstand sofort aus, um sich den vordersten Platz zu erobern. Und wie hätte man auch darauf verzichten können, die Herrin in Akulinas Winkel zu sehen! Das war für das Hofgesinde genau dasselbe wie das bengalische Feuer am Schluß der Vorstellung. Es ist doch schön, wenn bengalisches Feuer abgebrannt wird, und es war doch auch schön, wenn die Herrin in Seide und Spitzen zu Akulina in den Winkel ging! Die Herrin trat an Akulina heran und ergriff ihre Hand; aber Akulina entriß sie ihr. Die alten Hofleute schüttelten mißbilligend die Köpfe.

»Akulina!« sagte die Herrin. »Du hast Kinder, denk an dich.«

Akulina lachte auf und erhob sich.

»Meine Kinder sind alle aus Silber, alle aus Silber ... Ich halte kein Papier im Hause«, murmelte sie hastig. »Ich habe Iljitsch gesagt, nimm kein Papier. Da hat man dich nun mit Teer eingeschmiert! Mit Teer und Seife, Herrin! So schlimm der Grind auch sein mag, er fällt sofort ab.« Und sie begann wieder und noch lauter zu lachen.

Die Herrin wandte sich um und verlangte nach dem Feldscher und einem Senfpflaster. »Bringt kaltes Wasser«, und sie schickte sich selber an, Wasser zu suchen; als sie aber das tote Kind erblickte, vor dem die Hebamme Anna stand, wandte sie sich ab, und alle sahen, wie sie das Gesicht mit dem Taschentuch bedeckte und zu weinen anfing. Die Hebamme (schade, daß die Herrin es nicht sah: sie hätte das zu würdigen gewußt – es geschah ja nur um ihretwillen) bedeckte das Kind mit einem Stückchen Leinwand, rückte ihm mit ihrer fleischigen, geschickten Hand das Händchen zurecht und schüttelte so den Kopf, spitzte so die Lippen, kniff so gefühlvoll die Augen zusammen und seufzte so gerührt, daß jeder ihr gutes Herz erkennen mußte. Aber die Herrin sah das nicht und konnte überhaupt nichts sehen. Sie brach in Schluchzen aus, bekam einen Weinkrampf, und man führte sie am Arm in den Hausflur und führte sie am Arm nach Hause. Das ist alles, was man von ihr zu sehen bekommen hat, dachten viele und begannen auseinanderzugehen. Akulina lachte noch immer und schwatzte Unsinn. Man führte sie in ein anderes Zimmer, ließ sie zur Ader, legte ihr Senfpflaster auf und machte ihr Eisumschläge auf den Kopf; aber sie verstand noch immer nichts, weinte nicht, sondern lachte und redete und machte solche Sachen, daß die guten Menschen, die sie betreuten, sich nicht halten konnten und ebenfalls lachten.

12

Es war kein fröhlicher Feiertag im Gutshof von Pokrowskoje. Trotz des herrlichen Wetters ging niemand spazieren: Die Mädchen stimmten keine Lieder an, die männliche Fabrikjugend, die aus der Stadt gekommen war, spielte weder Harmonika noch Balalaika und scherzte nicht mit den Mädchen. Alle saßen in den Ecken herum, und wenn sie redeten, so redeten sie leise, als sei ein böser Geist in der Nähe, der sie hören könnte. Am

Tage ging es noch halbwegs, aber am Abend, als es dunkel wurde, begannen die Hunde zu heulen, und zu allem Unglück erhob sich noch ein heftiger Wind und heulte in den Schornsteinen, und alle Bewohner des Gesindehofes wurden von solcher Furcht befallen, daß jeder, der eine Kerze besaß, sie vor dem Heiligenbild anzündete; wer allein in seinem *Winkel* war, ging zu den Nachbarn und bat, dort übernachten zu dürfen, wo Menschen waren; und wer in den Stall gehen sollte, ging nicht hin und brachte es über sich, das Vieh in dieser Nacht ohne Futter zu lassen. Und alles geweihte Wasser, das jeder in einem Fläschchen im Hause verwahrte, wurde in dieser Nacht aufgebraucht. Viele hörten sogar, daß in dieser Nacht jemand unaufhörlich mit schweren Schritten auf dem Boden umherging, und der Schmied hatte gesehen, wie ein Drache geradeswegs auf den Dachboden flog.

In Polikejs *Winkel* befand sich niemand von der Familie: Die Kinder und die Wahnsinnige waren an anderen Orten untergebracht worden. Dort lag nur die kleine Kinderleiche, und zwei alte Weiblein waren dort und eine Pilgerin, die eifrig den Psalter las, nicht des Kindes wegen, aber aus Anlaß dieses ganzen Unglücks. So hatte es die Herrin gewünscht. Diese alten Weiblein und die Pilgerin hörten mit eigenen Ohren, daß oben der Balken erzitterte und jemand stöhnte, sobald mit der Lesung eines neuen Abschnitts des Psalters begonnen wurde. Wenn die Worte kamen: daß Gott auferstehe, wurde es wieder still. Die Tischlersfrau hatte ihre Gevatterin zu sich gebeten und trank mit ihr, ohne sich schlafen zu legen, in dieser Nacht den ganzen Tee aus, der für eine Woche reichen sollte. Auch sie hörten, wie die Balken oben krachten und gleichsam Säcke von oben herabfielen. Die wachehaltenden Bauern machten den Hofleuten etwas Mut, sonst wären sie in dieser Nacht alle vor Angst gestorben. Die Bauern lagen im Hausflur auf Heu und versicherten später, sie hätten auch Wunderdinge auf dem Boden gehört, obwohl sie sich die ganze Nacht in aller Seelenruhe über die Rekruten unterhielten, Brot kauten und sich kratzten, in der Hauptsache aber den Hausflur so stark mit ihrem besonderen Bauerngeruch erfüllten, daß die Tischlersfrau, als sie an ihnen vorüberging, ausspuckte und sie »Bauernpack« schimpfte. Wie dem auch sei – der Erhängte hing noch immer auf dem Boden, und der böse Geist selber schien den Gesindeflügel in dieser Nacht mit seinen ungeheuren Fittichen zu beschatten, indem er seine Macht zeigte und allen diesen Menschen näherrückte denn je. Wenigstens empfanden sie es alle so. Ich weiß nicht, ob die Angst begründet war. Ich glaube sogar, sie war völlig grundlos. Ich glaube, wenn ein beherzter Mensch in dieser furchtbaren Nacht eine Kerze oder eine Laterne genommen, sich bekreuzigt oder auch nicht bekreuzigt hätte, auf den Boden gestiegen wäre, die Schrecknisse der Nacht durch das Licht der Kerze nach und nach vor sich verscheucht, die Balken, den Sand, den mit Spinnweben bedeckten Querschornstein und die vergessene Pelerine der Tischlersfrau beleuchtet hätte und bis zu Iljitsch vorgedrungen wäre und die Laterne, ohne der Angst zu unterliegen, in Gesichtshöhe erhoben hätte, so würde er den bekannten hageren Körper mit den auf der Erde stehenden Füßen (der Strick hatte nachgegeben) erblickt haben, wie er sich leblos zur Seite neigte, den aufgeknöpften Kragen des Hemdes, unter dem kein Kreuz zu sehen war, den auf die Brust gesenkten Kopf und das gutmütige Gesicht mit den offenen, toten Augen, das sanfte, schuldbewußte Lächeln und die strenge Ruhe und Stille über alledem. Wahrlich, die Tischlersfrau, die sich mit zerzausten Haaren und angstvollen Augen in die Ecke ihres Bettes gekauert hatte und erzählte, wie sie die Säcke herabfallen hörte, war viel schrecklicher und furchtbarer als Iljitsch, obwohl sein Kreuz abgenommen war und auf dem Balken lag.

Oben, das heißt bei der Herrin, herrschte dasselbe Entsetzen wie im Gesindeflügel. Im Zimmer der Herrin roch es nach Eau de Cologne und Arznei. Dunjascha erwärmte gelbes Wachs und bereitete ein Zugpflaster. Wozu eigentlich ein Zugpflaster, das weiß ich nicht; aber ich weiß, daß jedesmal, wenn die Herrin krank war, ein Zugpflaster gemacht wurde. Und heute war sie bis zum Kranksein erschüttert. Zu Dunjascha war, um ihr Mut zu machen, ihre Tante für die Nacht gekommen. Sie saßen mit dem Laufmädchen zu viert im Mägdezimmer und unterhielten sich leise.

»Wer wird denn Öl holen gehen?« sagte Dunjascha.

»Ich gehe für nichts in der Welt, Awdotja Nikolawna«, sagte das zweite Mädchen entschieden.

»Laß gut sein, geh mit Axjutka zusammen.«

»Ich laufe allein, ich fürchte mich vor nichts«, sagte Axjutka und bekam es auf der Stelle mit der Angst zu tun.

»Nun, so geh, bist ein vernünftiges Mädelchen, laß es dir von der Hebamme in ein Glas geben und bring's her, verschütte es nicht«, sagte Dunjascha.

Axjutka raffte mit einer Hand ihr Kleid in die Höhe, und da sie infolgedessen nicht mehr mit beiden Armen schlenkern konnte, so schlenkerte sie mit dem anderen doppelt so stark quer zur Richtung ihres Laufes und flog davon. Sie fürchtete sich und hatte das Gefühl, daß sie vor Angst umkommen würde, wenn sie nur das geringste zu sehen oder zu hören bekäme, und sei's ihre eigene lebendige Mutter. Sie flog mit zusammengekniffenen Augen auf dem bekannten Fußweg dahin.

13

»Schläft die Herrin oder nicht?« fragte plötzlich eine tiefe Bauernstimme neben Axjutka. Sie öffnete die zusammengekniffenen Augen und erblickte eine Gestalt, die ihr höher vorkam als der Gesindeflügel; sie kreischte auf und rannte zurück, daß ihr Rock kaum nachkommen konnte. Mit einem Satz war sie auf der Freitreppe, mit dem zweiten im Mägdezimmer und warf sich mit wildem Geheul aufs Bett. Dunjascha, deren Tante und das zweite Mädchen waren starr vor Schreck; ehe sie Zeit gefunden hatten, zu sich zu kommen, ließen sich schwere, langsame und zögernde Schritte im Flur und vor der Tür vernehmen. Dunjascha stürzte zur Herrin und ließ das Pflaster fallen; das zweite Mädchen versteckte sich hinter den Frauenröcken, die an der Wand hingen; die etwas beherztere Tante wollte die Türe zuhalten, aber die Tür ging auf, und ein Bauer trat ins Zimmer. Es war Dutlow in seinen Kähnen. Ohne die Furcht der Mädchen zu beachten, suchte er mit den Augen die Ikone und bekreuzigte sich, da er das kleine, in der linken Ecke hängende Bildchen nicht fand, vor dem Tassenschrank, legte die Mütze aufs Fenster, steckte die Hand tief in seinen Halbpelz, als wollte er sich unter der Achsel kratzen, und zog einen Brief mit fünf braunen Siegeln hervor, die das Bild eines Ankers zeigten. Dunjaschas Tante faßte sich an die Brust… Nur mit Mühe brachte sie hervor: »Wie du mich erschreckt hast, Naumitsch! Ich bringe kein… Wort heraus! Ich dachte wirklich, das Ende sei gekommen.«

»Wie kann man denn so…« sagte das zweite Mädchen und sah unter den Röcken hervor.

»Sogar die gnädige Frau ist in Unruhe versetzt worden«, sagte Dunjascha, zur Tür hereinkommend, »wie kannst du, ohne zu fragen, in das Mägdezimmer eindringen? Der richtige Bauer!«

Dutlow wiederholte, ohne sich zu entschuldigen, daß er die Herrin sehen müsse.

»Sie ist krank«, sagte Dunjascha.

In diesem Augenblick brach Axjutka in ein so unanständig lautes Gelächter aus, daß sie den Kopf wieder in den Bettkissen verbergen mußte und ihn dann, trotz der Drohungen Dunjaschas und ihrer Tante, noch eine ganze Weile nicht herauszustecken vermochte, ohne loszuprusten, als ob in ihrer rosigen Brust und in den toten Backen etwas zerspränge. Es kam ihr so komisch vor, daß alle erschrocken waren, und sie verbarg ihren Kopf von neuem, wippte wie im Krampf mit dem Schuh und hüpfte mit dem ganzen Körper auf und nieder.

Dutlow blieb stehen und betrachtete sie aufmerksam, als wollte er sich Rechenschaft geben, was da eigentlich mit ihr vorginge, vermochte es aber nicht zu ergründen, wandte sich ab und setzte seine Rede fort.

»Es handelt sich also um eine sehr wichtige Sache«, sagte er, »sagen Sie nur, ein Bauer hätte einen Brief mit Geld gefunden.«

»Was für Geld?«

Ehe Dunjascha dies melden ging, las sie die Adresse und fragte Dutlow aus, wo und wie er dieses Geld gefunden habe, das Iljitsch aus der Stadt hatte mitbringen sollen. Nachdem sie alles ausführlich erfahren und das Laufmädchen, das nicht aufhören konnte zu prusten, in den Flur hinausgestoßen hatte, begab sie sich zur Herrin, aber zu Dutlows Erstaunen empfing ihn die Herrin trotzdem nicht und sagte auch Dunjascha nichts Rechtes.

»Ich weiß nichts und will nichts wissen«, sagte die Herrin, »was für ein Bauer und was für Geld das ist. Ich kann und will niemand sehen. Er soll mich in Ruhe lassen.«

»Was soll ich denn machen?« sagte Dutlow, den Brief in den Händen drehend, »'s ist kein geringes Geld. Ist etwas darauf geschrieben?« fragte er Dunjascha, die ihm die Adresse noch einmal vorlas. Dutlow kam das nicht recht glaubhaft vor. Er hoffte, daß das Geld vielleicht nicht der Herrin gehöre und man ihm die Adresse nicht richtig vorgelesen habe. Aber Dunjascha bestätigte es ihm noch einmal. Er seufzte, steckte den Brief in die Brusttasche und schickte sich an zu gehen.

»So muß ich es wohl dem Landkommissar übergeben«, sagte er.

»Warte, ich will's noch einmal versuchen«, hielt Dunjascha ihn zurück, die das Verschwinden des Briefes in der Brusttasche des Bauern aufmerksam verfolgt hatte. »Gib den Brief her.«

Dutlow zog ihn wieder heraus, legte ihn aber nicht sofort in Dunjaschas ausgestreckte Hand.

»Sagen Sie, daß Semjon Dutlow ihn auf der Landstraße gefunden hat.«

»So gib doch her!«

»Ich dachte, es sei ein einfacher Brief, aber ein Soldat hat mir vorgelesen, daß Geld drin ist.«

»So gib doch.«

»Ich hab's gar nicht gewagt, erst nach Hause zu gehen«, sagte Dutlow wieder, der sich von dem kostbaren Brief nicht trennen wollte, »melden Sie es so.«

Dunjascha nahm den Umschlag und ging noch einmal zur Herrin.

»Ach, mein Gott, Dunjascha!« sagte die Herrin mit vorwurfsvoller Stimme, »sprich mir nicht von diesem Geld. Wenn ich an das Kindchen denke …«

»Der Bauer, Herrin, weiß nicht, wem er das Geld geben soll«, sagte Dunjascha wieder.

Die Herrin erbrach den Brief, zuckte zusammen, als sie das Geld erblickte, und versank in Nachdenken.

»Das schreckliche Geld, wieviel Unheil es stiftet!« sagte sie.

»Es ist Dutlow, gnädige Frau! Befehlen Sie ihm, sich zu entfernen, oder belieben Sie, zu ihm hinauszugehen? Ob das Geld auch noch vollzählig ist?« fragte Dunjascha.

»Ich mag dieses Geld nicht. Es ist furchtbares Geld. Was es angerichtet hat! Sag ihm, er soll es behalten, wenn er will«, sagte die Herrin plötzlich und griff nach Dunjaschas Hand. »Ja, ja, ja«, wiederholte sie dem erstaunten Mädchen, »mag er sich alles nehmen und damit machen, was er will!«

»Anderthalbtausend Rubel«, bemerkte Dunjascha und lächelte ein wenig, als spräche sie zu einem Kind.

»Mag er alles nehmen«, wiederholte die Herrin ungeduldig. »Verstehst du mich denn nicht? Das ist Unglücksgeld, erinnere mich niemals daran. Mag der Bauer, der es gefunden hat, es behalten. Geh, so geh doch!«

Dunjascha ging in das Mägdezimmer zurück.

»Ist alles da?« fragte Dutlow.

»Zähl es nur selber«, sagte Dunjascha und gab ihm den Brief, »ich soll es dir geben.«

Dutlow steckte seine Mütze unter den Arm und fing in vorgebeugter Haltung zu zählen an.

»Ist kein Rechenbrett da?«

Dutlow hatte es so verstanden, daß die Herrin zu dumm sei, um das Geld zu zählen, und ihm befohlen habe, es zu tun.

»Du kannst es zu Hause nachzählen. Es ist ... dein Geld!« sagte Dunjascha zornig. »›Ich will es nicht sehen‹, hat sie gesagt, ›gib es dem, der es gebracht hat.‹«

Dutlow starrte Dunjascha an, ohne sich aufzurichten.

Dunjaschas Tante schlug die Hände zusammen.

»Himmlische Mutter! Hat Gott dem ein Glück beschert! Himmlische Mutter!«

Das zweite Mädchen glaubte es nicht.

»Sie scherzen wohl, Awdotja Nikolajewna?«

»Ach was – scherzen! Sie hat befohlen, es dem Bauer zu geben ... Nun, nimm das Geld und geh«, sagte Dunjascha, ohne ihren Ärger zu verbergen. »Der eine hat Unglück, der andere Glück.«

»Das ist doch kein Spaß, anderthalbtausend Rubel«, sagte die Tante.

»Mehr«, bestätigte Dunjascha. »Da kannst du dem heiligen

Nikolaus eine Zehnkopekenkerze weihen«, fügte sie spöttisch hinzu. »Du bist wohl noch immer nicht bei dir? Gut, wenn's ein Armer wäre! Aber der hat genug eigenes Geld.«

Dutlow begriff endlich, daß es kein Scherz war, und begann das Geld, das er, um es zu zählen, auseinandergebreitet hatte, zusammenzuraffen und in den Briefumschlag zu stecken; aber seine Hände zitterten, und er sah fortwährend auf die Mädchen, um sich zu überzeugen, daß sie ihn nicht zum Narren hielten.

»Schau, er kann's gar nicht fassen, so freut er sich«, sagte Dunjascha, um zu zeigen, daß sie trotzdem sowohl den Bauern als auch das Geld verachtete. »Gib her, ich steck es dir hinein.«

Und sie wollte es nehmen. Aber Dutlow ließ das nicht zu; er knüllte das Geld zusammen, verbarg es noch tiefer und griff nach der Mütze.

»Freust du dich?«

»Ich weiß nicht, was ich sagen soll. Es ist, als ob …« Er sprach nicht zu Ende, machte nur eine Bewegung mit der Hand, lächelte verlegen, fing beinahe an zu weinen und ging hinaus.

Die Klingel aus dem Zimmer der Herrin ertönte. »Nun, hast du's ihm gegeben?«

»Jawohl.«

»Hat er sich gefreut?«

»Er ist beinahe verrückt geworden.«

»Ach, rufe ihn doch! Ich will ihn fragen, wie er es gefunden hat. Hol ihn herein, ich kann nicht hinausgehen.«

Dunjascha lief hinaus und erreichte den Bauern im Hausflur. Er hatte, ohne die Mütze aufzusetzen, seinen Geldbeutel hervorgezogen und band ihn auf, während er das Geld zwischen den Zähnen hielt. Er schien zu glauben, daß ihm das Geld nicht gehöre, solange es nicht im Beutel war. Als Dunjascha ihn anrief, erschrak er.

»Was denn, Awdotja … Awdotja Nikolajewna! Will sie es mir wieder wegnehmen? Legen Sie doch ein Wörtlein für mich ein, bei Gott, dann bringe ich Ihnen auch Honig.«

»Jawohl! Hast mir schon mal welchen gebracht!«

Die Tür wurde wieder geöffnet und der Bauer vor die Herrin geführt. Es war ihm nicht heiter zumute. Ach, sie macht es rückgängig! dachte er, hob, als er durch die Zimmer schritt, den ganzen Fuß auf, als ginge er durch hohes Gras, und gab sich Mühe, mit den Bastschuhen nicht laut aufzutreten. Er begriff und sah nichts, was um ihn her war. Als er an einem Spiegel vorbeikam, sah er irgendwelche Blumen, einen Bauern in Bastschuhen, der die Beine in die Höhe hob, das Bildnis des Gutsherrn mit Monokel, irgendein grünes Fäßchen und etwas Weißes … Und siehe, dieses Weiße fing an zu reden; es war die Herrin. Er konnte nichts unterscheiden, riß nur die Augen weit auf. Er wußte nicht, wo er war, und alles erschien ihm wie in einem Nebel.

»Bist du es, Dutlow?«

»Ja, Herrin. Wie es war, so ist's, ich habe nichts angerührt«, sagte er. »Bei Gott …! Wie ich das Pferd abgehetzt habe …«

»Nun, es war zu deinem Glück«, sagte sie mit einem verächtlich gutmütigen Lächeln. »Nimm es, nimm es dir!«

Er riß nur die Augen auf.

»Ich freue mich, daß es dir zufällt. Gebe Gott, daß es dir Glück bringt! Freust du dich darüber?«

»Wie sollte ich mich nicht freuen! Ich freue mich ja so sehr, Mütterchen! Ich werde mein Lebtag für Sie beten. Ich freue mich so sehr, daß unsre Herrin, Gott sei's gedankt, am Leben ist. Ich habe auch das Meinige dazu getan.«

»Wie hast du es denn gefunden?«

»Wir haben uns für die Herrin immer alle Mühe gegeben, so daß …«

»Er ist ja schon ganz verwirrt, gnädige Frau«, sagte Dunjascha.

»Ich habe einen Rekruten, meinen Neffen, in die Stadt gebracht; als ich zurückfuhr, hab ich's auf der Straße gefunden. Jedenfalls hat Polikej es, ohne etwas zu merken, fallen lassen.«

»Nun, geh, geh, mein Lieber! Ich freue mich.«

»Ich bin so froh, Mütterchen!« sagte der Bauer.

Dann fiel es ihm ein, daß er nicht gedankt und nicht verstanden hatte, sich zu benehmen, wie es sich gehörte. Die Herrin und Dunjascha lächelten, und er schritt wieder wie durch hohes Gras und mußte mit Macht an sich halten, um nicht im Trab davonzulaufen. Denn es schien ihm noch immer, daß man ihn gleich – gleich wieder anhalten und ihm das Geld wegnehmen werde …

14

Nachdem Dutlow ins Freie gekommen war, ging er von der Straße weg unter die Linden, nahm sogar den Gürtel ab, um den Beutel leichter zu erreichen, und machte sich daran, das Geld zu bergen. Seine Lippen bewegten sich, er schob sie vor und zog sie wieder ein, obgleich er keinen einzigen Laut von sich gab. Als er das Geld eingepackt und sich wieder gegürtet hatte, bekreuzigte er sich und schritt schwankend wie ein Betrunkener auf dem Fußweg dahin: so stark beschäftigten ihn die Gedanken, die sich in seinem Hirn drängten. Plötzlich erblickte er die Gestalt eines Bauern vor sich, der ihm entgegenkam. Er rief ihn an: es war Jefimka, der als Wächter mit einem Knüttel vor dem Gesindeflügel auf und ab ging.

»Ah, Onkel Semjon«, sagte Jefimka erfreut und trat näher. Ihm war bange allein. »Nun, habt Ihr die Rekruten fortgebracht, Onkelchen?«

»Ja. Was machst du hier?«

»Man hat mich hergestellt, um den erhängten Iljitsch zu bewachen.«

»Wo ist er?«

»Dort auf dem Boden soll er hängen«, antwortete Jefimka und wies in der Finsternis mit dem Knüttel auf das Dach des Gesindeflügels.

Dutlow blickte in die angedeutete Richtung, runzelte die Stirn, kniff die Augen zusammen und schüttelte den Kopf, obwohl er gar nichts sah.

»Der Landkommissar ist gekommen«, fuhr Jefimka fort, »der Kutscher hat's gesagt. Man wird ihn gleich abnehmen. Es ist doch gruselig so in der Nacht, Onkelchen. Um keinen Preis ginge ich in der Nacht hinauf, wenn man mir's befehlen sollte. Mag Jegor Michailowitsch mich totschlagen, ich gehe nicht.«

»So ein Unglück, so ein Unglück!« wiederholte Dutlow, offensichtlich nur anstandshalber, ohne an das zu denken, was er sagte, und wollte seines Weges gehen. Aber die Stimme Jegor Michailowitschs hielt ihn zurück.

»He da, Wächter, komm her«, rief Jegor Michailowitsch von der Freitreppe her.

Jefimka meldete sich.

»Wer ist der Bauer, der da bei dir stand?«

»Dutlow.«

»Komm auch du, Semjon.«

Als Dutlow näherkam, unterschied er im Licht der Laterne, die der Kutscher trug, Jegor Michailowitsch und einen kleinen Beamten in Mantel und in einer Mütze mit Kokarde: das war der Landkommissar.

»Der Alte hier wird auch mit uns gehen«, sagte Jegor Michailowitsch, als er Dutlows ansichtig wurde.

Der Alte schauderte, aber es war nichts zu machen.

»Und du, Jefimka, junger Bursch, lauf mal auf den Boden, wo er sich erhängt hat, und stell die Leiter zurecht, damit seine Wohlgeboren hinauf kann.«

Jefimka, der eben erst versichert hatte, daß er sich um nichts in der Welt dem Gesindeflügel nähern würde, lief eiligst los und polterte mit seinen Bastschuhen, als ob es Bretter wären.

Der Landkommissar schlug Feuer und rauchte seine Pfeife an. Er wohnte zwei Werst vom Dorf entfernt, hatte soeben einen tüchtigen Rüffel wegen Trunkenheit vom Polizeichef erhalten und befand sich daher in einem Anfall von Diensteifer: Er war um zehn Uhr abends eingetroffen und wollte den Erhängten sofort besichtigen. Jegor Michailowitsch fragte Dutlow, warum er hier sei. Dutlow erzählte dem Verwalter von dem gefundenen Geld und von dem Beschluß der Herrin. Er sagte, er sei gekommen, um die Erlaubnis Jegor Michailowitschs einzuholen. Der Verwalter ließ sich zu Dutlows Entsetzen den Briefumschlag geben und betrachtete ihn. Auch der Landkommissar nahm ihn in die Hand und fragte kurz und trocken nach den Einzelheiten.

Nun ist's um das Geld geschehen, dachte Dutlow und fing schon an, sich zu entschuldigen. Aber der Kommissar gab es ihm zurück.

»Hat der Tölpel ein Glück«, sagte er.

»Es kommt ihm zupaß«, sagte Jegor Michailowitsch, »er hat soeben einen Neffen zur Gestellung gebracht; jetzt wird er ihn loskaufen.«

»Ah!« sagte der Kommissar und ging weiter.

»Wirst du den Iljuschka nun loskaufen?« fragte Jegor Michailowitsch.

»Wie denn loskaufen? Ob das Geld wohl langt? Vielleicht ist's auch schon zu spät.«

»Wie du willst«, sagte der Verwalter, und beide folgten dem Kommissar.

Sie kamen zu dem Gesindeflügel, in dessen Flur die stinkigen Wächter mit einer Laterne warteten. Dutlow folgte ihnen. Die Wächter hatten schuldbewußte Mienen, die sich aber höchstens auf den von ihnen erzeugten Geruch beziehen konnten, denn sie hatten nichts Schlimmes getan. Alle schwiegen.

»Wo?« fragte der Kommissar.

»Hier«, sagte Jegor Michailowitsch flüsternd. »Jefimka«, setzte er hinzu, »du bist ein junger Bursch, geh mit der Laterne voran!«

Jefimka hatte oben bereits ein Dielenbrett zurechtgerückt und schien jegliche Furcht verloren zu haben. Zwei und drei Sprossen auf einmal nehmend, stieg er mit fröhlichem Gesicht hinauf und sah sich nur um, um dem Kommissar mit der Laterne zu leuchten. Hinter dem Kommissar ging Jegor Michailowitsch. Als sie verschwunden waren, blieb Dutlow, der schon einen Fuß auf die Leiter gesetzt hatte, stehen und seufzte. Zwei Minuten vergingen, die Schritte auf dem Boden verstummten; offenbar waren die Männer an die Leiche herangetreten.

»Onkel! man ruft dich!« schrie Jefimka durch die Bodenöffnung.

Dutlow stieg hinauf. Von dem Kommissar und Jegor Michailowitsch war beim Schein der Laterne nur der obere Teil ihrer Körper hinter dem Balken zu sehen; hinter ihnen stand noch jemand, der ihnen den Rücken zukehrte. Das war Polikej. Dutlow stieg über den Balken, bekreuzigte sich und blieb stehen.

»Dreht ihn mal um, Kinder«, sagte der Kommissar.

Niemand rührte sich.

»Jefimka, du bist ein junger Bursch«, sagte Jegor Michailowitsch.

Der junge Bursch stieg über den Balken, drehte Iljitsch um und stellte sich neben ihn, wobei er mit der heitersten Miene bald auf Iljitsch, bald auf die hohe Obrigkeit blickte, wie der

Schausteller eines Albino oder der Julia Pastrana bald auf das Publikum, bald auf die von ihm vorgeführte Sehenswürdigkeit schaut und bereit ist, alle Wünsche der Zuschauer zu erfüllen.

»Dreh ihn noch einmal um.«

Iljitsch drehte sich wieder, schlenkerte ein wenig mit den Armen und schleifte mit dem einen Fuß im Sand.

»Faßt an, nehmt ihn ab.«

»Befehlen Sie, ihn abzuschneiden, Wasilij Borisowitsch?« fragte Jegor Michailowitsch. »Gebt ein Beil her, Brüder!«

Den Wächtern und Dutlow mußte es zweimal befohlen werden, ehe sie an die Sache herangingen. Aber der »junge Bursch« ging mit Polikej wie mit einem geschlachteten Hammel um. Endlich hatte man den Strick durchgehauen, den Leichnam abgenommen und zugedeckt. Der Kommissar sagte, der Arzt würde morgen kommen, und entließ die Leute.

15

Dutlow begab sich, eifrig die Lippen bewegend, auf den Heimweg. Erst war ihm bange zumute, aber je näher er dem Dorf kam, desto mehr schwand dieses Gefühl und desto mächtiger begann seine Seele ein Gefühl der Freude zu erfüllen. Im Dorfe hörte man Lieder und trunkene Stimmen. Dutlow trank niemals und ging auch jetzt geradeswegs nach Hause. Es war schon spät, als er die Hütte betrat. Sein Weib schlief. Der älteste Sohn und die Enkel schliefen auf dem Ofen, der zweite Sohn in der Kammer. Nur Iljuschkas Weib schlief nicht, sondern saß in einem schmutzigen Werktagshemd und mit aufgelösten Haaren auf der Bank und heulte. Sie stand nicht auf, um dem Onkel zu öffnen, sondern fing, als sie ihn erblickte, noch lauter zu heulen und zu klagen an. Nach Ansicht der Alten verstand sie das sehr gut, obwohl sie bei ihrer Jugend noch keine Übung darin haben konnte.

Die Alte stand auf und richtete ihrem Mann das Abendessen. Dutlow jagte Iljuschkas Weib vom Tisch weg. »Genug, genug!« sagte er. Axinja stand auf und legte sich auf die Bank, hörte aber nicht auf zu heulen. Die Alte deckte schweigend den Tisch und räumte schweigend wieder ab. Auch der Alte sagte kein einziges Wort. Er betete, rülpste, wusch sich die Hände, nahm das Rechenbrett vom Nagel und ging in die Kammer. Dort flüsterte er zuerst mit der Alten, dann ging diese hinaus, aber er fing an auf dem Rechenbrett zu klappern, schlug endlich den Deckel einer Truhe zu und kroch in den Keller. Er hatte lange in der Kammer und im Keller zu schaffen. Als er wieder eintrat, war es in der Hütte schon dunkel, der Kienspan brannte nicht mehr. Die Alte, die tagsüber meist still und nicht zu hören war, hatte sich schon auf der Pritsche unterhalb der Decke ausgestreckt und erfüllte die ganze Hütte mit ihrem lauten Schnarchen. Iljuschkas lärmendes Weib schlief auch und atmete unhörbar. Sie war in ihren Kleidern auf der Bank eingeschlafen, ohne etwas unter den Kopf gelegt zu haben. Dutlow betete, blickte dann auf Iljuschkas Weib, schüttelte den Kopf, löschte den Kienspan, rülpste noch einmal, kroch auf den Ofen und legte sich neben einen Enkelsohn. Im Dunkeln warf er die Bastschuhe hinunter und legte sich auf den Rücken, sah auf den Balken über dem Ofen, den er kaum wahrnehmen konnte, horchte auf die Schaben, die an der Wand raschelten, auf die Seufzer, das Schnarchen und die Bewegungen der Schlafenden und auf die Geräusche des Viehs im Hof. Er konnte lange nicht einschlafen. Der Mond ging auf, es wurde heller in der Hütte, er konnte in der Ecke Axinja sehen – und noch etwas, das er nicht zu unterscheiden vermochte: Hatte der Sohn seinen Armäck liegen lassen, hatten die Weiber ein Faß hingestellt, oder stand da jemand? Mochte er nun eingeschlummert sein oder nicht – jedenfalls sah er immer wieder hin … Offenbar reichte jener finstere Geist, der Polikej zu der furchtbaren Tat verleitet hatte und dessen Nähe alle Hofleute in dieser Nacht spürten, offenbar reichte dieser Geist mit seinen Fittichen bis ins Dorf, bis zu Dutlows Hütte, wo das Geld lag, das er sich nutzbar gemacht hatte, um Iljitsch zu verderben. Wenigstens fühlte Dutlow seine Anwesenheit, und es war ihm nicht wohl zumute. Er konnte nicht schlafen und nicht aufstehen. Als er dieses Etwas sah, das sich nicht erklären ließ, erinnerte er sich Iljas mit den gebundenen Händen, erinnerte er sich an Axinjas Gesicht und ihr lautes Klagen, erinnerte er sich Polikejs mit den baumelnden Armen. Plötzlich kam es dem Alten vor, als ginge

jemand am Fenster vorbei. Was ist das, kommt schon der Dorfälteste die Arbeit ansagen? Wie hat er denn aufgeschlossen?
dachte Dutlow, als er Schritte im Flur vernahm. Hat die Alte den
Riegel nicht vorgeschoben, als sie in den Flur ging? Der Hund
heulte im Hof, aber *er* ging im Flur umher (wie der Alte später
erzählte), als suchte er die Türe, ging daran vorbei, tastete wieder an der Wand entlang, stieß an ein Faß, so daß es klapperte.
Und wieder begann *er* zu tasten, als suchte er den Riegel. Nun
ergriff *er* den Riegel. Ein Zittern überlief den Körper des Alten.
Nun zog *er* am Riegel und trat in menschlicher Gestalt ein.
Dutlow wußte bereits, daß *er* es war. Er wollte ein Kreuz schlagen, vermochte es aber nicht. *Er* trat an den Tisch, auf dem ein
Tischtuch lag, riß es herab, warf es zu Boden und stieg auf den
Ofen. Der Alte erkannte, daß *er* Iljitschs Gestalt angenommen
hatte. *Er* fletschte die Zähne, seine Arme schlenkerten. *Er* kroch
auf den Ofen, wälzte sich auf den Alten und fing an, ihn zu würgen.

»Das Geld gehört mir«, sagte Iljitsch.

»Laß los, ich tu's nicht«, wollte Semjon sagen, konnte es aber
nicht.

Iljitsch würgte ihn mit der ganzen Schwere eines steinernen
Berges, er zerdrückte ihm die Brust. Dutlow wußte, daß *er* ihn
loslassen würde, wenn er ein Gebet spräche, und wußte auch,
welches Gebet gesprochen werden mußte, aber er vermochte die
Gebetsworte nicht auszusprechen. Der Enkel schlief neben ihm.
Plötzlich schrie der Knabe gellend auf und begann zu weinen:
Der Großvater hatte ihn an die Wand gedrückt. Der Schrei des
Kindes löste dem Alten die Zunge. »Daß Gott auferstehe«, murmelte Dutlow. *Er* ließ etwas nach. »Und seine Feinde zerstreut
werden …« *Er* stieg vom Ofen herunter. Dutlow hörte, wie *er*
mit beiden Füßen auf dem Fußboden aufsprang. Dutlow betete
noch immer, er sprach nacheinander alle Gebete, die er kannte.
Er schritt zur Tür, ging am Tisch vorüber und schlug die Tür so
heftig zu, daß die Hütte erzitterte. Trotzdem schliefen alle außer
dem Großvater und dem Enkel. Der Großvater betete und zitterte am ganzen Leibe, der Enkel weinte im Einschlafen und
schmiegte sich an den Großvater. Es wurde wieder ganz still.
Der Großvater lag da, ohne sich zu rühren. Hinter der Wand, an

Dutlows Ohr, krähte der Hahn. Er hörte, wie die Hühner sich zu regen begannen, wie ein junger Hahn dem alten nachzukrähen versuchte, es aber nicht fertigbrachte. Zu Füßen des Alten bewegte sich etwas. Es war die Katze: sie sprang mit ihren weichen Pfötchen vom Ofen hinab auf den Boden und begann an der Tür zu miauen. Der Großvater stand auf, schob das Fenster in die Höhe; draußen war es finster und schmutzig; das Vorderteil des Wagens war vor dem Fenster sichtbar. Dutlow ging, sich bekreuzigend, barfuß hinaus zu den Pferden: Auch hier merkte man deutlich, daß *er* dagewesen war: die Stute, die unter dem Vordach am Mauervorsprung stand, hatte sich mit dem Fuß im Zügel verfangen, das Häcksel verschüttet und erwartete mit erhobenem Fuß und seitwärts gewandtem Kopf den Hausherrn; das Fohlen war in den Dünger gefallen. Der Alte stellte es auf die Beine, befreite die Stute, warf ihr Futter vor und ging in die Hütte. Sein Weib war aufgestanden und hatte den Kienspan angezündet. »Wecke die Kinder, ich fahre in die Stadt«, sagte er, entzündete eine Wachskerze, die vor den Heiligenbildern stand, und stieg damit in den Keller. Als er zurückkam, brannte schon bei allen Nachbarn Licht. Die Söhne waren aufgestanden und bereiteten sich zur Abfahrt vor. Die Weiber gingen mit Wassereimern und Milchkübeln aus und ein. Ignat spannte den Wagen an. Der zweite Sohn schmierte den anderen. Die junge Frau heulte nicht mehr, sondern saß angekleidet, mit einem Tuch um den Kopf, auf der Bank und wartete, bis es Zeit sein werde, in die Stadt zu fahren, um von ihrem Mann Abschied zu nehmen.

Der Alte schien besonders ernst. Er sprach mit niemandem ein Wort, zog den neuen Kaftan an, gürtete sich und ging mit Iljitschs Geld in der Brusttasche zu Jegor Michailowitsch.

»Trödle nicht!« schrie er Ignat zu, der das Rad auf der angehobenen und geschmierten Achse drehte. »Ich komme gleich. Daß alles fertig ist!«

Der Verwalter war eben erst aufgestanden, trank Tee und schickte sich ebenfalls an, in die Stadt zu fahren, um die Rekruten zu übergeben.

»Was willst du?« fragte er.

»Ich will den Jungen los kaufen, Jegor Michailowitsch. Seien Sie so gütig! Sie haben mir unlängst gesagt, daß Sie einen Freiwilligen in der Stadt wissen. Unterweisen Sie mich; unsereiner versteht das nicht.«

»Hast du dir's also überlegt?«

»Ich hab's mir überlegt, Jegor Michailowitsch: Er dauert mich, ist meines Bruders Sohn. Wie er auch sein mag, tut's mir doch leid um ihn. Viel Unheil ist durch dieses Geld geschehen. Sei schon so gut und rate mir«, sagte er sich verneigend.

Jegor Michailowitsch schmatzte wie stets in solchen Fällen lange tiefsinnig und schweigend mit den Lippen, schrieb dann, nachdem er sich die Sache überlegt hatte, zwei Zettel und erklärte, was man in der Stadt tun müsse.

Als Dutlow nach Hause zurückkehrte, war die junge Frau mit Ignat schon fortgefahren, und die grauscheckige, dickbäuchige Stute stand angespannt am Tor. Er brach eine Rute aus dem Zaun, schlug den Pelz übereinander, setzte sich in den Wagen und trieb das Pferd an. Dutlow jagte die Stute so schnell, daß ihr ganzer Bauch mit einem Mal verschwand und Dutlow gar nicht mehr hinsah, um nicht von Mitleid erfaßt zu werden. Ihn quälte der Gedanke, er könnte zu spät zur Gestellung kommen, Ilja müßte Soldat werden, und das Teufelsgeld bliebe in seinen Händen.

Ich will alle Abenteuer Dutlows an diesem Vormittag nicht ausführlich beschreiben; ich sage nur, daß er besonderes Glück hatte. Bei dem Wirt, dem er den Zettel Michailowitschs überbrachte, befand sich ein zur Stellung bereiter Freiwilliger, der bereits dreiundzwanzig Rubel durchgebracht hatte und von der Behörde schon für tauglich befunden worden war. Der Wirt wollte vierhundert Rubel für ihn haben, ein Käufer aber, ein Kleinbürger, der schon drei Wochen um ihn handelte, bat immerzu, er möchte ihn für dreihundert Rubel ablassen. Dutlow machte der Sache mit zwei Worten ein Ende. »Gibst du ihn für dreihunderteinviertel?« sagte er, ihm die Hand hinstreckend, aber mit einem Ausdruck, daß man gleich sehen konnte, er sei bereit, noch höher zu gehen. Der Wirt zog die Hand zurück und hielt an seiner Forderung von vierhundert Rubel fest. »Gibst du ihn nicht für dreihunderteinviertel?« wiederholte Dutlow, faßte mit der linken Hand die Rechte des Wirts und drohte mit der Rechten einzuschlagen. »Willst du nicht? Nun, Gott mit dir!«

sagte er plötzlich und schlug so kräftig in die Hand des Wirts, daß sich sein Körper durch die Wucht des Handschlags von ihm abwandte. »Es soll also nicht anders sein! Nimm dreieinhalbes Hundert. Stell eine Quittung aus. Bring den Burschen her. Und hier hast du ein Handgeld. Zwei Zehner genügen wohl, nicht wahr?«

Und Dutlow nahm den Gürtel ab und suchte das Geld.

Der Wirt hatte seine Hand zwar nicht zurückgezogen, schien aber noch immer nicht ganz einverstanden zu sein; er nahm das Handgeld nicht an und wollte noch Trinkgelder und eine Bewirtung der Freiwilligen ausbedingen.

»Versündige dich nicht«, wiederholte Dutlow und hielt ihm das Geld hin, »wir müssen alle sterben«, wiederholte er in einem so sanften, belehrenden und überzeugenden Ton, daß der Wirt sagte: »Nichts zu machen«, noch einmal einschlug und zu beten begann. »Zu guter Stunde!« sagte er.

Man weckte den Freiwilligen, der nach der gestrigen Sauferei noch schlief, besichtigte ihn und begab sich in die Verwaltung.

Der Freiwillige war guter Dinge, verlangte Rum, um seinen Katzenjammer zu vertreiben, wozu ihm Dutlow Geld gab, und wurde erst in dem Augenblick zaghaft, als sie den Flur des Amtsgebäudes betraten. Lange standen sie hier im Flur beisammen, der Alte, der Wirt in einem blauen, pelzverbrämten Kaftan und der Freiwillige in einem kurzen Halbpelz mit hochgezogenen Augenbrauen und glotzenden Augen; lange flüsterten sie hier miteinander, wollten irgendwo vorgelassen werden, suchten jemanden, nahmen vor jedem Schreiber die Mütze ab, verneigten sich und hörten tiefsinnig den Bescheid an, den ein dem Wirt bekannter Schreiber überbrachte. Alle Hoffnung, die Sache heute noch zu erledigen, war bereits im Schwinden, und der Freiwillige wurde schon wieder heiterer und mutiger, als Dutlow Jegor Michailowitsch erblickte, sich sofort an ihn klammerte und zu bitten und zu flehen begann. Jegor Michailowitsch half so gut, daß man den Freiwilligen gegen drei Uhr zu seinem großen Mißvergnügen und Erstaunen in die Amtsstube führte, ihn unter das Maß stellte, unter allgemeiner Heiterkeit, die sich aller, angefangen von den Wächtern bis zum Vorsitzenden, aus irgendeinem Grund bemächtigt hatte, entkleidete, kahl schor, einkleidete und zur Tür hinausschob und fünf Minuten später Dutlow das Geld auszahlte, seine Quittung erhielt, sich von dem Wirt und dem Freiwilligen verabschiedete und sich in das Quartier zu dem Kaufmann begab, wo die Rekruten aus Pokrowskoje sich aufhielten. Ilja und seine junge Frau saßen in der Küche in einer Ecke; als der Alte eintrat, hörten sie auf zu sprechen und sahen ihn unterwürfig, aber unfreundlich an. Wie immer betete der Alte, nahm den Gürtel ab, zog ein Papier hervor und rief den ältesten Sohn Ignat und Iljuschkas Mutter, die im Hof waren, in die Stube.

»Versündige dich nicht, Iljuscha«, sagte er, indem er auf seinen Neffen zuging. »Du hast gestern ein böses Wort zu mir gesagt ... Tust du mir etwa nicht leid? Ich erinnere mich noch, wie der Bruder dich mir ans Herz gelegt hat. Hätte ich dich denn hergegeben, wenn es in meiner Kraft gestanden hätte, es zu verhindern? Gott hat mir Glück gegeben, und da scheue ich kein Opfer. Hier ist das Papier«, sagte er, die Quittung auf den Tisch legend und sie mit seinen gekrümmten, steifen Fingern sorgsam glättend.

Alle Bauern aus Pokrowskoje, die Arbeiter des Kaufmanns und sogar ganz unbeteiltes Volk versammelten sich in der Stube. Alle ahnten, um was es sich handelte, aber niemand unterbrach die feierliche Rede des Alten.

»Hier ist das Papier! Vierhundert Rubel habe ich dafür bezahlt. Schilt deinen Onkel nicht!«

Iljuscha stand auf, schwieg aber, da er nicht wußte, was er sagen sollte. Seine Lippen zitterten vor Erregung. Seine alte Mutter trat auf ihn zu und wollte sich ihm schluchzend an den Hals werfen, aber der Alte schob sie langsam und gebieterisch mit der Hand zur Seite und fuhr fort: »Du hast mir gestern ein böses Wort gesagt«, wiederholte er noch einmal, »dieses Wort hat wie ein Messer in mein Herz geschnitten. Dein Vater hat dich mir sterbend ans Herz gelegt, ich habe dich gehalten wie einen eigenen Sohn, und wenn ich dich etwa gekränkt habe – wir sind eben sündige Menschen. Ist's nicht so, ihr Rechtgläubigen?« wandte er sich an die um ihn herumstehenden Bauern. »Hier ist deine leibliche Mutter und dein junges Weib, da habt ihr die Quittung. Fort mit dem Geld, in Gottes Namen! Mir aber vergebt um Christi willen!« Und er schlug den Schoß des Armäcks zurück, ließ sich langsam auf die Knie nieder und verbeugte sich vor Iljuscha und seinem Weib bis zur Erde. Vergeblich suchte das junge Paar ihn zurückzuhalten: Er stand nicht eher auf, als bis er den Fußboden mit der Stirn berührt hatte, dann erhob er sich, schüttelte den Staub ab und setzte sich auf die Bank. Iljuschas Mutter und die junge Frau heulten vor Freude; aus der Menge ließen sich beifällige Äußerungen vernehmen. »So ist's recht nach Gottes Wort«, sagte der eine. »Was liegt am Geld? Für Geld kauft man keinen solchen Burschen«, ließ sich ein anderer hören. »Welch eine Freude«, bemerkte ein dritter, »ein gerechter Mann, nichts zu sagen!« Nur die Bauern, die als Rekruten bestimmt waren, verloren kein Wort und gingen still in den Hof hinaus.

Zwei Stunden später fuhren die zwei Wagen der Dutlows aus der Vorstadt hinaus. Im ersten, vor den die grauscheckige Stute mit dem eingefallenen Bauch und dem schweißnassen Hals gespannt war, saßen der Alte und Ignat. Im hinteren Teil des Wagens raschelten Bündel von Kringeln und Brezeln. Im zweiten Wagen, den niemand lenkte, saßen glücklich und ehrbar die junge Frau und ihre Schwiegermutter, beide mit Kopftüchern. Die junge Frau hielt eine Flasche Schnaps unter ihrer Schürze. Iljuschka, der dem Pferd den Rücken zuwandte, hockte mit gerötetem Gesicht auf dem Vorderteil des Wagens, aß eine Brezel und redete unaufhörlich. Die Stimmen, das Rattern der Wagen auf dem Pflaster, das Schnauben der Pferde – alles floß in einen einzigen fröhlichen Klang zusammen. Die Pferde fielen, mit den Schweifen um sich schlagend, in einen raschen Trab, da es heimwärts ging. Alle, die vorübergingen oder vorüberfuhren, sahen sich unwillkürlich nach der fröhlichen Familie um.

Am Stadtrand holten die Dutlows einen Trupp Rekruten ein. Eine Gruppe Rekruten stand im Kreis vor einer Schenke. Ein Rekrut mit jenem unnatürlichen Ausdruck, den ein geschorener Schädel dem Menschen verleiht, hatte die graue Uniformmütze in den Nacken geschoben und spielte gewandt auf der Balalaika; ein anderer, ohne Mütze, mit einer Flasche Wodka in der Hand, tanzte inmitten des Kreises. Ignat hielt das Pferd an und stieg ab, um die Stränge fester anzuziehen. Alle Dutlows sahen mit Neu-

gierde und zustimmender Fröhlichkeit auf den tanzenden Burschen. Der Rekrut schien niemanden zu sehen, fühlte aber, daß
das ihn bewundernde Publikum immer größer wurde, und das
verlieh ihm Kraft und Gewandtheit. Der Rekrut tanzte sehr gewandt. Seine Augenbrauen waren zusammengezogen, sein gerö-
tetes Gesicht war unbeweglich, der Mund war zu einem Lächeln
verzogen, das längst jeden Ausdruck verloren hatte. Alle Kräfte
seiner Seele schienen nur darauf gerichtet zu sein, so schnell wie
möglich einen Fuß nach dem anderen bald auf den Absatz, bald
auf die Spitze zu stellen. Mitunter hielt er plötzlich inne, gab
dem Balalaikaspieler mit den Augen einen Wink, und dieser
fuhr noch schneller über die Saiten und klopfte sogar mit den
Fingerknöcheln auf den Deckel der Balalaika. Der Rekrut hielt
inne, schien aber, selbst während er so regungslos dastand, immer noch weiterzutanzen. Auf einmal begann er sich langsam
zu bewegen, zuckte mit den Schultern, sprang dann in die
Höhe, ließ sich in die Hocke fallen und schnellte in dieser Stellung mit einem wilden Aufschrei immer wieder die Beine von
sich. Die Knaben lachten, die Frauen schüttelten die Köpfe, die
Männer lächelten beifällig. Ein alter Unteroffizier stand ruhig
neben dem Tanzenden und machte ein Gesicht, das zu sagen
schien: Für euch mag das etwas Seltsames sein, unsereinem ist
derlei hinreichend bekannt. Der Balalaikaspieler war sichtlich
müde geworden, blickte träge um sich, griff einen falschen Akkord, klopfte plötzlich mit den Fingern auf die Decke des In-
struments – und der Tanz war zu Ende.

»He, Aljoscha!« sagte der Balalaikaspieler zu dem Tanzenden
und wies auf Dutlow, »da ist ja dein Taufpate.«

»Wo? Du mein lieber Freund!« schrie Aljoscha, derselbe
Rekrut, den Dutlow gekauft hatte, und näherte sich dem Wagen, wobei er mit müden Beinen vorwärts stolperte und die
Schnapsflasche über den Kopf hob. »Mischka! ein Glas!« schrie
er wieder. »Hausherr! Du, mein lieber Freund! Ist das eine
Freude, wahrhaftig…« schrie er, ließ seinen berauschten Kopf
in den Wagen sinken und fing an, die Bauern und die Weiber
mit Schnaps zu bewirten. Die Bauern tranken, die Weiber lehnten ab. »Ihr, meine Lieben, was könnte ich euch schenken?« rief
Aljoscha, die Alten umarmend.

Eine Händlerin mit Eßwaren stand in der Menge. Aljoscha erblickte sie, entriß ihr die Mulde und schüttete alles in den Wagen.

»Keine Angst, werd's schon bezahlen, Teufel«, brüllte er mit weinerlicher Stimme, zog sofort einen Geldbeutel aus der Hosentasche und warf ihn Mischka zu.

Er stand da, auf den Rand des Wagens gestützt, und blickte mit feuchten Augen auf die Insassen.

»Welches ist denn die Mutter?« fragte er. »Bist du's? Ich will auch ihr etwas schenken.«

Er dachte einen Augenblick nach, fuhr mit der Hand in die Tasche, zog ein neues, zusammengefaltetes Taschentuch heraus, nahm hastig das Handtuch, mit dem er unter dem Mantel gegürtet war, und sein rotes Halstuch ab, knüllte alles zusammen und legte es der Alten in den Schoß.

»Da hast du, ich schenk es dir«, sagte er mit einer Stimme, die immer leiser wurde.

»Wozu? Ich danke dir, mein Lieber! Ist das ein gutherziger Bursche«, sagte die Alte zu Dutlow gewandt, der an ihren Wagen herangetreten war.

Aljoscha war verstummt und ließ wie betäubt den Kopf immer tiefer sinken, als ob er einschlafen wollte.

»Für euch gehe ich, für euch komme ich um!« murmelte er, »darum beschenke ich euch auch.«

»Ich denke, er hat wohl auch eine Mutter«, sagte jemand aus der Menge. »So ein treuherziger Kleiner! Ein Jammer!«

Aljoscha hob den Kopf.

»Eine Mutter habe ich«, sagte er. »Einen lieben Vater habe ich. Alle haben sich von mir losgesagt. Hör du, Alte!« fuhr er fort und faßte Iljuschkas Mutter an der Hand. »Ich habe dich beschenkt. Hör mich an, um Christi willen! Geh in das Dorf Wodnoje, frage dort nach der alten Nikonowa, sie ist meine liebe Mutter, weißt du, und sag dieser selbigen Alten, der alten Nikonowa … die dritte Hütte vom Dorfende, mit dem neuen Brunnen … sag ihr, daß Aljoscha dein Sohn … also … Musikant! Spiel auf!« schrie er.

Und er fing wieder an zu tanzen, redete dazu und schleuderte die Flasche mit dem übriggebliebenen Schnaps auf die Erde.

Ignat stieg auf den Wagen und wollte abfahren.

»Leb wohl, Gott sei mit dir!« sagte die Alte und schlug ihren Pelz übereinander.

Aljoscha hielt plötzlich inne.

»Fahrt zum Teufel!« schrie er und drohte mit den geballten Fäusten, »daß deine Mutter ...«

»O Gott!« murmelte Iljuschkas Mutter und bekreuzigte sich. Ignat trieb die Stute an, und die Wagen setzten sich ratternd in Bewegung. Der Rekrut Alexej stand mitten auf der Straße, das Gesicht von Wut verzerrt, die Fäuste geballt, und beschimpfte die Bauern, was das Zeug hielt.

»Warum habt ihr angehalten? Fahrt zu! Ihr Teufel, ihr Menschenfresser!« schrie er. »Ihr entgeht meiner Hand nicht. Ihr Teufel! Ihr Bauernpack ...!«

Bei diesen Worten versagte ihm die Stimme, und er fiel, wie er ging und stand, mit aller Wucht zu Boden.

Die Dutlows erreichten bald das freie Feld und konnten, als sie sich umblickten, die Schar der Rekruten nicht mehr sehen. Sie legten ungefähr fünf Werst im Schritt zurück, dann stieg Ignat vom Wagen des Vaters, der eingeschlafen war, herunter und schritt neben Iljuschkas Wagen her.

Sie leerten zu zweit das Fläschchen, das sie aus der Stadt mitgenommen hatten. Bald darauf stimmte Ilja ein Lied an, und die Weiber fielen ein. Ignat trieb das Pferd mit fröhlichen Zurufen im Takt des Liedes an. Ein Postwagen kam ihnen im schnellen Trab entgegen. Der Kutscher rief den Pferden ein munteres Wörtlein zu, als er an den zwei lustigen Wagen vorüberkam; der Postillion sah sich um und deutete zwinkernd auf die geröteten Gesichter der Männer und Weiber, die fröhlich singend in ihren Wagen dahinpolterten.

Der Gefangene im Kaukasus

1

Im Kaukasus diente ein Barin als Offizier. Er hieß Schilin.

Einmal bekam er einen Brief von daheim. Seine alte Mutter schrieb ihm: »Ich bin alt geworden und möchte vor dem Sterben noch einmal mein geliebtes Söhnchen sehen. Komm heim, um von mir Abschied zu nehmen, begrabe mich, und dann kehre mit Gott wieder zu deinem Regiment zurück. Ich habe dir auch eine Braut ausgesucht: Sie ist klug und schön und hat Vermögen. Wenn sie dir gefällt – vielleicht heiratest du sie und bleibst ganz hier.«

Schilin überlegte: In der Tat, gebrechlich ist die Alte geworden; vielleicht komme ich schon zu spät und sehe sie nicht mehr. Ich muß fahren; und wenn die Braut hübsch ist, kann man sie auch heiraten.

Er ging zum Oberst, bat um Urlaub, verabschiedete sich von den Kameraden, ließ seinen Soldaten zum Abschied vier Eimer Wodka auffahren und machte sich reisefertig.

Im Kaukasus war damals Krieg. Weder bei Tag noch bei Nacht konnte man ungefährdet seines Weges ziehen. Kaum ein Russe fuhr oder ging aus der Festung hinaus – die Tataren brachten ihn um oder verschleppten ihn flugs in die Berge. Deshalb hatte man eingeführt, daß zweimal wöchentlich Soldaten als Begleiter von Festung zu Festung gingen. Vorne und hinten marschierten Soldaten, und in der Mitte ritten oder fuhren die Leute.

Es war im Sommer. Im Morgengrauen versammelte sich der Wagenzug vor der Festung, die Begleitsoldaten kamen heraus und machten sich auf den Weg. Schilin ritt, und der Wagen mit seinen Sachen fuhr im Zug mit.

Es waren fünfundzwanzig Werst zu fahren. Der Wagenzug fuhr langsam; bald machten die Soldaten halt, bald sprang von einem Wagen ein Rad ab oder wollte ein Pferd nicht mehr weiter; dann mußten alle stehenbleiben und warten.

Die Sonne war schon über Mittag hinaus, und der Wagenzug hatte erst die Hälfte des Weges zurückgelegt. Staub, Hitze die Sonne brannte nur so und nirgends ein Unterstand. Die nackte Steppe; kein Baum, kein Strauch am Weg.

Schilin ritt voran, hielt immer wieder an und wartete, bis der Wagenzug nachkam. Er hörte, wie hinten auf dem Horn geblasen wurde – wieder blieben sie stehen. Schilin dachte: Soll ich nicht besser allein weiterreiten, ohne die Soldaten? Das Pferd unter mir ist ausgezeichnet, wenn mich wirklich Tataren überfallen sollten, sprenge ich davon. Oder soll ich nicht reiten …?

Er hielt an und überlegte. Da sprengte ein anderer Offizier auf ihn zu, Kostylin, mit dem Gewehr über der Schulter und sprach: »Reiten wir allein weiter, Schilin. Es ist nicht mehr zum Aushalten, Hunger habe ich, und diese Hitze. Mein Hemd kann man auswringen.« Kostylin war ein schwerer, dicker Mann, ganz rot sah er aus, und der Schweiß rann in Strömen an ihm herab. Schilin dachte nach und sprach: »Ist dein Gewehr geladen?«

»Gewiß.«

»Nun, dann reiten wir. Nur eins müssen wir ausmachen – beisammen bleiben.«

Sie ritten den Weg entlang voraus. Sie reiten also durch die Steppe, unterhalten sich und halten nach allen Seiten Ausschau. Man kann weit sehen.

Kaum war die Steppe zu Ende, führte der Weg durch eine Schlucht zwischen zwei Bergen hindurch. Schilin sagte:

»Wir müssen auf den Berg hinaufreiten und Ausschau halten, sonst springen sie vielleicht hinter einem Felsen hervor, ohne daß wir sie vorher gesehen haben.«

Aber Kostylin sprach: »Wozu Ausschau halten? Reiten wir weiter.«

Schilin hörte nicht auf ihn.

»Nein«, sprach er, »warte hier unten, ich werfe nur einen Blick hinauf.« Und er trieb sein Pferd nach links, den Berg hinauf. Schilin ritt ein Rassepferd; er hatte es für hundert Rubel in einem Gestüt gekauft und selber zugeritten; wie auf Flügeln trug es ihn den Berg hinauf. Kaum war er oben – siehe, da halten gerade vor ihm, kaum einen Ackerbreit entfernt, berittene Tataren. An die dreißig Mann. Er sieht sie und will umkehren; aber die Tataren haben ihn auch schon bemerkt, setzen ihm nach und ziehen im vollen Galopp ihre Gewehre aus den Hüllen. Schilin jagt den Berg hinunter, was das Pferd nur laufen kann, schreit Kostylin zu: »Das Gewehr heraus!« – sagt aber im stillen zu seinem Pferd: »Mütterchen, trag mich fort! bleib nirgends mit dem Fuß hängen, wenn du stolperst, bin ich verloren. Komme ich zu meinem Gewehr, ergebe ich mich nicht.«

Doch kaum hatte Kostylin die Tataren gesehen, jagte er, statt zu warten, Hals über Kopf in die Festung zurück. Dabei hieb er bald von der einen, bald von der andern Seite mit der Peitsche auf das Pferd ein. Nur durch eine Staubwolke war noch zu sehen, wie das Pferd mit dem Schweif fegte.

Schilin sieht, die Sache steht schlecht. Das Gewehr hat er verloren, und nur mit dem Säbel allein ist nichts zu machen. Er treibt sein Pferd zu den Soldaten zurück und hofft, noch entwischen zu können. Da sieht er, wie ihm sechs Tataren den Weg abschneiden. Sein Pferd ist gut, doch sie haben noch bessere und kommen außerdem von der Seite angesprengt. Er will wenden und umkehren und hat schon das Pferd herumgeworfen – das aber ist nicht zu halten und jagt geradewegs auf die Tataren zu. Er sieht, wie ein rotbärtiger Tatare auf einem grauen Pferd immer näher kommt. Er kreischt, fletscht die Zähne und legt auf ihn an.

Nun, denkt Schilin, euch Teufel kenne ich! Wenn ihr mich lebendig kriegt, werft ihr mich in eine Grube und peitscht mich aus. Lebendig ergebe ich mich euch nicht.

Schilin war zwar klein von Gestalt, aber tapfer. Er riß den Säbel heraus, trieb sein Pferd gerade auf den roten Tataren zu und dachte: Entweder reite ich mit meinem Pferd über ihn weg, oder ich mache ihn mit dem Säbel nieder.

Doch Schilin war noch nicht herangekommen, da begannen sie von hinten auf ihn zu schießen und trafen das Pferd. Es stürzte im vollen Lauf zu Boden und fiel Schilin auf das Bein.

Er wollte sich erheben, aber schon saßen zwei stinkende Tataren auf ihm und banden ihm die Hände auf dem Rücken. Er riß sich los, schüttelte sie ab, da sprangen noch drei vom Pferd und schlugen ihm mit den Gewehrkolben über den Kopf. Es wurde ihm schwarz vor den Augen, und er schwankte. Die Tataren packten ihn, nahmen Ersatzriemen von den Sätteln, banden ihm die Hände auf dem Rücken zusammen, machten einen Tatarenknoten und schleppten ihn zu einem Sattel. Sie schlugen ihm die Mütze vom Kopf, zogen ihm die Stiefel aus, durchsuchten alles, nahmen ihm das Geld und die Uhr ab und zerrissen ihm die ganzen Kleider. Schilin sah sich nach seinem Pferd um. Das arme Tier lag auf der Seite, wie es hingestürzt war, schlug mit den Beinen – und kam nicht mehr hoch. Im Kopfe hatte es ein Loch, und aus dem Loch strömte schwarzes Blut – ein Arschin ringsum war der Staub damit getränkt.

Der eine Tatare ging auf das Pferd zu und wollte den Sattel abnehmen. Aber das Tier schlug immer noch um sich. Er zog den Dolch und schnitt ihm die Kehle durch. Die Luft pfiff aus der Kehle, es röchelte und zuckte – und war tot.

Die Tataren nahmen den Sattel und das Geschirr ab. Der Tatare mit dem roten Bart setzte sich auf das Pferd, und die andern luden ihm Schilin auf den Sattel; und damit der Gefangene nicht herunterfiele, schnallten sie ihn mit einem Riemen am Gürtel des Tataren fest und entführten ihn so in die Berge.

Schilin sitzt hinter dem Tataren, schaukelt und stößt mit dem Gesicht an den stinkenden Tatarenrücken. Vor sich sieht er nur den stämmigen Tatarenrücken und den sehnigen Hals und den bläulich schimmernden, geschorenen Nacken unter der Mütze. Schilins Kopf ist zerschlagen, über den Augen klebt das Blut. Er kann sich auf dem Pferd weder zurechtsetzen noch das Blut abwischen. Die Hände sind so fest geschnürt, daß ihm das Schlüsselbein weh tut.

So ritten sie lange von einem Berg zum anderen, ritten durch einen Fluß, ritten auf einen Weg hinauf und ritten in einem Hohlweg weiter.

Schilin wollte sich den Weg merken, den sie ihn führten, aber seine Augen waren ganz mit Blut verklebt, und er konnte sich nicht umdrehen.

Es begann zu dämmern. Sie durchquerten noch ein zweites

Flüßchen und ritten einen steinigen Berg hinauf, es roch nach Rauch, die Hunde schlugen an.

Sie kamen in einen Aul. Die Tataren sprangen von den Pferden, Tatarenkinder liefen herbei, umringten Schilin, kreischten, freuten sich und warfen mit Steinen nach ihm.

Der Tatare jagte die Kinder fort, hob Schilin vom Pferd und rief einen Knecht herbei. Es kam ein Nogaier mit hervorstehenden Backenknochen im bloßen Hemd. Das Hemd zerlumpt, die ganze Brust nackt. Der Tatare erteilte ihm einen Befehl. Der Knecht brachte einen Klotz herbei: zwei Eichenblöcke, mit eisernen Ringen zusammengehalten, in dem einen Ring eine Klammer und ein Schloß.

Man band Schilin die Hände los, legte ihm den Klotz an, führte ihn zu einem Schuppen, stieß ihn hinein und sperrte die Tür zu. Schilin fiel auf Mist, blieb liegen, tastete dann in der Dunkelheit umher und legte sich schlafen.

2

Fast die ganze Nacht schlief Schilin nicht. Die Nächte waren kurz. Er sah durch die Ritze, daß es schon zu dämmern begann. Da stand Schilin auf, bohrte die Ritze etwas größer und schaute hinaus.

Er sah durch die Ritze den Weg, der den Berg hinunterführte, rechts eine Tatarenhütte, davor zwei Bäume. Ein schwarzer Hund lag auf der Schwelle, eine Ziege spazierte mit ihren Zicklein, die mit den Schwänzchen wackelten, einher. Den Berg herauf kam eine junge Tatarin im bunten Hemd ohne Gürtel, in Hosen und Stiefeln, den Kopf, auf dem sie einen Blechkrug trug, mit dem Kaftan bedeckt. Sie ging, drückte das Kreuz durch, wiegte sich und führte einen kleinen geschorenen Tatarenjungen im bloßen Hemd an der Hand. Die Tatarin ging mit dem Wasser in die Hütte, und heraus kam der Rotbärtige von gestern, im seidenen Beschmet, einen silbernen Dolch am Gürtel und Schuhe an den bloßen Füßen. Auf dem Kopf trug er eine hohe, schwarze, in den Nacken geschobene Lammfellmütze. Er trat vor die Tür, reckte sich und strich sich den roten Bart. Er blieb eine Weile stehen, befahl dann dem Knecht irgend etwas und ging fort.

Dann ritten zwei Kinder auf Pferden zur Tränke vorbei. Die Pferde hatten nasse Nüstern. Andere geschorene kleine Jungen im bloßen Hemd und ohne Hosen liefen herbei, rotteten sich zusammen, kamen zum Schuppen, nahmen eine Rute und stocherten damit in die Ritze. Schilin machte: »Hu!« Die kreischten auf und liefen fort, daß er ihre weißen Knie blitzen sah.

Aber Schilin hatte Durst, die Kehle war ihm ganz ausgetrocknet. Wenn doch jemand käme, dachte er. Da hörte er, wie der Schuppen aufgeschlossen wurde. Der rote Tatare trat herein, und mit ihm noch ein zweiter, kleinerer, schwarzhaariger. Er hatte klare schwarze Augen, rote Backen, ein kleines, gestutztes Bärtchen und ein lustiges Gesicht, lachte immer. Gekleidet war der schwarze Tatare noch besser; er trug einen blauseidenen, mit Tressen benähten Beschmet, einen großen silbernen Dolch am Gürtel, feine rote, ebenfalls mit Silber bestickte Saffianschuhe, über die er noch andere, derbere gezogen hatte, und eine hohe, weiße Lammfellmütze.

Der rote Tatare trat ein, sagte etwas in einem Ton, als schimpfe er, blieb, an den Türpfosten gelehnt, stehen, spielte mit seinem Dolch und schielte wie ein Wolf nach Schilin. Der Schwarze, lebhaft und gewandt, wie auf Sprungfedern, trat schnell auf Schilin zu, kauerte sich nieder, zeigte grinsend seine Zähne, klopfte ihm auf die Schulter, fing in seiner Sprache ganz schnell etwas zu plappern an, wobei er die Augen verdrehte und mit der Zunge schnalzte, und sagte immer wieder: »Gutter Ruß! Gutter Ruß!«

Schilin verstand kein Wort und sagte: »Ich möchte trinken, gebt mir Wasser zu trinken!«

Der Schwarze lachte: »Gutter Ruß!« und schwatzte in seiner Sprache weiter.

Da machte es Schilin mit den Lippen und Händen vor, daß sie ihm zu trinken geben möchten.

Der Schwarze verstand, lachte, sah zur Tür hinaus und rief: »Dina!«

Ein schlankes, zartes, kleines Mädchen von etwa dreizehn Jahren lief herbei, das dem Schwarzen sehr ähnlich sah, offenbar seine Tochter. Dieselben klaren schwarzen Augen, dasselbe hübsche Gesicht. Sie trug ein langes blaues Hemd mit weiten Ärmeln, ohne Gürtel. Oben, an der Brust und an den Ärmeln, war es rot eingefaßt. Dazu trug sie Hosen und Schuhe, und über den Schuhen noch andere mit hohen Absätzen. Um den Hals hatte sie eine Kette aus russischen Silbermünzen. Der Kopf war unbedeckt, hinten ein schwarzer Zopf mit einem Band, an dem Band Blechstückchen und ein Silberrubel.

Der Vater befahl ihr etwas. Sie lief fort und kam sogleich mit einem Blechkrug zurück. Sie gab Schilin das Wasser, hockte dabei selber auf die Fersen nieder und bog sich dabei so zusammen, daß ihre Schultern tiefer lagen als die Knie. So saß sie da und schaute Schilin mit weitgeöffneten Augen beim Trinken zu, als wäre der ein wildes Tier.

Schilin gab ihr den Krug zurück. Wie sie davonsprang! wie eine wilde Ziege. Sogar der Vater lachte. Er schickte sie noch irgendwohin. Sie lief mit dem Krug in der Hand fort, kam wieder und brachte auf einem runden Brett ungesäuertes Brot und hockte sich wieder hin, beugte sich vor und schaute zu, ohne ein Auge von Schilin zu lassen.

Die Tataren gingen hinaus und schlossen die Tür wieder ab.

Nach einer Weile kam der Nogaier zu Schilin und sagte: »Ajda, Herr, ajda!«

Auch er konnte nicht Russisch. Schilin verstand nur, daß er irgendwohin gehen sollte.

Schilin ging mit dem Klotz, er hinkte und konnte nicht auftreten, weil er ihm den Fuß zur Seite drehte. Er folgte dem Nogaier und erblickte einen Aul, etwa zehn Häuser und eine Art Kirche mit einem Türmchen. Vor einem Haus standen drei gesattelte Pferde. Knaben hielten sie an den Zügeln. Sprang aus diesem Hause der schwarze Tatare heraus und winkte mit der Hand, daß man Schilin zu ihm führe. Er lachte und schwatzte immer etwas in seiner Sprache und ging dann wieder zur Tür hinein. Schilin kam in das Haus. Die Stube war hübsch, mit glattgestrichenen Lehmwänden. An der vorderen Wand lagen bunte Daunenpfühle, an den Seiten hingen kostbare Teppiche, auf den Teppichen lagen Gewehre, Pistolen und Säbel, alles aus Silber. Vor der einen Wand stand ein kleiner Ofen, nicht höher als der Boden. Der Fußboden war aus Lehm, sauber wie eine Tenne; die ganze vordere Ecke mit Filzdecken belegt; auf den Filzdecken wiederum Teppiche und auf den Teppichen weiche Daunenkissen. Auf den Teppichen saßen in bloßen Schuhen einige Tataren: der Rote, der Schwarze und noch drei Gäste. Alle hatten Daunenkissen im Rücken, vor ihnen auf einer runden Platte standen Hirseplinsen und zerlassene Kuhbutter in einer Schale, daneben tatarisches Bier – Busa – in einem Krug. Sie aßen mit den Händen, und die Hände trieften vor Butter.

Der Schwarze sprang auf und befahl, Schilin neben ihn zu setzen: nicht auf den Teppich, sondern auf die bloße Erde. Dann nahm er wieder auf dem Teppich Platz und bewirtete seine Gäste mit Plinsen und Busa. Der Knecht wies Schilin seinen Platz an, zog selber die Überschuhe aus, stellte sie nebeneinander an die Tür, wo auch noch andere Schuhe standen, setzte sich in der Nähe der Herren auf die Filzdecke nieder und sah zu, wie sie aßen, so daß er das Wasser, das ihm im Munde zusammenlief, abwischen mußte.

Als die Gäste genug Plinsen gegessen hatten, kam eine Tatarin herein, die ein ebensolches Hemd wie das Mädchen anhatte und dazu Hosen trug und den Kopf mit einem Tuch verhüllt hatte. Sie räumte die Butter und die Plinsen fort und brachte eine hübsche Schale und einen Krug mit schmalem Schnabel. Die Tataren wuschen sich die Hände, falteten sie, knieten nieder, bliesen nach allen Seiten und sagten ihre Gebete her. Dann fingen sie an, in ihrer Sprache über etwas zu beraten. Einer der Gäste wandte sich an Schilin und redete ihn auf russisch an.

»Dich hat Kasi-Muhammed gefangengenommen«, sagte er und zeigte auf den roten Tataren, »und dich an Abdul-Murad abgetreten.« Er zeigte auf den Schwarzen. »Abdul-Murad ist jetzt dein Herr.«

Schilin schwieg. Da fing Abdul-Murad an zu reden, zeigte immer auf Schilin, lachte und sagte: »Soldat Ruß! Gutter Ruß!«

Der Dolmetscher fuhr fort: »Er befiehlt dir, einen Brief nach Hause zu schreiben, damit sie Lösegeld für dich schicken. Wenn das Geld kommt, läßt er dich frei.«

Schilin überlegte und sagt dann: »Will er viel Lösegeld haben?«

Die Tataren verhandelten miteinander, und der Dolmetscher sagte: »Dreitausend Moneten.«

»Nein«, sagte Schilin, »das kann ich nicht bezahlen.«

Abdul sprang auf, begann mit den Armen zu fuchteln und redete auf Schilin ein. Immer dachte er, daß er ihn verstünde. Der Dolmetscher übersetzte und sagte: »Wieviel willst du denn geben?«

Schilin überlegte und sagte: »Fünfhundert Rubel.«

Da fingen die Tataren hastig an zu reden, alle auf einmal. Abdul schrie den Roten an und ereiferte sich so, daß ihm der Speichel aus dem Mund spritzte. Der Rote zog aber nur die Stirne kraus und schnalzte mit der Zunge.

Dann verstummten sie, und der Dolmetscher sagte »Fünfhundert Rubel Lösegeld sind deinem Herrn zu wenig. Er hat selber zweihundert Rubel für dich bezahlt. Die war ihm Kasi-Muhammed schuldig. Statt des Geldes hat er dich genommen. Dreitausend Rubel, für weniger kann er dich nicht fortlassen. Schreibst du aber nicht, wirft man dich in eine Grube und schlägt dich mit Peitschen.«

Ei, dachte Schilin, wer sich von ihnen einschüchtern läßt, dem ergeht es noch schlimmer. Er sprang auf die Füße und rief: »Sage dem Hund, wenn er mir Angst machen will, gebe ich ihm keine Kopeke und werde überhaupt nicht schreiben. Ich habe euch Hunde noch niemals gefürchtet und werde euch nie fürchten.«

Der Dolmetscher übersetzte das, und wieder redeten alle auf einmal.

Lange schwatzten sie, da sprang der Schwarze auf und trat auf Schilin zu.

»Ruß«, sagte er, »Dschigit, Dschigit Ruß!«

Dschigit bedeutet in ihrer Sprache »Held«. Dabei lachte er immer, sagte etwas zum Dolmetscher, und dieser übersetzte: »Gib dreitausend Rubel.«

Schilin blieb bei dem, was er gesagt hatte: »Mehr als fünfhundert Rubel gebe ich nicht. Schlagt ihr mich aber tot, so bekommt ihr gar nichts.«

Die Tataren berieten sich, schickten den Knecht fort und schauten bald auf Schilin, bald auf die Tür. Der Knecht kam wieder, und hinter ihm her hinkte ein dicker, barfüßiger, zerlumpter Mensch, der ebenfalls einen Klotz am Fuß hatte.

Schilin schrie auf: er erkannte Kostylin. Auch ihn hatten sie gefangengenommen. Man setzte sie nebeneinander, sie erzählten sich ihre Erlebnisse, die Tataren schwiegen und schauten zu. Schilin erzählte, was mit ihm geschehen war; und Kostylin erzählte, wie sein Pferd nicht weitergekonnt und sein Gewehr versagt und wie derselbe Abdul ihn eingeholt und gefangen habe.

Da sprang Abdul auf, zeigte auf Kostylin und sagte etwas. Der Dolmetscher übersetzte, daß sie jetzt beide einen Herrn hätten und daß der zuerst frei sein werde, der zuerst das Geld gebe.

»Siehst du«, sagte er zu Schilin, »du bist widerspenstig, aber dein Kamerad ist friedlich; er hat einen Brief nach Hause geschrieben und läßt fünftausend Rubel schicken. Nun bekommt er gutes Essen, und niemand kränkt ihn.«

Schilin sagte: »Mein Kamerad kann machen, was er will; vielleicht ist er reich, aber ich habe nichts. Wie ich gesagt habe, so bleibt es. Wenn ihr wollt, so schlagt mich tot, dann werdet ihr gar keinen Nutzen von mir haben. Um mehr als fünfhundert Rubel schreibe ich nicht.«

Sie schwiegen. Plötzlich sprang Abdul auf, griff nach einem Kästchen, nahm eine Feder, Papier und ein Tintenfaß heraus, gab es Schilin, klopfte ihm auf die Schulter und bedeutete ihm: »Schreib!« Er war mit fünfhundert Rubel einverstanden.

»Warte noch«, sagte Schilin zum Dolmetscher. »Sage ihm, daß er uns gutes Essen, Kleider und Schuhe gibt, wie es sich gehört, und daß er uns zusammen läßt, dann ist es lustiger für uns, und daß er uns den Klotz abnimmt.«

Schilin blickte dabei seinen Herrn an und lachte. Da lachte auch der Herr. Er hörte den Dolmetscher an und sagte: »Kleider werde ich euch die allerbesten geben: eine Tscherkeska und Stiefel, daß ihr damit heiraten könnt. Füttern werde ich euch wie die Fürsten. Und wenn ihr gern zusammenbleiben wollt, so sperre ich euch beide in einen Schuppen. Nur den Klotz kann ich euch nicht abnehmen, sonst lauft ihr mir davon. Nur für die

Nacht lasse ich ihn abmachen.« Dabei sprang er auf und klopfte Schilin auf die Schulter: »Du gutt, ich gutt!«

Schilin schrieb den Brief, aber mit einer solchen Anschrift, daß er nicht ankommen konnte. Bei sich aber dachte er: Ich laufe davon.

Man führte Schilin und Kostylin in den Schuppen, brachte ihnen Maisstroh, einen Krug mit Wasser, zwei alte Tscherkesken und zerrissene Soldatenstiefel. Man sah, daß sie getöteten Soldaten abgezogen waren. Nachts nahm man ihnen den Klotz ab und schloß den Schuppen zu.

3

So lebte Schilin mit seinem Kameraden einen ganzen Monat. Der Herr lachte immer und sagte: »Du Iwan gutt – ich Abdul gutt.« Aber das Essen war schlecht: Man gab ihnen nur ungesäuertes Brot aus Hirsemehl in Form von Fladen, und der Teig war nie ausgebacken.

Kostylin schrieb noch einmal nach Hause, wartete immer auf das Lösegeld und grämte sich. Tagelang saß er im Schuppen und zählte die Tage, bis das Geld käme, oder er schlief. Schilin aber wußte, daß sein Brief nicht ankommen konnte, und einen anderen schrieb er nicht.

Wo soll die Mutter, dachte er, soviel Geld hernehmen, um es für mich zu bezahlen? Sie hat doch nur von dem gelebt, was ich ihr geschickt habe. Um fünfhundert Rubel zusammenzubekommen, müßte sie selber zugrunde gehen. So Gott will, werde ich mich allein befreien.

Und dabei hielt er immer Umschau und dachte darüber nach, wie er fliehen könnte. Er ging durch den Aul und pfiff oder saß da und übte irgendwie ein Handwerk aus: machte aus Ton eine Puppe oder flocht aus Ruten Körbe. Schilin war nämlich in jedem Handwerk ein Meister.

Einmal machte er eine Puppe mit Nase, Armen und Beinen in einem Tatarenhemd und setzte sie auf das Dach.

Da kamen die Tatarinnen Wasser holen. Dina, die Tochter seines Herrn, sah die Puppe und rief die Frauen herbei. Die ließen ihre Krüge stehen, schauten hin und lachten. Schilin nahm die Puppe herunter und gab sie ihnen. Sie lachten, wagten aber nicht, sie zu nehmen. Da stellte er die Puppe hin und ging in den Schuppen, um zu sehen, was geschehen würde.

Da kam Dina herbeigesprungen, sah sich um, nahm die Puppe und rannte davon.

Am nächsten Morgen sah er, wie in der Morgendämmerung Dina mit der Puppe auf die Schwelle trat. Sie hatte sie mit bunten Flickchen herausgeputzt, wiegte sie wie ein Kind und sang sie in ihrer Sprache in den Schlaf. Da kam der Alte aus der Hütte, schalt Dina, nahm ihr die Puppe weg, zerschlug sie und schickte die Kleine an die Arbeit.

Schilin machte eine neue Puppe, die noch schöner war, und schenkte sie Dina. Eines Tages brachte ihm Dina den Krug, setzte ihn hin, hockte sich nieder, sah den Krug an, lachte und zeigte auf ihn.

Was freut sie sich so? dachte Schilin. Er nahm den Krug und fing an zu trinken. Er dachte, es wäre Wasser, aber es war Milch darin. Er trank die Milch. »Das ist aber gut! sagte er. Wie sich Dina da freute!

»Gut, Iwan, gut!« sagte sie, sprang auf, klatschte in die Hände, nahm ihm den Krug weg und lief davon.

Von jener Zeit an brachte sie ihm alle Tage heimlich Milch. Die Tataren machen aus Ziegenmilch Käsefladen und trocknen sie auf den Dächern; auch solche Fladen brachte ihm Dina heimlich. Und als einmal der Herr einen Hammel schlachtete, brachte sie ihm im Ärmel auch ein Stück Hammel. Warf es ihm hin und lief davon.

Einmal ging ein heftiges Gewitter nieder, und es goß eine ganze Stunde lang wie aus Eimern. Alle Flüsse trübten sich. Wo früher eine Furt gewesen war, stand jetzt das Wasser drei Arschin hoch und spülte die Steine fort. Allerorten strömte das Wasser, und von den Bergen herab toste es. Als das Gewitter vorüber war, flossen überall im Dorf Bäche. Schilin bat seinen Herrn um ein kleines Messer, schnitzte eine Walze, Brettchen, stützte das Rad und setzte auf beiden Enden des Rades eine Puppe.

Die Mädchen brachten ihm bunte Lappen, er zog damit die

Puppen an; die eine als Mann, die andere als Frau, befestigte sie an dem Rad und stellte es an einen Bach. Das Rad drehte sich, und die Puppen fingen an zu tanzen.

Da lief das ganze Dorf zusammen: Knaben und Mädchen und Frauen; auch die Tataren kamen und schnalzten mit der Zunge: »Ei, Ruß Ei, Iwan.«

Abdul besaß eine zerbrochene russische Uhr. Er rief Schilin, zeigte sie ihm und schnalzte mit der Zunge. Schilin sagte: »Gib her, ich richte sie dir.«

Er nahm die Uhr, machte sie mit dem Messer auf, nahm sie auseinander, setzte sie wieder zusammen und gab sie zurück. Die Uhr ging.

Da freute sich Abdul, brachte seinen alten, ganz zerlumpten Beschmet und schenkte ihn Schilin. Es war nichts zu machen, Schilin mußte ihn nehmen – er konnte sich nachts damit zudecken.

Von dem Tag an kam Schilin in den Ruf, ein Hexenmeister zu sein. Aus den fernsten Dörfern kamen sie zu ihm: der eine brachte ihm ein Büchsenschloß oder eine Pistole zum Reparieren, der andere eine Uhr. Sein Herr gab ihm Handwerkszeug: eine Zange, einen Bohrer und eine Feile.

Eines Tages erkrankte ein Tatare; da kamen sie zu Schilin: »Komm, mach ihn gesund!« Schilin hatte keine Ahnung, wie er das anfangen sollte. Doch er ging hin, sah ihn sich an und dachte: Vielleicht wird er von selber wieder gesund. Er kehrte in den Schuppen zurück, nahm Wasser und Sand und vermischte beides. In Gegenwart des Tataren besprach er dann das Wasser und gab es ihm zu trinken. Ein Glück für ihn, daß der Tatare gesund wurde. Nach und nach lernte Schilin auch ein wenig ihre Sprache. Einige Tataren gewöhnten sich an ihn und riefen: »Iwan, Iwan!« wenn sie ihn brauchten. Andere dagegen schielten ihm nach wie einem wilden Tier.

Der rote Tatare konnte Schilin nicht leiden. Sooft er ihn sah, machte er ein böses Gesicht, wandte sich ab und brummte. Dann war noch ein Alter, der lebte nicht im Aul, sondern kam den Berg herauf. Schilin sah ihn nur, wenn er in die Moschee beten ging. Er war klein von Gestalt, um die Mütze hatte er ein weißes Handtuch geschlungen, Backenbart und Schnurrbart waren gestutzt und weiß wie Daunen, das Gesicht faltig und zie-gelrot. Eine krumme Nase hatte er wie ein Habicht, graue, ver-schlagene Augen und keine Zähne, nur zwei Hauer. So kam er, auf einen Stock gestützt, in seinem Turban daher und schielte um sich wie ein Wolf. Wenn er Schilin sah, schnaubte er vor Wut und wandte sich ab.

Eines Tages ging Schilin den Berg hinunter, um zu sehen, wo der Alte wohnte. Er ging den Weg entlang und kam an einen Garten, der mit einer Steinmauer umgeben war. Hinter der Mauer erblickte er Kirsch- und Pfirsichbäume und ein Haus mit flachem Dach. Als er näher herantrat, sah er Bienenkörbe, die aus Stroh geflochten waren, und Bienen flogen aus und ein und summten. Und der Alte lag davor auf den Knien und machte sich bei den Bienenstöcken zu schaffen. Schilin stellte sich auf die Fußspitzen, um besser zusehen zu können, so daß der Klotz an seinen Füßen klirrte. Der Alte schaute sich um, kreischte auf, zog die Pistole aus dem Gürtel und feuerte sie auf Schilin ab. Er konnte sich gerade noch hinter der Mauer verstecken.

Der Alte kam zu Schilins Herrn, um sich zu beklagen. Dieser rief Schilin, lachte und fragte ihn: »Warum bist du zu dem Alten gegangen?«

»Ich habe ihm nichts Böses getan«, sagte Schilin. »Ich wollte nur sehen, wo er wohnt.«

Dies teilte sein Herr dem Alten mit. Der aber wurde böse, fauchte, sagte etwas, zeigte seine Hauer und drohte Schilin mit den Fäusten.

Schilin verstand nicht alles. Er verstand nur, daß der Alte dem Herrn befahl, die Russen totzuschlagen und sie nicht im Aul zu behalten. Damit ging der Alte fort.

Schilin fragte Abdul, was das für ein alter Mann sei. Sein Herr sagte: »Das ist ein großer Mann! Er war ein tapferer Dschigit, hat viele Russen erschlagen und war sehr reich. Er hatte drei Frauen und acht Söhne. Sie alle lebten in einem Aul. Da kamen die Russen, zerstörten den Aul und schlugen sieben seiner Söhne tot. Einer blieb am Leben und ergab sich den Russen. Da ging der Alte hin und ergab sich auch den Russen. Drei Monate lebte er bei ihnen, fand dort seinen Sohn, tötete ihn eigenhändig und entfloh. Seit jener Zeit kämpfte er nicht mehr, sondern pilgerte nach Mekka, um zu beten. Deshalb trägt er auch den Turban. Wer in Mekka war, heißt bei uns Hadschi und trägt einen Turban. Er liebt euresgleichen nicht. Er hat mir befohlen, dich zu töten. Aber ich kann dich doch nicht töten, habe doch Geld für dich bezahlt, und dann habe ich dich auch liebgewonnen, Iwan. Keinesfalls werde ich dich töten, würde dich gar nicht fortlassen, wenn ich nicht mein Wort gegeben hätte.« Dabei lachte er und sagte auf russisch: »Du, Iwan, gutt, ich, Abdul, gutt!«

4

So lebte Schilin vier Wochen lang. Tagsüber ging er im Aul spazieren oder übte ein Handwerk aus, doch wenn die Nacht kam und es still wurde im Aul, grub er bei sich im Schuppen. Ein schweres Stück Arbeit, das Graben, wegen der Steine; aber er bearbeitete die Steine mit der Feile und grub so unter der Wand ein Loch, durch das man hindurchkriechen konnte. Wenn ich nur die Gegend gut kennenlerne, dachte er, damit ich weiß, nach welcher Seite ich zu gehen habe. Denn die Tataren sagen mir nichts.

Er suchte sich eine Zeit aus, wo sein Herr fort war, ging nach dem Essen hinter den Aul auf den Berg und wollte sich von dort aus die Gegend ansehen. Sooft aber sein Herr fortritt, befahl er seinem Knaben, hinter Schilin herzugehen und ihn nicht aus den Augen zu lassen. Also lief der Kleine hinter Schilin her und schrie: »Geh nicht fort! Vater hat's nicht erlaubt! Gleich rufe ich Leute!«

Da versuchte Schilin ihn zu überreden.

»Ich gehe doch nicht weit«, sagte er. »Ich will nur auf diesen Berg hinauf; muß Kräuter suchen, um eure Leute gesund zu machen. Komm mit mir. Mit dem Klotz kann ich nicht davonlaufen. Morgen mache ich dir Pfeil und Bogen.«

So überredete er den Kleinen, und sie gingen hin. Wenn man den Berg so sieht, denkt man, das ist nicht weit, aber mit dem Klotz ist es doch recht beschwerlich; Schilin ging und ging und kam nur mit Mühe hinauf. Oben setzte er sich hin und betrachtete sich die Gegend. Gegen Süden hinter dem Schuppen war ein Tal, dort weidete eine Herde, und in der Niederung lag ein anderer Aul. Hinter diesem Aul erhob sich ein zweiter, noch steiler Berg, und hinter diesem waren noch weitere Berge. Zwischen den Höhen schimmerte bläulich der Wald, und weiterhin stiegen die Berge immer höher und höher an. Am höchsten aber die Schneeberge, die so weiß schimmerten wie Zucker. Der eine Schneeberg, höher als die anderen, hatte eine Mütze auf. Im Osten und Westen – überall die gleichen Berge; da und dort qualmten in den Schluchten Aule. Nun, dachte Schilin, dies alles ist ihr Gebiet. Er blickte nach der russischen Seite hinüber: zu Füßen ein Flüßchen und ein Aul mit Gärten ringsum. Am Flüßchen sieht man, klein wie Puppen, die Weiber sitzen und Wäsche spülen. Hinter dem Aul, etwas tiefer, liegen noch zwei andere Berge, und dahinter Wald; und zwischen ihnen schimmert bläulich eine ebene Fläche; auf dieser Ebene scheint in weiter, weiter Ferne etwas wie Rauch hinzuziehen. Schilin überlegte, wo die Sonne auf- und untergegangen war, als er noch daheim in der Festung lebte. Er sah, daß eben dort, in jener Ebene, die Festung liegen mußte. Dorthin, zwischen diesen beiden Bergen hindurch, mußte er also fliehen.

Die Sonne ging unter. Das Weiß der Schneeberge wurde zu Purpur, die dunklen Höhen schienen noch schwärzer, aus den Schluchten stieg der Nebel auf, und plötzlich leuchtete jene Ebene, wo die Festung liegen mußte, feurig im Abendrot auf. Schilin schaute genau hin: Dort in der Ebene zog etwas dahin wie Rauch aus einem Schornstein. Das mußte die russische Festung sein.

Es war schon spät geworden. Man hörte, wie der Mullah zum Gebet rief. Die Herde wurde eingetrieben, die Kühe brüllten. Der Knabe rief: »Gehen wir!« aber Schilin wollte noch nicht hinuntergehen.

Sie kehrten nach Hause zurück. Na, dachte Schilin, jetzt kenne ich die Gegend; ich muß weglaufen. Er wollte sich noch in derselben Nacht aufmachen. Die Nächte waren dunkel, der Mond im Abnehmen. Unglücklicherweise waren die Tataren gegen Abend zurückgekehrt. Sonst kamen sie immer lustig zurück und trieben Vieh vor sich her. Dieses Mal aber brachten sie nichts angetrieben und führten nur im Sattel einen getöteten Tataren mit sich, den Bruder des Roten. Sie kamen grimmig zurück und versammelten sich, um ihn zu begraben. Auch Schilin ging hin, um zuzuschauen. Sie schlugen den Toten in ein Leintuch, trugen ihn ohne Sarg vor das Dorf unter die Platanen und legten ihn aufs Gras. Der Mullah kam, die Ältesten versammelten sich, wanden Handtücher um ihre Mützen, zogen die Schuhe aus und setzten sich nebeneinander vor dem Toten auf die Hacken.

Vorne der Mullah, dahinter drei Alte im Turban in einer Reihe, und hinter ihnen die übrigen Tataren. So saßen sie gesenkten Hauptes da und schwiegen. Da hob der Mullah den Kopf und sagte: »Allah!« Er sprach nur dieses eine Wort, und wieder senkten alle den Kopf und schwiegen lange, saßen da und rührten sich nicht.

Wieder hob der Mullah den Kopf: »Allah!« Und alle wiederholten: »Allah!« und verstummten dann wieder. Der Leichnam lag starr im Gras, und auch sie saßen da wie die Toten. Keiner bewegte sich. Man hörte nur, wie die Blätter der Platanen im Winde raschelten. Dann sprach der Mullah ein Gebet, alle standen auf, hoben den Toten auf ihre Arme und trugen ihn fort. Sie trugen ihn zur Grube. Nicht zu einer einfachen Grube, sondern zu einer Höhle, die in die Erde eingegraben war wie ein Keller. Sie faßten den Toten unter den Achseln und an den Beinen, bogen ihn zusammen, ließen ihn sachte hinab, schoben ihn sitzend unter die Erde und legten ihm die Hände über dem Leib zusammen.

Ein Nogaier schleppte grünes Schilf herbei. Sie betteten die Grube mit dem Schilf aus, schütteten sie schnell mit Erde zu, ebneten sie ein und richteten zu Häupten des Toten einen Stein auf. Dann stampften sie die Erde fest und setzten sich wieder in einer Reihe vor dem Grab nieder. Sie schwiegen lange.

»Allah! Allah! Allah!« Sie seufzten und standen auf.

Der Rote verteilte Geld unter die Alten, dann stand er auf, nahm eine Peitsche, schlug sich dreimal vor die Stirn und ging nach Hause.

Am Morgen sieht Schilin, wie der Rote eine Stute vor den Aul treibt und drei Tataren hinter ihm hergehen. Vor dem Aul angelangt, legt der Rote seinen Beschmet ab, streift die Ärmel an den kräftigen Armen hoch, zieht den Dolch heraus und wetzt ihn an einem Stein. Die Tataren biegen der Stute den Kopf zurück, der Rote tritt hinzu und schneidet ihr die Kehle durch, wirft sie zu Boden und beginnt sie zu enthäuten und zieht ihr mit den Fäusten das Fell ab. Frauen kommen und Kinder und machen sich an das Waschen der Eingeweide. Dann weiden sie die Stute aus und schleppen das Fleisch in die Hütte. Und das ganze Dorf findet sich bei dem Roten ein, um des Toten zu gedenken.

Drei Tage lang aßen sie Pferdefleisch, tranken Busa und feierten den Toten. Alle Tataren waren zu Hause. Am vierten Tage sah Schilin, wie sie sich gegen Mittag versammelten. Die Pferde wurden vorgeführt und gesattelt, und etwa ein Dutzend, unter ihnen auch der Rote, ritten fort. Nur Abdul blieb zu Hause. Der Mond nahm gerade erst zu, und die Nächte waren noch dunkel.

Halt, dachte Schilin, heute müssen wir fliehen. Und er sprach mit Kostylin darüber, aber der hatte Angst.

»Wie wollen wir denn fliehen? Wir erkennen ja den Weg gar nicht.«

»Ich kenne den Weg.«

»Aber in einer Nacht kommen wir doch nicht hin.«

»Wenn wir nicht hinkommen, bleiben wir den Tag über im Wald. Ich habe Fladen gesammelt. Weshalb willst du hier sitzen und warten? Wenn das Geld kommt, ist es gut, vielleicht bringen sie aber nicht alles zusammen. Die Tataren sind jetzt böse, weil die Russen einen der Ihrigen getötet haben. Sie haben schon davon gesprochen, daß sie uns töten wollen.«

Kostylin überlegte und überlegte.

»Nun gut, fliehen wir!«

5

Schilin kroch in das Loch, um es noch größer zu machen, damit auch Kostylin durchkriechen könnte. Dann saßen sie da und warteten, bis es still im Aul wurde.

Als es im Aul ganz still geworden war, kroch Schilin unter die Wand und grub sich durch. Er flüsterte Kostylin zu: »Komm!«

Da kroch auch Kostylin durch, blieb aber mit dem Fuß an einem Stein hängen, so daß ein Geräusch entstand. Ihr Herr hatte einen gefleckten Hund als Wächter, der überaus böse war. Er hieß Uljaschin. Schilin hatte ihn schon immer im voraus gefüttert. Uljaschin hörte das Geräusch, schlug an und stürzte ihnen nach und eine ganze Meute hinter ihm drein. Da pfiff Schilin, warf ihm ein Stück Fladen hin, Uljaschin erkannte ihn, wedelte mit dem Schwanz und hörte zu bellen auf.

Sein Herr hatte ihn gehört und hetzte ihn aus der Hütte heraus auf: »Faß, Uljaschin, faß!«

Doch Schilin kraulte Uljaschin hinter den Ohren. Der Hund schmiegte sich an seine Beine und wedelte mit dem Schwanz.

Sie blieben ein Weilchen hinter der Ecke sitzen. Alles wurde wieder still; man hörte nur, wie ein Schaf im Stall blökte und das Wasser unten über die Steine plätscherte. Es war finster, hoch standen die Sterne am Himmel; über dem Berg glänzte der junge Mond und ging mit nach oben gerichteter Sichel unter. In den Tälern schimmerte der Nebel wie Milch.

Schilin erhob sich und sagte zu seinem Kameraden: »Nun, Bruder, los!«

Sie machten sich auf; doch kaum waren sie ein Stück gegangen, hörten sie, wie der Mullah auf dem Dach rief: »Allah bid millah – il rachman!« Das bedeutete – jetzt begeben sich alle in die Moschee. Wieder setzten sie sich nieder, versteckten sich hinter einer Mauer. Lange saßen sie so da und warteten, bis alle vorüber waren. Dann wurde wieder alles still.

»Nun, mit Gott!« Sie bekreuzigten sich und gingen über den Hang. Sie gingen durch den Hof zum Flüßchen, gingen durch das Flüßchen und gingen im Hohlweg weiter. Dichter Nebel, er liegt tief, doch über ihren Köpfen sehen sie die Sterne. An ihnen erkannte Schilin, nach welcher Seite er zu gehen hatte. Im Nebel war es frisch, und es ging sich leicht, nur die Stiefel waren unbequem: sie waren ganz schiefgetreten. Schilin zog seine Stiefel aus, warf sie weg und ging barfuß weiter. Er sprang von Stein zu Stein und schaute nach den Sternen. Kostylin blieb zurück.

»Geh nicht so schnell«, sagte er. »Die verfluchten Schuhe haben mir die Füße aufgerieben.«

»Zieh sie doch aus! Dann geht es sich leichter.«

So ging auch Kostylin barfuß, aber da wurde es noch schlimmer: Er riß sich die Füße an den Steinen wund und blieb immer mehr zurück. Schilin sagte zu ihm: »Zerschundene Füße heilen wieder; holen sie uns aber ein, dann schlagen sie uns tot – das ist schlimmer.«

Kostylin sagte nichts, ging und stöhnte. Sie gingen lange bergab. Da schlugen rechts von ihnen Hunde an. Schilin blieb stehen, schaute sich um und kroch, mit den Händen vorwärts tastend, den Berg hinan.

»Ach«, sagte er, »wir sind falsch gegangen, haben uns zu weit rechts gehalten. Dort ist ein fremdes Dorf, ich habe es vom Berg aus gesehen. Wir müssen wieder zurück und links den Berg hinauf. Dort muß ein Wald sein.«

Aber Kostylin sagte: »Warte noch ein bißchen und laß mich verschnaufen. Meine Füße sind ganz blutig.«

»Ach, Bruder, die heilen schon wieder. Spring nur, dann geht's leichter. Siehst du, so!«

Und Schilin lief zurück und nach links den Berg hinauf in den Wald.

Kostylin aber blieb immer weiter zurück und ächzte und stöhnte; Schilin spornte ihn an, während er selber weiterging.

Sie stiegen den Berg hinan. Es war wirklich ein Wald da. Sie gingen in den Wald und zerrissen sich an den Dornen ihre letzten, einzigen Kleider. Sie stießen auf einen Waldweg. Den gingen sie entlang.

»Halt!« Hufe stampften auf dem Weg. Sie blieben stehen und lauschten. Es stampfte wie ein Pferd und blieb stehen. Sie gingen weiter – es stampfte wieder. Sie blieben stehen – auch das Stampfen hörte auf. Da kroch Schilin hervor und blickte den Weg entlang, wo es licht war. Da stand etwas. Ob es aber ein Pferd war? Auf dem Pferd war etwas Merkwürdiges, das wie ein Mensch aussah. Er hörte es schnaufen. Merkwürdig! Da pfiff Schilin ganz leise. Wie es da vom Wege in den Wald stob, durch das Holz prasselte und wie der Sturmwind dahinflog, daß die Äste krachten!

Kostylin verging fast vor Angst, aber Schilin lachte: »Ein Hirsch! Hörst du, wie er mit seinem Geweih durch den Wald bricht? Wir fürchteten ihn, und er fürchtet uns.«

Sie gingen weiter. Schon fingen die Nebelschwaden an sich zu senken, der Morgen war nicht mehr fern. Ob sie aber dahin oder dorthin gehen müßten, das wußten sie nicht. Schilin meinte, daß es derselbe Weg war, auf dem man ihn hergebracht hatte, und daß es etwa noch zehn Werst bis zur Festung sein müßten. Aber sichere Merkmale hatte er dafür nicht, denn bei Nacht war nichts zu erkennen. Sie kamen auf freies Feld. Kostylin setzte sich nieder und sagte: »Mach, was du willst, ich komme nicht bis hin. Meine Füße versagen.« Da wollte ihn Schilin überreden.

»Nein«, sagte Kostylin, »ich komme nicht bis hin. Ich kann nicht mehr.«

Da wurde Schilin ärgerlich, spuckte aus und beschimpfte ihn.

»Dann gehe ich allein, leb wohl!«

Kostylin sprang auf und ging mit. Sie legten noch vier Werst zurück. Der Nebel im Walde wurde immer dichter, man konnte nichts mehr erkennen, sogar die Sterne waren kaum noch zu sehen.

Plötzlich hörten sie vor sich Pferdegetrappel. Man hörte, wie die Hufeisen auf den Steinen klirrten. Schilin warf sich auf den Bauch und legte das Ohr an die Erde.

»Wirklich, ein Reiter kommt auf uns zu.«

Sie rannten vom Weg fort, setzten sich hinter einen Busch und warteten. Schilin kroch an den Weg heran und spähte – ein Tatare ritt vorüber, trieb eine Kuh vor sich her und murmelte etwas in seinen Bart. Er ritt an ihm vorbei.

Schilin kehrte zu Kostylin zurück.

»Gott sei Dank, der ist vorbei! Steh auf und komm!«

Kostylin wollte aufstehen, fiel aber gleich wieder hin.

»Ich kann nicht mehr, bei Gott, ich kann nicht mehr. Meine Kraft ist zu Ende.«

Der dicke, robuste Kerl war ganz in Schweiß gebadet. Weil ihn der kalte Nebel im Wald umfing und seine Füße ganz offen waren, wurde ihm schwarz vor den Augen.

Schilin zog ihn mit Gewalt hoch. Kostylin schrie auf: »Au, o weh!«

Schilin erschrak zu Tode.

»Was schreist du so? Der Tatare ist noch in der Nähe und kann es hören.« Bei sich selber aber dachte er: Er ist tatsächlich von Kräften. Was soll ich nur mit ihm anfangen? Ich kann doch den Kameraden nicht im Stich lassen!

»Komm«, sagte Schilin, »steh auf und setz dich auf meine Schultern. Ich werde dich tragen, wenn du nicht mehr gehen kannst.«

Schilin nahm den Kameraden auf den Rücken, faßte mit den Händen seine Schenkel und trat mit seiner Last auf den Weg hinaus.

»Nun preß mir um Christi willen mit den Händen nicht die Gurgel zusammen«, sagte er. »Halt dich an den Schultern fest.«

Schilin hatte es nicht leicht. Seine Füße waren ebenfalls blutig, und er war ganz erschöpft. Er beugte sich nieder, rückte seine Last zurecht, schob sie, daß Kostylin höher zu sitzen kam, und schleppte ihn so den Weg entlang.

Offenbar hatte der Tatare gehört, wie Kostylin geschrien hatte. Schilin hörte, daß ihnen jemand nachritt und etwas in seiner Sprache rief. Er stürzte hinter ein Gebüsch. Der Tatare packte sein Gewehr, schoß, traf nicht, kreischte auf und sprengte auf dem Weg weiter.

»Oh«, sagte Schilin, »wir sind verloren, Bruder! Gleich wird dieser Hund die Tataren zusammentrommeln, um uns zu verfolgen. Wenn wir nicht drei Werst weiterkommen, sind wir verloren.« Bei sich selber aber dachte er über Kostylin: Der Teufel hat mich geritten, diesen Klotz mitzunehmen. Allein wäre ich längst über alle Berge.

Kostylin sagte: »Geh allein. Warum sollst du meinetwegen umkommen?«

»Nein, ich gehe nicht. Einen Kameraden läßt man nicht im Stich.«

Er lud ihn wieder auf seine Schultern und schleppte ihn. So ging er ungefähr eine Werst. Immer Wald, und kein Ende abzusehen. Schon begann sich der Nebel zu lichten, es war, als zögen kleine Wölkchen auf, die Sterne waren nicht mehr zu sehen. Schilin hatte sich abgerackert.

Er gelangte zu einer Quelle am Weg, von Steinen eingerahmt. Er machte halt und setzte Kostylin ab.

»Laß mich ausruhen und trinken«, sagte er, »wir wollen einen Fladen essen. Es kann nicht mehr weit sein.«

Kaum hatte er sich hingelegt, um zu trinken, hörte er von hinten Hufschläge. Wieder warfen sie sich nach rechts ins Gebüsch, den Hang hinunter, und duckten sich.

Da hörten sie Tatarenstimmen. Die Reiter blieben gerade an der Stelle stehen, wo sie vom Wege abgebogen waren. Sie berieten, dann riefen sie: »Such, such!« wie man Hunde hetzt. Die beiden hörten, wie etwas durch die Zweige brach, und gerade vor ihnen tauchte ein fremder Hund auf. Er blieb stehen und bellte.

Nun kamen auch die Tataren herabgekrochen – ebenfalls fremde. Sie packten und fesselten die beiden, luden sie auf ihre Pferde und führten sie fort.

Als sie drei Werst geritten waren, trafen sie ihren Herrn Abdul mit zwei Tataren. Er verhandelte mit den anderen, nahm die Gefangenen auf seine Pferde und brachte sie zurück in den Aul.

Jetzt lachte Abdul nicht mehr und sprach kein Wort mit ihnen.

Beim Morgengrauen brachte man sie in den Aul zurück und setzte sie auf der Straße ab. Die Kinder liefen zusammen. Sie warfen mit Steinen, schlugen sie mit Peitschen und kreischten.

Die Tataren versammelten sich im Kreise. Auch der Alte war den Berg heraufgekommen. Sie begannen zu reden. Schilin hörte, daß sie berieten, was mit ihnen zu tun sei. Die einen sagten: »Weiter in die Berge hinein.« Der Alte sagte »Töten!« Abdul redete dagegen und sagte: »Ich habe Geld für sie bezahlt, ich will das Lösegeld haben.« Der Alte aber entgegnete: »Nichts wirst du von ihnen bekommen. Wir haben nur unsere Not mit ihnen. Es ist eine Sünde, Russen zu füttern. Totschlagen – und basta!«

Sie gingen auseinander. Der Herr trat auf Schilin zu und sagte zu ihm: »Wenn binnen vierzehn Tagen das Lösegeld für euch nicht da ist, so peitsche ich euch aus. Und wenn du wieder versuchst fortzulaufen, schlage ich dich tot wie einen Hund. Schreib noch einen Brief und mach es wieder gut!«

Man brachte ihnen Papier, und sie schrieben neue Briefe. Dann bekamen sie wieder den Klotz angelegt und wurden hinter die Moschee geführt. Dort war eine fünf Arschin tiefe Grube, und in diese ließ man sie hinab.

6

Nun wurde ihr Leben ganz schlimm. Man nahm ihnen den Klotz nicht mehr ab und ließ sie nicht mehr ins Freie. Wie den Hunden warf man ihnen ungebackenen Teig vor und ließ ihnen Wasser in einem Krug hinab. In der Grube stank es, sie war naß. Kostylin wurde ganz krank: war am ganzen Körper geschwollen und hatte das Reißen in allen Gliedern. Immer lag er da und stöhnte oder schlief. Auch Schilin war ganz niedergeschlagen: er sieht, die Sache steht schlecht. Und er weiß nicht, wie er sich aus der Schlinge ziehen soll.

Wieder versuchte er, sich durchzugraben, konnte aber die Erde nirgends hinwerfen. Sein Herr sah es und drohte, ihn zu töten.

Eines Tages saß er in der Grube, dachte an die verlorene Freiheit und grämte sich. Plötzlich fiel ihm ein Fladen gerade auf die Knie, noch einer, und dann regnete es Kirschen. Er blickte nach oben und erblickte Dina. Sie sah zu ihm herab, lachte und lief davon. Da dachte Schilin: Ob mir nicht Dina helfen könnte?

Er säuberte in der Grube ein Fleckchen, grub Lehm aus und formte Puppen. Er machte Menschen, Pferde, Hunde und dachte: Wenn Dina kommt, werfe ich sie ihr zu.

Doch am nächsten Tag kam Dina nicht. Aber Schilin hörte Pferde stampfen: jemand ritt vorbei. Die Tataren versammelten sich bei der Moschee, stritten und schrien und erwähnten die Russen. Auch die Stimme des Alten hörte er. Genau konnte er es nicht verstehen, aber er hörte, daß Russen in der Nähe waren; und die Tataren fürchteten, sie könnten in den Aul kommen – und nun wußten sie nicht, was sie mit den Gefangenen anfangen sollten.

Sie berieten und gingen fort. Plötzlich raschelte es oben. Er sah Dina an der Grube kauern, die Knie ragten über den Kopf hinaus. Sie hatte sich vorgebeugt, die Halskette hing herab und schaukelte über der Tiefe. Ihre Augen funkelten wie zwei Sterne. Sie zog aus dem Ärmel zwei Käsefladen und warf sie ihm zu. Schilin fing sie auf und sagte: »Warum warst du so lange nicht da? Ich habe dir Spielzeug gemacht. Hier hast du es.« Und er warf ihr eines nach dem anderen zu.

Aber sie schüttelte den Kopf und schaute nicht hin.

»Nicht nötig!« sagte sie, schwieg ein Weilchen, hockte dann wieder nieder und sagte: »Iwan, sie wollen dich totmachen.« Und fuhr sich mit der Hand über den Hals.

»Wer will mich totmachen?«

»Der Vater. Die Alten haben es ihm befohlen. Aber du tust mir leid.« Schilin sagte: »Wenn ich dir leid tue, so bring mir eine lange Stange.«

Sie schüttelte den Kopf: es geht nicht. Er faltete die Hände und flehte sie an.

»Dina, ich bitte dich! Dinuschka, bring sie mir.«

»Es geht nicht«, sagte sie. »Man würde es sehen, sie sind alle zu Hause.«

Dann lief sie fort.

Am Abend saß Schilin da und dachte: Was wird nun werden? Immer schaute er nach oben. Man sah die Sterne, der Mond war noch nicht aufgegangen. Der Mullah rief – und alles verstummte. Schilin nickte schon ein und dachte: Das Mädchen hat Angst.

Plötzlich fiel ihm Lehm auf den Kopf. Er blickte auf: eine lange Stange stößt an diese Seite der Grube. Sie bleibt stecken, senkt sich dann und fällt in die Grube. Da freute sich Schilin, packte sie mit der Hand, zog sie herab: eine handfeste Stange! Er hatte sie schon früher auf dem Dach seines Herrn gesehen.

Er schaute auf. Hoch oben am Himmel blitzten die Sterne; und über der Grube funkelten wie bei einem Kätzchen Dinas Augen in der Finsternis. Sie beugte sich mit dem Gesicht über den Rand der Grube und flüsterte: »Iwan! Iwan!«

Dabei winkte sie mit den Händen vorm Gesicht: »Leise, leise!«

»Was ist?« fragt Schilin.

»Sie sind alle fort. Nur zwei sind zu Hause.«

Schilin sagte: »Auf, Kostylin, komm! Versuchen wir es zum letzten Mal. Ich helfe dir hinauf.«

Aber Kostylin wollte nichts davon wissen.

»Nein«, sagte er, »anscheinend soll ich nicht von hier fortkommen. Wie soll ich von der Stelle kommen, wenn ich mich nicht einmal umdrehen kann?«

»Nun, so leb wohl, und denke nicht schlecht von mir!«
Er küßte sich mit Kostylin.

Dann griff er nach der Stange, bat Dina, sie zu halten, und kletterte hinauf. Zweimal rutschte er wieder hinunter, der Klotz hinderte ihn. Kostylin stützte ihn von unten, so arbeitete er sich mühsam hoch. Dina zerrte ihn aus Leibeskräften mit ihren kleinen Händen am Hemd und lachte.

Schilin nahm die Stange und sagte: »Trag sie wieder an Ort und Stelle, Dina, sonst fehlt sie, und man wird dich schlagen.«

Sie schleppte die Stange fort. Schilin aber ging den Berg hinunter. Er kroch den Abhang hinab, nahm einen spitzen Stein und begann, das Schloß aus dem Klotz zu drehen. Aber das Schloß war stark, es wich nicht. Er konnte auch nicht recht herankommen. Da hörte er, wie jemand mit leichten Sätzen den Berg hinunter sprang. Er dachte: Sicher ist es wieder Dina. Dina lief herbei, nahm den Stein und sagte: »Gib her, ich mach's.«

Sie kniete nieder und fing an zu drehen. Aber ihre Ärmchen sind dünn wie Ruten, und es ist keine Kraft in ihnen. Sie warf den Stein weg und begann zu weinen. Da machte sich Schilin wieder über das Schloß her. Dina kauerte neben ihm auf den Fersen und hielt ihn an den Schultern. Da blickte sich Schilin um und sah links hinter den Bergen einen rötlichen Schein: der Mond wollte aufgehen. Ach, dachte er, bis der Mond aufgeht, muß ich schon durch das Tal hindurch sein und den Wald erreicht haben. Er stand auf und warf den Stein fort. Er mußte fort, und wenn es mit dem Klotze war.

»Leb wohl, Dinuschka«, sagte er. »Ich werde ewig an dich denken.«

Dina griff nach ihm, tastete mit den Händen und suchte, wo sie ihm die Fladen einstecken konnte. Er nahm ihr die Fladen ab.

»Ich danke dir, mein kluges Kind«, sagte er. »Wer wird dir nun Puppen machen, wenn ich nicht mehr da bin?« Und er strich ihr über den Kopf.

Wie Dina da weinte! Sie verbarg ihr Gesicht in den Händen und sprang wie ein Zicklein den Berg hinauf. Man hörte in der Dunkelheit nur die Münzen an ihrem Zopf klirren.

Schilin bekreuzigte sich, nahm das Schloß am Klotz in die

Hand, damit es nicht klapperte, und ging den Weg entlang. Den einen Fuß schleifte er nach und blickte nach dem roten Schimmer, wo der Mond aufging. Den Weg kannte er schon. Er hatte acht Werst geradeaus zu gehen. Wenn er nur den Wald erreichte, ehe der Mond aufging. Er überschritt das Flüßchen, hinter den Bergen ward es schon ganz hell. Er ging durch das Tal, ging und blickte sich immer um: noch war der Mond nicht zu sehen. Schon leuchtete der rote Schein hell auf, und auf der einen Seite wird das Tal immer lichter und lichter. Unter dem Berg kriechen Schatten hin und kommen ihm immer näher.

Schilin lief weiter und hielt sich immer im Dunkeln. Er eilte und eilte, aber der Mond war schneller, rechts wurden die Gipfel bereits hell. Er näherte sich dem Wald, da trat aber auch schon der Mond hinter den Bergen hervor, und alles wurde weiß und licht und hell wie am Tag. An den Bäumen konnte man die Blättchen zählen. Licht und still war es auf den Bergen, wie ausgestorben. Nur unten hörte man das Flüßchen rauschen.

Er erreichte den Wald, niemand hatte ihn gesehen. Er suchte sich ein Fleckchen aus, wo es ganz dunkel war, und setzte sich hin, um auszuruhen.

Er ruhte sich aus und aß einen Fladen, fand einen Stein und machte sich wieder über den Klotz her. Er scheuerte sich die Hände wund, brachte das Schloß aber nicht auf. So erhob er sich wieder und ging den Weg weiter. Er legte eine Werst zurück, kam ganz von Kräften, die Füße taten ihm weh. Er ging zehn Schritte weiter, blieb wieder stehen. Nichts zu machen, dachte er, ich muß mich weiterschleppen, solange ich noch Kräfte habe. Setze ich mich einmal hin, so stehe ich nicht wieder auf. Bis zur Festung komme ich nicht. Wenn es anfängt zu tagen, lege ich mich in den Wald, bleibe den Tag über da liegen und gehe dann nachts weiter.

Er ging die ganze Nacht. Nur zwei Tataren zu Pferd begegneten ihm. Er hörte sie von weitem kommen und versteckte sich hinter einem Baum.

Der Mond fing schon an zu verbleichen, der Tau fiel, und der Morgen war nahe, aber Schilin war noch nicht bis an den Rand des Waldes gekommen. Na, dachte er, noch dreißig Schritt, dann verkrieche ich mich im Gebüsch und setze mich nieder. Er ging noch dreißig Schritt weiter und sieht – der Wald hört auf. Er kommt an den Rand: draußen ist's ganz hell. Wie auf der flachen Hand liegt vor ihm die Steppe und die Festung, und links, dicht unter dem Berg, lodern Feuer, Rauch steigt auf, und Leute sitzen um die Wachtfeuer herum.

Er blickte genauer hin: da sah er Flinten blitzen – Soldaten, Kosaken! Da freute sich Schilin, raffte seine letzten Kräfte zusammen und ging den Berg hinunter. Er dachte bei sich: Gebe Gott, daß mich hier auf freiem Feld kein berittener Tatare sieht. Ist's auch nahe, ich entkäme ihm doch nicht.

Kaum hatte er das gedacht – siehe! links auf einer Anhöhe, etwa zwei Desjatinen entfernt, halten drei Tataren. Sie sahen ihn und jagten auf ihn zu. Wie ihm da das Herz zu Stein erstarrte! Er winkte mit beiden Armen und schrie aus voller Kehle den Seinen zu: »Brüder! Zu Hilfe! Brüder!«

Die Soldaten hörten ihn. Kosaken zu Pferd sprengten herbei, jagen auf ihn zu und schnitten den Tataren den Weg ab.

Die Kosaken sind noch fern, aber die Tataren nahe. Da rafft Schilin seine ganze Kraft zusammen, packt den Klotz mit beiden Händen und läuft auf die Kosaken zu. Er weiß selbst nicht, was er tut, bekreuzigt sich und schreit nur immer: »Brüder, Brüder, Brüder!«

Die Kosaken waren fünfzehn Mann.

Da erschraken die Tataren, ritten nicht weiter heran und blieben zurück. Und Schilin erreichte seine Landsleute.

Sie umringten und fragten ihn, wer er sei und woher er komme. Aber Schilin war halb bewußtlos, weinte und wiederholte immer nur »Brüder! Brüder ...«

Da kamen auch Soldaten angelaufen. Der eine gab Brot, der andere Grütze, ein dritter Branntwein. Einer deckte ihn mit einem Mantel zu, ein anderer zerschlug den Klotz.

Die Offiziere erkannten ihn und führten ihn zur Festung zurück. Seine Soldaten freuten sich, und seine Kameraden umringten ihn.

Und Schilin erzählte, was er erlebt hatte, und sagte:

»So kann's einem gehen, wenn man nach Hause fahren und Hochzeit halten will!

Nein, das Schicksal hat es offenbar nicht gewollt.«

Und er diente weiter im Kaukasus. Kostylin aber wurde erst nach vier Wochen für fünfhundert Rubel losgekauft. Kaum lebend brachte man ihn zurück.

Anmerkungen

Mit Tolstois Erzählungen gewinnt man einen Überblick über die gesamte Spanne seines literarischen Schaffens, von den Anfängen 1852/53 bis in sein letztes Lebensjahr, und zwar nicht nur über den Zeitraum seiner literarischen Aktivitäten, sondern auch über die wichtigsten Themen, die ihn im Laufe seines Lebens beschäftigten. In die hier vorgelegte Ausgabe sind sämtliche von Tolstoi selbst veröffentlichten beziehungsweise zur Veröffentlichung vorbereiteten Erzählungen sowie die Erzählungen aus dem Nachlaß aufgenommen. Nicht berücksichtigt wurden die Volkserzählungen (mit Ausnahme des »Gefangenen im Kaukasus«, der aber zunächst separat veröffentlicht wurde), die Legenden, Märchen und Gleichnisse der Fibeln, die mit ihrem gänzlich anderen Wirklichkeitsbezug anderen Gattungen mit erbaulichen beziehungsweise didaktischen Funktionen zuzuordnen und in einer gesonderten Ausgabe besser aufgehoben sind.

Der Überfall

Nabeg. Erstveröffentlichung im Sowremennik 1853, Nr. 3, unterschrieben L. N. Übersetzt von Mila Stucken. (S. 5–35)

6   *nach Dargo:* der Aul Dargo im waldreichsten Teil Tschetscheniens, in den 1840er Jahren die Residenz Schamils (vgl. Anm. S. 16). Mit der im Sommer 1845 unter dem Fürsten Woronzow (vgl. Anm. S. 358) gegen Dargo unternommenen Expedition erlitt die russische Armee einen außerordentlich verlustreichen Fehlschlag: Schamil hatte Dargo räumen und zerstören lassen, so daß die Russen nur noch Ruinen eroberten. Dieser Feldzug kostete sie etwa 4000 Mann (Tote und Verletzte). Er wurde bei den Truppen im Kaukasus »Zwieback-Expedition« genannt, weil sich die Führung selbst in der Verproviantierung verkalkuliert und den Nachschub nicht gesichert hatte.
    Michailowskij-Danilewskij, A. I. (1790–1848), russischer Militärhistoriker. Gegen das hier genannte Werk »Beschreibung des Vaterländischen Krieges von 1812« polemisierte Tolstoi später in seinem Roman »Krieg und Frieden«.

7   *Plato:* über Tapferkeit wird im platonischen Dialog »Laches« diskutiert.

8   *Paschenka:* Koseform von Pawel.

      des unverbrennbaren Dornbusches: ein Zeichen des Göttlichen, vgl. 2. Mose 3, Vers 2: »Und der Engel des Herrn erschien ihm in einer feurigen Flamme aus dem Dornbusch. Und er sah, daß der Busch im Feuer brannte und doch nicht verzehrt wurde.«

9   *doppeltes Gehalt:* Die Offiziere der Kaukasusarmee erhielten doppeltes Gehalt als Gefahrenzuschlag.

12   *Kleinrusse:* So bezeichnete man in Rußland im 19. Jahrhundert abwertend die Ukrainer (im Unterschied zu »Großrusse«, den Bewohnern Rußlands).

13   *Marlinskij:* der Dekabrist A. A. Bestuschew (1797–1837), der sich in der Verbannung im Kaukasus den Schriftstellernamen Marlinskij zulegte, russischer romantischer Schriftsteller, Vertreter der Kaukasusromantik. Sein Roman »Mulla-Nur« (1836) ist ein Beispiel fü russischen Orientalismus.

      Lermontow, Michail Jurjewitsch (1814–1841): einer der bedeutendsten russischen Romantiker. Auch sein 1841 erschienener Roman »Ein Held unserer Zeit« spielt vorwiegend im Kaukasus.

15   *Waräger:* Skandinavier, wohl Wickinger, auf die die ersten Staatsgründungen im Rußland des 9. Jahrhunderts zurückgehen. Die ersten Fürstengeschlechter waren Waräger, weshalb der Hinweis auf »warägischen Ursprung« immer ein Zeichen besonders alten Adels war.

16   *Schamil:* auch Schamyl, arab. Samuel (1797–1871), Muslimführer, der sich gegen die seit 1813 bestehende russische Herrschaft in Dagestan erhob. 1834 zum Imam, dem religiös-politischen Führer gewählt, führte er einen Guerillakrieg gegen die russische Expansion im Kaukasus, wobei er die sehr heterogenen Völker im Ostkaukasus im »heiligen Krieg« zusammenzuschließen verstand; er schlug die russischen Angriffe 1839, 1842 und 1845 zurück, wurde aber 1859 von den Russen gefangengenommen (womit der Kaukasus endgültig als erobert galt), in Kaluga unter Hausarrest gehalten un 1869 nach Mekka entlassen, wo er zwei Jahre später starb.

18   *Lucia:* »Lucia die Lammermoor (1835), Oper von G. Donizetti.

21   *Frosch:* »Die Frösche im Kaukasus bringen einen Laut hervor, der mit dem Gequake der russischen Frösche nichts gemein hat.« (Anm. Tolstoi)

23   *Schneeschmelze:* »Im Kaukasus ist die Schneeschmelze erst im Juli.« (Anm. Tolstoi)

      Tajak: »Tajak bedeutet Stange im kaukasischen Dialekt.« (Anm. Tolstoi)

886

Tomascha: »Tomascha bedeutet in dem besonderen Dialekt, der sich zwischen Russen und Tataren herausgebildet hat, unruhiges Treiben. Es gibt viele Wörter in diesem merkwürdigen Dialekt, deren Wurzeln weder im Russischen noch im Tatarischen nachzuweisen sind.« (Anm. Tolstoi)

Churda-murda: »Habseligkeiten, im gleichen Dialekt.« (Anm. Tolstoi)

Jok: »Jok bedeutet auf Tatarisch ›nein‹.« (Anm. Tolstoi)

Na'ib: »Als Na'ibs werden Personen bezeichnet, denen von Schamil ein bestimmtes Verwaltungsgebiet übertragen wurde.« (Anm. Tolstoi, vgl. Glossar)

24   *Mürid:* »Das Wort Mürid hat viele Bedeutungen, aber in dem hier gebrauchten Sinn bedeutet es ein Mittelding zwischen Adjutant und Leibwächter.« (Anm. Tolstoi, vgl. Glossar)

26   *Fähnchen:* »Diese Feldzeichen haben bei den Bergbewohnern fast die Bedeutung von Fahnen, nur mit dem Unterschied, daß sich jeder Dschigit ein Feldzeichen anfertigen und tragen kann.« (Anm. Tolstoi)

30   *Er:* »Sammelbegriff, unter dem die Kaukasus-Soldaten generell den Feind verstehen.« (Anm. Tolstoi)

Wie russische Soldaten sterben. Der Alarm

Kak umirajut russkije soldaty. Trewoga. Erstveröffentlichung 1928 in »Neisdannyje chudoschestwennyje proiswedenija«. 1854 für die geplante Zeitschrift »Soldatskij westnik« (Soldatenbote) geschrieben, die jedoch vom Zaren keine Erlaubnis erhielt. Übersetzt von Josef Hahn. (S. 36–41)

37   *Schamil:* vgl. Anm. S. 16.

38   *Argun:* rechter Nebenfluß der Sunscha, einem rechten Nebenfluß des Terek.

Große Tschetschnja: der östliche Teil Tschetscheniens, zwischen dem Fluß Martan und dem Katschkalykowschen Gebirgszug.

Aufzeichnungen eines Markörs.

Zapiski markjora. Erstveröffentlichung im Sowremennik 1855, Nr. 1, unterschrieben L. N. T. Übersetzt von Marie Stellzig. (S. 42–61)

44   *Nechljudow:* Hinter diesem Namen, der hier erstmals in Tolstois Werk auftaucht (zeitgleich auch in »Knabenalter«, dem 2. Teil seiner autobiographischen Trilogie), verbirgt sich eine Art alter ego Tolstois. Vgl. auch »Der Degradierte«, »Der Morgen eines Gutsbesitzers«, »Luzern« und den Roman »Auferstehung«.

45   *Blaue Brücke:* eine der Brücken über die Moika in St. Petersburg.

Der Holzschlag.

Rubka lesa. Erstveröffentlichung in Sowremennik 1855, Nr. 9, L. N. T. unterschrieben und Turgenjew gewidmet. Übersetzt von Mila Stucken. (S. 62–103)

62   *Holzschlag:* Seit Ende der 1840er Jahre war es bei den Kaukasuseroberungen durch die russische Armee Strategie, mit dem Roden der Wälder, der Zerstörung der Auls und der Verwüstung des dazugehörigen Acker- und Weidelands sowie dem Bau von Festungen die Bergvölker einzukreisen, ihnen ihr Land und ihre Lebensgrundlage zu nehmen, um sie zu verdrängen.

63   *Zugfeuerwerker:* Unteroffizier der Artillerie.

64   *Krätzer:* bei Vorderladern ein an den Ladestock anzuschraubendes, einem doppelten Propfenzieher ähnliches Instrument zum Herausziehen der Ladung.

67   *Handwerk:* Die gemeinen Soldaten suchten sich durch ein Handwerk noch ein Zubrot zu ihrem mageren Sold zu verdienen.

70   *Filka:* »Ein beliebtes Kartenspiel unter Soldaten.« (Anm. Tolstoi)

72   *fünfundzwanzigjährigen Dienstzeit:* Die gemeinen, also zwangsausgehobenen Soldaten hatten eine fünfundzwanzigjährige Dienstzeit.

73   *Zigarren:* für einen gemeinen Soldaten ein unerreichbarer Luxus.

75   *Kasbek:* der zweithöchste Berg des Kaukasus, 5047 m hoch.

76   *Tataren:* So wurden häufig die Bergvölker generell genannt, obwohl die verschiedenen Tatarenvölker nur eine von vielen Volksgruppen im Kaukasus bildeten.

77   *Einhorn:* Kanone.

85   *Tscheres:* »Geldbeutel in Gürtelform, den unsere Soldaten gewöhnlich unter dem Knie tragen.« (Anm. Tolstoi)

89   *Pasek,* Diomid Wasiljewitsch (1798–1845): Generalmajor im Kaukasuskrieg, bei der Expedition nach Dargo (vgl. Anm. S. 6) gefallen.
       Slepzow, Nikolaj Pawlowitsch (1815–1851), populärer General im Kaukasusfeldzug, dort auch gefallen.

93   *Jermolow,* Alexej Petrowitsch (1777–1861), General und Diplomat, von 1817 bis 1827 Generalgouverneur der transkaukasischen Provinzen und Oberbefehlshaber der Kaukasusstreitkräfte, erster grausamer Bezwinger des östlichen Kaukasus. Mußte 1827 jedoch seinen Abschied nehmen. Die von ihm eroberten Ge-

biete Dagestan und Tschetschenien waren bald wieder abgefallen, ihre endgültige Unterwerfung sollte noch über dreißig Jahre erbitterter Kämpfe erfordern.

96   *im Jahre fünfundvierzig:* Anspielung auf den verlustreichen Feldzug gegen Dargo (vgl. Anm. S. 6).

98   *Rjabko:* »Ein Soldatenessen aus eingeweichtem Zwieback und Fett.« (Anm. Tolstoi)

99   *Belagerung von Gergebil:* Den Aul Gergebil (russische Version für Girgil) im westlichen Awarien belagerten die Russen im Frühsommer 1847 vergeblich. Sie erlitten eine schwere Niederlage, außerdem brach bei den Truppen die Cholera aus. Die Eroberung gelang erst in einem zweiten Anlauf im Sommer 1848.

101   *Dargo:* vgl. Anm. S. 6.
       Indischer Berg: Verballhornung für den Andijschen Gebirgskamm, einen Gebirgszug des Hohen Kaukasus.

Sewastopol im Dezember 1854

Sewastopol w dekabre mesjaze. Erstveröffentlichung im Sowremennik 1855, Nr. 6, L. N. T. unterschrieben. Übersetzt von Marianne Kegel, überarbeitet von Barbara Conrad. (S. 104–120)

104   *Sapunberg:* Erhebung südöstlich von Sewastopol.
       Nordseite: d. h. das Nordufer der großen Bucht von Sewastopol.

105   *Grafskaja:* Anlegestelle an der Stadtseite von Sewastopol.
       Kistentin: Verballhornung des Schiffsnamens »Konstantin«.
       Kornilow, Wladimir Alexejewitsch (1806–1854), Vizeadmiral, Oberbefehlshaber über die gesamten Verteidigungsanlagen in Sewastopol, dort beim ersten Bombardement gefallen.

112   *die Schlacht vom Vierundzwanzigsten:* Gemeint ist die blutige Schlacht von Inkerman am 24. Oktober (alten Stils) 1854, die für die Russen mit einer schweren Niederlage endete (»die blutigste Schlacht, die je stattgefunden hat, seit die Geißel des Krieges über die Erde kam« heißt es beim englischen Kriegsberichterstatter Russell).

113   *Alma:* die erste Schlacht zwischen Russen und Alliierten am 8. September (alten Stils) 1854 am Flüßchen Alma, außerordentlich verlustreich. Die russischen Truppen erlitten eine Niederlage.

116   *Bombardement am Fünften:* Am 5. Oktober 1854 wurde Sewastopol erstmals durch die Verbündeten bombardiert. Damit begann die Belagerung der Stadt.

Sewastopol im Mai

Sewastopol w maje. Erstveröffentlichung im Sowremennik 1855, Nr. 9, mit dem Titel »Eine Nacht im Frühjahr 1855 in Sewastopol«, ohne Autorenunterschrift und durch Eingriffe des Zensors stark entstellt. Übersetzt von Marianne Kegel, ergänzt von Josef Hahn. (S. 121–172)

121   *Grüner Berg:* Erhebung südlich der Bucht von Sewastopol, Standort der englischen Batterien.

123   *Invalid:* Die offiziöse Zeitung »Russkij invalid« (1813–1917) berichtete über Kriegsereignisse.

124   *Napoleon:* Napoleon III., von 1852–1870 Kaiser der Franzosen.
       Eupatoria: Kreisstadt an der Westküste der Krim, nördlich von Sewastopol, wo im September 1854 die Alliierten landeten, war seitdem Hauptstützpunkt der Türken. Im Februar 1855 von den Russen erfolglos angegriffen.
       Balaklawa: Hafen an der Südwestküste der Krim, im September 1854 von den Engländern besetzt und zur Operationsbasis gemacht, im Oktober gegen einen Angriff der Russen verteidigt.

129   *»Snobs« und »Eitelkeiten«:* Anspielung auf W. M. Thackeray und seine Essays »Die Snobs von England. Von einem, der dazugehört« (1846/47) und den Roman »Jahrmarkt der Eitelkeit« (1847/48).

134   *Sappeuroffizier:* Pionieroffizier, mit dem Bau von Laufgräben (Sappen) beauftragt.

138   *Lünette:* mondförmiger Grundriß alter Schanzen.

142   *Allah, Allah:* So deuteten die gemeinen Soldaten das französische »Allons!«. – »Unsere Soldaten hatten sich in den Kämpfen mit den Türken so an diesen Schrei der Feinde gewöhnt, daß sie jetzt immer behaupten, die Franzosen riefen ebenfalls Allah!« (Anm. Tolstoi)

146   *fractura femoris complicata:* komplizierter Beckensplitterbruch.
       Perforatio capitis: Kopfschuß.
       Perforatio pectoris: Brustdurchschuß.
       moritur: er stirbt.

157   *»Splendeur et misères des courtisanes«* (1838–47): Roman von Honoré de Balzac. »Eines jener reizenden Bücher, die sich in letzter Zeit in solchen Mengen verbreiteten und die sich aus irgendeinem Grund bei unserer Jugend besonderer Popularität erfreuen.« (Anm. Tolstoi)

167   *Kasarskij-Denkmal:* Alexander Iwanowitsch Kasarskij (1798–1833), Kommandeur der russischen Schwarzmeerflotte.

169   *Zuave:* Bewohner des algerischen Distrikts Zuavia, die wegen ihrer kriegerischen Tüchtigkeit als Söldner dienten, aber dann auch Freiwilligencorps bildeten und im Krimkrieg ihren Ruf als Elitetruppen begründeten.

Sewastopol im August 1855.

Sewastopol w awguste 1855 goda. Erstveröffentlichung im Sowremennik 1856, Nr. 1, Graf L. Tolstoi unterschrieben. Übersetzt von Marianne Kegel, ergänzt von Josef Hahn. (S. 173–247)

173   *Duwanka:* »Letzte Poststation vor Sewastopol« (Anm. Tolstoi), am rechten Ufer des Belbek.
       Bachtschisarai: auf halber Strecke zwischen Sewastopol und Simferopol gelegen, bis 1783 Residenz der Tatarenchane.

174   *Inkerman:* Städtchen östlich von Sewastopol an der Tschornaja, wo die Russen bei der Schlacht vom 5. Nov. 1854 eine schwere Niederlage erlitten (vgl. Anm. S. 112).

176   *Moskau:* »In vielen Regimentern nennen die Offiziere die Soldaten halb geringschätzig, halb zärtlich ›Moskau‹ oder auch ›Eid‹.« (Anm. Tolstoi)

177   *Korabelnaja:* Hafen im Festungsgebiet Sewastopols.

178   *Malachowhügel:* Hügel auf der nördlichen Seite der Bucht von Sewastopol, eine der Hauptbefestigungen Sewastopols, Schlüsselstellung des gesamten Verteidigungssystems der Stadt.

183   *Perekop:* Landenge, Verbindung der Halbinsel Krim mit dem Festland.

187   *Totleben:* General Eduard Iwanowitsch Graf Totleben (1818–1884), 1854 auf die Krim beordert, erwarb sich durch die schnelle Errichtung von Verteidigungswerken auf der Südseite von Sewastopol, die allein die lange Verteidigung der Stadt ermöglichten, großen Ruhm.

191   *Belbek:* Fluß nördlich von Sewastopol, daran ein Dorf gleichen Namens, etwa 10 km in nördlicher Richtung von Sewastopol.

192   *Pelissier:* Jean-Jaques-Aimable, Herzog von Malakow (1794–1864) übernahm im Mai 1855 das Kommando der Belagerungsarmee von Sewastopol und wurde nach der Eroberung der Festung am 12. September zum Marschall ernannt; wegen der Erstürmung der Malachowhügel sein Beiname Herzog von Malakow.
       Gortschakow: Michail Dmitrijewitsch Gortschakow (1795–1861), seit März 1855 Oberbefehlshaber der Krimarmee, berühmt weniger wegen seiner Kriegsführung als wegen seiner Organisation des Rückzugs aus Sewastopol (vgl. Anm. S. 244).

207   *Fourageur:* Zuständig für die Beschaffung der Lebens- und Futtermittel für Truppe und Tiere (Fourage).

213   *Lafitte:* Bordeauxwein der Spitzenklasse.

219   *mit kleinrussischem Akzent:* mit ukrainischem Akzent.

225   *Inkerman:* vgl. Anm. S. 112 u. 174.

227   *Vaterländische Annalen:* damals Zeitschrift der Demokraten.

Handbuch: »Handbuch für Artillerieoffiziere, herausgegeben von Besaque.« (Anm. Tolstoi)

228 *Malachowhügel:* vgl. Anm. S. 178.

229 *Wolkowofeld:* Übungsfeld im Süden von Petersburg.

231 *Am vierundzwanzigsten:* d. h. bei der Inkerman-Schlacht am 24. Oktober 1854 (vgl. Anm. S. 112).

232 *Konstantin, der Bruder des Zaren:* Großfürst Konstantin Nikolajewitsch (1827–1892), Bruder Alxanders II., Oberbefehlshaber der russischen Flotte in Kronstadt.

236 *der Sturm auf den Malachowhügel:* Am 27. August (alten Stils) erstürmten die Franzosen den Malachowhügel, Sewastopol war damit für die Russen nicht mehr zu halten und Fürst Gortschakow begann mit dem Rückzug aufs nördliche Ufer der Bucht (s. auch Anm. S. 244).

244 *unserer versenkten Schiffe:* In der Nacht sprengte Gortschakow die Festungswerke der Südseite in die Luft, versenkte den Rest der Flotte und zog sich auf die Nordseite der Bucht von Sewastopol zurück, um so den Rückzug zu gewährleisten.

Der Schneesturm

Metel. Erstveröffentlichung in Sowremennik 1856, Nr. 3, übersetzt von Marie Stellzig. (S. 248–282)

Zwei Husaren

Dwa gusara. Erstveröffentlichung im Sowremennik 1856, Nr. 5, mit einer Widmung für Marija Nikolajewna Tolstoi. Übersetzt von Marie Stellzig. (S. 283–352)

283 *Jomini:* Henri de Jomini (1779–1869), Schweizer Militärtheoretiker, als Militärberater Alexanders I. in russischen Diensten. Das Motto stammt aus dem »Lied eines alten Husaren« von Denis W. Dawydow (s. u.), es besingt die trinkfesten Alten und beklagt die modische Verweichlichung der jungen Generation.

284 *Martinisten:* eine nach L. C. Marquis de Saint Martin (1743–1803), einem französischen Theosophen, benannte, der Freimaurerei nahestehende esoterische Gruppierung.
Tugendbund: »sittlich-wissenschaftlicher« Verein, 1808 in Königsberg gegründet, sollte während der napoleonischen Herrschaft Vaterlandsliebe pflegen und eine Erhebung vorbereiten. Wurde Ende 1812 aufgelöst. Der Tugendbund diente als Vorbild für einige Geheimgesellschaften in Rußland.
Miloradowitsch: Michail Andrejewitsch Miloradowitsch (1771–1825), General im Krieg von 1812.

Dawydow: Dennis Wasiljewitsch Dawydow (1784–1839), Dichter, Held des vaterländischen Kriegs 1812, vor allem als einer der Anführer der Partisanenbewegung. Von Tolstoi in »Krieg und Frieden« als Denissow porträtiert.

Puschkin: Alexander Sergejewitsch Puschkin (1799–1837), der große russische romantische Dichter.

Adelswahlen: die Wahlen des Adelsmarschalls durch die Adelsversammlung (vgl. Anm. S. 285).

285 *blaue Scheine:* Ein blauer Schein hatte den Wert von fünf Papierrubeln.

Adelsmarschall: An der Spitze der regionalen adligen Ständevertretungen stand jeweils ein Adelsmarschall, der von der regionalen Adelsversammlung gewählt wurde.

286 *Lebedjan:* Kreisstadt im Gouvernement Tambow.

293 *Wolotschok:* Wyschnij Wolotschok, Stadt im Gouvernement Twer.

294 *Schwaben:* Küchenschaben.

298 *Katharinas Zeiten:* die Regierungszeit der Zarin Katharina II. (1762–1796).

313 *Phaethon:* zweirädriger, eleganter, offener Pferdewagen.

Der Degradierte

Is kawkasskich wospominanij. Rasschalowanny. Erstveröffentlichung in der Zeitschrift »Lesebibliothek« 1856, Nr. 12, unter der Überschrift »Begegnung mit einem Moskauer Bekannten in der Vorhut. Aus den Kaukasusaufzeichnungen des Fürsten Nechljudow«. Übersetzt von Mila Stucken. (S. 353–380)

353 *Waldschneise:* Seit Ende der 1840er Jahre war es bei den Kaukasuseroberungen durch die russische Armee Strategie, mit dem Roden der Wälder, der Zerstörung von Acker- und Weideland und der Auls und dem Festungsbau die Bergvölker einzukreisen, ihnen ihr Land und ihre Lebensgrundlage zu nehmen, um sie zu vertreiben.

Mitschik: Beim ersten Winterfeldzug in Tschetschenien, an dem Tolstoi offiziell beteiligt war, gab es ein Gefecht an diesem Gebirgsflüßchen, als dort der Wald gerodet wurde.

354 *Gorodkispiel:* Spiel, bei dem längliche, an beiden Enden zugespitzte Holzklötzchen (»Barren«) durch kräftige senkrechte Schläge mit einem Stock (»Knüppel«) aus einem abgegrenzten Platz herausgeschlagen werden müssen.

358 *Woronzow:* Michail Semjonowitsch Fürst Woronzow (1782–1856), 1844–1854 Oberbefehlshaber der Kaukasusarmee.

364 *Kabardiner:* Rassepferd: die Kabardei ist berühmt für ihre Pferdezucht.

ein Überfall: ein Feldzug gegen tschetschenische Auls, die man mitsamt den Gärten und dem Weideland verwüstete, um die Bewohner zu vertreiben. Vgl. die gleichnamige Erzählung, S. 5–35.

365 *Argun:* rechter Nebenfluß der Sunscha, die rechts in den Terek mündet. Der Argun trennt die Große von der Kleinen Tschetschnja und ist bis heute immer wieder umkämpft.

375 *Morskaja:* Straße im vornehmsten Viertel Petersburgs, in der Nähe des Winterpalais.

378 *Schamil:* vgl. Anm. S. 16.

Der Morgen eines Gutsbesitzers

Utro pomeschtschika. Erstveröffentlichung in der Zeitschrift »Vaterländische Annalen« 1856, Nr. 12. Übersetzt von Marie Stellzig. (S. 381–441)

384 *Mir:* die russische bäuerliche Dorfgemeinde als Gesamtheit ihrer Mitglieder und als Körperschaft. Wiesen- und Weideland wurde vom Mir gemeinschaftlich genutzt, als Landeigner war er eine Umteilungsgenossenschaft, die das Gemeindeland je nach Kopfzahl der männlichen Familienmitglieder periodisch verteilte.

»Maison rustique«: »Maison rustique du XIX siècle« von J.-A. Bixio, ein umfangreiches Werk über Landwirtschaft, 1837 in 5 Bänden erschienen.

398 *Krestez:* ein Haufen von 13 (auch 17 oder 20) Garben, die Anzahl ist regional verschieden.

409 *ein Mann:* Ein Haushalt mit nur einem männlichen Mitglied erhielt bei der Landumverteilung durch den Mir den kleinsten Landanteil (vgl. Anm. S. 384).

441 *Romen:* auch Romny: Kreisstadt im Gouv. Poltawa am Zusammenfluß von Romna und Sula, bedeutender Handelsplatz mit vier Jahrmärkten.

Zargrad: alter (slaw.) Name für Konstantinopel/Byzanz.

Aus den Aufzeichnungen des Fürsten D. Nechljudow. Luzern

Is sapissok knjasja D. Nechljudowa. Ljuzern. Erstveröffentlichung im Sowremennik 1857, Nr. 9. Übersetzt von Marie Stellzig. (S. 442–470)

442 *Murray:* das »Handbook for Travellers« des englischen Verlagsbuchhändlers John Murray (1808–1892), traditionsreicher Name von Reiseführern bis in die heutigen Tage.

446 *Plastron:* hier Zielscheibe für Witz und Spott.

466 *tausend Chinesen mehr:* Bei der Einforderung der (1842 nach dem Opiumkrieg) vertraglich zugesicherten Handelszulassun-

gen vor allem in Kanton kam es 1856 erneut zu einem Konflikt mit den Engländern, denen sich 1857 die Franzosen anschlossen, um ihre Interessen mit militärischer Gewalt durchzusetzen.

tausend Kabylen: Bei der Kolonisierung Algiers stießen die Franzosen auf erbitterten, wenn auch aussichtslosen Widerstand der Kabylen.

der türkische Gesandte in Neapel: 1857 provozierte die Regierung in Neapel einen diplomatischen Konflikt mit der Türkei, weil sie deren Gesandten nicht akzeptieren wollte mit der Begründung, er sei Jude.

Plombières: Kurort in den Vogesen.

unverheiratete Chinesen in Indien: d. h. der chinesischen Wanderarbeiter oder Kulis.

Albert

Albert. Erstveröffentlichung in Sowremennik 1858, Nr. 8. Übersetzt von Marie Stellzig. (S. 471–501)

485   *die Viardot:* Polina Viardot-Garcia (1821–1910), berühmte französische Sängerin, die in den 1840er Jahren in Petersburg Triumphe feierte, Freundin von Iwan Sergejewitsch Turgenjew.

       Rubini: (1795–1851), italienischer Tenor, der »König der Tenöre«, der 1844 in Petersburg auftrat.

486   *die Bozio:* Angiolina Bozio (1824–1859), italienische Sängerin, die 1856/57 an der Italienischen Oper in Petersburg sang.

       Lablache: Louis Lablache (1794–1858), französischer Bassist, sang ebenfalls damals an der Italienischen Oper in Petersburg.

Drei Tode

Tri smerti. Erstveröffentlichung in der Lesebibliothek 1859, Nr. 1, Übersetzt von Josef Hahn. (S. 502–517)

507   *Chwjodor:* Verballhornung des Namens Fjodor/Fedka.

Familienglück

Semeinoje stschastije. Erstveröffentlichung in Russki westnik 1859, Nr. 7, 8. Übersetzt von Marie Stellzig. (S. 518–611)

576   *doch er, der Tor:* aus dem berühmten Gedicht »Das Segel« (1841) des russischen Romantikers Michail Jurjewitsch Lermontow (1814–1841).

Die Kosaken. Erzählung aus dem Kaukasus

Kasaki. Kawkasskaja powest. (1852–1862). Erstveröffentlichung im Russki westnik 1863, Nr. 1. Übersetzt von Mila Stucken, ergänzt von Josef Hahn. (S. 612–789)

612   *Chevalier:* bekanntes Hotel und Restaurant in Moskau, in dem auch Tolstoi gerne abstieg.

616   *Junker:* adeliger Unteroffizier. Auch Tolstoi trat als Junker in den Militärdienst im Kaukasus.

621   *Ammalat-Begs:* nach dem Roman »Ammalat-Beg« (1832) von A. A. Bestuschew-Marlinskij, einem der berühmten Texte der sog. Kaukasusromantik (vgl. auch Anm. S. 13).

622   *Notre Dame de Paris:* historischer Roman (1831) von Victor Hugo.

624   *Kosaken:* ursprünglich tatarische, später slawische, d. h. russische und ukrainische Gemeinschaften freier Reiterverbände zum Schutz der Steppengrenze im Süden des Landes. Spätestens seit der ersten Hälfte des 16. Jahrhunderts rekrutierten sie sich vorwiegend aus Bauern, die sich dem wirtschaftlichen Druck auf den Adelsgütern, der immer festeren Bindung an den Boden, durch die Flucht in die freie Steppe entzogen. Kosaken waren frei und genossen viele Privilegien, kämpften aber häufig als Söldner in polnischen bzw. Moskauer Diensten. Im 18. Jahrhundert gerieten sie immer stärker unter die Herrschaft des russischen Reichs und verloren ihre Privilegien. Die großen Aufstandsbewegungen des 17. und 18. Jahrhunderts (Stenka Rasin bzw. Jemeljan Pugatschow) gingen von Kosaken aus. An den gefärdeten Grenzen zu Kaukasien (Terek- und Kuban-Kosaken), in Zentralasien (Ural-Kosaken) und im fernen Osten bestanden aber weiterhin Kosakengemeinschaften.
         im Land der Donkosaken: Steppengebiet am Unterlauf des Don mit der Hauptstadt Nowotscherkask.
         nogaisch: die Nogaier, ursprünglich Karatataren, ein am Kuban angesiedeltes Turkvolk.

625   *Terek:* bildet in der Ebene die Grenze zwischen dem Russischen Reich und dem Gebiet der Kaukasusvölker. Der Terek entspringt beim zweithöchsten Berg des Kaukasus, dem Kasbek, fließt nach Norden und tritt bei Wladikawkas aus dem Gebirge, wendet sich dann durch die Ebene nach Osten und mündet ins Kaspische Meer. Entlang dem Oberlauf des Terek führt die berühmte georgische Heerstraße, die wichtigste Verbindung über den Hohen Kaukasus in den Süden.

626   *Grebener Kosaken:* von »Greben« = Gebirgskamm, Kosaken, die zunächst im Gebirge siedelten, sich auch mit den Bergvölkern

vermischten, dann aber auf das Gebiet nördlich des Terek zurückgedrängt wurden.

befriedete Kaukasier: kaukasische Bergvölker, die sich der russischen Oberhoheit mehr oder weniger fügten. Doch war die Grenze zwischen befriedeten und nicht befriedeten Bergvölkern nie eindeutig.

Kosakenkordons: Auf Wachtruppen zum Schutz der Kosakensiedlungen konnte an der Grenze zu den sog. befriedeten Kaukasiern nie verzichtet werden, man mußte immer wieder mit Überfällen rechnen.

Sandbrandung der Nogaischen oder Moskodischen Steppe: Steppengebiete nördlich des Kosakenstreifens, von verschiedenen Tatarenvölkern, meist Nachkommen der Goldenen Horde, bewohnt.

627   *Große Tschetschnja:* der östliche Teil Tschetscheniens, westlich die Kleine Tschetschnja.

Katschkalykower Bergkamm: östliche Begrenzung der Großen Tschetschnja.

altgläubig: die russischen Christen, die die kirchlichen Reformen des Patriarchen Nikon im 17. Jahrhundert nicht akzeptierten, sondern beim »alten Glauben« blieben und dadurch ein Schisma (Raskol) herbeiführten. Wegen der grausamen Verfolgungen durch die offizielle Kirche und den Staat wanderten die Raskolniki häufig in die nördlichen und südlichen Randgebiete des Zarenreichs aus, viele der Kosaken (vgl. Anm. S. 624) im Süden des Reichs waren Altgläubige, so auch die hier geschilderten.

Zar Iwan der Schreckliche: Dieser sagenhafte Zar der Folklore hat wenig mit dem historischen Iwan dem Schrecklichen gemein: Iwan IV., mit dem Beinamen »der Schreckliche«, regierte von 1547–1584, also ein Jahrhundert vor dem Schisma (s. o.). Während seiner Schreckensherrschaft mit der Opritschnina, seiner Spezialtruppe zur Terrorisierung und teilweisen Ausrottung vor allem der Hocharistokratie, gab es eine starke Fluchtbewegung der Bauern in die Kosakengebiete, die sich auf diese Weise der Bindung an den Boden entzogen. Als »der Schreckliche Zar Iwan Wasiljewitsch«, der erste Herrscher, der sich zum Zaren krönen ließ, ist er jedoch in der Volksüberlieferung außerordentlich beliebt und Held zahlreicher historischer Lieder als strenger aber gerechter Herrscher und Beschützer der kleinen Leute.

mit Tabak vollraucht: Unter den Altgläubigen herrschte ein strenges Tabakverbot.

629   *Nowomlinskoje:* So nennt Tolstoi die Staniza Starogladkowskaja,

in der er selbst während seines Kaukasusaufenthalts immer wieder lebte.

631   *Jessaul:* Offiziersrang im Kosakenheer, entspricht etwa dem Hauptmannsrang in der Armee.

635   *Abreke:* »So nennt man den nicht befriedeten Tschetschenen, der sich auf die russische Seite des Terek begibt, um zu stehen und zu plündern.« (Anm. Tolstoi)

636   *Zettel:* »Ein Zettel bezeichnet ein Zirkular, das an alle Posten geschickt wird.« (Anm. Tolstoi)

637   *Onkel Jeroschka:* Vorbild für Onkel Jeroschka ist Jepifan Sechin, gen. Jepischka, ein alter Grebener Kosak aus der Staniza Starogladkowskaja, mit dem sich Tolstoi angefreundet hatte. Ein Zeitgenosse, der das Dorf später besuchte, schreibt: »... alles, was bei Tolstoi über ihn steht, ist mit fotografischer Genauigkeit beschrieben ... Sein Äußeres ist dasselbe, zu ergänzen wäre nur, daß er seinen Bart (einen grauen Vollbart) dunkelrot färbte, wie das der Brauch bei den Hiesigen ist. Unter den Dorfbewohnern hat sich der schlechte Ruf Jepischkas gehalten: er zog immer wieder über den Terek und brachte von dort Tschetschenen mit. In seiner Jugend galt es ihm gleich, ob er bei den Seinen oder bei den Tschetschenen stahl.« Die Alteingesessenen erinnern sich noch an ihn, am Fenster seiner Hütte sitzend mit einem Habicht auf der Schulter. Er starb im Alter von etwa 90 Jahren Ende der 1850er Jahre.

638   *Kobylka:* »Gerät, um sich an Fasanen heranzupirschen.« (Anm. Tolstoi, siehe auch Glossar)

648   *Tatare:* Obwohl Tataren im engeren Sinne im Kaukasus, vor allem aber im Steppenvorland lebten, wurden häufig die Bergvölker generell als Tataren bezeichnet. Im vorliegenden Fall z. B. handelt es sich um einen Tschetschenen.

657   *Grosnaja:* »die Drohende«, so nannte A. P. Jermolow die Festung am linken Ufer der Sunscha, die er 1819 errichtete (1820 folgte die Festung Wnesapnaja = die Plötzliche, und 1821 Burnaja = die Stürmische). Grosnaja war die Hauptoperationsbasis der russischen Kaukasustruppen bei den Aktionen zur Unterwerfung Tschetscheniens. Später zur Hauptstadt Grosny der russischkaukasischen Provinz Terek angewachsen.

Kanausseide: besonders dichtes Seidengewebe.

Kriga: »So nennt man eine Stelle am Ufer, die für den Fischfang mit einem Zaun abgegrenzt ist.« (Anm. Tolstoi)

659   *Mit Tabak das Haus verunreinigen:* vgl. Anm. S. 627.

660   *Kumykische Hochebene:* von Kumyken, einem Turkvolk, das die Ebene rechts vom Terek in dessen Mündungsgebiet bewohnte.

668 *Kisljar:* ursprünglich Festung, dann Hauptstadt des gleichnamigen Bezirks am Unterlauf des Terek.

675 *Gurda:* »Die Säbel und Dolche, die im Kaukasus für die teuersten gehalten werden, heißen nach ihrem Meister ›Gurda‹.« (Anm. Tolstoi)

676 *Tscherwlennaja:* Staniza terekaufwärts.

die Zarin: Katharina II., die von 1762–1796 regierte.

678 *in einen Aul eingedrungen sein:* d. h. sie haben das Dorf überfallen nach der zu Tolstois Zeit im Kaukasus verfolgten Strategie zur Einkreisung und Verdrängung der Tschetschenen durch Rodung der Wälder und Zerstörung der Auls usw. (vgl. Anm. 62).

680 *außeretatmäßiger Kosak:* Kosak, der keinem der offiziellen Regimenter angehörte.

in die orthodoxe Kirche aufnehmen lassen: d. h. sie hatte sich vom Altgläubigentum losgesagt und der offiziellen orthodoxen Kirche angeschlossen, um heiraten zu können (Eheschließungen wurden bis zur Revolution 1917 nur von der orthodoxen Kirche vollzogen).

683 *Minderjähriger:* »So werden Kosaken bezeichnet, die noch nicht mit dem aktiven Dienst bei der Reiterei begonnen haben.« (Anm. Tolstoi)

684 *Nogai:* in die Nogaische Steppe im nordöstlichen Kaukasusvorland (nördliches Dagestan).

Kahlkopf: Tschetschene, nach der Sitte der männlichen Tschetschenen, sich den Kopf kahlzurasieren.

691 *ägyptischer Nimrod:* ein »gewaltiger Jäger vor dem Herrn« (1. Mose 10,9, vgl. auch Micha 5,5). Sein Sternbild ist der Orion.

692 *aus einem weltlichen Glas zu trinken:* Für Altgläubige (Anm. S. 627) galten die nicht zu ihrer Gemeinschaft gehörigen Russen als unrein, das Benutzen z. B. ihres Geschirrs unterlag einem rituellen Tabu.

715 *Stoß:* ein Glücksspiel.

722 *Wosdwischenskoje:* russische Festung am mittleren Argun.

723 *Les trois mousquetaires:* »Die drei Musketiere«, historischer Roman von Alexandre Dumas Père, veröffentlicht 1844.

732 *Low-Tawro:* »Das Kabardinergestüt des Low in Tawro gilt als eines der besten im Kaukasus.« (Anm. Tolstoi)

752 *Überfall:* vgl. Anm. S. 364.

753 *Jermolow:* Alexej P. Jermolow war von 1817–1827 Oberkommandierender der Kaukasustruppen und erster berüchtigt-grausamer Bezwinger des Kaukasus (vgl. Anm. S. 93).

761 *Chorowod:* Reigentanz, zu dem sich auf dem Dorf die Burschen und Mädchen am Abend, namentlich an Feiertagen, versammeln, um in weiten Ketten und unter typischen Liedern mit

langgezogenen Tönen Rundtänze aufzuführen, wobei die Bewegungen der Tanzenden den Worten oder Anweisungen des Liedes entsprechen. Die S. 770–773 angeführten Lieder sind typische Chowrodlieder.

772 *Kastorhut:* Hut aus plüschartigem, flauschigem Gewebe.

Polikuschka

Polikuschka. Erstveröffentlichung im Russki westnik 1863, Nr. 2. Übersetzt von Marie Stellzig. (S. 790–855)

790 *Rekrutenaushebung:* Jedes Dorf bzw. jeder Gutsbetrieb mit dem dazugehörigen Dorf hatte eine bestimmte Anzahl Soldaten zu stellen, was angesichts einer Dienstzeit von fünfundzwanzig Jahren für den Betreffenden selbst in Friedenszeiten das Lebensende bedeutete. Rekruten wurden daher auch von ihren Dorfgemeinschaften mit Totenklagen verabschiedet.

792 *Mir:* die russische bäuerliche Dorfgemeinde als Gesamtheit ihrer Mitglieder und als Körperschaft. Das bedeutete die gemeinschaftliche Nutzung von Wiesen- und Weideland durch den Mir, der außerdem als Landeigner eine Umteilungsgenossenschaft war, die periodisch das Gemeindeland je nach Kopfzahl der männlichen Familienmitglieder verteilte.
Zweierlos: Familie mit zwei militärdienstpflichtigen Söhnen, die zur Stellung eines Rekruten in Frage kamen. Doch zuvor mußten die Familien mit Dreierlos, also mit drei dienstpflichtigen Söhnen, einen Rekruten stellen.

805 *ein Zweier:* dasselbe wie ein Zweierlos, vgl. Anm. S. 792.

810 *getrennte Wirtschaft:* Familien, bei denen die Söhne das Elternhaus verlassen und einen eigenen Hausstand gegründet haben.

Der Gefangene im Kaukasus

Kawkasski plennik. Erstveröffentlichung 1872 in der Zeitschrift »Sarja«, Nr. 2. Übersetzt von Marianne Kegel. (S. 856–884)

856 *Krieg:* Damit ist die Eroberung des östlichen Kaukasus durch die Russen in der ersten Hälfte des 19. Jahrhunderts gemeint. In den Jahren von 1851–1854 diente Tolstoi selbst als Freiwilliger im Kaukasus.
Tataren: vgl. Anm. S. 76. Hier handelt es sich vermutlich um Tschetschenen.

Glossar

Abas: orientalische Silbermünze (etwa 20 Kopeken).

Abreke: flüchtiger (nicht befriedeter) Bergbewohner, Räuber.

Ambon: erhöhter Platz vor dem Altar in der orthodoxen Kirche für das Pult zur Verlesung lithurgischer Gebete.

Analogion: Chor- oder Betpult in der orthodoxen Kirche.

Archaluk: kurzer gesteppter Männerrock (asiatischer Herkunft).

Armäck: langer weiter Bauernrock aus Kamelhaar (armenischer Herkunft).

Arschin: altes russisches Längenmaß (71 cm).

Artel: eine Art Genossenschaft von Soldaten, Arbeitern oder Handwerkern, die gemeinsamen Tisch führen, oft gemeinschaftliche Kasse haben und meist zusammen wohnen.

Aul: (sprich A-ul) kaukasisches Bergdorf.

Barin: der Herr, der gnädige Herr (als Anrede).

Barinja/Barynja: die Herrin, die gändige Frau (als Anrede).

Baschlyk/Baschlik: härenes oder wollenes Untergewand der Kaukasusvölker.

Beschmet: Halbrock der Tataren.

Burka: kurzer Filzmantel der Kosaken.

Busa: tatarisches Bier aus Hirse.

Chalat: (tatar.) Schlafrock (weit, ohne Taille, wie bei den Orientalen).

Chorowod: Reigentanz.

Dolman: (türk.) kurze, enganliegende, pelzverbrämte, mit Knöpfen und Schnüren besetzte Husarenjacke.

Dschigit: (tatar. Held) berittene Krieger im Nordkaukasus, verallgemeinernd für jeden tüchtigen Reiter und Krieger gebraucht.

Dschigitowka: Reiterkunststück.

Epitrachilion: Schultertuch des orthodoxen Geistlichen.

Giaur: (pers.) Ungläubiger.

Gimrinzer: Bewohner von Gimri in Dagestan.

Gingan: (malai.) Baumwollstoff.

Igumen: Abt, Vorstand eines Klosters.

Ikonostas: Ikonenwand in der orthodoxen Kirche zur Trennung von Altarraum und Gemeinde.

Iok: (kumykisch) nein, nicht.

Jakschi: (kumykisch) gut, schön.

Kachetiner: georgischer Rotwein aus Kachetien.

Kaimak: warme, dick eingekochte Sahne oder Milch.

Kanonarch: Vorsänger in Klosterkirchen.

Kisjak: getrockneter, als Brennmaterial verwendeter Kuhmist.

Kistiner: kaukasisches Volk tscherkessischer Herkunft.

Kobylka: (jägerspr.) Leinwandschild mit einem darauf gemalten Haustier, für die Jagd auf Federvieh.

Kumyken: turkotatarisches Volk im Kaukasus (Norddagestan und angrenzende Steppen).

Lesgier/Lesghier: Sammelbezeichnung für ostkaukasische Völker.

Lesginka: mimisches Tanzspiel kaukasischer Völker.

Lesgische Hosen: weite Pluderhosen der Lesgier.

Maroquin: marokkanisches gefärbtes Leder.

Mir: die bäuerliche Dorfgemeinschaft als Gesamtheit ihrer Mitglieder und als Eigentümerin des Bodens in der patriarchalischen russischen Agrarverfassung.

Mumren: Stubenhocker (von russ. »mumra«). So verspottete man die Völker des Kaukasus.

Murid: (arab.) ursprünglich Untergebener, Sucher der Wahrheit, eine Art Jünger des Murschiden.

Murschid: (arab.) religiöser Führer/Lehrer eines Muriden.

Na'ib: (arab.) hier von Schamil eingesetzter Verwalter oder Statthalter (Anm. Tolstois).

Nogaier: tatarisches Volk im nördlichen Kaukasus (Dagestan) und in den angrenzenden Steppen (westlich der Kumyken).

Pan: (poln.) Herr.

Pani: (poln.) Herrin.

Papacha: hohe Fell- oder Pelzmütze der Kaukasusvölker.

Peschkesch: (tatar.) Geschenk.

Pirogge: eine Art Pastete, gefüllte Teigtasche.

Porschni: Schuhe aus einem Stück (gebogenen) Leder, das mit Riemen am Fuß befestigt wird.

Proskomidie: das Offertorium, Opfergebet (der Teil des Gottesdienstes, wo das Brot zum Abendmal bereitet wird).

Risa: Priesterornat, Meßgewand des orthodoxen Geistlichen.

Sarafane: russischer Frauentrachtenrock mit Leibchen.

Sardar: (pers.) hier: Statthalter des Zaren im Kaukasus.

Saschen: altes Längenmaß (2,133 m).

Sbiten: Getränk aus Wasser, Honig und Gewürzen.

Scharpie: zerzupfte Leinwand.

Sotnik: Hauptmann.

Sotnja: Hundertschaft.

Srasy: (poln. »zrazy«) Fleischklößchen.

Staniza: größere Kosakensiedlung.

Stanowoj: Polizeihauptmann.

Starez: Beichtvater (Mönch) und geistlicher Erzieher junger Mönche, übte im 19. Jahrhundert auch starken Einfluß auf die Laienwelt aus.

Tawliner: Tabakschnupfer (von russ. »tawlinnik«). Einer der Spitznamen der Russen für die Völker des Kaukasus.

Tscherkeska: langer Überrock der Tscherkessen mit Gürtel und Patronengurten auf jeder Brustseite.

Tschibuk: lange türkische Pfeife.

Tschichir: junger kaukasischer Rotwein.

Tschiras: Borte, Tresse (kaukas.).

Tschuwjak/Tschuwiak: pantoffelartige Schuhe aus Stoff und weichem Leder.

Werschok: altes russisches Längenmaß (4,4 cm).

Werst: altes russisches Längenmaß (1,067 km).

Inhaltsverzeichnis